80 90 100 110 120 130 140

Thule

Hyperboraer

SCYTHIA

Siraes

Hispania Gallia Germa
nia Sarmatia
Gades Salae Rhein Macedo Pontus Tanais Jaxartes
Ostia Alpes Axius Asia Mare Sogdiana Prochamus Emodi Montes Seri
LIBYA Syene Ninive Hyrcanum Ecbatana Aria Cabura
OCEANUS Alexandria Tyrus Sala Persepolis Persis Ganges Cis Gangem Chryse Chersn Cattigora?
Niger Amnon Arabia Sin.Persic. Palala Cis INDIA
AETHIOPIA Syene Terra Barygaza Comaria
Mero e Musa Palindromon Taprobane
Adulis Aequator Agathodaemonis I.
Mosyllon 90 100 110 120 130
Ni.-Quellen MARE ERYTHRAEUM
Rapta S. INDICUM
Montes Lunae Terra australis incognita
Menuthias I.

ERDKARTE NACH PTOLEMÄUS. CIRCA 140 NACH CHR.

SCYTHIA
getae CIS IMAUM
Okianus I. Imaus Mons (Scythicus)
Sogdiane Sedones TRANS IMAUM
Chorasmii Maracanda Bautae Hoangho Singarum
SARU Margiana Bactriana Aggeres
Hyrcania Zariaspa Serga Loyang
Parthyaea Parvipamisus REGNU
RIANA Drangiana Nysander Thinae
Carmana Taxila SERICA
Persepolis Hypanis Emodus Cottigris SINICI
Pasargada Indus Indraprastha Ajodhja Sundus SINAE
Gedrosia Modura Ganges
Sin.Sachalites Pattala Ozene Ganges Patalipatra
Macae MARE INDI Gange
anitae ERYTHRAEUM Namades
A CIS Paithana SINUS
GANGE Maesolus GANGETICUS GA
Modura Sindae Sin.Sabaricus Sin.Perimulicus
Pr.Comaria Ins. Aurea Chers.
Taprobane Maniolae? Barussae Chers.
Ins. Ins. Agathodaemonis
SINUS MAGNUS
Satyrorum Insulae
Linea Aequinoctialis
ANUS INDICUS
Juba Diu

80 90 100 110 120 130 140

PUTZGER

HISTORISCHER WELTATLAS

Cornelsen

IMPRESSUM

Herausgegeben von Prof. Dr. Ernst Bruckmüller und Prof. Dr. Peter Claus Hartmann

Redaktionelle Leitung: Dr. Stephan Warnatsch

Kartographische Leitung: Carlos Borrell, Berlin
Kartenherstellung: Carlos Borrell, Berlin; Ing.-Büro für Kartographie Peter Kast, Schwerin
Kartographische Mitarbeit: Manfred Dloczik, Bielefeld; Corinna Grulich, Berlin; Ina Hampel, Berlin; Susanne Handtmann, Erlangen; Thomas Klein, Berlin; Barbara Müller, Berlin; Anja und Mirko Schirm, Berlin; Martin Schulze, Berlin; Ralf Sprung, Berlin
Grafiken: Klaus W. Müller, Teltow
Registerbearbeitung: Claudia Joest, Berlin; Christina Scheuerer, Rohrbach; Jana Schumann, Berlin
Typographie und Layout: Alexandre Malcev, Christoph Schall
Umschlaggestaltung und technische Umsetzung: Christoph Schall

Verzeichnis der Mitarbeiter
Bei der konzeptionellen Entwicklung der vollständig neu bearbeiteten Ausgabe ist die Redaktion wissenschaftlich und fachdidaktisch beraten worden von

Rudolf Berg, München
Dr. Christina Böttcher, Halle
Dr. Manfred Vasold, Rohrdorf

Kartenautoren und wissenschaftliche Berater einzelner Kartenthemen:
Dr. Konrad Amann, Stadecken-Elsheim
Rudolf Berg, München
Dr. Jürgen Bömelburg, Warschau
Prof. Dr. Karl Bosl, München
Dr. Christina Böttcher, Halle
Prof. Dr. Ernst Bruckmüller, Wien
Manfred Dloczik, Bielefeld
Prof. Dr. Günther Franz, Stuttgart
Prof. Dr. Ralf Hachmann, Saarbrücken
Prof. Dr. Peter Claus Hartmann, Mainz
Karl Hauke, Marburg
Werner Hilgemann, Bielefeld
Dr. Gerhard Horsmann, Mainz
Dr. K. Jäkel, Diepholz
Prof. Dr. H. Jankuhn, Göttingen
Dr. Thomas Jansen, Leipzig
Dr. Nikolas Jaspert, Erlangen
Dr. Peter Jordan, Wien
Dr. Walter Kaemmerer, Aachen
Prof. Dr. Erich Keyser, Marburg
Hermann Kinder, Bielefeld
Prof. Dr. Wilfried Krallert, Wien
Prof. Dr. Arthur Kühn, Hannover
Prof. Dr. Walter Kuhn, Hamburg
Dr. Erich Landsteiner,
Dr. Walter Leisering, Viersen
Prof. Dr. Egon Lendl, Salzburg
Prof. Dr. Karl Josef J. Narr, Münster

Dr. Josef Niessen, Bonn
Dr. Udo Oberem, Bonn
Dr. Ludolf Pelizaeus, Klein Winternheim
Marco Picone-Chiodo, Gräfelfing
Prof. Dr. Franz Petri, Münster
Dr. Karl Schib, Schaffhausen
Dr. Helmut Schmahl, Alzei
Prof. Dr. Martin Schmidt, Mainz
Prof. Dr. Hans Schönberger, Bad Homburg v. d. H.
Dr. Klaus Schroeder, Berlin
Dr. Helmut Schulze, Stuttgart
Götz Schwarzrock, Berlin
Prof. Dr. Kurt Stade, Münster
Dr. Michael Stahl, Berlin
Prof. Dr. Hans-Joachim Stoebe, Basel
Prof. Dr. Kurt Tackenberg, Münster
Dr. Otto Urban, Wien
Dr. Manfred Vasold, Rohrdorf
Dr. Stephan Warnatsch, Berlin
Prof. Dr. Hugo Weczerka, Marburg
Prof. Dr. Walter Wolf, Münster

Autoren und wissenschaftliche Berater der Text- und Materialteile der einzelnen Themenseiten:
Rudolf Berg, München
Dr. Christina Böttcher, Halle
Prof. Dr. Ernst Bruckmüller
Dr. Gerald Glaubitz, Aachen
Dr. Jochen Grube, Stuttgart
Dr. Oliver Gupte, Mainz
Prof. Dr. Peter Claus Hartmann, Mainz
Dr. Wolfgang Hoben, Mainz
Dr. Gerhard Horsmann, Mainz
Dr. Thomas Jansen, Leipzig
Dr. Nikolas Jaspert, Erlangen
Dr. Peter Jordan, Wien
Dr. Ludolf Pelizaeus, Klein Winternheim
Dr. Manfred Vasold, Rohrdorf
Dr. Stephan Warnatsch, Berlin

 http://www.cornelsen.de

103. Auflage   Druck 4 3 2 1   Jahr 04 03 02 01

Alle Drucke dieser Auflage sind inhaltlich unverändert und können im Unterricht nebeneinander verwendet werden.

Druck: CS-Druck Cornelsen-Stürtz, Berlin

ISBN: 3-464-00178-4

Bestellnummer 1784

 Gedruckt auf säurefreiem Papier, umweltschonend hergestellt aus chlorfrei gebleichten Faserstoffen.

Vorwort zur 103. Auflage

Die erste Auflage des PUTZGER erschien 1877 in Leipzig. Friedrich Wilhelm Putzger (1849–1913) war Realschulprofessor und Bürgerschuldirektor in Sachsen. Entsprechend war sein „historischer Schulatlas" den Idealen des deutschen Bildungsbürgertums des 19. Jahrhunderts verpflichtet.

Wie wohl kein anderes historisches Lehr- und Nachschlagewerk hat der PUTZGER seitdem den Geschichtsunterricht vieler Schülergenerationen in Deutschland begleitet und ist darüber hinaus zu einem international anerkannten Standardwerk geworden.

Dieser Erfolg ist nicht zuletzt darauf zurückzuführen, dass Verlag und Herausgeber seit dem ersten Erscheinen ständig bemüht waren, den jeweils aktuellen Forschungsstand der Geschichtswissenschaft aufzugreifen und in ein Kartenangebot für den Schulunterricht umzusetzen, das helfen sollte, Verständnis für geschichtliche Vorgänge und Zusammenhänge zu wecken. Im Laufe seiner Entwicklung ist der PUTZGER deshalb immer ein modernes Kartenwerk zum Nachschlagen historischer Ereignisse, zum räumlichen Nachvollzug historischer Verläufe und zur Erarbeitung historischer Prozesse geblieben. Die letzte umfassende Neubearbeitung wurde vom Verlag 1979 zum hundertjährigen Erscheinen verlegt. Damals wurde das traditionelle Kartenangebot um zahlreiche Karten für das Mittelalter und die Neuzeit erweitert, wobei wirtschafts- und sozialhistorische Fragestellungen eine breitere Berücksichtigung erfuhren als zuvor. Auch wurde der Blick bereits häufig über die Grenzen Europas hinaus gerichtet. Aus der deutschen wurde eine europäische und ansatzweise schon eine Weltgeschichte. Seit 1990 erfolgten mehrere Aktualisierungen dieser Ausgabe, die dem historischen Wandel seit dem Ende der Nachkriegsepoche Rechnung trugen.

Das bevorstehende 125-jährige Jubiläum des PUTZGER im Jahr 2002 ist für den Verlag Anlass, mit der 103. Auflage nun wieder eine umfassende Neubearbeitung vorzulegen. Durch folgende Merkmale ist diese Jubiläumsausgabe gekennzeichnet:

1. Im Kartenangebot sind nicht nur alle bisher schon vorhandenen Karten entsprechend dem neuesten Stand der geschichtswissenschaftlichen Forschung durchgesehen und überarbeitet, sondern gleichzeitig auch eine Fülle von neuen Kartenthemen aufgenommen worden. Im Rahmen der mehr als 150 neuen Karten ist das Angebot zur Geschichte der außereuropäischen Räume (z. B. zu Indien und China), zu wirtschafts- und sozialgeschichtlichen Themen (z. B. zur Ausbreitung von Krankheiten) und zu kulturgeschichtlichen Fragestellungen (z. B. Geschichte und Ausbreitung der Weltreligionen in den jeweiligen Epochen) erheblich erweitert worden. Diese thematischen Erweiterungen entsprechen dem Bedeutungszuwachs, den ökonomische, soziale und kulturelle Prozesse als Gegenstand der Geschichtswissenschaft und des historischen Unterrichts in den letzten Jahrzehnten erfahren haben. Ein besonderes Anliegen war es außerdem, das Kartenangebot zu zeitgeschichtlichen Themen auszuweiten (z. B. zur nationalsozialistischen Herrschaft).
2. Ergänzend zu den Karten bietet diese Ausgabe erstmals zusätzliches Informationsmaterial: Erläuternde Texte, Zeittabellen, Schaubilder und Grafiken ergänzen das Kartenbild und erweitern die Aussagekraft der Karten. Dem Wandel in der Informationsgesellschaft entsprechend entwickelt sich der PUTZGER mit dieser Ausgabe von einem Geschichtsatlas zu einem Handbuch der Geschichte, das als Arbeitsmittel im Geschichtsunterricht die selbstständige Erarbeitung eines historischen Überblicks ermöglicht. Die Formatvergrößerung hat dieses Zusatzangebot ermöglicht, ohne die Größe und Aussagekraft der Karten zu beeinträchtigen.

3. Ohne auf die epochale Chronologie als leitende Gliederung der Kartenabfolge zu verzichten, ist sie durch eine thematische Strukturierung als Feingliederung des Karten- und Materialangebotes ergänzt worden: Jede Doppelseite widmet sich einem bestimmten Raum oder einem bestimmten Thema. Diese Änderung ermöglicht es, sich ohne aufwendige Suche im Atlas „auf einen Blick" zu einem historischen Thema umfassend zu informieren und historische Zusammenhänge zu erarbeiten.

Mit dem Formatwechsel kehrt der PUTZGER in der äußeren Gestalt zu seinen Anfängen zurück, da schon die erste Auflage 1877 im Atlasformat erschienen ist. Auch dies ist ein Ausdruck dafür, dass Herausgeber und Verlag sich bei dieser Neubearbeitung davon haben leiten lassen, die bisherige PUTZGER-Tradition mit den gewandelten Anforderungen der Geschichtswissenschaft und Geschichtsdidaktik an ein Arbeitsmittel für den modernen historischen Unterricht zu verbinden. Herausgeber und Verlag hoffen, mit dieser Jubiläumsausgabe nicht nur allen historisch Interessierten einen universalgeschichtlichen Überblick von den Anfängen der Menschheit bis zur Gegenwart zu ermöglichen, sondern auch einen Beitrag zur Herausbildung eines kritischen Gegenwartsverständnisses im Geschichtsunterricht zu leisten.

Herausgeber und Verlag

INHALTSVERZEICHNIS

INHALTSVERZEICHNIS

NEUZEIT

EUROPA IN DER FRÜHEN NEUZEIT

DAS ZEITALTER DER REFORMATION

DAS ZEITALTER DER GLAUBENSKRIEGE

KOLONIALISMUS

ABSOLUTISMUS

INHALTSVERZEICHNIS

INHALTSVERZEICHNIS

Die unabhängigen Staaten der Erde 2001

Die folgende Staatenübersicht enthält Angaben zu allen am 1. April 2001 unabhängigen Staaten sowie den Überseegebieten und abhängigen Gebieten ehemaliger Kolonialmächte. Zur verfassungsmäßigen Hauptstadt (Ⓗ) ist in einigen Fällen der Regierungssitz ergänzt worden. Das Jahr der Unabhängigkeit (Ⓤ) ist nur bei den seit 1776 unabhängig gewordenen Staaten genannt; bei älteren Staaten, die ihre Unabhängigkeit längere Zeit verloren hatten, ist jedoch die erneute Erlangung der Unabhängigkeit vermerkt. Bei der Eintragung zur Staats- und Regierungsform (Ⓡ) ist eine möglichst genaue Definition der verfassungsmäßigen Staatsform in Verbindung mit dem zur Zeit bestehenden politischen Regierungssystem angestrebt worden. Unter der Mitgliedschaft (Ⓜ) werden die wichtigsten politischen, militärischen und wirtschaftlichen Organisationen aufgeführt, soweit sie auch im Kartenteil enthalten sind. Die historische Entwicklung der Staaten ist im lexikalischen Register unter dem jeweiligen Staatsnamen nachzulesen.

A

Afghanistan
Ⓗ Kabul Ⓡ nach Beendigung der sowjet. Intervention 1989 und Sturz der kommunist. Führung 1992 islamische Rep., weiterhin im Bürgerkrieg Ⓜ UNO

Ägypten
Ⓗ Kairo Ⓤ 1912 Ⓡ präsidiale Rep. s. 1953 Ⓜ UNO, Arab. Liga, OAU

Albanien
Ⓗ Tirana Ⓤ 1912 Ⓡ seit 1991 Übergang zu parlamentar. Rep. mit Mehrparteiensystem, 1998 neue Verfassung Ⓜ UNO, Europarat (s. 1995), OSZE (s. 1991)

Algerien
Ⓗ Algier Ⓤ 1962 Ⓡ 1989 Umwandlung der sozialist. Volksrep. mit Einparteiensystem in demokrat. Rep., seit 1992 faktisch unter Kontrolle des Militärs Ⓜ UNO, OAU, Arab. Liga, OPEC, Maghreb-Union

Andorra
Ⓗ Andorra la Vella Ⓡ souverän. parlamentar. Fürstentum, s. 1993 Einschränkung des bisherigen Kondominats Spanien (Bischof v. Urgel)/Frankreich (Präsident d. Rep.) Ⓜ UNO, Europarat (s. 1994), OSZE

Angola
Ⓗ Luanda Ⓤ 1975 Ⓡ präsidiale Rep., nach Wahlen 1993 bis 1995 und s. 1999 erneuter Ausbruch des seit 1975 andauernden Bürgerkriegs, 1997 Regierung der nationalen Einheit, s. 1999 Notstandsregierung Ⓜ UNO, OAU

Antigua und Barbuda
Ⓗ St. John's Ⓤ 1981 Ⓡ parlamentar. Monarchie im Commonwealth Ⓜ UNO, OAS

Äquatorial-Guinea
Ⓗ Malabo Ⓤ 1968 Ⓡ Rep. mit starker Stellung des Präsidenten Ⓜ UNO, OAU

Argentinien
Ⓗ Buenos Aires Ⓤ 1810/16 Ⓡ präsidiale Bundesrep. Ⓜ UNO, OAS, ALADI

Armenien
Ⓗ Eriwan Ⓤ 1918–20, erneut 1991 Ⓡ s. 1991 Übergang von kommunist. System zu präsidialer Rep. Ⓜ UNO, GUS, OSZE (s. 1992), Europarat (s. 2001)

Aserbaidschan
Ⓗ Baku Ⓤ 1918–20, erneut 1991 Ⓡ s. 1991 im Übergang von kommunist. System zu präsidialer Rep. (s. 1995) Ⓜ UNO, GUS, OSZE (s. 1992), Europarat (s. 2001)

Äthiopien
Ⓗ Addis Abeba (Sitz der OAU) Ⓡ s. 1994 parlamentar. Bundesrep. Ⓜ UNO, OAU

Australien
Ⓗ Canberra Ⓤ 1901/31 Ⓡ bundesstaatl. parlamentar. Monarchie im Commonwealth Ⓜ UNO, Commonwealth, OECD, ANZUS

B

Bahamas
Ⓗ Nassau Ⓤ 1973 Ⓡ parlamentar. Monarchie im Commonwealth Ⓜ UNO, Commonwealth, OAS

Bahrein
Ⓗ Manama Ⓤ 1971 Ⓡ absolute Monarchie (Emirat) Ⓜ UNO, Arab. Liga

Bangladesh
Ⓗ Dakka Ⓤ 1971 Ⓡ parlamentar. Rep. mit starkem Einfluss des Militärs Ⓜ UNO, Commonwealth

Barbados
Ⓗ Bridgetown Ⓤ 1966 Ⓡ parlamentar. Monarchie im Commonwealth Ⓜ UNO, Commonwealth, OAS

Belau ▸ Palau

Belgien
Ⓗ Brüssel Ⓤ 1831 Ⓡ bundesstaatl. parlamentar. Monarchie (Königreich) Ⓜ UNO, EU, EWWU, Europarat, Benelux, EWR, OSZE, NATO, WEU, OECD

Belize
Ⓗ Belmopan Ⓤ 1981 Ⓡ parlamentar. Monarchie im Commonwealth Ⓜ UNO, Commonwealth, OAS

Belorussland, Belarus ▸ Weißrussland

Benin
Ⓗ Porto Novo, Regierungssitz Cotonou Ⓤ 1960 Ⓡ Übergang von marx.-leninist. Volksrep. zu präsidialen Rep. (s. 1991) Ⓜ UNO, OAU

Birma ▸ Myanmar

Bhutan
Ⓗ Thimphu Ⓤ 1907/71 Ⓡ konstitutionelle Monarchie (Königreich), außenpol. Vertretung durch Ind. Union Ⓜ UNO

Bolivien
Ⓗ Sucre (verfassungsmäßig, Reg.-Sitz La Paz) Ⓤ 1825 Ⓡ präsidiale Rep. Ⓜ UNO, OAS, ALADI

Bosnien und Herzegowina
Ⓗ Sarajevo Ⓤ 1992 Ⓡ nach Beendigung d. Nationalitätenkriegs s. 1996 Übergang zu gemeinsamer Rep. der kroatisch-bosnischen Föderation und der serbischen Rep. unter Hohem Beauftragten der Internat. Gemeinschaft Ⓜ UNO, OSZE (s. 1992), Europarat (Gaststatus)

Botswana
Ⓗ Gaborone Ⓤ 1966 Ⓡ präsidiale Rep. Ⓜ UNO, Commonwealth, OAU

Brasilien
Ⓗ Brasilia Ⓤ 1822 Ⓡ präsidiale Bundesrep. Ⓜ UNO, OAS, ALADI

Brunei
Ⓗ Bandar Seri Begawan Ⓤ 1984 Ⓡ absolute Monarchie (Sultanat) Ⓜ UNO, Commonwealth, ASEAN

Bulgarien
Ⓗ Sofia Ⓤ erneut 1908 Ⓡ nach Sturz des kommunist. Systems 1989 Übergang zu demokrat. Rep. Ⓜ UNO, Europarat (seit 1992), OSZE, Europa-Abkommen mit EU, assoz. WEU-Partner

Burkina-Faso (bis 1984 Obervolta)
Ⓗ Wagadugu Ⓤ 1960 Ⓡ präsidiale Rep. unter Führung des Militärs Ⓜ UNO, OAU

Burundi
Ⓗ Bujumbura Ⓤ 1962 Ⓡ präsidiale Rep. unter Militärregime, s. 1993 kriegerischer Hutu-/Tutsi-Konflikt Ⓜ UNO, OAU

C

Chile
Ⓗ Santiago de Chile Ⓤ 1810/18 Ⓡ präsidiale Rep. Ⓜ UNO, OAS, ALADI

China
Ⓗ Beijing (Peking) Ⓡ kommunist. Volksrep. Ⓜ UNO

China, Nationalrepublik ▸ Taiwan

Costa Rica
Ⓗ San José Ⓤ 1821/38 Ⓡ präsidiale Rep. Ⓜ UNO, OAS

Cote d'Ivoire ▸ Elfenbeinküste

D

Dänemark
Ⓗ Kopenhagen Ⓡ parlamentar. Monarchie (Königreich) Ⓜ UNO, EU, Europarat, EWR, OSZE, NATO, WEU (Beobachterstatus), Nord. Rat, OECD

Deutschland
Ⓗ Berlin, Regierungssitz bis 1999 Bonn Ⓡ parlamentar. Rep. Ⓜ UNO, EU, EWWU, Europarat, EWR, OSZE, NATO, WEU, OECD, G-8

Dominica
Ⓗ Roseau Ⓤ 1978 Ⓡ parlamentar. Rep. Ⓜ UNO, Commonwealth, OAS

Dominikanische Republik
Ⓗ Santo Domingo Ⓤ 1821/44 Ⓡ präsidiale Rep. Ⓜ UNO, OAS

Dschibuti
Ⓗ Dschibuti Ⓤ 1977 Ⓡ präsidialde Rep. Ⓜ UNO, OAU

E

Ecuador
Ⓗ Quito Ⓤ 1809/30 Ⓡ präsidiale Rep. Ⓜ UNO, OAS, ALADI, OPEC

Elfenbeinküste (offiz. Name Cote d'Ivoire)
Ⓗ Yamoussoukro (bis 1984 Abidjan) Ⓤ 1960 Ⓡ präsidiale Rep. mit Mehrparteiensystem Ⓜ UNO, OAU

El Salvador
Ⓗ San Salvador Ⓤ 1821/39 Ⓡ präsidiale Rep. Ⓜ UNO, OAS

Eritrea
Ⓗ Asmara Ⓤ 1993 Ⓡ präsidiale Rep. Ⓜ UNO, OAU

Estland
Ⓗ Tallinn (Reval) Ⓤ erneut 1991 Ⓡ parlamentar. Rep. Ⓜ UNO, Europarat (seit 1993), OSZE (s. 1991), Baltischer Rat, Europa-Abkommen mit EU, assoz. WEU-Partner

F

Fidschi
H Suva U 1970 R parlamentar. Rep. M UNO, Commonwealth (wieder s. 1997)

Finnland
H Helsinki U 1917 R parlamentar. Rep. M UNO, EU (seit 1995), EWWU, Europarat, EWR, Nord. Rat, WEU (Beobachterstatus), OSZE, OECD

Frankreich
H Paris R demokrat. Rep. mit einer Mischform aus Präsidial- und parlamentar. System mit starker Stellung des Staatspräsidenten M UNO, EU, EWWU, Europarat, EWR, OSZE, NATO, WEU, OECD, G-8

G

Gabun
H Libreville U 1960 R präsidiale Rep. mit starker Stellung des Präsidenten M UNO; OAU, OPEC

Gambia
H Banjul U 1965 R präsidiale Rep. M UNO, Commonwealth, OAU

Georgien
H Tiflis U 1918–21, erneut 1991 R s. 1991 Übergang vom kommunist. System zu präsidialer Rep, Nationalitätenkonflikte M UNO, Europarat (s. 1999), GUS, OSZE (s. 1992)

Ghana
H Accra U 1957 R präsidiale Rep. M UNO, Commonwealth, OAU

Grenada
H St. George's U 1974 R parlamentar. Monarchie im Commonwealth M UNO, Commonwealth, OAS

Griechenland
H Athen U 1821/30 R parlamentar. Rep. M UNO, EU, EWWU, Europarat, EWR, OSZE, NATO, WEU (s. 1995), OECD

Großbritannien
H London R parlamentar. Monarchie (Königreich) M UNO, Commonwealth, EU, Europarat, EWR, OSZE, NATO, WEU, OECD, G-8

Guatemala
H Ciudad de Guatemala U 1821/39 R präsidiale Rep., bis 1996 Bürgerkrieg M UNO, OAS

Guinea
H Conakry U 1958 R präsidiale Rep. M UNO, OAU

Guinea-Bissau
H Bissau U 1974 R präsidiale Rep. M UNO, Commonwealth, OAU, mit EU assoziiert

Guyana
H Georgetown U 1966 R präsidiale Rep. M UNO, Commonwealth, OAS

H

Haiti
H Port-au-Prince U 1801/04 R präsidiale Rep. (1991–94 Militärregime) M UNO, OAS

Honduras
H Tegucigalpa U 1821/38 R präsidiale Rep. M UNO, OAS

I

Indien
H Neu-Delhi U 1947 R parlamentar. bundesstattl. Rep. M UNO, Commonwealth

Indonesien
H Jakarta U 1945/49 R zentralist. Präsidialrep. unter Einfluss des Militärs M UNO, ASEAN, OPEC

Irak
H Bagdad U 1930/32 R sozialist. Präsidialrep., faktisch Einparteiendiktatur M UNO, Arab. Liga, OPEC

Iran
H Teheran R theokrat. islam. Präsidialrep. M UNO, OPEC

Irland
H Dublin U 1921/37 R parlamentar. Rep. M UNO, EU, EWWU, Europarat, EWR, OSZE, WEU (Beobachterstatus), OECD

Island
H Reykjavik U erneut 1918/44 R parlamentar. Rep. M UNO, Nord. Rat, Europarat, EWR, OSZE, NATO (ohne Streitkräfte), mit WEU assoziiert, EFTA

Israel
H Jerusalem U 1948 R parlamentar. Rep. M UNO, mit EU assoziiert

Italien
H Rom R parlamentar. Rep. M UNO, EU, EWWU, Europarat, EWR, OSZE, NATO, WEU, OECD, G-8

J

Jamaika
H Kingston U 1962 R parlamentar. Monarchie im Commonwealth M UNO, OAS

Japan
H Tokio R parlamentar. Monarchie (Kaiserreich) M UNO, OECD, G-8

Jemen
(22.5.1990 Vereinigung von „Arabischer Republik" und „Dem. Volksrep. Jemen") H Sana U erneut 1918 bzw. 1967 R islam. Präsidialrep. M UNO, Arab. Liga

Jordanien
H Amman U 1946 R parlamentar. Monarchie M UNO, Arab. Liga

Jugoslawien (Serbien und Montenegro)
H Belgrad U Serbien u. Montenegro erneut 1878 R nach Zerfall des jugoslav. Bundesstaates 1991 erklärten sich Serben und Montenegro zum Nachfolgestaat, parlamentar. Bundesrep. M UNO (1992–2000 Mitarbeit suspendiert), Europarat (1992 Ausschluss), OSZE (s. 1992 Mitarb. suspendiert)

K

Kambodscha
H Phnom Penh U 1949/54 R parlamentar. Monarchie M UNO, ASEAN (s. 1999)

Kamerun
H Yaounde U 1960 R präsidiale Rep. M UNO, Commonwealth (s. 1995), OAU

Kanada
H Ottawa U 1867/1931 R bundesstaatl. parlamentar. Monarchie im Commonwealth M UNO, Commonwealth, NATO, OAS, OECD, OSZE, G-8

Kap Verde
H Praia U 1975 R präsidiale Rep. M UNO, OAU, s. 1998 Währungsverbund m. Portugal

Kasachstan
H Astana (defacto Almaty) U 1991 R Präsidialrep. M UNO, GUS, OSZE (s. 1992)

Katar
H Doha U 1971 R absolute Monarchie (Emirat) M UNO, Arab. Liga, OPEC

Kenia
H Nairobi U 1963 R präsidiale Rep. M UNO, Commonwealth, OAU

Kirgisien (Kirgisistan)
H Bischkek (bis 1991 Frunse) U 1991 R s. 1991 Präsidialrep. M UNO, GUS, OSZE (s. 1992)

Kiribati
H Bairiki U 1979 R präsidiale Rep. M Commonwealth, UNO (s. 1999)

Kolumbien
H Bogotâ U 1810/19 R präsidiale Rep. M UNO, OAS, ALADI

Komoren
H Moroni U 1975 R islamische präsidiale Bundesrep. M UNO, OAU, Arab. Liga (s. 1993)

Kongo, Demokratische Republik (Zaire)
H Kinshasa U 1960 R präsidiale Rep. mit Militärregime, s. 1998 erneut Bürgerkrieg M UNO, OAU

Kongo
H Brazzaville U 1960 R s. 1991 Übergang von kommunist. Volksrep. zu präsidialer Rep. M UNO, OAU

Korea, Demokratische Volksrepublik (Nord-)
H Pjöngjang U erneut 1945 R kommunist. Volksrep. M UNO

Korea, Republik (Süd-)
H Seoul U erneut 1945 R präsidiale Rep. M UNO, OECD (s. 1996)

Kroatien
H Zagreb U erneut 1991 R parlamentar. Rep. M UNO, OSZE, Europarat (s. 1996)

Kuba
H Havanna U 1898/1934 R sozialist. Rep. mit kommunist. Einparteiensystem M UNO, OAS (faktisch ausgeschlossen)

Kuwait
H Kuwait City U 1961 R absolute Monarchie (Emirat) M UNO, Arab. Liga, OPEC

Laos
H Vientiane U 1949/54 R demokrat. Volksrep. M UNO, ASEAN (s. 1997)

L

Lesotho
H Maseru U 1966 R parlamentar. Monarchie (Königreich) M UNO, Commonwealth, OAU

Lettland
H Riga U 1918–40, erneut 1991 R parlamentar. Rep. M UNO, Europarat (seit 1995), OSZE, Baltischer Rat, Europa-Abkommen mit EU, assoz. WEU-Partner

Libanon
H Beirut U 1941/43 R parlamentar. Rep. mit Religionsproporz M UNO, Arab. Liga

Liberia
H Monrovia U 1822/47, 1990–96 Bürgerkrieg R präsidiale Rep. M UNO, OAU

Libyen
H Tripolis U 1951 R islamisch-sozialist. Volks-rep. M UNO, OAU, Arab. Liga, OPEC, Maghreb-Union

Liechtenstein
H Vaduz R parlamentar. Monarchie (Fürstentum) M UNO, Europarat, EFTA, EWR, OSZE

Litauen
H Vilnius (Wilna) U 1918–40, erneut 1991 R parlamentar. Rep. M UNO, Europarat (s. 1993), OSZE, Baltischer Rat, Europa-Abkommen mit EU, assoz. WEU-Partner

Luxemburg
H Luxemburg U 1866/90 R parlamentar. Mon-archie (Großherzogtum) M UNO, EU, EWWU, Eu-roparat, Benelux, EWR, OSZE, NATO, WEU, OECD

M

Madagaskar
H Antananarivo U 1960 R Übergang von sozialist. Rep. zu Präsidialrep. M UNO, OAU

Makedonien/Mazedonien
H Skopje U 1991 R parlamentar. Rep. M UNO, Europarat (s. 1995), OSZE, m. EU assoz. (s. 2001)

Malawi
H Lilongwe U 1964 R präsidiale Republik M UNO, Commonwealth, OAU

Malaysia
H Kuala Lumpur U 1957/63 R bundesstaatl. par-lamentar. Wahlmonarchie unter einem auf 5 Jahre zum König gewählten Fürsten M UNO, Common-wealth, ASEAN

Malediven
H Malé U 1965 R präsidiale Rep. M UNO, Commonwealth

Mali
H Bamako U 1960 R präsidiale Rep. M UNO, OAU

Malta
H Valletta U 1964 R parlamentar. Rep. M UNO, Commonwealth, Europarat, OSZE, mit EU assozi-iert

Marokko
H Rabat U erneut 1956 R konstitutionelle Mon-archie (Königreich) M UNO, Arab. Liga, OAU, Maghreb-Union, mit EU assoziiert

Marshall-Inseln
H Dalap-Uliga-Darrit U 1990 R präsidiale Rep. M UNO, freie Assoz. mit USA

Mauretanien
H Nouakchott U 1960 R Präsidialrep. im Über-gang zu islamischer Rep. M UNO, Arab. Liga, OAU, Maghreb-Union

Mauritius
H Port Louis U 1968 R parlamentar. Rap. im Commonwealth M UNO, Commonwealth, OAU

Mexiko
H Mexiko-Stadt U 1810/21 R bundesstaatl. präsi-diale Rep. M UNO, OAS, ALADI, OECD (s. 1994)

Mikronesien
H Kolonia U 1990 R bundesstaatl. präsidiale Rep. M UNO

Moldawien
H Chisinau (Kischinew) U 1991 R s. 1991 Über-gang vom kommunist. System zu parlamentar. Rep. (1994) M UNO, GUS, OSZE

Monaco
H Monaco Ville R konstitutionelle Monarchie (Fürstentum) M UNO, OSZE

Mongolei
H Ulan-Bator U 1921 R s. 1991 Übergang vom kommunist. System zu parlamentar. Rep. (1992) M UNO

Mosambik
H Maputo U 1975 R s. 1990 Übergang von sozialist. Volksrep. zu parlamentar. Rep. (1994) M UNO, OAU, Commonwealth (s. 1995)

Myanmar (bis 1988 Birma)
H Rangun, 1989 in Yangon umbenannt U erneut 1948 R Rep. mit Militärregime M UNO, ASEAN (s. 1997)

N

Namibia
H Windhuk U 1990 R parlamentar. Rep. M UNO, OAU, Commonwealth

Nauru
H Yaren U 1968 R parlamentar. Rep. M Com-monwealth

Nepal
H Katmandu R konstitutionelle Monarchie (Königreich) M UNO

Neuseeland
H Wellington U 1907/31 R parlamentar. Monar-chie im Commonwealth M UNO, Common-wealth, OECD, ANZUS

Nicaragua
H Managua U 1821/38 R präsidiale Rep. M UNO, OAS

Niederlande
H Amsterdam, Regierungssitz Den Haag R parla-mentar. Monarchie (Königreich) M UNO, EU, EWWU, Europarat, Benelux, EWR, OSZE, NATO, WEU, OECD

Niger
H Niamey U 1960 R präsidiale Rep. M UNO, OAU

Nigeria
H Abujai (offiziell, faktisch Lagos) U 1960 R bundesstaatl. präsidiale Rep., ethnische Un-ruhen M UNO, Commonwealth, OAU, OPEC

Norwegen
H Oslo U erneut 1905 R parlamentar. Monar-chie (Königreich) M UNO, Europarat, NATO, m. WEU assoz., OECD, EFTA, EWR, OSZE, Nord. Rat

O

Oman
H Maskat U erneut voll unabh. 1951 R absolute Monarchie (Sultanat) M UNO, Arab. Liga

Österreich
H Wien R parlamentar. Bundesrep. M UNO, EU (seit 1995), EWWU, Europarat, OECD, EWR, OS-ZE, WEU (Beobachterstatus)

P

Pakistan
H Islamabad U 1947 R islamische-föderative Rep. M UNO, Commonwealth

Palau (Belau)
H Koror U 1994 R präsidiale Rep. mit freiem Assoziationsvertrag mit USA M UNO

Panama
H Panama U 1903/36 R präsidiale Rep. M UNO, OAS

Papua-Neuguinea
H Port Moresby U 1975 R parlamentar. Monar-chie im Commonwealth M UNO, Common-wealth, ASEAN-Beobachterstatus (1984)

Paraguay
H Asuncion U 1811 R präsidiale Rep. M UNO, OAS, ALADI

Peru
H Lima U 1821 R: präsidiale Rep. M UNO, OAS, ALADI

Philippinen
H Manila U 1946 R präsidiale Rep. M UNO, ASEAN

Polen
H Warschau U erneut 1918 R parlamentar. Rep. mit starker Stellung des Präsidenten M UNO, Europarat, OSZE, Europa-Abkommen mit EU, OECD (1996), NATO (1999), m. WEU assoz.

Portugal
H Lissabon R parlamentar. Rep. M UNO, EU, EWWU, Europarat, EWR, OSZE, NATO, WEU, OECD (s. 1998 Währungsverbund mit Kap Verde)

R

Ruanda
H Kigali U 1962 R Präsidialrep. M UNO, OAU

Rumänien
H Bukarest U 1877/78 R parlamentar. Rep. M UNO, Europarat (s. 1993), OSZE, Europa-Ab-kommen mit EU, assoz. WEU-Partner

Russland (Russische Föderation)
H Moskau R föderative Bundesrep. mit starker Stellung des Präsidenten M UNO, Europarat (s. 1996), GUS, OSZE, G-8

S

Sahara „DARS"
H El Alaiun U 1976 proklamiert, Recht auf Un-abhängigkeit des 1979 von Marokko annektierten Territoriums von UNO anerkannt R demokrat. arab. Rep., POLISARIO-Exilreg. in Algier, Referen-dum (UN) geplant M OAU

Saint Kitts und Nevis (St. Christopher und Nevis)
H Basseterre U 1983 R parlamentar. Monarchie im Commonwealth M UNO, OAS

Saint Lucia
H Castries U 1979 R parlamentar. Monarchie im Commonwealth M UNO, Commonwealth, OAS

Saint Vincent und die Grenadinen
H Kingstown U 1979 R parlamentar. Monar-chie im Commonwealth M UNO, Common-wealth, OAS, mit EU assoziiert

Salomonen
H Honiara U 1978 R parlamentar. Monarchie im Commonwealth M UNO, Commonwealth

Sambia
H Lusaka U 1964 R präsidiale Rep. M UNO, Commonwealth, OAU

Samoa
H Apia U 1962 R parlamentar. verfasste Häuptlingsaristokratie mit auf Lebenszeit gewähl-tem Oberhaupt M UNO, Commonwealth

San Marino
Ⓗ San Marino Ⓡ parlamentar. Rep. Ⓜ UNO, Europarat, OSZE, Zollunion mit Italien

São Tomé und Principe
H: São Tomé Ⓤ 1975 Ⓡ präsidiale Rep. Ⓜ UNO, OAU

Saudi-Arabien
Ⓗ Er Riad Ⓤ 1901/32 Ⓡ islamische absolute Monarchie (Königreich) Ⓜ UNO, Arab. Liga, OPEC

Schweden
Ⓗ Stockholm Ⓡ parlamentar. Monarchie (Königreich) Ⓜ UNO, EU (s. 1995), Nord. Rat, Europarat, EWR, OSZE, OECD, WEU (Beobachterstatus)

Schweiz
Ⓗ Bern Ⓡ parlamentar.-direktdemokrat. Bundesrep. Ⓜ Europarat, OECD, EFTA, OSZE, bilateraler Vertrag mit EU 1998

Senegal
Ⓗ Dakar Ⓤ 1960 Ⓡ präsidiale Rep. Ⓜ UNO, OAU

Seychellen
Ⓗ Victoria Ⓤ 1976 Ⓡ präsidiale sozialist. Rep. Ⓜ UNO, Commonwealth, OAU

Sierra Leone
Ⓗ Freetown Ⓤ 1961 Ⓡ präsidiale Rep. Ⓜ UNO, Commonwealth, OAU, seit 1991 Bürgerkrieg

Simbabwe
H: Harare (früher Salisbury) Ⓤ 1980 Ⓡ präsidiale Rep. Ⓜ UNO, Commonwealth, OAU

Singapur
Ⓗ Singapur Ⓤ 1965 Ⓡ parlamentar. Rep. Ⓜ UNO, Commonwealth, ASEAN

Slowakei
Ⓗ Bratislava Ⓤ 1993 (1918 als Teil der Tschechoslowakei) Ⓡ parlamentar. Rep. Ⓜ UNO, Europarat (s. 1991/93), OSZE, Europa-Abkommen mit EU, assoz. WEU-Partner

Slowenien
Ⓗ Ljubljana Ⓤ 1991 Ⓡ parlamentar. Rep. Ⓜ UNO, Europarat (s. 1993), OSZE, Europa-Abkommen mit EU, assoz. WEU-Partner

Somalia
Ⓗ Mogadischu Ⓤ 1960 Ⓡ Rep. 1991–2000 im Bürgerkrieg (1992–94 UN-Intervention) Ⓜ UNO, Arab. Liga, OAU

Spanien
Ⓗ Madrid Ⓡ parlamentar. Monarchie (Königreich) Ⓜ UNO, EU, EWWU, Europarat, EWR, OSZE, NATO (s. 1996 mit militär. Integration), WEU, OECD

Sri Lanka
Ⓗ Colombo Ⓤ 1948 Ⓡ sozial. Präsidialrep. Ⓜ UNO, Commonwealth

Südafrika
Ⓗ Pretoria (Regierungssitz) und Kapstadt (Parlamentssitz) Ⓤ 1910/31 Ⓡ parlamentar. Bundesrep. Ⓜ UNO, Commonwealth (Wiederaufnahme 1993), OAU

Sudan
Ⓗ Khartum Ⓤ 1956 Ⓡ islam. präsidiale Einparteienrep., seit Militärputsch 1989 Verfassung suspendiert (s. 1983 Bürgerkrieg) Ⓜ UNO, Arab. Liga, OAU

Suriname
Ⓗ Paramaribo Ⓤ 1975 Ⓡ präsidiale Rep. Ⓜ UNO, OAS

Swasiland
Ⓗ Mbabane Ⓤ 1968 Ⓡ autoritäre Monarchie (Königreich) in Zusammenarbeit mit Stammesräten Ⓜ UNO, Commonwealth, OAU

Syrien
Ⓗ Damaskus Ⓤ 1941/44 Ⓡ präsidiale volksdemokrat. Rep. Ⓜ UNO, Arab. Liga

T

Tadschikistan
Ⓗ Duschanbe Ⓤ 1991 Ⓡ s. 1991 Übergang vom kommunist. System zu Präsidialrep. Ⓜ UNO, GUS, OSZE

Taiwan (China, Republik)
Ⓗ Taipeh Ⓤ 1945/50 Ⓡ präsidiale Rep.

Tansania
Ⓗ Dodoma, Regierungssitz Daressalam Ⓤ Tanganijka 1961, Sansibar 1963, Föderation 1964 Ⓡ föderative präsidiale Rep. Ⓜ UNO, Commonwealth, OAU

Thailand
Ⓗ Bangkok Ⓡ parlamentar. Monarchie (Königreich) unter starkem Einfluss des Militärs Ⓜ UNO, ASEAN

Togo
Ⓗ Lomé Ⓤ 1960 Ⓡ präsidiale Rep. Ⓜ UNO, OAU

Tonga
Ⓗ Nukualofa Ⓤ 1970 Ⓡ konstitutionelle Monarchie eigenen Typs (Königreich mit starker Stellung des Monarchen) Ⓜ Commonwealth, UNO (s. 1999)

Trinidad und Tobago
Ⓗ Port of Spain Ⓤ 1962 Ⓡ präsidiale Rep. Ⓜ UNO, Commonwealth, OAS

Tschad
Ⓗ N'Djaména Ⓤ 1960 Ⓡ präsidiale Rep., seit 1975 Militärregime, im Übergang zu parlamentar. Rep. Ⓜ UNO, OAU

Tschechische Republik (Tschechien)
Ⓗ Prag Ⓤ 1993 (seit 1918 als Teil der Tschechoslowakei) Ⓡ parlamentar. Rep. Ⓜ UNO, Europarat (s. 1991/93), OSZE, Europa-Abkommen mit EU, OECD (s. 1995), NATO (1999), m. WEU assoz.

Tunesien
Ⓗ Tunis Ⓤ 1956 Ⓡ präsidiale Rep. Ⓜ UNO, Arab. Liga, OAU, Maghreb-Union, mit EU assoziiert

Türkei
Ⓗ Ankara Ⓡ parlamentar. Rep. Ⓜ UNO, Europarat, OSZE, NATO, mit WEU assoziiert, OECD, mit EU assoziiert (s. 1996 Zollunion)

Turkmenistan
Ⓗ Aschgabat Ⓤ 1991 Ⓡ im Übergang vom kommunist. System zu Präsidialrep. (1992) Ⓜ UNO, GUS, OSZE

Tuvalu
Ⓗ Vaiaku Ⓤ 1978 Ⓡ parlamentar. Monarchie im Commonwealth Ⓜ Commonwealth, UNO (s. 2000)

U

Uganda
Ⓗ Kampala Ⓤ 1962 Ⓡ präsidiale Rep. unter starkem Einfluss des Militärs Ⓜ UNO, Commonwealth, OAU

Ukraine
Ⓗ Kiew Ⓤ 1918–19, erneut 1991 Ⓡ s. 1991 Übergang vom kommunist. System zu präsidialer Rep. (1994) Ⓜ UNO, Europarat (s. 1995), GUS, OSZE

Ungarn
Ⓗ Budapest Ⓡ parlamentar. Rep. Ⓜ UNO, Europarat (s. 1990), OSZE, Europa-Abkommen mit EU, OECD (s. 1996), NATO (1999), mit WEU assoziiert

Uruguay
Ⓗ Montevideo Ⓤ 1811/28 Ⓡ präsidiale Rep. Ⓜ UNO, OAS, ALADI

Usbekistan
Ⓗ Taschkent Ⓤ 1991 Ⓡ Rep. im Übergang vom kommunist. System zu präsid. Rep. Ⓜ UNO, GUS, OSZE

V

Vanuatu
Ⓗ Port Vila Ⓤ 1980 Ⓡ parlamentar. Rep. Ⓜ UNO, Commonwealth

Vatikanstadt
Ⓗ erneut 1929 Ⓡ theokrat. absolute Wahlmonarchie Ⓜ OSZE (Beobachterstatus bei Europarat, UNO und OECD)

Venezuela
Ⓗ Caracas Ⓤ 1811/30 Ⓡ präsidiale Rep. Ⓜ UNO, OAS, ALADI, OPEC

Vereinigte Arabische Emirate
Ⓗ Abu Dhabi Ⓤ 1971 Ⓡ Föderation von 7 absoluten Monarchien unter einem Wahlmonarchen auf Zeit Ⓜ UNO, Arab. Liga, OPEC

Vereinigte Staaten von Amerika (USA)
Ⓗ Washington Ⓤ 1776 Ⓡ bundesstaatl. präsidiale Rep. Ⓜ UNO, OAS, NATO, OECD, ANZUS, OSZE, G-8

Vietnam
Ⓗ Hanoi Ⓤ erneut 1945/54 Ⓡ sozialist. Einparteienrep. Ⓜ UNO, ASEAN (s. 1995)

W

Weißrussland (Belarus)
Ⓗ Minsk Ⓤ 1991 Ⓡ Rep. im Übergang vom kommunist. System zu präsidialer Rep. (1994), 1999 Unionsvertrag mit Russland Ⓜ UNO, GUS, OSZE, Europarat (Gaststatus s. 1997 susp.)

Z

Zentralafrikanische Republik
Ⓗ Bangui Ⓤ 1960 Ⓡ präsidiale Rep. Ⓜ UNO, OAU

Zypern
(seit 1974 in griech.-zypriot. und türk.-zypriotischen Staat geteilt, 1983 proklam. „Türkische Republik Nordzypern", international nicht anerkannt)
Ⓗ Nikosia Ⓤ 1960 Ⓜ UNO, Commonwealth, Europarat, mit EU assoziiert

Überseeische und autonome Teilgebiete sowie abhängige Gebiete ehemaliger Kolonialmächte

1. Dänemark

Autonome Teile des Königreichs Dänemark mit eigenem Landesparlament und eigener Landesregierung:
Faröer Inseln
- H Thorshayn R 1948 autonom M außerhalb EU

Grönland
- H Nuuk R 1953 gleichber. Teil Dänemarks, s. 1979 innere Autonomie M außerhalb EU

2. Frankreich

Übersee-Departments, seit 1946 voll integrierte Teile des Mutterlandes mit Vertretung im französischen Parlament (Départments d'outre-mer/D.O.M.):
Französisch Guayana
- H Cayenne

Guadeloupe
- H Basse-Terre

Martinique
- H Fort-de-France

Réunion
- H St.-Denis

Gebietskörperschaften mit Interimsstatus zwischen Departement und Territorium:
Mayotte
- H Dzaoudzi

Saint-Pierre und Miquelon
- H St. Pierre

Übersee-Territorien mit beschränkter Selbstverwaltung (Territoires d'outre-mer/T.O.M.):
Französisch-Polynesien
- H Papéete R beschränkte Selbstverwaltung durch gewählte Territorialversammlung

Neukaledonien
- H Nouméa R 1988 beschränkte Selbstverwaltung unter franz. Gouverneur

Wallis und Futuna
- H Mata'utu R beschränkte Selbstverwaltung durch Territorialrat

3. Großbritannien

Mit der britischen Krone unmittelbar verbundene Gebiete (Crown Dependencies, außerhalb der EU):
Kanal-Inseln
- R Staatsgewalt bei Ständeparlamenten

Man
- R Legislative bei Gesetzgebendem Rat

Abhängige Gbiete mit unterschiedlichem Grad von Selbstverwaltung (Dependent Territories):
Anguilla
- H Regierungssitz in „The Valley" R Dependent Territory mit beschränkter Selbstverwaltung

Bermuda-Inseln
- H Hamilton R Kronkolonie mit innerer Autonomie

Cayman-Inseln
- H Georgetown R Kronkolonie mit beschränkter Selbstverwaltung

Falkland-Inseln (Malwinen)
- H Port Stanley R Kronkolonie mit beschränkter Selbstverwaltung, von Argentinien beansprucht

Gibraltar
- R Brit. Dominion

Jungferninseln
- H Road Town R Kronkolonie

Sankt Helena
- H Jamestown R Kronkolonie

Turks- und Calcos-Inseln
- H Cockburn Town R Kronkolonie

4. Niederlande

Autonome Teile des Königreichs der Niederlande mit eigenem Parlament und eigener Regierung:
Union der Niederländischen Antillen
- H Willemstad (auf Curaçao) R seit 1954 autonom

Aruba
- H Oranjestad R Sonderstatus seit 1986

5. Vereinigte Staaten von Amerika

Außengebiete bzw. unter Treuhandverwaltung der USA stehende Gebiete (US-Commonwealth Territories):
Guam
- H Agana R dem US-Innenmin. unterstelltes Gebiet mit US-Gouverneur und innerer Autonomie seit 1982

Jungferninseln
- H Charlotte Amalie R dem US-Innenmin. unterstelltes Gebiet mit gewähltem US-Gouverneur

Marianen (Nördliche Marianen)
- H Chalan Kanoa R vertraglich festgelegtes Außengebiet der USA mit eigener parlamentar. Vertretung und innerer Autonomie (1986), 1990 Aufhebung der UN-Treuhandschaft

Puerto Rico
- H San Juan R mit USA assoziierter Inselstaat mit gewähltem US-Gouverneur und innerer Autonomie

Samoa-Inseln (Amerikan.-Samoa)
- H Pago Pago, Fagatogo (Reg.-Sitz) R dem US-Innenmin. unterstelltes Gebiet mit innerer Autonomie

Wichtige politische Zusammenschlüsse 2001

G Gründungsjahr M Mitgliedstaaten Z Ziele

ASEAN
Verband Südostasiatischer Nationen
(Association of South East Asian Nations)
G 1967 in Bangkok M Indonesien, Malaysia, Philippinen, Singapur und Thailand. Spätere Beitritte: Brunei (1984), Vietnam (1995), Laos (1997), Myanmar (1997), Kambodscha (1999). Beobachter: Papua-Neuguinea (s. 1984) Z Förderung der wirtschaftlichen, sozialen u. kulturellen Zusammenarbeit in SO-Asien

EFTA
Europäische Freihandelszone
(European Free Trade Association)
G 1960 in Stockholm M nach Ausscheiden von Finnland, Österreich und Schweden aufgrund des Beitritts zur EU 1995 nur noch Island, Liechtenstein, Norwegen und Schweiz Z Beseitigung von Handelsschranken und Herstellung der Zollfreiheit; enge Kooperation mit der EU im Rahmen des Europäischen Wirtschaftsraumes (EWR) und des bilateralen Abkommens Schweiz/EU (1998/2001)

EU
Europäische Union
G 1967 als Zusammenschluss der 1951 in Paris gegr. Europ. Gemeinschaft f. Kohle und Stahl (EGKS) sowie der 1957 in Rom gegr. Europ. Wirtschaftsgemeinschaft (EWG) und Europ. Atomgemeinschaft (Euratom) M Belgien, Bundesrep. Deutschland, Frankreich, Italien, Luxemburg, Niederlande. Spätere Erweiterungen: Dänemark, Großbritannien u. Irland 1973, Griechenland 1981, Portugal u. Spanien 1986, Finnland, Österreich u. Schweden 1985, Europa-Abkommen mit beitrittswilligen mittel- und osteuropäischen Staaten Z Einheitliche Europäische Wirtschafts- und Währungsunion (WWU) sowie Politische Union

GUS
Gemeinschaft Unabhängiger Staaten
G 1991 in Alma Ata M Armenien, Aserbaidschan, Georgien, Kasachstan, Kirgisien, Moldawien, Russ. Föderation, Tadschikistan, Turkmenistan, Ukraine, Usbekistan, Weißrussland Z Wirtschaftl. und polit. Kooperation in einem Staatenbund nach Zerfall der UdSSR

NATO
Nordatlantische Allianz
(North Atlantic Treaty Organization)
G 1949 in Washington M Belgien, Dänemark, Bundesrep. Deutschland (1955), Frankreich, Griechenland (1952) Großbritannien, Island (ohne eigene Streitkräfte), Italien, Kanada, Luxemburg, Niederlande, Norwegen, Portugal, Spanien (1982), Türkei (1952), USA. Osterweiterung: Polen, Tschech. Rep. und Ungarn 1999. Weitere Beitritte angestrebt Z polit. militär. Bündnis zur gemeinsamen Verteidigung und Sicherung von Frieden und Freiheit; seit 1994 Vereinbarung der militärischen Zusammenarbeit mit den OSZE-Staaten in der „Partnerschaft für den Frieden"

OAS
Organisation Amerikanischer Staaten
G 1948 in Bogotà M 35 Staaten (alle unabh. Staaten Lateinamerikas – mit Ausnahme von Kuba – und USA und Kanada) Z Gemeinsame militärische Sicherung nach außen und friedliche Konfliktregelung unter den Mitgliedern

OAU
Organisation für Afrikanische Einheit
(Organisation de l'Unité Africaine = OUA bzw. Organization of African Unity = OAU)
G 1963 in Addis Abeba M 53 Staaten (alle unabh. Staaten Afrikas mit Ausnahme von Marokko) Z Förderung der Kooperation, Einheit und Solidarität der afrikan. Staaten

OSZE (bis 1995 KSZE)
Organisation (bis 1995 Konferenz) für Sicherheit und Zusammenarbeit in Europa
G 1975 durch KSZE-Schlussakte von Helsinki M 55 Staaten (alle unabh. Staaten Europas sowie Kanada und USA) Z bis 1990 blockübergreifendes Gesprächsforum, s. 1992 Regionalabkommen innerhalb der UNO für zwischenstaatliche Integration, Durchsetzung d. Menschenrechte u. Konfliktverhütung und -begrenzung

UNO
Organisation der Vereinten Nationen
(United Nations Organization)
G 1945 in San Francisco von 51 Gründungsstaaten M 189 unabh. Staaten Z Sicherung des Weltfriedens auf der Grundlage der Gleichberechtigung aller Staaten sowie der Selbstbestimmung und der friedlichen Zusammenarbeit aller Völker

Verzeichnis der Abkürzungen

Dieses Verzeichnis umfasst alle Abkürzungen, soweit sie nicht auf den Karten selbst erklärt werden. Nicht aufgenommen sind Abkürzungen, die allgemein bekannt sind oder sich leicht erschließen lassen sowie Adjektive und Adverbien mit der abgekürzten Endsilbe -lich und -isch (Beispiele: südl., venezian.).

abh. . . . . abhängig
ASSR . . . . Autonome Sozialistische Sowjetrepublik
Aug. . . . . August
außerh. . . . . außerhalb
auton. . . . . autonom
bedeut. . . . . bedeutend
Benedikt.-Abtei . . Benediktinerabtei
bes. . . . . besetzt
bg. . . . . -berg, -burg
Bm. . . . . Bistum
CDU . . . . Christlich-Demokratische Union
ČSSR . . . . Československá Socialistická Republika (Tschechoslowakei)
d. . . . . der, die, das
DDR . . . . Deutsche Demokratische Republik
Dep. . . . . Departement
Dez. . . . . Dezember
Dom. . . . . Dominion
dt. . . . . deutsch
Ebm., Erzbm. . . . Erzbistum
ehem. . . . . ehemalig
Eidgen. . . . . Eidgenossenschaft
endg. . . . . endgültig
Erzhzm. . . . . Erzherzogtum
europ. . . . . europäisch
Febr. . . . . Februar
Föd. . . . . Föderation
Frankenr. . . . . . . Frankenreich
Frankr. . . . . Frankreich
franz., frz. . . . . . . französisch
Freigft. . . . . Freigrafschaft
Fsm. . . . . Fürstentum
Ft. . . . . Fort
geg. . . . . gegen
gegr. . . . . gegründet
Gen. Gouv. . . . . . Generalgouvernement
Gft. . . . . Grafschaft
Gouv. . . . . Gouvernement
Gr. . . . . Große
Grfsm. . . . . Großfürstentum
Grhzm. . . . . Großherzogtum
H. . . . . Herrschaft
Handelspl. . . . . . Handelsplatz
heut. . . . . heutig
H.-I. . . . . Halbinsel
hist. . . . . historisch
hl., Hl. . . . . heilig
Hptst. . . . . Hauptstadt
Hzm. . . . . Herzogtum
I. . . . . Insel
Iae. . . . . Insulae
In. . . . . Inseln
innerh. . . . . innerhalb
Inselgr. . . . . Inselgruppe
internat. . . . . international
Int. Sphäre . . . . . Interessensphäre
ital. . . . . italienisch
Jan. . . . . Januar
jap. . . . . japanisch

Jh. . . . . Jahrhundert
Jtd. . . . . Jahrtausend
K. . . . . Kap
Kaiserr. . . . . Kaiserreich
kgl. . . . . königlich
Kgr. . . . . Königreich
kl. . . . . klein
Kol. . . . . Kolonie
Kurfsm. . . . . Kurfürstentum
KZ . . . . Konzentrationslager
L. . . . . Lacus (See)
Landsch. . . . . Landschaft
Leg.-Lager . . . . . Legionslager
Lgft. . . . . Landgrafschaft
Lüb. Stadtrecht . . Lübecker Stadtrecht
lux. . . . . luxemburgisch
M. . . . . Mons (Berg)
m. . . . . mit
ma. . . . . mittelalterlich
MA . . . . Mittelalter
Magdebg.
Stadtrecht . . . . . . Magdeburger Stadtrecht
mehrf. . . . . mehrfach
Mgft. . . . . Markgrafschaft
Mil. Gouv. . . . . . . Militärgouvernement
Mio. . . . . Millionen
Mitgl. . . . . Mitglied
mold. . . . . moldauisch
Mt. . . . . Mont, Mount
Mte. . . . . Monte
N, NO, NW . . . . . Norden, Nordosten, Nordwesten
nat.-soz. . . . . nationalsozialistisch
n. Chr. . . . . nach Christus
ndl., niederl. . . . . niederländisch
neutr. . . . . neutral
norw. . . . . norwegisch
Nov. . . . . November
NRW . . . . Nordrhein-Westfalen
NSDAP . . . . Nationalsozialistische Deutsche Arbeiterpartei
O . . . . Osten
okkup. . . . . okkupiert
Okt. . . . . Oktober
österr., Österr. . . . österreichisch, Österreich
P . . . . Pass
Pers.-Union . . . . . Personalunion
port. . . . . portugiesisch
Pr . . . . Promuntorium (Vorgebirge, Kap)
pr. . . . . preußisch
Prot. . . . . Protektorat
Prov. . . . . Provinz
Pt. . . . . Port
reform. . . . . reformiert
Rep. . . . . Republik
RSFSR . . . . Russische Sozialistische Föderative Sowjetrepublik
rum. . . . . rumänisch
s. . . . . seit
S. . . . . San, São
S, SO, SW . . . . . . Süden, Südosten, Südwesten
selbst. . . . . selbstständig
Sept. . . . . September
SFSR . . . . Sozialistische Föderative Sowjetrepublik
souv. . . . . souverän
sowj. . . . . sowjetisch
SPD . . . . Sozialdemokratische Partei Deutschlands
SS . . . . Schutzstaffel
SSR . . . . Sozialistische Sowjetrepublik
St. . . . . Sankt, Saint
Stützpkt. . . . . Stützpunkt

T. . . . . Templum
teilw. . . . . teilweise
u. . . . . und
UdSSR . . . . Union der Sozialistischen Sowjetrepubliken
unabh., Unabh. . . unabhängig, Unabhängigkeit
Univ. . . . . Universität
US . . . . United States (Vereinigte Staaten)
USA . . . . United States of America (Vereinigte Staaten von Amerika)
v. . . . . von
VAR . . . . Vereinigte Arabische Republik
Vas. . . . . Vasall
v. Chr. . . . . vor Christus
verein. . . . . vereinigt
Verw. . . . . Verwaltung
VR . . . . Volksrepublik
W . . . . Westen
WK . . . . Weltkrieg
z. . . . . zum, zur
zeitw. . . . . zeitweise
Zisterz.-Abtei . . . . Zisterzienserabtei
z. T. . . . . zum Teil
zus. . . . . zusammen
zw. . . . . zwischen
z. Zt. . . . . zur Zeit

Die Menschheit von 4 Millionen bis 1500 v. Chr.

Stationen der Menschheitsentwicklung

VORMENSCH: AUSTRALOPITHECUS („SÜDAFFE")

Der Vormensch lebte vor 4,4 bis 1 Million Jahren in Afrika. Er ging aufrecht, doch ist die Einordnung als Mensch wegen seines kleinen Gehirns umstritten (Größe 120–150 cm). Er stellte keine Werkzeuge her und ernährte sich vor allem von Pflanzen.

FRÜHMENSCH: HOMO HABILIS

Der Frühmensch lebte vor 2,5 bis 1,5 Millionen Jahren in den warmen Zonen Ost- und Südafrikas. Auch er ging aufrecht und erreichte mit 120–150 cm die Körperlänge heutiger Pygmäenstämme. Der Homo habilis fertigte seine Jagdwerkzeuge aus scharfkantigen Steinen und Kieseln (habilis, lat.: geschickt). Diese einfache werkzeugherstellende Gruppe wird nach Funden in der Oldoway-Schlucht (Ostafrika) auch als „Oldoway-Kultur" bezeichnet. Der Homo habilis ernährte sich von Pflanzen und Tieren.

URMENSCH: HOMO ERECTUS

Der Urmensch lebte vor 2 Millionen bis 30 000 Jahren, erst in Afrika, später auch in Asien und Europa. Seine Wanderungen setzten den Prozess der weltweiten Ausbreitung des Menschen in Gang. Seine Größe betrug 160–180 cm. Sein Gehirnvolumen erreichte im Lauf der Zeit drei Viertel des Gehirns des Jetztzeitmenschen. Er entdeckte die kontrollierte Verwendung des Feuers. Funde fein gearbeiteter Steinwerkzeuge (z. B. Faustkeile mit scharfen Splitterkanten), Schnittspuren und Abfälle lassen weitere Vermutungen zu: Der Homo erectus war ein Jäger, der auch Großwild erbeutete. Mit seinen Steinwerkzeugen zerlegte er die Beute und teilte sie an festen Rastplätzen im Gruppenverband auf. Daneben ernährte er sich auch von Pflanzen. Der Urmensch verließ als erste Menschenart das warme Klima Afrikas („Out-of-Africa"-Hypothese). Homo erectus-Populationen gelangten vor etwa 40 000 Jahren auch nach Süd- und Mitteleuropa, wo sie etwa 10 000 Jahre lang neben den eingeborenen Neandertalergruppen lebten.

NEANDERTALER: HOMO SAPIENS NEANDERTHALENSIS

Der Neandertaler lebte im Mittelpaläolithikum in den Tundren weiter Teile Europas und Vorderasiens. Die letzten Neandertaler sind um 28 000 v. Chr. in Südspanien bezeugt. Der Neandertaler war etwa 160 cm groß, stellte zahlreiche Steinwerkzeuge (Faustkeile aus Feuerstein, Abschlagwerkzeuge, Schaber und Messer) her, verwendete Farbstoffe und bestattete seine Toten mit Grabbeigaben, was auf eine ausgeprägte Jenseitsvorstellung schließen lässt. Sein Beiname „sapiens" bezeichnet ihn als „wissenden" Altmenschen. Jüngste Ergebnisse einer Genanalyse (1997) aus dem Fund eines Neandertalerskeletts scheinen die schon länger von Anthropologen geäußerte Vermutung zu bestätigen, dass der Neandertaler keine Stufe in der Entwicklung zum Jetztzeitmenschen darstellt. Er unterscheidet sich von diesem tatsächlich nicht nur äußerlich (gedrungene kräftige Körpergestalt, flach gewölbter Hirnschädel mit einem Volumen von 1500–1600 ccm, große runde Augenhöhlen und ein Unterkiefer ohne vorspringendes Kinn), sondern auch genetisch so stark, dass er wohl vielmehr zu einer parallel zum Homo sapiens sapiens entwickelten, aber vor etwa 30 000 Jahren ausgestorbenen Seitenlinie der Menschheit gehören dürfte. Als extrem auf

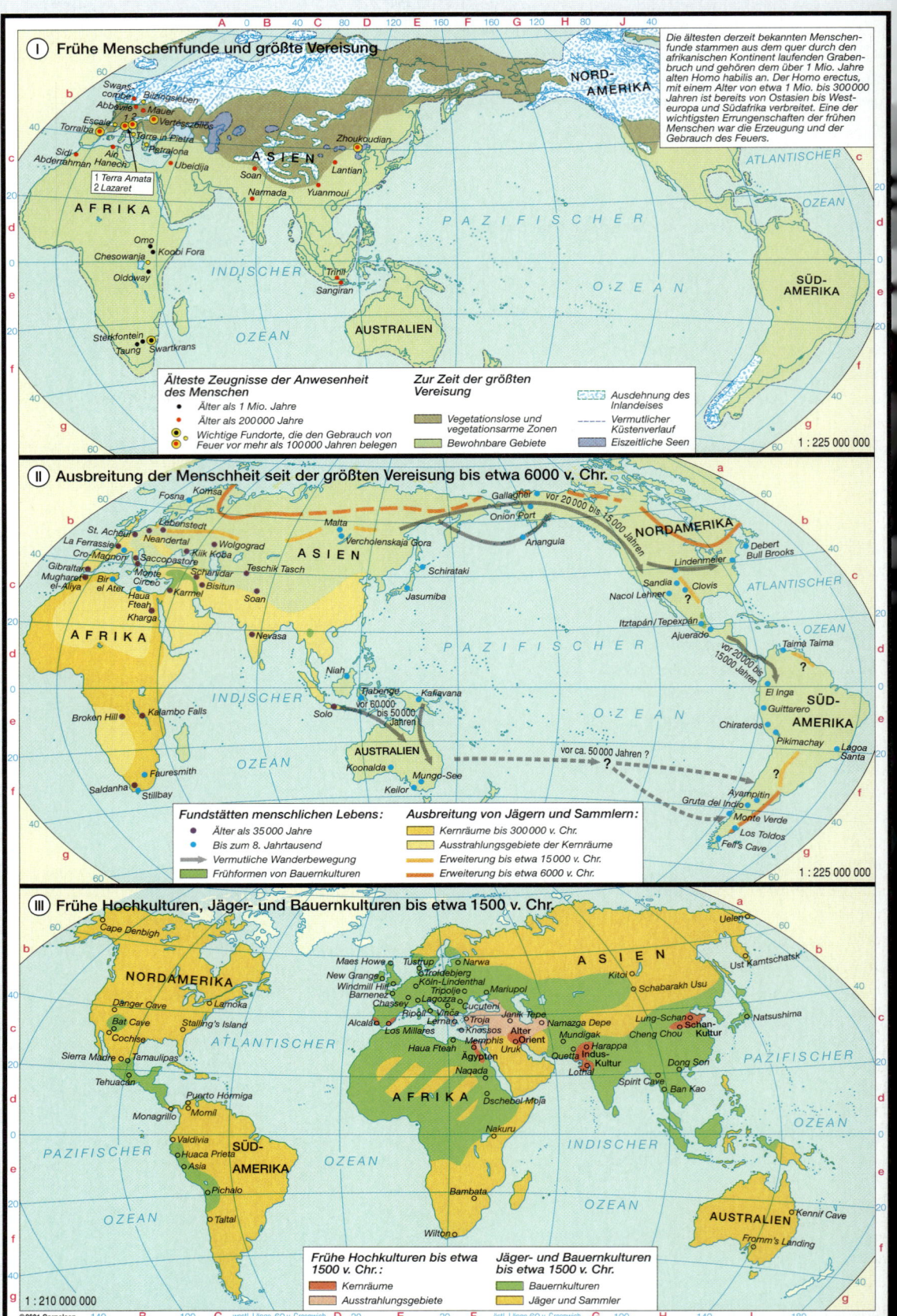

① **Frühe Menschenfunde und größte Vereisung**

Die ältesten derzeit bekannten Menschenfunde stammen aus dem quer durch den afrikanischen Kontinent laufenden Grabenbruch und gehören über 1 Mio. Jahre alten Homo habilis an. Der Homo erectus, mit einem Alter von etwa 1 Mio. bis 300 000 Jahren ist bereits von Ostasien bis Westeuropa und Südafrika verbreitet. Eine der wichtigsten Errungenschaften der frühen Menschen war die Erzeugung und der Gebrauch des Feuers.

Älteste Zeugnisse der Anwesenheit des Menschen
- ● Älter als 1 Mio. Jahre
- ● Älter als 200000 Jahre
- ◉ Wichtige Fundorte, die den Gebrauch von Feuer vor mehr als 100000 Jahren belegen

Zur Zeit der größten Vereisung
- Vegetationslose und vegetationsarme Zonen
- Bewohnbare Gebiete
- Ausdehnung des Inlandeises
- Vermutlicher Küstenverlauf
- Eiszeitliche Seen

1 : 225 000 000

② **Ausbreitung der Menschheit seit der größten Vereisung bis etwa 6000 v. Chr.**

Fundstätten menschlichen Lebens:
- ● Älter als 35000 Jahre
- ● Bis zum 8. Jahrtausend
- ➤ Vermutliche Wanderbewegung
- Frühformen von Bauernkulturen

Ausbreitung von Jägern und Sammlern:
- Kernräume bis 300000 v. Chr.
- Ausstrahlungsgebiete der Kernräume
- Erweiterung bis etwa 15000 v. Chr.
- Erweiterung bis etwa 6000 v. Chr.

1 : 225 000 000

③ **Frühe Hochkulturen, Jäger- und Bauernkulturen bis etwa 1500 v. Chr.**

Frühe Hochkulturen bis etwa 1500 v. Chr.:
- Kernräume
- Ausstrahlungsgebiete

Jäger- und Bauernkulturen bis etwa 1500 v. Chr.:
- Bauernkulturen
- Jäger und Sammler

1 : 210 000 000

©2001 Cornelsen

---

seine Umwelt spezialisierter Altmensch lebte er als Jäger und Sammler in der Tundra unter Bedingungen, die denen im heutigen nördlichen Lappland vergleichbar waren.

JETZTZEITMENSCH: HOMO SAPIENS SAPIENS

Der Jetztzeitmensch entwickelte sich vor 150 000 bis 100 000 Jahren in Ostafrika. Mehr noch als der Urmensch durchzog er die Erde in weit ausgreifenden Wanderungen nach Asien, Nordamerika (über die damals noch trockene Ebene der Beringstraße) und – von Insel zu Insel „springend" – in den Südsee-Raum: Aus den Homo sapiens sapiens-Gruppen entwickel-

ten sich die Grundformen der heutigen Menschenrassen. Der Homo sapiens sapiens (lat.: der verständige Mensch) erreichte eine Durchschnittsgröße von 170 cm, stellte Werkzeuge und Waffen aus Stein, Holz und Knochen her und glaubte an göttliche Mächte. Weltweite Funde förderten seine handwerklich-künstlerischen Erzeugnisse zu Tage wie Schmuck, Höhlenmalereien, kleine Figuren, Nähnadeln oder – wie die „Venus"-Figuren – primitive, aber bereits künstlerisch bearbeitete Statuetten. Wenn sich die Wandergruppen des Homo sapiens sapiens niederließen, lebten sie entweder als halbsesshafte Viehzüchter oder ganz sesshafte Bauern.

Bedeutende archäologische Fundstätten

Fund- und Ruinenstätten Eurasiens (Auswahl)

- Vorsteinzeitliche Funde 4 000 000–600 000 v. Chr.
- Altsteinzeit 600 000–10 000 v. Chr.
- Mittlere und Jüngere Steinzeit 10 000–2000 v. Chr.
- Bronzezeit 2000–750 v. Chr.
- Eisenzeit 750–350 v. Chr.
- Hellenistische und Römische Zeit

1 : 80 000 000

Fund- und Ruinenstätten Europas (Auswahl)

- Vorsteinzeitliche Funde 4 000 000–600 000 v. Chr.
- Altsteinzeit 600 000–10 000 v. Chr.
- Mittlere und Jüngere Steinzeit 10 000–2000 v. Chr.
- Bronzezeit 2000–750 v. Chr.
- Eisenzeit 750–350 v. Chr.

1 : 30 000 000

©2001 Cornelsen

Archäologische Funde – Zeugnisse aus schriftloser Zeit

VOR- UND FRÜHGESCHICHTE

Für einen sehr langen Abschnitt der Geschichte der Menschheit liegen keine oder nur sehr dürftige schriftliche Überlieferungen vor. Kenntnisse über diese Zeiträume kann die Forschung daher nur mit Hilfe von materiellen Hinterlassenschaften, mithin durch die Archäologie gewinnen. Mit den hier gewonnenen ältesten Zeugnissen der Menschheit bis zum Einsetzen schriftlicher Quellen beschäftigt sich die Vor- bzw. Urgeschichte, mit dem Zeitabschnitt vom Einsetzen der ersten schriftlichen Quellen bis zu dem Zeitpunkt, ab dem diese gegenüber den materiellen Quellen überwiegen, die Frühgeschichte.

DIE CHRONOLOGIE DER VORGESCHICHTE

Die ältesten von Menschen bzw. ihren Vorfahren hergestellten Werkzeuge (sogenannte Geröllgeräte, beispielsweise am Fluss Omo in Äthiopien) sind wohl dem Homo habilis zuzuordnen und vermutlich zwischen 1,75 und 2 Millionen Jahre alt. In der Abfolge der vorgeschichtlichen Perioden folgen dann auf die Steinzeit – heute prinzipiell unterteilt in Altsteinzeit, Mittelsteinzeit (jeweils Jäger und Sammler) und Jung-

steinzeit (erstes Auftreten von Ackerbau und Viehzucht) – die Bronze- und Eisenzeit.

Diese chronologische Ordnung wurde maßgeblich im 19. Jahrhundert von dem dänischen Archäologen Christian Jürgensen Thomsen (1788–1865) entwickelt. Bei der zeitlichen Unterteilung dieser Perioden unterscheidet man grundsätzlich zwischen einer relativen Chronologie, der lediglich zu entnehmen ist, ob ein Fundgegenstand oder ähnliches älter oder jünger als ein anderer ist, und der absoluten Chronologie, die das genaue Alter eines Gegenstandes, Grabes etc. ungefähr in Jahren anzugeben versucht. Hierbei kommen häufiger naturwissenschaftliche Methoden wie die C14-Methode (Datierung von Funden über Halbwertszeitanalysen darin enthaltener Stoffe) oder die Dendrochronologie (Datierung von Holzfunden mittels der Jahresringe und damit in Kontext zu setzender biologisch-chemischer Faktoren) zum Einsatz. Die Genauigkeit der dabei ermittelten Daten berechnet sich für die Ur- und Frühgeschichte allerdings eher in Jahrhunderten als in Jahrzehnten.

GEGENSTÄNDLICHE QUELLEN

Die gegenständlichen Überreste der menschlichen Existenz können in sehr unterschiedlichen Formen auftreten. Am klarsten erkennbar sind dabei natürlich die heute noch überirdisch sichtbaren Denkmäler, etwa Kultplätze – man denke an Stonehenge in Südengland –, Gräber – beispielsweise die Großsteingräber (sogenannte „Hünengräber") in Norddeutschland und andernorts, aber natürlich auch die ägyptischen Pharaonengräber, die Pyramiden – oder antike Bauwerke – etwa das Colosseum in Rom. Häufiger freilich werden archäologische Stätten erst durch Zufallsfunde oder planmäßige Ausgrabungen aufgedeckt.

Die wichtigsten Quellen der Archäologie sind Gräber und Siedlungen. Durch erstere lassen sich Erkenntnisse zu den Bestattungsformen und -sitten (z. B. Brand- oder Körperbestattung, Flach- und Hügelgrab etc.) gewinnen. Darüber hinaus bieten möglicherweise beim Toten vorhandene Beigaben (etwa Gewandspangen, Schmuck, Waffen) nicht nur Einblicke in die materielle Kultur der jeweiligen Zeit, sondern lassen auch Rückschlüsse auf mögliche Jenseitsvorstellungen und damit auf die abstrakte Vorstellungswelt dieser vorgeschichtlichen Zeit zu.

Die bei Ausgrabungen von Siedlungen entdeckten Hausgrundrisse zeigen auf, welche Arten von Gebäuden als Wohnstätten dienten. Die Gesamtanlage der Siedlungen lässt Rückschlüsse auf soziale Organisation und kulturellen Entwicklungsstand zu. Mögliche Zäune, Palisaden, Wälle oder gar Befestigungen geben Einblicke in Verteidigungsnotwendigkeiten und damit politisch-militärische Umstände der damaligen Zeit. Weiterhin können anhand von Senkgruben, Feuerstellen und eventuell zu identifizierenden Produktionsstätten Lebensweise, Wirtschaft und Handwerk der Menschen untersucht werden.

So geben in Siedlungen aufgefundene Tierknochen und Samen bzw. Pollen (sogenannte Pollenanalyse) auch Hinweise darauf, wie die damalige Landschaft aussah und welche Nutzpflanzen oder Nutztiere gehalten wurden.

Die Archäologie ist damit in der Lage – allerdings in den Grenzen von Befunddichte und Interpretationsspektrum – ein relativ lebendiges Bild der Vorgeschichte zu zeichnen.

Von der frühen Altsteinzeit bis etwa 5000 v. Chr.

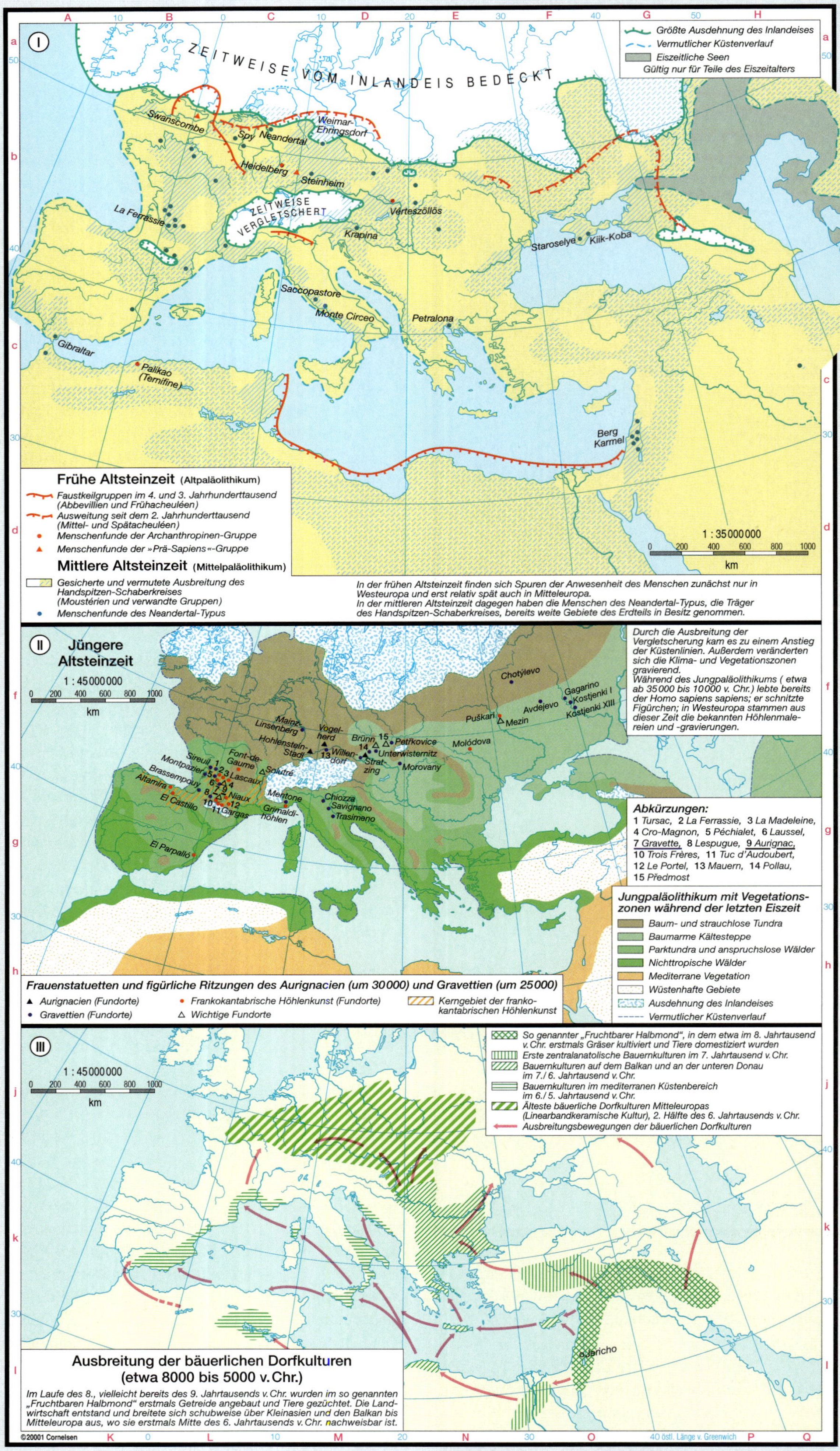

Map I

ZEITWEISE VOM INLANDEIS BEDECKT

ZEITWEISE VERGLETSCHERT

Größte Ausdehnung des Inlandeises
Vermutlicher Küstenverlauf
Eiszeitliche Seen
Gültig nur für Teile des Eiszeitalters

Labels on map: Swanscombe, Spy, Neandertal, Weimar-Ehringsdorf, Heidelberg, Steinheim, La Ferrassie, Vértesszöllös, Krapina, Saccopastore, Monte Circeo, Petralona, Staroselje, Kiik-Koba, Gibraltar, Palikáo (Ternifine), Berg Karmel

Frühe Altsteinzeit (Altpaläolithikum)
— Faustkeilgruppen im 4. und 3. Jahrhunderttausend (Abbevillien und Frühacheuléen)
— Ausweitung seit dem 2. Jahrhunderttausend (Mittel- und Spätacheuléen)
• Menschenfunde der Archanthropinen-Gruppe
• Menschenfunde der »Prä-Sapiens«-Gruppe

Mittlere Altsteinzeit (Mittelpaläolithikum)
Gesicherte und vermutete Ausbreitung des Handspitzen-Schaberkreises (Moustérien und verwandte Gruppen)
• Menschenfunde des Neandertal-Typus

1 : 35 000 000
0 200 400 600 800 1000 km

In der frühen Altsteinzeit finden sich Spuren der Anwesenheit des Menschen zunächst nur in Westeuropa und erst relativ spät auch in Mitteleuropa.
In der mittleren Altsteinzeit dagegen haben die Menschen des Neandertal-Typus, die Träger des Handspitzen-Schaberkreises, bereits weite Gebiete des Erdteils in Besitz genommen.

Map II

Jüngere Altsteinzeit
1 : 45 000 000
0 200 400 600 800 1000 km

Labels: Chotylevo, Mainz-Linsenberg, Vogelherd, Hohlenstein-Stadel, Font-de-Gaume, Brünn, Pétkovice, Willendorf, Unterwisternitz, Solutré, Strat-zing, Morovany, Predmost, Moldova, Puškari, Mezin, Avdejevo, Gagarino, Kostjenki I, Kostjenki XIII, Montpazier, Sireuil, Lascaux, Brassempouy, Niaux, Le Portel, Mas d'Azil, Altamira, El Castillo, Menton, Chiozza, Savignano, Grimaldi-Höhlen, Trasimeno, El Parpalló

Durch die Ausbreitung der Vergletscherung kam es zu einem Anstieg der Küstenlinien. Außerdem veränderten sich das Klima- und Vegetationszonen gravierend.
Während des Jungpaläolithikums (etwa ab 35000 bis 10000 v. Chr.) lebte bereits der Homo sapiens sapiens; er schnitzte Figürchen; in Westeuropa stammen aus dieser Zeit die bekannten Höhlenmalereien und -gravierungen.

Abkürzungen:
1 Tursac, 2 La Ferrassie, 3 La Madeleine, 4 Cro-Magnon, 5 Péchialet, 6 Laussel, 7 Gravette, 8 Lespugue, 9 Aurignac, 10 Trois Frères, 11 Tuc d'Audoubert, 12 Le Portel, 13 Mauern, 14 Pollau, 15 Predmost

Jungpaläolithikum mit Vegetationszonen während der letzten Eiszeit
Baum- und strauchlose Tundra
Baumarme Kältesteppe
Parktundra und anspruchslose Wälder
Nichttropische Wälder
Mediterrane Vegetation
Wüstenhafte Gebiete
Ausdehnung des Inlandeises
Vermutlicher Küstenverlauf

Frauenstatuetten und figürliche Ritzungen des Aurignacien (um 30000) und Gravettien (um 25000)
▲ Aurignacien (Fundorte)   • Frankokantabrische Höhlenkunst (Fundorte)   ▨ Kerngebiet der frankokantabrischen Höhlenkunst
• Gravettien (Fundorte)   △ Wichtige Fundorte

Map III

1 : 45 000 000
0 200 400 600 800 1000 km

Label: Jericho

▨ So genannter „Fruchtbarer Halbmond", in dem etwa im 8. Jahrtausend v. Chr. erstmals Gräser kultiviert und Tiere domestiziert wurden
▥ Erste zentralanatolische Bauernkulturen im 7. Jahrtausend v. Chr.
▤ Bauernkulturen auf dem Balkan und an der unteren Donau im 7./6. Jahrtausend v. Chr.
▤ Bauernkulturen im mediterranen Küstenbereich im 6./5. Jahrtausend v. Chr.
▨ Älteste bäuerliche Dorfkulturen Mitteleuropas (Linearbandkeramische Kultur), 2. Hälfte des 6. Jahrtausends v. Chr.
→ Ausbreitungsbewegungen der bäuerlichen Dorfkulturen

Ausbreitung der bäuerlichen Dorfkulturen (etwa 8000 bis 5000 v. Chr.)
Im Laufe des 8., vielleicht bereits des 9. Jahrtausends v. Chr. wurden im so genannten „Fruchtbaren Halbmond" erstmals Getreide angebaut und gezüchtet. Die Landwirtschaft entstand und breitete sich schubweise über Kleinasien und den Balkan bis Mitteleuropa aus, wo sie erstmals Mitte des 6. Jahrtausends v. Chr. nachweisbar ist.

©20001 Cornelsen

Von Jägern und Sammlern zu Bauern und Hirten

Ab etwa 15 000 v. Chr. setzte eine spätzeitliche Klimabesserung ein. Am Ende der Eiszeit um etwa 10 000 v. Chr. hatten sich die klimatischen Verhältnisse dramatisch verändert. Das hatte weitreichende Folgen für die Tier- und Pflanzenwelt und veränderte damit auch die Lebensweise der Menschen dieser Zeit.

Im Vorderen Orient kam es seit Beginn des Neolithikums (Jungsteinzeit) zu reichen Regenfällen. Die Wildformen von Weizen und Gerste, die hier schon lange heimisch waren, breiteten sich nun rasch aus. Die Erträge des Wildgetreides überstiegen das Volumen, das die dort ansässigen Menschen in der relativ kurzen Reifezeit verbrauchen konnten, bei weitem. So begannen sie – anfangs in primitiven Erdgruben – Vorräte anzulegen. Wenngleich die Haltbarkeit noch gering war, bedeuteten diese Anfänge der Vorratswirtschaft erstmals ein gewisses Maß an Unabhängigkeit von kurzfristigen klimatischen Einflüssen. Die Überlebenschancen stiegen. Die Aufbewahrung größerer Mengen von Vorräten musste stationär sein, da den Menschen dieser Zeit adäquate Transportmöglichkeiten noch nicht zur Verfügung standen. So wurden die Nomaden zunehmend sesshaft.

Mit der Zeit entwickelten sich aus der anfänglichen Abernte des verbreiteten Wildgetreides frühe Formen des Ackerbaus. Die Menschen beobachteten, dass die Getreidekörner auskeimen und sich daraus neue Pflanzen entwickeln. Sie begannen selbst an für sie günstigen Orten Samen in die Erde zu legen um neuerlich und sogar bequemer Körner ernten zu können. Die Erkenntnisse, dass das Auflockern des zur Saat bestimmten Bodens – zunächst durch schlichtes Hacken, später durch Pflügen – den Ertrag ebenso steigert wie das selektive Einsetzen von Samen besonders ertragreicher Mutterpflanzen, waren weitere agrartechnische Fortschritte von großer Bedeutung. Nun begann man auch mit der Zucht neuer Getreidesorten.

Mögen anfangs einmal schon die primitiven Vorratsgruben ein ausreichender Grund für Nomaden gewesen sein, nicht weiterzuziehen, so kamen nun bearbeitete Felder hinzu. Aus Nomaden- waren Bauernkulturen geworden.

Etwa zur gleichen Zeit lernten die Menschen im Vorderen Orient auch Schafe und Ziegen, später Schweine und Rinder zu zähmen und zu züchten. Mit der so leichter zu sichernden Fleisch- und Milchversorgung nahm auch die Bedeutung der Jagd ab. Der Entwicklungsprozess von Jägern und Sammlern zu Bauern und Hirten war damit weitgehend abgeschlossen.

Die Ausbreitung des Ackerbaus

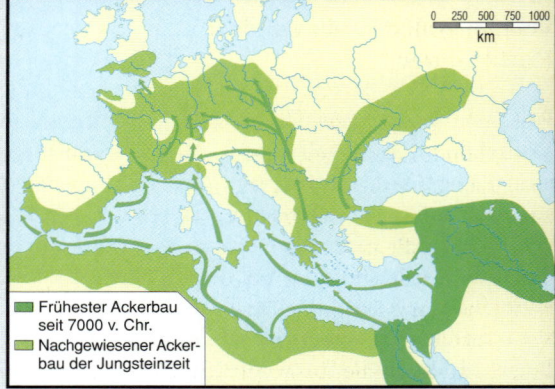

0 250 500 750 1000 km

▪ Frühester Ackerbau seit 7000 v. Chr.
▪ Nachgewiesener Ackerbau der Jungsteinzeit

Jäger-, Bauern- und frühe Hochkulturen bis 2700 v. Chr.

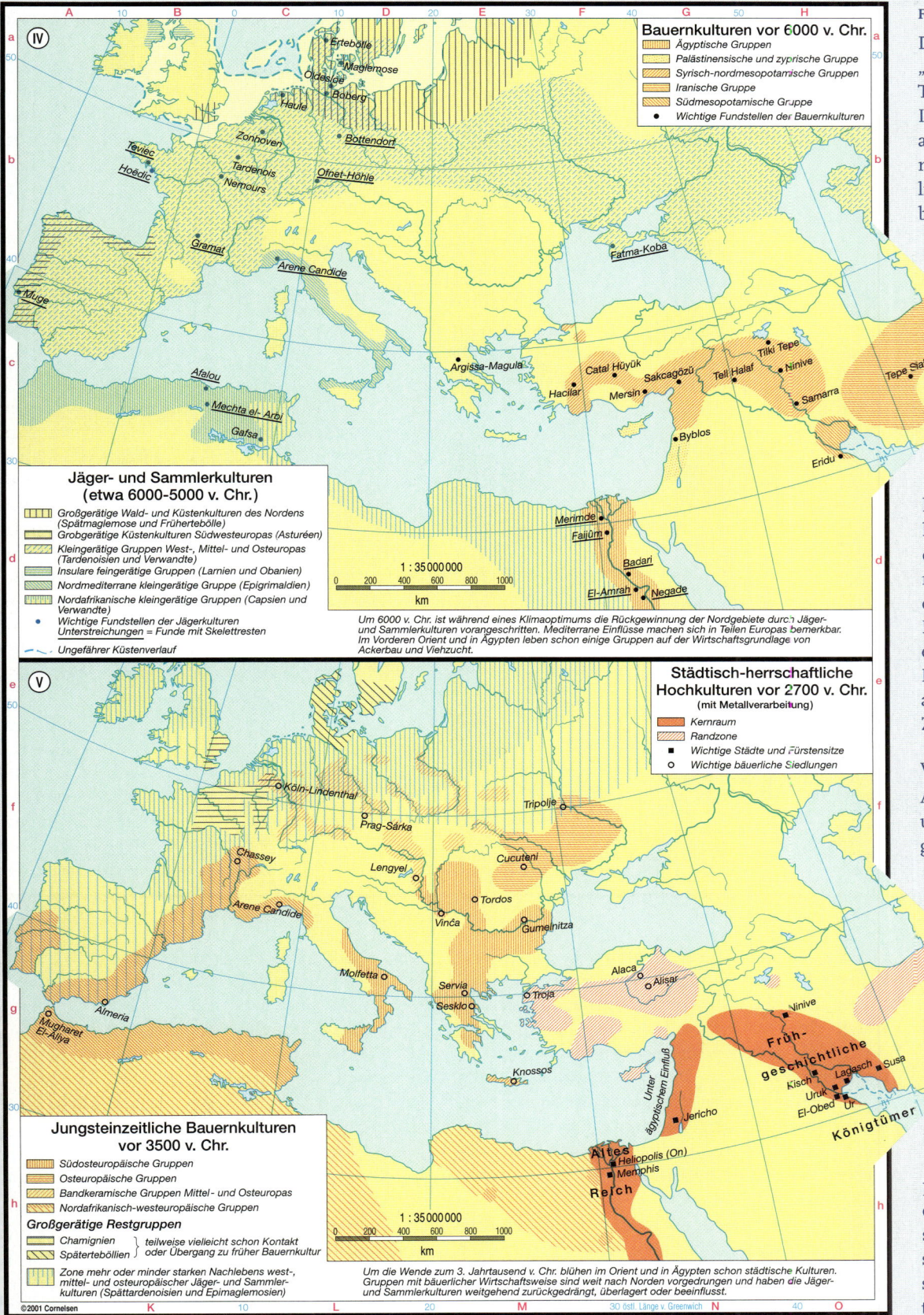

Bauernkulturen vor 6000 v. Chr.
- Ägyptische Gruppen
- Palästinensische und zyprische Gruppe
- Syrisch-nordmesopotarische Gruppen
- Iranische Gruppe
- Südmesopotamische Gruppe
- ● Wichtige Fundstellen der Bauernkulturen

Jäger- und Sammlerkulturen (etwa 6000–5000 v. Chr.)
- Großgerätige Wald- und Küstenkulturen des Nordens (Spätmaglemose und Frühertebölle)
- Großgerätige Küstenkulturen Südwesteuropas (Asturéen)
- Kleingerätige Gruppen West-, Mittel- und Osteuropas (Tardenoisien und Verwandte)
- Insulare feingerätige Gruppen (Larnien und Obanien)
- Nordmediterrane kleingerätige Gruppe (Epigrailmaldien)
- Nordafrikanische kleingerätige Gruppen (Capsien und Verwandte)
- ● Wichtige Fundstellen der Jägerkulturen
- Unterstreichungen = Funde mit Skelettresten
- Ungefährer Küstenverlauf

1 : 35 000 000
0 200 400 600 800 1000 km

Um 6000 v. Chr. ist während eines Klimaoptimums die Rückgewinnung der Nordgebiete durch Jäger- und Sammlerkulturen vorangeschritten. Mediterrane Einflüsse machen sich in Teilen Europas bemerkbar. Im Vorderen Orient und in Ägypten leben schon einige Gruppen auf der Wirtschaftsgrundlage von Ackerbau und Viehzucht.

Städtisch-herrschaftliche Hochkulturen vor 2700 v. Chr. (mit Metallverarbeitung)
- Kernraum
- Randzone
- ■ Wichtige Städte und Fürstensitze
- ○ Wichtige bäuerliche Siedlungen

Jungsteinzeitliche Bauernkulturen vor 3500 v. Chr.
- Südosteuropäische Gruppen
- Osteuropäische Gruppen
- Bandkeramische Gruppen Mittel- und Osteuropas
- Nordafrikanisch-westeuropäische Gruppen

Großgerätige Restgruppen
- Chamignien
- Spätertebölien } teilweise vielleicht schon Kontakt oder Übergang zu früher Bauernkultur
- Zone mehr oder minder starken Nachlebens west-, mittel- und osteuropäischer Jäger- und Sammler-kulturen (Spättardenoisien und Epimaglemosien)

1 : 35 000 000
0 200 400 600 800 1000 km

Um die Wende zum 3. Jahrtausend v. Chr. blühen im Orient und in Ägypten schon städtische Kulturen. Gruppen mit bäuerlicher Wirtschaftsweise sind weit nach Norden vorgedrungen und haben die Jäger- und Sammlerkulturen weitgehend zurückgedrängt, überlagert oder beeinflusst.

©2001 Cornelsen

Von Bauernkulturen zu städtischen Hochkulturen

DER KLIMAWECHSEL AM ENDE DER EISZEIT

Wie schon für das Werden der bäuerlichen Kulturen, so war auch für die Entstehung der auf Ihnen fußenden Hochkulturen in Ägypten, Mesopotamien, Indien und China – die im übrigen alle im klimatisch mehr oder minder gleichen Breitengürtel liegen – der Klimawechsel am Ende der Eiszeit die entscheidende Voraussetzung. Die neolithischen Kulturen, an deren Ende sich durch die Zusammenführung von Acker-

bau und Viehzucht das agrarproduktive Bauerntum bildete („Neolithische Revolution"), waren nicht zuletzt durch ihre typische Situierung an niederschlagsreichen Stufenplateaus und Randgebirgen charakterisiert. Die nun einsetzende erhebliche Erwärmung brachte die Austrocknung weiter Gebiete mit sich. Ein Wüstengürtel zog sich von der Sahara bis zur Kirgisensteppe.

Diese Entwicklung trieb die trotz der Auszehrung des Bodens weiter steigende Bevölkerung zunehmend zu einer sich ballenden Ansiedlung in den Flussoasen.

FLÜSSE – WIEGEN DER HOCHKULTUREN

Die Hochkulturen entstanden im so genannten „Fruchtbaren Halbmond" am Nil und an Euphrat und Tigris, in Indien am Indus und in China am Huanghe. In der größeren Bevölkerungsdichte entwickelte sich aus den dadurch entstehenden logistischen Problemen ebenso wie aus den damit verbundenen Möglichkeiten eine in so noch nicht gekanntem Maße arbeitsteilige und aufgabendifferenzierte Gesellschaft.

Wirtschaftliche Grundlage des Überlebens der Gemeinschaft blieb aber weiterhin die Landwirtschaft. In den intensiv bewirtschafteten Flusstälern entwickelte sich die Versorgungssituation dank der neuen Wirtschaftsformen und ihrer Erträge so positiv, dass hierdurch Teile der Bevölkerung von den Aufgaben der unmittelbaren Nahrungsmittelproduktion befreit werden konnten.

So bildeten sich spezialisierte Berufsgruppen in Handwerk, Technik, Verwaltung, Kult und Militär heraus. Die sich daraus ergebenden gesellschaftlichen Synergien ermöglichten zusätzlich zur durch die Spezialisierung bedingten qualitativen Optimierung einzelner Tätigkeitsbereiche auch neue Produktquantitäten. So wurden größere Verwaltungs- und Bauprojekte möglich. Vor allem aus Bedürfnissen einer funktionierenden Verwaltung entwickelten die Hochkulturen auch die Schrift, die neben dieser administrativen Aufgabe sonst anfangs religiösen Zwecken vorbehalten blieb.

VON STADTSTAATEN ZU GROSSREICHEN

Als Zentren der Warenproduktion und des Handels und damit verbunden als Knotenpunkte des sich steigernden Verkehrs entstanden die Städte. Hier verdichteten sich die Gemeinschaftsanstrengungen der Flusskulturen. Als Zentren der Kommunikation, des Handels, der Religion und der Herrschaft wurden sie auch zum Nukleus einer kulturellen Identität, die sich ideologisch umschrieben zur Staatsräson entwickelte. Allen Hochkulturen war dabei auch die Entwicklung eines ausgeprägten Expansionsstrebens zur räumlichen Ausweitung ihrer zentral gefestigten und dynastisch konstituierten Herrschaft gemein: Aus den Stadtstaaten wurden Großreiche.

Die Macht lag in der Regel bei einem ideologisch und kultisch überhöhten Herrscherhaus. In Mesopotamien waren es Priesterkönige als Stellvertreter der Götter, in Ägypten die Pharaonen, die als Gottessöhne oder gar selbst als Götter verehrt wurden. Entsprechende Bedeutung kam für diese Herrschaftssysteme der jeweiligen Staatsreligion und ihrer Priesterschaft zu. Sie war meist eng mit der staatlichen Verwaltung verwoben oder dieser hierarchisch zu- und übergeordnet. Die Gesellschaft der Hochkulturen war in Parallele zur sich ständig weiter differenzierenden Aufgabenteilung streng hierarchisch gegliedert, hatte ein streng kontrolliertes Abgabensystem und kannte – freilich in sehr unterschiedlicher Intensität – die Wohlfahrt des Staates für seine Untertanen.

Einige technische und kulturelle Errungenschaften sind allen Hochkulturen gemein: Metall-, Edelmetall- und Edelsteinverarbeitung, Ziegel- bzw. Quaderarchitektur, polygonaler Mauerbau, Monumentalbauten, ausgeprägte Grabkulturen, planvolle Stadtanlagen, frühe Infrastruktursysteme, Steinschliff, Großplastik, Herstellung dünnwandiger Gefäße und Schrift.

Von der Urgeschichte bis zur Schussenrieder Gruppe

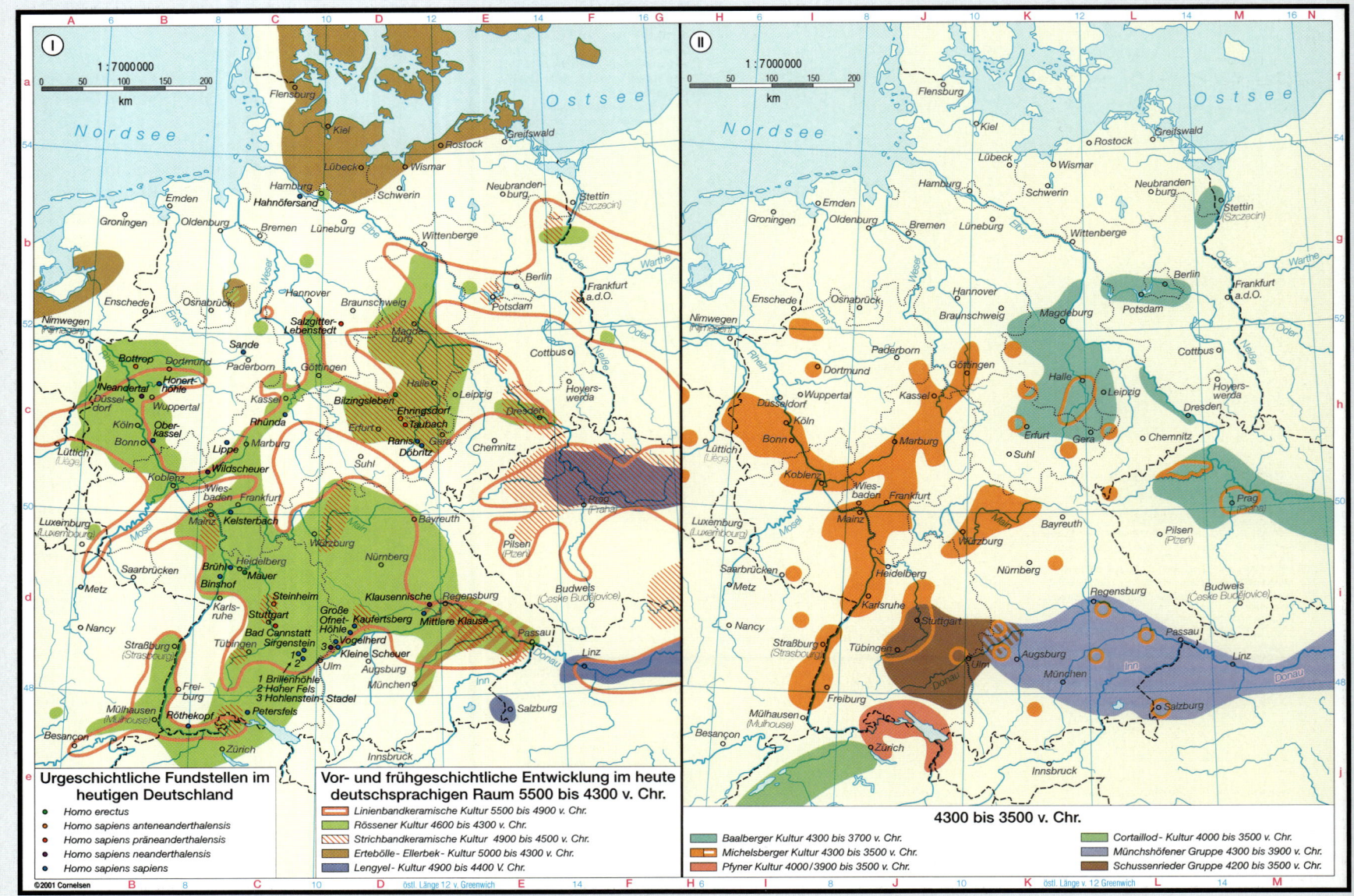

I 1 : 7000000

Urgeschichtliche Fundstellen im heutigen Deutschland

- ● Homo erectus
- ● Homo sapiens anteneanderthalensis
- ● Homo sapiens präneanderthalensis
- ● Homo sapiens neanderthalensis
- ● Homo sapiens sapiens

Vor- und frühgeschichtliche Entwicklung im heute deutschsprachigen Raum 5500 bis 4300 v. Chr.

- Linienbandkeramische Kultur 5500 bis 4900 v. Chr.
- Rössener Kultur 4600 bis 4300 v. Chr.
- Strichbandkeramische Kultur 4900 bis 4500 v. Chr.
- Ertebölle - Ellerbek - Kultur 5000 bis 4300 v. Chr.
- Lengyel- Kultur 4900 bis 4400 V. Chr.

©2001 Cornelsen

II 1 : 7000000

4300 bis 3500 v. Chr.

- Baalberger Kultur 4300 bis 3700 v. Chr.
- Michelsberger Kultur 4300 bis 3500 v. Chr.
- Pfyner Kultur 4000 / 3900 bis 3500 v. Chr.
- Cortaillod- Kultur 4000 bis 3500 v. Chr.
- Münchshöfener Gruppe 4300 bis 3900 v. Chr.
- Schussenrieder Gruppe 4200 bis 3500 v. Chr.

Das Aufkommen von Ackerbau und Viehzucht im heute deutschsprachigen Raum

Im Neolithikum, der Jungsteinzeit, erfolgte auch im heute deutschsprachigen Raum der kulturelle Übergang von den bisher dominanten Jäger- und Sammlerkulturen zum Ackerbau und zur Viehzucht. Entscheidend waren technische Neuerungen, die von Südosten her einwandernde Stämme mitbrachten. Neue Organisationsformen der Vorratswirtschaft, erstes Zuchtgetreide, das größere Erträge als das bisher gegebene Wildgetreide erbrachte, Techniken der Einsaat und Bodenbearbeitung sowie die Zähmung und Zucht von Schafen und Ziegen, später auch Rindern und Schweinen, veränderten die Lebensform der Menschen grundlegend. Die Viehhaltung machte sie zunehmend vom wechselhaften Jagdglück unabhängig und die bearbeiteten Felder erlaubten so etwas wie Ertragsplanung, was den Ernteerfolg weitgehend der relativen Unsicherheit des Sammelns enthob. Mit der Einrichtung von Vorratsgruben und der Anlage von Feldern wurden die Menschen sesshaft. Aus Jägern und Sammlern wurden Bauern und Hirten. Vermutlich verstärkte sich in dieser Zeit auch die Arbeitsteilung zwischen Männern und Frauen. Das Pflanzen, Säen und Ernten scheint eher Frauenarbeit, die Versorgung des Viehs und die weiterhin zum Lebensunterhalt gehörende Jagd eher Männerarbeit gewesen zu sein.

Ackerbau und Viehzucht machten die Ernährung sicherer. Die Bevölkerungszahlen wuchsen und führten damit trotz der sich herausbildenden Sesshaftigkeit zu einer verstärkten Wanderungsbewegung, da der fruchtbare Boden für die neue Population nicht mehr ausreichte. Ganze Stämme machten sich auf die Suche nach neuem geeigneten Land. Bevorzugte Routen ihrer Wanderungszüge waren die Flusstäler. Auf diese Weise verbreiteten sich die neuen Wirtschaftsformen vom Vorderen Orient aus in einem immer größer werdenden Gebiet.

Entlang der Elbe aus Böhmen kommend, erreichten sie mit zur Bandkeramik-Kultur gehörenden Gruppen etwa um 4500 v. Chr. auch den mitteldeutschen Raum.

Völkerwanderung – Ethnos und Migration in der Archäologie

Für die archäologische Untersuchung ist nicht nur die Einordnung von Funden in eine relative oder absolute Chronologie von Bedeutung, sondern auch deren räumliche Erfassung in Verbreitungskarten der jeweiligen Befundformen. Anhand dieser lässt sich ermitteln, ob sich das Verbreitungsgebiet einer Form mehr oder weniger mit einer anderen Form deckt, oder ob sich diese beiden Formen gar ausschließen. Lässt sich zu einer bestimmten Region für einen bestimmten

Zeitraum ein mehr oder weniger einheitliches Fund- und Befundbild feststellen, so spricht man von einer Fundgruppe, manchmal sogar von einer Kulturprovinzen oder ganzen Kulturen. Dies hängt in starkem Maße davon ab, ob sich die regionalen Fund- und Befundkomponenten in einen überregionalen Kontext einbetten lassen, oder ob sie stärker selbstständige Züge aufweisen.

So lassen sich innerhalb der spätbronzezeitlichen so genannten Urnenfelderkultur (1200–800 v. Chr.) allein in Deutschland mehrere Gruppen wie die rheinisch-schweizerische Gruppe und die untermainischschwäbische Gruppe unterscheiden, während gleichzeitig unter anderem in Ostdeutschland die Lausitzer Kultur existiert. Der von dem deutschen Prähistoriker Gustav Kossinna (1858–1931) vertretene Leitsatz, nach dem sich „scharf umgrenzte archäologische Kulturprovinzen ... zu allen Zeiten mit ganz bestimmten Völkern" decken, gilt mittlerweile als außerordentlich problematisch. So ist es archäologisch beispielsweise kaum möglich, die von Tacitus in seiner „Germania" erwähnten germanischen Stämme im Fundgut zu identifizieren und voneinander zu scheiden. Welche politische Relevanz solchen Theorien aber unter Umständen zukommen kann, sei allein daran demonstriert, dass Kossinna im Jahre 1919 selbst meinte, mit dem angeblichen Nachweis einer germanischen Besiedlung des so genannten „polnischen Korridors" seit der frühen Eisenzeit einen Beitrag

Von der Trichterbecher Kultur bis zur Glockenbecher Kultur

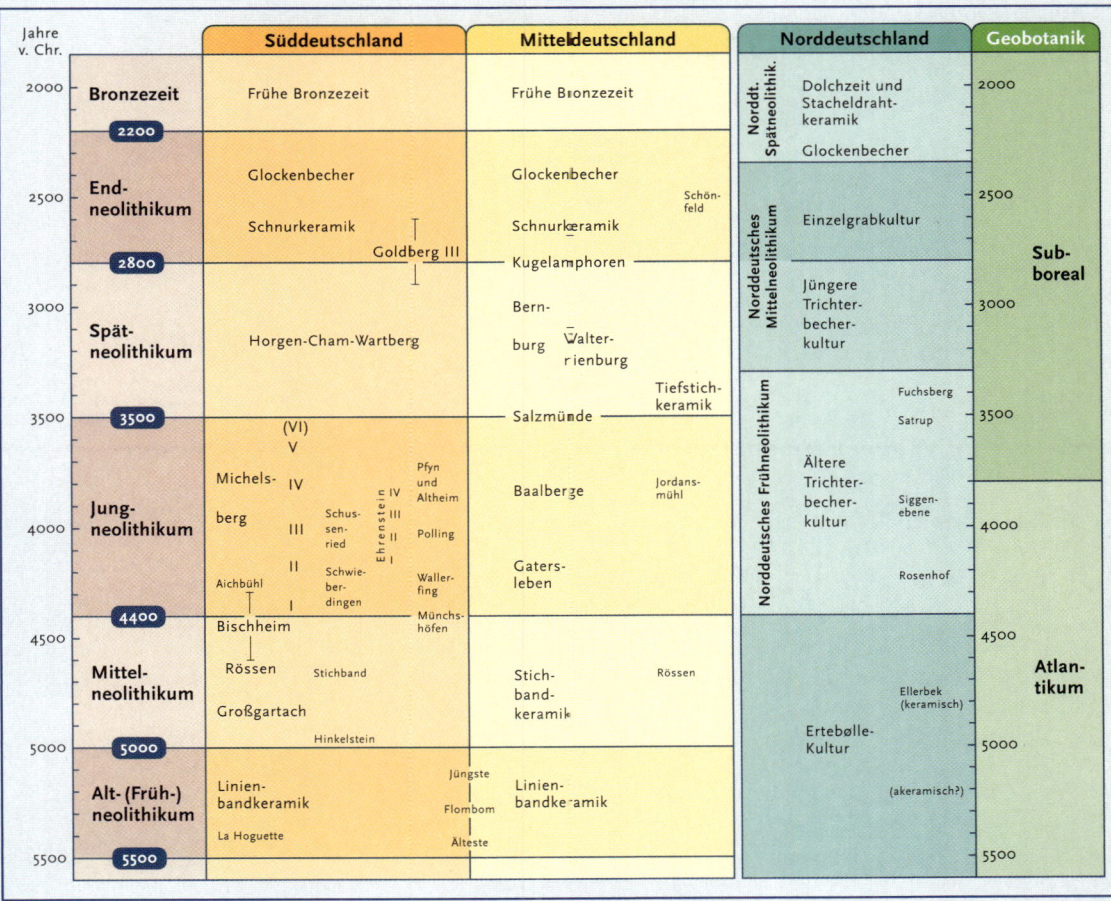

III 1 : 7 000 000 — 3500 bis 2800 v. Chr.

Trichterbecher Kultur 4000 bis 2800 v. Chr.
Wartberg - Gruppe 3500 bis 2800 v. Chr.
Goldberg III - Gruppe 3500 bis 2800 v. Chr.
Chamer Gruppe 3500 bis 2700 v. Chr.
Vlaardingen - Kultur 3500 bis 2800 v. Chr.
Mödling - Zöbing - / Jevisovice - Gruppe 3700 bis 2800 v. Chr.
Horgener Kultur 3500 / 3300 bis 2800 v. Chr.
Řivnáč - Kultur 3700 bis 2800 v. Chr.
Mondsee - Gruppe 3800 bis 3000 v. Chr.
Badener Kultur 3600 bis 3000 v. Chr.
Seine - Marne - Kultur 3500 bis 2800 v. Chr.
Walternienburg - Bernburger Kultur 3200 bis 2800 v. Chr.

IV 1 : 7 000 000 — 2800 bis 2100 v. Chr.

Schnurkeramische Kultur und Einzelgrab - Kultur 2800 bis 2400 v. Chr.
Glockenbecher Kultur 2500 bis 2200 v. Chr.
Schönfelder Kultur 2500 bis 2100 v. Chr.

©2001 Cornelsen

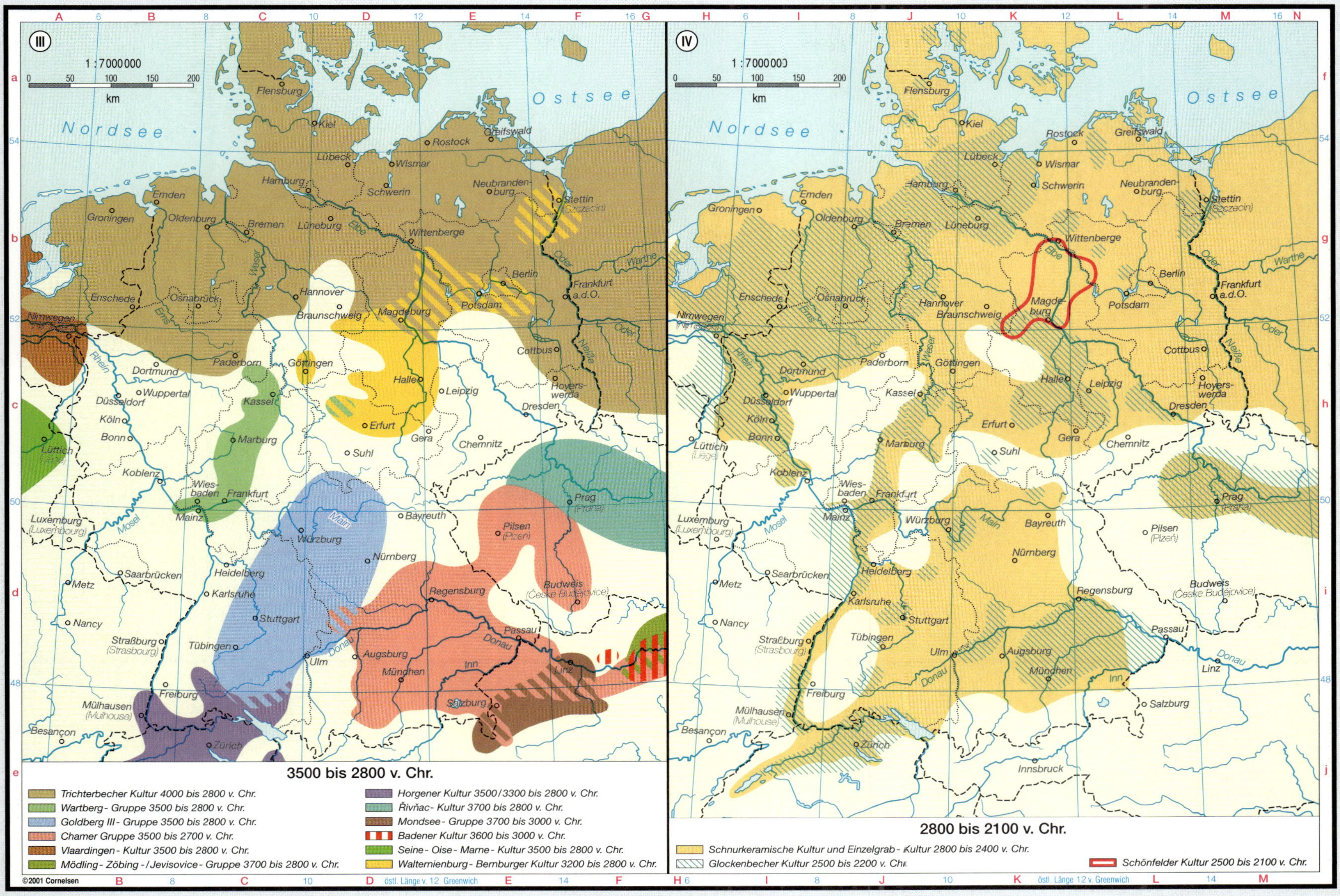

zur teilweisen Revision des Versailler Vertrages leisten zu können.

Finden sich Fundgegenstände oder Befunde außerhalb ihres angestammten Gebietes, so gilt dies im Allgemeinen als Nachweis für Fremdes bzw. Fremde. So kann beispielsweise die Grabausstattung einer einzelnen Person auf einem Gräberfeld zwar genauso reich, von den Sachformen aber völlig anders ausgestattet sein, als die anderen Gräber. In diesem Fall würde man häufig von einer einzelnen, möglicherweise durch Heirat eingewanderten Person ausgehen, die auch in der Fremde ihre heimische Tracht behielt und mit ihr bestattet wurde. Treten hingegen nicht heimische Fundgegenstände zwar regelhaft in Gräbern auf, jedoch nicht auf geschlossenen Friedhöfen oder Friedhofsarealen, so können auch regelmäßige Handelsbeziehungen angenommen werden. Auch regelrechte Einwanderung, wie sie beispielsweise die angelsächsische Landnahme ab dem 5. Jahrhundert in England darstellt, kann archäologisch analysiert werden. So finden sich bestimmte Keramikformen sowohl auf Friedhöfen in Angeln (Ostschleswig-Holstein), wo sie ihren Ursprung haben, als auch auf geschlossen fremd wirkenden Friedhöfen in East-Anglia (Ostengland) und machen somit den ungefähren Zeitpunkt und das ungefähre Herkunftsgebiet der Einwanderer greifbar. Trotz zahlreicher archäologischer Untersuchungen und Funde bleibt aber eine Flächendarstellung wie in den obigen Karten immer nur ein Näherungswert.

Chronologische Gliederung des Neolithikums in Deutschland

Jahre v. Chr.		Süddeutschland		Mitteldeutschland		Norddeutschland		Geobotanik
2000	Bronzezeit	Frühe Bronzezeit		Frühe Bronzezeit		Norddt. Spätneolithik.	Dolchzeit und Stacheldrahtkeramik	2000
2200	Endneolithikum	Glockenbecher		Glockenbecher	Schönfeld		Glockenbecher	
2500		Schnurkeramik		Schnurkeramik		Norddeutsches Mittelneolithikum	Einzelgrabkultur	2500
2800			Goldberg III	Kugelamphoren				
3000	Spätneolithikum	Horgen-Cham-Wartberg		Bernburg	Walternienburg		Jüngere Trichterbecherkultur	3000 Subboreal
3500		(VI) V		Salzmünde	Tiefstichkeramik	Norddeutsches Frühneolithikum	Fuchsberg / Satrup	3500
4000	Jungneolithikum	Michelsberg IV III II	Pfyn und Altheim / Schussenried / Schwieberdingen	Baalberge	Jordansmühl		Ältere Trichterbecherkultur	Siggeneben / Rosenhof	4000
		Aichbühl I	Polling / Wallerfing / Münchshöfen	Gatersleben				
4400		Bischheim						4500
4500	Mittelneolithikum	Rössen	Stichband	Stichbandkeramik	Rössen		Ellerbek (keramisch)	Atlantikum
5000		Großgartach	Hinkelstein				Ertebølle-Kultur	5000
	Alt- (Früh-)neolithikum	Linienbandkeramik		Jüngste / Flomborn / Älteste Linienbandkeramik			(akeramisch?)	
5500		La Hoguette						5500

Die Welt vom 3. bis zum Ende des 2. Jahrtausends v. Chr.

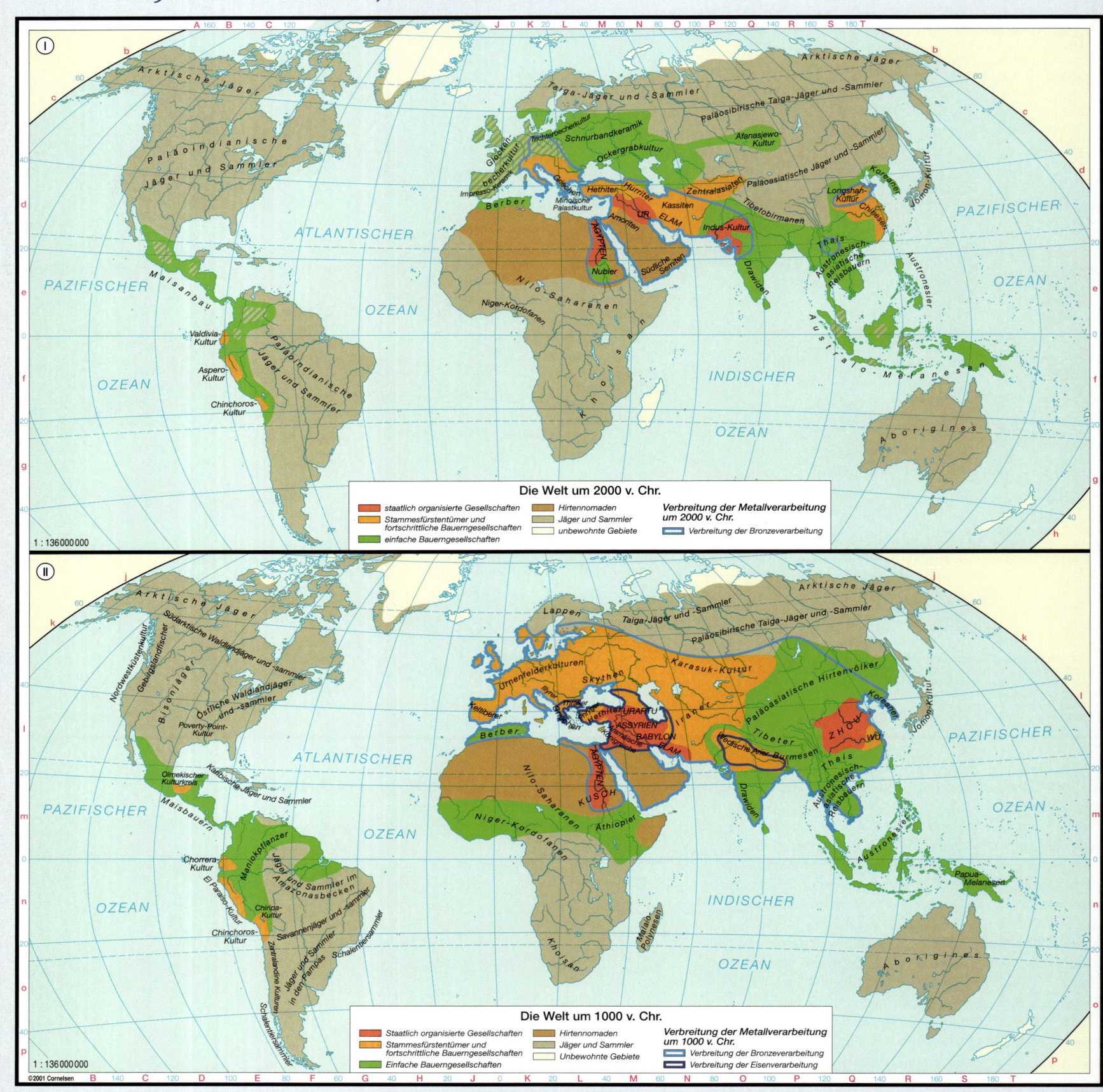

Die Welt um 2000 v. Chr.

- staatlich organisierte Gesellschaften
- Stammesfürstentümer und fortschrittliche Bauerngesellschaften
- einfache Bauerngesellschaften
- Hirtennomaden
- Jäger und Sammler
- unbewohnte Gebiete
- *Verbreitung der Metallverarbeitung um 2000 v. Chr.*
- *Verbreitung der Bronzeverarbeitung*

1 : 136 000 000

Die Welt um 1000 v. Chr.

- Staatlich organisierte Gesellschaften
- Stammesfürstentümer und fortschrittliche Bauerngesellschaften
- Einfache Bauerngesellschaften
- Hirtennomaden
- Jäger und Sammler
- Unbewohnte Gebiete
- *Verbreitung der Metallverarbeitung um 1000 v. Chr.*
- *Verbreitung der Bronzeverarbeitung*
- *Verbreitung der Eisenverarbeitung*

1 : 136 000 000

©2001 Cornelsen

Die Welt bis 1000 v. Chr.

2630 v. Chr. Bau der ersten Pyramide in Sakkara (Ägypten)

2600 erste Monumentalbauten in Aspero (Peru)

2600–1800 Blütezeit der Indus-Kultur

2575–2134 das Alte Reich in Ägypten

2500 Entstehung der ältesten bekannten Bronzewerkzeuge in Südostasien

2334–2279 erstes Großreich der Weltgeschichte unter Sargon von Akkad

2300 Beginn der Bronzezeit in Europa

2300–1500 erste bäuerliche Dauersiedlungen in Mittelamerika

2040–1640 das Mittlere Reich in Ägypten

2000 indogermanische Stämme siedeln auf dem Peloponnes; Austronesier besiedeln Melanesien

2000–1600 Blütezeit der minoischen Palastkultur auf Kreta

2000–1500 Wessex-Kultur bringt die Bronzeherstellung auf die britischen Inseln

1900 Gründung von Assur, Hauptstadt Assyriens

1766 Beginn der Shang-Dynastie in China

1700 Niedergang der Indus-Kultur

1600 Gründung des nubischen Königreiches Kusch; Entstehung der mykenischen Kultur auf dem Peloponnes

1532–1070 das Neue Reich in Ägypten

1500–1000 Ausdehnung der Lapita-Kultur bis Vanuatu, Tonga und Samoa

1500–700 Poverty-Point-Kultur in Louisiana

1400 Entstehung der olmekischen Kultur in Mittelamerika; Eroberung Kretas durch die Mykener

1350–1250 Blütezeit des Hethiterreiches

1200 Zusammenbruch Mykenes und Beginn des „dunklen Zeitalters" in Griechenland

Europa und der Orient von 2500 bis 750 v. Chr.

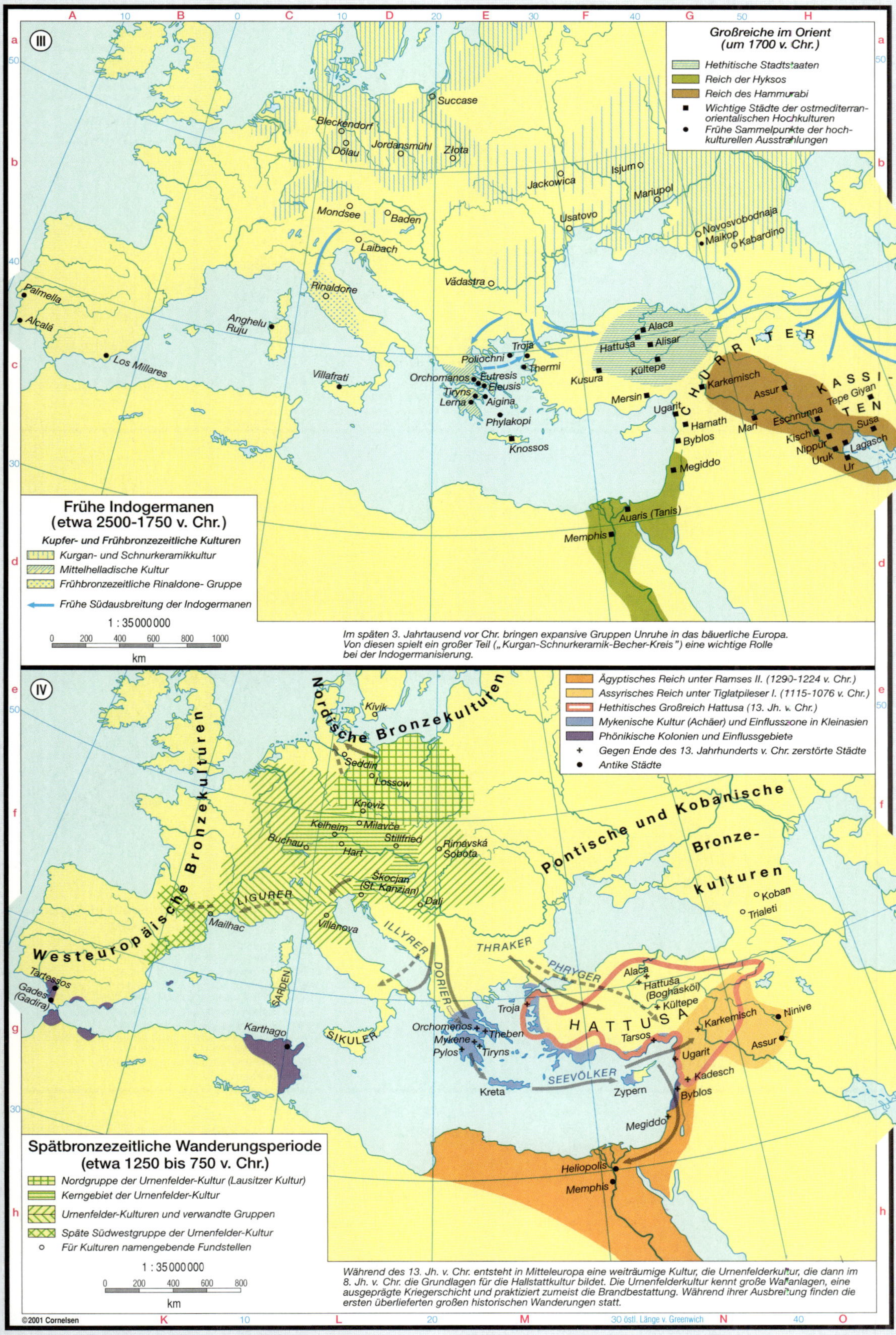

Map III (top)

Großreiche im Orient (um 1700 v. Chr.)
- Hethitische Stadtstaaten
- Reich der Hyksos
- Reich des Hammurabi
- ■ Wichtige Städte der ostmediterran-orientalischen Hochkulturen
- Frühe Sammelpunkte der hochkulturellen Ausstrahlungen

Labels: Succase, Bleckendorf, Jordansmühl, Dölau, Zlota, Jackowica, Mariupol, Mondsee, Baden, Usatowo, Navosvobodnaja, Maikop, Kabardino, Laibach, Vádastra, Rinaldone, Palmella, Alcalá, Anghelu Ruju, Los Millares, Villafrati, Polichni, Troja, Thermi, Alaca, Hattusa, Alisar, Orchomenos, Eutresis, Kusura, Kültepe, Tepe Sialk, Tepe Giyan, Tiryns, Eleusis, Aigina, Mersin, Karkemisch, Assur, Kassiten, Lerna, Phylakopi, Knossos, Ugarit, Harnath, Mari, Eschnunna, Susa, Byblos, Kisch, Nippur, Uruk, Ur, Lagasch, Megiddo, Auaris (Tanis), Memphis, CHURRITER, KASSITEN

Frühe Indogermanen (etwa 2500–1750 v. Chr.)
Kupfer- und Frühbronzezeitliche Kulturen
- Kurgan- und Schnurkeramikkultur
- Mittelhelladische Kultur
- Frühbronzezeitliche Rinaldone- Gruppe
- → Frühe Südausbreitung der Indogermanen

1 : 35 000 000
0 200 400 600 800 1000 km

Im späten 3. Jahrtausend vor Chr. bringen expansive Gruppen Unruhe in das bäuerliche Europa. Von diesen spielt ein großer Teil („Kurgan-Schnurkeramik-Becher-Kreis") eine wichtige Rolle bei der Indogermanisierung.

Map IV (bottom)

- Ägyptisches Reich unter Ramses II. (1290–1224 v. Chr.)
- Assyrisches Reich unter Tiglatpileser I. (1115–1076 v. Chr.)
- Hethitisches Großreich Hattusa (13. Jh. v. Chr.)
- Mykenische Kultur (Achäer) und Einflusszone in Kleinasien
- Phönikische Kolonien und Einflussgebiete
- + Gegen Ende des 13. Jahrhunderts v. Chr. zerstörte Städte
- ● Antike Städte

Labels: Kivik, Nordische Bronzekulturen, Seddin, Lossow, Kivik, Knovíz, Kelheim, Milavče, Stillfried, Buchau, Hart, Skocian (St. Kanzian), Dalj, Rimavská Sobota, Villanova, Mailhac, Tartessos, Gades (Gadir), Gadira, LIGURER, ILLYRER, SARDEN, SIKULER, Karthago, THRAKER, PHRYGER, DORIER, Troja, Alaca, Hattusa (Boghasköi), Kültepe, Orchomenos, Mykene, Theben, Pylos, Tiryns, HATTUSA, Tarsos, Karkemisch, Ninive, Assur, Ugarit, Kadesch, Zypern, Byblos, Kreta, Megiddo, Heliopolis, Memphis, Koban, Trialeti, SEEVÖLKER, Pontische und Kobanische Bronzekulturen, Westeuropäische Bronzekulturen

Spätbronzezeitliche Wanderungsperiode (etwa 1250 bis 750 v. Chr.)
- Nordgruppe der Urnenfelder-Kultur (Lausitzer Kultur)
- Kerngebiet der Urnenfelder-Kultur
- Urnenfelder-Kulturen und verwandte Gruppen
- Späte Südwestgruppe der Urnenfelder-Kultur
- ○ Für Kulturen namengebende Fundstellen

1 : 35 000 000
0 200 400 600 800 km

©2001 Cornelsen

Während des 13. Jh. v. Chr. entsteht in Mitteleuropa eine weiträumige Kultur, die Urnenfelderkultur, die dann im 8. Jh. v. Chr. die Grundlagen für die Hallstattkultur bildet. Die Urnenfelderkultur kennt große Waffenlagen, eine ausgeprägte Kriegerschicht und praktiziert zumeist die Brandbestattung. Während ihrer Ausbreitung finden die ersten überlieferten großen historischen Wanderungen statt.

Die Bronze- und Eisenzeit

Wie die Landwirtschaft, so entwickelte sich auch die Erzverarbeitung im Vorderen Orient. Ihre Erzeugnisse lösten die bisher verwendeten Stein- oder Kupferwerkzeuge ab, weil sie sich als haltbarer und daher für den längeren Gebrauch geeigneter erwiesen. Bronzegewinnung und -verarbeitung waren aber auch aufwendiger und damit „teurer", weshalb seine Verwendung in der Frühbronzezeit noch weitgehend den herrschenden Kreisen vorbehalten blieb. Die Kenntnis der Bronzeverarbeitung verbreitete sich nach Ägypten, wo in der Ramsesstadt (Auaris, Tanis) im Nildelta um 1275 v. Chr. weit über eine Tonne Bronze täglich verarbeitet wurde, in den Mittelmeerraum mit Kreta als einem bedeutenden Zentrum sowie in den Kaukasus.

Von Anatolien gelangte die Bronze nach Europa, wo sie die weitere Herausbildung arbeitsdifferenzierter Kulturen – neben Ackerbau und Viehzucht jetzt auch Handwerk und Fernhandel – förderte. Die wichtigsten Kulturkreise der europäischen Bronzezeit waren die Aunjetitzer Kultur, die Hügelgräber- und danach die Urnenfelder-Kultur sowie der Nordische Kreis (Norddeutschland und Skandinavien).

Abgelöst wurde die Bronze- von der Eisenzeit, nach einem Gräberfeld bei Hallstatt im Salzkammergut auch als „Hallstatt-Zeit" bezeichnet. Zweites wichtiges Standbein der Hallstatt-Kultur war neben der Eisenverarbeitung der Salzbergbau. Aus beiden entwickelten sich wirtschaftlich aufblühende und sozial klar gegliederte Gemeinwesen – Bauern, Handwerker und Händler. Den Höhepunkt der Eisenzeit bildete um 450 v. Chr. die La Tène-Kultur. Für ihre Verbreitung sorgten Skythen, Griechen, Etrusker und Kelten.

Die Eisenmetallurgie drang in der ersten Hälfte des letzten vorchristlichen Jahrtausends aus Westasien kommend nach Afrika vor. Die Phönizier benutzten Eisen in ihren Kolonien an der afrikanischen Nordküste, und die Assyrer brachten es nach Ägypten, wo es nilaufwärts bis hin zum Reich von Meroe gelangte. Von dort aus verbreitete sich die Kenntnis der Eisengewinnung und -verarbeitung dann wohl über fast den gesamten Kontinent. Es ist allerdings auch nicht auszuschließen, dass die Eisentechnologie von Nomadengruppen durch die Sahara nach Süden getragen wurde. Selbst die Möglichkeit, dass die Eisenmetallurgie unabhängig von den alten Kulturzentren südlich der Sahara neu entdeckt wurde und eine eigenständige Entwicklung nahm, besteht.

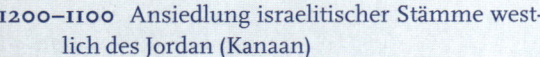

1200–1100 Ansiedlung israelitischer Stämme westlich des Jordan (Kanaan)

1200–800 hochentwickelte Bronzeherstellung in Zentralasien durch die Karasuk-Kultur

1180 ägyptische Abwehr der „Seevölker"

1122 Beginn der Zhou-Dynastie in China

1100 Eisenverarbeitung in der Ganges-Ebene; Entwicklung des phönikischen Alphabets

1000 Entstehung phönikischer Handelsstationen im Mittelmeerraum; Eisenherstellung in Südeuropa; erste keltische Hügelschanzanlagen in Westeuropa

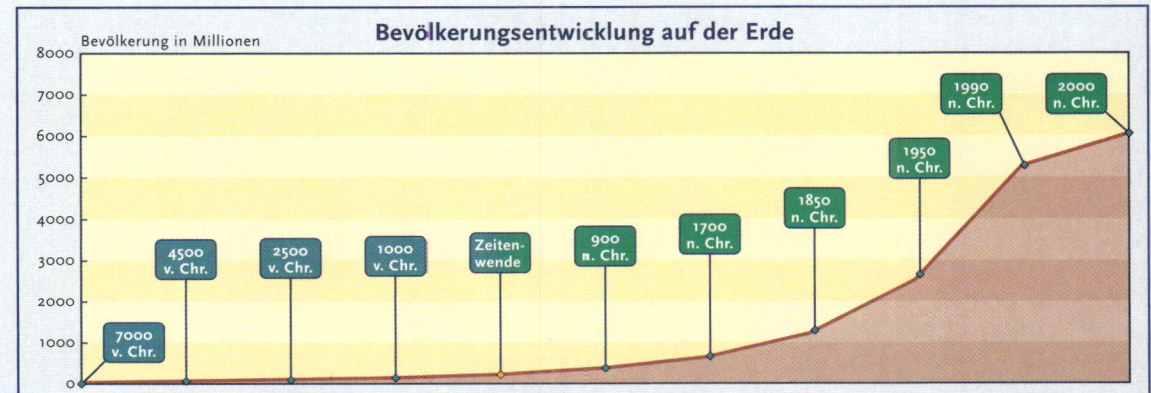

Bevölkerungsentwicklung auf der Erde
Bevölkerung in Millionen

Labels: 7000 v. Chr., 4500 v. Chr., 2500 v. Chr., 1000 v. Chr., Zeitenwende, 900 n. Chr., 1700 n. Chr., 1850 n. Chr., 1950 n. Chr., 1990 n. Chr., 2000 n. Chr.

Reiche in Mesopotamien und Kleinasien

DAS REICH AKKAD (2334–2150/2050 v. CHR.)

Der Sumerer Sargon I. von Agade (um 2334 bis 2279 v. Chr.) schuf mit der Eroberung Mesopotamiens und Elams sowie von Teilen Syriens und Kleinasiens das erste Großreich der Geschichte. Als Hauptstadt gründete er Akkad. Das sumerische Reich zeichnete sich durch eine hochentwickelte Tempel- und Staatswirtschaft sowie einen riesigen Beamtenapparat aus. Frühzeitig gab es Handelsbeziehungen bis nach Indien. Kämpfe gegen die Elamiter und den König von Mari richteten das Reich Anfang des 2. Jahrtausends v. Chr. zugrunde.

DAS BABYLONISCHE REICH (UM 2000–539 v. CHR.)

Um 2000 v. Chr. entwickelte sich der Stadtstaat Babylon zu einem Flächenreich, dessen erster bedeutender Herrscher Hammurabi (1728–1686 v. Chr.) es mit harter Eroberungspolitik schnell ausdehnte, aber auch zu hoher kultureller Blüte führte (Gilgamesch-Epos, Codex Hammurabi u. a.). Das Altbabylonische Reich zerbrach unter dem Druck der vordringenden Hethiter. Nach Phasen kassitischer, elamitischer und assyrischer Fremdherrschaft erhob sich das (Neu-babylonische) Reich unter dem Chaldäer Nebukadnezar II. (604–562 v. Chr.) zu neuer Blüte („Turm von Babel", Ischtar-Tor). 598 v. Chr. eroberte er Jerusalem und deportierte die jüdische Bevölkerung in die „babylonische Gefangenschaft". Mit der Eroberung durch den Perserkönig Kyros (539 v. Chr.) wurde das Babylonische Reich endgültig zerschlagen.

DIE ALTASSYRISCHEN REICHE (1800–612 v. CHR.)

Bereits unter König Schamschi-Adad I. (1749 bis 1717 v. Chr.) erreichte das Altassyrische Reich seine größte Ausdehnung. Gottkönigtum, offensive Expansionspolitik und brutale Kriegführung kennzeichneten die Herrschaft der bedeutendsten mittelassyrischen Könige. Tiglatpileser I. (1112–1074 v. Chr.) dehnte die assyrische Suprematie in der Region noch aus, erzwang Tributzahlungen von syrischen Herrschern und unterwarf die „Nairi"-Länder.

Der neuassyrische König Assurnasirpa II. (883 bis 859 v. Chr.) führte das niedergesunkene assyrische Reich mit radikaler Eroberungspolitik, bei der erstmals in der Weltgeschichte die Reiterei als entscheidende Waffengattung Einsatz fand, zu alter Größe zurück. Tiglatpileser III. (745–727 v. Chr.) begründete das so genannte Assyrische Weltreich, das seine größte Ausdehnung unter Asarhaddon (680–669 v. Chr.) und Assurbanipal (668–626 v. Chr.), dem Zerstörer Thebens, erreichte. Nach dessen Tod bewirkten innere Unruhen und Einfälle der Skythen den rasanten Niedergang des Reiches.

DAS HETHITER-REICH (1640–1200 v. CHR.)

Die um 2000 v. Chr. nach Kleinasien vorstoßenden Hethiter bildeten um 1640 das Reich Hatti in Anatolien. Unter Mursilis I. unterwarfen sie Aleppo und zerstörten Babylon (1531 v. Chr.). Nach inneren Wirren schwang sich das Reich unter Suppiluliuma (1380–1346 v. Chr.) zur Großmacht auf und zerschlug um 1360 das Hurriter-Reich Mitanni (16. Jh. bis 135 v. Chr.). Um 1200 v. Chr. brach das Reich unter dem Druck der vom Balkan einfallenden Phryger und anderer Völkerschaften zusammen („Seevölker"-Sturm).

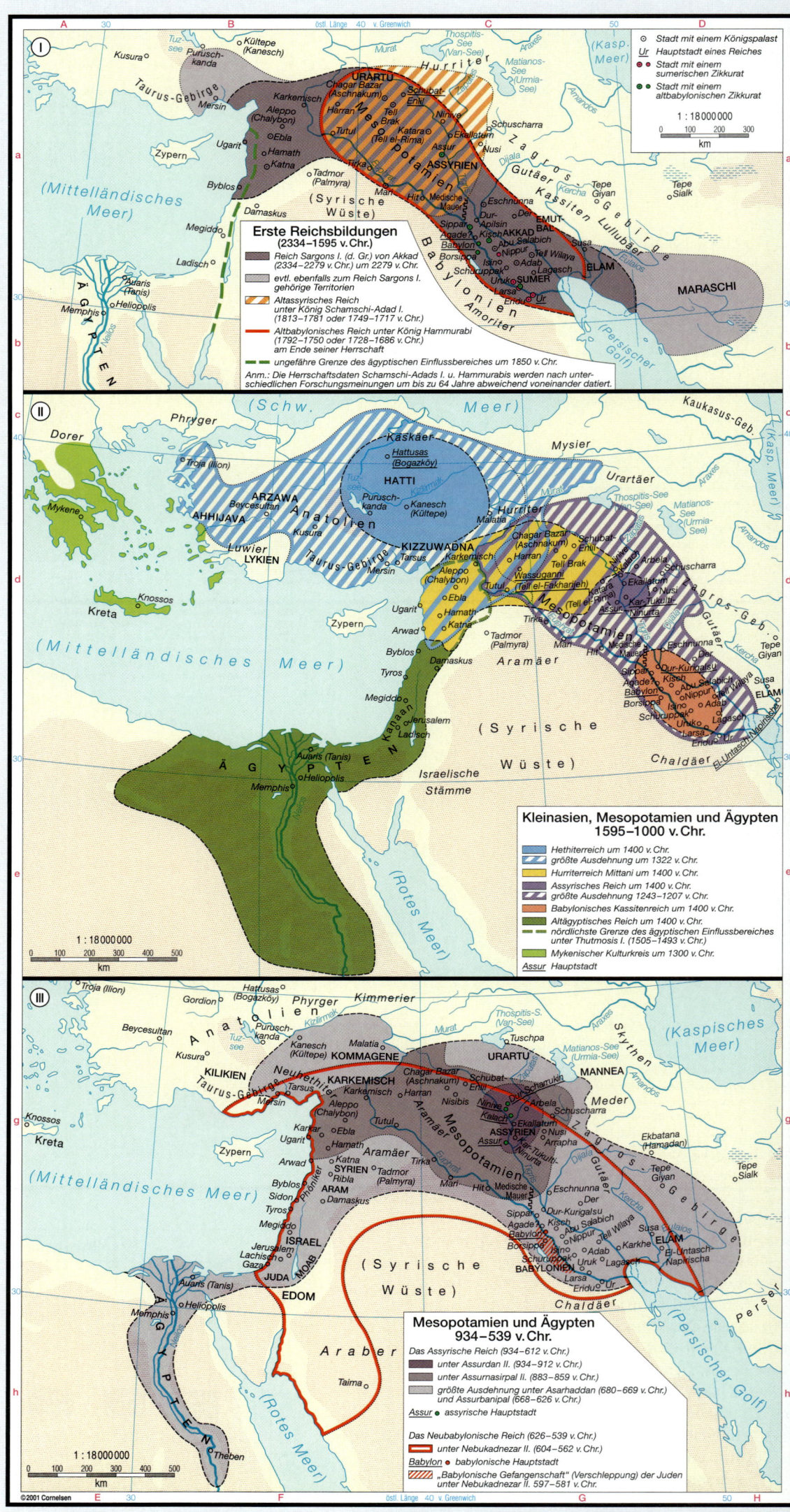

Mesopotamien von 2334 bis 539 v. Chr.

Erste Reichsbildungen (2334–1595 v. Chr.)
- Reich Sargons I. (d. Gr.) von Akkad (2334–2279 v. Chr.) um 2279 v. Chr.
- evtl. ebenfalls zum Reich Sargons I. gehörige Territorien
- Altassyrisches Reich unter König Schamschi-Adad I. (1813–1781 oder 1749–1717 v. Chr.)
- Altbabylonisches Reich unter König Hammurabi (1792–1750 oder 1728–1686 v. Chr.) am Ende seiner Herrschaft
- ungefähre Grenze des ägyptischen Einflussbereiches um 1850 v. Chr.

Anm.: Die Herrschaftsdaten Schamschi-Adads I. u. Hammurabis werden nach unterschiedlichen Forschungsmeinungen um bis zu 64 Jahre abweichend voneinander datiert.

Kleinasien, Mesopotamien und Ägypten 1595–1000 v. Chr.
- Hethiterreich um 1400 v. Chr.
- größte Ausdehnung um 1322 v. Chr.
- Hurriterreich Mittani um 1400 v. Chr.
- Assyrisches Reich um 1400 v. Chr.
- größte Ausdehnung 1243–1207 v. Chr.
- Babylonisches Kassitenreich um 1400 v. Chr.
- Altägyptisches Reich um 1400 v. Chr.
- nördlichste Grenze des ägyptischen Einflussbereiches unter Thutmosis I. (1505–1493 v. Chr.)
- Mykenischer Kulturkreis um 1300 v. Chr.
- *Assur* Hauptstadt

Mesopotamien und Ägypten 934–539 v. Chr.

Das Assyrische Reich (934–612 v. Chr.)
- unter Assurdan II. (934–912 v. Chr.)
- unter Assurnasirpal II. (883–859 v. Chr.)
- größte Ausdehnung unter Asarhaddon (680–669 v. Chr.) und Assurbanipal (668–626 v. Chr.)
- *Assur* assyrische Hauptstadt

Das Neubabylonische Reich (626–539 v. Chr.)
- unter Nebukadnezar II. (604–562 v. Chr.)
- *Babylon* • babylonische Hauptstadt
- „Babylonische Gefangenschaft" (Verschleppung) der Juden unter Nebukadnezar II. 597–581 v. Chr.

© 2001 Cornelsen

Altägypten von etwa 2850 bis 332 v. Chr.

Vom Alten Reich bis zu Alexander dem Großen

In der so genannten Thinitenzeit (2850–2650 v. Chr.) profilierte sich das Alte Reich (2850–2052) als staatlich-nationale Einheit gegenüber anderen Völkerschaften, beseitigte fremde Einflüsse, unternahm erste Vorstöße gegen Nubien und zwang die Beduinen-Stämme auf der Sinai-Halbinsel in lockere Abhängigkeit. Das in mehrere Verwaltungsbezirke untergliederte Reich wurde von einem Gottkönig (Pharao) geführt, dem eine zentralisierte Beamtenverwaltung und eine hochdifferenzierte Priesterkaste unterstanden. Es gab ein differenziertes Rechtssystem, eine ausgeprägte Naturalwirtschaft und eine große Vielfalt von Kulten. Die Ägypter entwickelten frühzeitig eine Hieroglyphenschrift und ein Kalendersystem mit 365 Tagen.

In der so genannten Pyramidenzeit (2650 bis 2190 v. Chr.), aus der die großen Pyramiden von Giseh stammen (4. Dynastie) und in der die Sonnenreligion Staatsreligion wurde (5. Dynastie), kam es zu einer nachhaltigen Schwächung des zentralen Königtums gegenüber den regionalen Feudalherren und zum Zerfall des Einheitsstaates. In der nun folgenden ersten Zwischenzeit (2190–2052) erlangten nur die Fürsten von Herakleopolis über die anhaltenden Wirren der regionalen Machtkämpfe hinaus gesamtägyptische Bedeutung.

In der Folgezeit profilierten sich die Fürsten von Theben als die Hauptvertreter eines Strebens nach der neuerlichen Reichseinheit Ägyptens. Mentuhotep II. von Theben gelang es 2052 Unter- und Oberägypten wieder zu vereinen. Das nun anbrechende Mittlere Reich (2052–1570) kehrte gegenüber den Zentrifugalkräften der ersten Zwischenzeit wieder zur Zentralverwaltung zurück. Neuer Staatskult wurde die Anbetung Amuns, religiöses Zentrum Theben mit dem Karnak-Tempel. Unter Sesostris III. (1878–1841 v. Chr.) erreichte das Mittlere Reich seine größte Ausdehnung und Glanzzeit. Unter der 13. und 14. Dynastie (zweite Zwischenzeit 1778–1610 v. Chr.) schwächten innere Wirren die Wehrhaftigkeit des Reiches und begünstigten den Einfall der Hyksos (um 1650 v. Chr.), einer churritisch-semitischen Völkergruppe, die mittels der militärischen Neuerung des Streitwageneinsatzes gegenüber den ansonsten kulturell überlegenen Ägyptern siegreich blieben.

Die Hyksos-Herrschaft (1650–1570 v. Chr.) wurde unter Ahmose zerschlagen, der mit der 18. Dynastie das Neue Reich (1570–715 v. Chr.) begründete. Unter seinen Nachfolgern Amenophis I. und Thutmosis I. stieg Ägypten durch Feldzüge bis an den Euphrat und nach Nubien (bis zum vierten Nil-Katarakt) zur Großmacht auf. Seine höchste wirtschaftliche Blüte und politische Machtentfaltung erlebte das Reich unter Königin Hatschepsut (1501–1480 v. Chr.), die Kriegshandlungen weitgehend vermied und stattdessen Handel und Kultur in besonderer Weise förderte (erste größere Handelsexpeditionen zur See nach Punt an der Küste des östlichen Sudan; Terrassentempel von Deir el Bahri bei Theben). Unter Thutmosis III. (1480–1448 v. Chr.) reichte das ägyptische Reich vom 4. Nil-Katarakt über den Vorderen Orient bis zum Euphrat und erreichte damit seine größte territoriale Ausdehnung überhaupt. Es folgte der allmähliche Niedergang unter den Pharaonen Amenophis III. und Amenophis IV. Unter Ramses III. (1197 bis

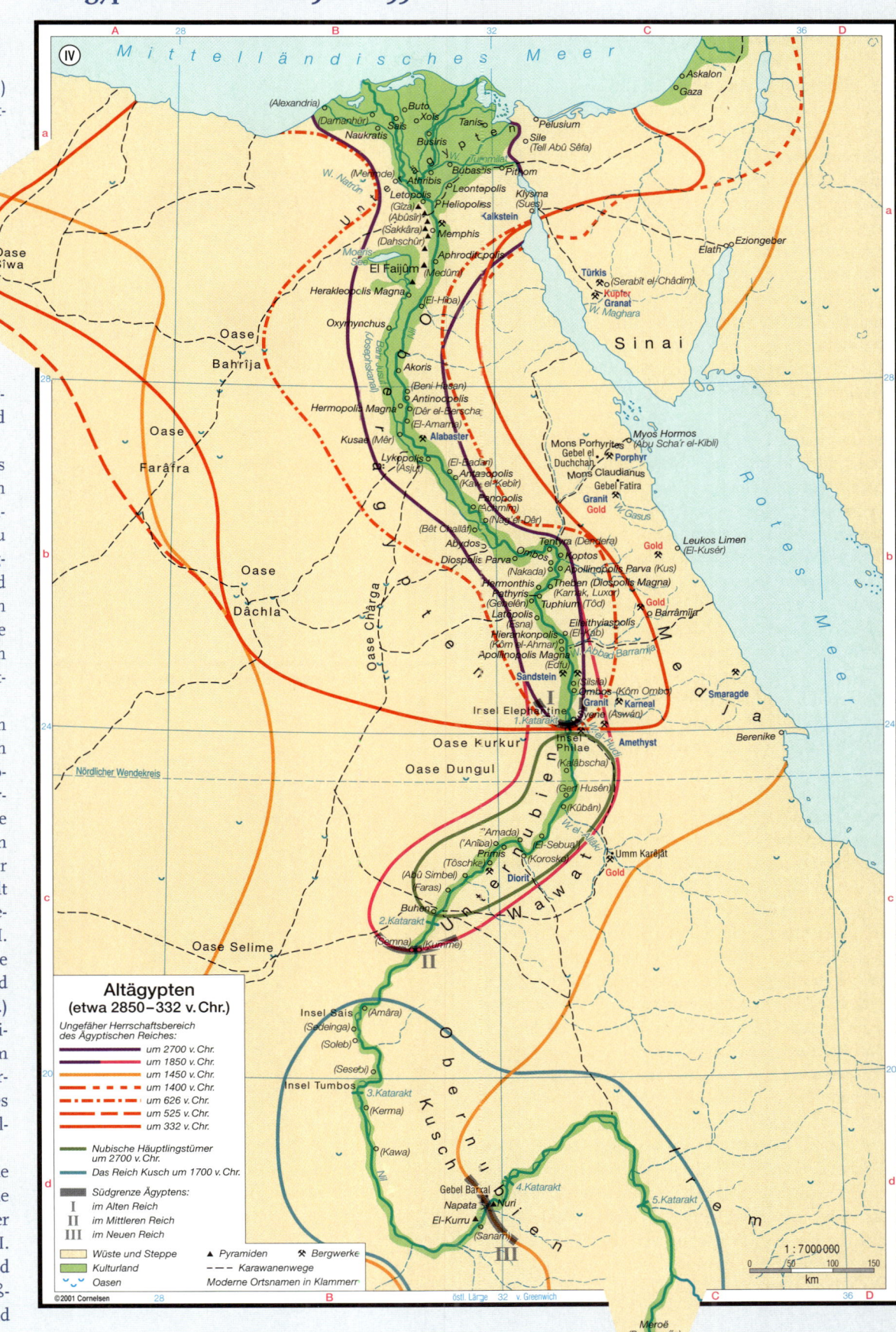

1165 v. Chr.) gelangen noch die Abwehr der „Seevölker" und der Sieg über die Libyer. Die Gefangenen wurden im Nildelta angesiedelt. Die Macht konzentrierte sich nun auf die Weichbilder der großen Tempel. In den folgenden 200 Jahren verfiel das Reich jedoch zusehends, bis um 950 der libysche Söldnerführer Scheschonk die Macht an sich bringen konnte. Ein Teil der Priesterschaft flüchtete nach Nubien und gründete dort einen theokratischen Staat.

Die ägyptische Spätzeit (715–332 v. Chr.) begann mit zunächst äthiopischer (715–663), kurzfristig auch

assyrischer (671) Fremdherrschaft, die erst durch Psammetich (663–609 v. Chr.) beendet werden konnte. Er beschränkte auch die ausgeuferte Macht der Amunpriester und der weiterhin einflussreichen libyschen Söldner, gegen die er vor allem ionische Söldner und Händler ins Nildelta holte. Unter Amasis (569–525 v. Chr.) gelangte das Reich als Seemacht im östlichen Mittelmeer nochmals zu letzter Blüte, wurde aber 525 v. Chr. von den Persern unter Kambyses überrannt, zur persischen Provinz erniedrigt und schließlich 332 v. Chr. von Alexander d. Gr. erobert.

Indien bis zur Mitte des 1. Jahrtausends v. Chr.

Frühe Zivilisationen in Indien

Die ältesten Menschenfunde in Indien datieren auf etwa 200 000 v. Chr. Aus der Altsteinzeit um etwa 7500 v. Chr. stammen Höhlenmalereien und Steinwerkzeuge. Bäuerliche Besiedlung ist im Nordwesten Indiens um 6000 v. Chr. nachweisbar. Erste Ansätze dauerhafter Siedlungen und die Entwicklung einer fortschrittlichen Ackerbaukultur fallen ins 4. Jahrtausend v. Chr.

Im Industal entwickelte sich zwischen 2500 und 1800 v. Chr. eine bedeutende Stadtkultur (Indus- oder Harappa-Kultur). Schachbrettförmig angelegte, von einem Burgberg beherrschte Städte aus Backsteinhäusern wurden von Königen (Radschas) und Großkönigen (Maharadschas) regiert. Die Wirtschaft dieser Städte – Harappa war die bedeutendste unter ihnen – war neben dem Überschuss der Landwirtschaft ihrer bäuerlichen Weichbilder vom Flusshandel geprägt. Mögliche Fernhandelskontakte zu den Sumerern bleiben aber Spekulation. Der Niedergang der Harappa-Kultur um 1800 v. Chr. war vermutlich durch ökologische und tektonische Veränderungen der Region begründet – geringere Niederschläge und die Verlagerung wichtiger Flussläufe.

Das Eindringen der indogermanischen Nomadenstämme der Arier datiert rund 300 Jahre später und konzentrierte sich ursprünglich auf die Gangesebene. Zahlenmäßig und kulturell waren die Arier der indischen Vorbevölkerung zwar unterlegen, ihr Einsatz des Streitwagens machte sie jedoch militärisch dominant.

Hauptquelle für die Geschichte dieser Zeit sind neben archäologischen Funden die in Sanskrit verfassten Weden – liturgische Texte, Hymnen und Legenden der alten Inder, die gleichzeitig die Grundlage der hinduistischen Kulturtradition bilden.

Die neue Hindu-Zivilisation war wirtschaftlich durch Ackerbau, politisch durch ein Erbkönigtum, religiös durch pantheistische Vorstellungen und kulturell durch vergleichsweise fortschrittliche Technik (Eisenverarbeitung, Mathematik und Astronomie) gekennzeichnet. Die wedische Zeit dauerte bis ins 6. Jahrhundert, das seinerseits von militärischen Auseinandersetzungen und der Entstehung einer Reihe unabhängiger Hindu-Reiche im Norden Indiens geprägt war.

In dieser Zeit entwickelten sich auch zwei größere religiös-ethische Reformbewegungen, Buddhismus und Jainismus, die bestimmte Elemente des Hinduismus – wie etwa die Wiedergeburt – beibehielten, aber einen jenseits des Kastensystems stehenden individuell erreichbaren Weg zum Heil – vor allem durch Gewaltfreiheit – entwarfen.

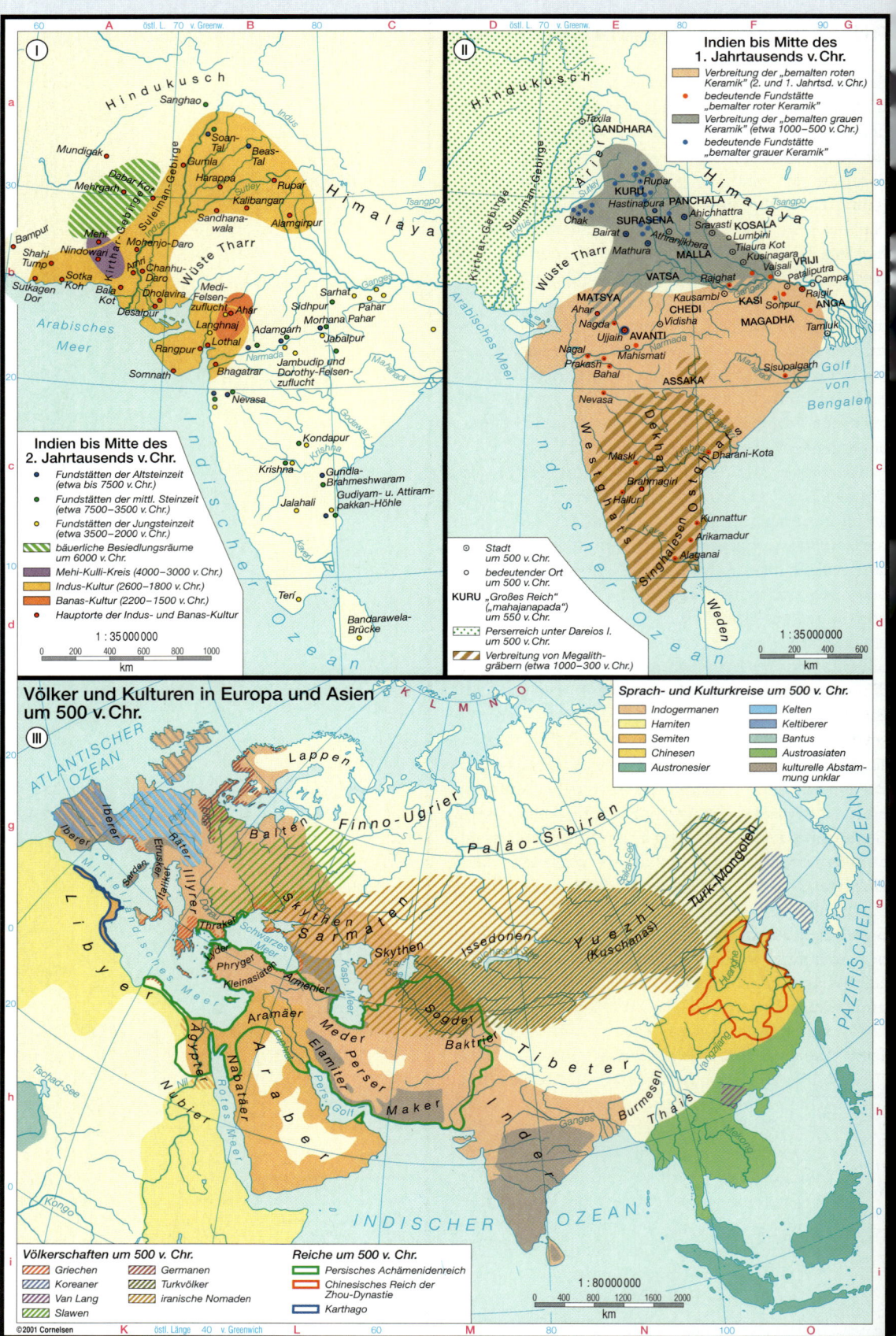

6000 v. Chr. älteste Bauernsiedlungen in den Bergregionen Belutschistans

5500 Baumwollanbau auf dem indischen Subkontinent

4000 Ansiedlung von Bauern im Überschwemmungsgebiet des Indus; Aufkommen der Kupferverarbeitung in der Indus-Region

3500 Aufkommen der Töpferscheibe im Indus-Gebiet

2600 Entstehung erster Städte im Indus-Tal (Indus-Kultur); Mohenjo-Daro: erste bekannte, planmäßig angelegte Stadt Indiens

2500–1800 Harappa-Kultur (Bildung von König- und Großkönigtümern)

2350 Handelsverbindungen zwischen dem Reich Sumer in Mesopotamien und dem Indus-Gebiet

2000 Bronzeverarbeitung im Indus-Tal

1500 Einwanderung wedischer Arier aus dem Nordwesten in die Ganges-Ebene (mit ihrer Kenntnis des Pferdestreitwagens sind die Arier den indischen Ureinwohnern, den Drawiden, überlegen)

1100 Aufkommen der Eisenverarbeitung in der Ganges-Ebene

1000 Beginn des Reisanbaus in der Ganges-Ebene im gleichen Zeitraum Entstehung des Hinduismus und der Megalithgräberkultur

1000–600 Spätwedische Zeit (bis 600 v. Chr. allmähliche Ausbreitung im gesamten Gangesgebiet bis in den Bereich des heutigen Delhi; Ausbildung des Kastenwesens)

750–500 Magadha entwickelt sich zum führenden Hindu-Reich (aus ihm geht später das Maurja-Reich hervor)

518 Eroberung des Indus-Tals durch das persische Achämenidenreich

China bis 481 v. Chr.

Frühe Zivilisationen Chinas

Seit etwa 6500 v. Chr. ist in China Reisanbau nachweisbar, der sich vom Gelben Meer her ins Landesinnere verbreitete. Dies war auch die prägende Kulturpflanze der Longshan-Kultur (3000–2000 v. Chr.), während die von ihr abgelöste Yangshao-Kultur (5000–3000 v. Chr.) noch im wesentlichen Hirseanbau betrieben hatte. Die in Legenden überlieferte Xia-Dynastie ist historisch und archäologisch nicht verifizierbar. So beginnt die eigentliche chinesische Geschichte um 1570 mit der aus der Erlitou-Kultur hervorgegangenen Shang-Dynastie, einem Lehnsstaat mit Priesterkönigtum. Die mit Steinmauern befestigten Städte, dortige Tempelanlagen, frühe Zeugnisse einer vor allem von Orakelpriestern verwendeten Zeichenschrift sowie der Einsatz des Streitwagens weisen das Shang-Reich als eine ausgeprägte Hochkultur aus.

Um 1045 wurde die Shang-Dynastie von der Zhou-Dynastie, die bisher im Lehnsverhältnis zu den Shang gestanden hatte, abgelöst. Das neue Reich war ein reiner Feudalstaat mit geographisch zentralem Königsland und die Grenzen sichernden sowie die Expansion betreibenden Vasallen. Deren Aufstieg schwächte das in seinem Königsland räumlich beschränkte Königtum zusehends gegenüber seinen Lehnsleuten. Diese bildeten ab 770 v. Chr. eigenständige Fürstentümer, die nur zur Abwehr vordringender Nomadenstämme Bündnisse eingingen und sich ansonsten unausgesetzt gegenseitig bekriegten. In diesen Auseinandersetzungen verarmte ein Teil des Adels, während die Bauern als nun in den Schlachten entscheidender Heeresteil sozial und politisch Bedeutung gewannen. Gleichzeitig wurde der Kaufmannsstand staatstragendes Element, da er die Naturalabgaben der Lehnsleute einzog und die Versorgung der kulturtragenden Städte gewährleistete. In der Spätphase der Zhou-Dynastie begründete Kong Qiu (Konfuzius, 551–479 v. Chr.) eine neue religiös vertiefte Ethik, in deren Zentrum der Glaube an den menschlichen Willen zu Sittlichkeit und Humanität steht.

Die chinesischen Dynastien bis 481 v. Chr.

Xia-Dynastie	21.–16. Jh. v. Chr.
(traditionell: 2205–1766 v. Chr.)	
Shang-Dynastie	16.–11. Jh. v. Chr.
(traditionell: 1766–1122 v. Chr.)	
Westliche Zhou-Dynastie	11. Jh.–771 v. Chr.
(traditionell: ab 1122 v. Chr.)	
Östliche Zhou-Dynastie	770–256 v. Chr.
Frühlings- und Herbstperiode	722–481 v. Chr.
(Chunqiu-Periode)	
Zeit der Streitenden Reiche	480–221 v. Chr.
(Zhanguo-Zeit)	

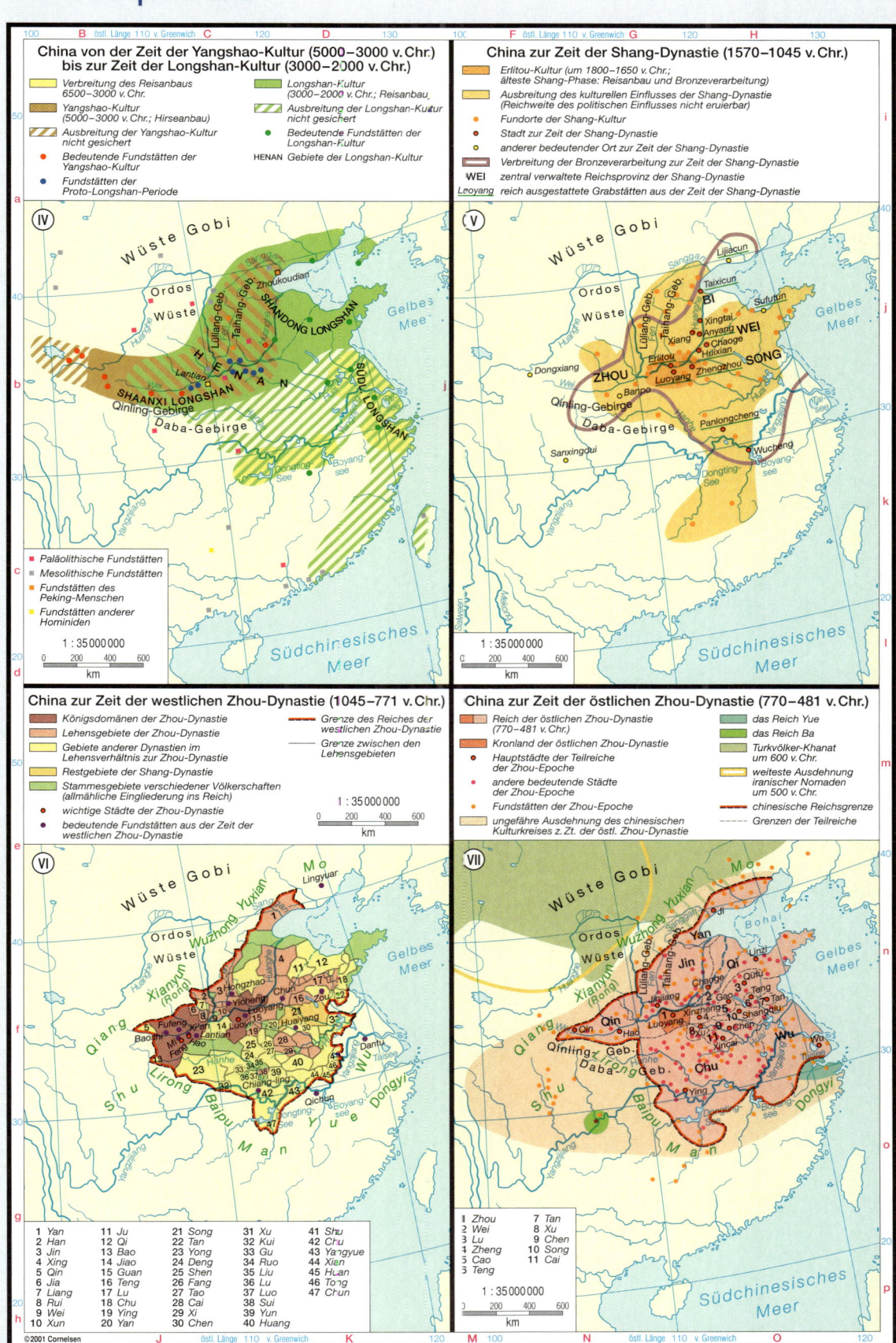

6500 v. Chr.	Reisanbau im Tal des Yangzijiang
5800	Hirseanbau in Nordchina
3200	Entstehung der ersten hierarchisch strukturierten Gesellschaften Chinas
3000	Bau erster Städte und Befestigungsanlagen; Einführung der Töpferscheibe
1900	in Erlitou Herstellung der ältesten chinesischen Bronzearbeiten
1600	Ursprünge der chinesischen Schriftzeichen
1557	Verlegung der Hauptstadt der Shang (wahrscheinlich von Erlitou) nach Ao (auf dem Gebiet des heutigen Zhengzhou)

14. Jh.–1122 v. Chr.	Anyang Hauptstadt des Shang-Reiches; Bestattung der Könige auch mit Menschenopfern
14. Jh.–10. Jh. v. Chr.	Shang-Orakel-Knochentexte
1350	Einführung des Streitwagens
1200 v. Chr.	erste Bronzegefäße mit „gegossenen" Texten
9./8. Jh.	starkes Wachstum der Städte
770	nach Barbareneinfällen Verlegung der Zhou-Hauptstadt von Hao im zentralen Kronland nach Luoyang; zunehmender Machtverlust des Königtums (bis zum 7. Jh. v. Chr. blieb der

	Machtbereich des Königs von Zhou auf ein relativ kleines Gebiet um Luoyang beschränkt)
6. Jh.	der führende Staat in China ist Wu im Süden des Reiches
594	erste urkundlich erwähnte Steuerreform (Lu-Fürstentum, Shandong)
551–479	Kong Qiu (Konfuzius), chinesischer Philosoph und Religionsstifter
513	erste Erwähnung des Gusseisens
486	erste Erwähnung eines Kanalbaus (vom Yangzijiang zum Huai in Wu, ca. 150 km; 482 v. Chr. bis Süd-Shandong verlängert, ca. 200 km)

Griechenland im Altertum

Griechenland im Altertum

- Ionier
- Äolier (Thessaler, Böotier)
- Arkader
- Dorier
- Nordwestgriechen/Makedonier
- Thraker

- Überregionale Herrschafts-, Handels- und Kulturzentren (Großstädte)
- Hauptorte (meist Polis)
- Landstädte/Stadtdörfer
- Straßen

1 : 2 000 000

Kreta

1 : 3 000 000

©2001 Cornelsen

Griechenland bis 800 v. Chr.

Polis, Ethnos und Apoikia

Die für den griechischen Siedlungsraum charakteristische Staatsform war die Polis. Die durchschnittliche Größe ihres Territoriums betrug 50–100 qkm. Athen mit etwa 2250 qkm und Sparta mit rund 8500 qkm fielen aus dem Rahmen. Insgesamt gab es etwa 700 Poleis.

Im Nordwesten Griechenlands hatte sich daneben die Form des „Stammstaates" (*Ethnos*) erhalten, der im Gegensatz zur Polis über kein städtisches Zentrum verfügte. Er knüpfte an die primitivere Form politischer Gemeinschaft aus der Zeit der Einwanderung an. Trotz der staatlichen Vielfalt empfanden die Griechen (*Hellenen*) in der gemeinsamen mythischen Abkunft von dem Stammvater Hellen, in der Sprache, den religiösen Kulten, in Lebensstil und panhellenischen Festen (etwa den Olympischen Spielen) übergeordnete Gemeinsamkeiten, die sie von den Fremden (*Barbaren*) abgrenzten.

Vom 8. bis 6. Jahrhundert erschlossen die Griechen nach phönikischem Vorbild neue Siedlungs- und Handelsgebiete jenseits des hellenischen Mutterlandes. Schwerpunkte bildeten Südfrankreich, vor allem Sizilien und Unteritalien – wegen der Dichte der griechischen Ansiedlungen sogar „Großgriechenland" genannt – und die Küsten des Schwarzen Meeres. Die neugegründeten Kolonien (*Apoikien*) waren autonome Poleis, blieben ihren Mutterstädten (*Metropoleis*) aber durch vielfältige Beziehungen verbunden. Als eine Art Legitimations- und Informationszentrum für die Führer der Kolonistenzüge gewann das Heiligtum von Delphi gesamtgriechische Autorität.

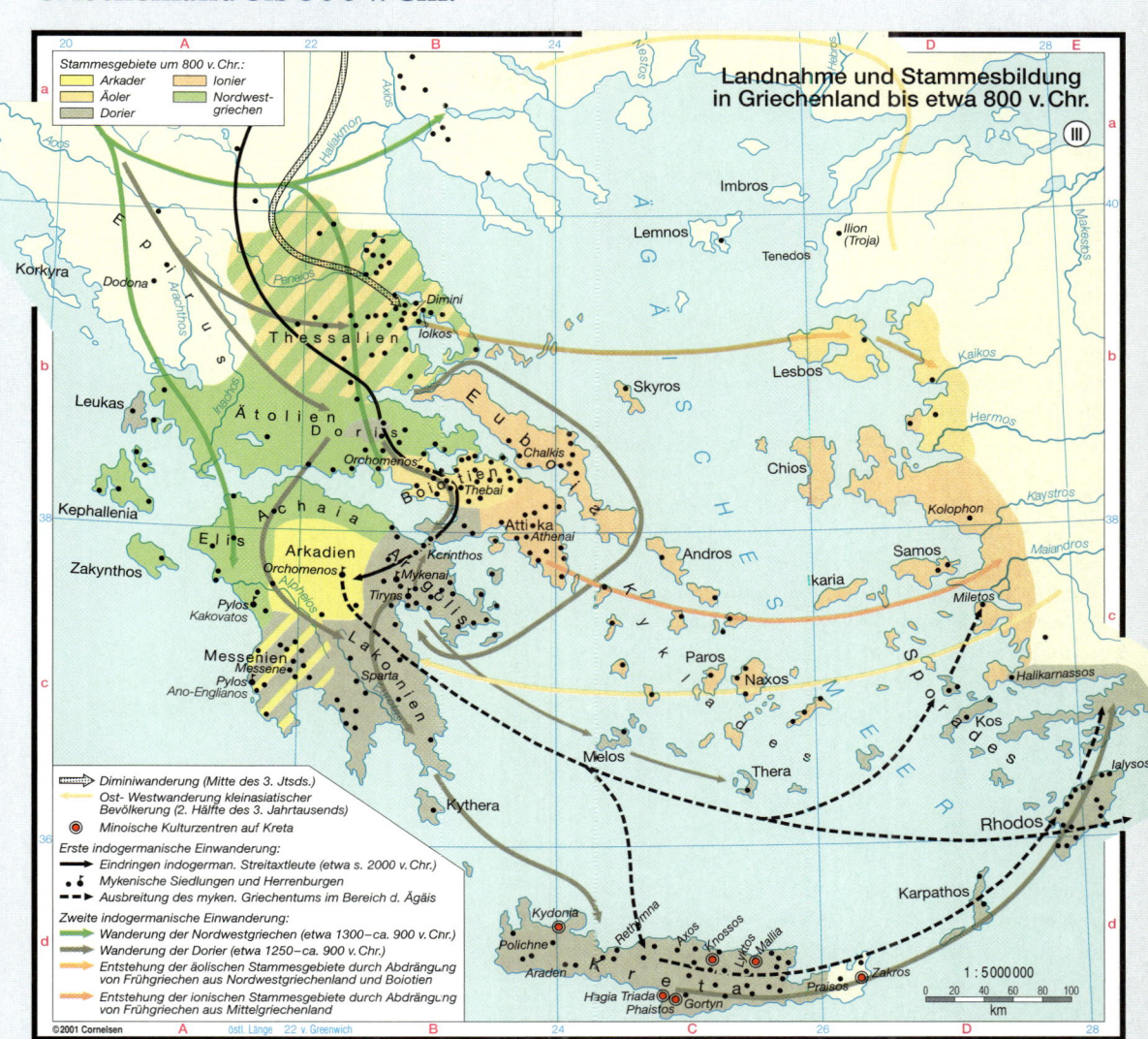

Landnahme und Stammesbildung in Griechenland bis etwa 800 v. Chr.

Stammesgebiete um 800 v. Chr.:
- Arkader
- Äoler
- Dorier
- Ionier
- Nordwestgriechen

Diminiwanderung (Mitte des 3. Jtsds.)
Ost- Westwanderung kleinasiatischer Bevölkerung (2. Hälfte des 3. Jahrtausends)
Minoische Kulturzentren auf Kreta

Erste indogermanische Einwanderung:
Eindringen indogerman. Streitaxtleute (etwa s. 2000 v. Chr.)
Mykenische Siedlungen und Herrenburgen
Ausbreitung des myken. Griechentums im Bereich d. Ägäis

Zweite indogermanische Einwanderung:
Wanderung der Nordwestgriechen (etwa 1300–ca. 900 v. Chr.)
Wanderung der Dorier (etwa 1250–ca. 900 v. Chr.)
Entstehung der äolischen Stammesgebiete durch Abdrängung von Frühgriechen aus Nordwestgriechenland und Boiotien
Entstehung der ionischen Stammesgebiete durch Abdrängung von Frühgriechen aus Mittelgriechenland

1 : 5 000 000

©2001 Cornelsen

Griechische und phönikische Kolonisation bis zu den Perserkriegen

Griechische, phönikisch-punische und etruskische Kolonisation und Expansion bis zu den Perserkriegen

Ionische Kolonisation:
- Mutterstädte:
- CHALKIS und ERETRIA
- PHOKAIA
- MILET
- IONISCHE INSELN
- Kolonien
- F Faktoreien
- + Gescheiterte Gründungen

Dorische Kolonisation:
- Mutterstädte:
- KORINTH
- MEGARA
- RHODOS, THERA und SPARTA
- Kolonien
- Gescheiterte Gründungen

Achäische Kolonisation:
Ausgangsgebiete:
- Achaia, Lokris
- Arkadien
- Kolonien

Äolische Kolonisation:
- Mutterstädte
- Kolonien

Phönikisch-punische Kolonisation:
- Mutterstädte
- Kolonien
- F Faktoreien
- Gescheiterte Gründungen
- Verbreitungsgebiet mittelmeerischer Vegetation (Anbau des Ölbaumes)

Etruskische Expansion und Kolonisation:
- Expansions- und Kolonisationsrichtung
- Etruskische Stadt im Mutterland
- Etruskische Siedlung außerhalb des Mutterlandes

1 : 20 000 000

0   100 200 300 400 500 km

©2001 Cornelsen   Meridian 0 v. Greenwich

Das persische Achämenidenreich von 559 bis 486 v. Chr.

Das Perserreich

Grundlage unserer Kenntnisse über das frühe Asien sind die griechischen Historiker Herodot (5. Jh. v. Chr.) und Xenophon (5./4. Jh.), darüber hinaus persische Königsinschriften, insbesondere der ausführliche, in drei Sprachen abgefasste Tatenbericht des Königs Dareios von Bisutun (in der Nähe des heutigen Hamadan).

Nachdem das Assyrische Reich 612 v. Chr. untergegangen war, wurde die politische Situation in Vorderasien von den vier Königreichen der Lyder, Meder, Babylonier und Perser dominiert. Der Perserkönig Kyros II. (558–530) aus der Dynastie der Achämeniden vereinigte in einem beispiellosen Siegeszug alle Gebiete von der Ostküste des Mittelmeers bis an die Grenze Indiens unter seiner Herrschaft. In der Antike galt er als mustergültiger Monarch. Sein Sohn Kambyses (530–522) fügte dem Perserreich Ägypten hinzu. Beide Herrscher suchten, durch Toleranz gegenüber lokalen Traditionen in dem etwa 70 Völkerschaften umfassenden Weltreich die Loyalität und Unterstützung der einheimischen Eliten zu gewinnen.

Unter dem aus einer Nebenlinie der Achämeniden stammenden Dareios (522–486) erreichte das Perserreich seine größte Ausdehnung. Dareios' größtes Verdienst bestand aber in fiskalisch-administrativen Reformen, die unter Berücksichtigung regionaler Besonderheiten dem Reich Stabilität verliehen: Während z. B. Kleinasien, Babylonien, Syrien und Ägypten auf eine lange Tradition staatlicher Verwaltung und hochentwickelter Wirtschaft zurückblickten, gab es gleichzeitig staatlich kaum organisierte, wirtschaftlich und kulturell rückständige Gebiete wie z. B. im Norden das der Skythen oder im Süden das der arabischen Stämme.

Dareios unterteilte das Reich in 20 Verwaltungsbezirke (Satrapien); sie waren in der Regel größer als die Provinzen früherer Staaten, konnten sich aber auch mit den alten staatlichen und ethnischen Grenzen von Ländern decken, die in das Achämenidenreich integriert worden waren (z. B. Ägypten). An ihrer Spitze standen als Satrapen Angehörige des Königshauses, persische Adlige oder sogar einheimische Dynasten. Zur Beschränkung ihrer Macht trennte Dareios zivile und militärische Zuständigkeit: Die Satrapen leiteten die Verwaltung ihrer Gebiete, übten die richterliche Gewalt aus, beaufsichtigten das wirtschaftliche Leben des Landes und den Eingang der Steuern. Das militärische Kommando dagegen führten unmittelbar dem König unterstehende Befehlshaber. Eine allgemeine, aber lokale Besonderheiten flexibel berücksichtigende Abgaben- und Rechtsordnung, der Ausbau von Fernstraßen und Nachrichtenübermittlung sowie ein gegliedertes, aber im ganzen Reich gültiges Münzsystem (Goldprägung durch den König, Silber- und Kupferprägungen durch Satrapen und Provinzstädte) waren das Fundament eines funktionierenden Reichsregiments. Das Verwaltungszentrum war Susa, die repräsentative Residenz der Könige Persepolis. Der Großkönig bildete in einer religiös legitimierten Herrscherideologie die oberste Autorität, ohne selbst als Gott verehrt zu werden.

Das persische Achämenidenreich
von 559 bis 486 v. Chr.

Persien zu Beginn der Herrschaft Kyros' II. 559 v. Chr.
Eroberungen Kyros' II. 559–549 v. Chr.
Eroberungen Kyros' II. 549–529 v. Chr.
Eroberungen Kambyses' II. 529–522 v. Chr.
Eroberungen Dareios' I. 522–486 v. Chr.
Vasallenstaaten bzw. tributpflichtige Staaten

Unter Kyros II. eroberte Reiche:
Neubabylonisches Reich bis 539 v. Chr.
Lyderreich bis 547/546 v. Chr.
Mederreich bis 550 v. Chr.

● Königsresidenzen
○ Satrapenresidenzen
Susa Hauptstädte des Perserreiches
Königsstraße
Wüste und Wüstensteppe

©2001 Cornelsen
1 : 18000000

Administrative Gliederung unter Dareios I.

Die Verwaltungsgliederung
des Perserreiches um 500 v. Chr.

Das persische Achämenidenreich unter Dareios I.
Vasallen oder tributpflichtige Staaten
Grenzen der persischen Satrapien
MAKA Persische Satrapie

Dar. Dareios' I. Neuordnung der
persischen Satrapien (518 v. Chr.)
Her. Aufzählung der Satrapen des Dareios
bei Herodot (tatsächlich Steuerbezirke u.
nicht deckungsgleich mit den Satrapien)
(Der Status des 513 v. Chr. von Dareios I.
eroberten skythischen Thrakien als persische
Satrapie ist erst später gesichert)

©2001 Cornelsen
1 : 30000000

550 Kyros erobert Medien

546 Sieg über König Kroisos von Lydien

bis 544 Unterwerfung der Griechenstädte an der kleinasiatischen Küste

539 Einzug des Kyros in Babylon; Entlassung der von Nebukadnezar 587 dorthin deportierten Juden

525 Kambyses erobert Ägypten

513 Feldzug des Dareios gegen die Skythen

Griechenland und die Perserkriege von 500 bis 479 v. Chr.

Die Perserkriege
500–479 v. Chr.

- Verbündete gegen die Perser
- Neutrale oder den Persern freundlich gesinnte Staaten
- Persisches Gebiet
- Persische Verbündete
- Gebiet des Ionischen Aufstandes

X Siege der Griechen
X Siege der Perser
→ Zug des Datis 490
→ Flotte und Heer des Xerxes 480
(Kalliasfrieden 449/448 v. Chr., vgl. Karte S. 32 I)

1 : 6 000 000
0 50 100 150
km

©2001 Cornelsen

Vom Ionischen Aufstand zu den Perserkriegen

Die Berührung zwischen Persern und Griechen an der kleinasiatischen Küste war anfangs durchaus nicht durch Konfrontation geprägt. Vielmehr fanden sich in wichtigen Funktionen der persischen Zentralverwaltung, bei der Vorbereitung von Kriegszügen und im Beraterstab des Großkönigs prominente Griechen. Die Städte an der kleinasiatischen Küste waren zwar dem Perserkönig untertan, wurden aber von einheimischen Griechen regiert. Dennoch vermissten sie angesichts der Entwicklung im Mutterland politische und wirtschaftliche Entfaltungsmöglichkeiten, so dass sie im „Ionischen Aufstand" (500–494) mit zeitweiliger Unterstützung Athens die persische Herrschaft abzuschütteln versuchten. Nach der Niederschlagung der Rebellion kam der Perserkönig den kleinasiatischen Griechenstädten aber anscheinend durch politische Konzessionen entgegen. Diplomatische Sondierungen der Perser ließen in Nord- und Mittelgriechenland anfangs sogar eine verbreitete Bereitschaft zur Unterwerfung erkennen. Athen und Sparta allerdings wiesen das Ansinnen des Perserkönigs schroff zurück. Mit ihnen schlossen sich aber nur 31 Poleis im Hellenenbund zur Abwehr der persischen Invasion 481 zusammen.

Die materiellen Ressourcen des griechischen Siedlungsgebietes im Mutterland und der Ägäis mit einer Fläche von ca. 80 000 qkm und etwa 3–4 Mio. Einwohnern unterschieden sich erheblich von denen des Perserreiches mit einer Fläche von ca. 5 Mio. qkm.

Dies spiegelt sich auch in den Angaben des griechischen Historikers Herodot (5. Jh.) zur Größe des persischen Landheeres von 1,7 Mio. Soldaten wider, die allerdings nach heutigem Forschungsstand bis zu 20-fach überhöht sein dürften. Seriöser sind die Angaben zu den Flottenstärken: ca. 1200 Schiffe auf persischer Seite und etwa 400 auf griechischer, von denen die Athener etwa zwei Drittel stellten.

Dennoch gelang die siegreiche Abwehr der persischen Invasoren in drei entscheidenden Schlachten: 490 bei Marathon, 480 in der Seeschlacht von Salamis und 479 in der Landschlacht von Plataä. In der griechischen Allianz von 481 hatten die Spartaner als die stärkste Militärmacht Griechenlands die Führung inne, unbestritten war aber der entscheidende Beitrag Athens und seines Flottenkommandanten Themistokles zum Sieg von Salamis. Ebenso zu Recht reklamierten die Spartaner und ihr Heerführer Pausanias den Sieg von Plataä als ihr Verdienst. Die restlichen persischen Streitkräfte zogen sich nach dem dortigen Debakel vollständig aus Griechenland zurück. Die folgende Gegenoffensive unter der Führung Athens im Rahmen des delisch-attischen Seebundes führte schließlich zur persischen Anerkennung der Freiheit aller Griechenstädte im so genannten Kalliasfrieden.

512 persische Eroberung Thrakiens; Abhängigkeit des Königreichs Makedonien von Persien

500–494 Ionischer Aufstand; endet mit der Zerstörung der Stadt Milet

490 Sieg der Athener bei Marathon

480 Invasion des Perserkönigs Xerxes; griechischer Seesieg von Salamis

479 Sieg der Griechen bei Plataä

478/77 Gründung des Delisch-Attischen Seebundes

Der Delisch-Attische Seebund von 478 bis 431 v. Chr.

Der Attische Seebund 478 bis 431 v. Chr.

Bundesbeiträge (insg. ca. 460 Talente)

Staatsgebiet Athens	Beitragzahlende Bundesgen.
Athens Kolonien u. Kleruchien	Flotten stellende Bundesgen.
Athens Garnisonen	▲ bis 3 Talente
455 Jahr d. Beitritts zum Seebund	▲ 3–6 Talente
456 Neueingliederung n. Aufständen	● 6–9 Talente
Chios Aufstände	■ 9–30 Talente od. Schiffe (Lesbos, Chios; Samos b. 439)
Staatsgebiet Spartas	
Peloponnesischer Bund	

Kypern 460, 450/49
Ägypten 460/454 (Katastrophe 454)

©2001 Cornelsen

Der Importhandel Athens im 5. Jh. v. Chr.

Mitte des 5. Jhs. v. Chr. war Piräus der größte Umschlaghafen Griechenlands. Über ihn lief der größte Teil des athenisch-attischen Fernhandels. Bis zu 400 Schiffe konnten hier gleichzeitig vor Anker liegen. Hauptimportgut war Getreide, das in Attika selbst nicht in genügendem Maße angebaut wurde, um die zu dieser Zeit etwa 300 000 Einwohner Athens und Attikas zu ernähren. Bei einer Eigenproduktion Attikas von 600 000 Medimnen (ca. 24 000 t) wurden jährlich 800 000 Medimnen (ca. 32 000 t) eingeführt. Der Import verderblicher Güter blieb aber ansonsten wegen der Transportdauer begrenzt.

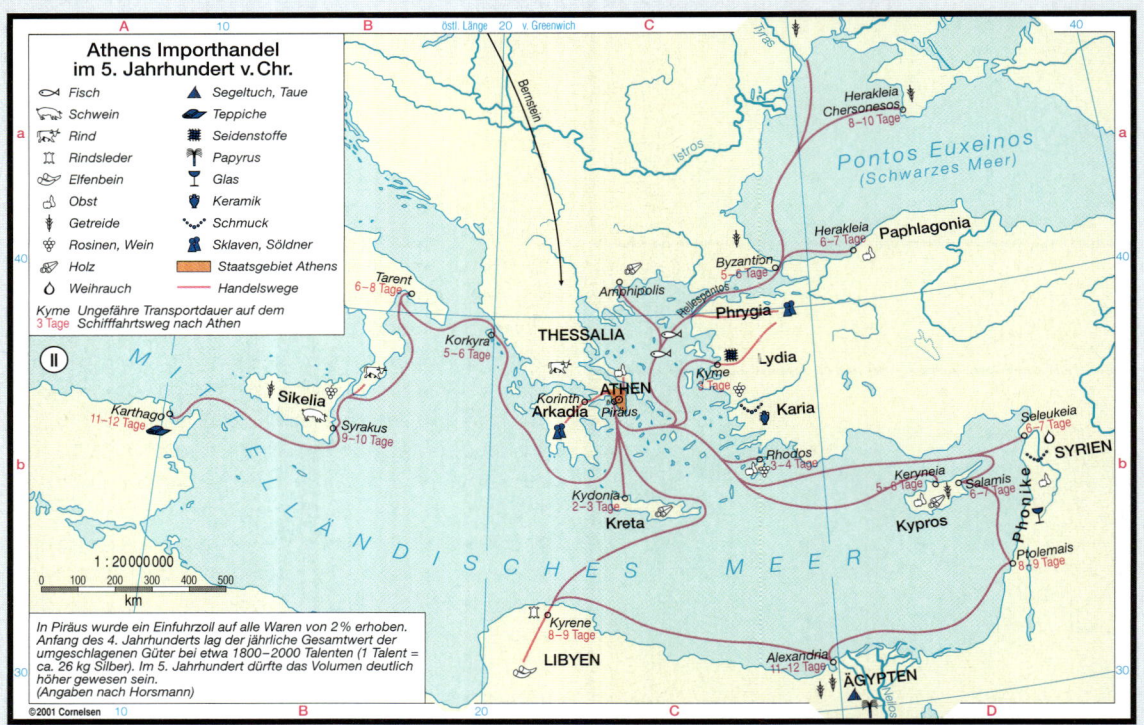

Athens Importhandel im 5. Jahrhundert v. Chr.

Fisch		Segeltuch, Taue	
Schwein		Teppiche	
Rind		Seidenstoffe	
Rindsleder		Papyrus	
Elfenbein		Glas	
Obst		Keramik	
Getreide		Schmuck	
Rosinen, Wein		Sklaven, Söldner	
Holz		Staatsgebiet Athens	
Weihrauch		Handelswege	

Kyme Ungefähre Transportdauer auf dem
3 Tage Schiffahrtsweg nach Athen

In Piräus wurde eine Einfuhrzoll auf alle Waren von 2% erhoben. Anfang des 4. Jahrhunderts lag der jährliche Gesamtwert der umgeschlagenen Güter bei etwa 1800–2000 Talenten (1 Talent = ca. 26 kg Silber). Im 5. Jahrhundert dürfte das Volumen deutlich höher gewesen sein.
(Angaben nach Horsmann)

©2001 Cornelsen

Athen im Kampf mit Persien und Sparta

500 Ionischer Aufstand (bis 494); Beginn der Perserkriege

478 griech. Flottenexpeditionen beseitigen die persische Vorherrschaft über ionische Städte; Athen wird Schutzmacht der Ionier gegen die Perser

477 Gründung des Delisch-Attischen Seebundes zur Abwehr der Persergefahr; Bundessitz: Delos; Aufstieg Athens zur führenden Wirtschaftsmacht Griechenlands; Dualismus zu Sparta

470 Ostrakismos (Scherbengericht) gegen Themistokles: Verbannung (wird persischer Vasall); Fortsetzung des Krieges gegen die Perser unter Kimon als athenischer Flottenführer

466 Doppelsieg Athens am Eurymedon über Flotte und Heer der Perser; Gegensatz zwischen Athen und Sparta nimmt wegen des athenischen Machtzuwachses und wegen der von Athen ausgehenden Ausbreitung demokratischer Tendenzen zu

461 Aufkündigung des noch gültigen Bündnisses mit Sparta und Bündnisschluss mit Argos, dem Erzfeind Spartas

457 durch Anschluss von Boiotien, Lokris und Phokis erreicht Athen Hegemonie in Mittelgriechenland

456 Athen unterstützt aus handelspolitischen Gründen Aufstände gegen die Perser (z. B. Inaros in Ägypten)

451 die Erschöpfung Athens im Zweifrontenkrieg mit Persien und Sparta führt zum Waffenstillstand zwischen Athen und Sparta auf 5 Jahre

449 athenischer Doppelsieg über die Perser bei Salamis auf Zypern; Friede zwischen Athen und Persien ("Kalliasfrieden")

446 "30jähriger Friede" zwischen Athen und Sparta gegenseitige Anerkennung des Attischen Reiches und der spartanischen Hegemonie auf dem Peloponnes; Athen ist neben Persien und Karthago die dritte Großmacht im Mittelmeer

Die Verfassung der athenischen Demokratie

509 Schaffung der isonomischen Demokratie (Gleichberechtigung aller Staatsbürger) durch Kleisthenes (bis 507)

462 Überweisung aller politischen Entscheidungen und Rechte an den Rat, die Ausschüsse der Geschworenengerichte und die Volksversammlung (Antrag des Ephialtes); Ausschaltung des Areopags (nur noch Blutgerichtsbarkeit)

458 Vollendung der athenischen Demokratie-Reformen durch Perikles: Zulassung der 3. Klasse zum Archontat, Leitung des Staates durch die Ratsvorsitzenden; Entmachtung des Adels

Die athenische Demokratie

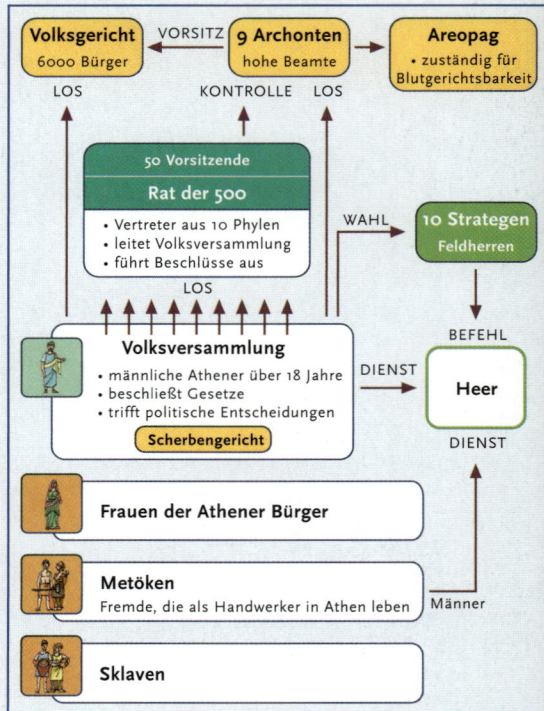

Der Peloponnesische Krieg von 431 bis 404 v. Chr.

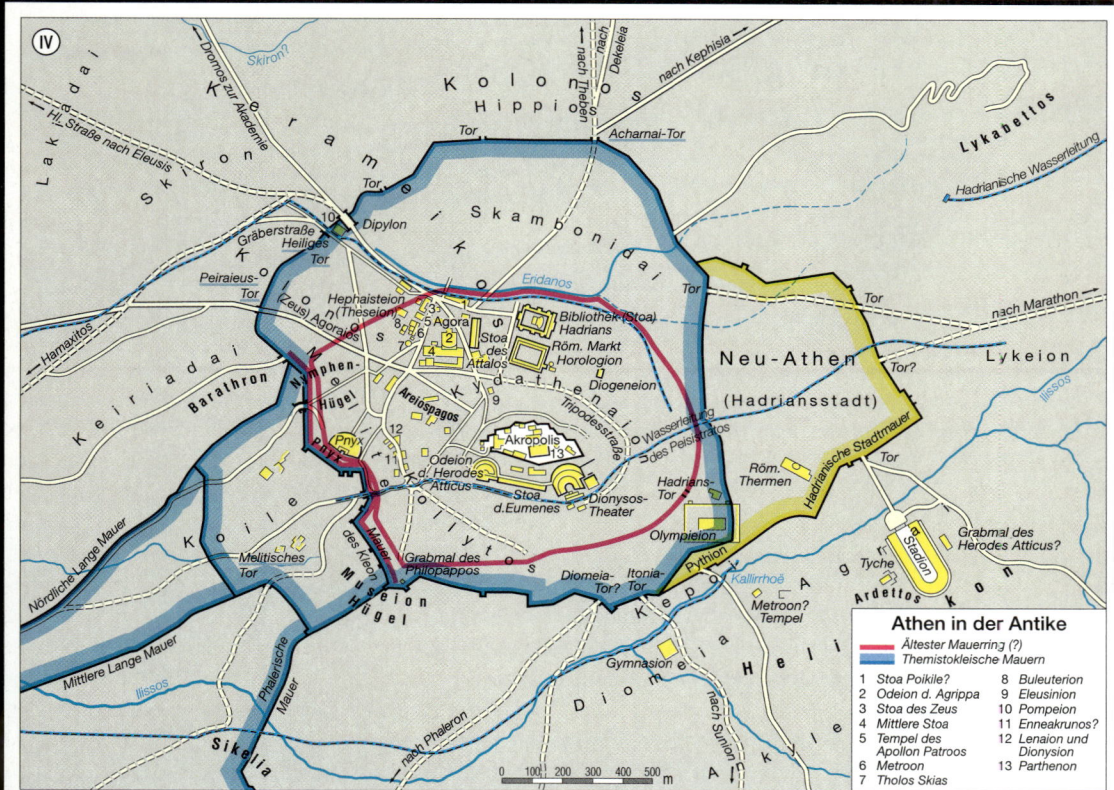

Der Peloponnesische Krieg 431 bis 404 v. Chr.

- Athen und seine Bundesgenossen
- Athens Feldzüge 431–421
- Athens Feldzüge 416–405
- x 405 Athens Siege

Athens Bundesgenossen in Italien und Sizilien:
- *Naxos* bei Kriegsausbruch 431
- *Naxos* vor der sizilischen Expedition 415
- Athens Stützpunkte gegen Sparta
- Angriff Karthagos auf Sizilien

- Sparta und seine Bundesgenossen
- Spartas Feldzüge 431–421
- Spartas Feldzüge 415–404
- x 405 Spartas Siege

Spartas Bundesgenossen in Italien und Sizilien:
- *Himera* bei Kriegsausbruch 431
- *Himera* vor der sizilischen Expedition 415
- Spartas Stützpunkte gegen Athen
- Neutrale griechische Staaten

1 : 6 000 000
0 50 100 150 200 250
km

©2001 Cornelsen

Athen in der Antike

479 Bau der athenischen Stadtmauern gegen den Einspruch Spartas

460 Bau der „Langen Mauer" (bis 457): Athen wird zur größten Festung Griechenlands

451 Einführung des athenischen Bürgerrechtsgesetzes mit stark ausgrenzenden Tendenzen

443 Perikleisches Zeitalter (bis 429): politische und kulturelle Blütezeit Athens

Athen in der Antike
- Ältester Mauerring (?)
- Themistokleische Mauern

1 Stoa Poikile?
2 Odeion d. Agrippa
3 Stoa des Zeus
4 Mittlere Stoa
5 Tempel des Apollon Patroos
6 Metroon
7 Tholos Skias
8 Buleuterion
9 Eleusinion
10 Pompeion
11 Enneakrunos?
12 Lenaion und Dionysion
13 Parthenon

©2001 Cornelsen

Der Peloponnesische Krieg

431 Ausbruch des Peloponnesischen Krieges (bis 404) wegen der aggressiven Führungspolitik Athens im Attischen Bund vor allem gegen Megara und Poteidaia; spartanische Einfälle in Attika unter Führung Archidamos' II.

429 Ausbruch einer Seuche in Athen (bis 425 stirbt ein Drittel der attischen Bevölkerung, darunter Perikles; sein Nachfolger wird Kleon)

425 Niederlage der Spartaner auf Sphakteria; mit mehr als 400 Stadtstaaten ist die höchste Mitgliederzahl des attischen Städtebundes erreicht

424 spartanische Heeresreform unter Brasidas und siegreicher Zug nach Thrakien

422 athenische Niederlage bei Amphipolis

421 Friede zwischen Athen und Sparta („Nikiasfriede"; Wiederherstellung des Status quo von 431); von Athen gebrochen

415–413 „Sizilische Expedition" endet mit nahezu totaler Vernichtung der athenischen Flotte und des Heeres bei Syrakus

412 Bündnis Spartas mit Persien (finanzielle Unterstützung, dafür Preisgabe der ionischen Städte)

411 Einführung der Oligarchie in Athen („Rat der 400") und deren Sturz durch Alkibiades

405 Niederlage der athenischen Flotte bei Aigospotamoi („Ziegenflüsse")

404 spartanische Belagerung und Fall Athens; Auflösung des Attischen Seebundes, Eintritt in den Peloponnesischen Bund unter spartanischer Führung

Das Weltreich Alexanders des Großen bis 323 v. Chr.

Aufstieg und Niedergang des Alexanderreiches

Im Alter von 20 Jahren folgte Alexander der Große 336 v. Chr. seinem ermordeten Vater Philipp II. als König von Makedonien. Zwei Jahre später überquerte er den Hellespont und begann den Krieg gegen das Perserreich. Alexander stand damals an der Spitze eines etwa 30 000 Mann starken Heeres, das sein Vater in zahlreichen Schlachten zu einer schlagkräftigen Truppe geformt hatte. Es wurde ergänzt durch etwa 7000 Griechen aus den Kontingenten des Korinthischen Bundes, in dem Philipp II. nach seinem Sieg von Chäronea 338 v. Chr. alle griechischen Städte mit Ausnahme von Sparta vereinigt hatte.

Alexanders Angriff traf das Perserreich nach Thronwirren und Aufständen in einer Phase innerer Schwäche. Seinen ersten Sieg errang er 334 am Granikos über die Truppen der kleinasiatischen Satrapen. Danach stieß er bei der Befreiung der Griechenstädte und der Besetzung Anatoliens nur noch vereinzelt auf Widerstand. Den Perserkönig selbst besiegte er erstmals im Herbst 333 bei Issos in Nordsyrien. Dareios III. unterbreitete Alexander daraufhin ein Friedensangebot. Dieses scheiterte an Alexanders Forderung einer bedingungslosen Unterwerfung des Perserkönigs.

Erst nach der vollständigen Eroberung der Küstengebiete des östlichen Mittelmeers einschließlich Ägyptens wandte sich Alexander erneut gegen Dareios selbst. Der Sieg bei Gaugamela im Herbst 331 am Oberlauf des Tigris leitete den Zusammenbruch der Herrschaft des Dareios und des Perserreichs insgesamt ein. Alexander nahm die persischen Residenzen Babylon, Susa, Persepolis und Ekbatana ein. Dareios wurde Opfer eines Attentats seiner persönlichen Umgebung. In Gewaltmärschen eroberte das makedonische Heer auch die östlichen Provinzen des Perserreiches. Als es Alexander über die Grenzen Indiens hinaus an den Rand des vermeintlichen Weltmeeres (Okeanos) in unbestimmte Ferne vorantreiben wollte, zwangen ihn die körperlich und psychisch völlig erschöpften Soldaten nach einer Marschleistung von insgesamt ca. 20 000 km im Jahre 326 am Hyphasis im indischen Pandschab zur Umkehr.

Nach weiteren Kämpfen erreichten Alexander und das makedonische Heer 324 wieder Mesopotamien. Mitten in den Vorbereitungen weiterer großer Projekte – Umschiffung Arabiens, Vorstoß bis an die Säulen des Herakles (Gibraltar) – erlag Alexander am 10. Juni 323 v. Chr. in Babylon einer Infektionskrankheit.

Alexander hatte den Krieg gegen das Perserreich begonnen, um im Namen der griechischen Städte des Korinthischen Bundes Rache für die Zerstörungen durch den Perserkönig Xerxes von 480 zu nehmen. Diese Zielsetzung mündete spätestens nach dem Sieg bei Issos in das Streben Alexanders nach der Herrschaft über ganz Asien. Daraus resultierte nach dem Tod des Dareios auch der Anspruch Alexanders, Nachfolger der Achämenidenherrscher zu sein. Dies schlug sich unter anderem in der Respektierung persischer Gepflogenheiten nieder. Die Anpassung an die Besiegten empfanden aber nicht wenige führende Makedonen als Demütigung der Sieger. Anlässlich der Versöhnungsfeier und eines Zerwürfnis mit seinen Soldaten in Opis 324 verkündete Alexander seine Vision einer Verbrüderung aller Völker in einer die gesamte Menschheit umschließenden Friedensordnung.

Alexander hinterließ keinen regierungsfähigen Erben. Sein Weltreich war bei seinem Tode noch ungefestigt. Die königliche Gewalt ging zunächst als Vormundschaftsregierung für Alexanders unmündigen Sohn an die makedonischen Großen über. Nach der baldigen Aufspaltung der Herrschaftsbereiche entbrannte ein Machtkampf unter seinen Nachfolgern (Diadochen), teils mit dem Ziel das gesamte Reich als Einheit zu bewahren, teils um sich in einem Teilreich als Herrscher zu etablieren. Wichtige Etappen auf dem Weg der Auflösung des Alexanderreichs waren die Übernahme des Königstitels einzelner Teilherrscher 306/305 sowie die Schlachten von Ipsos 301 und Kurupedion 281. Ergebnis dieses Auflösungsprozesses war ein System sich gegenseitig im Wesentlichen anerkennender Dynastien und Königreiche: Die Antigoniden (von Antigonos abgeleitet) in Makedonien, die Seleukiden (Seleukos) in Asien und die Ptolemäer (Ptolemaios) in Ägypten. Mit ihrem Herrschaftsreich von der Ostküste des Mittelmeers bis zum Indus hatten vor allem die Seleukiden mit Kräften zu kämpfen, die in Kleinasien zur Abspaltung mehrerer Königreiche und von Osten her zu einem Erosionsprozess durch das Vordringen der Parther führten.

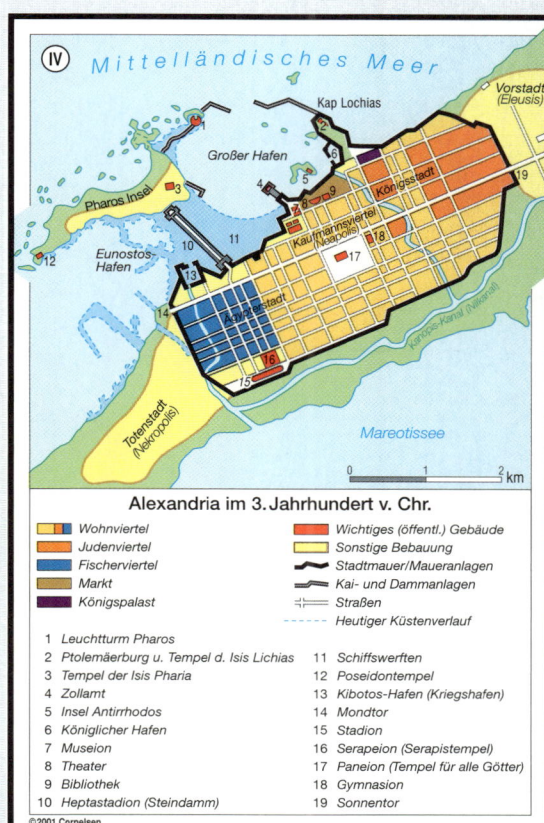

Alexandria im 3. Jahrhundert v. Chr.

Wohnviertel	Wichtiges (öffentl.) Gebäude
Judenviertel	Sonstige Bebauung
Fischerviertel	Stadtmauer/Mauernanlagen
Markt	Kai- und Dammanlagen
Königspalast	Straßen
	Heutiger Küstenverlauf

1 Leuchtturm Pharos
2 Ptolemäerburg u. Tempel d. Isis Lichias
3 Tempel der Isis Pharia
4 Zollamt
5 Insel Antirrhodos
6 Königlicher Hafen
7 Museion
8 Theater
9 Bibliothek
10 Heptastadion (Steindamm)
11 Schiffswerften
12 Poseidontempel
13 Kibotos-Hafen (Kriegshafen)
14 Mondtor
15 Stadion
16 Serapeion (Serapistempel)
17 Paneion (Tempel für alle Götter)
18 Gymnasion
19 Sonnentor

©2001 Cornelsen

Alexandria

332/331 v. Chr. von Alexander dem Großen gegründet und von seinem Baumeister Deinokrates geplant, entwickelte sich Alexandria unter den Ptolemäern, der 306–30 v.Chr. in Ägypten herrschenden Dynastie, als deren Regierungssitz zu einer der großen Weltstädte der Antike. Als bedeutende Handelsstadt des Mittelmeeres entwickelte sie sich mit ihrem Museion und der berühmten Alexandrinischen Bibliothek auch zum kulturellen Mittelpunkt des Hellenismus. Der 279 v. Chr. vollendete Leuchtturm auf der Insel Pharos war eines der Sieben Weltwunder der Antike. 48 v. Chr. von Caesar erobert, bewahrte sich Alexandria auch in der Kaiserzeit eine kulturelle und wirtschaftliche Sonderstellung. Erst ab 1517 setzte unter der Osmanenherrschaft der endgültige Niedergang der Stadt ein.

Alexander der Große und der Hellenismus

Wie kaum eine andere Persönlichkeit der Weltgeschichte wurde Alexander der Große zum Auslöser einer neuen Epoche – des Hellenismus. Die von ihm propagierte Respektierung einheimischer Traditionen führte zu einer auch von orientalischen Elementen durchsetzten, allerdings überwiegend griechisch geprägten Mischkultur. Ihr Zentrum wurde die prominenteste Stadtgründung Alexanders, Alexandria im Nildelta.

Wenn Alexanders Reich auch zerfiel, wurde es dennoch zum bestimmenden Muster der fortan dominierenden staatlichen Ordnung des Hellenismus – das großflächige Territorialreich mit einem Monarchen an der Spitze, der sich auf göttliche Legitimation berief. Der politische und kulturelle Horizont hatte sich weit geöffnet, die Kleinstaaterei der Polis im griechischen Mutterland hatte ihre zentrale Bedeutung verloren.

---

338 Sieg Philipps II. über die griech. Poleis bei Chäronea

337 Begründung des alle griech. Staaten einschließenden Korinthischen Bundes unter der Führung Philipps II.

336 Tod Philipps II., Regierungsbeginn Alexanders

334 Eröffnung des Perserkrieges

333 Sieg Alexanders über Dareios III. bei Issos

332 Gründung der Stadt Alexandria im Nildelta

331 entscheidender Sieg Alexanders über Dareios III. bei Gaugamela

330 Zerstörung von Persepolis; Tod des Dareios

326 Sieg Alexanders über den Inderkönig Poros am Hydaspes; Umkehr Alexanders am Hyphasis

323 Tod Alexanders in Babylon

306 Annahme des Königstitels z. B. durch Antigonos und Ptolemaios (Diadochenreiche)

301 Schlacht von Ipsos

281 Schlacht von Kurupedion

um 250 Begründung des gräko-baktrischen Königreiches durch Diodotos I.

ab 240 Vordringen der Parther

212–205 Feldzug des Seleukidenkönigs Antiochos III. in die östlichen Satrapien bis zum Indus

---

Ostfeldzug („Anabasis") Antiochos III. (212–203 v.Chr.)
Haupt- u. Residenzstadt

Gräko-baktrisches Reich (Indogriechisch) 2. bis 1. Jh. v. Chr.

Diadochenreiche um 200 v. Chr. (bei Beginn der Kämpfe mit den Römern)

1 : 35 000 000

Italien im Altertum

Italien im Altertum

Der Aufstieg Roms in Italien bis 300 v. Chr.

- ▨ Etruskisches Kerngebiet um 300 v. Chr.
- ● Etruskische Siedlungen
- *Veji* Mitglieder des Zwölfstädtebundes
- → Ausbreitung der Umbro-Sabeller im 5. und 4. Jh. v. Chr.
- ▨ Siedlungsraum der Kelten im 4. Jh. v. Chr. (frühe Latène-Kultur)
- → Keltische Vorstöße

Das römische Herrschaftsgebiet um 300 v. Chr.

- ▨ Römisches Gebiet (sog. ager Romanus)
- ▨ Römisches Gebiet mit passivem Bürgerrecht (sog. civitates sine suffragio)
- ▨ Kolonien latinischen Rechts
- ▨ Römische Bundesgenossen (Socii)
- ● Bis 338 v. Chr. gegründete Kolonien
- ● 337 bis 290 v. Chr. gegründete Kolonien
- Bürgerkolonien sind rot unterstrichen (z. B. *Antium*)
- --- Römische Einflusssphäre um 300 v. Chr.
- ▨ Samnitischer Bund

Farbbänder kennzeichnen die spätere Einteilung der römischen Provinzen

- ● Alte griechische Kolonie
- ● Alte phönikische Kolonie
- — Römische Straße
- ▨ Regionen Italiens seit Augustus sind mit gelber Farbfläche unterlegt

Abkürzungen:
Iae. = Insulae (Inseln)
L. = Lacus (See)
M. = Mons (Berg)
Pr. = Promuntorium (Vorgebirge, Kap)

1 : 5 700 000
0　25　50　75　100　125
km

Ⅰ

1 : 3 500 000
0　20　40　60
km

Ⅱ
Der Aufstieg Roms in Italien bis 300 v. Chr.

© 2001 Cornelsen

Der Aufstieg Roms

753	Gründungsjahr Roms (nach Varro)
bis 510	sagenhafte Herrschaft der 7 Könige
um 500	Gründung der Republik Rom
um 450	Aufzeichnung des Zwölftafelgesetzes
um 400	Verfall der etruskischen Macht

396	Eroberung der Etruskerstadt Veji (Beginn der römischen Expansion)
387	marodierende Gallier verwüsten Rom
343	(bis 290) drei Samnitenkriege, aus denen Rom als führende Macht in Italien hervorgeht
282	(bis 272) Krieg mit Tarent
280	erfolgloser Kriegszug des Pyrrhus von Epirus

	(mit Tarent verbündet) gegen Rom (bis 275)
272	Einnahme Tarents (Abschluss der röm. Eroberung der italienischen Halbinsel)
264	1. Punischer Krieg (bis 241)
um 222	röm. Eroberung der Gallia cisalpina
218	2. Punischer Krieg (bis 201); Rom dominiert den westl. Mittelmeerraum

Rom und Karthago zur Zeit der Punischen Kriege von 264 bis 201 v. Chr.

Rom und Karthago zur Zeit der Punischen Kriege

Römer und Latiner 255 v. Chr.	Karthagischer Machtbereich 237 v. Chr.
Römische Bundesgenossen	Karthagische Verluste zwischen 241 u. 238 v. Chr.
Römische Verbündete vor den Punischen Kriegen	Karthagische Neuerwerbungen bis 218 v. Chr.
Aetolia Römische Verbündete außerhalb Italiens nach Cannae (216 v. Chr.)	Zug Hannibals bis 216 v. Chr. u. Rückweg 203 v. Chr.
Zwischen 241 u. 218 v. Chr. von Rom erob. Gebiete	Hasdrubals Zug 208–207 v. Chr.
An Hannibal abgefallene Gebiete	Magos Zug 205–203 v. Chr.
Kriegsplan und Expedition der Scipionen	Flotte der Karthager
Römische Züge gegen Makedonien	X 218 Erfolge der Karthager
Feldzüge römischer Bundesgenossen	Makedonien und seine Bundesgenossen
X 217 Erfolge der Römer	*Achaea* Makedonische Verbündete
	Feldzüge Philipps V. von Makedonien

1 : 12 000 000

0 50 100 150 200 250
km

©2001 Cornelsen

Die Zeit der Punischen Kriege

DER 1. PUNISCHE KRIEG (264 BIS 241)

264 ff. in Kämpfen wechselnder Bündnisse erobert Rom Ostsizilien

260 Seeschlacht von Mylae (die neu erfundene Enterbrücke ermöglicht den Römern die Übertragung der Landkampftaktik auf Seegefechte)

256 Seesieg am Vorgebirge Ecnomus ermöglicht römischen Truppen das Übersetzen nach Afrika und das Vordringen bis Karthago

255 Schlacht von Tunis: vorläufige Wende zugunsten Karthagos; doch Rom erobert das restliche Sizilien

ab 250 zermürbender Kleinkrieg ohne klare Sieger

241 Seesieg der Römer bei den Ägatischen Inseln mit einer privat finanzierten Flotte; Karthago verzichtet auf Sizilien (erste römische Provinz)

ZWISCHENKRIEGSPHASE

238 Rom erzwingt militärisch die Abtretung des karthagischen Sardinien (227 mit Korsika vereint); das Tyrrhenische Meer gilt den Römern nun als *mare nostrum*

ab 237 Neuorientierung der karthagischen Politik: Eroberung Spaniens als Ersatz für die verlorenen Inseln

229 röm. Flotte beseitigt die illyrische Seeräuberei; illyrische Küste gerät unter röm. Herrschaft

226 Ebrovertrag: Rom erkennt die karthagische Herrschaft südlich des Ebro an

222 Sieg der Römer bei Clastidium über vordringende Keltenstämme; Anlage römischer Kolonien; Bau der Via Flaminia

219 Konflikt um Sagunt, das trotz römischen Eingreifens von Hannibal erobert wird; Einrücken eines karthagischen Heeres nach Italien

DER 2. PUNISCHE KRIEG (218 BIS 201)

218 römische Niederlagen am Ticinus und an der Trebia, wo sich auch die Kelten Hannibal anschließen

217 römische Niederlage am Trasimenischen See führt zu vorsichtigerer Kriegsführung

216 in der Schlacht von Cannae erleidet Rom die schwerste Niederlage seiner Geschichte (fast 50 000 Tote)

215 Bündnis Hannibals mit Philipp V. von Makedonien (1. Makedonischer Krieg bis 205), dessen Vorstoß in Illyrien aber scheitert

212 römische Rückeroberung Siziliens (seit 215); Eroberung Tarents; die Griechenstädte Süditaliens gehen zu Hannibal über

206 die Kämpfe in Spanien (seit 217) führen zum Ende der karthagischen Herrschaft in Spanien

204 Scipio unternimmt von Sizilien aus einen Vorstoß nach Afrika

203 römischer Sieg bei Tunis; Karthago ruft Hannibal aus Italien zurück

202 Entscheidender Sieg Scipios bei Zama über Hannibal (Flucht nach Hadermetum) und Kapitulation Karthagos (201)

Folgen der Punischen Kriege

ROM

Staatswesen: Herausbildung einer Adels- und einer Volkspartei in Rom (Optimaten und Populares); Verlängerung der Amtszeiten militärischer Beamter; Bildung von Provinzen in den unterworfenen Gebieten, die als Eigentum des römischen Volkes definiert werden (alte Besitzverhältnisse bleiben gegen Steuerzahlungen unverändert); Verwaltung der Provinzen durch Prätoren als Statthalter des römischen Volkes; Ausbeutung der Provinzen über die Verpachtung von Steuern und Zöllen an Steuerpächter (*Publicani*).

Wirtschaft: Im 2. Punischen Krieg Entstehung einer Kriegsindustrie durch Sklaveneinsatz; im 2. Jh. Ausdehnung des Sklaveneinsatzes auch auf Großgüter (Latifundien); Stadtflucht aus dem verwüsteten Süden Italiens nach Rom (Ende des altrömischen Agrarstaates und Bauernstandes); um 180 Einführung des römischen Silberdenars; Ausdehnung des römischen Fernhandels über das Mittelmeergebiet.

Kultur: Übernahme des griechischen Bildungsideals, zu dem die Ethik der Stoa, die Rhetorik, die Geschichtsschreibung und die Satirendichtung gehören.

KARTHAGO

Verzicht auf Spanien; Reparationszahlungen von 10 000 Talenten in 50 Jahren; Auslieferung der Flotte an Rom; Verbot der Kriegführung außerhalb Afrikas und dort auch nur mit röm. Genehmigung; von diesem Diktat kann sich Karthago nicht wieder erholen.

Das römische Weltreich von 200 v. Chr. bis 117 n. Chr.

Das Römische Weltreich von 200 v. Chr. bis 117 n. Chr.

	Das Römische Weltreich um 200 v. Chr. (nach den Punischen Kriegen)	30 v. Jahr der Erwerbung v. Chr.
	bis 133 v. Chr. (Unterwerfung Spaniens/Erbe Pergamons)	74 n. Jahr der Erwerbung n. Chr.
	bis 44 v. Chr. (durch Pompeius und Caesar)	*Iberia* Vom Röm. Reich abhängige Staaten 117 n. Chr.
	bis 14 n. Chr. (beim Tode Augustus)	Provinzgrenzen zur Zeit Trajans 117 n. Chr.
	bis 117 n. Chr. (durch Trajan)	A.C. = Alpes Cottiae
		A.M. = Alpes Maritimae
		A.P. = Alpes Poeninae
		Ag. Dec. = Agri Decumates

1 : 22 500 000

©2001 Cornelsen   B Meridian 0 v. Greenwich

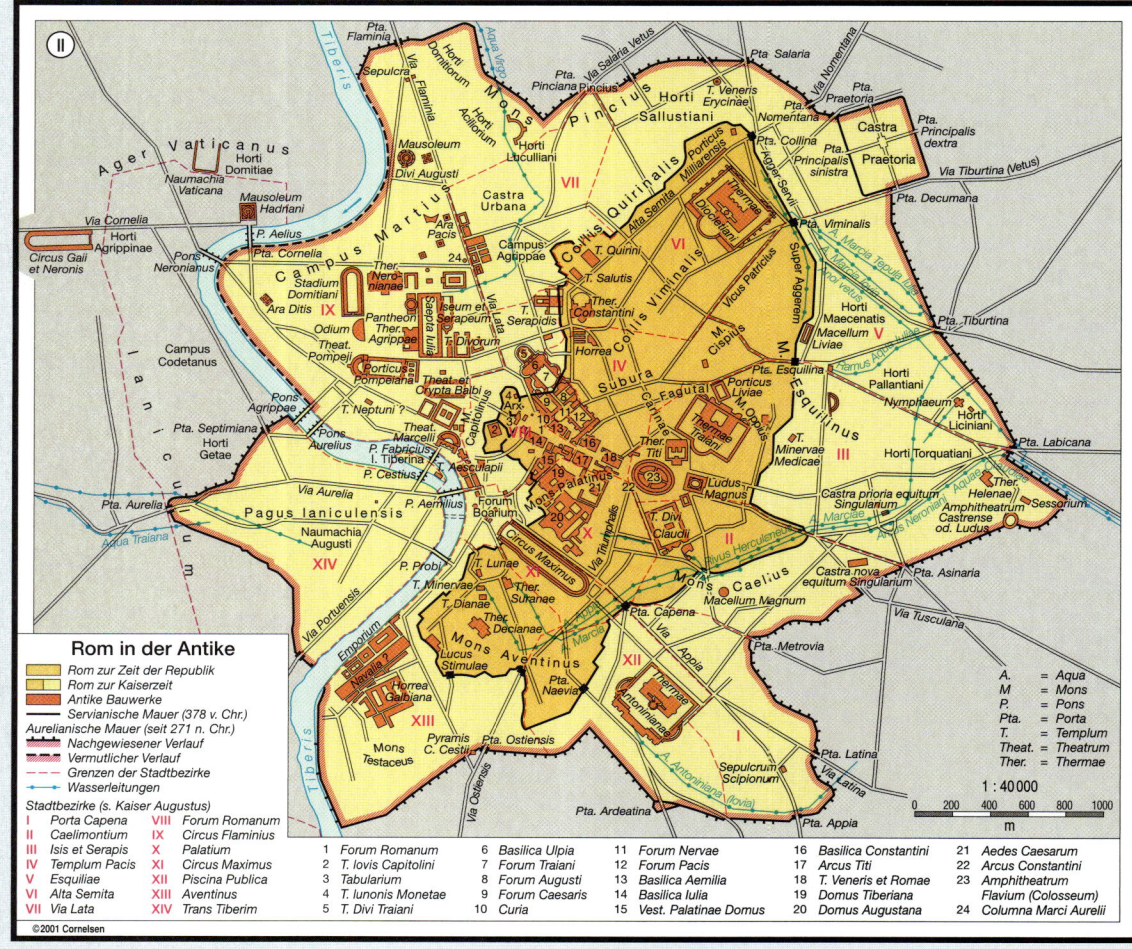

Rom in der Antike

Rom in der Antike

- Rom zur Zeit der Republik
- Rom zur Kaiserzeit
- Antike Bauwerke
- Servianische Mauer (378 v. Chr.)
- Aurelianische Mauer (seit 271 n. Chr.)
  - Nachgewiesener Verlauf
  - Vermutlicher Verlauf
- Grenzen der Stadtbezirke
- Wasserleitungen

Stadtbezirke (s. Kaiser Augustus):

I	Porta Capena	VIII	Forum Romanum
II	Caelimontium	IX	Circus Flaminius
III	Isis et Serapis	X	Palatium
IV	Templum Pacis	XI	Circus Maximus
V	Esquiliae	XII	Piscina Publica
VI	Alta Semita	XIII	Aventinus
VII	Via Lata	XIV	Trans Tiberim

A.	= Aqua		
M.	= Mons		
P.	= Pons		
Pta.	= Porta		
T.	= Templum		
Theat.	= Theatrum		
Ther.	= Thermae		

1	Forum Romanum	6	Basilica Ulpia	11 Forum Nervae
2	T. Iovis Capitolini	7	Forum Traiani	12 Forum Pacis
3	Tabularium	8	Forum Augusti	13 Basilica Aemilia
4	T. Iunonis Monetae	9	Forum Caesaris	14 Basilica Iulia
5	T. Divi Traiani	10	Curia	15 Vest. Palatinae Domus

16 Basilica Constantini	21 Aedes Caesarum
17 Arcus Titi	22 Arcus Constantini
18 T. Veneris et Romae	23 Amphitheatrum
19 Domus Tiberiana	Flavium (Colosseum)
20 Domus Augustana	24 Columna Marci Aurelii

1 : 40 000

©2001 Cornelsen

Die römische Republik

171 3. Makedonischer Krieg (bis 168); wegen der hohen Siegesbeute wird den römischen Bürgern die Vermögenssteuer erlassen

149 3. Punischer Krieg (bis 146); endet mit der Vernichtung Karthagos

146 Griechenland wird nach gescheitertem Aufstand des Achäischen Bundes römische Provinz

133 Reformbewegung der Gracchen (bis 121) wird durch den Senat brutal unterdrückt

121 Gallia narbonensis wird römische Provinz

113 Krieg gegen die germanischen Stämme der Cimbern und Teutonen (bis 101), unter Konsul Marius siegreich beendet

111 Jugurthinischer Krieg (bis 105); ein Teil Numidiens wird römische Provinz

91 (bis 89) Bundesgenossenkrieg: die italischen Gemeinden erhalten das römische Bürgerrecht

89 in den drei Mithridatischen Kriegen (bis 66) wird das Unabhängigkeitsstreben der kleinasiatischen Griechen niedergeworfen; Neuordnung des Ostens durch Pompejus (64)

82 Diktatur Sullas (bis 79); brutale politische „Säuberungen", Wiederherstellung der Senatsherrschaft, Schwächung des Tribunats

73 Sklavenaufstand des Spartakus

70 Konsulat des Pompejus und Crassus (beseitigt die sullanischen Gesetze)

63 Catilinarische Verschwörung (bis 62)

Die Wirtschaft des römischen Weltreiches zur Kaiserzeit

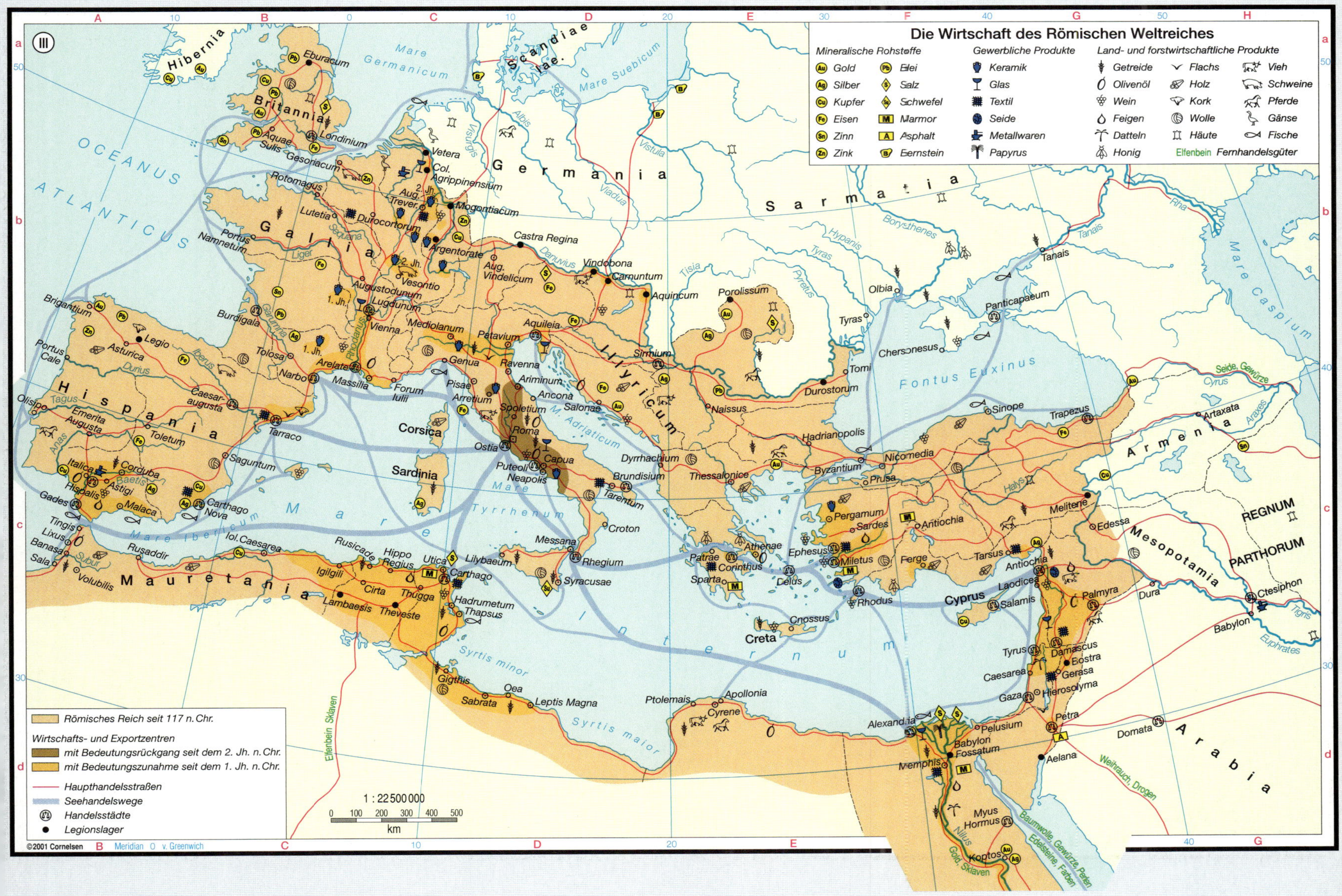

Die Wirtschaft des Römischen Weltreiches

Mineralische Rohstoffe
- Gold
- Silber
- Kupfer
- Eisen
- Zinn
- Zink

- Blei
- Salz
- Schwefel
- Marmor
- Asphalt
- Bernstein

Gewerbliche Produkte
- Keramik
- Glas
- Textil
- Seide
- Metallwaren
- Papyrus

Land- und forstwirtschaftliche Produkte
- Getreide
- Olivenöl
- Wein
- Feigen
- Datteln
- Honig

- Flachs
- Holz
- Kork
- Wolle
- Häute
- Fische

- Vieh
- Schweine
- Pferde
- Gänse

Elfenbein Fernhandelsgüter

Legende:
- Römisches Reich seit 117 n. Chr.

Wirtschafts- und Exportzentren
- mit Bedeutungsrückgang seit dem 2. Jh. n. Chr.
- mit Bedeutungszunahme seit dem 1. Jh. n. Chr.

- Haupthandelsstraßen
- Seehandelswege
- Handelsstädte
- Legionslager

1 : 22 500 000

0 100 200 300 400 500 km

©2001 Cornelsen   Meridian 0° v. Greenwich

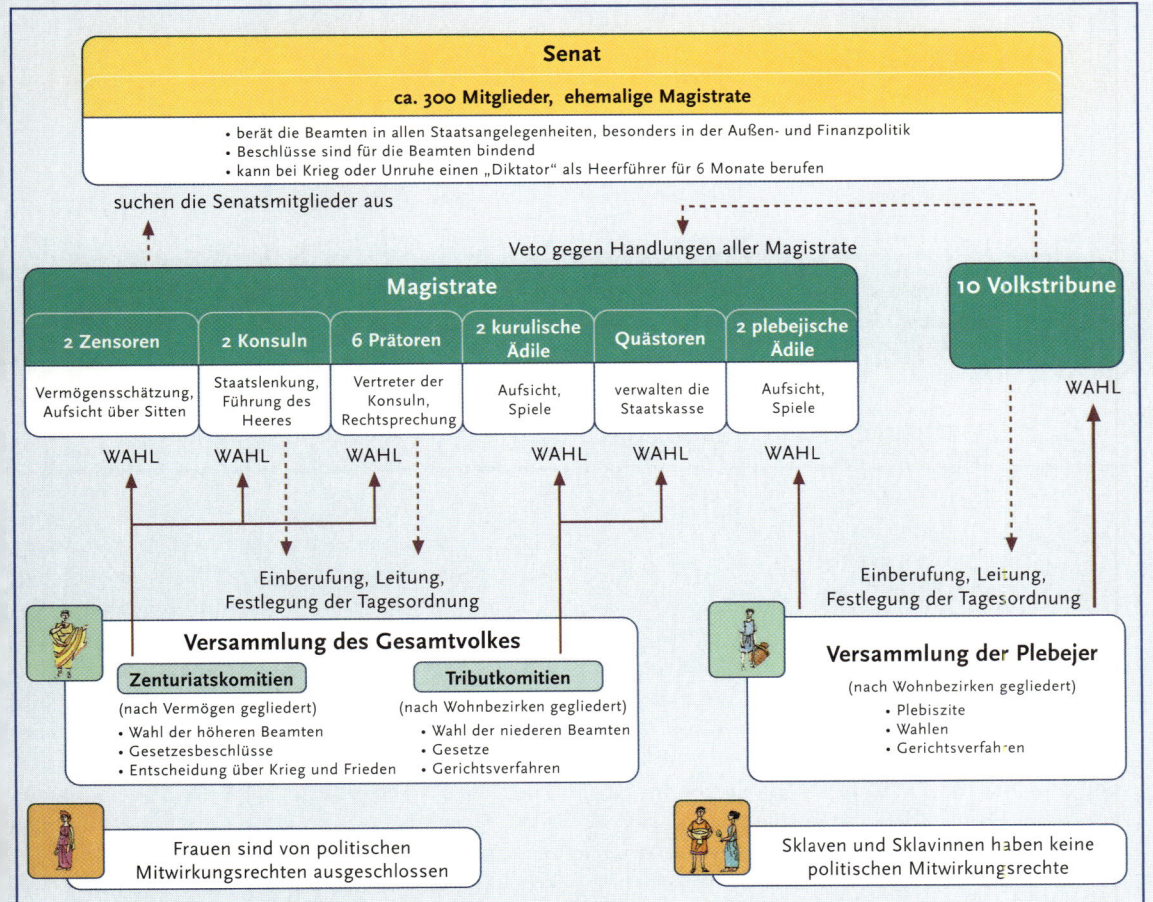

Verfassung der Römischen Republik nach dem Ende der Ständekämpfe

Senat

ca. 300 Mitglieder, ehemalige Magistrate
- berät die Beamten in allen Staatsangelegenheiten, besonders in der Außen- und Finanzpolitik
- Beschlüsse sind für die Beamten bindend
- kann bei Krieg oder Unruhe einen „Diktator" als Heerführer für 6 Monate berufen

suchen die Senatsmitglieder aus

Veto gegen Handlungen aller Magistrate

Magistrate

2 Zensoren	2 Konsuln	6 Prätoren	2 kurulische Ädile	Quästoren	2 plebejische Ädile
Vermögensschätzung, Aufsicht über Sitten	Staatslenkung, Führung des Heeres	Vertreter der Konsuln, Rechtsprechung	Aufsicht, Spiele	verwalten die Staatskasse	Aufsicht, Spiele
WAHL	WAHL	WAHL	WAHL	WAHL	WAHL

10 Volkstribune

WAHL

Einberufung, Leitung, Festlegung der Tagesordnung

Einberufung, Leitung, Festlegung der Tagesordnung

Versammlung des Gesamtvolkes

Zenturiatskomitien
(nach Vermögen gegliedert)
- Wahl der höheren Beamten
- Gesetzesbeschlüsse
- Entscheidung über Krieg und Frieden

Tributkomitien
(nach Wohnbezirken gegliedert)
- Wahl der niederen Beamten
- Gesetze
- Gerichtsverfahren

Versammlung der Plebejer
(nach Wohnbezirken gegliedert)
- Plebiszite
- Wahlen
- Gerichtsverfahren

Frauen sind von politischen Mitwirkungsrechten ausgeschlossen

Sklaven und Sklavinnen haben keine politischen Mitwirkungsrechte

Wirtschaft der römischen Kaiserzeit

Handel: seit Beginn der Kaiserzeit Ausweitung des Fernhandels. Voraussetzungen sind die *Pax Augusta* und der Ausbau der Infrastruktur im Reich (insgesamt ca. 100 000 km befestigte Straßen). Zur Versorgung der Stadt Rom mit Getreide jährlich ca. 800–1000 Schiffsbewegungen bei einer Ladekapazität von 200–400 t pro Schiff; nach Umladung auf kleinere Kähne etwa 4500 Ladungen, die über den Tiber angelandet werden; jährlicher Getreideimport für die Stadt Rom (ca. 1 Mio. Einwohner): ca. 250 000 t.
Landwirtschaft: Übernahme der röm. Agrartechnik (Agrarpflanzen, Maschinen, Düngemittel) durch die Dorfkulturen Afrikas und Eurasiens führt seit Ende des 2. Jahrhunderts zu großer Konkurrenz für römische Landwirtschaft.
Wirtschafsräume: steigende Eigenständigkeit und wirtschaftlicher Erfolg der sich im 1. Jh. im röm. Reichsgebiet bildenden Wirtschaftsräume führt zum Verlust von Absatzmärkten für Italien und einer dortigen Landverödung durch die Konkurrenz der Provinzen.
Gesellschaft: Wachstum der Städte im 2. Jh., aber Sinken des Zivilisationsunterschieds zwischen Stadt und Land; „Stadtflucht"; im 2./3. Jh. Verfall der öffentlichen Sicherheit; Freibauern werden zunehmend Kolonen (halbfreie Bauern unter dem Schutz von Großgrundbesitzern); wachsende Dezentralisierung in Wirtschaft und Verwaltung.

Das römische Weltreich seit Caesar und Augustus

Vom ersten Triumvirat zum Kaisertum

60 1. Triumvirat: Pompejus, Crassus und Caesar zur Durchsetzung der pompejanischen Forderungen (unter anderem Landverteilung an Veteranen) und fester Steuersätze für die Provinzen

59 Konsulat des Gaius Julius Caesar

58 ff. Eroberung Galliens durch Caesar

55 Konsulat des Pompejus und Crassus; Provinzverteilung im 56 erneuerten Triumvirat: Caesar erhält Gallien, Pompejus Spanien und Crassus Syrien

53 Niederlage und Tod des Crassus bei Carrhae gegen die Parther

50 Caesar widersetzt sich der Weisung des Senats und des alleinigen Konsuls Pompejus zur Auflösung seines Heeres und marschiert auf Rom

49 ff. Bürgerkrieg Caesars gegen Pompejus und Teile des römischen Senats

48 bei Pharsalus Niederlage des Pompejus, der nach Ägypten flieht und in Alexandria ermordet wird; Caesar setzt Cleopatra als letzte Ptolemäerkönigin Ägyptens ein

46 entscheidender Sieg über die Pompejaner bei Thapsus (Afrika); Ernennung Caesars zum Diktator auf 10 Jahre; Neuordnung des Staates: Census der Bürgerschaft, Reduzierung der Zahl der Getreideempfänger auf 150 000 und Gemeindeordnung für Italien *(Lex Julia municipalis)*

45 in Spanien Sieg über die Söhne des Pompejus; Caesar wird u. a. Diktator auf Lebenszeit und Imperator; Neuerungen u. a.: Erweiterung des Senats auf 900 Mitglieder, Kalenderreform, Fürsorge für die Provinzen und Landverteilung an Kriegsveteranen

44 Antonius bietet Caesar die Königswürde an, die dieser vorerst ablehnt; Senatsverschwörung unter Brutus und Cassius und Ermordung Caesars an den Iden des März (15. 3.)

43 2. Triumvirat: Octavian (Adoptivsohn Caesars), Mark Anton und Lepidus

42 Mark Anton schlägt bei Philippi kurz nacheinander die Heere des Cassius und des Brutus

40 Reichsteilung (Vertrag von Brundisium): Mark Anton erhält den Osten, Lepidus Afrika, Octavian den Westen, Italien wird neutralisiert

38 Erneuerung des Triumvirats auf 5 Jahre

36 nach der Trennung von Octavians Schwester vermählt sich Mark Anton mit Cleopatra VII. von Ägypten und plant ein hellenistisch-orientalisches Sultanat zu errichten; Sieg Octavians über Sextus Pompejus, Sohn des Pompejus; Entmachtung des Lepidus

32 Beginn des Ptolemäischen Krieges Roms unter Octavian gegen Mark Anton und Cleopatra

31 Sieg Octavians bei Actium über die Flotte Cleopatras und kampflose Aufgabe 19 pompejischer Legionen des Mark Anton

30 Einnahme Alexandrias und Selbstmord Mark Antons und Cleopatras; Ägypten wird röm. Provinz

27 v. Chr. nominelle Wiederherstellung der Republik, Verleihung des Ehrennamens Augustus an Octavian und Einführung des Prinzipats

14 n. Chr. Tod des Augustus

14–68 Julisch-claudisches Kaiserhaus

69–96 Dynastie der Flavier

98–180 Adoptivkaisertum: Blütezeit des Kaiserreiches

Das Römische Reich seit Caesar und Augustus

🟥 Senatorische Provinzen z. Z. des Augustus
🟧 Kaiserliche Provinzen z. Z. des Augustus
🔺🔺 Versuch der Eroberung Germaniens unter Augustus
     Klientelstaaten des Röm. Reiches z. Z. des Augustus

Erwerbungen nach Kaiser Augustus

▬▬ Erwerbungen bis 96 r. Chr. (Tod Domitians)
▬▬ Erwerbungen bis 117 n. Chr. (durch Trajan)
▬▬ Erwerbungen nach Trajan
▬▬ Vorübergehende Erwerbungen
     Kaiserliche Provinzen nach Augustus
     Staaten oder Stämme, die nach Augustus zeitweise oder ständig im Klientelverhältnis zum Römischen Reich gestanden haben

Anfänge römischer Kolonisation außerhalb Italiens

🟣 Vorcaesarische Kolonien
🟠 Caesarische Kolonien und Municipien
🟡 Augusteische Kolonien und Municipien
🔺🔺 Limes als zusammenhängende Grenzbefestigung
🔺🔺 Limes in der Form von Einzelkastellen
▬▬ Bedeutende Handels- u. Heerstraßen bzw. Limesstraßen
◼ Legionslager
◻ Nicht ständig bestehende Legionslager
◆ Kastelle
♦ Bedeutende römische Flottenstationen
◎ Haupt- und Residenzstädte
◉ Mittelstädte
◦ Kleinstädte und sonstige größere Siedlungen

Moderne Ortsnamen in Haarschrift

Ca. = Carpi
Ma. = Maxula
Th. = Thuburbo Maius
Thub. = Thuburbo Minus
Tu. = Tunes
Uth. = Uthina

Kastelle sind nur in Auswahl benannt.

1 : 15 000 000

0 100 200 300 400 500 km

© 2001 Cornelsen   östl. Länge 15 v. Greenwich

Die Verfassung des Prinzipats

Der Prinzipat stellt den verfassungsmäßigen Ausgleich zwischen monarchischen und republikanischen Elementen dar. Die Machtbefugnisse werden auf der Grundlage des *Consensus universorum* von Senat und Volk dem *Princeps* übertragen, dessen autoritäre Macht vor den überlieferten Formen *(mores maiorum)* verpflichtet bleibt. Im Gemeindestaat Rom erhält Augustus das Konsulat (27–23 v. Chr.), im Reich das allgemeine *Imperium* (Oberbefehl über das Heer, Führung der Außenpolitik, Recht zum Abschluss völkerrechtlicher Verträge) sowie das *Imperium pro consulare* in den kaiserlichen Provinzen (verwaltet durch von ihm eingesetzte Legaten). Der Senat verwaltet die befriedeten („senatorischen") Provinzen und den Staatsschatz. 23 v. Chr. wird dem Augustus die tribunizische, 19 v. Chr. die konsularische Gewalt sowie das Recht auf die Sittenaufsicht auf Lebenszeit übertragen. 12 v. Chr. erfolgt die Ernennung zum *Pontifex Maximus,* 2 n. Chr. die Verleihung des Titels *Pater patriae.* Trotz der Wiederherstellung der republikanischen Verfassung in Rom bezeichnet der Prinzipat damit die Einrichtung des Kaisertums.

Die Eroberung Galliens von 58 bis 51 v. Chr.

Eroberung Galliens 58 bis 51 v. Chr.
- Belgica
- Celtica
- Aquitania
- x 52 Belagerungen und Schlachten (mit Jahreszahl)
- Provincia Narbonensis

1 : 12000000
0   50   100   150   200   250   km

Die Eroberung Galliens durch Caesar

58 Sieg über Helvetier bei Bibracte und über Ariovist im Elsass bei Mülhausen

57 Unterwerfung der belgischen Stämme

56 Zug gegen die Stämme der Bretagne und Sieg über die Aquitanier

55 Abwehr der germanischen Stämme der Usipeter und Tenkterer am Rhein

54 Überfahrt nach Britannien und dortige Kämpfe mit Cassivelaunus; gleichzeitiger Aufstand der Eburonen, Nervier und Treverer in Gallien (bis 53)

52 neuer Aufstand unter Vercingetorix endet mit der Aufgabe Alesias

51 Abschluss der Unterwerfung Galliens

Die wichtigsten Römischen Kaiser bis zur Reichsteilung 395

Augustus	27 v. Chr.–14 n. Chr.
Tiberius	14–37
Caligula	37–41
Claudius	41–54
Nero	54–68
Galba	68/69
Vespasian	69–79
Titus	79–81
Domitian	81–96
Nerva	96–98
Trajan	98–117
Hadrian	117–138
Antonius Pius	138–161
Mark Aurel	161–180
Commodus	177–192
Septimius Severus	193–211
Caracalla	198–217
Macrinus	217/218
Elagabal	218–222
Severus Alexander	222–235
Maximus Thrax	235–238
Gordian I./Balbinus	238
Gordian III.	238–244
Philippus Arabs	247–249
Decius	249–251
Trebonianus Gallus	251–253
Aemilianus	253
Valerian	253–259
Gallienus	253–268
Claudius (II.) Gothicus	268–270
Quintillus	270
Aurelian	270–275
Tacitus	275/276
Florianus	276
Probus	276–282
Carus	282/283
Carinus	283–285
Diokletian	284–305
Galerius	305–311
Konstantin I. der Gr.	306–337
Konstantius II.	337–361
Julian	361–363
Jovian	363/364
Valentinian I.	364–375
Gratian	367–383
Theodosius I. der Gr.	379–395
(Reichsteilung	395)

DAS RÖMISCHE REICH IV

Das spätrömische Reich im 4. und 5. Jahrhundert n. Chr.

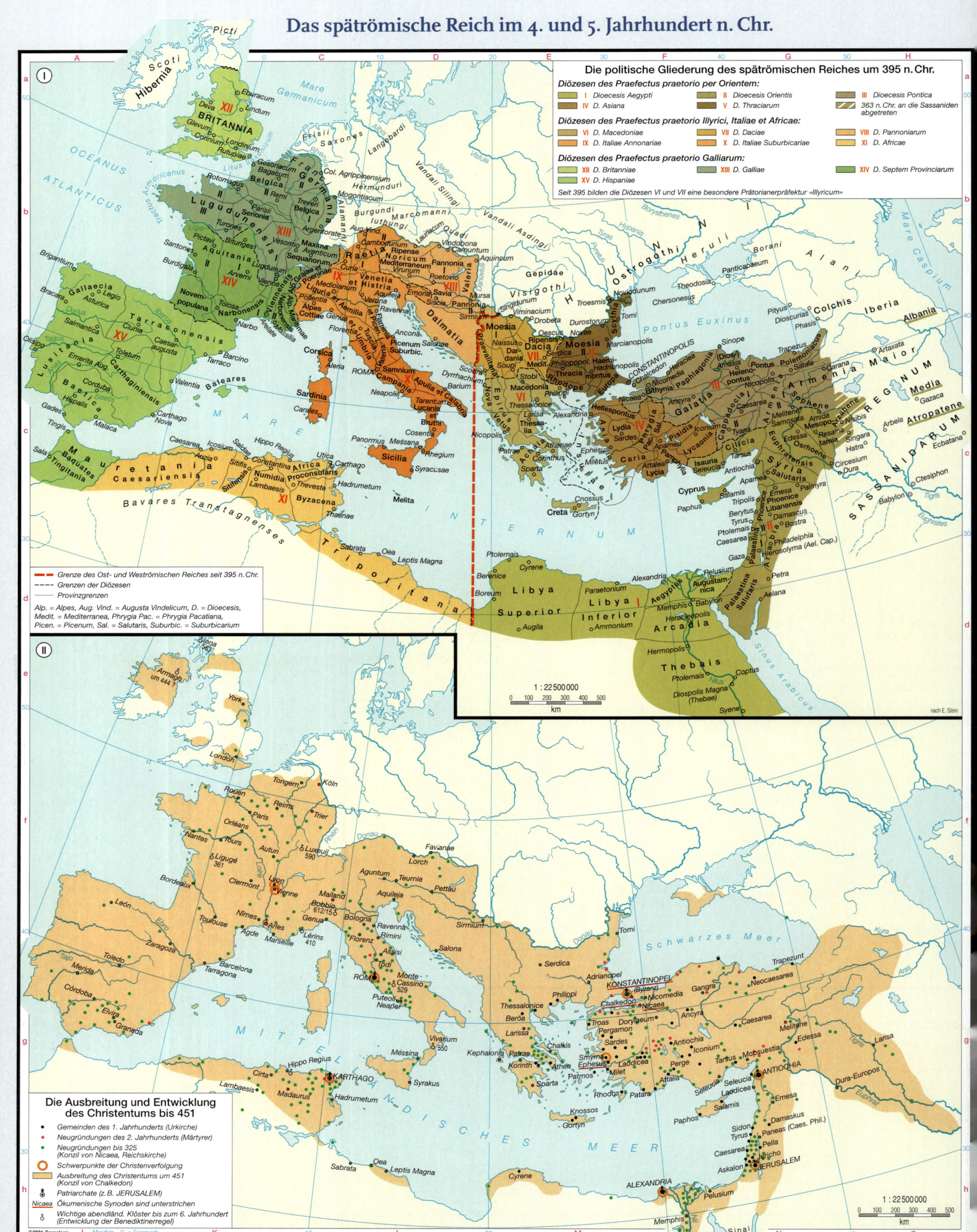

Die politische Gliederung des spätrömischen Reiches um 395 n. Chr.

Diözesen des Praefectus praetorio per Orientem:
- I Dioecesis Aegypti
- II Dioecesis Orientis
- III Dioecesis Pontica
- IV D. Asiana
- V D. Thraciarum
- 363 n. Chr. an die Sassaniden abgetreten

Diözesen des Praefectus praetorio Illyrici, Italiae et Africae:
- VI D. Macedoniae
- VII D. Daciae
- VIII D. Pannoniarum
- IX D. Italiae Annonariae
- X D. Italiae Suburbicariae
- XI D. Africae

Diözesen des Praefectus praetorio Galliarum:
- XII D. Britanniae
- XIII D. Galliae
- XIV D. Septem Provinciarum
- XV D. Hispaniae

Seit 395 bilden die Diözesen VI und VII eine besondere Prätorianerpräfektur »Illyricum«

nach E. Stein

Grenze des Ost- und Weströmischen Reiches seit 395 n. Chr.
Grenzen der Diözesen
Provinzgrenzen

Alp. = Alpes, Aug. Vind. = Augusta Vindelicum, D. = Dioecesis, Medit. = Mediterranea, Phrygia Pac. = Phrygia Pacatiana, Picen. = Picenum, Sal. = Salutaris, Suburbic. = Suburbicarium

1 : 22 500 000
0 100 200 300 400 500 km

Die Ausbreitung und Entwicklung des Christentums bis 451
- Gemeinden des 1. Jahrhunderts (Urkirche)
- Neugründungen des 2. Jahrhunderts (Märtyrer)
- Neugründungen bis 325 (Konzil von Nicaea, Reichskirche)
- Schwerpunkte der Christenverfolgung
- Ausbreitung des Christentums um 451 (Konzil von Chalkedon)
- Patriarchate (z. B. JERUSALEM)
- *Nicaea* Ökumenische Synoden sind unterstrichen
- Wichtige abendländ. Klöster bis zum 6. Jahrhundert (Entwicklung der Benediktinerregel)

1 : 22 500 000
0 100 200 300 400 500 km

©2001 Cornelsen   Meridian 0 v. Greenwich

Das spätrömische Reich

Im 3. Jahrhundert hatte das *Imperium Romanum* eine schwere Krise zu überstehen. In der Zeit von 235–284 n. Chr. gab es 26 anerkannte Kaiser. Der Senat hatte seine Funktion im römischen Staatswesen verloren. Neue militärische Herausforderungen durch größere Stammesverbände der Germanen an Rhein und Donau sowie durch die „Neuperser" (Sassanidendynastie) am Euphrat zwangen das Reich im Norden und Osten in die Defensive. Nach ersten Ansätzen bereits unter ihren Vorgängern gelang den Kaisern Diokletian und Konstantin dennoch eine dauerhafte Stabilisierung des Reiches durch umfassende Reformen auf allen Ebenen: Die kaiserliche Gewalt wurde auf vier Personen verteilt, mit Residenzen in den jeweiligen Zuständigkeitsbereichen (in Nikomedien, Sirmium, Mailand und Trier). Rom verlor damit endgültig seine zentrale Bedeutung. Durch eine Neuformierung der Provinzen sollte die Effizienz der Verwaltung gesteigert werden: Aus den bisher etwa 50 wurden nun 100 verkleinerte Provinzen, ihnen übergeordnet eine Verwaltungs- und Kontrollebene von insgesamt zwölf Diözesen. Militärische und zivile Gewalt waren jetzt strikt getrennt. Dem Kaiser unmittelbar zugeordnet und anstelle des Kaisers handlungsfähig waren die Prätorianerpräfekten *(praefecti praetorio)*. Ihre Präfekturen bildeten die oberste Verwaltungsebene. Die Reorganisation der Zentralverwaltung, des Heerwesens, des Münz- und Steuersystems vervollständigten die durchgreifende Erneuerung.

Ausbreitung des Christentums

Die Missionsreisen des Apostels Paulus führten zu einer schnellen Ausbreitung des christlichen Glaubens über den engeren Bereich Palästinas hinaus. Die Kerngebiete des Christentums blieben aber vorerst Kleinasien und Armenien; auch in Ägypten und der Provinz Africa konnte es bereits im 2. Jahrhundert Fuß fassen. Die Organisation christlicher Gemeinden entfaltete sich in den westlichen Provinzen aber erst im 3. Jahrhundert. Eine religiöse Feindschaft gegenüber dem Christentum war besonders in Rom noch Ende des 4. Jahrhunderts wirksam. Die Christenverfolgung im eigentlichen Sinne begann unter Kaiser Nero nach dem Brand Roms im Jahre 64, und erst das Edikt des Kaisers Galerius vom 30. 4. 311 beendete sie. Seit der Regierung Kaiser Konstantins erfuhr das Christentum dann sogar aktive Unterstützung bis hin zu Kaiser Theodosius, der es im Jahre 391 offiziell zur Staatsreligion erhob.

Das Palästina der Bibel

Das Palästina der Bibel

- Römische Provinzen Judäa und Syrien
- Reich Herodes des Großen 37–4 v. Chr.
- Gebiet des Tetrarchen Archelaus 4 v. Chr. – 6 n. Chr., seit 6 n. Chr. römische Statthalterschaft
- Gebiet des Tetrarchen Herodes Antipas 4 v. Chr. – 39 n. Chr.
- Gebiet des Tetrarchen Philippus 4 v. Chr. – 34 n. Chr.
- Gebiet des Tetrarchen Lysanias
- Dekapolis und Askalon

Pella Städte der Dekapolis
Phönizische Städte
Besitz der Livia bzw. des Tiberius
Dan Wohnsitze der Stämme Israels
MOAB Alttestamentliche Gebietsbezeichnungen, Staaten
JUDAEA Gebietsbezeichnungen in hellenistisch-römischer Zeit
• Besonders im Neuen Testament vorkommende Orte
◆ Königsburgen in römischer Zeit

1 : 1 250 000

0   5   10   15   20   25 km

© 2001 Cornelsen

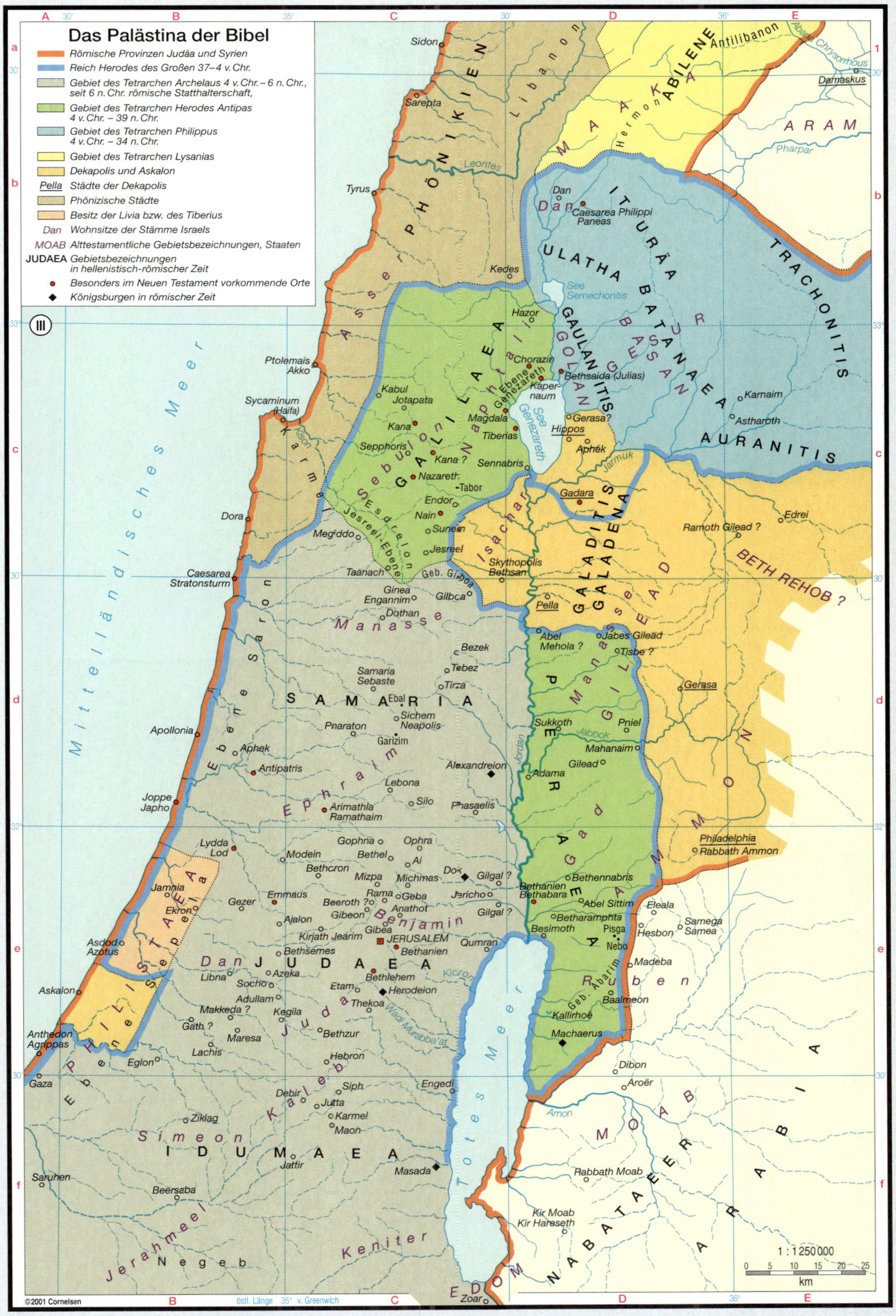

Die Reisen des Apostels Paulus von 44 bis 60 n. Chr.

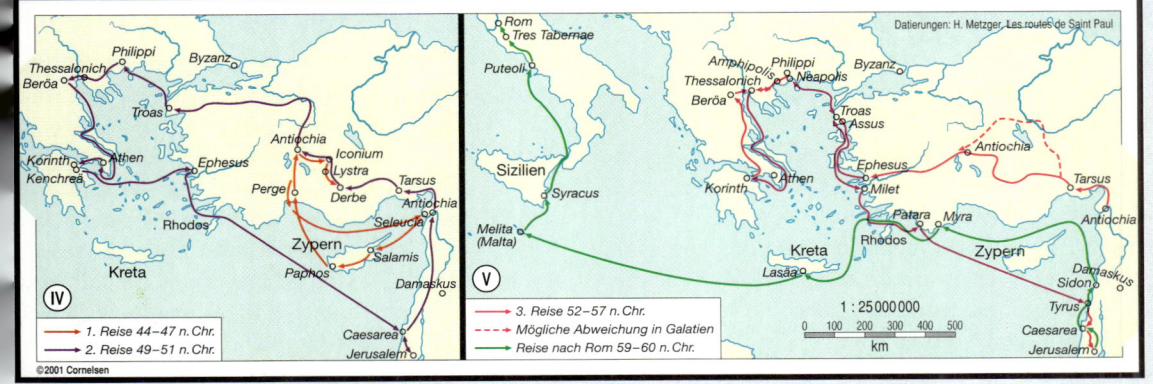

Datierungen: H. Metzger, Les routes de saint Paul

IV
— 1. Reise 44–47 n. Chr.
— 2. Reise 49–51 n. Chr.

V
— 3. Reise 52–57 n. Chr.
--- Mögliche Abweichung in Galatien
— Reise nach Rom 59–60 n. Chr.

1 : 25 000 000

0   100   200   300 km

© 2001 Cornelsen

Jerusalem

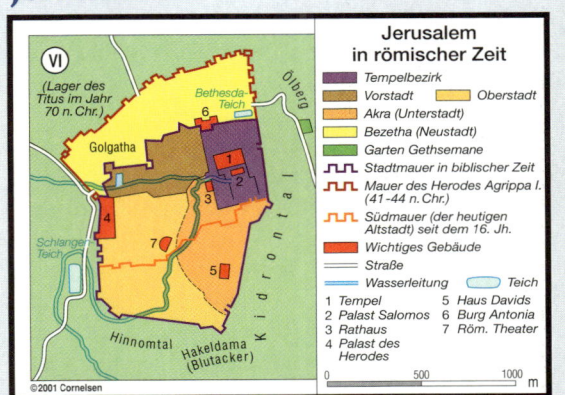

Jerusalem in römischer Zeit

VI (Lager des Titus im Jahr 70 n. Chr.)

- Tempelbezirk
- Vorstadt
- Oberstadt
- Akra (Unterstadt)
- Bezetha (Neustadt)
- Garten Gethsemane
- Stadtmauer in biblischer Zeit
- Mauer des Herodes Agrippa I. (41–44 n. Chr.)
- Südmauer (der heutigen Altstadt) seit dem 16. Jh.
- Wichtiges Gebäude
- Straße
- Wasserleitung
- Teich

1 Tempel
2 Palast Salomos
3 Rathaus
4 Palast des Herodes
5 Haus Davids
6 Burg Antonia
7 Röm. Theater

0   500   1000 m

© 2001 Cornelsen

Indien im 4. und 3. Jahrhundert v. Chr.

Das Magadha- und das Maurja-Reich

DER AUFSTIEG DES MAGADHA-REICHES

Nach den Wirren der nachwedischen Zeit und den Eroberungen Nordwestindiens – Gandhara und Sind –
durch das Perserreich unter Dareios I. (512 v. Chr.)
sowie durch Alexander den Großen (327–325 v. Chr.)
bildete sich in Nordindien das erste große Hindu-
Königreich mit zentralistischer Organisation heraus:
Magadha. Es beherrschte bereits einen großen Teil des
späteren Gesamtindiens. Eine gut organisierte Landwirtschaft, effektive Gewerbebesteuerung, eine ausge-
bildete Beamtenschaft und ein stehendes Heer waren
die Stützen dieses Reiches. Vermittelt durch das Bak-
trische Reich schlugen sich hier in dieser Phase auch
erhebliche Einflüsse der griechischen Kultur nieder.

DIE HERRSCHAFT CHANDRAGUPTA MAURJAS

Die im 4. Jahrhundert in Magadha herrschende Nanda-Dynastie wurde bereits 321 v. Chr. von Chandragupta Maurja gestürzt, der Magadha zur unum-
strittenen Vormacht in Indien führte und sich unter
anderem auch gegen die Diadochen Seleukos Nikator
behauptete. Um 293 v. Chr. dankte er zugunsten seines Sohnes Bindusara ab, der das Reich des Vaters bis
nach Südindien ausdehnte.

KAISER ASHOKA

Ihm folgte 268 v. Chr. Kaiser Ashoka, eine der bemer-
kenswertesten Herrschergestalten Indiens. Er beendete die militärische Expansion und entwickelte
eine neue Staatsphilosophie sozialer Verantwortlichkeit unter den Leitworten Toleranz, Mitgefühl und Gewaltfreiheit. Ashoka sah sich als Wahrer des Rechts
und des Friedens und ließ überall in Indien Felsen-
und Säulenedikte errichten, die seine Friedenspolitik
verkündeten. Gleichzeitig wurde ein zentralisitisches
System der Landübertragung, Verwaltung und Unterwerfung der Bauern unter Naturalabgaben eingeführt, womit die bis dahin übliche steuerliche Willkür
deutlich gemindert wurde. Ashokas Staatsethik war
nicht mehr dem Hinduismus, sondern einem säkula-
risierten Buddhismus verpflichtet. Obwohl de jure nie
zur Staatsreligion erhoben, markiert diese Zeit damit
doch den Beginn des Aufstiegs des Buddhismus von
einer Sekte zur Weltreligion. Nach Ashokas Tod
(232 v. Chr.) zerfiel das Maurja-Reich sehr rasch. Der
Süden ging sofort verloren. Der letzte Maurja-Herr-
scher Brihadratha wurde 185 v. Chr. von seinem General Pusyamitra ermordet.

Kushana- und Satavahanihara-Reich

Ab 170 v. Chr. bildeten sich von Baktrien ausgehend
kleinere griechische Herrschaften im Pandschab, die
aber 75 v. Chr. von den einfallenden Shakas (Saken,
Skythen) überrannt wurden. Ihrerseits von den Par-
thern besiegt, gründeten die westlichen Shakas um
50 n. Chr. den Kshatrapastaat, der sich bis zum 4. Jahrhundert halten konnte.

KUSHANA

Nach der Invasion der Yuezhi von Baktrien aus ent-
stand um 50 n. Chr. mit der Vereinigung von fünf
Stämmen das Kushana-Reich in Nordindien. Unter
König Kanishka, der den Buddhismus förderte und
im Rahmen seiner Missionsbemühungen auch den
Handel ausdehnte, gewann das Reich seine größte

Ausdehnung. Um 240 geriet Kushana in Abhängigkeit vom Sassanidenreich.

SATAVAHANIHARA

Zu gleicher Zeit wie das Kushana-Reich begann die
Satavahanihara-Dynastie ihre Herrschaft über das
Andhra-Reich im nordwestlichen Dekkan. Bis zur
Mitte des 2. Jahrhunderts annektierte das Reich einen
Gutteil Südindiens, bevor es um 195 zerfiel.

Nach dem Zusammenbruch dieser Reiche gelang
es in den nächsten rund anderthalb Jahrhunderten
keiner indischen Herrschaft, neuerlich überregionale
Bedeutung zu gewinnen.

Das Gupta-Reich im 4./5. Jahrhundert und das Harscha-Reich im 7. Jahrhundert

Gegen Ende des Altertums gelang es der Gupta-
Dynastie ein neues indisches Großreich zu errichten.
Ihre Herrschaftszeit wurde später als „goldenes
Zeitalter" Indiens betrachtet und gilt als Hochphase
der klassischen Sanskrit-Literatur. Auch Wissenschaft
und Wirtschaft erblühten unter den Guptas. Diese
hatten sich in den Auseinandersetzungen der Vielzahl
nordindischer Kleinkönigtümer unter Chandragupta I. (320–330) durchgesetzt. Die Guptas unterhielten
ein großes stehendes Heer und einen bedeutenden

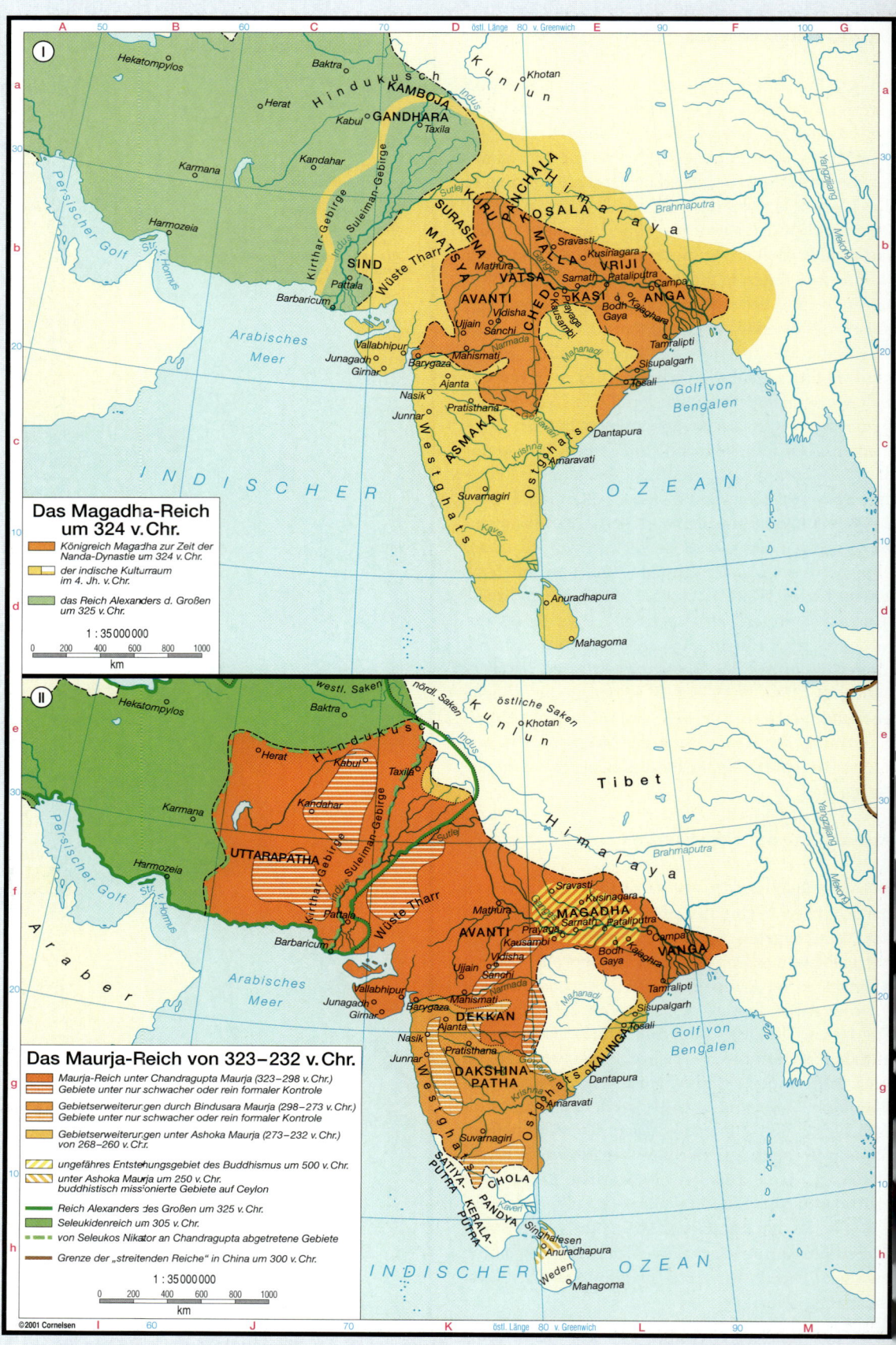

Indien im 4. und 3. Jahrhundert v. Chr.

Das Magadha-Reich um 324 v. Chr.
- Königreich Magadha zur Zeit der Nanda-Dynastie um 324 v. Chr.
- der indische Kulturraum im 4. Jh. v. Chr.
- das Reich Alexanders d. Großen um 325 v. Chr.

1 : 35 000 000

Das Maurja-Reich von 323–232 v. Chr.
- Maurja-Reich unter Chandragupta Maurja (323–298 v. Chr.) Gebiete unter nur schwacher oder rein formaler Kontrole
- Gebietserweiterungen durch Bindusara Maurja (298–273 v. Chr.) Gebiete unter nur schwacher oder rein formaler Kontrole
- Gebietserweiterungen unter Ashoka Maurja (273–232 v. Chr.) von 268–260 v. Chr.
- ungefähres Entstehungsgebiet des Buddhismus um 500 v. Chr. unter Ashoka Maurja um 250 v. Chr. buddhistisch missionierte Gebiete auf Ceylon
- Reich Alexanders des Großen um 325 v. Chr.
- Seleukidenreich um 305 v. Chr.
- von Seleukos Nikator an Chandragupta abgetretene Gebiete
- Grenze der „streitenden Reiche" in China um 300 v. Chr.

1 : 35 000 000

©2001 Cornelsen

Indien vom 1. Jahrhundert v. Chr. bis zum 7. Jahrhundert n. Chr.

Das Satavahanihara-Reich und das Kushana-Reich vom 1. Jh. v. Chr. bis zum 2. Jh. n. Chr.

- Kerngebiet des Satavahanihara-Reiches im späten 1. Jh. v. Chr.
- Satavahanihara-Reich Mitte des 2. Jhs. n. Chr.
- historisch nicht gesicherte Südgrenze
- Kerngebiet des Kushana-Reiches (um 25 n. Chr.)
- Kushana-Reich Mitte des 2. Jhs. n. Chr.
- Herrschaftssphäre der nördl. Saken im 1. Jh. v. Chr.
- Herrschaftssphäre der westl. Saken im 1. Jh. v. Chr.
- Partherreich
- chinesisches Reich der Han-Dynastie Mitte des 2. Jhs.
- spätere Erwerbungen
- ● für den Handel mit den Römern bedeutender Hafen

1 : 35 000 000

Das Gupta-Reich im 4./5. Jh. und das Harscha-Reich im 7. Jh.

- Gupta-Reich unter Chandragupta I. (um 320)
- Gupta-Reich unter Samudragupta (um 370)
- Gebietsgewinne unter Chandragupta II. (um 410)
- Gebiete in herrschaftlicher Abhängigkeit vom Gupta-Reich (etwa 380–410)
- Harscha-Reich 606–647
- Sassanidenreich
- Ostgrenze des Sassanidenreiches 261
- Gebiete unter sassanidischer Herrschaft
- Westtürkisches Reich um 600
- Arabisches Kalifat beim Tode Abu Bakrs 634
- Chinesisches Reich der Zhou-Dynastie (420–589) um 555
- KANAUJ Regionalmacht im 7. Jh.

©2001 Cornelsen

1 : 35 000 000

Indien vom 4. Jahrhundert v. Chr. bis zum 7. Jahrhundert n. Chr.

540–490 König Bimbisara von Radschagriha (Rajgir) erkämpft sich eine Vormachtstellung unter den zahlreichen Kleinstaaten Nordindiens

490–460 sein Sohn Adschataschatru festigt die Suprematie Magadhas; neben Pataliputra (Patna) entstehen Machtzentren des Reiches auch in Kausambi und Udschain

um 480 Tod Buddhas

460–360 Zeit der Schischunaga-Könige in Magadha

360–322 Zeit der neun Nanda-Könige in Magadha

327–325 Alexander der Große erobert die persischen Provinzen Gandhara und Sind

321–300 Chandragupta Maurja stürzt den letzten Nanda-König und macht aus Magadha in der Folgezeit das erste Großreich der indischen Geschichte

305 Sieg Chandraguptas über den nach Indien vordringenden Diadochen Seleukos I. Nikator

300–270 unter Bindusara Expansion Magadhas

270–235 unter Kaiser Ashoka umfasst Magadha nach der Eroberung Kalingas (Orissa) ganz Indien bis auf den äußersten Süden; Verwaltung durch Vizekönige von vier Provinzhauptstädten aus (Vorgliederung des späteren Reichszerfalls); religiöse Toleranz, aber buddhistische Missionsbemühungen außerhalb Indiens

um 184 nach strukturellem und machtpolitischem Zerfall des Reiches Ende der Maurja-Dynastie mit der Ermordung Brihadrathas durch Pusyamitra Schunga

184–72 v. Chr. Zerfall Indiens in eine größere Zahl kleinerer Einzelstaaten; lediglich der von Widischa (Bhilsa) aus über Teile Nordindiens herrschenden Schunga-Dynastie kommt eine überregionale Bedeutung zu

25–45 n. Chr. kurzlebiges Reich der Saken (Skythen) im Nordwesten Indiens; von den aus Zentralasien eindringenden Kushanas unterworfen

1.–3. Jahrhundert das Kushana-Reich umfasst Teile des Iran, Afghanistans, Chinesisch-Turkestan und den Nordwesten Indiens sowie die nordindische Ebene bis zum Ganges; es zerbricht im Verlaufe des 3. Jahrhunderts unter dem Druck der iranischen Sassaniden

320–330 Chandragupta I. begründet durch geschickte Heiratspolitik die Gupta-Dynastie (bis 500)

330–375 Samudraguptas Eroberungspolitik begründet die Vormacht des Gupta-Reiches in Nordindien; sein Vordringen nach Süden scheitert am Pallawa-Herrscher Wischnugopa von Kantschi

380–415 unter Samudragupta II. Vorstoß zu den indischen Häfen am Arabischen Meer und damit Zugang zum Westhandel

415–480 der Ansturm der Hunnen führt zur Zermürbung des Gupta-Reiches

480–500 unter Budhagupta zerbricht das Reich (einzelne Zweige der Gupta-Familie herrschen bis ins 7. Jahrhundert in verschiedenen Teilreichen)

um 528 kurzlebige Reichsgründung der Hunnen in Nordindien

606–647 in der Folge des Hunnensturms für kurze Zeit Bildung einer mit dem Gupta-Reich vergleichbaren Herrschaft unter Harscha; danach gibt es bis zur Islamisierung des Subkontinents kein indisches Großreich mehr

---

Hofstaat. Die dafür benötigten Finanzmittel stammten vor allem aus militärischen Unternehmungen, etwa der Unterwerfung einer Vielzahl von Waldstämmen oder der Gefangenschaft von neun Nagakönigen. Dadurch ließ sich die Steuerlast für die Gupta-Untertanen in Grenzen halten, was sich wiederum in einem relativen Wohlstand des Reiches niederschlug. Der Höhepunkt der Gupta-Herrschaft wurde vermutlich unter Chandragupta II. (380–414) erreicht. Ihm gelang es durch eine geschickte Heiratspolitik, große Gebiete wie das Reich der Vakataka-Könige aus dem Dekkan an sein Reich zu binden. Bereits um 500 hatte die Gupta-Dynastie ihre Bedeutung weitgehend eingebüßt. Sie herrschte zwar noch bis 720 in Magadha, aber nur noch als Kleinfürstentum. Die politische Einheit des Reiches zerbrach unter dem Ansturm der Hunnen von Norden und durch die territorialen und dynastischen Konflikte in Südindien. Herausragend war hier etwa die Chola-Dynastie, die mit ihrer Flotte den Golf von Bengalen beherrschte und zeitweilig einen Teil Ceylons annektierte.

Von einer kurzen Zwischenphase abgesehen, in der Harscha von Kanauj (606–647) die Staaten der Gangesebene noch einmal zu einem Großreich vereinte, entstanden in Nordindien bis zum 13. Jahrhundert keine überregionalen Staaten mehr.

China von 500 v. Chr. bis 220 n. Chr.

China zur Zeit der Qin- und der Han-Dynastie

Nach den Turbulenzen und Kämpfen der „Frühling- und Herbst-Periode" (722–481 v. Chr.) und der „Periode der Streitenden Reiche" (480–221 v. Chr.) erfolgte 221 v. Chr. die erste Reichseinigung Chinas unter Zheng, König des Teilreiches Qin. Unter der Bezeichnung Qin Shi Huangdi erhob er sich selbst zum ersten chinesischen Kaiser. Bald nach Regierungsantritt setzte er Reformen wie die Auflösung der bisherigen Feudalorganisation und die Vereinheitlichung von Gesetzen, Schrift, Gewichten, Maßen und der Spurbreiten der Wagen durch. Er ließ ein dichtes Straßen- und Kanalnetz bauen und teilte das inzwischen gewaltige Reich in 36 Distrikte mit militärischer und ziviler Führung auf, die aber einer strikten Zentralverwaltung unterworfen wurden. Die bestehenden Mauerabschnitte seiner Vorgänger zum Schutz gegen die Einfälle mongolischer Nomadenvölker an der Nordgrenze Chinas wurden zur „Großen Mauer" zusammengefasst. Ergebnis der Herrschaft Qin Shi Huangdis war ein Reich mit etwa 50 Millionen Einwohnern, moderner Verwaltungsstruktur und florierender Wirtschaft, das auf lange Sicht auch die kulturelle und technologische Vormacht in Ostasien sein sollte.

Eine besonders spektakuläre Hinterlassenschaft des ersten chinesischen Kaisers darf hier kurz gesonderte Erwähnung finden: die Terrakotta-Armee, die 1974 etwa 900 m entfernt von seinem Grabhügel in der Nähe von Xian (Xianyang) in der Provinz Shaanxi stehend im Boden vergraben aufgefunden wurde. Diese lebensgroßen Soldaten- und Pferdefiguren wurden zwar aus standardisiert gepressten Einzelteilen angefertigt, aber von Hand zusammengesetzt und bemalt, so dass keine der anderen glich. Um den Eindruck von Lebensechtheit zu verstärken waren sie mit echten Wagen und Bronzewaffen ausgestattet.

Nach dem Tod des Gottkaisers von Qin 206 v. Chr., der das Reich mit brutaler Härte zusammengehalten hatte, erhoben sich die entmachteten Feudalherren, wurden aber von dem Bauernsohn Liu Bang, dem späteren Kaiser Gaozu (202–195 v. Chr.) besiegt. Er gründete die Han-Dynastie, die mit einer kurzen Unterbrechung bis 220 n. Chr. herrschte. Gaozu schaffte die als zentralistische Gängelung verhassten Qin-Gesetze ab. Es kam zu einer Refeudalisierung des Staates.

Unter Kaiser Wu (141–87 v. Chr.), der die institutionelle und organische Neuordnung des Reiches anstrebte, wurde ein hierarchisch streng organisiertes Berufsbeamtentum mit Zentral- und Lokalverwaltung eingerichtet. Der Konfuzianismus wurde Staatsideologie. Gegen Ende der Regierungszeit von Kaiser Wu brachen wegen der großen Belastungen der Bauern (extrem hohe Steuern an die Großgrundbesitzer und ausufernder Wehrdienst wegen ständiger Kriege und Feldzüge gegen die Xiongnu-Nomaden in Nordchina) während einer Wirtschaftskrise zusätzlich Bauernaufstände aus. Die beschleunigte Landkonzentration nach dem Tode Wus führte zu erheblichen Spannungen, die zum Sturz der Han und zur Errichtung der kurzlebigen Xin-Dynastie (9–23 n. Chr.) durch Wang Mang, einen Verwandten des Kaiserhauses, beitrugen. Er setzte eine Währungsreform durch, ließ Ausgleichsämter für Zeiten guter und schlechter Ernten einrichten und staatliche Kreditinstitute gründen, in denen Bauern sich billig Geld beschaffen konnten. Seine Agrarreformen trugen ihm aber die Feindschaft der Großgrundbesitzer ein. Naturkatastrophen und

der Aufstand der „Roten Augenbrauen" (Bauernarmee) bereiteten seiner Herrschaft ein schnelles Ende. Darauf wurde mit Liu Xiu aus dem Hause Han die Han-Dynastie (25 n. Chr. bis 220 n. Chr.) restauriert. Während der 200 Jahre ihres Bestehens rieben Verteilungskämpfe der „Großen Familien" der Großgrundbesitzer und Kaiserinnen-Klane sowie mehrere Bauernaufstände, z. B. die taoistisch inspirierten „Gelben Turbane", die Macht des Kaisertums auf. 220 wurde das Reich von drei Militärführern in geschlossene Regionalblöcke oder die „Drei Reiche" Wei (220–264), Shu-Han (221–263) und Wu (222–280) geteilt.

473 der noch im 6. Jh. v. Chr. führende Staat Chinas Wu, wird von Yue zerschlagen

361–338 Shang Yang organisiert Qin als Militärstaat; zwischen 350 und 315 v. Chr. wird Qin zum beherrschenden chinesischen Reich

um 350 Erfindung der Armbrust

260 Schlacht von Gaoping; hier sollen die Qin zur Abschreckung 400 000 Soldaten Zhaos lebendig begraben haben (die Zahl ist legendär, das Faktum wohl verbürgt)

256 der Herrscher von Qin entmachtet den letzten Zhou-König

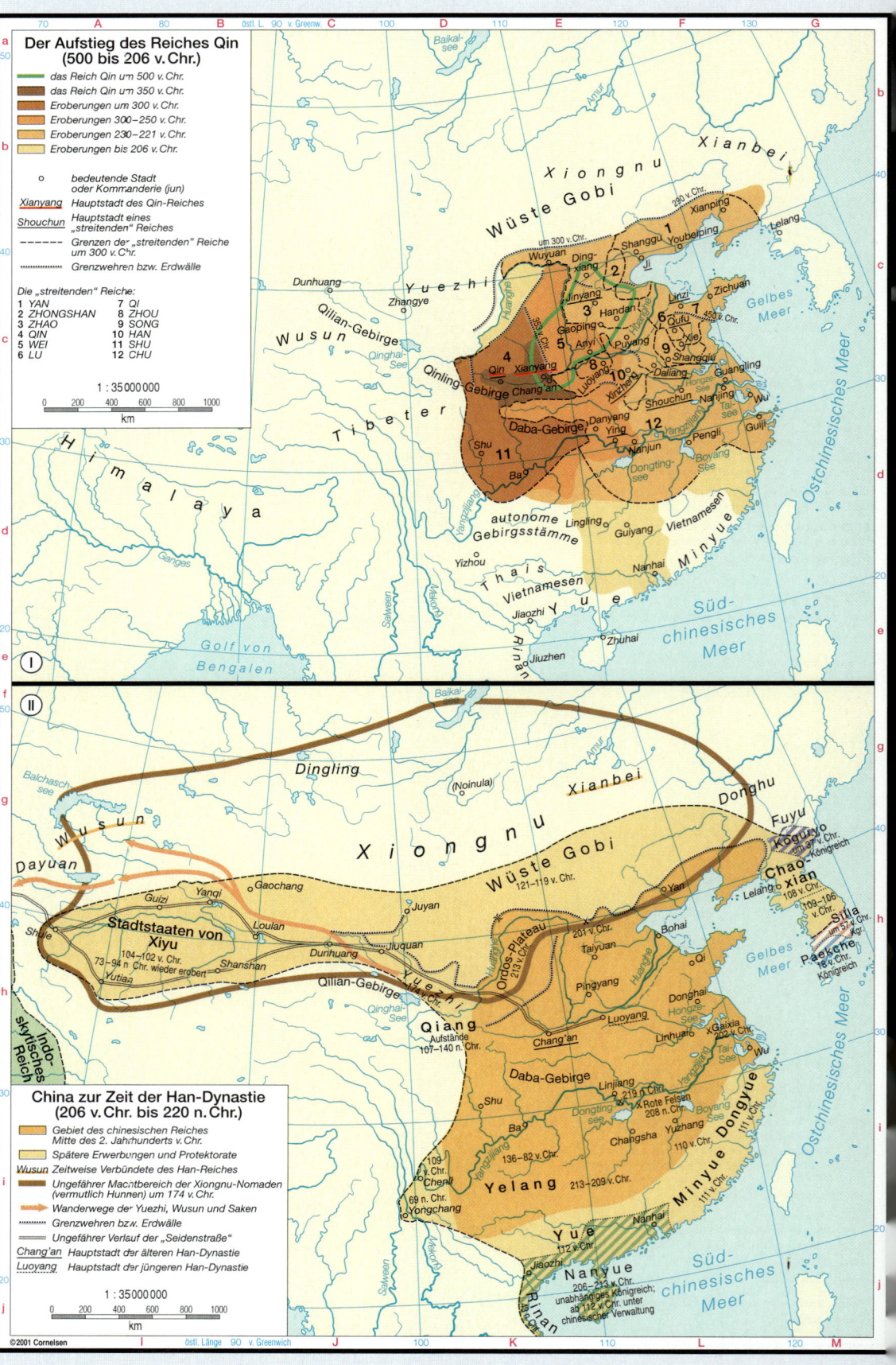

China im 3. Jahrhundert

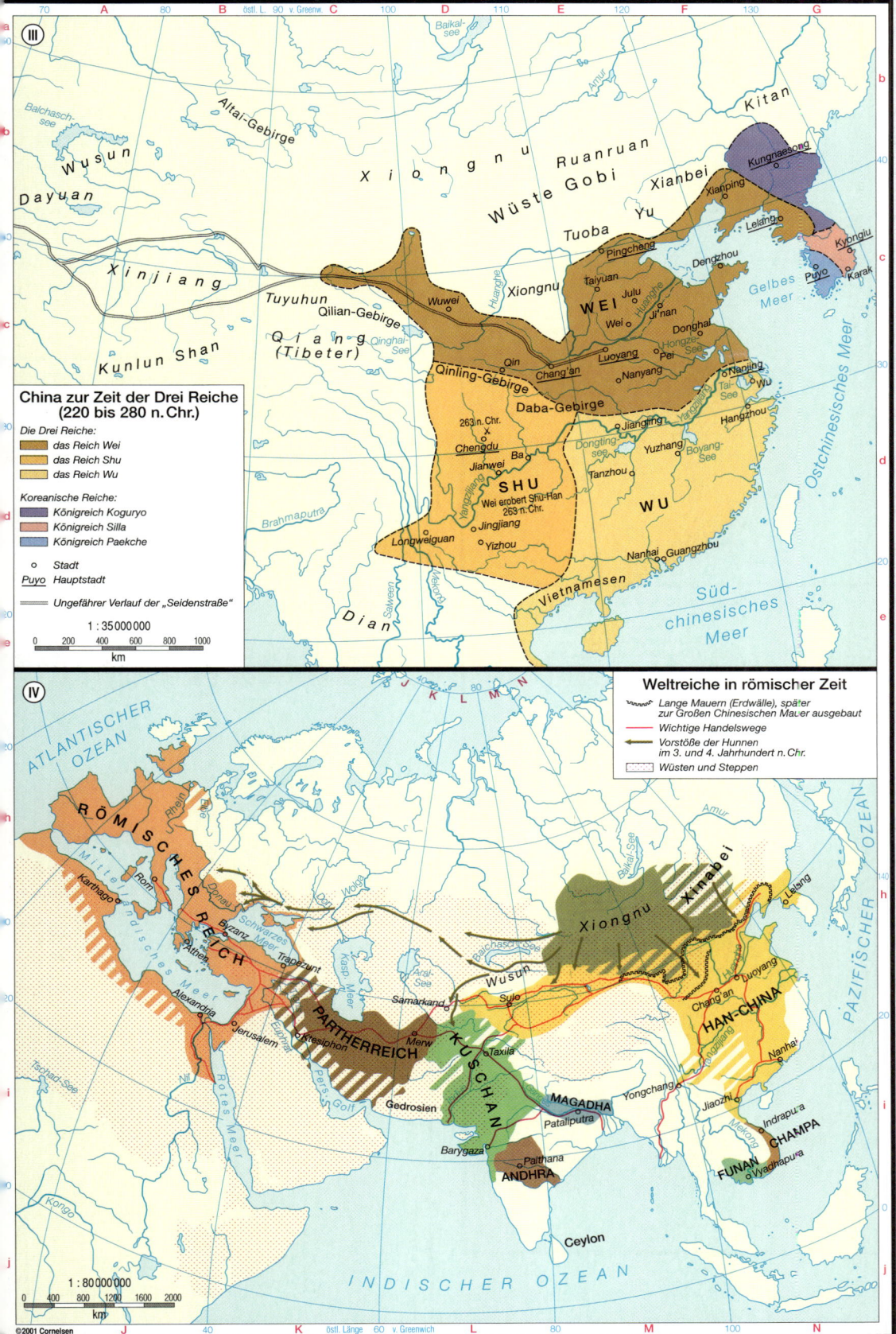

III

China zur Zeit der Drei Reiche
(220 bis 280 n.Chr.)

Die Drei Reiche:
- das Reich Wei
- das Reich Shu
- das Reich Wu

Koreanische Reiche:
- Königreich Koguryo
- Königreich Silla
- Königreich Paekche

○ Stadt
Puyo Hauptstadt
Ungefährer Verlauf der „Seidenstraße"

1 : 35 000 000
0 200 400 600 800 1000
km

IV

Weltreiche in römischer Zeit

〰 Lange Mauern (Erdwälle), später zur Großen Chinesischen Mauer ausgebaut
—— Wichtige Handelswege
→ Vorstöße der Hunnen im 3. und 4. Jahrhundert n.Chr.
▒ Wüsten und Steppen

1 : 80 000 000
0 400 800 1200 1600 2000
km

©2001 Cornelsen

124 Gründung einer staatlichen Akademie (Studentenzahl wird 41 v. Chr. auf 1000, 8 v. Chr. bereits auf 8000 erhöht)

119 Besteuerung der Lastkähne und -wagen; Gründung des staatlichen Salz- und Eisenmonopols (88 n. Chr. abgeschafft)

117–115 Eroberung des Gansu-Korridors durch die Han-Dynastie; 117–110 Errichtung eines neuen Walls zum Schutz dieser Hauptverbindung nach Westen

113 Melioration und Bewässerung einer ganzen Provinz im Nordwesten

105 Einführung der Weintraube und der Luzerne aus Zentralasien

104 große Kalenderreform

98 Staatsmonopol auf Alkohol

89 Entwicklung neuer Landwirtschaftsgeräte und eines neuen Fruchtwechselsystems, des Daitian fa, durch Zhao Guo

57 legendäre Gründung Sillas, des ersten Reiches in Korea

50 Erfindung des Papiers

7 v. Chr. Verordnungen zur Begrenzung der Latifundien; Regulierung des Gelben Flusses

2 v. Chr. erste bekannte Volkszählung in China: 12 366 470 Familien und 57 671 400 Einwohner

9–25 n. Chr. Interregnum des Höflings Wang Mang; umfängliche Bodenkollektivierung

10 n. Chr. Abschaffung des Adels

70 chinesische Schiffe erreichen Indien und das Rote Meer

um 100 Einführung des Buddhismus in China

126 Bauernaufstände gegen Landbesitzer

132 Zhang Heng baut den ersten Seismographen

157 neuerliche Volkszählung: 56 486 856 Einwohner

189 Provinzkriegsherren stürmen die Hauptstadt Luoyang

190 Einsetzung eines Marionettenkaisers auf dem Han-Thron durch den Heerführer Dong Zhuo

2. Jh. erstmals Einsatz von Erdgas als Brennstoff

200–300 Buddhismus gewinnt in China erheblichen Einfluss

220 Absetzung des letzten Han-Kaisers; Teilung Chinas in drei Reiche

232 Erfindung der Schubkarre

239 Königin Himiko von Wa (Japan) schickt einen Botschafter nach China

259 chinesische Buddhisten unternehmen erstmals eine Pilgerreise nach Indien

263 das Reich Wei erobert das Reich Shu

280 unter der 265 an die Macht gelangten Jin-Dynastie erobert Wei auch das Reich Wu; die „Zeit der drei Reiche" ist damit beendet, China ist wieder vereint

230–221 König Zheng von Qin einigt China unter seiner Herrschaft; Errichtung des Kaisertums mit dem Ehrentitel Shi Huangdi („Erster göttlicher Kaiser")

220 Beginn des Baus des ersten Straßennetzes und von Verbindungsstücken zwischen den Abschnitten der chinesischen Verteidigungsmauern (erste „Große Mauer")

um 210 Vereinheitlichung der Maße und Gewichte

209–202 Bürgerkrieg; 202 v. Chr. Sturz der Qin-Dynastie und Gründung der Han-Dynastie durch den Sieg Liu Bangs über den Rivalen Xiang Yu

184 Verbot des Exports von Eisenwerkzeugen nach Vietnam

175 Gießen von Münzen durch Privatleute erlaubt

170–150 Geräte und Waffen aus Eisen finden in China weite Verbreitung

166 erste Erwähnung des „Rauchtelegraphen" in Grenzgebieten

165 erste Beamtenprüfungen

133 Schifffahrtsexpedition in den Pazifischen Ozean (Suche nach den „Inseln der Unsterblichen")

136–128 diverse Feldzüge der Han zur Befriedung der Xiongnu

Chronologischer Überblick über die chinesischen Dynastien bis 280 n. Chr.

Zeit der Streitenden Reiche	480–221 v. Chr.
Qin-Dynastie	221–206 v. Chr.
Westliche Han-Dynastie	206 v. Chr.–9 n. Chr.
Östliche Han-Dynastie	25–220 n. Chr.
Zeit der Drei Reiche	220–280

Kelten und Germanen

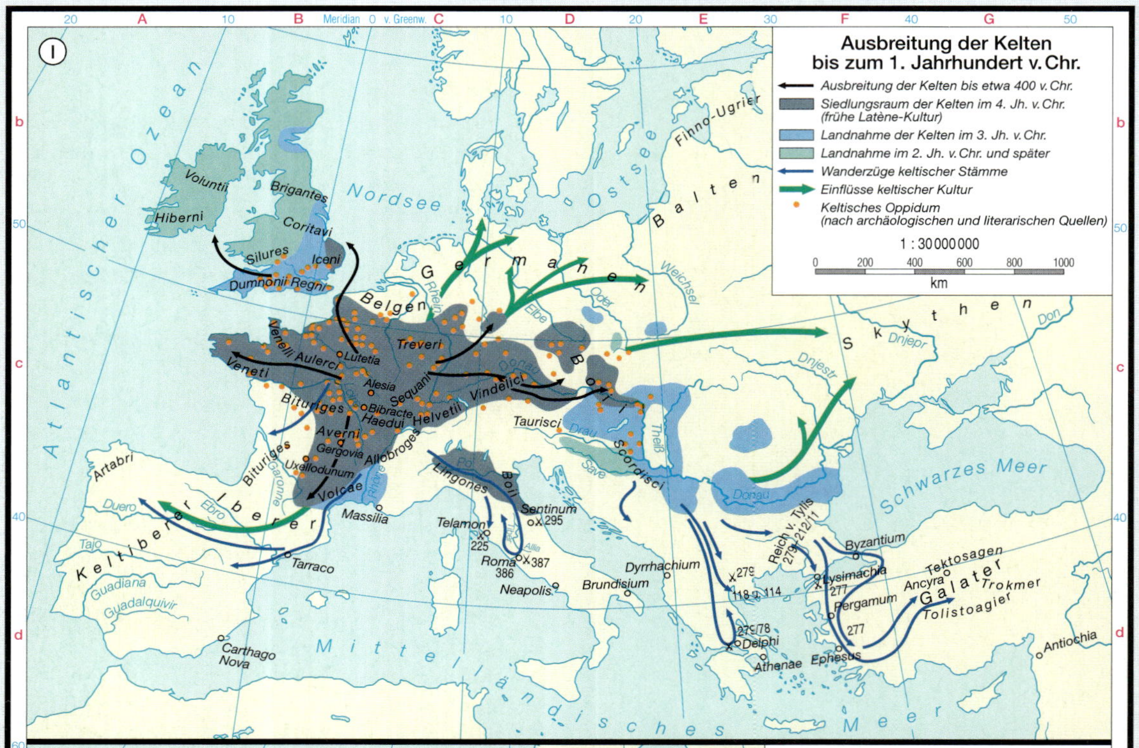

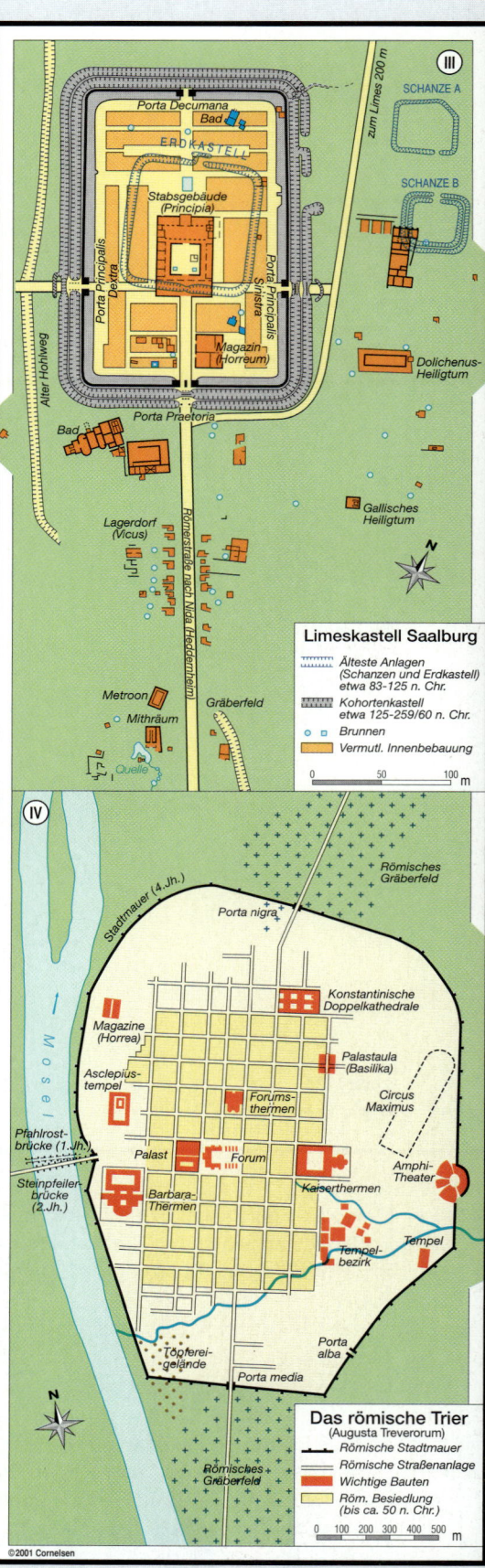

Karte I

Ausbreitung der Kelten bis zum 1. Jahrhundert v. Chr.

- → Ausbreitung der Kelten bis etwa 400 v. Chr.
- Siedlungsraum der Kelten im 4. Jh. v. Chr. (frühe Latène-Kultur)
- Landnahme der Kelten im 3. Jh. v. Chr.
- Landnahme im 2. Jh. v. Chr. und später
- → Wanderzüge keltischer Stämme
- → Einflüsse keltischer Kultur
- ● Keltisches Oppidum (nach archäologischen und literarischen Quellen)

1 : 30 000 000

0   200   400   600   800   1000 km

Karte II

Germanen vor der Völkerwanderung

Ausbreitung des geschlossenen germanischen Siedlungsgebietes:
- Siedlungsgebiet um 500 v. Chr.
- Landgewinn bis etwa 50 v. Chr.
- Landgewinn bis etwa 100 n. Chr.
- Landgewinn bis etwa 300 n. Chr.

- → Wanderzüge germanischer Stämme
- Das Römische Reich um 68 v. Chr.

v. = v. Chr.

1 : 30 000 000

0   200   400   600   800   1000 km

©2001 Cornelsen

Karte III

Limeskastell Saalburg
- Älteste Anlagen (Schanzen und Erdkastell) etwa 83–125 n. Chr.
- Kohortenkastell etwa 125–259/60 n. Chr.
- Brunnen
- Vermutl. Innenbebauung

0   50   100 m

Karte IV

Das römische Trier (Augusta Treverorum)
- Römische Stadtmauer
- Römische Straßenanlage
- Wichtige Bauten
- Röm. Besiedlung (bis ca. 50 n. Chr.)

0   100   200   300   400   500 m

©2001 Cornelsen

Die Kelten und Rom

Im 4. Jahrhundert v. Chr. stießen die Kelten nach Norditalien vor. Keltische Scharen plünderten 387 v. Chr. Rom und lösten eine bleibende Keltenfurcht bei den Römern aus, die deren künftige Gewaltpolitik gegen die gallischen Kelten begründete. Die kleinasiatischen Kelten, die Galater, wurden dagegen 188 v. Chr. sogar Bundesgenossen der Römer. 25 v. Chr. wurde Galatien römische Provinz. Mit der Eroberung des keltischen Galliens 58 bis 51 v. Chr. trug Caesar dann auch bereits Sicherheitsbedürfnissen gegenüber den Germanen Rechnung.

Die Germanen und Rom

Die erfolgreichen Germanenzüge des Drusus (13 bis 9 v. Chr.) und des Tiberius (8/7 v. Chr.) bis zur Elbe, später (4–6 n. Chr.) nach Böhmen, förderten nur kurz die Pläne zur Provinzialisierung Germaniens. Die Katastrophe der Varus-Schlacht (9 n. Chr.) führte letztlich zur Aufgabe der offensiven Politik gegenüber den Germanen durch Kaiser Tiberius 16 n. Chr. Bis zur Mitte des 1. Jahrhunderts blieb die römische Grenze zu den Germanen stabil. In flavischer Zeit wurde die Grenze dann auf die Linie des Niedergermanischen und Obergermanisch-rätischen Limes vorgeschoben. Die so gefestigte römische Herrschaft förderte in der Folgezeit einen zügigen Romanisierungsprozess der Germanen. Die turbulenten Zeiten des 3. Jahrhunderts zwangen die Römer jedoch zum Rückzug auf die Rheinlinie.

Bereits die Kämpfe Mark Aurels gegen die Markomannen im Donauraum (166–180 n. Chr.) hatten eine neue Qualität der römisch-germanischen Auseinandersetzungen angekündigt: verstärkter Druck auf die römischen Grenzen aufgrund einer verbreiteten Aufbruchstimmung unter den Germanen, Zusammenschluss zu größeren Stammesverbänden, Vorstöße auf römisches Reichsgebiet. Die schwere Niederlage des Kaisers Decius gegen die Goten an der unteren Donau (251), die fast gleichzeitige Überwindung des Limes (um 260) durch die Alamannen in Süddeutschland und das Eindringen der Franken tief nach Gallien hinein (257/58) waren Vorboten des römischen Zusammenbruchs.

Deutschland in römischer Zeit

Germanien

BONNA	Legionslager
TULLUM	Römische Stadt, bedeutende Siedlung
Traiectum	Römisches Auxiliarkastell
Belgica	Dörfliche, römische Siedlung (Vicus)
UBIER	Name und Siedlungsgebiet einheimischer Stämme
Metz	Heutige Ortsnamen
(Berlin)	Heutige Orte (damals nicht existent)

Römische Heerstraßen
Römische Straßen auf Strecken vermutet
Limes (Stand nach etwa 155 n. Chr., nördl. des Mains, größtenteils nach 89 n. Chr.
Grenze des Römischen Reiches um 150 n. Chr.
Römische Provinzgrenze

Vermutliche Landschaftsgliederung (nach O. Schlüter)
- Hauptsiedlungsräume
- Waldgebiete
- Wald-Heide-Gebiete
- Sumpfgebiete und Marschen

Die wichtigsten römischen Feldzüge 12 v. Chr.-16 n. Chr.
(wahrscheinlichste Marschrichtung)

- Drusus 12 v. Chr.
- Drusus 11 v. Chr.
- Drusus 10 v. Chr.
- Drusus 9 v. Chr.
- Tiberius 4 n. Chr.
- Tiberius 5 n. Chr.
- Sentius Saturninus 6 n. Chr.
- Germanicus Frühjahr 14 n. Chr.
- Caecina Frühjahr 15 n. Chr.
- Germanicus Frühjahr 15 n. Chr.
- Germanicus Sommer 15 n. Chr.
- Caecina Sommer 15 n. Chr.
- Germanicus Sommer 16 n. Chr.
- Germanicus Flotte 16 n. Chr. (umstritten)

Nordsee

Ostsee

ANGELN · WARNEN · NUITONEN · SACHSEN · LANGOBARDEN · SEMNONEN · CHAUKEN · ANGRIVARIER · FRIESEN · AMPSIVARIER · CHAMAVEN · TUBANTEN · CHERUSKER · HERMUNDUREN · CANNINEFATEN · USIPETEN · BRUKTERER · MARSER · BATAVER · CUGERNER · SUGAMBRER · CHATTEN · MARKOMANNEN · UBIER · TENKTERER · TEUTONEN · TUNGRER · GERMANIA INFERIOR · BELGICA · TREVERER · VANGIONEN · SUEBEN · NEMETER · TRIBOKER · MEDIOMATRIKER · GERMANIA SUPERIOR · VINDELIKER · SEVAKER · LEUCER · RAURICER · HELVETIER · LINGONEN · SEQUANEN · RAETIA · NORICUM

(Hamburg) · (Berlin) · Albanianae · Traiectum · Nimwegen · COL. ULPIA TRAIANA VETERA · NOVAESIUM · Neuß · COL. CLAUDIA ARA AGRIPPINENSIUM · Divitia · ADUATUCA · AQUAE · Aachen · BONNA · ANTUNNACUM · Andernach · CONFLUENTES · Koblenz · MOGONTIACUM · Mainz · Aquae Mattiacae · Wiesbaden · LOPODUNUM · Ladenburg · Heidelberg · NOVIOMAGUS · Speyer · ARGENTORATE · Straßburg · BORBETOMAGUS · Worms · CASTRA REGINA · Regensburg · AUGUSTA VINDELICUM · Augsburg · CAMBODUNUM · Kempten · IUVAVUM · Salzburg · TULLUM · NASSIUM · CATALAUNI · Châlons-s.-M. · DIVODURUM · VIRODUNUM · BASILIA · Basel · COL. AUGUSTA RAURICORUM · VESONTIO · Besançon · ANDEMANTUNNUM · Langres

ALISO ? · VETERA · (Osnabrück) · (Bielefeld) · (Hildesheim) · Magdeburg · (Göttingen) · (Kassel) · (Marburg) · Gießen

Drusus 12 v. Chr. · Drusus 11 v. Chr. · Drusus 9 v. Chr. · Tiberius 5 n. Chr. · Tiberius 4 n. Chr. · Germanicus Sommer 15 n. Chr. · Sentius Saturninus 6 n. Chr.

9 n. Chr. Varus ? (Kalkriese) x

1:3 000 000

0 10 20 30 40 50 km

8° östl. Länge v. Greenwich

© 2001 Cornelsen

Europa im 4. und 5. Jahrhundert

Der Untergang des Römischen Weltreiches

Das Römische Reich hatte gegenüber benachbarten Staaten und Stämmen klar definierte juristische und militärische Außengrenzen. Gegenüber den Germanen jenseits von Rhein und Donau verwischten sich diese jedoch insofern, als die Germanen schon zu Caesars und Augustus' Zeiten in großen Zahlen zur Verstärkung des römischen Militärs angeworben wurden und frühzeitig eine fortschreitende Romanisierung ihrer Kultur einsetzte. Es bildete sich eine breite Kontaktzone zwischen Römern und Germanen. Daraus entwickelte sich im 3. Jahrhundert allerdings zunehmend eine militärstrategische Gefahr für das Römische Reich, als die germanischen Grenzstämme durch Wanderungsbewegungen der Ostgermanen unter Druck gerieten, sich zu größeren Verbänden (Franken, Sachsen an Mittel- und Niederrhein, Alamannen und Jutungen am Oberrhein, Goten an der Donau) zusammenschlossen, die römischen Außengrenzen massiv bedrängten und schließlich überrannten. Die Römer mussten die Gebiete östlich des Oberrheins (260) und nördlich der Donau (Dakien 271) aufgeben. Verstärkt wurde die Bedrohung durch die innere Schwäche des Römischen Reiches, die sich in zahlreichen Herrscherwechseln niederschlug.

Die innenpolitischen Reformen Diokletians und Konstantins, die die Autorität und Handlungsfähigkeit des römischen Kaisertums wiederherstellten, und ihre nachfolgenden militärischen Erfolge führten zu sicherheitspolitisch stabilen Verhältnissen zurück, wie sie im Reich zuletzt im 2. Jahrhundert bestanden hatten. Die nach dem Tode Konstantins (337) unter seinen Söhnen einsetzenden Thronstreitigkeiten stellten jedoch die äußere Integrität des Reiches erneut in Frage und mündeten mittelfristig in den dann nicht mehr aufzuhaltenden Auflösungsprozess im Westen ein: Zunächst erzwangen die Kämpfe zwischen Konstantin II. und Constans (340), dann vor allem der Konflikt zwischen dem Usurpator Magnentius und Constantius II. den Abzug der stärksten Kräfte von der Rhein- und Donaugrenze. Diese Schwächung nutzten 352 die Alamannen am Oberrhein, 355 die Franken und Sachsen am Nieder- und Mittelrhein, um tief nach Gallien einzubrechen. Der von Constantius II. dort als Caesar eingesetzte Vetter Julian konnte zwar 357–359 militärische Teilerfolge erzielen, erkaufte aber das Friedensversprechen der niederrheinischen Franken mit einer Erweiterung ihres Siedlungsgebiets auf Reichsterritorium (um Nijmwegen). Der Tod des inzwischen zum Kaiser aufgestiegenen Julian während des Perserkrieges 363 zwang Rom zur Aufgabe bisheriger Positionen im Osten. Dennoch konnte das Reich am Ende der Konstantinischen Dynastie noch als weitgehend intakt gelten.

Unter den im Kaisertum nachfolgenden Brüdern Valentinian im Westen und Valens im Osten spitzte sich die Lage zu. Eine neue Gefahr bedeuteten die Hunnen, eine Gruppe von Nomadenstämmen, die um die Mitte des 4. Jahrhunderts von Zentralasien in die Gebiete nördlich des Schwarzen Meeres vorstießen. Um 375 besiegten sie die Goten und veranlassten einen Teil von ihnen, die so genannten Westgoten, neue Wohnsitze südlich der Donau auf dem Reichsgebiet zu suchen. Nach deren vollständigem Sieg über Kaiser Valens 378 bei Adrianopel gestand ihnen dessen Nachfolger Theodosius im Jahre 382 die Ansiedlung in autonomen Stammesverbänden zu.

Gegenleistung waren die Verpflichtung zum Heeresdienst und der regionale Grenzschutz bei gleichzeitiger Steuerfreiheit. Dieser Föderatenvertrag wurde zum Vorbild für die späteren Gründungen germanischer Staaten. Das Imperium Romanum begann sich als territoriale Einheit aufzulösen. Germanen standen bei diesem Prozess allerdings auf beiden Seiten des Konflikts. In der Schlüsselposition des *magister militum* (Heermeister) verteidigten sie seit dem Ausgang des 4. Jh. die Interessen des Reiches gegenüber ihren „Landsleuten". Ihre Oberschicht stieg in hohe Positionen auf und schloss Ehen in der vornehmen römischen Gesellschaft bis hinauf zum Kaiserhaus.

Während der Westen Invasionen germanischer Stämme ausgeliefert war – besonderen Eindruck machte die Eroberung der Stadt Rom am 24. 8. 410, rund 800 Jahre nach dem Keltensturm von 387 v. Chr. –, zahlte der Osten sich steigernde Tribute an die Hunnen. Unter ihrem König Attila beherrschten diese Mitte des 5. Jahrhunderts ein ausgedehntes Reich, dessen Zentrum im Donau-Theis-Gebiet lag. Der Versuch einer Expansion nach Westen wurde von gallisch-germanischen Truppen unter dem Kommando des Aëtius 451 auf den „Katalaunischen Feldern" in der Champagne zurückgeschlagen. Die Macht der Hunnen war gebrochen. Nach Attilas Tod 453 zerfiel ihr Reich.

Europa im 6. Jahrhundert

Europa beim Tode Theoderichs des Gr. 526 n. Chr.

- Reich der Franken unter Chlodwig 486 n. Chr.
- Eroberungen Chlodwigs bis 511 n. Chr.
- Germanisches Bündnissystem Theoderichs d. Gr.
- Germanenreiche u. -stämme
- Slawische Völker

1 : 25 000 000
0   100   200   300
km

Das Oströmische Reich unter Justinian 527–565 n. Chr.

- Oströmisches Reich unter Justinian
- Germanenreiche und -stämme
- Slawische Völker

1 : 30 000 000
200   400   600   800   1000
km

des Römischen Reiches, wenngleich Theoderich als Herrscher des Westreichs de facto souverän agierte. Er war bestrebt, römische Traditionen fortzusetzen und einen Ausgleich zwischen Römern und Goten zu erreichen. Diese Politik bescherte Italien eine fast 30-jährige Blütezeit. Durch verwandtschaftliche Verbindungen zu den fränkischen Merowingern, den Westgoten, den Burgundern, Wandalen, Herulern und Thüringern suchte Theoderich auch außenpolitisch eine übergeordnete Position und Sicherheit für seine Herrschaft aufzubauen. Doch bei seinem Tod (526) zeichnete sich das Scheitern seiner Politik bereits ab.

Kaiser Justinian (527–565), schon einflussreich unter seinem Vorgänger Justin (518–527), verfolgte nun mit aller Entschiedenheit die Idee, das Westreich wieder mit dem Ostreich zu vereinigen. Sein Feldherr Belisar konnte 534 den von den Wandalen beherrschten Teil Nordafrikas zurückerobern. Zur gleichen Zeit wurden auch Sardinien, Korsika und die Balearen wieder in das Reich eingegliedert. Ein Jahr später begann der Kampf um Italien, offiziell ausgelöst durch die Ermordung von Theoderichs Tochter Amalaswintha. 552 siegte der oströmische Feldherr Narses endgültig. Auch in Spanien griff Justinian um 550 ein.

Mit dem Versuch auch den Westen wieder unter unmittelbare Verwaltung des Kaisers zu stellen, markiert Justinians Herrschaft das Ende der römischen Antike. Er hatte allerdings nur vorübergehend Erfolg. Schon 568 wurde die oströmische Herrschaft in Italien durch die Langobarden weitgehend abgelöst. Slawen und Awaren besetzten den Donauraum. Das Imperium Romanum blieb aber als mit dem Kaisertum in Byzanz verbundene umfassende Ordnungsvorstellung erhalten.

355	Einfälle der Alamannen und Franken in Gallien
357	Sieg Julians bei Straßburg über die Alamannen; Anerkennung der fränk. Besiedlung um Nijmwegen (Keimzelle des späteren Frankenreiches)
375	durch Siege über Alanen und Goten Vorstoß der Hunnen nördlich des Schwarzen Meeres bis hin zur unteren Donau
378	Niederlage des Kaisers Valens bei Adrianopel gegen die Westgoten
382	Bundesvertrag des Theodosius mit den Westgoten (auch Vorbild für spätere autonome Staatsbildungen der Germanen auf dem Reichsgebiet)
406	Wandalen, Sueben und Alanen fallen nach Gallien ein; Besetzung des linken Rheinufers durch Franken und Burgunder
407	Abzug der Römer aus Britannien
410	Eroberung Roms durch Westgoten unter Alarich
418	Westgotenreich in Südwestfrankreich
429	Eroberung der römischen Provinzen Nordafrikas durch die Wandalen
437	Niederlage der Burgunder gegen die Hunnen, Abzug in das Gebiet südlich des Genfer Sees
451	Sieg über Attila auf den Katalaunischen Feldern
455	Plünderung Roms durch die Wandalen
476	Ausrufung Odoakers zum König in Italien, Absetzung des letzten weströmischen Kaisers
486	Eroberung des letzten römischen Teils Galliens durch den fränk. Merowingerkönig Chlodwig
493	Ostgotenreich in Italien unter Theoderich
517	erster Vorstoß der Slawen auf den Balkan
535	Beginn der oström. Rückeroberung Italiens und bis 552 Zerschlagung des Ostgotenreiches
568	Beginn der Langobardenherrschaft in Italien

Der Donauraum blieb unter einander ablösenden Germanenstämmen umkämpft. Der Osten des Imperium Romanum konnte sich trotz prekärer innen- und außenpolitischer Situationen in der zweiten Hälfte des 5. Jahrhunderts neuerlich konsolidieren. Im Westen dagegen setzte sich nach dem Tod Valentinians III. (425–455) kein Kaiser mehr längerfristig durch.

Im Jahre 476 setzte schließlich Odoaker, Führer der germanischen Skiren, den letzten weströmischen Kaiser Romulus (Augustulus) ab und ließ sich von seiner Gefolgschaft zum König von Italien ausrufen. Sein nachträgliches Ersuchen um Anerkennung lehnte der oströmische Kaiser Zeno ab. Schon vorher

waren die übrigen Länder des Westens unter die Herrschaft zumindest faktisch autonomer Germanenstaaten gefallen: Wandalen in Nordafrika, Alanen und Sueben auf der Iberischen Halbinsel, Westgoten und Burgunder in Süd- und Mittelgallien sowie die Franken im Norden zum Rhein hin.

Trotz dieser Entwicklung gab der Oströmische Kaiser den Anspruch auf die römische Herrschaft auch im Westen nicht auf. So bekämpfte der Ostgote Theoderich im Auftrag Zenos Odoaker in Italien und ließ sich nach seinem Sieg 493 von Zenos Nachfolger Anastasios als König in kaisergleicher Stellung anerkennen. Italien blieb so de jure weiterhin Bestandteil

Vom Oströmischen zum Byzantinischen Reich

Das Byzantinische Reich bis 1204

476 Odoaker römischer Patrizius in Italien

527–565 Herrschaft Justinians; kulturelle Blütezeit; vorläufige Befriedung der persischen Grenze und Konzentration auf Rückgewinnung der westlichen Reichshälfte; in der Folge Eroberung des Wandalenreiches in Nordafrika (534), des Ostgotenreiches in Italien (553) und Angriff auf das Westgotenreich in Südspanien (554)

568 Italien geht weitgehend an die Langobarden verloren

582–602 Herrschaft des Maurikios; gründet nach Awaren- und Slaweneinbrüchen auf dem Balkan zur Festigung des Reiches Exarchate in Karthago und Ravenna und erobert 591 Armenien

610–641 Herrschaft des Herakleios; die Themenverfassung steigert die militärische und administrative Effektivität des Reiches

628 byzantinischer Sieg über die Perser und nachfolgend Zusammenbruch des Sassanidenreiches

635–637 Syrien arabisch, Byzanz militärisch im Osten gebunden, so dass der Balkan den Slawen überlassen werden muss

717/718 arabische Belagerung Byzanz' scheitert

740 Sieg bei Akroinon über die Araber, die sich in ihren Expansionsbestrebungen in der Folge mehr nach Nordafrika und Spanien orientieren

751 der Fall Ravennas führt zum Zusammenbruch der byzantinischen Vorherrschaft in Süditalien

842–867 Herrschaft Michaels III.; nach dem Ende des Bilderstreits (843) neue Blütezeit des Reiches, das die Christianisierung der slawischen Völker auf dem Balkan vorantreibt

863 der Sieg über den Emir von Melitene markiert die Wende vom Abwehrkampf zur Offensivpolitik Byzanz' in Asien

867–1056 Makedonische Dynastie; durch Eroberung Benevents (873) und Baris (876) Wiederherstellung der byzantinischen Herrschaft in Süditalien; gleichzeitig aber auch Rückschläge gegenüber den Arabern, die 902 Sizilien und 904 Thessalonike erobern

870 die Bulgaren erkennen die Hoheitsrechte des Patriarchen von Byzanz an; Stärkung der byzantinischen Suprematie auf dem Balkan

963–969 Herrschaft des Nikephoros Phokas; Eroberung Kretas, Aleppos, Zyperns und Kilikiens

969–976 Herrschaft Johannes' I. Tzimiskes; Eroberung Syriens und Palästinas sowie Verdrängung der Russen vom Balkan und Unterwerfung Ostbulgariens (971 byzantinische Provinz)

976–1025 Herrschaft Basileios' II., Höhepunkt byzantinischer Machtentfaltung; durch die Heirat seiner Schwester mit dem russischen Großfürsten Wladimir verbreitet sich der griechisch-orthodoxe Glaube nach Russland; Unterwerfung Westbulgariens (1018 byzantinische Provinz)

1054 Schisma zwischen Ost- und Westkirche wegen des Universalitätsanspruchs beider Kirchen

1059–1078 Dukas-Dynastie; Vordringen der Normannen, Petschenegen, Ungarn und türkischen Seldschuken (1071 Schlacht bei Mantzikert)

1080 Errichtung des Seldschukensultanats Ikonion

1081–1185 Komnenen-Dynastie; Abwehrkämpfe gegen Normannen, Petschenegen und Rumseldschuken

Das Oströmische Reich 565–867

- um 565 (beim Tode Justinians)
- um 600
- um 700
- um 867
- Frankenreich um 850
- Kgr. Asturien und León um 850
- Bulgaren-Khanat um 850
- Omaijaden-Emirat von Cordoba um 850
- Islamische Emirate und Kalifate um 850

1 : 30 000 000
0 200 400 600 800 1000 km

- Kgr. Ungarn
- Serbien
- (Zweites) Bulgarenreich
- Kumanenreich (Polowzenreich)
- Georgien
- Seldschukenreiche
- Armenische Herrschaften
- Kreuzfahrerstaaten
- Assassinen

Das Byzantinische Reich 976–1180

- um 976 unter Johannes I. Tsimiskes (969–976)
- Gebietsverluste zwischen 976 u. 980 unter Basileios II. (976–1025)
- um 1070 unter Romanos IV. Diogenes (1068–1071) vor der Niederlage bei Manzikert (1071) gegen die Seldschuken
- um 1095 unter Alexeios I. Komnenos (1081–1118)
- um 1180 unter Manuel I. Komnenos (1143–1180) vor dem Untergang unter der Dynastie der Angeloi (1185–1204)
- TARON Themeneinteilung des Byzantinischen Reiches

©2001 Cornelsen

1 : 15 000 000
0 100 200 300 km

1096 Beginn der Kreuzzüge und Bildung von Kreuzfahrerstaaten; Byzanz erreicht Oberhoheit über Antiochia (1108) und erobert Westkleinasien

1124–1128 Krieg mit Ungarn um die Vorherrschaft über Serbien, Dalmatien und Kroatien

1143–1180 byzantinische Restaurationspolitik in Italien führt unter Manuel I. zum wirtschaftlichen Niedergang des Reiches; Vorstöße der Serben, Ungarn und Normannen können aber neuerlich abgewehrt werden

1158 Oberlehnsherrschaft über die Kreuzfahrerstaaten in Syrien

1159 Kroatien, Bosnien und Dalmatien geraten unter byzantinischen Einfluss

1176 vernichtende Niederlage Byzanz' gegen die Seldschuken bei Mysiokephalon

1185–1204 Angeloi-Dynastie; Niedergang des Byzantinischen Reiches (1185 Eroberung Thessalonikes durch die Normannen, 1187 Anerkennung des zweiten Bulgarenreiches und Verlust Dalmatiens, Kroatiens und Serbiens; 1203 erste und 1204 zweite Eroberung Konstantinopels durch die Kreuzfahrer und Errichtung des Lateinischen Kaiserreiches)

Die Ausbreitung des Islam von 622 bis 750

Ausbreitung des Islam
von 622 bis 750
(III)

Ausbreitung des Islam
- Eroberungen bis zum Tode Mohammeds (622-632)
- Eroberungen unter den ersten vier Kalifen (632-656)
- Eroberungen unter den Omaijaden bis Welid. I. (661-715)
- Eroberungen bis 750
- ⊙ MERW (813-22) Sitz des Kalifen mit Zeitangabe
- ♨ Wüstenschlösser der Kalifen
- ■ Arabische Heerlager
- ✕ 655 Schlachtorte mit Jahreszahl
- ✕ (657) Kämpfe der Araber untereinander

Oströmisches (Byzantinisches) Reich
- Grenze des Oströmischen Reiches beim Tode Justinians (565)
- Gebiet des Oströmischen Reiches um 700

Frankenreich
- Gebiet des Frankenreiches beim Tode Chlodwigs (511)
- Eroberungen unter den Merowingern nach Chlodwigs Tod (bis 614)

Vorrücken der Slawen
- Wahrscheinliches Heimatgebiet der Slawen
- Wanderungen slawischer Stämme
- Westgrenze slawischen Vordringens um 800
- Grenze des Perserreiches (Sassaniden) um 600

1 : 35 000 000

©2001 Cornelsen

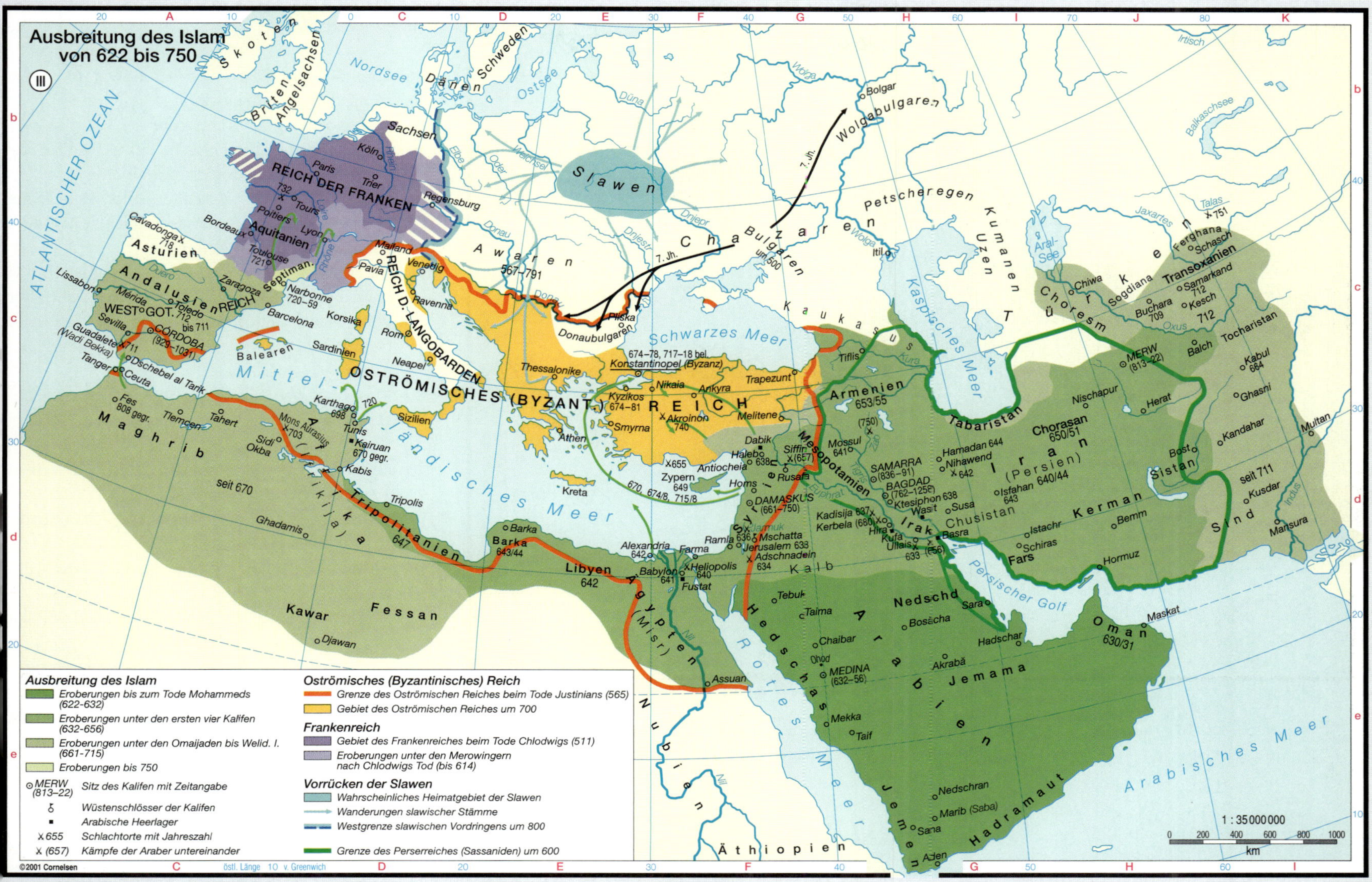

Die Entstehung der „Großmacht" Islam

Die Einheit der arabischen Welt scheiterte bis zum 6. Jahrhundert nicht nur an den Gebietsstreitigkeiten der verfeindeten Nomadenstämme, sondern nicht zuletzt auch an der Vielzahl ihrer Kulte. Nur die Kaaba in Mekka fand über die religiösen Grenzen hinweg bei allen Arabern Verehrung.

Um 570 n. Chr. wurde Mohammed in Mekka geboren, der vom Hirten zum Leiter einer Handelskarawane aufstieg und auf seinen Reisen in Kontakt mit Juden und Christen deren monotheistische Glaubenssätze kennen lernte. Nach der religiösen Überlieferung wurde Mohammed dann im Alter von 40 Jahren durch den Erzengel Gabriel mit der Verkündung des Islam betraut. Mohammed predigte, dass vor Gott alle Menschen gleich seien und die Reichen mit ihrem Besitz Notleidende und Arme unterstützen müssten. Diese Botschaft führte in Mekka zu erheblichen sozialen Auseinandersetzungen, die Mohammed und seine Anhänger 622 zur Flucht (Hedschra) nach Medina zwangen.

Dort stieg Mohammed schnell zum politischen Führer der Stadt auf, wodurch seine religiöse Bewegung militärische Macht erlangte. Innerhalb der nächsten zehn Jahre eroberte er fast die gesamte arabische Halbinsel für den Islam. 630 nahm er auch Mekka ein, das er zur heiligen Stadt erhob. Das alte heidnische Heiligtum, die Kaaba, ließ er bestehen. Der in dessen Ostwand eingelassene schwarze Meteoritstein galt nun als Zeichen des Bundes Allahs mit

den Menschen und damit als höchstes Symbol des ausschließlichen Legitimitätsanspruchs des Islam.

Die rasche Ausbreitung des Islam war die einschneidendste Entwicklung des frühen Mittelalters. Auch nach Mohammeds Tod (632) setzten seine Nachfolger, die Kalifen, diese Expansion trotz schwerer Zerwürfnisse unvermindert fort, die vor allem um die Rechtmäßigkeit des Kalifats Alis, des Schwiegersohns Mohammeds, entbrannten. Mit dessen Ermordung (661) setzten sich die Umayyaden durch, deren Anhänger als Sunniten bezeichnet wurden. Die Glaubensminderheit der Schiiten betrachtete allerdings weiterhin die Nachfolger Alis (die Imame) als legitime Stellvertreter des Propheten. Diese Spaltung des Islam in Sunniten und Schiiten dauert bis heute fort.

Dennoch konnten die sunnitischen Araber in weniger als einhundert Jahren ein Weltreich errichten, das bereits im frühen 8. Jahrhundert von den Grenzen Indiens bis zur Meerenge von Gibraltar reichte. Ab 711 geriet auch die iberische Halbinsel zu größten Teilen unter ihre Herrschaft. Ein weiteres Vordringen nach Norden verhinderten die fränkischen Siege bei Tours und Poitiers (732).

Mit dem Abbasiden-Kalifat erlangte das muslimische Reich 750 eine damals nur mit China vergleichbare Ausdehnung und kulturelle Stufe. Das Kalifat kontrollierte den eurasischen Handel an Land und auf See. Nicht zuletzt mit seiner Hilfe verbreitete sich der neue Glaube in den folgenden Jahrhunderten südlich bis tief in das Innere Afrikas, östlich über den Indischen Ozean und nördlich nach Zentralasien.

Mekka (Ende des 13. Jahrhunderts)

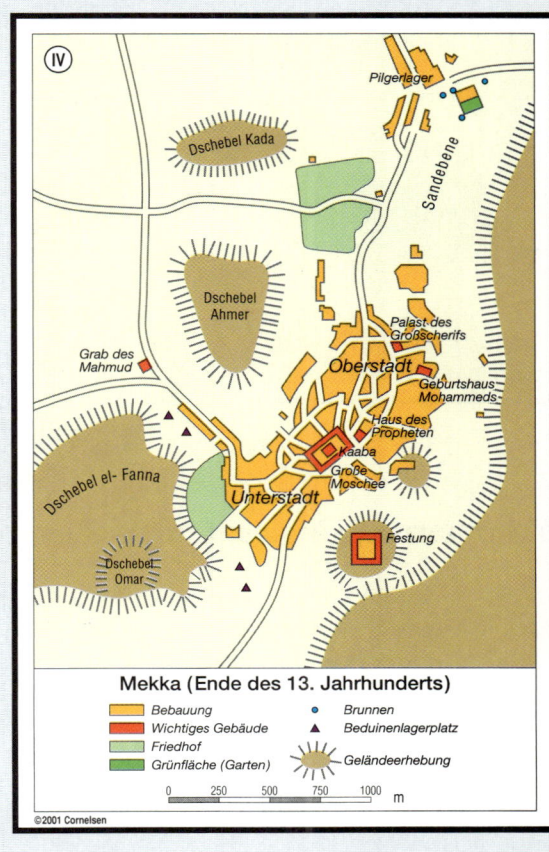

Mekka (Ende des 13. Jahrhunderts)
- Bebauung
- Wichtiges Gebäude
- Friedhof
- Grünfläche (Garten)
- • Brunnen
- ▲ Beduinenlagerplatz
- Geländeerhebung

0 250 500 750 1000 m

©2001 Cornelsen

Das Frankenreich unter den Merowingern bis etwa 550

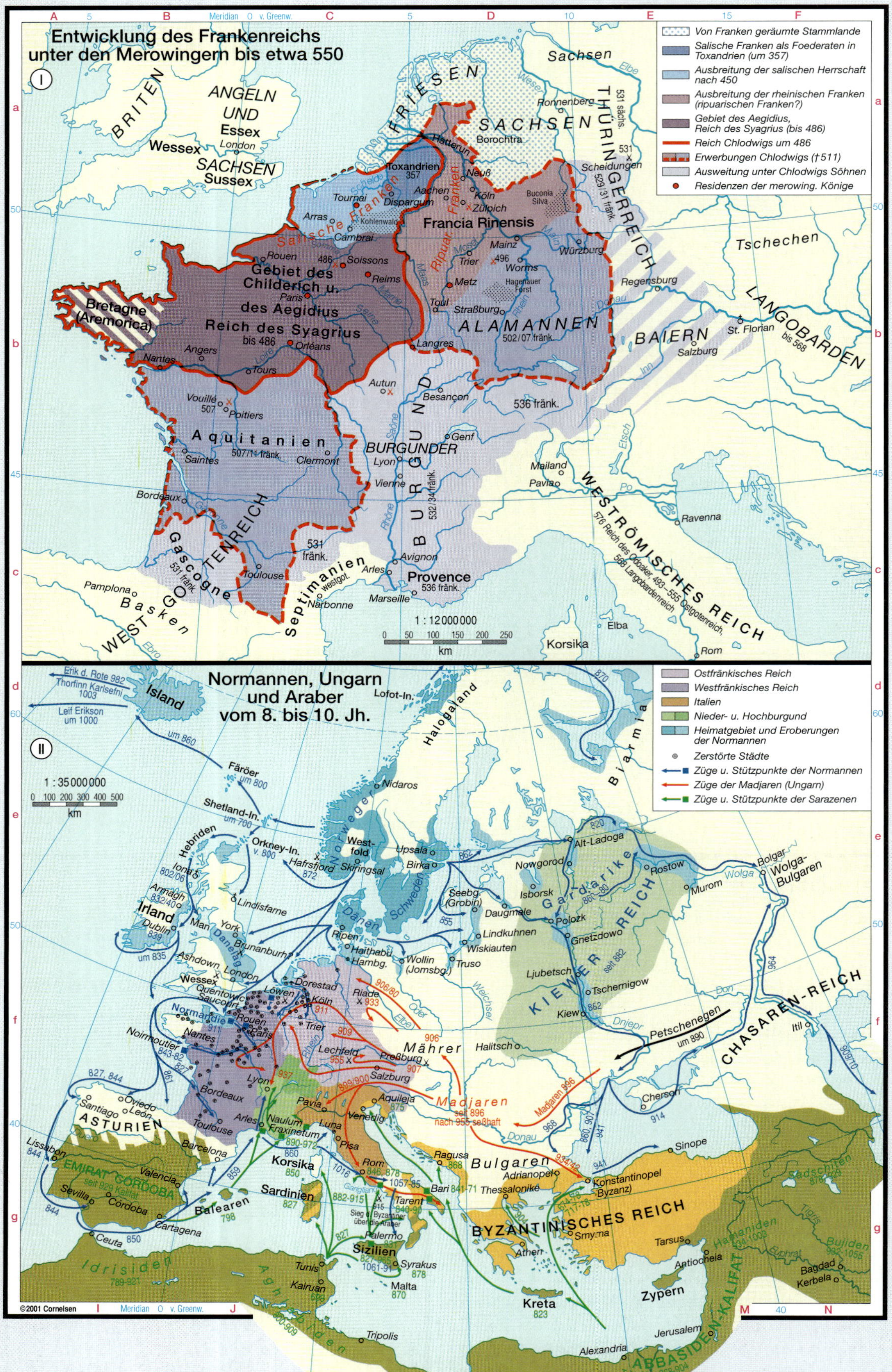

Entwicklung des Frankenreichs unter den Merowingern bis etwa 550 (I)

Legende:
- Von Franken geräumte Stammlande
- Salische Franken als Foederaten in Toxandrien (um 357)
- Ausbreitung der salischen Herrschaft nach 450
- Ausbreitung der rheinischen Franken
- Gebiet des Aegidius, Reich des Syagrius (bis 486)
- Reich Chlodwigs um 486
- Erwerbungen Chlodwigs (†511)
- Ausweitung unter Chlodwigs Söhnen
- Residenzen der merowing. Könige

1 : 12 000 000

Normannen, Ungarn und Araber vom 8. bis 10. Jh. (II)

Legende:
- Ostfränkisches Reich
- Westfränkisches Reich
- Italien
- Nieder- u. Hochburgund
- Heimatgebiet und Eroberungen der Normannen
- Zerstörte Städte
- Züge u. Stützpunkte der Normannen
- Züge der Madjaren (Ungarn)
- Züge u. Stützpunkte der Sarazenen

1 : 35 000 000

©2001 Cornelsen

Normannen, Ungarn und Araber vom 8. bis 10. Jahrhundert

ab 711 Araber und Berber erobern Spanien

827 Sarazenen erobern Sizilien; von hier aus spätere sarazenische Teileroberung Süditaliens

845 fränkische Tribute an die Normannen zur Vermeidung weiterer Angriffe („Danegeld")

846 muslimische Piraten plündern Rom

ab 859 Normannen dringen auf ihren Raubzügen bis nach Süditalien vor

882 Gründung des Kiewer Reiches der Rus

ab 898 ungarische Raubzüge im fränk. Reichsgebiet (899 Pavia, 911 Köln geplündert)

911 Karl III. gestattet den Normannen die Ansiedlung in der Normandie

933 Sieg Heinrichs I. über die Ungarn (bei Riade)

955 Sieg Ottos I. über die Ungarn auf dem Lechfeld

1002 Zerfall des Omaijaden-Kalifats

Das Frankenreich

486 Sieg der Franken unter Chlodwig über den römischen Dux Syagrius

496 Unterwerfung der Alamannen

497 mit der Taufe Chlodwigs in Reims beginnt die Christianisierung des Frankenreiches

511 Erbteilung des Reiches unter Chlodwigs Söhnen; in der Folge Bildung von drei Reichsteilen: Austrien, Burgund und Neustrien

613 Vereinigung des Reiches unter Chlothar II.

639 nach dem Tode König Dagoberts und den neuerlichen Reichsteilungen zunehmende Entmachtung der Merowingerkönige durch ihre Hausmeier (*maiores domus*)

687 Einigung des Reiches unter dem austrischen Hausmeier Pippin II.

689 Pippin II. unterwirft die Friesen

726 der Bilderstreit führt zum Bruch zwischen römischer und byzantinischer Kirche

732 Hausmeier Karl Martell besiegt die Araber in der Schlacht von Poitiers

751 Absetzung des letzten Merowingers durch Pippin III.

754 „Pippinische Schenkung"; diese und das Dukat von Rom bilden den Kirchenstaat

774 Karl d. Gr. erobert das Langobardenreich in Norditalien

782 Hinrichtung aufständischer Sachsen in Verden an der Aller

800 Krönung Karls d. Gr. zum Römischen Kaiser durch Papst Leo III. in Rom

804 die seit 772 andauernden Kriege gegen die Sachsen enden mit deren endgültiger Eingliederung in das Frankenreich

814 nach dem Tode Karls folgt Ludwig der Fromme; unter seinen Söhnen und Enkeln erfolgt der schnelle Zerfall des Frankenreiches (Reichsteilungen 843, 870 und 879/880)

842 Straßburger Eide

887 unter Karl III. ist letztmalig das fränkische Gesamtreich vereinigt

911 mit dem Tode Ludwigs IV. erlischt im ostfränkischen Reich das Karolingergeschlecht

919 mit Heinrich I. lösen die Sachsen die Franken als Reichsstamm im ostfränkischen Reich ab (920 erstmals Bezeichnung als *regnum teutonicum*)

Die Verwaltung des Frankenreiches unter Karl dem Großen

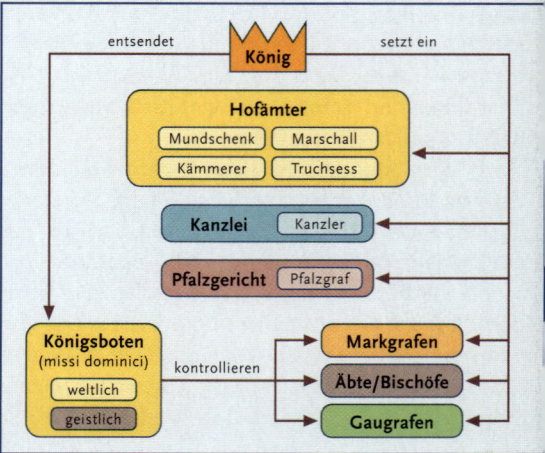

Das Frankenreich unter den Karolingern im 8. und 9. Jahrhundert

Das Frankenreich zur Zeit Karls des Großen 768–814

Iroschottische und angelsächsische Mission

Ende des 6. Jahrhunderts begann mit den Missionsreisen Kolumbans (des Jüngeren) die sogenannte iroschottische Mission des Frankenreiches. Ein Mittelpunkt dieser Bewegung wurde bald das Kloster Luxeuil am Westhang der Vogesen. Nach dem Vorbild Columbans und seiner Begleiter gründete der fränkische Adel zahlreiche Klöster. Das fränkische Mönchtum wurde nun bis zur karolingisch forcierten Durchsetzung der Benediktsregel um 700 von christlich-asketischen Glaubensvorstellungen irischer Prägung dominiert.

Um 690 setzte mit der Friesenmission Willibrords eine zweite Missionswelle im Frankenreich ein. Sie hatte allerdings einen grundlegend anderen Charakter als die vorangegangene iroschottische Mission. Die irischen Mönche, die sich mehr als Wanderer im Namen des Herrn denn als ausgesprochene Missionare verstanden, hatten zwar durch ihr sittliches Vorbild und die vielen von ihnen angeregten Klostergründungen die religiöse und kulturelle Entwicklung der Franken und Alamannen mit geprägt, ihr räumlicher und zeitlicher Einfluss blieb aber mangels organisatorischer Einbindung begrenzt.

Die Angelsachsen dagegen führten ihre Mission nach einem festen Plan, in enger Anlehnung an die fränkische Königsmacht und mit großem organisatorischen Geschick durch. Sie waren in ihrem Wirken von der hierarchischen Struktur der Bischofskirche Englands geprägt. Anders als die Iren suchten die Angelsachsen auch Kontakt und Abstimmung mit der römischen Kurie. In diesem Rahmen knüpften die angelsächsischen Missionare auch die ersten Kontakte zwischen Papst und Karolingern (751). Mit der angelsächsischen Mission wurde auch die Benediktsregel als für das fränkisch-abendländische Mönchtum bestimmende Mönchsregel durchgesetzt (vor allem durch Benedikt von Aniane und die Aachener Synoden von 816 und 817), die von den Mönchen Gehorsam, Keuschheit, feste Ansiedlung (stabilitas loci) und den Verzicht auf persönliches Eigentum forderte.

Sankt Gallen

An der Stelle der um 612 im Zuge der iroschottischen Mission entstandenen Einsiedelei des hl. Gallus gründete um 719 Otmar eine Abtei, die sich 747 der Benediktsregel anschloss. Unter den Karolingern entwickelte sich St. Gallen – seit Verleihung der Immunität durch Kaiser Ludwig den Frommen 816 königliches Kloster – zu einem der bedeutendsten kirchlich-kulturellen und wissenschaftlichen Zentren des Frankenreiches. Hier wirkten Koryphäen ihrer Zeit wie Notker Balbulus, Tutilo, Ekkehart I., Ekkehart II., Notker Labeo und Ekkehart IV. Der um 820 entstandene Klosterplan gibt im Wesentlichen den damaligen Planungsbestand der Abtei St. Gallen wieder und gilt als benediktinischer Idealplan. Seit Anfang des 13. Jahrhunderts hatte der Abt von St. Gallen die Reichsfürstenwürde inne. 1451/54 wurden das Kloster und die seit 1180 reichsfreie Stadt zugewandter Ort der Eidgenossenschaft. Von der hier seit 1524 vorangetriebenen Reformation blieb das Kloster nach seiner Restitution 1532 verschont. Seine Stiftsherrschaft endete erst 1798 mit dem Einmarsch der Franzosen. Die Abtei selbst wurde 1805 aufgehoben.

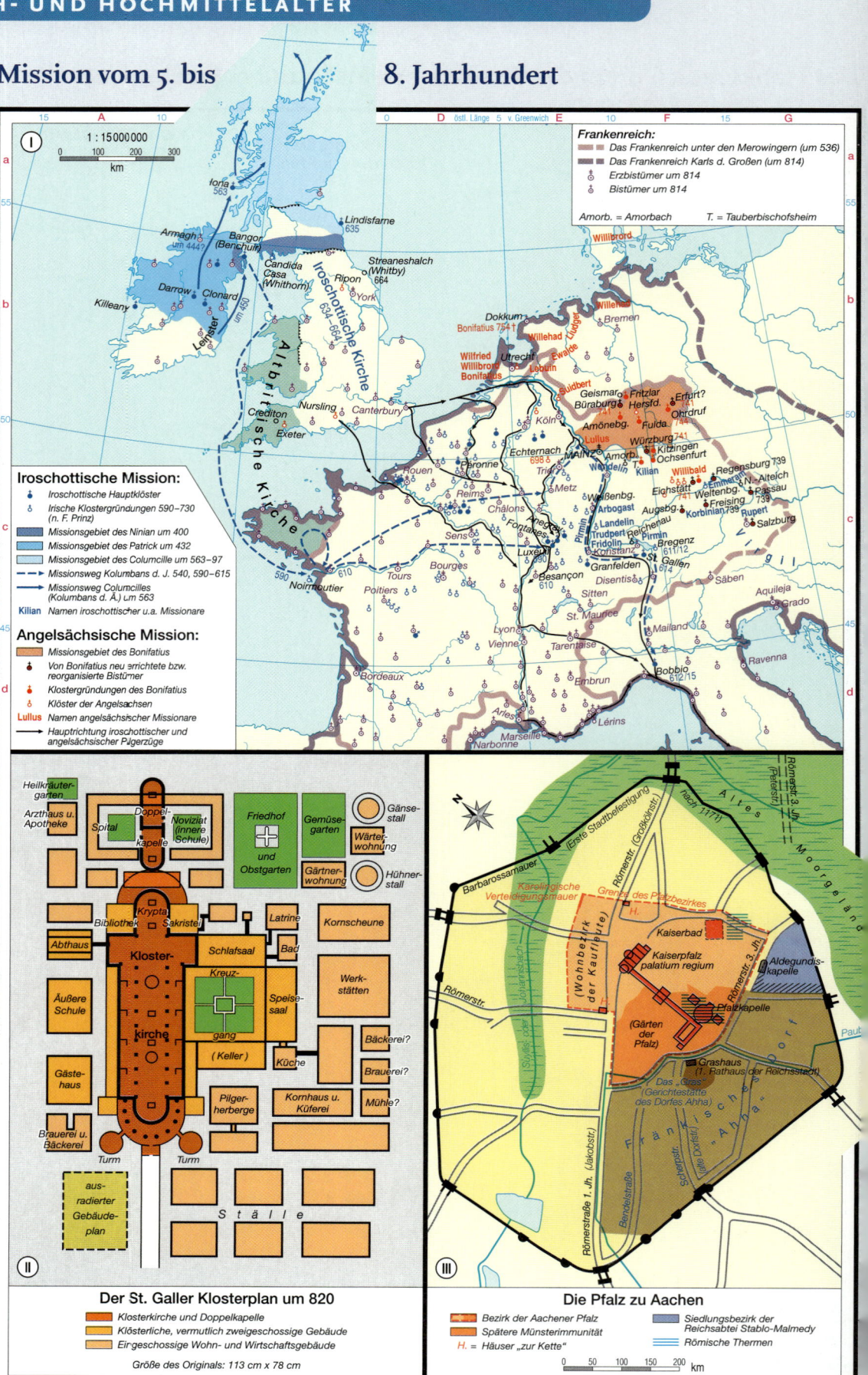

Mission vom 5. bis 8. Jahrhundert

Frankenreich:
- Das Frankenreich unter den Merowingern (um 536)
- Das Frankenreich Karls d. Großen (um 814)
- ☩ Erzbistümer um 814
- ☩ Bistümer um 814

Amorb. = Amorbach   T. = Tauberbischofsheim

Iroschottische Mission:
- Iroschottische Hauptklöster
- Irische Klostergründungen 590–730 (n. F. Prinz)
- Missionsgebiet des Ninian um 400
- Missionsgebiet des Patrick um 432
- Missionsgebiet des Columcille um 563–97
- Missionsweg Kolumbans (d. J.) 540, 590–615
- Missionsweg Columcilles (Kolumbans d. Ä.) um 563
- **Kilian** Namen iroschottischer u.a. Missionare

Angelsächsische Mission:
- Missionsgebiet des Bonifatius
- Von Bonifatius neu errichtete bzw. reorganisierte Bistümer
- Klostergründungen des Bonifatius
- Klöster der Angelsachsen
- **Lullus** Namen angelsächsischer Missionare
- → Hauptrichtung iroschottischer und angelsächsischer Pilgerzüge

Der St. Galler Klosterplan um 820
- Klosterkirche und Doppelkapelle
- Klösterliche, vermutlich zweigeschossige Gebäude
- Eingeschossige Wohn- und Wirtschaftsgebäude

Größe des Originals: 113 cm x 78 cm

©2001 Cornelsen

Die Pfalz zu Aachen
- Bezirk der Aachener Pfalz
- Spätere Münsterimmunität
- Siedlungsbezirk der Reichsabtei Stablo-Malmedy
- H. = Häuser „zur Kette"
- Römische Thermen

Die Pfalz zu Aachen

Karl der Große machte Aachen – wohl vornehmlich aufgrund der herrschaftstechnisch günstigen Mittellage zwischen fränkischem Altreich und dessen schwierigstem Expansionsgebiet, Sachsen, sowie wegen der von Karl persönlich sehr geschätzten Heilquellen – zu seiner Hauptpfalz. Königspalast, Zentralsitz der Hofkanzlei und repräsentative Pfalzkapelle erhoben Aachen vorübergehend zum Machtzentrum des Frankenreiches. Als solches war sie auch Schauplatz der damaligen Weltpolitik. So erkannte 812 der oströmische Kaiser im Vertrag von Aachen auch die (weströmische) Kaiserwürde Karls des Großen an. Die wiederholten Reichsteilungen unter den Nachfolgern Karls und die damit verbundene Unstetigkeit eines zu dieser Zeit ohnehin noch vor allem im Reisen regierenden Königtums verhinderten aber die Herausbildung einer Hauptstadtfunktion Aachens. Im 12. Jahrhundert diente es freilich auch den Staufern als Reichspfalz und fungierte von 936 bis 1531 als Krönungsstätte der deutschen Könige.

Die um 800 geweihte, von Odo von Metz gebaute Aachener Pfalzkapelle mit ihrem oktogonalen Zentralbau gilt als einer der bedeutendsten Bauten der Karolingerzeit.

Cluniazenser und Zisterzienser vom 11. bis 13. Jahrhundert

Monastische Reformbewegungen

Monastische Reformbewegungen gab es im christlichen Mittelalter immer wieder. Die bedeutendste unter ihnen war die Cluniazensische Reform, die im späten 10. und 11. Jahrhundert die gesamte abendländische Christenheit erfasste, in Deutschland vor allem mittelbar über die Hirsauer Reform. Ihre Merkmale waren strenge Befolgung der Benediktsregel, Exemtion (rechtliche Freistellung) von weltlicher und bischöflicher Macht (Unterstellung unter päpstlichen Schutz) und eine zentralistische Ordensorganisation unter Leitung Clunys. Sowohl die Cluniazensische als auch die gleichzeitige Lothringische Reform (Kloster Gorze) flossen letztlich in die allgemeine Kirchenreform des 11. und 12. Jahrhunderts ein.

1098 begann mit der Gründung des Klosters Citeaux eine neuerliche bedeutende Reform der benediktinischen Mönchsregel, die um 1112 zur Entstehung des Zisterzienserordens führte. Mit dem erneuerten Armutsideal und der alten Maxime des *ora et labora* erwies sich der Orden nicht nur wirtschaftlich als äußerst effektiv, sondern übte unter der Führung des charismatischen Bernhard von Clairvaux auch große Anziehung auf die nach religiösen Alternativen suchenden Christen des 12. und 13. Jahrhunderts aus. Vor allem in dieser Zeit erfuhr der Orden eine explosionsartige Ausbreitung mit etwa 600 Männer- und weit über 1000 Frauenklöstern in ganz Europa (die Karte beschränkt sich auf die bis zum Ende des 13. Jahrhunderts gegründeten Männerzisterzen). Für regionale Landesherren war der Orden aufgrund seiner Wirtschafts- und Rechtsstruktur sowie seiner gesamteuropäischen Verbindungen auch für die Binnenkolonisation und für die Herrschaftsstabilisierung in Expansionsgebieten ein interessanter Partner.

Reformbewegungen des Mönchtums im Hochmittelalter

- CLUNY (Burgund. Reform)
- Von der cluniazensischen Reformbewegung erfasste Gebiete
- FLEURY
- GORZE (Lothring. Reform)
- HIRSAU
- Klosterreform nach Dunstan von Glastonbury (Regularis Concordia)

Jahreszahlen = Einführung der Reform

1 : 12 000 000
0 50 100 150 200 250 km

Die Ausbreitung des Zisterzienserordens

- Molesmes
- Citeaux m. späteren Tochterklöstern

Die vier ältesten Tochterklöster von Citeaux:
- La Ferté mit Tochterklöstern
- Pontigny mit Tochterklöstern
- Clairvaux mit Tochterklöstern
- Morimond mit Tochterklöstern
- Ritterorden mit Zisterzienserregel

1 : 20 000 000
0 130 300 km

© 2001 Cornelsen

Idealplan eines Zisterzienserklosters

Das Kloster als Stätte des mönchischen Lebens ist räumliches und ideelles Zentrum sowohl der wirtschaftlichen und herrschaftlichen als auch der religiösen Präsenz des Ordens. An ihm lässt sich auch gut die Auswirkung der Ordensregel als baulicher Bedingungsfaktor für die Lebenswirklichkeit und den Alltag der Klostergemeinschaft ablesen. Sowohl den Notwendigkeiten der Gebets- als auch der Arbeitsverpflichtungen der Konventualen in all ihren von der Ordensregel wie von den regionalen Bedingungen geprägten Facetten trugen Anlage und Einrichtung des Klosters Rechnung.

Einen – zuweilen so bezeichneten – „Bernhardinischen Bauplan" hat es zwar nie gegeben, dennoch ergab sich durch die Vorschriften des Ordens in den meisten Zisterzen Europas eine gewisse bauliche Übereinstimmung und so gesehen die Annäherung an einen – allerdings nur fiktiven – Idealplan. Regionale Besonderheiten und Regelverstöße waren dagegen häufig.

Idealplan eines Zisterzienserklosters

- den Mönchen vorbehaltene Klosterbauten (innere Klausur)
- den Mönchen vorbehaltene Kirchenraum
- den Konversen (Laienbrüder) vorbehaltene Klosterbauten
- den Konversen vorbehaltener Kirchenraum
- von der Klostermauer umgebene äußere Klausur
- als Wasserleitung umgeleiteter Flussarm

1 Sanctuarium oder Presbyterium
2 Totenpforte zum Friedhof
3 Mönchschor
4 Krankenchor
5 Chorschranke (Lettner)
6 Konventschor
7 Krankenchor
8 Vorhalle (Narthex)
9 Aufgang zum Mönchsdormitorium
10 Sakristei
11 Bücherkammer (Armarium)
12 Kapitelsaal
13 Aufgang zum Mönchsdormitorium
14 Sprechraum der Mönche (Auditorium)
15 Durchgang zum inneren Klosterhof
16 Mönchssaal („Brüdersaal")
17 Wärmestube (Kalefaktorium)
18 Latrinen
19 Mönchsrefektorium (Speisesaal)
20 Lesekanzel
21 Küche
22 Durchreiche
23 Sprechraum
24 Konversen- oder Laienrefektorium
25 Konversendormitorium
26 Durchgang und Treppe zum Konversendormitorium
27 Kreuzgang
28 Vorratskeller
29 Konversengasse
30 Konversenpforte
31 Lesegang (Kreuzgangflügel mit Bänken)
32 Mönchspforte

A im Obergeschoss des Ostflügels: Mönchsdormitorium (Schlafsaal, 10–15)
B im Obergeschoss des Westflügels: Konversendormitorium (über 25)

© 2001 Cornelsen

Europa um 1000

Europa zur ersten Jahrtausendwende

Mit dem Ausgang der Karolingerherrschaft im ostfränkischen Reich begann europaweit ein Konsolidierungsprozess politischer Territorien in staatlichen Organisationsformen. Aus Völkern und Stämmen bildeten sich Reiche, aus Herrschaften frühstaatliche Gebilde. Diese Entwicklung variierte in Europa aber stark in Tempo und Ergebnis.

Die Verselbstständigung des ostfränkischen Reiches, die im Grundsatz bereits mit dem Teilungsvertrag von Verdun 843 begonnen hatte und mit der Wahl des Sachsenherzogs Heinrich zum ostfränkischen König sowie der Installierung der Ottonenherrschaft bereits die entscheidende Verfestigung erfuhr, führte letztlich zur Herausbildung der beiden europäischen Dominanzmächte Frankreich und Deutschland.

Die Wahl Hugo Capets 987 führte im Westreich zu einer neuen Dynastie von überaus langer Dauer. Im ostfränkischen Reich hielten die Vormachtkämpfe zwischen den großen Stammesherzogtümern an. Diese, die Größe des Reiches und der wiederholte Wechsel der Dynastien verhinderten die Stabilisierung eines starken Königtums. Im frühen Hochmittelalter um 1000 waren allerdings auch in Frankreich die Territorialfürstentümer die eigentlichen Elemente des Staatsaufbaus. Im Norden die Grafschaft Flandern mit ihrer bedeutenden Mittelstellung zwischen Frankreich und deutschem Reich, im Osten das Herzogtum Burgund mit seiner lange quasi-souveränen

Machtstellung, im Süden die Großgrafschaft Toulouse, im Südwesten und Westen die Herzogtümer Gascogne und Guyenne sowie die Grafschaft Poitou und im Nordwesten das aufstrebende Herzogtum Normandie.

In Italien blieb die Situation instabil. Hier bildeten byzantinische Besitzansprüche im Süden, arabische Eroberungen auf Sizilien sowie die langobardischen Fürstentümer Capua, Benevent und Salerno eine unberechenbare Konfliktzone, in die sich die römisch-deutschen Kaiser immer wieder verwickeln ließen.

Ähnlich schwierig gestaltete sich die Lage auf der iberischen Halbinsel, wo der größte Teil Spaniens weiterhin unter der Herrschaft der Omaijaden stand, deren Reich allerdings um 1100 bereits in eine Vielzahl kleinerer, unter sich zerstrittener Herrschaften zersplittert war. Die christlichen Reiche im Norden blieben gegenüber den Omaijaden dennoch geschwächt, zumal auch sie in ständigen Konflikten untereinander befangen waren. Eine herausragende Position konnte lediglich das Königreich León beanspruchen.

In England restaurierte Knut der Große trotz vorübergehender Befreiungserfolge unter den Nachfolgern Alfreds des Großen bis 1013 wieder die dänische Vorherrschaft. Diese endete allerdings 1042 mit dem Intermezzo der Regierung Edwards des Bekenners und ab 1066 mit der normannischen Invasion. In Irland blieben nach der Abwerfung der Wikinger-

herrschaft um 981 auch die normannischen Eroberungsversuche weitgehend erfolglos. Und auch in Schottland entwickelte sich aus den Völkerschaften der Pikten, Schotten, Briten und Angeln ein weitgehend anglisiertes, aber unabhängiges Königreich.

Blieben Dänen und Norweger weitgehend auf den Nordseeraum orientiert, richteten sich die Bemühungen der schwedischen Wikinger (Waräger) mehr auf den Ostseeraum. Hier gewannen sie fast an allen Küsten großen Einfluss. In Russland bildeten die Waräger verschiedene Fürstentümer. Hegemonialstellung unter ihnen gewann das Kiewer Reich. Die Taufe Großfürst Wladimirs 978 und seine Heirat mit einer Schwester des byzantinischen Kaisers besiegelte die Hinwendung Russlands zum griechischen Kulturkreis und zur Ostkirche.

In Polen und Ungarn bildeten sich um 1000 souveräne Reiche – in Polen aus eigener Dynamik, in Ungarn unter deutlichem Einfluss des Ottonenreiches.

Auf dem Balkan profilierten sich im Spannungsfeld von Ungarn, Venedig und Byzanz Kroatien und das Bulgarische Reich als regionale Vormächte. Das byzantinische Kaiserreich stand um 1000 dank des zu dieser Zeit erfolgreichen Abwehrkampfes gegen die Araber und der Unterwerfung der Bulgaren in einer Blütezeit, die aber Mitte des 11. Jahrhunderts unter dem Druck der Petschenegen, Normannen und Türken in einen dramatischen Niedergang mündete.

Polen und Italien in ottonischer Zeit

Polen im frühen Hochmittelalter

960–992 Herrschaft des Piasten Mieszko I.

966 Polen wird ein christliches Herzogtum und erhält mit Posen ein eigenes Bistum

968 Verständigungsfriede zwischen dem Reich und Polen; als „Freund des Kaisers" tritt Mieszko zwar in ein persönliches Treueverhältnis, nicht aber in Lehnsabhängigkeit zum Kaiser

992–1025 Herrschaft Boleslaw I. Chrobrys; unter der universalen Ideologie Ottos III. vom christlichen Kaisertum freundschaftliches Verhältnis zum Reich; durch Eroberung Krakaus und Unterwerfung der Wislanenstämme festigt Polen seine Vormachtstellung unter den Westslawen

1000 Errichtung des Erzbistums Gnesen als selbstständige Kirchenprovinz mit den Bistümern Krakau, Breslau und Kolberg

1002 Boleslaw betreibt ab Regierungsantritt Heinrichs II. eine neue gegen Böhmen, aber auch gegen das Reich gerichtete Außenpolitik

1003–1018 anhaltende Konflikte Polens mit dem Reich; Pläne zu einem westslawischen Einheitsstaat unter polnischer Führung stehen im Gegensatz zur Ostpolitik des Reiches; militärische Konflikte um das Liutizenland, die Lausitz, die Mark Meißen und das Königreich Böhmen (1003/04 kurzzeitig polnisch); Mähren steht 1003 bis 1021 unter polnischer Herrschaft

1013 Boleslaw Chrobry erkennt die Lehnshoheit des deutschen Königs nominell an

1018 im Frieden von Bautzen erhält Boleslaw Chrobry die Lausitzen als Reichslehen

1024 Herzog Boleslaw Chrobry nutzt Thronwirren im Kiewer Reich zur Besetzung Kiews und erhebt Polen zum Königreich

1025–1034 Herrschaft Mieszkos II.; anhaltende Konflikte mit dem Reich, in denen sich Polen nicht behaupten kann; Pommern, die Lausitz und große Gebiete zwischen Weichsel und Bug gehen verloren

1033 Mieszko II. muss auf die Königswürde verzichten (Polen wieder Herzogtum) und die Lehnshoheit des deutschen Königs anerkennen

1037–1058 Herrschaft Kasimirs I.; nach heidnischen Aufständen, Einfällen der Böhmen und deren Annexion Schlesiens beginnt Kasimir I. mit deutscher Unterstützung von Krakau aus (neue Residenz) den Wiederaufbau von Kirche (mit deutscher Geistlichkeit) und Staat unter Verlagerung der Macht aus Groß- nach Kleinpolen

1054 Heinrich III. tritt Schlesien wieder an Polen ab

1058–1079 Herrschaft Boleslaws II.; im Dualismus zwischen Kaiser und Papst steht Boleslaw II. auf Seiten Gregors VII.

1076 Krönung Boleslaws II. zum König, der aber schon 1079 vom Adel Polens gestürzt wird

1106–1138 die Herrschaft Boleslaws III. bringt einen neuerlichen Machtgewinn Polens

1121 Unterwerfung Pommerns

1124–1128 Unterwerfung der Gebiete zwischen Oder und Elbe (Mission Bischof Ottos von Bamberg)

1135 neuerliche Anerkennung deutscher Lehnshoheit und dafür Belehnung mit Westpommern

1138 die Einführung des Seniorats verfehlt die beabsichtigte Stärkung der polnischen Einheit; in den nächsten 150 Jahren anhaltende Verteilungskämpfe zwischen den Teilfürstentümern

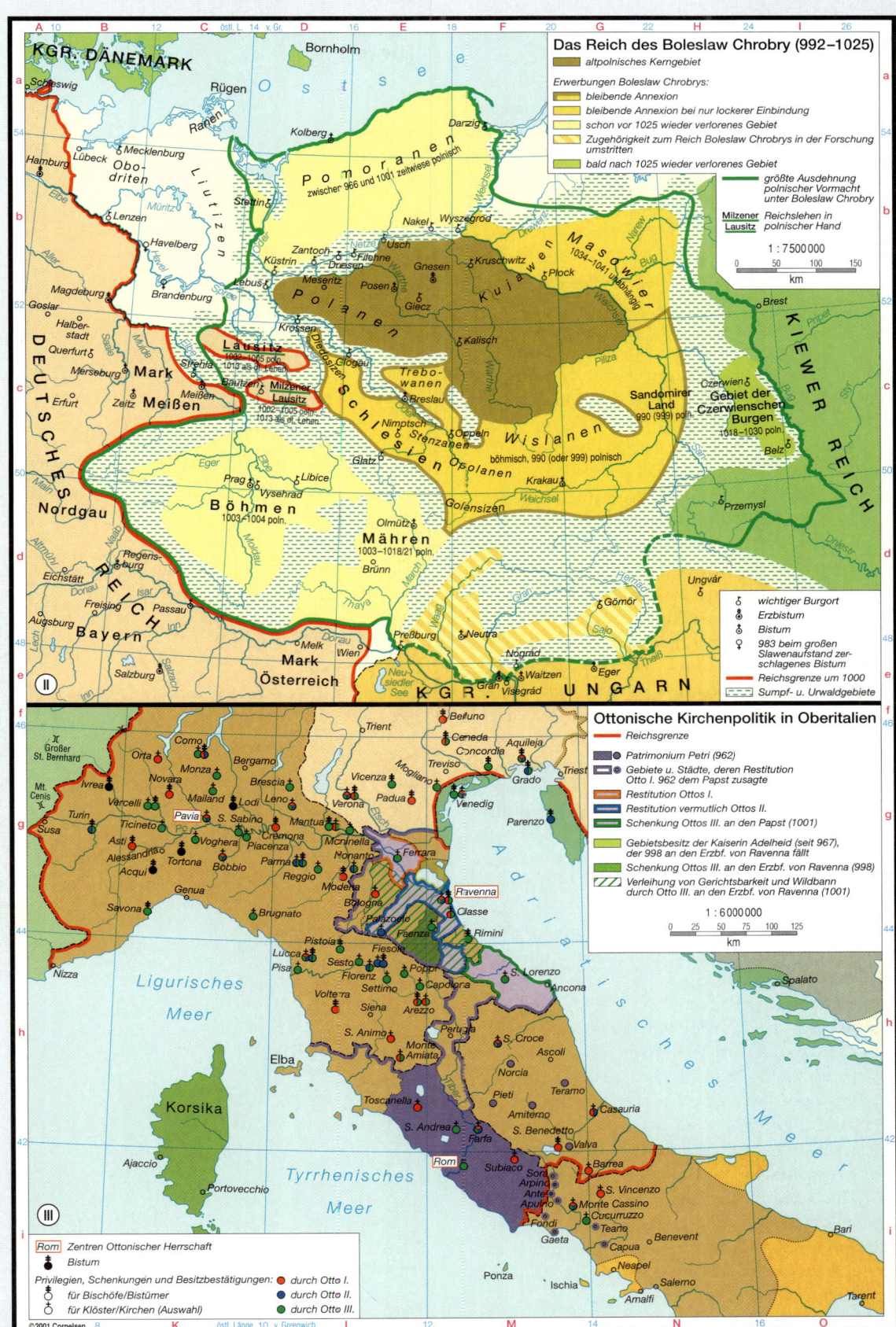

Das Reich des Boleslaw Chrobry (992–1025)
- altpolnisches Kerngebiet

Erwerbungen Boleslaw Chrobrys:
- bleibende Annexion
- bleibende Annexion bei nur lockerer Einbindung
- schon bei 1025 wieder verlorenes Gebiet
- Zugehörigkeit zum Reich Boleslaw Chrobrys in der Forschung umstritten
- bald nach 1025 wieder verlorenes Gebiet
- größte Ausdehnung polnischer Vormacht unter Boleslaw Chrobry
- Milzener / Lausitz — Reichslehen in polnischer Hand

1 : 7 500 000
0 50 100 150 km

- ⚔ wichtiger Burgort
- ♜ Erzbistum
- ♜ Bistum
- 983 beim großen Slawenaufstand zerschlagenes Bistum
- — Reichsgrenze um 1000
- Sumpf- u. Urwaldgebiete

Ottonische Kirchenpolitik in Oberitalien
- — Reichsgrenze
- Patrimonium Petri (962)
- Gebiete u. Städte, deren Restitution Otto I. 962 dem Papst zusagte
- Restitution Otto I.
- Restitution vermutlich Otto II.
- Schenkung Ottos III. an den Papst (1001)
- Gebietsbesitz der Kaiserin Adelheid (seit 967), der 998 an den Erzb. von Ravenna fällt
- Schenkung Ottos III. an den Erzb. von Ravenna (998)
- Verleihung von Gerichtsbarkeit und Wildbann durch Otto III. an den Erzb. von Ravenna (1001)

1 : 6 000 000
0 25 50 75 100 125 km

- Rom — Zentren Ottonischer Herrschaft
- ♜ Bistum
Privilegien, Schenkungen und Besitzbestätigungen:
- ● durch Otto I.
- ♗ für Bischöfe/Bistümer
- ● durch Otto II.
- ♜ für Klöster/Kirchen (Auswahl)
- ● durch Otto III.

©2001 Cornelsen

Die Ottonische Kirchenpolitik in Oberitalien

Die ottonische Kirchenpolitik fußte auf der Beobachtung, dass geistliche Fürsten eher geneigt waren, ihre Eigeninteressen hinter Reichsinteressen zu stellen, als weltliche, da ihre Territorien nicht erblich waren. In Italien suchten die Ottonen deshalb Bischöfe und Äbte gegen Grafen und Kleinadel, Hauptgegner der kaiserlichen Gewalt, zu stärken. Die wichtigste Maßnahme hierbei waren Weichbildprivilegien (Rechtsbezirk), bei denen Bischofsstädte – meist im Umkreis von drei Meilen – von der gräflichen Gerichtsbarkeit befreit und den Bischöfen direkt unterstellt wurden.

Die Ottonen beschränkten sich dabei mit Rücksicht auf päpstliche Ansprüche auf die Bistümer der Lombardei. Weitere Maßnahmen waren Schenkungen zur Vergrößerung des Kirchenguts zwecks Sicherung der darauf ruhenden militärischen Verpflichtungen. Durch den Kleinadel entfremdetes Kirchengut wurde zurückgegeben und mittels Verleihung von Prozessvorteilen abgesichert. Die Beziehungen zwischen Ottonen und Päpsten waren in der Regel sehr gut. Die Rückgabe der in den nachkarolingischen Wirren verlorenen Gebiete des Kirchenstaates erfolgte dennoch nur langsam und fast nur in Form von Schenkungen an den Erzbischof von Ravenna sowie den Papst.

Die Herrschaft der Ottonen

911 Konrad I. (von Franken) wird nach dem Aussterben der ostfränkischen Karolinger in Forchheim zum ostfränkischen König gewählt (regiert bis 918); seine Versuche zur Durchsetzung der königlichen Zentralgewalt gegenüber den Stammesherzögen bleiben erfolglos; Herzogtum Lothringen schließt sich dem Westfrankenreich an

919 Herzog Heinrich von Sachsen wird von den fränkischen und sächsischen Fürsten zum König gewählt (regiert bis 936)

921 Unterwerfung des von Bayern und Schwaben gewählten Gegenkönigs Arnulf von Bayern

925 Lothringen wechselt zum Ostfrankenreich über

928–929 Slawenkriege zur Unterwerfung der Heveller (Brandenburg an der Havel) und Daleminzier; ein Aufstand der Obodriten und Wilzen wird bei Lenzen niedergeschlagen

929 neunjähriger Waffenstillstand mit Ungarn gegen Tributzahlungen des Reiches; Errichtung zahlreicher Schutzburgen, Einführung des Burgensystems mit bewaffneter Bauernschaft und Aufstellung eines gepanzerten Reiterheeres

933 nach vorzeitiger Aufkündigung des Tributvertrages durch Heinrich Sieg über die Ungarn bei Riade an der Unstrut

936 Wahl des von Heinrich I. zum Nachfolger designierten Otto I. in Aachen zum ostfränkischen König (regiert bis 973); Einführung eines komplizierten Akklamations- und Krönungszeremoniells unter Einbindung der Stammesherzöge als Träger der höchsten Hofämter (Eberhard von Franken als Truchsess, Giselbert von Lothringen als Kämmerer, Hermann von Schwaben als Mundschenk und Arnulf von Bayern als Marschall)

937 Aufbau des Grenzmarkensystems zur Sicherung der Ostgrenze durch Hermann Billung und Markgraf Gero

939 gemeinsamer Aufstand der Herzöge von Franken und Lothringen sowie Heinrichs, des Bruders Ottos I., wird von Hermann von Schwaben in der Schlacht bei Andernach niedergeschlagen; die aufständischen Herzöge finden den Tod, Heinrich wird nach neuerlicher Verschwörung 941 wiederholt begnadigt; in der Folgezeit Neuorganisation der Herzogtümer, die Otto nun an Verwandte verleiht: Lothringen 944 an seinen Schwiegersohn Konrad den Roten, Bayern 947 an seinen Bruder Heinrich und Schwaben 950 an seinen Sohn Liudolf; das Herzogtum Franken wird selbst eingezogen

950 Unterwerfung Herzog Boleslaws von Böhmen

951–952 1. Italienzug Ottos I. nach Hilferuf Adelheids von Burgund, die er heiratet; Otto nennt sich von nun an ohne Wahl und Krönung König der Franken und Langobarden; Unterwerfung Berengars, der Italien zu Lehen erhält, aber Istrien, Friaul und Verona an Bayern abtreten muss

953–954 Aufstand Liudolfs und Konrads des Roten wird niedergeworfen; gleichzeitiger Einfall der Ungarn und Erhebung der Slawen

955 Sieg über die Ungarn auf dem Lechfeld bei Augsburg (10. 8.); Sieg über die Slawen an der Recknitz (Oktober)

961–965 2. Italienzug Ottos I. zur Regelung norditalienischer Streitigkeiten

962 Kaiserkrönung in Rom (2. 2.)

966–972 3. Italienzug Ottos I.; Huldigung der Langobardenfürsten Unteritaliens; vorübergehende Annexionen im byzantinischen Kalabrien; gegen Rückzug aus diesen Besitzungen Anerkennung des ottonischen Kaisertums durch Byzanz

973–983 Herrschaft Ottos II., verheiratet mit der byzantinischen Prinzessin Theophanu

974 Kriegszüge gegen Böhmen und gegen Harald Blauzahn von Dänemark

976 Absetzung Heinrichs des Zänkers von Bayern; Kärnten wird eigenständiges Herzogtum

980–983 Italienzug Ottos II. gegen fatimidische Araber (Niederlage Ottos II. bei Cotrone 982) und gegen die Byzantiner in Süditalien

983 nach Nachricht von der Niederlage bei Cotrone und vom nachfolgenden Tode Ottos II. großer Slawenaufstand und weitgehender Verlust der ostelbischen Markengebiete

983–1002 Herrschaft Ottos III. (bis 995 unter Vormundschaft seiner Mutter Theophanu und seiner Großmutter Adelheid)

996 Italienzug Ottos III.: Einsetzung seines Vetters Brun als Papst Gregor V. und Kaiserkrönung

1000 Gründung des Erzbistums Gnesen als unabhängige Kirchenprovinz und Ernennung König Boleslaw Chrobrys von Polen zum „Bruder und Freund des Reiches"

1001 Gründung des Erzbistums Gran für Ungarn

1002–1024 Herrschaft Heinrichs II.

Mitteleuropa um 1000

Mitteleuropa im 10. und 11. Jahrhundert

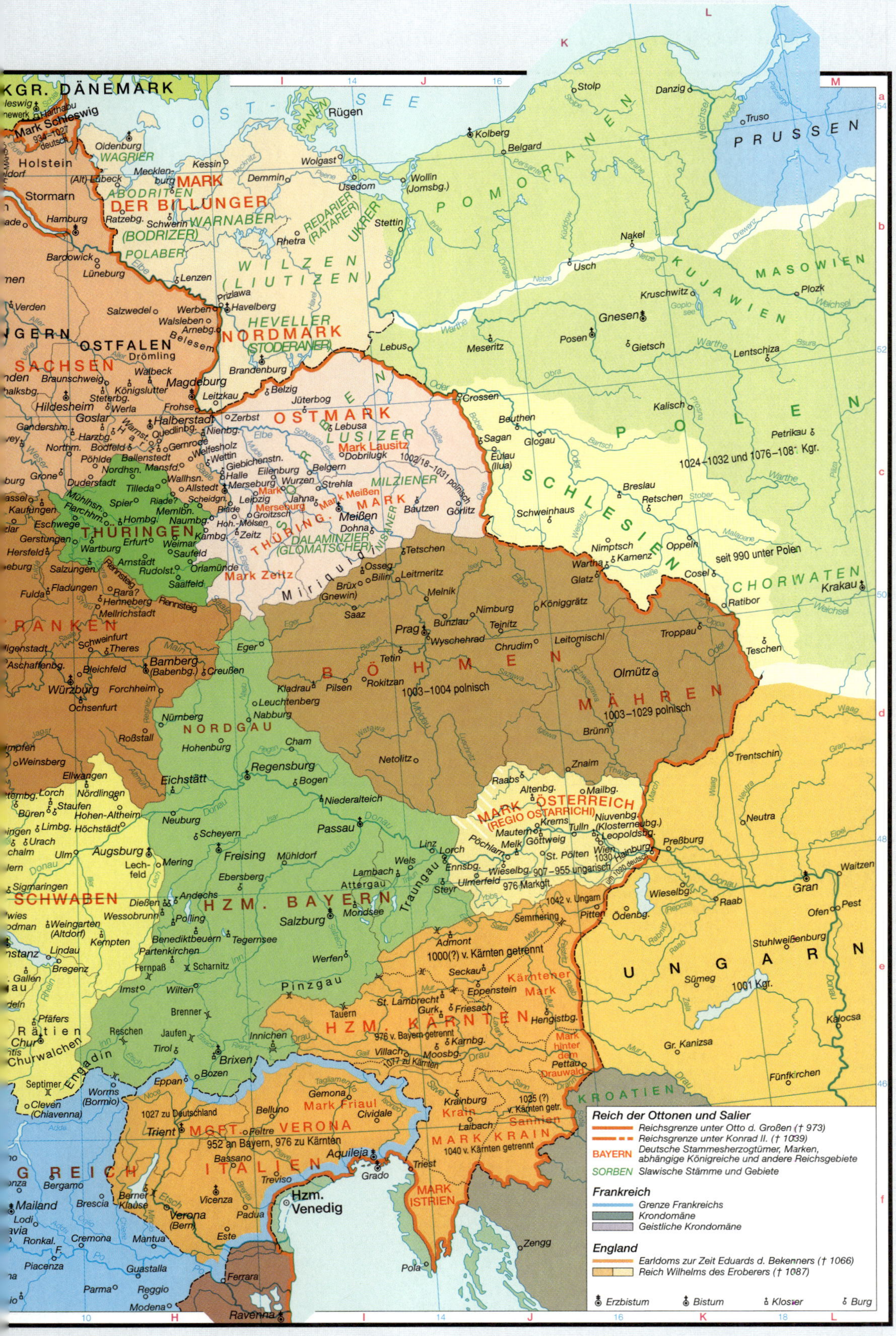
KGR. DÄNEMARK
Mark Schleswig
Holstein
Rügen
O S T - S E E
P R U S S E N
Danzig
Truso
Stolp
Kolberg
Belgard
P O M O R A N E N
MARK DER BILLUNGER
ABODRITEN
WAGRIER
WARNABER
(BODRIZER)
POLABER
REDARIER (RATARER)
UKRER
W I L Z E N
L I U T I Z E N
Wollin (Jomsbg.)
Stettin
Usedom
Hamburg
Lübeck
Lüneburg
Verden
Magdeburg
NORDMARK
HEVELLER
(STODERANER)
Brandenburg
Havelberg
Lebus
OSTFALEN
SACHSEN
Hildesheim
Goslar
Halberstadt
Quedlinburg
Merseburg
O S T M A R K
L U S I Z E R
Mark Lausitz
MILZIENER
Mark Meißen
Meißen
DALAMINZIER
(GLOMATSCHEN)
THÜRINGEN
Erfurt
Mark Zeitz
Zeitz
Naumburg
Bautzen
Görlitz
K U J A W I E N
M A S O W I E N
Plock
Gnesen
Posen
Gietsch
Lentschiza
Meseritz
Kalisch
Crossen
Beuthen
Glogau
P O L E N
S C H L E S I E N
Breslau
Schweinhaus
Nimptsch
Oppeln
Kosel
Wartha
Glatz
Kamenz
Ratibor
seit 990 unter Polen
1024–1032 und 1076–1081 Kgr.
C H O R W A T E N
Krakau
Tetschen
Leitmeritz
Melnik
Prag
Bunzlau
Saaz
Wyschehrad
Nimburg
Königgrätz
Leitomischl
Chrudim
B Ö H M E N
1003–1004 polnisch
Olmütz
M Ä H R E N
1003–1029 polnisch
Brünn
Troppau
Teschen
F R A N K E N
Bamberg
Würzburg
Eger
Nürnberg
N O R D G A U
Regensburg
Eichstätt
Passau
Znaim
Trentschin
Neutra
MARK ÖSTERREICH (REGIO OSTARRICHI)
Krems
Tulln
Melk
Göttweig
St. Pölten
Wieselbg. 907–955 ungarisch
Preßburg
Raab
Gran
Ofen
Pest
Waitzen
Stuhlweißenburg
U N G A R N
1001 Kgr.
Kalocsa
Fünfkirchen
Gr. Kanizsa
S C H W A B E N
Augsburg
Ulm
Freising
H Z M. B A Y E R N
Salzburg
Mondsee
Traungau
Semmering
Admont
1000(?) v. Kärnten getrennt
Seckau
Kärntner Mark
H Z M. K Ä R N T E N
Gurk
Friesach
976 v. Bayern getrennt
Villach
Marburg
Pettau
Mark hinter dem Drauwald
Rätien
Chur
Churwalchen
Brixen
Bozen
Trient
Mark Friaul
Verona
Aquileja
Grado
Venedig
Hzm. Venedig
Triest
Laibach
MARK KRAIN
1040 v. Kärnten getrennt
MARK ISTRIEN
KROATIEN
Pola
Zengg
MGFT. VERONA
952 an Bayern, 976 zu Kärnten
I T A L I E N
Bergamo
Mailand
Brescia
Cremona
Mantua
Padua
Vicenza
Parma
Reggio
Modena
Ferrara
Ravenna
1027 zu Deutschland
Reich der Ottonen und Salier
Reichsgrenze unter Otto d. Großen († 973)
Reichsgrenze unter Konrad II. († 1039)
BAYERN Deutsche Stammesherzogtümer, Marken, abhängige Königreiche und andere Reichsgebiete
SORBEN Slawische Stämme und Gebiete
Frankreich
Grenze Frankreichs
Krondomäne
Geistliche Krondomäne
England
Earldoms zur Zeit Eduards d. Bekenners († 1066)
Reich Wilhelms des Eroberers († 1087)
Erzbistum
Bistum
Kloster
Burg

Haithabu

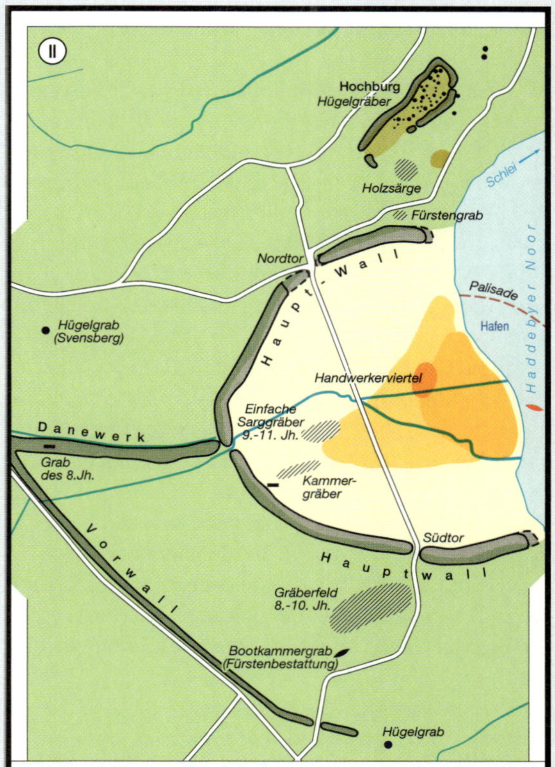
II
Hochburg
Hügelgräber
Holzsärge
Fürstengrab
Schlei
Nordtor
Wall
Haupt
Palisade
Hafen
Haddebyer Noor
Hügelgrab (Svensberg)
Handwerkerviertel
Danewerk
Grab des 8.Jh.
Einfache Sarggräber 9.-11. Jh.
Kammergräber
Südtor
Hauptwall
Vorwall
Gräberfeld 8.-10. Jh.
Bootkammergrab (Fürstenbestattung)
Hügelgrab
Ältester Siedlungskern
Palisade zum Schutz des Hafens
Fundplatz eines Wikingerschiffes
Friedhöfe und Einzelgräber
©2001 Cornelsen
0 100 200 300 400 m

Frühstädtischer Handelsplatz Haithabu (8. Jh.-1051/66)

Der Ort Haithabu an der Schlei, südlich von Schleswig, wird schon 804 unter dem Namen Sliasthorpe als Handelsplatz bezeugt. Er verdankt seine Entstehung dem Handel zwischen süd- bzw. ostskandinavischem und fränkisch-deutschem Raum, der zum Großteil über die Schleswiger Landenge abgewickelt wurde. Hier am Haddebyer Noor gründeten um die Mitte des 8. Jahrhunderts friesische Kaufleute eine erste Niederlassung als Umschlagplatz. Eine Befestigung bestand zu dieser Zeit nicht, vielleicht diente aber die nördlich Haithabus gelegene Hochburg dem Schutz des Platzes. Der zentrale Siedlungskern nahm seit dem 9. Jahrhundert immer mehr an Bedeutung und Umfang zu, da der Fernhandel westliche Handwerker nachgezogen hatte. Haithabu erhielt eine Münzstätte und wurde, während man die anderen Siedlungen aufgab, schon im 10. Jahrhundert mit einem Halbkreiswall befestigt. Um 900 kam das bisher dänische Haithabu an schwedische Wikinger, wurde 934 von Heinrich I. erobert und damit Ostseehafen des Reiches, dem es Otto I. eingliederte. 983/84 brachte es König Harald Blauzahn wieder an Dänemark.

1003–1018 Reichskriege gegen Boleslaw Chrobry mit ambivalenten Ergebnissen (zwar Eroberung Böhmens, aber Verleihung der Lausitz und des Milzenerlandes als Reichslehen)

1004 1. Italienzug Heinrichs II.: in Pavia Krönung zum König der Langobarden

1007 Gründung des Bistums Bamberg

1014 2. Italienzug Heinrichs II.: Kaiserkrönung in Rom

1021 3. Italienzug Heinrichs II.: erfolgreiche Kämpfe gegen Byzanz unterbinden dessen weitere Expansion in Unteritalien

1024 nach dem Tod Heinrichs II. folgen mit Konrad II. (regiert bis 1039, Kaiserkrönung 1027) die Salier auf dem deutschen Thron (bis 1125)

Naturalerträge des königlichen Tafelgutes (Eigenbesitz), die Heinrich II. bei seinen Reichsreisen in Empfang nahm

	Kühe (Stück)	Schweine (Stück)	Ferkel (Stück)	Gänse (Stück)	Hühner (Stück)	Eier (Stück)	Käse (Stück)	Wachs (Pfund)	Pfeffer (Pfund)	Wein/Bier (Fuder*)
Sachsen	1215	12150	2025	4050	20250	20250	36450	4050	2025	2025
Franken	425	3400	595	850	42500	42500	7650	850	425	340
Bayern	160	1280	320	16000	16000	16000	2880	320	160	128
Insgesamt	1800	16830	2940	20900	78750	78750	46980	5220	2610	2493

Geschätzter Tagesverbrauch des königlichen Hofes (etwa 1000 bis 1200 Personen) unter Heinrich II.: 100 Schweine und Schafe, 10 Fuder* Wein, 10 Fuder* Bier, 1000 Malter** Getreide, 8 Rinder sowie Hühner, Ferkel, Fische, Eier und Gemüse nach Möglichkeit.

* Ein Fuder ist eine Wagenladung und entspricht damit dem möglichen Ladevolumen – nach Landschaft unterschiedlich – zwischen 6 und 17 Hektoliter.
** Als Getreidehohlmaß entsprach ein Malter im Mittelalter etwa 1,2 bis 3 Hektoliter.

Mittel- und Westeuropa 11.–13. Jahrhundert

Aus Reichsfürsten werden Landesherren

Mit dem Tod des Stauferkönigs Friedrich I. (Barbarossa) 1190 verlor das deutsche Königtum seinen auf längere Zeit hin letzten innenpolitisch dominanten Vertreter. In der Folge wuchs die Bedeutung der Reichsfürsten. Das waren die etwa 90 geistlichen und 20 bis 30 weltlichen Großen des Reiches. Sie überragten die Masse des Reichsadels durch ihre herzogliche oder herzogsgleiche Stellung und waren reichsunmittelbar.

Im 12. Jahrhundert beherrschten die Reichsfürsten auch die Königswahl. Vor jeder Wahl musste der Kandidat auf den Thron deshalb eine so genannte Wahlkapitulation unterschreiben, die den Fürsten nicht nur den bisherigen Bestand ihrer Rechte und Territorien bestätigte, sondern meist auch zusätzliche Rechte einbrachte. So wurden die deutschen Könige im Lauf des 12. und 13. Jahrhunderts von den Reichsfürsten politisch abhängig und gleichzeitig schmolz auch ihr eigener Territorialbesitz in Deutschland immer mehr.

Als der Enkel Friedrichs I., Friedrich II., 1212 zum deutschen König gewählt wurde, war er von der königlichen Machtvollkommenheit seines Großvaters weit entfernt. Da aber die deutsche Königskrönung Voraussetzung für die Kaiserkrone war, sah sich Friedrich II. gezwungen, die faktische Situation im Deutschen Reich 1232 mit dem „Gesetz zugunsten der Fürsten" festzuschreiben, obwohl dies die Machtstellung des deutschen Königs neuerlich einschränkte.

Seit dem frühen 13. Jahrhundert bildete sich aus dem Kreis der angesehendsten Wähler des Königs der Kreis der „Kurfürsten" heraus. 1338 schlossen sich die sieben Kurfürsten zu einem Bündnis zusammen (Kurverein von Rhense) und verkündeten gleichzeitig, dass der von den Kurfürsten gewählte König keiner Approbation durch den Papst bedürfe. Die genaue Machtposition dieser Kurfürsten und den exakten Verlauf der Königswahl regelte 1356 die „Goldene Bulle" Kaiser Karls IV. Dieses Reichsgesetz behielt seine Gültigkeit bis zum Ende des Heiligen Römischen Reiches.

Die anderen deutschen Reichsfürsten konnten ihren Anspruch auf politische Mitsprache in Reichsdingen erst seit dem 15. Jahrhundert wenigstens zum Teil durch die Einrichtung des relativ regelmäßig stattfindenden Reichstags behaupten. In diesem Gremium saßen nicht nur die Vertreter der kur- und reichsfürstlichen Stände, sondern später auch die Abgeordneten der Reichsstädte und stimmten nach dem Mehrheitsprinzip ab. Allerdings wurde trotz zahlreicher schwerer Auseinandersetzungen nie endgültig geklärt, ob und inwieweit der König an die Beschlüsse des Reichstags gebunden war oder nicht.

Die sieben Kurfürsten und ihre Hofämter

Seit der Doppelwahl des Jahres 1198 hatten sich aus der Reihe der Reichsfürsten als besonders herausgehobene Gruppe der Königswähler die Kurfürsten abgesetzt. Die Kurfürsten übten als Berater des Königs verschiedene Hofämter aus und waren damit unmittelbar an der Reichsgewalt und der Regierung des Reichs beteiligt.

Die drei geistlichen Kurfürsten waren die Erzbischöfe von Mainz, Köln und Trier, wobei dem Erzbischof von Mainz als Reichserzkanzler vor allen anderen Kurfürsten eine Vorrangstellung zustand. Er

führte bei der Wahl den Vorsitz und gab als letzter seine Stimme ab. Auch die Salbung und Krönung des neuen Königs fand unter seiner Leitung statt. Die vier weltlichen Kurfürsten waren der Pfalzgraf bei Rhein, der Herzog von Sachsen, der Markgraf von Brandenburg und seit 1257 der König von Böhmen (ab 1290 festgeschrieben; bis dahin im Schwabenspiegel noch durch den Herzog von Bayern ersetzt). Sie versahen nach fränkischem Brauch beim Krönungsfest die vier Hofämter – Mundschenk, Kämmerer, Marschall und Truchsess. Ort der Königswahl war Frankfurt am Main, Ort der Königskrönung Aachen (bis 1531; vgl. Seite 56).

Italien im 10. und 11. Jahrhundert

- Reichsgrenze
- Päpstliches Herrschaftsgebiet
- Nur theoretischer Kirchenbesitz
- Mathildische Güter um 1100
- **Apulien** Von Normannen erworbene oder eroberte Gebiete
- **Capua** Ehemalige langobardische Fürstentümer
- **1061** Zeit der Erwerbung und Eroberung
- Normann. Kgr. Sizilien (seit 1130) beim Tode Rogers II. 1154
- Byzantinisches Reich und Seestädte unter byzantinischer Oberhoheit
- Rep. Venedig (unter byzant. Oberhoheit)
- Von Sarazenen beherrschte Gebiete
- *Garigl.* Gargliano, 882–915 sarazen. Stützpunkt

1 : 9 000 000
0 50 100 150 km

Mittel- und Westeuropa vom 11. bis 13. Jahrhundert

Reich der Staufer
- Heiliges Römisches Reich
- Reichsgrenze
- Reichsgut und staufisches Hausgut

Hauptzentren staufischer Reichslandpolitik:
- Pfalzen
- Reichsburgen bzw. Stauferburgen
- Veroneser Städtebund von 1164
- Lombardischer Städtebund von 1167
- Kgr. Sizilien

Kgr. Frankreich
- Grenze des Kgr. Frankreich
- Kronland um 1180
- Hausgut und Lehen des Grafen von Toulouse 1208

Angevinisches Reich
- Angevinisches Reich um 1150
- Franz. Lehen im Besitz der Könige von England um 1154 (Heinrich II.)
- Franz. Lehen im Besitz der Könige von England nach 1259

- Orte von besonderer historischer Bedeutung

Die Reconquista der span.'schen und portugiesischen Städte ist durch Jahreszahlen angegeben.

1 : 9 000 000
0 50 100 150 200 250 km

©2001 Cornelsen

Europäische Bevölkerungsentwicklung im Hochmittelalter

	1000	1340	1450
Italien	5,0	10,0	7,5
Frankreich–Niederlande	6,0	19,0	12,0
Iberische Halbinsel	7,0	9,0	7,0
Britische Inseln	2,0	5,0	3,0
Deutschland	4,0	11,5	7,5
Polen–Litauen	2,0	3,0	2,0

Angaben geschätzt in Mio. Einwohner

Lebensperspektiven von Angehörigen des Adelsgeschlechts im Mittelalter am Beispiel der Freiherren von Lippe und Querfurt vom 12. bis 16. Jahrhundert

	Freiherren von Lippe	Freiherren von Querfurt	Freiherren	Grafen
Söhne	38	63	335	628
davon				
verheiratet	14	20	132	285
unverheiratet	24	43	203	343
davon				
Geistliche	17	31	131	160
Kardinäle	–	–	–	1
Bischöfe	7	5	20	27
Äbte und Pröpste	7	6	27	32
Domherren	2	15	59	64
Mönche	–	–	1	9
Pfarrer	–	–	5	9
Ordensritter	1	5	19	18
unverheiratete Laien	7	12	72	183
Töchter	32	20	160	380
davon				
verheiratet	23	13	95	232
unverheiratet	9	7	65	148
davon				
Äbtissinnen/ Priorinnen	6	3	18	38
Stiftsdamen	–	2	6	17
Nonnen	–	1	27	53
unverheiratete Laien	3	1	14	40

Einnahmen Kaiser Friedrichs I. beim Abschluss von Verträgen mit lombardischen Städten zwischen 1161 und 1186

Bareso	4000 Mark Silber	(1186)
Brescia	6000 Pfennig Silber	(1162)
Bundesstädte	150 000 Pfennig Silber	(1183)
Crema	120 Mark Silber	(1158)
Mailand	9000 Mark Silber	(1158)
	10 000 Mark Silber	(1161)
Piacenza	600 Mark Silber	(1158)
	6000 Mark Silber	(1162)
	11 000 Mark Silber	(1164)
Pisa	13 000 Pfennig Silber	(1165)
Siena	4000 Pfennig Silber	(1186)

Große Judenpogrome in Europa

1096/97	Pogromwelle während des 1. Kreuzzuges
1146/47	Pogromwelle während des 2. Kreuzzuges
1190	Judenpogrome in England
1236	Judenpogrome in Frankreich
1287	Judenpogrome am Mittelrhein
1290	Judenvertreibung aus England
1298	Süddeutschland („König Rintfleisch")
1306	Judenvertreibung aus Frankreich (auch 1320–1322, Pastouraux, und 1394)
1336–1339	Süddeutschland (Armleder)
1348–1350	Pogromwelle im Zuge der Pest

Kurs des florentinischen Gulden in Silbermünzen vom 13. bis 15. Jahrhundert

1252	20 Solidi
1292	38 Solidi und 2 Denare
1302	51 Solidi
1322	66 Solidi
1342	65 Solidi
1378	68 Solidi
1386	73 Solidi
1445	97 Solidi
1457	108 Solidi

Jahressteuer 26 deutscher Städte im Jahre 1241 (in Mark Silber)

Frankfurt	250
Basel, Hagenau, Gelnhausen	200
Schwäbisch Hall, Wetzlar	170
Schwäbisch Gmünd, Kolmar	160
Schlettstadt, Kronenberg, Enheim, Zürich	150
Friedberg, Seligenstadt, Oppenheim, Esslingen	120
Lindau, Breisach, Neuenburg, Rottweil	100
Rothenburg, Kaufbeuren	90
Konstanz	60
Kaiserswerth, Eberbach, Neckargemünd	20
zusammen	1320

Die Gesamtsteuerbeträge von 92 Orten und Bezirken beliefen sich 1241 auf rund 7000 Mark Silber.

Die Kreuzzüge von 1096 bis 1270

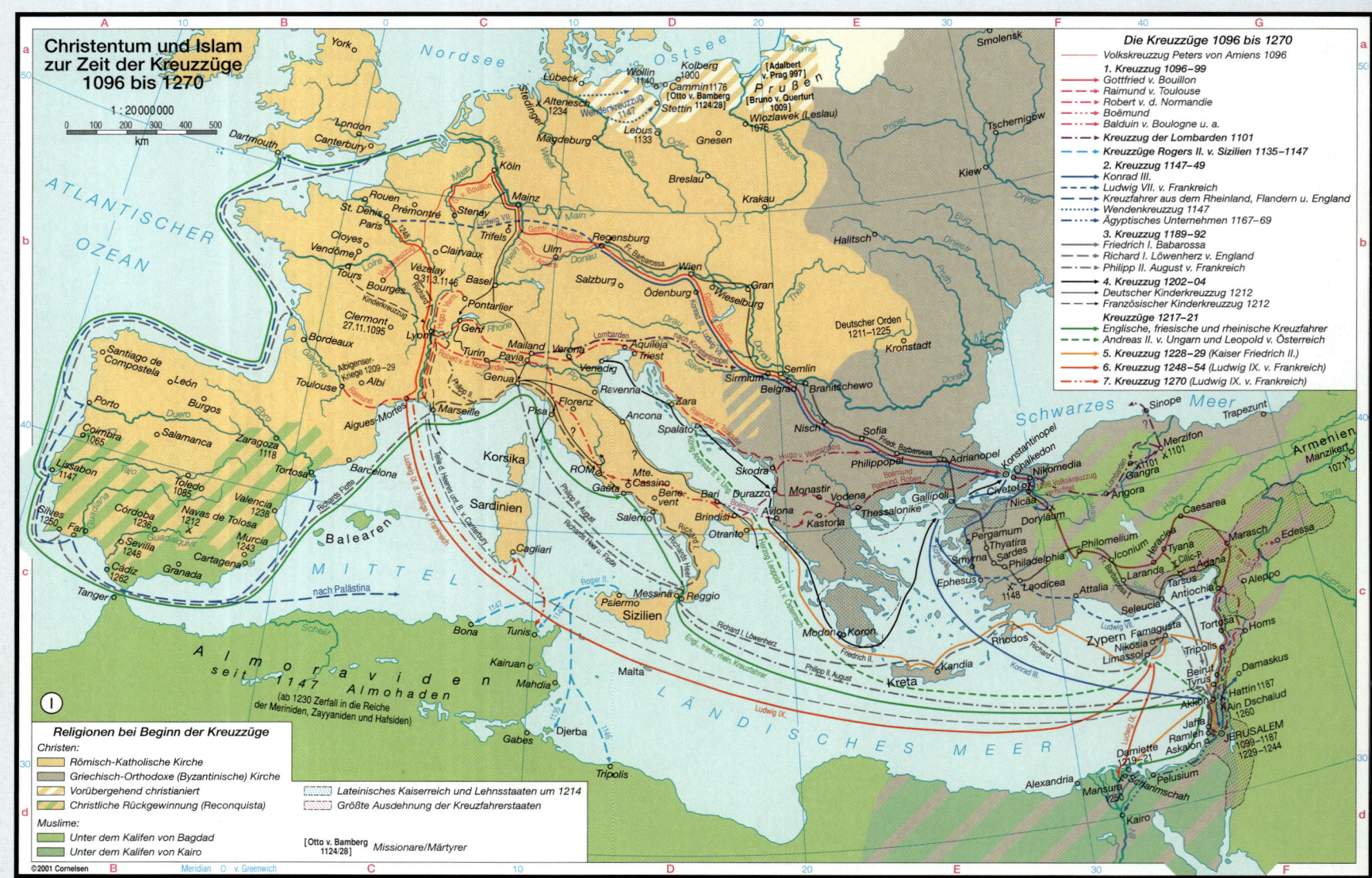

Die Zeit der Kreuzzüge 1096 bis 1270

Die Kartierung der Kreuzzüge des ausgehenden 11. bis späten 13. Jahrhunderts ist problematischer als dies auf den ersten Blick erscheinen mag. Auch wenn die Kartendarstellung den Eindruck eindeutiger Routenführungen erweckt, so sind diese leider nicht in jedem Falle unzweifelhaft nachzuweisen. Zwar ist die Mehrzahl der bewaffneten Züge gut rekonstruierbar, doch zuweilen gibt es Lücken. Drei Beispiele seien herausgehoben: Es ist nicht ganz eindeutig, wo und in welchem personellen Bestand sich die Teilnehmer am ersten Kreuzzug eigentlich für ihren jeweiligen Aufbruch ins Heilige Land zusammengefunden haben. So scheint es etwa, als hätten sich die Kontingente aus der Normandie und der Grafschaft Vermandois in Paris getroffen, bevor sie nach Lyon weiterzogen, um von dort aus nach Italien aufzubrechen. Ob aber die ebenfalls zum Zug Roberts von der Normandie gehörenden Truppen aus der Grafschaft Blois auch über Paris zogen oder erst in Lyon hinzustießen, bleibt unklar. Gesichert ist das gemeinsame Unternehmen jedenfalls erst ab Lyon. Ähnliche Unsicherheit gilt auch für die konkreten Anreisewege der österreichischen und ungarischen Kontingente 1217 nach Split, von wo aus deren Zug unter König Andreas II. von Ungarn und Herzog Leopold VI. von Österreich per Schiff über Zypern ins Heilige Land führte.

Noch wesentlich heikler aber ist das Problem der so genannten Kinderkreuzzüge. Einigermaßen gesichert scheint zu sein, dass sich die verschiedenen

Haufen des deutschen Zuges nach ihrer Aufspaltung bei Basel in Genua wieder zusammenfanden. Danach verliert sich ihre Spur. Viele Teilnehmer des französischen Kinderkreuzzuges und – das ist mittlerweile unstrittig – auch des deutschen wurden von skrupellosen (christlichen) Reedern nach Alexandria verschifft und an (vorwiegend islamische) Sklavenhändler verkauft. Ein Teil des deutschen Kinderheeres setzte aber den Zug in Richtung Rom fort, das freilich nicht erreicht wurde. Der weitere Verbleib ist unklar. Ob es den Zug eines weiteren Haufens bis nach Brindisi tatsächlich gegeben hat, bleibt ebenfalls Gegenstand unterschiedlicher Forschungsmeinungen.

Darüber hinaus ist die Einordnung der zahlreichen Kriegsunternehmungen, die unter der Bezeichnung Kreuzzug auftreten, in eine thematisch bruchlose Darstellung ohnehin schwer möglich. So handelte es sich beim so genannten Ägyptischen Unternehmen von 1167–69 genaugenommen um einen „regulären" Kriegszug des Königreiches Jerusalem. Die Albigenser-Kriege 1209–29 oder auch die Strafexpedition gegen die Stedinger 1234 waren nur notdürftig als Kreuzzug getarnte lokale „Säuberungsaktionen" kirchlicher Machtpolitik. Der Wendenkreuzzug von 1147 war ein durch Bernhard von Clairvaux zwar ideologisch legitimierter, aber dennoch vor allem territorialpolitisch ausgerichteter Eroberungszug norddeutscher Landesfürsten, und der vierte Kreuzzug galt im Grunde nur den Wirtschafts- und Suprematie-Interessen Venedigs. Der so genannte Volkskreuzzug unter der kopflosen Führung Peters von Amiens war letzt-

lich nur ein religiös verbrämter Raubzug moralisch und sozial entwurzelter Haufen, und die Kinderkreuzzüge entziehen sich selbst noch der reichlich euphemistischen Klassifizierung als „bewaffnete Wallfahrten".

1095   Papst Urban II. fordert auf der Synode von Clermont die europäische Ritterschaft zum Kreuzzug gegen die Ungläubigen auf

1096–1099   der erste Kreuzzug endet mit der Eroberung Jerusalems

1147–1149   der zweite Kreuzzug scheitert nach der vergeblichen Belagerung Damaskus' und Askalons durch die Kreuzritter

1187   Sultan Saladin erobert Jerusalem zurück

1189–1192   der dritte Kreuzzug ist von vornherein durch die Zerstrittenheit der teilnehmenden Mächte belastet. Nach dem Ertrinkungstod Kaiser Friedrichs I. führt Friedrich V. von Schwaben das deutsche Restheer nach Akkon (eingenommen am 12. Juli 1191). Die französischen Kontingente verlieren sich nach der Ankunft in Tyrus in Einzelunternehmungen. Die englischen Kreuzfahrer unter Richard Löwenherz versuchen vergeblich, Jerusalem zu erobern.

1202–1204   der vierte Kreuzzug endet mit der Einnahme und Plünderung Konstantinopels durch die Kreuzfahrer. Die nachfolgende Gründung des Lateinischen Kaiserreiches bindet die Kräfte der Beteiligten so sehr, dass die weitergehenden Kreuzzugsziele aufgegeben werden.

Die Kreuzfahrerstaaten

Das Lateinische Kaiserreich von 1204 bis 1261

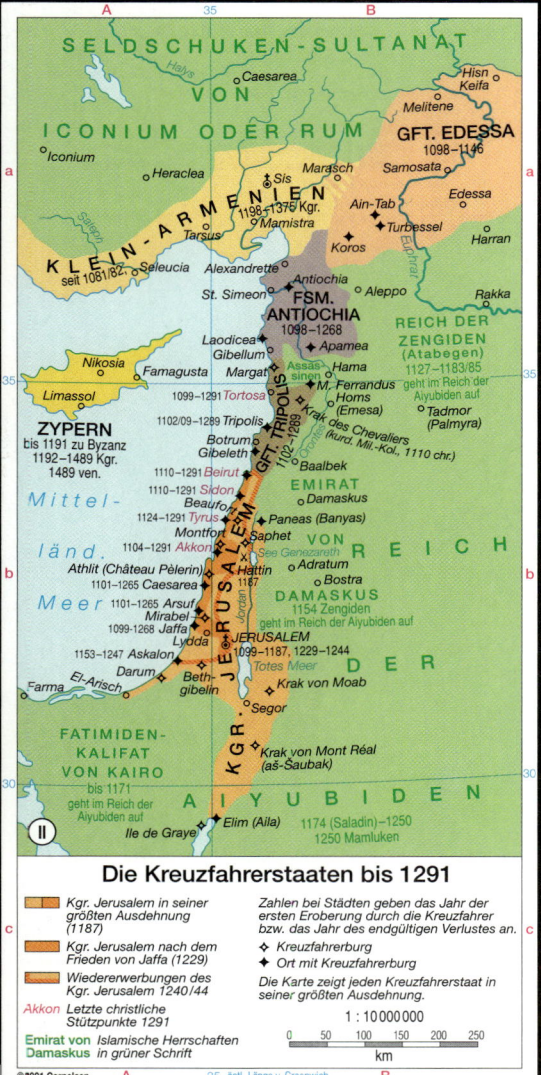

Die Kreuzfahrerstaaten bis 1291

Kgr. Jerusalem in seiner größten Ausdehnung (1187)

Kgr. Jerusalem nach dem Frieden von Jaffa (1229)

Wiedererwerbungen des Kgr. Jerusalem 1240/44

Akkon Letzte christliche Stützpunkte 1291

Emirat von Damaskus Islamische Herrschaften in grüner Schrift

Zahlen bei Städten geben das Jahr der ersten Eroberung durch die Kreuzfahrer bzw. das Jahr des endgültigen Verlustes an.

◆ Kreuzfahrerburg
◆ Ort mit Kreuzfahrerburg

Die Karte zeigt jeden Kreuzfahrerstaat in seiner größten Ausdehnung.

1 : 10 000 000

©2001 Cornelsen

Der östliche Mittelmeerraum um 1214

Lateinisches Kaiserreich:
reichsunmittelbare Territorien
lateinische Lehensherrschaften
Kreuzfahrerstaaten um 1189
Erwerbungen bis 1229
Eroberungen des Kaiserreiches Nicäa bis 1254/58
Venezianische Besitzungen und Vasallenstaaten in Folge des 4. Kreuzzugs (um 1214)
größte Ausdehnung Epirus' um 1230
größte Ausdehnung des (Zweiten) Bulgarenreiches um 1241
Grenze des Byzantinischen Reiches 1204

1 : 15 000 000

©2001 Cornelsen

Die Kreuzfahrerstaaten

Nach der blutigen Erstürmung Jerusalems am 15.7.1099 errichteten die christlichen Sieger das Königreich Jerusalem und drei Lehnsstaaten nach französischem Vorbild: die Grafschaften Tripolis (bis 1289) und Edessa sowie das Fürstentum Antiochia (bis 1268). Die Eroberung Edessas durch den Emir von Mossul 1144 war Anlass des zweiten Kreuzzuges.

Das Königreich Jerusalem – noch von Gottfried von Bouillon gegründet und nach dessen Tod von 1100 bis 1118 von seinem Bruder Balduin regiert – konnte sich nur bis 1187 als Regionalmacht halten. Ständige Thronwirren, die Gegensätze zwischen den verschiedenen Bevölkerungsgruppen und die mangelnde Einigkeit der abendländischen Gewährsmächte schwächten das Reich innenpolitisch. Die anhaltenden Kämpfe des normannischen Antiochia mit den Byzantinern und die Streitigkeiten zwischen den christlichen Territorien sowie ihre zahlreichen Grenzkonflikte mit den moslemischen Nachbarn zermürben das Königreich nach außen. Nur die ebenfalls anhaltende Zwietracht zwischen Seldschuken und Fatimiden auf moslemischer Seite ersparte dem Königreich einen früheren Untergang, der aber 1187 mit der Einnahme Jerusalems durch Sultan Saladin besiegelt wurde. Bis zur endgültigen Eroberung Jerusalems 1244 blieb das Königreich allerdings als juristisches Konstrukt bestehen und erlangte als Ergebnis des fünften Kreuzzuges noch einmal für kurze Zeit territoriale Bedeutung.

Das Lateinische Kaiserreich

1202–1204 der eigentlich gegen Ägypten geplante vierte Kreuzzug wird durch ein innenpolitisch begründetes Hilfegesuch des byzantinischen Königs Alexios IV., der die Herstellung der Kircheneinheit und Subsidien verspricht, nach Konstantinopel umgeleitet; Alexios hält allerdings seine Versprechen nicht ein

1204 Sturz Alexios' IV. und Eroberung Konstantinopels durch die Kreuzfahrer (blutigste und zerstörerischste Stadtplünderung des Mittelalters); danach wird das Reich unter der maßgeblichen Führung Balduins I. von Flandern in mehrere Teilreiche aufgegliedert: das Lateinische Kaiserreich, das Königreich Thessalonike, das Kaiserreich Trapezunt und das Despotat Epiros; die Byzantiner setzten ihr Kaiserreich in Nicäa (Nikaia) fort. Venedig wird als die treibende Kraft hinter dem vierten Kreuzzug führende Handelsmacht in der Levante

1205–1214 nach dem Tod Balduins I. gerät das Lateinische Kaiserreich in kriegerische Auseinandersetzungen mit dem Kaiserreich Nikaia und dessen bulgarischen Verbündeten

1214 Friedensschluss und Grenzabsprachen

1216–1261 Balduin II. von Flandern Kaiser; die nikaischen Kaiser Johannes III. Vatatzes (1222–54) und Michael VIII. Palaiologos (1258–82), letzterer mit Genua verbündet, zermürben das Kaiserreich und seine Bündnispartner in zahlrei-

chen Waffengängen und schalten auch die Konkurrenten Epiros, Sizilien und Bulgarien aus.

1228–1229 der fünfte Kreuzzug bringt unter Kaiser Friedrich II. – mehr durch Verhandlungen als durch militärische Unternehmungen – die bis 1244 andauernde Oberhoheit über Jerusalem (aber ohne Tempelberg und Al-Aksa-Moschee), Bethlehem und Nazareth.

1249–1254 der sechste Kreuzzug unter dem französischen König Ludwig IX. scheitert bereits 1250 in der Schlacht bei Mansura, wenngleich Ludwig bis 1254 von Akkon aus die faktische Oberhoheit über Palästina ausüben kann.

1261 Ende des Lateinischen Kaiserreiches; Konstantinopel wieder Zentrum des byzantinischen Reiches (zuvor Nikaia); Genua setzt sich als zweite Handelsmacht in der Levante fest.

1270 neuerlicher Kreuzzugsversuch Ludwigs IX. („der Heilige"); wird nach seinem Tod in Tunis ergebnislos abgebrochen.

Teilnehmer an den ersten drei Kreuzzügen

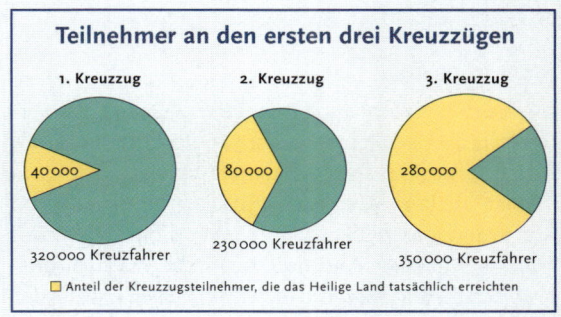

1. Kreuzzug
40 000
320 000 Kreuzfahrer

2. Kreuzzug
80 000
230 000 Kreuzfahrer

3. Kreuzzug
280 000
350 000 Kreuzfahrer

Anteil der Kreuzzugsteilnehmer, die das Heilige Land tatsächlich erreichten

Die Ausbreitung der Weltreligionen von 600 v. Chr. bis 600 n. Chr.

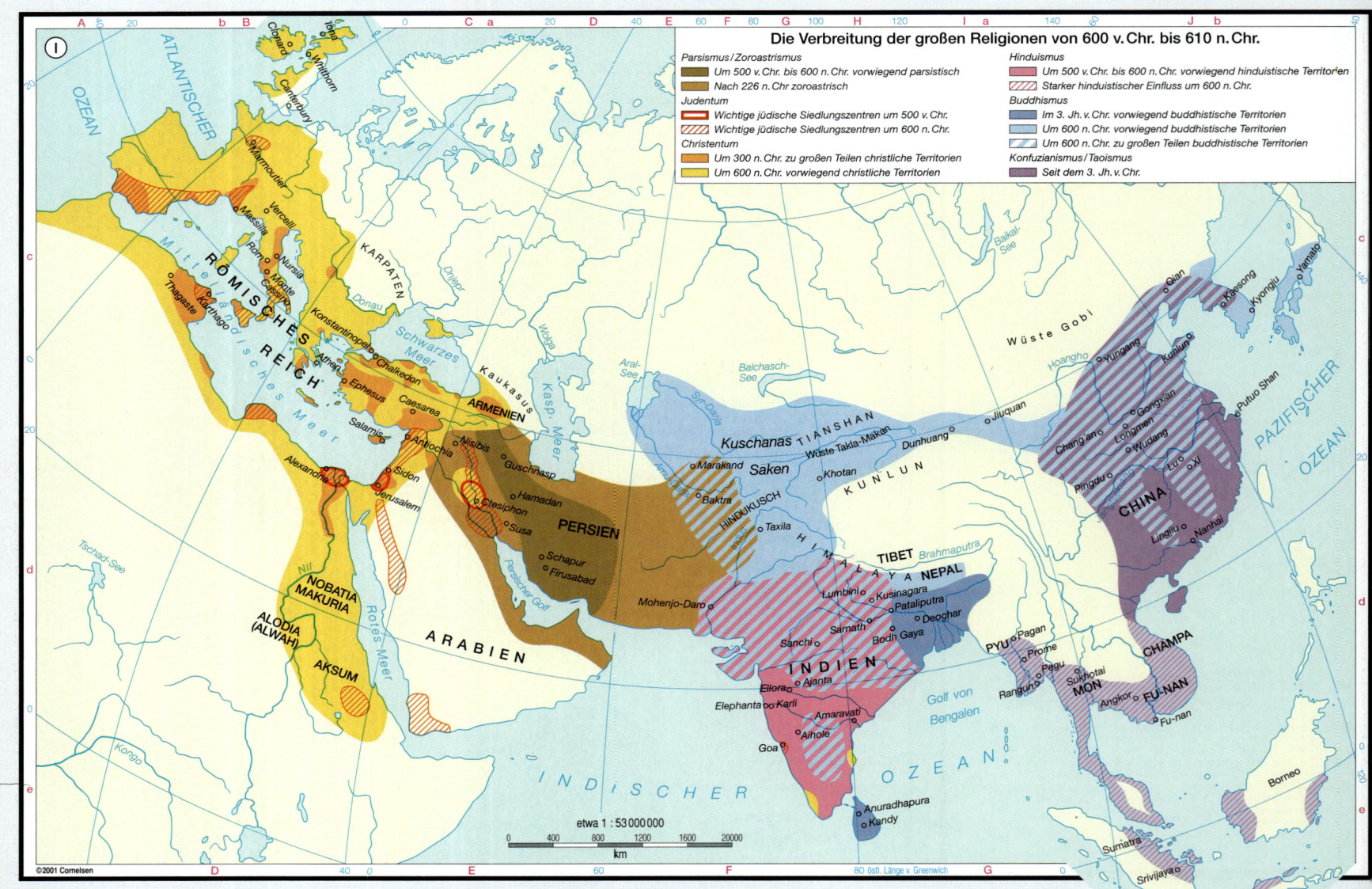

DIE JÜDISCHE RELIGION

Die wechselvolle Geschichte der ältesten monotheistischen Religion der Welt ist von der Geschichte des Volkes Israel nicht zu trennen. So wurde die jüdische Religion beispielsweise stark vom Parsismus der Perser beeinflusst, denen die Israeliten ihre Befreiung aus der babylonischen Gefangenschaft verdankten (539 v. Chr., vgl. S. 24). Die Auflösung des jüdischen Staates nach der Zerstörung des Jerusalemer Tempels durch die Römer (70 n. Chr.) zerstreute die Juden im gesamten Mittelmeerraum. Ihr dogmatischer Auserwähltheitsanspruch als einziges Volk Gottes beförderte in der Diaspora eine gesellschaftliche Abgrenzung von den Völkerschaften, in deren Mitte sie sich ansiedelten. Das Leben des gläubigen Juden ist einem strengen Regelwerk verpflichtet, das sich aus den Zehn Geboten und den sonstigen direkt oder mittelbar (durch Propheten) von Gott erteilten Weisungen herleitet. Die jüdische Religion wird deshalb auch als Gesetzesreligion verstanden. Ihre Ziele sind das gottgefällige Leben und der Eingang der Seele in das ewige Leben im Gott beigeordneten Jenseits.

DER PARSISMUS

Auch der im 6. Jahrhundert v. Chr. im Gebiet des heutigen Iran entstandene Parsismus (in seiner Blütezeit in der Sassanidenzeit nach dem Religionsstifter Zarathustra auch als Zoroastrismus bezeichnet) kannte nur einen guten Gott und Weltenschöpfer, Ahura Mazda. Ihm steht Ahriman, der Herr der Finsternis und Zerstörung, gegenüber, womit im Parsismus der

für monotheistische Religionen späterhin typische unversöhnliche Dualismus zwischen Gut und Böse entworfen wurde, der den Menschen zur eigenverantwortlichen Entscheidung zwingt. Ahura Mazda ist von Schutzengeln umgeben und ihm zur Seite steht der Heilige Geist. Der Parsismus kennt auch ein Jüngstes Gericht und die Auferstehung der Toten. Diese Grundelemente des Parsismus finden sich in den drei großen Monotheismen – Judentum, Christentum und Islam – wieder.

DER HINDUISMUS

Der Hinduismus ist aus der Verschmelzung der polytheistischen, wedisch-brahmanischen Religion der indogermanischen Arier (um 1500 v. Chr. in Indien eingewandert) mit den nicht-arischen Religionen im Industal und im drawidischen Süd-Indien entstanden (vgl. S. 26). Seine gesellschaftlich-politische Ausprägung ist die Kastenordnung in Krieger, Priester (Brahmanen), Bauern, Unterworfene und Mischlinge sowie Kastenlose (Parias), die den Gesetzen der Seelenwanderung unterliegt. Kein Angehöriger einer Kaste kann zu Lebzeiten in die nächsthöheren Kasten aufsteigen. Die Seelenwanderung hat keinen Anfang und endet erst, wenn die individuelle Seele endgültig von allen weltlichen Bindungen befreit ist. Diese Erlösung ist ein unverlierbarer Bewusstseinszustand der Seligkeit (Nirwana). Im Unterschied zu anderen Hochreligionen besitzt der Hinduismus keine allgemeinverbindliche Dogmatik und keinen Missionsauftrag. Sein Götterhimmel ist umfangreich und vielgestaltig.

Beherrscht wird er von dem Weltenschöpfer Brahma, dem Welterhalter Vishnu und dem Weltzerstörer Shiva. Neben den Göttern werden auch Tiere (Kuh, Affe, Elefant, Schlange) und Naturelemente wie Steine und Pflanzen (z. B. die Lotos-Blüte) verehrt.

DER BUDDHISMUS

Um 500 v. Chr. entstanden in der Gangesebene aus dem sozialen Aufbegehren der dortigen Bevölkerung gegen die brahmanischen Traditionen des Hinduismus mehrere neue Sekten. Als erfolgreichste unter ihnen erwies sich die Lehre des Gautama Siddharta, genannt Buddha („der Erleuchtete"). Seine Lehre predigt den Verzicht auf irdische Begierden und Leidenschaften, die physische und seelische Schmerzen in das menschliche Leben bringen. Als Mittel gegen diesen als schädlich verstandenen Lebensdurst bietet Buddha den „Edlen Achtteiligen Pfad", zu dem unter anderem die rechte Art der Meditation zählt, und die „Zehn Weisungen" an. Seine Maximen: Leben nicht zu zerstören, nicht zu stehlen, nicht Unzucht zu treiben, nicht zu lügen usw., weisen erhebliche Parallelen zu den Zehn Geboten der Juden und Christen auf. Nur durch strikte Einhaltung dieser Regeln und durch totalen Verzicht kann der Gläubige darauf hoffen, ins Nirwana zu gelangen, das als das absolute Verlöschen aller Sinnesglut verstanden wird, und damit der Kreislauf der aufeinanderfolgenden Reinkarnationen, das Samsara, zu verlassen. Gottheiten finden in dieser Lehre keine Erwähnung, was den Buddhismus zu einer atheistischen Religion macht.

Die Ausbreitung der Weltreligionen von 600 bis 1500

DER KONFUZIANISMUS

Beim Konfuzianismus handelt es sich weniger um eine Religion im strengen Sinne, sondern mehr um einen ethisch-politischen Katechismus. Die Lehre des chinesischen Philosophen Kong Qiu (Konfuzius, 551–479 v. Chr.) benennt mit der Einhaltung der Riten und Etikette, der Rechtschaffenheit, dem Wohlwollen, der Weisheit und der Treue gegenüber übergeordneten Personen fünf Grundtugenden und -pflichten, die in der Familie, der Gemeinschaft von Freunden und im Staatswesen zu erfüllen sind. Für die gesellschaftliche Praxis entwickelt, stellt der Konfuzianismus dennoch eine individual-ethische Lehre dar, nach der aber die Tugendhaftigkeit des Individuums die moralische Vollkommenheit der Gesellschaft bedingt.

DER TAOISMUS

Der Taoismus beruft sich auf den chinesischen Philosophen Lao-tse (um 300 v. Chr.). Die diesem zugeschriebene Lehre ist in einer als „Tao-te-ching" bekannten Aphorismensammlung zusammengefasst. Enthaltsamkeit, Demut und Mäßigung sind seine drei moralischen Zentralgrößen. Wie andere atheistische Religionen (etwa Buddhismus und Jainismus) besteht der Taoismus nicht aus einer Offenbarungslehre, sondern aus Regeln, die als Anleitung zum rechten Leben verstanden werden. Der Weise lässt die Dinge ihren Weg gehen, ohne in ihren Lauf einzugreifen und entzieht sich ferner allen Gesetzen, Reglementierungen, Organisationen und Zeremonien. Das Recht auf Gedankenfreiheit und die Achtung des Individuums

sind daher zentrale Forderungen. Die Umwandlung des Taoismus zur Staatsreligion während der Han-Dynastie bedeutete freilich die Pervertierung dieses Ansatzes: Lao-tse wurde zur Gottheit erhoben, mit der sich der Kaiser wiederum gleichsetzen ließ.

DAS CHRISTENTUM

Im Mittelpunkt des christlichen Glaubens steht Jesus Christus, Sohn Gottes, der die Erlösung des Menschen in Gott und seiner Gnade predigt. Obgleich eine monotheistische Religion, wird der eine Gott im Christentum doch in dreierlei Gestalt verehrt (Vater, Sohn und Heiliger Geist). Die Lehre Christi fußt auf der jüdischen Religion und erweitert deren im „Alten Testament" umrissenen Glaubenskanon um das „Neue Testament", dessen zentrale Botschaft – in Absetzung vom rächenden Gott des Alten Bundes – die ewige Liebe Gottes und die Gewissheit seines Reiches sind. Mit letzterem ist keine politische Größe gemeint, sondern das Ende des Bösen und der Beginn der Heilszeit. Um diese Zeit für alle Menschen möglichst rasch herbeizuführen, befiehlt Jesus die „Missionierung aller Völker". Die schnelle Verbreitung des Christentums im Römischen Reich wurde durch den bei den römischen Legionen verbreiteten monotheistischen Mithraskult begünstigt, von dem die neue Religion auch viele Strukturen und Symbolwerte übernahm. Trotz brutaler Christenverfolgungen von Nero (64 n. Chr.) bis Diokletian (311 n. Chr.) stieg das Christentum bis 391 n. Chr. zur Staatsreligion des Römischen Reiches auf (vgl. S. 43) und wurde bis zum

frühen Hochmittelalter zur dominierenden Religion Europas. Der Missionsgedanke des Christentums wurde späterhin in den mittelalterlichen Kreuzzügen, in der Inquisition und im neuzeitlichen Kolonialismus wiederholt auch gewalttätig umgesetzt.

DER ISLAM

Neben Judentum und Christentum ist der Islam die dritte große monotheistische Weltreligion. Der Begriff „Islam" stammt aus dem Koran, der vom Religionsstifter Mohammed Anfang des 7. Jahrhunderts selbst aufgezeichneten heiligen Schrift der Muslime, und bezeichnet die unbedingte Ergebung in den Willen des einen Gottes Allah. Allah ist wie der christliche Gott Schöpfer und Erhalter aller Dinge, allmächtig, allwissend und barmherzig. Der Islam verehrt auch die Gottesmänner der biblischen Tradition wie Abraham, Noah, Moses und Jesus Christus als Propheten. Die islamische Ethik betont die unbedingte sittliche Verantwortlichkeit des Einzelnen, der beim Jüngsten Gericht von Allah zur Rechenschaft gezogen wird. Als kultische Pflicht verlangt der Koran von jedem Muslim das Aussprechen des islamischen Glaubensbekenntnisses, ein fünfmal täglich zu verrichtendes Ritualgebet, Pflichtalmosen, Fasten im Monat Ramadan und mindestens einmal im Leben die Wallfahrt nach Mekka. Als Instrument der Mission kannte der Islam von Beginn an den „Heiligen Krieg". Diese religiöse Legitimierung militärischer Aggression bot die Basis für die beispiellose Expansion des Islam vor allem im 7. und 8. Jahrhundert (vgl. S. 53).

Städtebildung im Mittelalter bis 1300

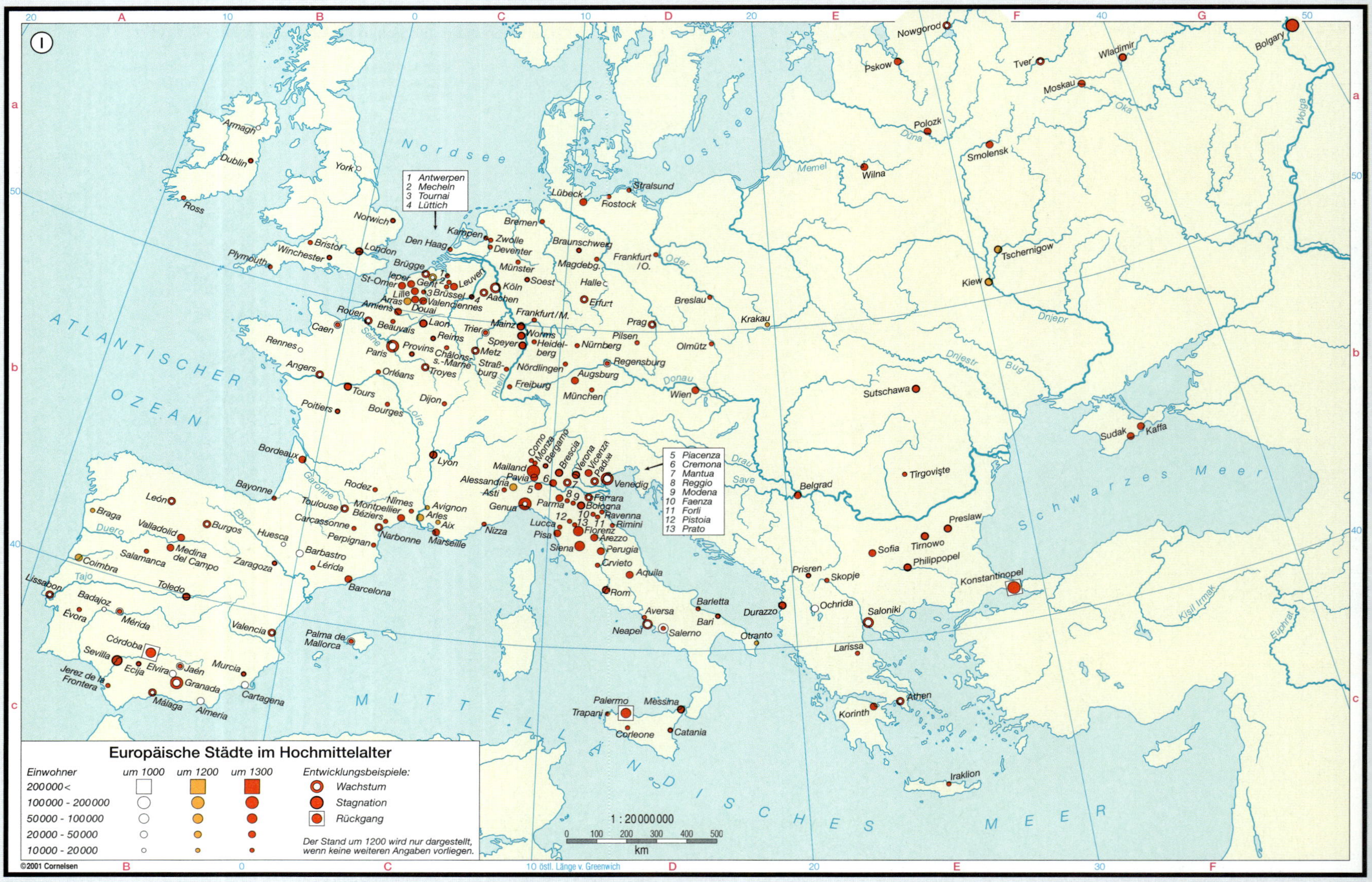

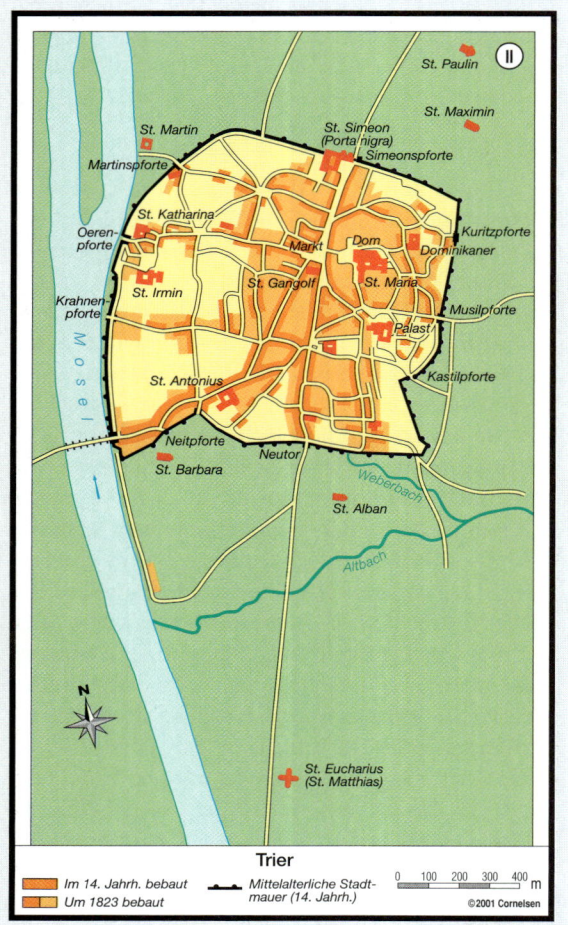

I
Europäische Städte im Hochmittelalter
Einwohner
um 1000
um 1200
um 1300
Entwicklungsbeispiele:
Wachstum
Stagnation
Rückgang
200000<
100000 - 200000
50000 - 100000
20000 - 50000
10000 - 20000
Der Stand um 1200 wird nur dargestellt, wenn keine weiteren Angaben vorliegen.
1 : 20000000
0 100 200 300 400 500 km
1 Antwerpen
2 Mecheln
3 Tournai
4 Lüttich
5 Piacenza
6 Cremona
7 Mantua
8 Reggio
9 Modena
10 Faenza
11 Forli
12 Pistoia
13 Prato
ATLANTISCHER OZEAN
Nordsee
Ostsee
MITTELLÄNDISCHES MEER
Schwarzes Meer
10 östl. Länge v. Greenwich
©2001 Cornelsen

Trier im 14. Jahrhundert

II
Trier
Im 14. Jahrh. bebaut
Um 1823 bebaut
Mittelalterliche Stadtmauer (14. Jahrh.)
0 100 200 300 400 m
Mosel
St. Paulin
St. Maximin
St. Martin
St. Simeon (Porta nigra)
Simeonspforte
Martinspforte
St. Katharina
Oerenpforte
Krahnenpforte
St. Irmin
Markt
Dom
St. Gangolf
St. Maria
Dominikaner
Kuritzpforte
Palast
Musilpforte
Kastilpforte
St. Antonius
Neitpforte
Neutor
St. Barbara
St. Alban
Weberbach
Altbach
St. Eucharius (St. Matthias)
©2001 Cornelsen

Köln bis Ende des 12. Jahrhunderts

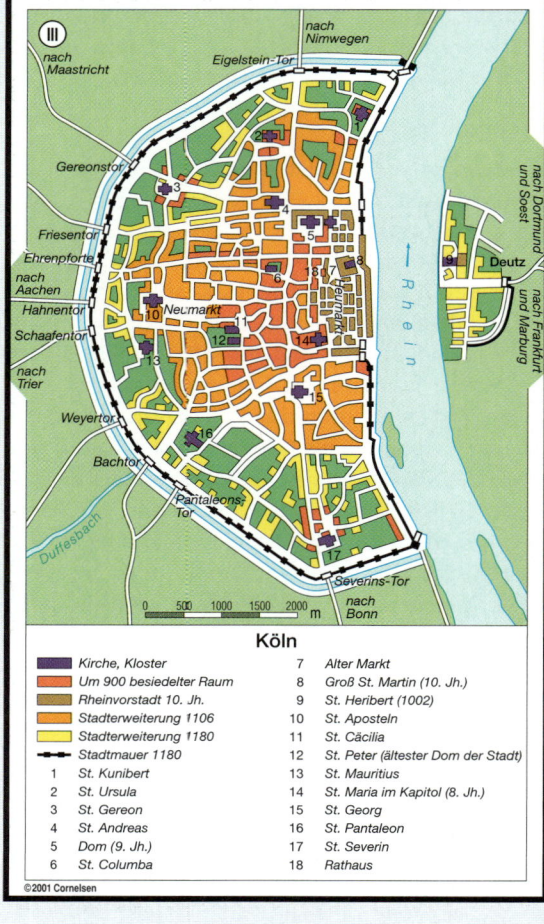

III
Köln
Kirche, Kloster
Um 900 besiedelter Raum
Rheinvorstadt 10. Jh.
Stadterweiterung 1106
Stadterweiterung 1180
Stadtmauer 1180
1 St. Kunibert
2 St. Ursula
3 St. Gereon
4 St. Andreas
5 Dom (9. Jh.)
6 St. Columba
7 Alter Markt
8 Groß St. Martin (10. Jh.)
9 St. Heribert (1002)
10 St. Aposteln
11 St. Cäcilia
12 St. Peter (ältester Dom der Stadt)
13 St. Mauritius
14 St. Maria im Kapitol (8. Jh.)
15 St. Georg
16 St. Pantaleon
17 St. Severin
18 Rathaus
0 500 1000 1500 2000 m
nach Maastricht
nach Nimwegen
Eigelstein-Tor
Gereonstor
Friesentor
Ehrenpforte
nach Aachen
Hahnentor
Schaafentor
nach Trier
Weyertor
Bachtor
Pantaleons-Tor
Severins-Tor
nach Bonn
Rhein
Deutz
nach Dortmund und Soest
nach Frankfurt und Marburg
©2001 Cornelsen

Magdeburg 10.–17. Jahrhundert

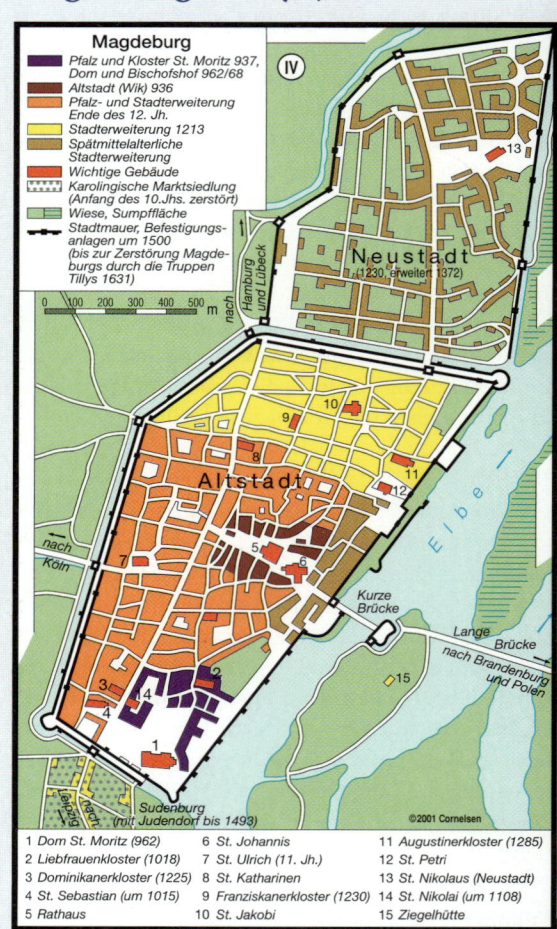

IV
Magdeburg
Pfalz und Kloster St. Moritz 937, Dom und Bischofshof 962/68
Altstadt (Wik) 936
Pfalz- und Stadterweiterung Ende des 12. Jh.
Stadterweiterung 1213
Spätmittelalterliche Stadterweiterung
Wichtige Gebäude
Karolingische Marktsiedlung (Anfang des 10.Jhs. zerstört)
Wiese, Sumpffläche
Stadtmauer, Befestigungsanlagen um 1500 (bis zur Zerstörung Magdeburgs durch die Truppen Tillys 1631)
0 100 200 300 400 500 m
Neustadt (1230, erweitert 1372)
Altstadt
nach Hamburg und Lübeck
nach Köln
Kurze Brücke
Lange Brücke
nach Brandenburg und Polen
Elbe
Sudenburg (mit Judendorf bis 1493)
1 Dom St. Moritz (962)
2 Liebfrauenkloster (1018)
3 Dominikanerkloster (1225)
4 St. Sebastian (um 1015)
5 Rathaus
6 St. Johannis
7 St. Ulrich (11. Jh.)
8 St. Katharinen
9 Franziskanerkloster (1230)
10 St. Jakobi
11 Augustinerkloster (1285)
12 St. Petri
13 St. Nikolaus (Neustadt)
14 St. Nikolai (um 1108)
15 Ziegelhütte
©2001 Cornelsen

Prozentanteil der städtischen Bevölkerung nach Länderbeispielen und Regionen 1500–1800

	1500	1550	1600	1650	1700	1750	1800
Belgien	21,1	22,7	18,8	20,8	23,9	19,6	18,9
Deutschland	3,2	3,8	4,1	4,4	4,8	5,6	5,5
England und Wales	3,1	3,5	5,8	8,8	13,3	16,7	20,3
Frankreich	4,2	4,3	5,9	7,2	9,2	9,1	8,8
Holland	15,8	15,3	24,3	31,7	33,6	30,5	28,8
Italien	–	12,8	14,6	14,0	13,4	14,2	14,4
Österreich-Böhmen	1,7	1,9	2,1	2,4	3,9	5,2	5,2
Polen	0	0,3	0,4	0,7	0,5	1,0	2,5
Schweiz	1,5	1,5	2,5	2,2	3,3	4,6	3,7
Spanien	6,1	8,6	11,4	9,5	9,0	8,6	11,1
Mitteleuropa	3,7	4,0	5,0	6,0	7,1	7,5	7,1
Mittelmeerraum	9,5	11,4	13,7	12,5	11,7	11,8	12,9
Nordwesteuropa	6,6	7,2	8,2	10,9	13,1	13,6	14,9
Osteuropa	1,1	1,2	1,4	1,7	2,6	3,5	4,2
Europa	5,6	6,3	7,6	8,3	9,2	9,5	10,0

Die Entstehung der städtischen Selbstverwaltung

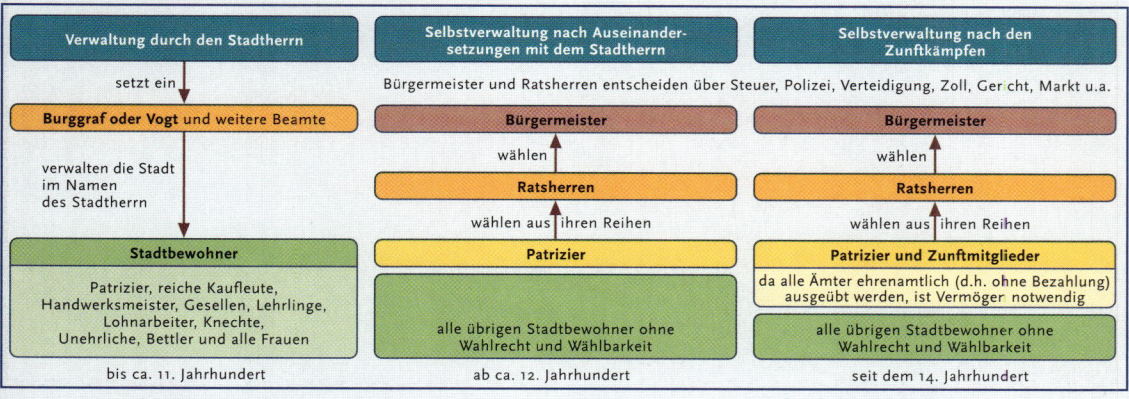

Stadtgründungen und Bevölkerungsentwicklung in Mitteleuropa von 1150–1600

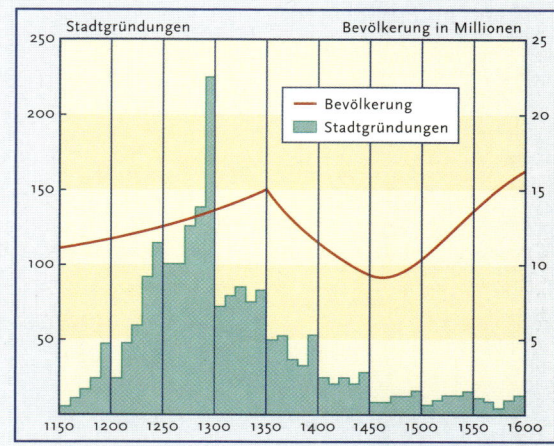

Bevölkerung und Getreidepreise in Europa 1200–1800

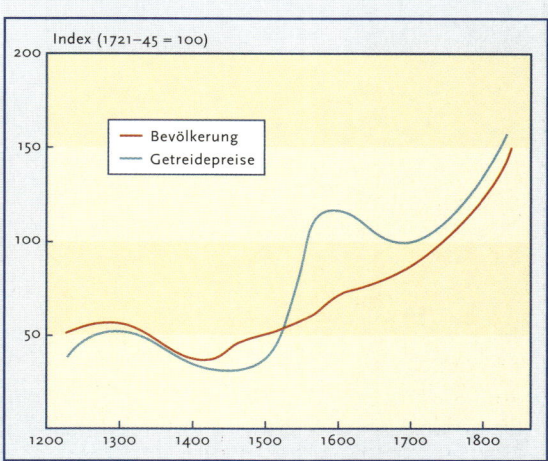

Brandenburg im 12. Jahrhundert

Elbing im 13. und 14. Jahrhundert

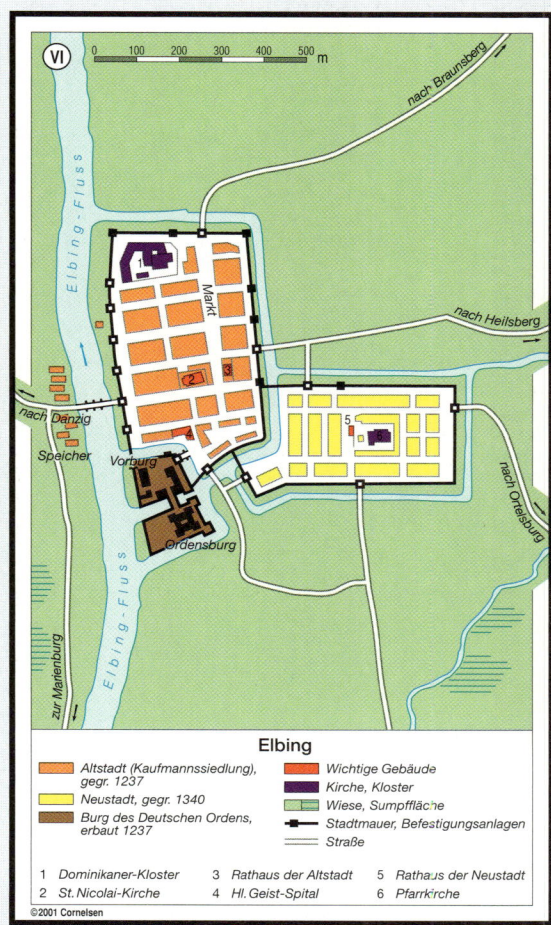

Krakau bis zum 16. Jahrhundert

Die europäische Ostbewegung des Mittelalters

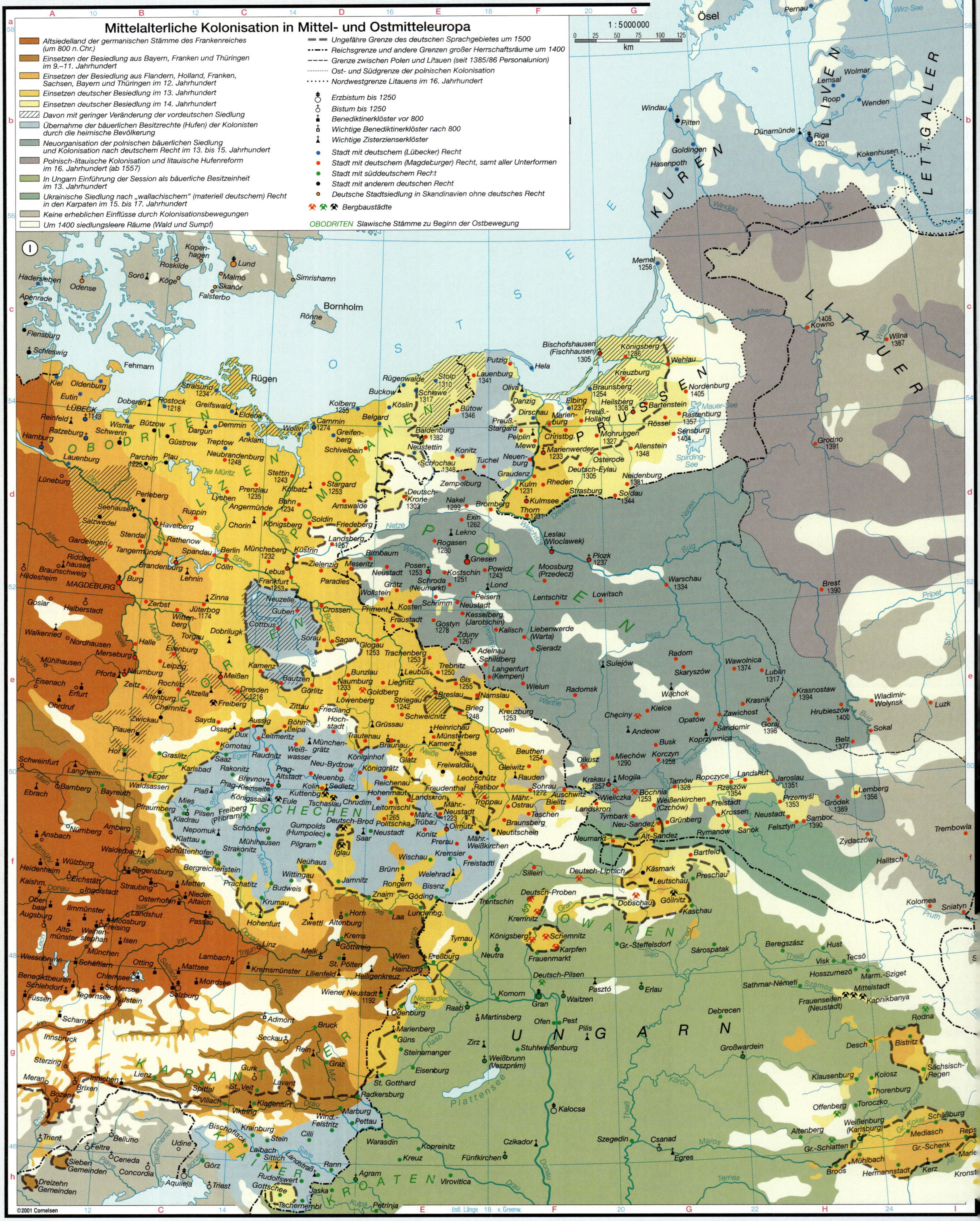

Mittelalterliche Kolonisation in Mittel- und Ostmitteleuropa
Altsiedelland der germanischen Stämme des Frankenreiches (um 800 n. Chr.)
Einsetzen der Besiedlung aus Bayern, Franken und Thüringen im 9.–11. Jahrhundert
Einsetzen der Besiedlung aus Flandern, Holland, Franken, Sachsen, Bayern und Thüringen im 12. Jahrhundert
Einsetzen deutscher Besiedlung im 13. Jahrhundert
Einsetzen deutscher Besiedlung im 14. Jahrhundert
Davon mit geringer Veränderung der vordeutschen Siedlung
Übernahme der bäuerlichen Besitzrechte (Hufen) der Kolonisten durch die heimische Bevölkerung
Neuorganisation der polnischen bäuerlichen Siedlung und Kolonisation nach deutschem Recht im 13. bis 15. Jahrhundert
Polnisch-litauische Kolonisation und litauische Hufenreform im 16. Jahrhundert (ab 1557)
In Ungarn Einführung der Session als bäuerliche Besitzeinheit im 13. Jahrhundert
Ukrainische Siedlung nach „wallachischem“ (materiell deutschem) Recht in den Karpaten im 15. bis 17. Jahrhundert
Keine erheblichen Einflüsse durch Kolonisationsbewegungen
Um 1400 siedlungsleere Räume (Wald und Sumpf)
Ungefähre Grenze des deutschen Sprachgebietes um 1500
Reichsgrenze und andere Grenzen großer Herrschaftsräume um 1400
Grenze zwischen Polen und Litauen (seit 1385/86 Personalunion)
Ost- und Südgrenze der polnischen Kolonisation
Nordwestgrenze Litauens im 16. Jahrhundert
Erzbistum bis 1250
Bistum bis 1250
Benediktinerklöster vor 800
Wichtige Benediktinerklöster nach 800
Wichtige Zisterzienserklöster
Stadt mit deutschem (Lübecker) Recht
Stadt mit deutschem (Magdeburger) Recht, samt aller Unterformen
Stadt mit süddeutschem Recht
Stadt mit anderem deutschen Recht
Deutsche Stadtsiedlung in Skandinavien ohne deutsches Recht
Bergbaustädte
OBODRITEN Slawische Stämme zu Beginn der Ostbewegung
1 : 5 000 000
0 25 50 75 100 125 km
I
OSTSEE
ESTEN
LIVEN
LETTGALLER
KUREN
LITAUER
PRUSSEN
POMORANEN
OBODRITEN
LUTIZEN
SORBEN
POLEN
TSCHECHEN
SLOWAKEN
UNGARN
KARANTANEN
KRAINER
KROATEN
Reval
Dorpat
Riga 1201
Memel 1258
Königsberg 1286
Danzig
Elbing 1237
Thorn 1231
Kulm 1231
Lübeck 1143
Rostock 1218
Stralsund 1234
Stettin 1243
Berlin
Magdeburg
Breslau
Krakau 1257
Posen 1253
Warschau 1334
Prag
Wien
Ofen
Pest
Kopenhagen
Lund
Bornholm
Rügen
Ösel
Dagö
©2001 Cornelsen
östl. Länge 18 v. Greenw.

Siedlung – Bewegung – Kolonisation? Unterschiedliche Bewertungen

Die historische Einordnung des großen Auf- und Besiedlungsprozesses weiter Teile des östlichen Mitteleuropas sowie des westlichen Südosteuropas im Hochmittelalter wir bis heute von der Geschichtswissenschaft teilweise unterschiedlich bewertet. Insbesondere zwischen deutschen Historikern auf der einen und polnischen sowie tschechischen Historikern auf der anderen Seite hat es bis in die 1980er Jahre hinein einen heftigen Streit um Bewertung und begriffliche Einordnung gegeben.

Das reicht vom „deutschen Zug nach Osten" und der „deutschen Ostkolonisation" bis hin zur panslawistischen Leugnung nahezu jeder deutschen Kulturleistung auf slawischem Boden. Da erscheint der sächsische Bauer auf der einen Seite als edler Vorkämpfer hoher deutscher Kultur, auf der anderen Seite als Besatzer und Zerstörer hoher slawischer Zivilisation. Die Zisterzienser werden entweder zu deutschen Pioniermönchen ernannt oder als bloße Spielart des Feudalismus abgewertet. Politische Zielsetzung war es dabei immer, die fraglichen Territorien als originär deutsch oder polnisch, tschechisch usw. zu reklamieren. Die Besiedlungsprozesse hatten jedoch keine „nationale" Motivation im modernen Sinn. Allerdings führten sie zur Herausbildung neuer Sprachgebiete und Sprachgrenzen, die dann erst viel später als national definiert wurden.

Der hochmittelalterliche Aufsiedlungsprozess nur dünn besiedelter und oft rückständig kultivierter Bereiche vor allem zwischen Elbe und Oder, aber auch im heutigen Tschechien und Westpolen wurde personell vorwiegend von Bauern und Lokatoren aus Westeuropa getragen. Diese kamen in der Mehrzahl aus Sachsen, Bayern, Franken und Thüringen und waren mithin Deutsche. Aber auch die Flamen spielten – vor allem in wasserreichen Gegenden – eine tragende Rolle. Und in späteren Phasen dieser durchaus nicht ständig andauernden, sondern wellenartigen Ostbewegung waren auch viele slawische Siedler daran beteiligt. Nicht die Nationalität der Lokatoren und Siedler war entscheidend, sondern der von ihnen mitgebrachte technische und rechtliche Standard. Von diesem versprachen sich die jeweiligen Landesherren – mit Aus-

nahme der sächsischen Expansionsgebiete Ostelbiens im übrigen fast ausschließlich Slawen – vor allem wirtschaftlichen Gewinn. Je mehr Menschen in ihren Territorien lebten und arbeiteten, desto mehr Steuern und Abgaben konnten sie einnehmen; je höher der landwirtschaftliche Standard, desto gesicherter die Lebensmittelversorgung und desto höher der Handelsüberschuss.

Den slawischen Landesherren, die Westeuropäer ins Land riefen, ging es darum, den Wohlstand und das Knowhow des technisch und rechtlich fortschrittlicheren Westens zu übernehmen. Dafür mussten sie den potentiellen Siedlern Anreize bieten, die meist in umfassenden Privilegien zu Erb- und Marktrecht, Abgaben- oder Zollfreiheit bestanden. Und nur auf dieser Ebene war die Nationalität von Bedeutung: Da die privilegierten Träger des erhofften wirtschaftlichen Aufschwungs Fremde waren, bekam die rechtliche Zurücksetzung der Ansässigen eine Note nationaler Ungleichbehandlung. Diese wurde von den Siedlern allerdings auch oft genug gegen spätere Gleichstellungstendenzen eingefordert und verteidigt.

Selbst die deutschen Fürsten, die in Ostelbien ihre Herrschaft mit Waffengewalt bis zur Oder ausdehnten, und der Deutsche Orden in Preußen, der hier auf Betreiben des slawischen Herzogs Konrad von Masowien eine gewalttätige Christianisierung betrieb, agierten nicht als deutschnationale Unterdrücker des Slawentums. Die heidnischen Slawenstämme zwischen Ostsee und Prager Becken wurden auch nicht gezielt ausgerottet, sie wurden gewaltsam christianisiert und manchmal assimiliert.

Die Durchschlagskraft dieses europäischen Kolonialisierungsprozesses macht sich auch nicht allein an den damit verbundenen Bevölkerungsbewegungen fest, sondern mindestens ebenso sehr an der Ausbreitung von Siedlungs- und Flurformen, technischen Neuerungen und Stadtrechten. Deutsches Stadtrecht, allen voran das Magdeburgische Stadtrecht, fand Ausbreitung bis zum Ural, ohne dass damit auch eine deutsche Siedlungsbewegung in diesen Räumen verbunden gewesen wäre. Die Neuerungen der Dreifelderwirtschaft, der Eisenpflug, das Kummet, das Stadtrecht – diese und andere technische und rechtliche Verbesserungen verbreiteten sich, waren sie erst einmal in slawischen Gebieten von Westeuropäern hei-

misch gemacht worden, auch unabhängig von deren nationaler Trägerschaft weiter nach Osten.

Der Erfolg des Kolonialisierungsprozesses ist deshalb nicht auf nationale Anteile zurückzuführen, sondern darauf, dass der Landesausbau allen Vorteile brachte: den Bauern höhere Erträge, den Städtern größere Freiheiten und den Landesherren zusätzliche Einnahmen. Der Streit der Historiker konnte auf dieser gemeinsamen Einsicht seit Ende der 1980er Jahre beigelegt werden.

Der Deutsche Orden im 14. und 15. Jahrhundert

Der Staat des Deutschen Ordens um 1410
- Gebiet des Deutschen Ordens bis 1309
- Gebiet der Bischöfe 1309 u. spät. Erw.
- Stadtmark von Riga (bis 1330 zu Ebm. Riga, 1330 zum Deutschen Orden)
- Spätere Erwerbungen des Dt. Ordens
- Grenze des Ordensstaates 1398
- Grenze des Ordensstaates 1422
- Marienburg (1309–1457 Hochmeister)

D. = Bm. Dorpat   P. = Bm. Pomesanien
E. = Bm. Ermland   R. = Erzbm. Riga
K. = Bm. Kurland   S. = Bm. Samland
Km. = Bm. Kulm

Stehende Jahreszahlen bezeichnen Besitzverhältnisse, liegende bei Orten die Gründung.

1 : 7 000 000

Schloss und Stadt Marienburg um 1450
H. = Hochmeisterpalast

Bevölkerungsentwicklung in Europa im Mittelalter

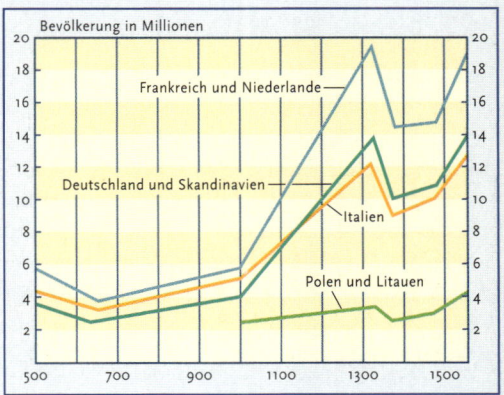

Bevölkerung in Millionen

Frankreich und Niederlande
Deutschland und Skandinavien
Italien
Polen und Litauen

Dorf- und Hufenformen in der europäischen Ostkolonisation

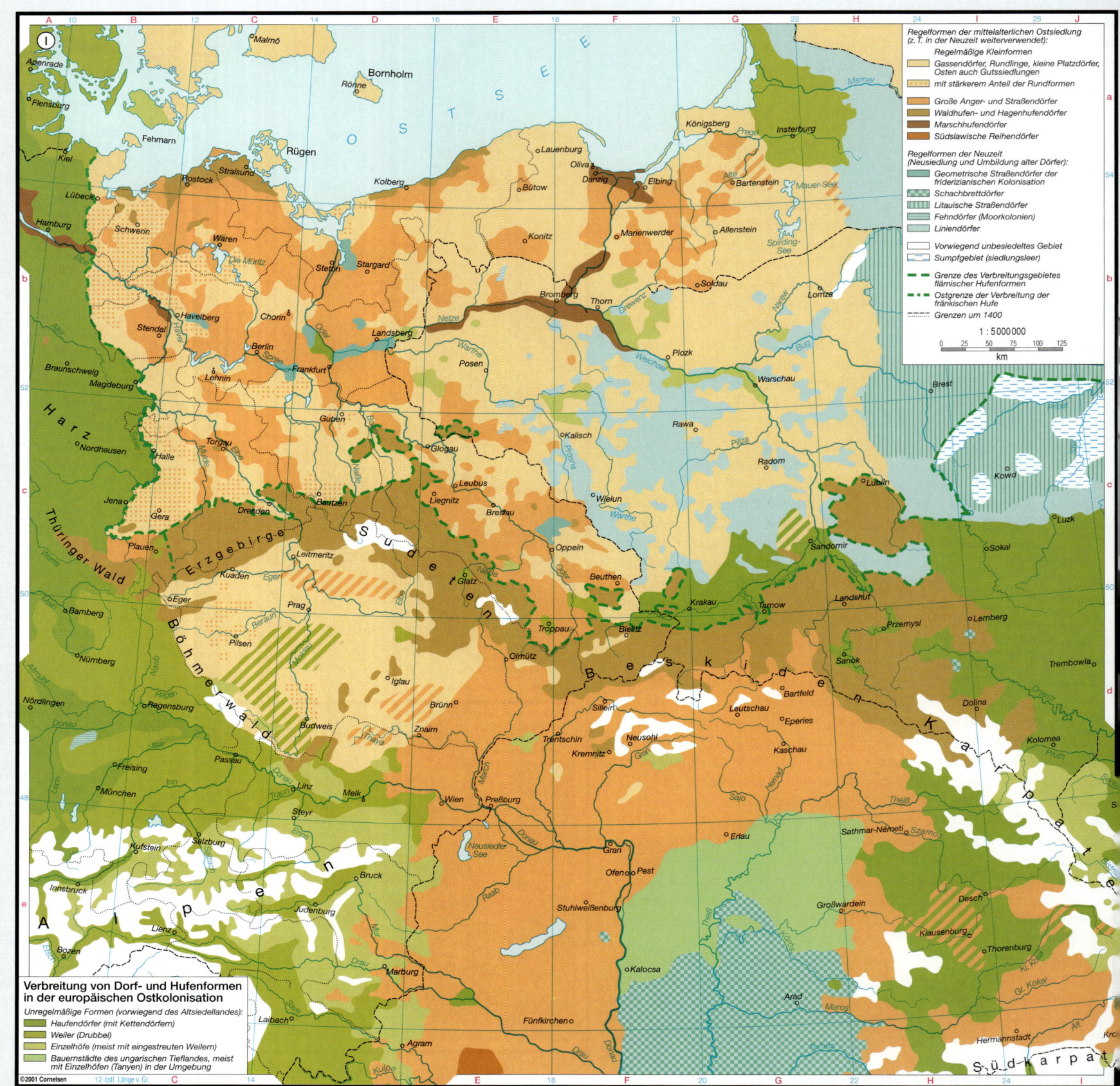

Regelformen der mittelalterlichen Ostsiedlung (z. T. in der Neuzeit weiterverwendet):
Regelmäßige Kleinformen
Gassendörfer, Rundlinge, kleine Platzdörfer, Osten auch Gutssiedlungen
mit stärkerem Anteil der Rundformen
Große Anger- und Straßendörfer
Waldhufen- und Hagenhufendörfer
Marschhufendörfer
Südslawische Reihendörfer
Regelformen der Neuzeit (Neusiedlung und Umbildung alter Dörfer):
Geometrische Straßendörfer der friderizianischen Kolonisation
Schachbrettdörfer
Litauische Straßendörfer
Fehndörfer (Moorkolonien)
Liniendörfer
Vorwiegend unbesiedeltes Gebiet
Sumpfgebiet (siedlungsleer)
Grenze des Verbreitungsgebietes flämischer Hufenformen
Ostgrenze der Verbreitung der fränkischen Hufe
Grenzen um 1400
1 : 5000000
0 25 50 75 100 125
km
Verbreitung von Dorf- und Hufenformen in der europäischen Ostkolonisation
Unregelmäßige Formen (vorwiegend des Altsiedellandes):
Haufendörfer (mit Kettendörfern)
Weiler (Drubbel)
Einzelhöfe (meist mit eingestreuten Weilern)
Bauernstädte des ungarischen Tieflandes, meist mit Einzelhöfen (Tanyen) in der Umgebung
©2001 Cornelsen
12 östl. Länge v. Gr.
O S T S E E
Bornholm
Rügen
Fehmarn
Malmö
Flensburg
Kiel
Lübeck
Hamburg
Rostock
Stralsund
Schwerin
Stettin
Kolberg
Lauenburg
Danzig
Elbing
Königsberg
Insterburg
Marienwerder
Bromberg
Thorn
Berlin
Frankfurt
Posen
Warschau
Brest
Magdeburg
Harz
Halle
Leipzig
Breslau
Liegnitz
Glogau
Krakau
Lublin
Erzgebirge
Thüringer Wald
Böhmerwald
Sudeten
Beskiden
Karpaten
Prag
Pilsen
Nürnberg
Regensburg
München
Passau
Linz
Wien
Preßburg
Brünn
Olmütz
Lemberg
Ofen
Pest
Gran
Kaschau
Großwardein
Klausenburg
Hermannstadt
Agram
Laibach
Bozen
Lienz
Innsbruck
Salzburg
Alpen
Südkarpaten

Dreifelderwirtschaft und Flurzwang

Jahrhundertelang bearbeiteten die Bauern ihre Äcker immer auf die gleiche Art: Sie teilten ihr Land in zwei gleich große Teile. Eine Hälfte wurde beackert, die andere ließ man brach liegen. So konnte sich der Boden auf der brachliegenden Hälfte erholen (Zweifelderwirtschaft). Seit dem 8.–10. Jahrhundert setzte sich in ganz Europa aber eine neue Art der Bodennutzung durch: die Dreifelderwirtschaft. Den ersten der drei gleich großen Feldanteile bestellte man nun mit Wintergetreide (Weizen, Roggen oder Gerste), den zweiten mit Sommergetreide (Hafer oder Gerste) und die Brache nutzte man als Viehweide. Bei der Dreifelderwirtschaft fielen nicht nur die Erträge dank zweimaliger Ernte im Jahr insgesamt höher aus, die verschiedenen Feldarbeiten konnten auch ökonomischer über das Jahr verteilt werden, die Wetterabhängigkeit der Jahreserträge wurde durch den Anbau zweier verschiedener Saaten etwas reduziert und die brachliegenden Felder wurden vom weidenden Vieh auf natürlichem Wege gedüngt.

Doch ergaben sich durch die Dreifelderwirtschaft auch Probleme. Mancher Bauer konnte zum Beispiel nur über Nachbaräcker sein eigenes Feld erreichen, um den Acker etwa für die Einsaat des Sommergetreides umzupflügen. Stand aber auf dem Nachbaracker noch Wintergetreide, konnte er im Frühjahr seinen Acker nicht pflügen. Deshalb teilte man das Ackerland einer Dorfgemeinde in Gewanne ein, die jeweils einem der Dreifelder-Schritte gewidmet waren. Jeder Bauer erhielt in den entsprechenden Gewannen seinen Ackeranteil. Die Dorfgemeinschaft bzw. der Dorfvorsteher setzten fest, wann gesät oder geerntet wurde. An diese Ordnung, den so genannten Flurzwang, hatte sich jeder zu halten. So wurden die bäuerlichen Arbeitsabläufe erstmals in größerem Maßstab koordiniert, ein wichtiger Schritt der Rationalisierung des europäischen Agrarwesens.

Dorf- und Flurformen

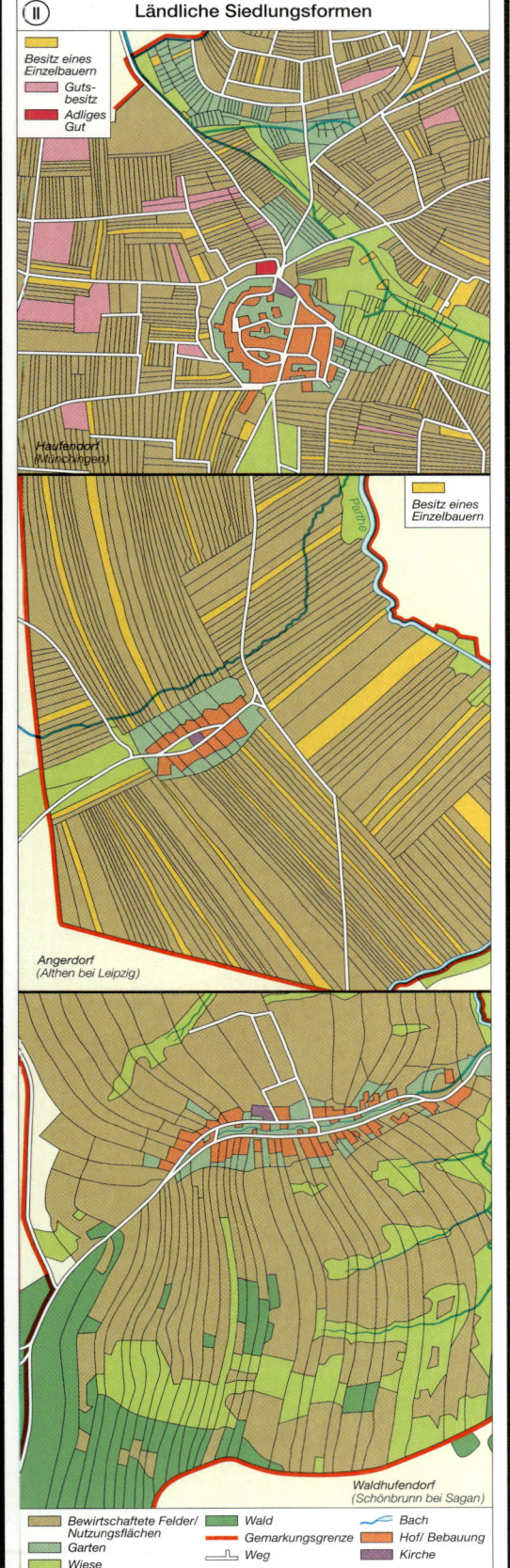

Ländliche Siedlungsformen

II

Besitz eines Einzelbauern
Guts- besitz
Adliges Gut

Besitz eines Einzelbauern

Haufendorf (München bei)

Angerdorf (Althen bei Leipzig)

Waldhufendorf (Schönbrunn bei Sagan)

Bewirtschaftete Felder/ Nutzungsflächen
Garten
Wiese
Wald
Gemarkungsgrenze
Weg
Bach
Hof/ Bebauung
Kirche

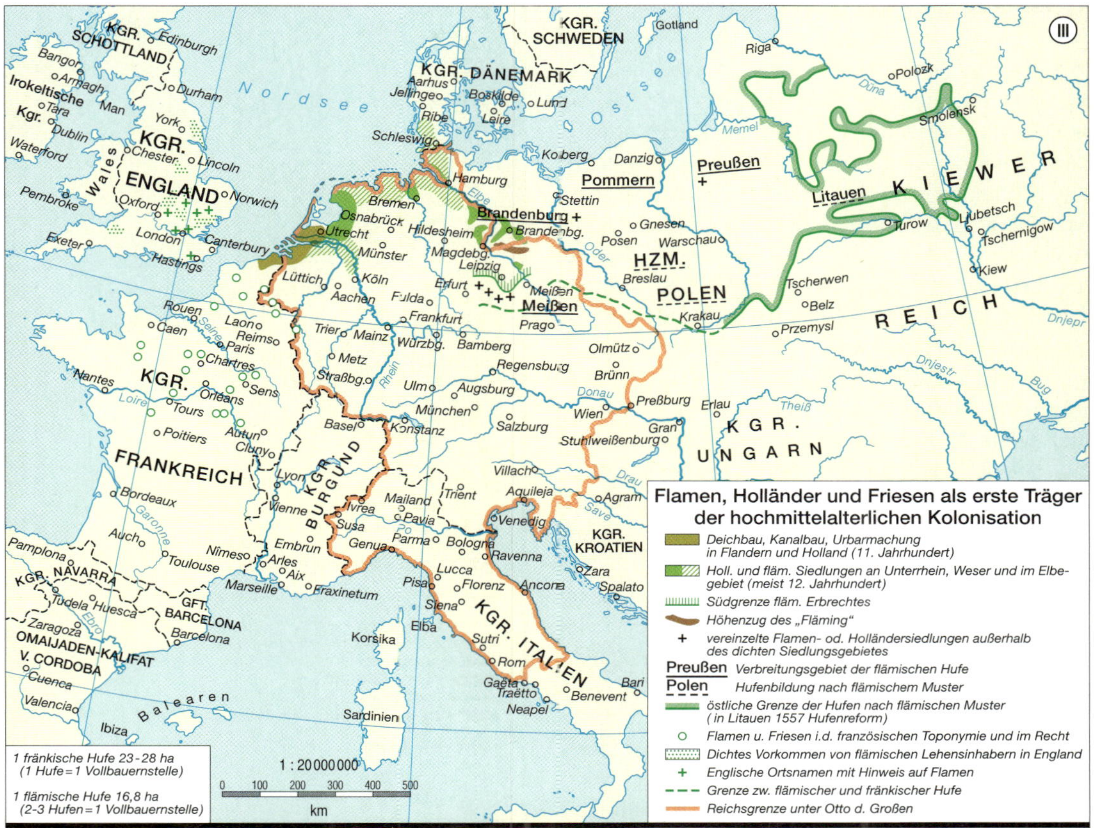

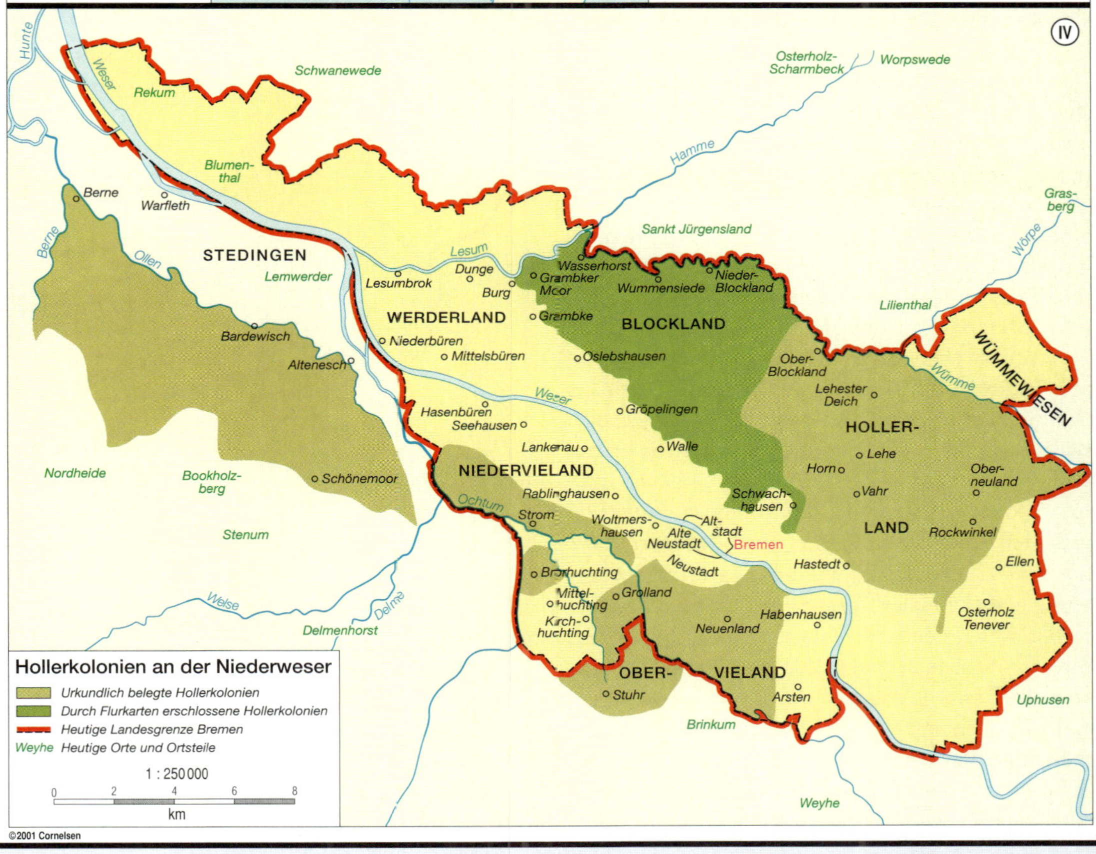

Die Zwei- und Dreifelderwirtschaft

A	Feld 1	Feld 2
1. Jahr	Getreide	Brache
2. Jahr	Brache	Getreide
3. Jahr	Getreide	Brache

B	Feld 1	Feld 2	Feld 3
1. Jahr	Winter-Getreide	Sommer-Getreide	Brache
2. Jahr	Sommer-Getreide	Brache	Winter-Getreide
3. Jahr	Brache	Winter-Getreide	Sommer-Getreide

Anfänge der hochmittelalterlichen Kolonisation

Flamen, Holländer und Friesen als erste Träger der hochmittelalterlichen Kolonisation

Deichbau, Kanalbau, Urbarmachung in Flandern und Holland (11. Jahrhundert)

Holl. und fläm. Siedlungen an Unterrhein, Weser und im Elbe- gebiet (meist 12. Jahrhundert)

Südgrenze fläm. Erbrechtes

Höhenzug des „Fläming"

vereinzelte Flamen- od. Holländersiedlungen außerhalb des dichten Siedlungsgebietes

Preußen *Verbreitungsgebiet der flämischen Hufe*

Polen *Hufenbildung nach flämischem Muster*

östliche Grenze der Hufen nach flämischem Muster (in Litauen 1557 Hufenreform)

Flamen u. Friesen i.d. französischen Toponymie und im Recht

Dichtes Vorkommen von flämischen Lehensinhabern in England

Englische Ortsnamen mit Hinweis auf Flamen

Grenze zw. flämischer und fränkischer Hufe

Reichsgrenze unter Otto d. Großen

1 fränkische Hufe 23–28 ha
(1 Hufe = Vollbauernstelle)

1 flämische Hufe 16,8 ha
(2–3 Hufen = 1 Vollbauernstelle)

1 : 20 000 000

0 100 200 300 400 500
km

Hollerkolonien an der Niederweser

Urkundlich belegte Hollerkolonien

Durch Flurkarten erschlossene Hollerkolonien

Heutige Landesgrenze Bremen

Weyhe Heutige Orte und Ortsteile

1 : 250 000

0 2 4 6 8
km

©2001 Cornelsen

Die Hufe in der europäischen Ostbewegung

Der Hufen-Begriff (lat.: *mansus*) bezeichnete seit dem 7. Jahrhundert die Hofstätte einer bäuerlichen Familie mit dem zum Lebensunterhalt notwendigen Anteil an Ackerland. So bildete die Hufe seit fränkischer Zeit auch die rechnerische Grundeinheit bei der Zumessung von Diensten und Abgaben im System der Grundherrschaft. Die Hufe war aber kein festes Flächen- und Abgabenmaß. In Bayern etwa betrugen die Hufe des Leibeigenen ca. 12 ha, die des Freien 15 ha und die so genannte königliche Hufe 40 ha und mehr.

Für das Altsiedelland gesamt galt ein Durchschnittswert von 10 bis 12 ha. Im Bereich der Ostsiedlung dominierten aber die fränkische und flämische Hufe. Auch sie variierten stark in ihren Maßen, doch ist der flämischen Hufe ein Durchschnittsmaß von 16,5 ha, der fränkischen von 23 bis 28 ha zuzumessen. Siedler in der nördlichen Tiefebene bekamen oft zwei oder mehr Hufen zugeteilt, während in den Gegenden mit dichter slawischer Bevölkerung oder dort, wo die Fluren nach deutschem Recht umgestellt wurden, manchmal nur eine oder eine halbe Hufe ausgegeben wurden.

Indien vom 7. bis 15. Jahrhundert

Das Sultanat von Delhi (1206–1351)

Die politische Zersplitterung Indiens reizte die islamischen Herrscher aus Afghanistan, wiederholt zu Vorstößen in den Norden des Subkontinents einzufallen. Begonnen hatten diese Einfälle bereits unter dem militanten Muslimherrscher Mahmud von Ghazna, der von 999 bis 1030 weite Teile Nordindiens durch Raubzüge verheerte, sich aber stets auf seine Machtbasis nach Afghanistan zurückzog. Ähnlich verfuhr Mohammed von Ghor (1162–1206), der seinerseits das Ghaznawiden-Reich vernichtete, 1192 in der Schlacht von Taraori ein Bündnis von Hindu-Kleinfürsten bezwang und Delhi eroberte. Als Statthalter setzte er hier seinen Sklaven Kutub-ud Din Aibak ein, der seinen Herren freilich schnell beseitigte und 1206 das souveräne Sultanat Delhi errichtete, das 1221 den Vorstoß Dschingis Khans zum Indus überstand und sich über zwei Jahrhunderte hielt. Der strategisch günstige Standort der Stadt sicherte dem Sultanat die Vormacht in Nordindien und ermöglichte den Sultanen, besonders Ala-ud Din Khilji (Aladin Khalji) und seinem General Malik Kufur, um 1300 erfolgreiche Vorstöße nach Mittel- und Südindien. Mongolische Einfälle im Nordwesten des Sultanats konnten abgewehrt werden.

Das Sultanat von Delhi, eine theokratische Militärdespotie, kannte keine Erbfolgeordnung, was wiederholt dynastische Thronkämpfe nach sich zog. Das so genannte Jagir-System verhinderte auch die Entstehung eines erblichen Feudaladels, weil Lehen nur personengebunden und zeitlich befristet an hohe Beamte vergeben wurden – Türken, Mongolen, Inder, Araber und andere, die aus ihren Gebieten fast die Hälfte aller Erträge als Steuern und Abgaben herauspressten.

Kaufleute indes lebten in relativem Wohlstand, den ihnen der Handel mit der islamischen Welt im Mittelmeerraum bis nach Ägypten eintrug. Die bevorzugten Handelsgüter waren Textilien aus Bengalen, Tuch aus Kaschmir, Teppiche aus Lahore und Zucker. Deshalb bestanden in der Jagir-Ordnung scharfe soziale Kontraste zwischen der islamischen (zum Teil auch indischen) Herrscherschicht, den arabisch-indischen Kaufleuten und den indischen Handwerkern bzw. Bauern. Der indische Buddhismus wurde mit der Zerstörung seiner Klöster, Tempel und Schriften zu dieser Zeit weitgehend zerschlagen. Hindus, die den Moslems – anders als die Buddhisten – nicht als Heiden galten, hatten dagegen nur eine Sondersteuer (Jzya) zu leisten und blieben ansonsten religiös relativ unbehelligt. Das Verhältnis zwischen Moslems und Hindus war allerdings von der politisch-religiösen Toleranz des jeweiligen Sultans abhängig.

Unter Sultan Mohammed Tugluk (1325–1351) erreichte das Sultanat Delhi den Zenit islamischer Macht auf dem Subkontinent. Tugluks Reich war allerdings zu groß, um es noch von dem inzwischen peripheren Delhi aus beherrschen zu können. Er verlegte seine Residenz deshalb nach Daulatabad im Hochland des Dekkhan, um dort von einer unangreifbaren Bergfestung aus den Norden und Süden Indiens zu beherrschen. Schon 1339 musste er aber nach Nordindien zurückkehren, um das Abfallen seiner dortigen Hausmacht zu verhindern. Auf dieses Zeichen der Schwäche reagierten die regionalen Herren in Südindien ihrerseits mit der Errichtung unabhängiger Sultanate.

Die größte dieser abtrünnigen Herrschaften war das 1340 gebildete Hindu-Reich Vijayanagar, das aktiv den Islam bekämpfte und sich in den ständigen Kriegen gegen das 1347 entstandene moslemische Bahmani-Reich aufrieb und um 1490 in fünf Sultanate zerfiel, die ihrerseits 1527 unter die Herrschaft des Mogulreiches gerieten.

Das Sultanat von Delhi verlor nach dem Abfall Südindiens trotz einer kurzen Renaissance unter Firuz III. (1351–88) rasch an Einfluss und wurde durch den Einfall des Mongolenherrschers Timur Lenk (1398/1399), der Delhi vollständig zerstörte, für längere Zeit bedeutungslos.

Das Mogulreich und die Marathen

Nach dem Niedergang der türkischen Stämme errang das Sultanat unter Sikander Lodi (1489–1517) neuerlich eine dominante Stellung in Nordindien, wurde aber 1526 vom Timuriden Babur in der Entscheidungsschlacht von Panipat vernichtend geschlagen. Dieser Niederlage folgte die zügige Unterwerfung Nordindiens. Damit begann die Herrschaft der Mogul-Dynastie in Indien. Babur zog sich aber nach seinen wiederholten Eroberungen hier immer wieder nach Kabul zurück. Erst der Afghane Sher Shah (1539–1545), der sich kurzfristig des Mogul-Throns

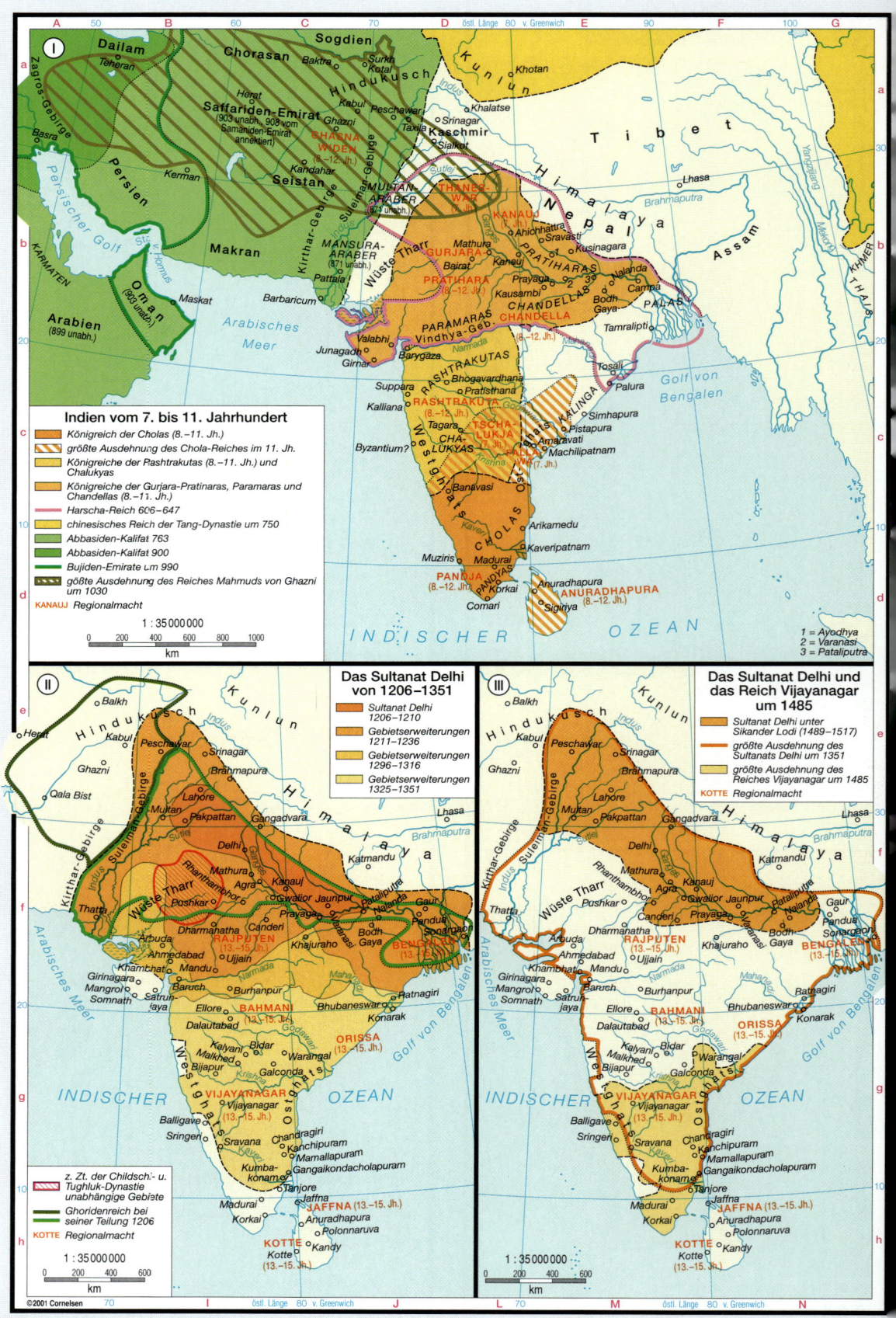

Indien vom 7. bis 11. Jahrhundert
- Königreich der Cholas (8.–11. Jh.)
- größte Ausdehnung des Chola-Reiches im 11. Jh.
- Königreiche der Pashtrakutas (8.–11. Jh.) und Chalukyas
- Königreiche der Gurjara-Pratinaras, Paramaras und Chandellas (8.–11. Jh.)
- Harsha-Reich 606–647
- chinesisches Reich der Tang-Dynastie um 750
- Abbasiden-Kalifat 763
- Abbasiden-Kalifat 900
- Bujiden-Emirate um 990
- größte Ausdehnung des Reiches Mahmuds von Ghazni um 1030
- KANAUJ Regionalmacht

1 : 35 000 000
1 = Ayodhya
2 = Varanasi
3 = Pataliputra

Das Sultanat Delhi von 1206–1351
- Sultanat Delhi 1206–1210
- Gebietserweiterungen 1211–1236
- Gebietserweiterungen 1296–1316
- Gebietserweiterungen 1325–1351
- z. Zt. der Childzsil.- u. Tughluk-Dynastie unabhängige Gebiete
- Ghoridenreich bei seiner Teilung 1206
- KOTTE Regionalmacht

1 : 35 000 000

Das Sultanat Delhi und das Reich Vijayanagar um 1485
- Sultanat Delhi unter Sikander Lodi (1489–1517)
- größte Ausdehnung des Sultanats Delhi um 1351
- größte Ausdehnung des Reiches Vijayanagar um 1485
- KOTTE Regionalmacht

©2001 Cornelsen

Indien vom 16. bis 18. Jahrhundert

Das Mogulreich von 1500 bis 1707

- Mogulreich um 1525
- Eroberungen bis 1539
- Eroberungen bis 1605 (Tod Akbars)
- Eroberungen bis 1707 (Tod Aurangzibs)
- strittig
- Marathenreich um 1680 (beim Tod Shivajis)
- KOTTE Regionalmacht (13.–15. Jh.)

Stämme und Dynastien:
- Sikh der Mogulherrschaft gegenüber loyale Dynastien
- Sur der Mogulherrschaft gegenüber oppositionelle Dynastien

Europäische Handelsniederlassungen 1707:
- britisch
- niederländisch
- dänisch
- portugiesisch
- französisch

1 : 35 000 000
0 200 400 600 800 1000 km

Das Marathenreich und die Mogul-Fürstenstaaten von 1707 bis 1785

- Marathenreich um 1707
- Gebietsgewinne 1708–1761
- Gebietsgewinne 1762–1785
- Gebiete unter Hegemonieanspruch des Marathenreiches
- Mysore unter Haidar Ali um 1780
- Gebiet des Nyzam von Hyderabad um 1780
- britisches Kolonialgebiet 1785
- niederländisches Kolonialgebiet 1785

Europäische Handelsstationen 1785:
- britisch
- niederländisch
- dänisch
- portugiesisch
- französisch

1 = MALABAR   2 = COCHIN

1 : 35 000 000
0 200 400 600 800 1000 km

© 2001 Cornelsen

sprechenden Grundsteueraufkommen entsprach. Bei Beförderung oder Degradierung wechselte auch das Gebiet. Akbar selbst ernannte und beförderte die Spitzen dieser Militärhierarchie, die er somit auch jederzeit kontrollierte. Dies trug ebenso zur Stabilisierung der Mogulmacht bei wie die Förderung von Ehen mit Hindu-Prinzessinnen und die Übernahme von Hindus in den Staatsdienst.

Die weitgehende Monetisierung des Mogulreichs unter Akbar und die Stabilität der Silberrupie stützten die herrschende Schicht zusätzlich, weil sie die Erhebung der Grundsteuer und den interregionalen Handel erleichterten. Davon profitierten auch die nordindischen Städte, die während der Mogulherrschaft aufblühten und erst unter britischer Herrschaft verfielen. Das für die Münzprägung benötigte Edelmetall gelangte aus den Bergwerken Südamerikas nach Europa und von dort nach Indien.

Unter dem letzten bedeutenden Mogulherrscher, dem fanatischen Moslem Aurangzeb (1658–1707) erreichte das Mogulreich 1691 seine größte Ausdehnung. Gleichzeitig aber forcierte Aurangzeb die religiöse Verfolgung der Hindus mit Tempelzerstörungen in Nordindien, erneuerte deren Sondersteuer Jzya und führte wiederholt Angriffe auf Hindu-Vasallen (z. B. in der Stadt Jaipur). Dies destabilisierte in kürzester Zeit den mühsam gewonnenen inneren Zusammenhalt des Reiches.

Die Hindus reagierten mit Aufständen, außerdem fielen die Sikhs, eine kriegerisch-religiöse Sekte im Pandschab, vom Mogulreich ab und aus den Radschputen-Staaten (Hindu-Vasallen) entwickelte sich die Front der Marathen-Staaten, vermutlich Ureinwohner des Dekkhans, die durch Shivaji (1646–1680) militärisch geeint worden waren. Aus seinem Kerngebiet um Puna stieß Shivaji immer wieder gegen reiche Mogulstädte, wie etwa Surat, die reichste Stadt des Mogulreiches, vor und plünderte sie um sein Heer zu unterhalten. Die Marathen entwickelten also ein Raubstaatssystem, das dem inzwischen überlebten Militärfeudalismus der Mogulherrscher strukturell und militärisch überlegen war. Wie diese erhoben die Marathenherrscher zwar auch eine Grundsteuer, die sogenannte „chauth", aber die betreffenden Bauern empfanden sie als weniger drückend, weil sie nur ein Viertel der in einem eroberten Gebiet üblichen Grundsteuerabgaben betrug.

Der Einfall des persischen Herrschers Nadir Shah in Nordindien 1739 deckte die innere Schwäche des Mogulreichs auf. Delhi wurde geplündert, Thron und Kronjuwelen der Moguldynastie nach Persien verschleppt. Das Marathenreich im Süden nutzte die Gunst der Stunde, um seine Position zusätzlich zu stabilisieren und den Einfluss auf benachbarte Kleinfürsten zu erweitern. Die Erben Shivajis stützten sich dabei in ihrer Regierungsführung auf brahmanische Minister (Peshwas), die ähnlich den Shogunen in Japan im Namen des Herrscherhauses regierten, aber praktisch die gesamte Macht besaßen. Besonders Baji Rao, der zweite Peshwa (1720–1740), ein hervorragender Administrator und genialer Feldherr, sicherte seinem Reich bis in die zweite Hälfte des 18. Jahrhunderts die Vorrangstellung in Indien. Mit der Niederlage gegen die Afghanen in der Schlacht bei Panipat 1761 begann aber der Abstieg des Marathenreiches, das schließlich dem kolonialen Vordringen der Engländer im letzten Viertel des 18. Jahrhunderts nichts Entscheidendes mehr entgegenzusetzen hatte.

bemächtigte, behandelte Indien im Gegensatz zu früheren islamischen Herrschern nicht mehr als bloßes Ausbeutungsobjekt, sondern machte es zu seinem Herrschaftsschwerpunkt. Ihm gelang es durch geschickte Verwaltungs- und Steuerpolitik sowie gestützt auf ein stehendes Heer und ein strenges Kontrollsystem, die Rivalitäten der Stammesklane weitgehend auszuschalten.

Die Herrschaft des mit 13 Jahren inthronisierten Mogulkaisers Akbar (1556–1605) war eine Glanzzeit indisch-islamischer Kultur, obwohl er gleichzeitig 41 Jahre lang unausgesetzt Eroberungskriege führte und Sind, Kandahar, Berar und Kandesh unterwarf.

Akbar entwickelte einen höfischen Stil, der weitgehend aus Persien übernommen war. Dieser betonte das dynastische Charisma Akbars und mehrte dadurch seine Macht gegenüber den Angehörigen des Militäradels: Ihnen allen wurden Ränge zugewiesen, nach denen sowohl ihr Dienstgrad als auch ihr Gehalt geregelt waren. Diese Ränge schrieben auch genau den Umfang des Kavallerieaufgebots vor, das der Inhaber zu stellen hatte. Dieses Schema wurde „mansab" genannt und der darin eingeordnete Beamte oder Offizier hieß „mansabdar". Sein Einkommen bestand meist aus der Grundsteuer eines bestimmten Gebiets, das er nur so lange verwaltete wie sein Rang dem ent-

Chronologischer Überblick über die chinesischen Dynastien bis zum 17. Jahrhundert

Westliche Jin-Dynastie	265–316
Östliche Jin-Dynastie	317–420
Südliche und Nördliche Jin-Dynastien	420–589
Sui-Dynastie	581–618
Tang-Dynastie	618–907
Zeit der „Fünf Dynastien und Zehn Reiche"	907–960
Nördliche Song-Dynastie	960–1127
Südliche Song-Dynastie	1127–1279
Liao-Dynastie	916–1119
Jin-Dynastie	1115–1234
Yuan-Dynastie (Mongolen)	1279–1368
Ming-Dynastie	1368–1644
Qing-Dynastie (Mandschu)	1644–1911

China vom 3. bis zum 17. Jahrhundert

280 die im Reich Wei herrschende Jin-Dynastie vereint China durch die Eroberung des Reiches Wu

291–306 der Norden Chinas zerfällt erneut unter dem Druck der Xiongnu

um 300 in Japan bilden sich Staaten heraus

366 japanische Eroberungen auf der koreanischen Halbinsel (bis 562)

386 Tuoba-Nomaden dringen in Nordchina ein

407–449 Feldzüge der Tuoba gegen die Juan-juan

439 das unter der Herrschaft der Tuoba stehende Reich Wei schließt die Eroberung Nordchinas ab

534 das Tuoba-Reich Wei spaltet sich in ein westliches und ein östliches Teilreich auf

541–547 erfolglose Erhebungen der austroasiatischen Vietnamesen gegen die chinesische Fremdherrschaft

557 in West-Wei gelangt die nördliche Zhou-Dynastie an die Macht

562 Silla vertreibt die Japaner von der koreanischen Halbinsel, in deren Süden das Yamato-Reich seit 366 ein größeres Okkupationsgebiet gehalten hat

581 Yang Chien stürzt die nördliche Zhou-Dynastie und begründet die Sui-Dynastie; bis 589 gelingt es ihm, China unter seiner Herrschaft wieder zu vereinen

593–622 nach chinesischem Vorbild wird unter Fürst Shotoku auch in Japan erstmals ein zentralistischer Staat aufgebaut

um 600 die Schwäche Chinas nutzend gründen Thai-sprachige Völker aus dem Gebiet der heutigen Provinz Yün-nan mehrere unabhängige Reiche, das mächtigste unter ihnen: Nanzhao; zur gleichen Zeit entsteht auch das Reich Tibet, das um 800 seine größte Ausdehnung erreicht

611–614 chinesischer Versuch der Eroberung des Reiches Koguryo scheitert und schwächt die Sui-Dynastie entscheidend

618 Li Yüan begründet die Tang-Dynastie

620 der chinesische Seehandel reicht bis Afrika (Münzfunde)

640–659 China expandiert nach Zentralasien

676 das Reich Silla erobert die Vorherrschaft in Korea (bis 780)

751 Sieg der mit Taschkent verbündeten Araber am Talas-Fluss über chinesische Truppen

755–763 Sturz der Zentralregierung durch einen Aufstand unter An Lu-Shan

780 Zusammenbruch des Silla-Reiches in Korea

791 nach der Niederlage eines chinesischen Heeres und verbündeter Truppen der türkischen Uiguren-Nomaden bei Tingzhou verliert China die Hoheit über den Gansu-Korridor

874–884 große Bauernaufstände befördern den Niedergang der Tang-Dynastie

907 Zusammenbruch der Tang-Dynastie; Zerfall Chinas in die „Fünf Dynastien und Zehn Reiche"

936 Gründung des Königreiches Koryo („Korea")

939 das vietnamesische Reich Annam erreicht die Unabhängigkeit von China

960–979 Kaiser Song Tai-tsong gelingt die neuerliche Vereinigung Chinas

1117–1124 die Dschurdschen zerschlagen das Kitan-Reich Liao und gründen das Reich der Jin-Dynastie

1127 nach der Eroberung Kaifengs durch die Dschurdschen verlegen die Song ihre Hauptstadt nach Hangzhou

1211 Beginn der Mongolenzüge gegen das Dschurdschen-Reich der Jin

1215 mongolische Eroberung Dadus (Peking)

1218 die Mongolen erobern das Reich Kara-Kitai

China vom 6. bis 9. Jahrhundert

China im 6. Jahrhundert
- das Tuoba-Reich Wei um 500
- das Reich der nördlichen Zhou-Dynastie (420–589) um 555
- das Reich der Sui-Dynastie (589–618) um 600
- Königreich Koguryo (668 von der chinesischen Tang-Dynastie zerschlagen)
- Königreich Silla
- Königreich Paekche (668 von der chinesischen Tang-Dynastie zerschlagen)
- Koreanisches Okkupationsgebiet des japanischen Yamato-Reiches (366–562)
- unabhängige Thai-Stämme (um 600) Gründung des Königreiches Nanzhao
- Westtürkisches Reich um 600
- Osttürkisches Reich (585–743) um 600

1 : 35 000 000

China vom 7. bis 9. Jahrhundert
- das Reich der Sui-Dynastie (589–618) um 600
- das Reich der Tang-Dynastie (618–907) um 750
- zeitweilige Ausdehnung des Tang-Reiches im 7. Jahrhundert
- Hauptstadt
- Sitz eines Militärgouverneurs (um 800)
- chinesische Garnison
- bedeutende Städte
- Aufstände gegen die Tang-Dynastie
- Grenzwehren bzw. Erdwälle
- Königreich Silla (676–935; ab 936: Koryo)
- Königreich Bohai 710–934
- Königreich Nanzhao (um 600 als Bündnis unabhängiger Thai-Stämme entstanden)
- Khmer-Reich
- Abbasiden-Kalifat um 751
- größte Ausdehnung des Königreiches Tibet (600–840) um 800

1 : 35 000 000

©2001 Cornelsen

China vom 10. bis 17. Jahrhundert

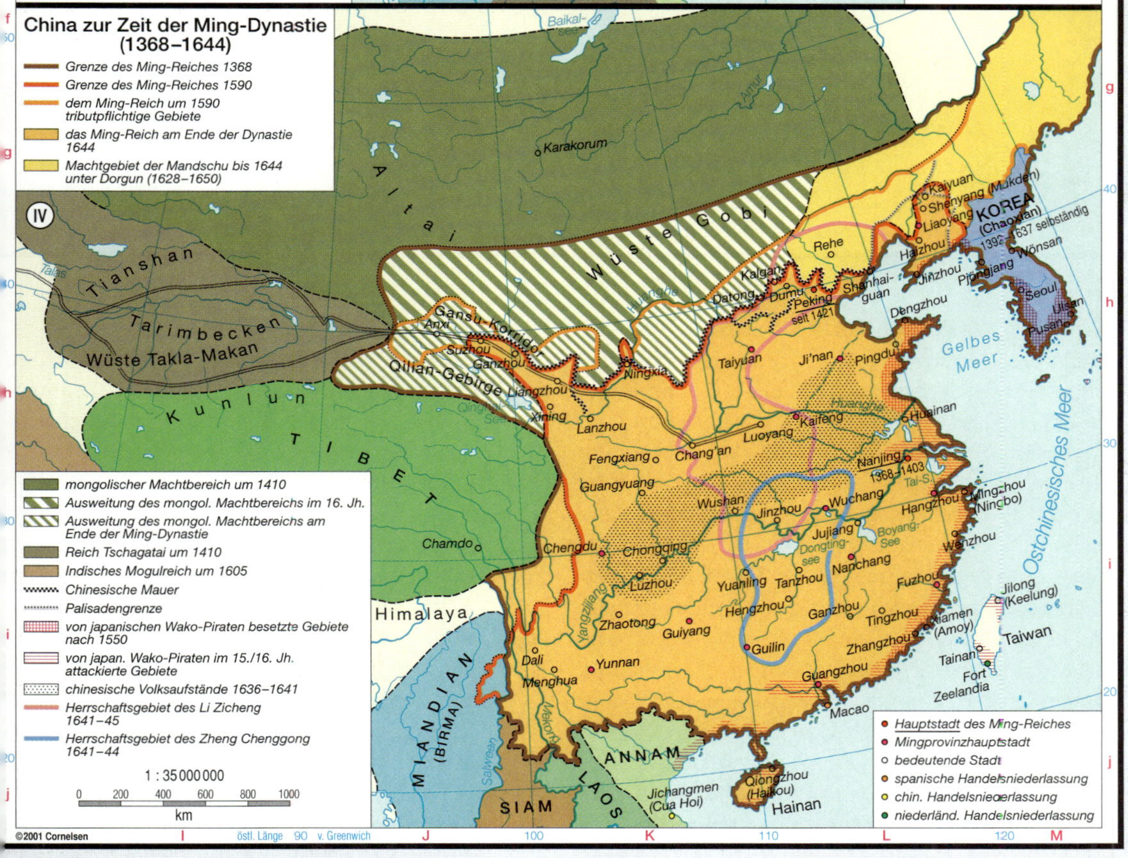

China um 920

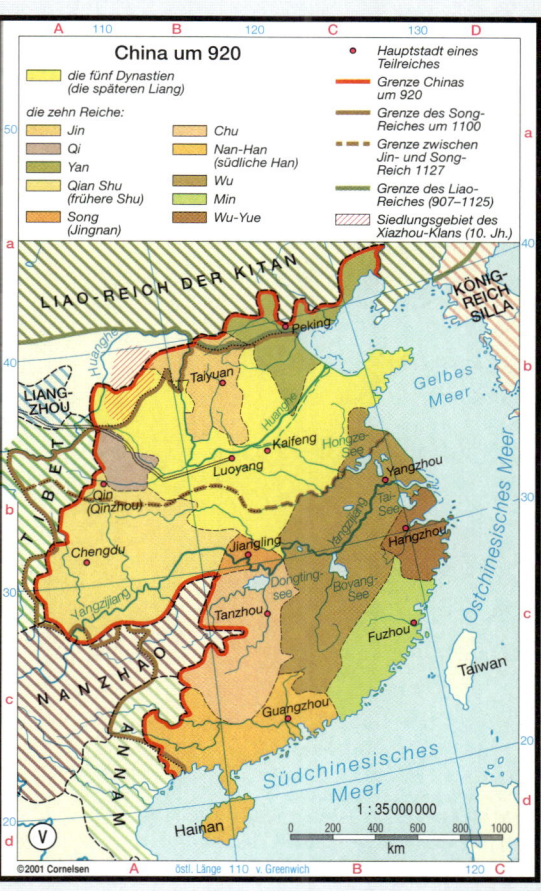

China um 920

die fünf Dynastien (die späteren Liang)

die zehn Reiche:
- Jin
- Qi
- Yan
- Qian Shu (frühere Shu)
- Song (Jingnan)
- Chu
- Nan-Han (südliche Han)
- Wu
- Min
- Wu-Yue

- Hauptstadt eines Teilreiches
- Grenze Chinas um 920
- Grenze des Song-Reiches um 1100
- Grenze zwischen Jin- und Song-Reich 1127
- Grenze des Liao-Reiches (907–1125)
- Siedlungsgebiet des Xiazhou-Klans (10. Jh.)

1 : 35 000 000

©2001 Cornelsen

China zur Zeit der Song-Dynastie (960–1279)

- Reich der Song-Dynastie um 1100
- Reich der südlichen Song-Dynastie 1127
- Reich der Jin-Dynastie (Dschurdschen) 1127
- Siedlungsgebiet des tangutischen Xiazhou-Klans im 10. Jh.
- Xi-Xia-Reich (Tanguten) 1127
- Liao-Reich der Kitan (Turkmongolen) 907–1125
- Stammgebiet der Mongolen im 12. Jh.
- Nanzhao-Reich (Thai)
- Annam-Reich (Vietnamesen)
- Reich von Pagan (Birma)
- Tibet
- Khmer-Reich
- Koryo

Kaifeng Song-Hauptstadt
- Hauptstadt eines Teilreiches
- Hauptstadt außerhalb Chinas
- wichtige Handelsstadt
- bedeutende Stadt
- bedeutende Schlacht

1 : 35 000 000

China zur Zeit der Ming-Dynastie (1368–1644)

- Grenze des Ming-Reiches 1368
- Grenze des Ming-Reiches 1590
- dem Ming-Reich um 1590 tributpflichtige Gebiete
- das Ming-Reich am Ende der Dynastie 1644
- Machtgebiet der Mandschu bis 1644 unter Dorgun (1628–1650)

- mongolischer Machtbereich um 1410
- Ausweitung des mongol. Machtbereichs im 16. Jh.
- Ausweitung des mongol. Machtbereichs am Ende der Ming-Dynastie
- Reich Tschagatai um 1410
- Indisches Mogulreich um 1605
- Chinesische Mauer
- Palisadengrenze
- von japanischen Wako-Piraten besetzte Gebiete nach 1550
- von japan. Wako-Piraten im 15./16. Jh. attackierte Gebiete
- chinesische Volksaufstände 1636–1641
- Herrschaftsgebiet des Li Zicheng 1641–45
- Herrschaftsgebiet des Zheng Chenggong 1641–44

- Hauptstadt des Ming-Reiches
- Mingprovinzhauptstadt
- bedeutende Stadt
- spanische Handelsniederlassung
- chin. Handelsniederlassung
- niederländ. Handelsniederlassung

1 : 35 000 000

©2001 Cornelsen

227 Tod Dschingis Khans auf einem Feldzug gegen das Reich der Jin

231–1260 die Mongolen unterwerfen die Koreaner, späterhin treue Verbündete

234 die Mongolen erobern das Jin-reich unter Dschingis Khans Sohn Ögädäi und unternehmen erste Expeditionen gegen das Song-Reich (Eroberung Kaifengs, das ab 1235 Hauptstadt des Mongolenreichs ist)

266 Peking wird Hauptstadt Khubilai Khans

268–1279 die Mongolen unter Khubilai Khan erobern das Song-Reich; der letzte Song-Kaiser begeht Selbstmord; Khubilai Khan begründet die mongolische Yuan-Dynastie

1275–1292 Marco Polo in China (sein Reisebericht sorgt 1295 in ganz Europa für Aufsehen)

1353 Ausbruch der Pest in China

1368 Eroberung Beijings durch Chu Yuan-chang, Begründer der Ming-Dynastie; Flucht des letzten Yuan-Kaisers nach Karakorum

1371 die Ming-Kaiser untersagen den Chinesen Auslandsreisen

1409–1424 erfolglose Feldzüge der Ming zur Unterwerfung der Mongolen

1449 Gefangennahme des Ming-Kaisers in Dumu durch oiratische Mongolen

1520 erster chinesisch-europäischer Handelskontakt der Neuzeit durch portugiesische Expeditionen

1523 ein Angriff der japanischen Wako-Piraten auf das Ming-Reich wird zurückgeschlagen

1542 Einfall der Mongolen in China unter Altan Khan

1550 chinesische Abwehr eines zweiten Invasionsversuchs der Mongolen

1552–1555 neuerliche Angriffe der Wako-Piraten und Belagerung Nanjings

1556 das folgenschwerste Erdbeben der chinesischen Geschichte fordert in der Provinz Shaanxi (das Gebiet zwischen Lanzhou und Chang'an) 850 000 Menschenleben

1592 und 1597 erfolglose japanische Invasionsversuche in Korea

1621 die Mandschu besetzen den mit einem „Weidenzaun" umfriedeten Siedlungsraum der Han-Chinesen in Liaodong

1627 Bauernaufstände in Mittel- und Nordchina

1627–1637 Eindringen der Mandschu in Korea und Entmachtung der mit der Ming-Dynastie verbündeten Herrschaft; 1636 proklamieren sich die Mandschu in Shenyang (Mukden) zur chinesischen Qing-Dynastie

1630–1640 die Gebiete nordöstlich der intensiv reparierten und ausgebauten „Großen Mauer" werden bereits weitgehend von den Mandschu beherrscht

1641 zwei Rebellenregime unter Li Zicheng und Zheng Chenggong rivalisieren in Zentralchina um die Macht; die Ming-Dynastie hat die Kontrolle über ihr Reich faktisch verloren

1644 die Mandschu vertreiben den letzten Ming-Kaiser aus Beijing und gründen die bis 1911 regierende Qing-Dynastie

Die Mongolenreiche von Dschingis Khan bis Timur im 13. und 14. Jahrhundert

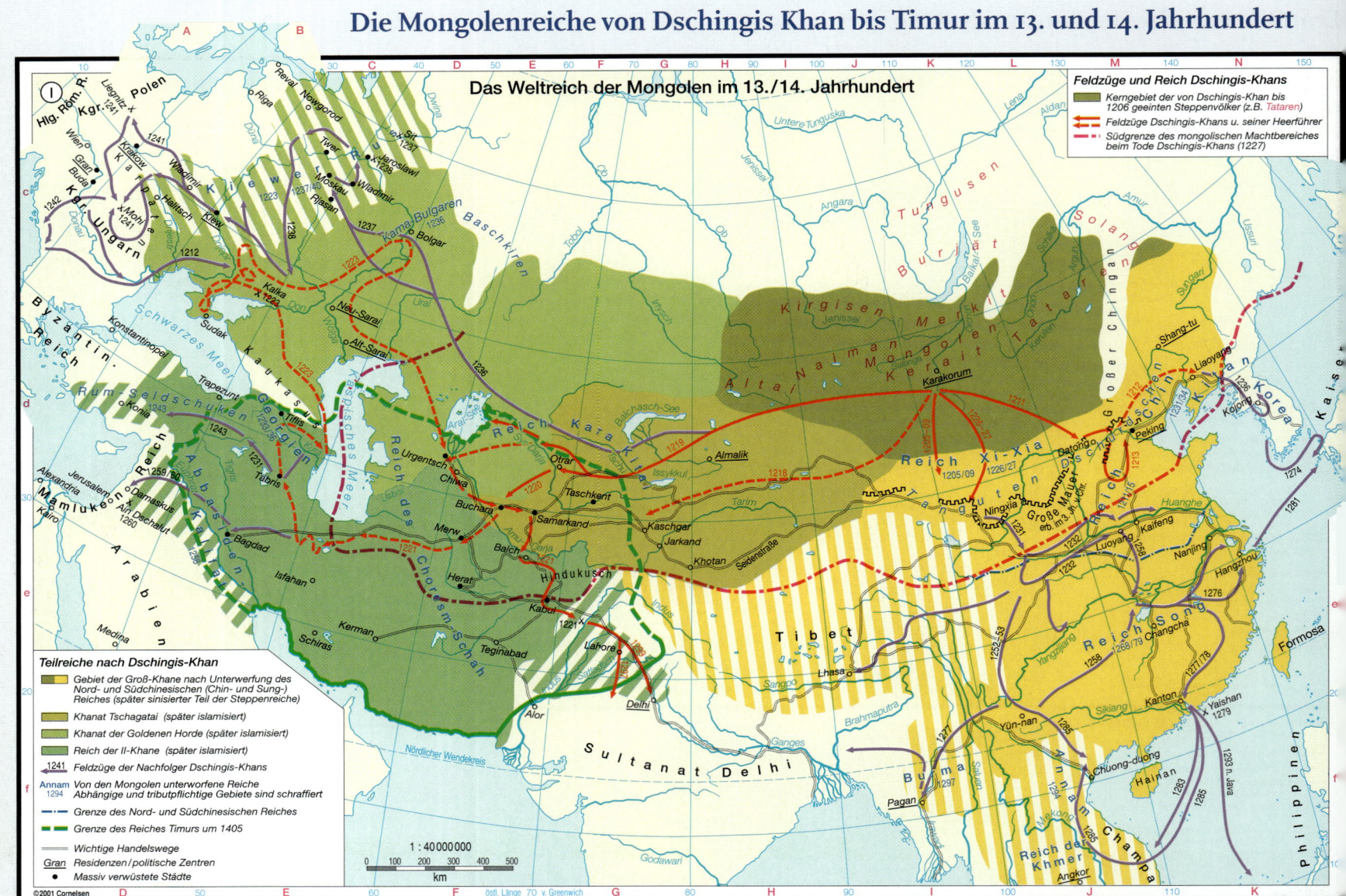

Das Weltreich der Mongolen im 13./14. Jahrhundert

Feldzüge und Reich Dschingis-Khans
- Kerngebiet der von Dschingis-Khan bis 1206 geeinten Steppenvölker (z.B. Tataren)
- Feldzüge Dschingis-Khans u. seiner Heerführer
- Südgrenze des mongolischen Machtbereiches beim Tode Dschingis-Khans (1227)

Teilreiche nach Dschingis-Khan
- Gebiet der Groß-Khane nach Unterwerfung des Nord- und Südchinesischen (Chin- und Sung-) Reiches (später sinisierter Teil der Steppenreiche)
- Khanat Tschagatai (später islamisiert)
- Khanat der Goldenen Horde (später islamisiert)
- Reich der Il-Khane (später islamisiert)
- 1241 Feldzüge der Nachfolger Dschingis-Khans
- Annam 1294 Von den Mongolen unterworfene Reiche Abhängige und tributpflichtige Gebiete sind schraffiert
- Grenze des Nord- und Südchinesischen Reiches
- Grenze des Reiches Timurs um 1405
- Wichtige Handelswege
- Gran Residenzen / politische Zentren
- Massiv verwüstete Städte

1 : 40 000 000
0 100 200 300 400 500 km

©2001 Cornelsen

Die Mongolen und der Beginn der Staatsbildung

Nach der Vertreibung der auf dem Territorium der heutigen Mongolei lebenden Turkvölker siedelten sich hier mongolisch sprechende Stammesverbände an. Bei den Nachbarvölkern hießen diese Stämme „Tataren". Ab der Vereinigung der mongolischen Stämme unter Dschingis Khan (1206–1227) nannten sie sich aber selbst offiziell „Mongolen" – offenbar als gemeinsamer Nenner der politisch gewünschten übergreifenden Identitätsbildung. Zeitgenössische persische, arabische und russische Autoren behielten freilich den Begriff „Tataren" bei, der sich bis heute in populären Geschichtsdarstellungen als Synonym für die Mongolen gehalten hat.

Seit dem 10. Jahrhundert hatten sich bei den mongolischen Stämmen, deren bedeutendste die Tataren, Taidshiut, Keräit, Naiman und Merkit waren, feudale Verhältnisse ausgebildet, die zu einer zunehmenden sozialen Differenzierung führten. Der relativ kleinen Nomadenaristokratie (Noyon) und ihren Gefolgsleuten (Nöker = Freund) stand eine große Zahl Abhängiger (Araten) gegenüber (von der Oberschicht als Charatschu = schwarze Knochen) bezeichnet.

Temüdshin, der früh verwaiste Sohn eines Noyon aus dem Stamme Taidshiut, beendete durch Überfälle auf Nachbarstämme und vernichtende militärische Schläge gegen seine innermongolischen Kontrahenten die andauernden Stammeskonflikte. Im Jahre 1206 wurde Temüdshin als einziger Machtanwärter am Ufer des Flusses Onan durch den Fürstenrat (Chural) zum Großkhan der Mongolen ernannt. Die Ausrufung des Herrschers erfolgte mit kaiserlich-imperialem Anspruch unter dem Titel Dschingis Khan. Dieser drückte den Anspruch auf Gleichstellung mit dem bislang ausschließlich für den chinesischen Kaiser verwendeten Begriff „Khaan" aus. Das politische Zentrum des Reiches war das große Hauptlager Karakorum in der nördlichen Mongolei.

Die nunmehr abgeschlossene Staatsbildung war gleichzeitig Voraussetzung für die folgende mongolische Expansion, deren Umfang, Reichweite und Brutalität in der Geschichte kaum Vergleichbares kennt. Von großer Bedeutung war aber auch die „Pax Mongolica", die die Sicherheit des Handels und diplomatischer Kontakte vor allem im Bereich der Großen Seidenstraße förderte. Ab 1335 zerfiel dieses größte Weltreich der Geschichte in mehrere Teilreiche.

1204–1206 Dschingis Khan (Temüdshin, * 1155/67, † 1227) eint die Mongolen

1209–1226 die Mongolen zerstören das Tanguten-Reich Xi-Xia

1211 Beginn der Mongolenzüge gegen das Dschurdschen-Reich Chin

1215 mongolische Eroberung Dadus (Peking)

1218–1219 Mongolen erobern das Reich Kara-Kitai

1219–1221 Dschingis Khan erobert das Reich der Charism-Schahs

1222–1223 erster Mongolenvorstoß nach Russland

1227 Tod Dschingis Khans auf einem Feldzug gegen das Chin-Reich

1229 die Mongolen unterwerfen Persien

1231–1260 die Mongolen unterwerfen die Koreaner

1234 die Mongolen erobern Chin unter Dschingis Khans Sohn Ögödei und unternehmen erste Expeditionen gegen das Song-Reich

1235 Karakorum wird Hauptstadt der Mongolen

1237–1241 mongolische Expansion nach Russland und Osteuropa; Russland bleibt den Mongolen rund 200 Jahre lang tributpflichtig (1480 Einstellung der Abgaben an die Goldene Horde)

1241 Teilung des Mongolenheeres – Sieg über das deutsch-polnische Heer bei Liegnitz und über das ungarische Aufgebot bei Mohi; auf die Nachricht vom Tode Ögödeis ziehen sich die Mongolen aber zurück; unter Großkhan Möngke (bis 1259) dann Zerfall des Mongolenreiches Batu Khan gründet das Khanat der Goldenen Horde (Reich Kiptschak), das 1313 islamisch wird

1251–1265 Hülegü erobert Persien und errichtet das mongolische Ilkhanat (ab 1295 islamisch)

1258 die Mongolen erstürmen Bagdad

1260 Niederlage der Mongolen bei Ain Dschalut (Goliathsquelle) gegen die Mameluken stoppt die Ausdehnung des Ilkhanats über den Euphrat

1266 Dadu (Peking) wird Hauptstadt Khubilai Khans

1268–1279 die Mongolen unter Khubilai Khan erobern das chinesische Song-Reich und begründen die mongolische Yüan-Dynastie

1336 Auflösung des Ilkhanats in Persien

1360–1405 Zweites Mongolenreich unter Timur Lenk, genannt Tamerlan

Das Osmanische Reich vom 14. bis 17. Jahrhundert

Das Osmanische Reich 1326–1683

- Osmanisches Reich 1326 (Tod Osmans)
- Osmanisches Reich vor dem Mongoleneinbruch 1402
- Osmanisches Reich 1451
- Erwerbungen Mohammeds II. (1451–81)
- Erwerbungen bis 1520 (Selim I. 1512–20)
- Erwerbungen Suleimans I. (1520–66)
- Erwerbungen bis 1683
- Teilweise beherrschtes Vorfeld gegen das Abendland 1664–83
- Vasallenstaaten in rechtsliegender Schraffur
- Bis 1683 wieder verlorene Gebiete in Randfärbung

1 : 15 000 000

© 2001 Cornelsen

Aufstieg und Niedergang des Osmanischen Reiches 1301 bis 1683

Um 1300 gelang es den Khanen der Ogusen, eines Turkvolkes, das bisher Vasall der Seldschuken gewesen war, sich von diesen unabhängig zu machen und 1301 unter Osman I. (1288–1326) ein eigenes Sultanat zu errichten. Die Osmanen betrieben von Beginn an eine äußerst erfolgreiche Eroberungspolitik. Innerhalb von nur 150 Jahren brachten die Osmanen große Teile des Balkans und Kleinasiens unter ihre Herrschaft. Selbst schwere Niederlagen gegen die Mongolen – am verheerendsten 1402 bei Ankara gegen die Truppen Timur Lenks – hielten die Ausdehnung des Osmanischen Reiches auf Dauer nicht auf. Hauptziel der Expansionsbestrebungen wurde zunehmend Südosteuropa. Bis 1430 war fast ganz Griechenland erobert und nur die Ungarn verhinderten zunächst ein weiteres Vordringen. Am 29. Mai 1453 nahmen die Türken im Handstreich Konstantinopel ein, das in Europa bis dahin als letztes Bollwerk der Christenheit gegen den heranrängenden Islam gegolten hatte. Sultan Mehmed II. (1451–1481), „der Eroberer" machte es zur Hauptstadt seines Reiches und fügte seinen zahlreichen Titeln den eines „Römischen Kaisers" hinzu. Für alle sichtbar beanspruchte er damit die Nachfolge des Oströmischen Reiches und unterstrich die europäische Zielrichtung seiner Expansionspolitik.

Seine größte Ausdehnung erreichte das Osmanische Reich allerdings erst unter Sultan Süleyman II. (1520–1566). Süleyman „der Prächtige" herrschte

über einen Vielvölkerstaat, der sich von Südrussland nach Ungarn und bis zum Balkan erstreckte. Anatolien, Syrien, Palästina, Jordanien, Kuwait und weite Teile des Irak gehörten ebenso dazu, wie quasi die gesamte nordafrikanische Küste, die ihm in Vasallität unterworfen war. Unter seiner Führung stießen die türkischen Truppen auch wieder gegen das christliche Europa vor.

Noch unter Süleyman war das Königreich Ungarn zu großen Teilen unter osmanische Herrschaft geraten. Bis 1683 trieben die Türken über Jedisan und Podolien einen weiteren Keil in Richtung Polen vor und bedrängten unausgesetzt die so umfassten Fürstentümer Moldau, Walachei und Siebenbürgen.

Die Konfrontation spitzte sich auf die Frage hin zu, ob es den Türken gelingen würde, auch die Kaiserstadt Wien einzunehmen. Im Juli/August 1683 belagerten osmanische Truppen sieben Wochen lang die Hauptstadt Österreichs, bis in einer der wenigen echten Entscheidungsschlachten der Militärgeschichte einem deutsch-polnischen Entsatzheer unter Führung des Herzogs von Lothringen und des polnischen Königs Johann III. Sobieski binnen weniger Stunden die völlige Zerschlagung des Belagerungsriegels gelang. Der türkische Nimbus war gebrochen. In den folgenden Jahren (1683–1699) wurde das Osmanische Reich aus weiten Teilen des Balkans vertrieben. Seine Blütezeit war vorbei. Es blieb zwar auch im Ersten Weltkrieg eine Großmacht, musste sich aber seit dem 18. Jahrhundert zusehends selbst dem Expansionsdruck Österreichs und Russlands beugen.

1301 Gründung des Osmanischen Reiches

1359–1389 Murad I. erobert die Reste des Byzantinischen Reiches, das nach dem Fall Adrianopels (1361) faktisch auf die Stadt Konstantinopel reduziert ist

1389 Schlacht auf dem Amselfeld (Kosovo) weitet das osmanische Machtgebiet auf dem Balkan aus

1402–1413 nach dem Zusammenbruch des kleinasiatischen Reichsteils unter dem Druck der Mongolen (1402 Schlacht bei Angora) und dem Tod Timurs (1405) können die Osmanen ihre Herrschaftsräume schnell zurückgewinnen

1413–1566 Aufstieg und Blüte des Reiches

1453 Eroberung Konstantinopels (Istanbul) und bis 1460 großer Teile des Balkans

1512–1520 Annexion Syriens, Arabiens und Ägyptens unter Selim I.

1521–1566 Eroberung Belgrads, Kontrolle über das östliche Mittelmeer (bis 1571: Seeschlacht bei Lepanto) und Eroberung Ungarns (Schlacht bei Mohacs 1526); Österreich wird Hauptgegner des Osmanischen Reiches auf dem Balkan

1529 erste Belagerung Wiens; 1541 Waffenstillstand und Teilung Ungarns

1567–1661 innere Konflikte treiben das Osmanische Reich an den Rand des Zusammenbruchs

1683–1699 zweiter Türkenkrieg: erfolglose türkische Belagerung Wiens, Befreiung Ungarns (Installation der habsburgischen Doppelmonarchie) und Siebenbürgens; Ende des türkischen Expansionsdrucks auf Europa

Mitteleuropa um 1400

Mitteleuropa beim Tode Karls IV. 1378

Habsburgische Lande
Luxemburgische Lande
Wittelsbachische Lande:
  Bayerische Linie
  Pfälzische Linie
  Lande der Wettiner
  Lande der Welfen
  Lande der Askanier
Geistliche Gebiete
Reichsstädte
Reichsgrenze
Reichsgebiet in Flächenfärbung

B. = Bamberg
Br. = Braunschweig
Bx. = Brixen
Fr. = Freising
G. = Gurk
K. = Köln
M. = Magdeburg
Mz. = Mainz
Me. = Metz

Mß. = Meißen
P. = Passau
Rav. = Ravensburg
Rb. = Ratzeburg
S. = Salzburg
Sp. = Speyer
St. = Straßburg
Wb. = Würzburg

In dicht beschrifteten Gebieten ist bei Gleichnamigkeit von Territorium und Ort dem Namen des Territoriums der Vorzug gegeben und die Ortssignatur ohne eigenen Namen eingetragen.

1 : 6 000 000
0   50   100   150
km

Die Herrschaft Kaiser Karls IV.

Im Jahre 1346 mit päpstlicher Unterstützung zum Gegenkönig Ludwigs des Bayern gewählt, fand Karl IV. nach dessen Tod 1347 und der kurzen Episode des schwachen Gegenkönigs Günther von Schwarzburg 1349 schnell allgemeine Anerkennung. In diese Zeit fielen die große Pest, die Hochphase der Geißlerzüge sowie grausame Judenverfolgungen.

Mit viel Geschick brachte Karl IV. vor allem auch im Dualismus zu den Wittelsbachern eine gewaltige Landmasse unter seine Herrschaft, die die entscheidende Machtbasis seines Kaisertums gegenüber den partikularistischen Fürsten war. Die Luxemburgische Hausmacht übertraf im 14. Jahrhundert die der Habsburger flächenmäßig um etwa 100 Prozent und umfasste ein mehrfaches der Wittelsbachischen Lande, aus denen Karl IV. 1368 und 1373 die Markgrafschaft Lausitz und das Kurfürstentum Brandenburg auslösen konnte.

Im Jahre 1377 jedoch teilte er diese Hausmacht unter seine Söhne und Neffen auf und beseitigte damit die stabile Basis der kaiserlichen Machtstellung wieder.

Neben dieser – zumindest in seinen mittel- und langfristigen Konsequenzen als schwerer politischer Fehler zu wertenden – Erbfolgeregelung gefährdeten auch der Ausbruch des Schismas unmittelbar vor dem Tode Karls, die divergierenden Interessen der Reichsstände und die Zerstrittenheit seiner Familie den Fortbestand seines politischen Werkes. Die unter der Regierung Karls IV. angestrebte Stärkung der kaiserlichen Zentralgewalt und die damit verbundene Festigung des Reichsverbundes gegenüber den territorialen Einzelinteressen der Fürsten verlor jedenfalls schnell ihre Wirkung.

©2001 Cornelsen

Bistümer und Universitäten

Die Herkunft mittelalterlicher Bischöfe und Äbte im Bischofsrang in den Kirchenprovinzen Köln und Mainz vom 9.–13. Jahrhundert

	9. Jh.	10. Jh.	11. Jh.	12. Jh.	13. Jh.
Herkunft bekannt	64	68	123	139	161
davon					
Adlige (meist Hochadel)	44	51	68	107	126
(vermutlich) Freie	18	17	49	30	2
Ministerialen	–	–	2	2	31
Sonstige (z. B. Bürger)	2	–	4	–	2
Herkunft unbekannt	42	39	31	22	8

Die europäischen Universitäten im Mittelalter

An Kloster- und Kathedralschulen bildeten sich im 12. Jahrhundert Genossenschaften von Lehrenden und Lernenden. Gegliedert nach Nationen der wandernden Studenten und gestuft nach akademischen Graden erhielten diese Vereinigungen eigene Verwaltung und Gerichtsbarkeit in den Angelegenheiten von Forschung und Lehre. Unterrichtsformen waren lateinische Vorlesungen und Disputationen. Die sich so herausbildenden Universitäten bildeten frühzeitig Fachschwerpunkte heraus. So war etwa Salerno ein Zentrum der Medizin, Montpellier dagegen der Jurisprudenz. Europäische Führungsposition erlangten die Universität von Paris und die Rechtsschule von Bologna, deren jeweilige Organisationsstrukturen Vorbild für andere Universitäten wurden. In Paris waren die Studenten der Kontrolle des geistlichen Lehrkörpers unterstellt, in Bologna unterlag der weltliche Lehrkörper der durch Studiengebühren ausgeübten Kontrolle der Studenten. Die bedeutendsten „neuen" Universitäten entstanden vor allem durch Abwanderung herausragender Lehrer alter Universitäten – so waren Oxford und Palencia quasi Ableger der Universität Paris – oder durch gezielte kaiserliche oder päpstliche, später auch fürstliche Gründung. So gründete etwa Kaiser Karl IV. 1347 in Prag die erste Universität im Reich nördlich der Alpen.

Lebenslauf des Johannes Heynlin, eines berühmten Universitätsprofessors

1433	geboren in Stein bei Pforzheim
1448	Scolaris (Studienanfänger) in Leipzig
1450	Prüfung und Beförderung zum Baccalaureus in Leipzig
1453	Student der Philosophie in Löwen (Belgien)
1455	Prüfung und Beförderung zum Magister in Paris
1461	Baccalaureus der Theologie in Paris
1464	Lehrer der Theologie und der Philosophie in Basel
1466	Lehrer der Theologie und der Philosophie in Paris
1469	Rektor der Universität in Paris
1472	Doktor der Theologie in Paris
1474	Prediger in Basel
1477–1479	Professor der Theologie in Tübingen
1479–1484	Hofprediger in Baden-Baden
1484–1496	Prediger in Basel

Bistümer Mitteleuropas im Mittelalter

Universitäten bis zum Beginn der Reformation

Die Pest im 14. und 17. Jahrhundert

Europa und die Seuchen

Die Pest kam aus dem Inneren Asiens über die Halbinsel Krim und von dort aus zuletzt auf dem Seeweg nach Italien. Von hier zog sie rasch weiter zu den Küsten Frankreichs und Spaniens, sehr viel langsamer dann über die Alpen nach Mitteleuropa. Sie nahm vermutlich drei Wege nach Deutschland: über den Brenner und das Inntal, über den Sankt Gotthard und von Westen her ins obere Rheintal. Basel und Wien wurden erstmals im Frühjahr 1349 heimgesucht. Im Sommer 1349 breitete sich die Pest in Südwestdeutschland aus.

Die Pest ist eine Infektionskrankheit und tritt in zwei Formen auf: als Beulen- und als Lungenpest. Im Falle der Beulenpest wird der bakterielle Erreger *(Yersinia pestis)* von einem Tier übertragen, dem Floh. Der Übertragungsmodus der Pest ist an sich recht umständlich. Dies dürfte auch der Grund dafür sein, dass einzelne Regionen nach 1348/49 für längere Zeit verschont blieben, z. B. der Böhmische Kessel. Im Falle der Lungenpest geschieht die Übertragung allerdings – ähnlich wie bei der Grippe – durch die Atemluft der Erkrankten. Sie ist daher hochansteckend, hat eine hohe Verbreitungsgeschwindigkeit und endet fast immer tödlich. Die Beulenpest dagegen lässt eine 20- bis 50-prozentige Überlebenschance. Überlebende sind aber sechs bis zwölf Jahre immun.

In Frankreich und Italien richteten einige Hafenstädte wie Venedig oder Marseille schon früh Pesthäuser ein und verhängten über Reisende, die einer Infektionskrankheit verdächtig waren, eine Quarantäne, die anfangs 30 bis 40 Tage dauerte. In den Pesthäusern wurden die Kranken allerdings kaum medizinisch behandelt. Die Einrichtungen dienten vielmehr den Gesunden als Schutz vor den Pestkranken. In anderen Städten wurden Erkrankte mit der gleichen Intention einfach in ihren Häusern eingeschlossen, um sie abzusondern. Bis zu ihrem Tod oder ihrer Gesundung blieben sie unter Isolation.

Wenngleich man also erste Wege entwickelt hatte, die Ausbreitung der Seuche einzudämmen, wusste man doch praktisch nichts über ihre Ursachen, geschweige denn von Heilungsmöglichkeiten. Diese völlige Machtlosigkeit gegenüber der Seuche, die zunehmende Panik und die medizinische Unwissenheit ließen die mittelalterliche Gesellschaft nach anderen Lösungen dieses Problem suchen. Wenn die Krankheit nicht zu bekämpfen war, so vielleicht doch ihr Urheber. Einen Sündenbock fand man in den Juden. Ihnen wurde angelastet, die Pest zu verbreiten. Sie sollten Brunnen vergiftet, teuflische Rituale durchgeführt und auch sonst auf obskure Weise die Krankheit in Umlauf gebracht haben. Obwohl all dies auch für gebildete Menschen der damaligen Zeit völliger Unfug war, wurden die Juden vielerorts als Verursacher der Pest gnadenlos verfolgt. 1348/49 kam es daher zu mehreren Pogromen – so etwa in Nürnberg und Erfurt, wo Juden sogar mit kaiserlichem und markgräflichem Einverständnis verfolgt und getötet wurden.

Noch im 16. Jahrhundert gaben deutsche Städte Pestordnungen heraus, die die Krankheit als Strafe Gottes werteten und als Vorbeugungsmaßnahme daher vor allem Beichte und religiöses Wohlverhalten empfahlen. Dennoch gab es aber auch praktische und durchaus sinnvolle Anweisungen: Man sollte fasten, keine Fremden ins Haus lassen und seine Wohnstätte sauber halten. Zeitweise wurde auch der Altkleider-

handel untersagt, da man einen Zusammenhang zwischen Textilien und Krankheit erahnte, der in Gestalt der infizierten Flöhe tatsächlich bestand.

Die Pest und einige weitere Epidemien – vor allem Pocken, Grippe und Masern sowie seit dem 15. Jahrhundert das der Pest sehr ähnliche Fleckfieber – führten dazu, dass Europa lange Zeit fast kein Bevölkerungswachstum aufwies. Die deutsche Bevölkerung war um 1500 kaum größer als im Jahr 1300. Selbst im Dreißigjährigen Krieg, der insgesamt ein Drittel der damaligen Gesamtbevölkerung das Leben kostete, fielen weitaus mehr Menschen Epidemien zum Opfer als der Gewalt der Waffen.

Die letzten Pestepidemien fanden in Mitteleuropa im frühen 18. Jahrhundert statt. Im südlichen Europa gab es kleinere Ausbrüche noch im 19. und 20. Jahrhundert. Einzelne Fälle von Pest gibt es heute noch in Teilen Amerikas, Afrikas und Asiens.

Als die Europäer die Neue Welt entdeckten, nahmen sie auch ihre Krankheitserreger mit dorthin. Die Bewohner der Neuen Welt waren seit mehreren Jahrtausenden von denen aus der Alten Welt isoliert und besaßen daher keinerlei Immunität dagegen. Vor allem die hochansteckenden Erreger von Pocken, Masern und Grippe führten in Amerika nach 1520 zu einem Massensterben unter den Indianern.

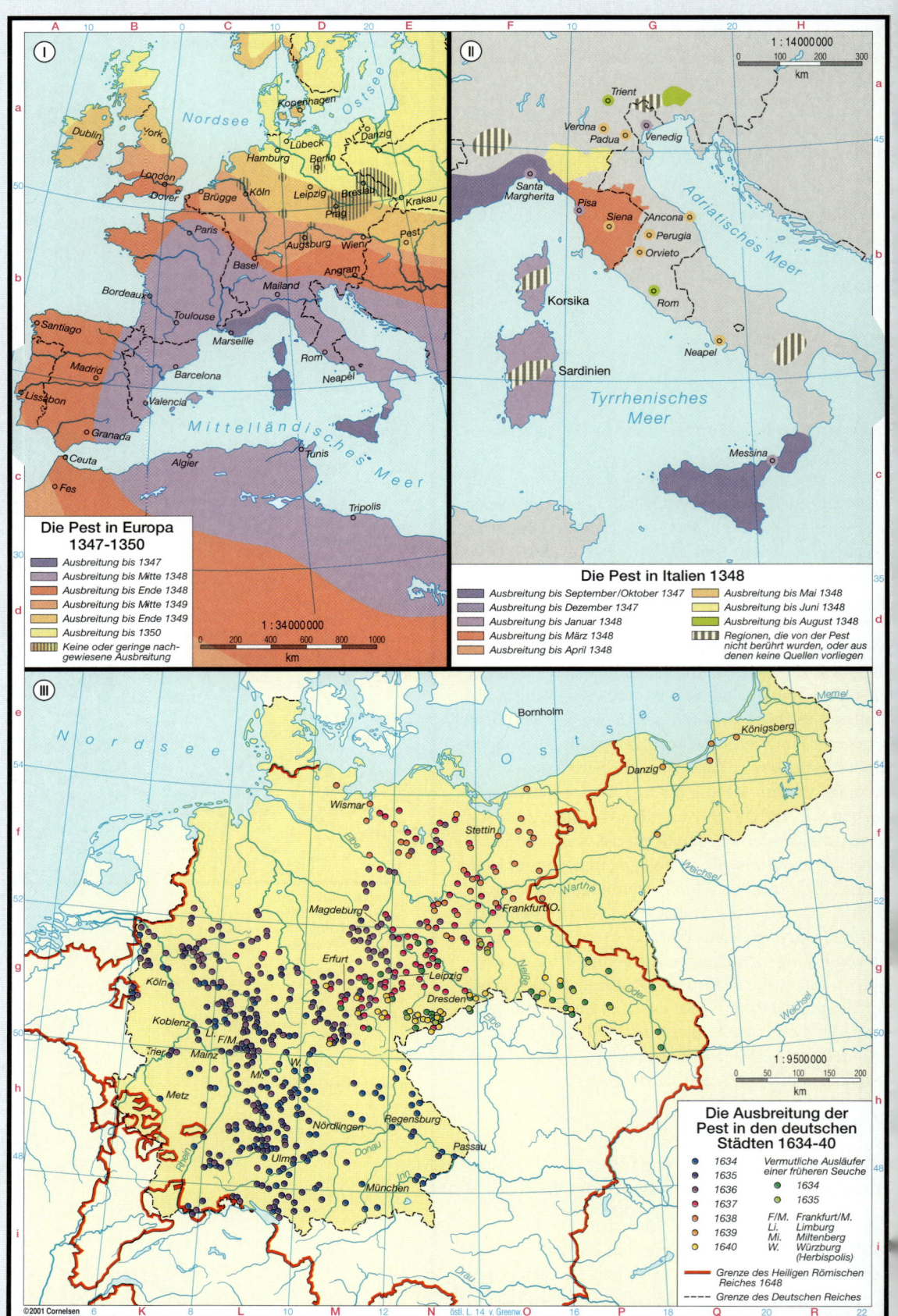

Die Pest in Europa 1347-1350

- Ausbreitung bis 1347
- Ausbreitung bis Mitte 1348
- Ausbreitung bis Ende 1348
- Ausbreitung bis Mitte 1349
- Ausbreitung bis Ende 1349
- Ausbreitung bis 1350
- Keine oder geringe nachgewiesene Ausbreitung

1 : 34 000 000

Die Pest in Italien 1348

- Ausbreitung bis September/Oktober 1347
- Ausbreitung bis Dezember 1347
- Ausbreitung bis Januar 1348
- Ausbreitung bis März 1348
- Ausbreitung bis April 1348
- Ausbreitung bis Mai 1348
- Ausbreitung bis Juni 1348
- Ausbreitung bis August 1348
- Regionen, die von der Pest nicht berührt wurden, oder aus denen keine Quellen vorliegen

1 : 14 000 000

Die Ausbreitung der Pest in den deutschen Städten 1634-40

- 1634
- 1635
- 1636
- 1637
- 1638
- 1639
- 1640
- Vermutliche Ausläufer einer früheren Seuche
- 1634
- 1635
- F/M. Frankfurt/M.
- Li. Limburg
- Mi. Miltenberg
- W. Würzburg (Herbipolis)
- Grenze des Heiligen Römischen Reiches 1648
- Grenze des Deutschen Reiches

1 : 9 500 000

© 2001 Cornelsen

Cholera und Influenza

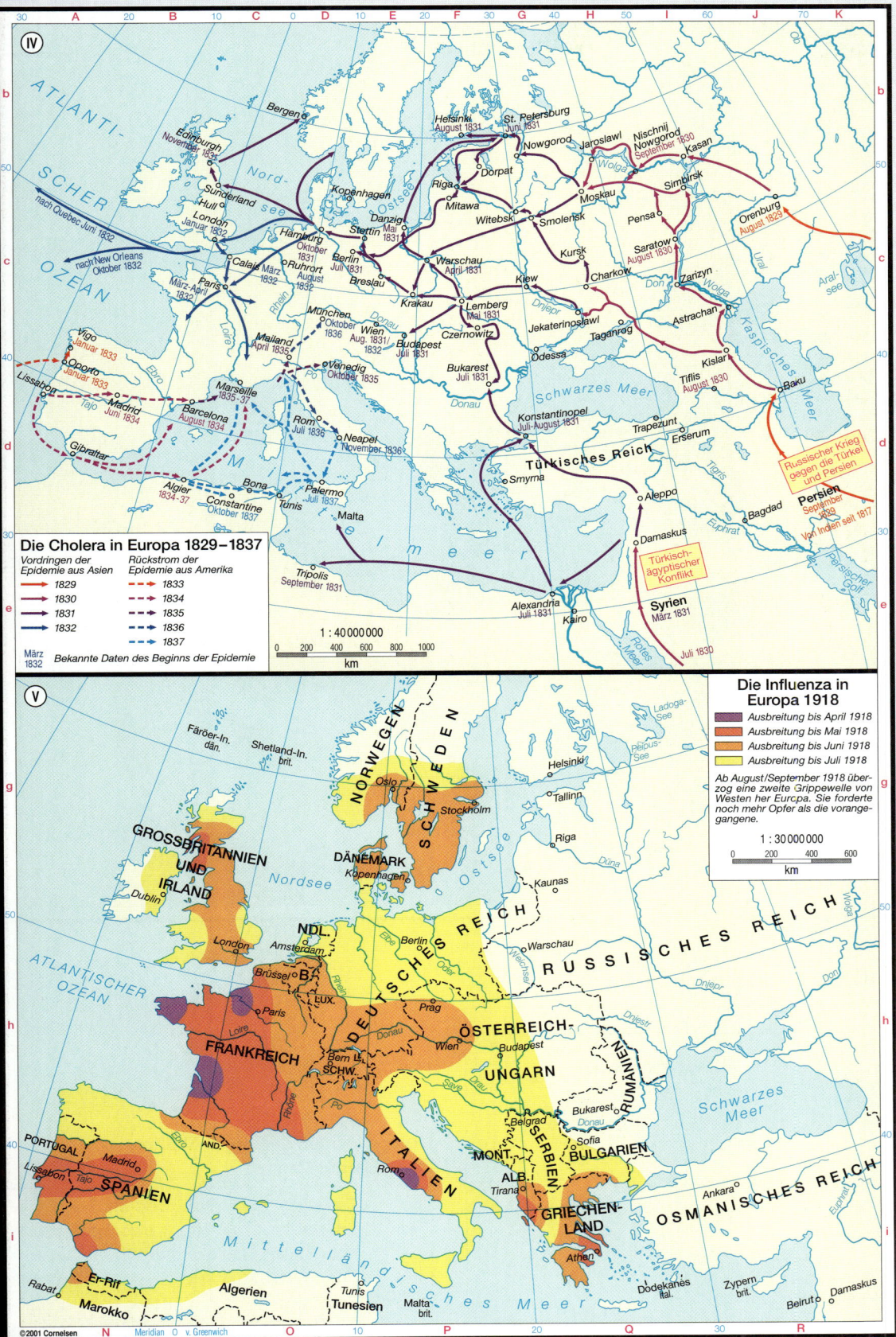

Die Cholera in Europa 1829–1837

Vordringen der Epidemie aus Asien / Rückstrom der Epidemie aus Amerika

- 1829 / 1833
- 1830 / 1834
- 1831 / 1835
- 1832 / 1836
- 1837

März 1832 Bekannte Daten des Beginns der Epidemie

1 : 40 000 000
0 200 400 600 800 1000 km

Die Influenza in Europa 1918

- Ausbreitung bis April 1918
- Ausbreitung bis Mai 1918
- Ausbreitung bis Juni 1918
- Ausbreitung bis Juli 1918

Ab August/September 1918 überzog eine zweite Grippewelle von Westen her Europa. Sie forderte noch mehr Opfer als die vorangegangene.

1 : 30 000 000
0 200 400 600 km

©2001 Cornelsen

Die Cholera asiatica

Die Cholera asiatica kam gegen 1830 gleichfalls aus dem Inneren Asiens nach Mitteleuropa. Ausgebrochen war sie um 1817 in Hinterindien. Von dort zog sie gleichzeitig nach Westen und Osten. 1823 erreichte sie Mesopotamien und wütete 1825 im südlichen Rußland. Sie zog entlang der Wolga nach Norden, erreichte 1830 Odessa und noch im September Moskau. Dort erkrankten rund 8750 Menschen, etwa 4500 erlagen der Cholera. Diese zog zugleich nord- und westwärts weiter, erreichte St. Petersburg und bewegte sich dann entlang der Ostsee nach Mittel- und Westeuropa. Ein eigens eingerichteter Militärkordon der preußischen Regierung vermochte sie nicht aufzuhalten. Der polnische Aufstand von 1831 und die damit verbundenen sozialen und politischen Wirrnisse beförderten damals die Ausbreitung der Seuche zusätzlich. Im Frühjahr 1831 erreichte sie so die deutschen Ostseestädte. In Königsberg erkrankten 2221 Bewohner, 1327 von ihnen starben – mehr als zwei Prozent der Stadtbevölkerung.

Im Herbst 1831 erreichte die Cholera Hamburg und zog dann in Deutschland entlang der großen Flüsse südwärts. Sie ergriff vor allem Menschen, die am Wasser lebten. In Berlin erkrankte während dieser ersten Epidemie (1831/32) knapp ein Prozent der Bevölkerung, 2271 von 230 000. Auch hier starb mehr als die Hälfte aller Erkrankten.

Die Cholera asiatica war für Europa zu diesem Zeitpunkt ein völlig neues Problem. Obgleich schnell als Infektionskrankheit erkannt, wusste man doch nichts über ihre Übertragungswege. In jedem zweiten Fall endete sie tödlich. Der erst 1883 von Robert Koch entdeckte Cholera-Erreger, ein Bakterium, wird mit dem Trinkwasser übertragen und erzeugt bei den Kranken schwerste Durchfälle, die rasch zur Austrocknung (Dehydration) und zum Tode führen können.

In der Regel verloren die Städte im Verlaufe einer Choleraepidemie selten mehr als ein Prozent ihrer Bevölkerung.

Seit 1836 drang die Cholera auch nach Süddeutschland vor, kam hierher aber nicht von Norddeutschland aus, sondern breitete sich vielmehr von Süden her aus. Hier begünstigte vor allem der gerade erst erfolgte Ausbau des Eisenbahnnetzes die Ausbreitung der Krankheit, die aus den Ländern der k. u. k. Monarchie nach Bayern vordrang.

Zuletzt ging auch noch ein Gutteil der beiderseitig hohen Verluste im österreichisch-preußischen Krieg von 1866 auf die Cholera zurück. Von hier trugen die preußischen und österreichischen Truppen die Seuche neuerlich in ihre Heimatgebiete.

Die Grippepandemie 1918/19

Grippepandemien kamen meist aus dem Osten in den Westen Eurasiens. Aber die schwere Grippe von 1918 begann im März dieses Jahres im Mittleren Westen der USA und breitete sich von dort west- und ostwärts aus. Mit amerikanischen Truppentransporten gelangte die Krankheit binnen weniger Wochen über den Atlantik. In Westeuropa angekommen, breitete sie sich unter den Streitkräften in Frankreich und anschließend in der Zivilbevölkerung aus. In England und Frankreich begann diese erste Grippewelle bereits im April 1918, westlich des Rheins im Juni 1918.

Eine zweite schwere Grippewelle folgte im Oktober, eine dritte zur Jahreswende 1918/19. Die Ausbreitungsgeschwindigkeit von Seuchen wird im wesentlichen durch zwei Faktoren bestimmt: Übertragungsart und Stand des Verkehrswesens. Die Ansteckung mit der Grippe erfolgt über die Atemluft. Die Trägerviren können in quasi unbegrenzten Varianten auftreten, weshalb Immunität bei Grippeepidemien kaum eine Rolle spielt. Die Grippepandemie 1918/19 überzog die gesamte Erdkugel und kostete weltweit sehr viel mehr Menschen das Leben als die eigentlichen Kriegshandlungen des Ersten Weltkrieges. Besonders heftig wütete die Krankheit in Afrika und Asien.

Cholera-Tote im Königreich Preußen

EPIDEMIE	VERLUSTE
1831/32	40 000
1837	11 600
1848–50	84 600
1851/52	48 800
1854/55	31 200
1856–60	6200
1866/67	121 000
1871–73	29 000
1892–95	1600

Europa im Spätmittelalter um 1400

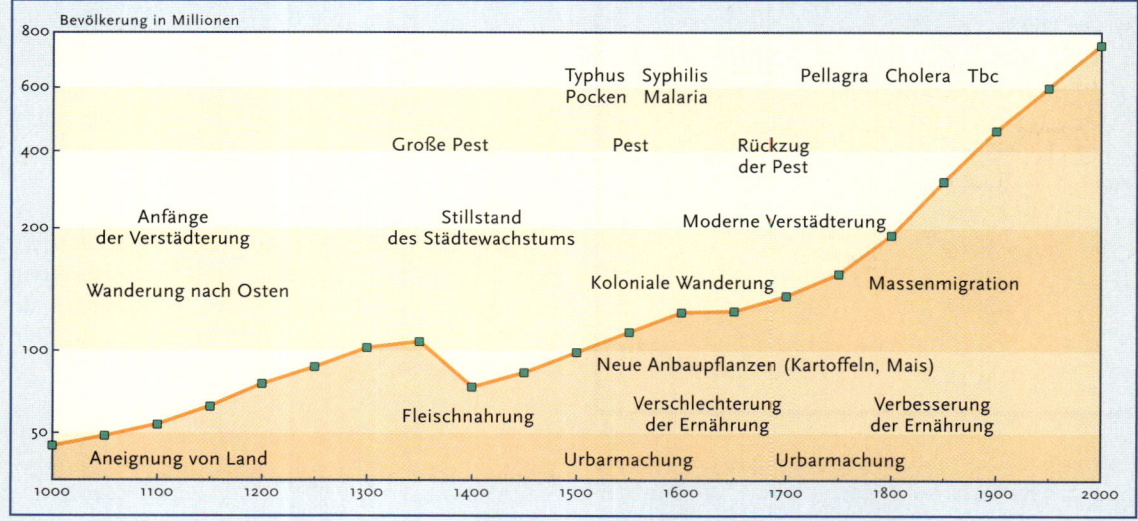

Europa im Spätmittelalter um 1400

Habsburger	Fsm. Moskau um 1300
Luxemburger	Grsfm. Moskau um 1425
Wittelsbacher	Osmanisches Reich um 1355
Haus Anjou	Osman. Eroberungen bis 1402
Engl. Besitz in Frankr. 1328	Byzantin. Reich um 1400
Engl. Besitz in Frankr. 1360	
Brest Engl. Stützpunkte um 1380	Grenze des Hl. Röm. Reiches

©2001 Cornelsen

Die europäische Bevölkerungsentwicklung und die sie bedingenden Faktoren

Bevölkerung in Millionen

Typhus   Syphilis   Pellagra   Cholera   Tbc
Pocken   Malaria

Große Pest   Pest   Rückzug der Pest

Anfänge der Verstädterung   Stillstand des Städtewachstums   Moderne Verstädterung

Wanderung nach Osten   Koloniale Wanderung   Massenmigration

Neue Anbaupflanzen (Kartoffeln, Mais)

Fleischnahrung   Verschlechterung der Ernährung   Verbesserung der Ernährung

Aneignung von Land   Urbarmachung   Urbarmachung

Unterschichten in einigen Städten im Spätmittelalter

1362	Esslingen	ca. 7000 Ew.	ca. 37 %
1380	Lübeck	ca. 22 000 Ew.	ca. 42 %
1415	Schwäbisch Hall	ca. 4500 Ew.	ca. 40 %
1420	Frankfurt a. M.	ca. 10 000 Ew.	ca. 70 %
1440/44	Straßburg	ca. 18 000 Ew.	ca. 29 %
1444	Basel	ca. 10 000 Ew.	ca. 27 %
1460	Lübeck	ca. 22 000 Ew.	ca. 52 %
1475	Augsburg	ca. 18 000 Ew.	ca. 66 %
1500	Rostock	ca. 14 000 Ew.	ca. 60 %

1386 Personalunion Polens und Litauens unter Großfürst Jagiello von Litauen (ab 1401 staatsrechtliche Union unter den Jagiellonen bis 1572)

1389 Niederlage der Serben auf dem Amselfeld gegen die Türken

1397 Kalmarer Union Dänemarks, Norwegens und Schwedens (bis 1523)

1400 Wahl Ruprechts III. von der Pfalz zum deutschen König (bis 1410)

1401 Hinrichtung der Führer der Vitalienbrüder Klaus Störtebeker und Godeke Michels in Hamburg

1402 der Deutsche Orden erwirbt die Neumark von Brandenburg (bis 1455)

1403 in England geht Heinrich IV. mit blutiger Gewalt gegen die Anhänger des Reformators Wyclif († 1384) vor; ab 1413 auch Heinrich V.

1406 Teilung der steirischen Linie der Habsburger in eine steirische und eine Tiroler Linie (bis 1490)

1410 vernichtende Niederlage des Deutschen Ordens gegen Polen in der Schlacht bei Tannenberg (Thorner Frieden 1411)

1414–1418 Konstanzer Konzil (vgl. gegenüber)

1415 Heinrich V. von England erneuert den Hundertjährigen Krieg gegen Frankreich (seit 1337)

1417 mit Erhebung Burggraf Friedrichs VI. von Nürnberg zum Kurfürsten von Brandenburg Beginn der Hohenzollernherrschaft in Brandenburg (bis 1918 brandenburgisch-preußisch)

Das große Schisma und die Kirchenorganisation

Die Karte stellt die Zugehörigkeit der europäischen Territorien zu den konkurrierenden Obedienzen während des großen Schismas dar. Sie stellt keine konfessionelle Verbreitung in der Bevölkerung. Daher bleiben auch Juden oder christlich-islamische Mischgebiete unberücksichtigt. Nur die territoriale Zugehörigkeit ist dargestellt.

1 : 20 000 000

Das große abendländische Schisma 1378 - 1417

- römische Obedienz 1378-1409
- vorübergehend römische Obedienz vor 1409
- eingeschränkte röm. Obedienz vor 1409
- römische Obedienz 1409-1415
- Pisaner Obedienz 1409-1415/17
- Avignoneser Obedienz 1378-1409
- vorübergehend avign. Obedienz vor 1409
- Avignoneser Obedienz 1409-1415
- christlich-orthodoxes Glaubensbekenntnis
- islamisches Gebiet
- ökumenisches Konzil
- Nationalsynode zur Beilegung des Schismas
- von Päpsten einberufene Synode

©2001 Cornelsen

Das abendländische Schisma

Zur großen Kirchenspaltung zwischen 1378 und 1417 kam es vor allem, weil gleichzeitig zwei bis drei Päpste Anspruch auf die oberste Gewalt in der Kirche erhoben. Nach dem Tod Gregors XI., der kurz zuvor aus dem Exil in Avignon nach Rom zurückgekehrt war, wurde am 8. April 1378 Urban VI. zu seinem Nachfolger gewählt. Dieser machte sich durch despotisches Auftreten und fortschreitenden Realitätsverlust in kürzester Zeit zahlreiche Kardinäle zu Gegnern, die – von seiner Unfähigkeit überzeugt – die Papstwahl am 8. August 1378 für erzwungen und ungültig erklärten. Sie wählten am 20. September 1378 Klemens VII. zum Gegenpapst. Er residierte neuerlich in Avignon. Diese Doppelwahl spaltete die abendländische Kirche über die Frage der Rechtmäßigkeit des jeweiligen Führungsanspruchs der Päpste in Rom und Avignon in zwei Obödienzen (Anhängerschaften). Es entwickelte sich eine der schwersten Krisen der Kirchengeschichte. Die Frage, ob die von den Päpsten zu Rom (Urban VI., Bonifatius IX., Innozenz VII. und Gregor XII.) oder die von den Päpsten zu Avignon (Klemens VII. und Benedikt XIII.) erlassenen Bestimmungen für die Christenheit bindend seien, führte vor allem zu einem schweren Zerwürfnis der kirchlichen Verwaltungs- und Hierarchiestrukturen. Ausgehend von der theologischen Fakultät der Universität Paris verbreitete sich angesichts dieser tiefgreifenden amts-

kirchliche Krise die so genannte „konziliare Theorie", nach der nicht der Papst, sondern die Gesamtheit aller Gläubigen in ihrer Vertretung durch die jeweiligen regionalen Kirchenfürsten den Willen Gottes vertrete. Ein allgemeines Konzil schien die einzige Chance, einen Ausweg aus der verworrenen Situation zu finden.

Das zu diesem Zwecke einberufene Kardinalskonzil in Pisa (1409) setzte kurzerhand beide Päpste ab und erhob statt ihrer Alexander V. zum Nachfolger Petri. Da sich die Abgesetzten aber nicht fügten, nahm die Verwirrung mit diesem dritten Papst nur noch zu. Trotz dieses diplomatischen Debakels stellte Pisa den ersten Schritt zur Auflösung des Dilemmas dar, da hier erstmals allgemeine Grundsätze zur Bewertung des vorliegenden Problems aufgestellt werden konnten. Es blieb aber dem Konstanzer Konzil (1414–1418) vorbehalten, die Spaltung mit seinen Entscheidungen weitgehend zu beenden: Johannes XXIII., Nachfolger des in Pisa gewählten Alexanders V., wurde 1415, der in Avignon residierende Benedikt XIII. 1417 für abgesetzt erklärt. In Rom wurde Gregor XII. zum Verzicht gezwungen, und mit der Wahl Martins V. in Konstanz (1417) erhielt die abendländische Christenheit wieder einen allgemein akzeptierten Papst. Das kurze Restschisma mit Benedikt XIII., der sich bis 1418 gegen die Konstanzer Beschlüsse wehrte, blieb ohne größere Bedeutung. Im Zuge des allgemeinen Konzils von Basel kam es späterhin nochmals zu einem vorübergehenden Schisma (Gegenpapst Felix V. 1439–1449).

1378–1417 Großes abendländisches Schisma über die Frage der Legitimation mehrerer Gegenpäpste; sogenannte Häresien (Irrlehren) und Aberglauben wie der Hexenwahn nehmen zu

1409 Konzil zu Pisa: Wahl eines dritten Papstes

1414–1418 Konzil zu Konstanz (unter Beteiligung von 33 Kardinälen, 900 Bischöfen und 2000 Doktoren der Theologie): unter kaiserlichem Vorsitz Abstimmung nach vier „Nationen" (französisch, englisch, italienisch, deutsch); das Konzil erklärt seine Zuständigkeit für die Einheit der Kirche (Absetzung der bisherigen Päpste und Neuwahl Martins V.), die Reform der Kirche (wird wegen zu großer Unstimmigkeiten vertagt) und für die Reinheit der kirchlichen Lehre (hartes Vorgehen gegen Ketzerei)

1415 trotz kaiserlichen Geleitversprechens werden Jan Hus und Hieronymus von Prag auf dem Konstanzer Konzil der Häresie für schuldig befunden und als Ketzer verbrannt

1423 erfolgloses Reformkonzil von Pavia

1431–1449 das Reformkonzil von Basel widersetzt sich seiner Auflösung durch Papst Eugen IV. (u. a. Ausgleich mit Hussiten angestrebt); Wahl des Gegenpapstes Felix V.

1438 das von Papst Eugen IV. einberufene Gegenkonzil von Ferrara integriert die gemäßigten Reformer (z. B. Nikolaus von Cues) in das papale System

Die italienischen Handelsstädte

Handelsmächte im Mittelalter

Seit dem 11. Jahrhundert entfaltete sich zwischen den Städten der Lombardei und dem rohstoffreichen Nordeuropa ein reger Handelsverkehr mit jährlichen Messen und international tätigen Bankhäusern wie dem Florentiner Haus Peruzzi.

Durch ihre Scharnierposition zwischen Mittelmeer- und europäischem Binnenhandel kamen dabei zahlreiche oberitalienische Städte im 11. bis 15. Jahrhundert zu großem Wohlstand und im parallel dazu andauernden Konflikt zwischen Papst und Kaisertum auch zu erheblichem politischen Einfluss. Städte wie Venedig und Genua diktierten zum Teil – beispielsweise schon im vierten Kreuzzug – die Ziele europäischer Außenpolitik.

Venedig dominierte das östliche Mittelmeer und damit den Luxushandel mit Gewürzen, Zucker, Seide und Edelsteinen aus Indien und Ostasien. Genua eröffnete mit seinen Handelsverbindungen nach Brügge um 1300 den Seeweg zwischen Nordsee und Mittelmeer. Brügge entwickelte sich hier schnell zum bedeutendsten Handelszentrum.

Die norddeutschen Kaufmannschaften schlossen sich unter der Führung Lübecks zum Städtebund der Hanse zusammen, die im Ostsee-, Skandinavien- und Englandhandel Monopolstellung einnahm. Auch die Hanse entwickelte in ihrer Blütezeit genug politische und militärische Macht, um beispielsweise Ende des 15. Jahrhunderts erfolgreich Handelskriege gegen England und Frankreich führen zu können.

Das Handelshaus der Medici

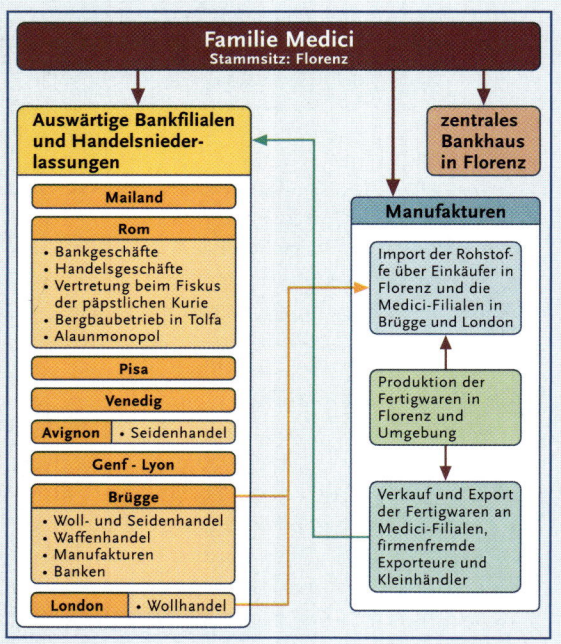

Die Familie Medici verdankte ihre lange Zeit dominante Stellung im europäischen Wirtschaftsleben der engen Verbindung zwischen Geldinstitut und Handelshaus sowie der beherrschenden Stellung, die sie im politischen Leben der Republik Florenz einnahm. Die Schwerpunkte der Geschäfte bildeten das Textilgewerbe, der Alaunhandel und der Levantehandel und die Kreditgeschäfte mit der politischen Führungsschicht Europas. Hier verlieh man beispielsweise zwischen 1480 und 1500 insgesamt 130 000 Gulden an den englischen König. Die Schulden der Herzöge von Burgund betrugen 1489 148 000 Gulden, die des französischen Königs 1516 300 000 Gulden.

Der Aufstieg der oberitalienischen Seestädte bis etwa 1400

Venedig im Spätmittelalter

Die Hanse und der mittel- und nordeuropäische Handel um 1400

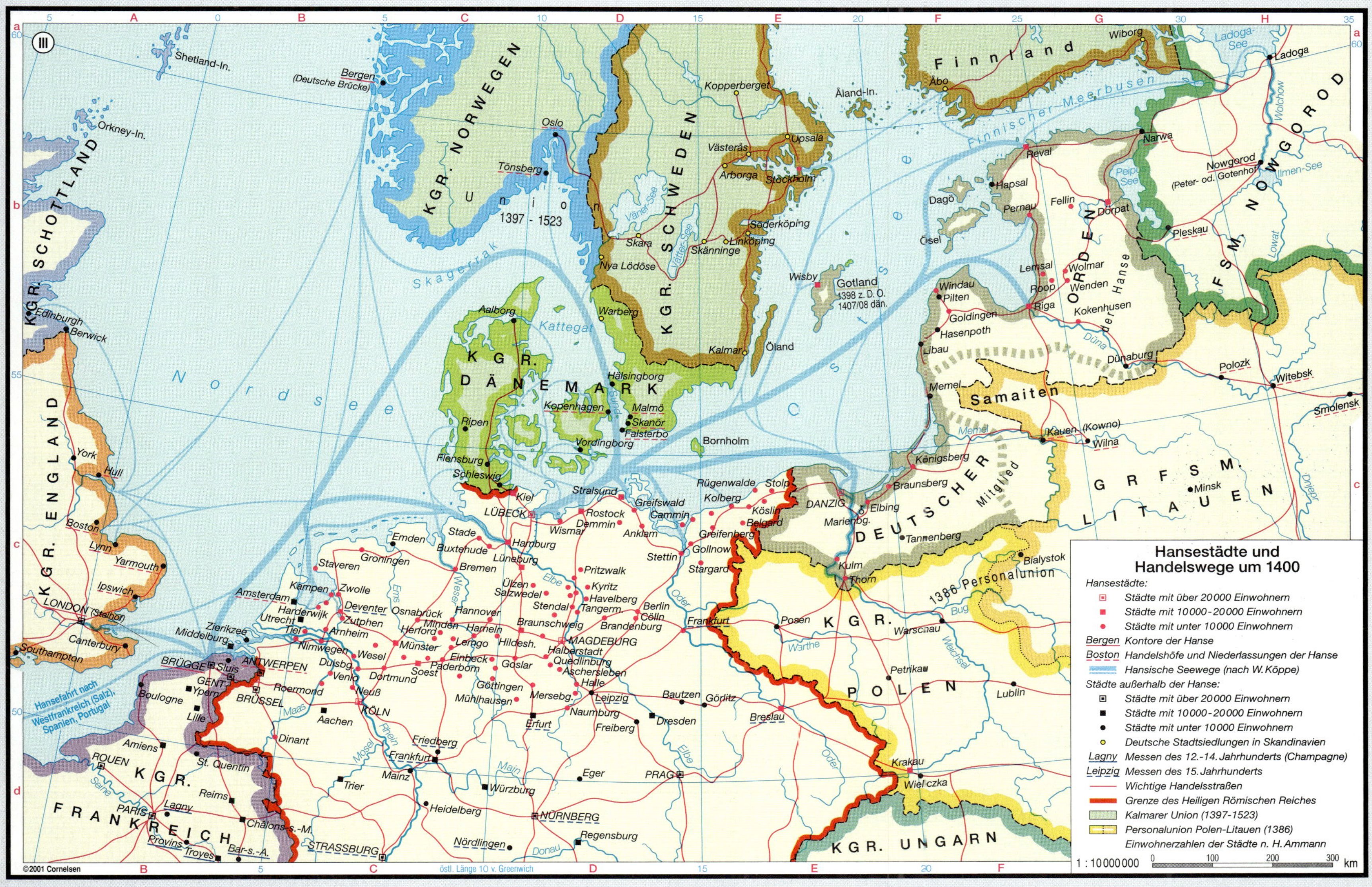

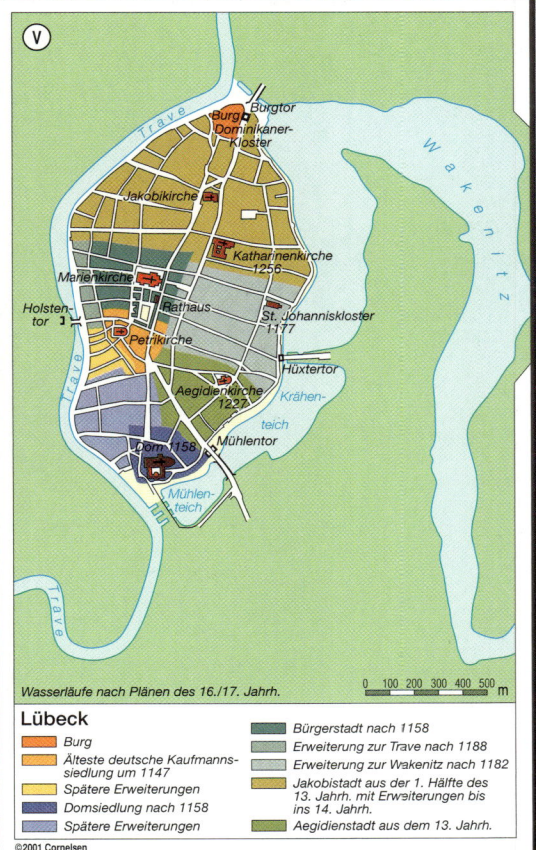

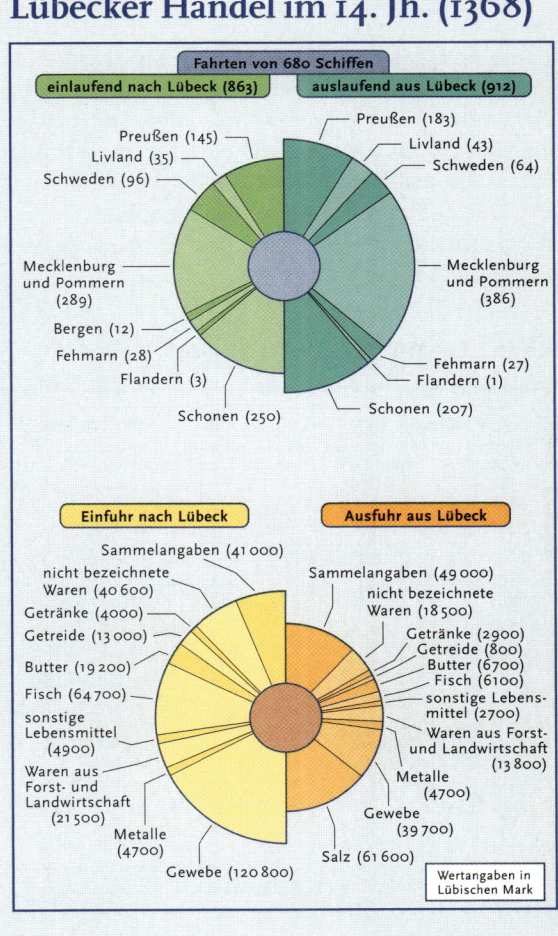

Hansestädte und Handelswege um 1400

Hansestädte:
- Städte mit über 20000 Einwohnern
- Städte mit 10000–20000 Einwohnern
- Städte mit unter 10000 Einwohnern

Bergen Kontore der Hanse
Boston Handelshöfe und Niederlassungen der Hanse
Hansische Seewege (nach W. Köppe)

Städte außerhalb der Hanse:
- Städte mit über 20000 Einwohnern
- Städte mit 10000–20000 Einwohnern
- Städte mit unter 10000 Einwohnern
- Deutsche Stadtsiedlungen in Skandinavien

Lagny Messen des 12.–14. Jahrhunderts (Champagne)
Leipzig Messen des 15. Jahrhunderts

— Wichtige Handelsstraßen
— Grenze des Heiligen Römischen Reiches
Kalmarer Union (1397–1523)
Personalunion Polen-Litauen (1386)
Einwohnerzahlen der Städte n. H. Ammann

1 : 10000000   0   100   200   300 km

Brügge vom 9. bis 14. Jahrhundert

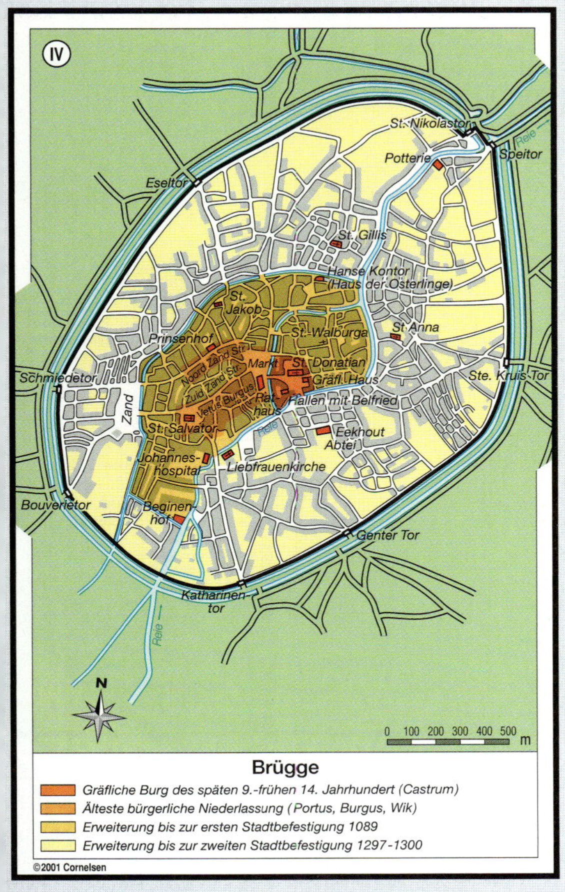

Brügge
- Gräfliche Burg des späten 9.–frühen 14. Jahrhundert (Castrum)
- Älteste bürgerliche Niederlassung (Portus, Burgus, Wik)
- Erweiterung bis zur ersten Stadtbefestigung 1089
- Erweiterung bis zur zweiten Stadtbefestigung 1297–1300

©2001 Cornelsen

Lübeck vom 12. bis 14. Jahrhundert

Wasserläufe nach Plänen des 16./17. Jahrh.

Lübeck
- Burg
- Älteste deutsche Kaufmannssiedlung um 1147
- Spätere Erweiterungen
- Domsiedlung nach 1158
- Spätere Erweiterungen
- Bürgerstadt nach 1158
- Erweiterung zur Trave nach 1188
- Erweiterung zur Wakenitz nach 1182
- Jakobistadt aus der 1. Hälfte des 13. Jahrh. mit Erweiterungen bis ins 14. Jahrh.
- Aegidienstadt aus dem 13. Jahrh.

©2001 Cornelsen

Lübecker Handel im 14. Jh. (1368)

Fahrten von 680 Schiffen

einlaufend nach Lübeck (863)

auslaufend aus Lübeck (912)

Preußen (145)
Livland (35)
Schweden (96)
Mecklenburg und Pommern (289)
Bergen (12)
Fehmarn (28)
Flandern (3)
Schonen (250)

Preußen (183)
Livland (43)
Schweden (64)
Mecklenburg und Pommern (386)
Fehmarn (27)
Flandern (1)
Schonen (207)

Einfuhr nach Lübeck

Sammelangaben (41 000)
nicht bezeichnete Waren (40 600)
Getränke (4000)
Getreide (13 000)
Butter (19 200)
Fisch (64 700)
sonstige Lebensmittel (4900)
Waren aus Forst- und Landwirtschaft (21 500)
Metalle (4700)
Gewebe (120 800)

Ausfuhr aus Lübeck

Sammelangaben (49 000)
nicht bezeichnete Waren (18 500)
Getränke (2900)
Getreide (800)
Butter (6700)
Fisch (6100)
sonstige Lebensmittel (2700)
Waren aus Forst- und Landwirtschaft (13 800)
Metalle (4700)
Gewebe (39 700)
Salz (61 600)

Wertangaben in Lübischen Mark

Spanien und Portugal im 15. Jahrhundert

Spanien: Nach dem Sieg Heinrichs III. von Trastámara in Kastilien über Peter den Grausamen 1369 konnten seine Nachfolger ihr Augenmerk verstärkt dem Atlantikraum zuwenden (Kanarische Inseln 1478 an Spanien angeschlossen). Gleichzeitig blieb die königliche Zentralgewalt in Kastilien innenpolitisch durch eine mächtige Adelsoligarchie beschnitten, gegen die sich zunehmend auch die Städte mit Stimme in der Ständeversammlung (*Cortes*) wandten. Dieser Konflikt mündete unter Heinrich IV. in einen Bürgerkrieg. Erst unter der Nachfolge seiner Halbschwester Isabella, die 1469 den Erbprinzen von Aragón, Ferdinand, geheiratet hatte, stabilisierte sich die Situation. Ferdinand setzte 1476 die Thronansprüche seiner Frau militärisch gegen König Alfons V. von Portugal durch und unter ihrer Herrschaft wurden 1479 die Kronen von Kastilien und Aragón vereinigt. Es gelang den „katholischen Königen", durch die Rückeroberung des islamischen Königreiches Granada (1481–1492) dem Adel eine neue Aufgabe zuzuweisen und ihre Macht zu stabilisieren. Gleichzeitig wurde die spanische Inquisition eingerichtet, auf deren Druck hin die Juden 1483 bis 1492 vor die Alternative Ausweisung oder Konversion (*Converso*) gestellt wurden. Schon seit 1331 war es in Aragón mehrfach zu antisemitischen Ausschreitungen gekommen. 1391 hatten diese Unruhen gegen die jüdischen Gemeinden (*aljamas*) auch auf Kastilien übergegriffen und sich erst zwischen 1469 und 1479 weitgehend beruhigt. 1483 in Andalusien begonnen, galt die Ausweisung der Juden ab 1492 aber in allen kastilischen und aragonesischen Territorien. Das folgenschwerste Ereignis in der Regierungszeit der „katholischen Könige" war aber die Entdeckung Amerikas durch Christoph Kolumbus, der den Grundstein des spanischen Kolonialreiches in Übersee legte. Gelang Ferdinand 1515 noch die Übernahme Navarras, blieben dagegen seine Versuche, auch Portugal auf dem Wege der Heiratspolitik an Spanien anzuschließen, erfolglos. Als sein Enkel Karl I. – ab 1519 Kaiser des Heiligen Römischen Reiches – 1517 die Thronfolge in Spanien antrat, brachen in Altkastilien und Aragón Aufstände in den Städten los, die Comunidades und die Germanias. Nur mit Mühe gelang es der königlichen Regierung, sich durchzusetzen und die Herrschaft für die Habsburger zu sichern.

Die Eroberung Granadas

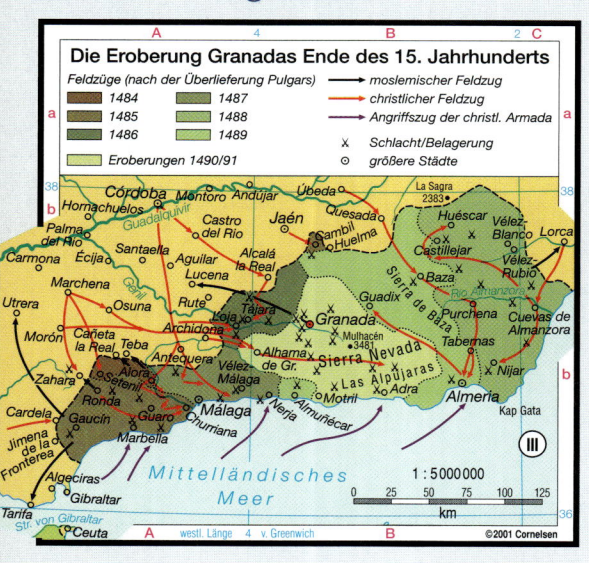

Die Eroberung Granadas Ende des 15. Jahrhunderts

Feldzüge (nach der Überlieferung Pulgars)
- 1484
- 1485
- 1486
- 1487
- 1488
- 1489
- Eroberungen 1490/91

— moslemischer Feldzug
— christlicher Feldzug
— Angriffszug der christl. Armada
× Schlacht/Belagerung
● größere Städte

1 : 5 000 000

0   25   50   75   100   125 km

III

A   westl. Länge   v. Greenwich   B   ©2001 Cornelsen

Die iberische Halbinsel vom 14. bis zum 16. Jahrhundert

Juden und „Conversos" in Spanien und Portugal im 14./15. Jahrhundert

■ große Judengemeinden („aljamas") im 14./15. Jh. (über 80000 Mitglieder)
● mittlere Judengemeinden („aljamas") im 14./15. Jh. (40000–80000 Mitglieder)
● Größe der Judengemeinden unbekannt
Ecija Beginn der Pogromwelle 1391
✦ von Pogromen bis 1391 betroffene jüdische Gemeinden
⚔ gegen „Conversos" gerichtete Aufstände und Massaker
Teruel Vorwurf der Hostienschändung
Tortosa öffentliche Disputation
1498 Jahr der Ausweisung der Juden

1 : 7 500 000

0   50   100   150 km

©2001 Cornelsen

Spanien und Portugal im 16. Jh. (1480–1556)

Aufstand der Comunidades:
Ávila Anhänger der Comunidades
Liria königstreue Orte
Burgos wechselnde Haltung
Murcia Stadt mit Stimme in den Cortes

Aufstand der Germanias:
Játiva Anhänger der Germanias
● wichtige Exporthäfen
○ wichtige Handelsplätze
✝ Erzbischofssitz (Primas unterstrichen)
Gerona Universitätsstadt 1446 (mit Jahr der Gründung)
● Stadt mit mehr als 50000 Einw.
● Stadt mit 25000–50000 Einw.

Madeira 1416/19 port.
Azoren 1427/32 port.
Kapverden 1455/58 port.
Kanaren 1478/79 span.

1 : 7 500 000

0   50   100   150 km

©2001 Cornelsen   Meridian 0 v. Greenwich

Portugal: Portugal hatte sich gegenüber Kastilien behaupten können und konzentrierte sich – vor allem seit Heinrich dem Seefahrer – auf den Aufbau seines Kolonialreiches. Hauptinteressensphäre war die Küste Afrikas (1494 durch den Vertrag von Tordesillas gegenüber Kastilien gesichert). Auf außenpolitischen Druck der spanischen Inquisition wies auch Portugal 1497 alle nicht zur Konversion bereiten Juden aus.

Westeuropa im 15. Jahrhundert

England, Frankreich und Burgund im 15. Jahrhundert

Frankreichs Wiedererhebung 1461–94
- Krongut 1461
- Erwerbungen Ludwigs XI. (1461–1483)
- Erwerbungen Karls VIII. (1483–1498)
- Apanagen u. Nebenlinien des Hauses Valois und andere Lehen
- Reichsgrenze

England zur Zeit der Rosenkriege 1455–85
- Kronlande im Besitz des Hauses Lancaster
- Besitz des Hauses York
- **Percy** Anhänger des Hauses Lancaster (rote Rose)
- **Neville** Anhänger des Hauses York (weiße Rose)

Der neuburgundische Staat 1363–1477
- Burgund bis zu Philipp dem Guten (1419–1467)
- Burgund unter Karl dem Kühnen (1467–1477)
- Linie Nevers-Rethel bis 1491
- Bistümer unter burgundischem Protektorat und zeitweiliger Pfandbesitz
- Nach 1477 an Habsburg
- Nach 1477 an Frankreich

Zahlen ohne Zusatz in Territorien bezeichnen das Jahr der Erwerbung durch Burgund oder die französische Krone.

Vgft. = Vizegrafschaft   C. = Cambridge

1 : 7 500 000

© 2001 Cornelsen

Die Rosenkriege in England 1455–1485

In unmittelbarer Nachfolge des für England unbefriedigend beendeten Hundertjährigen Krieges entbrannten auf der Insel Dynastiekriege um die englische Krone zwischen den Plantagenet-Seitenlinien Lancaster (rote Rose im Wappen) und York (ab 1485 weiße Rose im Wappen). Nach wechselhaften Kämpfen seit 1455 erlangte Edward IV. aus dem Hause York 1461 das Königtum. Den seit 1453 geistig umnachteten König Heinrich VI. aus dem Hause Lancaster, dessen Ansprüche seine Gattin Margarete von Anjou aufrechterhielt, konnte er 1461 bei Towton und 1471 bei Tewkesbury besiegen. Mit Heinrich VII. setzte sich in der Schlacht bei Bosworth 1485 aber der Erbe des Hauses Lancaster gegen Richard III., Bruder Edwards IV., durch. Heinrich VII. vereinte durch die Heirat mit der Tochter Edwards IV., Elisabeth, die Ansprüche beider Häuser und begründete die Tudor-Dynastie.

Burgund im 15. Jahrhundert

Aufgrund der Krise der französischen Zentralgewalt – Gründe waren der Hundertjährige Krieg, die langjährige Regierungsunfähigkeit des französischen Königs Karl VI. und die Wirrnisse um das seit 1420 in Frankreich bestehende Doppelkönigtum (Gegenkönigtum des Dauphins Karl VII. gegen die im Vertrag von Troyes seitens seines geistig verwirrten Vaters an den englischen König Heinrich V. abgetretene französische Krone) – und der Schwäche der deutschen Reichsgewalt gelang es dem ohnehin schon seit etwa 1364 mit stark souveränen Zügen geführten Burgund, sich als autonomes Herrschaftsgebiet zu etablieren.

Gleichzeitig deutsche und französische Lehnsträger, gehörten die Herzöge von Burgund, eine Seitenlinie der Valois, zu den reichsten Fürsten Europas, da sie mit Flandern und Brabant über das stärkste europäische Wirtschaftszentrum verfügten. Am burgundischen Hof entfaltete sich eine spätmittelalterliche Blüte ritterlicher Kultur.

Im Hundertjährigen Krieg taktierte Burgund zum eigenen Nutzen und schloss sich nach der Ermordung Herzog Johanns von Burgund durch Anhänger des französischen Dauphins in Montereau im Vertrag von Troyes 1420 der englischen Partei an, um sich im Frieden von Arras 1435 seinen Ausgleich mit Karl VII. durch die Lösung der französischen Lehnshoheit entgelten zu lassen.

Karl der Kühne (1467–1477) versuchte durch Allianzen mit England, Kastilien und Aragon seinen Gegner, König Ludwig XI. von Frankreich, politisch zu isolieren. Sigmund von Österreich verpfändete ihm in der Hoffnung auf burgundische Hilfe gegen die Eidgenossen die habsburgischen Besitzungen am Rhein. Im Burgunderkrieg (1474–77), in dem Karl seine Gebiete zu arrondieren suchte, fiel er jedoch 1477 in der Schlacht von Nancy. Seine Erbtochter Maria vermählte sich, wie abgesprochen, mit Maximilian I., Sohn Kaiser Friedrichs III., dem künftigen Kaiser. Auch Frankreich erhob Anspruch auf Burgund, musste sich aber 1493 mit dem Herzogtum Burgund und mit der Picardie begnügen. Das politische und kulturelle Erbe Burgunds führte das stark burgundisch geprägte Haus Österreich fort. Der Kampf um das burgundische Erbe ging aber im 16. Jahrhundert weiter (Karl V. – Franz I.) und begründete die jahrhundertelange Konkurrenz Habsburg – Valois/Bourbon.

Der Hundertjährige Krieg zwischen England und Frankreich 1337–1453

1337 entbrannte zwischen England und Frankreich der Kampf um die Vorherrschaft in Westeuropa und dauerte – unterbrochen durch zwei Friedensverträge 1360 Bretigny und 1420 Troyes) sowie zahlreiche Waffenstillstände – bis 1453 an. Äußerer Anlass des Kriegsausbruchs war der Anspruch König Edwards III. von England auf die französische Thronfolge nach dem Aussterben der Hauptlinie der Kapetinger. Seine Rivalen waren die Valois, die ihrerseits den französischen Thron beanspruchten.

Der Krieg wurde ausschließlich auf französischem Boden geführt. Er zog in Frankreich mehrere Bürgerkriege nach sich und endete trotz mehrerer englischer Teilerfolge letztlich mit dem Scheitern des vom Haus Plantagenet verfolgten Ziels einer Doppelmonarchie beiderseits des Kanals. Die entscheidende Wende ist nicht zuletzt mit dem Wirken der legendären Jeanne d'Arc verbunden. 1453 wurden die eigentlichen Kriegshandlungen eingestellt. Der Friedensschluss von Picquigny (1475) beließ England lediglich im Besitz des allerdings strategisch äußerst wichtigen Calais (bis 1558) und der Kanalinseln. Frankreich hatte sich im Wesentlichen behaupten können.

Europa im 16. Jahrhundert

Europa im 16. Jahrhundert – Zeit des Wandels

1492 Eroberung Granadas und Abschluss der spanischen Reconquista; Vereinigung Kastiliens und Aragóns durch die Heirat Isabellas und Ferdinands; Entdeckung der Neuen Welt durch eine spanische Expedition unter dem Genueser Christoph Kolumbus

1494–1516 französisch-spanische Kämpfe um die Herrschaft in Italien

1497 Spanien erobert Melilla; Beginn wiederholter spanischer Kampagnen zur Eroberung wichtiger Stützpunkte an der nordafrikanischen Küste (1509 Oran, 1510 Algier, Bugia und Tripolis, 1535 Bona, Biserta und Tunis, 1559 Djerba)

1515 Sieg Franz' I. über die Schweizer bei Marignano; Ende aktiver Schweizer Außenpolitik; Doppelhochzeit Habsburger – Jagiellonen: Erzhzg. Ferdinand und Anna von Böhmen/Ungarn, Kg. Ludwig II. von Böhmen/Ungarn und Maria von Österreich

1517 Martin Luther verfasst 95 Thesen, in denen er innerkirchliche Missstände anprangert

1519 Karl von Habsburg, seit 1516 König der vereinigten Reiche Kastilien und Aragón, wird von den deutschen Kurfürsten gegen den französischen König Franz I. einstimmig zum Kaiser des Heiligen Römischen Reiches gewählt

1521 Reichstag zu Worms: Verhängung der Reichsacht über Luther (nomineller Beginn der Reformation)

1522 Teilung des habsburgischen Erbes zwischen Karl V. und Ferdinand I.

1521–1526 Reichskrieg Karls V. gegen Franz I. von Frankreich (Schauplätze sind die spanisch-französische Grenze, die burgundischen Niederlande und vor allem Italien)

1524–1525 Bauernkrieg in Deutschland

1525 bei Pavia wird Franz I. vernichtend geschlagen und gerät für ein Jahr in spanische Gefangenschaft; den erzwungenen Frieden von Madrid (1526) widerruft er kurz nach seiner Freilassung

1526 König Ludwig II. von Ungarn fällt in der Schlacht von Mohács gegen die Türken; Ferdinand I. zum König von Böhmen und Kroatien gewählt, Ungarn widerständig (Anerkennung erst 1541); Zentralungarn in türkischer Hand; das Fürstentum Siebenbürgen wird osmanischer Vasallenstaat

1526–1529 neuerlicher Reichskrieg gegen Franz I. und die von ihm gebildete „Heilige Liga von Cognac" (Frankreich, England, Florenz, Genua, Venedig, Mailand und Papst Clemens VII.)

1527 *Sacco di Roma* (brutale Plünderung Roms durch kaiserliche Söldner, provoziert durch das Bündnis des Papstes mit Franz I.) schockiert die europäische Öffentlichkeit

1529 kaiserlich-päpstlicher Vergleich im Frieden von Barcelona; „Damenfriede" von Cambrai zwischen Karl V. und Franz I.; erfolglose erste Belagerung Wiens durch die Türken

1530 Reichstag zu Augsburg: 28 Artikel der protestantischen Reichsstände zur Vermeidung der Kirchenspaltung; keine Einigung

1531 Gründung des Schmalkaldischen Bundes durch die protestantischen Reichsstände zum politisch-militärischen Schutz gegen restriktive Aktionen des Kaisers

Europa im 16. Jahrhundert (um 1550)

Deutsche Linie des Hauses Habsburg
Spanische Linie des Hauses Habsburg
Stammlande Heinrichs IV.
Bis 1527 bourbonische Gebiete
Grenze des Heiligen Römischen Reiches
Fahrt der Großen Armada 1588
Fahrt der spanischen und venezianischen Galeerenflotte 1571

Abkürzungen:
Lucig. = Lucignano
Perug. = Perugia
Mod. = Modena
N. = Nieder- (Navarra)
O. = Ober- (Navarra)

1 : 15 000 000

© 2001 Cornelsen

1532 neuerliches Vordringen der Türken in Ungarn zwingt Karl V. im „Nürnberger Anstand" zu Zugeständnissen gegenüber der religiösen und politischen Opposition, um eine schlagkräftige Streitmacht aufstellen zu können (Süleyman I. bricht seinen Vorstoß aber vorher ab)

1533 Separatfrieden zwischen Süleyman und Ferdinand I. führt zu vorübergehender Beruhigung des ungarischen Krisenraums; im Mittelmeerraum – vor allem Süditalien und Sizilien – weiterhin kriegerische Auseinandersetzungen kaiserlicher mit osmanischen und französischen Flottenverbänden

1534 König Heinrich VIII. von England treibt die Trennung der englischen von der römischen Kirche voran; der englische König wird anglikanisches Kirchenoberhaupt

1536–1538 dritter Krieg zwischen Frankreich und dem Haus Habsburg (Anlass: ungeklärte Herrschaftsnachfolge in Mailand); Frankreich erhält Unterstützung durch das Osmanische Reich, Papst Paul III. vermittelt Waffenstillstand

1541 nachdem es seit 1538 nicht gelungen ist, die osmanische Vorherrschaft in Nordafrika und im westlichen Mittelmeer zu beseitigen, schlägt auch der Versuch Ferdinands fehl, seinen Erb

1555 Augsburger Religionsfrieden bringt einen vorübergehenden Ausgleich in der Religionsfrage (Landesfürsten bestimmen über das Glaubensbekenntnis ihrer Untertanen: *cuius regio eius religio*), was der Kaiser so nicht zu akzeptieren bereit ist, den politischen Gegebenheiten nach aber annehmen muss

1556 Karl V. dankt ab; als spanischer König folgt ihm sein Sohn Philipp II. (regiert bis 1598), als Kaiser sein Bruder Ferdinand I.

1558 die protestantische Elisabeth I. folgt ihrer katholischen Halbschwester Maria als englische Königin nach; sie weist deren Witwer, Philipp II. als Ehemann ab

1559 mit dem Frieden von Cateau-Cambrésis endet der Krieg in Italien zugunsten Philipps II. von Spanien, der seine Besitzungen dort sowie die burgundischen Territorien sichern kann; dieser Friede und Philipps Heirat mit Elisabeth von Valois stabilisieren die spanische Hegemonie für die zweite Hälfte des 16. Jahrhunderts; Beginn des niederländischen Aufstands gegen die spanische Oberhoheit (bis 1648)

1562–1598 das nach dem Ausgang der langen Auseinandersetzungen mit dem Hause Habsburg außenpolitisch deutlich geschwächte Frankreich gerät anlässlich der Ausbreitung des Calvinismus in eine religiöse und dynastische Krise, die sich in acht Hugenottenkriegen entlädt; blutiger Höhepunkt ist 1572 die Bartholomäusnacht („Pariser Bluthochzeit")

1571 Fortsetzung der Auseinandersetzung mit dem Osmanischen Reich um die Vorherrschaft im Mittelmeer; der Seesieg Don Juan d'Austrias bei Lepanto im Golf von Korinth leitet den Niedergang der türkischen Dominanz im Mittelmeer ein

1580 die Vereinigung Portugals mit Spanien einschließlich ihrer Kolonien (bis 1640) führt zu einer Verlagerung der politischen Prioritäten Philipps in den Atlantik und hat vor allem den zunehmenden Gegensatz zu England zur Folge; die daraus resultierenden militärischen Auseinandersetzungen mit England sind mit dafür verantwortlich, dass sich auch die abtrünnigen niederländischen Provinzen weiterhin gegen Spanien behaupten können

1588 die schwere Niederlage der spanischen Armada im Ärmelkanal und ihre verheerenden Verluste durch Herbststürme auf dem Rückweg nach Spanien bedeuten zwar noch nicht den Verlust der spanischen Seevormacht, doch sind die Seeverbindungen in die Niederlande verloren, der Invasionsversuch in England gescheitert und das Trauma der Niederlage folgenschwer

1590–1598 im Kampf um die französische Thronfolge bindet Spanien seine Kräfte neuerlich in einen ausufernden Krieg; im abschließenden Frieden von Vervins verfehlt Philipp mit dem Verzicht auf alle Thronansprüche in Frankreich sämtliche Kriegsziele, zu denen neben der Bindung Frankreichs an Spanien auch die Vernichtung der Hugenotten gezählt hatte

1604 Spanien beendet den verlustreichen Krieg mit England und schließt 1609 Waffenstillstand mit den aufständischen Niederlanden; zu Beginn des 17. Jahrhunderts ist damit die Hegemonie Spaniens in Europa bereits gebrochen

anspruch auf ganz Ungarn durchzusetzen; andauernde Teilung Ungarns sowie Tributpflicht Ferdinands an das Osmanische Reich

1542–1544 auch der vierte Krieg zwischen Franz I. und Karl V. endet im Vertrag von Crépy trotz kurzfristiger Beruhigung der politischen Lage ohne endgültige Bereinigung der Krise

1545–1563 das Konzil von Trient (1545–47, 1551/52 und 1562/63) gewinnt trotz Fernbleibens der Protestanten entscheidende Bedeutung für die Regeneration der katholischen Kirche

1546–1547 der Schmalkaldische Krieg endet nach dem kaiserlichen Sieg bei Mühlberg mit der Zerschlagung dieses protestantischen Schutzbundes; trotz des „Geharnischten Reichstags" zu Augsburg ist der protestantische Widerstand aber nicht gebrochen

1552 die deutsche Fürstenrevolution unter Führung des Kurfürsten Moritz von Sachsen führt im Vertrag zu Passau zur neuerlichen Stärkung der Opposition gegenüber dem Kaiser

1552–1556 der Krieg Karls V. gegen Frankreich unter Heinrich II. endet mit dem Waffenstillstand von Vaucelles in der Bestätigung des Status quo

Mitteleuropa im 16. Jahrhundert (um 1550)

Die Fugger

Die Kaufmannsfamilie Fugger war seit 1367 in Augsburg ansässig. In der zweiten Hälfte des 15. Jahrhunderts stieg sie zu einer der führenden europäischen Wirtschaftsgrößen auf. Um das Zentrum Augsburg wurde ein Netz von Handelsstützpunkten aufgebaut. Jakob (I.) Fugger (gest. 1469) beteiligte sich bereits am Tiroler Silberbergbau in Schwaz. Unter seinen Söhnen, insbesondere Jakob (II.) Fugger (gest. 1525) wuchs das Vermögen kontinuierlich an und das Handelshaus der Fugger erlangte nun Weltgeltung. Zeitweilig besaß die Familie ein fast vollständiges Kupfermonopol. Ihre Handelskonzessionen erstreckten sich auch auf die Neue Welt. Die Fugger förderten Kunst und Wissenschaft und setzten ihr Kapital auch im großen Stil als kaiserliche Kreditgeber für politische Zwecke ein. 1530 erhob Kaiser Karl V. Raimund und Anton Fugger in den erblichen Reichsgrafenstand mit voller Landeshoheit für ihre Güter, ab 1534 auch das Münzprivileg einschließend. Vor allem die Konkurse ihrer habsburgischen Gläubiger verringerten aber in der Folge das aktive Vermögen der Fugger und damit auch ihren wirtschaftlichen und politischen Einfluss empfindlich.

Die Welser

Das vermutlich aus Italien zugewanderte Patriziergeschlecht der Welser gehörte schon Anfang des 14. Jahrhunderts zu den ratsfähigen Familien Augsburgs. Seit dem 15. Jahrhundert unterhielten Mitglieder der Familie Handelsbeziehungen bis nach London, Lissabon, Venedig, Bari und Rom. Von 1493 bis 1518 unterhielten die Welser eine vornehmlich dem Levantehandel und nach der Entdeckung des Seewegs nach Indien dem Asiengeschäft gewidmete Handelskompanie. Die Welser unterstützten – wie ihre Konkurrenten, die Fugger – Kaiser Karl V. mit enormen Kreditsummen, für die sie zahlreiche Privilegien erhielten. Dazu gehörte auch das kaiserliche Ein- und Ausfuhrprivileg nach Venezuela, das die Welser bis 1526 de facto als erste deutsche Kolonie regierten. Danach begann der Niedergang des Handelshauses, das schließlich 1614 nach dem verlustreich gescheiterten Versuch, gemeinsam mit den Fuggern ein Pfeffer-Weltmonopol aufzubauen, Bankrott ging.

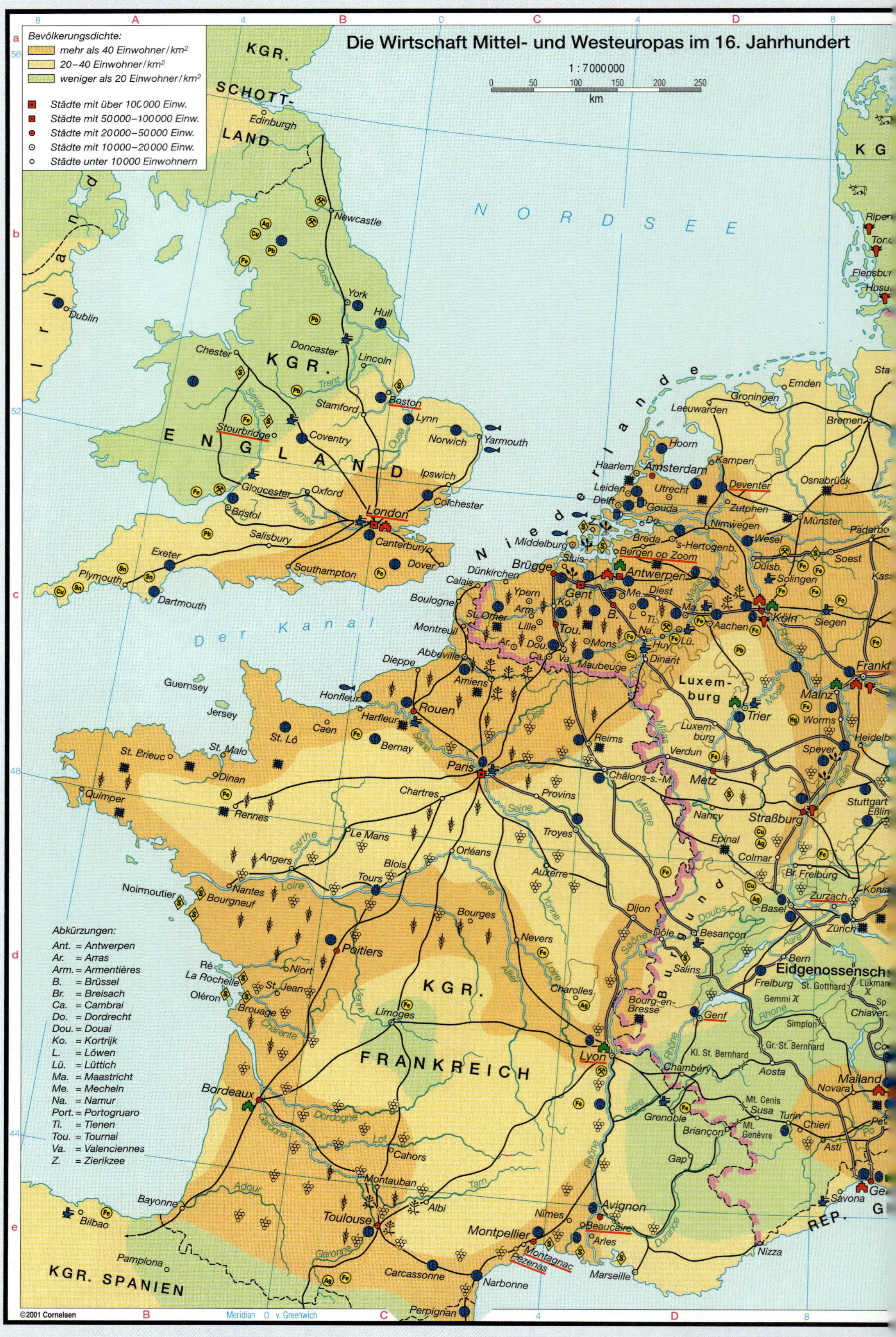

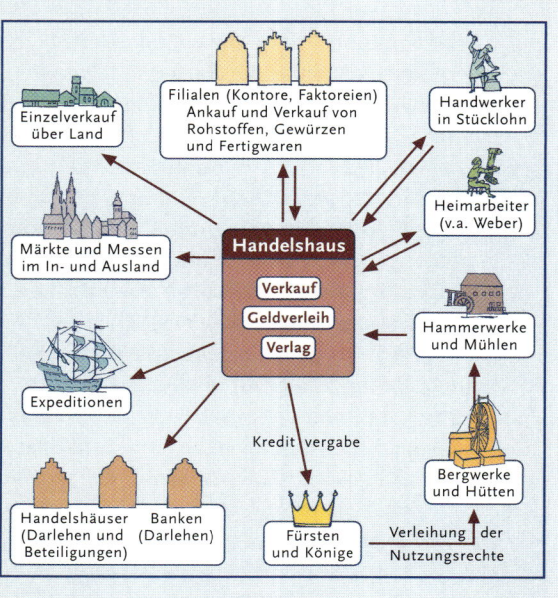

Die Wirtschaft Mittel- und Westeuropas im 16. Jahrhundert
1 : 7 000 000
km
Bevölkerungsdichte:
mehr als 40 Einwohner/km²
20–40 Einwohner/km²
weniger als 20 Einwohner/km²
Städte mit über 100 000 Einw.
Städte mit 50 000–100 000 Einw.
Städte mit 20 000–50 000 Einw.
Städte mit 10 000–20 000 Einw.
Städte unter 10 000 Einwohnern
KGR. SCHOTTLAND
KGR. ENGLAND
N O R D S E E
Der Kanal
Niederlande
KGR. FRANKREICH
KGR. SPANIEN
Eidgenossenschaft
Luxemburg
Burgund
Edinburgh
Newcastle
York
Hull
Dublin
Chester
Doncaster
Lincoln
Boston
Lynn
Norwich
Yarmouth
Stamford
Coventry
Stourbridge
Ipswich
Colchester
Gloucester
Oxford
London
Bristol
Salisbury
Canterbury
Dover
Exeter
Southampton
Plymouth
Dartmouth
Guernsey
Jersey
Abkürzungen:
Ant. = Antwerpen
Ar. = Arras
Arm. = Armentières
B. = Brüssel
Br. = Breisach
Ca. = Cambrai
Do. = Dordrecht
Dou. = Douai
Ko. = Kortrijk
L. = Löwen
Lü. = Lüttich
Ma. = Maastricht
Me. = Mecheln
Na. = Namur
Port. = Portogruaro
Ti. = Tienen
Tou. = Tournai
Va. = Valenciennes
Z. = Zierikzee
©2001 Cornelsen

Idealtypischer Aufbau einer Handelsgesellschaft um 1500

Handelshaus
Verkauf
Geldverleih
Verlag
Einzelverkauf über Land
Filialen (Kontore, Faktoreien) Ankauf und Verkauf von Rohstoffen, Gewürzen und Fertigwaren
Handwerker in Stücklohn
Heimarbeiter (v.a. Weber)
Märkte und Messen im In- und Ausland
Hammerwerke und Mühlen
Expeditionen
Bergwerke und Hütten
Handelshäuser (Darlehen und Beteiligungen)
Banken (Darlehen)
Kreditvergabe
Fürsten und Könige
Verleihung der Nutzungsrechte

Getreidetransport durch den dänischen Sund westwärts 1560–1630
Last (ca. 2,2 t)
140 000
120 000
100 000
80 000
60 000
40 000
20 000
0
1570
1580
1590
1600
1610
1620

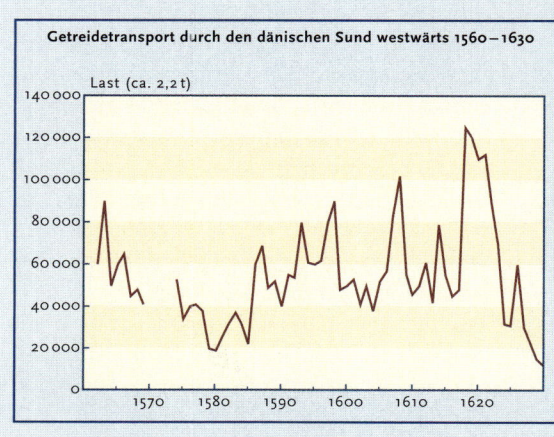

Tuchproduktion in Venedig, Augsburg und Leiden 1550–1650
Index (Basis 1600/09)
200
150
100
50
0
Venedig: Wolltuch
Augsburg: roher u. gefärbter Barchent
Leiden: Gesamtproduktion
1560
1570
1580
1590
1600
1610
1620
1630
1640

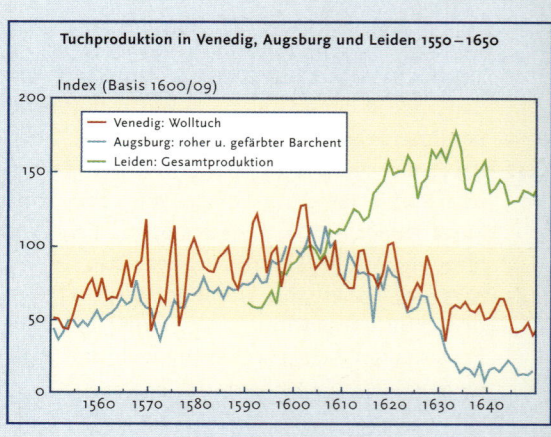

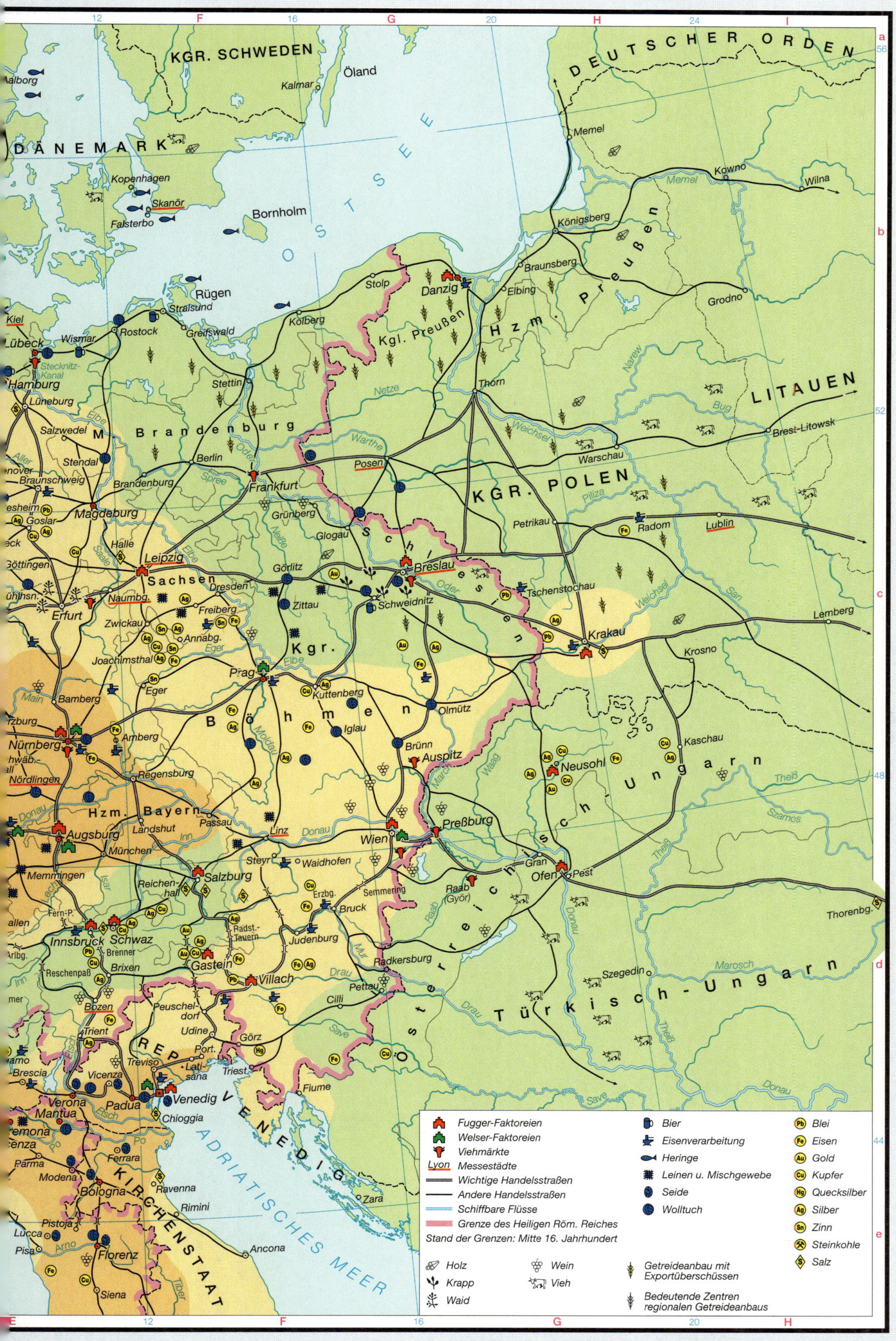
Fugger-Faktoreien
Welser-Faktoreien
Viehmärkte
Lyon Messestädte
Wichtige Handelsstraßen
Andere Handelsstraßen
Schiffbare Flüsse
Grenze des Heiligen Röm. Reiches
Stand der Grenzen: Mitte 16. Jahrhundert
Holz
Krapp
Waid
Wein
Vieh
Getreideanbau mit Exportüberschüssen
Bedeutende Zentren regionalen Getreideanbaus
Bier
Eisenverarbeitung
Heringe
Leinen u. Mischgewebe
Seide
Wolltuch
Blei
Eisen
Gold
Kupfer
Quecksilber
Silber
Zinn
Steinkohle
Salz

Vermögen und Einnahmen des Augsburger Fernkaufmanns Lucas Rem von 1518 bis 1540

Abrechnungszeitraum ab	Kapital (in Gulden)		zusätzliche Einlagen	
	Einkünfte	Gesellschaftsanteil	aus Gesellschaftsanteil	aus anderen Quellen
1. 9. 1518	11 000	1000	2640	–
1. 11. 1521	10 500	3000	3150	550
16. 6. 1525	15 600	800	648	552
1. 9. 1528	17 500	–	4025	–
1. 10. 1530	20 000	–	5800	–
1. 12. 1532	25 000	–	4250	5000
1. 8. 1534	33 000	–	3300	1280
1. 8. 1535	36 000	–	3960	–
1. 8. 1536	40 000	–	4400	–
1. 8. 1537	42 000	–	8820	5632
1. 3. 1540	54 000	–	k. A.	k. A.

Vermögensverteilung nach Steuerzahlern in Augsburg von 1475 bis 1554

Jahr	Gesamtzahl d. Steuerzahler	davon Steuerzahler mit einem Jahreseinkommen von [in Gulden] unter 20	20–80	80–500	>500
1475	4485	2958	1375	132	15
		65,9 %	30,6 %	3,0 %	0,3 %
1498	5351	2331	2849	139	32
		43,6 %	53,2 %	2,6 %	0,6 %
1512	5479	2476	2773	162	68
		45,2 %	50,6 %	3,0 %	1,2 %
1526	6103	3291	2535	182	95
		54,1 %	41,6 %	3,0 %	1,3 %
1540	7155	3749	3016	263	127
		52,4 %	42,1 %	3,7 %	1,8 %
1554	8242	4382	3341	330	189
		53,2 %	40,5 %	4,0 %	2,3 %

Jahreseinkommen einiger Berufsgruppen in Deutschland zu Beginn des 16. Jahrhunderts

Dienstmädchen	3–5 Gulden
Hausknechte	6–7 Gulden
Tagelöhner *	20 Gulden
niedere Geistliche	20–40 Gulden
Landsknechte	48 Gulden
Professoren	50–150 Gulden
hohe städtische Beamte	150–250 Gulden

* Ein Tagelöhnerhaushalt benötigte jährlich allein 14 Gulden für Lebensmittel.

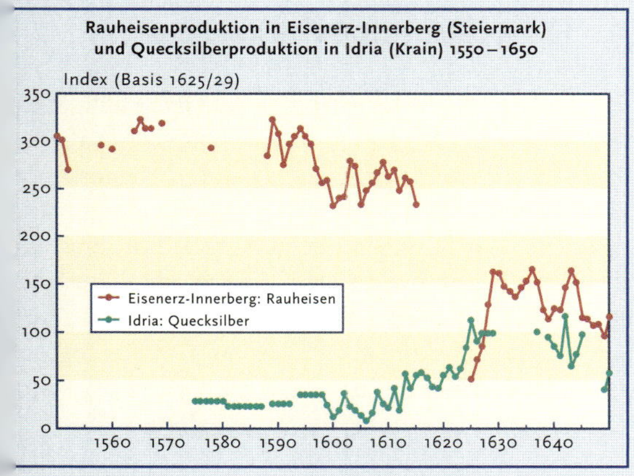
Rauheisenproduktion in Eisenerz-Innerberg (Steiermark) und Quecksilberproduktion in Idria (Krain) 1550–1650
Index (Basis 1625/29)
Eisenerz-Innerberg: Rauheisen
Idria: Quecksilber
350 300 250 200 150 100 50 0
1560 1570 1580 1590 1600 1610 1620 1630 1640

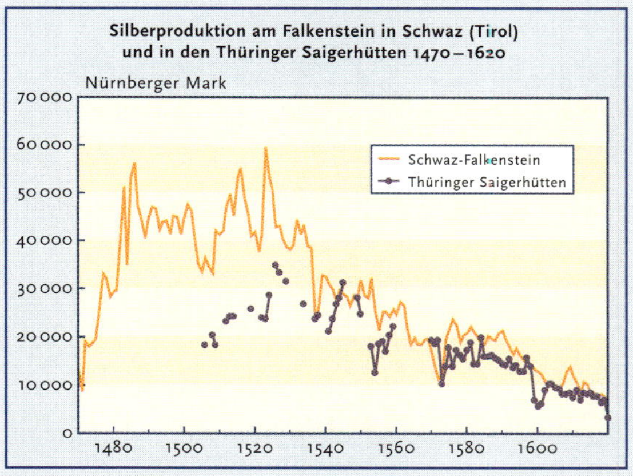
Silberproduktion am Falkenstein in Schwaz (Tirol) und in den Thüringer Saigerhütten 1470–1620
Nürnberger Mark
Schwaz-Falkenstein
Thüringer Saigerhütten
70 000 60 000 50 000 40 000 30 000 20 000 10 000 0
1480 1500 1520 1540 1560 1580 1600

Das 16. Jahrhundert sah zwar in vielen Wirtschaftsbereichen eine gute Konjunktur (Bergbau, Eisen, Textilien), aber auch einen deutlichen Kaufkraftschwund großer Teile der Bevölkerung und damit einhergehend vor allem in den Städten eine zunehmende Pauperisierung. Konnte ein Augsburger Maurergeselle von seinem Jahreslohn um 1500 noch den anderthalbfachen Mindestbedarf seiner Familie bestreiten, reichte es um 1600 nur noch zu rund 75 % dieses Bedarfs. Gründe waren angesichts steigender Bevölkerungszahlen die stagnierenden oder sinkenden Löhne und die gleichzeitig steigenden Preise, vor allem bei Grundnahrungsmitteln, verursacht durch geringere Ernteerträge im letzten Drittel des 16. Jahrhunderts wegen verkürzter Reifezeiten des Getreides („kleine Eiszeit" in Europa). Zwischen 1560 und 1575 vervierfachte sich z. B. der städtische Roggenpreis, während die Löhne gleichzeitig nur um 10 bis 20 % stiegen.

Mitteleuropa im Zeitalter der Reformation um 1547

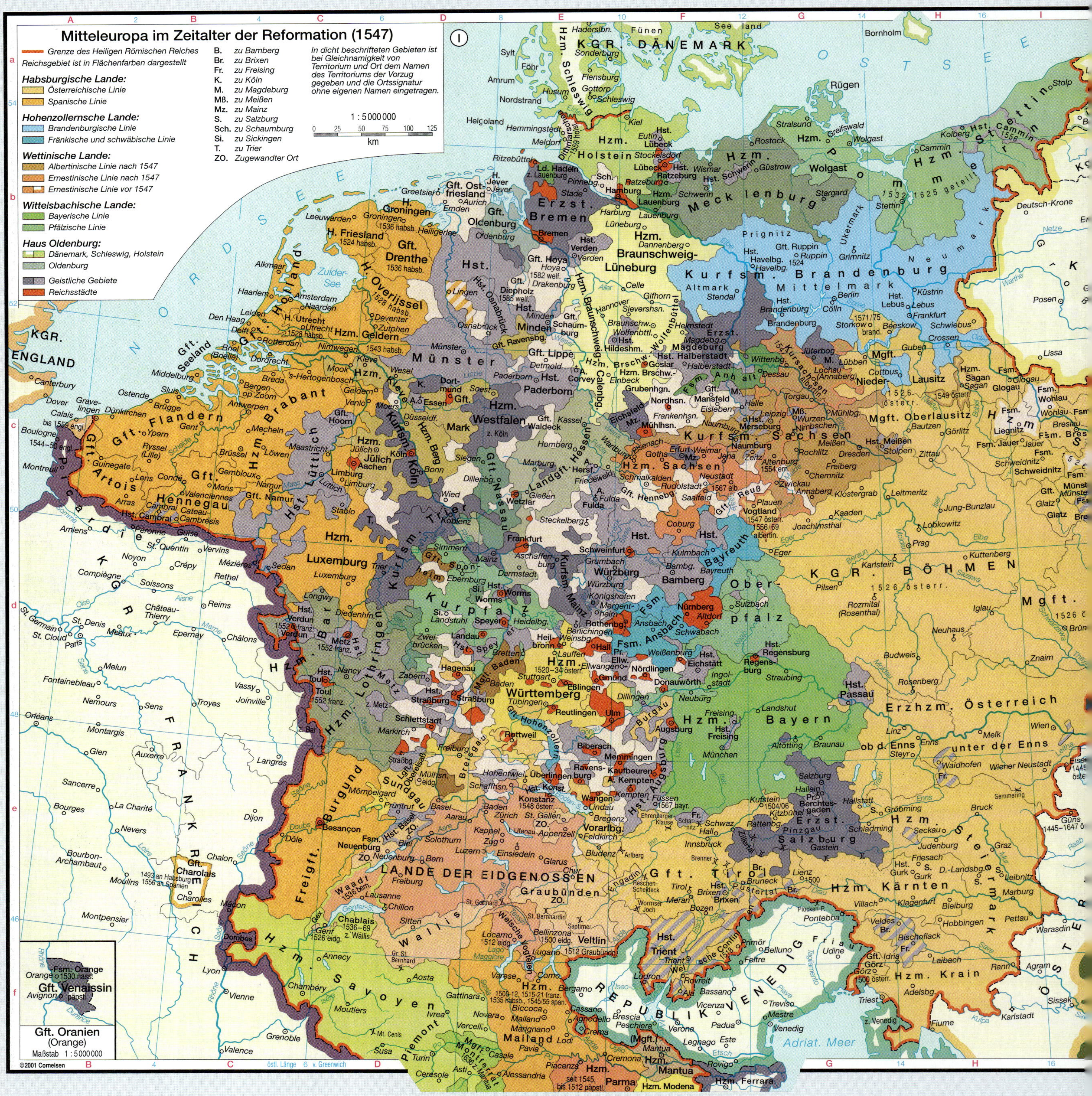

Mitteleuropa im Zeitalter der Reformation (1547)
Grenze des Heiligen Römischen Reiches
Reichsgebiet ist in Flächenfarben dargestellt
Habsburgische Lande:
Österreichische Linie
Spanische Linie
Hohenzollernsche Lande:
Brandenburgische Linie
Fränkische und schwäbische Linie
Wettinische Lande:
Albertinische Linie nach 1547
Ernestinische Linie nach 1547
Ernestinische Linie vor 1547
Wittelsbachische Lande:
Bayerische Linie
Pfälzische Linie
Haus Oldenburg:
Dänemark, Schleswig, Holstein
Oldenburg
Geistliche Gebiete
Reichsstädte
B. zu Bamberg
Br. zu Brixen
Fr. zu Freising
K. zu Köln
M. zu Magdeburg
Mß. zu Meißen
Mz. zu Mainz
S. zu Salzburg
Sch. zu Schaumburg
Si. zu Sickingen
T. zu Trier
ZO. Zugewandter Ort
In dicht beschrifteten Gebieten ist bei Gleichnamigkeit von Territorium und Ort dem Namen des Territoriums der Vorzug gegeben und die Ortssignatur ohne eigenen Namen eingetragen.
1 : 5 000 000
km
KGR. DÄNEMARK
OSTSEE
NORDSEE
KGR. ENGLAND
KGR. FRANKREICH
KGR. BÖHMEN
Erzhzm. Österreich
LANDE DER EIDGENOSSEN
REPUBLIK VENEDIG
Gft. Oranien (Orange)
Maßstab 1 : 5 000 000
©2001 Cornelsen

KAISER UND REICH
König und Kaiser
• Oberhaupt und Repräsentant des Reiches
• oberster Lehnsherr und Richter
• hauptsächliche Machtgrundlage: „Hausmacht“ (eigene Territorien)
wählen
wählen
Mitglieder des Reiches
7 Kurfürsten (Mainz, Trier, Köln, Böhmen, Pfalz, Sachsen, Brandenburg)
Geistliche und weltliche Fürsten
Grafen und Herren
Reichsstädte
Reichsritter
Reichsdörfer
ernennt
Reichskammergericht
Reichstag (in 3 Kurien)
1. Kurfürstenrat
2. Fürstenrat
3. Reichsstädtekollegium
Beschlussfassung in der Reihenfolge der Kurien
bilden
Reichspolitik nach gemeinsamer Übereinkunft
genehmigt
erlässt
Reichsabschiede
Umsetzung durch die
10 Reichskreise
Österreich • Bayern • Schwaben • Franken • Oberrhein • Kurrhein • Niederrhein-Westfalen • Burgund • Niedersachsen • Obersachsen

Das Heilige Römische Reich um 1547

Im Zeitalter der Reformation deckte das Heilige Römische Reich den größten Teil Mitteleuropas ab und umfasste um 1547 noch die gesamten Niederlande einschließlich der nördlichen mit Holland, das Herzogtum Lothringen, die Freigrafschaft Burgund, die Schweiz und Savoyen sowie Teile Norditaliens. Der 1519 gewählte Kaiser Karl V. aus dem Hause Habsburg war gleichzeitig König von Spanien. Das Herzogtum Preußen (säkularisierter Deutschordensstaat) stand unter Lehnshoheit des Königtums Polen.

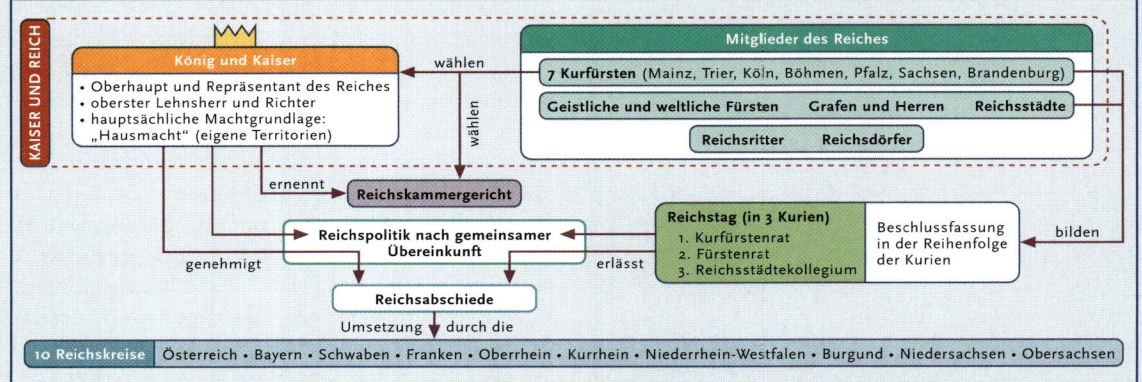

Die Gregorianische Kalenderreform

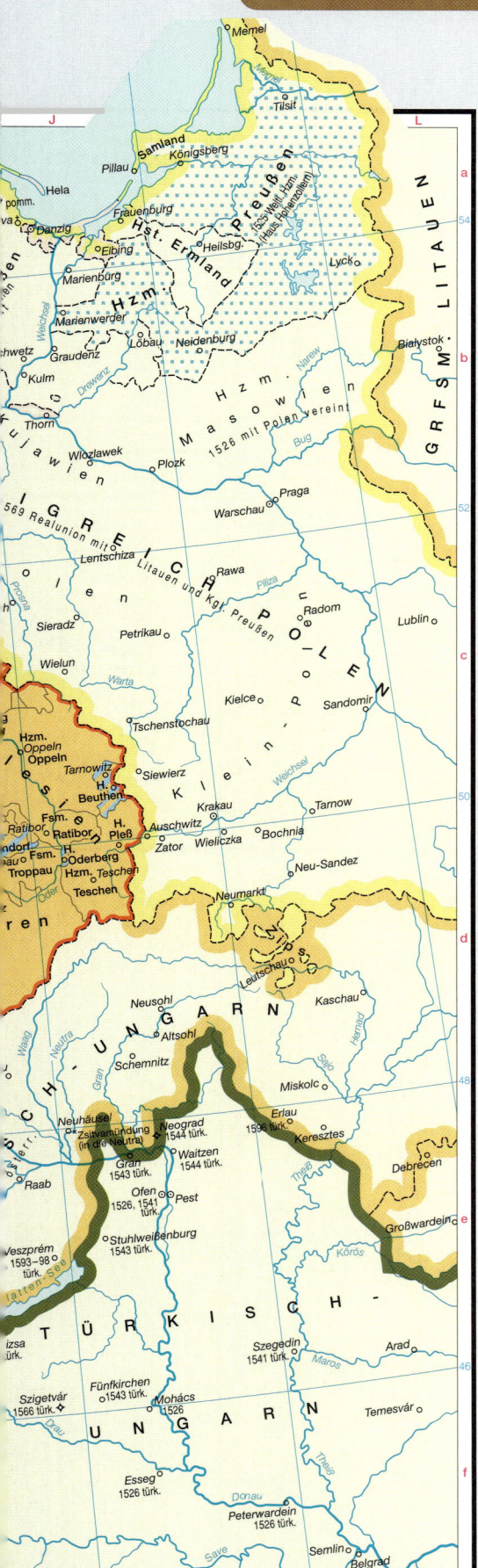

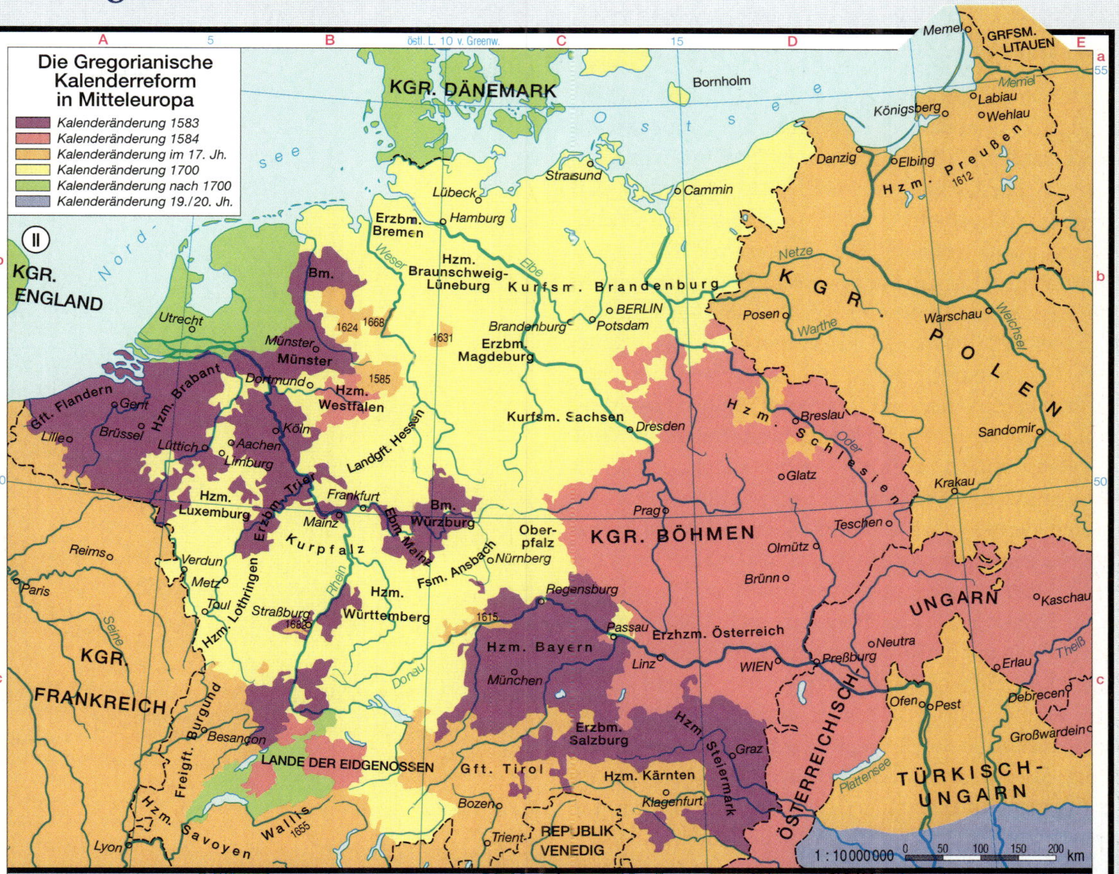

Die Gregorianische Kalenderreform in Mitteleuropa

- Kalenderänderung 1583
- Kalenderänderung 1584
- Kalenderänderung im 17. Jh.
- Kalenderänderung 1700
- Kalenderänderung nach 1700
- Kalenderänderung 19./20. Jh.

1 : 10 000 000

Die Gregorianische Kalenderreform in Europa

- Kalenderänderung vor 1700
- Kalenderänderung 1700
- Kalenderänderung nach 1700
- Kalenderänderung 19./20. Jh.

© 2001 Cornelsen

1 : 25 000 000

Mitteleuropa im Zeitalter der Reformation

Kaiser Karl V. war es trotz des Sieges über den Schmalkaldischen Bund (1547) nicht gelungen, die Protestanten wieder in die katholische Kirche einzugliedern. Mit dem Augsburger Religionsfrieden wurden katholisches und lutherisches Bekenntnis gleichgestellt. Die Konfession des Landesherrn bestimmte nun über die Religionszugehörigkeit seiner Untertanen. Karls Ziel, die religiöse Einheit und das universale Kaisertum aufrechtzuerhalten, war damit gescheitert. Mitteleuropa blieb konfessionell zerrissen.

Die Gregorianische Kalenderreform

Im seit 46 v. Chr. geltenden Julianischen Kalender war das Jahr ca. 11 Minuten zu lang gegenüber dem Sonnenjahr. Nach Reformanstößen des 15. Jahrhunderts verfügte Papst Gregor XIII. 1582 eine neue Kalenderregelung. In Deutschland fand sie infolge der Reformation zunächst fast nur in katholischen Territorien Eingang. Mit der Reform wurden 10 Tage übersprungen, um wieder in die astronomische Ordnung zu kommen. Wichtig zur Jahresberechnung war die Bestimmung des Ostertermins am Sonntag nach Früh-

lingsvollmond. Vor allem aber wurde die Schaltjahrregelung verbessert. Fortan sollte der Schalttag in den einfach durch 100 teilbaren Jahren (1700, 1800, 1900) entfallen, nicht jedoch in den durch 400 teilbaren (1600, 2000). Die meisten katholischen Länder schlossen sich der bis heute gültigen Regelung schon vor 1585 an. Die meisten protestantischen Länder stellten ihren Kalender – meist wegen antipäpstlicher Ressentiments – erst 1700 um. In manchen Ländern wurde der gregorianische Kalender sogar noch später eingeführt (England und Schweden 1752, Finnland 1867, China 1912, Russland 1918, Türkei 1927).

Bauernkrieg und Reformation

Der Bauernkrieg 1525

Im territorial zersplitterten Süd- und Mitteldeutschland gab es seit dem 15. Jahrhundert Erhebungen der dank stabiler landwirtschaftlicher Strukturen und Absätze wirtschaftlich erstarkten Bauern gegen den Fron- und Abgabendruck der meist verarmten Grundherren (1476 Aufstand des „Pfeifers von Niklashausen" in Franken; 1493–1517 verschiedene Bundschuh-Aufstände am Oberrhein; 1514 Aufstand des „armen Konrad" in Schwaben). Die im römischen Recht angelegte Beschneidung der bäuerlichen Allmenderechte, ihrer persönlichen Freiheit und Selbstverwaltung wollten die Bauern nicht länger hinnehmen. Im Zuge der Reformation sahen sie sich vor allem auch durch die weithin missverstandene Schrift Luthers „Von der Freiheit eines Christenmenschen" in ihrem Aufbegehren gegen die Obrigkeit bestärkt. 1524 begann der große Bauernkrieg mit Aufständen in Hauenstein und Stühlingen. 1525 breiteten sich die Unruhen schnell bis nach Thüringen und Tirol/Salzburg aus. Nach zahlreichen Anfangserfolgen der Bauern – über 150 Städte und Ortschaften wurden erobert oder schlossen sich der Bewegung an – gelang es ihnen trotz einer in zwölf Artikeln klar gefassten Zielsetzung nicht, die verschiedenen Gruppierungen zusammenzuführen. Dies nutzten die militärisch überlegenen Fürstenheere aus, um die thüringischen, fränkischen, schwäbischen und pfälzischen Bauernhaufen in mehreren Schlachten vernichtend zu schlagen. Es folgten drakonische Strafen gegen die Bauernschaft. Insgesamt verloren in diesem Krieg etwa 70 000 Bauern im Kampf oder auf der Flucht ihr Leben. Der Bauernkrieg hatte langfristige Folgen: Während sich in Oberschwaben, Oberrhein und Tirol die soziale Lage der Bauern durch Verträge mit der Herrschaft zum Teil verbesserte und selbst der Reichstag von Speyer 1526 die Beschwerden der Bauern aufnahm, verschlechterte sie sich in Franken und Thüringen erheblich. Die Landesfürsten wurden gegenüber der Kirche, dem niederen Adel und den Städten gestärkt und konnten als „Sieger des Bauernkrieges" religiös wie administrativ die Geschicke des Landes bestimmen. Die Widerstandsbereitschaft der Bauern war dadurch aber nicht völlig gebrochen, wie zum Beispiel der oberösterreichische Bauernkrieg 1626 zeigte.

Protestantische Kirchenverfassungstypen

Mit der Einführung der Reformation und der Abkehr von den tradierten kirchlichen Hierarchien musste das Kirchenwesen in den protestantischen Territorien neu organisiert werden. In lutherischen Gebieten – etwa in Kursachsen um 1580 – übernahmen die weltlichen Landesherren die Führung der Kirche (landesherrliches Kirchenregiment). Die ihnen direkt unterstehenden kirchlichen Zentralstellen kontrollierten die kirchlichen Angelegenheiten der Untertanen bis ins tägliche Gemeindeleben hinein (vgl. Schema a).

Im Gegensatz zum obrigkeitlich organisierten lutherischen Kirchenwesen war bei den Calvinisten die Selbstverwaltung der Gemeinden Grundlage der Kirchenverfassung. Bei der Einführung des Calvinismus in Deutschland wurden aber zwischen dem lutherischen Kirchenregiment und der presbyterialen Gemeindeordnung der Calvinisten Kompromisse geschlossen – in der Kurpfalz beispielsweise um 1600. Hier blieb von der calvinistischen Selbstverwaltung meist nur wenig übrig (vgl. Schema b).

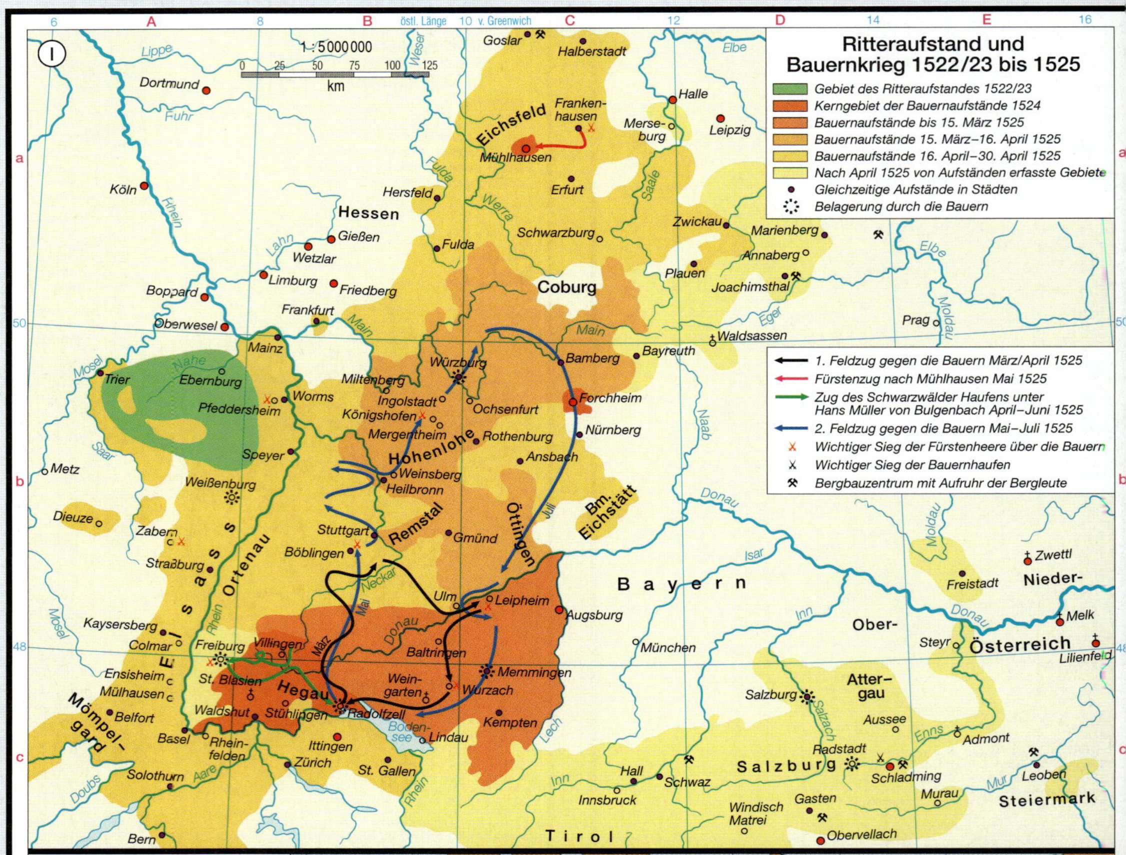

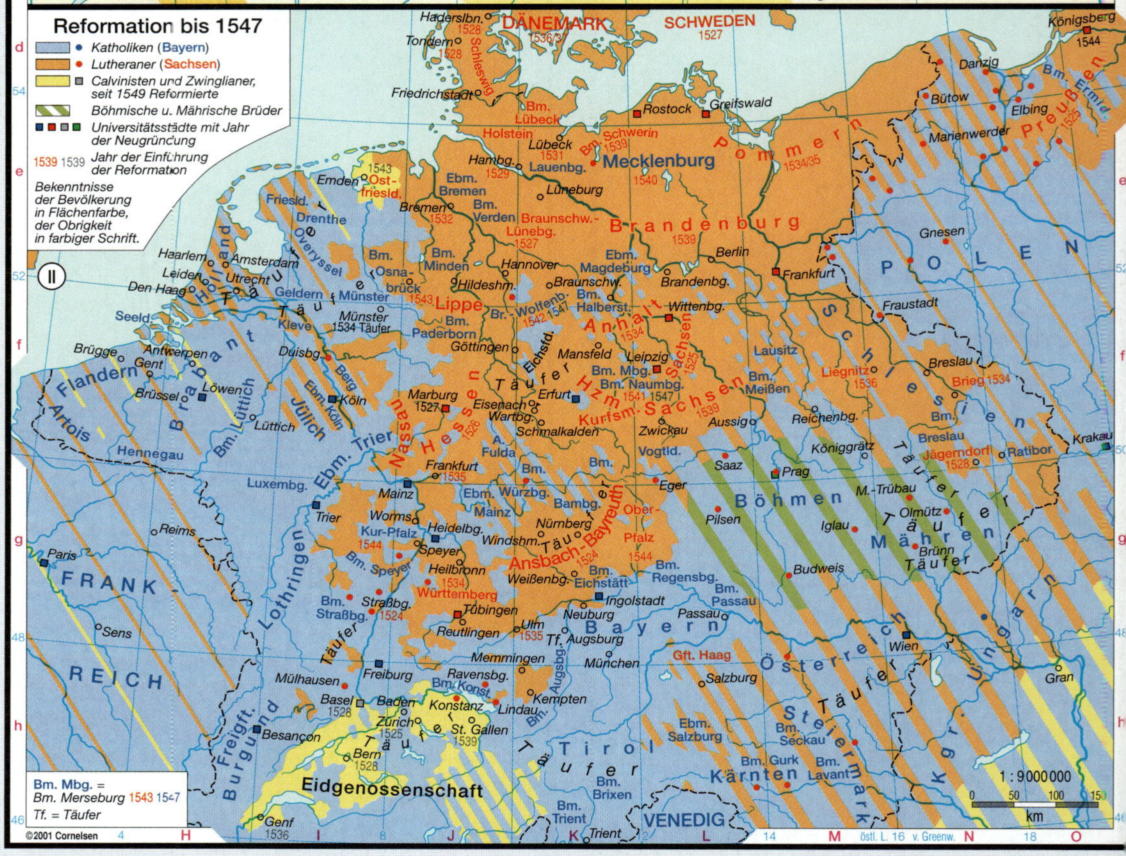

Ritteraufstand und Bauernkrieg 1522/23 bis 1525

- Gebiet des Ritteraufstandes 1522/23
- Kerngebiet des Bauernaufstandes 1524
- Bauernaufstände bis 15. März 1525
- Bauernaufstände 15. März–16. April 1525
- Bauernaufstände 16.–30. April 1525
- Nach April 1525 von Aufständen erfasste Gebiete
- Gleichzeitige Aufstände in Städten
- Belagerung durch die Bauern

→ 1. Feldzug gegen die Bauern März/April 1525
→ Fürstenzug nach Mühlhausen Mai 1525
→ Zug des Schwarzwälder Haufens unter Hans Müller von Bulgenbach April–Juni 1525
→ 2. Feldzug gegen die Bauern Mai–Juli 1525
× Wichtiger Sieg der Fürstenheere über die Bauern
× Wichtiger Sieg der Bauernhaufen
⚒ Bergbauzentrum mit Aufruhr der Bergleute

Reformation bis 1547

- Katholiken (Bayern)
- Lutheraner (Sachsen)
- Calvinisten und Zwinglianer, seit 1549 Reformierte
- Böhmische u. Mährische Brüder
- Universitätsstädte mit Jahr der Neugründung
- 1539 Jahr der Einführung der Reformation

Bekenntnisse der Bevölkerung in Flächenfarbe, der Obrigkeit in farbiger Schrift.

Bm. Mbg. = Bm. Merseburg
Tf. = Täufer

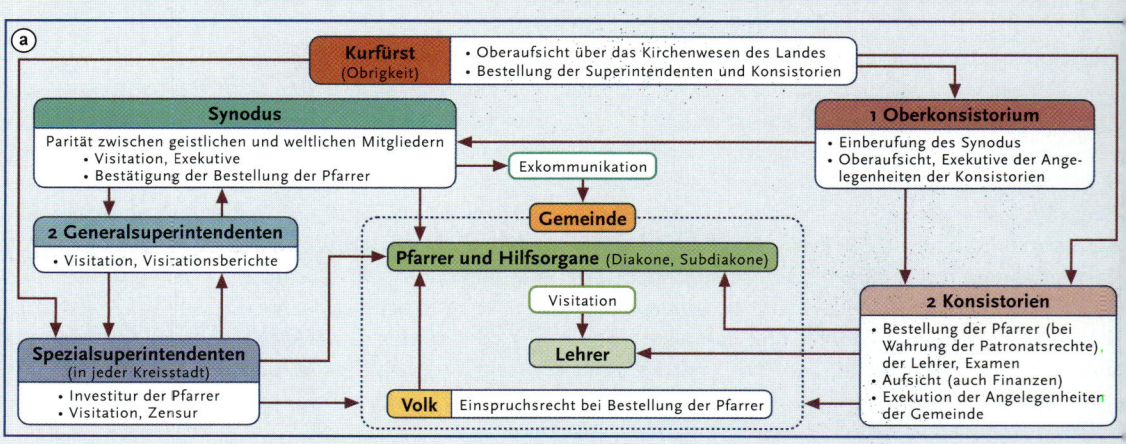

a

| Kurfürst (Obrigkeit) | • Oberaufsicht über das Kirchenwesen des Landes
• Bestellung der Superintendenten und Konsistorien |

Synodus – Parität zwischen geistlichen und weltlichen Mitgliedern • Visitation, Exekutive • Bestätigung der Bestellung der Pfarrer

Exkommunikation

1 Oberkonsistorium – • Einberufung des Synodus • Oberaufsicht, Exekutive der Angelegenheiten der Konsistorien

2 Generalsuperintendenten – • Visitation, Visitationsberichte

Gemeinde

Pfarrer und Hilfsorgane (Diakone, Subdiakone)

Visitation

Spezialsuperintendenten (in jeder Kreisstadt) – • Investitur der Pfarrer • Visitation, Zensur

Lehrer

2 Konsistorien – • Bestellung der Pfarrer (bei Wahrung der Patronatsrechte), der Lehrer, Examen • Aufsicht (auch Finanzen) • Exekution der Angelegenheiten der Gemeinde

Volk – Einspruchsrecht bei Bestellung der Pfarrer

© 2001 Cornelsen

Gegenreformation und Konfessionsverteilung

Katholische Erneuerung bis 1648 (Gegenreformation)

- Katholiken (Bayern)
- Lutheraner (Kursachsen)
- Calvinisten und Zwinglianer, seit 1549 Reformierte (Nassau)
- Böhmische u. Mährische Brüder

Bekenntnisse der Bevölkerung in Flächenfarbe, der Obrigkeit in farbiger Schrift.

- Jesuitenkolleg und -niederlassung
- Universitätsstädte mit Jahr, wenn Neugründung
- Sitze eines katholischen Erzbischofs
- Erloschener Sitz eines katholischen Erzbischofs bzw. Bischofs

Asch. = Aschaffenburg
C. = Coesfeld

1 : 9 000 000

Konfessionsverteilung in ihrer reichsrechtlichen Festschreibung nach 1648

- über 90 % Katholiken
- über 70 % Katholiken
- über 50 % katholisch
- über 95 % protestantisch
- über 70 % protestantisch
- über 50 % protestantisch
- besondere Zentren der jüdischen Minderheit
- Reichsgrenze 1789
- Territorialgrenzen
- Orte mit Festung

1 : 9 000 000

© 2001 Cornelsen

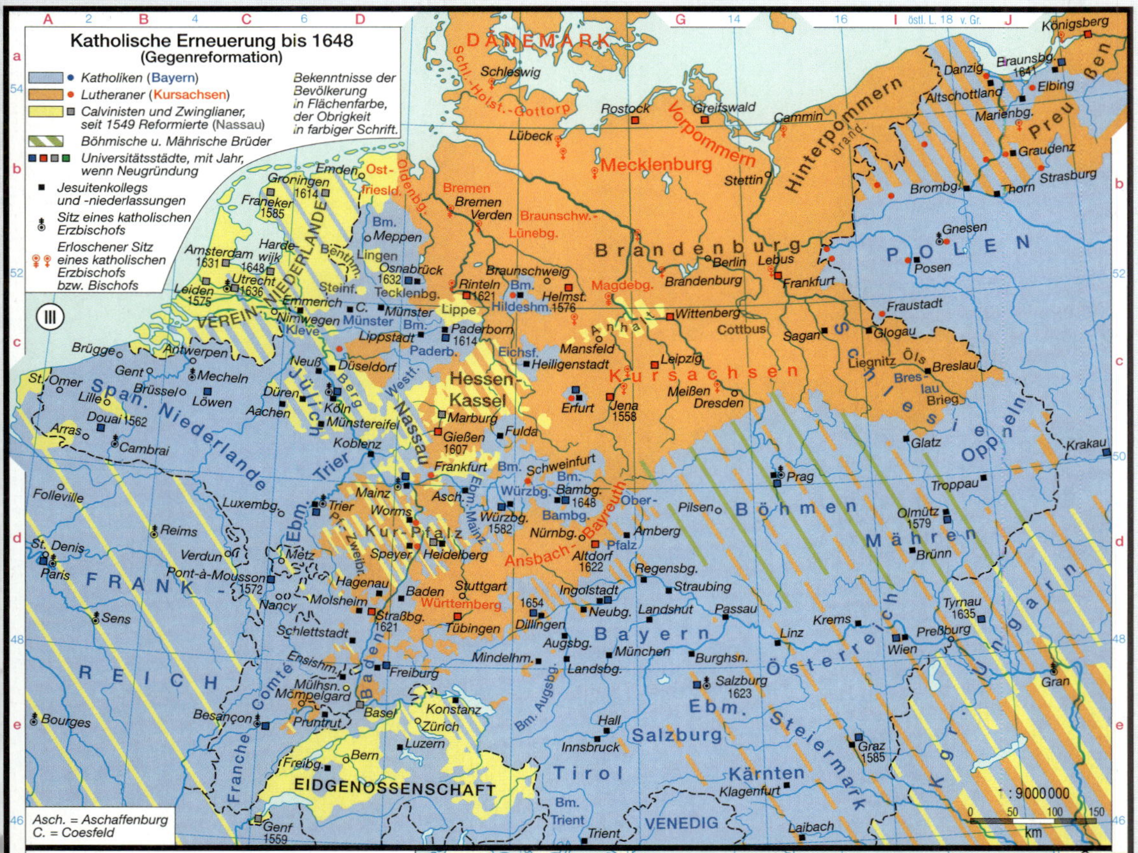

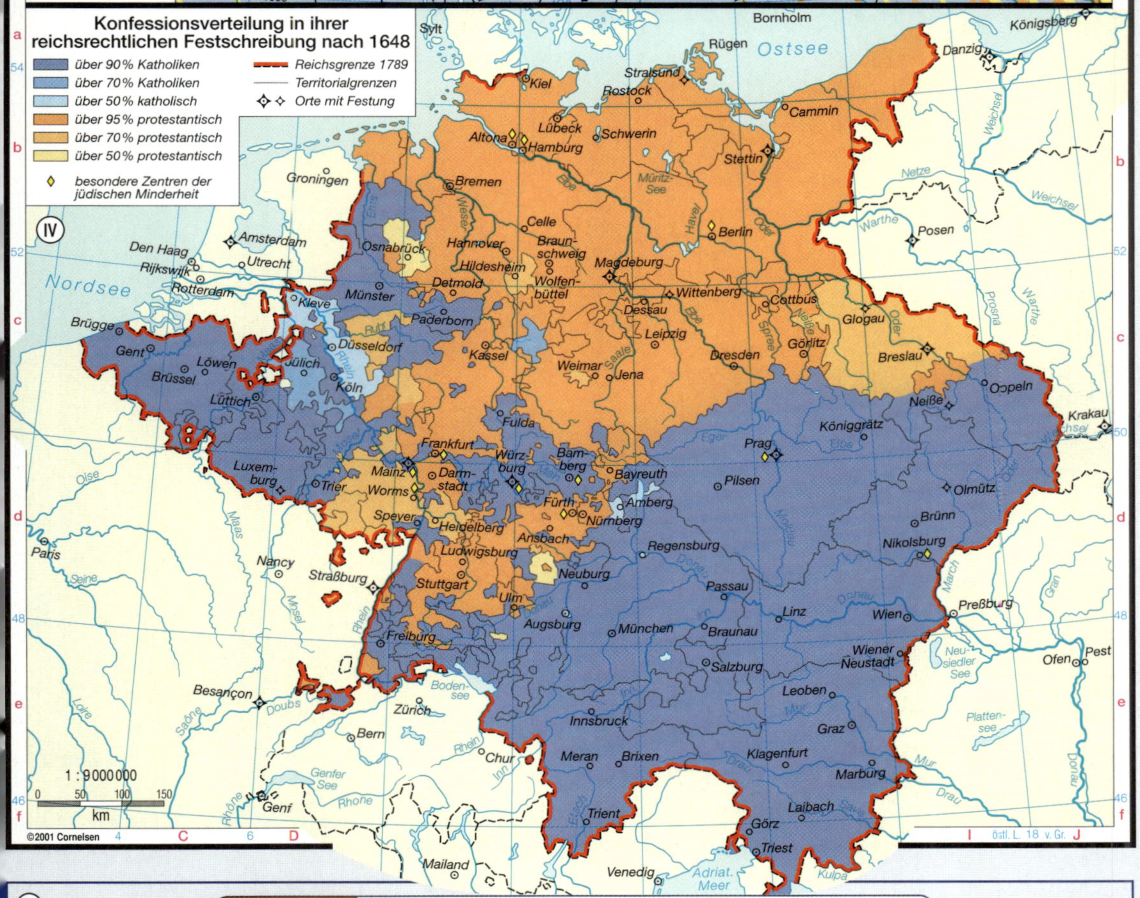

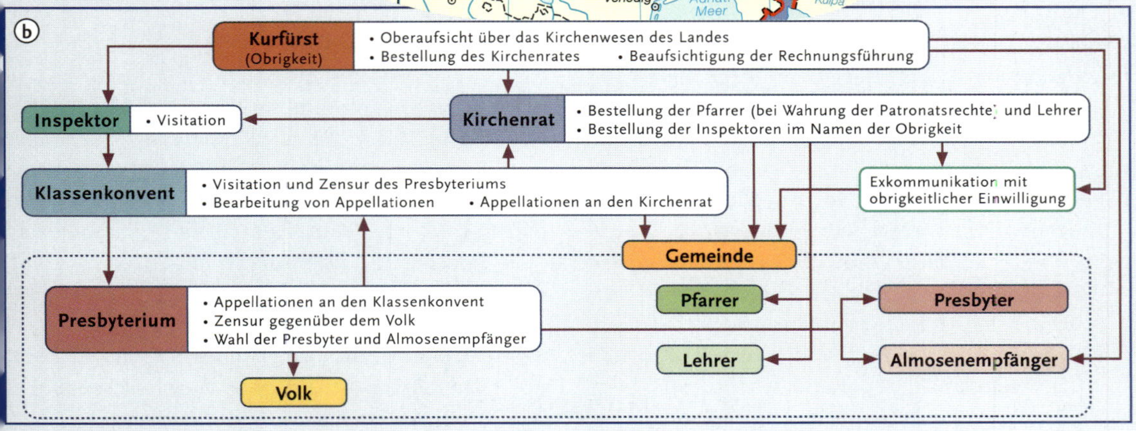

Religionskonflikt und politischer Machtkampf

Kaiser Karl V. hatte 1521 in Worms geschworen die Einheit der Kirche zu erhalten, doch seine geringe Machtbasis im Reich und ständige Einbindung in die Machtkämpfe des Hauses Habsburg mit Frankreich und dem Osmanischen Reich gaben ihm wenig Spielraum gegenüber den Landesfürsten und Reichsstädten, denen er bei seiner Wahl 1519 geloben musste, sie in allen wichtigen Fragen anzuhören. So forderte Karl auf dem Augsburger Reichstag 1530 von den protestantischen Fürsten zwar energisch die Rückkehr zum katholischen Glauben, konnte deren kategorische Ablehnung aber nicht überwinden. Die Protestanten schlossen sich im Augsburger Bekenntnis nur umso fester zusammen und gründeten 1531 den Schmalkaldischen Bund. Trotz dessen vernichtender Niederlage im Schmalkaldischen Krieg 1546/47 gelang es Karl nicht, die konfessionelle Einheit von Kirche und Reich wiederherzustellen. Der Augsburger Religionsfriede von 1555 wurde in seiner im Westfälischen Frieden 1648 erweiterten Form der Gleichberechtigung der katholischen und protestantischen Bekenntnisse vielmehr bis zum Reichsende 1806 festgeschrieben.

Die Konfessionsverteilung in ihrer reichsrechtlichen Festschreibung nach 1648

Im Gegensatz zum 1871 gegründeten, von Preußen dominierten Deutschen Reich, in dem etwa zwei Drittel der Bevölkerung protestantisch waren, hatte das viel größere Heilige Römische Reich, in dem Österreich die wichtigste Rolle spielte, im 18. Jahrhundert eine katholische Mehrheit. Dort lebten 58 % Katholiken, 41 % Protestanten und 1 % Juden. Der Burgundische Reichskreis im Westen (heute Belgien, Luxemburg) wurde ausschließlich von Katholiken bewohnt, und der Bayerische und der Österreichische Kreis (einschließlich Welschtirol mit Trient und Krain, heute Slowenien), ferner Böhmen und Mähren sowie Oberschlesien waren zu mehr als 90 % katholisch. Andererseits lebten in den beiden norddeutschen Reichskreisen, d. h. dem niedersächsischen und obersächsischen, fast nur Protestanten. Die restlichen Reichskreise (vgl. S. 114) waren konfessionell gemischt. Diese Konfessionsstruktur blieb zumindest bis 1945 erhalten und politisch relevant. Erst danach kam es durch die Ansiedlung zahlreicher Heimatvertriebener und Flüchtlinge und deren Vermischung mit der jeweils ansässigen Bevölkerung zu signifikanten Veränderungen in der Konfessionsstruktur der deutschen Länder. – Größere jüdische Gemeinden existierten in Altona, Hamburg, Berlin, Mannheim, Mainz, Frankfurt, Würzburg, Bamberg, Fürth (auf bambergischem Grund), Prag und Nikolsburg (Mähren). Besonders viele Juden lebten außerdem in den Reichsritterterritorien.

Die Konfessionsverteilung im Heiligen Römischen Reich am Ende des 18. Jahrhunderts

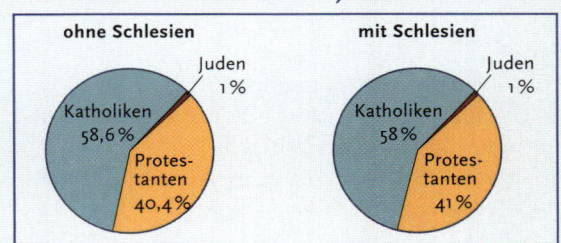

ohne Schlesien
- Katholiken 58,6 %
- Protestanten 40,4 %
- Juden 1 %

mit Schlesien
- Katholiken 58 %
- Protestanten 41 %
- Juden 1 %

(b)

Kurfürst (Obrigkeit)
- Oberaufsicht über das Kirchenwesen des Landes
- Bestellung des Kirchenrates
- Beaufsichtigung der Rechnungsführung

Inspektor
- Visitation

Kirchenrat
- Bestellung der Pfarrer (bei Wahrung der Patronatsrechte) und Lehrer
- Bestellung der Inspektoren im Namen der Obrigkeit

Klassenkonvent
- Visitation und Zensur des Presbyteriums
- Bearbeitung von Appellationen
- Appellationen an den Kirchenrat

- Exkommunikation mit obrigkeitlicher Einwilligung

Gemeinde

Presbyterium
- Appellationen an den Klassenkonvent
- Zensur gegenüber dem Volk
- Wahl der Presbyter und Almosenempfänger

Pfarrer

Lehrer

Presbyter

Almosenempfänger

Volk

Mitteleuropa nach dem 30-jährigen Krieg 1648

Mitteleuropa nach dem 30jährigen Krieg (1648)

Grenze des Heiligen Römischen Reiches
Reichsgebiet ist in Flächenfarben dargestellt

Habsburgische Lande:
Österreichische Linie
Spanische Linie

Hohenzollernsche Lande:
Brandenburgische Linie
Fränkische und schwäbische Linie

Wettinische Lande:
Albertinische Linie
Ernestinische Linie

Wittelsbachische Lande:
Bayerische Linie
Pfälzische Linie

Haus Oldenburg:
Dänemark, kgl. Anteil von Schleswig und Holstein, Gft. Oldenburg
Hzm. Schleswig-Holstein-Gottorp
Geistliche Gebiete
Reichsstädte

A.-Z. = zu Anhalt-Zerbst
Br. = zu Brixen
Fr. = zu Freising
Grub. = zu Grubenhagen
H.-K. = zu Hessen-Kassel
K. = zu Köln
M. = zu Magdeburg
Mz. = zu Mainz
N. = zu Nassau
S. = zu Salzburg
Schw. = zu Schwarzburg
T. = zu Trier

In dicht beschrifteten Gebieten ist bei Gleichnamigkeit von Territorium und Ort dem Namen des Territoriums der Vorzug gegeben und die Ortssignatur ohne eigenen Namen eingetragen.

1 : 5 000 000
0 25 50 75 100 125
km

©2001 Cornelsen

BÖHMISCH-PFÄLZISCHER KRIEG (1618–1623/24)

1618 Prager Fenstersturz (23. Mai); Unterstützung der Böhmen durch protestantische Union

1619 Ferdinand II. wird als König von Böhmen abgesetzt, Wahl Friedrichs von der Pfalz; Ferdinand II. wird zum römischen Kaiser gewählt

1620 Schlacht am Weißen Berg (Niederlage des „Winterkönigs" Friedrich V. von der Pfalz)

1621 „Prager Blutgericht"; Adelskonfiskationen und Rekatholisierung Böhmens

1622–1624 Siegeszug Tillys gegen die Protestanten; Besetzung der Pfalz

DÄNISCH-NIEDERSÄCHSISCHER KRIEG (1625–1629)

1626 Schlacht bei Lutter am Barenberge: Sieg Tillys über König Christian IV. von Dänemark (Wallenstein mit eigenem Söldnerheer beteiligt)

1627 Eroberung Jütlands durch Tilly und Wallenstein

1628 Wallenstein, Herzog von Friedland, wird zum Herzog von Mecklenburg erhoben

1629 Friede zu Lübeck: Dänemark scheidet aus dem Krieg aus; Restitutionsedikt Ferdinands II. erregt den Widerstand der Fürsten

1630 Kurfürstentag in Regensburg setzt Wallenstein als Kaiserlichen Generalissimus ab

SCHWEDISCHER KRIEG (1630–1635)

1630 Landung des schwedischen Königs Gustav II. Adolf in Vorpommern

1631 Eroberung Magdeburgs durch Tilly; Niederlage Tillys bei Breitenfeld; schwedischer Siegeszug von Leipzig bis Mainz

1632 Schlacht bei Rain am Lech: Tod Tillys; Schlacht bei Lützen (9. November): Tod Gustavs II. Adolf

1634 Ermordung Wallensteins in Eger; Schlacht bei Nördlingen: Niederlage der Schweden

1635 Friede zu Prag (Verzicht des Kaisers auf Restitutionsansprüche gegenüber Kursachsen)

Der Freiheitskampf der Niederlande

Der Freiheitskampf der Niederlande 1559–1648

- ✛ Früheste Zentren religiös-sozialer Unruhen
- ● Stützpunkte Wilhelms von Oranien in den Niederlanden 1572
- ● Widerstandszentren der Seegeusen u. Wilhelms von Oranien in Holland und Seeland 1572–76
- ● Hochburgen der niederländischen Patrioten in den südlichen Niederlanden 1576–85
- ✕ Schlachtorte
- Gebiet der Utrechter Union 1579/81
- Katholische Union von Arras 1579
- Generalitätslande
- Vereinigte Niederlande 1648
- Spanische Niederlande 1648
- Geistliche Gebiete 1648
- Weitestes Vordringen Parmas 1590
- Grenze zwischen der Republik der Vereinigten Niederlande und den Spanischen Niederlanden 1648

ca. 1 : 4 000 000

Im 16. Jahrhundert waren die Niederlande mit über 200 Städten das blühendste Gewerbegebiet Europas und brachten der habsburgischen Krone das Siebenfache an Steuern wie das Silber Amerikas. In Antwerpen und Rotterdam wurden ca. 50 % der Welthandelsgüter umgeschlagen. Antwerpen war Zentrum des Geldhandels.

1565 Verschärfung der spanischen Inquisition in den Niederlanden
1567 Errichtung einer Militärdiktatur
1576 Genter Pazifikation
1579 Union von Utrecht: Gründung der Republik („Generalstaaten")
1581 Erklärung der Unabhängigkeit von Spanien
1585 der Fall Antwerpens führt zur offenen Unterstützung Englands für die Generalstaaten
1648 Haager Frieden: Anerkennung der Republik

Bevölkerungsverluste im Dreißigjährigen Krieg

BEISPIELZAHLEN BEVÖLKERUNG	VOR 1618	NACH 1648
STÄDTE		
Berlin	20 000	6000
Brandenburg	10 000	3000
Leipzig	22 500	17 500
Magdeburg	35 000	10 000
Nördlingen	8790	4345
LÄNDER		
Pfalz	1 000 000	50 000
Sachsen	1 200 000	800 000
GESAMT		
Deutschland	16 000 000	11 000 000

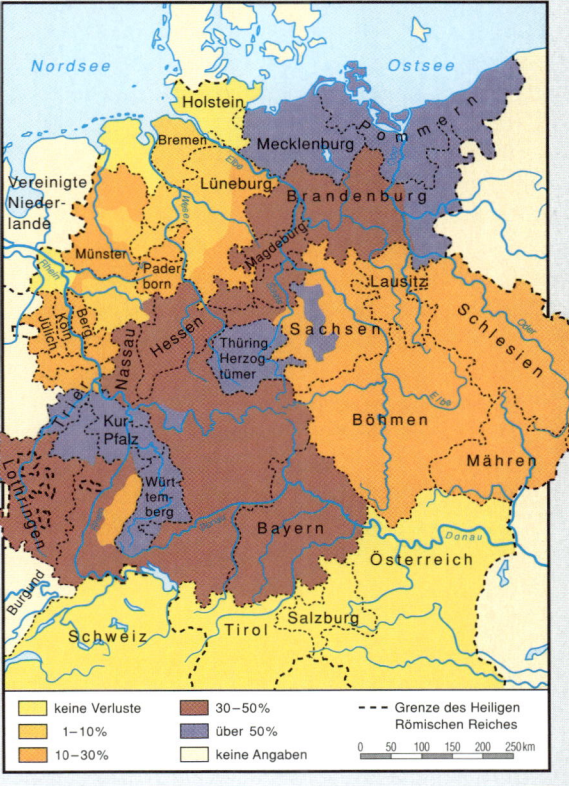

keine Verluste
1–10 %
10–30 %
30–50 %
über 50 %
keine Angaben
--- Grenze des Heiligen Römischen Reiches

0 50 100 150 200 250 km

SCHWEDISCH-FRANZÖSISCHER KRIEG (1635–1648)

1635 kaiserliche Kriegserklärung an Frankreich wegen „stillen Bündnisses" mit Schweden
1636 schwedischer Sieg bei Wittstock
1640 Regierungsantritt Friedrich Wilhelms von Brandenburg, des „Großen Kurfürsten" (Beginn des Aufstiegs Brandenburgs)
1644 Aufnahme von Friedensverhandlungen in Osnabrück (zwischen Kaiser und Schweden) und Münster (Kaiser und Frankreich)
1645 Siegeszug der Schweden bis Prag
1648 Westfälischer Friede (14./24. Oktober)

Ein Beispiel: Zahl der Sterbefälle in Nördlingen

1622	260	1632	555	1641	143
1623	341		(Schweden)	1642	135
	(Inflation)	1633	559	1643	179
1624	262	1634	1821	1644	187
1625	236		(1. Schlacht)	1645	343
1626	257	1635	198		(2. Schlacht)
1627	303	1636	171	1646	191
1628	261	1637	195	1647	211
1629	578 (Pest)	1638	180		(Belagerung)
1630	336	1639	211	1648	235
1631	251	1640	170	1649	152

Im Dreißigjährigen Krieg fielen wesentlich mehr Menschen den sich ausbreitenden Seuchen zum Opfer als den eigentlichen Kriegshandlungen und Stadtbränden.

Die Schweiz vom 14. bis zum 18. Jahrhundert

Die Eidgenossenschaft 1315–1798

Nach dem Aussterben der Zähringer (1218) und dem Niedergang der Staufer (1250) hatten sich zersplitterte Herrschaftsterritorien gebildet. Neben lokalen Feudalherren wie den Habsburgern, Kyburgern, Froburgern und den Grafen von Savoyen hatten sich aber auch Städtebünde und Talschaften etabliert. Vor allem in Konkurrenz zu den territorialstaatlichen Plänen der Habsburger entstand die Schweizerische Eidgenossenschaft aus drei kleineren Bünden, die 1315 den gemeinsamen Bund der „Acht alten Orte" bildeten, dem sich fünf weitere Orte anschlossen. Zwischen 1415 und 1474 konnten Gebiete dazu erobert werden. Gleichzeitig bildete sich bis 1536 die Bundesstruktur der Eidgenossenschaft aus. Zu den 13 alten Orten kamen Verbündete unterschiedlichen Grades als „Zugewandte Orte" (u. a. St. Gallen, Biel, Mühlhausen, Genf). Schließlich gesellten sich in lockerer Form noch das Wallis und der Freistaat der Drei Bünde (Graubünden) hinzu. Die Herrschaft der Städte über ihre ländlichen Hoheitsräume war in den verschiedenen Territorien sehr unterschiedlich gestaltet. Es gab Herrschaftsgebiete einzelner Orte, Gemeine Herrschaften mehrerer Orte und solche Gebiete, die von den jeweilig zugewandten Orten regiert wurden.

Politisch war die Eidgenossenschaft als Föderation organisiert, geleitet von der Tagsatzung (einer Art Gesandtenkongress) der 13 alten und eines Teils der zugewandten Orte als zentralem Bundesorgan. Die einzelnen Orte oder Kantone waren weitgehend souverän. Trotz vieler politischer Spannungen (Schweizer Bauernkrieg, 1653) und vor allem der konfessionellen Spaltung (Konfessionskrieg und Kappeler Landfrieden, 1532; evangelische Confessio Helvetica, 1566; Goldener Bund der katholischen Kantone, 1586; Villmerger Kriege, 1656 und 1712) blieb der Wille zum eidgenössischen Zusammenhalt stark genug um das Bundessystem selbst im 17. Jahrhundert aufrechtzuerhalten. Die in der Sache längst etablierte Unabhängigkeit der Eidgenossenschaft wurde 1648 auch völkerrechtlich anerkannt.

In den Dreißigjährigen Krieg direkt verwickelt wurde nur Graubünden – konfessionell und politisch noch zerstrittener als der Rest der Schweiz – (1620 bis 1639), während die „Dreizehn alten Orte" gerade während dieses europäischen Krieges ihr grundsätzliches Prinzip der politischen Neutralität entwickelten, zu dessen militärischer Absicherung 1647 eine erste Aufgebotsordnung der Armee erstellt wurde (1668 erneuert und erweitert).

Die Neutralität der Eidgenossenschaft bewährte sich in der Folge in allen europäischen Kriegen des 17. und 18. Jahrhunderts. Sie wurde erstmals 1674 im Niederländisch-Französischen Krieg als Neutralitätserklärung zu Händen der kriegführenden Parteien unter gleichzeitigem militärischen Aufgebot zur Grenzbesetzung („Prinzip der bewaffneten Neutralität") deklariert.

Das starke Engagement der Schweizer als Söldner auf den verschiedenen Kriegsschauplätzen Europas und dort quasi auf allen Seiten – etwa die Hälfte in Frankreich, die übrigen in Spanien, Piemont-Savoyen, am Ende des 17. Jahrhunderts in den Niederlanden und Österreich und ab 1734 auch in Neapel-Sizilien – beförderten diese Unabhängigkeit eher noch, weil sich die Verteilung der Söldner in aller Regel eben nicht zu einseitig auf einen Staat konzentrierte.

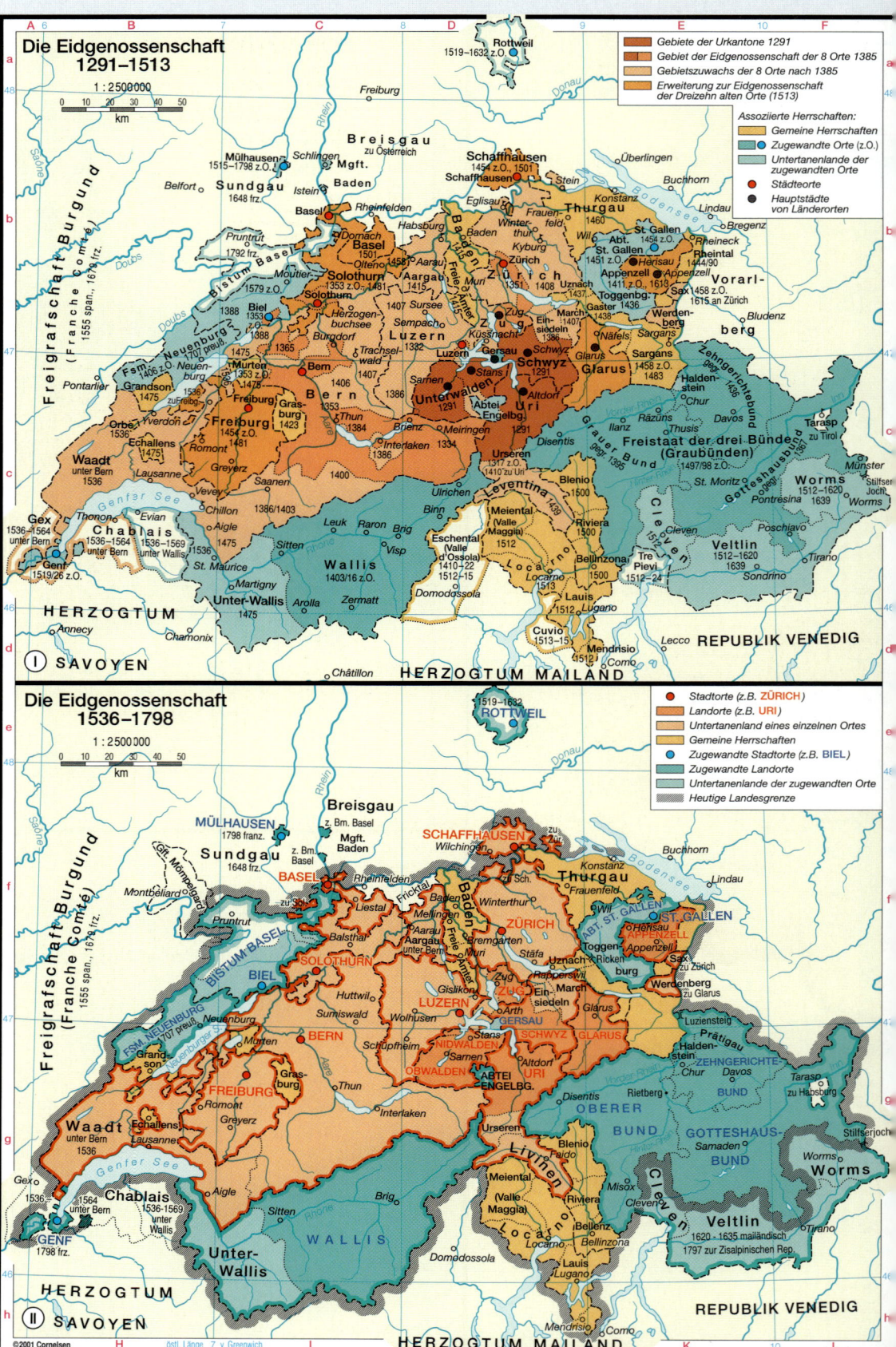

Außenpolitisch blieb die Schweiz von nun an unangefochten: eine wehrhafte, etwas eigenartige Republik von Republiken – bis heute ein staatsrechtliches Unikum. Innenpolitisch fehlte es in der Folge aber nicht an Spannungen: Nach dem Dreißigjährigen Krieg kam es infolge der wirtschaftlichen Nachkriegskrise zu Zusammenstößen zwischen den Regierenden und den Untertanen der Stadtkantone im Schweizer Bauernkrieg von 1653. Weit häufiger aber als soziale Unruhen waren solche aus religiösen Gründen. Sie blieben in der Regel zwar räumlich beschränkt, doch kam es in den beiden Villmerger Kriegen (1656 und 1712) zum offenen gesamteidgenössi-

schen Bürgerkrieg zwischen den führenden reformierten Kantonen Zürich und Bern und den katholischen „Fünf Orten". Die Entscheidung fiel beide Male bei Villmergen im Aargau; 1656 noch zugunsten der katholischen „Fünf Orte", was die Verlängerung der an sich nur schwer haltbaren Zustände des zweiten Kappeler Landfriedens (1531) im dritten Landfrieden (7. März 1656) ermöglichte. Die zweite Schlacht von Villmergen führte 1712 zum vierten Landfrieden, dem Zürich und Bern diesmal die konfessionelle Parität in den Gemeinen Herrschaften konsequent durchführen und die drei strategisch wichtigsten dieser Gebiete der katholischen Kontrolle entreißen konnten.

Frankreich im 16. und 17. Jahrhundert

Frankreich im 16./17. Jahrhundert

Kartenlegende:
- französisches Staatsgebiet vor 1648
- französische Provinzen, in denen noch um 1610 Ständeversammlungen stattfanden
- in der zweiten Hälfte des 17. Jahrhunderts dem französischen Staatsgebiet einverleibte Territorien
- Hauptgebiete der Hugenotten während der Religionskriege
- wichtige Sicherheitsplätze der Hugenotten
- *Aix* wichtigste Parlamente im 16. und 17. Jahrhundert
- ungefähre Grenzlinie zwischen den Gebieten mit Gewohnheitsrecht im Norden und geschriebenem Recht im Süden
- Grenzen der französischen Gouverments und Provinzen
- französische Staatsgrenze um 1700

1 : 6 500 000

0 25 50 75 100 125 km

Gliederung Frankreichs im 16./17. Jahrhundert

VERWALTUNG

Im Ancien Régime war Frankreich je nach Verwaltungszweig und Zuständigkeitsbereich recht verschieden gegliedert. Hier ist zunächst die Einteilung in Provinzen bzw. Gouvernements wie Bretagne, Maine, Normandie, Ile de France etc. zu nennen. Der größere Teil dieser Provinzen besaß für die Erhebung der direkten Steuern den Status sogenannter *pays d'elections* (Gebiete ohne Provinzialstände), der kleinere den von *pays d'états* (Provinzen mit Provinzialständen). Letztere wurden im Zuge „absolutistischer" Maßnahmen der Krone immer mehr reduziert. Von den hier für 1610 aufgeführten Provinzen verloren noch die Auvergne und die Normandie diesen Status. Die im Laufe des 17. Jahrhunderts eroberten Provinzen, die *pays conquis*, galten steuerlich als *pays d'imposition*. Seit dem 17. Jahrhundert wurden die Verwaltungsbezirke der Intendanten (*intendances*) immer wichtiger.

JUSTIZ

Das Königreich war in zwei große Rechtsbereiche aufgespalten, die Gebiete mit Gewohnheitsrecht im Norden und die im Süden, in denen das geschriebene römische Recht galt. Als oberste Gerichte fungierten die Parlamente, die im Prinzip gleichrangig und jeweils für einen eigenen, territorial abgegrenzten Raum zuständig waren. Das wichtigste Parlament, das von Paris, hatte mit dem größten Teil von Kernfrankreich den weitaus umfangreichsten Zuständigkeitsbereich.

GENERALSTÄNDE

Im Laufe des 15. Jahrhunderts entwickelten sich die Generalstände (Geistliche, Adel, Dritter Stand oder *tiers état* genannt) zu einer wirklichen Vertretung des Königreiches. Sie traten im 16. Jahrhundert mehrmals, im 17. Jahrhundert aber nur noch 1614/15 zusammen und wurden erst wieder 1789 einberufen.

Die Generalstände

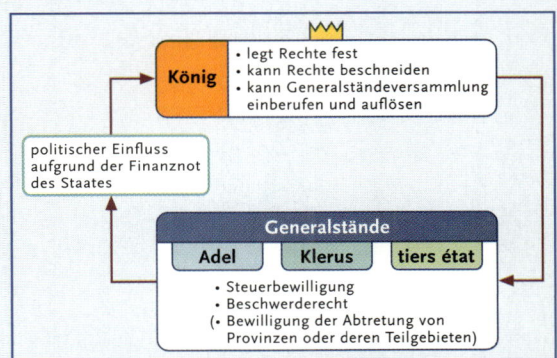

Frankreich im 17. Jahrhundert

1562–1598 Hugenottenkriege; Spanien unterstützt katholische Guisen, England die Hugenotten

1572 Bartholomäusnacht („Pariser Bluthochzeit")

1598 Edikt von Nantes räumt den Hugenotten religiöse und politische Freiheiten ein

1614 letzte Einberufung der Generalstände (vor 1789)

1624–1642 Kardinal Richelieu setzt das politische System des Absolutismus gegen den Widerstand der Adelsopposition durch

1635–1648 Frankreich direkt am Dreißigjährigen Krieg beteiligt; Gewinne im Westfälischen Frie-

den (Sundgau; Vogtei über zehn elsässische Reichsstädte; Vikariat über die Bistümer Metz, Toul und Verdun)

1643–1661 Kardinal Mazarin führt Richelieus Politik konsequent fort

1648–1653 Adelsaufstand der „Fronde" endet mit der politischen Ausschaltung des Hochadels

1659 Pyrenäenfrieden beendet den anhaltenden Krieg mit Spanien zugunsten Frankreichs; Aufstieg zur europäischen Großmacht

1661–1715 Herrschaft Ludwigs XIV.: Absolutismus und Merkantilismus; Hegemonialstreben in Europa

1667 Devolutionskrieg gegen Spanien

1670 französische Besetzung Lothringens

1672–1678 Krieg gegen die Niederlande

1681 französische Annexion Straßburgs

1684 französische Besetzung Luxemburgs

1685 Aufhebung des Edikts von Nantes führt zu Massenflucht der Hugenotten aus Frankreich

1688–1697 Pfälzischer Erbfolgekrieg endet mit dem Frieden von Rijswijk (erster Verlustfrieden Ludwigs XIV.)

1701–1714 Spanischer Erbfolgekrieg (vgl. S. 113) endet trotz zwischenzeitlich desaströsen Verlaufs für Frankreich 1711 im Ausgleich mit England

© 2001 Cornelsen

England im 17. Jahrhundert

England im 17. Jahrhundert

Das Königreich England entwickelte sich in der frühen Neuzeit zu einem zentral gelenkten Flächenstaat. Es gliederte sich in Grafschaften (counties), die im Parlament von Westminster mit einer unterschiedlichen Zahl von Abgeordneten vertreten waren. Seit 1603 wurde das Königreich Schottland in Personalunion mit England regiert. Gegen das Streben des englischen Königtums nach mehr Macht bildete sich eine Opposition des im Parlament vertretenen Landadels (gentry) und des städtischen Bürgertums, die eine Beschneidung ihrer Rechte befürchteten. Zwischen 1629 und 1640 regierte Karl I. ohne Parlament und verfolgte alle politischen und religiösen Gegner, vor allem die Puritaner. Nach dem schottischen Aufstand 1638 wurden 1640 das „Kurze", später das „Lange Parlament" einberufen, die von Puritanern dominiert wurden und eine Kontrolle der Regierung durchsetzten. 1642 brach ein Bürgerkrieg zwischen Krone und Parlament aus, der durch das Eingreifen Schottlands und des von Oliver Cromwell geführten Revolutionsheeres 1648 mit der Niederlage – und Hinrichtung – Karls I. entschieden wurde. 1649 wurde England Republik und 1653 Cromwell zum Lordprotector des bisher von einem „Rumpfparlament" regierten Landes erhoben. Nach seinem Tode wurde England ab 1660 wieder von den Stuarts regiert. Karls II. absolutistisches Regiment, die Verfolgung der Puritaner und die Wiederherstellung der anglikanischen Staatskirche führten zu neuen Differenzen mit dem Parlament. Dieses spaltete sich in Whigs, Gegner der Stuarts, und die zunächst königstreuen Tories. Der Gefahr einer dauerhaften katholischen Dynastie begegnete das Parlament mit der Glorious Revolution, in deren Verlauf der niederländische König Wilhelm III. von Oranien um Hilfe gerufen und zum Regenten erhoben wurde. Die 1689 erlassene Declaration of Rights verlieh dem Parlament u.a. die Rechte der Steuerbewilligung sowie der freien Rede und leitete den Übergang vom Absolutismus zur konstitutionellen Monarchie ein.

Der Aufbau der englischen Gesellschaft im 17. Jahrhundert

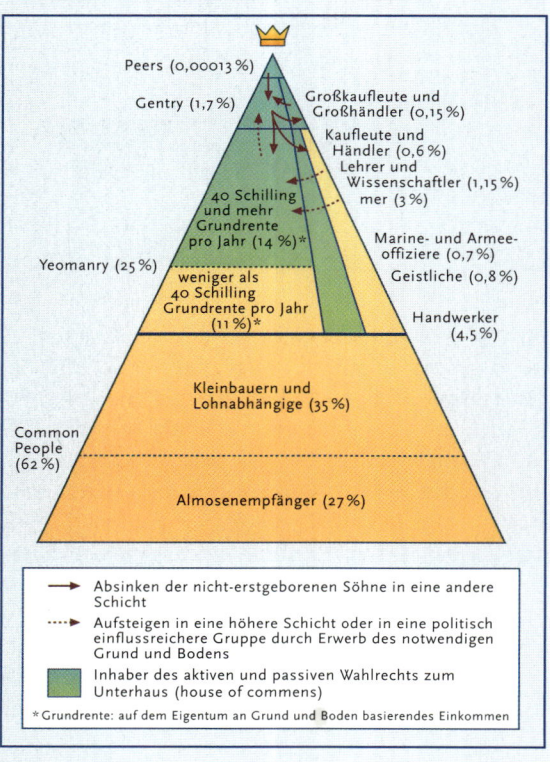

Peers (0,00013 %)
Gentry (1,7 %)
Großkaufleute und Großhändler (0,15 %)
Kaufleute und Händler (0,6 %)
Lehrer und Wissenschaftler (1,15 %)
40 Schilling und mehr Grundrente pro Jahr (14 %)*
Marine- und Armeeoffiziere (0,7 %)
Geistliche (0,8 %)
Yeomanry (25 %)
weniger als 40 Schilling Grundrente pro Jahr (11 %)*
Handwerker (4,5 %)
Kleinbauern und Lohnabhängige (35 %)
Common People (62 %)
Almosenempfänger (27 %)

Absinken der nicht-erstgeborenen Söhne in eine andere Schicht
Aufsteigen in eine höhere Schicht oder in eine politisch einflussreichere Gruppe durch Erwerb des notwendigen Grund und Bodens
Inhaber des aktiven und passiven Wahlrechts zum Unterhaus (house of commens)
* Grundrente: auf dem Eigentum an Grund und Boden basierendes Einkommen

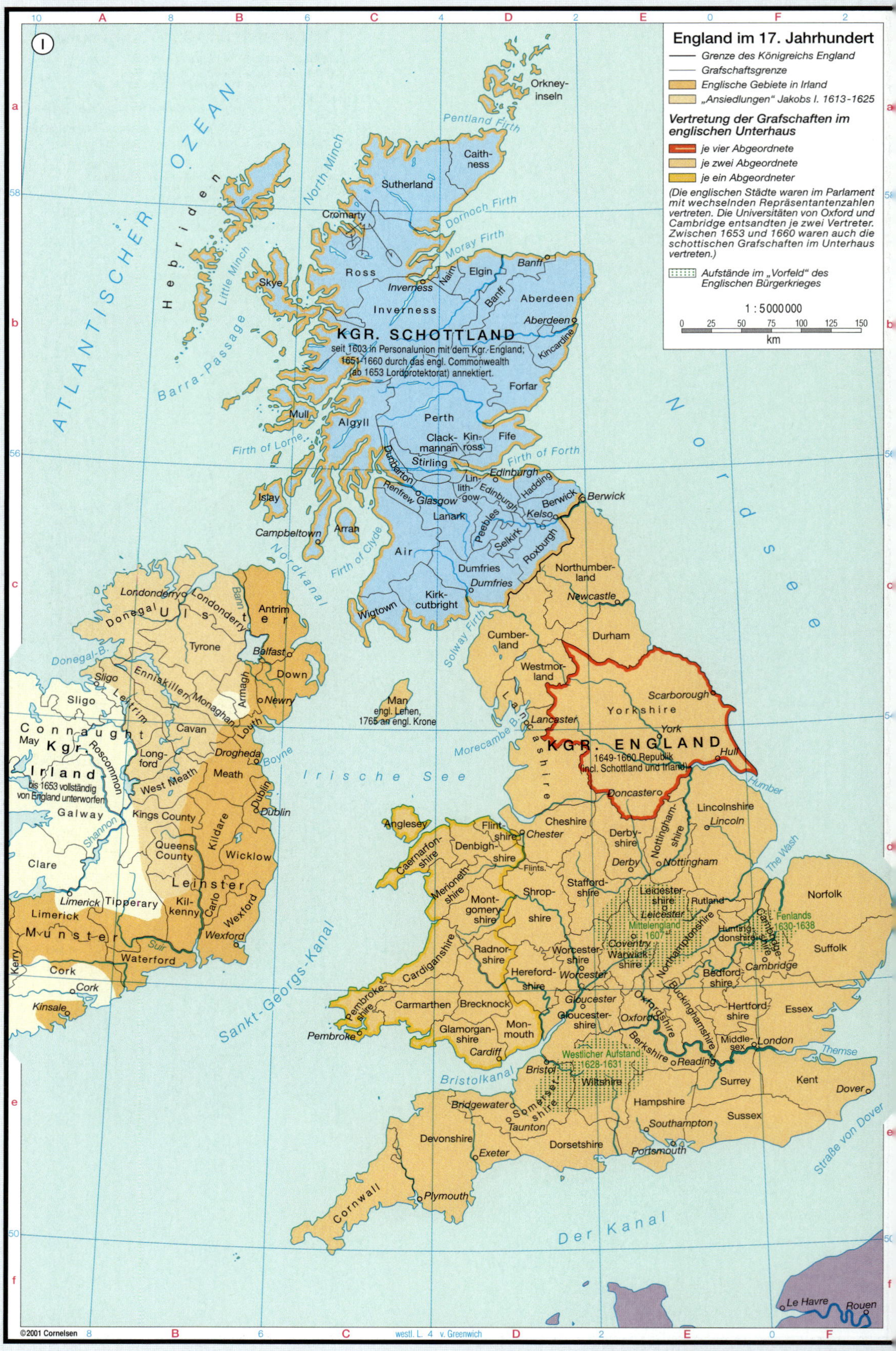

[Karte]

England im 17. Jahrhundert
Grenze des Königreichs England
Grafschaftsgrenze
Englische Gebiete in Irland
„Ansiedlungen" Jakobs I. 1613-1625
Vertretung der Grafschaften im englischen Unterhaus
je vier Abgeordnete
je zwei Abgeordnete
je ein Abgeordneter
(Die englischen Städte waren im Parlament mit wechselnden Repräsentantenzahlen vertreten. Die Universitäten von Oxford und Cambridge entsandten je zwei Vertreter. Zwischen 1653 und 1660 waren auch die schottischen Grafschaften im Unterhaus vertreten.)
Aufstände im „Vorfeld" des Englischen Bürgerkrieges
1 : 5 000 000
0 25 50 75 100 125 150 km

KGR. SCHOTTLAND
seit 1603 in Personalunion mit dem Kgr. England; 1651–1660 durch das engl. Commonwealth (ab 1653 Lordprotektorat) annektiert.

KGR ENGLAND
1649–1660 Republik incl. Schottland und Irland

Kgr. Irland
ab 1653 vollständig von England unterworfen

©2001 Cornelsen

1603–1625 Regierung Jakobs I. stützt sich vor allem auf die anglikanische Kirche (antipuritanisch und antikatholisch)

1605 katholischer gunpowder plot zur Sprengung des Parlamentsgebäudes wird aufgedeckt (bis heute die Metapher der antipapistisch-britischen Katholikenfurcht)

1625–1649 Regierung Karls I.; verschärfter Gegensatz zum wiederholt aufgelösten und wiedereinberufenen Parlament entzündet sich vor allem an Steuerrechten (1635 Schiffsgeld zum Flottenbau) und Gerichtsbarkeitsfragen (königliche Sternkammer)

1628 petition of rights (Forderung des Parlament nach Sicherheiten für die Bürger vor willkürlicher Verhaftung und Besteuerung)

1629–1640 parlamentslose Zeit; Verfolgung aller politischen Gegner, insbesondere der Puritaner

1638 Aufstand der presbyterianischen Schotten; gegen „Bischofskriege" durch William Laud, Erzbischof von Canterbury, zu deren Finanzierung 1640 das „Kurze Parlament" einberufen wird (Beschwerdekatalog: grand remonstrance)

1641 irischer Katholikenaufstand in Ulster und Verhaftung John Pyms (puritanischer Parlamentsführer) werden zum Anlass des Bürgerkriegs

Der englische Bürgerkrieg von 1642 bis 1648

Machtverhältnisse in England nach Ausbruch des Bürgerkrieges (1643)
- Anfang 1643 vom Parlament beherrschte Gebiete
- Gebiet der parlamentstreuen Eastern Association
- Bis Ende 1643 an den König verlorene Gebiete
- Anfang 1643 vom König beherrschte Gebiete
- Bis Ende 1643 an das Parlament verlorene Gebiete
- Stratton 1643 x Schlacht / Gefecht (datiert)
- Konfrontationslinie Anfang 1643
- Volksaufstand / Unruhen
- Hull 1643 Belagerung
- Grenze des Königreichs England
- Grafschaftsgrenze

1 : 5 000 000
km

Machtverhältnisse in England Ende 1645
- Anfang 1644 vom Parlament beherrschte Gebiete
- Bis Ende 1645 an den König verlorene Gebiete
- Anfang 1644 vom König beherrschte Gebiete
- Bis Ende 1645 an das Parlament verlorene Gebiete
- Grenze des Königreichs England
- Grafschaftsgrenze

1 : 5 000 000
km

Naseby 1645 x Schlacht / Gefecht (datiert)
Dunbar 1650 x Schlacht Cromwells nach Ende des 1. Bürgerkriegs
Gloucester 1644 Belagerung
Volksaufstand / Unruhen

©2001 Cornelsen

Die Staatsverfassung der englischen Republik von 1649 bis 1658/60

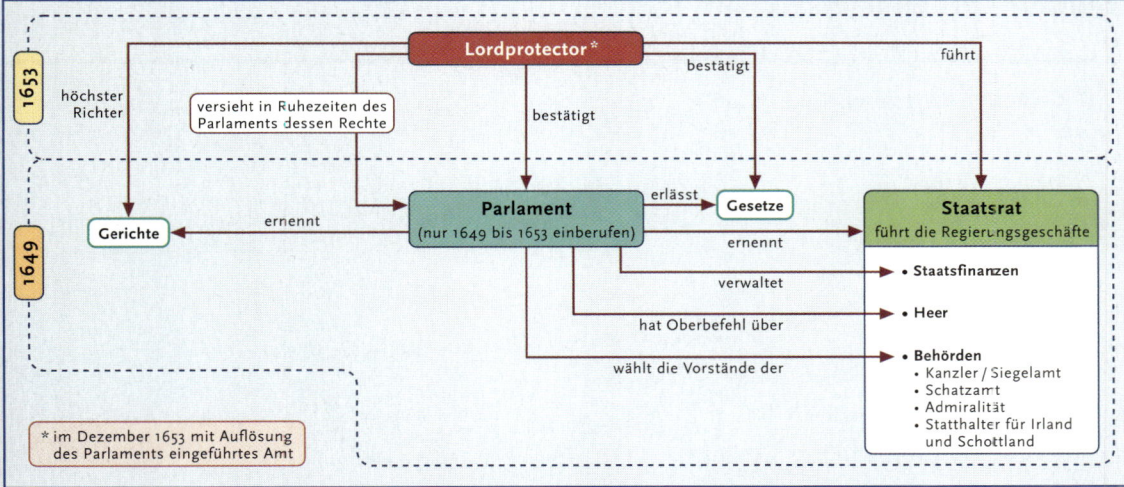

1649 wurden in England Königswürde und Oberhaus abgeschafft. Das Unterhaus wurde zum alleinigen *Parliament of England* und zur höchsten gesetzgebenden Gewalt ausgerufen. Das Parlament übertrug die Regierungsgewalt auf den von ihm eingesetzten Staatsrat. Die drei höchsten Würdenträger im Lande waren nun der Parlamentssprecher, der Präsident des Armeerates und der Präsident des Staatsrates. Im April 1653 löste Cromwell das Parlament nach zahlreichen innenpolitischen Auseinandersetzungen auf und setzte sich selbst als Lord-Präsident an die Spitze eines neuen, von ihm berufenen Staatsrates. Das so genannte „Rumpfparlament" blieb nur achtmonatige Episode. Schon im Dezember 1653 ließ Cromwell die Staatsgewalt auf sich persönlich als Lordprotector übertragen. Gleichzeitig verkündete er das *Instrument of Government*, eine englische Verfassung.

1642–1648 Bürgerkrieg zwischen Krone (*Cavaliers*) und Parlament (*Roundheads*); ab 1643 Eingreifen Schottlands; kriegsentscheidend sind die Aktivitäten des neu organisierten Parlamentsheeres (*New Model Army*) und der puritanischen Elitekavallerie (*Ironsides*) unter Cromwell, einem Independenten (radikaler Puritaner)

1649 Hinrichtung Karls I. und Abschaffung der Monarchie durch das von Oliver Cromwell dominierte radikal-puritanische Rumpfparlament

1653 nach Auflösung des Rumpfparlaments wird Cromwell Lordprotector (puritanische Militärdiktatur)

1658 Tod Oliver Cromwells; nach kurzer Regentschaft seines weitgehend unfähigen Sohnes Richard Wiederherstellung der Monarchie durch General Monk

1660–1685 Regierung Karls II.; seine absolutistische Herrschaftsführung nach französischem Vorbild sowie die Verfolgung der Puritaner und Restauration der anglikanischen Staatskirche führen zu neuen Spannungen zwischen Krone und Parlament

1679 *Habeas-Corpus-Akte* (Schutz vor willkürlicher Verhaftung und Sicherung persönlicher Freiheiten); Ausprägung von Parteien im Parlament (Whigs, antikatholisch-bürgerlich; Tories, anglikanisch-königstreu)

1685–1688 Regierung Jakobs II.; Versuch einer katholischen Restauration trifft auf scharfen Widerstand bei anglikanischer Kirche und Whigs

1688 *Glorious Revolution* (Whigs und Tories rufen gemeinsam zur Abwendung einer katholischen Dynastie in England „für die protestantische Religion und ein freies Parlament" Wilhelm III. von Oranien auf den englischen Thron); Installation der ersten konstitutionellen Monarchie

1689 *Declaration of Rights* (Steuerbewilligung des Parlaments, Redefreiheit, kein stehendes Heer)

Voraussetzungen der Entdeckungen

Der geographische Horizont der christlichen, muslimischen und asiatischen Welt war trotz zunehmender direkter und indirekter Kontakte bis zum 15. Jahrhundert unterschiedlich geprägt. Die wirtschaftliche und kulturelle Blickrichtung der Europäer galt vorrangig ihrem eigenen Kontinent. Wichtigste transkontinentale „Verbindungen" waren Pilgerwege, Kreuzzüge ins Heilige Land, aber auch der überwiegend von jüdischen Händlern betriebene Fernhandel. Seine ideelle Prägung erfuhr der europäische Erkenntnishorizont durch historische, literarische und maßgeblich durch religiöse Darstellungen. Die antike Auffassung von der Kugelgestalt der Erde war zwar nie verloren gegangen, Dominanz besaß jedoch die von der Kirche vertretene Auffassung von der scheibenförmigen Erdgestalt.

Seit dem 8. Jahrhundert beförderten die Erkundungs- und Landnahmefahrten der norwegischen Wikinger Informationen über das Nordmeer und unbekannte Territorien im Westen. Von epochaler Bedeutung war die vorübergehende Öffnung des mongolischen Weltreiches im 13. Jahrhundert. Christliche Gesandtschaften wie die Carpinis und Rubruks, aber auch Kaufleute wie die Venezianer Niccolo, Matteo und Marco Polo erreichten die Residenzen der mongolischen Großkhane. Ihre Berichte erregten in Europa großes Interesse und ungläubiges Erstaunen. Dass das vorherrschende christliche Weltbild dennoch weitgehend einem „Weltpanoptikum" glich, belegen Karten aus dieser Zeit. Die Erdkenntnis der Muslime und Chinesen war dagegen deutlich umfassender. Deren hoher Wissensstand war vor allem Ergebnis reger Reise- und Handelstätigkeit.

Hervorzuheben sind die gut belegten Fahrten buddhistischer Missionare und Pilger, die die Kontakte zwischen China, Indien und Kleinasien verdichteten. Die unmittelbare Vorgeschichte der europäischen Entdeckungen setzt zu Beginn des 15. Jahrhunderts mit den intensiven Bemühungen der Portugiesen zur Umschiffung Westafrikas ein. Die Rückkehr Gil Eanes vom umschifften Kap Bojador 1434 eröffnete ein neues Zeitalter europäischer Erderkenntnis und Expansion.

986 Erik der Rote siedelt Wikinger in Grönland an
1260–1269 Niccolo und Matteo Polo erreichen China
1275–1292 Marco Polo in China
1352 Ibn Battuta erkundet die Sahara
1405–1433 die große Expedition des chinesischen Admirals Zeng nach Afrika
1434 Gil Eanes umrundet Kap Bojador
1488 Bartolomeo Diaz erreicht die Südspitze Afrikas
1492 Christoph Kolumbus erreicht die Westindischen Inseln
1494 Vertrag von Tordesillas zur Aufteilung der Welt zwischen Spanien und Portugal; Vasco da Gama erreicht auf östlichem Seeweg Indien
1499 Vespucci erforscht die Nordküste Brasiliens
1508 Beginn der spanischen Eroberungen in der Karibik und in Mittelamerika
1519 Beginn der spanischen Eroberung des Azteken-Reiches
1519–1522 erste Weltumrundung durch Magalhaes
1521 Portugal beginnt die Kolonisierung Brasiliens
1531 Beginn der spanischen Eroberung des Inka-Reiches

Europäische Entdeckungsreisen und Kolonialbesitz bis 1650

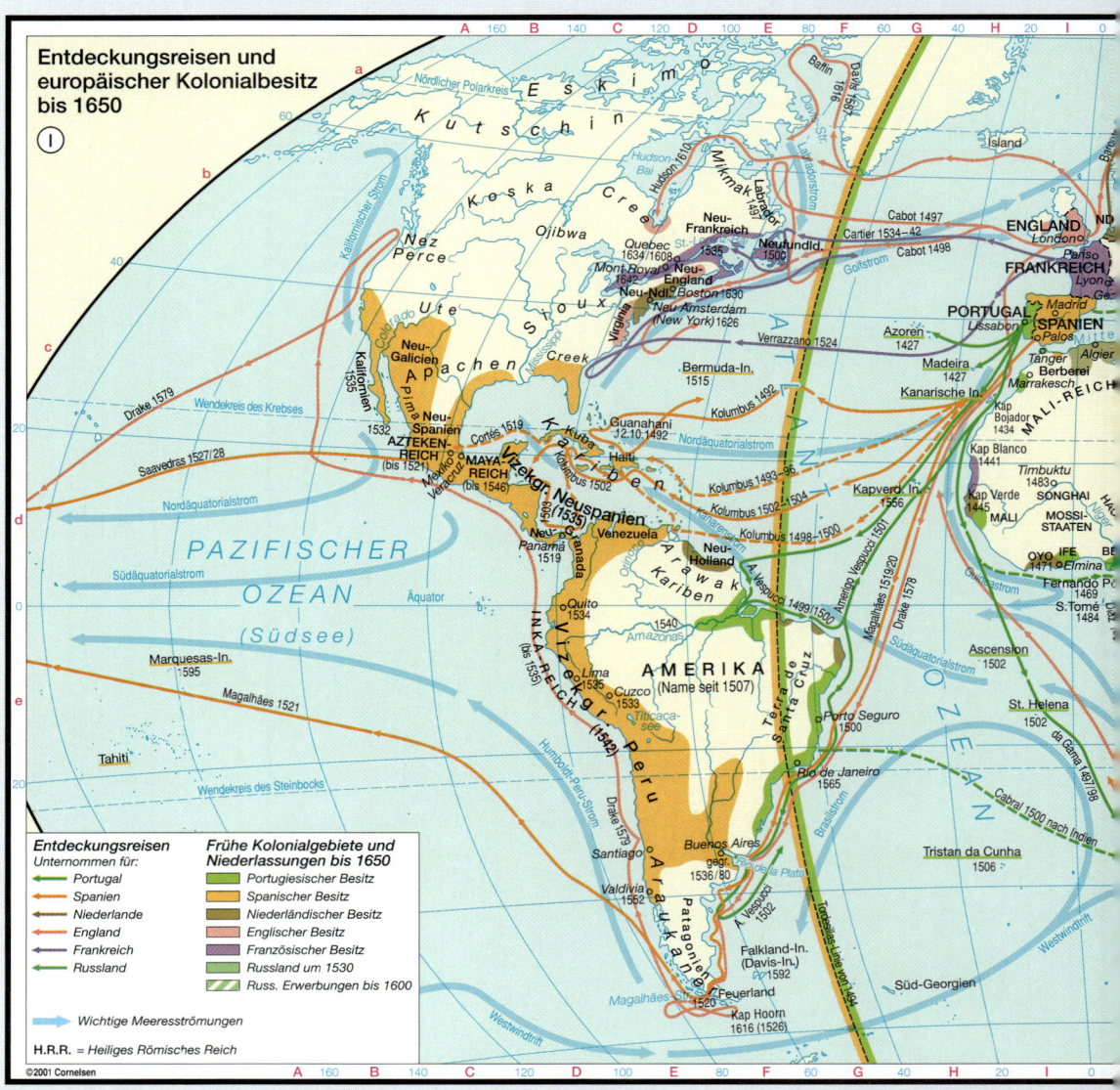

Bedeutende Weltreisen vom 13. bis 15. Jahrhundert

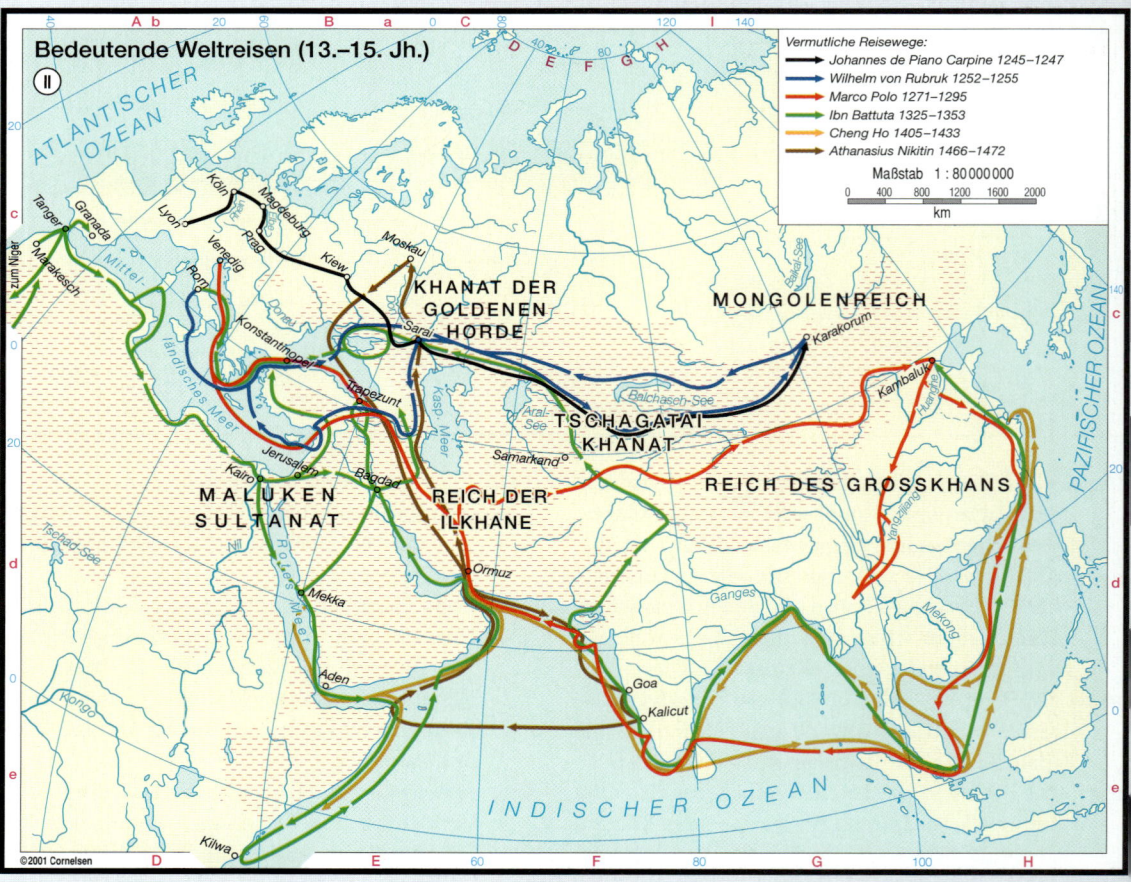

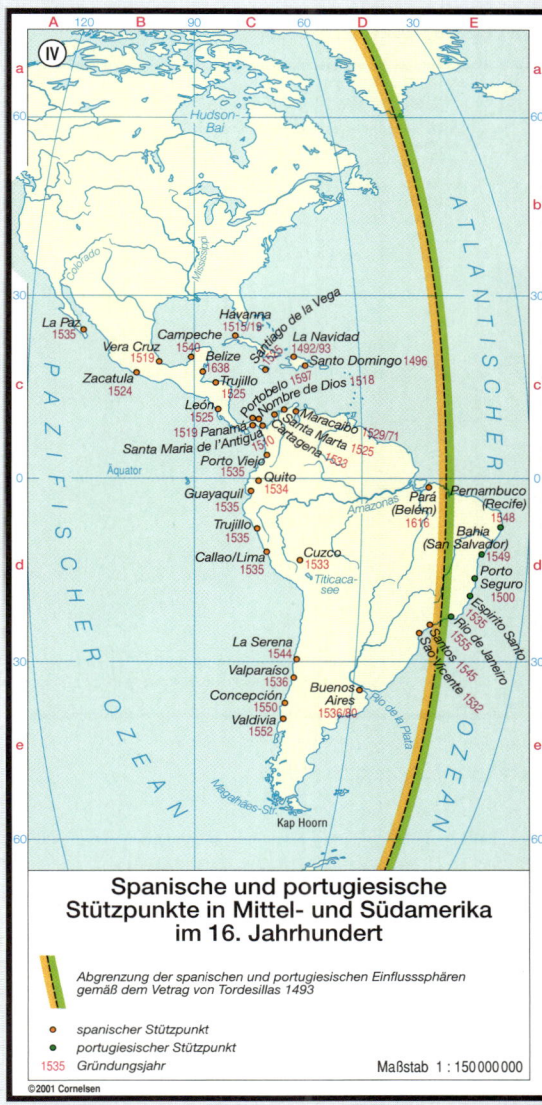

Spanische und portugiesische
Stützpunkte in Mittel- und Südamerika
im 16. Jahrhundert

Abgrenzung der spanischen und portugiesischen Einflusssphären gemäß dem Vetrag von Tordesillas 1493

○ *spanischer Stützpunkt*
● *portugiesischer Stützpunkt*
1535 *Gründungsjahr*

Maßstab 1 : 150 000 000

©2001 Cornelsen

Das Vordringen der Portugiesen nach Afrika im 15. Jahrhundert

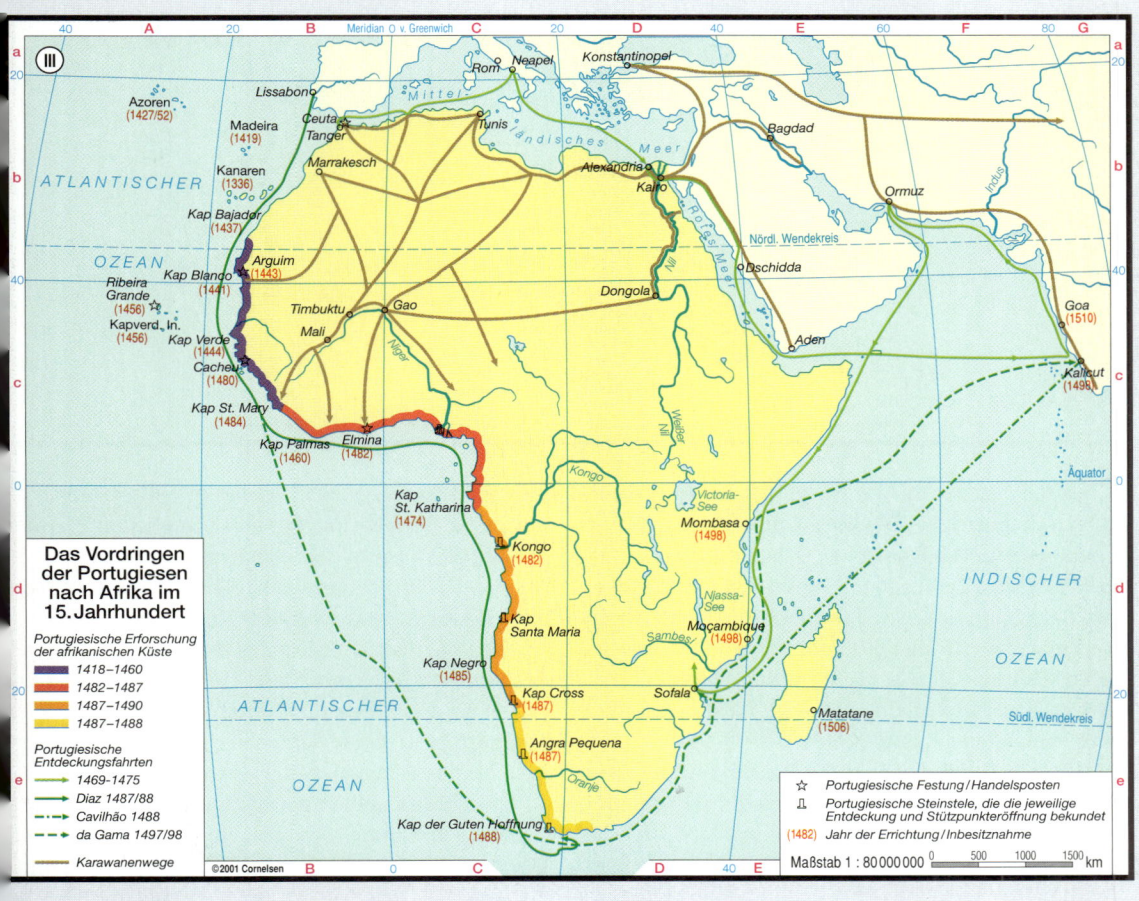

Das Vordringen
der Portugiesen
nach Afrika
im 15. Jahrhundert

**Portugiesische Erforschung
der afrikanischen Küste**

■ 1418–1460
■ 1482–1487
■ 1487–1490
■ 1487–1488

**Portugiesische
Entdeckungsfahrten**
→ 1469–1475
→ Diaz 1487/88
→ Cavilhão 1488
→ da Gama 1497/98
━ Karawanenwege

☆ *Portugiesische Festung / Handelsposten*
⚑ *Portugiesische Steinstele, die die jeweilige
Entdeckung und Stützpunkteröffnung bekundet*
(1482) *Jahr der Errichtung / Inbesitznahme*

Maßstab 1 : 80 000 000

©2001 Cornelsen

Missionsgebiete in Südamerika
(16.–18. Jahrhundert)

■ *Missionsgebiet der Jesuiten*
■ *Missionsgebiete anderer Orden
(Franziskaner, Dominikaner u. Kapuziner)*
— *Grenzen der Kirchenprovinzen
bzw. Bistümer*
⚑ *Sitz eines Bischofs oder Erzbischofs*
1536 *Beginn der Missionierung*

Maßstab 1 : 75 000 000

©2001 Cornelsen

Azteken und Mayas

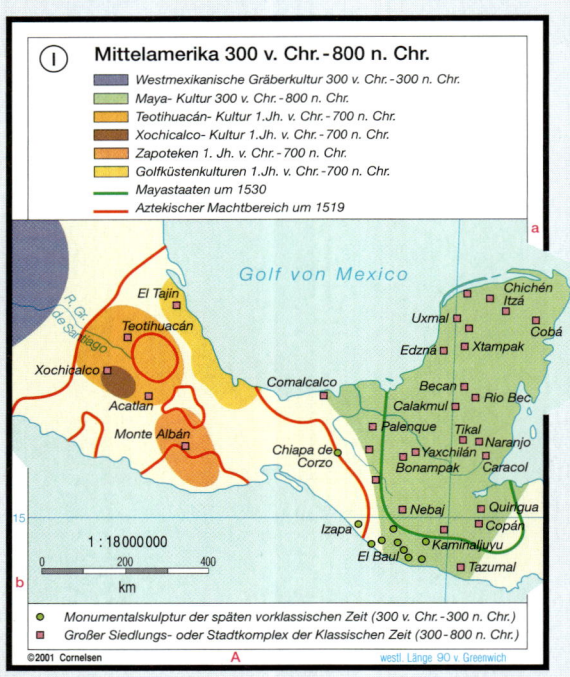

Südamerika in vorkolonialer Zeit

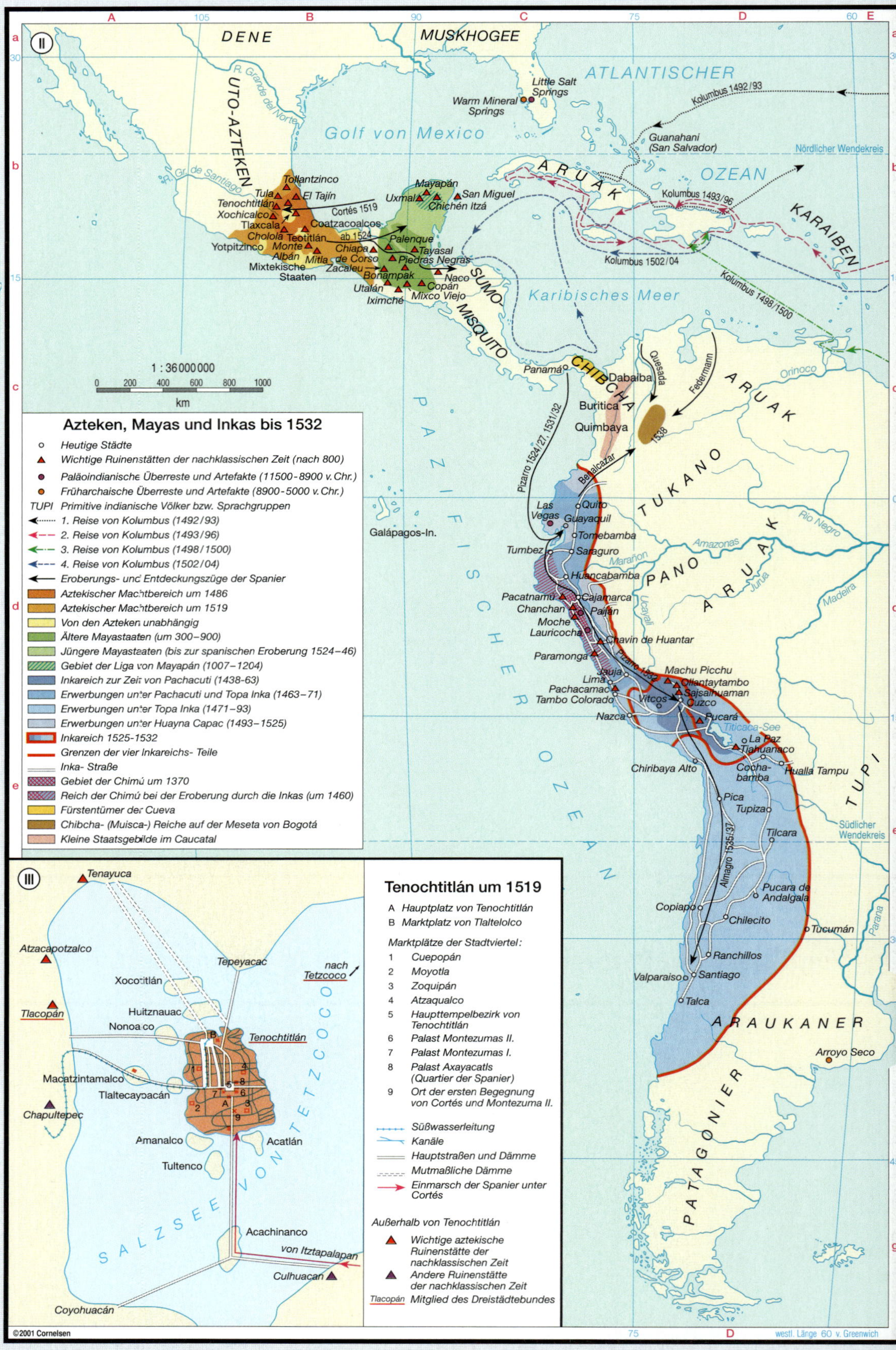

Azteken, Mayas und Inkas

Das Azteken-Reich war ein Kriegskönigtum mit ausgeprägter Beamtenschaft und Priesterhierarchie, die die staatliche und religiöse Administration bildeten. Hauptstadt war Tenochtitlan. Diese und andere Aztekenstädte standen auf hohem architektonischen und städteplanerischen Niveau. Obgleich die Azteken keine Schrift besaßen, waren Wissenschaft – vor allem Astronomie und Medizin – sowie die Bildkultur stark ausgeprägt. Es gab sogar ein öffentliches Schulwesen. Dennoch war das Aztekenreich im wesentlichen eine Bauerngesellschaft.

Mit der Ankunft der Spanier 1519 verbanden die Azteken zunächst vor allem religiöse Erwartungen, da sie sie, basierend auf alten Sagen, als „weiße Boten" des von Osten kommenden Gottes Quetzalcoatl betrachteten. Schnell aber erkannten die Azteken die Eroberungsabsichten der Spanier und erhoben sich in blutigen Aufständen. Nach kurzfristigen Erfolgen der Azteken schleiften die Spanier unter Cortez nach 93-tägiger Belagerung Tenochtitlan. Das Azteken-Reich wurde innerhalb von zwei Jahren völlig zerschlagen. Allein in den Kämpfen um Tenochtitlan sollen bis zu 300 000 Azteken getötet worden sein.

Östlich an das Gebiet der Azteken schloss sich auf der Halbinsel Yucatán der Machtbereich der Mayas an. Ihre Hochkultur erreichte um 900 ihren Höhepunkt. Zeugnis dieser Blüte sind noch heute die großen Tempelpyramiden im Zentrum der alten Stadtanlagen. Zahlreiche dieser in häufige Kleinkriege verwickelten Maya-Stadtstaaten hatten 30 000 bis 50 000 Einwohner.

Die Maya-Bevölkerung war in viele streng getrennte soziale Schichten gegliedert. An der Spitze des Staates stand ein Priesterkönig. Als einzige Kultur des amerikanischen Doppelkontinents verfügten die Mayas über ein hoch entwickeltes Schriftsystem.

Im 9. Jahrhundert begann der Niedergang der Maya-Städte. Es ist weiterhin ungeklärt, warum die Mayas ihre Hochkultur aufgaben. Die „jüngeren Maya-Staaten" hatten auf deutlich geringerem kulturellen Niveau noch bis zur Eroberung durch die Spanier 1524–1546 Bestand.

Das Reich der Inkas war das größte der amerikanischen Indianerreiche. Die Inka-Kultur baute um 1200 auf älteren zentral-andischen Hochkulturen auf – Chavin, Nazca, Tiahuanaco, Chimú u. a. Ihren Höhepunkt erreichte sie im 15. Jahrhundert. Das Reich erstreckte sich vom Süden Ecuadors bis in den mittleren Süden Chiles in einem mehrere hundert Kilometer breiten Streifen über eine Länge von fast 4000 Kilometer entlang der Pazifik-Küste.

Die Gesellschaft des Inka-Reiches war streng ständisch gegliedert. An der Spitze stand der als Sohn des Sonnengottes verehrte Inka. Der Inka-Staat war eine ständisch gegliederte Monarchie, hatte aber ein ausgeprägtes Sozialsystem. Im Falle von Missernten etwa wurde die Bevölkerung aus den königlichen Vorräten versorgt. Die Inkas betrieben umfangreichen Ackerbau (Mais, Quinoia und Kartoffeln), hatten ausgeklügelte Bewässerungs-, Straßen- und Botensysteme.

Die Inkas kannten trotz des von ihnen betriebenen Erzbergbaus nicht den Stahl. Ihre Gerätschaften waren meist aus Bronze und Kupfer. Im Krieg mit den Spaniern (1531–1533) waren ihre Hauptwaffen Streitäxte, Keulen und Steinschleudern.

Bauliche Zeugnisse der Inkas sind bis auf den heutigen Tag ihre monumentalen Tempel- und Stadtanlagen, am berühmtesten wohl die von Machu Picchú.

Südamerika nach der Kolonialisierung

Südamerika in kolonialer Zeit

Spanische und Portugiesische Kolonisation Lateinamerikas 1492-1783

- Portugiesisches Gebiet 1650
- Portugiesisches Gebiet 1750
- Portugiesisches Grenzland, unter nur lockerer Kontrolle 1750
- Spanisches Gebiet 1650
- Spanisches Gebiet 1750
- Spanisches Grenzland, unter nur lockerer Kontrolle 1750
- Britisches Gebiet 1750
- Britisches Gebiet 1750, ehemals spanisch
- Französisches Gebiet 1750
- Französisches Gebiet 1750, ehemals spanisch
- Niederländisches Gebiet 1750
- Ehemals niederländisch (1630–1654)
- 1698 ● Portugiesische (Handels-)Niederlassung, Gründung datiert
- 1718 ● Spanische (Handels-)Niederlassung, Gründung datiert
- 1511 ♂ Portugiesisches oder spanisches Erzbistum, Gründung datiert
- *Cuzco* Spanische Universitätsgründung (zwischen 1523 und 1750)
- *ARUAK* Indianerstamm/-kultur
- Spanische Handelsroute
- Vertrag von Tordesillas 1494
- Haupteinsatzgebiete schwarzafrikanischer Sklaven im 18. Jahrhundert
- Jesuitenmission um 1767
- 1. Reise von Kolumbus (1492/93)
- 2. Reise von Kolumbus (1493/96)
- 3. Reise von Kolumbus (1498/1500)
- 4. Reise von Kolumbus (1502/04)
- Eroberungs- und Entdeckungszüge der Spanier

1 : 45 000 000

0 200 400 600 800 1000 km

©2001 Cornelsen

Die Herrschaft der Europäer

Hauptziel der spanischen Herrschaft in Amerika waren möglichst große Kolonialgewinne für das europäische Heimatland. Für den Abbau der reichen Bodenschätze wurden zahlreiche Bergwerke angelegt, in denen die indianische Bevölkerung unter unmenschlichen Bedingungen Sklavenarbeit leisten musste. Der König von Spanien erhielt von allen gefundenen Edelmetallen ein Fünftel als Steuer. Die für damalige Zeiten ungeheuren Mengen des jährlich aus der Neuen Welt nach Spanien importierten Goldes und Silbers – zwischen 1546 und 1645 im Gesamtwert von

409 309 000 Peseten – führten im 17. Jahrhundert zu einem Preisverfall der Edelmetalle und der auf ihnen fußenden Münzsorten und damit zur ersten großen Finanzkrise Europas.

Aber auch in der Landwirtschaft machten die Eroberer reichen Gewinn. Große Latifundien wurden gebildet, auf denen praktisch ausschließlich für den Export nach Europa angebaut wurde, vor allem Zucker, Tabak, Baumwolle und Mais. Eine Versorgungswirtschaft für die Bedürfnisse der indianischen Bevölkerung wurde nicht betrieben. Die Auswirkungen für die Urbevölkerung waren verheerend. Neben der schlechten Behandlung durch die Spanier waren

eingeschleppte Krankheiten wie Pocken, Grippe, Pest und Masern Hauptursachen eines Massensterbens. Lebten 1519 in Südamerika noch etwa elf Millionen Indianer, sank ihre Zahl allein in den ersten zwanzig Jahren des europäischen Ausgreifens auf den Kontinent um etwa viereinhalb Millionen. Trotz kolonialer Zuwanderung zählte man hier 1597 insgesamt nur noch etwa zweieinhalb Millionen Menschen. Um dieser Entwicklung entgegenzuwirken begann man, schwarze Sklaven aus Afrika nach Südamerika zu bringen. Noch im 16. Jahrhundert wurden etwa 900 000 Sklaven nach Mittel- und Südamerika eingeführt, im 17. Jahrhundert fast zweieinhalb Millionen.

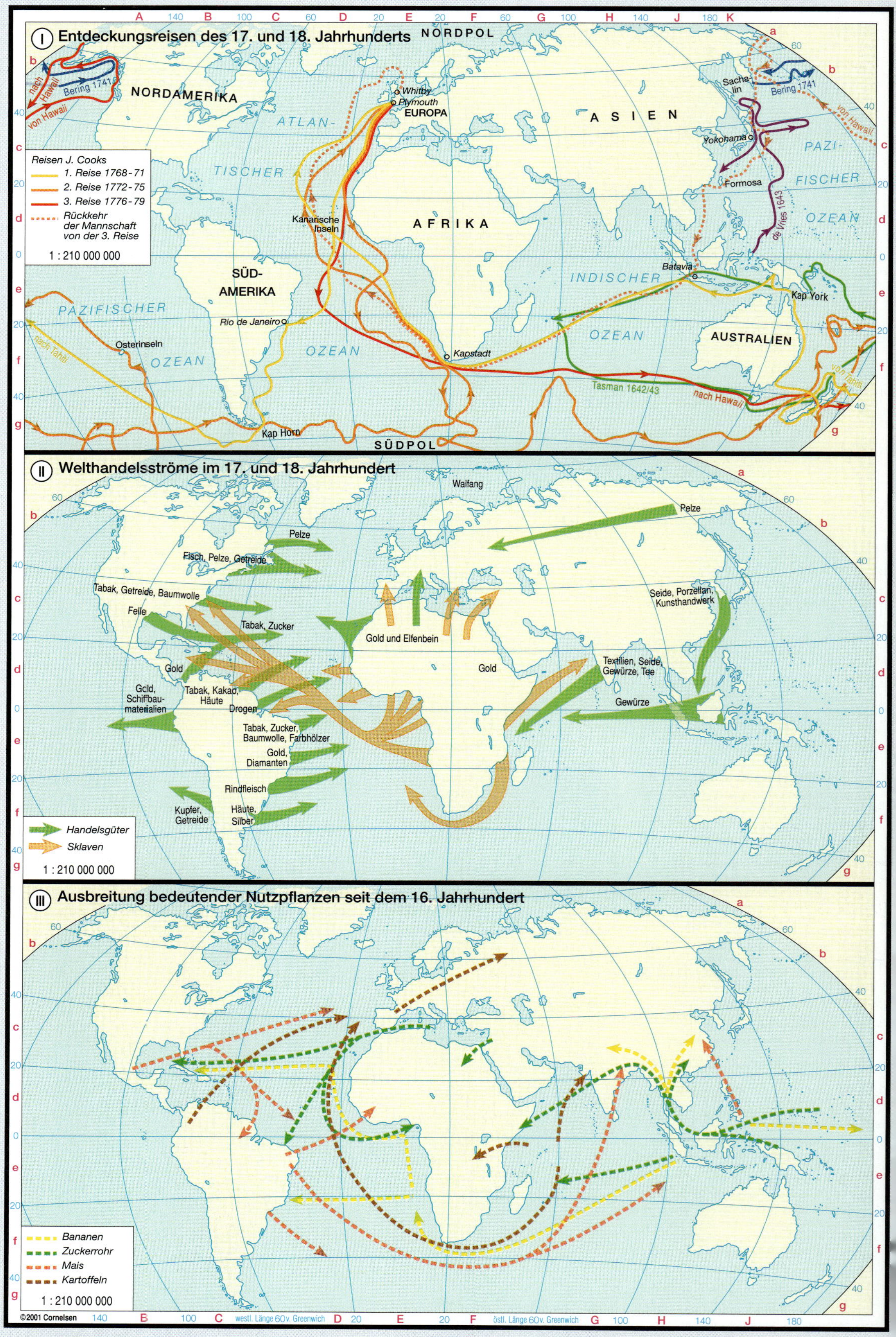

Die Anfänge eines Weltwirtschaftssystems

Zu Beginn des Kolonialzeitalters waren die Wirtschaftssysteme der Welt voneinander unabhängig. Es bestanden allenfalls sporadische Handelsaktivitäten. Der Ferne Osten, die flächenmäßig größte Weltwirtschaft, schloss die riesigen, aber durch weite Seewege getrennten Binnenmärkte Chinas und Indiens ein. Die europäische Weltwirtschaft basierte vorwiegend auf dem Mittelmeerhandel, über den sie Kontakte mit Nordafrika und dem Osmanischen Reich pflegte. Russland bildete einen eigenständigen Wirtschaftsraum. Gemessen am Handelsvolumen war der europäische Wirtschaftsraum nur von mittelmäßiger Bedeutung, dennoch erlangte er als Zentrum eines weltumspannenden Wirtschaftssystems bis zum 18. Jahrhundert dominierende Stellung. Die von den Europäern eroberten und erschlossenen Gebiete waren darin stabil eingebunden. Der für das Mittelalter typische ostorientierte Handel mit Luxusgütern wandelte sich zu einem modernen, stark westorientierten Massenguthandel. Haupthandelsprodukte waren Rum, Schusswaffen, Wolltuche, Zucker, Gold und Silber sowie Fertig- und Halbfabrikate aus Baumwolle. Im sogenannten Dreieckshandel zwischen Europa, Afrika und Amerika stellten afrikanische Sklaven eine besonders gewinnträchtige Größe dar. Ihre Zwangsansiedlung in Nord- und Südamerika, aber auch die Massenemigration von Europäern in die „Neue Welt" führten zu einer nachhaltigen Veränderung der Bevölkerungsstruktur. Stimuliert durch neue den Entdeckungen geschuldete Verbraucherbedürfnisse zeichnete sich auch in Agrarstruktur und Agrarexport ein globaler Wandel ab. Anbaupflanzen wurden aus den traditionellen Agrarräumen in andere Regionen der Welt importiert und dort angesiedelt. Besonders der Übergang zum Plantagenbau bedeutete für traditionelle Ökosysteme einen nachhaltigen Eingriff.

Sklaventransporte nach Amerika und Europa

(in absoluten Zahlen)

1450–1600	345 100
1601–1700	758 200
1701–1800	6 133 000
1801–1870	3 274 000

Ca. 15% der Sklaven starben beim Transport.

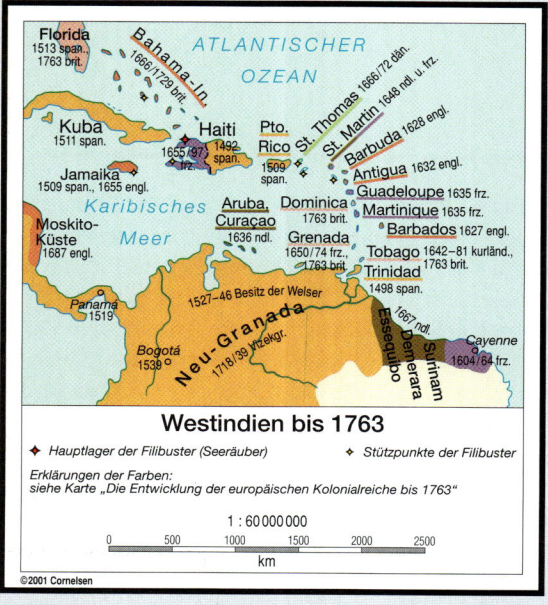

Westindien bis 1763

◆ Hauptlager der Filibuster (Seeräuber)   ★ Stützpunkte der Filibuster

Erklärungen der Farben:
siehe Karte „Die Entwicklung der europäischen Kolonialreiche bis 1763"

1 : 60 000 000

©2001 Cornelsen

Entdeckungsreisen, Welthandel und Nutzpflanzen im 17./18. Jh.

I   Entdeckungsreisen des 17. und 18. Jahrhunderts

Reisen J. Cooks
— 1. Reise 1768–71
— 2. Reise 1772–75
— 3. Reise 1776–79
····· Rückkehr der Mannschaft von der 3. Reise
1 : 210 000 000

II   Welthandelsströme im 17. und 18. Jahrhundert

➤ Handelsgüter
➤ Sklaven
1 : 210 000 000

III   Ausbreitung bedeutender Nutzpflanzen seit dem 16. Jahrhundert

- - - Bananen
- - - Zuckerrohr
- - - Mais
- - - Kartoffeln
1 : 210 000 000

©2001 Cornelsen

1493	Zuckerrohr wird auf den Antillen eingeführt
1503	1. span. Sklaventransport nach Espaniola
1510	1. portug. Sklaventransport nach Südamerika
1549	Pernambuco, Bahia und Sao Vicente werden Zentren des Zuckerrohranbaus
1559	erster Tabakexport nach Frankreich
1564–1581	Getreide, Wein, Oliven, Orangen und Zuckerrohr werden in Peru angesiedelt
1596	Beginn des Walfangs vor Spitzbergen
1600	Gründung der englischen East India Company
1610	die niederl. Vereinigde Oostindische Compagnie (gegr. 1602) bricht das portug. Handelsmonopol mit Japan (erster Teeimport nach Europa)
1611	Beginn des Tabakanbaus in Virginia
1619	1. Einfuhr afrikan. Sklaven nach Nordamerika
1664	Gründung der Compagnie Française des Indes
1692–1695	Indianerversklavung und Goldrausch (bis 1710) im Flussgebiet des San Francisco
1694–1695	Russland erobert Kamtschatka
1710	erstmals Kaffee aus Mokka in Frankreich
1713	Beginn des Kaffeeanbaus auf Java
1761	Beginn des Anbaus von Kaffee in Brasilien

Kolonialbildungsergebnisse

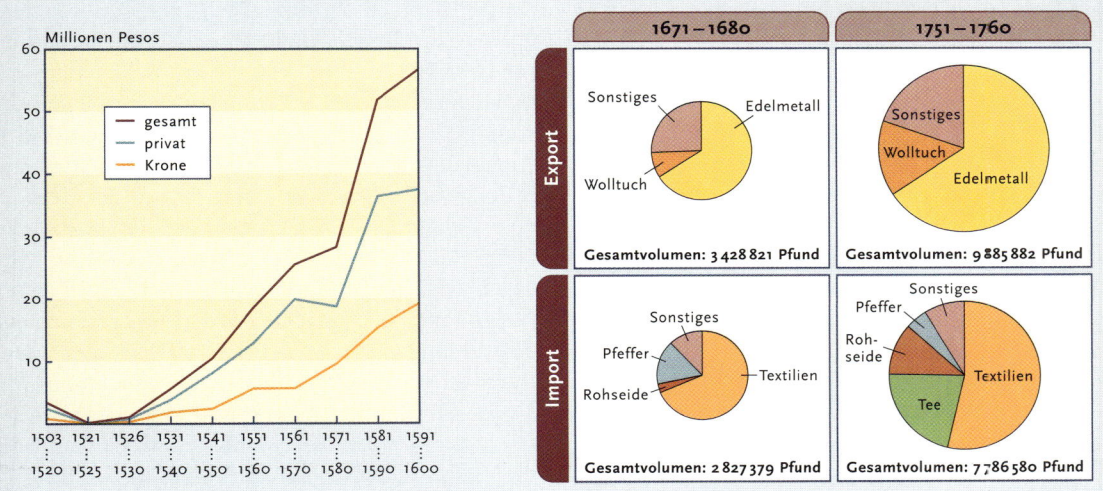

Die Entwicklung der europäischen Kolonialreiche bis 1763

Brandenburg-Preußen (brand.)
Britischer (bis 1707 engl.) Besitz vor 1763
Britische Erwerbungen 1763 (brit.)
Dänischer und norwegischer Besitz (dän., norw.)
Portugiesischer Besitz (port.)

Französischer Besitz (frz.)
Französische Verluste 1763
Niederländischer Besitz (ndl.)
Russischer Besitz (russ.)
Spanischer Besitz (span.)

Spanisch-portugiesische Interessengrenzen:
Nach dem Vertrag von Tordesillas 1494
Nach dem Vertrag von Saragossa 1521
Stand Ende des 16. Jhs. bzw. Ende des 17. Jhs.
Nach dem Vertrag von San Ildefonso 1777

Abkürzungen:
HL. RÖM. REICH
= Heiliges Römisches Reich
NDL. = Niederlande

Maßstab etwa 1 : 120 000 000

©2001 Cornelsen

Edelmetalleinfuhr nach Spanien

Millionen Pesos

gesamt
privat
Krone

1503 1521 1526 1531 1541 1551 1561 1571 1581 1591
1520 1525 1530 1540 1550 1560 1570 1580 1590 1600

Export und Import der East India Company im 17. und 18. Jahrhundert

1671–1680	1751–1760

Export

1671–1680: Sonstiges, Edelmetall, Wolltuch
Gesamtvolumen: 3 428 821 Pfund

1751–1760: Sonstiges, Wolltuch, Edelmetall
Gesamtvolumen: 9 485 882 Pfund

Import

1671–1680: Sonstiges, Pfeffer, Rohseide, Textilien
Gesamtvolumen: 2 827 379 Pfund

1751–1760: Sonstiges, Pfeffer, Rohseide, Tee, Textilien
Gesamtvolumen: 7 786 580 Pfund

Indien im 17. Jahrhundert

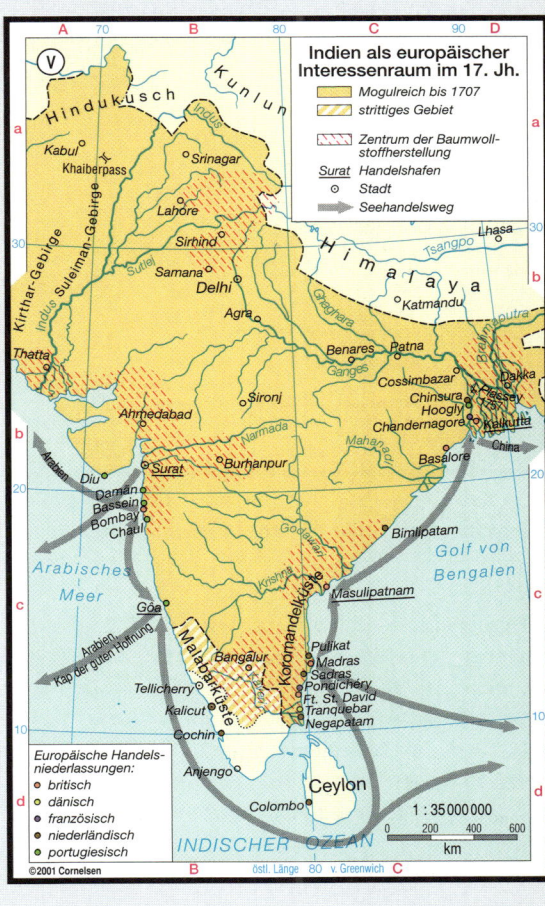

Indien als europäischer Interessenraum im 17. Jh.

Mogulreich bis 1707
strittiges Gebiet
Zentrum der Baumwoll-stoffherstellung
Surat Handelshafen
Seehandelsweg

Europäische Handels-niederlassungen:
● britisch
● dänisch
● französisch
● niederländisch
● portugiesisch

1 : 35 000 000
0 200 400 600 km

©2001 Cornelsen

Europäische Kolonialmächte in Indien

Die Schwäche des Mogul-Reiches und der unversöhnliche Konflikt zwischen Moslems und Hindus erleichterte es den europäischen Kolonialmächten, im Indien des 17. Jahrhunderts Fuß zu fassen und neue europäische Handelsplätze anzulegen. Insbesondere die Franzosen konnten gute Beziehungen zu südindischen Fürsten aufbauen. Dagegen bemühten sich vor allem die Marathen auch militärisch um die Rückdrängung der Europäer – die britischen Kolonialzentren Madras, Bombay und Kalkutta beispielsweise mussten sich wiederholt gegen ihre militärischen Vorstöße behaupten –, doch blieben im wesentlichen die Konkurrenzkämpfe der Europäer untereinander die einzige echte Gefährdung ihrer jeweiligen Kolonialansprüche. Seit 1746 führten Briten und Franzosen einen großen Kolonialkrieg um die Vorherrschaft in Indien, den Großbritannien 1757 mit dem Sieg bei Plassey faktisch für sich entschied, auch wenn er im Kontext des Siebenjährigen Krieges noch bis 1763 andauerte.

KOLONIALISMUS IV

Asien vom 16. bis 18. Jahrhundert

Asien im 16. und 17. Jahrhundert

Ming-Reich bis 1644	Herrschaftsgebiete der Marathen um 1700
Stammgebiet der Mandschu	Tibeter Herrschaftsgebiete nomad. Steppenvölker
Mandschu-Reich um 1700	Kalmücken-Reich Ende des 17. Jahrhunderts
Großmogul-Reich 1605	Fernhandelswege
Großmogul-Reich um 1700	Besitz d. Kolonialmächte: vgl. Erklärung Karte II

1 : 60 000 000

Kolonialbesitz

- Britisch
- Französisch
- Niederländisch
- Portugiesisch
- Russisch
- Spanisch

Asien im 18. Jahrhundert

Mandschu-Reich	Hindu- und Moslemstaaten in Indien
Kernprovinzen seit 1660	Unabhängige Staaten um 1800
Ausdehnung um 1800	Staaten unter britischer Oberherrschaft
NEPAL Tributpflichtige Staaten	Französisches Einflussgebiet um 1750

1 : 60 000 000

Asien bis zum Ende des 18. Jahrhunderts

INDIEN

Durch mehrere militärische Vorstöße schufen die afghanischen Herren von Kabul ab 1526 bis 1576 das so genannte Mogul-Reich in Nordindien. Zwischen 1591 und 1601 konnte der Mogul-Kaiser Akbar die bis dato unabhängigen Staaten Sind, Kandahar, Berar und Kandesch unterwerfen und damit sein Reich bis auf den Dekkan erweitern. Während schon 1612/13 erste englische Stützpunkte in Indien entstanden, dehnte Shah Jahan das Mogul-Reich weiter aus und zwang 1636 die Dekkan-Sultanate in die Vasallität.

Von 1658 bis 1707 herrschte mit Aurangzeb der letzte bedeutende Großmogul. Nach der Eroberung Kandahars, Kabuls und des restlichen Dekkans 1691 erreichte das Mogul-Reich unter ihm seine größte Ausdehnung. Die intolerante Religionspolitik Aurangzebs, eines fanatischen Moslems, gegenüber den Hindus führte aber zu schweren innenpolitischen Konflikten und der territorialen Abspaltung der Sikhs im Pandschab sowie der Radschputen-Staaten auf dem Dekkan. Hauptopponenten waren die Marathen, vermutlich Ureinwohner des Dekkans, die unter Führung der Peshwa-Dynastie zur indischen Großmacht aufstiegen.

Der Zerfall des Mogul-Reiches und der blutige Zwist zwischen Moslems und Hindus erleichterten es den Europäern, weitere koloniale Stützpunkte in Indien zu errichten. Holland verdrängte die Portugiesen 1609 aus Ceylon, geriet aber darüber mit den Engländern 1615 (Seeschlacht bei Surat). Träger der englischen Kolonialpolitik war die Ostindische Kompanie (1600–1858). Ihre Hauptstützpunkte Madras, Bombay und Kalkutta mussten allerdings wiederholten Vorstößen der Marathen standhalten.

Frankreichs Kolonialreich in Indien wurde unter merkantilistischen Gesichtspunkten aufgebaut. 1664 gründete Colbert die Ostindische Kompanie und förderte staatliche Kolonialexpeditionen. Ab 1746 kam es zwischen Frankreich und Großbritannien zu einem offenen Kolonialkrieg um Indien, in dem Frankreich längere Zeit dank der guten Beziehungen des französischen Gouverneurs zu den südindischen Fürsten das bessere Ende behielt.

CHINA

Um 1600 vereinte der Tungusen-Fürst Nurhaci im Südosten der Mandschurei die dortigen Stämme zur Nation der Mandschu. Dank straffer militärischer Organisation („die Acht Banner", 1615) war die von ihm betriebene Expansionspolitik schnell erfolgreich. 1620 eroberten die Mandschu Mukden, das ab 1625 als Hauptstadt diente, und unternahmen 1637 einen siegreichen Feldzug gegen Korea. Die Mandschu waren damit in kürzester Zeit zu einer militärischen Macht Ostasiens aufgestiegen, die der letzte Ming-Kaiser Tschung-Tscheng 1644 gegen innerchinesische Rebellen zu Hilfe rief. Schon 1622 hatte der Niedergang der Dynastie mit den Aufständen der Geheimsekte des „Weißen Lotos" begonnen. Die Mandschu besetzten Peking, übernahmen die Macht und begründeten damit die bis 1911 regierende Mandschu-Dynastie in China. Ihre Herrschaft stützte sich auf den Aufbau einer Beamtenhierarchie nach dem Prinzip der Doppelbesetzung aller Ämter mit je einem Chinesen und einem Mandschu, auf die Beibehaltung der alten Heeresverfassung, die Abwicklung des europäischen Handels über chinesische Firmen (Hong-Kaufleute), die geistige Unmündigkeit breiter Volksschichten (zur Exemplifizierung auch die Einführung der mandschurischen Zopftracht) sowie auf die Dogmatisierung des Konfuzianismus zur Staatslehre durch die 16 Regeln des Heiligen Edikts von 1671 (vgl. S. 67). Deutlichste Zeichen des Erfolges dieser Politik waren der anhaltende Friede im Land und der Bevölkerungsanstieg von etwa 100 Millionen Menschen 1680 auf 276 Millionen im Jahre 1780. Mit diesen Bevölkerungsmassen war nun auch die gezielte Kolonisation der Mandschurei und anderer chinesischer Randlandschaften möglich.

Unter Kaiser Kien-lung (1736–1796) begann das Mandschu-System bereits zu erstarren. Der orthodoxe Konfuzianer kultivierte eine ausgeprägte Xenophobie, behinderte nach Kräften den europäischen Handel und verbot in religiöser Hinsicht auch seinen Vorgängern bereits unliebsame christliche Mission in China, die bis dahin aber dank der wissenschaftlichen und technischen Kenntnisse und Möglichkeiten der Jesuiten geduldet worden war. Gleichzeitig betrieb er eine rücksichtslose Expansionspolitik, durch die China mit Kolonialkriegen im Ili-Gebiet (1729–1734 und 1754–1761), in Birma (1767–1769) und in Tibet (1791/92) seine größte Ausdehnung erreichte.

Japan vom 16. bis 20. Jahrhundert

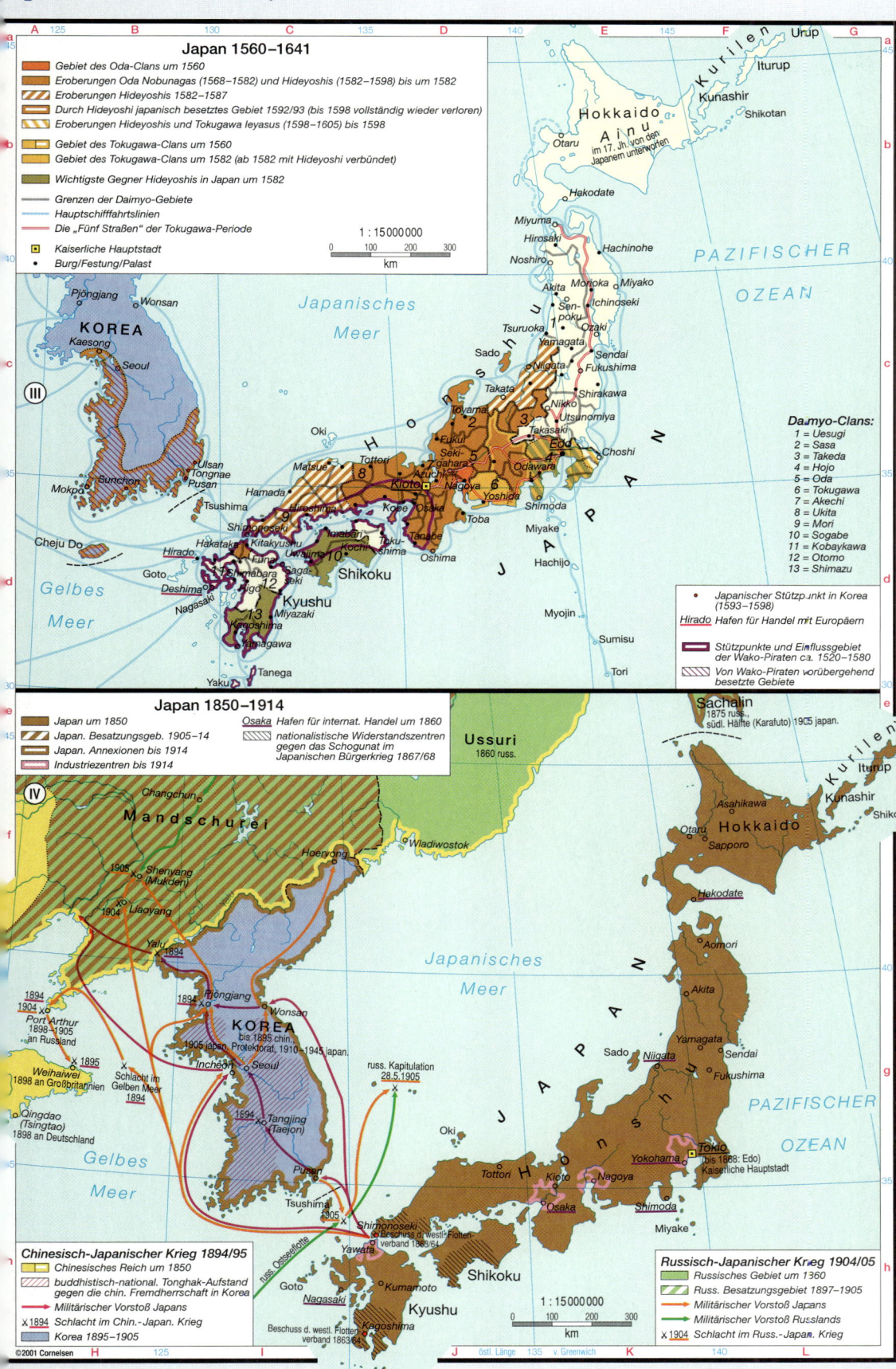

Japan bis zum Ende des 19. Jahrhunderts

Im 11. Jahrhundert hatte das japanische Kaisertum mit dem Ende der Fujiwara-Dynastie seine Führungsrolle verloren, die es erst Mitte des 19. Jahrhunderts durch den Zusammenbruch des Bakufu (Shogunatsherrschaft) wiedererlangen sollte. Die neue Herrschaftselite bildete der während des 11. Jahrhunderts aufgestiegene Schwertadel, die Samurai. In den folgenden 300 Jahren lag die politische Macht in den Händen einiger weniger Samurai-Familien. Diese konnten zwar im 13. Jahrhundert zwei Mongoleninva-

sionen auf Kyushu abwehren, verhinderten aber mit ihren permanenten Kleinkriegen untereinander die Herausbildung einer stabilen Zentralmacht in Japan unter dem Kamakura- und Ashikage-Shogunat. Den Höhepunkt dieser Entwicklung bildete der Onin-Krieg (1467–77), dessen Ergebnis die endgültige Zersplitterung Japans in Territorien weitgehend unabhängiger Feudalherren (Daimyo) war. Der Kaiser (Tenno) und sein Kronfeldherr (Shogun) hatten nur mehr nominelle Befugnisse. Es folgte ein chaotisches Jahrhundert der Bürgerkriege, in dem das Ashikaga-Shogunat unterging.

Bis zum Jahre 1628 einten dann drei herausragende Herrscherpersönlichkeiten das Land zu einer weitgehend gefestigten Shogunats-Diktatur: Der kaiserliche Shogun Oda Nobunaga beendete 1573 die Bürgerkriege. Sein Nachfolger Toyotomi Hideyoshi bezwang die kurzfristig rebellierenden Feudalfürsten, beseitigte damit die Daimyo-Herrschaft und konnte sogar Feldzüge nach Korea unternehmen. In den Nachfolgekämpfen nach Hideyoshis Tod riss Tokugawa Ieyasu die Macht an sich (Schlacht von Sekigahara, 1600) und errichtete ein flächendeckendes, repressives Verwaltungssystem. Unter ihm wurde Japan in Form eines Polizeistaates geeint. Die Tokugawa-Epoche dauerte bis zum Zusammenbruch des Bakufu 1868.

Unter Oda und Toyotomi fand auch das Christentum Verbreitung in Japan, vornehmlich auf Kyushu, wo mit Hirado und Nagasaki auch die für den Handel mit Europäern offenen Häfen lagen. Ieyasu dagegen betrieb eine gezielte Christenverfolgung, weil er Eroberungsversuche der Spanier und Portugiesen befürchtete, für die er die Unterstützung japanischer Christen als gegeben annahm. Nach einem blutigen Vernichtungsfeldzug gegen letzte aufständische Christen in Shimabara auf Kyushu (1638) schloss Ieyasu Japan von 1639 an fast hermetisch gegen das Ausland ab. Die folgende Tokugawa-Periode, obwohl faktisch ein Polizeistaat, stellte eine vor allem wirtschaftliche und kulturelle Blütezeit dar.

Nach 200jähriger strenger Abgeschlossenheit gegen das Ausland – eine Ausnahme bildete nur die künstliche Insel Deshima vor Nagasaki, wo die Holländer eine Handelsniederlassung führen durften – erzwang 1854 eine US-amerikanische Flotte unter Gewaltandrohung die Öffnung japanischer Vertragshäfen und damit die Aufnahme des Handelsverkehrs. Damals war das alte feudalistische Herrschaftssystem in Japan bereits durch jahrzehntelange Wirtschafts- und Versorgungskrisen sowie daraus entstehende Bauernaufstände geschwächt. Hinzu kam das Aufbegehren von Reformgruppen in den südwestlichen Lehensgebieten. Diese „neuen" Samurai strebten eine technologische Erneuerung nach westlichem Vorbild und gleichzeitig die Beendigung der Shogunatsherrschaft sowie die Restauration der kaiserlichen Macht des Tenno an. Nach kurzen Kämpfen zwischen Reformern und Konservativen brach das Bakufu zusammen. Es folgten tiefgreifende wirtschaftliche und soziale Reformen – freie Berufswahl, Privilegienverlust der Samurai, Bauernbefreiung, allgemeine Schulpflicht, Gewerbefreiheit u. a. – sowie die Schaffung eines stehenden Heeres mit allgemeiner Wehrpflicht.

Gestützt auf seine modernisierte Armee betrieb Japan nun eine aggressive Expansionspolitik in Asien, die bald zu militärischen Konflikten mit den Groß- und Kolonialmächten führte. 1894/95 errang Japan in Korea einen schnellen Sieg über das niedergehende Kaiserreich China. 1904/05 führte Japan – neuerlich im Streit um Korea – einen Krieg mit Russland, das sich damals gerade aktiv um seine „asiatische Dimension" bemühte. Die folgende Niederlage des Zarenreiches und insbesondere der blutige Fall Port Arthurs und die demütigende Kapitulation der Ostseeflotte überraschten und beunruhigten damals ganz Europa. 1910 annektierte Japan Korea endgültig und installierte hier ein besonders brutales Kolonialregime. Zu Beginn des 20. Jahrhunderts war Japan damit zu einer asiatischen Großmacht geworden, die in der Folge schnell den Aufstieg zur Weltmacht anstrebte.

Absolutismus – Für und Wider eines Begriffs

Schon immer hatten die Historiker Mühe mit den „ismus"-Begriffen. Sie entstehen nicht selten lange nach dem historischen Erscheinung, die sie begreifbar zu machen versuchen. Und sie fügen gerne zu einem umfassenden System zusammen, was in der historischen Wirklichkeit aus vielen, sehr unterschiedlichen Facetten bestand. Dies gilt auch für das historische Phänomen des „Absolutismus".

Das Wort entstand vermutlich zu Beginn des 19. Jahrhunderts in England. Es trug sofort einen abwertenden Charakter und bezeichnete ein politisches System, in dem alles von oben entschieden wurde und die Möglichkeiten der Menschen, auf diese politischen Entscheidungen Einfluss zu nehmen, gering oder nicht vorhanden waren. Im 19. Jahrhundert, als sich in den meisten Staaten Europas die Spielarten ständischer Beteiligung an den politischen Entscheidungen überlebt hatten und neue, parlamentarische Formen der Kontrolle erst in den Anfängen steckten, waren nach Ansicht englischer Autoren, die der liberalen Whig-Tradition verpflichtet waren, auf dem Kontinent, nicht jedoch auf ihrer fortschrittlichen Insel, absolutistische Staaten vorhanden. Die Engländer gingen noch einen Schritt weiter und übertrugen ihre Vorstellungen von den kontinentalen Verhältnissen auf die frühere Zeit: Ein Monarch wie Ludwig XIV. hatte sich doch selbst gerühmt „absolut" zu sein, über den Gesetzen zu stehen, also war schon in dieser Zeit „Absolutismus" ein besonderes Kennzeichen der kontinentalen Monarchien, während England durch die Revolutionen des 17. Jahrhunderts einen „modernen" Weg, den Weg zur konstitutionellen Monarchie fand. Absolutismus war für sie gleichbedeutend mit Despotismus, er war etwas spezifisch Kontinentales, Unenglisches.

Die deutschen Historiker des 19. Jahrhunderts übernahmen den Absolutismus-Begriff, jedoch ohne seinen abwertenden Einschlag. Für sie war damit die Vorstellung verbunden, dass sich in den frühneuzeitlichen Monarchien Europas die Gewichte eindeutig zugunsten der Monarchen verschoben, obwohl immer noch viele Elemente ständischer Beteiligung vorhanden waren. Aus diesem „pragmatischen" Absolutismus-Begriff entwickelte sich allmählich eine umfassende Epochenbezeichnung („Das Zeitalter des Absolutismus").

Heute gibt es – erneut von England ausgehend – eine Ausschlussdebatte über den Absolutismus. Englische Historiker bezeichnen ihn als „Mythos". Sie meinen, dass die englische Monarchie der frühen Neuzeit viel „absoluter", die kontinentalen Monarchien jedoch viel weniger „absolut" waren, als noch die liberalen englischen Historiker des 19. Jahrhunderts geglaubt hatten. England und der Kontinent waren sich demnach viel ähnlicher als angenommen, das Verhältnis zwischen allen Monarchen und ihren Untertanen weit mehr durch Zusammenarbeit, Befragung und Zustimmung (cooperation, consultation, consent) gekennzeichnet, als es der abstrakte Absolutismus-Begriff erkennen lässt. Von einem Zeitalter des Absolutismus könne daher keine Rede sein.

Wie auch immer man den Begriff nun präzisieren und bewerten möchte, die gemeinhin für den Absolutismus beschriebenen strukturellen Charakteristika sind fast ausnahmslos für alle europäischen Monarchien des 17. und 18. Jahrhunderts nachzuweisen.

Europa in der ersten Hälfte des 18. Jahrhunderts

Europa nach dem Spanischen Erbfolgekrieg 1714

Barrierefestungen mit niederländischer Besatzung 1713/15–1782

GR.-BRIT. *Die Große Allianz von 1701*

Frankreich und Verbündete 1713/15–1782

1 Bm. Lüttich
2 Kur Köln
3 Braunschweig-Wolfenbüttel
4 Sachsen-Gotha
5 Bayern
6 Hzm. Mantua

SAVOYEN 1701–03 mit Frankreich verbündet

1 : 15000000

0 100 200 300 400 500 km

Europa im Zeitalter des Absolutismus (um 1740)

Österreichische Habsburger bis 1699		Reichsgrenze
Österreichische Habsburger um 1740		Russisches Reich 1689
Toskana (1737 Habsburg-Lothringen, 1765 Sekundogenitur)		Russisches Reich um 1740
SIZILIEN Bourbonische Staaten		Osmanisches Reich
PAR. Hzm. Parma und Piacenza (1731–35, 1748 bourbonisch)		Osmanische Vasallenstaaten
Sekundogenituren der spanischen Bourbonen		

©2001 Cornelsen

Strukturschema des Absolutismus

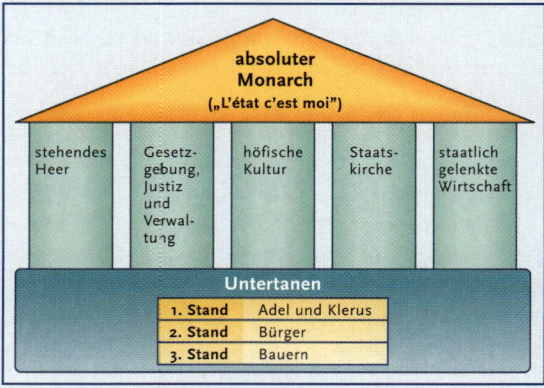

absoluter Monarch („L'état c'est moi")

stehendes Heer | Gesetzgebung, Justiz und Verwaltung | höfische Kultur | Staatskirche | staatlich gelenkte Wirtschaft

Untertanen

1. Stand	Adel und Klerus
2. Stand	Bürger
3. Stand	Bauern

Der Absolutismus

Der Absolutismus, eine überhöhte Regierungsform der Monarchie, geht davon aus, dass der Monarch die unbeschränkte Herrschaftsgewalt eines Staates personifiziere (L'état c'est moi!). Deshalb ist er auch an dessen Gesetze gebunden, die er freilich im wesentlichen selbst erlässt. Willkürherrschaft und bürgerliche Unfreiheit sind dennoch nicht Wesen des Absolutismus. Im Gegenteil war die staatsfreie Sphäre im Absolutismus oft größer als in modernen Staatswesen.

Der Spanische Erbfolgekrieg (1701–1713/14)

Im Jahre 1700 starb mit Karl II. der letzte spanische Habsburger. Anwärter auf den spanischen Erbfall waren durch ihre Frauen, beides Schwestern Karls II., der König von Frankreich, der Bourbone Ludwig XIV., und der römisch-deutsche Kaiser, der Habsburger Leopold I. In jedem Fall schien die Bildung einer Europa dominierenden Weltmacht bevorzustehen. Großbritannien unter König Wilhelm III. drängte dagegen auf eine Aufteilung der habsburgischen Herrschaften. Mit der testamentarischen Übertragung des Gesamterbes Karls II. auf Philipp von Anjou, hinter dem Ludwig XIV., der spanische Staatsrat und die römische Kurie standen, drohte das prekäre europäische Gleichgewicht zu zerbrechen.

1701 Große Allianz zwischen Großbritannien, Holland, Österreich, Preußen, Hannover, Portugal, dem Reich unter dem habsburgischen Kaiser Leopold I. (1702) sowie Savoyen (1703) gegen Frankreich, Spanien und die mit Ludwig verbündeten Wittelsbacher (Bayern und Kurköln)

1701–1713/14 der spanische Erbfolgekrieg; Kriegsschauplätze sind Spanien (Bürgerkrieg), Süddeutschland (Ludwig von Baden), Italien (Prinz Eugen), die Niederlande (Marlborough), der Atlantik und die Nordsee (britische Seeblockade)

1703 Erzherzog Karl (III.) wird König von Spanien

1704–1710 große Siege der Allianz (1704: Höchstädt, britische Eroberung Gibraltars; 1706: Ramillies, Turin; 1708: Oudenaarde; 1709: Malplaquet) zwingen Ludwig XIV. zu weitreichenden Friedensangeboten, die aber an weitergehenden Forderungen der Allianz scheitern

1711 mit dem Sturz der Whig-Regierung in England durch die Torys unter Bolingbroke und mit dem Tod Kaiser Josephs I. kommt es zu einer unerwarteten Wende im Krieg: wegen der nun neuerlich drohenden Weltmacht Spanien-Österreich einigen sich die europäischen Seemächte und Frankreich untereinander

1713 Friede von Utrecht: Teilung Spaniens (Hauptland und Kolonien an Philipp V. von Anjou, Nebenlande an Österreich, Sizilien an Savoyen; belgische Sperrfestungen an die Niederlande; Gibraltar, Menorca, Neufundland, Neuschottland, die Hudson-Bay-Länder und das Monopol für den Sklavenhandel mit Südamerika an Großbritannien)

1714 Friede von Rastatt und Baden: nach kurzem militärischen Aufbegehren akzeptieren Kaiser und Reich die Regelungen des Friedens von Utrecht

Der Merkantilismus

Der Merkantilismus, stark vom Calvinismus beeinflusst, ist ein System staatlich gelenkter und einheitlich organisierter Wirtschaft mit dem primären Ziel, dem Staat die Mittel zur Aufstellung stehender Heere, zum Ausbau der Verwaltung, zur herrschaftlichen Repräsentation, zum Erwerb von Kolonien und zur allgemeinen Bereicherung des Haushalts zu liefern. Die rigide Zuspitzung dieses Systems im Frankreich Ludwigs XIV. wird auch Colbertismus genannt.

Strukturschema des Merkantilismus

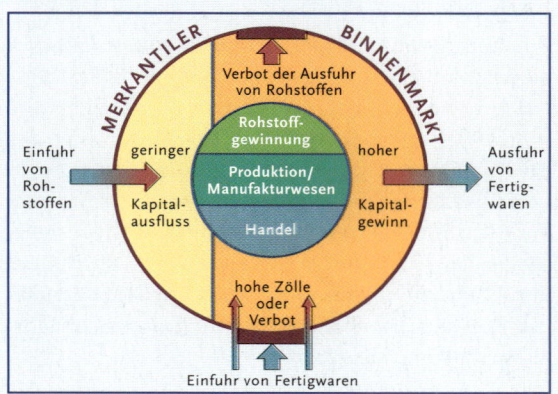

Heeresstärken in Europa 1740

	Bevölkerung	jährliche Staatseinnahmen	Sollstärke der Armee
Frankreich	20 000 000	60 000 000	203 800
Russland **	19 500 000	15 000 000	170 000
Österreich	13 000 000	20 000 000	108 000
England	8 000 000	24 000 000	36 000
Preußen	2 500 000	7 000 000	99 500
Sachsen	1 700 000	6 000 000	26 000
Bayern	700 000	5 000 000	10 000

* in Taler
** europäischer Teil

Einteilung des Heiligen Römischen Reiches in Reichskreise

Einteilung des Heiligen Römischen Reiches in Reichskreise Ende des 17. bis Ende des 18. Jhs.

- Österreichischer Kreis
- Burgundischer Kreis
- Kurrheinischer Kreis
- Fränkischer Kreis
- Bayerischer Kreis
- Schwäbischer Kreis
- Oberrheinischer Kreis
- Niederrheinisch-Westfälischer Kreis
- Obersächsischer Kreis
- Niedersächsischer Kreis
- nicht eingekreiste Gebiete

von Reichsritterterritorien durchsetzte Kreise
Grenze des Heiligen Römischen Reiches
Territorialgrenzen innerhalb des Reiches
Wetzlar Reichskammergericht seit 1693
Speyer Reichskammergericht bis 1689

1 : 5 000 000

©2001 Cornelsen

Die Einteilung des Heiligen Römischen Reiches Deutscher Nation in Reichskreise Ende des 17. bis Ende des 18. Jahrhunderts

Seit 1555 erhielten die Reichskreise immer mehr Kompetenzen und waren zunehmend für die praktische Umsetzung der Reichstagsbeschlüsse zuständig. So wurden die meisten Reichsaufgaben wie die Erhebung der Reichssteuern, die Aufstellung des Reichsheeres, die Exekution der Reichsgerichtsurteile und die Regelung überterritorialer Münz- und Wirtschaftspolitik im Wesentlichen von den Reichskreisen geleistet.

Nachdem 1500 zunächst sechs Kreise geschaffen worden waren, gab es seit 1512 zehn Reichskreise. Böhmen, Mähren, Schlesien und die Lausitzen sowie die Reichsritterschaftsgebiete waren nicht in die Kreisordnung eingebunden.

Die wichtigsten Institutionen der Kreise waren das Ausschreibeamt, der Kreistag, dessen Direktorium sowie der Kreishauptmann oder -oberst. Im Burgundischen und Österreichischen Kreis hatte der habsburgische Landesherr Ausschreibeamt, Direktion und Kreishauptmannschaft inne. Kreistage fanden hier angesichts der Gesamtstruktur (fast nur habsburgische Gebiete) nicht statt.

Bevölkerungsverteilung in den Reichskreisen 1795

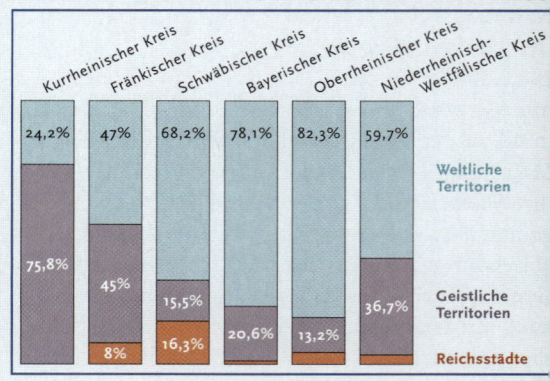

Kreis	Kurrheinischer Kreis	Fränkischer Kreis	Schwäbischer Kreis	Bayerischer Kreis	Oberrheinischer Kreis	Niederrheinisch-Westfälischer Kreis
Weltliche Territorien	24,2%	47%	68,2%	78,1%	82,3%	59,7%
Geistliche Territorien	75,8%	45%	15,5%	20,6%	13,2%	36,7%
Reichsstädte		8%	16,3%			

Kultur im Heiligen Römischen Reich im 18. Jahrhundert

Kultur im Heiligen Römischen Reich Deutscher Nation im 18. Jahrhundert

Das Heilige Römische Reich zeichnete sich im 18. Jahrhundert durch eine außerordentliche kulturelle Blüte und Vielfalt aus. Einer stark sinnlichen, Kirchenbau, Malerei, Stukkatur, Plastik und Musik betonenden katholischen Barockkultur im Süden stand eine ausgeprägte protestantische Wort- und Lesekultur im Norden gegenüber. Dabei pflegte das Luthertum im Gegensatz zu den Reformierten in starkem Maße auch eine spezifische Kirchenmusik. Standen die erstrangigen Bauten des Barock und Rokoko, abgesehen

von speziellen Zentren wie Potsdam oder Dresden vor allem im Süden, so lebten und wirkten die meisten bedeutenden Dichter und Philosophen im protestantischen Norden und im evangelischen Herzogtum Württemberg.

Zur großen Vielfalt der Kultur trug auch die bedeutende Zahl von Höfen und Residenzen im Reich bei, die Kunst und Kultur stark förderten und miteinander konkurrierten. Die wichtigsten Zentren der spezifisch katholischen Barockkultur waren die zahlreichen Klöster, die besonders dicht in Oberschwaben und Ostschwaben, in Kurbayern und in Teilen Österreichs beieinander lagen.

Die Universitäten des Reiches waren damals konfessionsbestimmt. Es gab 18 protestantische und 18 katholische Hochschulen. Lediglich zwei Universitäten, Erfurt und Heidelberg, hatten in ihrem Lehrkörper sowohl katholische als auch protestantische Professoren. Die Studentenzahlen stiegen vom 17. bis 19. Jahrhundert von etwa 8000 auf rund 9000 an (ca. 34 000 Studenten um 1900).

Im Rahmen der europäischen Akademiebewegung entstanden auch im Reich zehn Akademien und wissenschaftliche Gesellschaften, angesiedelt in Schweinfurt, Berlin, Olmütz, Göttingen, Erfurt, München, Mannheim, Prag, Leipzig und Kassel.

Polen im 18. und 20. Jahrhundert

Das wechselvolle Schicksal Polens

1656–1660 Preußen fällt im Frieden von Oliva (1660) endgültig an das Kurfürstentum Brandenburg, nachdem der heftige Widerstand der ostpreußischen Stände seinen politischen Rückhalt in Polen durch den polnisch-schwedischen Krieg (1655–60) verliert (1657 Vertrag von Wehlau)

1660 Preußen fällt im Frieden von Oliva an das Kurfürstentum Brandenburg

1667 Smolensk und die östliche Ukraine fallen an Russland

1697–1763 Personalunion Polens mit Sachsen: der sächsische Kurfürst August der Starke wird zum König von Polen gewählt (Juni 1697)

1763 Tod Augusts III. von Sachsen; Wahl Stanislaw August Poniatowskis, Günstling Katharinas der Großen von Russland, zum polnischen König (bis 1795)

1768 Eingreifen Russlands in innenpolitische Auseinandersetzungen Polens (Bürgerkrieg zwischen den Konföderationen von Slusk und Radom einerseits – von Russland gestützt – und der Konföderation von Bar andererseits – vom Osmanischen Reich unterstützt – um innerpolnische Machtverhältnisse, Verfassung der polnischen Monarchie und außenpolitische Bündnisorientierung)

1769 Österreich zieht die seit 1492 verpfändete Grafschaft Zips und die Karpatenbezirke ein

1772 Erste Polnische Teilung (zur Verhinderung eines russisch-österreichischen Krieges): an Russland: Weißrussland bis zu Düna und Dnjepr mit Polotzk und Witebsk an Österreich: Galizien an Preußen: Pomorellen, Netzedistrikt und Ermland vor allem zur Verhinderung eines russisch-österreichischen Krieges

1788–1791 Der vierjährige Reichstag (Sejm) beschließt, während der russische Einfluss durch den Krieg mit dem Osmanischen Reich und Schweden (1788–90) geschwächt ist, die Umwandlung Polens in eine parlamentarische Erbmonarchie

1791 neue Verfassung Polens („Mai-Konstitution") veranlasst Russland, Österreich und Preußen zur Intervention

1792 unter russischem Einfluss Gründung der oppositionellen Konföderation von Targowize, der beizutreten König Stanislaw von russischer Seite gezwungen wird

1793 Zweite Polnische Teilung (unter erzwungener Anerkennung durch den „stummen Reichstag" von Grodno): an Preußen: Großpolen, Danzig und Thorn an Russland: das westliche Weißrussland, Ostlitauen, die West-Ukraine und Podolien

1794 Aufstände in Wilna und Warschau unter Taddeusz Kosciuszko – Unterdrückung des Volksaufstandes durch preußische und russische Truppen und entscheidende Niederlage der Polen bei Maiciejowice (10.10.1794)

1795 Dritte Polnische Teilung (Aufteilung der Restterritorien des Reiches): an Russland: Kurland und Litauen an Österreich: Kleinpolen mit Krakau u. Lublin an Preußen: Masowien und Warschau

ab 1795 Polen kämpft um seine Souveränität, Mitwirkung an der Schwächung der drei Teilungsmächte (insbesondere 1806/07, 1809, 1917/18 und 1845)

1807 Errichtung des Großherzogtums Warschau durch General Dabrowski, dessen Legionen als Hilfstruppen Napoleons den Rückhalt Frankreichs haben

1815 auf dem Wiener Kongress wird das Großherzogtum qua Personalunion mit Russland vereint

1830–1831 vergeblicher polnischer Aufstand; Polen wird russische Provinz

Bevölkerungszahlen in den im Rahmen der Polnischen Teilungen an die drei Teilungsmächte fallenden Territorien

	1772	1793	1795
PREUSSEN	356 000	1 136 400	1 042 400
ÖSTERREICH	2 669 000	–	1 098 400
RUSSLAND	1 256 000	3 055 600	1 338 000

Vom Großfürstentum Moskau 1462 bis zum Ende des Zarenreiches 1917

Russland 1462 bis 1917

- Großfürstentum Moskau 1462
- Erwerbungen 1462–1592
- Erwerbungen 1592–1689
- Erwerbungen 1689–1855
- Erwerbungen 1855–1914
- Abhängige Gebiete (Vasallenstaaten)
- Zeitw. besetzte Gebiete vor 1914
- Nenzen Nichtslawische Völker u. Stämme
- Russische Einflußgebiete 1914
- Grenze Russlands 1914
- 1901 Wichtige Eisenbahnlinien mit Jahr der Erbauung
- 1867 Jahr der Stadt- bzw. Stützpunktgründung
- • Befestigtes Fort
- 1858 Jahr der Gebietserwerbung

1 : 40 000 000

©2001 Cornelsen

--- Kolonisations- u. Expeditionswege im 16./17. Jh.
Andere Expeditionsrouten
Bauernkrieg unter Stepan Rasin 1670/71
Bauernkrieg unter Jemeljan Pugatschow 1773–1775

Vom Großfürstentum Moskau bis zum Ende des Russischen Reiches 1462 bis 1917

Seit Mitte des 15. Jahrhunderts gelang es dem Moskowiterreich mit dem Legitimationsanspruch auf die „Sammlung russischer Erde" zusehends, sich aus der Umklammerung der Tataren (Mongolen) zu befreien. Wesentliche Schritte dahin waren die Eroberung Nowgorods sowie die Unterwerfung der Khanate Kaan und Astrachan, verbunden mit der bedeutsamen Kontrolle über das Wolgagebiet.

Nach Erlöschen des Herrschergeschlechts der Rurikiden und der nachfolgenden „Zeit der Wirren" nahm das Herrschergeschlecht der Romanows die russische Expansionspolitik erneut auf. Unter Michael Romanow gelang die Zurückeroberung der zeitweise an Litauen, Schweden und Polen gefallenen Territorien und zwischen 1640 und 1686 auch die Machtausdehnung auf weite Gebiete Mittelasiens.

Reformpolitik nach innen und expansionistische Großmachtpolitik nach außen charakterisieren das politische Handeln Peters I. des Großen. Mit dem Sieg über Schweden bei Poltawa und infolge der Angliederung Estlands und Livlands einschließlich Rigas gelang es ihm, das „Fenster nach Europa" aufzustoßen. In diesem Sinne symbolisieren auch die Gründung St. Petersburgs (1703), dessen Erhebung zur Hauptstadt des Russischen Reiches (1712) und die Umwandlung des Titels „Zar" in „Kaiser" Peters modernes, westlich orientiertes Verständnis von einer Großmacht Russland.

882 Vereinigung Nowgorods und Kiews zum Großfürstentum Kiew unter der Dynastie der Rurikiden als Keimzelle der Kiewer Rus

988 Annahme des byzantinischen Christentums durch Wladimir I. (den Heiligen)

1223 Beginn des Mongolensturms gegen die russischen Fürstentümer

1326 Moskau wird religiöses Zentrum; Aufstieg Moskaus zur innerrussischen Hegemonialmacht

1380 Dmitrij Donskoj besiegt die Tataren auf Kulikowopole („Schnepfenfeld")

1439 Loslösung der russischen von der griechischen Kirche

1462 Expansionspolitik der „Sammlung der russischen Erde" unter Iwan III. (1462–1505)

1478 Zerschlagung der Republik Nowgorod

1480 Lösung aus der Oberhoheit der Goldenen Horde, die sich in Teilkhanate auflöst und 1502 von den Krimtataren überrannt wird

1547 Zarenkrönung Iwans IV. („der Schreckliche")

1552–1556 Unterwerfung Kasans und Astrachans; Gegenstöße der Krimtataren (1571 Einnahme und Brand Moskaus)

1554 Gründung des russischen Seehafens Archangelsk

1565–1572 Fortsetzung der Expansion und Errichtung einer autokratischen Herrschaft durch Iwan IV., die im innenpolitischen Kampf mit den Bojaren zusehends in brutalen Despotismus ausartet

1581 Beginn der Eroberung Sibiriens

1598 Beginn der „Zeit der Wirren" nach Erlöschen der Rurikidendynastie (1598–1605 Boris Godunow, 1609–1613 polnische Ansprüche auf den russischen Zarenthron)

1612 Michael Romanow begründet die Dynastie der Romanows (bis 1917)

1682–1725 unter Peter I. wird Russland eine Großmacht nach westlichem Vorbild

1721 Russland wird Kaiserreich

1735–1739 erfolgreicher Türkenkrieg

1762–1796 Fortsetzung der Großmachtpolitik unter Katharina II. (der Großen); Teilungen Polens (1792, 1793 und 1795)

1812 Napoleons Russlandfeldzug endet mit einer verheerenden Niederlage (Zar Alexander gilt als Retter Russlands)

1815–1825 nachnapoleonische Reaktionsperiode

1825 Dekabristenaufstand

1853–1856 Krimkrieg gegen die Türkei und alliierte Westmächte (Niederlage Russlands)

1860–1878 russische Expansionsbemühungen auf dem Balkan, im Kaukasus sowie nach Innerasien und China

1861 russische Bauernbefreiung nach preußischem Vorbild (Reformära 1856–1874)

1892–94 Frankreich und Russland schließen den Zweibund

1904–1905 Russisch-Japanischer Krieg (endet mit russischer Niederlage)

1914 Eintritt Russlands in den Ersten Weltkrieg als Ententemacht

Frankreich von 1789 bis 1794

Der Ausbruch der Französischen Revolution

Die soziale Kluft zwischen Reichen und Armen in Frankreich hatte im Jahrzehnt nach 1780 rapide zugenommen. Vor allem die niedere Land- und Stadtbevölkerung vegetierte unter zum Teil unvorstellbaren Bedingungen dahin. Überbordende Staatsverschuldung, Missernten sowie ein korruptes und völlig marodes Verwaltungssystem hatten hierzu maßgeblich beigetragen. Darüber hinaus war das wirtschaftlich erstarkte Bürgertum die politische Zurücksetzung gegenüber dem personell und ökonomisch niedergegangenen Adel leid. Aufstände und Unruhen waren in Frankreich schon seit Jahren an der Tagesordnung, als es 1789 zum Ausbruch der Revolution kam. Das Bürgertum sah in der Einberufung der Generalstände durch den König zur Bewilligung dringend benötigter Finanzmittel die einmalige Chance zur Durchsetzung seiner politischen Ziele. Die hierbei schnell eskalierenden Forderungen und die Unbeweglichkeit des Königs verhinderten echte Verhandlungen. Stattdessen wurde das Klima durch Drohgebärden der Staatsmacht und den Druck der Straße, wo die Armen ihrerseits die Gelegenheit zu Protest und Empörung nutzten, zusehends aufgeheizt. Der „Sturm auf die Bastille" war das Fanal der nun folgenden blutigen Revolutionsjahre.

Paris zur Zeit der Französischen Revolution

Neben Versailles, das als Residenzstadt und Tagungsstätte der Generalstände mit der Bildung der Nationalversammlung und dem Ballhausschwur für das Revolutionsgeschehen zunächst besonders wichtig war, spielte auch Paris von Anfang an eine bedeutende, ab Oktober 1789 sogar die zentrale Rolle in den revolutionären Geschehnissen. In dieser für damalige Begriffe mit ca. 650 000 Einwohnern (einschließlich der Vororte) riesigen Stadt überstürzten sich die Ereignisse und von hier aus wurde Frankreich – vielfach in Gegnerschaft großer Teile der Provinz – geleitet, regiert und bestimmt.

In Paris wurde auch der Charakter der revolutionären Auseinandersetzungen geprägt: Am 14. Juli 1789 ergab sich die Wachmannschaft der im Osten von Paris gelegenen Bastille den vor ihren Toren demonstrierenden Volksmassen, die daraufhin in das Gefängnis eindrangen und die Mehrzahl der Wachleute niedermachten. Dieses späterhin als „Sturm auf die Bastille" glorifizierte Gemetzel wurde zum Symbol der ganz Frankreich erfassenden Revolution.

Aber auch andere Stätten in Paris waren wichtige Schauplätze der nächsten Jahre. Im Westen der Stadt etwa lag der Tuilerienpalast, wo die königliche Familie ab Oktober 1789 wohnte. Schräg gegenüber befand sich die Manege oder Reitbahn mit Platz für 2000 Personen, wo ab 1789 die Verfassungsgebende, ab 1791 die Gesetzgebende Nationalversammlung und ab 1792 der Nationalkonvent tagten. In den in diesem Stadtviertel gelegenen, enteigneten Klöstern versammelten sich verschiedene Klubs oder Parteiungen, wie die Jakobiner im Jakobskloster oder der Klub der Cordeliers (nach den so bezeichneten Franziskanern) im Quartier Latin bei der Sorbonne. Vor der Militärschule auf dem Marsfeld fand das Föderationsfest statt. Der König wurde später im Temple (vorher Eigentum des Malteserordens) im Nordosten der Stadt gefangengehalten und am 21. 1. 1793 auf der Place de la Revolution

(Place de la Concorde) hingerichtet. Während der Nationalkonvent und der Wohlfahrtsausschuss ihren Sitz in den Tuilerien nahmen, wurde das Rathaus (Hotel de Ville) 1792–94 Zentrum der Kommune und die Kathedrale Notre Dame von 1793–94 „Tempel der Vernunft". Der Adel und das Großbürgertum lebten vornehmlich im Faubourg Saint Germain oder im Faubourg Saint-Honoré. Die Faubourgs Saint-Marcel und Saint-Antoine waren die dicht bevölkerten Viertel der Arbeiter und Handwerker. 600 000 Kleinbürgern und Armen standen in Paris etwa 35 000 Großbürger 10 000 Geistliche und 5000 Adlige gegenüber.

Frankreich von 1789 bis 1794

Territorien Frankreichs unter unangefochtener Kontrolle der Pariser Regierung

Eroberungen bis 1793

Girondistisch und religiös motivierte Aufstände gegen das Pariser Terrorregime

Royalistisch und religiös motivierte Aufstände gegen das Pariser Terrorregime

Paris herausragende revolutionäre Zentren

Städte und Gebiete mit Massenhinrichtungen und Massakern in der Terrorzeit

französische Staatsgrenze 1789–1794

1 : 9 000 000

Paris zur Zeit der Französischen Revolution
nach einem Plan von C. Verniquet (1791)

Schauplätze des Revolutionsgeschehens in roter Schrift, z.B.: 14.7.1750, Föderationsfest
V. = Verfassungsgebende Nationalversammlung
G. = Gesetzgebende Nationalversammlung
N. = Nationalkonvent
W. = Wohlfahrtsausschuss

© 2001 Cornelsen

Die Preisentwicklung in Frankreich von 1781 bis 1913

Preisindex: 1905–1913 = 100

Zeitraum	Preisindex	Zeitraum	Preisindex
1781–1790	110,8	1855–1864	127,0
1803–1812	133,2	1865–1874	125,0
1815–1824	117,1	1875–1884	116,3
1825–1834	113,9	1885–1894	99,2
1835–1844	115,2	1895–1904	94,5
1845–1854	119,0	1905–1913	100,0

Frankreich bis 1799

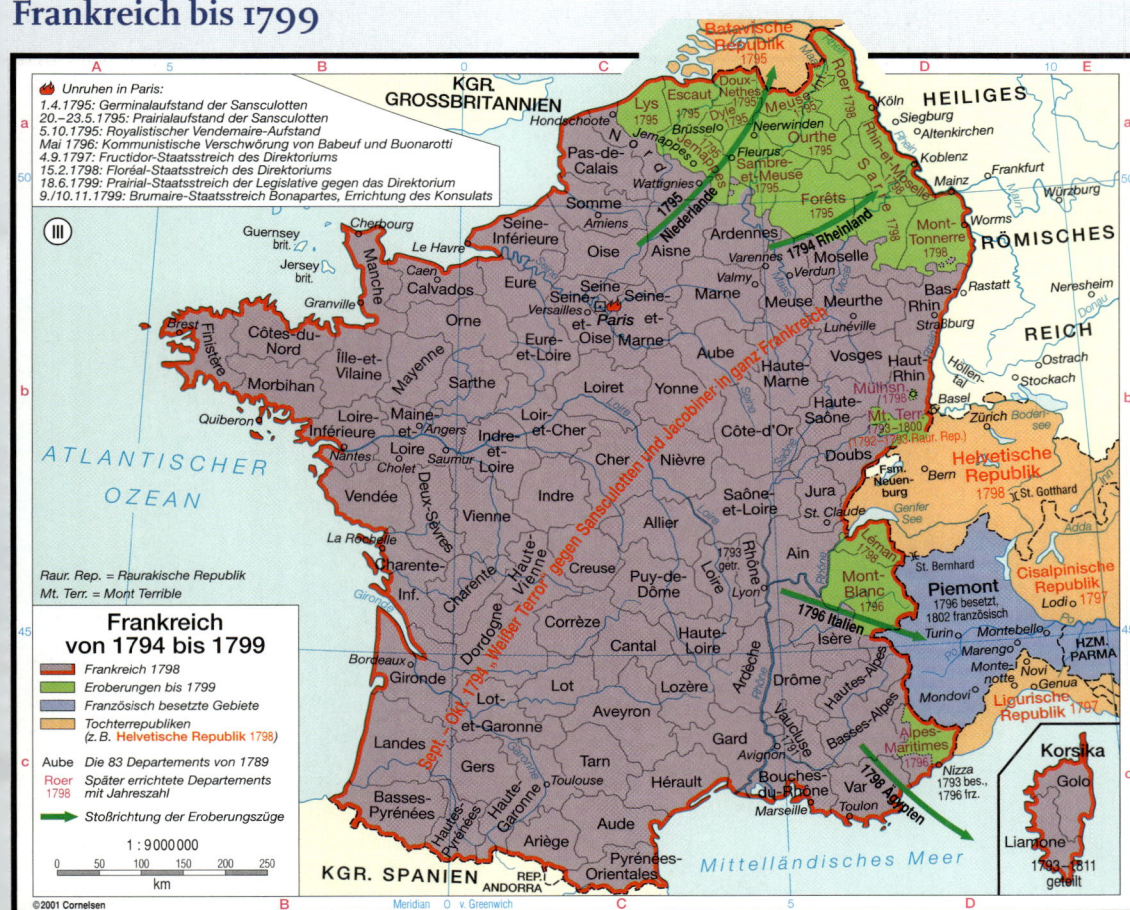

Unruhen in Paris:
1.4.1795: Germinalaufstand der Sansculotten
20.–23.5.1795: Prairialaufstand der Sansculotten
5.10.1795: Royalistischer Vendemaire-Aufstand
Mai 1796: Kommunistische Verschwörung von Babeuf und Buonarotti
4.9.1797: Fructidor-Staatsstreich des Direktoriums
15.2.1798: Prairial-Staatsstreich des Direktoriums
18.6.1799: Prairial-Staatsstreich der Legislative gegen das Direktorium
9./10.11.1799: Brumaire-Staatsstreich Bonapartes, Errichtung des Konsulats

Raur. Rep. = Raurakische Republik
Mt. Terr. = Mont Terrible

Frankreich von 1794 bis 1799
- Frankreich 1798
- Eroberungen bis 1799
- Französisch besetzte Gebiete
- Tochterrepubliken (z. B. Helvetische Republik 1798)

Aube Die 83 Departements von 1789
Roer 1798 Später errichtete Departements mit Jahreszahl

→ Stoßrichtung der Eroberungszüge

1 : 9 000 000
0 50 100 150 200 250 km

©2001 Cornelsen

Die französische Verfassung von 1791

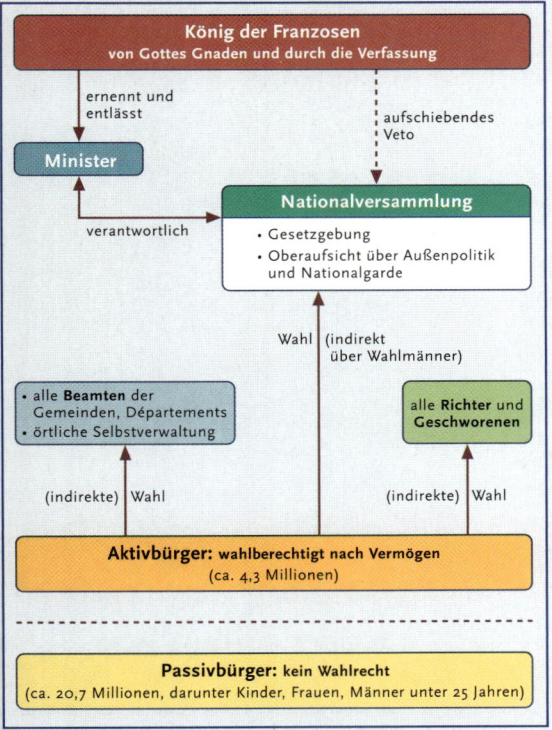

Die französische Verfassung von 1795

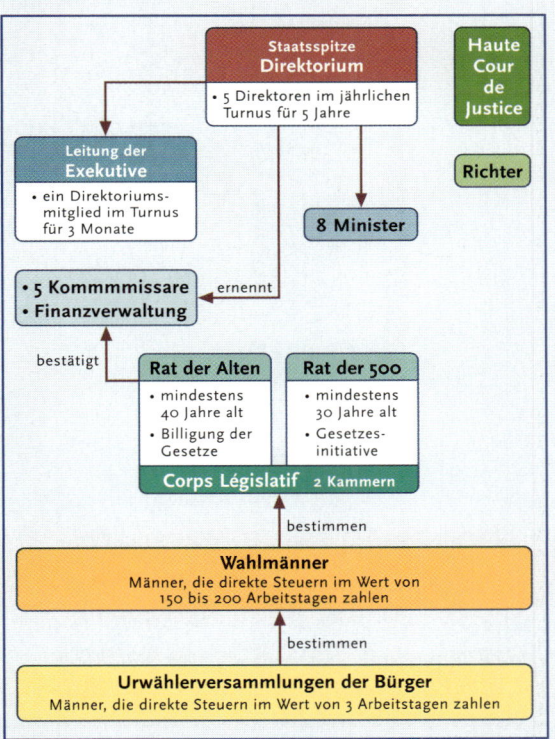

Die Vertreter des Dritten Standes (Tiers Etat) in der Nationalversammlung von 1789

85 Händler, Fabrikanten und Bankiers; 185 Beamte der lokalen Verwaltung; 47 Staatsanwälte; 12 Anwälte des Königs; 8 königliche Notare; 1 Gerichtsschreiber; 25 staatliche Beamte; 7 Beamte der Provinzialverwaltung; 159 Rechtsanwälte; 7 Notare; 4 Heeresoffiziere; 5 Lehrer; 18 Ärzte; 4 Schriftsteller; 4 Kleriker; 47 Gutspächter; 14 Gutsbesitzer; 6 Bourgeois; 1 Gutsbesitzer in den Kolonien; 4 höhere Beamte der Gerichtsverwaltung; 5 Adlige.

Die Französische Revolution von 1789 bis 1799

1789 Juni: Eröffnung der Generalstände in Versailles

17. 6.: Bildung der Nationalversammlung

20. 6.: Ballhausschwur

14.7.: „Sturm auf die Bastille" wird zum Sinnbild des Sieges über den despotischen Absolutismus; Auflösung des Heeres und unter Lafayette Bildung einer Bürgermiliz („Nationalgarde"); in unmittelbarer Folge kommt es zu Bauernaufständen in ganz Frankreich und zum Zusammenbruch der staatlichen Verwaltung

---

4./5.8.: Nationalversammlung erklärt die Abschaffung der Feudalordnung und die Bauernbefreiung

26.8.: Erklärung der Menschenrechte: Liberté, Égalité, Fraternité

5.10.: Proteste wegen Brotknappheit und Hungersnot; der Zug der Marktweiber nach Versailles zwingt die königliche Familie zum Umzug in den unsichereren Tuilerienpalast

10.10.: zur Behebung der Finanznot erfolgt die Einziehung der Kirchen-, Kron- und Emigranten-Güter

1790 Juli: mit der Zivilverfassung des Klerus wird die Kirche verstaatlicht

1791 Juni: Fluchtversuch König Ludwigs XVI. endet in Varennes und führt zu seiner endgültigen Entmachtung

3.9.: Verkündung der neuen Verfassung (Vorbild aller bürgerlichen Verfassungen im 19. Jahrhundert)

1792 April: mit Kriegserklärung an Österreich Beginn der Koalitionskriege

10.8.: Sturm der Tuilerien, Internierung der königlichen Familie im „Temple"

2.–7.9.: Septembermorde (betrieben von Danton, Marat und der Kommune)

September: Ausrufung der Republik; Einführung des republikanischen Kalenders

1793 21.1.: Beginn der Schreckensherrschaft (bis 1794): auf Robespierres Betreiben Hinrichtung Ludwigs XVI. mit der Guillotine; daraufhin Eintritt Großbritanniens und anderer europäischer Mächte in den Krieg zwischen Frankreich und Österreich

Juni: Verkündung der girondistischen Konventsverfassung

Juli: die Jakobiner stürzen die Girondisten; betrieben von Robespierre, Saint-Just, Marat und Danton wird der Wohlfahrtsausschuss als provisorische Regierung mit absoluter Vollmacht eingesetzt; in der nun folgenden Terrorherrschaft sind die Menschen- und Bürgerrechte de facto außer Kraft gesetzt

1794 Juli: Gipfel des Terrorregimes ist „die große Reinigung" der Jakobiner, bei der nun „moralische Beweise" zu Verurteilungen durch das Revolutionstribunal reichen; dies führt zur Einung aller Gegenkräfte im Konvent

27./28.7.: Sturz und Hinrichtung Robespierres

September: Schließung des Revolutionstribunals und der politischen Klubs; der „weiße Terror" der wiedererstarkenden Royalisten löst – vor allem in Südfrankreich – den der Sansculotten und Jakobiner ab (bis 1815)

1795 September: Ausrufung einer neuen Verfassung durch die Regierung des Direktoriums mit schwacher Exekutive als Reaktion auf die Zeit des Terreurs; das schwache Direktorium wird aber bei der Niederschlagung zahlreicher royalistischer und anderer Erhebungen schnell von der Unterstützung herausragender Militärs abhängig

1797 das Direktorium gerät in Abhängigkeit von Napoleon Bonaparte

1799 9.11.: im „Staatsstreich vom 18. Brumaire" löst Napoleon das Direktorium auf und setzt die Konsularverfassung mit sich selbst als Erstem Konsul ein; Beginn der Napoleonischen Ära

Mitteleuropa bei Beginn der Französischen Revolution 1789

Abwehrkampf der europäischen Monarchien

Der Sieg der Revolution in Frankreich und vor allem deren ideologisches und machtpolitisches Ausgreifen über die Staatsgrenzen hinweg stellten die Homogenität der europäischen Mächteordnung grundsätzlich in Frage. Eine erfolgreiche Revolution in Frankreich gefährdete die anderen europäischen Staaten als Vorbild für revolutionäre Kräfte im eigenen Land und außenpolitisch als militärischer Aggressor. Das 1713 mit dem Frieden von Utrecht eingeführte Ordnungsprinzip vom Gleichgewicht der europäischen Kräfte schien nur durch kurzfristige Interessenkoalitionen der europäischen Monarchien zu bewahren zu sein. Während sich in Frankreich in der Legitimation seiner offensiv militärischen Außenpolitik nationales Selbstbewusstsein und ideologisches Sendungsbewusstsein vermischten und damit Attraktivität vor allem auf das Bildungsbürgertum ganz Europas ausübten, krankte die Allianz der Monarchen wiederholt an dem nur vordergründig verbindenden Ziel der Sicherung eines europäischen Kräfteausgleichs unter gleichberechtigten Monarchien und den diese Koalition immer wieder schwächenden partikulären Einzelinteressen. Den Kräften der Gegenrevolution mangelte es trotz gemeinsamen monarchischen Konservativismus an einer übernational verbindenden Ideologie. Erst die in der Napoleonischen Ära aufbrechenden national motivierten und mit bürgerlichen Hoffnungen auf politische Reformen verquickten Befreiungsbewegungen erreichten eine vergleichbare Motivationskraft auf antifranzösischer Seite, wie dort zuvor die Ideale der Französischen Revolution.

1791 Pillnitzer Deklaration: Österreich und Preußen stellen Intervention in Frankreich zugunsten der „monarchischen Regierung" in Aussicht

1792 Kriegserklärung des revolutionären Frankreichs an Österreich; Gegenbewegung der anderen europäischen Mächte zur Beibehaltung des Status quo; Bildung der österreichisch-preußischen Koalition auf der Grundlage der Pillnitzer Deklaration

1792–1797 Erster Koalitionskrieg beginnt mit anfänglichen Erfolgen der Koalition, nimmt aber mit der Kanonade von Valmy noch 1792 eine militärische Wende zugunsten Frankreichs, dessen Truppen an den Rhein vordringen, Speyer, Worms und Mainz sowie Belgien besetzen und im Alpengebiet Savoyen annektieren können

1793 Großbritannien, Holland, Spanien, Sardinien, Neapel, Portugal und das Heilige Römische Reich Deutscher Nation treten der Koalition bei, was im gleichen Jahr zu schweren Niederlagen Frankreichs führt; die österreichischen Niederlande gehen wieder verloren und der französische Außenhandel – insbesondere die Getreideversorgung – wird durch die britische Flotte empfindlich getroffen

1794–1795 nach der französischen Heeresreform (*levée en masse*, 1793) gelingt Frankreich eine neuerliche Kriegswende

1795 nach Besetzung der Niederlande mit der Gründung der Batavischen Republik Errichtung des ersten europäischen Satellitenstaates der französischen Revolution; Ausscheiden Preussens aus dem Krieg im Separatfrieden von Basel

Mitteleuropa bei Beginn der Französischen Revolution

unter Verzicht auf das linke Rheinufer (Preußen will freie Hand gegen polnische Aufstandsbewegung)

1796 französische Niederlagen in Süddeutschland werden durch die militärischen Erfolge Napoleon Bonapartes in Italien ausgeglichen

1797 Bildung weiterer französischer Satellitenstaaten: Cisalpinische Republik und Ligurische Republik; im Frieden von Campo Formido verzichtet auch Österreich auf alle linksrheinischen Gebiete einschließlich Belgien und erhält dafür Venedig (Ende des Ersten Koalitionskrieges)

1798 Bildung der Helvetischen Republik in der Schweiz und nach Gefangennahme des Papstes Umwandlung des Kirchenstaates in eine römische Republik unter französischer Führung

1798–1799 mit Kriegsaktionen im Mittelmeerraum (Besetzung Maltas, Einnahme Kairos) versucht Napoleon Großbritannien zu schwächen; die „ägyptische Expedition" scheitert aber am britischen Seesieg bei Abukir (Abu Qir); die Folge davon ist die Bildung einer neuen antifranzösischen Koalition (Großbritannien, Russland, Österreich, Portugal, Neapel und die Türkei; Preußen bleibt neutral)

Map (left)

Ostsee

Bornholm
Rügen
Greifs-wald
Stralsund
Rostock

Vorpommern
Hinter Pommern
Westpreußen
KGR. PREUSSEN
Ost-Preußen
Ermland
Neu-Ostpreußen

Meckl. Strelitz
Brandenburg
Netzedistrikt

Niederlausitz
Ober-Lausitz
Sachsen

KÖNIGREICH POLEN
Südpreußen 1793 preuß.
Neu-Schlesien 1795 preuß.
Westgalizien 1795 österr.

KGR. BÖHMEN
Mgft. Mähren
Österr.-Schlesien
KGR. GALIZIEN 1772 österr.

Bayern seit 1777 Pfalz-Bayern

Erzhzm. Österreich
ob der Enns
unter der Enns
Wien

Erzst. Salzburg

Hzm. Steiermark
Hzm. Kärnten
Hzm. Krain

KGR. UNGARN

Kroatien

Adriat. Meer

Staats- und Gesellschaftsordnung in Frankreich vor 1789

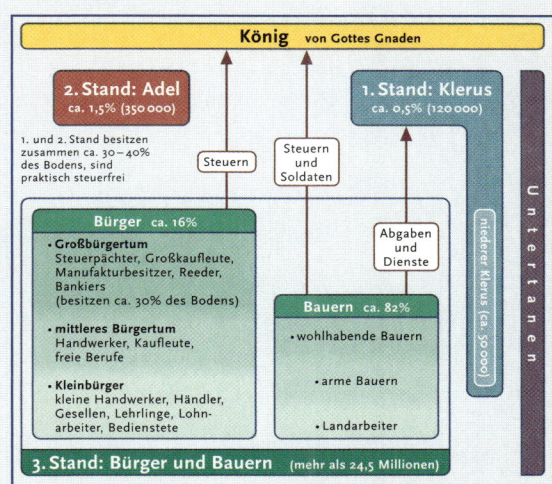

König von Gottes Gnaden

2. Stand: Adel ca. 1,5% (350 000)

1. Stand: Klerus ca. 0,5% (120 000)

1. und 2. Stand besitzen zusammen ca. 30–40% des Bodens, sind praktisch steuerfrei

Steuern
Steuern und Soldaten
Abgaben und Dienste

Untertanen (niederer Klerus ca. 50 000)

Bürger ca. 16%
- Großbürgertum
Steuerpächter, Großkaufleute, Manufakturbesitzer, Reeder, Bankiers (besitzen ca. 30% des Bodens)
- mittleres Bürgertum
Handwerker, Kaufleute, freie Berufe
- Kleinbürger
kleine Handwerker, Händler, Gesellen, Lehrlinge, Lohnarbeiter, Bedienstete

Bauern ca. 82%
- wohlhabende Bauern
- arme Bauern
- Landarbeiter

3. Stand: Bürger und Bauern (mehr als 24,5 Millionen)

Die Kriegslage 1792 und 1793/94

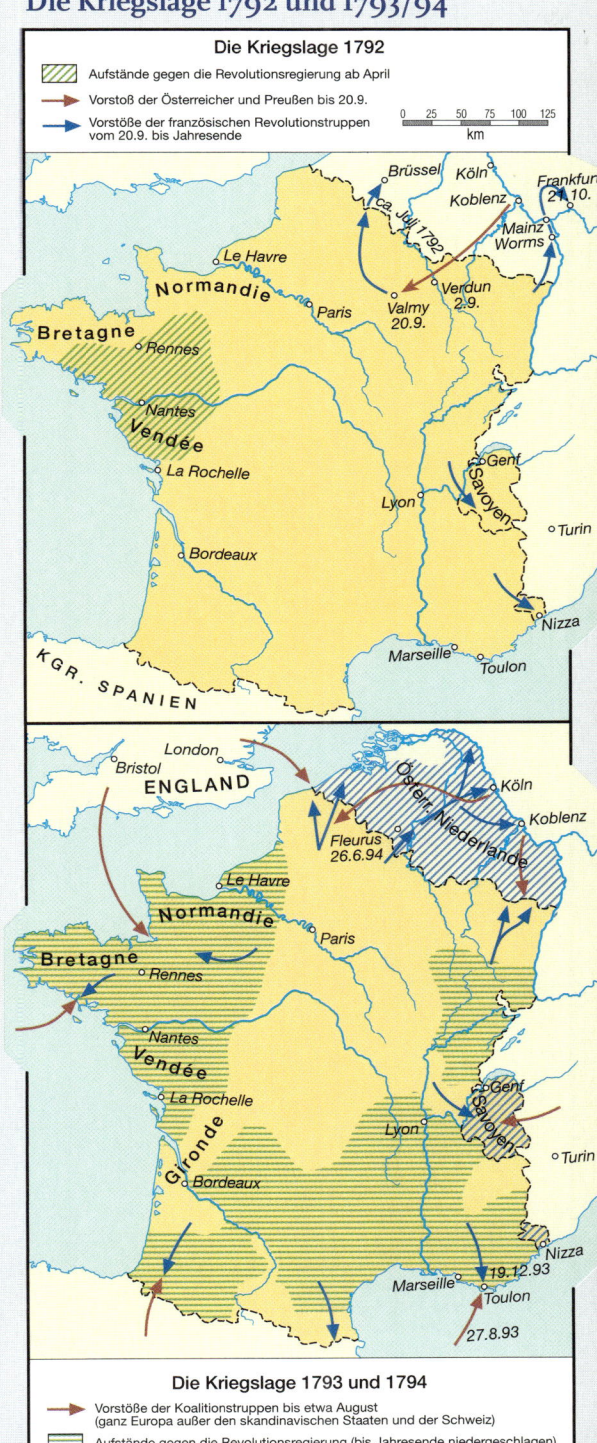

Die Kriegslage 1792

Aufstände gegen die Revolutionsregierung ab April
Vorstoß der Österreicher und Preußen bis 20.9.
Vorstöße der französischen Revolutionstruppen vom 20.9. bis zum Jahresende

Die Kriegslage 1793 und 1794

Vorstöße der Koalitionstruppen bis etwa August (ganz Europa außer den skandinavischen Staaten und der Schweiz)
Aufstände gegen die Revolutionsregierung (bis Jahresende niedergeschlagen)
Vorstöße der französischen Revolutionstruppen von August an
besetzte Gebiete bis Jahresende 1794

1799–1802 trotz der französischen Eroberung Neapels und der Gründung der Parthenopäischen Republik 1799 beginnt der Zweite Koalitionskrieg vor allem mit Erfolgen der Alliierten, die zur Auflösung der italienischen Tochterrepubliken führen

1800 nach dem Ausscheiden Russlands aus der antifranzösischen Koalition (1799) wegen der britischen Besetzung Maltas folgen wiederum französische Siege bei Marengo und Hohenlinden, die mit dem Frieden von Lunéville (1801) zur Bestätigung des Friedens von Campo Formido (1797) führen

1802 Friede von Amiens zwischen Großbritannien und Frankreich; Neuordnung Italiens unter französischer Dominanz

1803 Reichsdeputationshauptschluss unter starkem französischen Einfluss

1804 Vorbereitungen Napoleons zu einem Invasionsversuch in England, das sich um den Aufbau einer neuen Koalition gegen Frankreich bemüht (Großbritannien, Russland, Österreich, Schweden und Neapel; Preußen bleibt erneut neutral, während sich die süddeutschen Staaten und Spanien mit Frankreich verbünden); Kaiserkrönung Napoleons

Die industrielle Revolution in England im 18. und 19. Jahrhundert

Industrialisierung in Großbritannien bis 1850

- Bedeutende Steinkohlevorkommen
- Stahlindustrie
- Textilindustrie

Wichtige Produktionsstandorte
- Kohleförderung
- Eisen- und Stahlindustrie
- Maschinenindustrie
- Textilindustrie
- Schiffbau

- Bedeutende Hafenstadt / Großhafen in Entstehung
- Posthafen
- Stark wachsende Stadt

- Bahnstrecken bis 1830
- Bahnstrecken bis 1836 (insgesamt etwa 1600 km)
- Bahnstrecken bis 1852 (insgesamt etwa 11250 km)
- Große Kanalbauten 1760–1820

- Große Straßenverbesserung durch Telford 1804–1828
- General Wades Straßenbauprojekte
- Metcalfs Straßenbauprojekte
- Andere wichtige Straßenverbesserungen

- Bevölkerungsrückgang bis zu 50% (1831–1891)
- Bevölkerungsrückgang 50–100% (1831–1891)

- nach 1815 eingegangene gewerbliche Produktionen in Irland

1 : 4 000 000

0   25   50   75   100   125   150
km

1. Paul erfindet die Kardiermaschine (1748)
2. Corts erste Eisenwalzmaschine (1754)
3. Hargreaves erfindet die „Spinning Jenny" (1764)
4. Arkwrights Spinnmaschine (1769)
5. Brindley baut über 365 Meilen Kanalstrecken in den 1770er Jahren
6. Wilkinsons Eisenwerke (1770–1808)
7. Bau der ersten Gußeisenbrücke (1773–1779)
8. Watts erste funktionstüchtige Dampfmaschine (1775)
9. „Crompton's mule" wird entwickelt (1779)
10. Inbetriebnahme der ersten dampfbetriebenen Mühlen (1779)
11. Cartwright baut den ersten maschinellen Webstuhl (1785)
12. Eröffnung der „Stockton and Darlington Railway" 1825
13. Telford stellt 1828 die St. Katherine's Docks" fertig
14. Eröffnung der „Liverpool and Manchester Railway" 1830
15. Telford legt 1830 Teile des Fens trocken

© 2001 Cornelsen

Agrarwirtschaft und Industrie

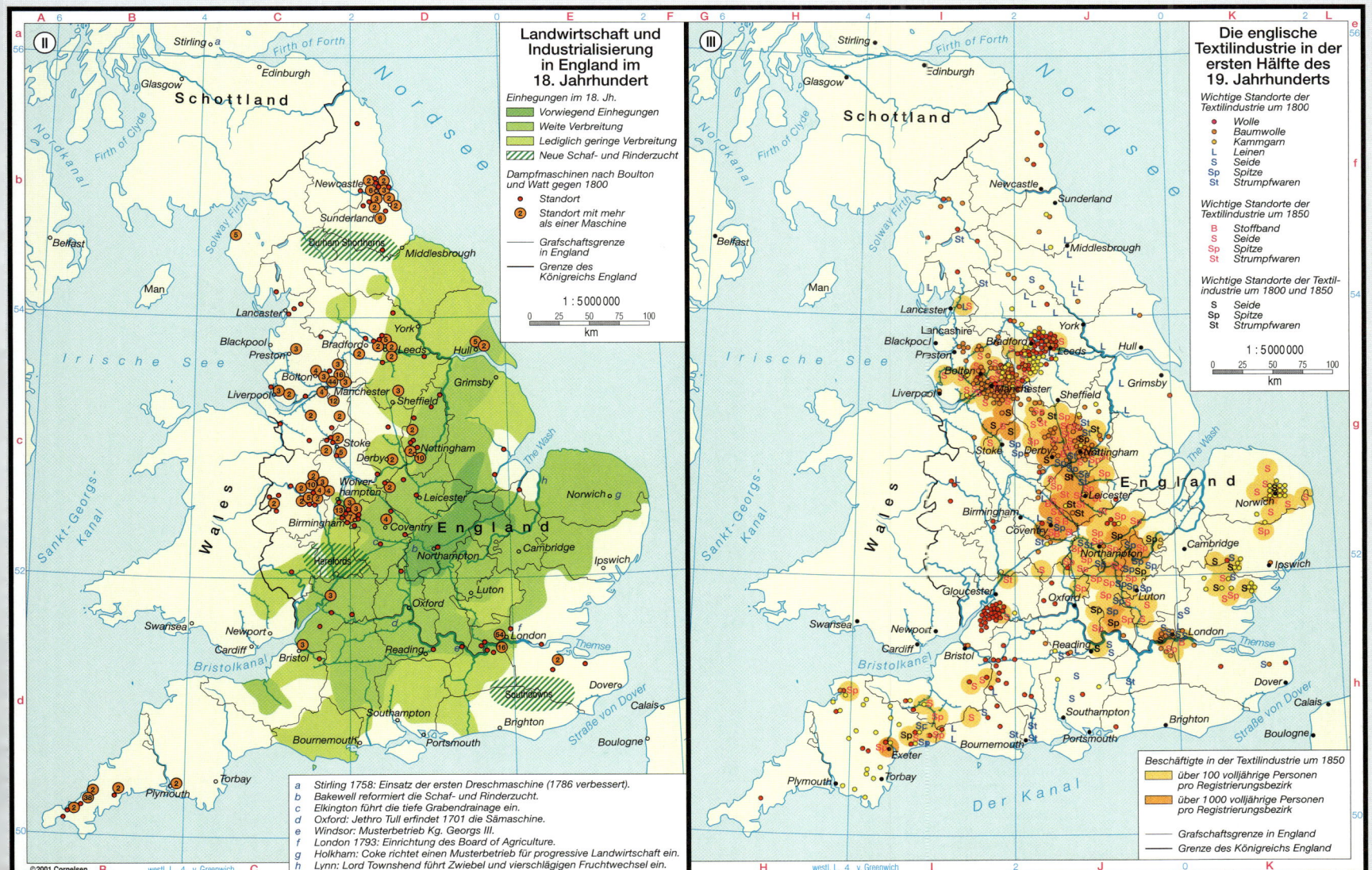

Landwirtschaft und Industrialisierung in England im 18. Jahrhundert

Einhegungen im 18. Jh.
- Vorwiegend Einhegungen
- Weite Verbreitung
- Lediglich geringe Verbreitung
- Neue Schaf- und Rinderzucht

Dampfmaschinen nach Boulton und Watt gegen 1800
- Standort
- Standort mit mehr als einer Maschine

Grafschaftsgrenze in England
Grenze des Königreichs England

1 : 5 000 000
0 25 50 75 100
km

a Stirling 1758: Einsatz der ersten Dreschmaschine (1786 verbessert).
b Bakewell reformiert die Schaf- und Rinderzucht.
c Elkington führt die tiefe Grabendrainage ein.
d Oxford: Jethro Tull erfindet 1701 die Sämaschine.
e Windsor: Musterbetrieb Kg. Georgs III.
f London 1793: Einrichtung des Board of Agriculture.
g Holkham: Coke richtet einen Musterbetrieb für progressive Landwirtschaft ein.
h Lynn: Lord Townshend führt Zwiebel und vierschlägigen Fruchtwechsel ein.

©2001 Cornelsen

Die englische Textilindustrie in der ersten Hälfte des 19. Jahrhunderts

Wichtige Standorte der Textilindustrie um 1800
- Wolle
- Baumwolle
- Kammgarn
- L Leinen
- S Seide
- Sp Spitze
- St Strumpfwaren

Wichtige Standorte der Textilindustrie um 1850
- S Stoffband
- S Seide
- Sp Spitze
- St Strumpfwaren

Wichtige Standorte der Textilindustrie um 1800 und 1850
- S Seide
- Sp Spitze
- St Strumpfwaren

1 : 5 000 000
0 25 50 75 100
km

Beschäftigte in der Textilindustrie um 1850
- über 100 volljährige Personen pro Registrierungsbezirk
- über 1000 volljährige Personen pro Registrierungsbezirk

Grafschaftsgrenze in England
Grenze des Königreichs England

Eine Abfolge Industrieller Revolutionen

Der Begriff der Industriellen Revolution, eingeführt durch den englischen Sozialreformer Arnold Toynbee (1852–1883), bezeichnet die frühe Anschubphase der Industrialisierung, die in England bereits um 1760 einsetzte, in Deutschland dagegen erst um 1820. Neue Arbeitsprozesse, steigende Produktionsmengen und Transportnotwendigkeiten, zunehmende Verstädterung und die Ausprägung neuer sozialer Schichten, insbesondere des Industrieproletariats, veränderten das wirtschaftliche und gesellschaftliche System in den von ihr erfassten Staaten grundlegend.

Die Industrialisierung ist als fortdauernd tiefgreifender wirtschaftlicher und gesellschaftlicher Wandlungsprozess zu verstehen und mithin bis heute nicht abgeschlossen. Im Zentrum stehen die Einführung und Fortentwicklung industrieller Produktionsweisen (neue Energiequellen, Maschinen, Fabriken, Arbeitsteilung auf zunehmend wissenschaftlicher Grundlage, Wachstum des Sozialprodukts) und die Umverteilung der Erwerbstätigen von der Landwirtschaft in Industrie, Gewerbe und Dienstleistungsbereich. Ähnliche Folgemerkmale weisen auch die Einführung der Chemie- und Elektroindustrie sowie die Erfindung des Verbrennungsmotors auf, die daher zuweilen als „zweite" Industrielle Revolution bezeichnet werden. Nach diesem Muster ist dann die Einführung der Raumfahrt, der Computer- und der neuen Kommunikationstechnologien folgerichtig als „dritte" Industrielle Revolution zu werten.

Technische Innovationen

1733 Schnellschütze (fliegendes Weberschiffchen) am Webstuhl (John Kay)

1735 Eisenerzverhüttung mit Steinkohlekoks (Abraham Darby)

1738 Spinnmaschine mit Walzen (John Wyatt)

1742 Gussstahl (Benjamin Huntsman)

1760 erstes Hochofengebläse mit Dampfantrieb

1767 *Spinning Jenny*, Spinnmaschine mit menschlicher Antriebskraft (James Hargreaves); Eisenschienenguss in Coalbrookdale

1774–1779 Mule-Spinnmaschine, angetrieben durch Wasserkraft (Samuel Crompton)

1775 Dampfmaschine (James Watt)

1782–1784 Watts doppelt wirkende Dampfmaschine

1783 Kattundruckerei in Lancashire

1784 Puddelverfahren (Henry Cort) zur Herstellung schmiedbaren Eisens in Fontley

1785 mechanischer Webstuhl in Doncaster (Edmund Cartwright)

1792 Hausbeleuchtung mit Steinkohlengas in Soho

1798 Hochdruckdampfmaschine in Camborne

1800 verbesserte Supportdrehbank mit Schraubspindel in London (Henry Maudslay)

1812 Schnellpresse in London (Friedrich Koenig)

1815 Grubenlampe (Wetterlampe) in London (Sir Humphry Davy)

1829 Lokomotive in Newcastle (George Stephenson)

1839 Dampfhammer in Manchester (James Nasmyth)

Industrieproduktion der großen europäischen Staaten bis 1840

ABSOLUTES VOLUMEN (in Mio. Pfund Sterling)

	1800	1820	1840
Großbritannien	230	290	387
Frankreich	190	220	264
Deutsches Reich	60	85	150
Russland	15	20	40

WELTANTEILE (in Prozent)

	1800	1820	1840
Großbritannien	35	34	30
Frankreich	29	25	20
Deutsches Reich	9	10	12
Russland	2	2	3

Kohleförderung und Eisenausstoß in Großbritannien bis 1870 (in Mio. t.)

	KOHLE	EISEN
1780	6,2	0,15
1816	16,0	0,4
1840	42,0	1,5
1850	50,0	2,0
1856	60,0	3,2
1870	112,2	5,9

Nordamerika seit 1783

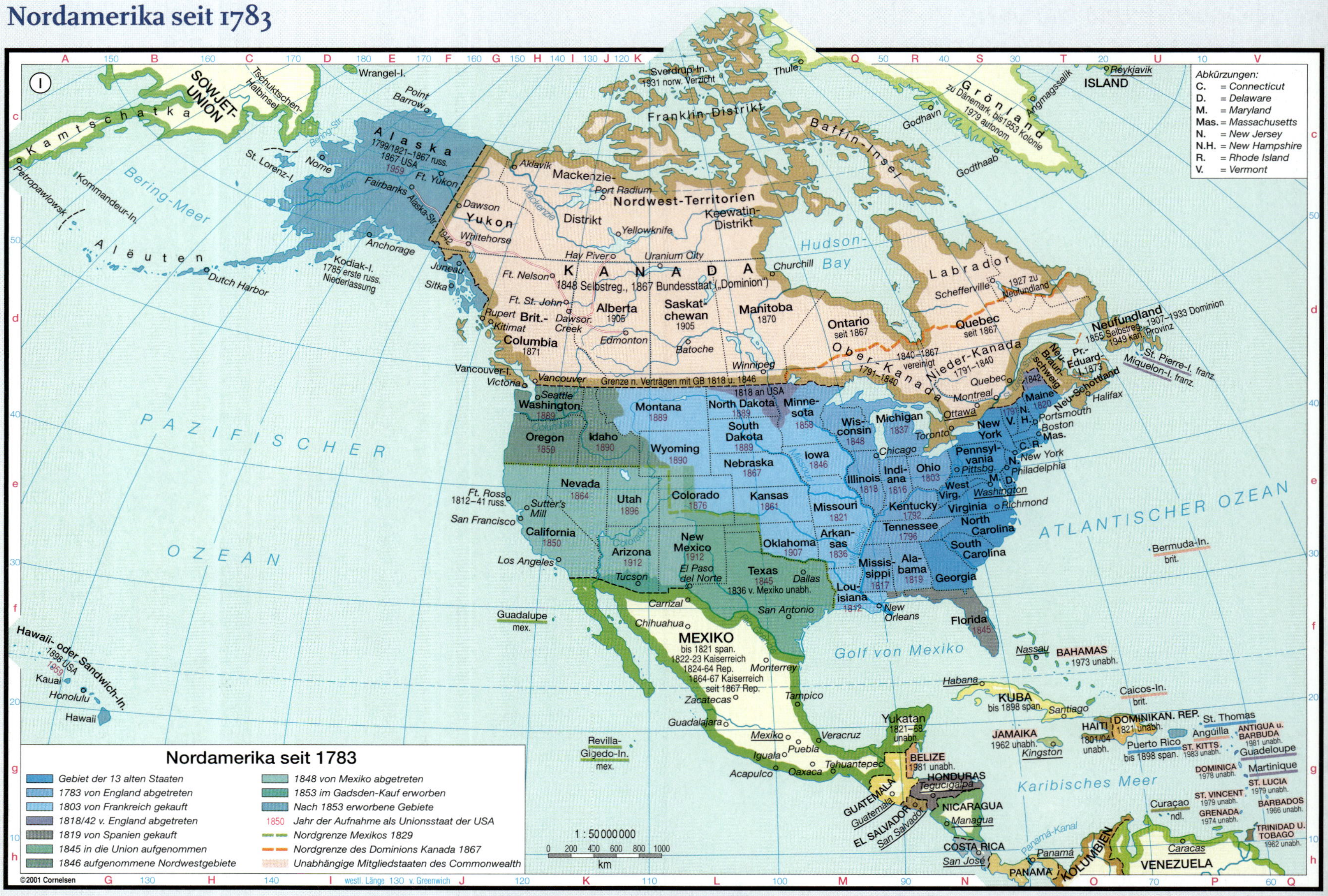

Nordamerika seit 1783

- Gebiet der 13 alten Staaten
- 1783 von England abgetreten
- 1803 von Frankreich gekauft
- 1818/42 v. England abgetreten
- 1819 von Spanien gekauft
- 1845 in die Union aufgenommen
- 1846 aufgenommene Nordwestgebiete
- 1848 von Mexiko abgetreten
- 1853 im Gadsden-Kauf erworben
- Nach 1853 erworbene Gebiete
- 1850 Jahr der Aufnahme als Unionsstaat der USA
- Nordgrenze Mexikos 1829
- Nordgrenze des Dominions Kanada 1867
- Unabhängige Mitgliedstaaten des Commonwealth

Abkürzungen:
C. = Connecticut
D. = Delaware
M. = Maryland
Mas. = Massachusetts
N.H. = New Hampshire
R. = Rhode Island
V. = Vermont

1 : 50 000 000
0 200 400 600 800 1000 km

©2001 Cornelsen

Die Indianer Nordamerikas vor der Kolonisation

Die indianische Bevölkerung Nord- und Mittelamerikas um 1700

- Ackerbau
- Jagd
- Jagd und Sammeln
- Fischfang

1 : 50 000 000
0 200 400 600 800 1000 km

©2001 Cornelsen

Bevölkerungs- und Gesellschaftsentwicklung

Die Sammelbezeichnung „Americans" wurde ursprünglich von den Engländern verwendet, um die Kolonisten von den Untertanen des Empires in anderen Weltgegenden zu unterscheiden. Das bunte Bild der Kolonialbevölkerung prägten anfangs vor allem Briten aus Südengland, Schotten, Waliser und Bewohner aus dem nördlichen Irland. Daneben fanden sich viele Deutsche, die in Pennsylvania ein Drittel der Bevölkerung stellten, fast ebenso viele Niederländer, vor allem im Staat New York, zahlreiche Skandinavier und Franzosen. Im Jahr 1780 zählte man 575 000 Schwarze, von denen die meisten als Sklaven in den südlichen Staaten lebten. Die Ureinwohner mit ihrer Vielfalt indianischer Kulturen wurden von der später als „melting pot" umschriebenen Integrationsgesellschaft Amerikas ausgeschlossen. Für die Kolonialzeit und die frühen Jahrzehnte der USA waren die Indianer vor allem an der „frontier" präsent und wurden im Zensus nicht berücksichtigt. Statistische Erhebungen differenzierten nur Weiße, Schwarze, Freie und Sklaven, Indianer hingegen blieben eine diffuse Größe.

Seit dem Unabhängigkeitskrieg nahm die amerikanische Identität zunehmend Gestalt an. Puritanische Religiosität, „klassischer" Republikanismus, liberales Naturrechtsdenken und utilitaristisches Gedankengut verbanden sich mit dem Willen zu freier Selbstbestimmung. Die Menschenrechtserklärung von 1776 garantierte nach damaligen Maßstäben und Konventionen diese Freiheit und das Streben nach

Vom Unabhängigkeits- zum Bürgerkrieg

Gründerstaaten

1 New Hampshire
2 Massachusetts
3 Connecticut
4 Rhode Island
5 New York
6 Pennsylvania
7 New Jersey
8 Maryland
9 Delaware
10 Virginia
11 North Carolina
12 South Carolina
13 Georgia

Der Unabhängigkeitskrieg in Nordamerika 1775–1783

1 : 24 000 000

Gebiet der 13 amerikan. Gründerstaaten 1776
Gebiet der Vereinigten Staaten 1783
Britischer Kolonialbesitz 1783
Spanischer Kolonialbesitz 1783
Strittige Gebiete 1783
Grenze der Vereinigten Staaten 1795
Französischer Besitz bis 1763
Siedlungsgrenze d. Kgl. Proklamation v. 1763
Creek Nordamerikanische Indianerstämme
Vorstöße amerikanischer Truppen
Vorstöße britischer Truppen
Vorstöße französischer Truppen
x x x Wichtige Schlachten (in d. Farbe d. Siegers)

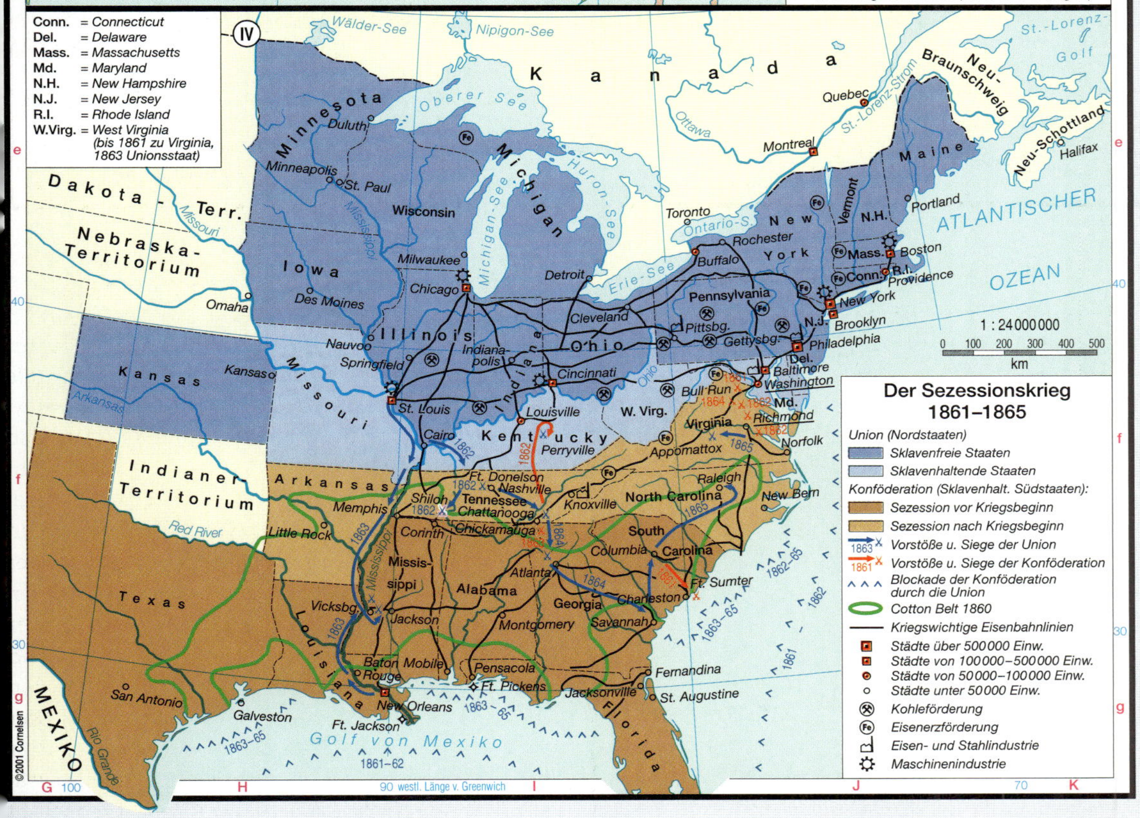

Conn. = Connecticut
Del. = Delaware
Mass. = Massachusetts
Md. = Maryland
N.H. = New Hampshire
N.J. = New Jersey
R.I. = Rhode Island
W.Virg. = West Virginia (bis 1861 zu Virginia, 1863 Unionsstaat)

Der Sezessionskrieg 1861–1865

1 : 24 000 000

Union (Nordstaaten)
Sklavenfreie Staaten
Sklavenhaltende Staaten
Konföderation (Sklavenhalt. Südstaaten):
Sezession vor Kriegsbeginn
Sezession nach Kriegsbeginn
1863 Vorstöße u. Siege der Union
1861 Vorstöße u. Siege der Konföderation
Blockade der Konföderation durch die Union
Cotton Belt 1860
Kriegswichtige Eisenbahnlinien
Städte über 500000 Einw.
Städte von 100000–500000 Einw.
Städte von 50000–100000 Einw.
Städte unter 50000 Einw.
Kohleförderung
Eisenerzförderung
Eisen- und Stahlindustrie
Maschinenindustrie

Koloniale Entwicklung

Koloniale Entwicklung in Nordamerika bis 1750

Britisches Territorium
Französisches Territorium
Franz. Territorium v. Briten erobert
Spanisches Territorium
Brit. Fort/Siedlung (1750)
Franz. Fort/Siedlung (1750)
Span. Fort/Siedlung (1750)
Import- und Exportrichtung
Wichtige Wege der Indianer
Wichtige Wege der Siedler

1 : 24 000 000

Virginia Gründerstaat

In der Karte nicht benennbare Gründerstaaten:
1 New Hampshire
2 Massachusetts
3 Connecticut
4 Rhode Island
5 New York
6 Maryland
7 Delaware

©2001Cornelsen B westl. Länge 80 v. Greenwich

Bevölkerungsgruppen

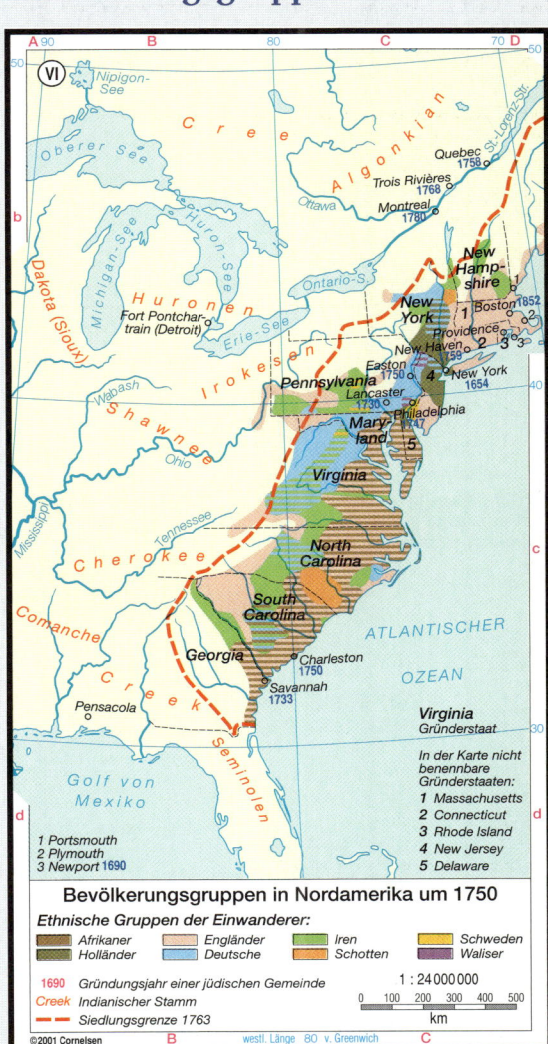

Bevölkerungsgruppen in Nordamerika um 1750

Ethnische Gruppen der Einwanderer:
Afrikaner
Holländer
Engländer
Deutsche
Iren
Schotten
Schweden
Waliser

1690 Gründungsjahr einer jüdischen Gemeinde
Creek Indianischer Stamm
Siedlungsgrenze 1763

1 : 24 000 000

Virginia Gründerstaat

In der Karte nicht benennbare Gründerstaaten:
1 Massachusetts
2 Connecticut
3 Rhode Island
4 New York
5 Delaware

©2001Cornelsen B westl. Länge 80 v. Greenwich C

Glückseligkeit („pursuit of happiness"). Für diejenigen, die aus dieser Kodifikation ausgegrenzt blieben, ergaben sich nachhaltige Probleme. Das betraf insbesondere die Indianer, deren rechtliche Benachteiligung den Verlust der Heimat und Mittellosigkeit zur Folge hatte. Daneben waren es vor allem die schwarzafrikanischen Sklaven, denen bis zum Sezessionskrieg jedes Bürgerrecht verwehrt blieb. Der amerikanische Bürgerkrieg entzündete sich zwar an der Sklavenfrage, wurde aber im wesentlichen um wirtschaftliche Interessenkonflikte und die Machtverteilung zwischen Zentral- und Einzelstaatsregierungen geführt.

Gründungsdaten der 13 Kolonien

Virginia	1607	Rhode Island	1636
ab 1625 brit. Kronkolonie		Delaware	1638
New Hampshire	1623	North Carolina	1653
New York	1626	New Jersey	1664
Massachusetts	1629	South Carolina	1670
ab 1684 brit. Kronkolonie		Pennsylvania	1681
Maryland	1634	Georgia	1733
Connecticut	1635		

Bevölkerung der amerikanischen Kolonien 1715

	WEISSE	SCHWARZE
New Hampshire	9500	150
Massachusetts	94 000	2000
Rhode Island	8500	50
Connecticut	46 000	1500
New York	27 000	4000
New Jersey	21 000	1500
Delaware	43 000	2500
Maryland	40 700	9500
Virginia	72 000	23 000
North Carolina	7500	3700
South Carolina	6250	10 500

Sklaven in den USA

JAHR	NORDSTAATEN			SÜDSTAATEN		
	Weiße	Sklaven	freie Schwarze	Weiße	Sklaven	freie Schwarze
1830	6986	28,8	138	3546	1980	182
1860	19 338	133	225	7034	3839	259

Angaben in 1000

Territorialerweiterungen der USA im 19. Jahrhundert

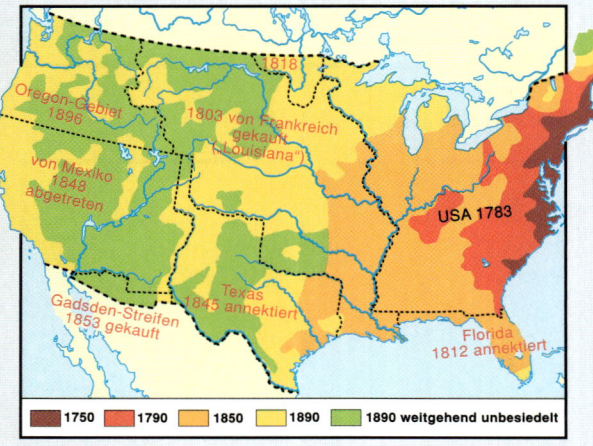

1750 / 1790 / 1850 / 1890 / 1890 weitgehend unbesiedelt

Aufbau der amerikanischen Verfassung von 1789

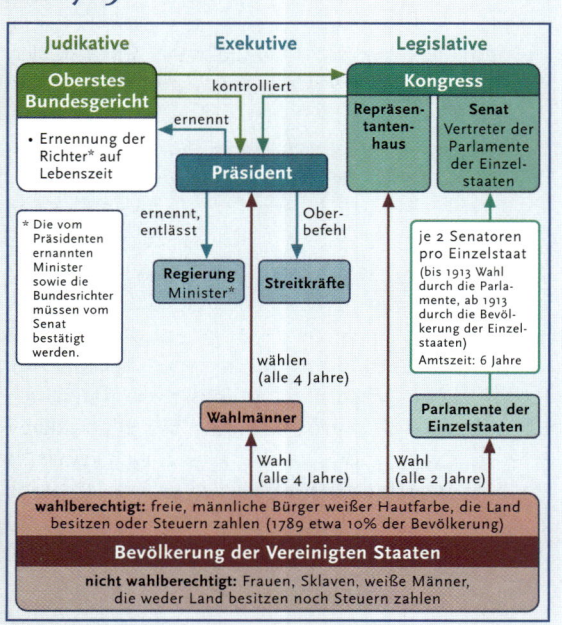

Territoriale Entwicklung im 19. Jahrhundert

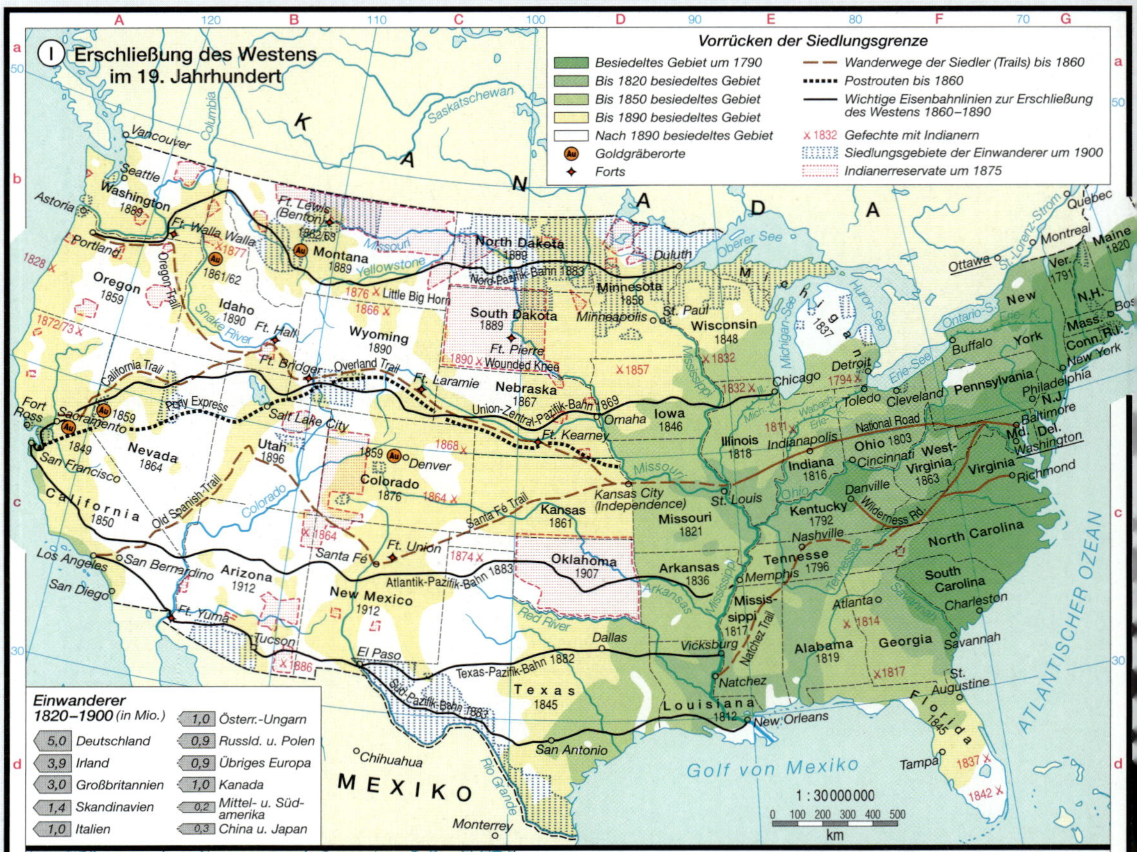

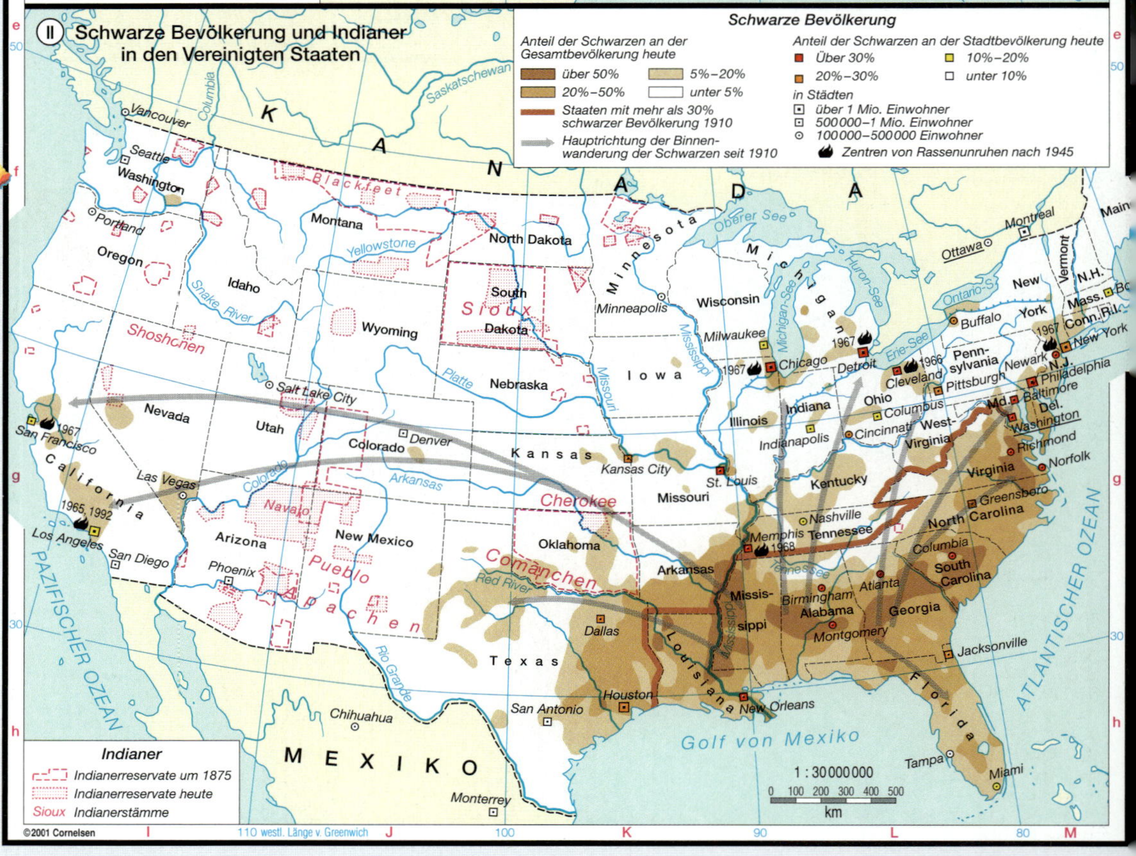

I Erschließung des Westens im 19. Jahrhundert

Vorrücken der Siedlungsgrenze

Besiedeltes Gebiet um 1790 / Bis 1820 besiedeltes Gebiet / Bis 1850 besiedeltes Gebiet / Bis 1890 besiedeltes Gebiet / Nach 1890 besiedeltes Gebiet / Goldgräberorte / Forts
Wanderwege der Siedler (Trails) bis 1860 / Postrouten bis 1860 / Wichtige Eisenbahnlinien zur Erschließung des Westens 1860–1890 / Gefechte mit Indianern / Siedlungsgebiete der Einwanderer um 1900 / Indianerreservate um 1875

Einwanderer 1820–1900 (in Mio.)

5,0 Deutschland		1,0 Österr.-Ungarn	
3,9 Irland		0,9 Russld. u. Polen	
3,0 Großbritannien		0,9 Übriges Europa	
1,4 Skandinavien		1,0 Kanada	
1,0 Italien		0,2 Mittel- u. Südamerika	
		0,3 China u. Japan	

1 : 30 000 000
0 100 200 300 400 500 km

II Schwarze Bevölkerung und Indianer in den Vereinigten Staaten

Schwarze Bevölkerung

Anteil der Schwarzen an der Gesamtbevölkerung heute:
über 50% / 20%–50% / 5%–20% / unter 5% / Staaten mit mehr als 30% schwarzer Bevölkerung 1910 / Hauptrichtung der Binnenwanderung der Schwarzen seit 1910

Anteil der Schwarzen an der Stadtbevölkerung heute:
Über 30% / 20%–30% / 10%–20% / unter 10%
in Städten: über 1 Mio. Einwohner / 500000–1 Mio. Einwohner / 100000–500000 Einwohner / Zentren von Rassenunruhen nach 1945

Indianer
Indianerreservate um 1875 / Indianerreservate heute / Sioux Indianerstämme

1 : 30 000 000
0 100 200 300 400 500 km

©2001 Cornelsen

Zahl der Einwanderer in die USA 1831–1940

England	2,5
Irland	4,5
Deutschland	5,0
Österreich-Ungarn	4,0
Italien	4,5
Skandinavien	2,3
Russland	3,4
übriges Europa	6,8
außereuropäische Länder	5,0
insgesamt	38,0

Angaben in Millionen

Berufe der Einwanderer im 19. Jahrhundert

	1830	1850	1870	1890
Akad. Berufe	136	918	1831	3236
Kaufleute	1427	6400	7139	7802
Handwerker	1745	26 369	35 698	44 540
Bauern	1424	42 873	35 656	29 296
Arbeiter	720	46 640	84 577	139 365
Bedienstete	22	3203	14 261	28 625
Berufslose (vor allem Frauen und Kinder)	19 363	188 931	207 174	195 770

19. UND 20. JAHRHUNDERT

Wirtschafts- und Bevölkerungsentwicklung

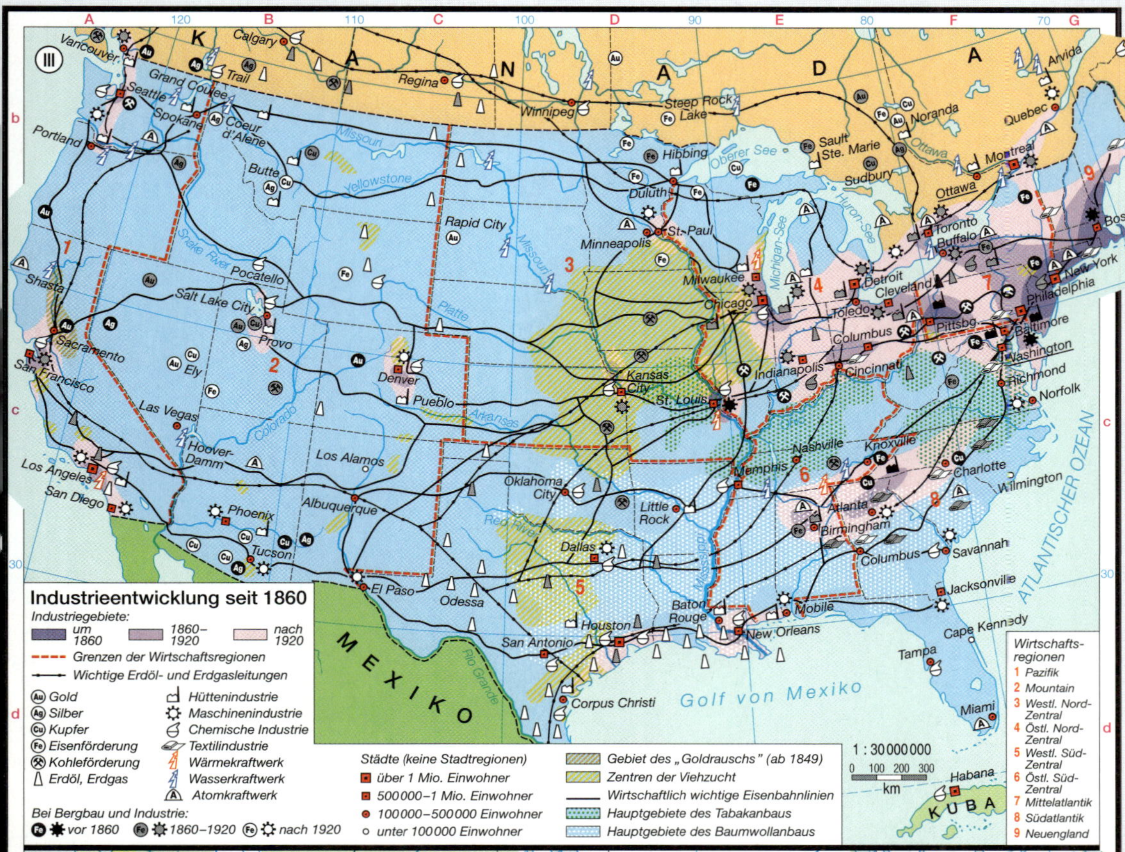

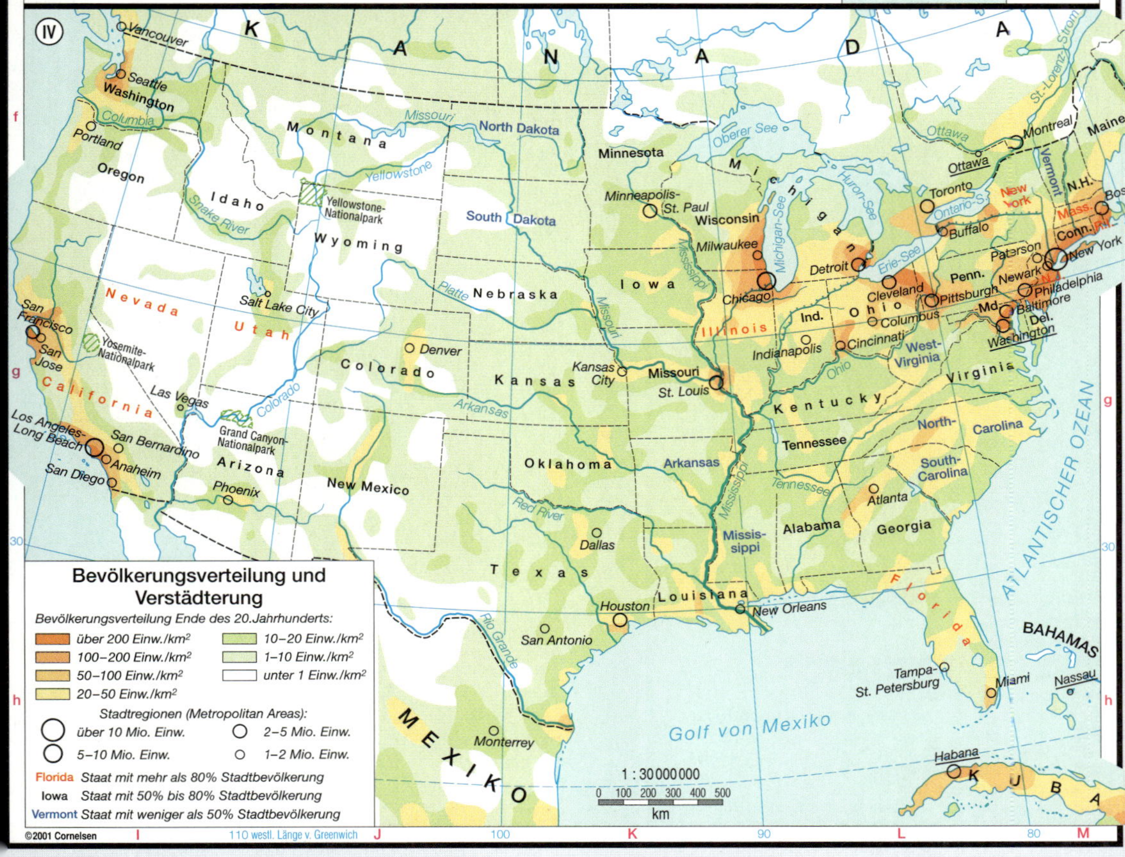

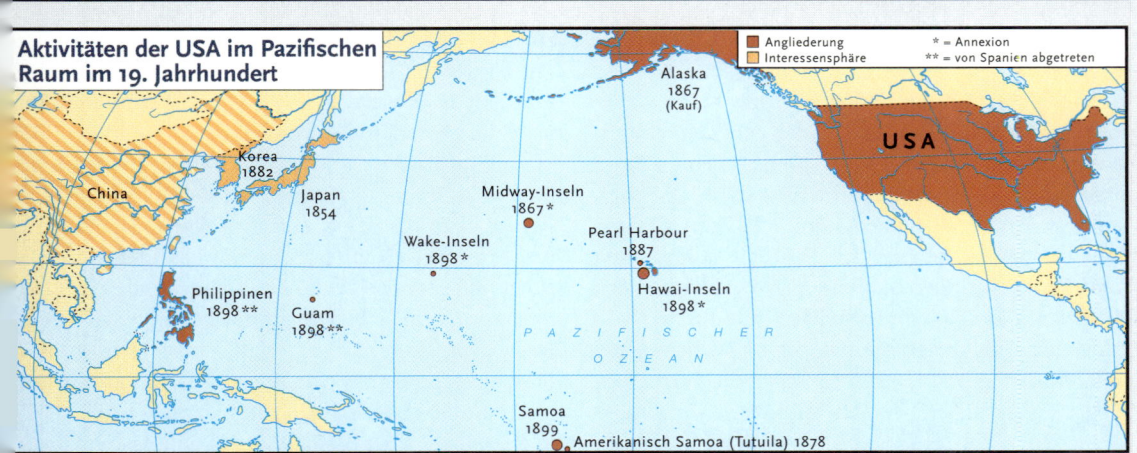

III
Industrieentwicklung seit 1860
Industriegebiete:
um 1860
1860–1920
nach 1920
Grenzen der Wirtschaftsregionen
Wichtige Erdöl- und Erdgasleitungen
Gold
Silber
Kupfer
Eisenförderung
Kohleförderung
Erdöl, Erdgas
Hüttenindustrie
Maschinenindustrie
Chemische Industrie
Textilindustrie
Wärmekraftwerk
Wasserkraftwerk
Atomkraftwerk
Bei Bergbau und Industrie:
vor 1860
1860–1920
nach 1920
Städte (keine Stadtregionen)
über 1 Mio. Einwohner
500 000–1 Mio. Einwohner
100 000–500 000 Einwohner
unter 100 000 Einwohner
Gebiet des „Goldrauschs" (ab 1849)
Zentren der Viehzucht
Wirtschaftlich wichtige Eisenbahnlinien
Hauptgebiete des Tabakanbaus
Hauptgebiete des Baumwollanbaus
Wirtschaftsregionen
1 Pazifik
2 Mountain
3 Westl. Nord-Zentral
4 Östl. Nord-Zentral
5 Westl. Süd-Zentral
6 Östl. Süd-Zentral
7 Mittelatlantik
8 Südatlantik
9 Neuengland
1 : 30 000 000
KANADA
MEXIKO
KUBA
Golf von Mexiko
ATLANTISCHER OZEAN

IV
Bevölkerungsverteilung und Verstädterung
Bevölkerungsverteilung Ende des 20. Jahrhunderts:
über 200 Einw./km²
100–200 Einw./km²
50–100 Einw./km²
20–50 Einw./km²
10–20 Einw./km²
1–10 Einw./km²
unter 1 Einw./km²
Stadtregionen (Metropolitan Areas):
über 10 Mio. Einw.
5–10 Mio. Einw.
2–5 Mio. Einw.
1–2 Mio. Einw.
Florida Staat mit mehr als 80% Stadtbevölkerung
Iowa Staat mit 50% bis 80% Stadtbevölkerung
Vermont Staat mit weniger als 50% Stadtbevölkerung
1 : 30 000 000
KANADA
MEXIKO
KUBA
BAHAMAS
Golf von Mexiko
ATLANTISCHER OZEAN
©2001 Cornelsen

Aktivitäten der USA im Pazifischen Raum im 19. Jahrhundert
Angliederung
Interessensphäre
* = Annexion
** = von Spanien abgetreten
Alaska 1867 (Kauf)
USA
Korea 1882
China
Japan 1854
Midway-Inseln 1867*
Wake-Inseln 1898*
Pearl Harbour 1887
Hawai-Inseln 1898*
Philippinen 1898**
Guam 1898**
PAZIFISCHER OZEAN
Samoa 1899
Amerikanisch Samoa (Tutuila) 1878

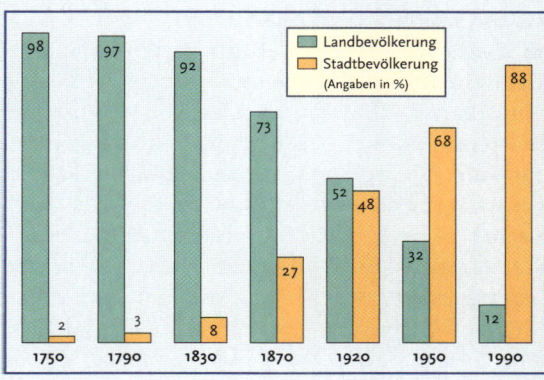

Anteil der urbanen und ländlichen Bevölkerung an der Gesamtbevölkerung der USA 1750–1990

Landbevölkerung
Stadtbevölkerung
(Angaben in %)
1750: 98 / 2
1790: 97 / 3
1830: 92 / 8
1870: 73 / 27
1920: 52 / 48
1950: 32 / 68
1990: 12 / 88

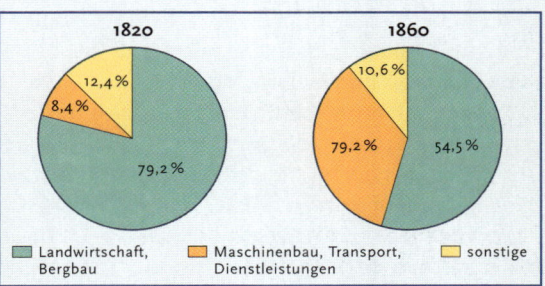

Beschäftigungsverteilung auf die großen Wirtschaftszweige 1820 und 1860

1820
79,2 %
8,4 %
12,4 %
1860
54,5 %
79,2 %
10,6 %
Landwirtschaft, Bergbau
Maschinenbau, Transport, Dienstleistungen
sonstige

Auslandsinvestitionen der amerikanischen Wirtschaft

	1897	1908	1914	1970
insgesamt	0,68	2,52	3,51	71,0
davon in				
Europa	0,15	0,49	0,69	21,6
Asien	0,02	0,24	0,25	3,3
Süd- und Mittelamerika	0,31	1,07	1,65	13,8
Kanada	0,19	0,70	0,87	21,1

Angaben in Mrd. Dollar

Aktivitäten der USA im karibischen Raum

In Verkehrung der Monroe-Doktrin „Amerika den Amerikanern" von 1823 (vgl. S. 152) strebten die USA seit dem letzten Drittel des 19. Jahrhunderts aktiv die Vorherrschaft auf dem amerikanischen Doppelkontinent an. Mit dem Argument amerikanische Interessen schützen zu müssen kam es 1898 zum Krieg zwischen den USA und Spanien um die Hegemonie über Mittelamerika und den karibischen Raum. Mit dem Sieg der USA wurde Kuba amerikanisches Protektorat. Unruhen auf der Insel veranlassten die USA späterhin zu mehreren Interventionen: 1906–1909, 1911/12 und 1917–1922. Zu ähnlichen Aktivitäten kam es nach 1900 auch gegenüber der Dominikanischen Republik, Haiti und Nicaragua. 1917 verkaufte Dänemark – unter erheblichem politischen Druck im Kontext des Ersten Weltkrieges – die Jungferninseln an die USA. Gegenüber Mexiko kam es 1914 und 1916 sogar zu militärischen Interventionen.

Europa zur Zeit Napoleons I. von 1804 bis 1815

Aufstieg und Fall Napoleons I.

Napoleon Bonaparte war zwischen 1797 und 1815 für rund zwanzig Jahre die dominierende Persönlichkeit der europäischen Geschichte. Am 15. 8. 1769 in Ajaccio auf Korsika geboren, besuchte er die Militärschulen in Brienne und Paris und wurde 1785 Artillerieleutnant. 1795 schlug er im Auftrag des Direktoriums einen royalistischen Aufstand in Paris kompromisslos nieder. Man ernannte ihn zum Divisionsgeneral und er leitete als Oberbefehlshaber 1797 den italienischen Feldzug, mit dem er seinen militärischen Ruhm begründete. 1798 unternahm Napoleon, um England zu schwächen, eine Expedition nach Ägypten. Die französische Flotte wurde aber bei Abukir (Abu Qir) entscheidend geschlagen, wodurch die Erfolge des Heeres unter Napoleon ihren militärischen Wert verloren. Im Oktober 1799 kehrte Bonaparte ohne seine Truppen nach Frankreich zurück, entmachtete am 18./19. Brumaire (9./10. 11. 1799) das Direktorium durch einen Staatsstreich und sicherte sich als Erster Konsul auf zehn Jahre de facto die Alleinherrschaft in Frankreich. Es folgten der Friede von Lunéville 1801 mit Österreich und der Friede von Amiens 1802 mit England, mit denen Napoleon sich vorübergehend vom außenpolitischen Handlungszwang befreite, um innenpolitischen Spielraum für soziale, administrative und rechtliche Reformen zu gewinnen.

Bereits 1802 per Plebiszit zum Konsul auf Lebenszeit gewählt, krönte Napoleon sich am 2. 12. 1804 zum erblichen „Kaiser der Franzosen", 1805 auch zum König von Italien. Sein Hegemonialanspruch führte schon seit 1803 neuerlich zu Kriegen mit den europäischen Mächten (Napoleonische Kriege). Den Höhepunkt seiner Macht erreichte Napoleon mit den siegreichen Feldzügen in Deutschland, der dortigen Gründung des Rheinbundes, der Kontinentalsperre gegen England (1806) – deren Wirkung allerdings weit hinter seinen strategischen Erwartungen zurückblieb – und mit der Allianz mit Zar Alexander I. im Frieden von Tilsit (1807). Ein Hauptziel der napoleonischen Politik, die Seehoheit Englands zu brechen, blieb in seiner gesamten Regierungszeit unerreichbar.

Ab 1808 schwächte – angefangen mit Spanien – eine Welle nationaler Erhebungen die napoleonische Herrschaft in Europa zusätzlich (1809 Österreich, Norddeutschland). Die Absage des Zaren an die Kontinentalsperre 1810 war schließlich Anlass für den Krieg mit Russland. Napoleons Russlandfeldzug 1812 endete jedoch in einer militärischen Katastrophe und wurde zum Wendepunkt seiner Herrschaft. In der Niederlage Frankreichs gegen Russland sahen die gedemütigten europäischen Mächte die Gelegenheit zur Beseitigung der napoleonischen Vormacht. Es folgten die Befreiungskriege, in denen Napoleon der übermächtigen Koalition Englands, Russlands, Österreichs und Preußens in der Völkerschlacht bei Leipzig (16.–19. 10. 1813) unterlag. Es blieben nur mehr Rückzugsgefechte. Der Fall von Paris (31. 3. 1814), Napoleons Absetzung durch den Senat (2. 4. 1814), seine Abdankung in Fontainebleau (6. 4.) und die Verbannung nach Elba besiegelten den militärischen Zusammenbruch. Die Episode der „Hundert Tage" nach der Rückkehr aus Elba (1. 3. 1815) endete mit der verheerenden Niederlage bei Waterloo (18. 6. 1815). Hiernach auf Lebenszeit nach St. Helena verbannt, starb Napoleon dort am 5. 5. 1821.

Europa zur Zeit Napoleons I. 1804 bis 1815

- Frankreich 1804
- Erwerbungen bis 1812
- Kgr. Italien u. von Napoleoniden regierte Staaten
- Sonstige von Napoleon abhängige Staaten
- Grenze des Rheinbundes
- Frankreich und seine Verbündeten vor dem Russlandfeldzug 1812
- Russland 1801
- Erwerbungen bis 1812
- Russlandfeldzug Napoleons 1812 und Rückzug
- Kontinentalsperre seit 1806/07
- Durchbrechung durch britischen Handel und Schmuggel

1 : 15 000 000

©2001 Cornelsen

Einnahmen Napoleons aus besetzten Ländern

Für die Finanzierung der ehrgeizigen Pläne Napoleons, insbesondere angesichts der enormen Kriegskosten, waren die von den unterworfenen oder abhängigen Ländern zu entrichtenden jährlichen Zahlungen von entscheidender Bedeutung. Spanien beispielsweise musste jährlich 4 Millionen Goldfrancs beibringen, Italien sogar 30 Millionen. Im Krieg 1805 verlangte Frankreich 118 Millionen von Österreich, von denen wenigstens 75 Millionen gezahlt wurden. Im Krieg von 1809 lag die Forderung an Österreich sogar bei 250 Millionen, von denen 164 Millionen aufgebracht wurden. Das 1807 mit einer Forderung von 100 Millionen völlig überforderte Portugal brachte tatsächlich 6 Millionen auf. Preußen bezahlte zwischen 1806 und 1812 zwischen 470 und 514 Millionen, eine jährliche Last von 67 bis 74 Millionen Goldfrancs. Tatsächlich wurde die französische Armee zwischen 1804 und 1814 fast vollständig aus diesen europäischen Tributzahlungen finanziert. Darüber hinaus mussten die Zwangsverbündeten Frankreichs auch große Truppenkontingente stellen – beim Russlandfeldzug 1812 waren dies insgesamt 371 000 Mann gegenüber 241 000 Franzosen. Das größte Einzelkontingent stellte Polen mit 70 000 Mann.

1805 Dritter Koalitionskrieg (Frankreich mit seinen Bundesgenossen Spanien und den süddeutschen Staaten gegen England, Russland, Österreich und Schweden): Niederlage in der Seeschlacht von Trafalgar gegen die Engländer unter Nelson; Sieg Napoleons in der Dreikaiserschlacht von Austerlitz, Friede von Pressburg: Österreich verliert Venetien an das Königreich Italien und einige Gebiete (z. B. Tirol und Vorarlberg) an Bayern, erhält aber Salzburg; Bayern und Württemberg werden Königreiche (1806)

1806 Errichtung des Rheinbundes (fast alle deutschen Fürsten außer Preußen und Österreich) unter französischem Protektorat; Rheinbund zur Stellung von Bundestruppen an Frankreich verpflichtet; Ende des Heiligen Römischen Reiches Deutscher Nation durch Niederlegung der Kaiserkrone Franz II. (seit 1804 bereits als Franz I. Kaiser von Österreich)

1806–1807 Vierter Koalitionskrieg (Frankreich und Verbündete gegen Preußen und Russland); entscheidende Niederlagen Preußens bei Jena und Auerstedt; Friede von Tilsit: Abtretung der preußischen Besitzungen westlich der Elbe und der Gebiete aus den polnischen Teilungen; Westfalen wird Königreich unter Napoleons Bruder Jérome; Beginn der Kontinentalsperre gegen England (den Staaten des Kontinents wird jeglicher Handel mit England untersagt)

1807 Napoleon besetzt Portugal, das sich der Kontinentalsperre nicht angeschlossen hat

1808–1814 Guerillakrieg in Spanien und Portugal mit englischer Unterstützung (Wellington)

1809 Krieg zwischen Österreich und Frankreich; Aufstand der Tiroler (Andreas Hofer); erste Niederlage Napoleons bei Aspern, Sieg bei Wagram; Österreich verliert u.a. Salzburg und alle Küstengebiete ("Illyrische Provinzen" Frankreichs)

1810 Vereinigung des Kirchenstaates mit Frankreich

1812 Russlandfeldzug Napoleons; Einnahme und Brand Moskaus; Rückzug endet in einer Katastrophe für die „Große Armee" (von ursprünglich 612 000 Mann kehren nur 110 000 zurück)

1813–1814 Befreiungskriege (Russland und Preußen, Sommer 1813 auch Österreich gegen Frankreich); Völkerschlacht bei Leipzig (1813) endet mit der entscheidenden Niederlage Napoleons; Einnahme von Paris durch die Verbündeten (1814); Napoleon erhält Elba als Fürstentum

1814–1815 Wiener Kongress: Neuordnung der europäischen Territorialverhältnisse (England behält Helgoland und Malta, im Kolonialbereich die Kapkolonie und Ceylon; Russland annektiert Finnland, Bessarabien und „Kongresspolen"; Österreich erhält Venezien und Lombardei, bekommt Verluste von 1805/1809 zurück ab, verzichtet aber auf seine Besitzungen im Westen des Reiches; Preußen vergrößert sich am Rhein mit Rheinprovinz und Westfalen, behält im Osten Westpreußen und Posen, kann seine Territorien aber nicht arrondieren; Frankreich behält die Grenzen von 1792)

1815 Napoleons „Herrschaft der Hundert Tage"; Niederlage Napoleons bei Belle Alliance (Waterloo) gegen ein preußisches und ein englisch-deutsches Heer unter Blücher und Wellington; Verbannung Napoleons nach St. Helena

Kriege und Friedensschlüsse

1792–1797 Erster Koalitionskrieg (Frankreich gegen eine Koalition aus Österreich, Preußen, England und Spanien); Italienfeldzug unter Napoleon (1796/97); Friede von Campo Formido: Österreich tritt Belgien an Frankreich ab, stimmt der Abtretung des linken Rheinufers an Frankreich zu und erhält Venedig

1798–1799 Ägyptenzug Napoleons: Sieg bei den Pyramiden, aber entscheidende Niederlage der französischen Flotte bei Abukir (Abu Qir) gegen die Engländer unter Admiral Nelson

1799–1802 Zweiter Koalitionskrieg (Frankreich gegen eine Koalition aus England, Russland, Österreich, Portugal, Neapel und Türkei); Sieg Napoleons bei Marengo; 1801 Friede von Lunéville (Bestätigung des Friedens von Campo Formido); 1802 Friede von Amiens mit England (englische Räumung Maltas und Ägyptens und Herausgabe der französischen Kolonien)

1803 Reichsdeputationshauptschluss in Regensburg (Mediatisierung bzw. Säkularisierung der meisten Reichsstädte und geistlichen Herrschaften)

Mittel- und Osteuropa am Ende des 18. Jahrhunderts

Österreich und Preußen bis 1795

Brandenburg-Preußen:
- Brandenburg beim Tode Friedrichs I. (1440)
- Erwerbungen bis 1618
- Erwerbungen Friedrich Wilhelms, des Großen Kurfürsten (1640-88)
- Erwerbungen bis 1740
- Erwerbungen Friedrichs II., des Großen (1740-86)
- Erwerbungen bis 1795 (2. und 3. Teilung Polens)
- 1772 Jahr der Angliederung

Sachsen Mitglieder des deutschen Fürstenbundes von 1785 (außer Preußen)

Ba = Baden, Be. = Anhalt-Bernburg
D. = Anhalt-Dessau, Kö. = Anhalt-Köthen
M.-Schw. = Mecklenburg-Schwerin
M.-Str. = Mecklenburg-Strelitz
Os. = Osnabrück, Pf.-Zw. = Pfalz-Zweibrücken

Habsburgische Länder:
- Habsburgische Lande vor 1526 (Österreichische Stammlande)
- Erwerbungen 1526 (Schlacht bei Mohács), in den Niederlanden bis 1536
- Erwerbungen bis 1699 (Friede von Karlowitz)
- Erwerbungen bis 1737 (Span. Erbe 1714, Friede von Passarowitz 1718)
- Erwerbungen bis 1795 1. und 3. Teilung Polens)
- Gebiete der spanischen Linie
- Geistliche Territorien innerhalb der österreichischen Länder
- Habsburgische Sekundogenituren
- 1772 Jahr der Angliederung
- Militärgrenze gegen die Türken
- Reichsgrenze 1495
- Reichsgrenze 1789

Gebietsstand 1795 (im Westen 1792) in Flächenfarbe, wieder verlorene Gebiete in farbiger Umrandung

Lie. = Liechtenstein, Lu. = Luckenwalde 1680
R. = Rastatt, Ru. = Ruppin 1524
St. = Storkow 1571, Zo. = Zossen 1490
Sch. = Schwiebus 1526 österr., 1686 brand., 1695 österr., 1742 preuß.

1 : 10 000 000

0   50   100   150   200   250 km

©2001 Cornelsen

Der brandenburgisch-preußische und der österreichische Staatshaushalt

Brandenburg-Preußen			Österreich		
Jahr	in Mio. Goldmark	in Goldmark pro Kopf	im Jahr	in Mio. Goldmark	in Goldmark pro Kopf
1620	1,3	1,6	1624	17,0	2,1
1688	11,5	7,1	1700	39,2	2,45
1740	22,0	10,0	1740	50,0	3,1
1786	69,0	12,0	1781	131,9	7,0

Heeresstärke Brandenburg-Preußens

1660	8 000 Mann
1688	30 000 Mann
1740	83 000 Mann
1786	188 000 Mann

Heeresstärken in Europa 1740

	Bevölkerung	jährliche Staatseinnahmen	Sollstärke der Armee
Frankreich	20 000 000	60 000 000	203 800
Russland **	19 500 000	15 000 000	170 000
Österreich	13 000 000	20 000 000	108 000
England	8 000 000	24 000 000	36 000
Preußen	2 500 000	7 000 000	99 500
Sachsen	1 700 000	6 000 000	26 000
Bayern	700 000	5 000 000	10 000

*in Taler
**europäischer Teil

Einnahmen und Ausgaben Preußens 1740

EINNAHMEN	AUSGABEN	VERWENDUNGSZWECK
6 917 192 Taler	5 039 663 Taler	Militär
	963 113 Taler	Hof und Verwaltung
	914 416 Taler	Kriegsschatz

Die Vergrößerung Preußens im 18./19. Jh.

	FLÄCHE (in 1000 qkm)	EINWOHNER (in Mio.)
1688	111	1,4
1740	119	2,4
1786	195	5,4
1910	349	40,2

Die Staatsorgane in der badischen Verfassung von 1818

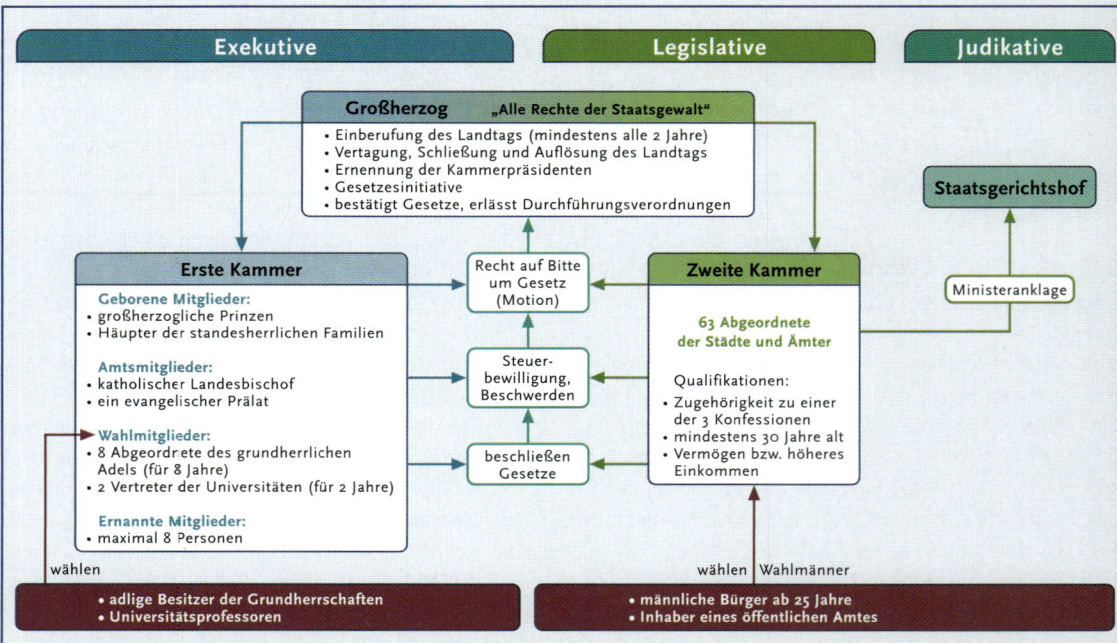

Deutschland zu Beginn des 19. Jahrhunderts

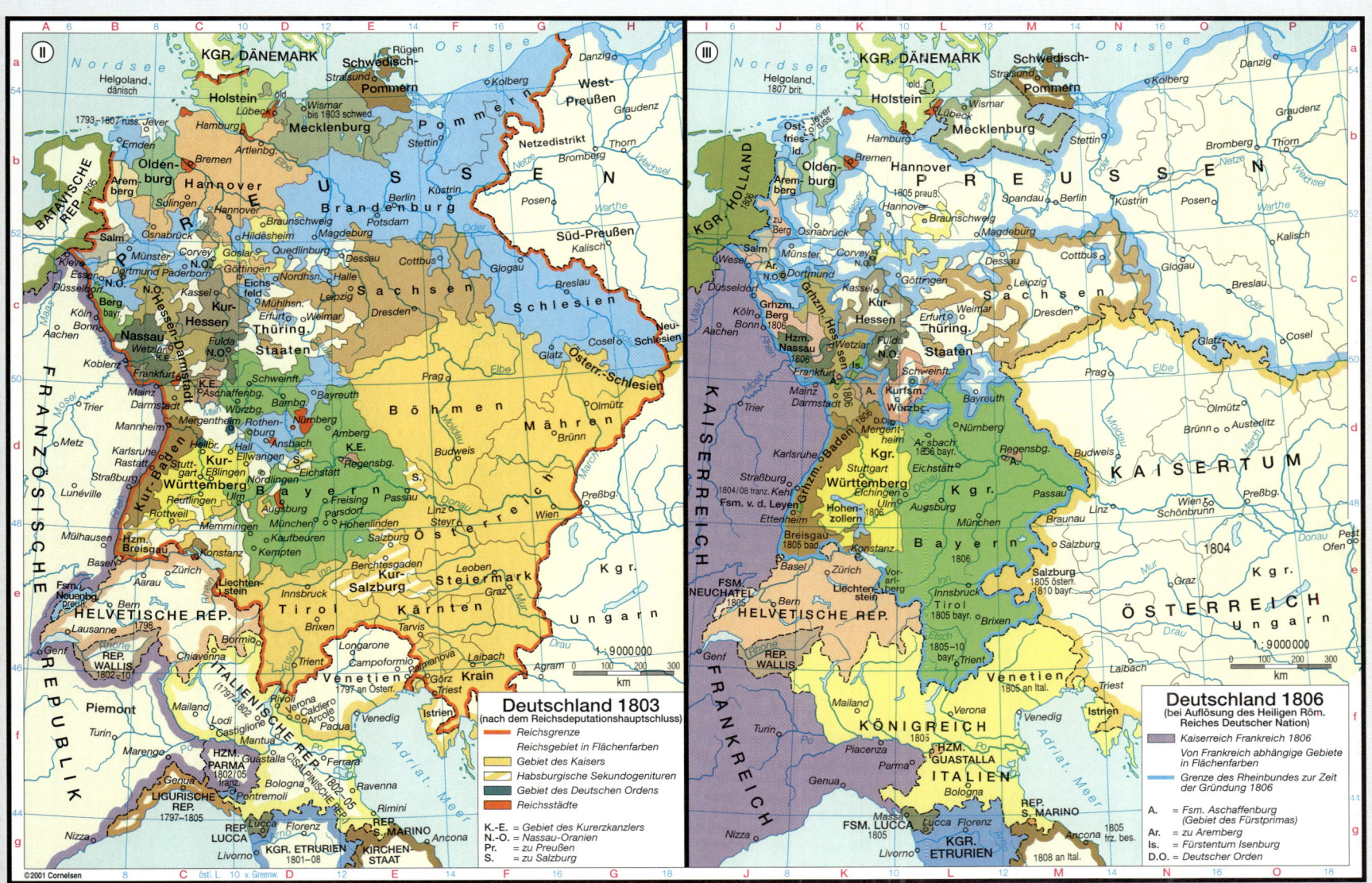

Deutschland 1803
(nach dem Reichsdeputationshauptschluss)

Reichsgrenze
Reichsgebiet in Flächenfarben
Gebiet des Kaisers
Habsburgische Sekundogenituren
Gebiet des Deutschen Ordens
Reichsstädte

K.-E. = Gebiet des Kurerzkanzlers
N.-O. = Nassau-Oranien
Pr. = zu Preußen
S. = zu Salzburg

Deutschland 1806
(bei Auflösung des Heiligen Röm. Reiches Deutscher Nation)

Kaiserreich Frankreich 1806
Von Frankreich abhängige Gebiete in Flächenfarben
Grenze des Rheinbundes zur Zeit der Gründung 1806

A. = Fsm. Aschaffenburg (Gebiet des Fürstprimas)
Ar. = zu Aremberg
Is. = Fürstentum Isenburg
D.O. = Deutscher Orden

© 2001 Cornelsen

Der Reichsdeputationshauptschluss

Am 25. Februar 1803 verabschiedete der Reichstag zu Regensburg einen Beschluss zur Entschädigung derjenigen deutschen Fürsten, die nach dem Frieden von Lunéville (Ende des Zweiten Koalitionskrieges) linksrheinische Gebiete an Frankreich abtreten mussten. Durch Säkularisierung wurden bis auf Mainz alle geistlichen Herrschaften und durch Mediatisierung mit Ausnahme der Hansestädte sowie Nürnberg, Augsburg und Frankfurt am Main auch alle Reichsstädte und sonstigen reichsunmittelbaren Herrschaften aufgehoben und anderen Staaten zugeschlagen. Neben Preußen profitierten vor allem Bayern, Baden und Württemberg von den Regelungen des Reichstages. Mit dem Reichsdeputationshauptschluss begann die Auflösung des Heiligen Römischen Reiches Deutscher Nation.

Reformen in den Rheinbundstaaten

Napoleon wollte seine Vorherrschaft in Europa durch möglichst einheitliche Institutionen und Rechtsformen absichern und verlangte aus diesem Grunde von den deutschen Staaten, die sich im Juli 1806 zum mit Frankreich verbündeten Rheinbund zusammengeschlossen hatten, eine Angleichung ihrer politischen und gesellschaftlichen Strukturen an das französische Vorbild. Das lag jedoch auch im Eigeninteresse dieser Länder. Das französische System mit seinen allgemein verbindlichen, rationalen Prinzipien war ein geeignetes Mittel, um die bunt zusammengewürfelten Staaten zu einem Ganzen zu verschmelzen. Zwar wurde die umfassende Erneuerung von Staat und Gesellschaft, die zur Übernahme wichtiger Errungenschaften der Französischen Revolution durch Staat und Bürokratie führte, durchgesetzt, die Akzeptanz dieser Vorgänge in der Bevölkerung war aber gering.

Mit der Integration der linksrheinischen deutschen Gebiete in die französische Departementsverwaltung galt dort französisches Recht und damit Napoleons Gesetzessammlung, der *Code civil* (1804). Nach der Gründung des Rheinbundes und Preußens Niederlage bei Jena und Auerstedt (1806) wurde dieser auch rechtsrheinisch wirksam und trat in den Hansestädten, in den neu gegründeten französischen Musterstaaten Westfalen und Berg sowie – modifiziert – in Baden und Frankfurt am Main in Kraft. Die Regierungen von Bayern, Würzburg und Hessen-Darmstadt bereiteten die Einführung vor, doch untersagte Napoleon 1810 die weitere Verbreitung.

Der *Code civil* brachte eine Vereinheitlichung der Rechtsauffassung und bereitete den Boden für die Entwicklung einer an Wirtschaftsfreiheit und Leistungsprinzip orientierten Gesellschaft. Mit der Durchsetzung allgemeiner bürgerlicher Freiheitsrechte und der Gleichheit der Männer vor dem Gesetz bewirkte er nicht nur eine Erneuerung der Rechts-, sondern auch der Gesellschaftsordnung. Die Vereinfachung und Vereinheitlichung der Besitzrechte und Vertragsarten sowie die Säkularisierung des Zivillebens (z.B. Zivilehe statt kirchlicher Ehe) wirkten vor-

bildhaft. Linksrheinisch blieb der *Code civil* bis zur Einführung des Bürgerlichen Gesetzbuches (BGB) im Jahre 1900 in Kraft. Die süddeutschen Rheinbundstaaten beseitigten die Stände und führten einen strikten Verwaltungszentralismus und autokratischen Absolutismus ein. Die Integration der neuen Landesteile zum Zentralstaat wurde damit ebenso gefördert wie gleichzeitig die zum württembergischen Gesamtstaat und die zum badischen „Musterland".

Mit den Befreiungskriegen und dem Ende des Rheinbundes entstand die Gefahr erneuter Gebietsveränderungen. Gleichzeitig erwies sich eine ausschließlich bürokratische Integration der neuen Landesteile als wenig tragfähig. Angesichts drohender Gebiets- und Machtverluste nach dem Untergang der napoleonischen Herrschaft waren die süddeutschen Herrscher bereit, ein regionales Nationalbewusstsein ihrer Untertanen zu fördern. Hauptmittel zur politischen Integration der Untertanen war die Überführung des monarchischen Verwaltungsstaates in einen liberalen Verfassungsstaat. In diesem tritt an die Stelle des Untertanen der Staatsbürger mit bestimmten Rechten, Freiheiten und Pflichten. Kernstück des Verfassungsstaates ist eine gewählte Nationalrepräsentation, in der dem Monarchen ein Mitbestimmungsrecht des Volkes entgegentritt. Die französische *Charte constitutionelle* von 1814 diente mit ihrem Zweikammersystem und der Garantie der Menschen- und Bürgerrechte als Vorbild für die so genannten frühkonstitutionellen Verfassungsstaaten in Baden, Württemberg und Bayern 1818/19.

Europa nach dem Wiener Kongress

Die Begründung einer neuen internationalen Ordnung 1814/15

Nach der Beendigung des Krieges gegen das napoleonische Frankreich im Frühjahr 1814 luden die vier Siegermächte Österreich, England, Preußen und Russland zu einem großen Kongress aller europäischen Staaten nach Wien ein. Dabei ging es nicht allein um Detailfragen, die der Friedensschluss mit Frankreich (Erster Pariser Friede vom 30. Mai 1814) noch offen gelassen hatte. Allen Beteiligten stand darüber hinaus die Notwendigkeit vor Augen, für das seit über zwei Jahrzehnten von Kriegen und revolutionären Erschütterungen heimgesuchte Europa eine stabile Ordnung auszuhandeln.

Zwar schickten fast alle Staaten ihre Vertreter nach Wien, auch fanden sich viele gekrönte Häupter ein, trotzdem war der Wiener Kongress weder ein Völkerparlament noch eine Versammlung gleichberechtigter Staatsoberhäupter. Die Vertreter der vier siegreichen Großmächte – der britische Außenminister Viscount Castlereagh, der österreichische Staatskanzler Fürst Metternich, der preußische Außenminister Fürst Hardenberg und Zar Alexander I. von Russland – dominierten die Verhandlungen. Allein dem besiegten Frankreich gelang es durch das geschickte Taktieren seines Außenministers Talleyrand wieder in den Kreis der Großmächte aufgenommen zu werden. Dadurch stellten die Beschlüsse von Wien kein bloßes Diktat der Siegermächte dar. Vielmehr beruhte die hier ausgehandelte internationale Staatenordnung auf dem Konsens der fünf Großmächte, die für sich das Recht beanspruchten, im Namen ganz Europas sprechen zu können und über sein Schicksal – und damit auch über das der mittleren und kleineren Staaten – zu entscheiden. Dieses hierarchische Ordnungsprinzip ist während des gesamten 19. Jahrhunderts bestimmend geblieben und wirkte selbst noch im 20. Jahrhundert in Verträgen wie dem Münchener Abkommen von 1938 deutlich fort.

Trotz der häufigen Betonung von Legitimität und althergebrachten Rechten kann man für die internationalen Beziehungen 1815 nicht von einer Restauration sprechen. Eine Wiederherstellung der vorrevolutionären internationalen Ordnung fand nicht statt. Gleichwohl war die neue Ordnung stark geprägt von den negativen Erfahrungen der Politikergeneration, die 1815 und später die Geschicke Europas bestimmte. Sie war gleichzeitig antirevolutionär, antihegemonial und antianarchisch.

Die revolutionären Erschütterungen seit 1789 waren in den Augen aller führenden Politiker Europas die Ursache für den Zusammenbruch der traditionellen internationalen Ordnung. Daraus zogen sie den Schluss, dass Frieden und Revolution unvereinbar seien. Aus Revolutionen entstünden in ihrem Ausmaß unkalkulierbare Kriege, die ihrerseits leicht zu neuen Revolutionen führen könnten, da sie ohne eine Mobilisierung breiter Bevölkerungsschichten nicht mehr denkbar seien. So erst einmal am nationalen Machterhalt beteiligte Schichten verlangten aber auch nach größeren Mitbestimmungsrechten. Gerade diese Forderungen bürgerlicher Schichten nach politischer Beteiligung standen dem Wunsch der Verhandlungsführer in Wien entgegen, das vorrevolutionäre politische und gesellschaftliche System Europas zu erhalten und den Status quo der europäischen Monarchien für die nächsten Jahrzehnte festzuschreiben.

Europa nach dem Wiener Kongress 1815

PARMA Nach dem Wiener Kongress restaurierte und neugeschaffene Staaten in roter Schrift

Neu- oder wiedererworbene Gebiete in intensiver Farbstufe

Grenze des Deutschen Bundes 1815

Nebenlinien des Hauses Habsburg in Italien

Gebiet der Militärgrenze gegen die Türken (bis 1867)

Reich Mehemed Alis von Ägypten um 1840

1 : 15000000

0   100   200   300   400   500
km

©2001 Cornelsen

Nach Meinung vieler Zeitgenossen hatte bisher vor allem Frankreich das europäische Gleichgewicht mit seinen Bestrebungen zur Hegemonie gefährdet. Das galt es für die Zukunft zu verhindern. Deshalb wurde an der französischen Ostgrenze von der Nordsee bis zum Mittelmeer eine Barriere von Mittelstaaten errichtet (Vereinigtes Königreich der Niederlande, Piemont-Sardinien und die Schweiz, deren Neutralität von den Großmächten garantiert wurde), hinter denen die militärisch starken Großmächte Preußen (mit seiner neuen Rheinprovinz) und Österreich (mit der Provinz Lombardo-Venetien) standen. Der Deutsche Bund besaß durch seinen Charakter als Staatenbund kein machtpolitisches Eigengewicht, fungierte aber doch als Träger einer Art politisch-territorialer Einheit Deutschlands. Mit seiner Militärverfassung war er ein wichtiger Eckstein des antifranzösischen, das hieß zu diesem Zeitpunkt antihegemonialen Sicherheitssystems. Frankreich verlor damit seine traditionellen Einflussgebiete in Deutschland und Italien an Österreich und Preußen.

In bewusster Absetzung vom Staatensystem des 18. Jahrhunderts, in dem der machtstaatliche Egoismus de facto zu einer Anarchie in den internationalen Beziehungen geführt hatte, betonten die Schöpfer des außenpolitischen Ordnungssystems von 1815 den

Schritt in Richtung auf eine föderative Struktur des Staatensystems und damit den ersten Ansatz einer den ganzen Kontinent umfassenden Staatenorganisation dar.

Das Staatensystem von 1815 bestand nicht aus mehreren gegeneinander stehenden Bündnissystemen, sondern besaß eine vertikale dreifache Allianzstruktur:

1) Die Pentarchie, oft als Direktorium oder Areopag Europas bezeichnet, bedeutete eine Art Kollektivhegemonie der fünf Großmächte.

2) Die Quadrupelallianz der vier Siegermächte von 1813/14, am 20. November 1815 in Paris erneuert, existierte quasi als Notbremse für den Fall einer nochmaligen französischen Aggression weiter.

3) Die „Heilige Allianz" vom 26. September 1815, ursprünglich eine von Zar Alexander I. entworfene und von Metternich umformulierte Selbstverpflichtung auf christliche Grundsätze in der Außen- und Innenpolitik, der formal fast alle Staatsoberhäupter beitraten, galt bald als Ausdruck der Solidarität der Throne gegenüber liberalen und nationalen Strömungen. Faktisch blieb sie auf das formal erst 1833 in Münchengrätz vertraglich besiegelte enge Verhältnis zwischen den drei „Ostmächten" Russland, Österreich und Preußen beschränkt.

Die Verhandlungen des Wiener Kongresses hatten schließlich noch folgende Territorialregelungen zum Ergebnis:

Großbritannien erhielt die in den Kriegen der letzten zwei Jahrzehnte gewonnenen Inseln Malta, Ceylon und Helgoland sowie die Kapkolonie in Südafrika.

Russland bekam in Personalunion das so genannte Kongresspolen, den zentralen Teil des Königreichs Polen vor den Teilungen.

Österreich verzichtete auf die habsburgischen Niederlande und Vorderösterreich, gewann dafür aber Gebiete wie Oberitalien und Dalmatien.

Preußen erhielt einen Teil Sachsens und die gewerblich fortschrittliche Rheinprovinz sowie Westfalen und orientierte sich damit stärker nach Westen.

Frankreich blieb in seinem Bestand von 1792 erhalten.

Für Deutschland als Ganzes war eine Rückkehr zu den Verhältnissen des 18. Jahrhunderts unmöglich. Zu viel hatte sich verändert, zu viele auch hatten von den Veränderungen profitiert. Niemand trat deshalb ernsthaft für eine Wiederherstellung der extremen staatlichen Zersplitterung ein, die das alte Reich gekennzeichnet hatte. Die eingeschlagenen Reformen aber wurden teilweise rückgängig gemacht, ihre Fortsetzung verhindert, die nationale Bewegung abgeblockt und den liberalen Verfassungswünschen ein Riegel vorgeschoben. Ein Deutscher Bund von 35 souveränen Landesherren und vier Freien Städten wurde eingerichtet. Auch ausländische Herrscher zählten dazu: der König von England für Hannover, der dänische König für Holstein sowie der König der Niederlande für Luxemburg. Umgekehrt gehörten Preußen und Österreich nur mit den Teilen ihres Staatsgebietes zum Deutschen Bund, die einst zum alten Reich gehört hatten. Alle Mitglieder dieses Staatenbundes unterhielten Gesandte beim Bundestag in Frankfurt am Main. Sie stellten außerdem, je nach Größe, Anteile an einem Bundesheer. Forderungen nach freiheitlichen Verfassungen und größerer Mitwirkung des Volkes wurde mit aller Kraft entgegengetreten.

staatengemeinschaftlichen Charakter der neuen Abkommen. Alle Großmächte waren an einer funktionierenden internationalen Ordnung interessiert und deshalb zumindest kurzfristig bereit, ihre Einzelinteressen zurückzustellen. Die Form des Kollektivvertrages anstelle einer Ansammlung bilateraler Einzelverträge sanktionierte die Regelung von Wien in besonderer Weise völkerrechtlich. Die Wiener Schlussakte hatte die Funktion einer europäischen Gesamtverfassung und trug damit erheblich zur Verrechtlichung der internationalen Beziehungen bei. Das Völkerrecht erhielt in Wien eine neue Qualität.

Dieses neue System bedeutete für ganz Europa eine faktische Garantie des Status quo. Wenn auch der Versuch diese Garantie ausdrücklich in das Vertragswerk hineinzuschreiben scheiterte, so galt doch für die nächste Zukunft, dass Grenzveränderungen nur unter Beteiligung und mit Zustimmung aller Großmächte in der Quadrupelallianz vollzogen werden konnten. Die Siegermächte in der Quadrupelallianz verabredeten darüber hinaus im November 1815 in regelmäßigen Kongressen die gemeinsamen europäischen Interessen zu beraten. Diese Absicht konnte zwar nur ein knappes Jahrzehnt lang verwirklicht werden, stellte aber trotzdem einen wichtigen

Mitteleuropa 1815–1866

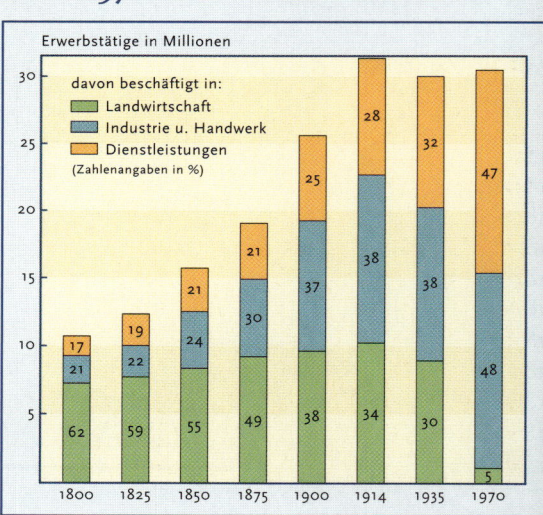

Karte: Mitteleuropa 1815 bis 1866

Legende:
- Grenze des Deutschen Bundes 1815
- Spätere Änderungen
- Demarkationslinie der bis Dezember 1848 in den Dt. Bund aufgenommenen Gebiete
- Bundesfestungen
- Grenzen des Kgr. der Vereinigten Niederlande (1815–31) und des Grzhm. Luxemburg (1815–39)
- Gefechte der Revolutionsjahre 1830/32 und 1848/50
- Schlachten der Kriege 1864 und 1866
- **Berlin** Deutsche Universitäten sind rot unterstrichen
- ⊙ Städte über 100 000 Einwohner um 1850
- ○ Städte mit 20 000–100 000 Einwohner um 1850

1 : 7 000 000

© 2001 Cornelsen

H.-H.: Lgft. Hessen-Homburg
K.-H.: Kurfsm. Hessen
L.: Fsm. Lippe
M.-Str.: Mecklenburg-Strelitz
S.-L.: Fsm. Schaumburg-Lippe

Bevölkerung in Deutschland 1600–1849

Jahr	Einwohnerzahl in Mio.	Bevölkerungs- dichte je qkm	jährliche Wachs- tumsrate in %
1600	15	27	–
1650	10	18	– 0,81
1700	15	27	0,81
1750	17	31	0,25
1800	23	42	0,61
1816	23,5	44	0,13
1825	26,8	49	1,47
1834	29,3	53	0,99
1840	31,5	57	1,21
1849	34,6	65	1,11

Berufszugehörigkeit der Abgeordneten der deutschen Nationalversammlung 1848 (in %)

Landwirte	5,5
Kaufleute, Insdustrielle, Gewerbetreibende	6,5
Beamte (außer Justiz und Lehrfach)	20,2
Justizbeamte	16,6
Lehrer und Gelehrte	19,6
Offiziere	2,2
Rechtsanwälte	16,6
Geistliche	3,8
Ärzte	2,4
Schriftsteller und Journalisten	2,2
Sonstige (Handwerker, Arbeiter, Angestellte)	4,4

Fläche und Bevölkerung des Deutschen Bundes (ohne die österreichischen und preußischen Gebiete außerhalb des Bundes) 1817–1866

Jahr	Bevölkerung* Insgesamt	Männlich	Weiblich	Einwohner (pro qkm)** Absolut	Relativ***
1817	23 759	11 781	11 978	45	60,8
1822	25 560	12 684	12 876	48	64,9
1825	26 533	13 176	13 357	50	67,6
1831	28 216	14 006	14 210	53	71,6
1837	29 974	14 966	15 008	56	75,7
1841	31 477	15 705	15 772	59	79,7
1843	32 229	16 084	16 145	60	81,1
1846	33 197	16 579	16 618	62	83,4
1849	34 562	17 275	17 287	65	87,8
1852	34 366	17 145	17 221	64	86,5
1855	34 581	17 243	17 338	65	87,8
1858	35 441	17 654	17 787	66	89,1
1861	36 604	18 033	18 571	69	93,2
1864	36 814	18 111	18 703	69	93,2
1867	38 594	19 112	19 482	72	97,3
(1871	39 478	19 453	20 025	74	100,0)

* Angaben in 1000
** Die Gesamtfläche des Deutschen Bundes betrug von 1817 bis 1866 gleichbleibend rund 533 100 qkm.
*** 1871 = 100; nur für den Flächenbezug (der Deutsche Bund existierte seit Gründung des Norddeutschen Bundes 1867 nicht mehr)

Die Erwerbstätigen in Deutschland 1800–1970 nach Wirtschaftssektoren

Erwerbstätige in Millionen

davon beschäftigt in:
- Landwirtschaft
- Industrie u. Handwerk
- Dienstleistungen

(Zahlenangaben in %)

	1800	1825	1850	1875	1900	1914	1935	1970
Dienstleistungen	17	19	21	21	25	28	32	47
Industrie u. Handwerk	21	22	24	30	37	38	38	48
Landwirtschaft	62	59	55	49	38	34	30	5

Die Entwicklung des Verkehrswesens im Deutschen Bund (in km)

Jahr	befestigte Straßen	künstliche Wasserwege	Eisenbahn- strecken
1816	k. A.	2412	–
1820	14 774	2605	–
1830	k. A.	2632	–
1835	25 000	2696	6
1840	k. A.	3229	579
1850	52 975	3528	7123
1870	115 000	3817	24 769

Mitteleuropa 1866–1914

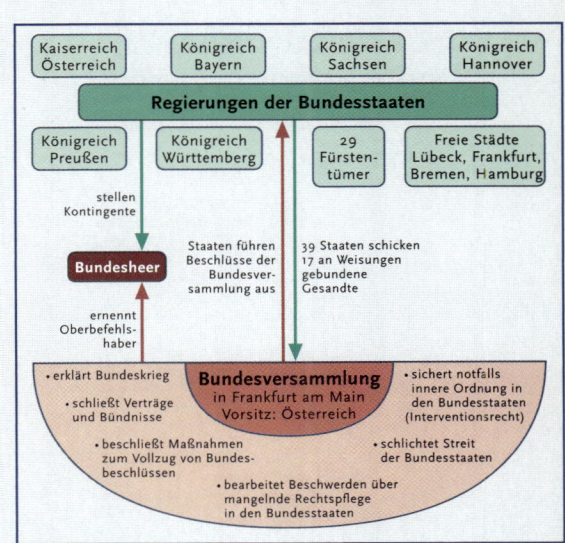

Map legend (Mitteleuropa 1866 bis 1914, 1 : 7 000 000)

- Kgr. Preußen 1864
- Gebietsgewinn 1864/66
- Südgrenze des Norddeutschen Bundes 1867
- Grenze des Deutschen Reiches 1871
- Reichsland Elsass-Lothringen 1871
- Österreichisch-Ungarische Monarchie 1866
- Die im Reichsrat vertretenen Königreiche und Länder (Zisleithanien)
- Die Länder der Ungarischen Krone (Transleithanien)

Städte 1912:
- Städte über 1 Mio. Einwohner
- Städte von 500000 – 1 Mio. Einwohner
- Städte von 100000 – 500000 Einwohner
- Städte von 50000 – 100000 Einwohner

M.-Str. = Mecklenburg-Strelitz
S.-L. = Schaumburg-Lippe

©2001 Cornelsen

Struktur des deutschen Außenhandels 1830–1876 (in laufenden Preisen und 1000 Talern)

JAHR	IMPORTE			EXPORTE			
	Rohstoffe und Nahrungsmittel	Halb- und Fertigwaren	Insgesamt	Rohstoffe und Nahrungsmittel	Halb- und Fertigwaren	Insgesamt	Salden
1830	85 083	30 055	131 508	99 855	28 141	149 584	+ 18 076
1837	97 571	39 948	139 483	59 033	91 040	149 543	+ 10 060
1840	108 406	49 923	160 579	76 040	88 473	166 318	+ 5 739
1843	119 937	52 851	174 867	61 532	76 498	138 432	– 36 435
1846	151 301	56 963	210 512	69 884	81 845	151 919	– 58 593
1849	117 850	43 995	163 573	73 040	85 558	159 809	– 3 764
1852	150 786	50 818	204 102	86 000	122 359	209 536	+ 5 340
1855	266 437	66 689	336 356	170 669	170 016	347 382	+ 11 026
1864	297 141	92 027	393 070	155 945	226 226	386 275	– 6 795
1872	849 067	245 967	1 154 867	430 200	365 767	830 733	– 32 4134
1876	1 036 200	1 912 00	1 303 833	520 867	347 467	868 334	– 435 499

Das Volumen des Außenhandels des Deutschen Zollvereins 1837–1855 (in Preisen von 1837–1841)

JAHR	IMPORTE			EXPORTE			
	Rohstoffe und Nahrungsmittel	Halb- und Fertigwaren	Insgesamt	Rohstoffe und Nahrungsmittel	Halb- und Fertigwaren	Insgesamt	Salden
1837	96 189	39 021	136 748	61 265	88 656	151 054	+ 14 306
1840	110 668	51 340	163 856	72 734	90 898	164 671	+ 815
1843	136 178	63 708	200 996	61 335	83 578	145 718	– 55 278
1846	154 159	64 684	219 283	60 622	95 298	156 618	– 62 665
1849	135 268	54 514	190 202	75 018	108 013	183 689	– 6513
1852	154 531	61 900	217 130	76 877	151 600	230 267	– 13 137
1855	229 700	75 023	305 778	124 201	205 273	330 840	– 25 062

Organigramm des Deutschen Bundes

Regierungen der Bundesstaaten

- Kaiserreich Österreich
- Königreich Bayern
- Königreich Sachsen
- Königreich Hannover
- Königreich Preußen
- Königreich Württemberg
- 29 Fürstentümer
- Freie Städte Lübeck, Frankfurt, Bremen, Hamburg

stellen Kontingente

Bundesheer

ernennt Oberbefehlshaber

Staaten führen Beschlüsse der Bundesversammlung aus

39 Staaten schicken 17 an Weisungen gebundene Gesandte

Bundesversammlung in Frankfurt am Main
Vorsitz: Österreich

- erklärt Bundeskrieg
- schließt Verträge und Bündnisse
- beschließt Maßnahmen zum Vollzug von Bundesbeschlüssen
- sichert notfalls innere Ordnung in den Bundesstaaten (Interventionsrecht)
- schlichtet Streit der Bundesstaaten
- bearbeitet Beschwerden über mangelnde Rechtspflege in den Bundesstaaten

Entwicklung des Sozialprodukts und der Bevölkerung in Deutschland* 1800–1913

JAHR	Sozialprodukt in Milliarden Mark	Bevölkerung in Mio.
1800	5,7	23
1825	7,3	28
1850	9,4	35
1875	17,7	43
1900	33,2	56
1913	48,0	67

* Deutschland in den Grenzen von 1871.

Der Deutsche Zollverein

Im Deutschen Bund existierten 1815 nicht weniger als 38 Zollsysteme, die den wirtschaftlichen Aufbau der nach-napoleonischen Zeit erheblich erschwerten. Eine innerdeutsche Handelsreise war dadurch von zahlreichen Zöllen belastet. Dies bereitete auch Staaten wie Preußen erhebliche Probleme, dessen Territorien nicht arrondiert waren. Insbesondere die durch die Zölle verstärkte Trennung zwischen den eher gewerblich-liberalen Landesteilen im Westen (Rheinprovinz, Westfalen) und den konservativen Agrargebieten im Osten hemmte die preußische Wirtschaftsentwicklung. Solches galt umso mehr für die vielen kleineren souveränen Territorien Deutschlands. Schon 1819 versuchte hier der von Friedrich List gegründete Handels- und Gewerbeverein gegenzusteuern. Ab 1828 wurden im Deutschen Bund begrenzte Zollvereine eingerichtet, die sich 1834 unter preußischer Führung zum Deutschen Zollverein zusammenschlossen. Dieser wurde zur Vorstufe der politischen Einigung Deutschlands und setzte in der Folge Wirtschaftskräfte für die nun rasant einsetzende Industrialisierung frei.

Die geplante Reichsverfassung vom März 1849

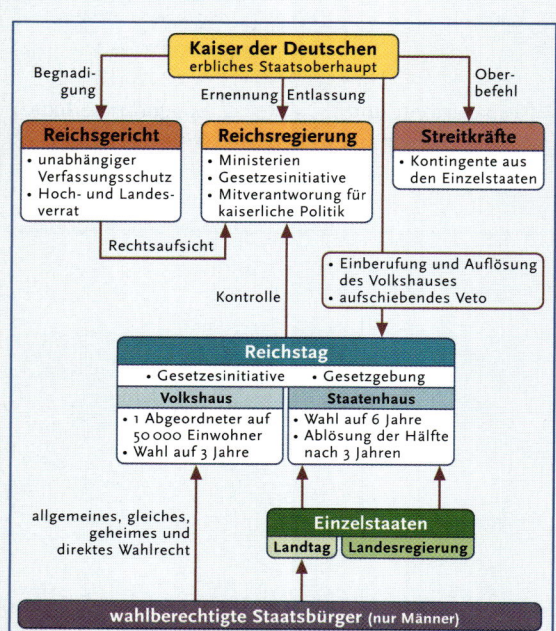

Die Verfassung des deutschen Reiches von 1871

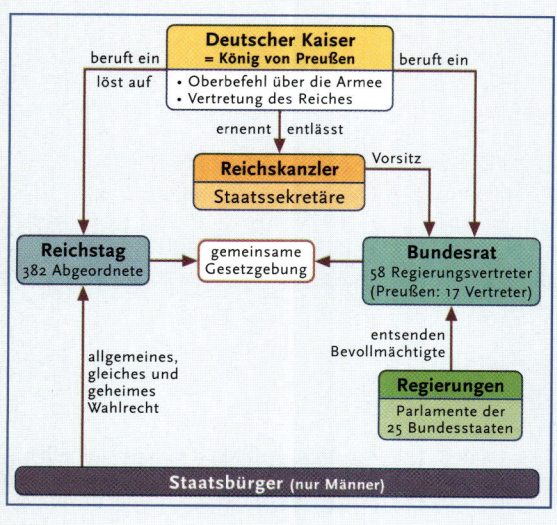

Deutscher Bund und Deutscher Zollverein

(map I) **Verfassungen im Deutschen Bund**

Verfassungen um 1847

- Absolute Monarchien
- Absolute Monarchien mit landständischen Verfassungen
- Konstitutionelle Monarchien (Verfassung um 1830)
- Konstitutionelle Monarchien (Verfassung nach 1830)
- Republikanische Verfassungen

Jahr der Einführung:
- 1817 landständischer Verfassungen
- 1814 konstitutioneller Verfassungen
- Grenze des Deutschen Bundes

(map II) **Die Entstehung des Deutschen Zollvereins**

- Preußischer Zollverband mit Anschlüssen bis 1828 (Preußisch-Hessischer Zollverein)
- Bayerisch-Württembergischer Zollverein 1828-1833 (Süddeutscher Zollverein)
- Mitteldeutscher Handelsverein 1828-1831
- Steuerverein von 1834 im Jahre 1837

Deutscher Zollverein:
- Deutscher Zollverein am 1.1.1834
- Beitritte bis 1854
- Beitritte 1867/68
- Beitritte nach 1871

Die Zahlen geben das Jahr des Anschlusses an.

Orte mit Freihäfen sind unterstrichen.

- - - Grenze des Deutschen Bundes 1839

© 2001 Cornelsen

Die Verfassung des Deutschen Reiches von 1871

Das Deutsche Reich war nach der Reichsverfassung von 1871 ein „ewiger Bund", den die 22 deutschen Fürsten und die drei freien Städte geschlossen hatten. Die staatsrechtliche Souveränität galt für die Gesamtheit der Bündnispartner, deren Organ der Bundesrat war. Das Reichsland Elsass-Lothringen war kein Bundesland und wurde vom Reich direkt verwaltet. Die Verfassungsstruktur des Reiches etablierte eine konstitutionelle Monarchie mit hegemonialem Föderalismus unter der Führung Preußens. Diese machtpolitische Führungsstellung Preußens wurde durch die institutionellen Klammern Kaiser, Kanzler und Bundesrat organisiert sowie durch eine Sperrminorität gegenüber verfassungsändernden Gesetzen abgesichert. Die verfassungspolitische Bedeutung dieser Vormachtstellung lag in der im Vergleich zum Reich stärkeren Ausprägung des monarchischen Prinzips und der ständischen Herrschaftspositionen in den preußischen Institutionen. Das schlug sich auch im Wahlrecht nieder.

Wahlrecht bis 1914

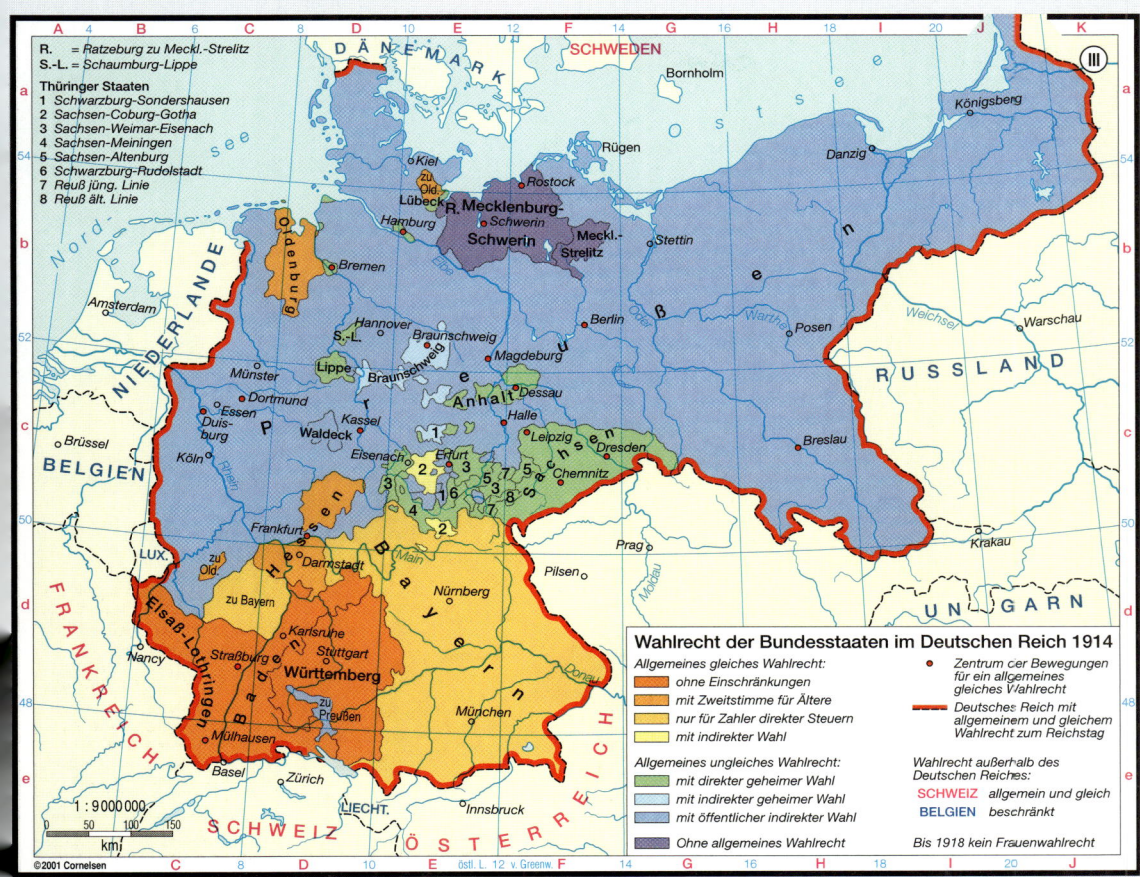

Wahlrecht der Bundesstaaten im Deutschen Reich 1914

Allgemeines gleiches Wahlrecht:
- ohne Einschränkungen
- mit Zweitstimme für Ältere
- nur für Zahler direkter Steuern
- mit indirekter Wahl

Allgemeines ungleiches Wahlrecht:
- mit direkter geheimer Wahl
- mit indirekter geheimer Wahl
- mit öffentlicher indirekter Wahl
- Ohne allgemeines Wahlrecht

- Zentren der Bewegungen für ein allgemeines gleiches Wahlrecht
- Deutsches Reich mit allgemeinem und gleichem Wahlrecht zum Reichstag

Wahlrecht außerhalb des Deutschen Reiches:
SCHWEIZ allgemein und gleich
BELGIEN beschränkt

Bis 1918 kein Frauenwahlrecht

1 : 9 000 000

© 2001 Cornelsen

R. = Ratzeburg zu Meckl.-Strelitz
S.-L = Schaumburg-Lippe
Thüringer Staaten
1 Schwarzburg-Sondershausen
2 Sachsen-Coburg-Gotha
3 Sachsen-Weimar-Eisenach
4 Sachsen-Meiningen
5 Sachsen-Altenburg
6 Schwarzburg-Rudolstadt
7 Reuß jüng. Linie
8 Reuß ält. Linie

Reichstagswahlergebnisse 1871–1912

MANDATE DER PARTEIEN
(ABSOLUT UND IN % DER GESAMTMANDATE)

Jahr	Konservative	Nationalliberale	Linksliberale	Zentrum	Sozialdemokratie	Σ
1871	94 / 28,4 %	125 / 37,8 %	47 / 14,2 %	63 / 19 %	2 / 0,6 %	331
1874	55 / 15,3 %	155 / 43 %	50 / 13,9 %	91 / 25,3 %	9 / 2,5 %	360
1877	78 / 22,3 %	128 / 36,6 %	39 / 11,1 %	93 / 26,6 %	12 / 3,4 %	350
1878	116 / 33,4 %	99 / 28,5 %	29 / 8,4 %	94 / 27,1 %	9 / 2,6 %	347
1881	78 / 22,2 %	47 / 13,3 %	115 / 32,7 %	100 / 28,4 %	12 / 3,4 %	352
1884	106 / 29,9 %	51 / 14,4 %	74 / 20,9 %	99 / 28 %	24 / 6,8 %	354
1887	121 / 33,5 %	99 / 27,4 %	32 / 8,9 %	98 / 27,2 %	11 / 3 %	361
1890	93 / 26,4 %	42 / 11,9 %	76 / 21,6 %	106 / 30,1 %	35 / 10 %	352
1893	100 / 29,3 %	53 / 15,6 %	48 / 14 %	96 / 28,2 %	44 / 12,9 %	341
1898	79 / 23,8 %	46 / 13,8 %	49 / 14,8 %	102 / 30,7 %	56 / 16,9 %	332
1903	75 / 21,9 %	51 / 14,9 %	36 / 10,5 %	100 / 29,1 %	81 / 23,6 %	343
1907	84 / 25,1 %	54 / 16,1 %	49 / 14,6 %	105 / 31,4 %	43 / 12,8 %	335
1912	57 / 16,5 %	45 / 13 %	42 / 12,2 %	91 / 26,4 %	110 / 31,9 %	345

Dreiklassenwahlrecht in Preußen

In Preußen, das ca. 65 % des Reichsterritoriums umfasste und etwa 62 % der Reichsbevölkerung zählte, galt von 1848 bis 1918 ein allgemeines ungleiches Wahlrecht, das Dreiklassenwahlrecht. In jedem Wahlkreis teilte man die Steuerzahler nach dem Steueraufkommen auf. Da die wenigen höchstbesteuerten Wähler ein Drittel der Steuern zahlten, konnten sie ein Drittel der Wahlmänner bestimmen. Die viel größere Zahl der Wähler zweiter Klasse, die zusammen ebenfalls ein Drittel der Steuern entrichtete, wählte ebenfalls ein Drittel der Wahlmänner, während der Rest der vielen kleinen Steuerzahler (darunter die Arbeiterschaft) auch nur ein Drittel dieser Wahlmänner bestimmen konnte. Die Wahlmänner aller drei Klassen wählten dann die Mitglieder des preußischen Abgeordnetenhauses.

Aufgrund dieses Dreiklassenwahlrechts konnten die wenigen (höchstbesteuerten) Reichen einen weit überproportionalen Einfluss auf die Zusammensetzung des preußischen Abgeordnetenhauses nehmen, während die dritte Klasse, vor allem die Arbeiterschaft, stark benachteiligt wurde. Dies zeigt auch ein Vergleich der Wahlergebnisse in Preußen (Dreiklassenwahlrecht) mit denen im Reich (allgemeines gleiches Wahlrecht). So verbuchten die Konservativen ab 1881/82 in Preußen weit mehr als doppelt so viele Abgeordnete wie im Reich, während die SPD, ab 1877 im Reich vertreten, dort 1903 schon 82 und 1912 sogar 110 Reichstagsabgeordnete stellte, in Preußen aber bis 1903 keinen und 1913 erst 12 Abgeordnete hatte. Die Konfessionsstruktur Preußens und des gesamten Reiches war ähnlich (jeweils gut 30 % Katholiken), spielte hierbei also keine ausschlaggebende Rolle.

Wahlrecht der Bundesstaaten im Deutschen Reich 1914

Das Wahlrecht der Männer – das der Frauen kam erst 1918/19 – war im Deutschen Reich recht unterschiedlich geregelt. Während der Reichstag von Anfang an nach allgemeinem und gleichem Wahlrecht der über 25 Jahre alten Männer bestimmt wurde, galten in den einzelnen Bundesstaaten für die entsprechenden Landtags- bzw. Abgeordnetenhauswahlen größtenteils andere Bestimmungen. In den süddeutschen Staaten Hessen, Baden, Württemberg, Bayern und Elsass-Lothringen sowie im norddeutschen Oldenburg galt das allgemeine gleiche Wahlrecht, allerdings in unterschiedlicher Ausprägung. Wesentlich weniger fortschrittlich gestaltete sich die Situation in Norddeutschland, wo es in Mecklenburg überhaupt kein allgemeines Wahlrecht und in den übrigen Staaten nur ein ungleiches Wahlrecht gab sowie in Preußen ein Dreiklassenwahlrecht mit öffentlicher indirekter Wahl.

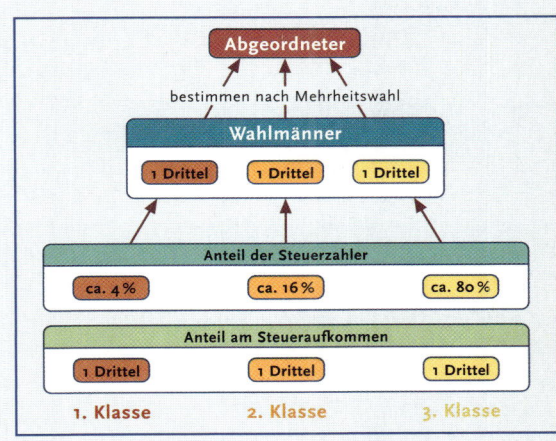

Abgeordneter
bestimmen nach Mehrheitswahl
Wahlmänner
1 Drittel | 1 Drittel | 1 Drittel
Anteil der Steuerzahler
ca. 4 % | ca. 16 % | ca. 80 %
Anteil am Steueraufkommen
1 Drittel | 1 Drittel | 1 Drittel
1. Klasse | 2. Klasse | 3. Klasse

Parlamentswahlen in Preußen und im Deutschen Reich

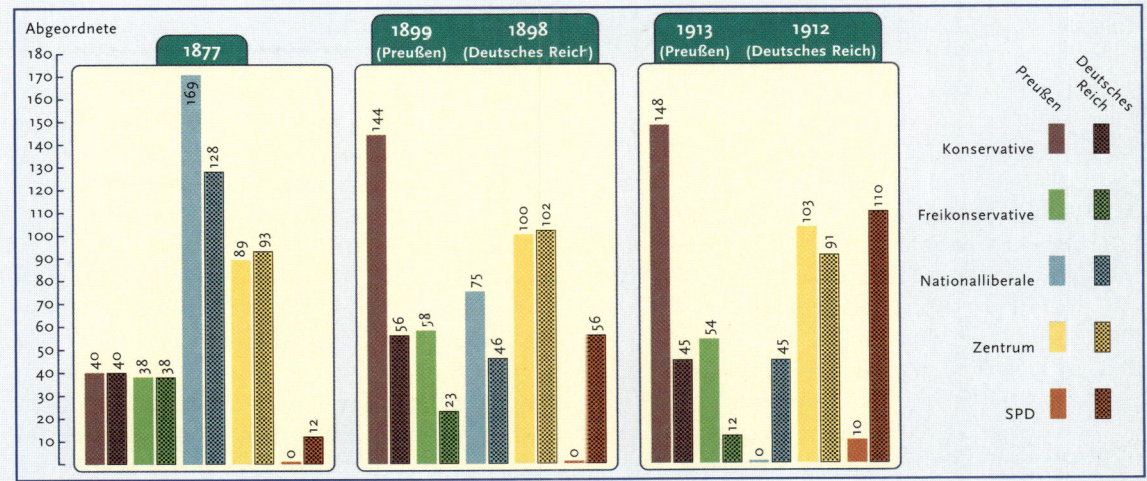

Abgeordnete

1877

1899 (Preußen) | 1898 (Deutsches Reich)

1913 (Preußen) | 1912 (Deutsches Reich)

Preußen / Deutsches Reich

Konservative
Freikonservative
Nationalliberale
Zentrum
SPD

Zentrum und SPD von 1871 bis 1912

Das Zentrum

In der 1870 gegründeten Zentrumspartei organisierten sich die deutschen Katholiken politisch gegenüber dem protestantisch geprägten deutschen Kaiserreich Bismarcks. Während sich die anderen Parteien dieser Zeit eher als Interessenvertretungen einzelner Gruppen (Arbeiterschaft, Unternehmer, Landwirte, Mittelstand oder Bildungsbürgertum) verstanden, fanden sich im Zentrum Vertreter aller sozialen Schichten zusammen, soweit sie katholisch waren. Das Zentrum gilt daher – von der konfessionellen Einschränkung abgesehen – als erste deutsche Volkspartei im heutigen Sinne. Nach 1945 wiedergegründet, wurde das Zentrum durch die Christlich Demokratische Union (CDU), die beide Bekenntnisse unter den Wählern vertrat, schnell bedeutungslos.

Die SPD

Nachdem sich der 1863 in Leipzig gegründete Allgemeine Deutsche Arbeiterverein (ADAV) und die 1869 in Eisenach gegründete Sozialdemokratische Arbeiterpartei 1875 in Gotha zur Sozialistischen Arbeiterpartei (SAP) zusammengeschlossen hatten, wurde diese nach ersten Wahlerfolgen (1877: 9,1 % der Stimmen) unter Bismarck 1878 durch das „Sozialistengesetz" verboten. Zu Reichstagswahlen durfte sie weiter antreten, ohne sich sonst politisch betätigen zu dürfen. Dennoch konnte sie ihre Wahlerfolge noch ausbauen. Nach Aufhebung des Sozialistengesetzes 1890 wurde die Sozialdemokratische Partei Deutschlands (SPD) offiziell neu gegründet und stellte bereits 1912 mit 34,8 % die stärkste Reichstagsfraktion. 1914 stimmte diese geschlossen für die Kriegskredite und damit die Kriegspolitik der kaiserlichen Regierung. Im Verlaufe des Ersten Weltkrieges wurden die innerparteilichen Differenzen immer größer: 1915 spaltete sich der Spartakusbund ab, und 1917 zerfiel die SPD in USPD und MSPD, die sich erst 1922 wieder zusammenschlossen. Nach schweren politischen Verlusten in den Jahren der Weltwirtschaftskrise blieb die SPD bis 1930 die stärkste politische Kraft in der Weimarer Republik. 1933 lehnte sie als einzige Reichstagsfraktion das Ermächtigungsgesetz ab und wurde drei Monate später von der nationalsozialistischen Staatsführung verboten. Bereits im Sommer und Herbst 1945 formierte sich die SPD in allen Besatzungszonen neu, wurde aber in der SBZ bereits 1946 mit der KPD zur SED zwangsvereinigt. In der Bundesrepublik entwickelte sie sich neben der CDU zu einer der beiden Volksparteien Deutschlands.

Kulturkampf und Sozialistengesetz

1870 Unfehlbarkeitsdogma des Ersten Vatikanischen Konzils und Gründung der Zentrumspartei in Deutschland geben Bismarck den Anlass zum Beginn des Kulturkampfs, dessen Ziele (Bildung einer von Rom getrennten katholischen Staatskirche mit beamteten Geistlichen) aber letztlich am passiven Widerstand des Klerus, des Kirchenvolkes und der Zentrumspartei scheitern

1871/72 Schulaufsichtsgesetz (kirchliche wird durch staatliche Schulaufsicht ersetzt) und „Kanzelparagraph" (strafrechtliches Verbot politisch-kämpferischer Predigten)

1873/74 Maigesetze (Höhepunkt des Kulturkampfes): staatliche Vorschriften für die Ausbildung der Geistlichen, Einspruchsrecht bei kirchlichen Stellenbesetzungen, Einrichtung eines staatlichen Gerichtshofes für kirchliche Angelegenheiten

1874/75 gesetzliche Einführung der staatlichen Zivilehe (Standesämter); „Sperrgesetze" (z. B. Gehaltssperre für Katholiken) bleiben weitgehend erfolglos

1878 zwei Attentate auf Kaiser Wilhelm nimmt Bismarck zum Anlass, das Sozialistengesetz zu erlassen (Verbot der Parteipresse und Parteiorganisationen), obwohl die Sozialisten nicht verwickelt sind; polizeiliche Verfolgung, Aufenthaltsverbote und Ausweisung von Aktivisten; Exil-Parteitage in London und der Schweiz

1879 Abbruch des Kulturkampfes wegen Erfolglosigkeit und bis 1903 Abbau der meisten Kulturkampf-Gesetze durch Milderungs- und Friedensgesetze im Ausgleich des Reiches mit Papst Leo XIII. (bestehen blieben Schulaufsicht, Zivilehe und Kanzelparagraph)

1883 Sozialgesetze (Krankenversicherung, Unfallversicherung 1884, Alters- und Invalidenversicherung 1889)

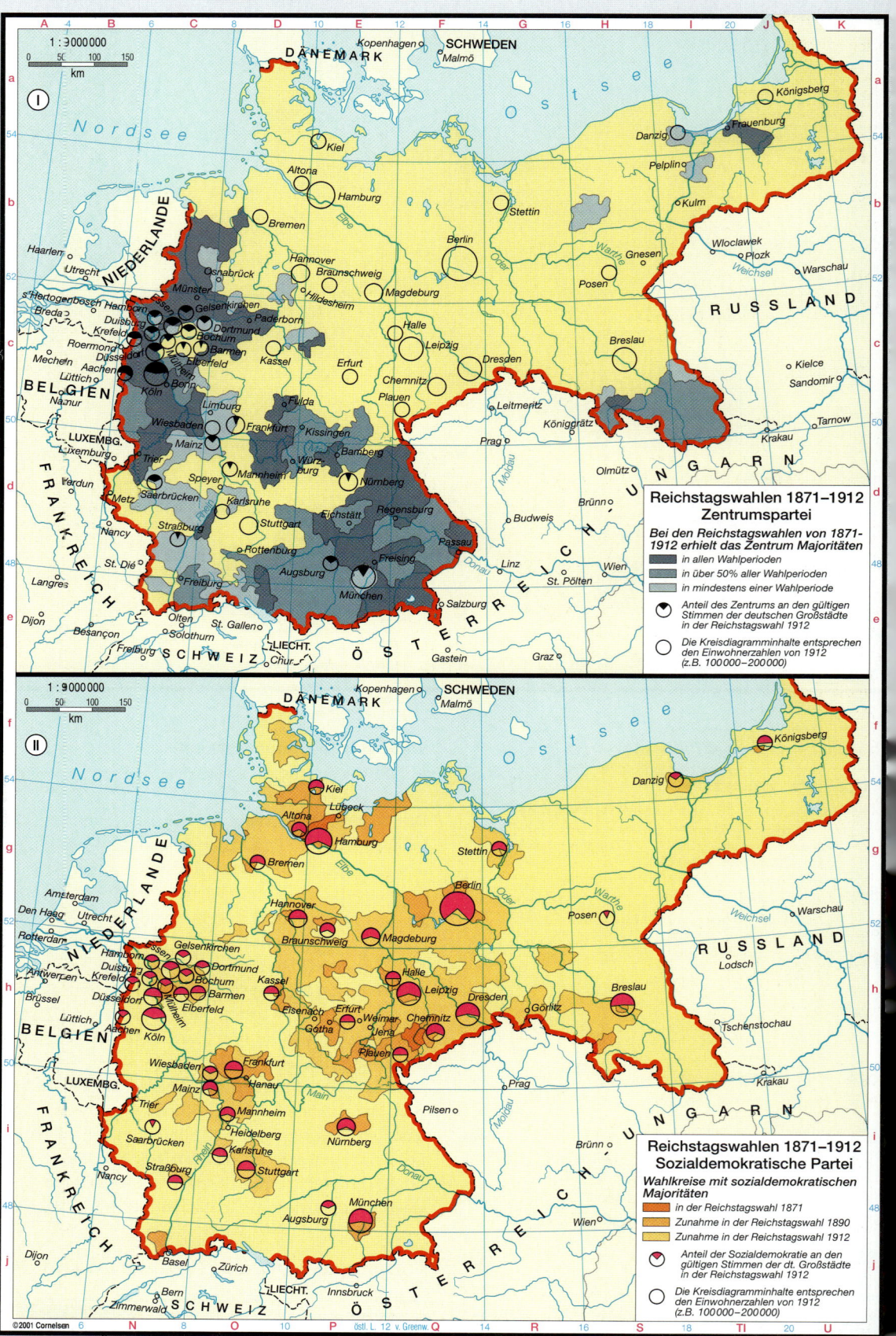

Zentrum und SPD von 1871 bis 1912

Reichstagswahlen 1871–1912
Zentrumspartei

Bei den Reichstagswahlen von 1871–1912 erhielt das Zentrum Majoritäten
- in allen Wahlperioden
- in über 50% aller Wahlperioden
- in mindestens einer Wahlperiode

Anteil des Zentrums an den gültigen Stimmen der deutschen Großstädte in der Reichstagswahl 1912

Die Kreisdiagramminhalte entsprechen den Einwohnerzahlen von 1912 (z.B. 100000–200000)

Reichstagswahlen 1871–1912
Sozialdemokratische Partei

Wahlkreise mit sozialdemokratischen Majoritäten
- in der Reichstagswahl 1871
- Zunahme in der Reichstagswahl 1890
- Zunahme in der Reichstagswahl 1912

Anteil der Sozialdemokratie an den gültigen Stimmen der dt. Großstädte in der Reichstagswahl 1912

Die Kreisdiagramminhalte entsprechen den Einwohnerzahlen von 1912 (z.B. 100000–200000)

© 2001 Cornelsen

Industrialisierung und Arbeiterbewegung in Mitteleuropa bis 1910

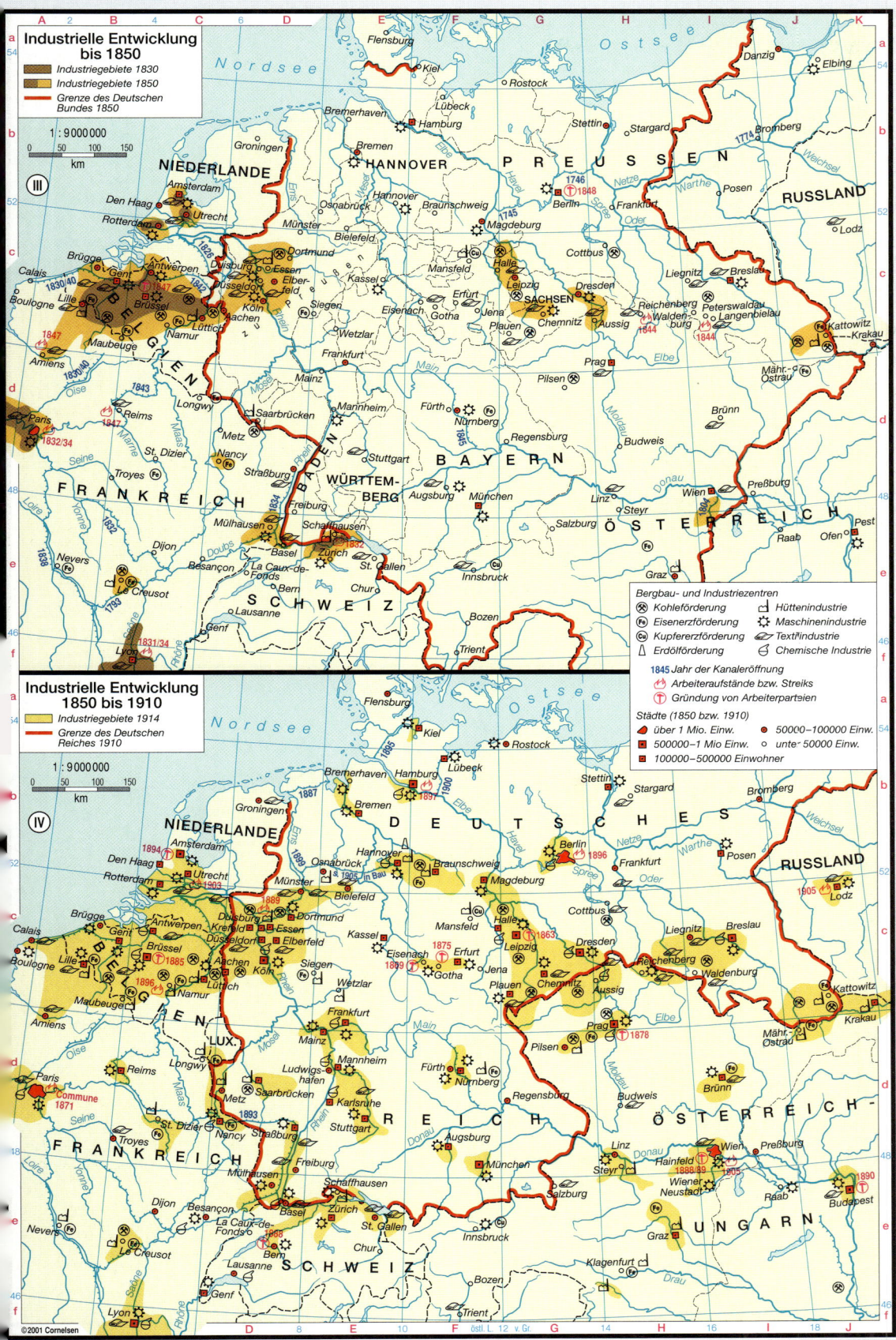

Industrielle Entwicklung bis 1850
- Industriegebiete 1830
- Industriegebiete 1850
- Grenze des Deutschen Bundes 1850

1 : 9 000 000

Industrielle Entwicklung 1850 bis 1910
- Industriegebiete 1914
- Grenze des Deutschen Reiches 1910

1 : 9 000 000

Bergbau- und Industriezentren
- ⊗ Kohleförderung
- ⊗ Eisenerzförderung
- ⊗ Kupfererzförderung
- ⊗ Erdölförderung
- ⊗ Hüttenindustrie
- ⊗ Maschinenindustrie
- ⊗ Textilindustrie
- ⊗ Chemische Industrie

1845 Jahr der Kanaleröffnung
Arbeiteraufstände bzw. Streiks
Ⓣ Gründung von Arbeiterparteien

Städte (1850 bzw. 1910)
- über 1 Mio. Einw.
- 100000–1 Mio. Einw.
- 100000–500000 Einwohner
- 50000–100000 Einw.
- unter 50000 Einw.

©2001 Cornelsen

Wirtschaftspotentiale in Europa 1840 bis 1880

	1840 (1840)	1850/ (1855)	1880/ (1870)
GROSSBRITANNIEN			
Steinkohleförderung *	30	50	147
Roheisenerzeugung *	1,5	3,2	7,7
Dampfmaschinen **	600	1900	4300
Baumwollspindeln *	14	27	34
FRANKREICH			
Steinkohleförderung *	3,0	4,4	19,4
Roheisenerzeugung *	0,3	0,4	2,8
Dampfmaschinen **	90	900	2000
Baumwollspindeln *	3,5	5	6,8
DEUTSCHES REICH			
Steinkohleförderung *	3,8	6,8	42,2
Roheisenerzeugung *	0,2	0,3	7,2
Dampfmaschinen **	40	600	1800
Baumwollspindeln *	0,3	1,1	2,8
RUSSLAND			
Steinkohleförderung *	–	1,3	3,2
Roheisenerzeugung *	–	0,2	1,0
Dampfmaschinen **	30	150	400
Baumwollspindeln *	(?)		
ÖSTERREICH-UNGARN			
Steinkohleförderung *	0,6	1,8	6,6
Roheisenerzeugung *	0,2	0,5	1,1
Dampfmaschinen **	30	580	1180
Baumwollspindeln *	(?)	1,4	1,5

* in Mio. Stück
** in Stück
(Die Angaben zu Dampfmaschinen und Baumwollspindeln beziehen sich auf die eingeklammerten Jahreszahlen.)

Durchschnittliches Monatseinkommen eines deutschen Arbeiterhaltes

(beide Eltern und zwei Kinder arbeiten / 1997: beide Eltern arbeiten)

	1800	1890	1997
(NETTO-)LOHN	81,0	139,0	4422,0
KOSTEN FÜR (absolut und in % vom Nettolohn)			
Miete/Heizung	11,3	25,25	881,0
	13,95 %	18,17 %	19,9 %
Strom	–	–	100,0
	–	–	2,26 %
Nahrung/Getränke	58,3	76,75	784,0
	71,97 %	55,22 %	17,73 %
Hausrat	2,4	5,6	350,0
	2,97 %	4,0 %	7,9 %
Gesundheit/Hygiene	1,0	1,7	105,0
	1,23 %	1,22 %	2,37 %
Kleidung	5,0	7,7	215,0
	6,17 %	5,54 %	4,86
Verkehr/Medien	–	–	681,0
	–	–	15,4 %
Bildung/Unterhaltung	2,0	12,0	400,0
	2,47 %	8,63 %	9,0 %
Versicherungen	–	6,8	300,0
	–	4,9 %	6,8 %
Kosten gesamt	80,0	135,8	3816,0
	98,77 %	97,7 %	86,3 %
Sparvolumen	1,0	3,2	606,0
	1,23 %	2,3 %	13,7 %

Entwicklung der Beschäftigtenzahlen in verschiedenen Erwerbsbereichen in Deutschland

(in %)

	1500	1800	1850	1900	1950	1998
Landwirtschaft*	85	73	60	38	13	3
Handwerk	5	10	13	7	6	4
Industrie	–	2	8	30	43	35
Dienstleistung**	10	15	19	25	38	58

* incl. Forstwirtschaft
** incl. Handel, Staat, Banken, Versicherungen, Kommunikation und Verkehr)

Entwicklung der durchschnittlichen Wochenarbeitszeit in Deutschland im 19. und 20. Jahrhundert

19. JAHRHUNDERT		20. JAHRHUNDERT	
1800	72 Stunden	1920	48 Stunden
1820	78 Stunden	1957	45 Stunden
1840	84 Stunden	1973	41 Stunden
1850	80 Stunden	1984	40 Stunden
1860	78 Stunden	1990	38,5 Stunden
1875	72 Stunden	1993	38 Stunden
1900	68 Stunden	2000	37,5 Stunden

Bevölkerungswachstum und Eisenbahnnetz in Mitteleuropa

Bevölkerungswachstum in Europa

	1850	1880	1910	1920
Deutschland	36	45	65	62
	13,1 %	13,4 %	14,2 %	12,7 %
Frankreich	36	38	40	39
	13,1 %	11,3 %	8,8 %	8,0 %
Großbritannien	28	35	45	44
	10,2 %	10,4 %	9,9 %	9,0 %
Italien	24	29	35	37
	8,8 %	8,7 %	7,7 %	7,6 %
Niederlande	3	4	6	7
	1,1 %	1,2 %	1,3 %	1,4 %
Polen	k. A.	8	10	27
	k. A.	2,4 %	2,2 %	5,5 %
Russland	60	88	140	158
	22,0 %	26,2 %	30,7 %	32,4 %
Schweden	4	5	6	6
	1,4 %	1,5 %	1,3 %	1,2 %
Spanien	16	17	19	21
	5,8 %	5,1%	4,2 %	4,3 %
Europa (mit Russland)	274	335	456	486
Welt	1171	k. A.	k. A.	1811

Bevölkerungszahlen in Millionen,
Anteil an der europäischen Gesamtbevölkerung in %

Entwicklung der durchschnittlichen Lebenserwartung in Deutschland

	MÄNNER	FRAUEN
1840	30,5	33,5
1870	35,6	38,5
1900	40,6	44,0
1930	59,9	62,8
1990	72,2	78,6

Kinderarbeitszeit in Deutschland um 1825

KREIS	ARBEITSZEIT	KREIS	ARBEITSZEIT
Aachen	8–12 h	Hagen	10–12 h
Berlin	7–12 h	Iserlohn	14 h
Bochum	14,5 h	Koblenz	11–14 h
Breslau	10–14 h	Köln	11–14 h
Dortmund	10–15 h	Magdeburg	9–14 h
Düsseldorf	6–13 h	Potsdam	13–14 h
Erfurt	10–14 h	Trier	8–14 h
Frankfurt/O.	7–16 h		

Wichtige technische Erfindungen und naturwissenschaftliche Entdeckungen des 19. Jahrhunderts

1802 Dampfwagen für Straßenverkehr (Richard Trevithick)

1803 Lokomotive (Richard Trevithick)

1807 Dampfschiff (Robert Fulton)

1809 Elektrischer Telegraph (Samuel Thomas Sömmering)

1832 Fernverständigung unter Einsatz von Elektromagnetismus (Karl Friedrich Gauß, Wilhelm Eduard Weber)

1833 Elektrolyse (Michael Faraday)

1834 Elektromotor (Moritz Hermann von Jacobi)

1836 Zündnadelgewehr – Hinterlader (Johann Nikolaus von Dreyse)

1837 Fotografie (Louis Daguerre); Schreibtelegraph (Samuel F. B. Morse)

1841 Kunstdünger (Justus von Liebig)

1855 Gas-Bunsen-Brenner (Robert Wilhelm Bunsen)

1856 Konverter zur Stahlerzeugung (Sir Henry Bessemer)

1859 Spektralanalyse (Robert Kirchhoff, Robert Wilhelm Bunsen)

1864 Siemens-Martin-Technik zur Stahlherstellung

1861 Fernsprecher (Johann Philipp Reis)

1867 Stahlbeton (Joseph Monier); Dynamit (Alfred Nobel)

1876 Viertaktmotor – Otto-Motor (Nikolaus Otto); Telefon (Alexander Graham Bell)

1879 Glühlampe (Thomas A. Edison); Elektrische Eisenbahn (Werner Siemens)

1883 Maschinengewehr (Hiram S. Maxim)

1884 Kraftwagen (Gottlieb Daimler, Wilhelm Maybach, Carl Benz)

1885 Kunstseide

1887 Elektrische Wellen (Heinrich Rudolf Hertz)

1895 Röntgen-Strahlen (Wilhelm C. Röntgen)

Das Eisenbahnnetz in Westeuropa

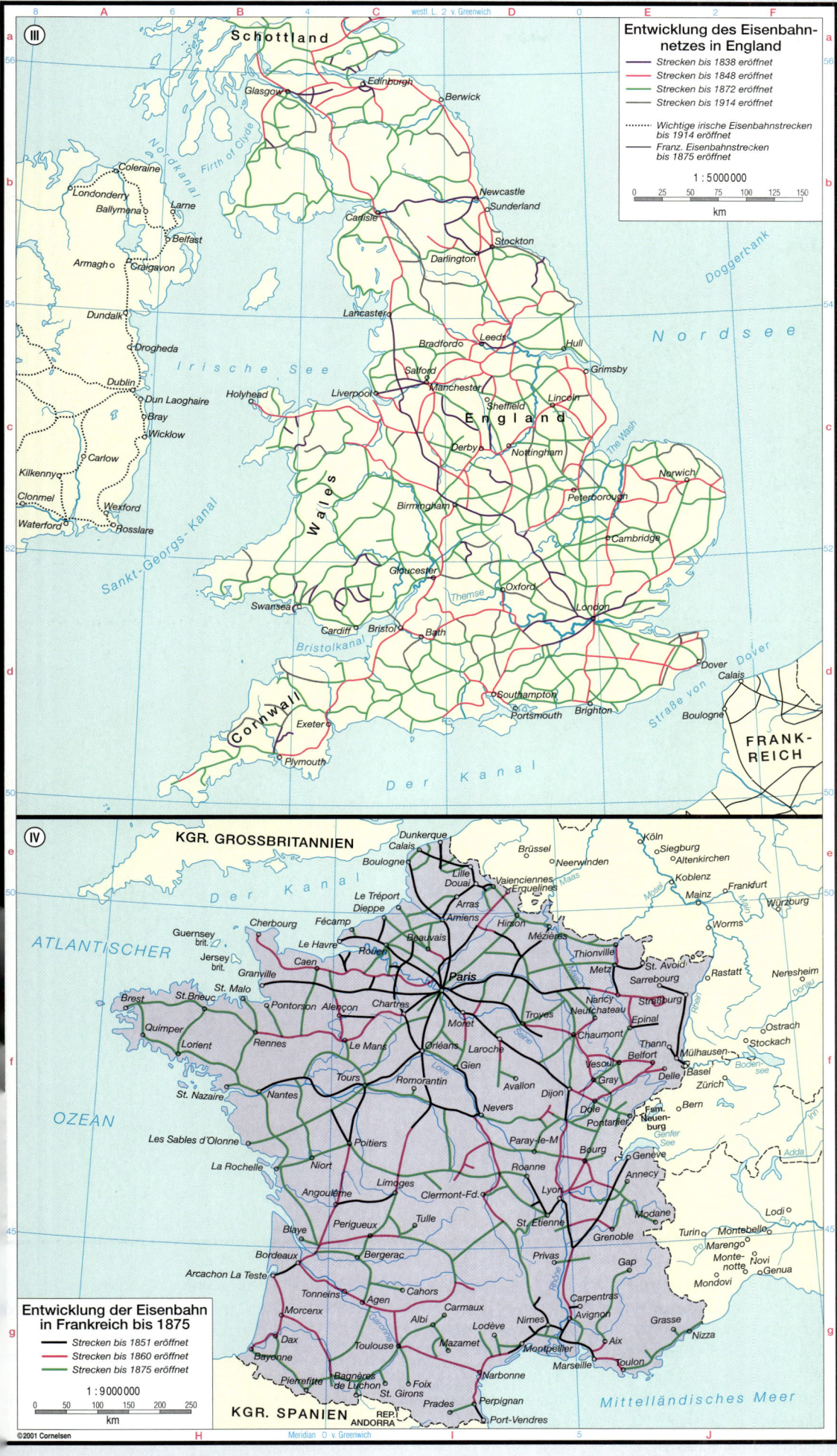

Das englische Eisenbahnnetz

England, das Mutterland der Industriellen Revolution, gilt auch als Wiege des Eisenbahnwesens. Dieses Verkehrsmittel eröffnete dem Personen- und Gütertransport bis dahin völlig unbekannte Möglichkeiten. Die erste öffentliche Eisenbahnstrecke für Personen- und Güterbeförderung wurde 1825 zwischen dem Kohlerevier von Darlington und dem Hafen Stockton eingeweiht. 1830 eröffnete man die Verbindung im Industriegebiet zwischen Liverpool und Manchester, die ausschließlich mit Dampflokomotiven betrieben wurde und als erste moderne Bahnstrecke der Welt gilt. In den kommenden Jahrzehnten erlebte die Eisenbahn auf den Britischen Inseln einen ungeheuren Aufschwung, der nur von den Vereinigten Staaten übertroffen wurde. 1840 waren 1348 Bahnkilometer vollendet, 1850 10 653 km, 1870 24 999 km und 1901 35 462 km Gesamtstrecke. Sämtliche Strecken wurden von Privatgesellschaften erbaut, die zum größten Teil aufgrund des Railway Act von 1921 in vier Unternehmen zusammengefasst wurden. 1948 ging das gesamte Eisenbahnnetz in staatliche Hand über.

Das französische Eisenbahnnetz

Der Ausbau der Eisenbahn ging in Frankreich wesentlich langsamer vor sich als in England, Deutschland und Belgien. Zunächst wurden ab 1827 nur Strecken für den Güterverkehr geschaffen, 1837 mit der Linie Paris – St. Germain die erste für die Personenbeförderung. Während bis 1848 nur 1800 km ausgebaut waren, wurde vor allem im Zweiten Kaiserreich der Streckenbau vorangetrieben, so dass es 1870 schon 17 500 km gab und letztlich bis 1875 die Grundstruktur des bis heute bestehenden Eisenbahnnetzes geschaffen war.

Eisenbahnen in Europa 1840 bis 1880

	1840*	1850*	1880*	1900**
Großbritannien	1348	10 653	28 854	(1478)
Frankreich	300	3100	26 190	(803)
Deutsches Reich	549	6044	33 838	(922)
Russland	26	600	24 000	(27)
Österreich-Ungarn	500	1300	11 400	(301)

* Gesamtstreckenlänge in km
** Erschließungsgrad in km pro 10 000 qkm Fläche

Entwicklung des Eisenbahnnetzes der führenden Industrienationen (in 1000 km)

	1840	1855	1877	1900
USA	4,5	30	120	280
England	2,4	12	24	35
Frankreich	0,5	3,5	24	40
Deutschland*	0,5	9	30	50
Russland	–	1	20	40

* Deutschland in den Grenzen von 1871

1897 Drahtlose Telegraphie (Guglielmo Marconi); Diesel-Motor (Rudolf Diesel)
1898 Radium (Marie Curie)
1900 Luftschiff (Ferdinand Graf von Zeppelin)
1902 Motor-Flug (Orville und Wilbur Wright)
1903 Radioaktivität (Ernest Lord Rutherford)
1907 Betonguss (Thomas A. Edison)
1909 Synthetischer Kautschuk (Fritz Hofmann)

Italien von 1815 bis 1920

Italien von 1815 bis 1920

Die Zerschlagung der napoleonischen Hegemonie in Europa hinterließ die Herrschaftsverhältnisse in Italien weitgehend ungeklärt, das Land territorial zerrissen. Der Wiener Kongress sprach Venetien und die Lombardei der Habsburger-Monarchie zu und restaurierte damit de facto die österreichische Hegemonie über Norditalien. Der Wunsch nach politischer Mitwirkung, nationaler Selbstständigkeit und dem *Risorgimento* (Wiederauferstehung) Italiens, der zu Beginn des 19. Jahrhunderts zunächst das Bürgertum und bald auch Teile des Adels erfasste – die Unterschichten blieben davon lange unberührt –, führte zu mehreren vergeblichen Aufständen gegen diese Fremdbestimmung (1820/1821, 1830 und 1848/49). Nach der gescheiterten national-liberalen Revolution von 1848/49 stellte sich das Königreich Sardinien-Piemont, seit 1848 konstitutionelle Monarchie mit Zweikammersystem und Zensuswahlrecht, an die Spitze dieser Einigungsbewegung. Im Sardinisch-Französisch-Österreichischen Krieg von 1859 gewann Sardinien die Lombardei. Im Kampf um einen italienischen Nationalstaat gab es aber deutliche Unterschiede zwischen Norditalien einerseits und Mittel- und Süditalien andererseits. Der wirtschaftlich unterentwickelte Süden Italiens wurde vom liberalen Nationalismus des Bürgertums kaum ergriffen. Während das liberal-kapitalistische Königreich Sardinien-Piemont 1860 den Anschluss von Parma, Modena, der Toskana und von Teilen des Kirchenstaates erreichte, eroberte der für eine Republik eintretende Freischärlerführer Garibaldi Sizilien und Neapel. Dieses radikal-demokratische Element in der italienischen Nationalbewegung

erlangte aber kaum größeren Einfluss. Der neue Nationalstaat, unter Viktor Emanuel II., dem sardinischen König, 1861 als Königreich Italien proklamiert, wurde von den gemäßigt liberalen Eliten des Nordens dominiert. Die sardinische Verfassung wurde auf Italien übertragen. Im Preußisch-Österreichischen Krieg 1866 fiel Venetien an Italien, und als Frankreich 1870 infolge des Deutsch-Französischen Krieges seine Truppen aus Italien abzog, annektierte das Königreich Italien den Restkirchenstaat und erhob Rom zu seiner Hauptstadt. Das einsetzende Wirtschaftswachstum ermöglichte um die Jahrhundertwende eine progressive Reformpolitik mit Sozialgesetzgebung und Erweiterung des Wahlrechts in Italien. Mit dem Erwerb Eritreas und Somalilands in Afrika (1889) begann die italienische Kolonialpolitik. Im Ersten Weltkrieg kämpfte Italien auf alliierter Seite gegen Österreich-Ungarn und das Deutsche Reich und erwarb so Triest und Südtirol. Die sich aus dem Krieg ergebenden wirtschaftlichen und sozialen Probleme sowie das weit verbreitete Gefühl nationaler Demütigung, trotz hoher Verluste unverhältnismäßig wenig Nutzen aus dem alliierten Sieg gezogen zu haben, waren Nährboden für den späteren Erfolg des italienischen Faschismus (1922: Mussolinis „Marsch auf Rom").

Die Einigung Italiens 1859–1870

Österreichischer Einfluss oder Besitz
Spanische Bourbonen
√   Volksabstimmung für Anschluss an Sardinien
X   Kämpfe
1860   Jahr des Anschlusses
P.   = Hzm. Parma
M.   = Hzm. Modena
→   Französische Truppen
→   Garibaldis Freischaren
→   Truppen von Piemont-Sardinien
—   Italiens Grenze 1861
--   Italiens Grenze 1870
0   100   200   300   400   500   km

Italien 1815 bis 1920 (Kartenlegende)

- Königreich Sardinien 1815
- **Rot** Habsburgische Gebiete zum Kaiserreich Österreich gehörig
- **Blau** Selbstständige Staaten unter habsburgischen Herrschern (Secundo- oder Tertiogenituren)
- *Bourbonische Staaten bis 1860 sind grün unterstrichen*
- Kgr. Italien 1861 bis 1866
- Erwerbungen bis 1914
- Erwerbungen nach dem Ersten Weltkrieg

1 : 6 000 000
0   25   50   75   100   125   km

©2001 Cornelsen

Deutschland von 1834 bis 1871 und Polen von 1815 bis 1922

Die deutsche Nationalstaatsbildung

Die deutsche Nationalstaatsbildung vollzog sich etappenweise und auf zwei Ebenen – politisch und wirtschaftlich. Nachdem Preußen die bisherige Führungsmacht Österreich durch einen von Bismarck vorsätzlich provozierten Krieg 1866 aus dem Deutschen Bund hinausgedrängt hatte, lief alles auf die so genannte „kleindeutsche" Einigung Deutschlands unter preußischer Vorherrschaft hinaus. Preußen hatte unter Bismarck die Initiative dazu ergriffen und dieses Ziel durch Zollverein (1834), Eroberungskrieg (1866) und nachfolgend gegründeten Norddeutschen Bund (1867) Schritt für Schritt erreicht, bis im Krieg von 1870/71 gegen Frankreich die mit Preußen verbündeten süddeutschen Staaten dem neuen Reich mit dem preußischen König als Kaiser beitraten.

Versuch einer polnischen Nationalstaatsbildung

1772 waren in der ersten Polnischen Teilung große Gebiete des Landes an Russland, Preußen und Österreich-Ungarn gefallen. Mit den weiteren Aufteilungen des polnischen Territoriums unter den benachbarten Großmächten in den Jahren 1793 und 1795 hatte Polen als Staat de facto aufgehört zu existieren. Auch ein Volksaufstand unter Tadeusz Kósciuszko konnte das nicht verhindern. 1808 entstand das Großherzogtum Warschau als napoleonischer Satellitenstaat. Eine erhoffte Annullierung der Dreiteilung durch Frankreich blieb aber aus. Nach Beseitigung der napoleonischen Herrschaft wurde auf dem Wiener Kongress 1815 das polnische Kerngebiet in Personalunion mit Russland vereint („Kongresspolen"). Polnische Selbstständigkeitsbestrebungen wurden im 19. Jahrhundert vom Zarenreich gewaltsam unterbunden, Aufstände zum Teil mit Unterstützung der Nachbarstaaten niedergeschlagen.

Im Ersten Weltkrieg riefen die Mittelmächte Österreich-Ungarn und Deutsches Reich nach der Eroberung des unter russischer Verwaltung stehenden Teils von Polen wieder ein selbstständiges Königreich Polen aus, das als Marionetten- und Pufferstaat dienen sollte. Nach Beendigung des Krieges 1918 erhielt Polen seine staatliche Unabhängigkeit zurück. Im Polnisch-Russischen Krieg 1920/21 weitete es sein Territorium auch wieder nach Osten aus (Friede von Riga 1921). In der Folgezeit entspannte sich das Verhältnis des unter dem autoritären Präsidialregime Marschall Józef Pilsudskis stehenden Polen zu Russland und Deutschland, während es sich gleichzeitig außenpolitisch zunehmend an Frankreich band.

Die Nationalstaatsbildungen in Italien, Deutschland und Polen

1859 Sardinisch-französischer Krieg gegen Österreich; die zunächst an Frankreich fallende Lombardei kommt im Tausch gegen Nizza und Savoyen zu Sardinien-Piemont

1861 März: nach Sturz der Bourbonen und Einlenken des Freiheitskämpfers Garibaldi wird der sardinische König Viktor Emanuel II. König von Italien (bis 1878)

1864 Deutsch-Dänischer Krieg um Schleswig, Holstein und Lauenburg

1866 „Deutscher Krieg" (Preußen im Bündnis mit Italien gegen Österreich und Deutschen Bund); Friede von Prag (Auflösung des Deutschen Bundes, Preußen annektiert alle gegnerischen Staaten nördlich der Mainlinie außer Sachsen und Hessen-Darmstadt); Friede von Wien (Österreich verliert Venetien)

1870 Streit um die spanische Thronkandidatur führt trotz des Verzichts des Prinzen Leopold von Hohenzollern-Sigmaringen zur Krise zwischen Frankreich und Preußen; mit der gekürzten „Emser Depesche" provoziert Bismarck die Kriegserklärung Napoleons III.

1870/71 Deutsch-Französischer Krieg, an dem sich die süddeutschen Staaten auf preußischer Seite beteiligen; nach Einzelverträgen untereinander wird 1871 das neue deutsche Kaiserreich gegründet (Proklamation am 18. Januar von Versailles); Italien besetzt den Kirchenstaat (September)

1916 im Ersten Weltkrieg Proklamation eines Königreiches Polen durch die Mittelmächte

1918 3. 11.: Proklamation der polnischen Republik

1919 Gewinn des westpreußischen „Korridors" und der Provinz Posen durch den Versailler Vertrag

1920 Polnisch-russischer Krieg (Gebietsgewinne)

Völker in Mittel-, Ost und Südosteuropa um 1910

Der Balkan – das „Pulverfass Europas"

Nachdem die Festschreibung des territorialstaatlichen Status quo beim Wiener Kongress Südosteuropa nicht berücksichtigte, stellte sich im 19. Jahrhundert die Frage, wie weit Europa dort eigentlich reichte. Die Rivalitäten der Großmächte, verursacht durch den Anspruch Russlands diesen Raum zu kontrollieren, und das Interesse Englands, Frankreichs und Österreich-Ungarns, das Vordringen Russlands zum Mittelmeer zu verhindern, prallten in Südosteuropa ungemindert aufeinander.

Die sich immer wieder zuspitzenden Krisen auf dem Balkan wurden verschärft durch den inneren und äußeren Verfall des Osmanischen Reiches. Trotz innerer Reformen, die das islamische, agrarisch bestimmte Reich im europäischen Sinne modernisieren sollten, gelang es dessen Herrschern nicht, die nationalen Emanzipationsbestrebungen der ethnisch und religiös unterschiedlichen Balkanvölker dauerhaft einzudämmen. Die so genannte „Orientfrage" blieb bis zum Ersten Weltkrieg im europäischen Staatensystem ein schwelender Krisenherd, dessen Auswirkungen bis in die Gegenwart reichen und wiederholt in militärischen Konflikten kulminierten.

So kam es auch zur ersten militärischen Konfrontation der europäischen Großmächte nach dem Wiener Kongress. Russland bestand traditionell darauf, dass es zum Osmanischen Reich in einem Sonderverhältnis stehe, das unter anderem mit einer Schutzfunktion für die unter osmanischer Herrschaft lebenden christlichen Balkanvölker begründet wurde. Die übrigen Großmächte erkannten diesen Anspruch nicht an und hatten in der Orientkrise von 1840 durchgesetzt, dass alle europäischen Großmächte gleichberechtigt mit dem Osmanischen Reich verkehrten. Gut zehn Jahre später fühlte sich das von den revolutionären Turbulenzen 1848/49 kaum berührte Russische Reich stark genug seine Ansprüche auf dem Balkan durchzusetzen. Der Widerstand des von den Westmächten unterstützten Osmanischen Reiches führte zum Krimkrieg zwischen Russland auf der einen und dem Osmanischen Reich, England, Frankreich und dem kleinen Sardinien-Piemont auf der anderen Seite. Preußen blieb neutral, während Österreich-Ungarn in die antirussische Allianz eintrat ohne aktiv in den Krieg einzugreifen. Dieser Schritt beschwor allerdings für die Zukunft einen verhängnisvollen Dualismus zwischen diesen beiden Großmächten herauf, die bisher in der Balkanfrage weitgehend konzertiert gehandelt hatten. Die militärische Niederlage Russlands brachte 1856 im Frieden von Paris mit der Neutralisierung des Schwarzen Meeres ein vorläufiges Ende der russischen Balkanambitionen.

Durch die nun folgende offizielle Einbindung des Osmanischen Reiches in das europäische Mächtekonzert hofften die Westmächte die Orientfrage zu entschärfen und damit die strategischen Fehler von 1815 zu korrigieren. Dies gelang jedoch nicht. Der Balkan blieb ein ständiger Konfliktherd. Der Krimkrieg leitete eine Epoche kurzer „Duellkriege" ein, die erst durch die eigenartige Konstellation nach 1856 und die damit verbundene Interessenverlagerung der „Flügelmächte" England und Russland in den außereuropäischen Raum (Indien, China, Zentralasien) politisch möglich waren, ohne gleich per se zum Zusammenbruch des europäischen Mächteausgleichs zu führen.

Völker und ethnische Gruppen in Mittel- und Südosteuropa um 1910

Indogermanische Familie

Slawische Gruppe:
- Sorben
- Polen
- Kaschuben
- Tschechen
- Slowaken
- Slowenen
- Kroaten
- Bosniaken
- Serben
- Kraschowaner
- Christliche Slawen in Makedonien
- Bulgaren
- Russen
- Weißrussen
- Ukrainer

Germanische Gruppe:
- Dänen
- Norweger
- Schweden
- Niederländer
- Friesen
- Deutsche

Griechische Gruppe:
- Griechen

Albanische Gruppe:
- Albaner

Romanische Gruppe:
- Franzosen
- Italiener
- Rätoromanen
- Ladiner
- Friauler
- Rumänen
- Aromunen

Lettisch-litauische Gruppe:
- Letten
- Litauer

Ural-Familie

Finnisch-ugrische Gruppe:
- Finnen
- Esten
- Ungarn

Altaische Familie

Turk-Gruppe:
- Türken
- Gagausen
- Tataren
- Krimtataren

Semitisch-hamitische Familie

Semitische Gruppe:
- Malteser

■ Städte mit mehr als 50000 Juden
● Städte mit mehr als 10000 Juden

— Grenze 1914
--- Grenze 1918/23

1 : 15000000

0   100   200   300   400   500 km

© 2001 Cornelsen

Als Russland nach der Niederlage im Krieg gegen Japan und der ersten russischen Revolution 1905 sein Interesse wieder dem Balkan zuwandte, kam es zu immer stärkeren russisch-österreichischen Spannungen. Angesichts der jungtürkischen Revolution annektierte Österreich-Ungarn 1908 Bosnien und Herzegowina. Das führte zu einer internationalen Krise, in der die deutsche Reichsführung Österreich vorbehaltlos unterstützte und damit die europäische Konfrontation noch ausweitete. Italien, das 1911/12 in einem siegreichen Krieg gegen die Türkei die Abtretung von Tripolis (Libyen) erkämpft hatte, schloss 1912 mit Frankreich ein Neutralitätsabkommen und verließ damit faktisch den Block der Mittelmächte Gleichzeitig schienen die Tage der türkischen Herrschaft in Europa gezählt. Im Ersten Balkankrieg nahmen die verbündeten Balkanstaaten Serbien, Montenegro, Bulgarien und Griechenland dem Osmanischen Reich 1912 fast dessen gesamten europäischen Besitz ab – bis auf das Gebiet zwischen Adrianopel und Istanbul –, um dann im Zweiten Balkankrieg 1913 über diese Territorien in Verteilungskämpfe zu geraten. In beiden Kriegen konnten britische und deutsche Diplomatie vermittelnd auftreten und einen direkten Zusammenstoß der mit den Kriegsteilnehmern verbündeten Großmächte verhindern.

Die Balkanländer im 19. Jahrhundert

Die Balkanländer 1815–1878
Grenze des Osmanischen Reiches 1815
Grenze des Osmanischen Reiches 1878
Grenze Bulgariens, vorgeschlagen
im Frieden von San Stefano 1878

1 : 12 000 000
0 50 100 150 200 250 km

Die Balkanländer 1878–1915
Grenze des Osmanischen Reiches 1912
Grenze des Osmanischen Reiches 1915
Von osmanischer Herrschaft befreite Gebiete
sind in Flächenfarben dargestellt
Die Zahlen geben das Jahr der Befreiung an

1 : 12 000 000
0 50 100 150 200 250 km

© 2001 Cornelsen

ALBANIEN

Seit dem 15. Jahrhundert unter osmanischer Herrschaft, erkämpfte sich Albanien in den Balkankriegen 1912/13 die Unabhängigkeit. 1914 zum Fürstentum und 1928 zum Königreich erhoben, konnte es 1923 seine Grenze zu Griechenland völkerrechtlich festlegen. Bis zur Besetzung durch Italien 1939 blieb Albanien ein souveräner Staat.

BULGARIEN

Seit 1396 zum Osmanischen Reich gehörend, setzten in Bulgarien bereits im 18. und 19. Jahrhundert Bestrebungen nach nationaler Unabhängigkeit ein. 1878 erhielt das Land nach dem russisch-türkischen Krieg Sonderstatus als dem Osmanischen Reich tributpflichtiges Fürstentum. Südbulgarien blieb aber als autonome Provinz Ostrumelien vorerst osmanisch, bis es 1885 an Bulgarien angegliedert werden konnte. 1908 wurde das unabhängige Königreich Bulgarien proklamiert, das im 2. Balkankrieg 1913 Gebietsverluste hinnehmen musste. Im Ersten Weltkrieg ab 1915 Bündnispartner der Mittelmächte, musste Bulgarien 1919 seine Ägäisküste an Griechenland abtreten.

GRIECHENLAND

Seit dem 14. Jahrhundert unter osmanischer Herrschaft, gelang 1821–1829 im griechischen Freiheitskampf die Erringung der staatlichen Unabhängigkeit (1830). Das 1832 zum Königtum erhobene Griechenland erzielte in den Balkankriegen erhebliche Gebietsgewinne – insbesondere durch die Teilung Makedoniens mit Serbien und Bulgarien. Seit 1915 Aufmarschgebiet einer alliierten Offensive, trat Griechenland 1917 offiziell auf Seiten der Alliierten in den Ersten Weltkrieg ein. Die Festlegung der griechischen Grenzen erfolgte erst nach dem griechisch-türkischen Krieg von 1923. In der Folge war das politische System Griechenlands sehr instabil (1924 Republik, 1935 Monarchie, 1936 Diktatur, 1941 deutsche Besetzung, 1945 Bürgerkrieg, 1946 Monarchie, 1949 Republik, 1967 Militärdiktatur, 1974 demokratische Republik).

MAKEDONIEN

Seit 1371 osmanisch besetzt, wurde Makedonien seit Ende des 19. Jahrhunderts von Bulgarien, Serbien und Griechenland gleichermaßen territorial reklamiert („Makedonische Frage"). Nach dem 2. Balkankrieg wurde das Land unter diese drei Staaten geteilt. Der serbische Teil wurde 1918 dem neuen „Königreich der Serben, Kroaten und Slowenen" einverleibt.

MONTENEGRO

Das Fürstentum Montenegro war seit 1479 bzw. 1528 osmanischer Vasall, wenngleich sein Küstengebiet unter venezianischer Oberhoheit stand. Seit 1697 unter erzbischöflicher Herrschaft weitgehend selbstständig geworden, wurde es 1852 in ein weltliches Fürstentum umgewandelt und erreichte 1878 nach dem Berliner Kongress völkerrechtliche Unabhängigkeit. Nachdem Montenegro in den beiden Balkankriegen auf serbischer und im Ersten Weltkrieg auf alliierter Seite gekämpft hatte, wurde es 1918 in das neugegründete „Königreich der Serben, Kroaten und Slowenen" inkorporiert.

RUMÄNIEN

Die im 14. Jahrhundert entstandenen Fürstentümer Moldau und Walachei standen seit dem 16. Jahrhundert unter osmanischer Oberhoheit, waren aber bereits im 18. Jahrhundert Gegenstand der Territorialkämpfe zwischen Osmanischem Reich, Österreich-Ungarn und Russland. 1861 zum Fürstentum Rumänien vereinigt, wurde dessen Unabhängigkeit von den europäischen Großmächten 1878 anerkannt. Das 1881 zum Königreich erhöhte Rumänien blieb im zweiten Balkankrieg territorial weitgehend unverändert, trat 1916 auf alliierter Seite in den Ersten Weltkrieg ein und wurde von den Mittelmächten besetzt. Nach dem Ersten Weltkrieg wurde Rumänien hierfür durch signifikante Gebietsgewinne entschädigt.

SERBIEN

Seit 1389 bzw. 1459 osmanisch besetzt, fiel Nordserbien 1718–1739 an Österreich. Die seit 1804 andauernde nationale Erhebung zur Erringung der serbischen Unabhängigkeit hatte 1817 mit der Einrichtung eines autonomen Fürstentums Serbien einen ersten Teilerfolg. 1878 souverän und 1882 zum Königtum erhoben, erzielte Serbien im zweiten Balkankrieg erhebliche Gebietsgewinne. Der anhaltende serbisch-österreichische Konflikt wurde mit der Ermordung des österreichischen Thronfolgers durch einen serbischen Nationalisten in Sarajevo 1914 auch zum Auslöser des Ersten Weltkrieges. 1915 von den Mittelmächten okkupiert, wurde Serbien nach dem Ende des Ersten Weltkriegs Stammland des neugegründeten Staates Jugoslawien.

Entdeckungsreisen seit Beginn des 19. Jahrhunderts

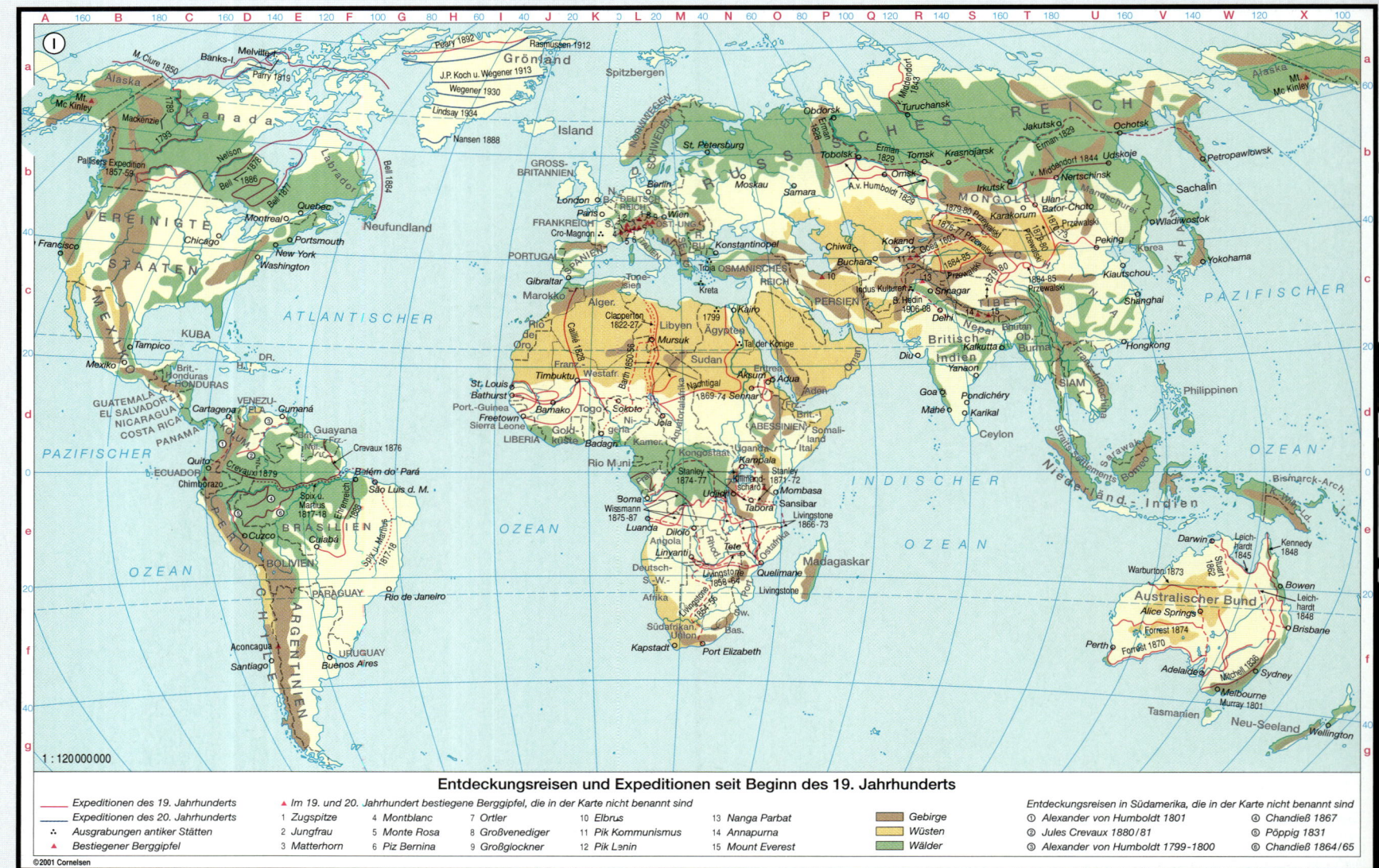

Entdeckungsreisen und Expeditionen seit Beginn des 19. Jahrhunderts

1 : 120 000 000

— Expeditionen des 19. Jahrhunderts	▲ Im 19. und 20. Jahrhundert bestiegene Berggipfel, die in der Karte nicht benannt sind	7 Ortler	13 Nanga Parbat
— Expeditionen des 20. Jahrhunderts	1 Zugspitze	4 Montblanc	8 Großvenediger	10 Elbrus	14 Annapurna
∴ Ausgrabungen antiker Stätten	2 Jungfrau	5 Monte Rosa	9 Großglockner	11 Pik Kommunismus	15 Mount Everest
▲ Bestiegener Berggipfel	3 Matterhorn	6 Piz Bernina	12 Pik Lenin	

Gebirge / Wüsten / Wälder

Entdeckungsreisen in Südamerika, die in der Karte nicht benannt sind
① Alexander von Humboldt 1801 ③ Chandieß 1867
② Jules Crevaux 1880/81 ⑤ Pöppig 1831
④ Alexander von Humboldt 1799–1800 ⑥ Chandieß 1864/65

©2001 Cornelsen

Forschungsreisen und Entdeckungen des 19. und 20. Jahrhunderts

1799 Auffinden des Steins von Rosette (Ägypten)

1804–1806 Lewis und Clark erreichen von St. Louis (Missouri, USA) aus den Pazifik

1828 René Caillié hält sich monatelang unentdeckt in der alten, für Europäer verbotenen Handels- und Universitätsstadt Timbuktu auf

1834 Alexander von Humboldts gesammelte Reiseberichte erscheinen in 34 Bänden

1844/1846–1848 Ludwig Leichhardts Expeditionen im Innern Australiens

1848 Beginn der Ostafrika-Forschungsreise von J. L. Krapf und J. Rebmann

1850–1855 Sahara-Expeditionen Heinrich Barths

1860 Fiorelli beginnt Grabungen in Pompeji und Herkulaneum

1860/61 erste Australien-Durchquerung durch Burke, Willis und King

1862 J. H. Speke erreicht die Ripon-Fälle des Nil

1866 Reste des Cro-Magnon-Menschen werden in Frankreich gefunden

1869–1872 Afrika-Reise von G. Nachtigal (Sahara, Sudan) und G. Schweinfurth (Gazellenfluss, Akka-Volk)

1870 H. Schliemann beginnt mit Ausgrabung Trojas

1871 5.9.: Carl Mauch entdeckt die Ruinenstätten von Simbabwe

1872–1874 Payer und Weyprecht entdecken das Franz-Joseph-Land (Archipel im Nordpolarmeer)

1874–1877 Henry Morton Stanley, der 1871 den schottischen Missionar Livingstone aufgefunden und gerettet hat, erforscht den Kongo-Fluss

1878/79 Nordenskjöld gelingt die Nordost-Passage

1881 Beginn der Ausgrabungen im Tal der Könige in Ägypten

1900 Arthur Evans beginnt auf Kreta mit Ausgrabungen der Minoischen Kultur

1909 6. 4.: Robert Peary erreicht den Nordpol

1911/12 Amundsen (Dezember 1911) und kurz darauf Scott (Januar 1912) erreichen den Südpol

1918 Ausgrabungen von Ur

1925 Ausgrabungsbeginn der Indus-Kultur

1933–1957 R. E. Byrd erforscht – zum Teil aus der Luft – die Antarktis

1940 steinzeitliche Höhlenmalereien von Lascaux entdeckt

1947 Thor Heyerdahl unternimmt mit dem Floß *Kon Tiki* eine erfolgreiche Atlantik-Überquerung

1952 Ausgrabungen zur Maya-Kultur

1958 Fuchs und Hillary durchqueren die Antarktis

1960 Jaques Piccard und Don Walsh erreichen mit einer Taucherglocke die tiefste Stelle der Weltmeere (11 521 m)

1962 Heinrich Harrers Forschungen in Neuguinea mit der Erstbesteigung der Carstensz-Pyramide (höchster Berg der Insel, 5028 Meter)

1967 die Sowjetunion gibt den nördlichen Seeweg (Nordost-Passage) für die internationale Schifffahrt frei

1970 Heyerdahl wiederholt seine Floßfahrt von 1947 über den Atlantik mit dem Papyrusboot *Ra II*

1989/90 Reinhold Messner und Arved Fuchs durchqueren den antarktischen Kontinent auf neuer Route

1999 dem Schweizer Bertrand Picard gelingt die erste Weltumrundung im Ballon

Erstbesteigungen der großen Berggipfel

JAHR	BERG	HÖHE (in m)	LAGE
1786	Montblanc	4808	Alpen
1800	Großglockner	3797	Alpen
1804	Ortler	3899	Alpen
1811	Jungfrau	4158	Alpen
1820	Zugspitze	2963	Alpen
1841	Großvenediger	3674	Alpen
1850	Piz Bernina	4049	Alpen
1855	Monte Rosa	4634	Alpen
1865	Matterhorn	4478	Alpen
1874	Elbrus	5642	Kaukasus
1880	Chimborasso	6267	Anden
1889	Kilimandscharo	5895	Afrika
1897	Aconcagua	6959	Anden
1913	Mt. McKinley	6193	Alaska
1928	Pik Lenin	7134	Pamir
1933	Pik Kommunismus	7495	Pamir
1950	Annapurna I	8091	Himalaya
1953	Mt. Everest	8848	Himalaya
	Nanga Parbat	8126	Karakorum
1954–1964	Erstbesteigung von 11 weiteren Achttausendern im Himalaya		

Die Eroberung der Pole

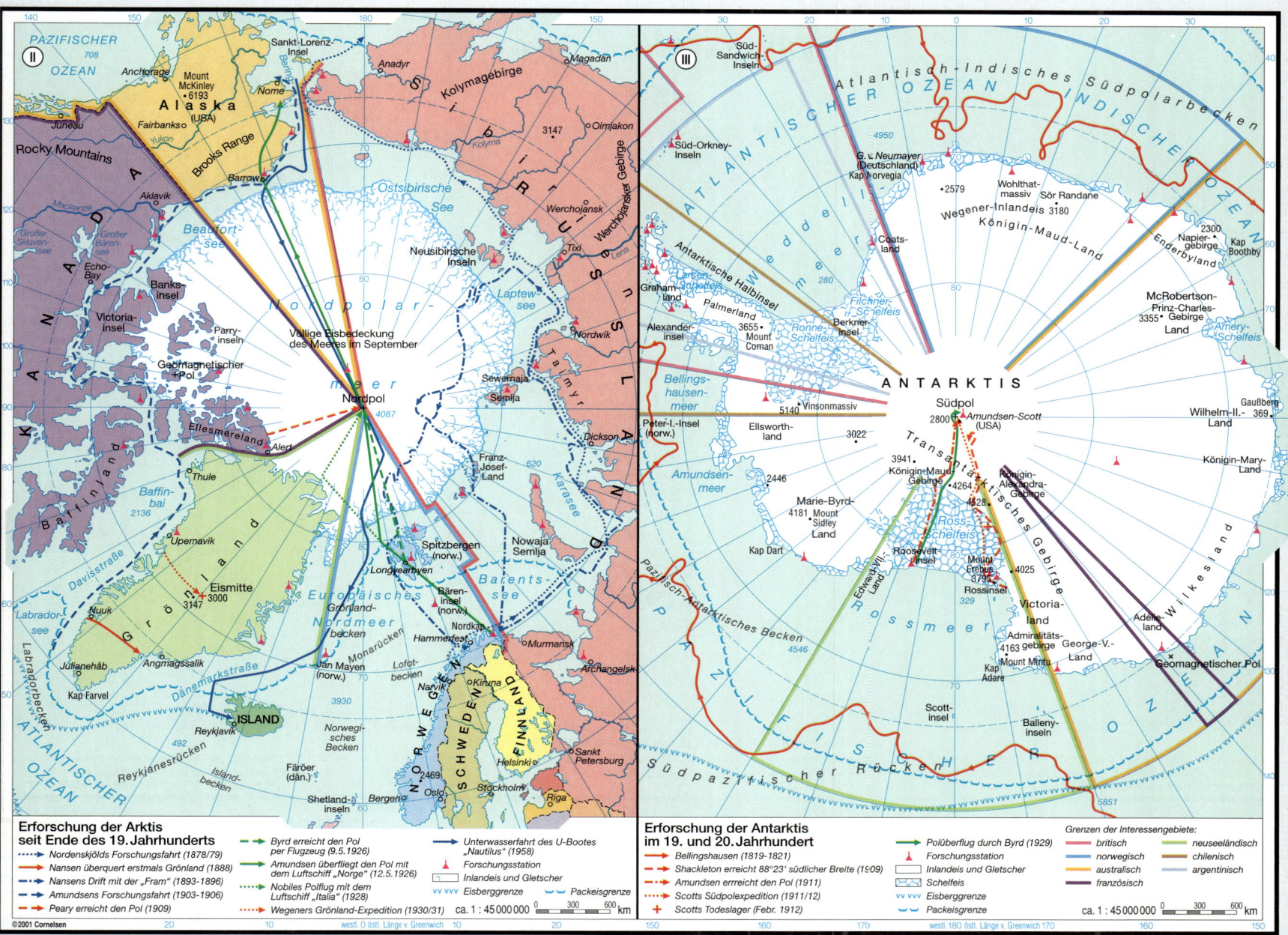

Erforschung der Arktis seit Ende des 19. Jahrhunderts
- ···· Nordenskjölds Forschungsfahrt (1878/79)
- ─ ─ Nansen überquert erstmals Grönland (1888)
- ─·─ Nansens Drift mit der „Fram" (1893–1896)
- ····· Amundsens Forschungsfahrt (1903–1906)
- ─── Peary erreicht den Pol (1909)
- ─── Byrd erreicht den Pol per Flugzeug (9.5.1926)
- ····· Amundsen überfliegt den Pol mit dem Luftschiff „Norge" (12.5.1926)
- ····· Nobiles Polflug mit dem Luftschiff „Italia" (1928)
- ····· Wegeners Grönland-Expedition (1930/31)
- ─── Unterwasserfahrt des U-Bootes „Nautilus" (1958)
- ▲ Forschungsstation
- Inlandeis und Gletscher
- ∿∿ Eisberggrenze
- ∿∿ Packeisgrenze
- ca. 1 : 45 000 000   0   300   600 km

Erforschung der Antarktis im 19. und 20. Jahrhundert
- ─── Bellingshausen (1819–1821)
- ─── Shackleton erreicht 88°23' südlicher Breite (1909)
- ─── Amundsen errreicht den Pol (1911)
- ····· Scotts Südpolexpedition (1911/12)
- ▲ Scotts Todeslager (Febr. 1912)
- ─── Polüberflug durch Byrd (1929)
- ▲ Forschungsstation
- Inlandeis und Gletscher
- Schelfeis
- ∿∿ Eisberggrenze
- ∿∿ Packeisgrenze
- ca. 1 : 45 000 000   0   300   600 km

Grenzen der Interessengebiete:
- britisch
- norwegisch
- australisch
- französisch
- neuseeländisch
- chilenisch
- argentinisch

©2001 Cornelsen

Die großen Polarforscher

SIR JOHN FRANKLIN (GROSSBRITANNIEN, 1786–1847)
1819–1822/1825–1827: kartographiert auf zwei Landreisen rund die Hälfte der arktischen Festlandküste;
1845–1848: beim Versuch der Nordwestpassage werden Franklins Schiffe im Eis eingeschlossen und aufgegeben, alle 130 Expeditionsteilnehmer kommen um

FRIDTJOF NANSEN (NORWEGEN, 1861–1930)
1888: Überquerung des grönländischen Inlandeises; 1893–1896: Driftfahrt mit der *Fram* und Vorstoß bis auf 86°14'; 1921–1930: Hochkommissar des Völkerbundes und Friedensnobelpreisträger (1922) für seine Aktionen für das hungernde Sowjetrussland (ab 1921)

SIR ERNEST SHACKLETON (GB, 1874–1922)
1907–1909: Erreichung des magnetischen Südpols, Besteigung des Mount Erebus und Vorstoß bis auf 88°23'; 1914–1916: die Durchquerung der Antarktis scheitert, nachdem sein Schiff im Packeis havariert; 5. 1. 1922: Herzschlag auf seiner vierten Expedition

ROALD AMUNDSEN (NORWEGEN, 1872–1928)
1903–1906: Fahrt mit der *Gjøa* durch die Nordwestpassage; 14. 12. 1911: Amundsen erreicht mit vier Begleitern als erster den Südpol; 1926: überfliegt mit dem italienischen General Nobile im Luftschiff *Norge* den Nordpol; 1928: kehrt von einem Suchflug zur Rettung des in der Arktis havarierten Nobile nicht zurück

Das Zeitalter der Raumfahrt

1957 mit dem ersten künstlichen Erdsatelliten, dem sowjetischen *Sputnik I*, beginnt die Ära der Weltraumflüge

1959 „Lunik II" sendet erste Bilder von der Rückseite des Mondes

1961 erster bemannter Weltraumflug durch den Sowjetrussen Juri Gagarin mit *Wostok I*

1968 amerikanische Astronauten umkreisen mit *Apollo VIII* den Mond

1969 Neil Armstrong von *Apollo 11* betritt als erster Mensch den Mond (16. Juli)

1971 amerikanische Raumsonde *Mariner 9* photographiert die Marsoberfläche

1972 Landung der Raumsonde *Venus 8* auf der Venus

1974 US-Raumsonde erkundet Jupiter

1976 US-Mars-Sonde liefert erste Bilder

1980 die US-Raumsonde *Voyager I* passiert Saturn

1981 erstmals startet mit der *Columbia* eine wiederverwendbare Fähre ins All

1982 zwei sowjetische Kosmonauten verbringen 211 Tage in der Erdumlaufbahn

1984 Spiegelteleskope liefern Bilder von Uranus, Neptun und Pluto; amerikanische Astronauten unternehmen erstmals ungesicherte „Weltraumspaziergänge"

1986 *Challenger*-Katastrophe (die Explosion der Raumfähre lähmt die amerikanische Raumfahrt für fast ein Jahrzehnt); die russische Raumstation *Mir* geht in Betrieb – hier wurden zahlreiche Rekorde für Langzeitaufenthalte im All aufgestellt; mit der *Ariane 4* bringt die ESA erstmals ein wiederverwendbares Trägerraketensystem zum Einsatz, das für die Satellitenstationierung bald führend wird

1989 Weltraumsonde *Voyager* (1977 gestartet) passiert Neptun und sendet spektakuläre Bilder

1990–2000 das Weltraumteleskop *Hubble* erweitert den vom Menschen beobachteten Weltraum um das Hundertfache und führt zu zahlreichen bahnbrechenden Entdeckungen

1997 die Marssonde *Pathfinder* setzt mit *Sojourner* erstmals ein von der Erde aus ferngesteuertes Erkundungsfahrzeug auf dem Mars ab

1998 Beginn des Baus der internationalen Raumstation ISS (geplante Inbetriebnahme 2006)

1999 die Marssonde *Polar Lander* stürzt bei der Landung auf dem roten Planeten unkontrolliert ab, was zum vorläufigen Abbruch aller Mars-Projekte führt

2001 mit dem kontrollierten Absturz der Raumstation *Mir* endet die Ära der großen sowjetischen Raumfahrt; dominant sind nun NASA und ESA

Europäischer Kolonialismus bis 1914

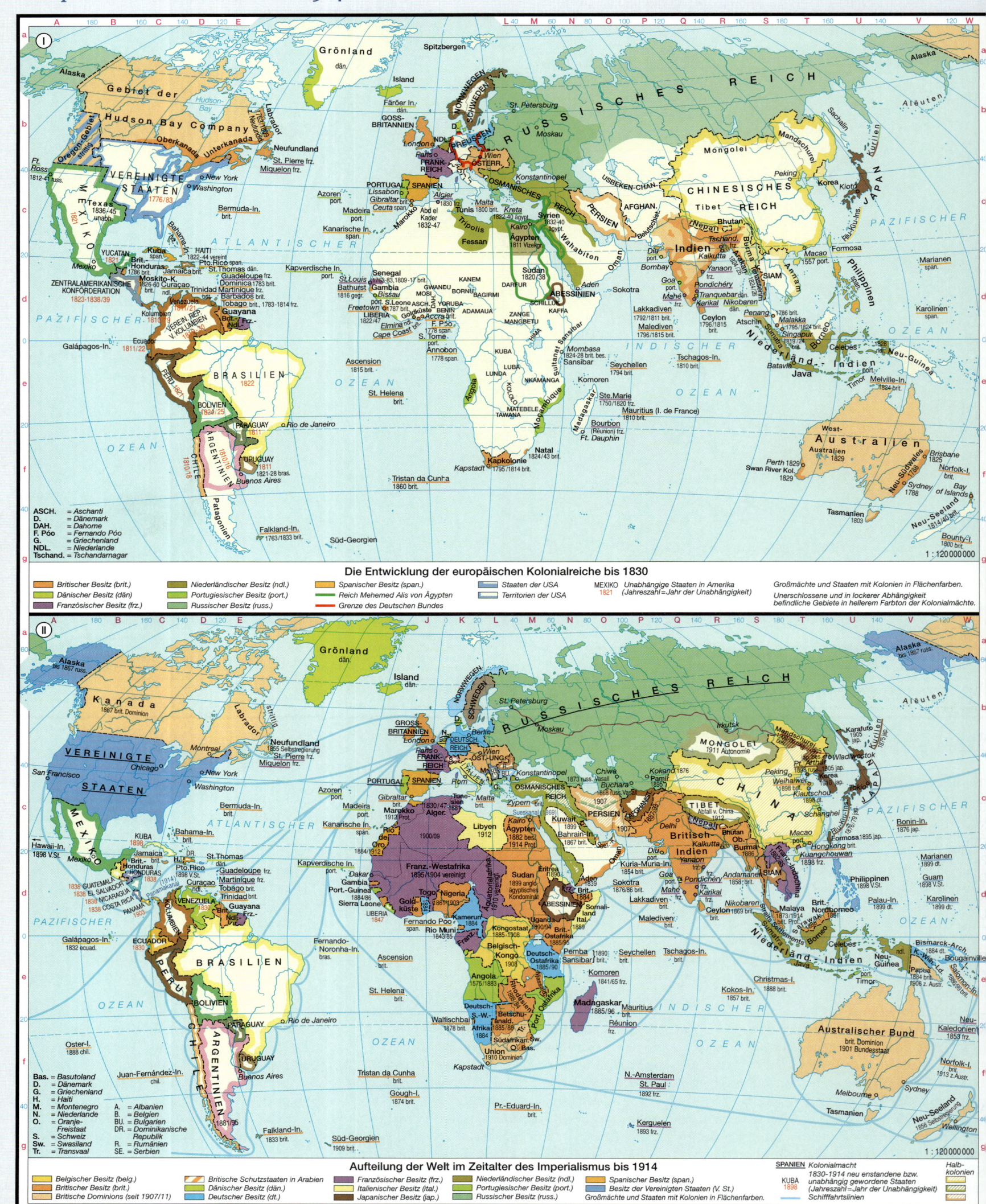

Die Entwicklung der europäischen Kolonialreiche bis 1830

ASCH. = Aschanti
D. = Dänemark
DAH. = Dahome
F. Póo = Fernando Póo
G. = Griechenland
NDL. = Niederlande
Tschand. = Tschandarnagar

- Britischer Besitz (brit.)
- Dänischer Besitz (dän)
- Französischer Besitz (frz.)
- Niederländischer Besitz (ndl.)
- Portugiesischer Besitz (port.)
- Russischer Besitz (russ.)
- Spanischer Besitz (span.)
- Reich Mehemed Alis von Ägypten
- Grenze des Deutschen Bundes
- Staaten der USA
- Territorien der USA

MEXIKO 1821 Unabhängige Staaten in Amerika (Jahreszahl = Jahr der Unabhängigkeit)

Großmächte und Staaten mit Kolonien in Flächenfarben.
Unerschlossene und in lockerer Abhängigkeit befindliche Gebiete in hellerem Farbton der Kolonialmächte.

1 : 120 000 000

Aufteilung der Welt im Zeitalter des Imperialismus bis 1914

Bas. = Basutoland
D. = Dänemark
G. = Griechenland
H. = Haiti
M. = Montenegro
N. = Niederlande
O. = Oranje-Freistaat
S. = Schweiz
Sw. = Swasiland
Tr. = Transvaal

A. = Albanien
B. = Belgien
BU. = Bulgarien
DR. = Dominikanische Republik
R. = Rumänien
SE. = Serbien

- Belgischer Besitz (belg.)
- Britischer Besitz (brit.)
- Britische Dominions (seit 1907/11)
- Britische Schutzstaaten in Arabien
- Dänischer Besitz (dän.)
- Deutscher Besitz (dt.)
- Französischer Besitz (frz.)
- Italienischer Besitz (ital.)
- Japanischer Besitz (jap.)
- Niederländischer Besitz (ndl.)
- Portugiesischer Besitz (port.)
- Russischer Besitz (russ.)
- Spanischer Besitz (span.)
- Besitz der Vereinigten Staaten (V. St.)
- Großmächte und Staaten mit Kolonien in Flächenfarben.

SPANIEN Kolonialmacht
KUBA 1898 1830–1914 neu enstandene bzw. unabhängig gewordene Staaten (Jahreszahl = Jahr der Unabhängigkeit)

Halbkolonien

Schifffahrtslinien

1 : 120 000 000

©2001 Cornelsen

Die Kolonialreiche Frankreichs, der Niederlande und Großbritanniens

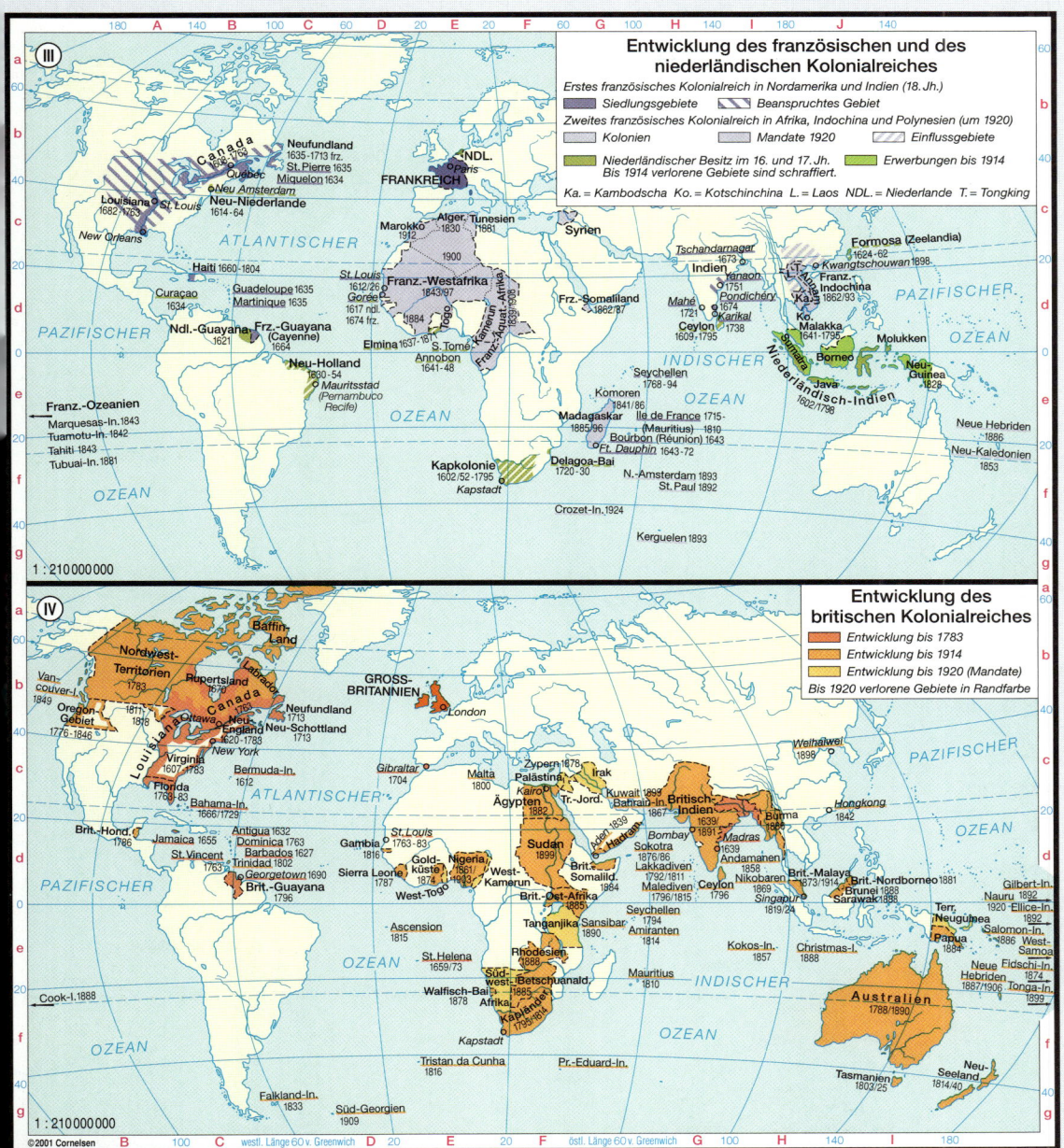

Entwicklung des französischen und des niederländischen Kolonialreiches

Erstes französisches Kolonialreich in Nordamerika und Indien (18. Jh.)
- Siedlungsgebiete
- Beanspruchtes Gebiet

Zweites französisches Kolonialreich in Afrika, Indochina und Polynesien (um 1920)
- Kolonien
- Mandate 1920
- Einflussgebiete

Niederländischer Besitz im 16. und 17. Jh.
- Erwerbungen bis 1914

Bis 1914 verlorene Gebiete sind schraffiert.

Ka. = Kambodscha Ko. = Kotschinchina L. = Laos NDL. = Niederlande T. = Tongking

Entwicklung des britischen Kolonialreiches
- Entwicklung bis 1783
- Entwicklung bis 1914
- Entwicklung bis 1920 (Mandate)

Bis 1920 verlorene Gebiete in Randfarbe

1 : 210000000

© 2001 Cornelsen

Der Kolonialismus bis 1914

Das 19. Jahrhundert gilt als das Zeitalter der europäischen Expansion und des Imperialismus. Die letzten Jahrzehnte dieses Jahrhunderts waren vom rigorosen Wettlauf um Territorien, Bodenschätze, Handelsmärkte und Kapitalinvestitionen geprägt. Ein Großteil der Welt geriet unter direkte oder indirekte Abhängigkeit von europäischen Großmächten. Großbritannien verfügte 1914 als größte Kolonialmacht der Welt über ein Fünftel der Landoberfläche der Erde und über ein Viertel der Weltbevölkerung.

Während sich Großbritannien, Frankreich und Portugal als „ältere" Kolonialmächte ihrer früher erworbenen Gebiete als Ausgangspunkte für die Abrundung ihres Besitzes bedienten, orientierten sich die „verspäteten" Interessenten Deutschland (Südwestafrika, Togo, Kamerun, Ostafrika, Neuguinea, Marshallinseln, Samoa), Italien (Libyen, Eritrea, Somaliland), Belgien (Kongo) und Japan auf die noch verfügbaren Territorien in Afrika, Asien, im Stillen Ozean und China.

Die USA profilierten sich für die westliche Hemisphäre mittels der Monroe-Doktrin („Amerika den Amerikanern") als Anwalt der nach Unabhängigkeit strebenden Kolonien in Lateinamerika gegenüber den europäischen Kolonialmächten. Spätestens mit dem Spanisch-Amerikanischen Krieg 1898 signalisierten die USA dabei aber selbst Großmachtinteressen, die sich auch auf den asiatischen Raum richteten.

Russland betrieb seine Expansion in Mittelasien und Sibirien. Die dort im 19. Jahrhundert erfolgte Ansiedlung von etwa 7 Millionen Russen sollte die Annexionen stabilisieren.

Umfang der Kolonien gemessen an Weltterritorium und Weltbevölkerung 1914

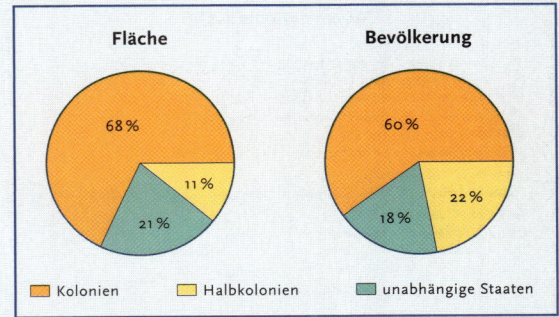

Fläche / Bevölkerung

- Kolonien
- Halbkolonien
- unabhängige Staaten

Weltweiter Kolonialbesitz nach Staaten (Fläche in 1000 qkm, Bevölkerung in 1000)

	1876 Fläche	1876 Bevölkerung	1890 Fläche	1890 Bevölkerung	1939 Fläche	1939 Bevölkerung
Großbritannien	22 476	251 861	32 713	367 605	14 098	44 6381
Niederlande	2045	24 520	2046	37 874	2146	67 672
Frankreich	975	5997	10 985	50 107	11 903	68 666
Portugal	1822	6749	2093	7678	2082	10 258
Deutsches Reich	–	–	2597	11 998	–	–
Russland	17 011	15 958	17 287	25 045	(in der UdSSR aufgegangen)	
USA	1552	60	1876	8818	313	16 431

Deutsche Kolonien 1914

		FLÄCHE (in qkm)	BEVÖLKERUNG Einheimische	BEVÖLKERUNG Weiße	EISENBAHN (in km)	EXPORT (in Mark)	IMPORT (in Mark)	DEFIZIT/REICHSBEITRAG (in Mark)
AFRIKA	Deutsch-Ostafrika	1 020 000	7 645 000	5000	1250	31 400 000	50 300 000	40 900 000
	Deutsch-Südwestafrika	830 000	80 000	15 000	1960	39 000 000	32 500 000	38 500 000
	Kamerun	504 000	3 326 000	1800	310	23 300 000	34 200 000	69 00 000
	Togo	88 000	1 031 000	400	325	9 900 000	11 400 000	–
ASIEN/PAZIFIK	Deutsch Neuguinea/ Bismarckarchipel	230 000	719 000	900	–	5 100 000	4 900 000	1 700 000
	Karolinen/Marianen/ Marshallinseln/Palau	13 200	15 000	500	–	6 900 000	3 400 000	k. A.
	Kiautschou	560	192 000	4400	435	79 600 000	6 100 000	10 300 000
	Samoa	25 500	35 000	500	–	5 100 000	4 900 000	160 000

Afrika von 1500 bis 1800

Der Begriff Kolonie

Im allgemeineren Sinne bezeichnet der Begriff Kolonie jedes von einer fremden Macht abhängige Gebiet oder Land, im Besonderen sind aber die seit den Entdeckungen von den europäischen Staaten namentlich in Übersee erworbenen Besitzungen gemeint. Die Praxis der Kolonialisierung hatte dabei unterschiedliche Züge. Sie reichte von der anfänglichen symbolischen Landnahme durch Aufstellen von Stelen oder Flaggenhissen bis zur administrativen und gewaltsamen Unterstellung. Gegen Ende des 19. Jahrhunderts erfolgte die staatsrechtlich legitimierte Verwaltung nach politischen Konzepten der Mutterländer, Spielräume für eine administrative Partizipation der Vorbewohner der Kolonialgebiete gab es kaum. Auch die zuweilen gebrauchten Bezeichnungen „Schutzgebiete" für die deutschen Kolonien und „Schutztruppe" für die dort eingesetzten Truppenteile entsprachen den allgemeinen kolonialen Praktiken und sind aus der Perspektive deutscher Interessen zu verstehen.

Afrika von der Mitte des 19. Jahrhunderts bis 1914

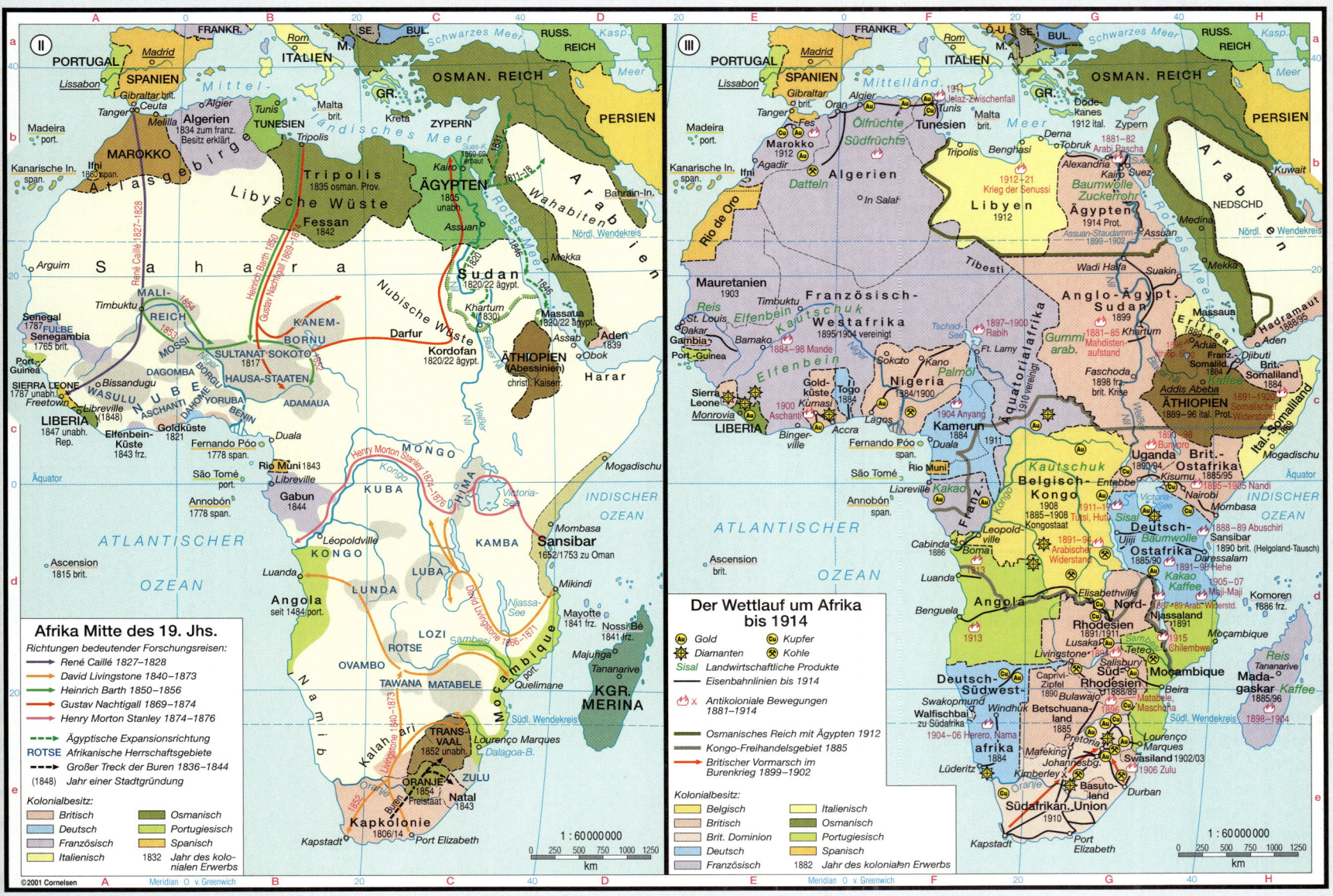

Afrika vor der imperialen Aufteilung am Ende des 19. Jahrhunderts

Seit den britischen Verboten des Sklavenhandels (1807), der Sklaverei (1833) und der Sklavenausfuhr (1841) war der koloniale Gesamthandel mit und in Afrika deutlich zurückgegangen. Während sich Dänen und Niederländer nun weitgehend vom Kontinent zurückzogen, verstärkte Frankreich sein Engagement in Algerien, Gambun und Senegambien. Mit der Ausbeutung des noch zu erforschenden inneren Afrikas begann als erstes Land Belgien, das sich 1884/85 das Kongo-Gebiet gegen portugiesisch-britische Ansprüche sichern konnte (Kongo-Konferenz in Berlin). Auch das Deutsche Reich erwarb durch die Umwandlung „privater" Gebietserwerbungen des Deutschen Kolonialvereins in nationale „Schutzzonen" 1884 mit Togo, Kamerun, Deutsch-Südwestafrika und Deutsch-Ostafrika noch große Kolonialgebiete in Afrika.

Verschiedene afrikanische Despotien insbesondere an der Südküste Westafrikas betrieben weiterhin schwungvollen Sklavenhandel, so etwa Aschanti oder Benin. Die damit verbundenen Kleinkriege – zum Beispiel zwischen Dahomey und Yoruba – behinderten langfristige Territorialbildungen in der Region. In Ostafrika dominierte das Sultanat Sansibar den Sklavenhandel. Gegen die arabischen Sklavenjäger schlossen mehrere schwarzafrikanische Stämme Schutz-

verträge mit Briten oder Deutschen, die nominell als Gegner des Sklavenhandels auftraten. Eine entscheidende Rolle spielte hier auch die national gefärbte Missionsbewegung beider Staaten.

Die Fulbe-Nomaden hatten bereits zu Beginn des 19. Jahrhunderts alle Hausa-Stadtstaaten erobert, bis auf Kanem und Bornu. Führend unter den Ful-chen Reichen wurde Sokoto, das – trotz britischen Protektorats weitgehend eigenständig agierend – seine Herrschaft unter Emir Rabeh noch Ende des 19. Jahrhunderts über Bornu und Bagirmi ausdehnte, bevor französische Truppen 1900 die weitere Expansion stoppten.

1822 begründeten befreite und rückgeführte Sklaven aus Amerika eine Siedlung, aus der sich 1847 die unabhängige Republik Liberia bildete.

In Südafrika bildeten Bantustämme unter der Führung Tschakas den Kriegerstaat der Zulus. Sein Vorstoß nach Natal führt zu Umsiedlungsbewegungen aller südafrikanischen Bantu-Völker, insbesondere aber der Matabele und Herero. Der „große Treck" der Buren, die sich wegen innenpolitischer Spannungen von der britischen Kapkolonie abgespalten hatten, führte 1842 nach Kämpfen mit den Zulus und der britischen Annexion Natals zur Gründung des Oranje-Freistaates und 1853 der südafrikanischen Republik Transvaal. Dessen britische Annexion 1877 warfen die Buren 1880/81 vorübergehend ab, bevor die Burenrepubliken im Burenkrieg 1899–1902 ihre Souveränität gegenüber dem britischen Kolonialreich verloren.

Antikoloniale Bewegungen von 1881 bis 1914

1881–1882	ägyptische Erhebung unter Arabi Pascha
1881–1885	Mahdiaufstand gegen Ägypter und britische Kolonialherren
1881–1898	Aufstand der Hehe
1884–1898	Widerstand der Mande gegen die Franzosen
1888–1889	Aufstand der Abushiri
1890–1898	Widerstand der Bunyoro gegen die Briten
1891–1894	arabischer Widerstand gegen einen unabhängigen Kongo-Staat
1891–1898	somalischer Widerstand gegen Briten und Italiener
1895–1905	Widerstand der Nandi gegen Briten
1896	Sieg Abessiniens über die Italiener bei Adua; Aufstände der Matabele und Maschone
1898–1904	antifranz. Aufstand auf Madagaskar
1905–1907	Aufstand der Maji-Maji
1900	Aschanti-Aufstand
1904	Aufstand der Anyang
1904–1906	Aufstand der Herero und Nama
1906	Zulu-Aufstand
1911	Jellaz-Zwischenfall
1911–1917	Widerstand der Tutsi und Hutu gegen Briten und Deutsche
1912–1921	Krieg der Senussi gegen Italien, antiportugiesische Unruhen

Politische Entwicklung in Mittel- und Südamerika im 19. und 20. Jahrhundert

Mittel- und Südamerikas langer Weg von den Kolonien zu demokratischen Staaten

JUNTAS, REPUBLIKEN UND DIKTATUREN

Als Spanien 1808 durch den Einfall Napoleons von seinem Kolonialreich abgeschnitten wurde, übernahmen 1810 in mehreren Kolonien, die schon seit längerem mehr Selbstbestimmungsrechte gefordert hatten, Juntas die Macht. In den Unabhängigkeitskriegen setzten sich die Freiheitskämpfer unter Führern wie Simón de Bolívar und José de San Martín durch. Die Staatenbildung verlief zwar nicht gradlinig – so zerfiel etwa das 1819 gebildete Groß-Kolumbien 1830 in Ecuador, Venezuela und das ab 1861 so benannte Kolumbien, aber bereits 1826 hatten sich die spanischen Truppen aus den meisten Kolonien zurückgezogen.

Trotz der außenpolitischen Unterstützung durch die USA und Großbritannien (Monroe-Doktrin 1823), die die neuen Staaten umgehend diplomatisch anerkannten, war der anschließende Aufbau der Republiken aber mit zahlreichen innenpolitischen Problemen verbunden, die in Bürgerkriege zwischen Liberalen und Konservativen mündeten. In den meisten Fällen übernahmen Militärdiktaturen die Regierung, die in der Folge ausländischen Handelsmächten, allen voran Großbritannien, die weitgehende Dominanz in der Wirtschaft in den neuen Staaten ermöglichten.

SONDERFALL BRASILIEN

Friedlicher als in den ehemals spanischen Kolonien verlief die Trennung Brasiliens von Portugal, wozu wohl vor allem die Flucht der portugiesischen Königsfamilie vor Napoleon (1807) nach Brasilien beitrug. Als der König nach Portugal zurückgekehrt war und die Kolonie erneut der wirtschaftlichen und politischen Kontrolle seiner dortigen Zentralregierung unterstellen wollte, erklärte der in Südamerika zurückgebliebene Thronfolger Pedro 1822 die Unabhängigkeit Brasiliens als Kaiserreich. Unter der Regierung seines Sohnes Pedro II. (1831–1889) stabilisierte sich das Land wirtschaftlich. Die Bewegung zur Abschaffung der Sklaverei führte aber 1889 zum Sturz der Monarchie und zur Bildung der Republik der Vereinigten Staaten von Brasilien.

©2001 Cornelsen

Wirtschaftliche Entwicklung in Mittel- und Südamerika im 20. Jahrhundert

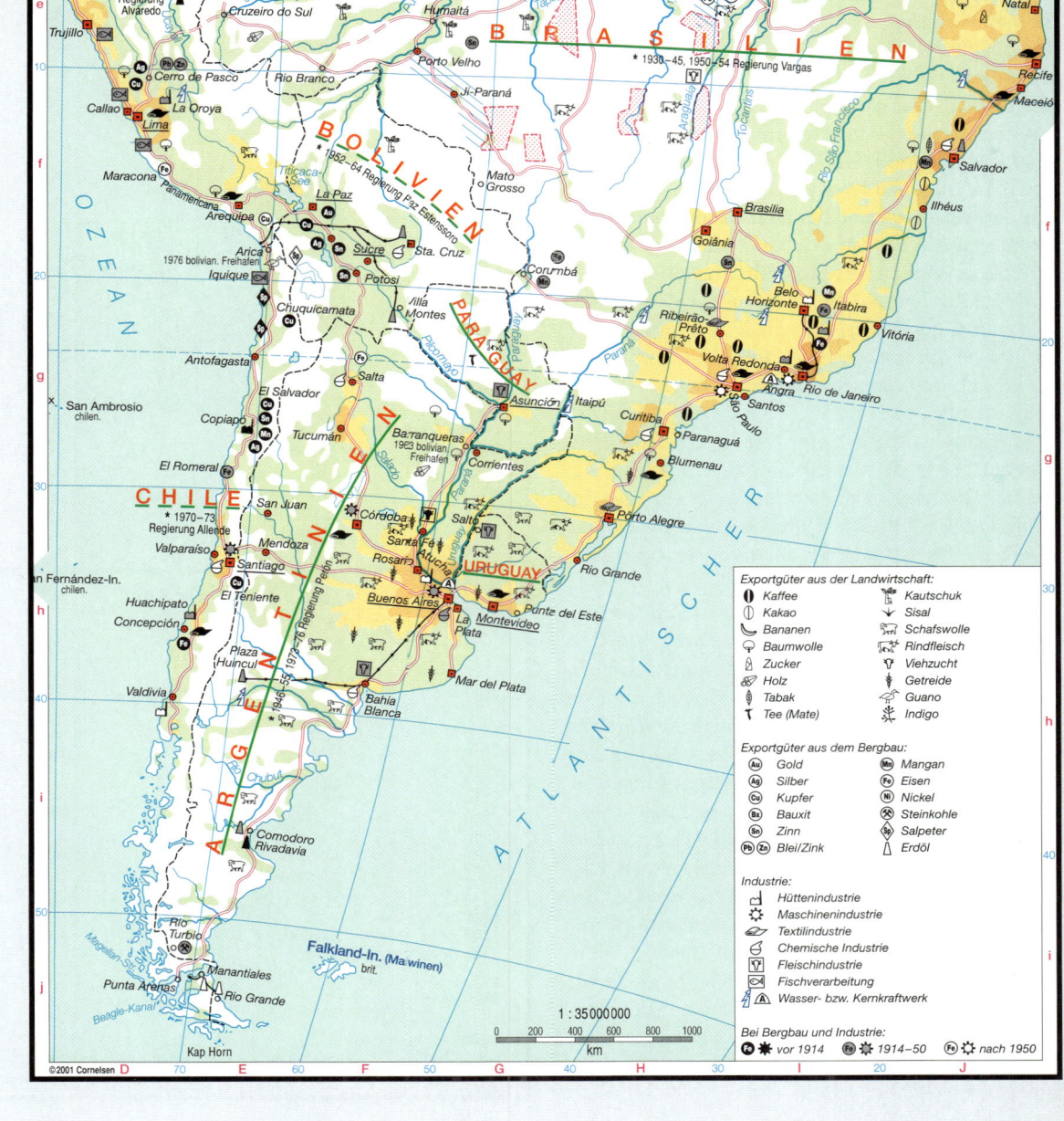

Legende:

	Zentralamerikanischer Gemeinsamer Markt
	Rat für gegenseitige Wirtschaftshilfe (COMECON) 1972–1991
GUYANA	Mit EU assoziierte Staaten und Gebiete
BELIZE	Karibischer Gemeinsamer Markt (CARICOM)
PERU	Mitgliedstaaten der Lateinamerikanischen Freihandelszone (LAFTA) 1960–80 bzw. der Lateinamerikan. Integrationsvereinigung (ALADI) seit 1981
ECUADOR	Mitgliedstaaten der OPEC
♦	Regierungen mit bedeutenden wirtschaftlichen und sozialen Reformen
BRASILIEN	Mitgliedstaaten „Gemeinsamer Südamerikanischer Markt" (Mercosur) 1991/95
CHILE	Assoziierte Mitgliedstaaten 1996/97
	Indianerschutzgebiete in Brasilien
	Zur wirtschaftlichen Entwicklung bzw. Neubesiedlung vorgesehene Gebiete
	Erdöl- und Erdgasleitungen
	Wichtige Fernstraßen

Bevölkerungsverteilung:
- 100–200 Einw./km²
- 50–100 Einw./km²
- 10–50 Einw./km²
- 1–10 Einw./km²
- unter 1 Einw./km²

Städte:
- über 1 Mio. Einwohner
- 500000–1 Mio. Einwohner
- 100000–500000 Einwohner
- unter 100000 Einwohner

WIRTSCHAFTSKRISEN IN SÜDAMERIKA

In den 1930er Jahren gerieten die Staaten Südamerikas wirtschaftlich und sozial unter enormen Druck. Schuld daran war in erster Linie die Weltwirtschaftskrise, die den Kontinent mit aller Härte traf. Der rasante Bevölkerungsanstieg, die Verstädterung und die sozialen Folgen der Industrialisierung verschärften die Lage. Anders als in anderen Weltregionen erfuhr Südamerika nach dem Zweiten Weltkrieg wegen seiner politischen und wirtschaftlichen Abschottung keinen nennenswerten Aufschwung. Gegen Ende der 60er Jahre nahmen die sozialen und ideologischen Auseinandersetzungen auf dem Kontinent bedrohliche Formen an. Die Repressionen wurden erhöht und es bildeten sich konservativ-autoritäre Regime und Militärdiktaturen heraus, so etwa in Paraguay unter Stroessner oder in Chile unter Pinochet. In den 80er Jahren demokratisierten sich die meisten Länder und öffneten ihre Märkte. Die anhaltenden Grenzstreitigkeiten mündeten im 19. und 20. Jahrhundert aber nur selten in zwischenstaatliche Kriege wie den Salpeter-Krieg (1879–83; Peru, Bolivien und Chile) oder den Chaco-Krieg (1932–35; Bolivien und Paraguay).

Bevölkerungszahl 1825 und 1900

LAND	1825	1900
Kuba	700 000	1 600 000
Guatemala	6 800 000	13 600 000
El Salvador	–	14 000 000
Honduras	–	400 000
Nicaragua	–	400 000
Costa Rica	–	300 000
Brasilien	4 000 000	17 000 000.
Peru	1 400 000	3 800 000
Kolumbien	1 300 000	1 400 000
Venezuela	800 000	2 300 000
Ecuador	550 000	2 000 000
Bolivien	1 100 000	1 700 000
Argentinien	630 000	4 700 000
Chile	1 000 000	2 900 000
Uruguay	50 000	800 000
Paraguay	180 000	690 000

Exportgüter aus der Landwirtschaft:
- Kaffee
- Kakao
- Bananen
- Baumwolle
- Zucker
- Holz
- Tabak
- Tee (Mate)
- Kautschuk
- Sisal
- Schafswolle
- Rindfleisch
- Viehzucht
- Getreide
- Guano
- Indigo

Exportgüter aus dem Bergbau:
- Au Gold
- Ag Silber
- Cu Kupfer
- Ba Bauxit
- Sn Zinn
- Pb/Zn Blei/Zink
- Mangan
- Fe Eisen
- Ni Nickel
- Steinkohle
- Salpeter
- Erdöl

Industrie:
- Hüttenindustrie
- Maschinenindustrie
- Textilindustrie
- Chemische Industrie
- Fleischindustrie
- Fischverarbeitung
- Wasser- bzw. Kernkraftwerk

1 : 35 000 000

Bei Bergbau und Industrie:
- vor 1914
- 1914–50
- nach 1950

©2001 Cornelsen

Europa vor dem Ersten Weltkrieg

Nach der Gründung des Deutschen Reiches 1871 erklärte Reichskanzler Otto von Bismarck gegenüber allen Staaten Europas, dass Deutschland nun keine weiteren Gebietsansprüche habe und eine Politik des Friedens in Europa verfolgen wolle. Mit dem Krieg gegen Frankreich von 1871 sei die nationale Einigung Deutschlands abgeschlossen. Durch ein verschränktes Vertragssystem wollte er eine stabile Friedensordnung in Europa erreichen. Gleichzeitig sollte aber auch Frankreich isoliert werden, um als Antipode Deutschlands und zukünftige Gefährdung deutscher Interessen in Europa auszuscheiden. Diese Politik hatte aber nur bis etwa 1890 Erfolg.

1888 folgte nach dem Tode seines Großvaters, Wilhelm I., und seines Vaters, Friedrich III., der knapp dreißigjährige Wilhelm II. als deutscher Kaiser. Seine innen- und außenpolitischen Vorstellungen unterschieden sich grundlegend von denen Bismarcks, den er nach unversöhnlichen Gegensätzen 1890 entließ, um nun verstärkt selbst die deutsche Außenpolitik zu leiten. Dabei blieben diplomatisches Augenmaß und strategische Weitsicht nicht selten auf der Strecke. Mit Aufsehen erregenden Reden forderte Wilhelm II. ein größeres Mitspracherecht für Deutschland in der Weltpolitik. Nach dem Vorbild Englands und Frankreichs wollte auch das Deutsche Reich als Weltmacht auftreten. Insbesondere der Verteilung der Kolonialgebiete kam in der Politik Wilhelms große Bedeutung zu. Man forderte für Deutschland einen angemessenen „Platz an der Sonne".

Seit etwa 1880 hatten die europäischen Mächte die Welt fast vollständig untereinander aufgeteilt. Um die restlichen Gebiete entstand ein erbitterter Konkurrenzkampf, denn alle europäischen Staaten, aber auch Japan, die USA und Russland hatten die imperialistische Ausdehnung zum Ziel ihrer Außenpolitik erhoben. Der Wettlauf um die Aufteilung der Welt und den Einfluss in Afrika und Asien führte zu einer immer größeren Rivalität zwischen diesen Mächten. Die Bereitschaft der jeweiligen „nationalen Interessen" auch mit Gewalt durchzusetzen nahm erkennbar zu und schlug sich unter anderem auch in steigenden Rüstungsausgaben nieder.

Aufgrund des Stellenwerts der Kolonialpolitik für das deutsche Weltmachtstreben forcierte Kaiser Wilhelm II. trotz der nicht eben seemächtigen Lage des Deutschen Reiches eine aggressiv-expansive Flottenpolitik, die Deutschland vor allem mit der führenden Seemacht England in Konflikt brachte.

Die deutsche Aufrüstung veranlasste die übrigen europäischen Staaten zur Änderung ihrer Vertrags- und Bündnispolitik, wodurch das Bismarcksche Vertragssystem seine stabilisierende Wirkung in Europa gänzlich verlor. 1892 schloss Frankreich mit Russland den so genannten Zweibund und verständigte sich 1904 mit Großbritannien über die gegenseitigen Interessen in Afrika. Diesem Friedensbündnis schloss sich 1907 auch Russland an, das sich wiederum bilateral mit Großbritannien über die gegenseitigen Kolonialinteressen in Mittel- und Ostasien einigte. Das Deutsche Reich hatte als Ergebnis dieser Entwicklung nur noch einen Bündnisvertrag mit Österreich-Ungarn und Italien. Letzteres hatte allerdings bereits 1902 einen geheimen Nichtangriffspakt mit Frankreich abgeschlossen. Das Deutsche Reich war mithin faktisch isoliert.

Europa 1914

Europäische Bündnissysteme

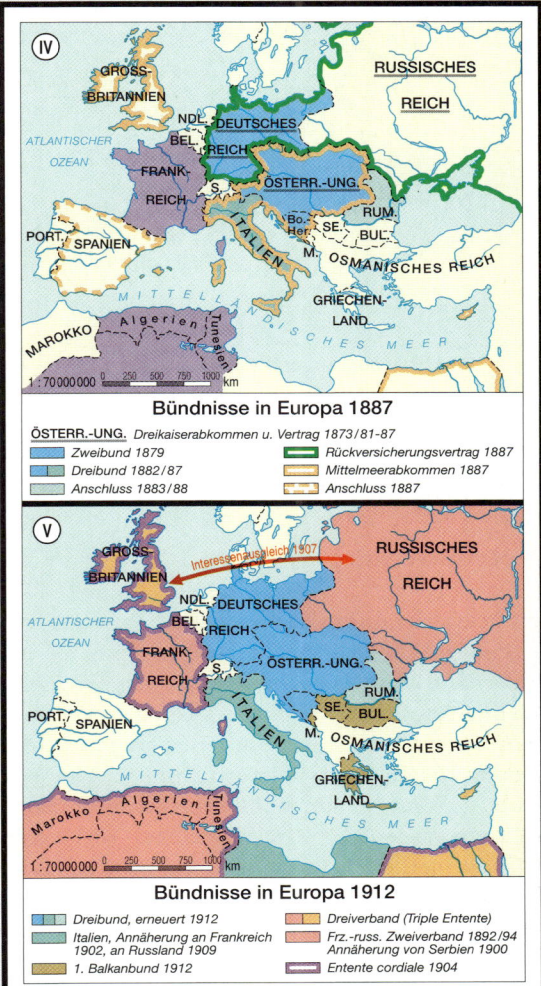

Bündnisse in Europa 1887

ÖSTERR.-UNG.: Dreikaiserabkommen u. Vertrag 1873/81-87
- Zweibund 1879
- Dreibund 1882/87
- Anschluss 1883/88
- Rückversicherungsvertrag 1887
- Mittelmeerabkommen 1887
- Anschluss 1887

Bündnisse in Europa 1912

- Dreibund, erneuert 1912
- Italien, Annäherung an Frankreich 1902, an Russland 1909
- 1. Balkanbund 1912
- Dreiverband (Triple Entente)
- Frz.-russ. Zweiverband 1892/94 Annäherung von Serbien 1900
- Entente cordiale 1904

©2001 Cornelsen

Rüstungsausgaben 1905–1913

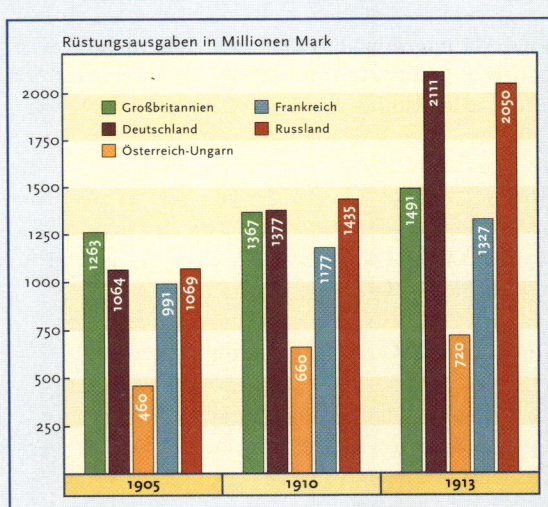

Rüstungsausgaben in Millionen Mark

Legend: Großbritannien, Deutschland, Österreich-Ungarn, Frankreich, Russland

	1905	1910	1913
Großbritannien	1263	1367	1491
Deutschland	1064	1377	2111
Österreich-Ungarn	460	660	720
Frankreich	991	1177	1327
Russland	1069	1435	2050

Truppenstärken der europäischen Armeen bei Ausbruch des Ersten Weltkrieges

Großbritannien	980 000
Deutschland	4 500 000
Österreich-Ungarn	3 000 000
Frankreich	4 020 000
Russland	5 970 000
Italien	1 250 000
Rumänien	290 000
Bulgarien	280 000
Griechenland	230 000
Türkei	210 000
Serbien	200 000

Weltwirtschaft 1914

Teil an der Roheisenproduktion
- über 30%
- 20%-30%
- 10%-20%
- 5%-10%
- 1%-5%
- 0,5%-1%
- Unbedeutend

Abhängige Gebiete in hellerem Farbton als Mutterlandes

Anteil an d. Weltproduktion (%)

Kriegswichtige Rohstoffe:
- Erdöl
- Kohle
- Kupfer
- Gold
- Salpeter
- Kautschuk
- Baumwolle
- Getreide
- Fleisch

1 : 210 000 000

1 : 70 000 000

1 : 70 000 000

Der Schlieffenplan

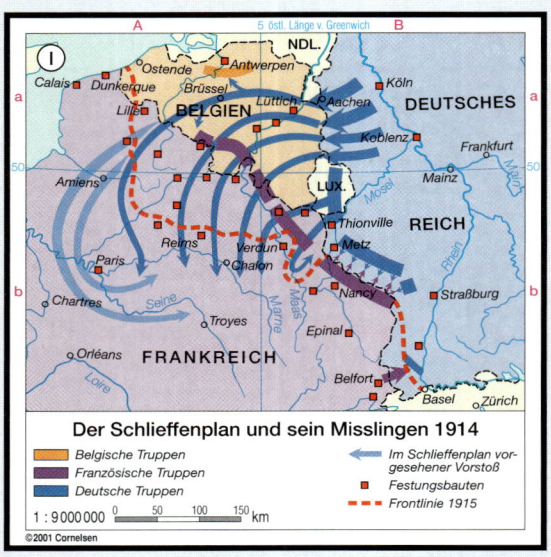

Der Schlieffenplan und sein Misslingen 1914
- Belgische Truppen
- Französische Truppen
- Deutsche Truppen
- Im Schlieffenplan vorgesehener Vorstoß
- Festungsbauten
- Frontlinie 1915

1 : 9 000 000   0   50   100   150 km

©2001 Cornelsen

Der Erste Weltkrieg

Mit Deutschland, Frankreich, England, Russland und
Österreich-Ungarn traten im August 1914 die europäischen Hauptkolonialmächte in den Krieg ein.
Mit ihren außereuropäischen Besitzungen, vor allem
in Afrika, besaß der Krieg zwar von Anfang an globale
Dimensionen, aber erst mit dem Eintritt der USA 1917
wurde er wirklich zum Weltkrieg. Gleichwohl blieb
Mitteleuropa der Hauptkriegsschauplatz. Hier waren
auch die meisten Opfer zu beklagen, namentlich an
der Westfront. Nach Anfangserfolgen Deutschlands
war hier der Krieg im erbarmungslosen Stellungskrieg erstarrt. Mit neuen Waffen – Maschinengewehr,
Handgranate, Giftgas, Flammenwerfer, Tretmine,
Panzer und Flugzeug – setzten noch nie gesehene
Materialschlachten ein. Hauptstrategie war es, den
Gegner durch Dauerfeuer und Gaskrieg zu zermürben. Wiewohl nicht kriegsentscheidend, so waren
doch auch die Widerstände gegen den Krieg bedeut-
sam, die sich nicht allein auf Demonstrationen von
Pazifisten beschränkten. In Russland führten sie 1917
zu zwei Revolutionen – zur Februarrevolution, die
Russland zur Republik machte, und zur Oktoberrevo-
lution, die die kommunistische Diktatur begründete.
Auch in Deutschland wurde die Kriegsmüdigkeit zunehmend wichtiger.

Die Stellungskämpfe bei Verdun 1916

21. 2. Beginn des deutschen Angriffs

24. 2. deutscher Angriff erreicht nordöstliche Fes-
tungswerke

25. 2. Fort Douaumont und das Zwischenwerk Har-
daumont in deutscher Hand

2. 3. Dorf Douaumont fällt in deutsche Hand

7. 3. Höhe 304 ist größtenteils in deutscher Hand

22. 3. französische Rückeroberung des Forts Douaumont

23. 3. französischer Angriff auf das Dorf Douaumont
wird zurückgeschlagen

2. 6. Fort Vaux fällt in deutsche Hand

23. 6. deutsche Erstürmung der Festungen Thiaumont und Fleury

24. 10. französische Rückeroberung der Festung
Thiaumont und des Dorfes Douaumont

2. 11. Deutsche räumen und sprengen das Fort Vaux

15./16. 12. erfolgreiche französische Offensive auf
dem Ostufer der Marne

Der Erste Weltkrieg in Europa

Der Erste Weltkrieg, die Kriegsjahre 1914–1916
- Mittelmächte bei Kriegsbeginn
- Kriegseintritt der Türkei 2.11.1914
- Kriegseintritt Bulgariens 14.10.1915
- Ententemächte und Verbündete Ende August 1914
- Kriegseintritt Italiens 23.5.1915
- Kriegseintritt 1916
- 1.8.14 Tag des Kriegseintrittes
- Fronten zwischen Anfang 1915 u. Ende 1916
- Weitestes Vordringen der Deutschen 1914
- Fronten Ende 1916
- Weitestes Vordringen der Russen 1914

1 : 20 000 000   0   100   200   300 km

Der Erste Weltkrieg, die Kriegsjahre 1917–1918
- Mittelmächte 1918
- Alliierte und assoziierte Staaten Sept. 1918
- Vor Sept. 1918 ausgeschiedene Alliierte
- Fronten Ende 1917
- Vordringen d. Deutschen, Türken u. Finnen März–Juni 1918
- Westfront bei Waffenstillstand
- Militärische Operationen im Vorderen Orient 1916 und 1917
- Militärische Operationen 1918
- Türkische Stellungen bei Waffenstillstand

1 : 30 000 000   0   200   400   600 km

©2001 Cornelsen

Das Trauma Verdun

Verdun wurde schon während des Krieges zum Symbol sinnlosen Massensterbens. Ernst Glaeser nannte
den Namen des Kriegsschauplatzes Verdun den „Re-
frain des Todes" seiner Jugend. 240 000 Deutsche
und 275 000 Franzosen und Engländer starben allein
in den Stellungsschlachten um den Brennpunkt Fort
Douaumont. Weniger als die Hälfte der Gefallenen
beider Seiten bei Verdun und an der Somme wurde
geborgen. Die Gebeine von weit über 250 000 Toten
liegen bis auf den heutigen Tag in der Erde der ehemaligen Schlachtfelder.

Kriegskosten (in Milliarden Goldmark)

Deutsches Reich	194
Großbritannien und Empire	268
Frankreich	134
USA	129
Russland	106
Österreich-Ungarn	99
Italien	63
übrige Länder	23
insgesamt	1016

Kriegsmächte und Antikriegsbewegungen

Der Verlauf des Ersten Weltkrieges

1914 28.7.: Kriegserklärung Österreich-Ungarns an Serbien; 1./3. 8.: deutsche Kriegserklärungen an Russland und Frankreich; nach deutschem Einmarsch in Belgien erklärt England Deutschland den Krieg

August: Bewegungskrieg im Westen bis zum Scheitern des Schlieffenplans; im Osten Schlacht von Tannenberg und Schlacht an den Masurischen Seen

September: Marne-Schlacht, Beginn des Stellungskrieges in Flandern bis August 1918 (Feb.–Dez. 1916 Kampf um Verdun, Jun.–Nov. 1916 Somme-Schlacht)

Dezember: Beginn der Winterschlacht in den Karpaten (bis April 1915); Ägypten wird englisches Protektorat (vorher türkisch)

1915 Februar: deutscher U-Boot-Krieg; 7. Mai: Versenkung der „Lusitania"

April/Mai: Schlacht bei Ypern (erster Giftgaseinsatz im Ersten Weltkrieg)

Mai: italienische Kriegserklärung an Mittelmächte (bis August 1917: 11 Isonzo-Schlachten)

Juli: deutsch-österreichische Offensive (bis Oktober 1917): Eroberung des Ostens

1916 russisch-türkischer Kampf um Armenien, England scheitert in Mesopotamien

August: Hindenburg und Ludendorff übernehmen die Oberste Heeresleitung (OHL)

1917 1. 2.: Erklärung des uneingeschränkten U-Boot-Krieges durch Deutschland (wird zum Anlass des Kriegseintritts der USA)

März: erste russische Revolution: Russland wird Republik

April: Kriegseintritt der USA

Mai: Pétain wird Generalissimus in Frankreich

Juli: Deutscher Reichstag: Friedensresolution

November: Oktoberrevolution in Russland

1918 Januar: Wilsons 14 Punkte (Selbstbestimmungsrechte)

März: Friede von Brest-Litowsk zwischen Russland und Deutschland

Mai: Friede von Bukarest mit Rumänien

August: schwere Rückschläge an der deutschen Westfront

September/Oktober: Waffenstillstand mit Bulgarien und der Türkei; Reform der Reichsverfassung; Waffenstillstandsverhandlungen; Zerfall Österreich-Ungarns (Tschechen, Ungarn, Südjugoslawen erlangen Souveränität)

9. 11.: Revolution in Deutschland: Republik

3. 11.: Waffenstillstand in Italien

11. 11.: Waffenstillstand an der Westfront

Territoriale und politische Kriegsziele 1914–1918

FRANKREICH: strebte Annexion Elsass-Lothringens, des Saargebiets, des linksrheinischen Deutschland sowie Aufteilung der asiatischen Türkei an; Deutschland sollte wirtschaftlich und militärisch als Gefährdung französischer Interessen ausgeschaltet werden

ENGLAND: beanspruchte die deutschen Kolonien und Teile der asiatischen Türkei; Deutschland sollte als Konkurrent auf den Weltmeeren und Weltmärkten ausgeschaltet werden

ITALIEN: wollte sich Südtirol, Triest, Istrien und Dalmatien sichern

RUSSLAND: strebte die Herrschaft über Istanbul und die Dardanellen an; die Suprematie Österreich-Ungarns auf dem Balkan sollte zugunsten des russischen Einflusses zerschlagen werden

ÖSTERREICH-UNGARN: wollte seine Vorherrschaft auf dem Balkan ausbauen und insbesondere den Einfluss Russlands dort zurückdrängen

DEUTSCHLAND: strebte die Eingliederung Belgiens (Annexion von Lüttich und Antwerpen, Küste Flanderns und Kohlebecken von Briey), die wirtschaftliche Kontrolle über Polen, wirtschaftlichen Einfluss auf Rumänien sowie die Vergrößerung seiner Kolonien auf Kosten Englands an

Gesamtverluste im Ersten Weltkrieg

STAATEN	GEFALLENE	VERWUNDETE	GEFANGENE
Deutschland	1 808 000	4 247 000	618 000
Frankreich	1 385 000	3 044 000	446 000
Großbritannien	947 000	2 122 000	192 000
Italien	460 000	947 000	530 000
Österreich-Ungarn	1 200 000	3 620 000	2 200 000
Russland	1 700 000	4 950 000	2 500 000
Türkei	325 000	400 000	k. A.
USA	115 000	206 000	4 500
andere	900 000	2 000 000	k. A.

Die Gründungsphase der UdSSR

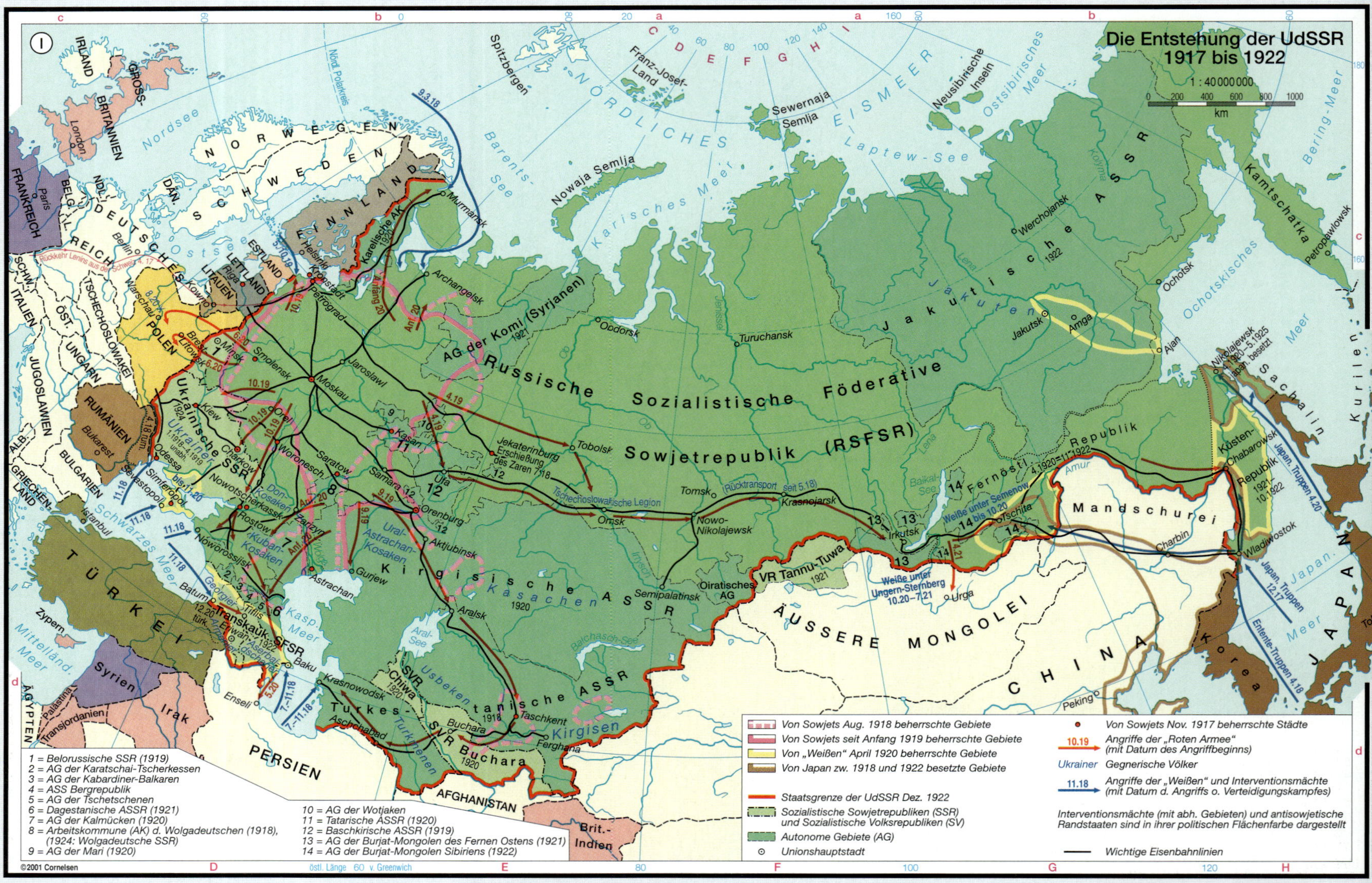

Die Entstehung der UdSSR 1917 bis 1922
1 : 40 000 000

Legende Karte I:

- Von Sowjets Aug. 1918 beherrschte Gebiete
- Von Sowjets seit Anfang 1919 beherrschte Gebiete
- Von „Weißen" April 1920 beherrschte Gebiete
- Von Japan zw. 1918 und 1922 besetzte Gebiete
- Staatsgrenze der UdSSR Dez. 1922
- Sozialistische Sowjetrepubliken (SSR) und Sozialistische Volksrepubliken (SV)
- Autonome Gebiete (AG)
- Unionshauptstadt
- Von Sowjets Nov. 1917 beherrschte Städte
- 10.19 Angriffe der „Roten Armee" (mit Datum des Angriffsbeginns)
- Ukrainer Gegnerische Völker
- 11.18 Angriffe der „Weißen" und Interventionsmächte (mit Datum d. Angriffs o. Verteidigungskampfes)
- Interventionsmächte (mit abh. Gebieten) und antisowjetische Randstaaten sind in ihrer politischen Flächenfarbe dargestellt
- Wichtige Eisenbahnlinien

1 = Belorussische SSR (1919)
2 = AG der Karatschai-Tscherkessen
3 = AG der Kabardiner-Balkaren
4 = ASSR Bergrepublik
5 = AG der Tschetschenen
6 = Dagestanische ASSR (1921)
7 = AG der Kalmücken (1920)
8 = Arbeitskommune (AK) d. Wolgadeutschen (1918), (1924: Wolgadeutsche SSR)
9 = AG der Mari (1920)
10 = AG der Wotjaken
11 = Tatarische ASSR (1920)
12 = Baschkirische ASSR (1919)
13 = AG der Burjat-Mongolen des Fernen Ostens (1921)
14 = AG der Burjat-Mongolen Sibiriens (1922)

©2001 Cornelsen

Der Bürgerkrieg von 1917 bis 1921

Bürgerkrieg und Interventionskrieg 1917 bis 1921
1 : 30 000 000

Legende Karte II:

- Von Sowjets seit Anfang 1919 beherrschte Gebiete
- Von „Weißen" April 1920 beherrschte Gebiete
- Grenze des Russischen Zarenreiches 1914
- Grenze des sowjetischen Gebietes im März 1921
- Ostgrenze des v. Sowjets kontrollierten Gebietes April 1919
- Grenze des v. Sowjets kontrollierten Gebietes August 1918
- Grenze im Mai 1920 v. d. „Weißen" bzw. den Interventionsmächten kontrollierten Gebietes
- Grenze zwischen Russland u. d. Mittelmächten März 1917
- Grenze d. v. d. Mittelmächten besetzten russischen Gebietes März 1918

- Moskau Zentren der „Oktoberrevolution" 1917
- Von Sowjets Nov. 1917 bis Feb. 1918 beherrschte Städte
- 17.2.18 Datum der Machtübernahme durch die Sowjets
- (2.20) Datum der endgültigen Einnahme durch die „Rote Armee"
- 10.19 Angriffe der „Roten Armee" (mit Datum des Angriffsbeginns)
- Weiße unter Miller Truppen der „Weißen" und Interventionsmächte
- Angriffe der „Weißen" und Interventionsmächte
- Kiew Regierungssitze der „Weißen"
- Ukrainer Gegnerische Völker
- Wichtige Eisenbahnlinien

©2001 Cornelsen

1917 27. 2.: (bürgerliche) Februarrevolution in Petrograd; gleichzeitige sozialistische Gründung des Provisorischen Exekutivkomitees des Arbeiterdeputiertenrates

2. 3.: Abdankung Zar Nikolaus' II.

4. 4.: Lenin, am Vortag aus dem Schweizer Exil zurückgekehrt, fordert in seinen Aprilthesen die sozialistische Revolution und die Errichtung einer Sowjetrepublik (= Räterepublik)

1. 9.: Ausrufung der Russischen Republik durch Ministerpräsident Kerenski; Trotzki wird Präsident des Petrograder Sowjets

12. 10.: Petrograder Sowjet bildet das Militärrevolutionäre Komitee unter Vorsitz Trotzkis – der Provisorischen Regierung wird die Verfügung über die Truppen entzogen

24. 10.: Pläne der Provisorischen Regierung zum militärischen Gegenschlag; Besetzung wichtiger Petrograder Gebäude durch die aufständischen Truppen Trotzkis

25. 10.: (sozialistische) Oktoberrevolution in Petrograd – Zerschlagung und Flucht der Provisorischen Regierung unter Kerenski

26./27. 10.: II. Allrussischer Sowjetkongress – Rat der Volkskommissare als Regierungsorgan unter Führung Lenins; „Dekret über den Frieden" und „Dekret über das Land"

2. 11.: Deklaration über die Rechte der Völker Russlands; November: allgemeine Wahlen

1918 24. 2.: Moskau wird Hauptstadt Russlands; Einführung des Gregorianischen Kalenders

Die Bildung der UdSSR

Wahlergebnis (Stimmen Gouvernements, Armee und Flotte)

- Bolschewiki
- Sozialrevolutionäre
- Menschewiki
- Nationale Parteien
- Kadetten
- sonstige

Wahlergebnisse zur Konstituierenden Versammlung im November 1917

Stimmenanteile der Bolschewiki in den Gouvernements
- 51 – 100 %
- 36 – 50 %
- 21 – 35 %
- 0 – 20 %
- Keine Daten

Wahlbereiche Armee und Flotte
- Nordfront
- Westfront
- Südwestfront
- Rumänienfront
- Baltische Flotte
- Schwarzmeerflotte

Höchster Stimmenanteil
- Bolschewiki
- Sozialrevolutionäre
- Menschewiki
- Nationale Parteien
- Keine Wahlergebnisse
- Keine Wahl

1 : 27 000 000

©2001 Cornelsen

Bildung der Sowjetrepubliken im Kaukasusgebiet
- Grenzen der Autonomen Gebiete
- Grenzen der Sowjetrepubliken Dezember 1922
- Staatsgrenze der UdSSR Dezember 1922
- 16.1.1922 Datum der Bildung der Republiken und Autonomen Gebiete

1 : 7 500 000

(24. 2. 1918 war nach alter Rechnung noch 9. 3. 1918; vgl. S. 95)

3. 3.: im Separatfrieden von Brest-Litowsk mit Deutschland scheidet Russland aus dem Ersten Weltkrieg aus (die Gebietsabtretungen und Reparationen kommen aber wegen der Gesamtniederlage Deutschlands nicht zum Tragen)

1918–1920 Bürgerkrieg: politisch und sozial völlig disparate Gruppierungen schließen sich gegen den gemeinsamen kommunistischen Gegner zur Vereinigung der antibolschewistischen "Weißen" zusammen; der Roten Armee unter Trotzki treten "Weiße" in Sibirien und dem Ural-Wolga-Gebiet (Admiral Koltschak, Tschechische Legion), in Südrussland (General Denikin, Krasnow, Wrangel), in Estland (General Judenitsch) und Nordrussland (General Miller) entgegen; mit ihnen verbündete Truppen der Interventionsmächte landen zur Wahrnehmung ihrer "nationalen Interessen" in Wladiwostok, Murmansk, Archangelsk und den Schwarzmeerhäfen

1918 16./17. 7.: Ermordung des Zaren Nikolaus' II. und seiner Familie

1919 Februar: "weiße" Ablehnung eines Vermittlungsvorschlags des US-Präsidenten Wilson zu einer Konferenz aller russischen Parteien; Abzug der Alliierten nach Ablehnung des "Kreuzzugsplans" des französischen Marschalls Foch durch den Großen Rat der Alliierten (Ende des Interventionskrieges); in der Folge kann die Rote Armee unter Trotzki die "weiße" Bedrohung der Wolga (Koltschak), Petrograds (Judenitsch) und Moskaus (Denikin) beseitigen

2.–6. 3.: Gründung der Kommunistischen Internationale (Komintern)

1919–1920 Polnisch-Russischer Krieg

1920 November: Einschiffung der letzten "weißen" Truppen auf der Krim (Ende des Bürgerkrieges)

1921 Arbeiterstreik in Petrograd und Kronstadter Matrosenaufstand (von der Roten Armee niedergeschlagen); Zusammenbruch des Wirtschaftssystems des "Kriegskommunismus"

1922 3. 3.: Wahl Stalins zum Generalsekretär des ZK der Kommunistischen Partei Russlands

16. 4.: Vertrag von Rapallo

27. 12.: Gründung der Union der Sozialistischen Sowjetrepubliken (UdSSR)

1924 24. 1.: Tod Lenins

1927 2.–19. 12.: XV. Parteikongress der KPdSU: Ausschaltung der Gegner und Kritiker Stalins innerhalb der Partei, der "linken Opposition" – vor allem Sinowjew und Trotzki (Verbannung); Beginn des stalinistischen Terrorregimes

1928 Kampagne gegen die "rechte Opposition" (vor allem Bucharin, Tomski und Rykow); Beginn des Umbaus der UdSSR in einen modernen Industriestaat (Fünfjahrespläne, Elektrifizierung, Rohstoffautarkie, Kolchosen und Sowchosen)

1936–1938 Schauprozesse und "Große Säuberung"

1936 5. 12.: Verabschiedung einer neuen Sowjetverfassung ("Stalin-Verfassung")

Russlands Wirtschaft im Vergleich

INDUSTRIEPOTENTIAL
(Index: Großbritannien 1900 = 100)

	1880	1900	1913
Großbritannien	73,3	(100)	127,2
USA	46,9	127,8	298,1
Deutschland	27,4	71,2	137,7
Russland	24,5	47,5	76,6

INDUSTRIALISIERUNGSNIVEAU PRO KOPF
(Index: Großbritannien 1900 = 100)

	1880	1900	1913
Großbritannien	87	(100)	115
USA	38	69	126
Deutschland	25	52	85
Russland	10	15	20

RELATIVER ANTEIL AN DER WELT-INDUSTRIEPRODUKTION (in %)

	1880	1900	1913
Großbritannien	22,9	18,5	13,6
USA	14,7	23,6	32,0
Deutschland	8,5	13,2	14,8
Russland	7,6	8,8	8,2

Die Folgen des Ersten Weltkrieges

Entwicklungen in der Zwischenkriegszeit

Obwohl der 1919 gegründete Völkerbund eine weltweite Friedensordnung sichern sollte, wurde die Zwischenkriegszeit von krisenhaften Entwicklungen geprägt. Im Nahen Osten führte die Auflösung des Osmanischen Reiches zur Gründung neuer Staaten wie Ägypten, Syrien, Irak und Türkei, später auch des Libanon – nicht selten begleitet von Bürgerkriegen. Ähnliche Wirkung zeigte im Herzen Europas die Auflösung der Donaumonarchie.

Über die immensen Kriegsschulden war ganz Europa in die wirtschaftliche Abhängigkeit von den USA geraten. Diese entwickelten neben ihrer Panamerikapolitik für Lateinamerika einen regelrechten „Dollarimperialismus". Im Pazifik sicherten sie ihre Interessen durch eine weitgespannte Vertragspolitik.

Gleichzeitig strebte der japanische Imperialismus eine Neuordnung der Machtverteilung in Asien an. Und auch in Italien und Deutschland wuchs in der Zwischenkriegszeit ein neuer Imperialismus.

Die Weltwirtschaftskrise ab 1929 schwächte die USA und stürzte Deutschland in eine tiefe politische Krise.

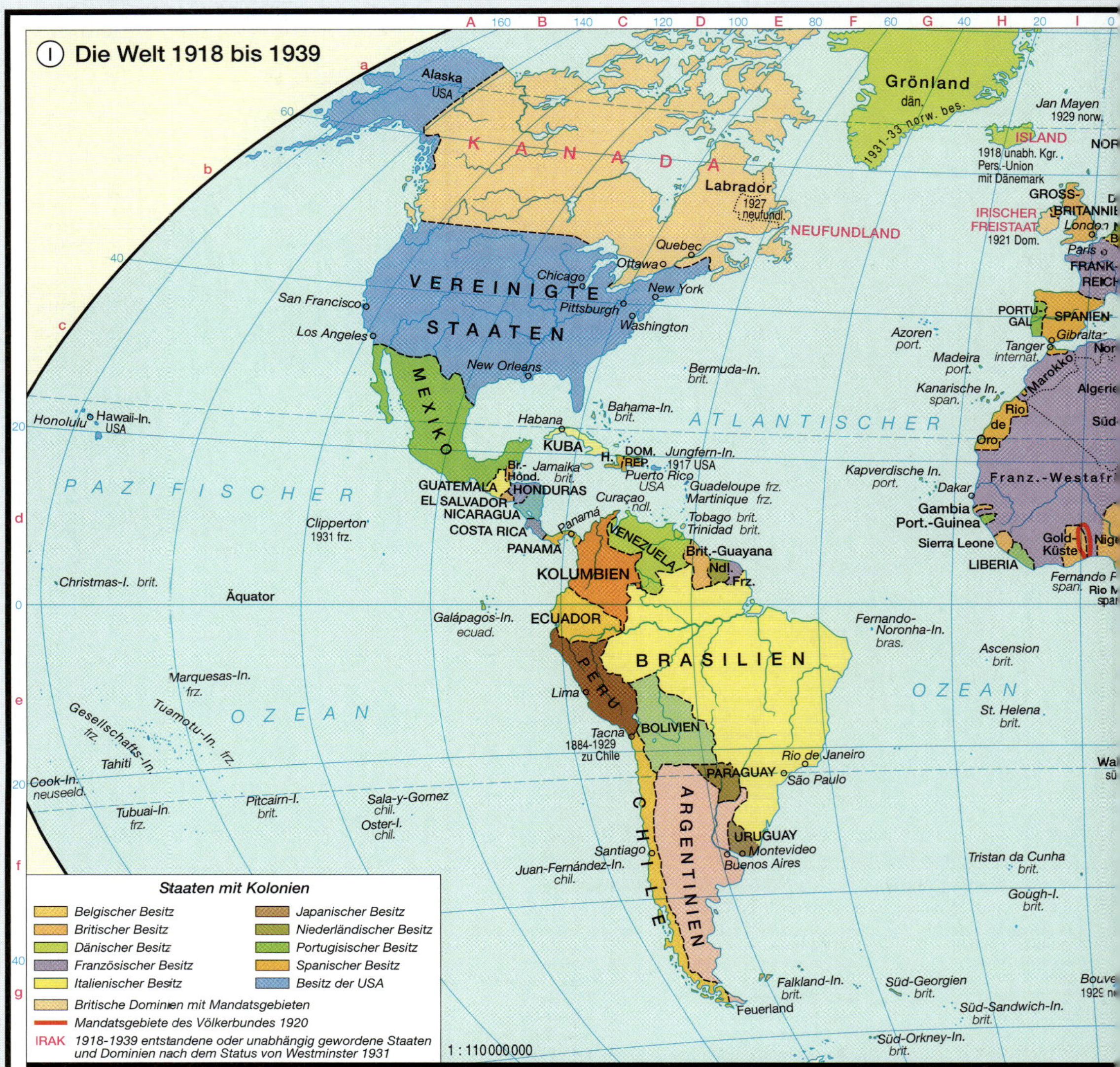

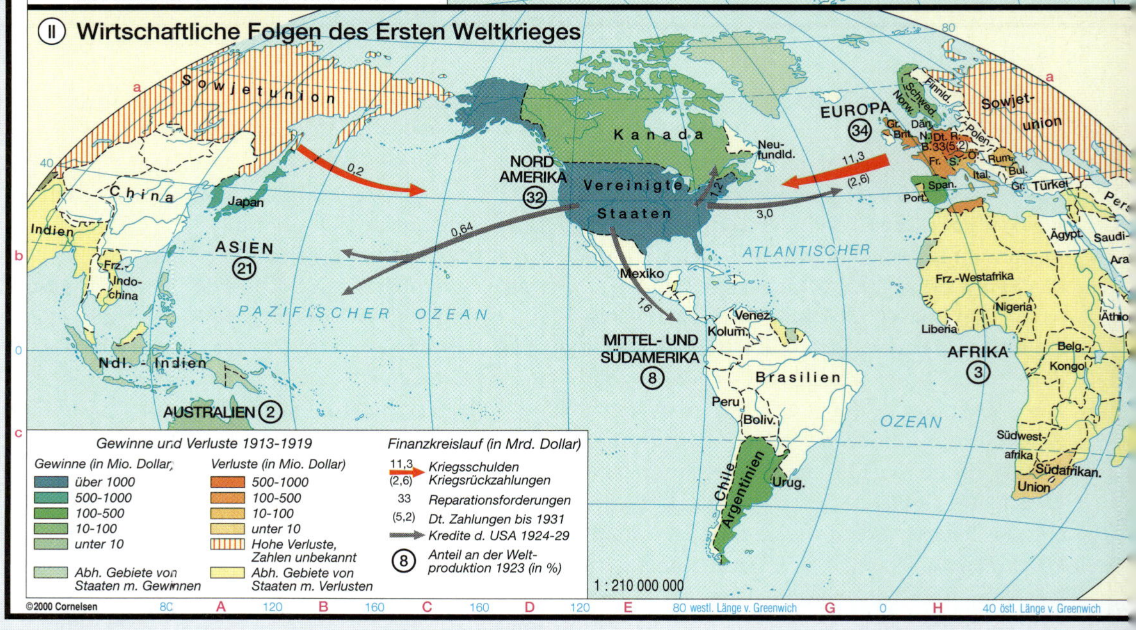

Italienische Expansion

Die Expansionspläne des italienischen Faschismus

Karte I 1 : 35000000

- Italienischer Besitz 1918
- Bis 1939 erworbene Gebiete
- Zeitweilig besetzte Gebiete
- Außenpolitische Unterstützung durch Italien
- Ziele des faschistischen Imperialismus

Karte II 1 : 60000000

- Britischer Besitz
- Französischer Besitz

©2001 Cornelsen

I Die Welt 1918 bis 1939

Staaten mit Kolonien

- Belgischer Besitz
- Britischer Besitz
- Dänischer Besitz
- Französischer Besitz
- Italienischer Besitz
- Japanischer Besitz
- Niederländischer Besitz
- Portugiesischer Besitz
- Spanischer Besitz
- Besitz der USA

- Britische Dominien mit Mandatsgebieten
- Mandatsgebiete des Völkerbundes 1920
- IRAK 1918–1939 entstandene oder unabhängig gewordene Staaten und Dominien nach dem Status von Westminster 1931

1 : 110 000 000

II Wirtschaftliche Folgen des Ersten Weltkrieges

Gewinne und Verluste 1913–1919

Gewinne (in Mio. Dollar):
- über 1000
- 500–1000
- 100–500
- 10–100
- unter 10
- Abh. Gebiete von Staaten m. Gewinnen

Verluste (in Mio. Dollar):
- 500–1000
- 100–500
- 10–100
- unter 10
- Hohe Verluste, Zahlen unbekannt
- Abh. Gebiete von Staaten m. Verlusten

Finanzkreislauf (in Mrd. Dollar)
- 11,3 (2,6) Kriegsschulden Kriegsrückzahlungen
- 33 Reparationsforderungen
- (5,2) Dt. Zahlungen bis 1931
- Kredite d. USA 1924–29
- (8) Anteil an der Weltproduktion 1923 (in %)

1 : 210 000 000

©2000 Cornelsen

Der griechisch-türkische Konflikt

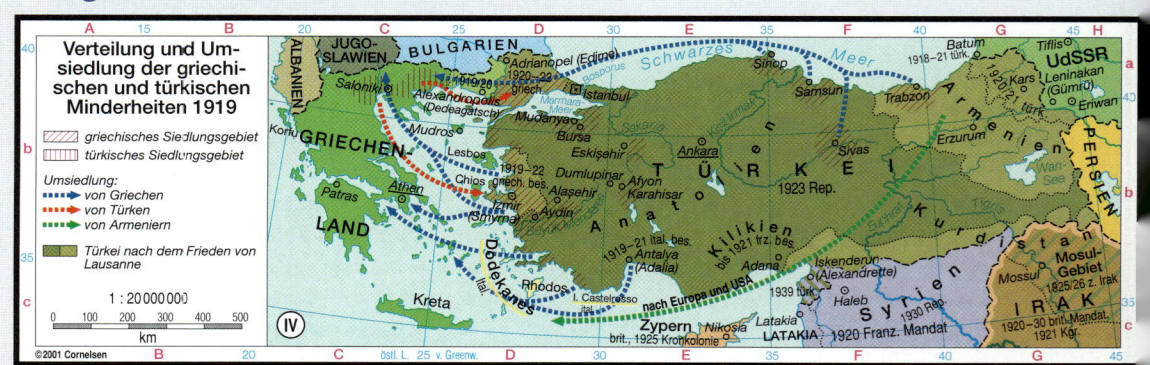

IV Verteilung und Umsiedlung der griechischen und türkischen Minderheiten 1919

- griechisches Siedlungsgebiet
- türkisches Siedlungsgebiet

Umsiedlung:
- von Griechen
- von Türken
- von Armeniern

- Türkei nach dem Frieden von Lausanne

1 : 20 000 000

©2001 Cornelsen

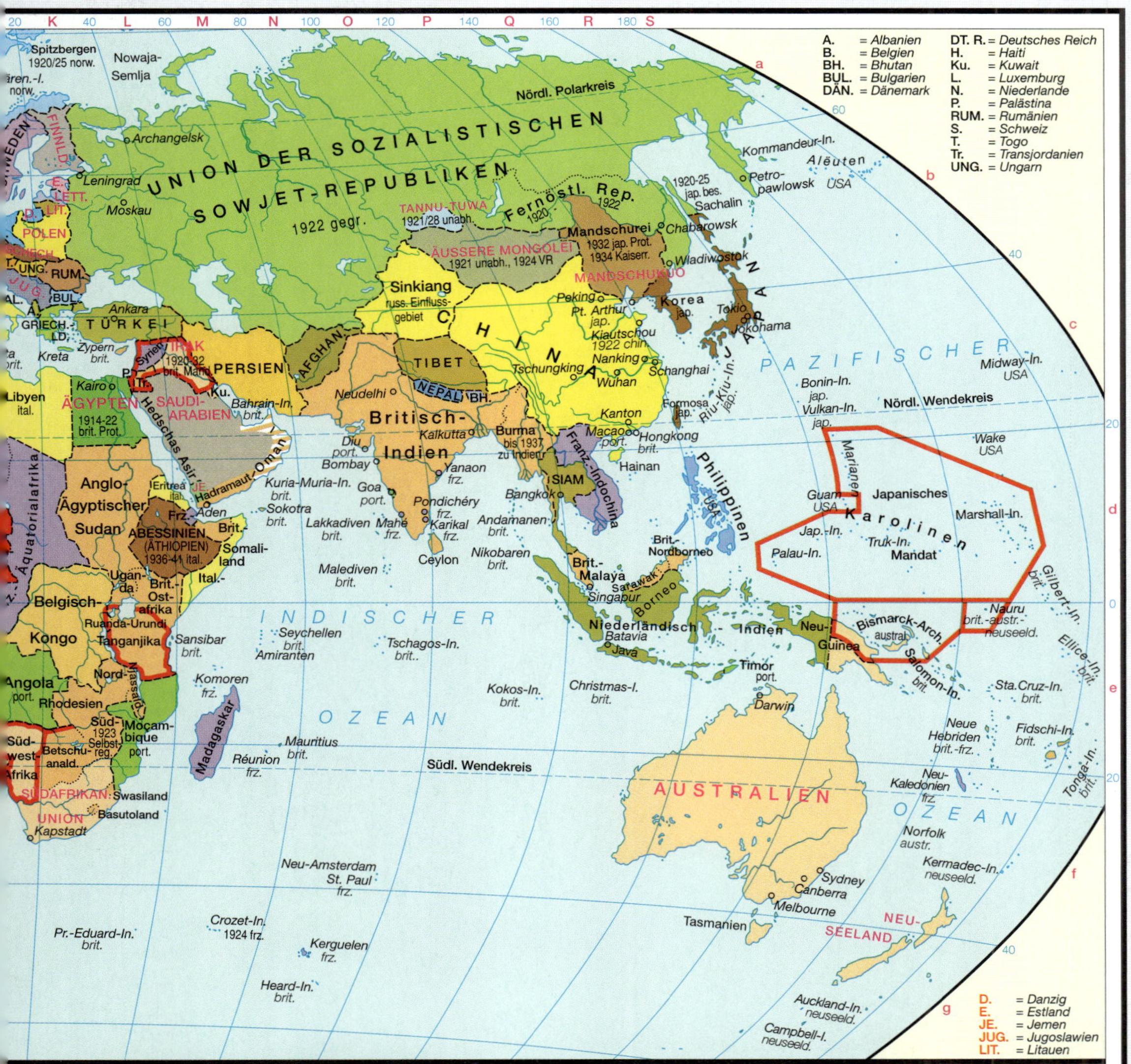

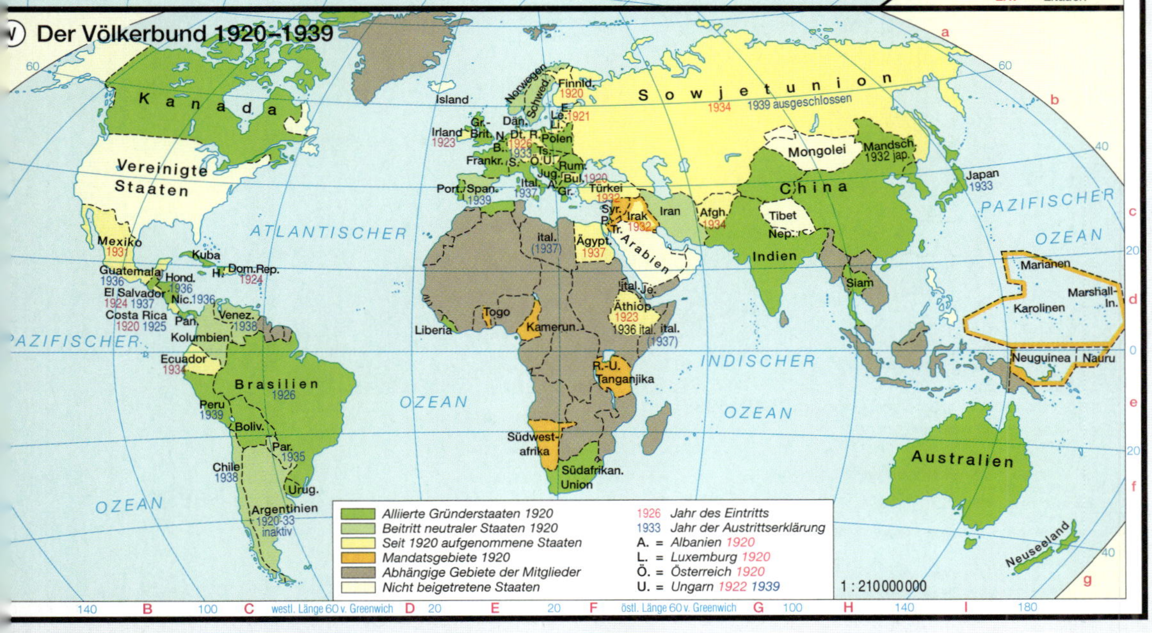

Die Welt 1918 bis 1939

1917 Balfour-Deklaration sagt Juden in Palästina eine nationale Heimstätte zu

1918 Beginn der türkischen Nationalbewegung (bis 1923) als Reaktion auf die Besetzung der Türkei durch die Alliierten (Süden: Italien, Westen: Griechenland, Südosten: Frankreich, Nordosten: Republik Armenien)

1919 Pariser Friedenskonferenz (Jan. 1919 bis Aug. 1920), Gründung des Völkerbundes (ohne USA)

1920 Friedensvertrag von Sèvres mit der Türkei; Syrien wird französisches Mandat (Emir Feisal vertrieben), britisches Mandat über Palästina; Japan wird pazifische Weltmacht (3. Seemacht)

1921 Konferenz von Washington (Panamerika- und Pazifik-Politik der USA) bis 1922: 1. Flottenabkommen mit Frankreich, Großbritannien, Italien und Japan, 2. Vier-Mächte-Abkommen zum Status quo im Pazifik, 3. Neun-Mächte-Abkommen zur Unabhängigkeit Chinas, 4. Vertrag über Japans Rückgaben an China

1923 Friede von Lausanne für die Türkei; Gründung der türkischen Republik (Abschaffung des Sultanats) unter Mustafa Kemal ("Atatürk"): Europäisierung der Türkei, Trennung von Transjordanien und Palästina; Gondra-Vertrag über panamerikanische Zusammenarbeit

1925 Nationale Revolution in China durch Kuomintang (Tschiang Kai-schek) bis 1927

1927 Tanaka-Memorandum: Japanische Herrschaft über Asien proklamiert

1928 Briand-Kellogg-Pakt zur Ächtung des Krieges

1929 Schwarzer Freitag: Beginn der Weltwirtschaftskrise

1931 Einfall Japans in die Mandschurei; Statut von Westminster schreibt die Rolle der Dominions im British Commonwealth of Nations fest

1933 Beginn des New Deal in den USA (Franklin D. Roosevelt)

1934 Beginn des Langen Marsches der KP Chinas unter Mao

1935 Überfall Italiens auf Abessinien

1937 Japanisch-Chinesischer Krieg (bis 1945)

1939 Ende des Handelsvertrages Japan-USA; Ausschluss der UdSSR aus dem Völkerbund wegen des Überfalls auf Finnland

---

A. = Albanien
B. = Belgien
BH. = Bhutan
BUL. = Bulgarien
DÄN. = Dänemark
DT. R. = Deutsches Reich
H. = Haiti
Ku. = Kuwait
L. = Luxemburg
N. = Niederlande
P. = Palästina
RUM. = Rumänien
S. = Schweiz
T. = Togo
Tr. = Transjordanien
UNG. = Ungarn

D. = Danzig
E. = Estland
JE. = Jemen
JUG. = Jugoslawien
LIT. = Litauen

Der Völkerbund 1920–1939

Alliierte Gründerstaaten 1920
Beitritt neutraler Staaten 1920
Seit 1920 aufgenommene Staaten
Mandatsgebiete 1920
Abhängige Gebiete der Mitglieder
Nicht beigetretene Staaten

1926 Jahr des Eintritts
1933 Jahr der Austrittserklärung
A. = Albanien 1920
L. = Luxemburg 1920
Ö. = Österreich 1920
U. = Ungarn 1922 1939

1 : 210 000 000

Japanische Expansion

Japanische Annexionen 1918–1939
Maßstab 1 : 70 000 000

Jap. Erwerbungen:
bis 1918
bis 1934

Jap. Besetzungen:
1937
1938
1939
von jap. Interventionstruppen bes. Gebiet (1918–22)
Japanische Vorstöße
Eisenbahn

Der türkisch-griechische Krieg 1920–1922

Türkei nach dem Frieden von Lausanne
zurück gewonnene Gebiete:
von den Griechen
von den Armeniern
von den Franzosen
von Sowjetrussland abgetretenes Gebiet
Vorstöße der Griechen
Vorstöße der türkischen Nationalisten
Abzug der Besatzungen

1 : 20 000 000
0 100 200 300 400 500 km

©2001 Cornelsen

Europa 1919 bis 1938

Europa und die Folgen des Ersten Weltkrieges

Die Zwischenkriegszeit war von Krisen gekennzeichnet. Die meisten europäischen Staaten, Sieger wie Besiegte des Ersten Weltkrieges, gerieten durch Kriegsschulden oder Reparationsverpflichtungen in wirtschaftliche Abhängigkeit von den USA.

Europa erhielt durch die Pariser Friedensverträge eine neue Staatenordnung. Ein Kordon neuer Staaten zog sich von Finnland bis Jugoslawien. Diese Neuordnung wurde begleitet von heftigen Konflikten. Bei einigen lagen die Ursachen unmittelbar in den vorangegangenen Kriegsereignissen – so etwa im Falle der Auflösung der Donaumonarchie und des Osmanischen Reiches, die erhebliche politische und wirtschaftliche Probleme und Streitigkeiten mit sich brachten.

Das nachhaltigste Konfliktpotential lag aber in den Nationalitätenproblemen der Minderheiten in den neugebildeten Staaten, bei deren Konstituierung und Grenzziehung viele nationale Gruppen aus ihren Stammgebieten ausgesiedelt oder national gefestigte Territorien durch Staatsgrenzen zerschnitten wurden. Die derart ungefestigten Staaten wurden zudem von den Ausstrahlungen der Russischen Revolution und dem nachfolgenden Bürger- und Interventionskrieg dort belastet. Nach einer Phase von Räterepubliken nach russischem Vorbild erlebten fast alle europäischen Staaten die Etablierung konservativer und faschistischer Diktaturen. Nur England, Frankreich, Belgien, Niederlande, Skandinavien, die Schweiz und die ČSR blieben davon verschont. Auch in der 1922 gegründeten Sowjetunion entwickelte sich mit dem Stalinismus eine autokratische Diktatur mit beispiellosem Unterdrückungs- und Verfolgungsapparat. Für Deutschland leitete die Weltwirtschaftskrise ab 1929 den Weg in die nationalsozialistische Diktatur ein.

Staaten Osteuropas 1914

Europa zwischen den Weltkriegen (1919–1939)

▢ Unabhängige Republik Polen 11.11.1918	Spanischer Bürgerkrieg Juli 1936 bis März 1939:
▢ Erwerbungen bis 1923	▨ Gebiet der Nationalisten Juli 1936
— Curzon-Linie 8.12.1919	▧ Eroberungen bis Dez. 1938
▫▫ Deutsch-sowjetische Interessengrenze 28.9.1939–1941	← Unterstützung d. Nationalisten
▢ Rumänien 1914	← Unterstützung d. Republikaner
▢ Erwerbungen 1918/20	Aufteilung der Tschechoslowakei 1938/39:
▢ Serbien 1914	1 Sudetenland (1.10.1938 deutsch)
▢ Kgr. der Serben, Kroaten u. Slowenen 1918/20 (1929 Jugoslawien)	2 Olsagebiet (2.10.1938 polnisch)
▢ Griechenland 1914	3 Oberungarn (2.11.1938 ungarisch)
▢ Türkei nach dem Frieden von Sèvres 10.8.1920 (nicht ratifiziert)	▨ Protektorat Böhmen und Mähren (16.3.1939)
▢ Türkei nach dem Frieden von Lausanne 24.7.1923	▨ Slowakei (6.10.1938 autonom, 14.3.1939 unabhängig)
	▨ Karpato-Ukraine (8.10.1938 autonom, 23.3.1939 ungarisch)

©2001 Cornelsen

1918–1920   Bürgerkrieg in Russland (vgl. S. 158/159)

1919   Pariser Vorortsverträge mit Deutschland (Versailles), Österreich (St. Germain), Ungarn (Trianon), Bulgarien (Neuilly); 1920: Türkei (Sèvres); Estland, Lettland, Litauen, Polen, ČSR, Jugoslawien und zunächst auch die Ukraine und Weißrussland werden selbstständig; Rumäniens Gebiet wird verdoppelt; vorübergehend Räterepubliken in vielen Ländern; Umsiedlung der türkischen und griechischen Minderheiten (erneut 1923; vgl. S. 160)

1920   Teilung Irlands in Nord und Süd (Republik)

1922   Mussolinis „Marsch auf Rom"; Gründung der Union der Sozialistischen Sowjetrepubliken

1923   Diktatur in Bulgarien unter Zankoff, in Spanien unter de Rivera (bis 1930), in der Türkei unter Mustafa Kemal („Atatürk")

1924   Tod Lenins, Stalin Generalsekretär der KPdSU

1925   Diktatur in Albanien unter Achmed Zogu

1926   Diktatur in Polen unter Pilsudski, in Litauen unter Smetona, Portugal unter da Costa

1929   Diktatur in Jugoslawien unter Kg. Alexander

Sprachverteilung in Osteuropa nach 1918

Albaner	Rumänen	Umsiedlung von Türken	
Bosniaken	Russen	Umsiedlung von Griechen	
Bulgaren	Schweden	80 Zahlen in Tausend	
Dänen	Serben		
Deutsche	Slowaken	Verhältnis von Staatsvolk und Minderheit in...	
Griechen	Slowenen	...Polen, Anteil der Polen 69%	
Italiener	Tschechen	...Jugoslawien, Anteil der Serben 46%	
Kaschuben	Türken	...Tschechoslowakei, Anteil der Tschechen 46%	
Kroaten	Ukrainer		
Letten	Ungarn		
Litauer	Weißrussen		
Makedonier		--- Grenzen von 1923	
Polen			

0   200   400   600 km

Internationale Krisenherde in der Folge der Pariser Vorortverträge

○ Internationale Krisenherde infolge der Pariser Verträge

0   200   400   600 km

1930 „Persönliches Regiment" Kg. Carols II. in Rumänien; Kulakenvernichtung durch die Sowjetunion (bis 1932)

1931 Statut von Westminster: Grundsätze für das British Commonwealth of Nations

1932 Aushungerung der Ukraine durch die UdSSR

1933 Machtübernahme Hitlers in Deutschland; in Österreich Diktatur unter Dollfuß („Austrofaschismus")

1934 Diktaturen in Estland unter Päts und in Lettland unter Ulmanis

1936 Diktatur in Griechenland (Metaxa); Beginn der Diktatur Francos in Spanien (Spanischer Bürgerkrieg bis 1939); Schauprozesse und politische Säuberungen in der UdSSR, Aufbau des Gulag (zunächst bis 1938)

1938 Hitlers Einmarsch in Österreich; Sudetenland ans Deutsche Reich (Münchener Abkommen)

1939 Hitler zerschlägt die ČSR; UdSSR erzwingt Militärstützpunkte in den baltischen Staaten und überfällt Finnland; deutscher Überfall auf Polen: Beginn des Zweiten Weltkrieges

Novemberrevolution und Krisenjahre

Trotz des Friedens von Brest-Litowsk mit Russland im März 1918 machte der Einbruch der Westfront im August den Waffenstillstand für das Deutsche Reich unausweichlich. Ohne die Demokratisierung Deutschlands wollten die Alliierten jedoch keinen Waffenstillstand eingehen. Das führte zu einem Regierungswechsel und einer Verfassungsänderung im Oktober 1918 sowie – ausgelöst durch den Matrosenaufstand – zum Sturz der Monarchien in Deutschland. Am 9. November 1918 wurde die Deutsche Republik ausgerufen und eine provisorische Regierung unter Friedrich Ebert (SPD) gebildet. Damit reihte sich auch Deutschland in eine europäische Revolutionsbewegung am Ende des Krieges ein.

Nach der Niederschlagung eines kommunistischen Aufstands im Januar 1919 erhielt Deutschland seine erste demokratische Verfassung. Aber die demokratische Regierung musste den Versailler Vertrag akzeptieren und damit die alleinige Kriegsschuldzuweisung, Gebietsabtretungen, Reparationen und Besetzung hinnehmen. Nun hatte sie Feinde von Links (Kommunisten) und Rechts (Monarchisten, Konservative, Faschisten). Das Jahrfünft bis 1923 war von schweren Auseinandersetzungen zwischen diesen Republikfeinden und den demokratischen Republikanern gekennzeichnet, die in politischen Morden und Putschversuchen gipfelten. Sie wurden begleitet von Wirtschaftsproblemen wie Arbeitslosigkeit und einer galoppierenden Inflation.

Die Weimarer Reichsverfassung von 1919

Am 14. 8. 1919 in Kraft getreten, installierte die Weimarer Verfassung erstmals einen Staat mit demokratischer Grundordnung in Deutschland. Diese wies allerdings von vornherein einige konstitutive Schwächen auf. Die vergleichsweise schwache Stellung des Reichsrates trug beispielsweise dem föderativen Aufbau des Reiches nur unzureichend Rechnung. Vor allem aber stellte die extrem starke Position des direkt gewählten Reichspräsidenten und dessen Überordnung gegenüber dem ebenfalls direkt gewählten Reichstag bei grundlegenden politischen Konflikten die demokratische Legitimierung der Regierung strukturell bereits in Frage.

Eine entscheidende Schwäche der Verfassung war aber auch, dass sie die Rolle und Bedeutung der Parteien ignorierte und ihnen keine konstitutionelle und vor allem demokratisch definierte Funktion zuwies.

Die von liberal-rechtsstaatlichem Geist getragene Verfassung war zwar formal funktionstüchtig, sah sich jedoch von Beginn an großen Belastungen durch ihre Gegner von links (KPD, USPD) und rechts (DNVP, NSDAP u. a.) sowie durch restaurativ-konservative Kräfte in Parlament und Öffentlichkeit ausgesetzt. Ab 1930 wurde die Weimarer Verfassung auf der Grundlage ihrer eigenen strukturellen Schwächen, die insbesondere in der unausgewogenen Dualität von Reichspräsident und Parlament angelegt waren, zusehends ihrer eigentlichen Intention beraubt. Hauptinstrument waren die Präsidialkabinette und ihr inflationärer Einsatz von Notverordnungen. 1933 durch die „Verordnung zum Schutz von Volk und Staat", das Ermächtigungsgesetz und die Gleichschaltung faktisch außer Kraft gesetzt, wurde sie während der NS-Herrschaft formal nie aufgehoben.

Revolutionen nach dem Ersten Weltkrieg

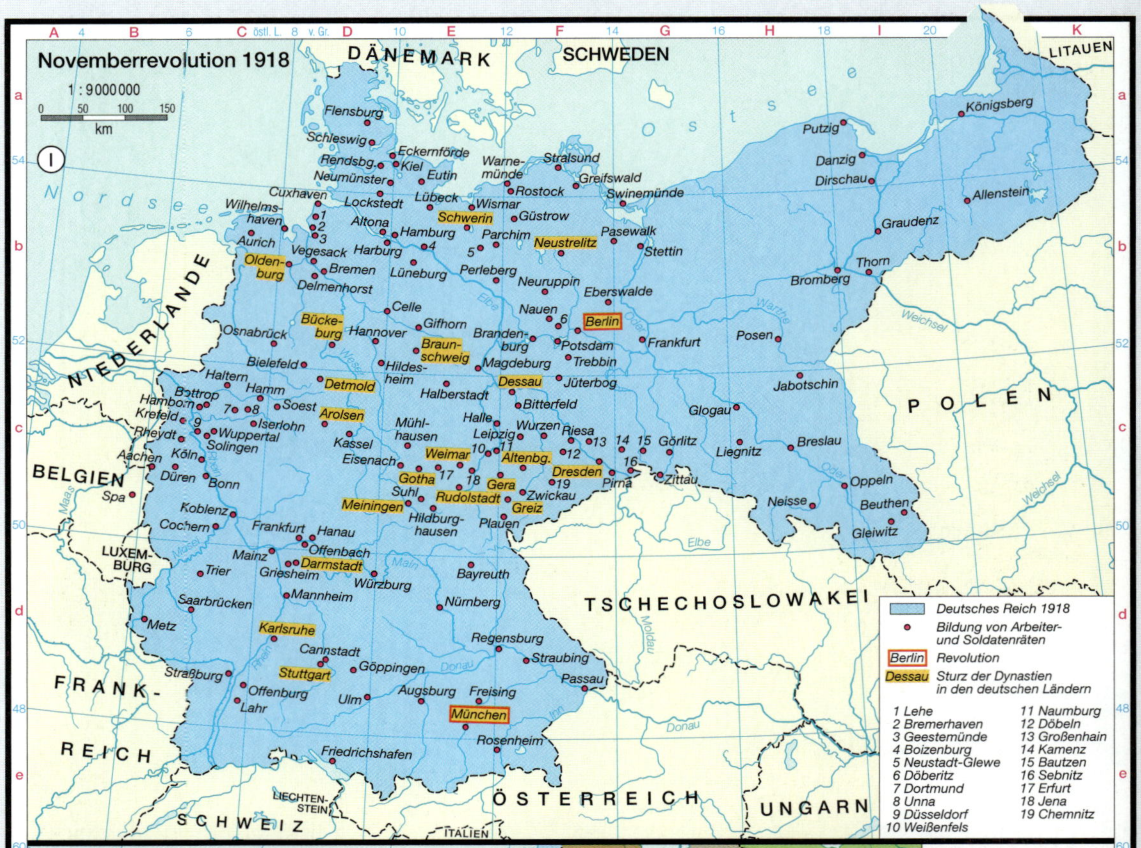

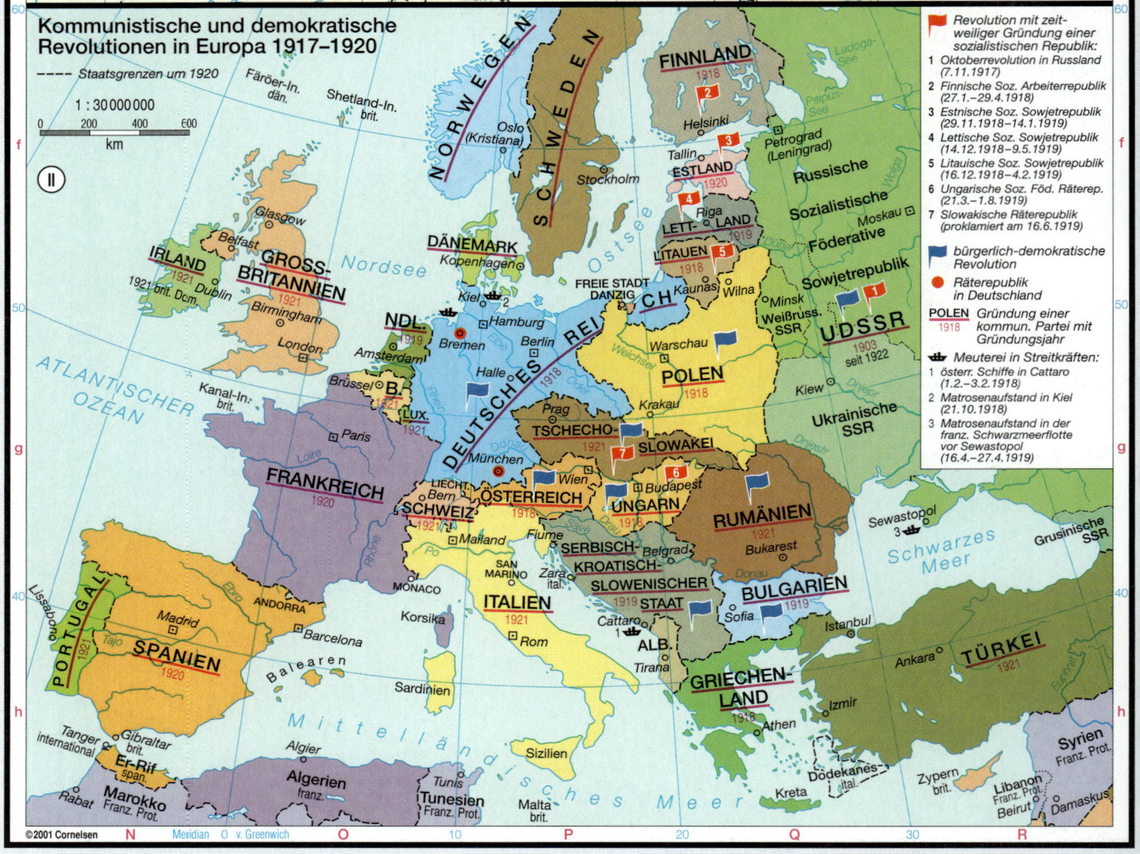

Novemberrevolution 1918
1 : 9 000 000
km
I
Deutsches Reich 1918
Bildung von Arbeiter- und Soldatenräten
Berlin Revolution
Dessau Sturz der Dynastien in den deutschen Ländern
1 Lehe
2 Bremerhaven
3 Geestemünde
4 Boizenburg
5 Neustadt-Glewe
6 Döberitz
7 Dortmund
8 Unna
9 Düsseldorf
10 Weißenfels
11 Naumburg
12 Döbeln
13 Großenhain
14 Kamenz
15 Bautzen
16 Sebnitz
17 Erfurt
18 Jena
19 Chemnitz
DÄNEMARK
SCHWEDEN
LITAUEN
NIEDERLANDE
BELGIEN
LUXEMBURG
FRANKREICH
SCHWEIZ
TSCHECHOSLOWAKEI
ÖSTERREICH
UNGARN
POLEN

Kommunistische und demokratische Revolutionen in Europa 1917–1920
Staatsgrenzen um 1920
1 : 30 000 000
km
II
Revolution mit zeitweiliger Gründung einer sozialistischen Republik:
1 Oktoberrevolution in Russland (7.11.1917)
2 Finnische Soz. Arbeiterrepublik (27.1.–29.4.1918)
3 Estnische Soz. Sowjetrepublik (29.11.1918–14.1.1919)
4 Lettische Soz. Sowjetrepublik (14.12.1918–9.5.1919)
5 Litauische Soz. Sowjetrepublik (16.12.1918–4.2.1919)
6 Ungarische Soz. Föd. Räterep. (21.3.–1.8.1919)
7 Slowakische Räterepublik (proklamiert am 16.6.1919)
bürgerlich-demokratische Revolution
Räterepublik in Deutschland
POLEN 1918 Gründung einer kommun. Partei mit Gründungsjahr
Meuterei in Streitkräften:
1 österr. Schiffe in Cattaro (1.2.–3.2.1918)
2 Matrosenaufstand in Kiel (21.10.1918)
3 Matrosenaufstand in der franz. Schwarzmeerflotte vor Sewastopol (16.4.–27.4.1919)
FINNLAND
NORWEGEN
SCHWEDEN
ESTLAND
LETTLAND
LITAUEN
DÄNEMARK
GROSSBRITANNIEN
IRLAND
DEUTSCHES REICH
POLEN
Russische Sozialistische Föderative Sowjetrepublik
UDSSR
Ukrainische SSR
FRANKREICH
TSCHECHOSLOWAKEI
ÖSTERREICH
UNGARN
RUMÄNIEN
SCHWEIZ
ITALIEN
BULGARIEN
SPANIEN
PORTUGAL
GRIECHENLAND
TÜRKEI
Atlantischer Ozean
Nordsee
Schwarzes Meer
Mittelländisches Meer
©2001 Cornelsen

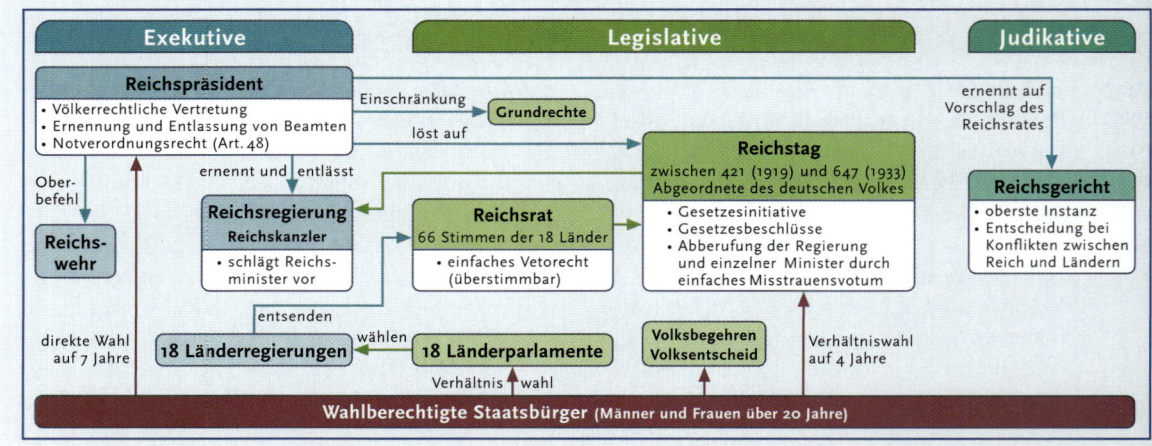

Exekutive
Legislative
Judikative
Reichspräsident
• Völkerrechtliche Vertretung
• Ernennung und Entlassung von Beamten
• Notverordnungsrecht (Art. 48)
Einschränkung
Grundrechte
löst auf
ernennt auf Vorschlag des Reichsrates
Ober-befehl
Reichswehr
ernennt und entlässt
Reichsregierung
Reichskanzler
• schlägt Reichsminister vor
Reichsrat
66 Stimmen der 18 Länder
• einfaches Vetorecht (überstimmbar)
Reichstag
zwischen 421 (1919) und 647 (1933) Abgeordnete des deutschen Volkes
• Gesetzesinitiative
• Gesetzesbeschlüsse
• Abberufung der Regierung und einzelner Minister durch einfaches Misstrauensvotum
Reichsgericht
• oberste Instanz
• Entscheidung bei Konflikten zwischen Reich und Ländern
entsenden
direkte Wahl auf 7 Jahre
18 Länderregierungen
wählen
18 Länderparlamente
Verhältniswahl
Volksbegehren Volksentscheid
Verhältniswahl auf 4 Jahre
Wahlberechtigte Staatsbürger (Männer und Frauen über 20 Jahre)

Der Versailler Vertrag und die ersten Krisenjahre der Weimarer Republik

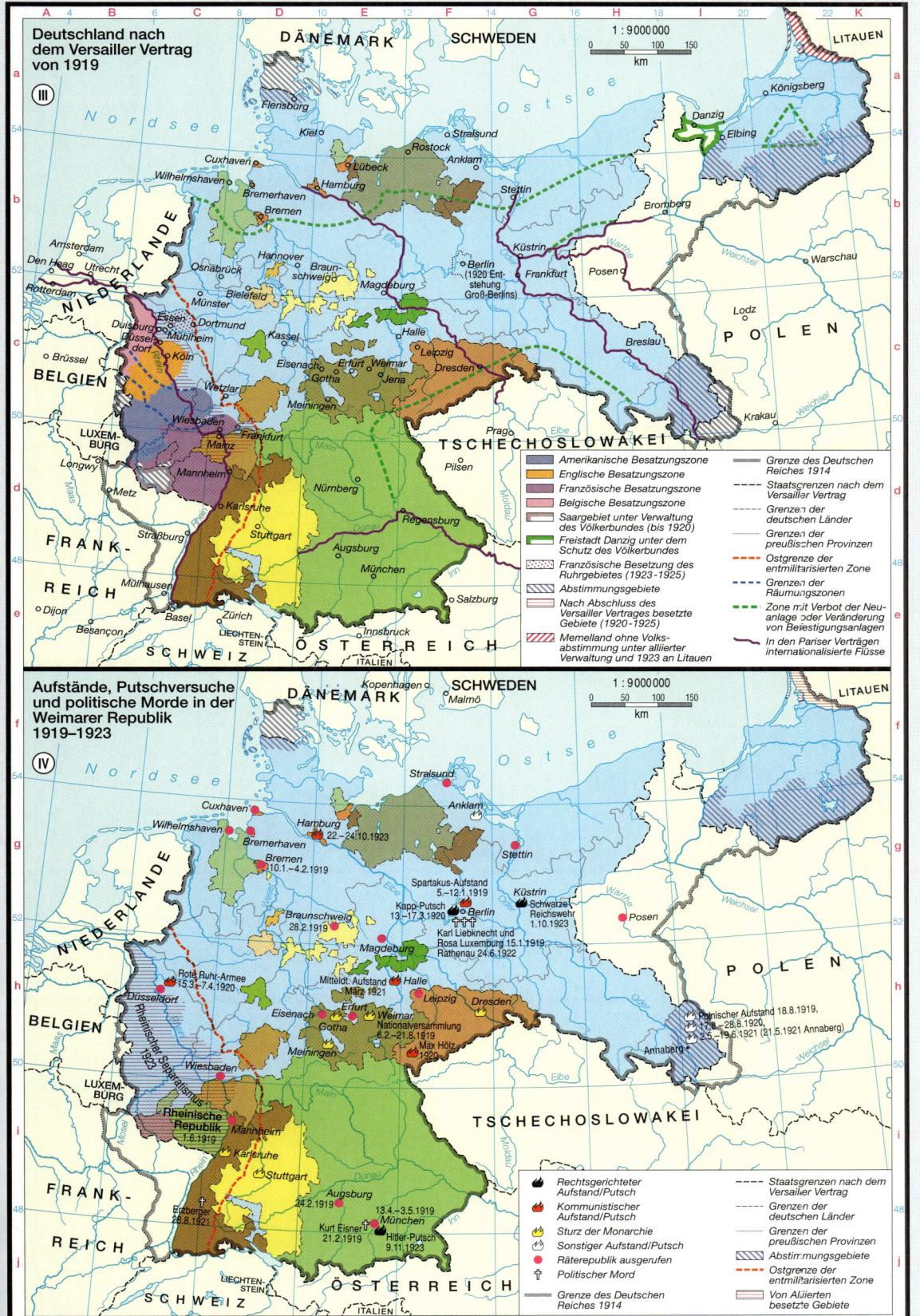

Deutschland nach dem Versailler Vertrag von 1919 (III)
1 : 9 000 000

Aufstände, Putschversuche und politische Morde in der Weimarer Republik 1919–1923 (IV)
1 : 9 000 000

© 2001 Cornelsen

Von der Revolution zur Republik

1918 29.9.: infolge des Einbruchs der Westfront Waffenstillstand für Deutschland militärisch unumgänglich – nicht innenpolitisch erzwungen (Dolchstoßlegende)

3.10.: Regierungsbeteiligung von SPD, Zentrum und Fortschrittlicher Volkspartei

4.10.: deutsches Waffenstillstandsgesuch scheitert zunächst an der amerikanischen Forderung nach Abdankung der deutschen Monarchen

28.10.: die Oktoberverfassung bringt die erste parlamentarische Regierung in Deutschland; Meuterei der Matrosen in Kiel

5.11.: Sturz der Landesmonarchien

9.11.: Prinz Max von Baden verkündet gegen dessen ausdrücklichen Willen die Abdankung des deutschen Kaisers; Ausrufung der Deutschen Republik durch Philipp Scheidemann (SPD) und kurz darauf der Sozialistischen Republik durch Karl Liebknecht (Spartakusbund)

10.11.: Rat der Volksbeauftragten (SPD/USPD)

11.11.: Waffenstillstand

1919 Januar: Gründung von KPD und DAP (NSDAP); Niederschlagung des Spartakus-Aufstandes

6.2.: Zusammentritt der Nationalversammlung aus sechs Parteien; am 11.2. Wahl Friedrich Eberts (SPD) zum ersten Reichspräsidenten

2.5.: Ende der Münchener Räterepublik

28.6.: Unterzeichnung des Versailler Friedensvertrags durch Deutschland

11.8.: Weimarer Reichsverfassung ratifiziert

1920 März: Kapp-Putsch; dieser scheitert an Generalstreik; kommunistische Aufstände in Thüringen, Sachsen und im Ruhrgebiet (bis Mai)

1923 11.1.: Ruhrgebiet französisch besetzt und passiver deutscher Widerstand (bis September) Oktober/November: Inflationshöhepunkt; Reichsexekution gegen Unruhen in Sachsen und Thüringen, Separatismus im Rheinland

9.11.: Hitler-Putsch in München gescheitert

Politisch motivierte Verbrechen und ihre Sühne in der Weimarer Republik

POLITISCHE MORDE	LINKE TÄTER	RECHTE TÄTER	GESAMT
insgesamt	22	354	376
davon ungesühnt	4	326	330
teilweise gesühnt	1	27	28
gesühnt	17	1	18
Zahl der Verurteilungen	38	24	
Geständige Täter			
freigesprochen	–	23	
befördert	–	3	
Durchschnittliche Dauer der Haftzeit je Mord	15 Jahre	4 Monate	
Zahl der Hinrichtungen	10	–	
Geldstrafe je Mord		2 Papiermark	

Von den im Zusammenhang mit dem Kapp-Putsch begangenen Verbrechen wurden

amtlich bekannt	705
amnestiert	412
Verfahren eingestellt	176
bestraft	1

Der Wertverfall der Mark (gegenüber dem Dollar)

1914	Juli	4,2
1919	Januar	8,9
1920	Januar	64,8
1921	Januar	64,9
1922	Januar	191,8
	Juli	493,2
1923	Januar	17 972,–
	Juli	353 412,–
	August	4 620 455,–
	September	98 860 000,–
	Oktober	25 260 208 000,–
	November 15	4 200 000 000 000,–

Die Entwicklung des Brotpreises (Mark pro kg)

1919	Dezember	0,8
1921	Dezember	3,9
1922	Dezember	163,15
1923	Januar	250,–
	April	474,–
	Juli	3465,–
	August	69 000,–
	September	1 512 000,–
	Oktober	1 743 000 000,–
	November	201 000 000 000,–
	Dezember	399 000 000 000,–
1924	Januar	0,3

Die Weimarer Republik von 1923 bis 1933

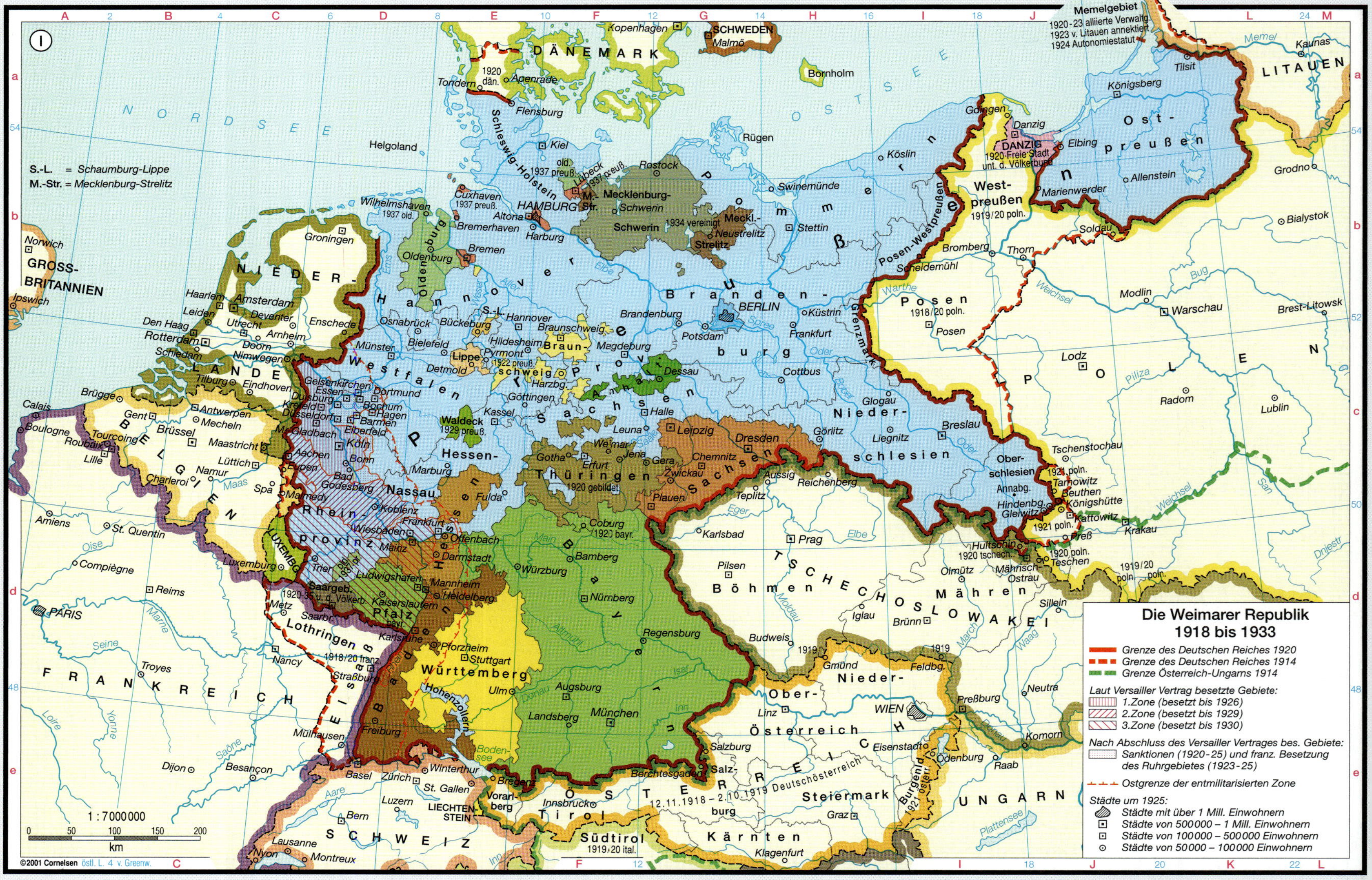

Die Weimarer Republik 1918 bis 1933

Grenze des Deutschen Reiches 1920
Grenze des Deutschen Reiches 1914
Grenze Österreich-Ungarns 1914

Laut Versailler Vertrag besetzte Gebiete:
1. Zone (besetzt bis 1926)
2. Zone (besetzt bis 1929)
3. Zone (besetzt bis 1930)

Nach Abschluss des Versailler Vertrages bes. Gebiete:
Sanktionen (1920-25) und franz. Besetzung des Ruhrgebietes (1923-25)
Ostgrenze der entmilitarisierten Zone

Städte um 1925:
Städte mit über 1 Mill. Einwohnern
Städte mit 500000 – 1 Mill. Einwohnern
Städte von 100000 – 500000 Einwohnern
Städte von 50000 – 100000 Einwohnern

1 : 7 000 000
0　50　100　150　200 km

©2001 Cornelsen östl. L. 4 v. Greenw.

Die Weimarer Republik 1924 bis 1933

Mit dem Scheitern des Hitler-Putsches, der Lösung des Inflationsproblems und der Auflegung des Dawes-Plans zur Verstetigung der Reparationszahlungen gelang es, Deutschland ab 1924 wirtschaftlich und politisch zusehends zu stabilisieren. Mit dem diplomatischen Erfolg des Locarno-Vertrages wurde Deutschland wieder als gleichberechtigter Partner in das europäische Staatensystem eingebunden und öffnete sich damit den Weg in den Völkerbund. Vor diesem Hintergrund außenpolitischer Erstarkung und der einsetzenden wirtschaftlichen Erholung war der politische Konsens innerhalb der „Weimarer Koalition" (SPD, Zentrum und DDP) noch gegeben, um die innenpolitische Stabilität der Republik aufrecht zu erhalten. Die Weltwirtschaftskrise von 1929 löste aber nicht nur eine Arbeitslosigkeit von 6 Millionen aus, sondern stürzte die Republik auch in eine schwere innenpolitische Krise: Die Regierungen ab 1930 besaßen keine parlamentarischen Mehrheiten mehr, sondern regierten mit Hilfe von „Notverordnungen" des Reichspräsidenten. Nun stiegen die Stimmenzuwächse der NSDAP – besonders in protestantischen Regionen – sprunghaft, antisemitische Anschläge, die es in der ganzen Zeit der Weimarer Republik gab, breiteten sich aus. Bereits 1932 war die NSDAP erstmals an Landesregierungen beteiligt, und die Republikfeinde sahen die Chance, mit Hilfe Hitlers die ungeliebte Republik abzuschaffen.

Synagogenschändungen in der Weimarer Republik vor 1933

Synagogen- und Friedhofsschändungen im Deutschen Reich (1923-1932)

Synagogenschändungen
Friedhofsschändungen

Anmerkung:
In vielen der verzeichneten Orte wurden Synagogen oder jüdische Friedhöfe mehrfach geschändet.

1 : 9 500 000
0　50　100　150　200　250 km

©2001 Cornelsen　　　östl. L. 12 v. Greenw.

Konfessions- und Parteienmehrheiten in der Weimarer Republik

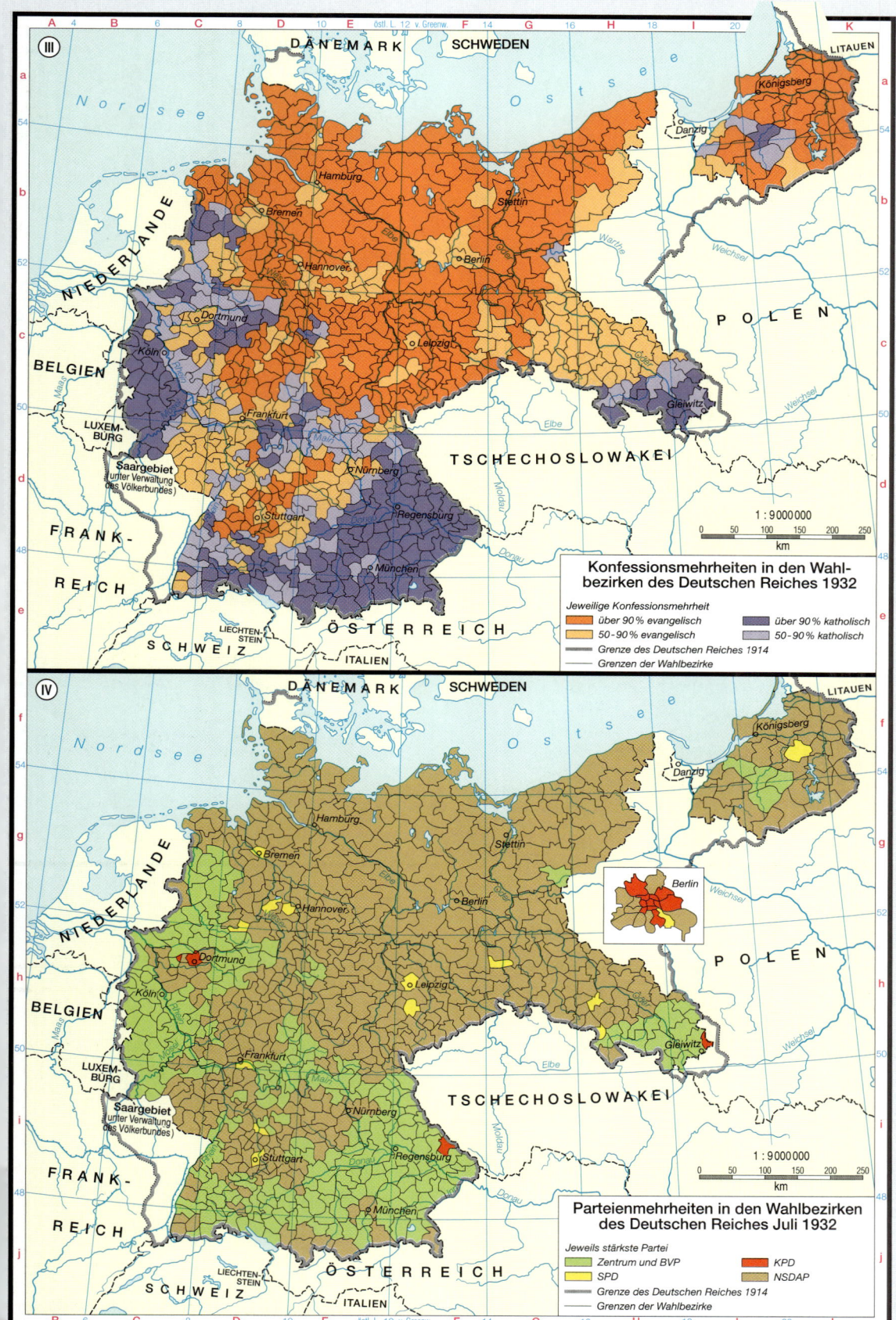

Konfessionsmehrheiten in den Wahlbezirken des Deutschen Reiches 1932

Jeweilige Konfessionsmehrheit
- über 90 % evangelisch
- 50–90 % evangelisch
- über 90 % katholisch
- 50–90 % katholisch
- Grenze des Deutschen Reiches 1914
- Grenzen der Wahlbezirke

1 : 9 000 000

Parteienmehrheiten in den Wahlbezirken des Deutschen Reiches Juli 1932

Jeweils stärkste Partei
- Zentrum und BVP
- SPD
- KPD
- NSDAP
- Grenze des Deutschen Reiches 1914
- Grenzen der Wahlbezirke

1 : 9 000 000

Die große Parteienkrise der Weimarer Republik

Die Wirtschaftskrise traf fast alle Menschen in Deutschland, nicht nur die Arbeitslosen. Wer Arbeit hatte, musste um seinen Arbeitsplatz fürchten. Die Selbstständigen verdienten immer weniger und standen in der Gefahr des Konkurses. Den Beamten wurden die Gehälter gekürzt. Wer jetzt erklärte, die Demokratie sei schuld an allem, fand offene Ohren. Die Feinde der Republik auf beiden Extremen des politischen Spektrums, vor allem NSDAP und KPD, nutzten diese Situation aus. Die politische Auseinandersetzung wurde angesichts der zunehmenden Not immer aggressiver und beschränkte sich längst nicht mehr auf Worte. Straßenkämpfe auch mit blutigem Ausgang und gewalttätige Übergriffe gegen den politischen Gegner nahmen wieder zu. In dieser Situation zerbrach die 1928 gebildete Große Koalition von SPD, Zentrum, BVP, DDP und DVP an der Unfähigkeit der beteiligten Parteien, im Streit um die Höhe der Arbeitslosenversicherung zu einem Kompromiss zu gelangen. Die Parteien der Weimarer Republik waren dezidiert den von ihnen vertretenen gesellschaftlichen Interessengruppen verpflichtet – konzeptionell gesellschaftsübergreifende Standpunkte, wie sie für die nach 1945 gebildeten Volksparteien charakteristisch sind, waren für sie kaum denkbar. Diese Kompromissunfähigkeit verhinderte auch die Bildung einer neuen funktionsfähigen Regierung. Die folgenden Minderheitsregierungen unter Brüning, von Papen und von Schleicher fanden daher keine parlamentarischen Mehrheiten mehr und konnten nur noch durch präsidiale Notverordnungen regieren. Die demokratische Legitimation des Regierungshandelns war damit grundlegend in Frage gestellt.

1924 29. 8.: Dawes-Plan vom Reichstag ratifiziert
1925 26. 4.: Hindenburg wird Reichspräsident
16. 10.: Vertrag von Locarno (Ende der deutschen Isolation)
1926 24. 4.: Berliner Vertrag mit der Sowjetunion
10. 9.: Deutschlands Aufnahme in den Völkerbund
1927 16. 7.: Gesetz zur Arbeitslosenversicherung
1928 28. 6.: Große Koalition (Kanzler H. Müller, SPD)
27. 8.: Briand-Kellogg-Pakt zur Ächtung des Krieges
1929 März: Arbeitslosenzahl steigt auf 2,8 Millionen
Juni: Young-Plan zur Reparationstilgung in 50 Jahresraten
25. 10.: Schwarzer Freitag, Beginn der Weltwirtschaftskrise
1930 März: Ende der Großen Koalition und Präsidialkabinett Brüning (Zentrum)
1. 7.: Räumung der letzten Rheinlandzone durch die Alliierten
14. 9.: Reichstagswahl – NSDAP zweitstärkste Partei
1932 April: Wiederwahl Hindenburgs als Reichspräsident
1. 6.: Minderheitskabinett von Papens
8. 7.: Lausanne: Ende der Reparationen
20. 7.: von Papens Staatsstreich in Preußen
31. 7.: Reichstagswahl: NSDAP stärkste Partei
6. 11.: Reichstagswahl: Verluste der NSDAP
2. 12.: Präsidialkabinett unter von Schleicher
1933 30. 1.: Hindenburg beruft Hitler zum Reichskanzler

Ergebnisse der Reichstagswahlen 1919–1933 (in % der abgegebenen gültigen Wählerstimmen)

	Jan. 1919	Juni 1920	Mai 1924	Dez. 1924	Mai 1928	Sept. 1930	Juli 1932	Nov. 1932	März 1933
KPD	–	2,2	12,6	9,0	10,6	13,1	14,3	16,9	12,3
USPD	7,6	17,9	0,8	0,3	–	–	–	–	–
SPD	37,9	21,7	20,5	26,0	29,8	24,5	21,6	20,4	18,3
Zentrum/BVP	19,7	18,2	16,6	17,3	15,2	14,8	15,7	15,0	13,9
DDP	18,5	8,3	5,7	6,3	4,9	3,8	1,0	1,0	0,9
DVP	4,4	13,9	9,2	10,1	8,7	4,5	1,2	1,9	1,1
DNVP	10,3	15,1	19,5	20,5	14,2	7,0	5,9	8,3	8,0
NSDAP	–	–	6,5	3,0	2,6	18,3	37,3	33,1	43,9
Sonstige	1,6	2,8	8,6	6,5	14,0	14,0	3,0	3,4	1,6

Das Deutsche Reich von 1933 bis 1938

Das Deutsche Reich 1933–1938

Essen Gau der NSDAP bis 14.4.1939
Gaugrenzen
Köln Gauhauptstädte
Deutschland und Danzig in den Grenzen vom 31.12.1937

1 : 7 000 000
0   50   100   150   200 km

©2001 Cornelsen östl. L. 4° v. Greenw.

Vom „Führerstaat" zum Großdeutschen Reich

Die Errichtung der NS-Diktatur erfolgte auf dem Wege der Aushöhlung der Weimarer Verfassung 1933/34. Entscheidend waren dabei die Aufhebung der Grundrechte in der „Brandverordnung" und die Selbstausschaltung des Reichstags durch das „Ermächtigungsgesetz" vom 24. 3. 1933. Deutschland wurde Einparteien- und nach Beseitigung der Länder (1934) erstmals auch Zentralstaat. Neben den Reichsstatthaltern bestimmten die Gauleiter der NSDAP die regionale Politik. Nach Ausschaltung der SA-Führung und Hindenburgs Tod (August 1934) war Hitler als „Führer und Reichskanzler" unumschränkter Diktator. So wie durch Parteienverbote und die Einrichtung von Konzentrationslagern die Opposition ausgeschaltet und der Antisemitismus zur offiziellen Regierungspolitik wurde, sorgte die NS-Diktatur durch Errichtung von Adolf-Hitler- und Partei-Schulen für die Erziehung ihrer zukünftigen Gefolgschaft.

Eine vordergründig erfolgreiche Wirtschaftspolitik zur Beseitigung der Arbeitslosigkeit sicherte der Diktatur eine breite Zustimmung in der Bevölkerung.

Durch systematischen Bruch der Rüstungsbeschränkungen des Versailler Vertrages und eine verstärkte Aufrüstung, „wirtschaftliche Mobilmachung" genannt, betrieb Hitler ab 1936 verstärkte Kriegsvorbereitungen. Mit der Besetzung Österreichs und dem Einmarsch in das Sudetenland war das erste Ziel der NS-Außenpolitik zur Bildung eines „Großdeutschen Reiches" im Herbst 1938 erreicht.

Hitlerjugend und Parteischulen

Hitlerjugend und nationalsozialistisches Erziehungssystem (1933–1944)

Deutsches Reich (1935)
„Großdeutsches Reich" (1939)
Tirol Gebiet bzw. Obergau
Sitz der Reichsjugendführung
Sitz eines Gebiets- bzw. Obergauführung
Geplante Adolf-Hitler-Schule
Nationalpolitische Erziehungsanstalt (mit Gründungsjahr)
Nationalpolitische Erziehungsanstalt im Aufbau (mit Gründungsjahr)
Nach 1941 im „Großdeutschen Reich", in den besetzten, ein- und angegliederten Gebieten gegründete Nationalpolitische Erziehungsanstalt (mit Gründungsjahr)
Nach 1941 im „Großdeutschen Reich", in den besetzten, ein- und angegliederten Gebieten gegründete Nationalpolitische Erziehungsanstalt im Aufbau (mit Gründungsjahr)
Reichsschule
„Reichsschule der NSDAP"
„Ordensburg"

1 : 9 500 000
0   50   100   150   200   250 km

©2001 Cornelsen östl. L. 12° v. greenw.

Das Großdeutsche Reich– Entwicklung und Rüstung

Das „Großdeutsche Reich" (1939–1945)

Map legend:

- „Großdeutsches Reich" mit eingegliederten Gebieten
- Grenze des „Großdeutschen Reiches" (Februar 1940)
- Protektorat Böhmen und Mähren
- Generalgouvernement
- Angegliederte Gebiete (mit Datum)
- Mark Gau im Altreich und Reichsgau in den eingegliederten Gebieten
- ▲ Gauhauptstadt
- ▲ Reichsleitung der NSDAP
- ▣ Ordensburg

Die Aufrüstung im Deutschland der 30er Jahre

- Deutsches Reich 1937
- Besetzung der entmilitarisierten Zone 1936
- 1938/39 annektierte, besetzte sowie direkt abhängige Länder und Gebiete
- ----- Staatsgrenzen 1937

Zentren der Rüstungsindustrie 1937
- ⚓ Schiffbau
- ⚙ Metallurgie
- 🚗 Fahrzeugbau
- ⚡ Elektroindustrie
- 🧪 Chemie
- ✈ Flugzeugbau

Hauptstandorte der Wehrmacht 1937
Heeresstandort / Luftwaffenstandort
- ■ Kommando- und Truppenstandort
- ■ Kommandostandort
- ○ Truppenstandort
- ● Kriegshafen

Befestigungsanlagen 1937
- ++++++ „Westwall"
- ×××× Ostbefestigungen

Autobahnnetz 1937
- gebaut
- geplant
- Haupteinsatzgebiete des Reichsarbeitsdienstes

Der Weg zum „Führerstaat"

1933
- 30. I.: Hitler Reichskanzler
- 28. 2.: Aufhebung der Grundrechte; „Brandverordnung" (faktisches KPD-Verbot)
- 24. 3.: Gesetzgebungskompetenz der Regierung
- März/April bis Januar 1934: Einsetzung von Reichsstatthaltern und Aufhebung der Länder
- 7. 4.: „Säuberung" des Beamtenapparates
- 22. 6.: SPD-Verbot
- Juli: Abschluss der Selbstauflösung der bürgerlichen Parteien
- 14. 7.: NSDAP Staatspartei

1934
- 30. 6.: Ausschaltung der SA, Selbstständigkeit der SS
- I. 8.: Hitler auch Reichspräsident
- August: Vereidigung der Reichswehr auf Hitler

Die NS-Außenpolitik

1933
- 20. 7.: Konkordat mit dem Vatikan
- 14. 10.: Austritt aus dem Völkerbund

1934
- 26. I.: Nichtangriffspakt mit Polen

1935
- 13. I.: Volksabstimmung im Saargebiet
- 16. 3.: Allgemeine Wehrpflicht
- 18. 6.: deutsch-britisches Flottenabkommen

1936
- 7. 3.: Remilitarisierung des Rheinlandes
- I. 8.: Olympische Spiele in Berlin
- 9. 9.: Verkündung des „Vierjahresplans"
- 25. 10.: Begründung der „Achse Rom–Berlin"
- 25. 11.: Antikominternpakt mit Japan

1937
- 6. 11.: Italien tritt dem Antikominternpakt bei

1938
- 4. 2.: Hitler wird Oberbefehlshaber der Wehrmacht, Ribbentrop wird Reichsaußenminister
- 12. 3.: deutscher Einmarsch in Österreich
- 30. 5.: Weisung zur Zerschlagung der ČSR
- 15. 9.: Chamberlain bei Hitler anläßlich der Sudetenkrise
- 29. 9.: Münchener Abkommen
- I. 10.: deutscher Einmarsch ins Sudetenland

1939
- 15. 3.: deutscher Einmarsch in die ČSR
- 16. 3.: Bildung des Reichsprotektorats Böhmen und Mähren
- 23. 3.: deutscher Einmarsch im Memelgebiet

Struktur des NS-Staates: der „Führerstaat"

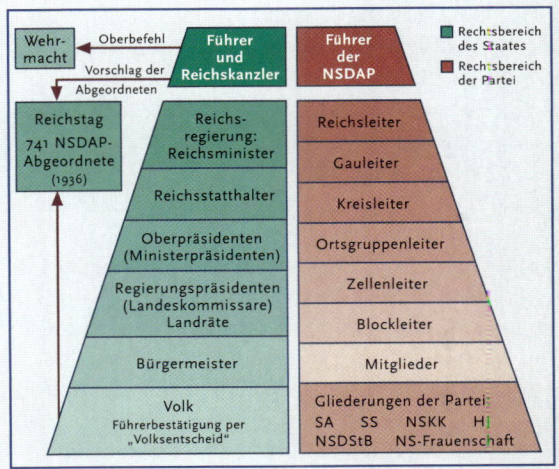

Reallöhne und Arbeitszeit der Arbeiter

	Reallöhne (1928 = 100)	Arbeitszeit (in Std.)
1928	100	46,0
1932	86	41,5
1933	91	42,9
1934	94	44,6
1935	95	44,4
1936	97	45,6
1937	101	46,1
1938	105	46,5
1939	108	47,0

Arbeitslosigkeit in ausgewählten Ländern (in %)

	Deutschland	Großbritannien	USA	Frankreich
1924	4,9	10,3	8,0	3,0
1929	8,5	10,4	4,7	1,0
1932	29,9	22,1	34,0	15,4
1933	25,9	19,9	35,3	14,1
1934	13,5	16,7	30,6	13,8
1935	10,3	15,5	28,4	14,5
1937	4,1	10,8	20,0	7,4
1938	1,9	12,9	26,4	7,8

©2001 Cornelsen

Konzentrationslager im Dritten Reich

Eingegliederte Gebiete bis 1.9.1939

- Österreich 14.3.1938
- Sudetengau 1.10.1938
- Memelland 22.3.1938
- Deutsches Reich am 1.9.1939
- „Großdeutsches Reich" 1943
- Protektorat Böhmen und Mähren 16.3.1939
- Im Zweiten Weltkrieg mit dem „Dritten Reich" verbündete Staaten, besetzte, sowie ein- und angegliederte Gebiete
- Deutschland und Danzig in den Grenzen von 31.12.1937

Organisation der NSDAP

- Essen   Gau der NSDAP am 14.4.1939
- TIROL   Reichsgau am 14.4.1939
-     Gaugrenzen
- Köln   Gauhauptstädte

Konzentrationslager

DACHAU 1939 bestehende Lager
- ■ Stammlager
- ♦ Vernichtungslager
- ▪ Ghettos
- ● Sonstige Konzentrationslager, Außenstellen und Zwangsarbeiterlager

1 : 7 000 000

0   50   100   150   200 km

Organisierte Verfolgung und Vernichtung der deutschen und europäischen Juden

1933 1.4.: Boykott jüdischer Geschäfte
7.4.: Entlassung jüdischer Beamter

1935 15.9.: Nürnberger Gesetze (rechtliche und „rassische" Diskriminierung der Juden)

1938 ab 12.3.: massive Verfolgung und Ausplünderung der Juden in Österreich (Modell für Verschärfung des Vorgehens im „Altreich")
9.11.: Reichspogromnacht

1939–1941 weitere schrittweise Entrechtung der deutschen Juden und weitgehende Verdrängung aus den meisten Berufen sowie „Arisierung" jüdischer Vermögen
seit 1939: Pläne zur staatlich verordneten Auswanderung der Juden
Herbst/Winter: Massenerschießungen polnischer Juden nach dem Sieg über Polen
ab 1939: Deportation zunächst nur deutscher, aber bald auch sonstiger europäischer Juden in polnische Gettos

1940 Pläne zur Deportation der europäischen Juden nach Madagaskar

1941/42 Massenerschießungen von Juden in den eroberten Gebieten der Sowjetunion

1942 21.1.: Wannsee-Konferenz zur „Endlösung der europäischen Judenfrage"

1942 bis Herbst 1944: Deportation europäischer Juden in Vernichtungslager in Osteuropa und millionenfache Tötung (Holocaust/Shoah)

Reichspogrome 1938

Die Reichspogromnacht vom 9.11.1938

1 : 9 500 000

0   50   100   150   200   250 km

- Deutsches Reich
- Die am 1.10./20.11.1938 von deutschen Truppen besetzten „Sudetendeutschen Gebiete"
- ● Verbrannte und zerstörte Synagoge und Bethaus
- ○ Verwüstete und beschädigte Synagoge
- ● Mehrere verbrannte, zerstörte, verwüstete und beschädigte Synagogen und Bethäuser an einem Ort

©2001 Cornelsen

Der Völkermord an den europäischen Juden

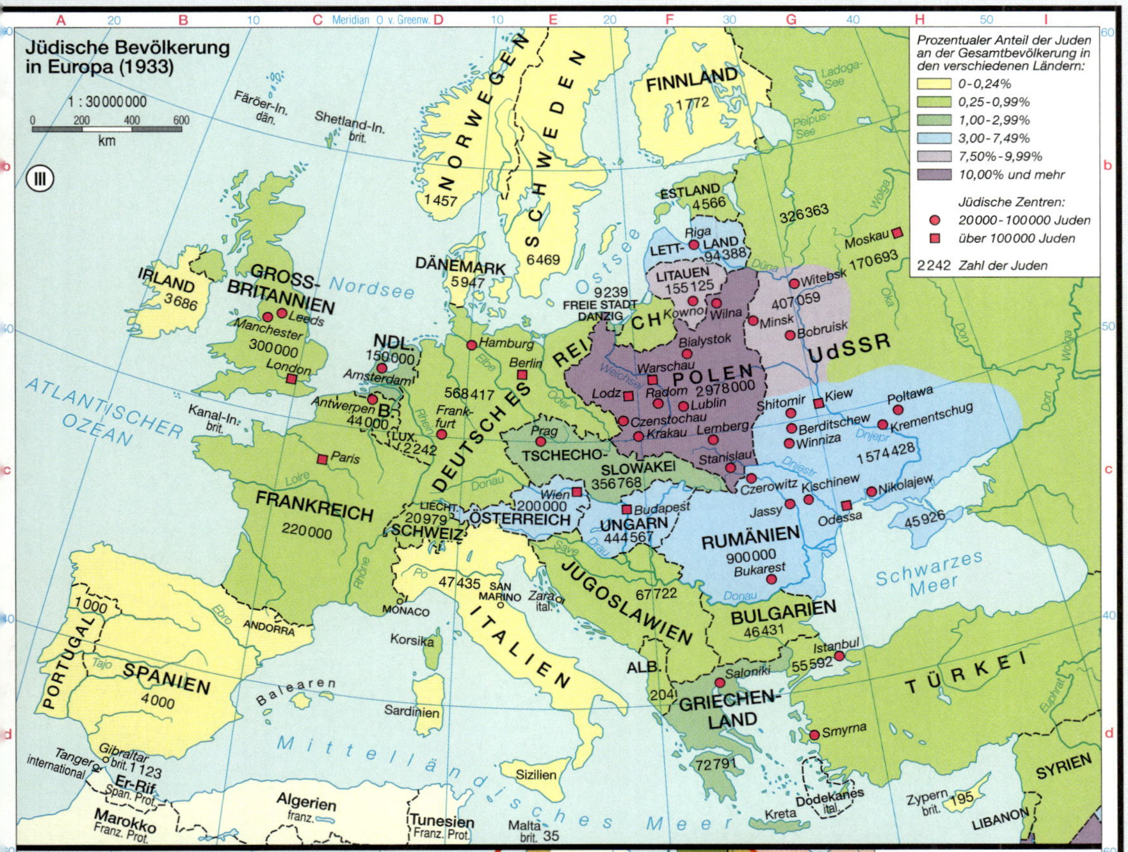

Jüdische Bevölkerung in Europa (1933)

1 : 30 000 000

Prozentualer Anteil der Juden an der Gesamtbevölkerung in den verschiedenen Ländern:
- 0–0,24 %
- 0,25–0,99 %
- 1,00–2,99 %
- 3,00–7,49 %
- 7,50–9,99 %
- 10,00 % und mehr

Jüdische Zentren:
- ● 20000–100000 Juden
- ■ über 100000 Juden
- 2242 Zahl der Juden

Vernichtung der europäischen Juden durch die Nationalsozialisten

1 : 30 000 000

- „Großdeutsches Reich" und angegliederte Gebiete
- Generalgouvernement
- Besetzte Gebiete
- Deutsches Besatzungsgebiet ohne staatliche Zuordnung
- Verbündete Staaten
- Weitestes Vordringen der Achsenmächte
- „Anti-Hitler-Koalition"

Die Vernichtung der Juden:
- Vernichtungslager
- KZ-Hauptlager
- „Sonderghetto"
- 25/28 Ermordete Juden (in Tsd., Mindest- und Höchstzahl)
- Widerstand gegen die Judenverfolgung

©2001 Cornelsen

Das KZ Dachau und seine Außenlager

- ● KZ Dachau
- ● Außenlager des KZ Dachau

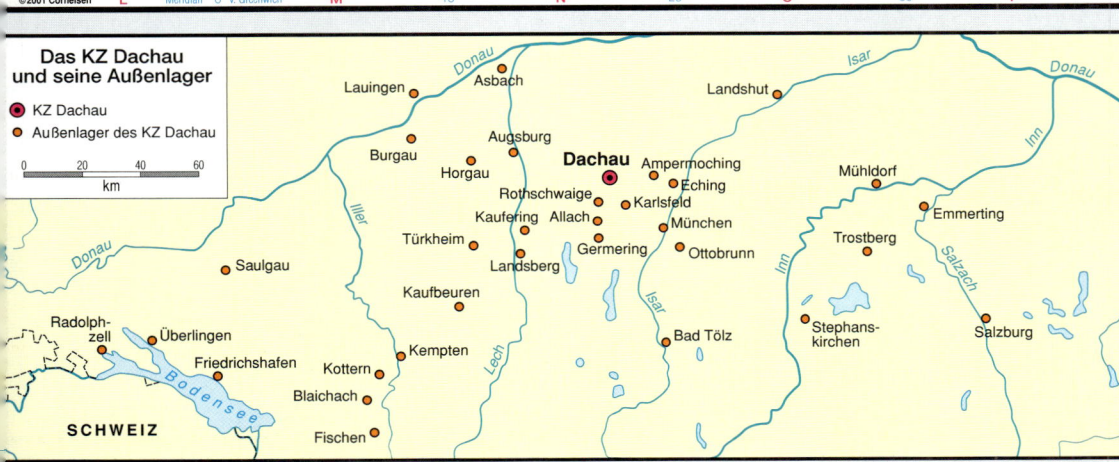

Der „Rayon" der Ansiedlung der Juden im russischen Zarenreich im 19. Jahrhundert

Der Mord an den Juden 1939–1945

	absolute Zahlen (nach Benz)	(nach Rings)	in % der jüd. Bevölk.
Polen	2 700 000	2 400 000	80 %
UdSSR	2 100 000	700 000	23 %
ČSSR	143 000	218 000	75 %
Rumänien	211 214	200 000	35 %
Ungarn	550 000	180 000	25 %
Deutschland	160 000	160 000	75 %
Niederlande	102 000	104 000	84 %
Frankreich	76 134	63 000	20 %
Griechenland	59 185	60 000	80 %
Österreich	65 459	58 000	30 %
Jugoslawien	ca. 65 000	55 000	70 %
Belgien	28 518	26 000	28 %
Italien	6 513	9 000	20 %
Bulgarien	11 393	5 000	20 %
Norwegen	758	700	25 %
Dänemark	116	70	1 %

Die Konzentrationslager – Massenmord durch Arbeit und Gas

Auf der Grundlage der Verordnung zum „Schutz von Volk und Staat" (15. 2. 1933) entstand ab 1933 das Straf- und Internierungslagersystem, Hauptinstrument des nationalsozialistischen Staatsterrors. Mit Kriegsbeginn 1939 wurde die Funktion der Lager auf die systematische Vernichtung ihrer Insassen durch Arbeit zugespitzt. Insgesamt entstanden im Machtbereich des NS-Staates 22 Hauptlager mit 1202 Außenlagern – Arbeitskräftereservoir der Rüstungsindustrie. Im sogenannten „Musterlager" Dachau verloren insgesamt 30 000 Menschen ihr Leben. Ab 1941 wurde in einigen KZ die fabrikmäßige Tötung von Juden, Sinti und Roma, aber auch von Kriegsgefangenen und Oppositionellen durchgeführt. Aus allen Annexionsgebieten wurden Juden in Vernichtungslager wie Auschwitz, Majdanek, Treblinka und Buchenwald verschleppt. Allein in Auschwitz wurden drei Millionen Menschen in Gaskammern umgebracht.

Der Zweite Weltkrieg von 1939 bis 1942

Personelle Stärke der Deutschen Wehrmacht

Jahr	Heer	Luftwaffe	Marine	Insgesamt
1939	3,10	0,68	0,14	3,92
1940	4,15	0,98	0,15	5,28
1941	5,65	1,40	0,36	7,41
1942	6,50	1,90	0,58	8,98
1943	7,50	2,05	0,64	10,19
1944	7,85	2,12	0,78	10,75

Angaben in Mio.

Im Deutschen Reich eingesetzte Arbeiter und Angestellte aus den besetzten Gebieten

	20. 1. 42	31. 12. 42	31. 12. 43	15. 2. 44
Belgien	131 470	144 974	222 851	209 976
Frankreich	62 589	191 463	660 610	650 230
Italien	188 122	165 885	124 939	126 411
Jugoslawien *	78 107	50 686	43 242	42 608
Kroatien	56 318	67 068	68 224	66 592
Niederlande	96 151	161 862	274 368	266 827
Ungarn	30 521	27 945	25 893	24 863
Sowjetunion **	55 081	1292993	1 845 778	1 907 976
Polen ***	?	494 069	558 675	590 581
Protektorat	140 693	209 278	280 313	279 290
beschäftigte Ausländer insgesamt	2 138 360	3 724 340	5 438 178	5 454 628

* Kroatien
** „Ostarbeiter" einschließlich Baltikum
*** „Schutzangehörige"

Auswanderung * deutscher Juden

1933	37 000	1938	40 000
1934	23 000	1939	78 000
1935	21 000	1940	15 000
1936	25 000	1941	8000
1937	23 000		

* Schätzwerte

Im Deutschen Reich lebten 1933 etwa 500 000 Juden, von denen bis 1941 rund 260 000 auswanderten.

I
GROSS-BRITANNIEN
FRANKREICH
DEUTSCHES REICH
POLEN
SOWJETUNION
SCHWEDEN
FINNLAND
NORWEGEN
ITALIEN
SPANIEN
UNGARN
RUMÄNIEN
BULGARIEN
JUGOSLAWIEN
GRIECHENLAND
TÜRKEI
Algerien
Libyen
ÄGYPTEN
Schwarzes Meer
Mittelmeer
Nordsee
Ostsee
©2001 Cornelsen
Der Zweite Weltkrieg in Europa (1939 bis 1942)
Deutsches Reich und Danzig bei Kriegsbeginn Sept. 1939
Italien und Albanien
Verbündete der Achsenmächte 1941
Vordringen der Achsenmächte und ihrer Verbündeten:
1. September bis 6. Oktober 1939
Bis Ende Juni 1940
Bis Ende Dezember 1941
Bis Mitte November 1942
Angriffe der Achsenmächte und ihrer Verbündeten
Kesselschlachten
Luftlandetruppen
POLEN Alliierte bei Kriegsbeginn
Gebiet der westlichen Alliierten November 1940
Von westlichen Alliierten besetztes Gebiet November 1942
Sowjetunion bei Beginn des deutschen Angriffs 22.6.1941
Neutrale Staaten
„État Français" (Vichy-Regierung) seit 10.7.40, mit Kolonialgebieten
Angriffe der Alliierten
Rückzüge der Alliierten
Vordringen der Sowjetunion 1939 und 1940
1.42 Stellungen der Alliierten in Afrika
Luftlandetruppen
Griechisch-italienische Front April 1941
Staatsgrenzen bei Kriegsbeginn 1.9.1939
WS. = Waffenstillstand
1 : 25 000 000
0 200 400 600
km

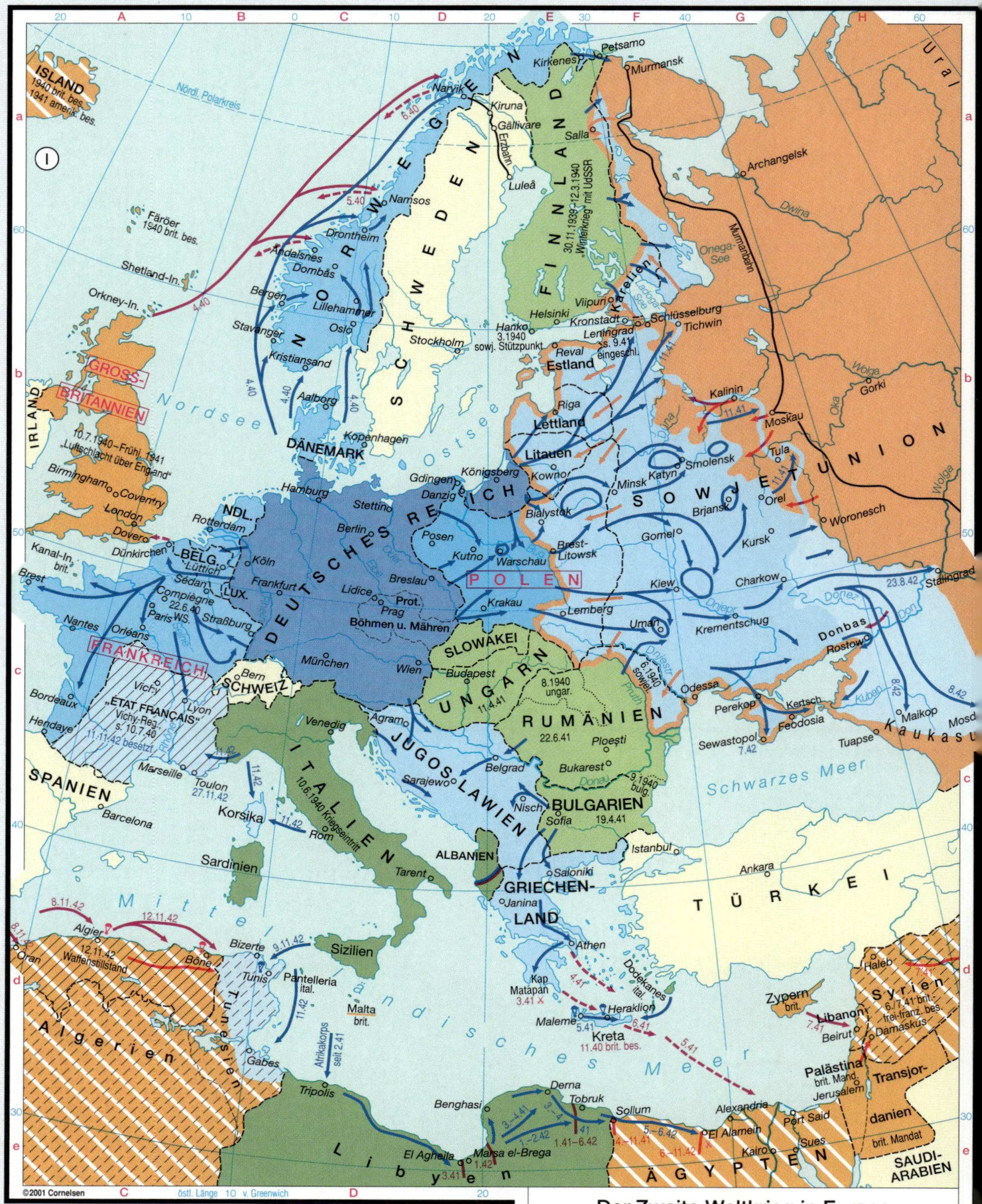

Umsiedlung, Vertreibung und Deportation von 1938 bis 1944

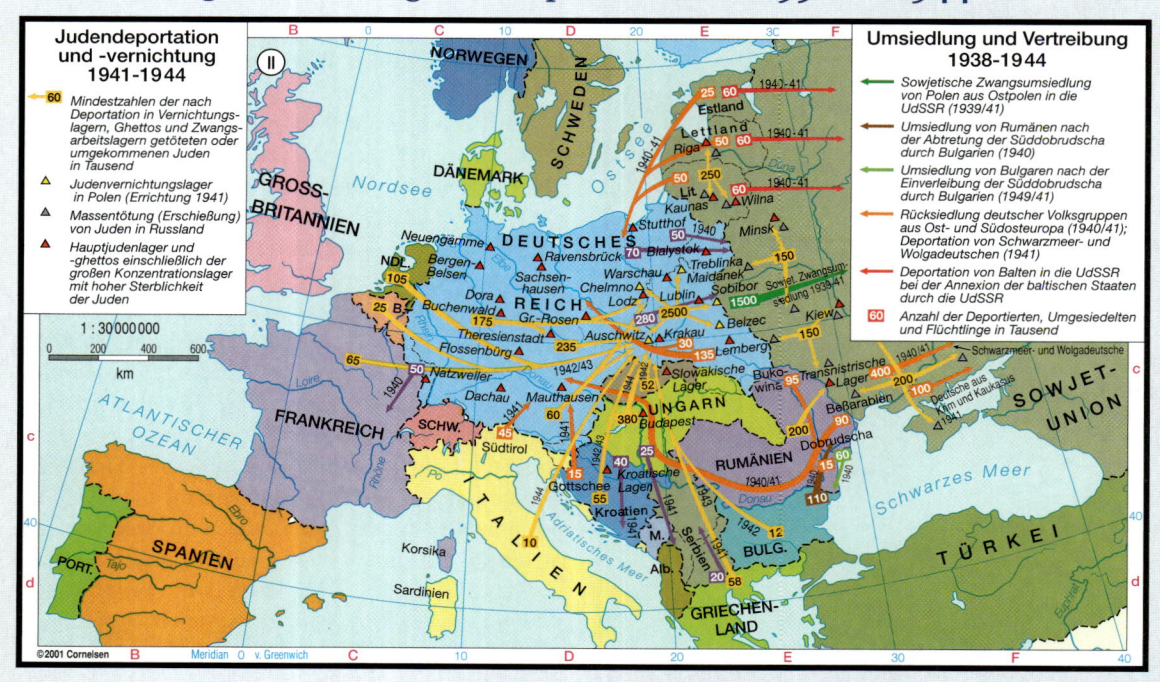

Judendeportation und -vernichtung 1941-1944
60 Mindestzahlen der nach Deportation in Vernichtungslagern, Ghettos und Zwangsarbeitslagern getöteten oder umgekommenen Juden in Tausend
Judenvernichtungslager in Polen (Errichtung 1941)
Massentötung (Erschießung) von Juden in Russland
Hauptjudenlager und -ghettos einschließlich der großen Konzentrationslager mit hoher Sterblichkeit der Juden
1 : 30 000 000
0 200 400 600
km
II
Umsiedlung und Vertreibung 1938-1944
Sowjetische Zwangsumsiedlung von Polen aus Ostpolen in die UdSSR (1939/41)
Umsiedlung von Rumänen nach der Abtretung der Süddobrudscha durch Bulgarien (1940)
Umsiedlung von Bulgaren nach der Einverleibung der Süddobrudscha durch Bulgarien (1949/41)
Rücksiedlung deutscher Volksgruppen aus Ost- und Südosteuropa (1940/41); Deportation von Schwarzmeer- und Wolgadeutschen (1941)
Deportation von Balten in die UdSSR bei der Annexion der baltischen Staaten durch die UdSSR
60 Anzahl der Deportierten, Umgesiedelten und Flüchtlinge in Tausend
NORWEGEN
SCHWEDEN
DÄNEMARK
GROSS-BRITANNIEN
DEUTSCHES REICH
FRANKREICH
SPANIEN
ITALIEN
UNGARN
RUMÄNIEN
BULG.
GRIECHENLAND
TÜRKEI
SOWJET-UNION
Schwarzes Meer
ATLANTISCHER OZEAN
©2001 Cornelsen

Der Zweite Weltkrieg von 1942 bis 1945

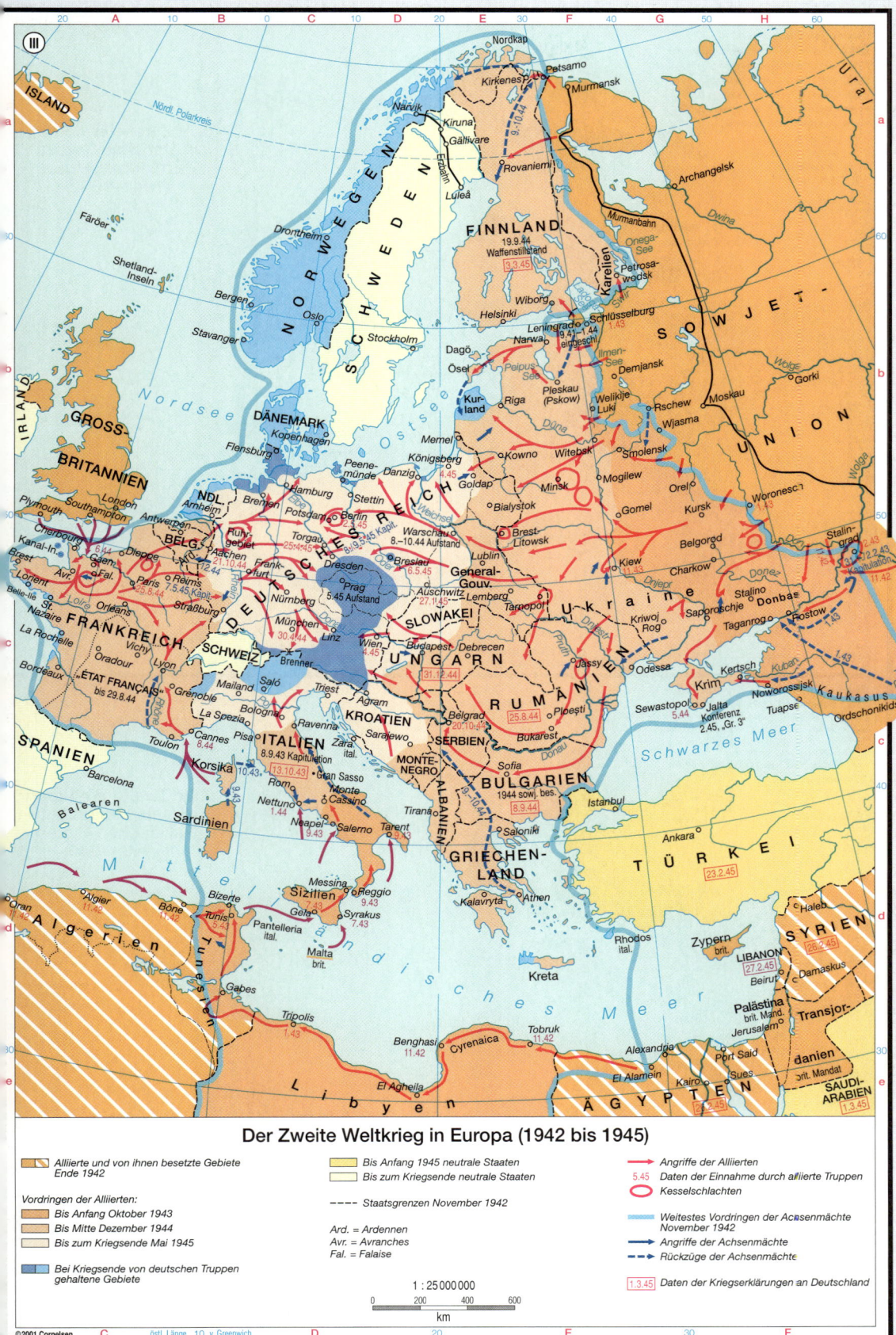

Der Zweite Weltkrieg in Europa (1942 bis 1945)

Allierte und von ihnen besetzte Gebiete Ende 1942

Vordringen der Alliierten:
Bis Anfang Oktober 1943
Bis Mitte Dezember 1944
Bis zum Kriegsende Mai 1945
Bei Kriegsende von deutschen Truppen gehaltene Gebiete

Bis Anfang 1945 neutrale Staaten
Bis zum Kriegsende neutrale Staaten

Staatsgrenzen November 1942

Ard. = Ardennen
Avr. = Avranches
Fal. = Falaise

Angriffe der Alliierten

5.45 Daten der Einnahme durch alliierte Truppen

Kesselschlachten

Weitestes Vordringen der Achsenmächte November 1942
Angriffe der Achsenmächte
Rückzüge der Achsenmächte

1.3.45 Daten der Kriegserklärungen an Deutschland

1 : 25 000 000

0   200   400   600
km

©2001 Cornelsen

SS-Massaker an Juden in der UdSSR 1941

Ort	Zahl ermordeter Juden				
Augustów	1500	Kirowograd	6000	Radzilow	1500
Bialystok	5200	Kischinjow	12 300	Schitomir	2500
Brest-Litowsk	5000	Kowno (Kaunas)	3000	Szczuczyn	1900
Chotin	3000	Lemberg (Lwow)	3000	Tarnopol	5000
Czyzewo	3500	Liepaja (Libau)	3000	Tschernowzy	4000
Jassy	4000	Minsk	2000	Wilna (Vilnius)	5000
Jelgava	2000	Nikolajew	5000	Zloczow	3500
Kamenez-Podolski	14 000	Pinsk	11 000		

Der Verlauf des Zweiten Weltkrieges

Der Angriff auf Polen

1939 21. 3.: deutsche Revisionsforderung an Polen

23. 8.: Hitler-Stalin-Pakt: Aufteilung Polens und des Baltikums

25. 8.: englisch-polnischer Beistandspakt

1. 9.–6. 10.: Polenfeldzug der deutschen Wehrmacht

17. 9.: Besetzung Ostpolens durch die Rote Armee

November: finnisch-sowjetischer Winterkrieg nach sowjetischem Angriff

Der Krieg im Westen

1940 9. 4.: deutsche Besetzung Dänemarks und Norwegens

10. 5.: deutscher Angriff auf Frankreich über die Benelux-Länder

22. 6.: Waffenstillstand mit der Regierung Pétain; Friedensangebot an England

27. 9.: Dreimächtepakt zwischen Deutschland, Italien und Frankreich

Der Angriff auf die Sowjetunion

1941 14. 2.: Deutsches Afrikakorps zur Unterstützung Italiens

11. 3.: amerikanisches Leih- und Pachtgesetz

6. 4.: Beginn des deutschen Balkanfeldzugs nach Putsch in Belgrad

22. 6.: deutscher Angriff auf die Sowjetunion

6. 12.: sowjetische Gegenoffensive vor Moskau

7. 12.: japanischer Überfall auf die US-Flotte in Pearl Harbor

11. 12.: Hitlers Kriegserklärung an die USA

Kriegswende

1942 20. 1.: Wannsee-Konferenz: Beschluss zur „Endlösung der Judenfrage"

3. 11.: britischer Durchbruch bei El Alamein

7./8. 11.: Landung in Marokko und Algier

1943 14.–24. 1.: alliierte Konferenz in Casablanca: Forderung nach Deutschlands bedingungsloser Kapitulation

31. 1.: Kapitulation der 6. Armee der deutschen Wehrmacht in Stalingrad

18. 2.: Goebbels verkündet den „totalen Krieg"; Mitglieder der „Weißen Rose" verhaftet

13. 5.: Kapitulation des deutschen Afrikakorps in Tunis

10. 7.: Landung der Alliierten auf Sizilien

28. 11.: alliierte Konferenz in Teheran: Aufteilung Deutschlands

Der Zusammenbruch Deutschlands und Japans

1944 6. 6.: Invasion der Alliierten in der Normandie

20. 7.: Attentat auf Hitler gescheitert

1945 12. 1.: Großoffensive der Sowjetunion auf Ostpreußen und Schlesien

4. 2.–11. 2.: alliierte Konferenz von Jalta: Teilung Europas

30. 4.: Selbstmord Hitlers im eingeschlossenen Berlin

8./9. 5.: deutsche Gesamtkapitulation

26. 6.: Gründung der UNO

15. 8./2. 9.: Waffenstillstand der Siegermächte mit Japan nach Atombombenabwurf auf Hiroshima (6. 8.) und Nagasaki (9. 8.)

Fertigungen der Rüstungsindustrien der kriegführenden Mächte

(nach OKW-Bericht vom 1. 9. 1944)

	1942	1943	1944
FLUGZEUGE			
Deutschland	15 109	26 627	21 300
USA	40 800	85 950	114 100
Großbritannien	17 610	28 065	38 450
Dominions	3 435	7 260	8 600
UdSSR	21 400	36 705	k. A.
Japan	k. A.	132 000	30 000
PANZERKAMPFWAGEN			
Deutschland	5 666	6 158	5 200
USA	16 820	32 650	29 400
Großbritannien	4 310	6 000	3 650
Dominions	1 895	2 570	1 300
UdSSR	18 500	21 000	17 800
Japan	k. A.	2 100	k. A.
MASCHINENGEWEHRE			
Deutschland	7 999	165 527	136 800
USA	430 000	1 000 000	1 000 000
Großbritannien	48 500	63 000	66 000
Dominions	13 000	38 000	57 000
UdSSR	65 000	10 200	85 000
Japan	k. A.	k. A.	k. A.

Vom europäischen Krieg zum Weltkrieg – Bilanz

Erst der amerikanische Kriegseintritt und der asiatische Kriegsschauplatz weiteten den europäischen Krieg im Dezember 1941 zum Weltkrieg aus. Die mit dem Überfall auf Pearl Harbor beginnende japanische Expansion fand ab 1943 eine Eindämmung durch die USA. Der Krieg in Ostasien und im Pazifik dauerte noch an, als der in Europa infolge der deutschen Kapitulation bereits sein Ende gefunden hatte. Erst der Atombombenabwurf auf Hiroshima und Nagasaki (August 1945) führte zu einem beschleunigten Ende des Krieges gegen Japan und damit des Zweiten Weltkrieges insgesamt.

Die militärischen und wirtschaftlichen Kräfte waren trotz der deutschen und japanischen Anfangserfolge in diesem industrialisierten Krieg insgesamt ungleich verteilt gewesen. Die Alliierten verfügten spätestens ab 1943 über eine dreifache Übermacht an Rüstungsgütern. Seit dem Aufruf zum „totalen Krieg" (Goebbels Februar 1943) versuchte Deutschland durch verstärkten Einsatz von Frauen in der Kriegsindustrie sowie durch noch intensivere Heranziehung von Kriegsgefangenen zur Zwangsarbeit und die schonungslose Ausbeutung der besetzten Länder die Rüstungsproduktion zu steigern

Am Ende des Zweiten Weltkrieges summierten sich die Kriegsopfer insgesamt auf über 60 Millionen Tote. Viele Städte und Industriezentren waren zerstört, ganze Landstriche in Osteuropa, die durch die deutschen Truppen besetzt waren, verwüstet. Aus eigener Kraft konnten die osteuropäischen Staaten kaum einen Wiederaufbau und eine Umstellung von Kriegs- auf Friedensproduktion schaffen. Noch stärker als nach dem Ersten Weltkrieg war Europa auf die wirtschaftliche Hilfe der USA angewiesen.

Der Zweite Weltkrieg in Ostasien und im Pazifik von 1941 bis 1945

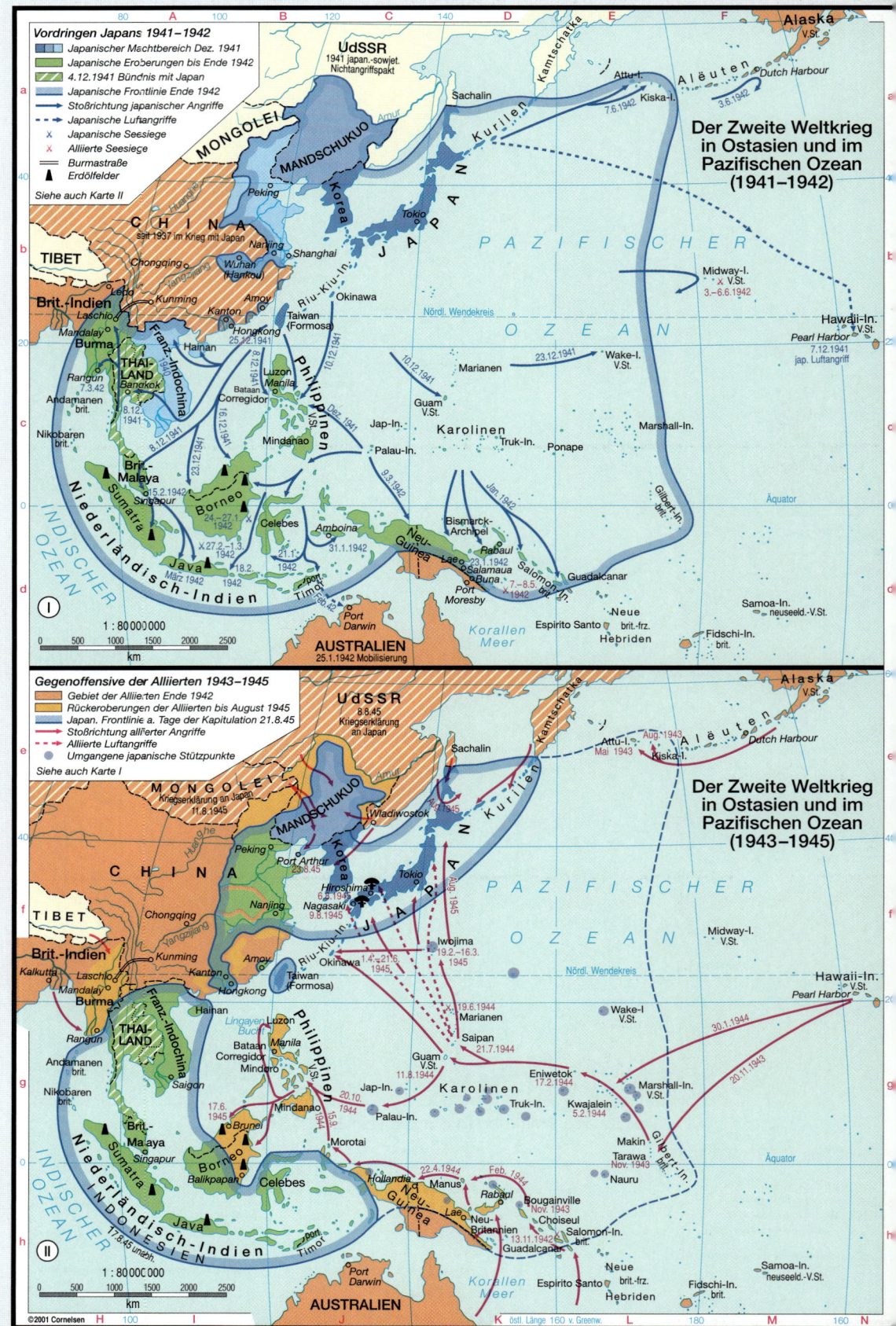

Kriegsmateriallieferungen Großbritanniens und der USA an die UdSSR (in Tonnen)

JAHR	LIEFERUNG VIA					
	Persischer Golf	Pazifik	Nordatlantik	Schwarzes Meer	Sowjetische Arktis	Gesamt
1941	13 502	193 299	153 977	–	–	360 778
1942	705 259	734 020	949 711	–	64 107	2 453 097
1943	1 606 979	2 388 577	682 043	–	117 946	4 794 545
1944	1 788 864	2 848 181	1 452 775	–	127 802	6 217 622
1945	44 513	2 079 320	726 725	680 723	142 538	3 673 819
Summe	4 159 117	8 243 397	3 964 231	680 723	452 393	17 499 861
Prozent	23,8 %	47,1 %	22,7 %	3,9 %	2,5 %	100 %

Auswirkungen des Zweiten Weltkrieges

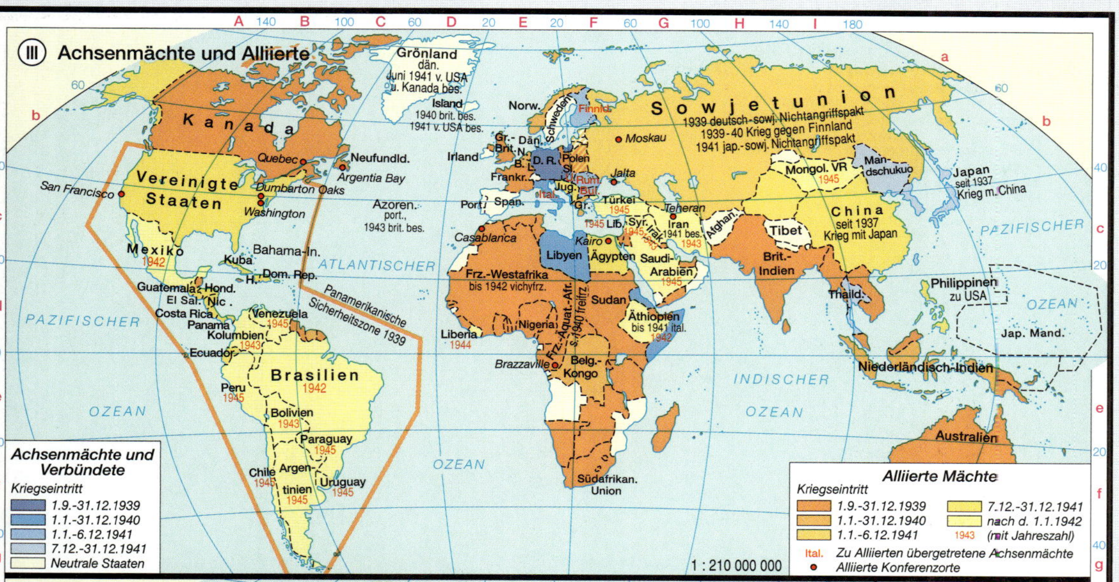

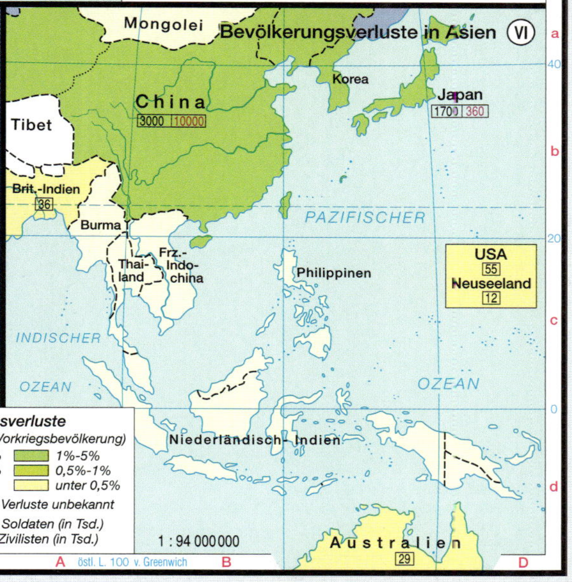

III Achsenmächte und Alliierte

Achsenmächte und Verbündete
Kriegseintritt:
- 1.9.–31.12.1939
- 1.1.–31.12.1940
- 1.1.–6.12.1941
- 7.12.–31.12.1941
- Neutrale Staaten

Alliierte Mächte
Kriegseintritt:
- 1.9.–31.12.1939
- 1.1.–31.12.1940
- 1.1.–6.12.1941
- 7.12.–31.12.1942
- 1943 (mit Jahreszahl)
- Ital. Zu Alliierten übergetretene Achsenmächte
- ● Alliierte Konferenzorte

1 : 210 000 000

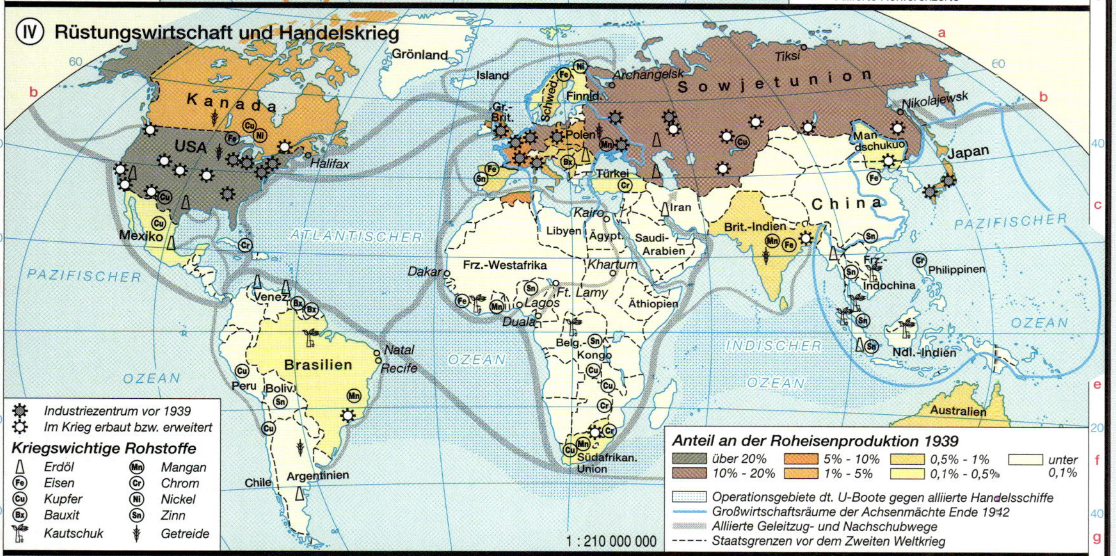

IV Rüstungswirtschaft und Handelskrieg

✿ Industriezentrum vor 1939
✿ Im Krieg erbaut bzw. erweitert

Kriegswichtige Rohstoffe
- Erdöl
- Eisen
- Kupfer
- Bauxit
- Kautschuk
- Mangan
- Chrom
- Nickel
- Zinn
- Getreide

Anteil an der Roheisenproduktion 1939
- über 20%
- 10% – 20%
- 5% – 10%
- 1% – 5%
- 0,5% – 1%
- 0,1% – 0,5%
- unter 0,1%

Operationsgebiete dt. U-Boote gegen alliierte Handelsschiffe
Großwirtschaftsräume der Achsenmächte Ende 1942
Alliierte Geleitzug- und Nachschubwege
Staatsgrenzen vor dem Zweiten Weltkrieg

1 : 210 000 000

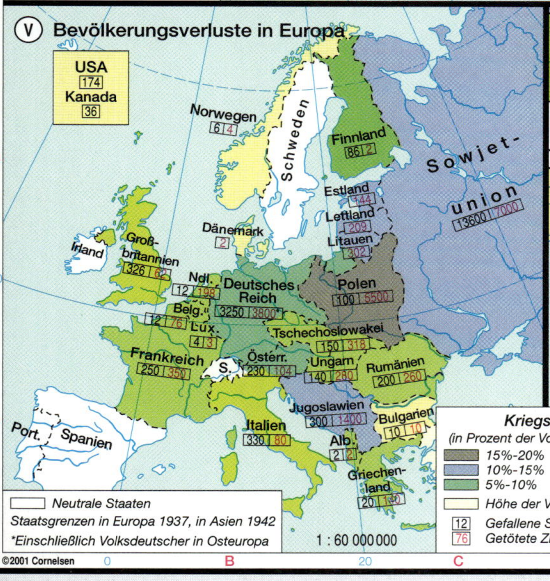

V Bevölkerungsverluste in Europa

Kriegsverluste (in Prozent der Vorkriegsbevölkerung)
- 15%–20%
- 10%–15%
- 5%–10%
- 1%–5%
- 0,5%–1%
- unter 0,5%
- Höhe der Verluste unbekannt
- 12 Gefallene Soldaten (in Tsd.)
- 26 Getötete Zivilisten (in Tsd.)

☐ Neutrale Staaten
Staatsgrenzen in Europa 1937, in Asien 1942
*Einschließlich Volksdeutscher in Osteuropa
©2001 Cornelsen   1 : 60 000 000

VI Bevölkerungsverluste in Asien

1 : 94 000 000

Deutsche Kriegsgefangene

VII

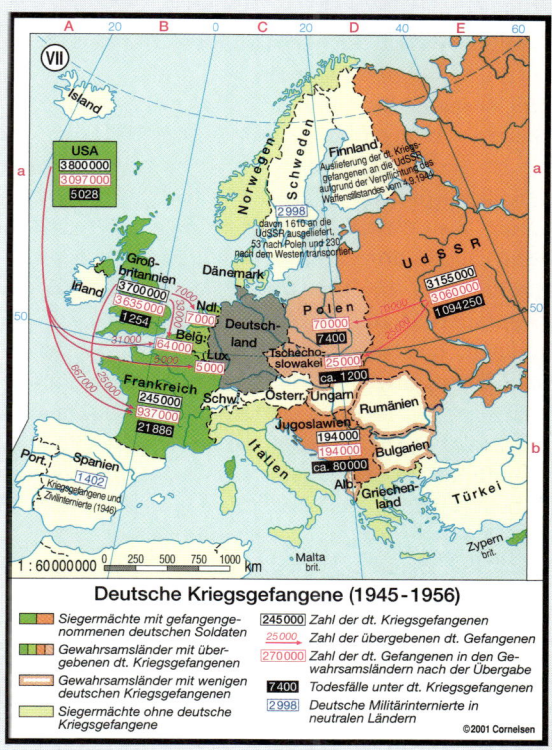

1 : 60 000 000

Deutsche Kriegsgefangene (1945–1956)
- Siegermächte mit gefangengenommenen deutschen Soldaten
- Gewahrsamsländer mit übergebenen dt. Kriegsgefangenen
- Gewahrsamsländer mit weitergegebenen deutschen Kriegsgefangenen
- Siegermächte ohne deutsche Kriegsgefangene

- 245000 Zahl der dt. Kriegsgefangenen
- 25000 Zahl der übergebenen dt. Gefangenen
- 270000 Zahl der dt. Gefangenen in den Gewahrsamsländern nach der Übergabe
- 7400 Todesfälle unter dt. Kriegsgefangenen
- 2998 Deutsche Militärinternierte in neutralen Ländern

©2001 Cornelsen

Kriegsgefangene an der Ostfront

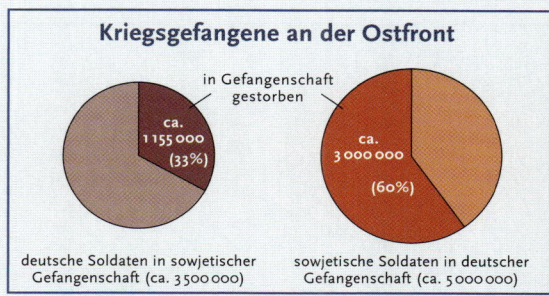

deutsche Soldaten in sowjetischer Gefangenschaft (ca. 3 500 000)

sowjetische Soldaten in deutscher Gefangenschaft (ca. 5 000 000)

in Gefangenschaft gestorben: ca. 1 155 000 (33%) / ca. 3 000 000 (60%)

Am Ende des Krieges befanden sich nach Angaben des US-amerikanischen Kriegsministeriums rund 11 094 000 Soldaten und sonstige Angehörige der Wehrmacht in alliierter Kriegsgefangenschaft.

Opfer der Kriegshandlungen unter Soldaten und Zivilbevölkerung der europäischen Staaten

	Soldaten	Zivilbevölkerung	Gesamtverluste
UdSSR	13 600	7 000	20 600
Deutsches Reich	3 250	3 800*	7 050
Polen	100	5 500	5 600
Jugoslawien	300	1 400	1 700
Frankreich	250	350	600
Tschechoslowakei	150	318	468
Rumänien	200	260	460
Ungarn	140	280	420
Italien	330	80	410
Großbritannien	326	62	388
Österreich	230	104	334
Litauen	302	k. A.	302
Niederlande	12	198	210
Lettland	209	k. A.	209
Griechenland	20	140	160
Estland	144	k. A.	144
Belgien	12	76	88
Finnland	86	2	88
Bulgarien	10	10	20
Norwegen	6	4	10
Dänemark	k. A.	2	2
Europa insgesamt	19 679	19 584	39 263

Angaben in 1000   * einschließlich der „Volksdeutschen" in Osteuropa

Schiffsraumbilanz (Tonnage) des Handelskrieges

Jahr	Verlust an dt. U-Booten	Versenkte alliierte Tonnage	Britische und amerikanische Neubauten	Bilanz
1939	9	810 000 BRT	33 200 BRT	– 478 000 BRT
1940	22	4 407 000 BRT	1 219 000 BRT	– 3 188 000 BRT
1941	35	4 398 000 BRT	1 984 000 BRT	– 2 414 000 BRT
1942	85	8 245 000 BRT	7 182 000 BRT	– 1 063 000 BRT
1943	237	3 611 000 BRT	14 585 000 BRT	+ 10 974 000 BRT
1944	241	1 422 000 BRT	13 349 000 BRT	+ 11 927 000 BRT
1945	153	458 000 BRT	3 834 000 BRT	+ 3 376 000 BRT
Summe	782	23 351 000 BRT	42 458 000 BRT	+ 19 134 000 BRT

Das Europa der Nachkriegsepoche 1945 bis 1989

Der Ausgang des Zweiten Weltkriegs bestimmte die Staatenordnung Europas für die zweite Hälfte des 20. Jahrhunderts. Während des Krieges und im ersten Nachkriegsjahrfünft brachte die UdSSR, deren Kooperation die Westalliierten zum Sieg über Hitler-Deutschland unverzichtbar benötigten, ganz Mitteleuropa unter ihre Herrschaft. Während des Krieges waren die USA an den politischen Zuständen in Europa kaum interessiert. Erst unter dem Eindruck der sowjetischen Besetzung der Mandschurei (Juli 1945) und Maos Siegeszug im chinesischen Bürgerkrieg (ab Dezember 1946) begannen die Westmächte ihre Eindämmungspolitik: Sie verkündeten die Truman-Doktrin, legten den Marshall-Plan auf und gründeten die NATO. Gleichzeitig installierte die UdSSR in Polen, der ČSSR, Ungarn, Rumänien und Bulgarien Marionettenregierungen, steuerte über das Kominform die Kommunistischen Parteien in Süd- und Westeuropa und gründete 1955 das Militärbündnis des Warschauer Paktes. Europa wurde im Kalten Krieg durch den „Eisernen Vorhang" geteilt.

Polen nach dem Zweiten Weltkrieg

1945 erklärte sich das von der UdSSR unterstützte Lubliner Komitee gegen den Protest der polnischen Exilregierung in London zur „Provisorischen Regierung" und übernahm die Verwaltung der deutschen Ostgebiete. Diese von den Westmächten anerkannte „Regierung der nationalen Einheit" billigte die Abtretung der polnischen Ostgebiete an die UdSSR. Die damit verbundene Verschiebung der polnischen Grenzen nach Westen verursachte einschneidende Umsiedlungen und Vertreibungsprobleme.

Im innenpolitischen Kampf gegen nationale Widerstandsgruppen setzte sich nach Blockparteienbildung und gefälschtem Wahlsieg 1947 Boleslaw Bierut als Staatspräsident durch. Nach einer Verfolgungswelle gegen bürgerliche Politiker, aber auch kommunistische Oppositionelle (Gleichschaltung der Gruppe Gomulka) bildeten Kommunisten und Sozialisten die Vereinigte Arbeiterpartei (PZPR). Ab 1949 führten Maßnahmen gegen die katholische Kirche (Höhepunkt 1953 der Krakauer Schauprozess gegen Geistliche) zum passiven Widerstand der Bevölkerung. Nach dem durch sowjetische Truppen niedergeschlagenen Posener Juni-Aufstand 1956 setzten sich bis in die 60-er Jahre wieder die gemäßigten Kommunisten unter Gomulka durch.

Europa in der Nachkriegsepoche 1945 bis 1989

Europa in der Nachkriegsepoche (1949–1989)

- – – – Grenze zw. Bundesrepublik Deutschland und Deutscher Demokratischer Republik bis 3.10.1990
- —— Grenze nach dem Viermächtestatut (Berlin und Wien)
- —— Westgrenze Polens nach Verträgen mit DDR (1950) und Bundesrepublik Deutschland (1970)
- ········ Ostgrenze des Deutschen Reiches und des Freistaates Danzig vom 31.12.1937 unter Berücksichtigung des Fortbestehens der Viermächteverantwortung für Deutschland als Ganzes und der Rechtsprechung des Bundesverfassungsgerichts zum Grundlagenvertrag und zu den Ostverträgen

1 : 15 000 000

Mitgliedstaaten des Europarates
IRLAND Gründungsmitglieder 3.8.1949
SCHWEIZ Beitritt nach Gründung
1963

Städte um 1950
über 1 Mio. Einwohner
500 000 – 1 Mio. Einwohner
100 000 – 500 000 Einwohner
unter 100 000 Einwohner
Hauptstädte sind unterstrichen

©2001 Cornelsen

Flucht und Vertreibung

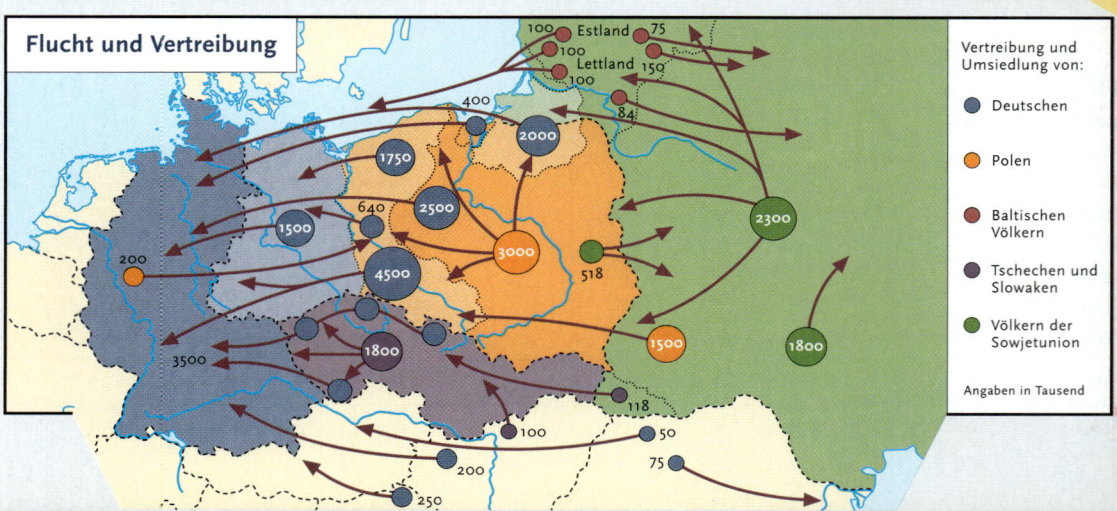

Vertreibung und Umsiedlung von:
- Deutschen
- Polen
- Baltischen Völkern
- Tschechen und Slowaken
- Völkern der Sowjetunion

Angaben in Tausend

Sowjetische Expansion

von der Sowjetunion besetzt und kontrolliert	Bevölkerung in Mio.
Sowjetische Besatzungszone Deutschlands (SBZ)	18,8
Polen (einschließlich der unter polnischer Verwaltung stehenden deutschen Gebiete)	26,5
Tschechoslowakei	12,5
Teil Österreichs	4,1
Ungarn	9,8
Rumänien	16,1
Bulgarien	7,2
Jugoslawien (nicht von der UdSSR besetzt, 1948 aus der Kominform ausgeschlossen)	18,0
Albanien (nicht von der UdSSR besetzt)	1,2
insgesamt auf 1 312 736 qkm	114,0

annektiert oder unter sowjetischer Verwaltung	Bevölkerung in Mio.
Teile Finnlands	0,5
Estland	1,1
Lettland	2,0
Litauen	—
Teil Ostpreußens	1,2
Teil Polens	11,8
Teil der Tschechoslowakei	0,7
Teil Rumäniens	3,7
insgesamt auf 475 300 qkm	24,0

1944 1. 8.–2. 10.: Sowjets verhindern westliche Hilfe für Warschauer Aufstand gegen die deutschen Besatzungstruppen

9. 10.: Abgrenzung der Interessensphären zwischen Churchill und Stalin

1945 4.–12. 2.: Konferenz von Jalta

26. 6.: Unterzeichnung der Charta der Vereinten Nationen durch 51 Staaten

17. 7.–2. 8.: Potsdamer Konferenz

11. 9.–2. 10.: Außenministerkonf. in London; Sowjetisierungspolitik in den von der Roten Armee besetzten Ländern: vertragswidrige Stationierung sowjetischer Truppen in Persien, Kündigung des Nichtangriffspaktes mit der Türkei

16.–22. 12.: Dreimächtekonferenz in Moskau

1946 25. 4.–16. 5.: Außenministerkonferenz in Paris

26. 5.: Uneinigkeit in der Deutschlandpolitik: Einstellung der Reparationslieferungen aus der US-Zone an die UdSSR

6. 9.: Rede des US-Außenministers Byrnes in Stuttgart zur deutschen Entwicklung

3. 11.–12. 12.: Außenministerkonferenz in New York

1947 Januar: kommunistische Übermacht im griechischen Bürgerkrieg

10. 3.–24. 4.: Außenministerkonf. in Moskau

12. 3.: Verkündung der Truman-Doktrin

5. 6.: Rede US-Außenmin. Marshalls in Harvard

17. 7.: US-Richtlinien für die Deutschlandpolitik

30. 9.: Gründung des Kominform (Kommunistisches Informationsbüro)

25. 11.–15. 12.: Außenministerkonf. in London

1948 22. 2.: Englands Außenminister Bevin spricht sich für ein Westbündnis aus

23. 2.–6. 3.: Londoner Sechsmächtekonferenz; Vorbereitung einer westdeutschen Staatsgründung

17. 3.: Brüsseler Pakt

16. 4.: 16 Staaten bilden OEEC im Rahmen des Marshall-Plans

21. 6.: Währungsreform in den dt. Westzonen

24. 6.–12. 5. 1949: Berlin-Blockade

Flucht und Vertreibung nach dem Zweiten Weltkrieg

Die Potsdamer Konferenz sanktionierte 1945 die Vertreibung der Deutschen aus den ehemaligen deutschen Ostgebieten, der Tschechoslowakei (Sudetenland) und Ungarn. Von den Potsdamer Absprachen nicht gedeckt, verschob die UdSSR zur Korrektur ihrer eigenen Westgrenze von 1921 bis 1939 unter Annexion polnischer Ostgebiete das polnische Staatsgebiet auf Kosten der deutschen Ostgebiete nach Westen.

Die angestammte Bevölkerung wurde vertrieben. Im Zuge der Neubesiedlung entvölkerter Gebiete sank dort trotz Repatriierung und Austausch nationaler Minderheiten die Bevölkerungsdichte. Auch in Jugoslawien (1946/47) und in Bulgarien und der Türkei (1950–52) kam es zur Vertreibung nationaler Minderheiten. Insgesamt etwa 30 Millionen Europäer verloren in diesem Zuge ihre bisherige Heimat (60 % davon Deutsche). Mit Ausnahme auf dem Balkan wurde damit allerdings die weitgehende Deckung von Staats- und Nationsgrenzen in Ostmitteleuropa erreicht.

Von der Besetzung zur Teilung Deutschlands

Nach der deutschen Kapitulation übernahmen die Siegermächte die Herrschaft über Deutschland. Der Alliierte Kontrollrat sollte es als politische und wirtschaftliche Einheit regieren. Bereits im September 1944 hatten sich die drei Kriegsalliierten auf die Einteilung ihrer Besatzungszonen und der Sektoren des gemeinsam zu verwaltenden Berlin geeinigt. In Jalta wurde Frankreich zur vierten Besatzungsmacht ernannt und nachträglich mit einer eigenen Zone ausgestattet. Auf eine einheitliche Konzeption für die zukünftige Behandlung Deutschlands konnten sich die Besatzungsmächte aber zu keinem Zeitpunkt einigen. Im Potsdamer Abkommen wurden dennoch mehrere gemeinsame Maßnahmen beschlossen (Beseitigung von Nationalsozialismus und Militarismus in Deutschland, Demokratisierung, Dezentralisierung, deutsche Eigenverwaltung unter Aufsicht des Alliierten Kontrollrates, gemeinsame Wirtschaftskontrolle, Reparationen und Demontagen). Auch die Umsiedlung der deutschsprachigen Bevölkerung aus dem Osten, namentlich aus Polen, Ungarn und der Tschechoslowakei, wurde von der Anti-Hitler-Koalition gebilligt. Dies nutzte die UdSSR zu über die ursprünglichen Vereinbarungen deutlich hinausgehenden Gebietsannexionen und Umsiedlungen. So verloren in Osteuropa neben Polen, Russen und verschiedenen Sowjetvölkern auch 12 Millionen Deutsche ihre Heimat. Diese große Zahl von Vertriebenen und Flüchtlingen stellte das stark zerstörte Nachkriegsdeutschland vor kaum zu bewältigende Probleme. Weil die Kriegsallianz nach der Potsdamer Konferenz keine Einigung mehr fand, entwickelte sich aus der unterschiedlichen Besatzungspolitik in den Westzonen und der Sowjetischen Besatzungszone (SBZ) bald eine faktische Teilung Deutschlands. Der offene Bruch wurde schließlich durch die Berlin-Blockade 1948/49 eingeleitet und durch die doppelte Staatsgründung von Bundesrepublik Deutschland und Deutscher Demokratischer Republik (DDR) 1949 besiegelt.

Kriegszerstörungen in deutschen Städten

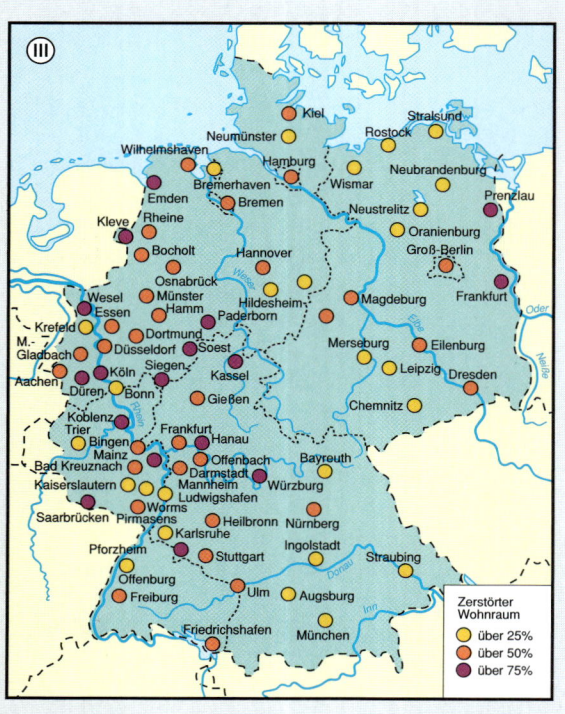

Zerstörter Wohnraum
über 25 %
über 50 %
über 75 %

Mitteleuropa von 1945 bis 1989

I Mitteleuropa 1945–1949

Besatzungszonen in Deutschland und Österreich
- Amerikanische Zone
- Britische Zone
- Sektorenstädte unter Viermächtestatus
- Poln. verwaltete Gebiete
- Sowjet. verwaltete Gebiete
- Kontrollgebiet d. Internat. Ruhrbehörde 1948–1952
- Französische Zone
- Sowjetische Zone
- Nach Potsdamer Abkommen 1945
- Grenze des Deutschen Reiches von 1937
- Weitestes Vordringen der Westalliierten nach Osten bis 8.5.1945
- Grenze zwischen Westzonen u. SBZ seit 1.7.1945
- Oder-Neiße-Linie seit Juli 1945
- Poln.-sowjet. Grenze nach Vertrag v. 16.8.1945
- 1945 Gründungsjahr der Länder in Westzonen und SBZ

: 9000000

II Mitteleuropa 1949–1989

- Grenze zw. Bundesrepublik Deutschland und Deutscher Demokratischer Republik
- Grenze nach dem Viermächtestatut (Berlin)
- Westgrenze Polens nach Verträgen mit DDR (1950) u. Bundesrepublik Deutschland (1970)
- Ostgrenze d. Dt. Reiches u. Danzig von 1937
- Bezirksgrenzen in der DDR (1952–1990)
- 1949 Gründung der Bundesrepublik Deutschland bzw. der Deutschen Demokratischen Republik
- Grenzübergang zwischen BRD und DDR

: 9000000

©2001 Cornelsen

1945 7./9. 5.: bedingungslose Kapitulation
11. 5.: US-Direktive JCS 1067 (Kollektivschuld)
5. 6.: Berliner Erklärung der Alliierten: Regierungsübernahme der Alliierten in Deutschland
Juni/Juli: Beginn der Vertreibungen östlich der Oder und im Sudetenland
10. 6.: Zulassung politischer Parteien in der SBZ
17. 7.–2. 8.: Potsdamer Konferenz
9. 9.: Gründung der Länder Hessen, Bayern, Württemberg-Baden
Oktober: Sowjetisierungspolitik in den von der Roten Armee besetzten Ländern
20. 11.: Beginn des Nürnberger Prozesses

1946 5. 3.: Entnazifizierungsgesetz (US-Zone)
26. 5.: Ende der West-Reparationen an die Sowjetunion
6. 9.: Stuttgarter Rede des US-Außenministers Byrnes zur wirtschaftlichen Einheit Deutschlands
1. 10.: Urteil von Nürnberg
November: SED-Entwurf einer gesamtdeutschen Verfassung
22. 12.: Eingliederung des Saarlands in den französischen Zoll- und Wirtschaftsraum

1947 1. 1.: Gründung der Bi-Zone
12. 3.: Verkündung der Truman-Doktrin
30. 9.: Gründung der Kominform

Vertreibung, Flucht und geteiltes Berlin

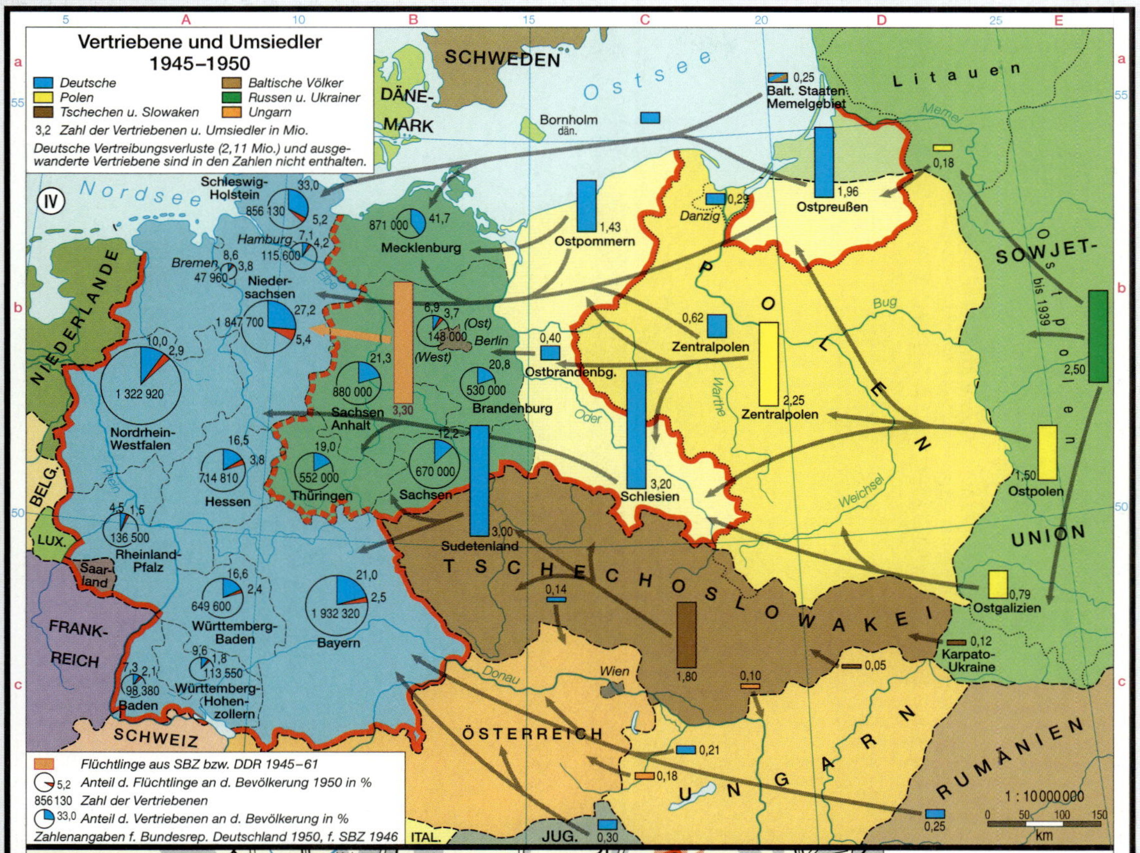

Vertriebene und Umsiedler 1945–1950

- Deutsche
- Polen
- Tschechen u. Slowaken
- Baltische Völker
- Russen u. Ukrainer
- Ungarn

3,2 Zahl der Vertriebenen u. Umsiedler in Mio.
Deutsche Vertreibungsverluste (2,11 Mio.) und ausgewanderte Vertriebene sind in den Zahlen nicht enthalten.

Flüchtlinge aus SBZ bzw. DDR 1945–61
5,2 Anteil d. Flüchtlinge an d. Bevölkerung 1950 in %
856130 Zahl der Vertriebenen
33,0 Anteil d. Vertriebenen an d. Bevölkerung in %
Zahlenangaben f. Bundesrep. Deutschland 1950, f. SBZ 1946

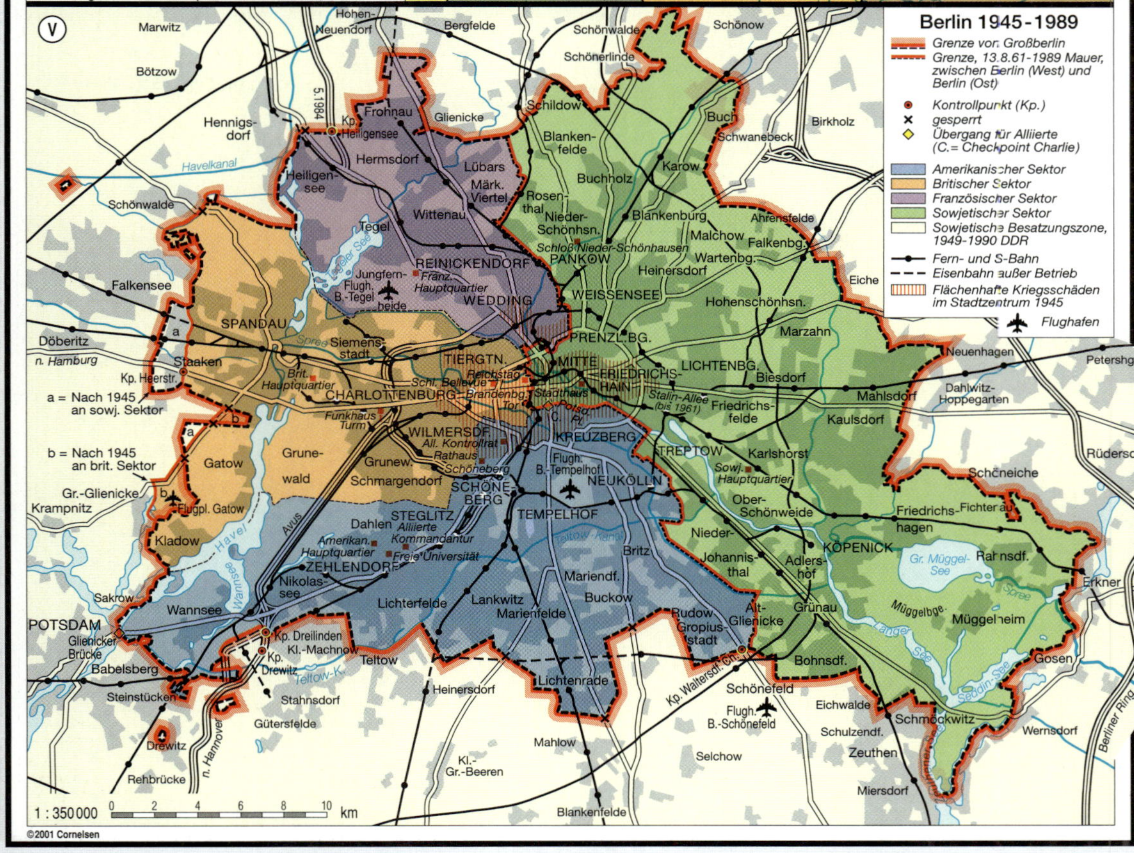

Berlin 1945–1989

- Grenze vor: Großberlin
- Grenze, 13.8.61–1989 Mauer, zwischen Berlin (West) und Berlin (Ost)
- Kontrollpunkt (Kp.)
- gesperrt
- Übergang für Alliierte (C.= Checkpoint Charlie)
- Amerikanischer Sektor
- Britischer Sektor
- Französischer Sektor
- Sowjetischer Sektor
- Sowjetische Besatzungszone, 1949–1990 DDR
- Fern- und S-Bahn
- Eisenbahn außer Betrieb
- Flächenhafte Kriegsschäden im Stadtzentrum 1945
- Flughafen

a = Nach 1945 an sowj. Sektor
b = Nach 1945 an brit. Sektor

1 : 350 000

© 2001 Cornelsen

Sowjetische Internierungslager

Sowjetische Internierungslager von 1945 bis 1949

- Amerikanischer Sektor
- Britischer Sektor
- Französischer Sektor
- Sowjetischer Sektor
- Grenze des Dt. Reiches 1937
- Weitestes Vordringen der Westalliierten nach Osten nach dem 8.5.1945
- Grenze zwischen Westzonen und SBZ seit 1.7.1945
- Oder-Neiße-Linie seit Juli 1945
- Poln.-sowjet. Grenze nach Vertrag vom 16.8.1945
- Internierungslager des NKWD/MWD
- Sammellager für Zivilisten zur Deportation in die UdSSR

Berlin unter Viermächtestatut

Das aufgrund des Berliner Viermächtestatuts vom 5. Juni 1945 durch die am 11. Juli 1945 eingerichtete Alliierte Hohe Kommandantur von den vier Siegermächten regierte und in vier Besatzungssektoren eingeteilte Berlin wurde mit der Errichtung des Alliierten Kontrollrats am 30. August 1945 zunächst zum Mittelpunkt der Viermächteherrschaft über Deutschland. Im November 1945 gestanden die Sowjets den Westalliierten im Kontrollrat drei Luftkorridore nach Westdeutschland zu. Am 13. August 1946 erhielt Berlin eine vorläufige Verfassung. Trotz massiver Unterstützung durch die Sowjetische Militäradministration in Deutschland (SMAD) kam die durch Zwangsfusion von KPD und SPD in der SBZ gebildete SED bei den ersten Gesamtberliner Stadtverordnetenwahlen 1947 nur auf 19,8 %. Nachdem die Bestätigung des gewählten Oberbürgermeisters Ernst Reuter (SPD) durch die Kommandantur auf sowjetisches Betreiben verweigert worden war, kam es zum Eklat. Die UdSSR zog im März 1948 ihren Vertreter aus dem Kontrollrat und im Juni aus der Kommandantur zurück. Auf die Durchführung der westdeutschen Währungsreform auch in den Westsektoren Berlins am 23. Juni 1948 reagierten die Sowjets mit der Berlin-Blockade. Bis zu deren Aufhebung am 12. Mai 1949 wurde der Westteil der Stadt von Amerikanern und Briten mittels einer Luftbrücke versorgt. Während das Besatzungsstatut für Deutschland durch Petersberger Abkommen, Deutschlandvertrag und Pariser Verträge schrittweise ersetzt wurde, blieb der Viermächtestatus Berlins nominell bis zur Wiedervereinigung 1990 erhalten.

1948 23. 2.: Londoner Sechsmächtekonferenz
5. 4.: Marshall-Plan
19./23. 6.: Währungsreform und Berliner Blockade (bis Mai 1949)
1. 7.: Überreichung der Frankfurter Dokumente
1. 9.: der Parlamentarische Rat nimmt Arbeit in Bonn auf

1949 25. 1.: RGW-Gründung
4. 4.: NATO-Gründung
8. 5.: der Parlamentarische Rat verabschiedet das Grundgesetz
30. 5.: Verfassung der DDR verabschiedet
14. 8.: Wahlen zum 1. Deutschen Bundestag

11. 10.: Wahl der ersten DDR-Regierung
24. 11.: „Petersberger Abkommen": erster aussenpolitischer Spielraum für die Bundesregierung

1950 4. 8.: Verfassung für West-Berlin, die es als Land der Bundesrepublik ausweist
9. 5.: Schuman-Plan (Montanunion)

1952 10. 3.: Stalin-Note zur deutschen Einheit
26. 5.: Deutschlandvertrag zur EVG

1953 Tod Stalins; Aufstand des 17. Juni

1955 5. 5.: Beitritt der Bundesrepublik zu NATO und WEU; Gründung des Warschauer Pakts (Beitritt der DDR 1956)

Bundesrepublik und DDR von 1949 bis 1989

Die Bundesrepublik Deutschland 1949 bis 1989

Auf Initiative der westlichen Siegermächte wurde 1949 aus den Westzonen des besetzten Deutschland ein neuer Staat mit dem Namen Bundesrepublik Deutschland gegründet. Analog fand auf dem Boden der SBZ die Gründung der Deutschen Demokratischen Republik (DDR) statt. Damit war die deutsche Teilung besiegelt, auch wenn die Bundesrepublik – wie anfangs auch noch die DDR – über 40 Jahre hinweg an der deutschen Einheit als Ziel der westdeutschen Politik festhielt. Beide Staaten erlangten erst 1955 mit der Aufhebung des Besatzungsstatuts die innere Souveränität. Die äußere Souveränität blieb bis zur deutschen Einheit 1990 eingeschränkt. Berlin behielt mit seinem Viermächtestatus eine Sonderrolle. Der Mauerbau von 1961 versetzte die drei Westsektoren der Stadt in eine permanente Insellage.

Die Vorstellung von Deutschland als politischer und kultureller Einheit, wie sie das Potsdamer Abkommen vorgesehen hatte, schlug sich auch in der Kirchenorganisation der Nachkriegszeit nieder. Die neugegründete evangelische Kirche in Deutschland wurde gesamtdeutsch organisiert und die katholische Kirche behielt ihre Bistumsgrenzen der Vorkriegszeit trotz der tiefer werdenden Systemgrenzen auch in der Nachkriegsepoche bei.

Weil die Westmächte die Bundesrepublik im Kalten Krieg als Frontstaat mit eigenem Verteidigungsbeitrag stabilisieren wollten, konnte in Westdeutschland auf der Grundlage des Marshall-Plans ein „Wirtschaftswunder" die rasche wirtschaftliche und politische Stabilisierung einleiten.

Das Grundgesetz verlieh der Entwicklung von Demokratie und Rechtsstaat in Westdeutschland einen stabilen Rahmen.

Die Bundesrepublik Deutschland und die Deutsche Demokratische Republik 1949-1989
Maßstab 1:5000000
0 50 100 150 200 km
DÄNEMARK
Ostsee
Nordsee
NIEDER-LANDE
BELGIEN
LUX.
FRANKREICH
SCHWEIZ
ÖSTER-REICH
TSCHECHOSLOWAKEI
POLEN
Schleswig-Holstein
Niedersachsen
Nordrhein-Westfalen
Hessen
Rheinland-Pfalz
Saarland
Baden-Württemberg
Bayern
Juni-Aufstand 1953
Grenze zwischen der Bundesrepublik Deutschland und der Deutschen Demokratischen Republik bis 3.10.1990
Grenze von Berlin nach dem Viermächtestatut von 1945
Grenze zwischen Berlin (West) und Berlin (Ost)
Ländergrenzen in der Bundesrepublik Deutschland
Bezirksgrenzen in der DDR (1952- 1990)
Gebiet des grenznahen Verkehrs (1973- 1989)
Westgrenze Polens nach Verträgen mit DDR (1950) u. Bundesrepublik Deutschland (1970)
Städte 1989
über 1 Mio. Einwohner
500000- 1Mio. Einwohner
100000- 500000 Einwohner
unter 100000 Einwohner
Universitäten und Techn. Hochschulen vor 1945
Gründung von Universitäten, Techn. Hochschulen und Gesamthochschulen nach 1945
Industriezentren, überwiegend Metallindustrie
Seehäfen
Hüttenindustrie
Chemische Industrie
Textilindustrie
Kernforschungszentren
Kernkraftwerke
Verkehrsverbindungen nach Berlin (West) bis zum 9.11.1989
Luftkorridore unter alliierter Kontrolle
Transitautobahnen und -fernstraßen
Eisenbahnlinien für Personen- und Güterverkehr
Grenzübergänge in die DDR und nach Berlin (West) 1949- 1989
Grenzübergänge in die DDR 1973- 1989
Grenzübergänge zwischen der Bundesrepublik Deutschland und der DDR bis 1989
Straßenverkehr
1 Lübeck- Selmsdorf
2 Gudow- Zarrentin
3 Lauenburg- Horst
4 Bergen- Salzwedel
5 Helmstedt- Marienborn
6 Duderstadt- Worbis
7 Herleshausen- Wartha
8 Eußenhausen- Meiningen
9 Rottenbach- Eisfeld
10 Rudolphstein- Hirschberg
Eisenbahnverkehr
1 Lübeck- Herrnburg
2 Büchen- Schwanheide
3 Wolfsburg- Oebisfelde
4 Helmstedt- Marienborn
5 Walkenried- Ellrich
6 Bebra- Gerstungen
7 Ludwigsstadt-Probstzella
8 Hof- Gutenfürst
©2001 Cornelsen

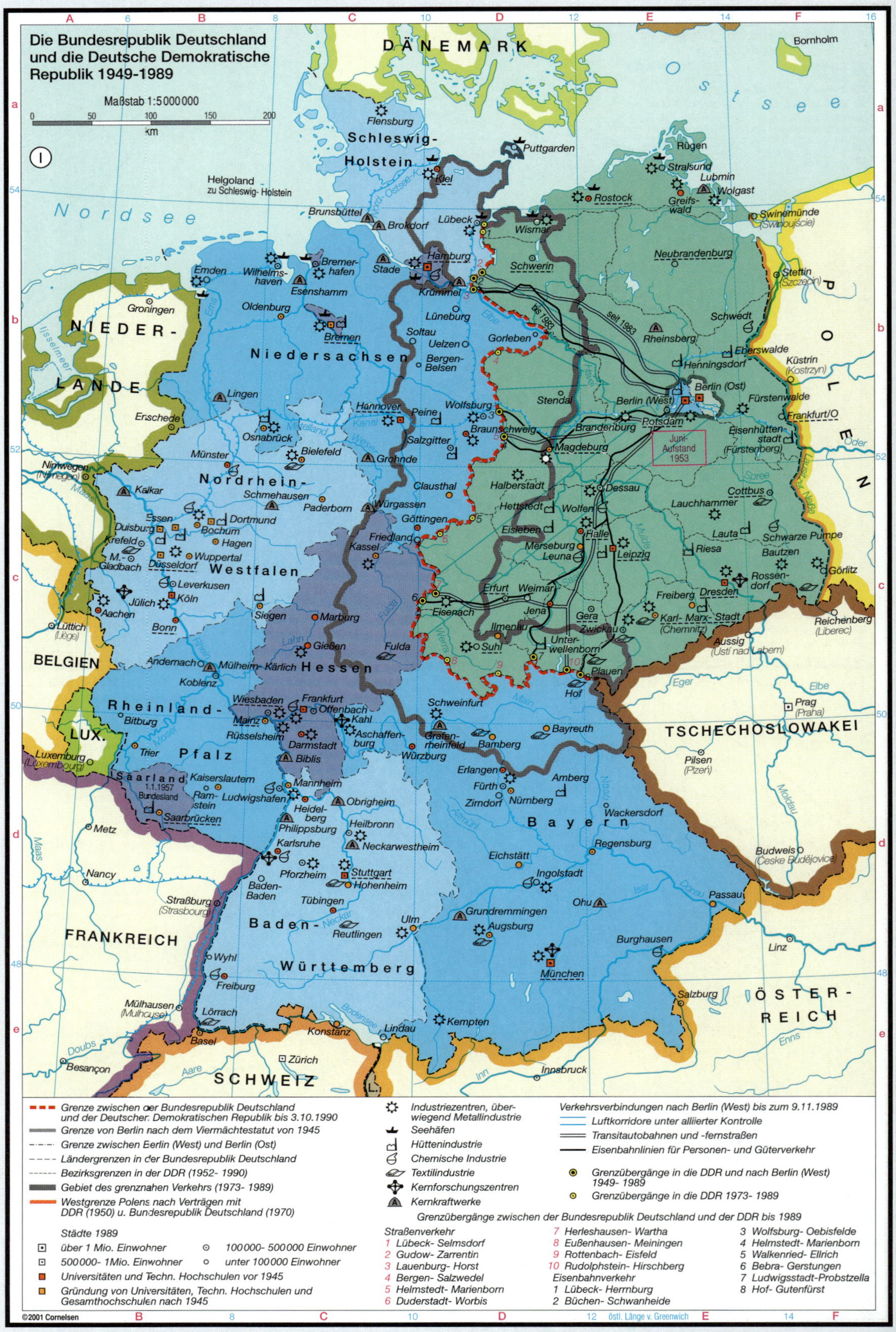

Ergebnisse der Bundestagswahlen bis 1987

Stimmenanteil in Prozent
60
50
40
30
20
10
5
CDU/CSU
SPD
Sonstige
FDP
Grüne
1949 1953 1957 1961 1965 1969 1972 1976 1980 1983 1987

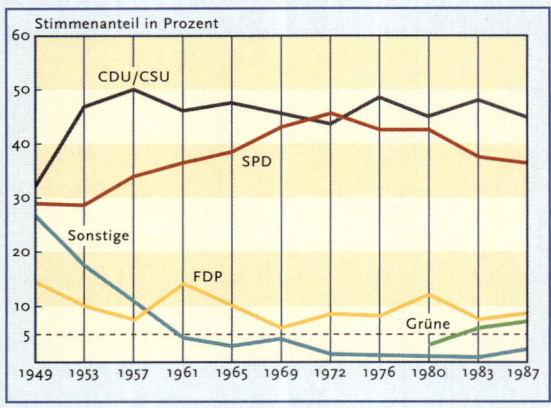

Bruttomonatsverdienste der Angestellten in Industrie und Handel in der BRD bis 1990

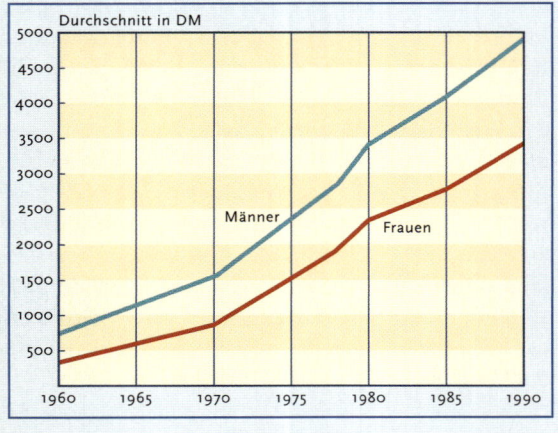

Durchschnitt in DM
5000
4500
4000
3500
3000
2500
2000
1500
1000
500
Männer
Frauen
1960 1965 1970 1975 1980 1985 1990

Das jährliche Wirtschaftswachstum der Bundesrepublik 1950–1996 (in %)

16,4
9,7
9,3
8,9
7,8
12,1
7,7
6,1
4,5
7,9
8,6
4,6
4,7
2,8
6,7
5,4
2,8
−0,3
5,5
7,5
5,0
3,1
4,3
4,8
0,2
−1,3
5,3
2,8
3,0
4,2
1,0
0,1
−0,9
1,8
2,8
2,0
2,3
1,5
3,7
3,6
3,3
2,8
2,2
−1,1
2,9
1,4
ab 1990 Gesamtdeutschland
15
10
5
0
−2
1950 1955 1960 1965 1970 1975 1980 1985 1990 1996

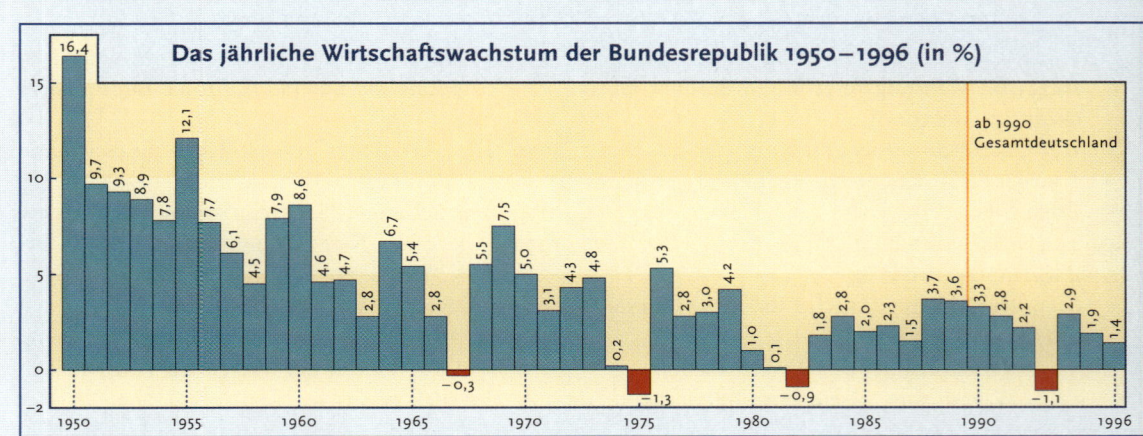

Die christlichen Kirchen in der Bundesrepublik und der DDR bis 1978

II Die katholische Kirche in Mitteleuropa von 1945 bis 1978

Legende:

- ♔ Erzbischofssitz, Bischofssitz in einer Kirchenprovinz
- ♔ Bischofssitz 1937
- ♔ Bischofssitz, unmittelbar der Kurie unterstellt
- Ap. Adm. Apostolische Administratur
- ⚭ Erzbischofssitz 1937
- ⚭ Bischofssitz 1937
- Erzbistumsgrenzen 1937
- Bistumsgrenzen 1937
- Staatsgrenzen 1937

1 : 9 000 000
0 50 100 150 200 250 km

III Die evangelische Kirche in Deutschland von 1945 bis 1978

Legende:

- Lutherische Kirchen
- Unierte Kirchen
- Reformierte Kirchen
- Bund der Evangelischen Kirchen in der DDR seit 1969
- Evangelische Kirche der Union (EKU) seit (1817/66) 1954
- Vereinigte Evangelisch-Lutherische Kirche Deutschlands (VELKD) seit 1948
- Konföderation Evangelischer Kirchen in Niedersachsen seit 1971
- Evangelisch-Lutherische Kirche Norddeutschlands (im Entstehen)
- Vereinigte Evangelisch-Lutherische Kirche in der DDR seit 1968
- ● Sitz der obersten Kirchenbehörde
- ○ Weitere Kirchenbehörden

Aufschlüsselung der Zahlen und Abkürzungen:

1 Evangelisch-Lutherische Landeskirche Eutin
2 Evangelisch-Lutherische Kirche in Lübeck
3 Evangelisch-Lutherische Kirche im Hamburgischen Staate
4 Bremische Evangelische Kirche
5 Evangelisch-Lutherische Landeskirche von Schaumburg-Lippe
6 Evangelisch-Lutherische Kirche in Braunschweig (ab 1972 Braunschweigische evangelisch-lutherische Landeskirche)
7 Evangelische Landeskirche Anhalts

B.G.	Bad Godesberg	Ka. Kassel
Bi.	Bielefeld	K.-W. Kassel-Wilhelmshöhe
Bü.	Bückeburg	L. Lübeck
De.	Detmold	M. Marburg
Gö.	Göttingen	O. Oldenburg
B.H.	Bad Homburg	Ob. Oberursel
H.	Hermannsburg	Sp. Speyer
Ha.-H.	Hannover-Herrenhausen	V. Veldhausen
		Wo. Wolfenbüttel

1 : 9 000 000
0 50 100 150 200 250 km

© 2001 Cornelsen

Chronik

1949 Verkündung des Grundgesetzes der Bundesrepublik Deutschland (23.5.); Konrad Adenauer (CDU) wird erster Bundeskanzler einer kleinen Koalition (14.8.), SPD in der Opposition; Gründung des DGB

1950 Sozialer Wohnungsbau, Versorgungsgesetz, 131er Gesetz

1951 Montan-Mitbestimmungsgesetz

1952 Lastenausgleichsgesetz; Verbot der Sozialistischen Reichspartei; Adenauer lehnt die Stalin-Note ab (Angebot einer Wiedervereinigung Deutschlands bei gleichzeitiger politischer und militärischer Neutralität)

1953 Bundestagswahlsieg der Regierungskoalition mit Zweidrittel-Mehrheit; Ende der Reparationen

1955 Ende des Besatzungsstatuts (innere Souveränität); Beitritt zu WEU und NATO

1956 KPD-Verbot durch Bundesverfassungsgericht

1957 Bundestagswahlsieg der CDU/CSU mit absoluter Mehrheit

1958 Berlin-Krise (ultimative Forderung Chruschtschows nach einer Neuregelung des Berliner Viermächte-Status als „Freie Stadt"; Westmächte lehnen ab)

1959 Godesberger Programm der SPD: Volkspartei

1961 Bau der Berliner Mauer

1962 „Spiegel"-Affäre

1963 Rücktritt Kanzler Adenauers; Nachfolger: Ludwig Erhard

1965 Bundestagswahlsieg CDU/CSU/FDP-Koalition

1966 Wirtschaftskrise: 600 000 Arbeitslose; NPD zieht in Landtage ein; Rücktritt Erhards; Große Koalition unter Kiesinger mit Willy Brandt als Außenminister

1967 Stabilitätsgesetz; „Konzertierte Aktion"; Studentenbewegung gegen den Vietnam-Krieg

1968 Notstandsverfassung wird verabschiedet; Formierung der Außerparlamentarischen Opposition (APO); Höhepunkt der NPD-Wahlerfolge

1969 Bundestagswahlsieg für SPD/FDP-Koalition unter Kanzler Brandt und Außenminister Scheel

1970 Ostverträge (Moskauer Vertrag, Warschauer Vertrag); erste Gewalttaten der terroristischen Rote Armee Fraktion (RAF)

1972 gescheitertes Misstrauensvotum; Neuwahlen: Sieg der SPD; Grundlagenvertrag mit der DDR; Extremistenbeschluss der Ministerpräsidenten

1973 1. Ölpreisschock: Verdreifachung des Erdölpreises; Beginn der Dauerarbeitslosigkeit von 1 bis 2 Millionen

1974 Rücktritt Willy Brandts (Guillaume-Affäre); Bildung der sozial-liberalen Regierung unter Bundeskanzler Helmut Schmidt (SPD) und Außenminister Dietrich Genscher (FDP)

1977 Höhepunkt der Terrorwelle durch die RAF: Schleyer-Entführung und Ermordung

1980 Gründung der Partei „Die Grünen" als Vertretung der Anti-KKW-Bewegung und der Umweltschutzbewegung

1982 infolge Wirtschaftskrise konstruktives Misstrauensvotum: CDU/CSU/FDP-Regierung unter Helmut Kohl (CDU) löst Helmut Schmidt ab

1983 Neuwahlen: Sieg der christlich-liberalen Koalition; Nachrüstungsdebatte und Friedensbewegung

1987 Bundestagswahlsieg der Regierungskoalition

Arbeitslose in der Bundesrepublik 1950–1999 (in Mio. Personen)

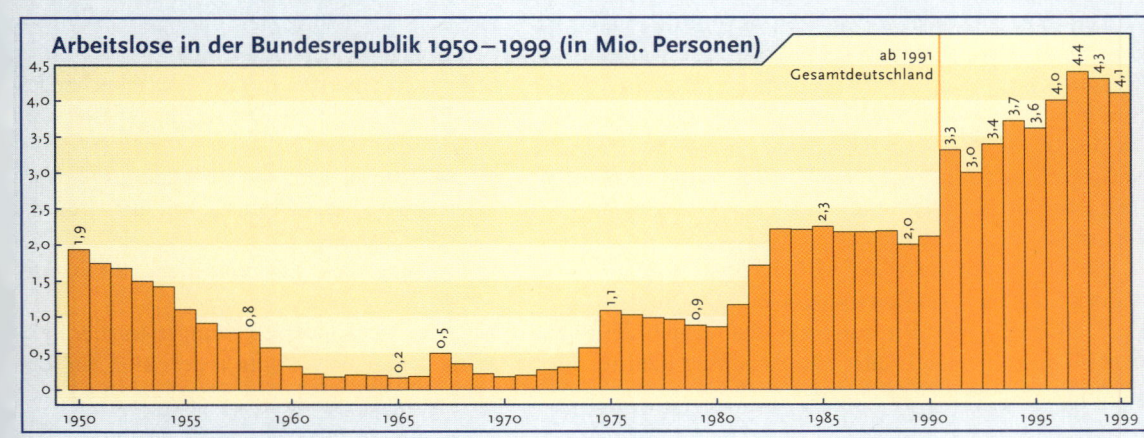

ab 1991 Gesamtdeutschland

Die DDR von 1949 bis 1990

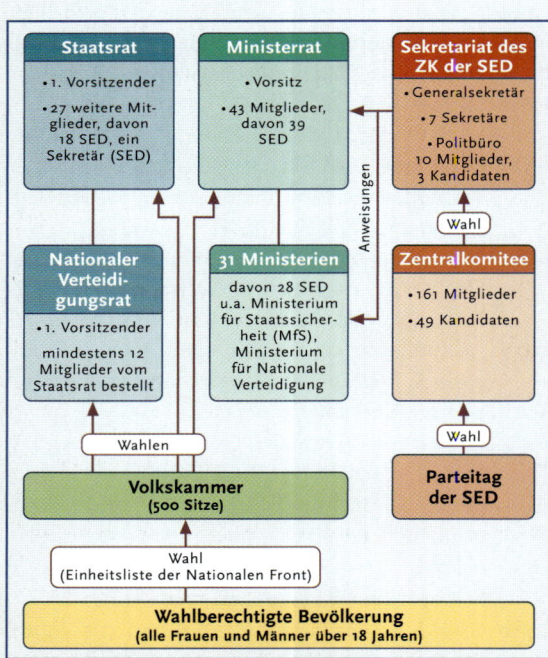

Karte I

Verwaltungseinteilung der DDR 1949–90

ca. 1 : 3500000

- Ländergrenzen bis 23.7.1952
- Bezirksgrenzen 1952 bis 1990
- Innerdeutsche Grenze

Karte II

Der 17. Juni 1953

ca. 1 : 3500000

- In den Ausnahmezustand versetzte Gebiete
- Bezirkshauptstädte und Orte
- Ausnahmezustand und Einsatz sowjetischer Truppen
- Einsatz sowjetischer Truppen
- Protestdemonstrationen oder Aktionen gegen das SED-Regime

©2001 Cornelsen

Partei und Staat in der DDR

Seit der Zwangsvereinigung von KPD und SPD 1946 übte die SED die unangefochtene Führungsrolle in der SBZ und ab 1949 der DDR aus. Der Marxismus-Leninismus galt nicht nur als wissenschaftliche Weltanschauung, sondern aus ihm leitete die SED auch ihren Führungsanspruch ab. Die in der Verfassung der DDR festgeschriebene unbedingte Führungsrolle der SED hob die nominell allgemein verbrieften Bürgerrechte für Regimegegner faktisch wieder auf.

Die DDR von 1949 bis 1990

Die Umformung der SBZ in eine staatssozialistische Gesellschaft nach sowjetischem Vorbild hatte bereits unter der sowjetischer Besatzung seit 1945 begonnen. Dieser Prozess wurde ab 1949 in der neugegründeten Deutschen Demokratischen Republik konsequent fortgesetzt. Die Staatsgründung der DDR 1949 fand noch im Rahmen der Länder statt, die 1945 gegründet worden waren. 1952 wurde dann die Verwaltung durch Auflösung der Länder zentralisiert. An ihre Stelle traten 15 Bezirke.

In der Folgezeit übte die SED-Führung trotz optimistischer Ansätze beim Aufbau der neuen Gesellschaftsordnung in der Bevölkerung zunehmend repressiven politischen Druck aus. Diese „Bolschewisierung" sowie wirtschaftliche Schwierigkeiten führten am 17. Juni 1953 zum Volksaufstand, der von sowjetischen Panzern niedergeschlagen wurde. Eine Reaktion war die Flucht in den Westen: Von 1949 bis zum Mauerbau im August 1961 verließen fast drei Millionen Menschen die DDR. Erst der Mauerbau 1961 brachte eine Zeit der äußerlichen Stabilisierung für die DDR bis Reformbewegungen der östlichen Nachbarn sowie der steigende Unmut in der Bevölkerung über die Reisebeschränkungen eine neuerliche Staatskrise verursachten.

Die Maueröffnung 1989 und die ersten freien Wahlen im März 1990 führten zur deutschen Einheit am 3. Oktober 1990: Die 1990 auf dem Boden der DDR neugegründeten Länder erklärten ihren Beitritt zur Bundesrepublik Deutschland.

1949 Gründung der DDR (7. 10.); RGW-Beitritt

1950 Bildung des Ministeriums für Staatssicherheit („Stasi"); Volkskammerwahlen nach Einheitslisten; erster Fünfjahresplan

1953 Volksaufstand (17. 6.) mit Forderung nach wirtschaftlichen Verbesserungen und freien Wahlen wird von sowjetischen Panzern niedergeschlagen

1955 DDR souverän; Gründung des Warschauer Pakts mit DDR als Mitglied (Gründung der NVA)

1956 Kollektivierung der Landwirtschaft forciert

1961 Mauerbau (13. 8.)

1962 neues ökonomisches System für Planung und Leitung

1964 Freundschafts- und Beistandspakt mit der Sowjetunion

1968 neue DDR-Verfassung (Ulbrichts „Modell DDR"); Einmarsch in die ČSSR (21. 8.); Breschnew-Doktrin

1971 Honecker löst Ulbricht ab

1972 Grundlagenvertrag tritt in Kraft

1973 Aufnahme der DDR in die UNO (gleichzeitig mit BRD), fast weltweite staatliche Anerkennung

1974 neuerliche Änderung der Verfassung; Ölkrise

1975 neuer Freundschaftsvertrag mit der UdSSR; KSZE-Schlussakte

1976 Ausweisung des Liedermachers Biermann; Oppositionswelle

1980 intensive Wirtschaftsbeziehungen mit der BRD

1983 Milliardenkredit („Swing") der BRD für die DDR

Von der Bodenreform zur LPG

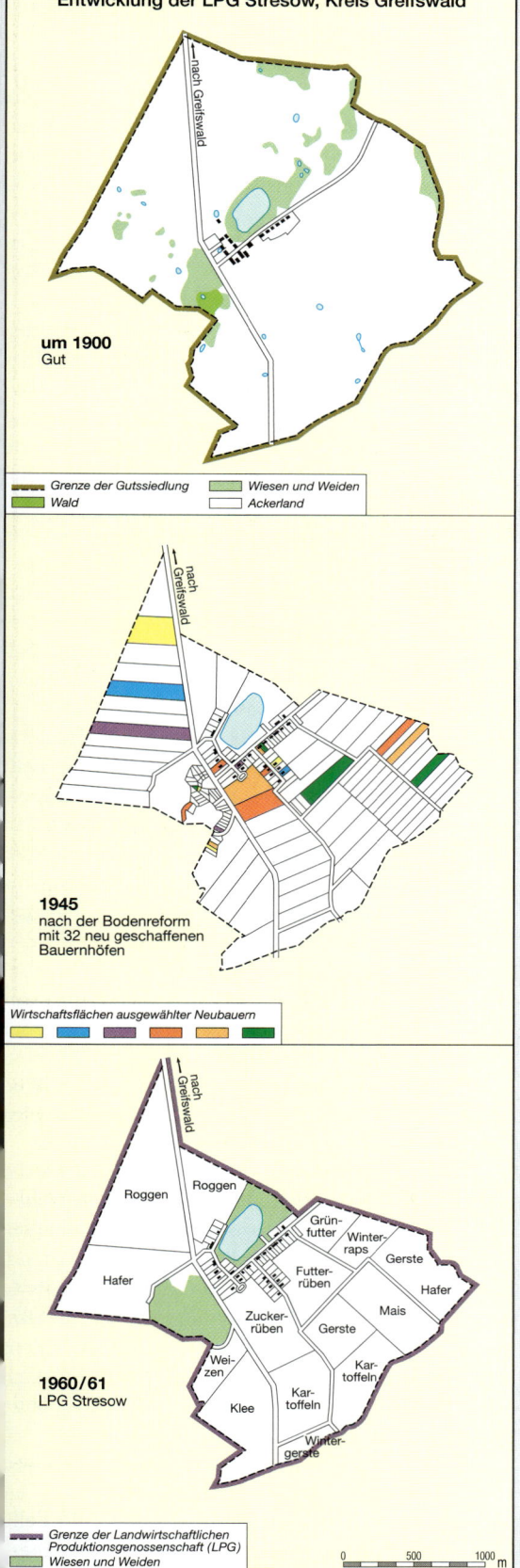

Entwicklung der LPG Stresow, Kreis Greifswald

um 1900
Gut

Grenze der Gutssiedlung	Wiesen und Weiden
Wald	Ackerland

1945
nach der Bodenreform
mit 32 neu geschaffenen
Bauernhöfen

Wirtschaftsflächen ausgewählter Neubauern

1960/61
LPG Stresow

Roggen — Roggen
Grünfutter — Winterraps
Hafer — Futterrüben — Gerste — Hafer
Zuckerrüben — Gerste — Mais
Weizen — Klee — Kartoffeln — Kartoffeln
Wintergerste

Grenze der Landwirtschaftlichen Produktionsgenossenschaft (LPG)	
Wiesen und Weiden	

0   500   1000 m

Industrieproduktion in der DDR

Industrieproduktion in der DDR in den 70er Jahren

ca. 1 : 2 500 000

0   50   100 km

⬢	Fahrzeugbau	◆	Kali-, Steinsalzbergbau	⊠	Braunkohlebergbau
⬡	Schiffbau	✿	Metallurgie, Metallverarbeitung	🔺🔺🔺	Energieerzeugung (Wärme-, Wasser-, Kernkraft)
⬮	Maschinenbau	⬚	Textilindustrie	✦	Erdöl-, Erdgasleitung
◨	Elektrotechnik, Elektronik	▭	Nahrungsmittelindustrie	≈	Wasserstraße
◗	Chemieindustrie				

©2001 Cornelsen

östl. Länge 12° v. Greenwich

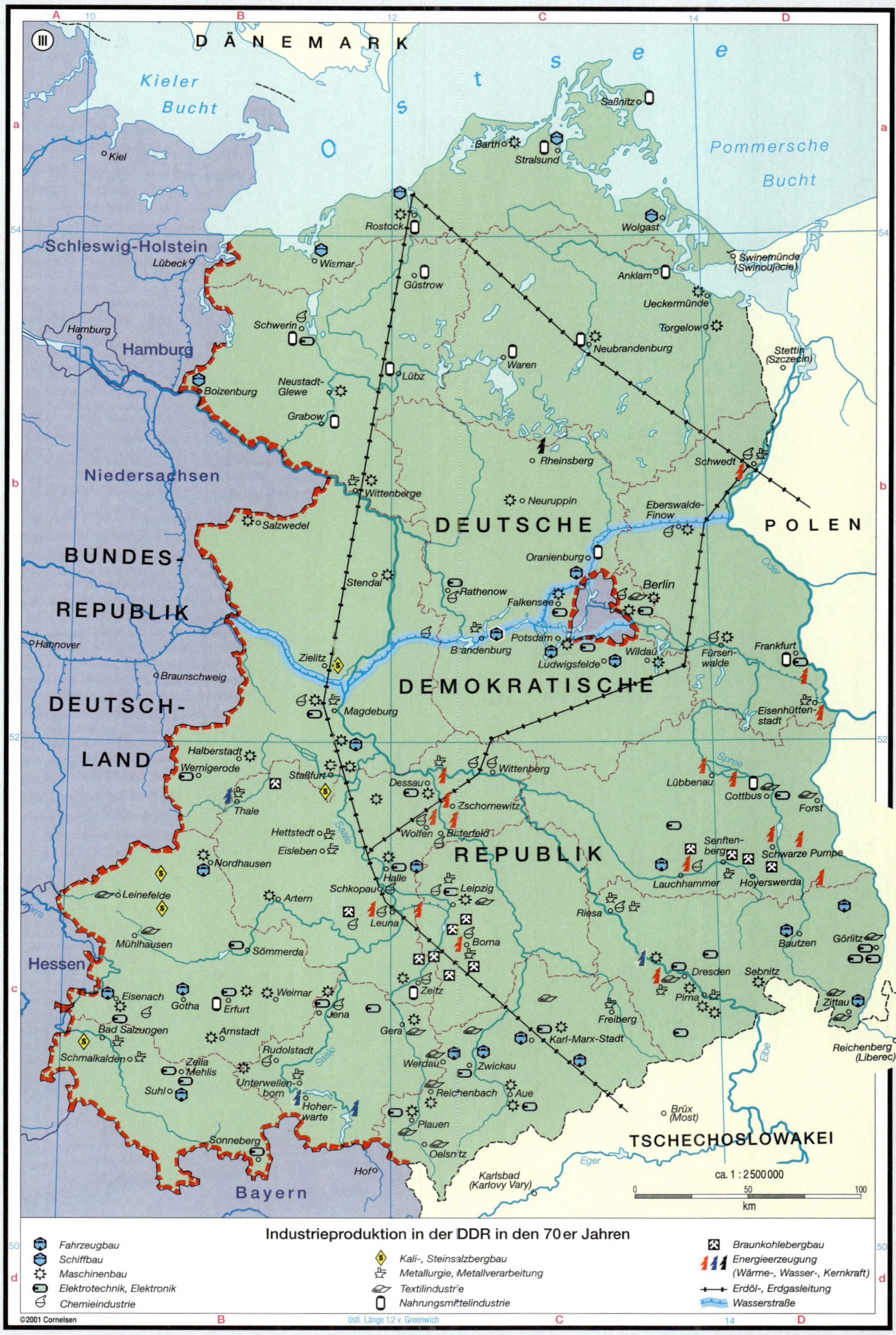

Die DDR von 1949 bis 1990

Die Enteignung des Industriekapitals und Einrichtung Volkseigener Betriebe (VEB) sowie der Aufbau einer Zentralverwaltungswirtschaft in der DDR folgten sowjetischem Vorbild. In der Landwirtschaft führte die Bodenreform zunächst zur Privatisierung: Kleinbauern bewirtschafteten ehemals adlige Güter. In den 50er Jahren wurden sie zwangsweise kollektiviert. Es entstanden Landwirtschaftliche Produktionsgenossenschaften (LPG). Gleichzeitig wurden die Handwerksbetriebe in Genossenschaften überführt.

Von der LPG zur KAP

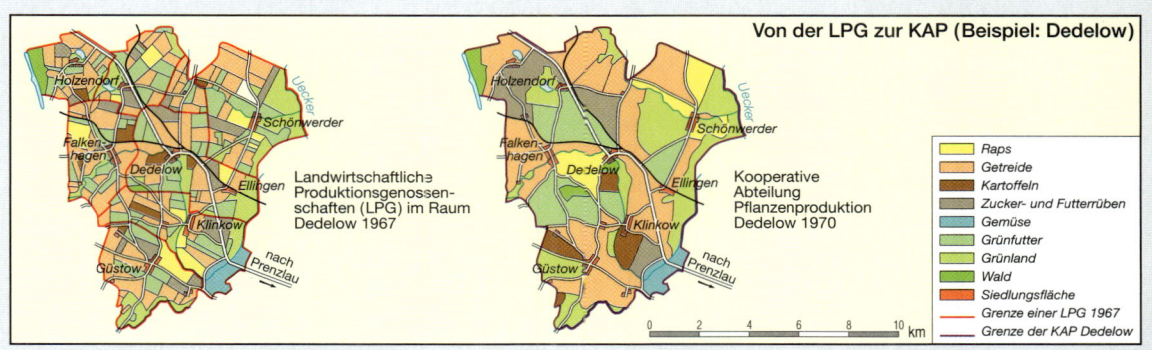

Von der LPG zur KAP (Beispiel: Dedelow)

Landwirtschaftliche Produktionsgenossenschaften (LPG) im Raum Dedelow 1967

Kooperative Abteilung Pflanzenproduktion Dedelow 1970

Raps	
Getreide	
Kartoffeln	
Zucker- und Futterrüben	
Gemüse	
Grünfutter	
Grünland	
Wald	
Siedlungsfläche	
Grenze einer LPG 1967	
Grenze der KAP Dedelow	

0   2   4   6   8   10 km

Die DDR-Protestbewegung Ende 1989

Protestbewegung in der DDR Ende 1989
- Zentrum der Proteste (datiert, Angabe der Teilnehmerzahlen)
- Demonstration (datiert, Angabe der Teilnehmerzahlen)
- Parteigründung

ca. 1 : 2 500 000

©2001 Cornelsen

Das Ende der DDR und das vereinte Deutschland

Die im Frühsommer 1989 beginnende Protestwelle gegen Reformunwilligkeit und Reisebeschränkungen der DDR-Regierung mündete ab September 1989 in eine schnell anwachsende Welle von Massendemonstrationen und Gründung neuer politischer Gruppen als Parteien. Da nicht alle DDR-Bürger eine Ausreisebewilligung erhielten, besetzten Tausende die Botschaften der Bundesrepublik Deutschland in Warschau, Prag und Budapest und erzwangen ihre Ausreise nach Westdeutschland. Andere flohen über die seit Mai 1989 geöffnete ungarische Grenze nach Österreich. Bei den Feierlichkeiten zum 40. Jahrestag der Gründung der DDR am 7. Oktober demonstrierte die DDR-Führung, dass sie nicht bereit war den Reformforderungen nachzugeben. Die Massendemonstrationen weiteten sich jetzt über die gesamte DDR aus. Die Konsequenz der Massenproteste und der starren Haltung der SED-Führung war schließlich der politische Umbruch: Das Politbüro der SED setzte Erich Honecker als Generalsekretär ab, mit dem Fall der Berliner Mauer am 9. November wurden Reisefreiheit und Freizügigkeit hergestellt.

In der Folgezeit verstärkte sich bei den Demonstrationen die Parole „Wir sind ein Volk", womit aus dem Aufbegehren gegen den vorherrschenden Staatsapparat eine Bewegung zur deutschen Einheit wurde. Mit dem Sieg der CDU bei den ersten freien Wahlen in der DDR am 18. März 1990 wurden dann die Weichen für eine schnelle Vereinigung von Bundesrepublik und DDR gestellt. Die Bedingungen der Einheit wurden in einem Staatsvertrag niedergelegt. Innenpolitische Kritiker sprachen von einem „Anschluss der DDR", internationale Besorgnis galt vor allem der zukünftigen politischen Positionierung des „neuen" Deutschlands und reichte von der Polemik eines „Vierten Reiches" bis zu Befürchtungen wirtschaftspolitischer Hegemonie innerhalb der EG.

Um die Beteiligung der vier Siegermächte an den Verhandlungen über den außenpolitischen Rahmen des Einigungsprozesses zu gewährleisten, wurden die sogenannten „Zwei-plus-Vier-Verhandlungen", d. h. der ehemaligen Siegermächte sowie der beiden deutschen Staaten, eingerichtet. Die Bundesregierung erklärte sich außerdem in einem deutsch-polnischen Vertrag bereit, völkerrechtlich verbindlich die Oder-Neiße-Grenze als Westgrenze Polens anzuerkennen. Durch die mit seinem Abschluss verbundene und seit Kriegsende noch ausstehende völkerrechtlich verbindliche Regelung der Territorialgrenzen Deutschlands wurde damit auch den internationalen Ansprüchen Rechnung getragen

---

1985 Gorbatschow wird Generalsekretär der KPdSU

ab 1987 Perestroika in der Sowjetunion; Oppositionsgruppen in der DDR

1989 Mai: Öffnung der ungarisch-österreichischen Grenze; Massenflucht von DDR-Urlaubern; Fälschung der Kommunalwahlen in der DDR durch die SED; Ende der Breschnew-Doktrin
September: Anträge auf Parteizulassung (Neues Forum, Demokratie Jetzt); Massendemonstrationen in den Großstädten der DDR, vor allem Leipzig und Dresden
7. 10.: 40. Jahrestag der DDR; Reformmahnung Gorbatschows an Honecker

9. 10.: Montagsdemonstration in Leipzig (rund 70 000 Teilnehmer): Forderung nach Freiheitsrechten
18. 10.: Rücktritt Honeckers
4. 11.: eine Million Demonstranten in Ost-Berlin: Forderung nach Grundrechten
9. 11.: Maueröffnung
13. 11.: Regierung Modrow (SED); Runder Tisch; Montagsdemonstrationen: „Wir sind ein Volk"
Dezember: Machtverlust der SED; Politbüro tritt zurück; Blockparteien machen sich selbstständig; 2 Millionen Mitglieder verlassen die SED, Umbenennung in SED/PDS, später PDS

1990 15. 1.: Massensturm auf die Berliner Stasi-Zentrale
18. 3.: erste freie Volkskammerwahlen: Sieg von CDU/CSU unter Lothar de Maizière, Ziel der raschen Vereinigung mit der Bundesrepublik
1. 7.: Staatsvertrag zwischen Bundesrepublik und DDR
22. 7.: Wiederherstellung der Länder in der DDR
23. 8.: Volkskammerbeschluss zum Beitritt der DDR-Länder zur Bundesrepublik
3. 10.: Ende der DDR und Wiedervereinigung Deutschlands nach 41 Jahren (neuer Tag der Deutschen Einheit; bisher der 17. Juni)

Die deutschen Länder von der Weimarer Republik bis zum wiedervereinigten Deutschland

Map II

Die Länder in der Weimarer Republik und im geteilten Deutschland bis 1990

Die Flächenfarben stellen die Länder des Deutschen Reiches 1930 dar.

Provinzen des Landes Preußen

62,5 – Anteil des Landes an der Fläche des Deutschen Reiches 1930 in Prozent

61,2 – Anteil des Landes an der Bevölkerung des Deutschen Reiches 1930 in Prozent

Grenze des Deutschen Reiches 1930

Ländergrenzen in den Westzonen bzw. Bundesrep. Deutschland s. 1945/52 und in der sowjet. Zone bzw. DDR 1945/47–1952

Grenze Berlin nach dem Viermächtestatut 1945–1990

Grenze zwischen Bundesrep. Deutschland und DDR 1949–1990

Westgrenze Polens nach Verträgen mit der DDR (1950) und Bundesrep. Deutschland (1970)

1 : 7 000 000
0 50 100 150 km

©2001 Cornelsen

Map III

Die Länder im vereinigten Deutschland

Grenze des vereinigten Deutschlands nach Inkrafttreten des deutsch-polnischen Vertrages seit 1991

Grenzen der Bundesländer

Bezirksgrenzen: in der DDR 1952–1990

Berlin Bundeshauptstadt

Bonn Sitz der Bundesregierung (bis 1999)

Kiel Hauptstädte der Länder

19,8 – Anteil des Landes an der Fläche des vereinigten Deutschlands 1992 in Prozent

14,2 – Anteil des Landes an der Bevölkerung des vereinigten Deutschlands 1992 in Prozent

Das seit dem 3. Oktober 1990 vereinigte Deutschland ist in Flächenfarben dargestellt.

1 : 7 000 000
0 50 100 150 km

Die Bundesländer des vereinigten Deutschlands

	Fläche in Tsd. km²	Einw. in Mio.
Schleswig-Holstein	15,7	2,6
Hamburg	0,75	1,6
Niedersachsen	47,3	7,2
Bremen	0,4	0,67
Nordrhein-Westfalen	34,1	17,1
Hessen	21,1	5,7
Rheinland-Pfalz	19,8	3,7
Baden-Württemberg	35,8	9,6
Bayern	70,6	11,2
Saarland	2,6	1,1
Berlin	0,9	3,4
Mecklenburg-Vorpommern	23,8	2,0
Brandenburg	29,1	2,6
Sachsen-Anhalt	20,4	2,9
Sachsen	18,3	4,9
Thüringen	16,3	2,7
Bundesrepublik Deutschland insgesamt	**356,95**	**78,97**

Stand: 1.4.1992

Übersiedler aus der DDR

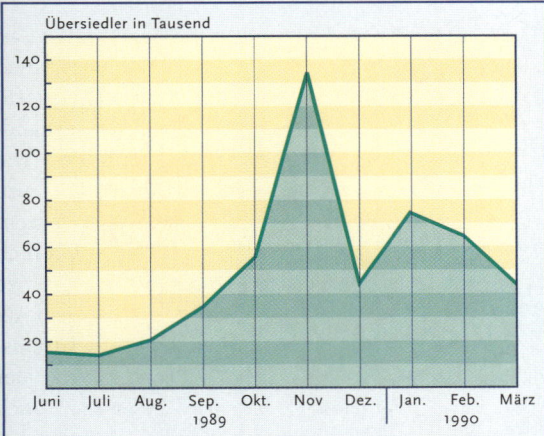

Übersiedler in Tausend

Juni · Juli · Aug. · Sep. · Okt. · Nov. · Dez. 1989 | Jan. · Feb. · März 1990

Ergebnis der Volkskammerwahlen vom 18.3.1990

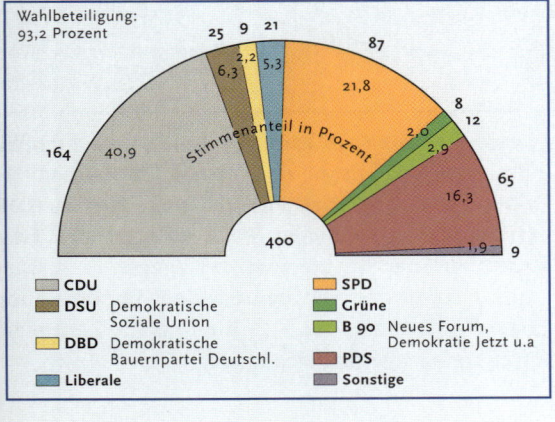

Wahlbeteiligung: 93,2 Prozent

Stimmenanteil in Prozent

164 – 40,9 – CDU
87 – 21,8
12 – 2,9
65 – 16,3
9 – 1,9
25 · 9 · 21
6,3 · 2,2 · 5,3
8 · 2,0
400

CDU
DSU Demokratische Soziale Union
DBD Demokratische Bauernpartei Deutschl.
Liberale
SPD
Grüne
B 90 Neues Forum, Demokratie Jetzt u.a
PDS
Sonstige

Probleme der Wiedervereinigung

Das wiedervereinte Deutschland hat mit erheblichen Altlasten und Folgeproblemen der vierzigjährigen Teilung zu kämpfen. Infolge der bereits im Zuge des Staatsvertrages zwischen Bundesrepublik und DDR durchgeführten Währungsunion, mit der unter anderem auch die fortschreitende Abwanderung der DDR-Bürger in die alten Bundesländer eingedämmt werden sollte, und durch die Privatisierung kam es zum Zusammenbruch zahlreicher Betriebe der ehemaligen DDR-Wirtschaft, damit verbunden zu enormer Arbeitslosigkeit und dramatischen Kaufkraftverlusten in den neuen Bundesländern. Nicht wenige sanierungsfähige Ost-Unternehmen fielen auch den wirtschaftspolitischen Unklarheiten und Fehleinschätzungen der ersten Jahre zum Opfer. Insbesondere die zur Abwicklung dieser Prozesse geschaffene Treuhandbehörde erwies sich in vielen Fällen als überfordert. Im vereinten Deutschland zeigte sich im Zuge der tief greifenden sozialen Umbruchsituation vor allem der neuen Bundesländer eine völlig neue Dimension der Fremdenfeindlichkeit und des Rechtsradikalismus, die sich aber seitdem zu einem wachsenden gesamtdeutschen Problem entwickelt hat.

Trotz aller Krisen aber ist die Einigung nach Ablauf eines Jahrzehnts nicht nur im Westen, sondern auch im Osten Deutschlands allgemein akzeptiert.

Rechte Gewalt im wiedervereinten Deutschland

Opfer rechtsextremistischer Gewalt in Deutschland seit der Wiedervereinigung

8 Tote – Zahl der Todesopfer rechtsextremistischer Gewalt in den Ländern des vereinigten Deutschlands 1990–2000 (insgesamt 89 Tote)

1 : 10 000 000
0 50 100 150 km

©2001 Cornelsen

Militärische Zusammenschlüsse in Europa 1945–1990

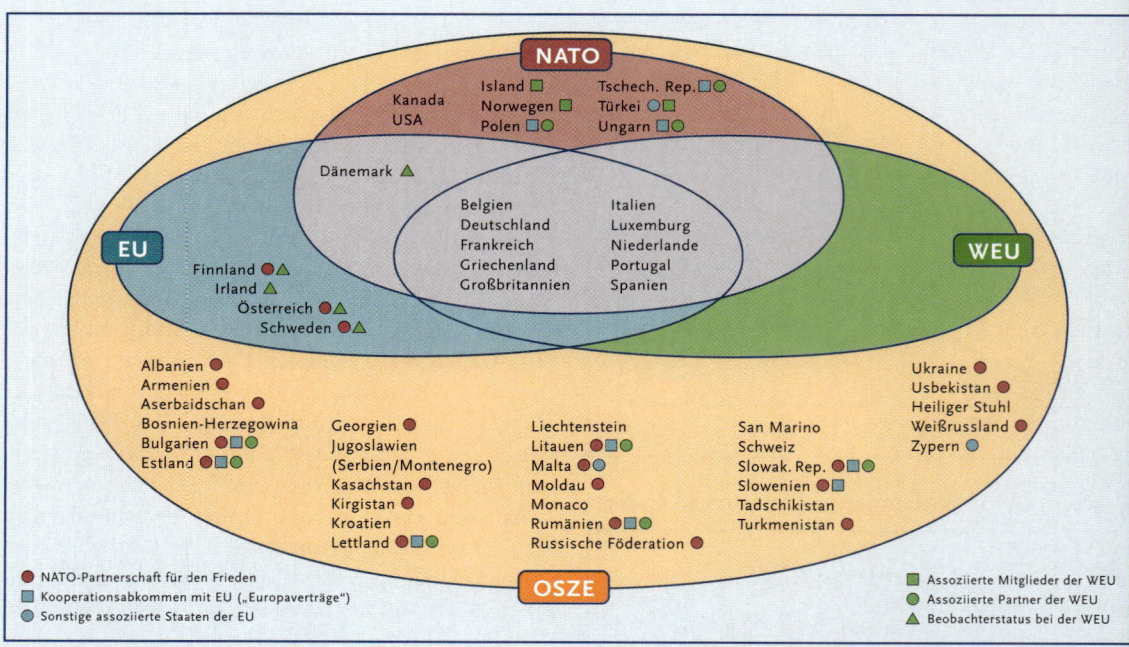

Westeuropa und die NATO

Ausgangspunkt für den militärischen Zusammenschluss Westeuropas war der Brüsseler Vertrag, ein 1948 von Frankreich, England und den Beneluxstaaten dem Wortlaut nach gegen Deutschland, tatsächlich aber gegen die Sowjetunion geschlossenes Verteidigungsbündnis. Im Zuge der Containment-Politik der USA gegen die UdSSR entstand 1949 der zunächst auf 20 Jahre befristete Nordatlantische Verteidigungspakt, dem auch Norwegen, Dänemark, Island, Italien, Portugal und Kanada beitraten. Eine 1952 von den Mitgliedern der Montanunion beschlossene Europäische Verteidigungsgemeinschaft (EVG) auf der Grundlage des Pleven-Plans (1951) scheiterte 1954 an der durch die Niederlage im Indochinakrieg motivierten Ablehnung des französischen Parlaments. Daraufhin wurde der Brüsseler Verteidigungspakt durch den Beitritt Italiens und der Bundesrepublik Deutschland (Gründung der Bundeswehr 1956) erweitert und die so entstandene Westeuropäische Union (WEU) in die von den USA geführte NATO (North Atlantic Treaty Organisation) eingegliedert. Im Februar 1994 beteiligte sich die NATO in Jugoslawien bei der Durchsetzung von UN-Sanktionen erstmals militärisch an UN-Operationen. Ausgelöst durch den Kosovo-Konflikt, führte die NATO vom 24. 3. bis 10. 6. 1999 einen Luftkrieg gegen Rest-Jugoslawien. Dieser nicht durch einen Beschluss des UN-Sicherheitsrat gedeckte Kampfeinsatz stellt den ersten eigenverantworteten Krieg des NATO-Bündnisses dar.

Mitgliedschaft in den Institutionen der euro-atlantischen Sicherheitsordnung im Jahr 2000

Osteuropa und der Warschauer Pakt

Als Antwort auf diese Entwicklung schlossen sich Mitte Mai 1955 sieben Staaten des Ostblocks (UdSSR, Polen, Rumänien, Bulgarien, ČSSR, Ungarn und DDR) zum Warschauer Pakt, einem Militärbündnis unter sowjetischer Führung, zusammen. In der DDR wurde 1956 in diesem Zuge die Nationale Volksarmee gegründet. Bereits 1956 kam es erstmals zum Kampfeinsatz des Bündnisses, als Truppen des Warschauer Paktes den antisowjetischen Aufstand in Ungarn niederschlugen. In ähnlicher Weise agierten die Paktstaaten bei der Beendigung des Prager Frühlings 1968. Hierauf trat Albanien aus dem Bündnis aus. Erst 1989 distanzierte sich das Bündnis von diesen Interventionen und löste sich 1991 auf.

Wirtschaftliche Zusammenschlüsse in Europa 1945–1990

Legende (Kartenlegende):

Wirtschaftliche Zusammenschlüsse in Europa 1945–1995

Europäische Union (EU):
- Gründungsmitglieder 1952/1958
- Beitritt 1973
- Beitritt 1981/1986
- Beitritt 1995
- Beitrittskandidaten 2000 (in Verhandlungen mit EU)
- Beitrittskandidat 2000 (keine Verhandlungen, jedoch Zollunion mit EU)

Mitgliedsstaaten der Europäischen Freihandelszone (EFTA)

Gemeinschaft Unabhängiger Staaten (GUS)

Städte um 1950:
- ◉ über 1 Mio. Einwohner
- ⊡ 500 000 – 1 Mio. Einwohner
- ⊟ 100 000 – 500 000 Einwohner
- ○ unter 100 000 Einwohner

Hauptstädte sind unterstrichen

1 : 20 000 000

©2001 Cornelsen

Der Weg zur Europäischen Union (EU)

Einen entscheidenden Anstoß zur Europäischen Einigung gab der Marshall-Plan, ein Hilfs- und Wiederaufbauprogramm der USA. Die Idee eines gemeinsamen europäischen Marktes fand ihre erste Verwirklichung in der 1952 gegründeten Montanunion (Europäische Gemeinschaft für Kohle und Stahl/EGKS), mit der das deutsche Industriegebiet an Rhein und Ruhr durch Zusammenschluss mit der Montanindustrie der übrigen Länder einer gemeinsamen Verwaltung unterstellt wurde. Dabei gingen gewisse Souveränitätsrechte der Mitgliedsstaaten auf die Hohe Behörde, die gemeinsame Versammlung und den internationalen Gerichtshof als Organe der Montanunion über. Nach gleichem Muster erfolgte 1957 auch der Aufbau der EURATOM (Europäische Atomgemeinschaft) und der EWG (Europäische Wirtschaftsgemeinschaft). Erklärte Ziele der letzteren waren Zollunion, gemeinsamer Markt und Angleichung der europäischen Volkswirtschaften. 1967 erfolgte die Zusammenlegung aller Organe der drei Europäischen Gemeinschaften (EGKS, EURATOM und EWG), auf Betreiben Frankreichs allerdings unter deutlicher Machtverschiebung von der ursprünglich mit weitreichenden Befugnissen ausgestatteten supranationalen Kommission zum von den nationalen Regierungen stärker dominierten Ministerrat. Seit 1979 wird das Europäische Parlament direkt von den Bürgern der EG gewählt. Im 1993 in Kraft getretenen Maastrichter Vertrag entstand die Europäische Union (EU). Sie basiert zum Einen auf der Europäischen Gemeinschaft (Binnenmarkt, Zollunion, gemeinsame Agrarpolitik, Wirtschafts- und seit 1999 Währungsunion), zum Anderen auf einer gemeinsamen Außen- und Sicherheitspolitik (GASP) und schließlich auf der Zusammenarbeit in der Innen- und Rechtspolitik. Die seit dem Beitritt Finnlands, Österreichs und Schwedens (1995) 15 Staaten umfassende EU orientiert sich für die Zukunft auf weitere Erweiterungen durch ostmittel- und südosteuropäische Staaten. In gezielten Beitrittsverhandlungen stehen seit 1998 bereits Polen, die Tschechische Republik, Ungarn, Slowenien und Estland. Als Beitrittskandidaten einer „zweiten Runde" gelten Bulgarien, Rumänien und die Slowakei.

Die Europäische Union

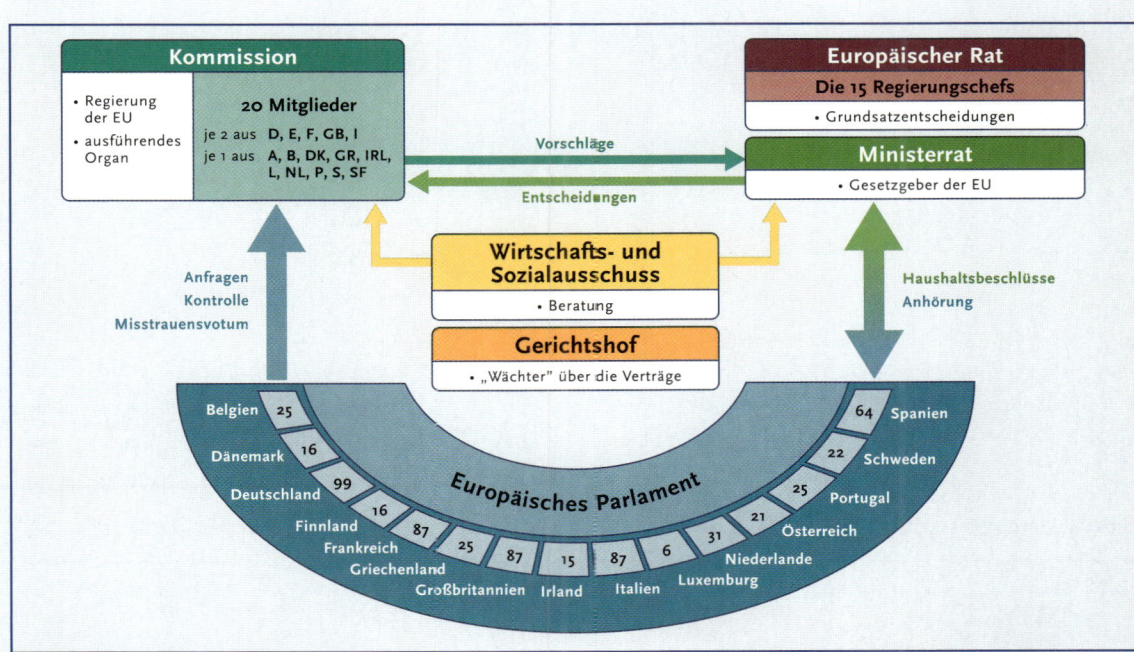

Kommission
- Regierung der EU
- ausführendes Organ
- 20 Mitglieder: je 2 aus D, E, F, GB, I; je 1 aus A, B, DK, GR, IRL, L, NL, P, S, SF

Europäischer Rat
- Die 15 Regierungschefs
- Grundsatzentscheidungen

Ministerrat
- Gesetzgeber der EU

Vorschläge → / ← Entscheidungen

Wirtschafts- und Sozialausschuss
- Beratung

Gerichtshof
- „Wächter" über die Verträge

Anfragen / Kontrolle / Misstrauensvotum

Haushaltsbeschlüsse / Anhörung

Europäisches Parlament

Land	Sitze
Belgien	25
Dänemark	16
Deutschland	99
Finnland	16
Frankreich	87
Griechenland	25
Großbritannien	87
Irland	15
Italien	87
Luxemburg	6
Niederlande	31
Österreich	21
Portugal	25
Schweden	22
Spanien	64

Die zehn Staaten mit dem höchsten Bruttosozialprodukt (zu Marktpreisen)

		1998	1992	
1	USA	7921,3	5904,8	(1)
2	Japan	4089,9	3507,8	(2)
3	Deutschland	2122,7	1846,1	(3)
4	Frankreich	1466,2	1278,6	(4)
5	Großbritannien	1263,8	1024,8	(6)
6	Italien	1166,2	1186,6	(5)
7	VR China	928,9	442,3	(9)
8	Brasilien	758,0	425,4	(10)
9	Kanada	612,2	565,8	(7)
10	Spanien	553,7	547,9	(8)

Angaben in Mrd. US-Dollar

Bruttosozialprodukt der zehn reichsten und zehn ärmsten Staaten der Welt je Einwohner in US-Dollar 1997/1998

	1996	1997	
Luxemburg	45360	454200	2,0 %
Schweiz	44350	43060	−0,5 %
Japan	40940	38160	1,4 %
Norwegen	34510	36100	3,8 %
Dänemark	32100	34890	2,5 %
Singapur	30550	32810	6,7 %
Deutschland	28870	28280	0,7 %
Österreich	28110	27920	1,1 %
USA	28020	29080	1,7 %
Island	26580	26800	0,4 %
Nepal	210	220	2,2 %
Tansania	170	210	0,9 %
Ruanda	190	210	−5,7 %
Malawi	180	210	0,8 %
Niger	200	200	−1,9 %
Sierra Leone	200	160	−5,7 %
Burundi	170	140	−5,9 %
Mosambik	80	140	2,6 %
Dem. Rep. Kongo (Zaire)	130	110	−9,6 %
Äthiopien	100	110	2,2 %

Der Nord-Süd-Konflikt von 1945 bis 1991

I Die Welt 1945 bis 1991

II Entkolonialisierung 1945–1990

Unabhängige Staaten mit Kolonien 1945
Seit 1945 unabhängig gewordene Staaten
1945–1949
1950–1959
1960 („Afrik. Jahr")
1961–1969
1970–1990
noch bestehende abhängige Staaten

1 : 210 000 000

©2001 Cornelsen

Bevölkerungsexplosion 1900–2000

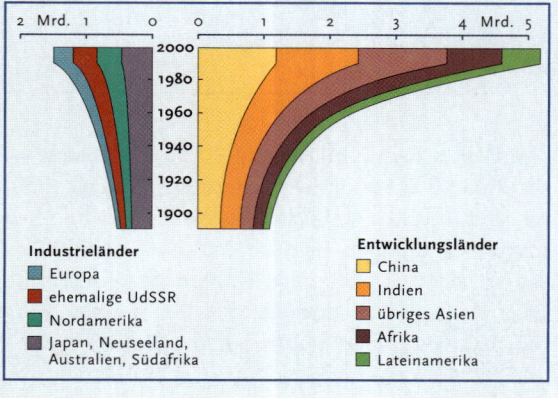

Industrieländer
- Europa
- ehemalige UdSSR
- Nordamerika
- Japan, Neuseeland, Australien, Südafrika

Entwicklungsländer
- China
- Indien
- übriges Asien
- Afrika
- Lateinamerika

Der Zusammenhang zweier „Teufelskreise"

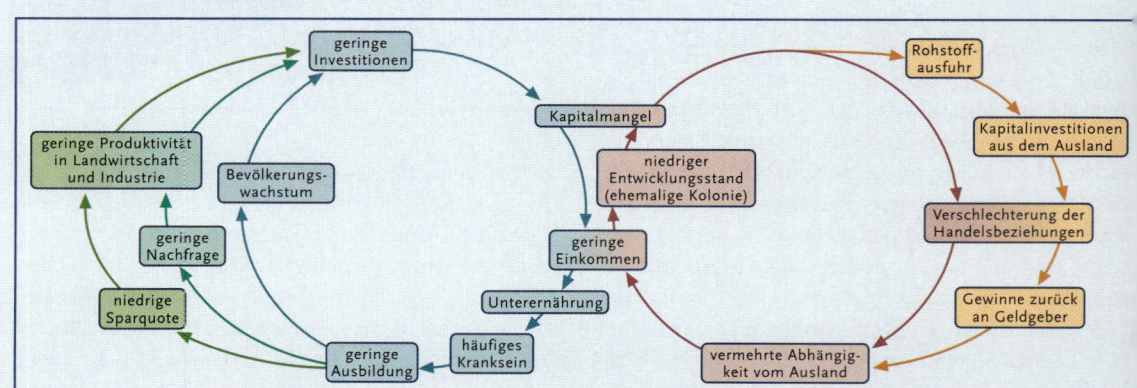

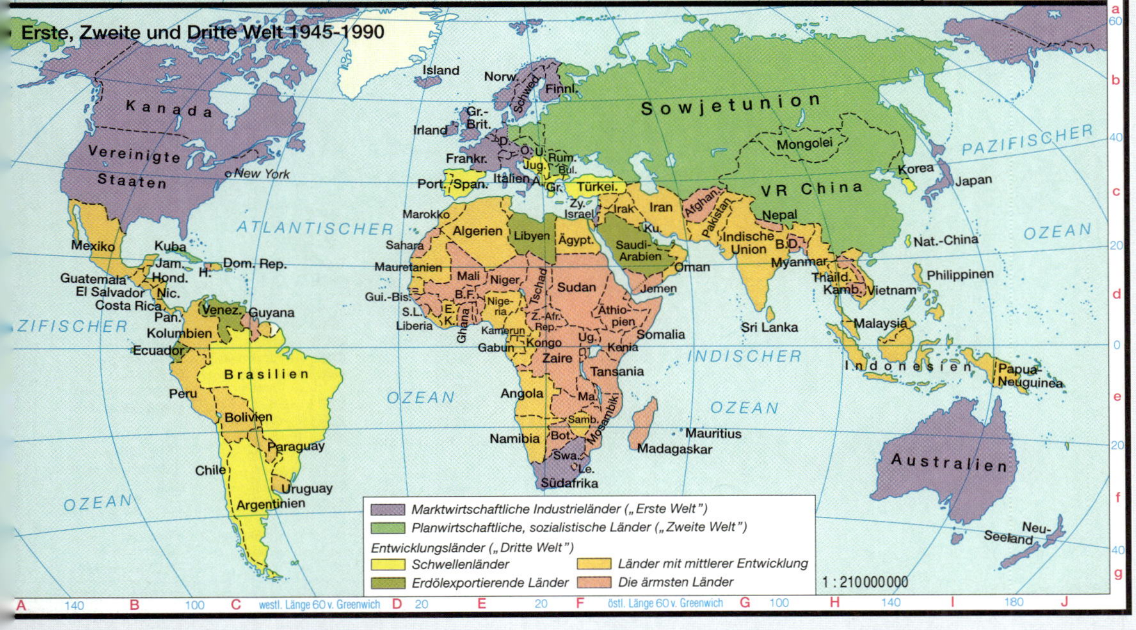

Erste, Zweite und Dritte Welt 1945–1990

Legende (Map legend):
A. = Albanien
B. = Belgien
BH. = Bhutan
BUL. = Bulgarien
D. = Bundesrepublik Deutschland
DÄN. = Dänemark
GR. = Griechenland
H. = Haiti
JUG. = Jugoslawien
L. = Luxemburg
LI. = Libanon
N. = Niederlande
Ö. = Österreich
RUM. = Rumänien
S. = Schweiz
SYR. = Syrien
UNG. = Ungarn

1 : 110 000 000

1 : 210 000 000

Legende:
- Marktwirtschaftliche Industrieländer ("Erste Welt")
- Planwirtschaftliche, sozialistische Länder ("Zweite Welt")
- Entwicklungsländer ("Dritte Welt")
- Schwellenländer
- Erdölexportierende Länder
- Länder mit mittlerer Entwicklung
- Die ärmsten Länder

Handelsströme zwischen Europa, Asien und Nordamerika 1980 und 1993

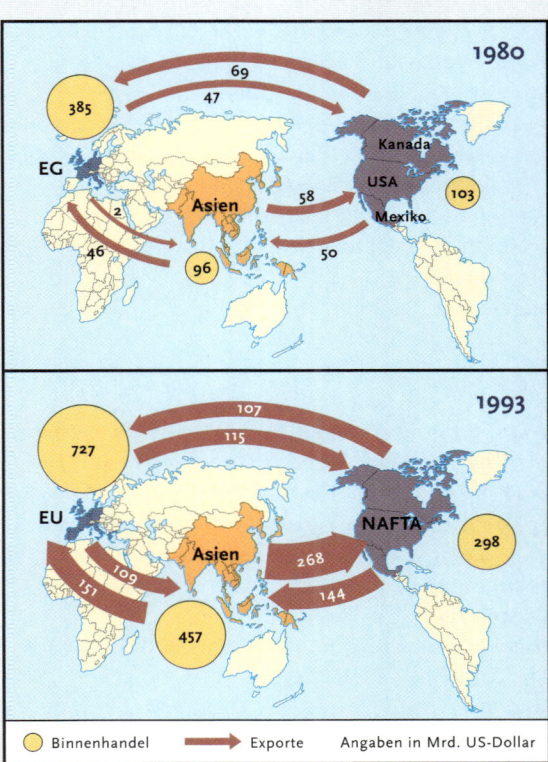

○ Binnenhandel → Exporte   Angaben in Mrd. US-Dollar

Durchschnittliches Jahreswachstum des realen Pro-Kopf-Einkommens in den Industrie- und Entwicklungsländern

	1960–1970	1970–1980	1980–1990
Länder mit hohem Einkommen	4,1 %	2,4 %	2,4 %
Entwicklungsländer	3,3 %	3,0 %	1,2 %
Afrika südlich der Sahara	0,6 %	0,9 %	− 1,0 %
Asien und der Pazifik	2,5 %	3,1 %	5,1 %
Ostasien	3,6 %	4,6 %	6,3 %
Südasien	1,4 %	1,1 %	3,1 %
Naher Osten und Nordafrika	6,0 %	3,1 %	−2,5 %
Lateinamerika und die Karibik	2,5 %	3,1 %	− 0,5 %
Europa	4,9 %	4,4 %	1,2 %
Osteuropa	5,2 %	5,4 %	0,9 %

Wirtschaftsdaten ausgewählter Nationen in der Dritten Welt (1990)

Staat	Populationsdichte 1990 (Ew./qkm)	Bevölkerungszuwachs 1980–1990	Bruttosozialprodukt 1990 in Dollar pro Kopf	Anteil der Landwirtschaft am Bruttoinlandsprodukt 1990
Nigeria	125	3,2 %	290	36 %
Kenia	41	3,8 %	370	28 %
Ruanda	277	3,3 %	310	38 %
Pakistan	145	3,1 %	400	26 %
Indien	264	2,1 %	330	31 %
Malaysia	55	2,6 %	2160	19 %
Venezuela	21	2,5 %	3029	4 %
Peru	17	2,2 %	1354	14 %
Bolivien	7	2,5 %	754	21 %

Anteil am Weltexport 1970 und 1992

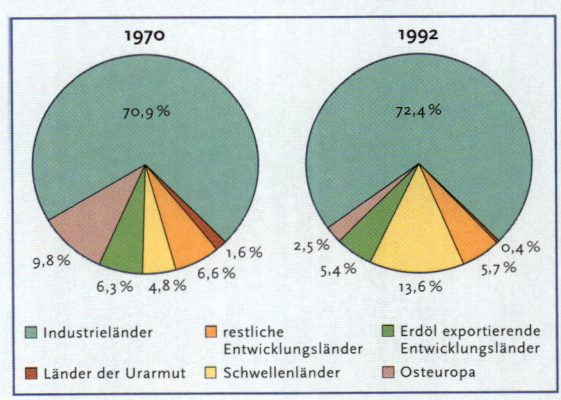

- Industrieländer
- Länder der Urarmut
- restliche Entwicklungsländer
- Schwellenländer
- Erdöl exportierende Entwicklungsländer
- Osteuropa

Vom Stalinismus zu Perestroika und Glasnost

ab 1934 Einrichtung des stalinistischen Straflagersystems (GULag) in der Sowjetunion

1936 5.12.: neue Sowjetverfassung („Stalin-Verf.")

1939 23.8.: Hitler-Stalin-Pakt

1940 Juni: die bisher selbstständigen Staaten Estland, Lettland und Litauen sowie das zu Rumänien gehörende Bessarabien werden von sowjetischen Truppen besetzt

1941 22.6.: Beginn des deutschen Angriffskrieges gegen die UdSSR

1942–1943 Schlacht um Stalingrad, Wende des Kriegsverlaufs

1945–1953 Spätphase des Stalinismus; Beginn des Kalten Krieges

1948 kommunistischer Umsturz in der Tschechoslowakei; Abfall Jugoslawiens unter Tito

1948–1949 Berlin-Blockade

1949 Gründung des RGW; Massenverhaftungen in Leningrad („Leningrader Affäre")

1950 sowjetischer Beistandspakt mit China

1950–1953 Korea-Krieg

1951 Massenverhaftungen in den kaukasischen Republiken der UdSSR

1952 Einsetzen neuerlicher „Großer Säuberungen"

1953 5.3.: Tod Stalins; Nikita Chruschtschow wird Nachfolger (bis 1964)

1955 14.5.: Gründung des Warschauer Pakts

1956 XX. Parteitag der KPdSU: Entstalinisierung; Konzept der friedlichen Koexistenz sozialistischer und kapitalistischer Staaten; Oktober: Niederschlagung des Ungarn-Aufstands

1957 4.10.: Start des ersten künstlichen Erdsatelliten *Sputnik I*

1958 Berlin-Ultimatum (bis 1961 mehrfach verlängert); zugleich Besuchs- und Gipfeldiplomatie

1961 12.4.: Juri Gagarin als erster Mensch im All

1962 Oktober: Kuba-Krise („13 Tage")

1964 14.10.: Ablösung Chruschtschows; Nachfolger wird Leonid Breschnew (bis 1982): Breschnew-Doktrin in der Außenpolitik

1968 Einmarsch sowjetischer Truppen in der ČSSR

1979 Einmarsch sowjetischer Truppen in Afghanistan (Krieg bis 1988)

1982 10.11.: Tod Breschnews; Nachfolger wird Juri Andropow (bis 1984)

1985 10.3.: Michail Gorbatschow neuer KP-Generalsekretär; Beginn der Politik von Glasnost und Perestroika

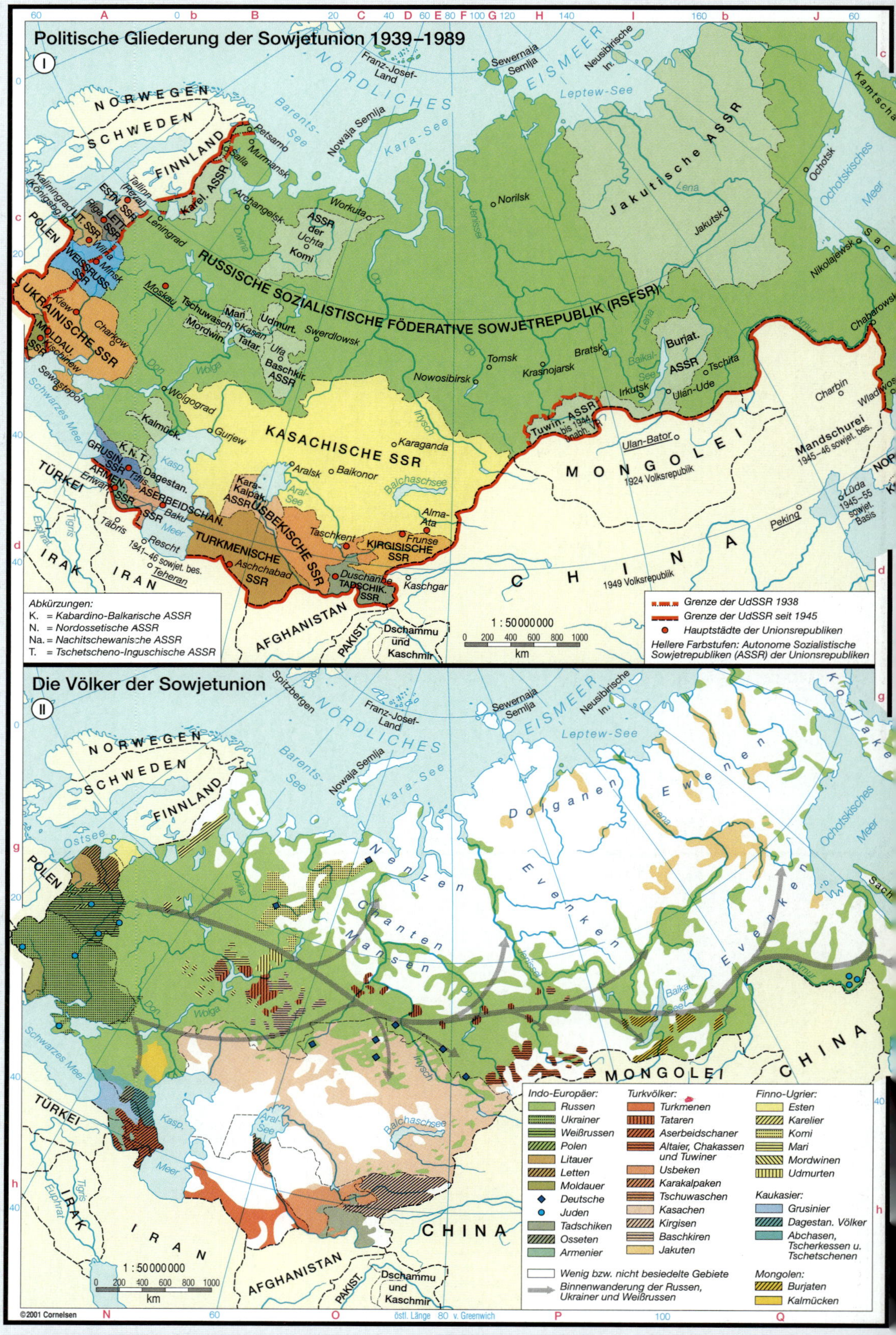

GULag- und Koloniebevölkerung im Stalinismus von 1934 bis 1953

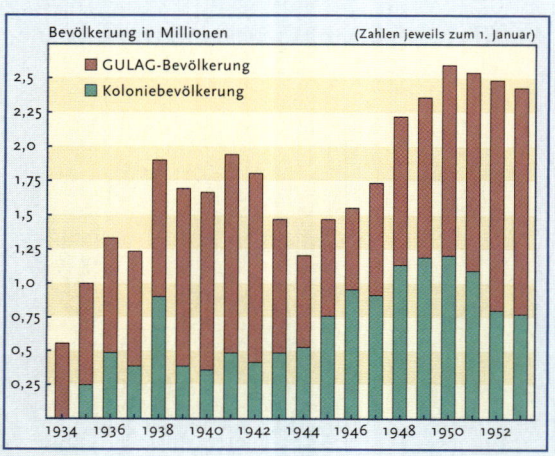

Politische und ethnische Gliederung der UdSSR bis 1990

I **Politische Gliederung der Sowjetunion 1939–1989**

Abkürzungen:
K. = Kabardino-Balkarische ASSR
N. = Nordossetische ASSR
Na. = Nachitschewanische ASSR
T. = Tschecheno-Inguschische ASSR

1 : 50 000 000
0 200 400 600 800 1000 km

Grenze der UdSSR 1938
Grenze der UdSSR seit 1945
● Hauptstädte der Unionsrepubliken
Hellere Farbstufen: Autonome Sozialistische Sowjetrepubliken (ASSR) der Unionsrepubliken

II **Die Völker der Sowjetunion**

Indo-Europäer:
Russen, Ukrainer, Weißrussen, Polen, Litauer, Letten, Moldauer, Deutsche, Juden, Tadschiken, Osseten, Armenier

Turkvölker:
Turkmenen, Tataren, Aserbeidschaner, Altaier, Chakassen und Tuwiner, Usbeken, Karakalpaken, Tschuwaschen, Kasachen, Kirgisen, Baschkiren, Jakuten

Finno-Ugrier:
Esten, Karelier, Komi, Mari, Mordwinen, Udmurten

Kaukasier:
Grusinier, Dagestan. Völker, Abchasen, Tscherkessen u. Tschetschenen

Wenig bzw. nicht besiedelte Gebiete
→ Binnenwanderung der Russen, Ukrainer und Weißrussen

Mongolen:
Burjaten, Kalmücken

1 : 50 000 000
0 200 400 600 800 1000 km

© 2001 Cornelsen

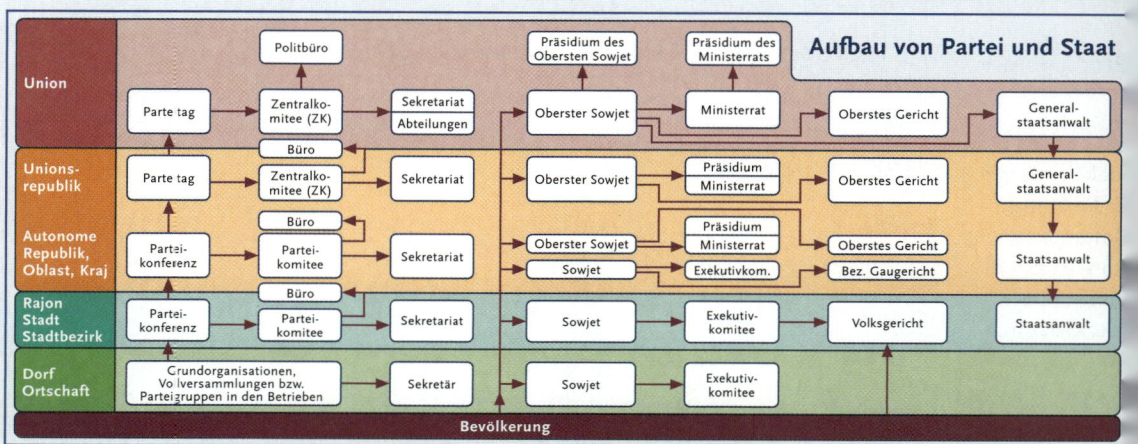

Aufbau von Partei und Staat

Wirtschafts- und Bevölkerungsentwicklung der UdSSR bis 1990

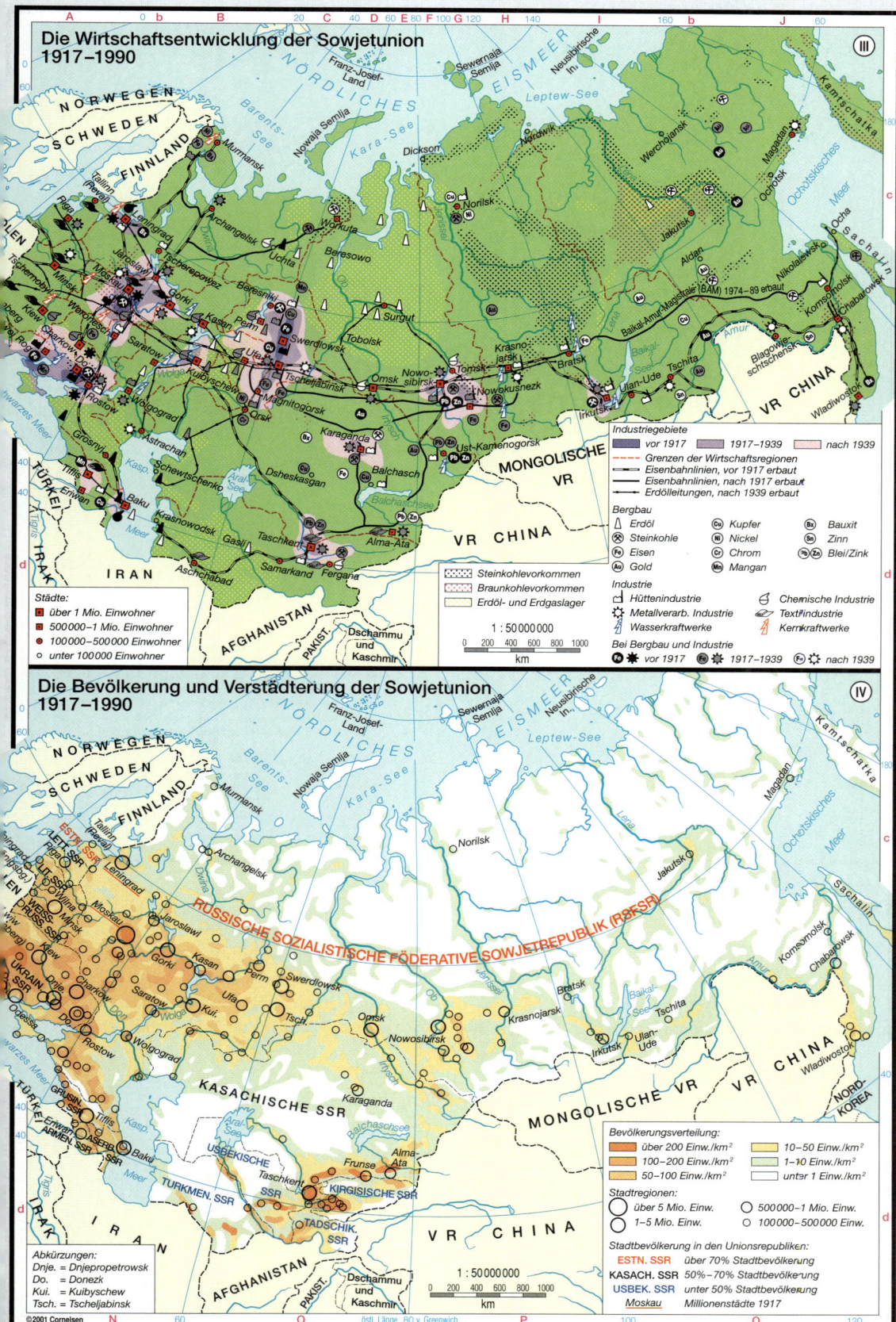

Die Wirtschaftsentwicklung der Sowjetunion 1917–1990

Die Bevölkerung und Verstädterung der Sowjetunion 1917–1990

Die Völker der UdSSR von 1979 bis 1989

	1979	1989	A*	B**
Russen	137 397 089	145 155 489	5,6	–
Ukrainer	42 347 387	44 186 006	4,3	56,2
Usbeken	12 455 978	16 697 825	34,1	23,8
Weißrussen	9 462 715	10 036 251	6,1	54,7
Kasachen	6 556 442	8 135 818	24,1	60,4
Aserbaidschaner	5 477 330	6 770 403	23,6	34,3
Tataren	6 185 196	6 648 760	7,5	70,8
Armenier	4 151 241	4 623 232	11,4	47,1
Tadschiken	2 897 697	4 215 372	45,5	27,7
Georgier	3 570 504	3 981 045	11,5	33,1
Moldauer	2 968 224	3 352 352	12,9	53,8
Litauer	2 850 905	3 067 390	7,6	37,9
Turkmenen	2 027 913	2 728 965	34,6	27,7
Kirgisen	1 906 271	2 528 946	32,7	35,2
Deutsche	1 936 214	2 038 603	5,3	45,0
Tschuwaschen	1 751 366	1 842 346	5,2	65,1
Letten	1 439 037	1 458 986	1,4	64,4
Baschkiren	1 371 452	1 449 157	5,7	71,8
Juden	1 761 724	1 378 344	–7,8	10,1
Mordwinen	1 191 765	1 153 987	–9,7	62,5
Polen	1 150 991	1 126 334	–9,8	43,9
Esten	1 019 851	1 026 649	0,7	33,9
Tschetschenen	755 782	956 879	26,6	74,2
Udmurten	713 696	746 793	4,6	61,3
Mari	621 961	670 868	7,9	68,8
Awaren	482 844	600 989	24,5	60,8
Osseten	541 893	597 998	10,4	68,9
Lesgier	382 611	466 006	21,8	53,4
Insgesamt	262 084 654	285 742 511	9,0	24,1

* Bevölkerungswachstum (in %);
** Russisch als Zweitsprache beherrschten 1989 (in %); berücksichtigt wurden nur Volksgruppen mit wenigstens 450 000 Menschen im Jahre 1989.

Anteil der Stadtbevölkerung an der Einwohnerzahl (in %)

	Russland bzw. UdSSR	Deutschland bzw. Bundesrepublik	England
1850	5,5	k. A.	50,0
1870	12,3	37,2	k. A.
1900	12,8	56,0	k. A.
1910	14,3	61,5	78,0
1925	17,9	64,4	k. A.
1957	48,0	75,3	k. A.
1979	62,0	83,0	90,0

Entwicklung der Agrarproduktion 1909–1980 im Jahresdurchschnitt

	Getreide (in Mio. t)	Baumwolle (in dz/ha)	(in Mio. t)	Fleisch (in Mio. t)
1909–13	72,5	6,9	0,68	4,8
1924–28	69,3	7,6	0,58	4,2
1928–32	73,6	7,5	1,04	4,3
1933–37	72,9	7,1	1,84	2,7
1938–40	77,9	7,7	2,51	4,5
1946–50	64,8	6,7	2,32	3,5
1951–55	88,5	8,0	3,89	5,7
1956–60	121,5	10,1	4,36	7,9
1961–65	130,3	10,2	4,99	9,3
1966–70	167,6	13,7	6,1	11,6
1971–75	181,6	14,7	7,67	14,0
1976–80	205,0	16,3	8,93	14,8

Produktion ausgewählter Industrie-Erzeugnisse 1913–1980

	1913	1928	1932	1937	1940	1945	1950	1960	1970	1980
Elektroenergie (in Mrd. kw/h)	2,0	5,0	13,5	36,2	48,3	43,3	91,2	292,3	740,9	1295,0
Erdöl (in Mrd. t)	10,3	11,6	21,4	28,5	31,1	19,4	37,9	147,9	353,0	603,0
Kohle (in Mio. t)	29,2	35,5	64,4	128,0	165,9	149,3	261,1	509,6	624,1	716,0
Roheisen (in Mio. t)	4,2	3,3	6,2	14,5	14,9	8,8	19,2	46,8	85,9	109,0
Stahl (in Mio. t)	4,3	4,2	5,9	17,7	18,3	12,3	27,3	65,3	115,9	148,0
Werkzeugmaschinen (in Tsd.)	1,8	2,0	19,7	48,5	58,4	38,4	70,6	155,9	202,3	230,0
Traktoren (in Tsd.)	–	1,3	48,9	51,0	31,6	7,7	116,7	238,5	458,5	555,0
Baumwollstoffe (in Mio. lfd. m)	2672	2678	2694	3448	3954	1616	3899	6387	7482	8027

©2001 Cornelsen

Der Zerfall der Sowjetunion

Der Zerfall der Sowjetunion

Legende:
- Gebiet der Sowjetunion (UdSSR) 1945–1991 in Flächenfarben
- Grenze der „Gemeinschaft Unabhängiger Staaten" (GUS) Dez. 1991
- UKRAINE GUS-Staaten im Besitz von strategischen Atomwaffen
- Unabhängigkeitsbestrebungen von der UdSSR seit 1988
- Nationalitätenkonflikte und -kriege seit 1988
- Grenzkonflikte zwischen Unionsrepubliken seit 1988

Autonome Republiken (hellerer Farbton):

1 Karelische AR	8 Baschkirische AR	14 Abchasische AR
2 AR der Komi	9 Kalmückische AR	15 Adscharische AR
3 Mordwinische AR	10 Kabardino-Balkari. AR	16 AR Nachitschewan
4 Tschuwaschische AR	11 Nordossetische AR	17 Karakalpakische AR
5 AR der Mari	12 Tschetscheno-	18 Tuwinische AR
6 Udmurtische AR	Inguschische AR	19 Burjatische AR
7 Tatarische AR	13 Dagestanische AR	20 Jakutische AR

1 : 40 000 000

© 2001 Cornelsen

Das Ende der Sowjetunion

1985 1. 3.: Michail Gorbatschow wird Generalsekretär der KPdSU; Beginn der Politik von Glasnost und Perestroika; weltweite Abrüstung sorgt für entscheidenden Durchbruch in den Ost-West-Beziehungen

1986 26. 4.: Reaktor-Unfall in Tschernobyl

1989 15. 2.: Beendigung des sowjetischen Truppenrückzugs aus Afghanistan

9. 4.: blutige Zusammenstöße zwischen Autonomie-Demonstranten und Armee in Tiflis

3./4. 6.: Pogrome gegen Mescheten in Usbekistan

10. 7.: Beginn von Streiks in den Kohlerevieren im Donbass und Kusbass

1990 11. 3.: nach eskalierenden Nationalitätenkonflikten in der UdSSR (in einigen Fällen Autonomie-Forderungen) erklärt sich Litauen als erster Staat für unabhängig; weitere Sowjetrepubliken folgen in die Unabhängigkeit; der Führungsanspruch der KPdSU wird aus der sowjetischen Verfassung gestrichen

1991 19.–22. 3.: kommunistischer Putschversuch gegen Gorbatschow schlägt fehl

8./21. 12.: nach dem Scheitern der Reform- und Unionspolitik Gorbatschows wird im Dezember die Gemeinschaft Unabhängiger Staaten (GUS) unter Führung des russischen Präsidenten Boris Jelzin als loser Staatenbund gegründet

25. 12.: Gorbatschow tritt zurück

31. 12.: Auflösung der UdSSR

Staaten auf dem Gebiet der ehemaligen UdSSR

RUSSISCHE FÖDERATION

1918 Proklamation der Russischen Sozialistischen Föderativen Sowjetrepublik (RSFSR)

1922 Zusammenschluss mit anderen Unionsrepubliken zur UdSSR

1990 April: Souveränitätserklärung

1991 Dezember: Initiative zur Bildung der GUS

1992 April: Föderation mit Autonomen Republiken

ESTLAND, LETTLAND, LITAUEN

1918/1920 Bildung unabhängiger Republiken

1940 sowjetische Annexion

1940/1944 Bildung von Unionsrepubliken

1988 Gründung nationaler Volksfronten

1991 August: unabhängige Republiken

NÖRDLICHES OSTPREUSSEN

1945 faktische Annexion durch die Sowjetunion

1991 Teil der Russischen Föderation

WEISSRUSSLAND

1919 Gründung der Weißrussischen SSR

1922 Gründungsmitglied der UdSSR

1991 August: Unabhängigkeitserklärung

UKRAINE

1918 Gründung einer unabhängigen Republik

1919 Sowjetrepublik

1922 Unionsrepublik

1991 August: Unabhängigkeitserklärung

MOLDAWIEN

1918 zu Rumänien gehörig

1940 sowjetische Annexion

1940/1944 Unionsrepublik

1991 August: Unabhängigkeitserklärung

1991–1992 Kämpfe um Dnjester-Republik

GEORGIEN

1917–1921 unabhängige Republik

1922–1936 zur Transkaukasischen FSR

1936 Unionsrepublik

1990/91 November/April: Unabhängigkeitserklärung; Dezember 1991: Bürgerkrieg

1992–1994 Nationalitätenkämpfe

ARMENIEN

1918 unabhängige Republik

1920 sowjetische Besetzung

1922–1936 zur Transkaukasischen FSR

1936 Unionsrepublik

1989–1991 sowjetische Intervention

1990/91 August/September: Unabhängigkeitserklärung

ASERBAIDSCHAN

1918 unabhängige Republik; britische Besetzung

1920 sowjetische Besetzung

1922–1936 zur Transkaukasischen FSR

1936 Unionsrepublik

ab 1988 Krieg um Berg-Karabach

1990 Januar: sowjetische Intervention

1991 August: Unabhängigkeitserklärung

Umweltzerstörungen auf dem Gebiet der ehemaligen UdSSR

Umweltzerstörung auf dem Territorium der ehemaligen UdSSR

Irreparable Umweltzerstörung, schwere Gefährdung der menschlichen Gesundheit
Kritischer Grad der Umweltzerstörung, ernsthafte Gefährdung der menschlichen Gesundheit
Ökologisch schwer bis schwerst belastete Gebiete
Stark belastete/verschmutzte Flussabschnitte
Gebiet der Sowjetunion (UdSSR) 1945–1991
Grenze der „Gemeinschaft Unabhängiger Staaten" (GUS) Dez. 1991
UKRAINE GUS-Staaten im Besitz von strategischen Atomwaffen

Autonome Republiken:
1 Karelische AR
2 AR der Komi
3 Mordwinische AR
4 Tschuwaschische AR
5 AR der Mari
6 Udmurtische AR
7 Tatarische AR
8 Baschkirische AR
9 Kalmückische AR
10 Kabardino-Balkar. AR
11 Nordossetische AR
12 Tschetscheno-Inguschische AR
13 Dagestanische AR
14 Abchasische AR
15 Adscharische AR
16 AR Nachitschewan
17 Karakalpakische AR
18 Tuwinische AR
19 Burjatische AR
20 Jakutische AR

1 : 40 000 000
0 200 400 600 800 1000 km

©2001 Cornelsen

TURKMENISTAN

1918 Proklamation der Autonomen SSR Turkestan
1925 Unionsrepublik
1991 Oktober: Unabhängigkeitserklärung
1992–1997 Bürgerkrieg

USBEKISTAN

1920 Khanat Chiwa und Buchara bilden eine Sozialistische Volksrepublik
1924 Unionsrepublik
1991 August: Unabhängigkeitserklärung

TADSCHIKISTAN

1918/1924 Teil der Autonomen SSR Turkestan
1929 Unionsrepublik
1991 September: Unabhängigkeitserklärung

KIRGISIEN

1918 Teil der Autonomen SSR Turkestan
1920 Autonome SSR in der RSFSR
1936 Unionsrepublik
1991 August: Unabhängigkeitserklärung

KASACHSTAN

1920 Teil der Kirgisischen Autonomen SSR
1925 Autonome SSR in der RSFRSR
1936 Unionsrepublik
1991 September: Unabhängigkeitserklärung

TUWINISCHE AUTONOME REPUBLIK

1928 Volksrepublik Tannu-Tuwa
1944 ASSR in der RSFSR

Umweltkatastrophen

Die Nachfolgestaaten der Sowjetunion leiden unter erdrückenden Altlasten wirtschaftlicher und ökologischer Natur. Luft- und Wasserverschmutzung durch Chemie- und Industrieabfälle, unkontrollierter Raubbau in Tier- und Pflanzenwelt und nicht zuletzt atomare Verseuchung führen zu teilweise dramatischen Umweltbedingungen. Die Katastrophe von Tschernobyl 1986, bei der es im nahe der weißrussischen Grenze gelegenen Kraftwerk zu einer Reaktorschmelze kam, war das schwerste Unglück in der zivilen Nutzung der Atomenergie. Die atomare Wolke bedeckte weite Teile Europas und zog sich bis weit nach Skandinavien hinauf. 31 Menschen starben vor Ort an unmittelbaren Strahlenschäden. Rund 800 000 Menschen in der 50-km-Zone um das Kraftwerk sowie zahlreiche Katastrophenhelfer wurden gesundheitsschädigend verstrahlt. Ein eklatanter Anstieg der Krebserkrankungen und Missbildungen von Neugeborenen waren schnell identifizierbare Folgen. Das Ausmaß der Langzeitfolgen ist noch nicht absehbar. 355 000 Menschen wurden auf Dauer aus dem Gebiet evakuiert. Etwa 7 % der ukrainischen Landesfläche gelten durch Tschernobyl als verseucht. Der Reaktor, der noch auf Jahrtausende hin tödliche Strahlung absondern wird, wurde mit einem Betonmantel umgeben, der allerdings bereits seit den 90er Jahren Risse zeigt. In Russland selbst sind weite Landesteile durch die Folgen kleinerer und größerer Atomunfälle, durch radioaktiven Abfall sowie durch die Atomversuche der Sowjetzeit verseucht. Vor Murmansk liegen 71 still-

gelegte Atom-U-Boote, im Wasser und auf dem Land lagert ungesichert nuklearer Müll. Die russischen Kernkraftwerke sind zu großen Teilen veraltet und unsicher. Weite Teile Russlands sind durch Luftverschmutzung, gerissene Ölpipelines (Komi-Republik) oder wegen des durch Chemieabfälle und Überdüngung verschmutzten Trinkwassers in bedenklichem Zustand. Katastrophale ökologische Schäden beklagt aber auch – um nur eine der ehemaligen Sowjetrepubliken herauszugreifen – Kasachstan. Am Aralsee etwa führen Austrocknung, Versalzung und chemikalische Belastung zu noch nicht absehbaren Folgen. Ähnliche Umweltprobleme bestehen am Ostufer des Kaspischen Meeres. In ihrer ökologischen Belastung nicht zu unterschätzen sind auch Gebiete wie das Raumfahrtzentrum in Baikonur. Schwerpunkt kasachischer Umweltprobleme ist das ehemalige Atomtestgelände nordwestlich Semipalatinsks, das 1991 geschlossen wurde. Hier wurden 1949 die erste sowjetische Atombombe, 1953 die erste Wasserstoffbombe und seitdem 513 weitere Atombomben ober- oder unterirdisch gezündet. Die Verstrahlung der umliegenden Bevölkerung lag dabei mit 100–200 rem noch bedeutend höher als nach dem Tschernobyl-Unglück. Hohe Kindersterblichkeit, angeborene Missbildungen, geistige Schäden, Hautkrankheiten und eine um 10 Jahre geringere Lebenserwartung der Bevölkerung sind bis heute Folgen. Hinzu kommen die Störungen des ökologischen Gleichgewichts in den von Neulandgewinnungsprogrammen erfassten Regionen und die Schäden durch Versalzung und Überdüngung der Flussoase des Syr-Daria.

Asien im 20. Jahrhundert

Die Aufteilung Chinas

1840 Besetzung der Zhousan-Inseln in Hangzhou (Zhejiang) und Angriff der Engländer auf Ningbo

1841 englische Angriffe auf Kanton, Xiamen (Amoy), Ningbo und Schanghai

1842 englische Angriffe auf Schanghai und Nanjing; Annexion Hongkongs durch Großbritannien

1850 Annexion der Amur-Mündung (Heilongjiang) durch die Russen, die damit Verträge von 1689 und 1727 verletzen

1854 russische Annexion des nördlichen Amur-Ufers

1856 englische Bombardierung Kantons

1857 englisch-französische Bombardierung Kantons und der Haihe-Forts

1858 englisch-französische Besetzung Kantons und der Haihe-Mündung; russische Besetzung der Territorien im Süden des Amur-Unterlaufs und im Osten des Ussuri

1860 neuerliche Angriffe britischer und französischer Kolonialtruppen auf die Haihe-Forts sowie die Erstürmung Pekings und Zerstörung des Sommerpalastes; englische Annexion der Halbinsel Jiulong (Kowloon)

1868 britische Bombardierung von Häfen in Taiwan

1871 russische Besetzung eines Teils des Ili-Gebiets (1881 Annexion)

1874 japanischer Angriff auf Formosa und Annexion der Ryukyu-Inseln

1884 der französische Admiral Courbet bombardiert Fuzhou, versenkt die chinesische Mawei-Flotte und blockiert den Reistransport zwischen Schanghai und Nordchina, um Peking auszuhungern

1885 französische Besetzung der Penghu-Inseln und eines Teils von Taiwan

1887 Annexion Macaos durch Portugal

1895 japanische Annexion Taiwans und der Penghu-Inseln (Pescadores)

1897 deutsche Annexion der Gebiete von Qingdao und Jiaozhou (Kiautschou) auf der Halbinsel Shandong

1898 britische Annexion des Gebietes Weihaiwei auf der Halbinsel Shandong, russische Annexion Dalians und Lüshuns (Port-Arthur) im Süden der Halbinsel Liaodong

1899 französische Annexion Zhanmjiangs (Guangzhouwan)

1900 „Boxeraufstand" in China wird von internationalen Truppen niedergeschlagen (von 63 000 Mann allein 24 000 dt. Soldaten; „Hunnenrede" Kaiser Wilhelms II.) Plünderung Pekings und des Kaiserpalastes durch alliierte Kolonialtruppen; Strafexpeditionen unter General Waldersee in zahlreiche Städte Nordchinas

1911 russische Kontrolle über die Äußere Mongolei

1914 britische Kontrolle über Zentral- und West-Tibet; Japaner übernehmen die vorher von den Deutschen besetzten Gebiete auf der Halbinsel Shandong

1931–1932 japanische Annexion der Mandschurei

1933 japanisches Vordringen nach Jehol (Südost-Mongolei) und Hebei

1937 japanische Luftbombardierung Schanghais und Nankings; Beginn der japanischen Invasion ganz Chinas (vgl. S. 161)

Asien 1914

Asien 1945–1991

© 2001 Cornelsen

Konzessionen der europäischen Mächte und Japans in China vor dem Ersten Weltkrieg

Die Unterschiede zwischen Kolonien („Pachtgebiete", z. B. Hongkong) und Konzessionen (Präsenz- und Handelsvorrechte) in China sind fließend.

Großbritannien: 1844 in Xiamen (Amoy), 1845 in Schanghai, 1860 in Tianjin (Tientsin), 1861 in Hankou und Kanton sowie 1862 in Jujiang (Jiangxi).

Frankreich: 1849 in Schanghai, 1861 in Kanton und Tianjin (Tientsin), 1896 in Hankou sowie 1899 in Xiamen (Amoy).

Japan: 1897 in Hangzhou (Zhejiang) und Suzhou (Jiangsu), 1898 in Fuzhou (Fujian), Hankou, Shashi (Hubei) und Tianjin (Tientsin) sowie 1901 in Chongqing (Chunking).

Russland: 1896 in Hankou und 1900 in Tianjin (Tientsin).

Deutschland: 1895 in Hankou und Tianjin (Tientsin) sowie 1898 in Kiautschou (mit Tsingtao).

Österreich: 1902 in Tianjin (Tientsin).

Italien: 1902 in Tianjin (Tientsin).

Belgien: 1902 in Tianjin (Tientsin).

International: 1863 in Schanghai.

Süd- und Südostasien von 1945 bis 1991

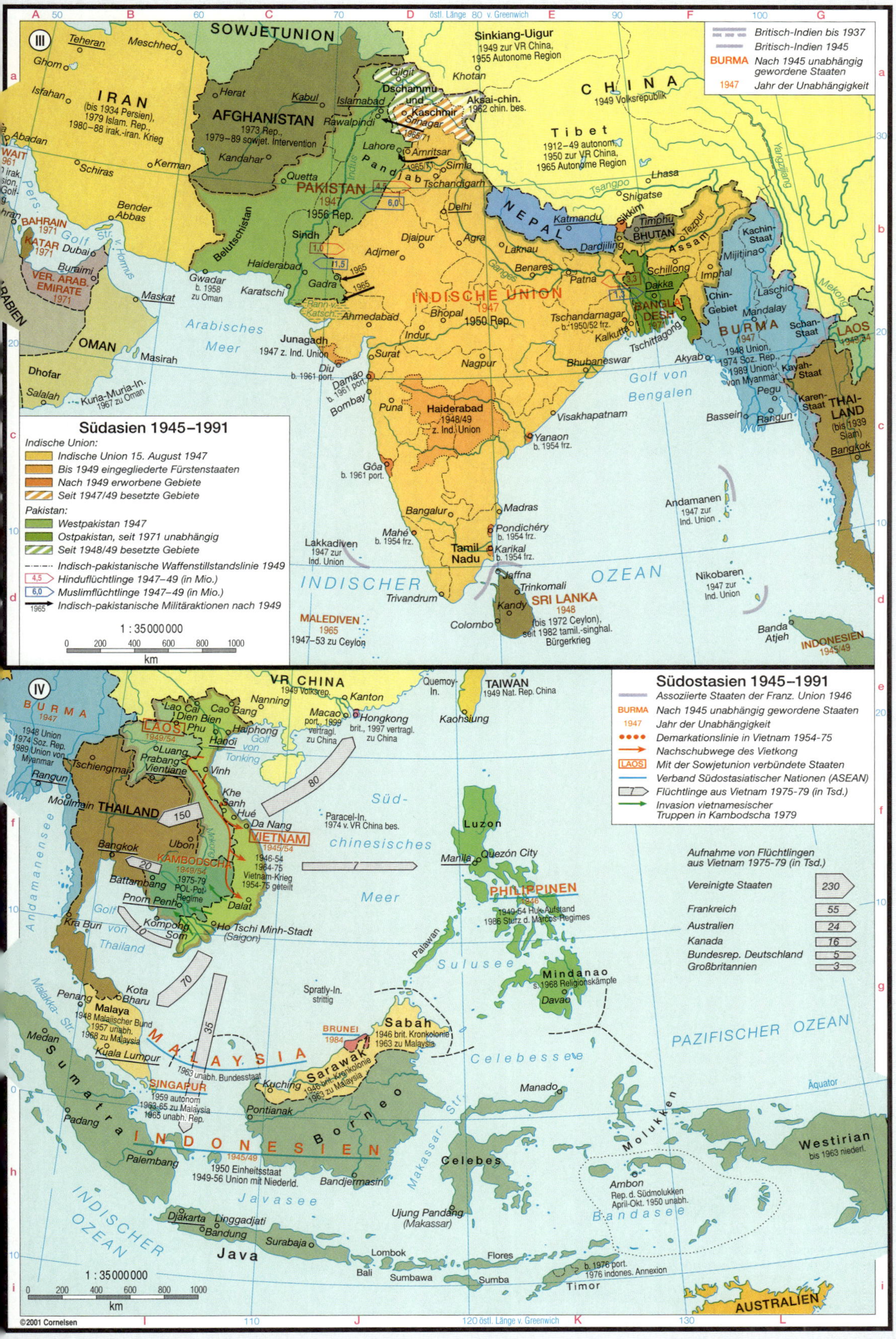

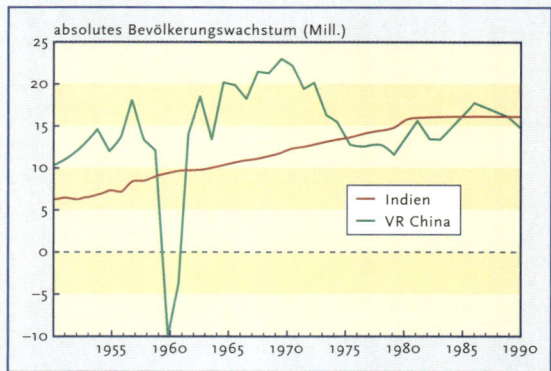

Bevölkerungswachstum in Indien und China 1950–1991

absolutes Bevölkerungswachstum (Mill.)

— Indien
— VR China

Südasien 1945–1991

Indische Union:
- Indische Union 15. August 1947
- Bis 1949 eingegliederte Fürstenstaaten
- Nach 1949 erworbene Gebiete
- Seit 1947/49 besetzte Gebiete

Pakistan:
- Westpakistan 1947
- Ostpakistan, seit 1971 unabhängig
- Seit 1948/49 besetzte Gebiete

- Indisch-pakistanische Waffenstillstandslinie 1949
- 4,5 Hinduflüchtlinge 1947–49 (in Mio.)
- 6,0 Muslimflüchtlinge 1947–49 (in Mio.)
- 1965 Indisch-pakistanische Militäraktionen nach 1949

1 : 35 000 000

0   200   400   600   800   1000 km

Südostasien 1945–1991

- Assoziierte Staaten der Franz. Union 1946
- BURMA Nach 1945 unabhängig gewordene Staaten
- 1947 Jahr der Unabhängigkeit
- Demarkationslinie in Vietnam 1954–75
- Nachschubwege des Vietkong
- LAOS Mit der Sowjetunion verbündete Staaten
- Verband Südostasiatischer Nationen (ASEAN)
- Flüchtlinge aus Vietnam 1975–79 (in Tsd.)
- Invasion vietnamesischer Truppen in Kambodscha 1979

Aufnahme von Flüchtlingen aus Vietnam 1975–79 (in Tsd.)
- Vereinigte Staaten   230
- Frankreich   55
- Australien   24
- Kanada   16
- Bundesrep. Deutschland   5
- Großbritannien   3

Legende (map panel):
- Britisch-Indien bis 1937
- Britisch-Indien 1945
- BURMA Nach 1945 unabhängig gewordene Staaten
- 1947 Jahr der Unabhängigkeit

1 : 35 000 000

0   200   400   600   800   1000 km

© 2001 Cornelsen

Indien

1757 Schlacht bei Plassey begründet die britische Kolonialherrschaft in Indien

1856–1862 großer nordindischer Aufstand gegen die britische Kolonialmacht wird blutig niedergeschlagen

1920–1947 Indischer Unabhängigkeitskampf unter der Führung Mahatma Ghandis (1948 ermordet)

1947 Teilung Indiens in den Muslimen-Staat Pakistan und den Hindu-Staat Indien; Beginn des Kaschmir-Konfliktes

1949 indische Verfassung erlassen

1961 Beseitigung letzter (portugiesischer) Kolonien (Goa, Diu, Daman)

1962 Indisch-Chinesisch-Pakistanischer Krieg um das Karakorum-Gebiet (Niederlage Indiens)

1965–1972 Indisch-Pakistanischer Kaschmir-Krieg

1974 Indien wird Atommacht

Indonesien

1602 Gründung der Niederländischen Ostindien Kompanie (vgl. S. 108); Java wird Kernland des Kolonialreiches Niederländisch-Indien

1811–1816 britische Besetzung Indonesiens

1911 erste Nationalbewegung in Niederländisch-Indien

1927 kommunistische Aufstände auf Sumatra und Java; Gründung der indonesischen Nationalpartei

1942 japanische Besetzung Indonesiens

1945 Unabhängigkeitserklärung durch Achmed Sukarno (17. 8.); erst 1949 von den Niederlanden anerkannt; Westguinea erst 1969 als Provinz Irian Jaya an Indonesien

Pazifischer Raum (Indonesien bis Mittelamerika)

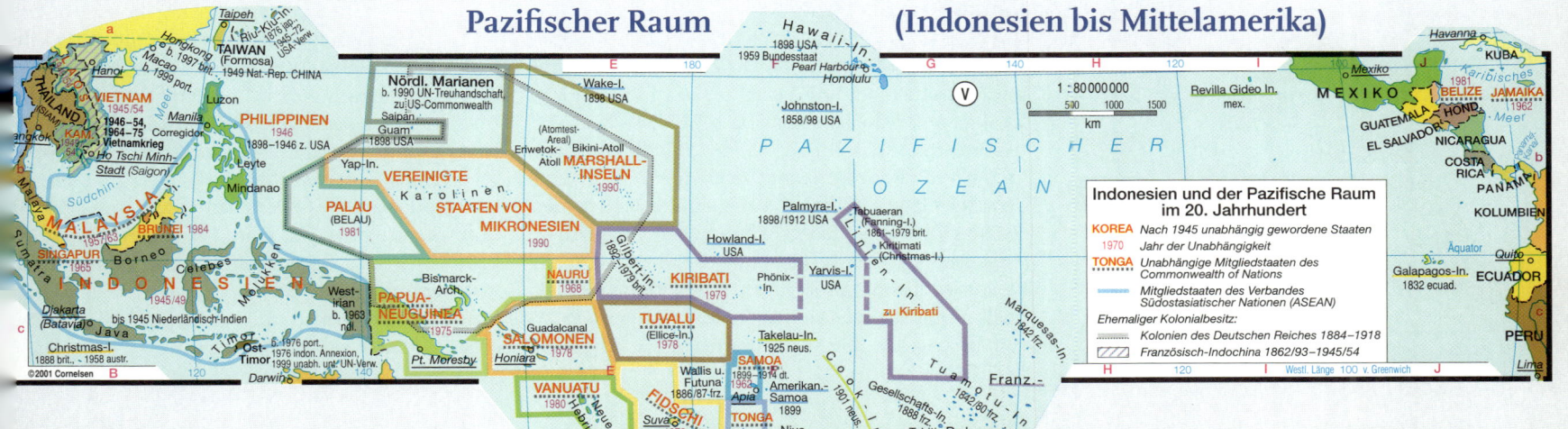

Indonesien und der Pazifische Raum im 20. Jahrhundert

- KOREA Nach 1945 unabhängig gewordene Staaten
- 1970 Jahr der Unabhängigkeit
- TONGA Unabhängige Mitgliedstaaten des Commonwealth of Nations
- Mitgliedstaaten des Verbandes Südostasiatischer Nationen (ASEAN)

Ehemaliger Kolonialbesitz:
- Kolonien des Deutschen Reiches 1884–1918
- Französisch-Indochina 1862/93–1945/54

1 : 80 000 000

0   500   1000   1500 km

© 2001 Cornelsen

Der ostasiatische Raum

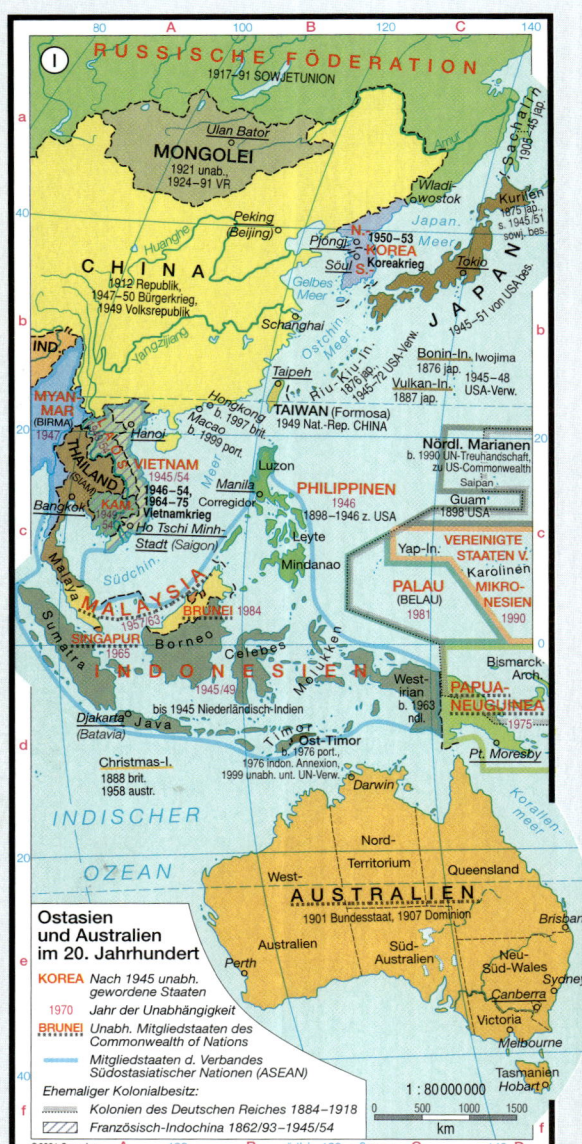

China von 1912 bis 1991

Der Gesellschaftsaufbau Chinas unter der Mandschu-Dynastie

Das chinesische Sozialsystem um 1900 unterschied sich kaum von den vorangegangenen rund 2000 Jahren. Regierung und Staat fußten auf einem umfangreichen Beamtenapparat. China war eine nach traditionellen Mustern organisierte Agrargesellschaft: An der Spitze der fast unumschränkte Kaiser, darunter der Adel und die Masse der Bürger und Bauern, die sehr arm und immer von hohen Steuern und Pachtzinsen belastet waren. Im Unterschied zur Blütezeit der Mandschu-Dynastie im 18. Jahrhundert war das Kaiserreich zu Beginn des 20. Jahrhunderts jedoch durch Korruption im Innern und durch den wirtschaftlichen Einfluss der Kolonialmächte geschwächt.

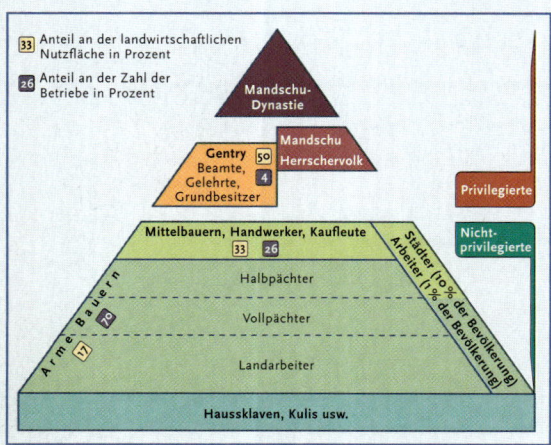

China 1911 bis 1949

Der Sturz der Mandschu-Dynastie und die Gründung der Republik unter Sun Yatsen 1911/12 führten nicht zu einer politischen Stabilisierung. Mit Hilfe der 1920 gegründeten Kuomintang und im Bündnis mit der 1921 gegründeten KP Chinas wollten Sun Yatsen und sein Nachfolger Tschiang Kai-shek die Einheit des Reiches und die Modernisierung der Gesellschaft erreichen. 1927 zerbrach dieses Bündnis. In mehreren „Vernichtungsfeldzügen" ging Tschiang Kaishek gegen die Kommunisten vor. 1934 gelang es seinen Truppen die Kommmunisten einzuzingeln.

Dieser Umzingelung entzogen sich die Kommunisten 1934/35 unter Mao Zedong durch eine große Ausweichbewegung, die als der „Lange Marsch" in die Geschichte eingegangen ist und zu einer neuen Machtbasis der Kommunisten im Norden Chinas führte. Nach dem Einmarsch japanischer Truppen 1937 stellten die Kuomintang und die Kommunisten ihre Gegensätze zurück, um gemeinsam gegen die japanische Besatzerherrschaft zu kämpfen. Nach der Niederlage Japans 1945 begann erneut der Bürgerkrieg, der 1949 mit der Gründung der Volksrepublik China und der Flucht Tschiang Kaisheks auf die Insel Formosa endete.

Wirtschaft und Bevölkerung in Ostasien im 20. Jahrhundert

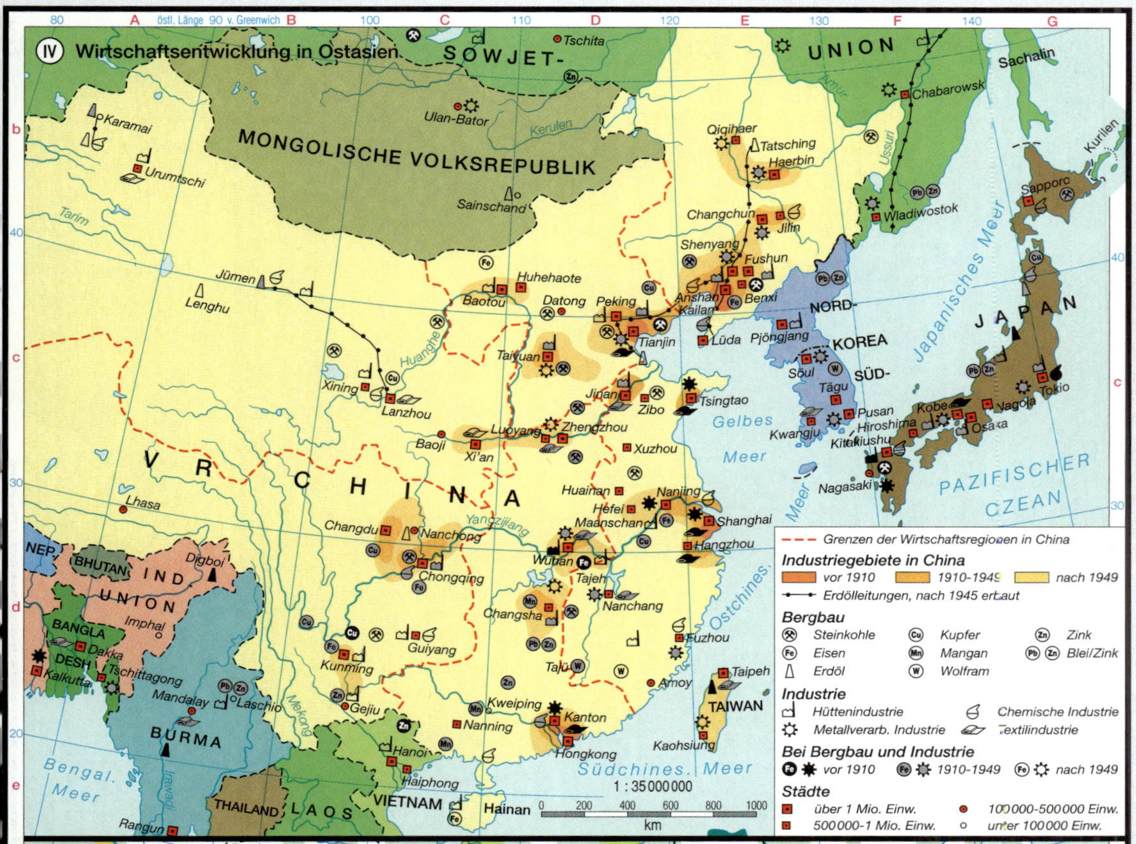

IV Wirtschaftsentwicklung in Ostasien

Grenzen der Wirtschaftsregionen in China

Industriegebiete in China
- vor 1910
- 1910–1949
- nach 1949
- Erdölleitungen, nach 1945 erbaut

Bergbau
- Steinkohle
- Eisen
- Erdöl
- Kupfer
- Mangan
- Wolfram
- Zink
- Blei/Zink

Industrie
- Hüttenindustrie
- Metallverarb. Industrie
- Chemische Industrie
- Textilindustrie

Bei Bergbau und Industrie
- vor 1910
- 1910–1949
- nach 1949

Städte
- über 1 Mio. Einw.
- 500 000–1 Mio. Einw.
- 100 000–500 000 Einw.
- unter 100 000 Einw.

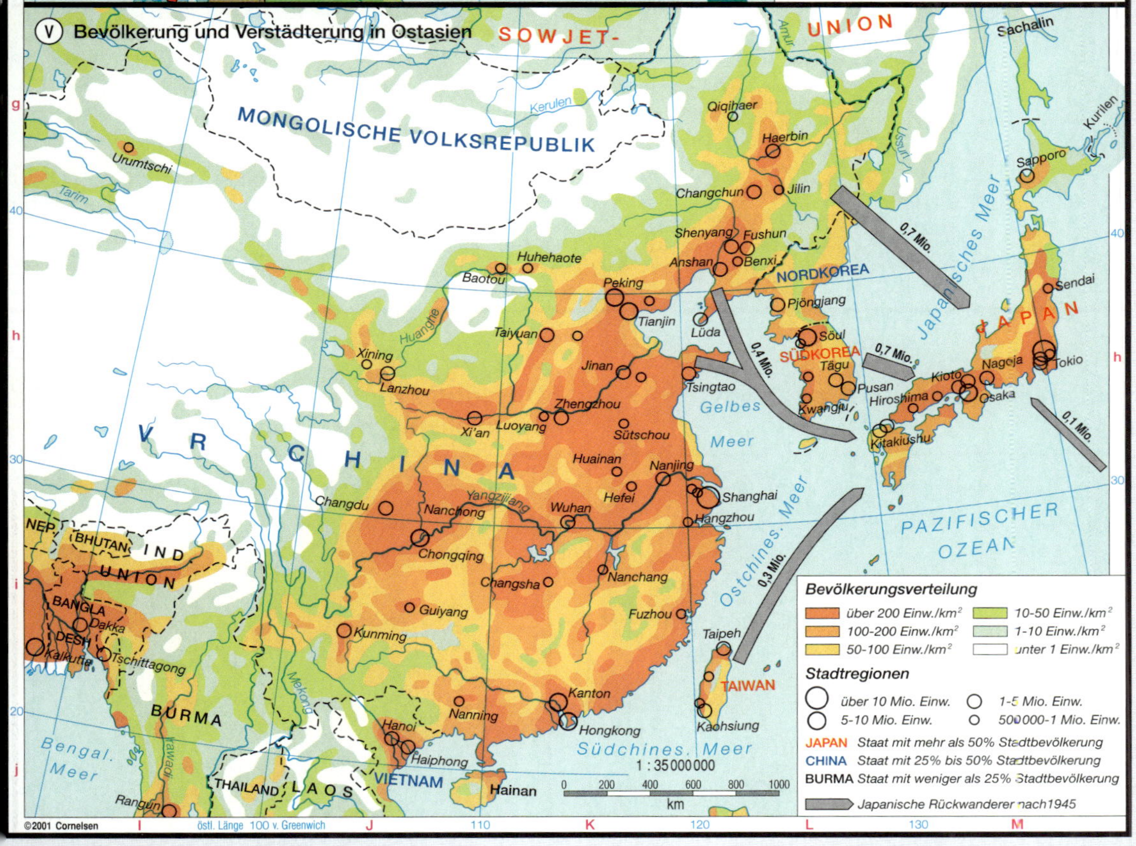

1 : 35 000 000

V Bevölkerung und Verstädterung in Ostasien

Bevölkerungsverteilung
- über 200 Einw./km²
- 100–200 Einw./km²
- 50–100 Einw./km²
- 10–50 Einw./km²
- 1–10 Einw./km²
- unter 1 Einw./km²

Stadtregionen
- über 10 Mio. Einw.
- 5–10 Mio. Einw.
- 1–5 Mio. Einw.
- 500 000–1 Mio. Einw.

JAPAN Staat mit mehr als 50% Stadtbevölkerung
CHINA Staat mit 25% bis 50% Stadtbevölkerung
BURMA Staat mit weniger als 25% Stadtbevölkerung

Japanische Rückwanderer nach 1945

1 : 35 000 000

©2001 Cornelsen

Wirtschaftswachstum in Japan 1985–1995

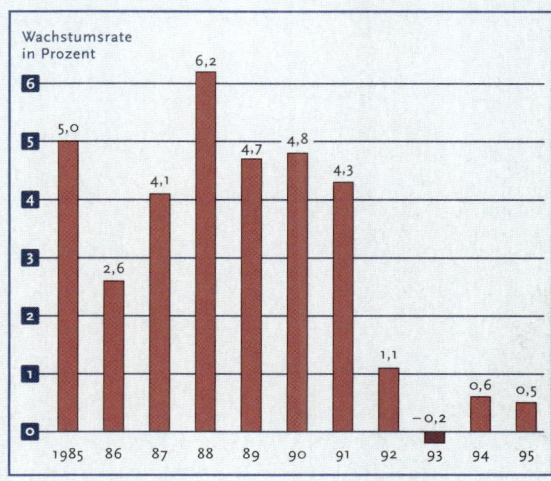

Wachstumsrate in Prozent

Jahr	1985	86	87	88	89	90	91	92	93	94	95
%	5,0	2,6	4,1	6,2	4,7	4,8	4,3	1,1	–0,2	0,6	0,5

Die Wirtschaft der Volksrepublik China

Mit einem Bruttosozialprodukt von 620 Dollar pro Kopf gehört China heute zu den ärmeren Ländern der Welt. Nach wie vor bildet die Landwirtschaft das ökonomische Rückgrat Chinas. Etwa 61 % der Erwerbstätigen sind im Agrarsektor beschäftigt. Klimatisch bedingt sind aber nur 40 % des Staatsgebietes landwirtschaftlich nutzbar. Bei mehreren seiner agrarischen Hauptprodukte ist China aber größter Produzent der Welt (z. B. Reis, Baumwolle, Erdnüsse).

Seit Gründung der Volksrepublik bildet der Ausbau der Industrie einen Schwerpunkt der chinesischen Wirtschaftspolitik (1998: 18 % der Erwerbstätigen). Dabei wird die Schwerindustrie – auch aus ideologischen Gründen – stärker gefördert als der Konsumgütersektor, wenngleich dieser in den 90-er Jahren überproportional zugenommen hat. Größter Einzelbereich ist der Maschinenbau, gefolgt von Textil-, Nahrungsmittel- und chemischer Industrie. Das Außenhandelsvolumen Chinas stieg von 40 Mrd. Dollar 1980 auf rund 300 Mrd. Dollar 1996. Wichtigster Handelspartner ist Japan. Obwohl mit 116 Mrd. Dollar (1996) hoch verschuldet, gilt China wegen seiner großen noch unerschlossenen Wirtschaftspotenziale als besonders kreditwürdiger Schuldner. Seit der Rückgabe Hongkongs 1997 verfügt China auch über ein leistungsstarkes internationales Finanz- und Dienstleistungszentrum. Darüber hinaus wird das bisherige dirigistische Zentralwirtschaftskonzept seit 1990 zusehends liberalisiert und den Erfordernissen der freien Marktwirtschaft geöffnet. Dem steigenden Strombedarf begegnet China mit Mammutprojekten wie dem Drei-Schluchten-Bauwerk, einem extrem umstrittenen Staudammprojekt am Yangzijiang.

Wirtschaftswachstum, Inflation und Arbeitslosigkeit ausgewählter asiatischer Staaten 1992/93

	Wirtschaftswachstum in %		Inflation in %		Arbeitslosigkeit in %	
	1992	1993	1992	1993	1992	1993
VR China	13,0	13,0	6,4	14,7	k. A.	2,6 (in Städten)
Hongkong	5,3	5,5	9,3	8,5	2,1	2,0
Indien	3,5	3,9	9,6	8,5	ca. 70 Mio. Personen	
Indonesien	5,8	6,0	7,0	k. A.	12,0	k. A.
Pakistan	6,4	3,0	9,6	9,3	6,3	6,3
Singapur	5,7	9,9	2,3	2,4	2,7	2,7
Südkorea	4,7	4,7	6,2	4,8	2,4	2,6
Thailand	7,2	7,5	4,1	3,5	3,1	3,3
Vietnam	8,3	8,0	17,4	5,2	20	k. A.

Das Verhältnis von Raum und Bevölkerung

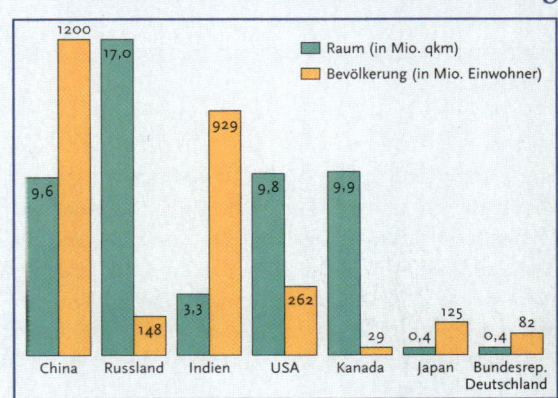

Raum (in Mio. qkm)
Bevölkerung (in Mio. Einwohner)

Land	Raum	Bevölkerung
China	9,6	1200
Russland	17,0	148
Indien	3,3	929
USA	9,8	262
Kanada	9,9	29
Japan	0,4	125
Bundesrep. Deutschland	0,4	82

Afrika von 1960 bis 1991

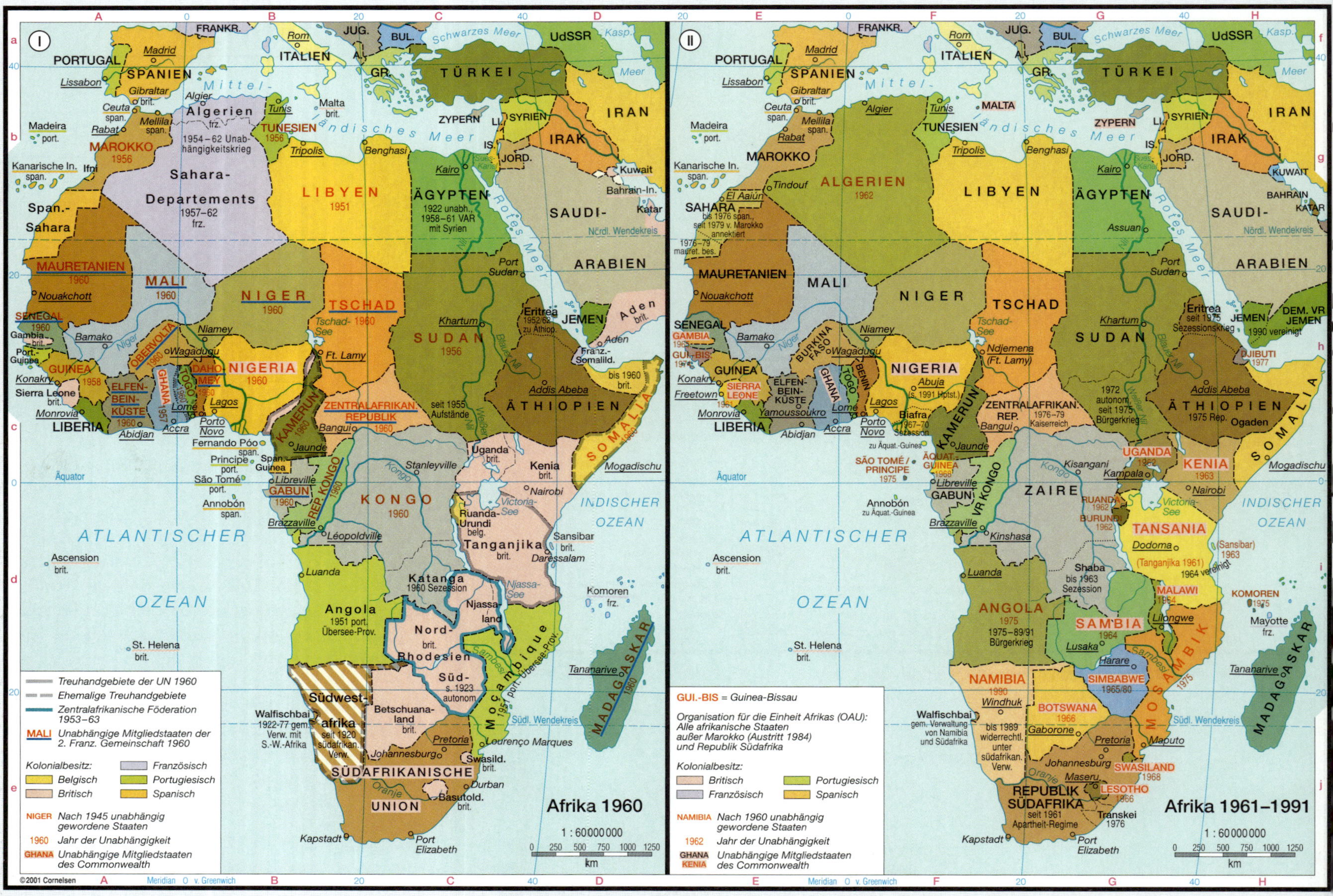

I
Afrika 1960
1 : 60 000 000
Treuhandgebiete der UN 1960
Ehemalige Treuhandgebiete
Zentralafrikanische Föderation 1953–63
MALI Unabhängige Mitgliedstaaten der 2. Franz. Gemeinschaft 1960
Kolonialbesitz:
Belgisch
Britisch
Französisch
Portugiesisch
Spanisch
NIGER Nach 1945 unabhängig gewordene Staaten
1960 Jahr der Unabhängigkeit
GHANA Unabhängige Mitgliedstaaten des Commonwealth
ATLANTISCHER OZEAN
INDISCHER OZEAN
II
Afrika 1961–1991
1 : 60 000 000
GUI.-BIS = Guinea-Bissau
Organisation für die Einheit Afrikas (OAU): Alle afrikanischen Staaten außer Marokko (Austritt 1984) und Republik Südafrika
Kolonialbesitz:
Britisch
Französisch
Portugiesisch
Spanisch
NAMIBIA Nach 1960 unabhängig gewordene Staaten
1962 Jahr der Unabhängigkeit
GHANA KENIA Unabhängige Mitgliedstaaten des Commonwealth
©2001 Cornelsen
Meridian 0 v. Greenwich

Panafrikanische Bewegungen

Nach dem Zweiten Weltkrieg bildeten sich panafrikanische Bewegungen, um die Unabhängigkeit der Kolonien zu erringen und gemeinsam eine neue Ordnung zu schaffen. Mit dem 5. Panafrikanischen Kongress (1945) sollte Panafrikanismus zur Alternative zu Kommunismus und Tribalismus, (Herrschaftssystem nach Stämmen) werden. Doch der *National Congress of Westafrica* erbrachte nicht die erhoffte Annäherung. Stattdessen bildeten sich mit der Ablösung der Kolonialherrschaft in den 50er Jahren mehrere Blöcke: *Casablanca-Gruppe:* Die 1958 gegründete *All African People's Conference*, geführt von Ghana (unter Nkrumah) und Ägypten (unter Nasser) wollte die „Vereinigten Staaten von Afrika" schaffen mit supranationalen Einrichtungen und vereinheitlichter Politik. *Monrovia-Gruppe:* Ehemals französische Kolonien plädierten für die Kooperation mit den früheren Kolonialherren.

Um einen Bruch zwischen den zwei Gruppen zu vermeiden, schlossen sich 1963 in Addis Abeba alle unabhängigen Staaten – mit Ausnahme der „weißafrikanischen" – zur *Organisation der Afrikanischen Einheit (OAU)* zusammen. Das Ziel der OAU, die Einheit und Zusammenarbeit der afrikanischen Staaten zu fördern, blieb jedoch unerreicht. Die Aktivitäten beschränkten sich lange Zeit darauf, noch bestehende Kolonialherrschaft durch Unterstützung der Befreiungsbewegungen zu beseitigen und Sanktionen gegen die weiße Minderheitsregierung in Südafrika zu organisieren.

Beflügelt vom Vorbild der Europäischen Union hat die OAU auf ihrer Gipfelkonferenz in Lomé 2000 die Schaffung einer Afrikanischen Union mit eigenem Parlament und Gerichtshof beschlossen. Da an dieser Gipfelkonferenz aber nur 30 der 53 Mitgliedstaaten teilnahmen, ist mit einer baldigen Realisierung dieser Beschlüsse nicht zu rechnen.

Flüchtlingsströme in Afrika 1985/86

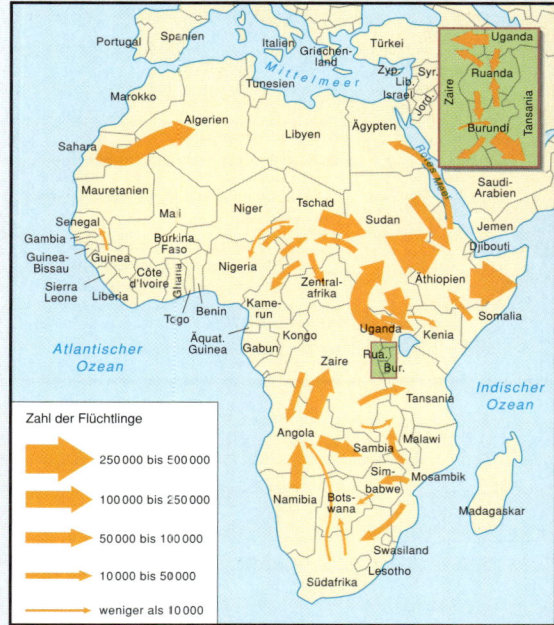

Zahl der Flüchtlinge
250 000 bis 500 000
100 000 bis 250 000
50 000 bis 100 000
10 000 bis 50 000
weniger als 10 000
Atlantischer Ozean
Indischer Ozean

Die politische Entwicklung der afrikanischen Staaten bis 1993

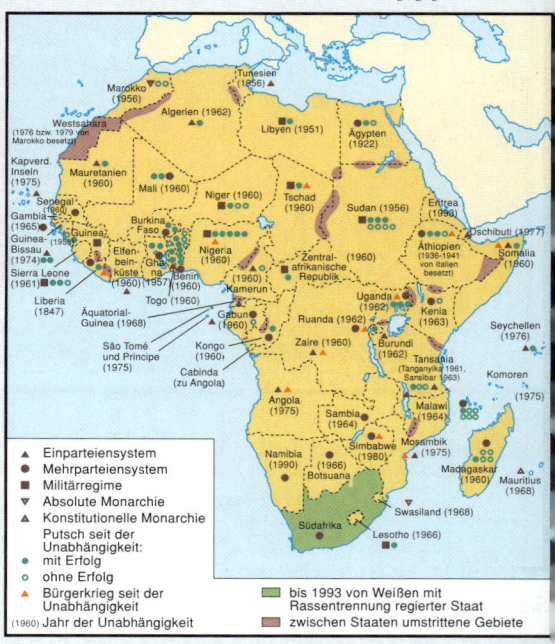

Einparteiensystem
Mehrparteiensystem
Militärregime
Absolute Monarchie
Konstitutionelle Monarchie
Putsch seit der Unabhängigkeit:
mit Erfolg
ohne Erfolg
Bürgerkrieg seit der Unabhängigkeit
(1960) Jahr der Unabhängigkeit
bis 1993 von Weißen mit Rassentrennung regierter Staat
zwischen Staaten umstrittene Gebiete

Krisen in Afrika von 1960 bis 1993

Afrika seit 1960

Politische Konflikte (1960–1993)

- Unruhen/Bürgerkrieg
- Staatsstreich
- ✕ Grenzkonflikt
- → Invasion
- 1989 Jahr der Unabhängigkeit

Wüstenbildung und Vegetation (Stand 1991)

- Wüsten
- Wüstenbildungsregionen
- Ehemaliger Regenwald
- Verbliebener Regenwald

Bruttosozialeinkommen (Stand 1991)

- △ über 400 % des Weltdurchschnitts
- △ 200 %–400 % des Weltdurchschnitts
- ▽ 100 %–200 % des Weltdurchschnitts
- ▽ 50 %–100 % des Weltdurchschnitts
- ▽ 25 %–50 % des Weltdurchschnitts
- ▼ 10 %–25 % des Weltdurchschnitts
- ▼ unter 10 % des Weltdurchschnitts

Täglicher Nahrungsmittelverbrauch (Stand 1991)

- über 3500 kcal/Person
- 3000–3500 kcal/Person
- 2500–3000 kcal/Person
- 2000–2500 kcal/Person
- unter 2000 kcal/Person
- Keine Angaben vorhanden

1 : 25 000 000

0 250 500 750 1000 1250 km

©2001 Cornelsen

Seit Erlangung ihrer Unabhängigkeit ist die Entwicklung der afrikanischen Staaten durch Instabilität gekennzeichnet. Die Ursachen dafür liegen überwiegend im Kolonialismus begründet, der den Afrikanern die Leitbilder europäischer Politik, Wirtschaft und Kultur aufnötigte. Auch die nach der Unabhängigkeit entstandenen künstlichen Staatsgebilde berücksichtigten die ethnischen, kulturellen und religiösen Identitäten kaum. Für die immer wieder aufflammenden Konflikte, Rivalitäten und Sezessionsversuche waren wiederholte Militärputsche, regionale, religiöse und Stammeskonflikte sowie die direktive Einmischung der Großmächte maßgebend. Die afrikanische Wirtschaft erwies sich von Anfang an als krisenanfällig. Verheerende Bürgerkriege verursachten Zerstörungen, Massenflucht und nie gekannte Hungerkatastrophen. Besonderes innen- und außenpolitisches Konfliktpotential bot auch die 1948 in der Südafrikanischen Republik verkündete Apartheidpolitik. Erst mit der Freilassung des ANC-Führers Nelson Mandela 1990 und der Abschaffung der Apartheid 1992 befreite sich Südafrika aus der politischen Isolation und öffnete sich für den Weg in eine Gesellschaft ohne Rassenschranken.

Wirtschaftsentwicklung in Afrika Ende des 20. Jahrhunderts

Das afrikanische Bruttosozialprodukt 1998

STAAT	EW. (in 1000)	BSP (in Mill. $)	BSP/EW. (in $)	RANG
Ägypten	61 401	79 185	1290	10
Algerien	29 922	46 389	1550	8
Angola	12 001	4578	380	23
Äquatorialguinea	431	478	1110	13
Äthiopien	61 266	6169	100	49
Benin	5948	2252	380	24
Botswana	1562	4795	3070	5
Burkina Faso	10 730	2575	240	37
Burundi	6548	911	140	46
Djibouti	636	k. A.	k. A.	k. A.
Elfenbeinküste	14 492	10 196	700	14
Eritrea	3879	781	200	43
Gabun	1180	4922	4170	2
Gambia	1216	408	340	27
Ghana	18 460	7269	390	22
Guinea	7082	3777	530	19
Guinea-Bissau	1161	184	160	45
Kamerun	14 303	8736	610	17
Kap Verde	416	499	1200	12
Kenia	29 295	10 201	350	26
Komoren	531	197	370	25
Dem. Rep. Kongo	48 216	5433	110	48
Republik Kongo	2783	1899	680	15
Lesotho	2058	1167	570	18
Liberia	2962	k. A.	k. A.	k. A.
Libyen	5302	k. A.	k. A.	k. A.
Madagaskar	14 592	3741	260	35
Malawi	10 534	2168	210	41
Mali	10 596	2646	250	36
Marokko	27 775	34 421	1240	11
Mauretanien	2529	1033	410	21
Mauritius	1160	4329	3730	3
Mosambik	16 947	3478	210	42
Namibia	1662	3217	1940	7
Niger	10 143	2023	200	44
Nigeria	12 0817	36 373	300	31
Ruanda	8105	1864	230	38
Sambia	9666	3234	330	28
São Tomé u. Príncipe	142	38	270	34
Senegal	9039	4683	520	20
Seychellen	79	505	6420	1
Sierra Leone	4855	703	140	47
Simbabwe	11 689	7214	620	16
Somalia	9076	k. A.	k. A.	k. A.
Südafrika	41 402	136 868	3310	4
Sudan	8347	8224	290	33
Swasiland	989	1384	1400	9
Tansania	32 128	7154	220	40
Togo	4458	1453	330	29
Tschad	7283	1658	230	39
Tunesien	9335	19 193	2060	6
Uganda	20 897	6566	310	30
Zentralafrik. Rep.	3480	1053	300	32

NICHT SELBSTÄNDIGE GEBIETE

Mayotte (frz.)	106	k. A.	k. A.	k. A.
Réunion (frz.)	664	k. A.	k. A.	k. A.
St. Helena (brit.)	6	k. A.	k. A.	k. A.
Westsahara	256	k. A.	k. A.	k. A.

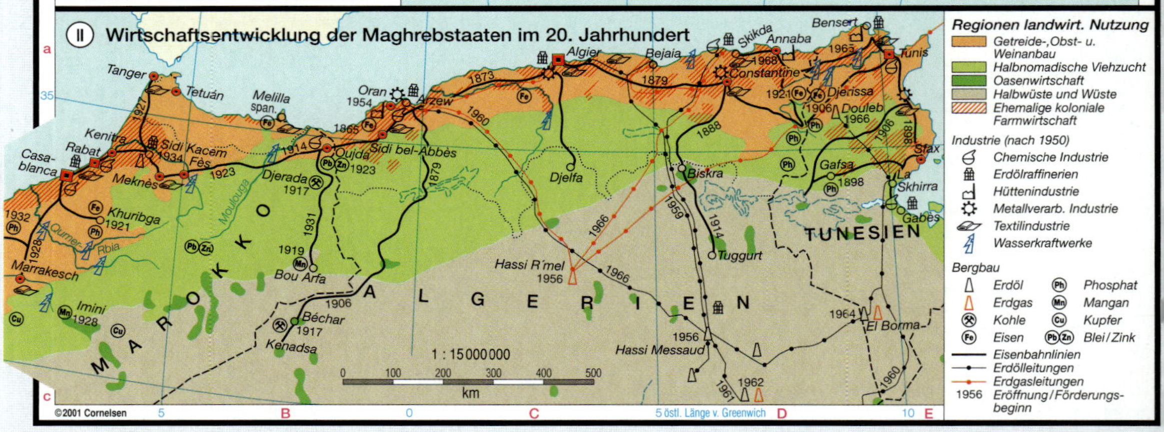

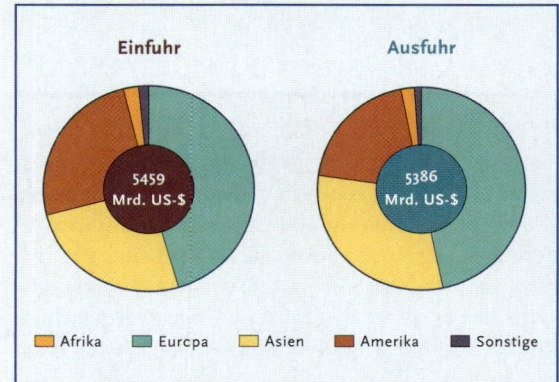

Afrikas Position im Welthandel

Einfuhr — 5459 Mrd. US-$

Ausfuhr — 5386 Mrd. US-$

Afrika · Europa · Asien · Amerika · Sonstige

Einnahmen der Entwicklungsländer

QUELLE	1993	1994	1995
Öffentliche Hilfen	70,1	71,6	69,4
Exportkredite	−0,6	9,3	11,0
Private Zuflüsse	86,4	134,1	158,9
Bankkredite	9,0	42,6	70,0
Anleihe-Emissionen	29,0	29,0	19,3
Summe der Einnahmen	155,9	215,0	239,0

Angaben in Mrd. Dollar

Bevölkerungsentwicklung in Afrika Ende des 20. Jahrhunderts

Das Ernährungsdilemma Afrikas

Afrika ist bezüglich der Ernährungssituation deutlich zweigeteilt. Die Bevölkerung Nordafrikas – von Marokko bis Ägypten – ist im allgemeinen ausreichend ernährt (teils durch Eigenproduktion, teils durch Importe). Dagegen zeigt Afrika südlich der Sahara mit Ausnahme des äußersten Südens weiterhin ein katastrophales Bild. Von den etwa 40 Staaten, in denen nach UNO-Angaben mehr als ein Drittel der Bevölkerung unter- oder mangelernährt ist, liegen über 30 in Afrika. In insgesamt 31 afrikanischen Staaten war Ende des 20. Jahrhunderts ein kontinuierlicher Rückgang der Pro-Kopf-Erzeugung zu verzeichnen, da die Bevölkerung schneller wächst als die Nahrungsmittelproduktion steigt. Die Zahl der Unter- oder Mangelernährten in „Schwarzafrika" wird auf rund 220 Mio. Menschen geschätzt. Während der Kontinent noch bis zu Beginn der 60er Jahre Selbstversorger mit Exportüberschüssen war, müssen seitdem große Mengen an Nahrungsmitteln importiert werden, soweit es die Devisenlage der einzelnen Staaten erlaubt. Etwa 20 Staaten benötigen regelmäßig Hilfslieferungen, da sie nicht imstande sind, mit eigenen Finanzmitteln den Importbedarf an Nahrungsmitteln zu decken.

Die Hauptursachen für die Erntedefizite in Afrika südlich der Sahara liegen üblicherweise weniger in der Witterung als vielmehr in wirtschaftlicher und politischer Unsicherheit, Fehlern der Agrarpolitik, Bürger- und Stammeskriegen, Terror und dadurch bedingten Fluchtbewegungen. Dabei ist in Ländern wie Sudan, Somalia, Ruanda, der Demokratischen Republik Kongo, Angola, Liberia, Sierra Leone, den Komoren und Guinea-Bissau, die durch kriegerische Auseinandersetzungen, Bürgerkriegswirren und Machtkämpfe erschüttert werden, die Ernährungssituation für große Teile der Bevölkerung besonders ungünstig.

AIDS in Afrika

Ein weiteres in seinen Auswirkungen noch kaum absehbares Problem ist die ungebremste Ausbreitung der Immunschwächekrankheit AIDS in Afrika. In 16 afrikanischen Staaten sind amtlichen Angaben zufolge 10 % der Erwachsenen infiziert. Die Dunkelziffer liegt um ein mehrfaches höher. Die sozialen und wirtschaftlichen Konsequenzen für die zahllosen Waisenkinder, krank geborenen Kinder und zerrütteten Familien sind katastrophal.

Anteil der Entwicklungsländer am Weltexport ausgewählter Rohstoffe im Vergleich

Kopra	100 %
Kautschuk	98 %
Kaffee	97 %
Palmöl	96 %
Kakaobohnen	96 %
Bananen	94 %
Zinn	86 %
Phosphat	64 %
Kupfer	63 %
Zucker	63 %
Baumwolle	47 %
Eisenerz	44 %
Reis	40 %
Holz	30 %

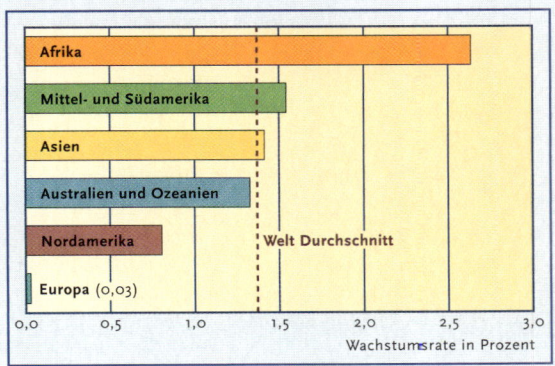

Entwicklung der Lebenserwartung in von AIDS besonders stark betroffenen Ländern Afrikas

STAAT	1960	1980	1990	1998
Botswana	49	56	58	55
Sambia	42	51	47	41
Simbabwe	45	55	55	44
Südafrika	47	58	62	48
Uganda	44	47	39	40

Durchschnittliche jährliche Wachstumsrate der Bevölkerung Afrikas im Vergleich

Afrika
Mittel- und Südamerika
Asien
Australien und Ozeanien
Nordamerika
Europa (0,03)

Welt Durchschnitt

0,0 0,5 1,0 1,5 2,0 2,5 3,0
Wachstumsrate in Prozent

(Map legends)

Bevölkerungsverteilung, Verstädterung und Wanderarbeiter in Afrika

Bevölkerungsverteilung (Einw./km²)
- über 200
- 100–200
- 50–100
- 10–50
- 1–10
- unter 1

Einwohner in Stadtregionen
- über 2 Mio.
- 1–2 Mio.
- 500 000–1 Mio.
- 100 000–500 000

Stadtbevölkerung
- ÄGYPTEN mehr als 50%
- KONGO 25% bis 50%
- SUDAN weniger als 25%

- Wanderarbeiter
- Sahel-Dürregebiet
- Wüste und Halbwüste

1 : 50 000 000
0 250 500 750 1000 1250 km

Vielvölkerstaaten in Westafrika
- Araber
- Bantu
- Bantuide
- Berber
- Fulbe
- Kwa-Völker
- Gur-Völker
- Haussa
- Kanuri
- Mande-Völker
- Songhai
- Z.-Afr.-Sudanvölker

— Heutige Staatsgrenze
Nicht besiedelte Gebiete

1 : 25 000 000
0 100 200 300 km

Rassentrennung in Südafrika bis 1991
Siedlungsgebiet der Weißen
- um 1750
- um 1800
- seit 1910

Siedlungsgebiet der Schwarzen in Südafrika
- Vor Eindringen der Weißen
- Homelands 1991

Anteil der Bevölkerungsgruppen in den Städten 1985:
- Bantus
- Mischlinge
- Weiße
- Asiaten

1 : 12 000 000
0 50 100 150 200 km

© 2001 Cornelsen

Der Nahost-Konflikt

Israel und der Nahost-Konflikt

Nach Jahrhunderten der Isolierung, Verfolgung und Vernichtung wanderten im 20. Jahrhundert immer mehr Juden nach Palästina ein. Sie wollten dort ihren eigenen Staat gründen, in dem sie sicher leben konnten. In mehreren Aufständen wehrten sich die arabischen Bewohner gegen die Einwanderer.

1947 beschlossen die Vereinten Nationen eine Teilung Palästinas zwischen Juden und Arabern. Danach sollte der jüdische Staat in den Besitz der besten und ertragreichsten Böden sowie praktisch aller Zitrus-Kulturen kommen, Palästinas größtes Exportgut. Die Araber als primär landwirtschaftlich orientierte Bevölkerung würden damit ihre Hauptexistenzgrundlage verlieren. Der vorgeschlagene arabische Staat hätte so nur in Abhängigkeit vom jüdischen Staat und von internationaler Hilfe existieren können. Die Araber lehnten den UN-Beschluss folglich ab, die Juden stimmten ihm unter Führung Golda Meirs und Ben Gurions zu.

Am 14. Mai 1948 wurde der Staat Israel ausgerufen. Die arabischen Staaten beantworteten die Gründung Israels noch im selben Jahr mit einem Angriffskrieg, den sie aber verlustreich verloren. In der Folgezeit setzten sich die militärischen Konflikte mit den Arabern fort, in deren Verlauf etwa 800 000 Palästinenser von den Israelis entweder gewaltsam vertrieben wurden oder selbst vor den Kampfhandlungen flohen. In den nächsten Jahrzehnten folgten weitere Kriege – 1956 der Sueskrieg, 1967 der Sechs-Tage-Krieg, 1973 der Yom-Kippur-Krieg und 1982 der Libanon-Krieg –, in denen Israel im Wesentlichen von den USA, die Palästinenser und die arabischen Staaten von der UdSSR unterstützt wurden. Auf diese Weise war der Nahost-Konflikt auch stets gefährlich mit dem Ost-West-Konflikt verknüpft.

Die Verhältnisse in Palästina waren und sind vor allem wegen der israelischen Siedlungspolitik und der palästinensischen Autonomie-Frage durch immer wieder aufflammende Konflikte mit – im Rahmen der Intifada – bis zu kriegsähnlichen Zuständen ausufernden Terrorakten geprägt.

Als erster arabischer Staat schloss 1978 Ägypten unter seinem Staatspräsidenten Sadat mit Israel unter Ministerpräsident Begin Frieden. Israel gab an Ägypten die seit 1967 besetzte Sinai-Halbinsel zurück und wurde im Gegenzug von Ägypten als Staat anerkannt. Bei den meisten arabischen Nationen stieß der Vertrag auf Ablehnung.

Bis 1993 dauerte es, bevor sich Israel unter Ministerpräsident Rabin und die palästinensische Befreiungsorganisation PLO unter Jassir Arafat erstmals auf eine gegenseitige Anerkennung einigen konnten.

1994 beendeten Israel und Jordanien ihren seit 1948 andauernden Kriegszustand, während das Verhältnis zu Syrien – vornehmlich wegen der von Israel besetzten Golan-Höhen – weiterhin ungeklärt bleibt. Dort sind seit 1974 UN-Friedenstruppen stationiert.

Der unter dem israelischen Ministerpräsidenten Rabin von 1992 bis zu seiner Ermordung durch einen rechtskonservativen Studenten 1995 sehr erfolgversprechend betriebene Friedensprozess im Nahen Osten – Höhepunkt war der Übergang der von Israel kontrollierten Sicherheitszone in eine palästinensische Teilautonomie – ist unter den Premiers Netanjahu, Barak und Scharon einer wieder zunehmenden Zuspitzung des Nahost-Konflikts gewichen.

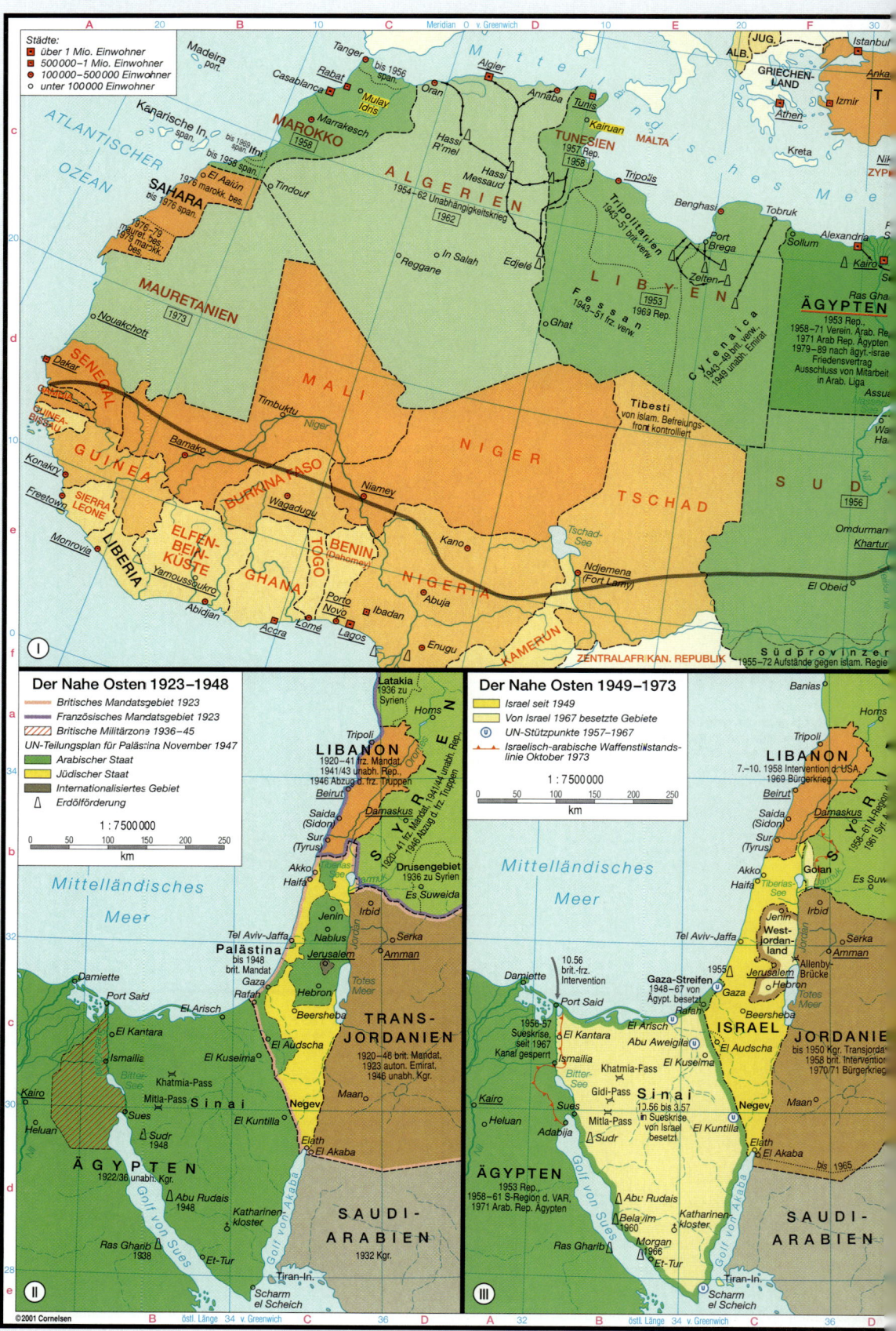

1948	14. 5.: Unabhängigkeitserklärung Israels
	15. 5.: Angriffskrieg einer arabischen Allianz aus Ägypten, Irak, Syrien, Transjordanien und dem Libanon (bis 15. 1. 1949); Sieg Israels
1949	Israel wird Mitglied der UNO
1956	29. 10.–8. 11.: Sinaifeldzug (israelischer Präventivkrieg gegen Ägypten); Sieg Israels
1964	1. 6.: Gründung der PLO
1967	5.–10. 6.: Sechs-Tage-Krieg; Sieg Israels und Besetzung Westjordaniens, der Sinai-Halbinsel, des Gaza-Streifens und der Golan-Höhen
1973	6.–22. 10.: Jom-Kippur-Krieg; Sieg Israels
1979	26. 3.: israelisch-ägyptischer Friedensvertrag – Räumung des Sinai (April 1982 abgeschlossen), Aufnahme diplomatischer Beziehungen
1980	Juli: Knesset erklärt das ungeteilte Jerusalem zur Hauptstadt Israels
1982	6. 6.: israelische Besetzung des Südlibanon und Angriffe gegen die PLO in Beirut
1988	15. 11.: PLO proklamiert den Staat Palästina
1993	13. 9.: Gaza-Jericho-Abkommen (gegenseitige Anerkennung Israels und der PLO; Vereinbarung palästinensischer Autonomie)
1994	26. 10.: Friedensvertrag Israels mit Jordanien

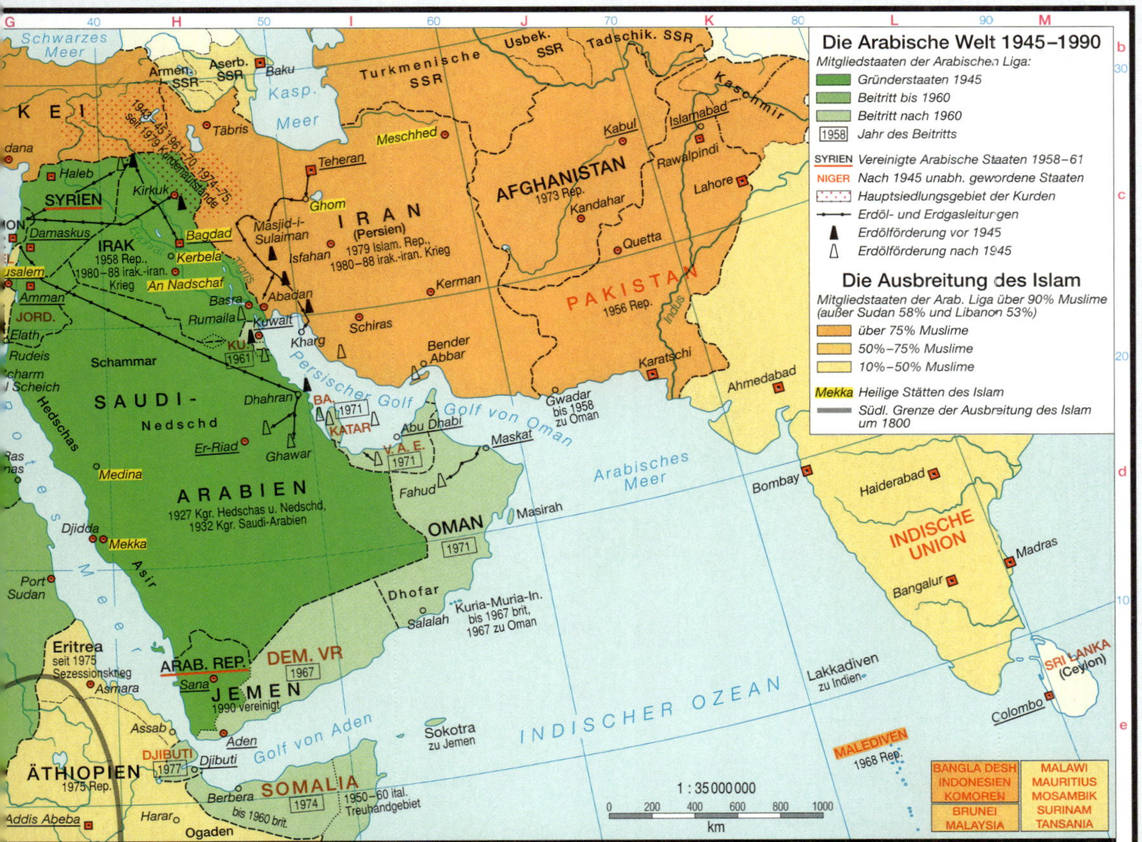

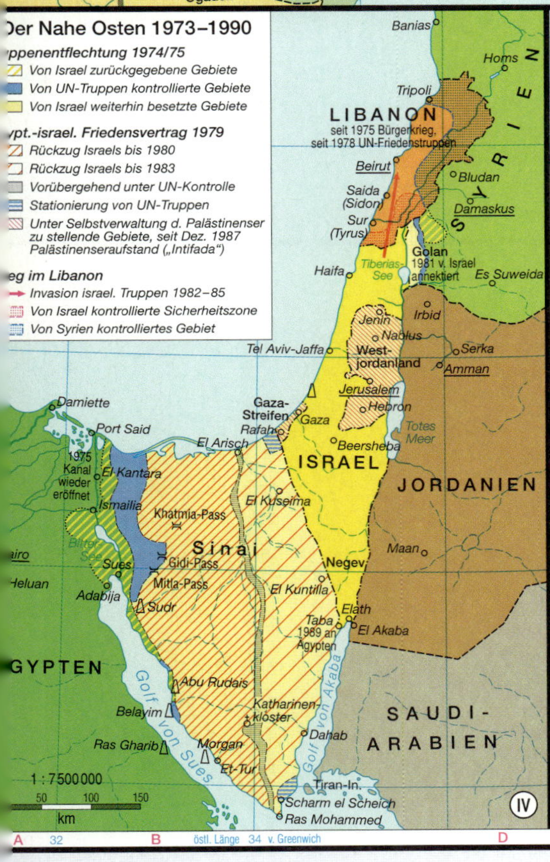

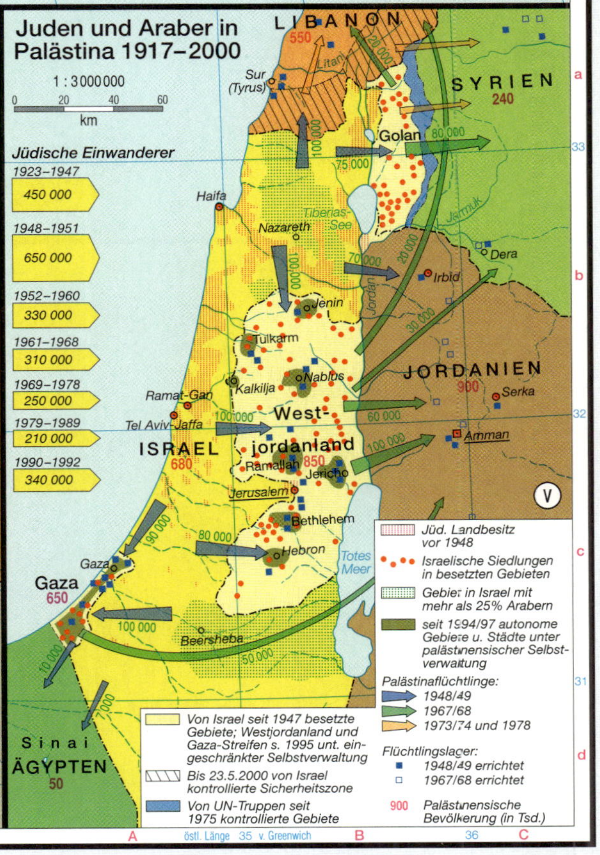

Die Arabische Welt 1945–1990

Mitgliedstaaten der Arabischen Liga:
- Gründerstaaten 1945
- Beitritt bis 1960
- Beitritt nach 1960
- 1958 Jahr des Beitritts

SYRIEN Vereinigte Arabische Staaten 1958–61
NIGER Nach 1945 unabh. gewordene Staaten
Hauptsiedlungsgebiet der Kurden
Erdöl- und Erdgasleitungen
Erdölförderung vor 1945
Erdölförderung nach 1945

Die Ausbreitung des Islam

Mitgliedstaaten der Arab. Liga über 90% Muslime
(außer Sudan 58% und Libanon 53%)
- über 75% Muslime
- 50%–75% Muslime
- 10%–50% Muslime

Mekka Heilige Stätten des Islam
Südl. Grenze der Ausbreitung des Islam um 1800

1 : 35 000 000
0 200 400 600 800 1000 km

Juden und Araber im Kerngebiet

JAHR	JUDEN (in %)	ARABER (in %)	SUMME (in 1000)
1882	5,33	94,66	450
1914	12,4	87,59	685
1918	8,53	91,46	656
1922	11,17	88,82	752
1931	16,94	83,15	1033
1935	27,14	72,85	1308
1940	30,03	69,96	1545
1945	30,6	69,39	1810
1948 (15.5.)	80,64	19,35	806
1951	89,02	10,97	1577
1954	88,82	11,17	1718
1957	89,22	10,77	1976
1961	88,66	11,33	2179
1967	85,84	14,15	2777
1973	85,23	14,76	3338
1977	84,23	15,76	3653
1981	88,45	16,45	3978
1986	82,36	17,63	4310

Die Werte für 1882, 1914 und 1918 sind Schätzungen.

UN-Teilungsplan für Palästina (1947)

	GESAMTFLÄCHE		BEWOHNER	
	in qkm	in %	jüdische	arabische
Arabischer Staat	11 600	42,9	9520	749 010
Jüdischer Staat	15 100	56,5	499 020	509 780
Internationale Zone v. Jerusalem	176	–	99 960	105 540

Der Nahe Osten 1973–1990

Truppenentflechtung 1974/75
- Von Israel zurückgegebene Gebiete
- Von UN-Truppen kontrollierte Gebiete
- Von Israel weiterhin besetzte Gebiete

Ägypt.-israel. Friedensvertrag 1979
- Rückzug Israels bis 1980
- Rückzug Israels bis 1983
- Vorübergehend unter UN-Kontrolle
- Stationierung von UN-Truppen
- Unter Selbstverwaltung d. Palästinenser zu stellende Gebiete, seit Dez. 1987 Palästinenseraufstand ("Intifada")

Krieg im Libanon
- Invasion israel. Truppen 1982–85
- Von Israel kontrollierte Sicherheitszone
- Von Syrien kontrolliertes Gebiet

1 : 7 500 000
0 50 100 150 km

Juden und Araber in Palästina 1917–2000

1 : 3 000 000
0 20 40 60 km

Jüdische Einwanderer
1923–1947	450 000
1948–1951	650 000
1952–1960	330 000
1961–1968	310 000
1969–1978	250 000
1979–1989	210 000
1990–1992	340 000

- Jüd. Landbesitz vor 1948
- Israelische Siedlungen in besetzten Gebieten
- Gebiet in Israel mit mehr als 25% Arabern
- seit 1994/97 autonome Gebiete u. Städte unter palästinensischer Selbstverwaltung

Palästinaflüchtlinge:
- 1948/49
- 1967/68
- 1973/74 und 1978

Flüchtlingslager:
- 1948/49 errichtet
- 1967/68 errichtet

900 Palästinensische Bevölkerung (in Tsd.)

- Von Israel seit 1947 besetzte Gebiete; Westjordanland und Gaza-Streifen s. 1995 ein- geschränkter Selbstverwaltung
- Bis 23.5.2000 von Israel kontrollierte Sicherheitszone
- Von UN-Truppen seit 1975 kontrollierte Gebiete

Jerusalem 2000

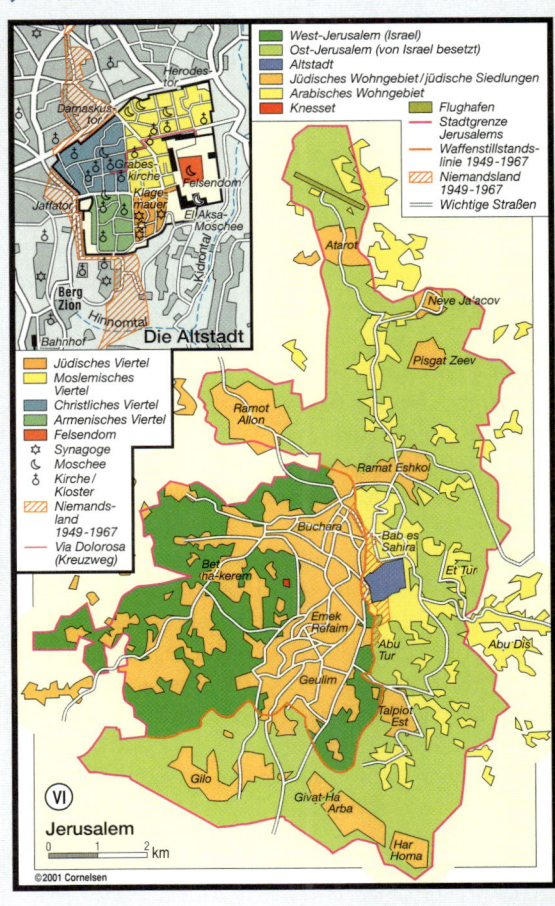

- West-Jerusalem (Israel)
- Ost-Jerusalem (von Israel besetzt)
- Altstadt
- Jüdisches Wohngebiet/jüdische Siedlungen
- Arabisches Wohngebiet
- Knesset
- Flughafen
- Stadtgrenze Jerusalems
- Waffenstillstands- linie 1949–1967
- Niemandsland 1949–1967
- Wichtige Straßen

Die Altstadt
- Jüdisches Viertel
- Moslemisches Viertel
- Christliches Viertel
- Armenisches Viertel
- Felsendom
- Synagoge
- Moschee
- Kirche/Kloster
- Niemands- land 1949–1967
- Via Dolorosa (Kreuzweg)

Jerusalem
0 1 2 km

©2001 Cornelsen

Nahostländer im Vergleich (1987/88)

Land	Wirtschaftskraft (in Mrd. Dollar)	Verteidigungsausgaben (in Mrd. Dollar)	Bevölkerung (in Mio.)	Soldaten / Reservisten (in 1000)	Kampfpanzer	Kampfflugzeuge
Ägypten	63,58	5,22	52,0	445 / 604	2250	441
Irak	17,69	11,58	15,9	1000 / 650	4500	500
Iran	147,0	6,1	49,9	654 / 350	1000	60
Israel	22,16	5,56	4,45	141 / 504	3900	676
Jordanien	4,1	0,71	2,76	80 / 35	986	109
Saudi-Arabien	82,44	17,3	11,5	73 / –	550	226
Syrien	20,51	3,68	11,25	407 / 272	4000	478

Der Kalte Krieg von 1945 bis 1990

Der Kalte Krieg von 1947 bis 1990

1944 Konferenz von Bretton Woods, USA: neues Weltwährungssystem mit dem US-Dollar als Leitwährung

1945 4.–11. 2.: Konferenz der „Großen Drei" in Jalta – Festlegung der Curzon-Linie als polnische Ostgrenze vereinbart (Westgrenze zu Deutschland bleibt Friedensvertrag vorbehalten); Aufnahme Frankreichs unter die Besatzungsmächte für das besiegte Deutschland; Absprache zu Demontageregelungen; Beschluss über Alliierten Kontrollrat; UdSSR erhält Anrechte auf die innere Mongolei, Zugang zu Pazifikhäfen und Besitz über die Kurilen und Südsachalin

April/Mai: Gründungskonferenz der Vereinten Nationen in San Francisco

8./9. 5.: Kapitulation Deutschlands

Juli/August: Potsdamer Konferenz

2. 9.: Kapitulation Japans

1947 März: Truman-Doktrin (Beginn der Containment-Politik)

Juni: Marshall-Plan (Europäisches Wiederaufbauprogramm)

30. 10.: Unterzeichnung des GATT-Abkommens (Abbau von Handelsbeschränkungen)

1948 UdSSR schließt mit Rumänien, Ungarn und Bulgarien Freundschafts- und Beistandspakte

26. 6. (bis Mai 1949): nach Währungsreform in den drei Westzonen und in Westberlin (Februar) Berliner Blockade und Alliierte Luftbrücke

1949 4. 4.: Abschluss des Nordatlantikpakts (NATO)

Mai: Gründung der Bundesrepublik Deutschland; Oktober: Gründung der Deutschen Demokratischen Republik

1950 französischer Schuman-Plan bereitet die westeuropäische Montanunion vor (1951)

1950–1953 Korea-Krieg

1951 Gründung des ANZUS-Paktes (Sicherheitspakt zwischen Australien, Neuseeland und USA)

18. 4.: Montanunion (EGKS – Europäische Gemeinschaft für Kohle und Stahl) wird zum Ausgangspunkt der Bildung der EWG

1952 1. 11.: Zündung der ersten amerikanischen Wasserstoffbombe

1953 17. 6.: Volksaufstand in der DDR

1954 Acht-Mächte-Pakt zur Schaffung einer südostasiatischen Verteidigungsorganisation (SEATO) zwischen ANZUS-Staaten, Philippinen, Thailand, Großbritannien, Frankreich und Pakistan; in Europa scheitert die EVG (Europäische Verteidigungsgemeinschaft) an Ablehnung durch französische Nationalversammlung

1955 Pariser Verträge (1954) treten in Kraft (Bundesrepublik Deutschland wird souveräner Staat und NATO-Mitglied); Gründung des Warschauer-Paktes (11.–14. 5.)

1956 Oktober: nach Volksaufstand (23. 10.) Beseitigung des Kommunismus in Ungarn (Imre Nagy); Einmarsch der Roten Armee (4. 11.); kommunistisches Regime unter János Kádár

November: Sues-Krieg (israelischer Angriff auf Ägypten; Landung britischer und französischer Streitkräfte am Sues-Kanal)

1957 Gründung der Europäischen Wirtschaftsgemeinschaft (EWG)

1958 Berlin-Krise: UdSSR fordert ultimativ den Abzug der Westmächte aus Berlin

Politisch-militärische Zusammenschlüsse 1945 bis 1990 (I)

Vereinigte Staaten von Amerika
Nordatlantikpakt-Organisation (NATO)
Pazifikpakt (ANZUS)
Verteidigungsabkommen mit USA außerhalb von NATO und ANZUS
Zentrale Faktorganisation (CENTO) bis 1979
Stützpunkte unter britischer Souveränität
Verteidigungsabkommen mit Großbritannien außerhalb von NATO und CENTO
Beistandsabkommen mit Frankreich
Organisation Amerikanischer Staaten (OAS), K. = Kanada
Sowjetunion
Warschauer Pakt 1955–1991
Volksrepublik China
Kommunistisch geführte Volksrepubliken außerhalb des Warschauer Paktes
Organisation für d. Afrikanische Einheit (OAU/OUA)
Arabische Liga
Verband Südostasiatischer Nationen (ASEAN)

Amerika:
DOM. REP. = Dominikan. Rep.
GUY. = Guyana
H. = Haiti
ST. K. = St. Kitts
ST. L. = St. Lucia
ST. V. = St. Vincent
SURI. = Surinam

Maßstab 1 : 110 000 000

Die Weltmächte im Kalten Krieg (II)

Vereinigte Staaten (USA)
Integration in Bündnissystem der USA
vor August 1949
nach August 1949
Abh. Gebiete d. Bündnispartner
Dän. Stützpunktabkommen mit USA

Sowjetunion (UdSSR)
Warschauer Pakt 1955
Beitritt 1956
Kommunist. Staaten in A.
Finnl. Militär. Beistandsabkommen
Weltkrisen

© 2001 Cornelsen   westl. Länge 45 v. Greenwich   östl. Länge 45 v. Greenwich

1961 13. August: Bau der Berliner Mauer

1962 Oktober: Kuba-Krise („13 Tage")

1963 Beilegung der Kuba-Krise, Errichtung einer direkten Nachrichtenverbindung zwischen Washington und Moskau („heißer Draht")

1964 direktes Eingreifen der USA in den Vietnam-Krieg (Tonking-Zwischenfall); Zündung der ersten chinesischen Atombombe (16. 10.)

1968 August: Einmarsch der Streitkräfte des Warschauer Paktes in die Tschechoslowakei (Ende des „Prager Frühlings"); Breschnew-Doktrin; Vertrag über Nichtverbreitung von Atomwaffen zwischen USA, UdSSR und Großbritannien

1972 SALT-I-Abkommen über strategische Rüstungsbegrenzungen

1975 1. 8.: Unterzeichnung der KSZE-Schlussakte in Helsinki

1979 NATO-Doppelbeschluss (Raketenstationierungen in Westeuropa – Pershing-Raketen)

Dezember: sowjet. Einmarsch in Afghanistan

1982 im Falkland-Konflikt zwischen Großbritannien und Argentinien bekräftigt die EG ihre Solidarität mit Großbritannien

1983 Sowjetunion kündigt als Antwort auf den NATO-Doppelbeschluss Raketenstationierungen in der DDR, ČSSR und europäischen UdSSR an

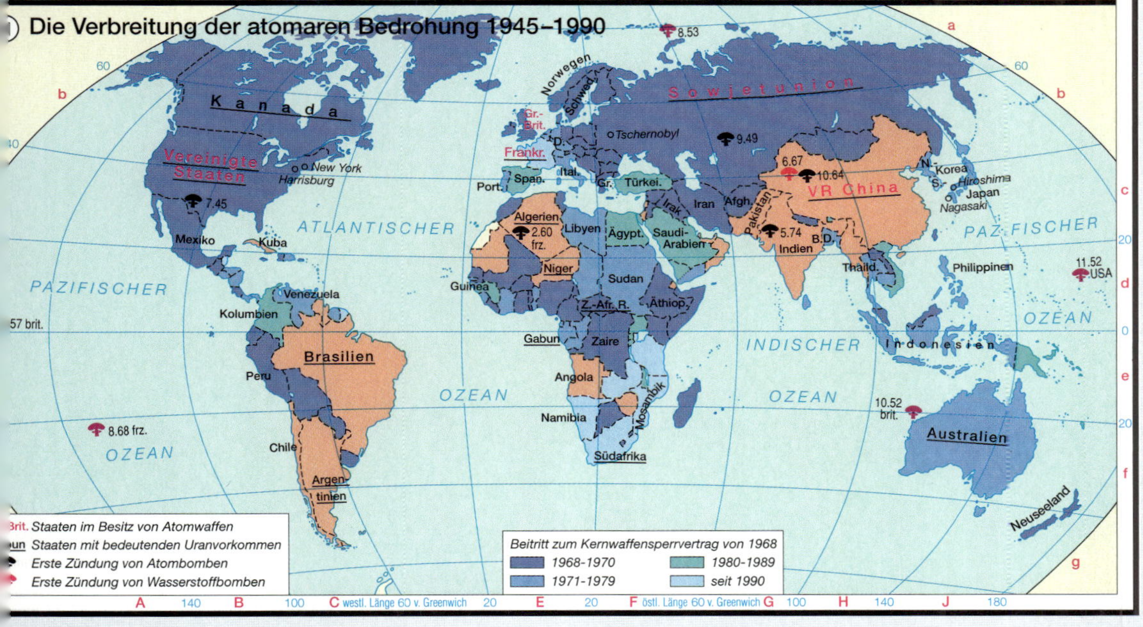

Der Ost-West-Konflikt

Der Ost-West-Konflikt war im Wesentlichen ein verwickeltes Geflecht von Auseinandersetzungen zwischen den atomaren Großmächten, USA und UdSSR, und damit in direktem Zusammenhang auch zwischen ihren jeweilgen Verbündeten. Die entscheidenden Inhalte dieser Auseinandersetzungen lagen auf vier Konfliktfeldern:

1. das Problem der Entwicklung atomarer, biologischer und chemischer Waffen sowie ihrer Trägersysteme und der damit verbundenen gegenseitigen Bedrohung;

2. der Gegensatz der abweichenden Weltideologien;

3. das machtpolitische Ringen um regionale Einflusszonen in der Welt (nach 1945 zunächst primär in Europa, nach 1960 vor allem in Afrika, Asien und Lateinamerika);

4. das Bemühen, den jeweiligen Kontrahenten in seiner wirtschaftlichen Expansion zu behindern.

Bruttoinlandsprodukt und Verteidigungsausgaben der NATO-Länder

STAAT	Bruttoinlandsprodukt pro Kopf (in Dollar)		
	1970	1980	1988
Belgien	8 886	11 986	13 269
BR Deutschland	10 276	13 216	15 224
Dänemark	10 784	12 941	15 015
Frankreich	9 457	12 335	13 793
Griechenland	2 882	4 164	4 509
Großbritannien	7 935	9 521	11 654
Italien	6 244	8 081	9 365
Kanada	7 897	10 934	12 986
Luxemburg	10 230	12 454	15 635
Niederlande	9 751	11 970	12 821
Norwegen	9 364	14 121	17 587
Portugal	1 861	2 555	2 885
Spanien	4 455	5 674	6 662
Türkei	984	1 272	1 643
USA	10 006	11 804	13 921
NATO Europa	7 112	8 864	10 030
NATO Nordamerika	9 808	11 721	13 832
NATO insgesamt	8 191	10 033	11 619

STAAT	Verteidigungsausgaben pro Kopf (in Dollar)		
	1970	1980	1988
Belgien	260	402	409
BR Deutschland	343	434	445
Dänemark	303	316	333
Frankreich	389	490	524
Griechenland	137	236	290
Großbritannien	486	476	479
Italien	141	170	207
Kanada	214	206	270
Luxemburg	80	144	211
Niederlande	364	372	417
Norwegen	373	408	503
Portugal	117	88	93
Spanien	k. A.	131	140
Türkei	27	60	62
USA	853	607	798
NATO Europa	k. A.	310	323
NATO Nordamerika	793	568	748
NATO insgesamt	k. A.	416	500

Die Verbreitung der atomaren Bedrohung 1945–1990

Legende:

Brit. Staaten im Besitz von Atomwaffen
Staaten mit bedeutenden Uranvorkommen
Erste Zündung von Atombomben
Erste Zündung von Wasserstoffbomben

Beitritt zum Kernwaffensperrvertrag von 1968
1968-1970
1971-1979
1980-1989
seit 1990

1988 das militärische Entwicklungprojekt „Jäger 90" zwischen Deutschland, Großbritannien und Italien wird zum innerdeutschen Politikum

1990 Gorbatschow fordert Annäherung an NATO; Wiedervereinigung Deutschlands auf Grundlage des „Zwei plus Vier"-Vertrages; Schengener Abkommen; Pariser KSZE-Charta

1991 April: Auflösung des Warschauer Paktes Dezember: Auflösung der UdSSR und Gründung der GUS; Verträge von Maastricht (de jure Gründung der EU)

1994 Gründung der Welthandelsorganisation (WTO)

1995 Umwandlung der KSZE in OSZE

Die Verteidigungsausgaben der USA und der UdSSR von 1965 bis 1985

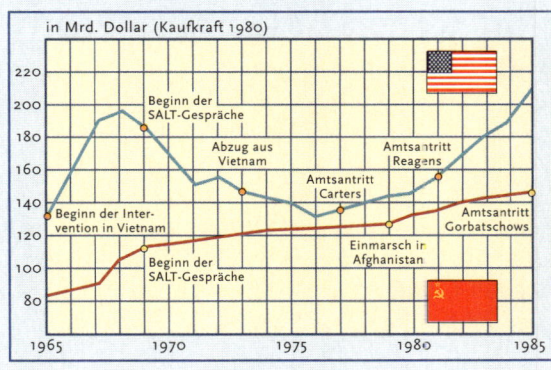

in Mrd. Dollar (Kaufkraft 1980)

Beginn der SALT-Gespräche
Abzug aus Vietnam
Amtsantritt Reagans
Amtsantritt Carters
Beginn der Intervention in Vietnam
Beginn der SALT-Gespräche
Einmarsch in Afghanistan
Amtsantritt Gorbatschows

Weltwirtschaft und Welthandel von 1945 bis 1991

Wirtschaftliche Zusammenschlüsse weltweit

AKP [-Staaten]

71 Entwicklungsländer aus Afrika, der Karibik und dem Pazifik (AKP), die mit den EG-Staaten durch das Lomé-Abkommen von 1975 assoziiert sind. Vertragsziele sind Erleichterung und Diversifizierung des Warenexports der Entwicklungsländer, vertraglich abgesicherte Entwicklungshilfe der EG-Staaten und Stärkung eines partnerschaftlichen Verhaltens zwischen den Staatengruppen; durch das Abkommen von Kotonu 2000 um politische Ziele (Einhaltung der Menschenrechte) erweitert.

Andengemeinschaft

(span.: Comunidad Andina, vormals Pacto Andino/Andenpakt): 1969 von Kolumbien, Bolivien, Chile, Ecuador und Peru gegründete Organisation. Chile trat 1976 aus, Venezuela trat 1974 bei und Peru erhielt 1997 einen Sonderstatus. Die Ziele der Gemeinschaft sind die Bildung eines gemeinsamen Marktes durch gemeinsame Außenzölle sowie wirtschaftliche und politische Integration.

APEC

(engl.: Asia-Pacific Economic Cooperation): 1989 als Dialog- und Abstimmungsplattform der Länder des asiatisch-pazifischen Raumes gegründet. Die heute 21 Mitglieder umfassende Organisation (Australien, Brunei, Kanada, Chile, China, Hongkong, Indonesien, Japan, Süd-Korea, Malaysia, Mexiko, Neuseeland, Papua-Neuguinea, Peru, Philippinen, Russland, Singapur, Taiwan, Thailand, USA und Vietnam) will deren gegenseitigen Handel und wirtschaftliche Entwicklung befördern.

ASEAN

(engl.: Association of South-East Asian Nations): 1967 gegründete Vereinigung südostasiatischer Staaten. Ihre Zusammenarbeit erstreckt sich hauptsächlich auf Entwicklungsprojekte, wissenschaftlich-technische Programme und Fragen außenpolitischer Abstimmung.

CER

(engl.: Australia and New Zealand Closer Economic Relations Trade Agreement): 1983 gegründete Vertragsorganisation zur Beförderung des Handels zwischen Australien, Neuseeland und der ASEAN-Gemeinschaft auf der Grundlage der Welthandelsorganisation (WTO).

COMECON

(engl.: Council for Mutual Economic Assistance): inoffizielle Bezeichnung für den 1949 gegründeten RGW, 1991 aufgelöst.

COMESA

(engl.: Common Market for Eastern and Southern Africa): 1994 gegründete Organisation, deren Ziele die Herstellung eines gemeinsamen Marktes ihrer ost- und südafrikanischen Mitglieder, einen gemeinsamen Außenzoll sowie freien Verkehr von Kapital und Menschen umfassen (Mitgliedsstaaten: Ägypten, Angola, Äthiopien, Burundi, Djibouti, Eritrea, Kenia, Komoren, Kongo/Dem. Rep. Zaire, Lesotho, Madagaskar, Malawi, Mauritius, Mosambik, Namibia, Ruanda, Sambia, Seychellen, Simbabwe, Sudan, Swasiland, Tansania, Uganda).

Wirtschaftliche Zusammenschlüsse in der Nachkriegsepoche 1945 bis 1991

Maßstab 1 : 110 000 000

Die Weltwirtschaft im Nord-Süd-Gegensatz

© 2001 Cornelsen

Europäische Gemeinschaften

(EG): Bezeichnung für die Europäische Wirtschaftsgemeinschaft (EWG), die Europäische Gemeinschaft für Kohle und Stahl (EGKS) und die Europäische Atomgemeinschaft (EURATOM) mit den gemeinsamen Organen Europäisches Parlament, Ministerrat, Kommission, Gerichtshof, Rechnungshof, Zentralbank und Investitionsbank. Zur Förderung der Integration der europäischen Völker wurden die wichtigsten Teile der EG in die Europäische Union (EU) überführt, die durch den Vertrag von Maastricht 1992 gegründet wurde. Der Integrationsprozess begann

1951 mit den sechs Gründungsmitgliedern Belgien, Deutschland, Frankreich, Italien, Luxemburg und den Niederlanden. Nach 50 Jahren und vier Erweiterungen (1973: Dänemark, Irland und Vereinigtes Königreich; 1981: Griechenland; 1986: Spanien und Portugal; 1995: Österreich, Finnland und Schweden) umfasst die EU heute fünfzehn Mitgliedstaaten und bereitet ihre fünfte Erweiterung – diesmal nach Ostmittel- und Südeuropa – vor. Hauptaufgabe der EU ist es, die Beziehungen zwischen den Mitgliedstaaten kohärent und solidarisch zu gestalten sowie den wirtschaftlichen und sozialen Fortschritt zu fördern.

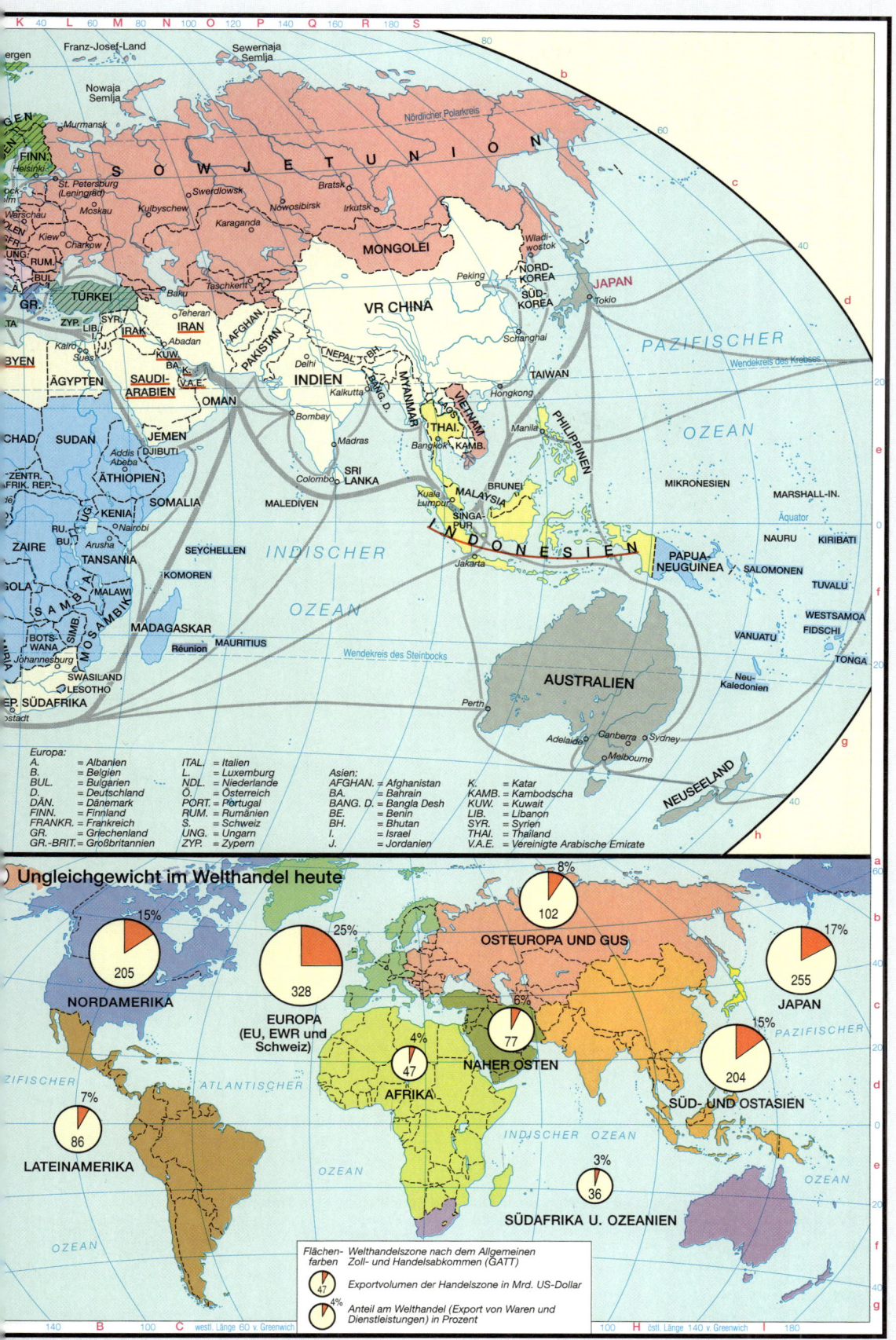

Europa:

					Asien:	
A.	= Albanien	ITAL.	= Italien		AFGHAN.	= Afghanistan
B.	= Belgien	L.	= Luxemburg		BA.	= Bahrain
BUL.	= Bulgarien	NDL.	= Niederlande		BANG. D.	= Bangla Desh
D.	= Deutschland	Ö.	= Österreich		BE.	= Benin
DÄN.	= Dänemark	PORT.	= Portugal		BH.	= Bhutan
FINN.	= Finnland	RUM.	= Rumänien		I.	= Israel
FRANKR.	= Frankreich	S.	= Schweiz		J.	= Jordanien
GR.	= Griechenland	UNG.	= Ungarn		K.	= Katar
GR.-BRIT.	= Großbritannien	ZYP.	= Zypern		KAMB.	= Kambodscha
					KUW.	= Kuwait
					LIB.	= Libanon
					SYR.	= Syrien
					THAI.	= Thailand
					V.A.E.	= Vereinigte Arabische Emirate

Ungleichgewicht im Welthandel heute

Flächenfarben: Welthandelszone nach dem Allgemeinen Zoll- und Handelsabkommen (GATT)

47 — Exportvolumen der Handelszone in Mrd. US-Dollar

4% — Anteil am Welthandel (Export von Waren und Dienstleistungen) in Prozent

---

gründet. Vertragsziel sind Förderung der Zusammenarbeit auf wirtschaftlichem, kulturellem und militärischem Gebiet sowie Interessenvertretung gegenüber dem europäischen Binnenmarkt.

MERCOSUR

(span.: Mercado Común del Cono Sur; port.: Mercado Comun do Sul/Mercosul): 1991 gegründeter gemeinsamer südamerikanischer Markt zwischen Argentinien, Brasilien, Paraguay und Uruguay. Der Vertrag trat 1995 in Kraft. Assoziierte Mitglieder sind Chile (seit 1996) und Bolivien (seit 1997). Hauptziel der Vertragspartner ist die Herbeiführung eines freien Waren- und Dienstleistungsverkehrs.

NAFTA

(engl.: North American Free Trade Area): 1994 von Kanada, Mexiko und den USA gebildete nordamerikanische Freihandelszone. Mit ihr haben Kanada und die USA für den größten Teil der mexikanischen Ausfuhren in diese Länder die Zölle vollständig abgebaut. Zwischen den USA und Kanada besteht bereits seit 1989 weitgehende Zollfreiheit. Die vollständige Liberalisierung ist bis Ende 2008 vereinbart.

OAPEC

(engl.: Organization of Arab Petroleum Exporting Countries): 1968 gegründete Sonderorganisation arabischer OPEC-Staaten (Algerien, Bahrain, Ägypten, Irak, Kuwait, Libyen, Katar, Saudi Arabien, Syrien, Tunesien – bis 1987 – und Vereinigte Arabische Emirate), die 1992 etwa 25 % der Welterdölproduktion repräsentierten.

OPEC

(engl.: Organization of Petroleum Exporting Countries): 1960 von Irak, Iran, Kuwait, Saudi-Arabien und Venezuela gegründete, später mehrfach erweiterte internationale Organisation zur Koordination der Erdölpolitik der Mitgliedsstaaten. Die OPEC ist ein Rohstoffkartell hauptsächlich zur Stabilisierung der Erdölexporterlöse.

RGW

(Rat für gegenseitige Wirtschaftshilfe, inoffiziell auch COMECON): 1949 gegründete internationale Wirtschaftsorganisation kommunistischer Staaten zur wirtschaftlichen Organisation seiner Mitgliedsstaaten auf der Grundlage nationaler Volkswirtschaftspläne. Die Organisation wurde 1991 aufgelöst.

SADC

(Southern African Development Community): Südafrikanische Entwicklungsgemeinschaft.

WTO

(engl.: World Trade Organization): 1995 gegründete Welthandelsorganisation, die als Nachfolgerin des GATT (Genfer Zoll- und Handelsabkommen, 1947) Freihandelsregeln durchsetzen soll. Die WTO besitzt nicht nur weit mehr Kompetenzen (eigene Rechtspersönlichkeit), sondern auch ein höheres politisches Gewicht als das GATT. Neben Weltbank und Internationalem Währungsfonds (IWF) soll sich die WTO als eine Art „Weltsicherheitsrat" für internationale Wirtschaftsprobleme" als dritte Säule der internationalen Wirtschaftspolitik etablieren. Die WTO hat 140 Mitgliedsstaaten.

ECOWAS

(Economic Community of West African States): Wirtschaftsgemeinschaft westafrikanischer Staaten.

EFTA

(engl.: European Free Trade Association): 1960 als Alternative zur EWG von Großbritannien (bis 1973), Dänemark (bis 1973), Norwegen, Liechtenstein, Österreich (bis 1994), Schweden (bis 1994), Schweiz und Island (seit 1970) gegründete Freihandelszone. Finnland, seit 1961 assoziiert, war von 1985 bis 1994 Vollmitglied.

EWR

(Europäischer Wirtschaftsraum): 1992 beschlossener und 1994 in Kraft getretener gemeinsamer Markt der 15 EU- und der drei EFTA-Staaten Island, Liechtenstein und Norwegen. Vertragshauptziel sind die Herstellung von Freizügigkeit und gleichen Wettbewerbsbedingungen.

Maghreb-Union

(Arab Maghreb Union): Zusammenschluss unabhängiger arabischer Staaten Nordafrikas, 1989 von Algerien, Libyen, Marokko, Mauretanien und Tunesien gegründet.

Die Auflösung des Ostblocks

Die zunehmenden innenpolitischen Spannungen in Polen (1980 Gründung der Gewerkschaft „Solidarnosc") waren Vorboten der allmählichen Auflösung des Warschauer Paktes. Zwar verlief die Entwicklung in Polen – anders als in der Tschechoslowakei 1968 – ohne Eingreifen der Warschauer-Pakt-Staaten, doch ließ der von Dezember 1981 bis 1983 verhängte „kriegerische Zustand" in Polen die Kluft zwischen Gesellschaft und Staat größer werden.

Eine entscheidende Zäsur zur Auflösung der Blockdisziplin bildeten die ab März 1985 in der UdSSR angesichts drängender politischer und wirtschaftlicher Probleme eingeleiteten Reformen unter dem neuen Generalsekretär des ZK der KPdSU, Michail Gorbatschow. Der Reformprozess stand unter den Schlagworten „Glasnost" (Offenheit) und „Perestroika" (Umgestaltung).

Insbesondere in Ungarn und Polen wurde unter dem Eindruck dieser neuen sowjetischen Politik ab 1988 ein Prozess der Verselbstständigung und Demokratisierung eingeleitet. Im Jahre 1989 öffnete Ungarn mit der Grenze zu Österreich auch den sogenannten „Eisernen Vorhang" – der Anfang vom Ende des sowjetischen Hegemonialbereichs in Ost- und Südosteuropa. Auch in der DDR und der Tschechoslowakei bewirkten Bürgerrechtsbewegungen einen Kurswechsel. Doch erst der Fall der Berliner Mauer im November 1989 markierte vor den Augen der Weltöffentlichkeit den säkularen Umbruch, den Zusammenbruch des sowjetischen Herrschaftsbereichs.

Schließlich schied die DDR im Rahmen des Vereinigungsprozesses der beiden deutschen Staaten 1990 aus dem Warschauer Pakt und dem RGW aus. Das Ende des Ostblocks kam schließlich durch deren Auflösung (RGW am 28. Juni 1991, Warschauer Pakt am 1. Juli 1991).

Als sich durch die Reformpolitik Gorbatschows im Vielvölkerstaat UdSSR die bisher unterdrückten nationalen Gefühle wieder frei äußern konnten, strebten besonders diejenigen Völker nach Selbstbestimmung, die Traditionen staatlicher Unabhängigkeit hatten. Ausgehend von den baltischen Unionsrepubliken breiteten sich zunehmend Souveränitätsbewegungen aus, die nach einer vollständigen Loslösung von der Sowjetunion strebten.

Gorbatschow versuchte vergeblich, den Zerfall der Sowjetunion zu verhindern. Am 8. Dezember 1991 schlossen sich die Republiken Russland, Weißrussland und Ukraine zur Gemeinschaft Unabhängiger Staaten (GUS) zusammen, und mit dem Beitritt weiterer Republiken zur GUS hörte die UdSSR Ende 1991 faktisch auf zu existieren.

Wandel in Mittel-, Ost- und Südosteuropa

Beginn des Wandels in Ost- und Südosteuropa bis Ende 1990

1 : 12 000 000

©2001 Cornelsen

Daten zur Entwicklung der sowjetischen Wirtschaft 1985–1990 (jährliche Veränderung in %)

	1985	1986	1987	1988	1989	1990	1991*
Bruttosozialprodukt	2,3	3,3	2,9	5,5	3,0	−2,0	−8,0
Nationaleinkommen	1,6	2,3	1,6	4,4	2,4	−4,0	−10,0
produzierendes Anlagevermögen	5,6	5,2	4,8	4,5	4,2	3,5	−
Inbetriebnahme von Anlagevermögen	1,4	5,9	6,8	−1,4	2,5	−4,0	−34,0
Industrieproduktion	3,4	4,4	3,8	3,9	1,7	−1,2	−5,0
Agrarproduktion	0,2	5,3	−0,6	1,7	1,3	−2,3	−
Bruttoanlageinvestitionen	3,0	8,4	5,6	6,2	4,7	−6,7	−16,0
Geldeinkünfte der Bevölkerung	3,7	3,6	3,9	9,2	13,1	11,0	24,0
Außenhandelsumsatz	−0,4	2,3	0,6	2,6	4,5	−6,9	−

* erstes Quartal

Bevölkerungszahlen der verschiedenen Nationalitäten in Jugoslawien 1981 (in Mio.)

Serben	8,1
Kroaten	4,43
bosnische Muslime	2,0
Slowenen	1,75
Albaner	1,73
Makedonier	1,34
Montenegriner	0,58
Ungarn	0,43
Sonstige (Bulgaren, Türken, Muslime u. a.)	2,02

Jugoslawien von 1945 bis 1999

Die Sozialistische Föderative Republik Jugoslawien 1974 bis 1990

Bruttosozialprodukt pro Kopf der Bevölkerung (Stand 1984): Durchschnitt Jugoslawiens = 100
- 198 (Slowenien)
- 126 (Kroatien), 121 (Woiwodina)
- 99 (Serbien ohne Autonom. Geb.)
- 78 (Montenegro)
- 68 (Bosnien-H.), 66 (Makedonien)
- 26 (Kosovo)

Analphabetenrate in Prozent (1981):
- < 9,5 (Durchschnitt Jugoslawiens)
- 10,9 (Makedonien),
- 11,1 (Serbien o. Autonom. Geb.)
- 14,5 (Bosnien-H.)
- 17,6 (Kosovo)

Kernzone des Ausländertourismus (Rasterdichte variiert mit der Tourismusintensität)

Hauptverkehrsroute (1980er)

andere wichtige Verkehrsroute (1980er)

Seehafen mit > 20 Mio. t Jahresumschlag (1980)

Seehafen mit 1–4 Mio. t Jahresumschlag (1980)

Bundeshauptstadt und Hauptstadt der SR Serbien

Republikhauptstadt

Hauptstadt eines Autonom. Gebietes

SR = Sozialistische Republik
AG = Autonomes Gebiet

1 : 7 000 000
0 50 100 150 km

Städte mit > 50000 Einwohner (1981):
- > 1 Mio. Einwohner
- 500 000–1 Mio. Einwohner
- 200 000–500 000 Einwohner
- 100 000–200 000 Einwohner
- 50 000–100 000 Einwohner

Ausstattung der Städte mit zentralen Einrichtungen 1981: (Verwaltung, Bildung, Kultur, Gesundheitswesen, Verkehr, Medien)
- sehr gut
- gut
- mäßig
- gering

Hauptherkunftsgebiete jugoslawischer Gastarbeiter (1981)

Der Zerfall des Vielvölkerstaates Jugoslawien

Völker und ethnische Gruppen (1991):

Slawen:
- Slowenen
- Kroaten
- Bosniaken
- Serben
- Montenegriner
- Makedonier
- Kraschowaner
- Bulgaren
- Tschechen
- Slowaken

Germanen:
- Deutsche
- Österreicher

Romanen:
- Italiener
- Friauler
- Rumänen
- Aromunen

Turkvölker:
- Türken

Sonstige:
- Ungarn
- Albaner
- Griechen
- Roma, Sinti

hoher Anteil von „Jugoslawen" (deklarieren sich als Bürger des Staates, nicht als Mitglieder einer ethn. Gruppe)

wenig besiedelte Gebiete

KFOR-Sektoren:
- Frankreich (F)
- Italien (I)
- Deutschland (D)
- USA (US)
- Großbritannien (GB)

- Republik Serbische Krajina
- Serbische Republik
- Bosniakisch-Kroatische Föderation
- ehemalige Grenze Jugoslawiens

Hauptziele der Nato-Bombardements im Kosovo-Krieg 1999

1 : 7 000 000
0 50 100 150 km

©2001 Cornelsen

Ausgewählte Konjunkturdaten für Mittel- und Osteuropa 1993

	Wachstum des BIP* gegenüber Vorjahr	Inflation*	Arbeitslosenquote*	Wachstum der Industrieproduktion
Albanien	+ 11,0	117,0	44,5	– 1,0
Bulgarien	– 4,8	72,9	16,4	– 9,3
Estland	– 2,0	87,6	2,6	– 26,6
Kroatien	– 7,0	1517,5	16,9	– 6,0
Lettland	– 19,9	109,1	5,8	– 34,6
Litauen	– 17,0	410,2	1,6	– 46,0
Makedonien	– 15,0	349,8	29,6	– 15,0
Polen	+ 4,0	35,3	15,7	+ 7,4
Rest-Jugoslawien	– 30,3	k. A.	24,6	– 37,4
Rumänien	+ 1,0	256,1	10,1	+ 1,3
Russ. Föderation	– 12,0	930,0	1,1	– 16,2
Slowakei	– 4,1	23,2	14,4	– 15,4
Slowenien	+ 1,0	32,3	15,4	– 2,8
Tschech. Republik	– 0,3	20,8	3,5	– 7,1
Ukraine	– 14,0	3700,0	0,4	– 22,4
Ungarn	– 2,0	22,5	12,1	– 3,8
Weißrussland	– 9,0	1682,1	1,3	– 10,9

* in Prozent

1945 29. 11.: Proklamation der Föderativen Volksrepublik Jugoslawien unter Regierungschef Tito

1948 27. 6.: nach Differenzen mit der UdSSR Bruch der KP Jugoslawiens mit der Kominform; Wirtschaftsblockade durch den Ostblock

1961 erste Konferenz der Blockfreien in Belgrad

1963 7. 4.: Verfassungsänderung; Umbenennung in Sozialistische Föderative Republik Jugoslawien

1974 21. 2.: Tito Präsident auf Lebenszeit

1980 4. 5.: Tod Titos; jährlicher Vorsitzwechsel in Präsidium der Republik und Vorsitz der KP nach Proporz der Republiken und Autonomen Republiken, um ethnische Konflikte zu vermeiden

1981 3. 4.: Ausnahmezustand in der vor allem von Albanern bewohnten Autonomen Provinz Kosovo

1991 25. 6.: Slowenien und Kroatien erklären Unabhängigkeit

28. 6.: Beginn des Krieges in Jugoslawien, Einsatz der Bundesarmee gegen die Republiken

26. 10.: Abzug der jugoslawischen Bundesarmee aus Slowenien

Dezember: internationale Anerkennung Sloweniens und Kroatiens

1992 März: Bosnien-Herzegowina unabhängig, Ablehnung durch Serben; Stationierung von UNO-Friedenstruppen im Kriegsgebiet; Waffenstillstandsverhandlungen scheitern

27. 4.: Serbien und Montenegro gründen gemeinsam die international isolierte Bundesrepublik Jugoslawien

1995 21. 11.: Friedensabkommen von Dayton/USA beendet den Jugoslawienkrieg in und um Bosnien-Herzegowina; Stationierung internationaler Truppen in Bosnien

1997–1998 gewaltsame Auseinandersetzungen zwischen Kosovo-Albanern und serbischem Machtapparat; Unabhängigkeitsbestrebungen

1999 ohne UNO-Mandat zwingt die NATO serbische Truppen durch umfangreiche Bombardements zum Rückzug aus dem Kosovo; Montenegro verhält sich neutral und zeigt Tendenzen zur Auflösung des Bundes mit Serbien

Nationalitäten in Jugoslawien (nach der Volkszählung von 1981; Nationalitäten in % der Gesamtbevölkerung)

GESAMTBEVÖLKERUNG IN MIO.	Serben	Kroaten	Muslime	Slowenen	Albaner	Makedonier	Montenegriner	Ungarn	Jugoslawen	Sonstige
Slowenien	1,9	2,3	3,0	–	90,5	–	–	–	–	1,4	2,8
Kroatien	4,6	11,5	75,1	–	–	–	–	–	7,9	5,5
Bosnien-Herzegowina	4,1	32,0	18,4	39,5	–	–	–	–	7,9	2,2
Montenegro	0,6	–	–	13,4	–	6,5	–	68,7	5,3	6,1
Makedonien	1,9	–	–	–	–	19,8	67,0	–	–	13,2
Serbien	5,7	85,4	–	2,7	–	–	–	–	4,8	7,1
Kosovo	1,6	13,2	–	3,7	77,5	–	–	–	–	5,6
Wojwodina	2,0	54,4	5,4	–	–	–	–	19,0	8,2	13,0

UNO-Blauhelmeinsätze seit 1945

ABGESCHLOSSENE UN-FRIEDENSMISSIONEN

UNEF I	1956–67	Nahost (Sinai)
UNOGIL	1958	Nahost (Libanon)
ONUC	1960–64	Kongo
UNSF	1963–63	West-Iran
UNYOM	1963–64	Jemen
DOMREP	1965–66	Dominikanische Rep.
UNIPOM	1965–66	Kaschmir (Indien/Pakistan)
UNEF II	1973–79	Nahost (Sinai)
UNIIMOG	1988–91	Irak/Iran
UNGOMAP	1988–90	Afghanistan/Pakistan
UNAVEM I	1989–91	Angola
UNTAG	1989–90	Namibia
ONUCA	1989–92	Zentralamerika
UNAVEM II	1991–95	Angola
ONUSAL	1991–95	El Salvador
UNAMIC	1991–92	Kambodscha
UNPROFOR	1992–95	Kroatien/ Bosnien-Herzegowina
UNTAC	1992–93	Kambodscha
UNOSOM I	1992–93	Somalia
ONUMOZ	1992–94	Mosambik
UNOSOM II	1993–95	Somalia
UNOMIL	1993–97	Liberia
UNAMIR	1993–96	Ruanda
UNOMUR	1993–94	Ruanda/Uganda
UNMIH	1993–96	Haiti
UNASOG	1994	Tschad/Libyen
UNMOT	1994–2000	Tadschikistan
UNCRO	1995–96	Kroatien
UNAVEM III	1995–97	Angola
UNPREDEP	1995–99	Mazedonien
UNTAES	1996–98	Kroatien (Ostslawonien)
UNSMIH	1996–97	Haiti
MINUGUA	1997	Guatemala
UNTMIH	1997	Haiti
MIPONUH	1997–2000	Haiti
UNPSG	1998	Kroatien
UNOMSIL	1998–99	Sierra Leone
MINURCA	1998–2000	Zentralafrika

LAUFENDE UN-FRIEDENSMISSIONEN

	seit	
UNTSO	1948	Nahost (Palästina)
UNMOGIP	1949	Kaschmir (Indien/Pakistan)
UNFICYP	1964	Zypern
UNDOF	1974	Nahost (Golan-Höhen)
UNIFIL	1978	Nahost (Libanon)
UNIKOM	1991	Irak/Kuwait
MINURSO	1991	West-Sahara
UNOMIG	1993	Georgien
UNMIBH	1995	Bosnien-Herzegowina
UNMOP	1996	Kroatien (Prevlaka)
UNAMSIL	1999	Sierra Leone
MONUC	1999	Kongo
UNTAET	1999	Ost-Timor
UNMIK	1999	Kosovo
UNMEE	2000	Eritrea/Äthiopien

Die internationalen Organisationen und die Krisenregionen der Welt

Die Vereinten Nationen und Brennpunkte der Weltpolitik heute ①

Mitgliedstaaten der Vereinten Nationen:
- Gründungsmitglieder 1945
- Aufnahme 1945 bis 1959
- Aufnahme 1960 bis 1974
- Aufnahme 1975 bis 1989
- Aufnahme seit 1990
- Nichtmitglieder (Stand 1999)
- Überseeprovinzer. und abhängige Gebiete

FRANKR. Ständige Mitglieder des UN-Sicherheitsrates

Friedensmissionen der Vereinten Nationen seit 1945:
- Entsendung von Beobachtern, Schlichtern usw.
- Entsendung von Friedenstruppen

Brennpunkte der Weltpolitik:
- Bürger-, Sezessions- und Grenzkriege

Maßstab 1 : 110 000 000

Afrika:
Ä.-GUI. = Äquatorial-Guinea
BU. = Burundi
BURK. FASO = Burkina Faso
ELFB.K. = Elfenbeinküste (Côte d'Ivoir)
GUI.-BIS. = Guinea-Bissau
KAM. = Kamerun
RU. = Ruanda
SIMB. = Simbabwe
T. = Togo
TUN. = Tunesien
UG. = Uganda

Amerika:
DOM. REP. = Dominikanische Rep.
GUY. = Guyana
H. = Haiti
ST. K. = St. Kitts
ST. L. = St. Lucia
ST. V. = St. Vincent
SURI. = Surinam

Politisch-militärische Zusammenschlüsse nach dem Ende des Ost-West-Konfliktes ②

- Vereinigte Staaten von Amerika
- NATO-Mitgliedstaaten
- Nordatlant. Kooperationsrat (NAOC) seit 1991
- Gemeinschaft Unabhängiger Staaten (GUS)
- Kommunistische Volksrepubliken
- Verband Südostasiatischer Nationen (ASEAN)
- Organisation Amerikanischer Staaten (OAS) (einschließlich USA und Kanada)
- Organisation für die Afrikanische Einheit (OAU)
- Arabische Liga
- Internationale Krisengebiete

©2001 Cornelsen

Organe und Gliederung der UNO

Ständige UN Hilfsorganisationen

UNICEF	Weltkinderhilfswerk
UNHCR	Hoher Kommissar für Flüchtlinge
UNCTAD	Welthandelskonferenz
UNDP	Entwicklungsprogramm
WFC	Welternährung
UNEP	Umwelt

Ständige UN Kommissionen

ILO	Kommission für Arbeit
FAO	Kommission für Ernährung
UNESCO	Kommission für Erziehung
WHO	Kommission für Gesundheit

Generalsekretär
Sekretariat New York

Wahl alle 5 Jahre

Vollversammlung

131 Entwicklungsländer
29 westl. Industrieländer
24 östl. Industrieländer

5 ständige Mitglieder (Vetorecht)
Russland   Frankreich
USA   VR China
Großbritannien

Sicherheitsrat
10 nichtständige Mitglieder

Wahl alle 2 Jahre

Internationaler Gerichtshof in Den Haag
15 Richter von Vollversammlung und Sicherheitsrat gewählt

Wahl

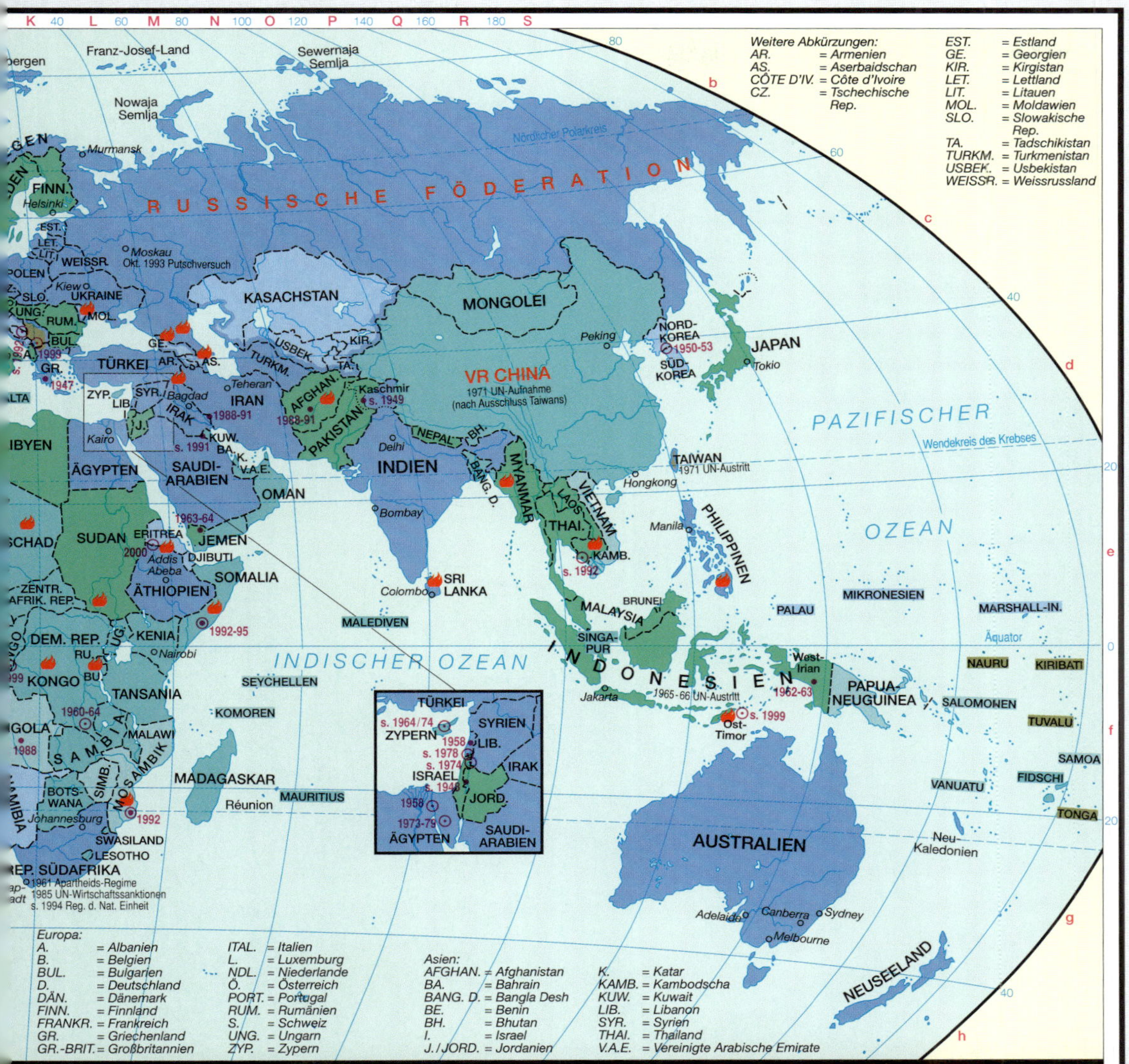

Die Vereinten Nationen / UNO

1. Vorbeugende Diplomatie

Ziel	• Verhinderung des Entstehens von Streitigkeiten • Verhinderung des Ausbruchs offener Konflikte • rasche Begrenzung ausgebrochener Konflikte
Mittel	• diplomatische Gespräche • vertrauensbildende Maßnahmen • Frühwarnsysteme • vorbeugender Einsatz von UN-Truppen • vorsorgliche Einrichtung entmilitarisierter Zonen

2. Friedensschaffung

Ziel	• nach Konfliktausbruch Herbeiführung einer Einigung der feindlichen Parteien
Mittel	• friedliche Mittel (z. B. Vermittlung, Verhandlungen, Schiedsspruch, Entscheidungen durch Internationalen Gerichtshof) • gewaltlose Sanktionen (z. B. Wirtschaft- und Verkehrsblockade) • Friedensdurchsetzung (Aufstellung von UN-Truppen) • militärische Gewalt

3. Friedenssicherung

Ziel	• Stabilisierung der Lage in den Konfliktzonen • Überwachung von Vereinbarungen
Mittel	• Entsendung von Beobachtermissionen • Einsatz von UN-Friedenstruppen • Bildung von UN-Zonen zwischen den Konfliktparteien • Wahrnehmung polizeilicher Aufgaben • Sicherung humanitärer Maßnahmen • umfassendes Krisenmanagement

4. Friedenskonsolidierung

Ziel	• Stabilisierung des Friedens durch Diplomatie und friedlichen Wiederaufbau
Mittel	• nach einem Konflikt innerhalb eines Landes: • Entwaffnung der verfeindeten Parteien • Wiederherstellung der öffentlichen Ordnung • Repatriierung von Flüchtlingen • Neuaufbau staatlicher Institutionen • nach einem internationalen Konflikt: • Realisierung gemeinsamer Projekte zur Förderung der wirtschaftlichen und sozialen Entwicklung • Abbau der Schranken zwischen den Nationen (z.B. Kulturaustausch, Reiseerleichterungen)

Die Blauhelm-Einsätze der UNO

Für die bisherigen 53 „friedenerhaltenden oder friedenstiftenden" Maßnahmen der UNO, von denen allein 40 zwischen 1988 und 1999 ins Leben gerufen worden sind, wurden seit 1948 in über 40 Krisengebieten fast 800 000 Militär- und Zivilpersonen aus über 110 Staaten eingesetzt. Im Juni 2000 lag der Personalstand für die laufenden 15 Friedensmissionen bei 45500, davon 6800 Zivilisten. Allein in Sierra Leone (UNAMSIL) waren 12900 (davon 480 Zivilisten) und in Indonesien (UNTAET) 9300 (davon 3800 Zivilisten) UN-Kräfte stationiert. 1998 lagen die Kosten für die Einsätze bei etwa 1 Milliarde Dollar und stiegen 1999/2000 auf rund 2,4 Milliarden Dollar.

Zur Zeit gibt es zwei Formen von Blauhelmeinsätzen: klassische Missionen mit vorwiegend militärischen Aufgaben und kombinierte Einsätze mit zahlreichen nichtmilitärischen Funktionen. Das Mandat der Friedenstruppen wird durch den Sicherheitsrat (in der Regel) halbjährlich verlängert.

Neben diesen Einsätzen kommt den zivilen UN-Missionen zur Friedenssicherung wachsende Bedeutung zu. Der im August 2000 vorgestellte Brahimi-Report (Lakhder Brahimi, früherer algerischer Außenminister) über die Friedenseinsätze der UN fordert für die Zukunft unter anderem die Möglichkeit der Anwendung von Gewalt zur Durchsetzung der Friedensziele (so genanntes „robustes Mandat"). Diese Forderung ist allerdings sehr umstritten, da befürchtet wird, die Rolle der UN als Friedensbewahrer könne so auf die Position nur einer weiteren Kriegspartei reduziert werden.

Weitere Abkürzungen:
AR. = Armenien
AS. = Aserbaidschan
CÔTE D'IV. = Côte d'Ivoire
CZ. = Tschechische Rep.
EST. = Estland
GE. = Georgien
KIR. = Kirgistan
LET. = Lettland
LIT. = Litauen
MOL. = Moldawien
SLO. = Slowakische Rep.
TA. = Tadschikistan
TURKM. = Turkmenistan
USBEK. = Usbekistan
WEISSR. = Weissrussland

Europa:
A. = Albanien
B. = Belgien
BUL. = Bulgarien
D. = Deutschland
DÄN. = Dänemark
FINN. = Finnland
FRANKR. = Frankreich
GR. = Griechenland
GR.-BRIT. = Großbritannien
ITAL. = Italien
L. = Luxemburg
NDL. = Niederlande
Ö. = Österreich
PORT. = Portugal
RUM. = Rumänien
S. = Schweiz
UNG. = Ungarn
ZYP. = Zypern

Asien:
AFGHAN. = Afghanistan
BA. = Bahrain
BANG. D. = Bangla Desh
BE. = Benin
BH. = Bhutan
I. = Israel
J. / JORD. = Jordanien
K. = Katar
KAMB. = Kambodscha
KUW. = Kuwait
LIB. = Libanon
SY. = Syrien
THAI. = Thailand
V.A.E. = Vereinigte Arabische Emirate

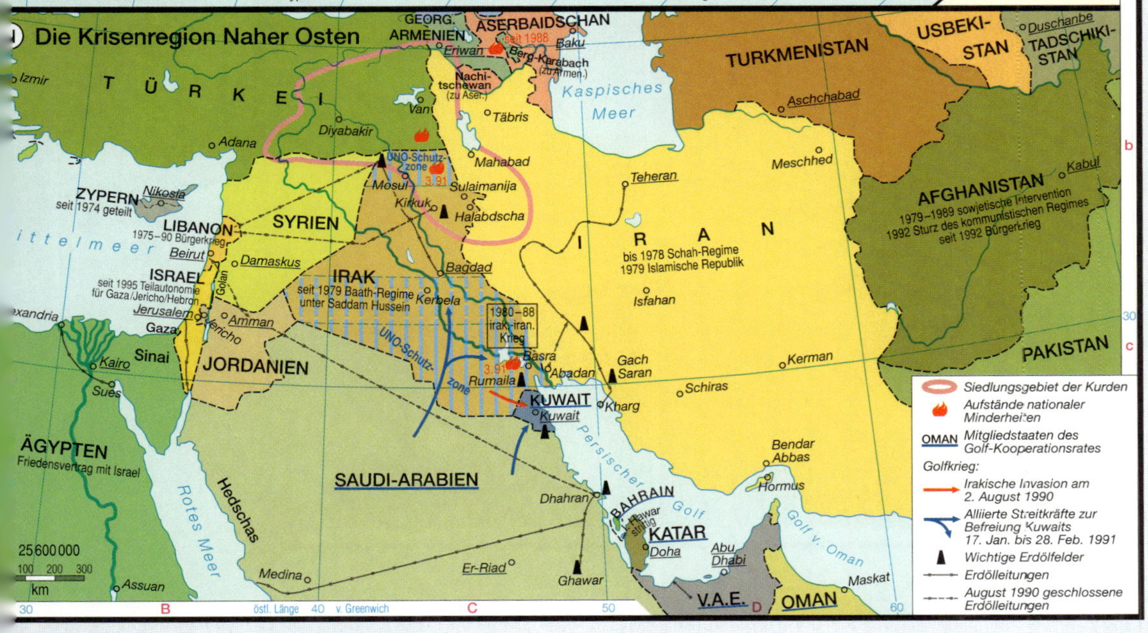

Die Krisenregion Naher Osten

Legende:
- Siedlungsgebiet der Kurden
- Aufstände nationaler Minderheiten
- OMAN: Mitgliedstaaten des Golf-Kooperationsrates

Golfkrieg:
- Irakische Invasion am 2. August 1990
- Alliierte Streitkräfte zur Befreiung Kuwaits 17. Jan. bis 28. Feb. 1991
- Wichtige Erdölfelder
- Erdölleitungen
- August 1990 geschlossene Erdölleitungen

1:25 600 000
100 200 300 km

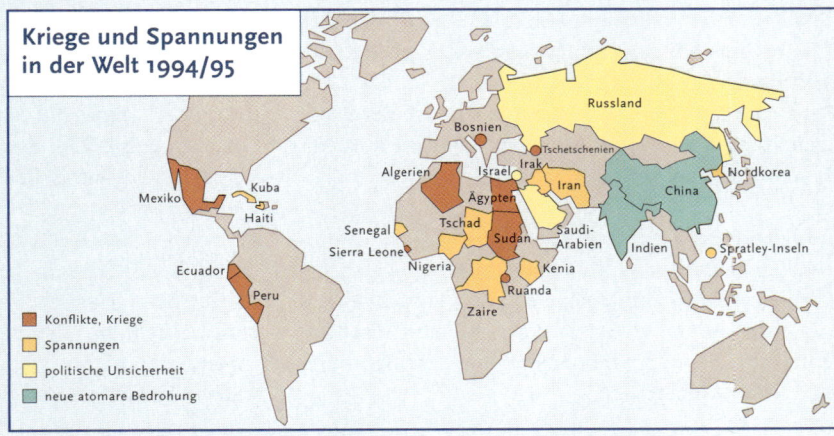

Kriege und Spannungen in der Welt 1994/95

- Konflikte, Kriege
- Spannungen
- politische Unsicherheit
- neue atomare Bedrohung

Organisationen für Europa

Baltischer Rat

Zur Förderung der Zusammenarbeit der baltischen Staaten Estland, Lettland und Litauen von der Baltischen Versammlung 1993 zur Unterstützung der laufenden Aufgaben bei Konsultation und Abstimmung der Präsidenten und ihrer Sekretariate gebildet. Eine Vorgängerinstitution des Baltischen Rates bestand bereits in der Zwischenkriegszeit.

EFTA

(engl.: European Free Trade Association):
vgl. S. 207.

EWR

(Europäischer Wirtschaftsraum)
vgl. S. 207.

EU

(Europäische Union)

1992 durch den Vertrag von Maastricht gegründet. Der Vertrag konstituiert eine neue Form europäischer Zusammenarbeit durch die Einführung von drei Ebenen bzw. „Säulen": Europäische Gemeinschaften (EG), gemeinsame Außen- und Sicherheitspolitik sowie Zusammenarbeit bei Innen- und Justizpolitik. 1997 überführte der Vertrag von Amsterdam Teile der dritten Ebene („Säule") – Inneres und Justiz – in die gemeinschaftsrechtliche („erste") Ebene bzw. „Säule". Die EU bildet keine zusätzliche Europäische Gemeinschaft, ersetzt die bisherigen nicht und ist kein Staat oder eine internationale Organisation, sondern vielmehr ein Staatenverbund zur Verwirklichung einer immer engeren Union nationalstaatlich organisierter Völker in Europa. Die EU ist das Ergebnis eines fortdauernden Kooperations- und Integrationsprozesses, dessen derzeitige Perspektive die Erweiterung nach Ostmitteleuropa ist.

GUS

(Gemeinschaft Unabhängiger Staaten)

1991 von Russland, Weißrussland und der Ukraine begründet, gehören der Gemeinschaft seit 1993 alle ehemaligen sowjetischen Unionsrepubliken mit Ausnahme der baltischen Staaten an. Gemeinsames Ziel ist es, die als nachteilig empfundenen Folgen der Auflösung der Sowjetunion durch eine lockere Kooperation der unabhängig gewordenen Gliedstaaten auf den Gebieten der Wirtschaftspolitik, der militärischen Zusammenarbeit und der Infrastruktur-Entwicklung zu mildern und zu bewältigen.

NATO

(engl.: North Atlantic Treaty Organization)

1949 gegründetes Bündnis für gemeinsame militärische Verteidigung sowie politische und wirtschaftliche Zusammenarbeit (Gründungsmitglieder sind Belgien, Dänemark, Frankreich, Großbritannien, Island, Italien, Kanada, Luxemburg, Niederlande, Norwegen, Portugal und die USA; später beigetretene Staaten sind 1952 Griechenland und Türkei, 1955 Bundesrepublik Deutschland, 1982 Spanien sowie 1999 Ungarn, Polen und die Tschechische Republik). Es bestehen mehrere Kooperationsverträge – mit der Ukraine seit Erlangung ihrer Unabhängigkeit 1991 und mit Russland auf der Grundlage des Pariser Vertrages von 1997 – sowie der NATO-Kooperationsrat

(North Atlantic Cooperation Council, NACC), ein Konsultativ- und Abstimmungsorgan zwischen den Mitgliedstaaten der NATO und denen des ehemaligen Warschauer Pakts sowie dem bis dato neutralen Österreich. Eine Osterweiterung durch Beitritt weiterer Staaten wird angestrebt.

Nordischer Rat

1952 von Dänemark, Norwegen und Schweden gegründetes Konsultativorgan, noch 1952 auf Island und 1955 auf Finnland erweitert, zur Förderung ihrer Zusammenarbeit auf wirtschaftlichem, sozialem und kulturellem Gebiet.

Ostseerat

1992 gegründetes Koordinationsgremium von elf Ostsee-Anrainerstaaten und interessierten Ländern (Dänemark, Finnland, Island, Norwegen, Schweden, Deutschland, Polen, Russland, Estland, Lettland, Litauen). Zwölftes Mitglied ist die EU. Vordringlichstes Ziel des Ostseerates ist die Schaffung einer marktwirtschaftlichen Wachstumszone rund um die Ostsee durch Zusammenarbeit in Politik, Wirtschaft und Technologie, Handel, Energie, Transport und Telekommunikation, Gesundheit und Humanitärmaßnahmen, Tourismus, Kultur und Bildungswesen sowie Umweltschutz und Energie.

Europa und seine Staatenbündnisse zu Beginn des 21. Jahrhunderts

Europa von 1990 bis 2000

- EU (seit 1995)
- EWR
- EFTA (seit 1995)

EU-Osterweiterung
- 1994 Beitrittsgesuche
- Beitrittsverhandlungen seit 1998
- Beitrittswillige Länder („2. Runde")
- Mit der EU assoziierte Staaten
- Gemeinschaft Unabhängiger Staaten GUS (gegr. 1991), Partnerschaftsabkommen mit der EU
- € Staaten der Währungsunion (EURO) 1.1.1999
- 8.91 Erlangung oder Wiedererlangung der Unabhängigkeit nach 1990
- Staatsgrenze
- Staatsgrenze als EJ-Binnengrenze 1998 (nach Schengener Abkommen)
- ● Palästin. Teilautonomie seit 1995

AND. = Andorra
B.-K. = Berg- (Nagorny-) Karabach
LIECHT. = Liechtenstein
LUX. = Luxemburg
S.M. = San Marino
VAT. = Vatikanstadt
O.-Slaw. = Ost-Slawon'en

1 : 20 000 000

©2001 Cornelsen

OSZE
(Organisation für Sicherheit und Zusammenarbeit in Europa)
1995 durch Umbenennung aus der KSZE (Konferenz über Sicherheit und Zusammenarbeit in Europa) hervorgegangener Zusammenschluss von 52 Staaten. Das Abkommen verfolgt das Ziel, Konfliktfragen zwischen den Ländern des früheren Ostblocks zu klären, bevor sie Mitglied von NATO und EU werden können.

Schwarzmeer-Kooperation
(BSEC/Black Sea Economic Cooperation)
1992 gegründete Konsultationsplattform der Länder Albanien, Armenien, Aserbaidschan, Bulgarien, Georgien, Griechenland, Moldau, Rumänien, Russland, Türkei und Ukraine zur Entwicklung gemeinsamer Infrastrukturprojekte wie Autobahnen, Telekommunikation und Nutzung von Wasserkraft.

Visegrád-Gruppe
In Visegrád, einem ungarischen Badeort, ins Leben gerufenes Konsultationsgremium der Regierungschefs der ehemaligen RGW-/COMECON-Staaten Polen, Tschechien, Slowakei und Ungarn zum Zwecke der Beförderung gemeinsamer wirtschaftspolitischer Interessen, besonders im Hinblick auf den angestrebten Beitritt zur EU.

Anteil des EG-Handels am Gesamthandel der einzelnen Mitgliedsländer

STAAT	EINFUHR (in %)			
	1958	1978	1990	1993
BR Deutschland	33,41	48,20	52,09	48,19
Frankreich	26,13	49,55	59,79	58,51
Großbritannien	–	32,20	51,08	46,61
Italien	29,30	43,47	58,68	55,36
Niederlande	49,97	55,25	62,53	56,84
Belgien/Luxemburg	54,63	67,63	73,46	70,70
Dänemark	–	47,18	51,77	52,98
Irland	–	69,38	66,68	58,51
Griechenland	–	–	64,23	59,93
Spanien	–	–	59,20	59,14
Portugal	–	–	68,98	71,70

STAAT	AUSFUHR (in %)			
	1958	1978	1990	1993
BR Deutschland	34,49	45,85	54,52	49,90
Frankreich	27,98	50,61	62,73	59,72
Großbritannien*	–	35,78	51,29	49,76
Italien	31,64	48,47	58,34	53,28
Niederlande	56,53	73,69	73,97	67,05
Belgien/Luxemburg	52,81	74,25	75,31	70,09
Dänemark*	–	45,70	50,92	38,88
Irland*	–	76,92	74,88	65,49
Griechenland**	–	–	63,72	55,96
Spanien***	–	–	63,39	66,63
Portugal***	–	–	73,89	74,45

* EG-Mitgliedschaft ab 1978
** EG-Mitgliedschaft ab 1981
*** EG-Mitgliedschaft ab 1986

A

Aachen: Stadt in NRW 176/177 I Gc – röm. Siedlg. Aquae 49 V Bc – seit 765 als fränk. Königshof bezeugt, Pfalz Karls d. Gr. 56 III – 812 Vertrag von A.: Anerkenng. d. Kaiserwürde Karls d. Gr. durch d. oströ m. Kaiser 55 III Da – 1071 als Stadt erwähnt 68 I Ca – im 12. Jh. Pfalz d. Staufer 62/63 I Da – bis 1531 Krönungsstätte dt. Könige 94/95 I Dc – ma. Handelszentrum 92/93 Dc – 1668 Friede beendet Krieg zw. Frankr. u. Spanien, 1748 Friede beendet Österr. Erbfolgekrieg 130 I Bb – bis 1794 Reichsstadt 120/121 Dc – 1794/1801 franz. 131 II Bc – 1815 preuß. 134 I Dc – 1818 erster Kongress d. Hl. Allianz beschließt Aufnahme v. Frankr. 132/133 Gc – im 2. WK stark zerstört 173 III Cb

Aarau: Stadt in d. Schweiz – 1798–1803 Hptst. d. Helvet. Rep. ▸131 II Ce

Aarhus (Århus): Hafenstadt in Dänemark 176/177 I Hb 948 gegr. Bm., eine d. ältesten Städte Dänemarks

Abadan: Stadt in SW-Iran 194 II fl – s. 1910 Zentrum d. pers. Erdölindustrie u. -ausfuhr 202/203 I Hb – im irak.-iran. Krieg 1980–88 umkämpft 211 III

Abbasiden: ehem. islam. Dynastie in Vorderasien – im 8. Jh. A.-Kalifat mit Zentrum in Bagdad 54 II Mg – 1258 v. Mongolen unterworfen 78 I CDd

Abchasien: Autonome Rep. am Schwarzen Meer in Georgien 192 I Dc – s. 1810 russ. 128/129 Ne – 1921 autonome Rep. in d. Transkaukasischen SSR 137/138 I Ne – nach Zerfall der UdSSR 1992 Kämpfe um Unabhängigkeit von Georgien 192 I Dc

Abdera: ehem. Stadt in NO-Griechenland – 656 v. Chr. griech. Kolonie 29 IV Eb – Mitgl. d. Att. Seebundes 32 I Ca

Aberdeen: Hafenstadt in Schottland, Großbritannien 176/177 I Eb – 1494 gegr. Univ. 81 III Gd

Abessinien ▸ Äthiopien

Abidjan: Hafen- und Industriestadt in Elfenbeinküste, bis 1984 Hauptst. 198 I Ac

Abo ▸ Turku

Abodriten: westslaw. Volksstamm – im Krieg d. Franken geg. d. Sachsen mit Karl d. Gr. verbündet 55 III Ea – im 10./11. Jh. Aufstände geg. d. Herrschaft u. Christianisierungsversuche 60/61 I Hb

Abukir: Ort in N-Ägypten – 1798 Seeschlacht, Vernichtg. d. franz. Flotte durch Engländer 128/129 Lg

Abû Simbel: Felsentempel am Nil in S-Ägypten – im 13. Jh. v. Chr. unter König Ramses II. erbaut 25 IV Bc

Abûsîr: Ort in N-Ägypten – Pyramiden d. 5. Dynas-tie 25 IV Ba

Abydos: Ruinenstätte in N-Ägypten – Grabanlagen v. Königen d. 1. Dynastie 25 IV Bb

Acapulco: Hafenstadt in Mexiko 152 I Bc

Accra: Hptst. v. Ghana 198 II Eh – im 16.–18. Jh. bedeutender Sklavenmarkt 150 I CDd – 1958 erste panafrikan. Konferenz z. Förderg. d. Unabh. u. Einheit d. Völker Afrikas 198 I Ac

Achäer: griech. Volksstamm – Träger d. myken. Kultur 23 IV Legende

Achaia: Landsch. in Griechenland, Peloponnes – Ausgangspkt. d. achäischen Kolonisation in S-Italien 29 IV Ec – autonomer Staatenbund 31 III BCbc, 32 I ABbc – 146 v. Chr. röm. Prov. 40/41 I el – 1278–1383 Fsm. d. Anjou-Könige v. Neapel 84 I Ec

Acre: Bundesstaat in W-Brasilien – 1899 Freistaat, 1903 Abtretg. d. an Kautschuk reichen A.-Gebietes v. Bolivien an Brasilien 152 I BCc

Actiu ▸ Aktion

Adana: Stadt in d. S-Türkei 176/177 I Mf – 1919–21 v. Franzosen besetzt 137/138 I Mf

Addis Abeba: Hptst. v. Äthiopien 198 II Gh – 1896 Friede von A.A.: Italien erkennt d. Unabh. Äthiopiens an 151 III GH – 1963 Gründungsort d. Organisation für Afrikan. Einheit (OAU) 198 I Cc

Aden: Hafenstadt in Jemen 202/203 I Hd – im MA bedeut. Umschlagpl. für d. ostasiat. Handel 53 II Ge – 1524 port., 1538 osman. 104/105 I Ld – 1839 brit. Kolonie 148 II Md – 1967–90 Hauptstadt der Demokrat. Volksrep. Jemen 202/203 I Hd

Adiabene: ehem. Grenzland zw. Röm. Reich u. Partherreich in Vorderasien – 116 n. Chr. von Römern erobert, Teil d. röm. Prov. Assyria 40/41 I Me

Adrianopel ▸ Edirne

Afghanistan: Staat in S-Asien 188/189 I Md – O-Teil d. heut. Staatsgebietes im 16. u. 17. Jh. zw. Persern u. d. Großmoguln Indiens umkämpft 110 I Cb – 1747 unabh. 75 V Jef, 110 II Jf – im 19. Jh. mehrf. v. Briten besetzt, brit.-russ. Auseinandersetzungen um A., Grenzstreitigkeiten mit Pakistan, 1919 Erlangg. d. vollen Unabh., 1926 Kgr. 194 I Cb – 1973 nach Sturz d. Monarchie Ausrufg. d. Rep., 1979–1989 sowjet. Intervention 194 II Jf – 1990/91 Verhandlungen zur Beendigung des Bürgerkriegs unter Vermittlung der UN 210/211 I – 1992 Sturz des kommunist. Präsidenten, fortdauernder Bürgerkrieg zwischen Rebellengruppen 211 III

Afyon Karahisar: Stadt in d. W-Türkei – griech. Akroinos, 740 oströ m. Sieg über Araber 53 III Fc – 1921 griech.-türk. Kampfgebiet 137/138 I Lf

Agadir: Stadt in SW-Marokko – 1911 Entsendg. d. dt. Kanonenbootes „Panther" nach A. („Panthersprung") löst 2. Marokkokrise aus 151 III Eg

Ägadische Inseln: italien. Inselgr. an d. W-Küste v. Sizilien 142 I CDfg – latein. Aegates Insulae, 241 v. Chr. röm. Sieg über Karthager beendet 1. Pun. Krieg 37 III Ec

Agde: Stadt in S-Frankr. – griech. Kolonie Agatha 29 IV Cb – frühchristl. Gemeinde 42 I Kf – s. d. 5. Jh. Bm. 55 III Cc

Aghlabiden: ehem. arab. Dynastie in N-Afrika – 800 begründet, 909 Sturz durch Fatimiden 54 II JKg

Agra: Stadt in N-Indien – im 16./17. Jh. Residenz d. Großmoguln 75 IV Db, 75 V Kf, 110 I Cb

Agram ▸ Zagreb

Agrigent: Stadt auf Sizilien, Italien – um 600 v. Chr. griech. Kolonie Akragas 29 IV Dc – 406/405 v. Chr. von Karthagern erobert 33 III Ac – in d. Pun. Kriegen erneut umkämpft, latein. Agrigentum 37 III Ec – 1086 v. Normannen unterworfen, Girgenti 149 III Bc

Aguntum: ehem. kelt.-röm. Siedlg. in Österr. – früh-christl. Gemeinde 42 II Lf

Ägypten: Staat in N-Afrika 188/189 I Kd – Teil d. heut. Staatsgebietes schon in d. Frühgeschichte v. Jägern u. Sammlern besiedelt, Bauernkultur am Nil 19 III Fcd – um 3000 v. Chr. Entwicklg. d. Hieroglyphenschrift, städt. Kultur am Nil, Altes Reich genannt 19 IV Ngh – staatlich organisierte Gesellschaft 22 I Ld, 22 II Llm – Altes, Mittleres u. Neues Reich 25 IV – um 1600 v. Chr. Herrschaft d. Hyksos 23 III Fcd – im 13. Jh. v. Chr. Ägypt. Reich unter Ramses II. 23 IV MNgh – 525 v. Chr. zum Pers. Reich 30/31 I Cc, 30 II BCbc – 332 v. Chr. Eroberg. durch Alexander d. Gr. 34/35 I BCbc – 301 v. Chr. von Ptolemäern beherrscht 34 II efJ – 30 v. Chr. Eingliederg. in d. Röm. Reich, Aegyptus 40/41 I JKfg – bedeut. „Getreidekammer" d. Röm. Reiches 39 III EFcd – 395 n. Chr. oströ m. 42 I EFcd – 639/42 v. Arabern erobert, Misr 53 III EFcd – im 9./10. Jh. Herrschaft d. Abbasiden u. Fatimiden 54 II LMfg, 58 I EFd – s. 1250 Herrschaft d. Mameluken 84 I EFcd – 1570 z. Osman. Reich 79 II EFde – 1805/11 Vizekgr. unter osman. Oberhoheit 128/129 KLgh – 1882 v. Briten besetzt 154/155 I KLgh – 1914 brit. Protektorat 151 III Gg – im 1. u. 2. WK Kriegsschaupl. 157 IV Fc, 172 I EFde – 1922/36 unabh. Kgr., 1936 Räumg. v. brit. Truppen mit Ausnahme d. Sueskanalzone 198 I Cb – 1953 Ausrufg. d. Rep. beendet Monarchie, Aufbau eines arab. Sozialismus unter Staatspräsident Nasser, militär. Unterstützg. durch d. Sowjetunion, 1958 Vereinigg. mit Syrien zur Verein. Arab. Rep. (VAR), 1961 Austritt Syriens aus d. VAR, s. 1971 Arab. Rep. Ä., 1973 Verlegg. d. israel.-ägypt. Waffenstillstandslinie östl. d. Sueskanals 198 II Gg – vergleichsweise stabiler politischer Faktor in Afrika 199 III FGab – 1979 Unterzeichng. d. israel.-ägypt. Friedensvertrages durch Staatspräsident Sadat u. Ministerpräsident Begin, 1979–89 Ausschluss v. Mitarbeit in Arab. Liga 202/203 I FGc – 1990/91 Beteiligung an alliierter Streitmacht im Golfkrieg gegen Irak 211 III

Ahar: Ort in Indien, bedeutende Fundstätte bemalter roter Keramik 26 II Eb

Ahlen: Stadt in NRW – 1947 A.er Programm: Reformprogramm d. CDU fordert Monopolkontrolle, Verstaatlichg. d. Bergbaus 178 I BCc

Aigina: griech. Insel südwestl. v. Athen – 456 v. Chr. als bedeut. Handels- u. Kulturzentrum v. Athen unterworfen 32 I Bc – 431 v. Chr. nach Vertreibg. d. Bevölkerg. Bedeutungsrückgang 33 III Fc

Aigospotamoi: Fluss an d. Dardanellen in d. Türkei – 405 v. Chr. Vernichtg. d. athen. Flotte durch d. Spartaner entscheidet d. Peloponnes. Krieg 33 III Ha

Aigues-Mortes: Stadt in S-Frankr. – 1248 gegr. Kreuzfahrerhafen u. Festg. 64 I Cb

Aigun: Ort in NO-China 196 III Nf – 1683 gegr., 1858 russ.-chines. Vertrag zwingt China z. Abtretg. d. Gebiete nördl. d. Amur, Ursache d. späteren russ.-chines. Grenzkonfliktes 117 III Gc

Aix-en-Provence: Stadt in S-Frankr. 176/177 I Ge – 123 v. Chr. gegr. röm. Leg.-Lager Aquae Sextiae 40/41 I Fd – 102 v. Chr. Sieg d. Römer über d. Teutonen 48 II Jg – um 800 Erzbistum 81 II Bc – 1409 gegr. Univ. 81 III He

Aiyubiden: ehem. ägypt.-syr. Dynastie in Vorderasien – 1174–1250 A.-Reich, 1250 Sturz durch d. Mameluken 65 II Bbc

Ajanta: Stadt in Indien; im 2. Jh. v. Chr. buddhistischer Höhlentempel (Tschaitya-Halle), um 550 mit Fresken aus Leben und Lehre Buddhas geschmückt (Höhepunkt indischer Malerei) 44 I Db, 44 II Kf

Akaba, El: Hafenstadt in S-Jordanien 203 IV Cd – 1922 v. Briten besetzt 137/138 I Mh – 1956 Golf von A. von israel. Truppen besetzt, 1957 internationalisiert, 1965 Grenzvertrag zw. Jordanien u. Saudi-Arabien schafft d. Voraussetzg. z. Ausbau d. Hafens, 1967 Schließg. d. Golfes von A. für israel. Schiffe durch Ägypten löst israel.-arab. Krieg aus 202 III Cd

Akkerman: Stadt am Schwarzen Meer in d. Ukraine – im 5. Jh. v. Chr. als griech. Kolonie Tyras rege Handelsbeziehungen zu Athen 29 IV Fb – im MA venezian., später genues. Handelsstützpkt. Mauro Castro 86 I Ga – 1484 osman. Eroberg. 79 II Fa – 1812 russ. 128/129 Ld – 1826 russ.-türk. Abkommen 145 II Ea

Akko, Akkon: Stadt in Israel 202 III Cb – in hellenist.-röm. Zeit Ptolemais 40/41 I Lf, 43 III Cc – frühchristl. Gemeinde 42 II Ng – 1104–1291 Haupthafen d. Kreuzfahrerstaaten, 1198 Gründungsort d. Dt. Ordens, 1191–1291 Hptst. d. Kgr. Jerusalem 64 I Fc, 65 II Bb – genues. Handelsstützpkt. 86 I He – 1799 franz. Belagerg. 128/129 Mg

Aktion: Landzunge in NW-Griechenland latein. Actium – 31 v. Chr. Seeschlacht, Sieg d. Römer unter Octavian (Augustus) über ägypt. Flotte unter Marcus Antonius beendet röm. Bürgerkrieg 40/41 I el

Alabama: Bundesstaat in d. südöstl. USA 124 I Ne – 1819 als 22. Staat in d. Union aufgenommen 126 I Ec

Alaca: Ort u. Ruinenstätte in d. N-Türkei – Kulturzentrum d. Hethiter 23 III Fb

Alamannen: westgerman. Volksstamm – im 3. Jh. am oberen Main ansässig 50 II Ne – 746 endg. Unterwerfg. d. Hzm. Alamannien durch d. Franken 55 III Db

Alamo: ehem. span. Missionsstation bei San Antonio in d. südl. USA – 1836 vernichtende Niederlage d. Texaner im Unabhängigkeitskampf geg. d. Mexikaner 152 I Bab

Ålandinseln: finn. Inselgr. in d. Ostsee 176/177 I IJa – bis 1809 schwed. 112/113 IJa – 1809 russ. 132/133 IJa – 1921 entmilitarisiert u. neutralisiert an Finnland 137/138 I IJa – s. 1951 autonom 176/177 I IJa

Alanen: iran. Steppenvolk, ursprüngl. in ost- u. Mittelasien 50 I Fb – im 1.–4. Jh. W-Wanderg. 50 I Bc

Alarcos: ehem. Ort in S-Spanien – 1195 Sieg d. maur. Almohaden über d. Kastilier 62/63 I Bd

Alaska: Bundesstaat d. USA 188/189 I ABb – bis 1867 russ. 148 II BCa/TUa – 1867 v. USA gekauft, 1959 als 49. Staat in d. Union aufgenommen 124 I FHb – via Alaska US-amerikan. Interessengebiet im Nordpolarmeer 147 II

Albanien: Staat in SO-Europa 176/177 I IJe – heut. Staatsgebiet im 1. Jtd. v. Chr. von Illyrern besiedelt 23 IV Lf – 168 v. Chr. röm. 40/41 I Hd – 395 n. Chr. oströ m. 42 I Ebc – im 9./10. Jh. bulgar. 58 I DEc – um 1400 Beginn osman. Eroberg., 1443–68 erfolgloser Aufstand geg. osman. Herrschaft 79 II CDb – 1912/13 unabh., 1914 vorübergehend Fsm. 145 III GHb – 1918 Influenzaepidemie 83 V PQh – 1923 Festlegg. d. Grenze zu Griechenland, 1928 Kgr., 1939 v. Italienern besetzt u. in Pers.-Union mit Italien verbunden 137/138 I IJe – 1943 Auflösg. d. Pers.-Union, bis 1945 dt. Besetzg. 173 III DEc – 1946 Gründg. d. Volksrep. A. 176/177 I IJe – bis 1962 Mitgl. d. COMECON, bis 1968 Mitgl. d. Warschauer Paktes 186 I IJe – 1990 nach wirt. Zusammenbruch Beginn polit. Reformen, Zulassung unabh. Parteien, 1991 Massenflucht v. Albanern nach Italien, 1992 nach Wahlsieg d. demokrat. Opposition Ende der 45jährigen kommunist. Herrschaft 208 I

Alberta: Prov. in Kanada 124 I Kc

Albi: Stadt in S-Frankr. – im 12. Jh. Zentrum d. religiösen Bewegung d. Katharer, auch Albigenser genannt, 1209–29 Albigenserkriege: Verfolgg. u. Ausrottg. d. „ketzerischen" Albigenser 64 I Cb

Albuquerque: Stadt in d. südl. USA – amerikan. Atomforschungszentrum 127 III Cc

Alcalá: frühgeschichtl. Kulturzentrum im heut. S-Portugal 23 III Bc

Alcalá de Henares: Stadt in Mittelspanien – 1509 gegr. Univ. 90/91 Ee

Alcántara: Ort in W-Spanien – s. 1218 Stammsitz d. Ritterordens von A. 57 V Hf

Alcobaça: Ort in Portugal – 1148 gegr. Zisterz.-Abtei 57 V Hf

Aleppo ▸ Haleb

Aleria: Ort auf Korsika, Frankr. – im 6. Jh. v. Chr. als griech. Kolonie gegr. 29 IV Cb

Alesia: ehem. Stadt in Frankr. – 52 v. Chr. von röm. Truppen belagert u. erobert 41 II Qi

Alessandria: Stadt in N-Italien 142 I Bc – 1168 vom Lombard. Städtebund gegr. 62/63 I Dc, 68 I Cb

Aleuten: amerikan. Inselgr. im nördl. Pazif. Ozean 188/189 I RSc – im 17./18. Jh. russ. Besiedlg. 109 IV STb – 1867 zus. mit Alaska von d. USA gekauft 124 I DFc – 1942–43 teilw. v. Japanern besetzt 174 I Fa

Alexandreia: Name zahlreicher hellenist. Städte, meist v. Alexander d. Gr. gegr. 34/35 I

Alexandria: Hafenstadt in N-Ägypten 202/203 I Fb – 331 v. Chr. Gründg. Alexanders d. Gr., griech. Alexandreia 34/35 I Bb, 35 IV – im 3./2. Jh. v. Chr. Zentrum d. Hellenismus 35 IV – Hptst. d. Ptolemäerreiches 35 III Pe – 30 v. Chr. röm. 40/41 I Jf – bedeut. Handelszentrum 39 III Ec – frühchristl. Gemeinde und Patriarchat 42 II Mg – um 600 große jüdische Gemeinde 66 I Dc – 642 arab. 53 III Ec, – Handelspl. d. oberitalien. Seestädte 86 I Fe – 1517 osman. 79 II Ed – Juli 1831 Choleraepidemie 83 IV FGd – bis 1946 brit. Flottenstützpkt. 202/203 I Fb

Algarve: Prov. in S-Portugal – bis z. Eroberg. durch d. Portugiesen um 1250 arab. 62/63 I Ad – A. jenseits d. Meeres: 1415–1580 port. Besitz in Marokko 90/91 Df

Algeciras: Hafenstadt in S-Spanien – bis z. span. Eroberg. wichtiger arab. Stützpkt., 1344 v. kastil. Heer u. Flotte belagert u. erobert 62/63 I Ad, 84 I Bc – 1906 Konferenz beendet 1. Marokkokrise 154/155 I Df

Algerien: Staat in N-Afrika 188/189 I dIJ – Küstenplätze d. heut. Staatsgebietes im 12. Jh. v. Chr. unter phönik. Einfluss 23 IV KLg – im 4. Jh. v. Chr. zum karthag. Machtbereich 37 III CEcd – später Bildg. d. röm. Provinzen Numidia u. Mauretania Caesariensis 38 I BCc – im 5. Jh. n. Chr. Einbruch d. Wandalen 50 I CDc – 533 oströ m. 51 IV STl – im 7. Jh. Beginn arab. Eroberg. 53 III Cc – im 11.–13. Jh. unter Herrschaft d. Almoraviden u. Almohaden 64 I Cc – im 16. Jh. Kampf eindringender Spanier geg. d. Seeräuberei, 1519–1710 unter osman. Oberhoheit 90/91 FGfg, 112/113 FGfg – s. 1830 v. Franzosen erobert, 1832–47 Widerstand unter Führg. von Abd el-Kader 132/133 FGfg – 1918 Influenzaepidemie 83 V Oi – 1954–62 blutiger Unabhängigkeitskrieg geg. Frankr. 198 I Bb – 1962 unabh. Rep. 198 II EFgh, 199 III Db – 1976 Verfassungsreform z. demokr. Volksrep., 1991 blutige Zusammenstöße zwischen

Sicherheitskräften und erstarkenden islam. Fundamentalisten, 1992 nach Wahlsieg der Fundamentalisten Machtübernahme durch vom Militär kontroll. Staatsrat 202/203 I CDbc

Algier: Hptst. v. Algerien 198 II Fg – röm. Gründg. Icosium 40/41 I Ee – 935 arab. Neugründg. 58 I Cd – 1510 span. Besetzg., 1529 osman. Seeräuberstützpkt. 90/91 FI, 150 I Da – 1830 franz. Eroberg. 151 II Bb – 1834–1837 mehrere Choleraepidemien 83 IV Dd – im 2. WK Hauptquartier d. Alliierten Kommandos im Mittelmeerraum 172 I Cd

Alisar: Ruinenstätte in d. O-Türkei – Kulturzentrum d. Hethiter 23 III Fc

Aliso: ehem. röm. Leg.-Lager im heut. NRW, vermutl. an d. Lippe 49 V Bc

Aljubarrota: Ort in Portugal – 1385 Sieg d. Portugiesen über kastil. Heer sichert Unabh. d. port. Kgr. 84 I Bc

Alkmaar: Stadt in d. Niederlanden – Zentrum im niederländ. Freiheitskampf, 1573 erfolgreicher Widerstand geg. span. Belagerg. 99 II Ca

Allenstein (Olsztyn): Stadt in N-Polen 178 II bl – 1348 gegr., 1353 Magdebg. Stadtrecht 70 I Gd – 1772 preuß. 120/121 Kb – 1920 Volksabstimmg.: A. stimmt für Verbleib bei Deutschld. 166 I Kb – 1945 unter poln. Verwaltg. 178 I Ib – kath. Bistum seit 1972 181 II Ib

Allia: Nebenfluss d. Tiber in Mittelitalien – 387 v. Chr. Sieg d. Kelten über Römer 48 I Dc

Alma: Fluss auf d. Schwarzmeerhalbinsel Krim, Ukraine – 1853 Entscheidungsschlacht d. Krimkrieges 132/133 Le

Alma-Ata: Hptst. v. Kasachstan 192 I Ec – bis 1921 Wjerny 117 III Dc – Hptst. d. Kasach. Unionsrep. i. d. UdSSR, Atom- u. Raketenforschungszentrum 190 I Ec – Dez. 1991 Gründung d. GUS 192 I Ec

Almansa: Stadt in SO-Spanien – 1707 Schlacht: span.-franz. Sieg über habsburg. Heer im Span. Erbfolgekrieg 112/113 Ef

Almeria: Hafenstadt in S-Spanien – Neugründg. als Hafenstadt unter span. Herrschaft, bedeut. Handelszentrum u. Seidenherstellg. 62/63 I Dd, 68 I Bc – 1489 span. 90/91 Ef – 1937 dt. Flottenangriff im Span. Bürgerkrieg 137/138 I Ef

Almohaden: ehem. islam. Dynastie in N-Afrika u. S-Spanien – 1147 Sturz d. Almoraviden, bis 1236 Herrschaft über S-Spanien, 1269 von d. Mariniden unterworfen 64 I Cc, 62/63 I ABd

Almoraviden: ehem. islam. Dynastie in N-Afrika – 1147 von d. Almohaden gestürzt 64 I BCc

Alnwick: Ort in Großbritannien – im MA mehrf. v. Schotten belagert, 1174 Sieg d. Engländer über Schotten 62/63 I B

Alsen: dän. Insel in d. Ostsee – 1864 im dt.-dän. Krieg von dt. Truppen erobert 134 I Ea

Altamira: Höhle in N-Spanien – Fundort altsteinzeitl. Höhlenmalereien 18 II Kf

Alt-Calabar: 16.–18. Jh. bedeutender Sklavenmarkt ion Afrika 150 I Dd

Altdorf: Stadt in Bayern – 1622/23 Gründg. d. Univ. 97 III Fd

Altdorf: Ort in d. Schweiz – Schaupl. d. Tell-Sage 100 I Dc

Altenberg: Ort in NRW – 1133 gegr. Zisterz.-Kloster 57 V dl

Altenburg: Stadt in Thüringen – Stauferburg 62/63 I Ea – 1826 Hptst. d. Hzm. Sachsen-A. 134 I Gc

Altenesch: Ort in Niedersachsen – 1234 Niederlage d. Stedinger Bauern im „Ketzerkreuzzug" 64 I Ca

Altenkamp: ehem. Ort in NRW – 1123 Gründg. d. ersten Zisterz.-Klosters im Hl. Röm. Reich 57 V dl

Althen: mittelalterliches Dorf bei Leipzig 73 II

Alt-Ladoga: Burgwall in d. Russ. Föderation, östl. v. St. Petersburg – als Aldajgjuborg bekannter normann. Handels- u. Verwaltungspl. 54 II Mde

Altmark (Stary Targ): Stadt in N-Polen – 1629 schwed.-poln. Waffenstillstand 98/99 I Jb

Altmark: Landsch. in Sachsen-Anhalt – 965–1134 als Nordmark Teil d. Hzm. Sachsen, 1134 als Lehen an Markgraf Albrecht v. Brandenburg, Stammland d. Mark Brandenburg 6061 I Ib – s. d. 14. Jh. A. genannt 80 I Eb – 1807 z. Kgr. Westfalen 128/129 Hc – 1816 z. Prov. Sachsen 143 I Fb

Altomünster: Benedikt.-Kloster in Bayern – um 770 gegr. 70 I Bf

Altona: Stadtteil von Hamburg (seit 1937) – 1530 von den Grafen v. Schauenburg als Konkurrenz zu Hamburg gegr. Stadt, ab 1640 zum Königreich Dänemark gehörig, seit 1664 umfassende Handelsprivilegien, Recht freier Religionsausübung zieht viele Emigranten, vor allem Niederländer und portugiesische Juden an 97 IV Eb, 98/99 I Eb, 115 II Db – 1713 Brandschatzung durch die Schweden, dennoch Ende des 18. Jh. die zweitgrößte Stadt Dänemarks mit größerer Flotte als Hamburg 114 I Db, 120/121 Eb – bis 1866 dän. 134 I Eb – 1867 preußische Provinzhauptstadt 135 II Eb – 1918 Bildung eines Arbeiter- und Soldatenrates 164 I Db – 1933–1944 Sitz der Obergauführung Nordmark 168 II Cb

Altranstädt: Ort in Sachsen-Anhalt – 1706 Friede von A.: Karl XII. von Schweden zwingt August d. Starken v. Sachsen z. Verzicht auf d. poln. Krone 112/113 Hc

Altzella: ehem. Zisterz.-Kloster in Sachsen – 1162 gegr., bedeut. Kloster d. Mgft. Meißen 57 V Jd, 70 I Ce

Amalfi: Stadt in S-Italien – im 8. Jh. z. Hzm. Benevent, nach Einfall d. Langobarden oström. 55 III Ec – bedeut. Handelszentrum 86 I Cc – 1137 unter normann. Herrschaft 149 III Bb – 1233 gegr. Zisterz.-Kloster 57 V Je

Amaravati: um 200 Errichtung der Stupa (buddhist. Sakralbau) von A. mit reich komponierten Steinreliefs 44 II Lg, 45 IV Lg

Amarna, El: Ruinenstätte in Ägypten – Residenz d. Pharaonen Achet-Aton u. Echnaton 25 IV Bb

Amberg: Stadt in Bayern 180 I Dd – im MA Zentrum d. Eisenförderg. 92/93 Ec

Amboise: Stadt in Mittelfrankr. – 1563 Edikt von A. beendet 1. Hugenottenkrieg 90/91 Fd

Amiens: Industriestadt in N-Frankr. – kelt.-röm. Samarobriva 40/41 I Ec – im 13. Jh. Bau d. got. Kathedrale 62/63 I Cb – 1435–77 zu Burgund 89 IV Fe – im MA Zentrum d. Tuchherstellg. 92/93 Cc – 1802 Friede zw. Großbritannien u. Frankr. beendet 2. Koalitionskrieg 128/129 Fd

Amman: Hptst. v. Jordanien 202/203 I Gb – als Rabbath Ammon Hptst. d. Ammoniter, in hellenist. Zeit Philadelphia 43 III De – 635 v. Arabern erobert 53 III Fc – nach Bau d. Hedschas-Bahn Aufschwung z. Handelszentrum 154/155 I Mg

Ammon: alttestamentl. Staat im heut. Jordanien 43 III Dde

Ammonion (Oase Siwa) in griech. Zeit berühmtes Orakel libyscher Herkunft, befragt unter anderem durch Hannibal und Alexander d. Gr. 30/31 I Bc

Amoy: Hafenstadt in SO-China 196 III Mi – 1842 als Vertragshafen für d. Überseehandel geöffnet 194 I Eb – 1938–45 v. Japanern besetzt 174 I Cb, 174 II Jf

Amöneburg: Stadt in Hessen – 721 Klostergründg. d. Bonifatius 56 I Eb

Amorbach: Stadt in Bayern – um 700 gegr. Benedikt.-Kloster 57 IV Db

Amoy: Hafenstadt in SO-China 196 III Mi – 1842 als Vertragshafen für d. Überseehandel geöffnet 194 I Eb – 1938–45 v. Japanern besetzt 174 I Cb, 174 II Jf

Amphipolis: ehem. Stadt in N-Griechenland – 437 v. Chr. Kolonie Athens 32 I Ba – 422 v. Chr. von Spartanern erobert 33 III Fa – 357 v. Chr. makedon. 34/35 I Ba

Ampurias: Ruinenstätte in NO-Spanien – im 6. Jh. v. Chr. als griech. Kolonie Emporion gegr. 29 IV Cb – in d. Pun. Kriegen röm. Stützpkt., Emporiae 37 III Cb – später röm. Kolonie 40/41 I Ed

Amselfeld: Landsch. in Kosowo, Serbien – 1389 entscheidender osman. Sieg über Serben 84 I Eb – 1448 osman. Sieg über ungar. Heer 79 II Db – 1915 Sieg d. Mittelmächte über Serben 156 II Db

Amsterdam: Hptst. d. Niederlande 176/177 I Fc – 1369 Handelshof d. Hanse 87 III Bc – im 16. Jh. Einwanderg. jüd. Flüchtlinge aus Spanien u. Portugal, Aufstieg z. bedeut. Handelszentrum 90/91 Fc – 1602 Gründg. d. Ostind., 1621 d. Westind. Handelskompanie z. Ausdehng. d. niederländ. Kolonialhandels 99 II Ca – 1918 Influenzaepidemie 83 V Og

Amur-Provinz: südostsibir. Grenzgebiet zw. Russland u. China – 1689 chines. 109 IV Qb – 1858 russ. 117 III Gc

Anagni: Stadt in Mittelitalien – 1176 Vertrag von A : Friedrich I. erhält Anerkenng. als röm. Kaiser durch d. Papst 62/63 I Ec

Anatolien: Landsch. d. asiat. Türkei – s. 1360 Zentrum d. Osman. Reiches 79 II FGbc – 1920 Zentrum d. nationaltürk. Erhebg. unter Führg. v. Kemal Atatürk 137/138 I LMef

Ancón: Ort in Peru – 1883 Friede zw. Peru u. Chile beendet d. „Salpeterkrieg", Abtretg. peruan. Gebiete an Chile 152 I Bd

Ancona: Hafenstadt an d. Adria in Italien 142 I Dd – 390 v. Chr. von Syrakusern gegr., griech. Kolonie 36 II Ke – im 3. Jh. v. Chr. röm. 36 I Fd – 774 n. Chr. als Schenkg. Karls d. Gr. an d. Papst 55 III Ec – 1151–67 byzantin. Besetzg. 62/63 I Ec – 1348 Pestepidemie 82 II Gb – im 16. Jh. endg. z. Kirchenstaat 90/91 He – 1797 v. Franzosen besetzt 128/129 He

Ancud: Stadt in Chile 152 I Di – 1826 als einer d. letzten span. Stützpunkte in Südamerika geräumt 152 III

Åndalsnes: Ort in Norwegen – 1940 bei d. Landg. alliierter Truppen stark zerstört 172 I

Andalusien: Landsch. in S-Spanien – 15 v. Chr. als röm. Prov. Baetica kultur. Mittelpkt. d. Iber. Halbinsel 40/41 I CDe – 711 n. Chr. arab. 53 III Bbc – s. 1212 Eroberungsversuche durch Kastilier 84 I Bc – 1492 kastil. Eroberg. d. Kgr. Granada beendet maur. Herrschaft in Spanien 90/91 DEf

Andamanen: ind. Inselgr. im Ind. Ozean 188/189 I Ne – 1858 brit. 148 II Od – 1942–45 v. Japanern besetzt 174 I Bc

Andechs: Benedikt.-Kloster u. Burg in Bayern 60/61 I He

Andernach: Stadt in Rheinld.-Pfalz 180 I Bc – röm. Kastell Antunnacum 59 V Bc – 876 Sieg d. Ostfranken über d. Westfranken 55 III Da – 1167 als Schenkg. Kaiser Friedrichs I. Barbarossa an Ebm. Köln 62/63 I Da – 1957 Vereidigung d. ersten Bundeswehrsoldaten 180 I Bc

Andhra: ehem. Reich in S-Asien 47 IV LMhi

Andorra: Kleinstaat in d. Pyrenäen, unter gemeinsamer Souveränität d. franz. Staatspräsidenten u. d. span. Bischofs v. Urgel 176/177 I Fe – 1278–1589 unter Foix u. Urgel 89 IV Eh – s. 1589 unter Frankr. u. Urgel 90/91 Fe

Andrussowo: Ort in d. westl. Russ. Föderation – 1667 russ.-poln. Waffenstillstand 112/113 Lc

Angeln: german. Volksstamm, ursprüngl. in Schleswig-Holstein u. südl. Dänemark – im 5. Jh. W-Wanderg. 40/41 I Fa, 50 II MNd

Angelsachsen: Sammelname für german. Volksstämme ▸ Angeln, ▸ Jüten, ▸ Sachsen – im 4./5. Jh. aus d. heut. N-Deutschl. in England eingewandert 51 III Hg – im 7./8. Jh. angelsächs. Mission 56 I

Angers: Stadt an der Loire 68 I Bb

Angevinisches Reich: ehem. Herrschaftsgebiet d. Hauses Anjou-Plantagenet – im 12./13. Jh. England u. Teile v. SW-Frankr. umfassend 62/63 I

Anghelu Ruju: frühgeschichtl. Kulturzentrum auf Sardinien, Italien 23 III Cb

Angkor: Ruinenstätte in Kambodscha – im 9. Jh. als Hptst. d. Khmer-Reiches gegr., bedeut. Tempel- u. Palastanlage SO-Asiens, religiöses Zentrum v. Hindus u. Buddhisten 110 I Ec

Angola: Staat in SW-Afrika 188/189 I JKf – Küste d. heut. Staatsgebietes 1484 v. Portugiesen entdeckt, im 16. Jh. Beginn port. Kolonisation 151 II Bd – 1885 Festlegg. d. Grenzen von A. 151 III FGi – nach d. 2. WK verstärkte Einwanderg. v. Europäern, 1951 port. Überseeprov., s. 1961 Kampf für nationale Unabh. 198 I BCd, 199 III EFef – 1975 unabh. Volksrep., 1975–89 Bürgerkrieg, s. 1976 Regierung v. kuban. Truppen unterstützt 198 II FGi – Friedensschluss unter Vermittlung der UN 210/211 I

Angora ▸ Ankara

Angostura ▸ Ciudad Bolívar

Angoulême: Stadt in SW-Frankr. – 1203 Stadtrecht 62/63 I Cb – Hptst. d. Gft. A. 89 IV DEg

Anhalt: ehem. Land d. Dt. Reiches – s. d. 11. Jh. z. Herrschaftsbereich d. Askanier 80 I Legende – 1212 Fsm., häufige Teilungen d. anhalt. Besitzes 80 I EFbc – 1785 Eintritt v. drei Teilfürstentümern in d. Fürstenbund 130 I Legende – 1823/28 Zollanschluss an Preußen 136 II PQgh – 1863 Vereinigg. d. anhalt. Gebiete zum Hzm. A. 134 I FGbc, 143 I EFc – 1871 zum Dt. Reich 135 II FGbc – 1919 Freistaat 166 I FGbc – 1945 z. sowjet. Besatzungszone, 1947–52 u. s. 1990 Teil d. Landes Sachsen-A. 178 I Dc

Ani: Ruinenstätte in d. NO-Türkei – im 10. Jh. Hptst. v. Armenien, v. Mongolen zerstört 58 I Gc

Anjala: Ort in S-Finnland – 1788 Bildg. d. A.-Bundes durch schwed. u. finn. Offiziere z. Beendigg. d. schwed.-russ. Krieges u. Erlangg. d. finn. Unabh. 112/113 Ka

Anjou: Landsch. in W-Frankr. – im MA bedeut. franz. Dynastien, A.-Plantagenet: um 1100 Gft., 1044 Eroberg. d. Gft. Touraine, 1110 d. Gft. Maine 60/61 I BCe – s. 1154 Könige v. England, 1205 nach Zusammenbruch d. ▸ Angévin. Reiches an franz. Krone 62/63 I BCac – A. ältere Linie: 1246 begründet, 1246 Erwerb d. Gft. Provence 59 Cb, 1266 Kgr. Sizilien 62/63 I EFd, 1266 Kgr. Neapel 84 I Dbc, 1278 Fsm. Achaia 84 I Ec, 1308 Kgr. Ungarn 84 I DEb, 1370 Kgr. Polen 4 I DEa – A. jüngere Linie: 1356 begründet, 1480 an franz. Krone 89 IV Df

Ankara: Hptst. d. Türkei 176/177 I Lf – in d. Antike an d. Pers. Königsstraße, griech. Ankyra 30/31 I Cb, 34/35 I Cb – 25 v. Chr. Hptst. d. röm. Prov. Galatia, Ancyra 40/41 I Ke – im 4. Jh. n. Chr. Entwicklg. z. kirchl. Zentrum 42 I Fc – im 7./8. Jh. Einfall d. Araber 53 III Fc -1361 als Angora (65 III Ec) osman. 84 I Fc –1402 Sieg d. Mongolen unter Timur Leng über osman. Heer 79 II Fc – 1920 türk. Nationalversammlg., 1923 nach Ausrufg. d. Rep. durch Kemal Atatürk Hptst. 137/138 I Lf

Anklam: Stadt in Mecklenburg-Vorpommern – im 13. Jh. Lüb. Stadtrecht 70 I Cd – um 1283 Hansestadt 87 III Dc – 1989 DDR-Protestbewegung 184 I Cb

Annaba: Hafenstadt in NO-Algerien 202/203 I Db – im 12. Jh. v. Chr. phönik. Handelspl. Hippo Regius 29 IV Cc – 201 v. Chr. Residenz d. Könige v. Numidien 37 III Dc – 430 n. Chr. von Wandalen erobert u. geplündert 50 I Cc – im 7. Jh. v. Arabern besetzt 53 III Cc – (Bona) 1034 als Seeräuberstützpkt. v. Genuesen eingenommen 59 I Bc – 1535 span., 1540 osman. 90/91 Gf – 1832 franz. Eroberg., Bône 154/155 I Gf

Annaberg: Stadt in W-Polen – 1921 Sieg d. dt. Freikorps über poln. Aufständische nach dt. Abstimmungssieg in Oberschlesien 166 I IJc

Annam: ehem. Kaiserr. in SO-Asien – 968 von Dinh-Tien Hoang gegründet 77 III Legende, zuvor seit 111 überwiegend unter chin. Oberhoheit 77 V Acd – 1294 v. Mongolen unterworfen 78 I Jef – 1413–1428 kurzfristig unter chin. Hoheit 77 IV Kij – 1666 chines. Vasallenstaat 110 I Ebc – 1884 zu Franz.-Indochina 194 I Ec

Ansbach: Stadt in Bayern – im 8. Jh. gegr. Benedikt.-Kloster 70 I Bf – s. 1385 Residenzstadt 80 I Ed

Ansbach: ehem. fränk. Fsm. d. Hohenzollern in Bayern – durch Teilg. d. Burggft. Nürnberg entstanden 94/95 I Fd – 1791 preuß. 130 I Cc – 1806 bayr. 131 III Ld

Antalya: Stadt in d. S-Türkei 176/177 I Lf – um 150 v. Chr. als Attaleia gegr., 79 v. Chr. röm., Attalia 40/41 I Ke – im 12. Jh. Festg. d. Kreuzfahrer 64 I Fc – venezian. Handelsstützpkt. Adalia 86 I Gd – 1423 osman. 84 I Fc – 1919–21 v. Italienern besetzt 137/138 I Lf

Antiochia: ehem. Stadt in d. SO-Türkei – um 300 v. Chr. gegr., griech. Antiocheia 34 II Je – Hptst. d. Seleukiden 35 III Qe – 64 v. Chr. röm., Hptst. d. Prov. Syria 40/41 I Le – frühchristl. Gemeinde 66 I Dc – Patriarchat 42 II Ng – Missionsreisen d. Apostels Paulus 43 IV, V – 638 n. Chr. arab. 53 III Fc – 969 byzantin. 58 I Fd – 1098 v. Kreuzfahrern erobert, Hptst. d. Fsm. A. 65 II Ba – 1516 als Antakie osman. 79 II Gc

Antiochia: ehem. Fsm. in Syrien – 1098 bis 1268 Kreuzfahrerstaat 65 II Ba

Antium: ehem. Stadt in Mittelitalien – 338 v. Chr. röm. Kolonie 36 II Jg

Antofagasta: Hafenstadt in Chile – 1884 v. Bolivien an Chile abgetreten 152 I Dg

Antwerpen: Hafenstadt in Belgien 176/177 I Fc – 1291 Stadtrecht 68 I Ca – 1315 Niederlassg. d. Hanse 87 III Bc – 1430 burgund. 89 IV Gd – um 1500 bedeut. Bank- u. Handelszentrum Europas, Wolltuchverarbeitg. 92/93 Dc – 1576 Plünderg., 1585 Eroberg. durch d. Spanier 99 II Cb – 1795–1814 franz., neuer wirtschaftl. Aufschwung 128/129 Fc, 139 III, IV Cc – im 1. u. 2. WK Kriegsschaupl. 156 II Ba, 173 III Cb

Anual: Ort in N-Marokko – 1921 Niederlage d. Spanier geg. d. aufständ. Rif-Kabylen unter Führg. von Abd el-Krim 137/138 I Efg

Anuradhapura 44 I Ed, 74 I DEd

Anxi 77 IV Jg

Aosta: Stadt u. autonome Region in N-Italien 176/177 I Gd – 25 v. Chr. röm. Kolonie Augusta Praetoria 36 I Cc – 1191 zu Savoyen 62/63 I Db – 1860 Savoyen franz., A. verbleibt bei Italien 142 I Ac – s. 1948 autonom 176/177 I Gd

Apollinopolis Magna: ehem. Stadt in N-Ägypten – Horustempel 25 IV Cb

Apollonia: ehem. Stadt in Albanien – 588 v. Chr. griech. Kolonie 29 IV Db – 229 v. Chr. unter röm. Schutz, 214 v. Chr. Abwehr d. makedon. Angriffs durch Römer 37 III Fb

Appenzell: Stadt u. Kanton in d. Schweiz – 1513 zur Eidgen. 72 I Eb

Appomattox: Stadt in d. östl. USA – 1865 Kapitulation d. konföderierten Armee beendet d. Sezessionskrieg 125 IV Jf

Apulien: Landsch. in SO-Italien – v. Apulern besiedelt 36 II Mgh – im 4. Jh. v. Chr. röm., Apulia 36 GHe – unter Kaiser Augustus mit Kalabrien vereinigt, Apulia et Calabria 40/41 I Hd – im 11. Jh. normann. Eroberg. 149 III Cb – 1130 z. Kgr. Sizilien, s. 1194 unter d. Staufern wachsende kulturelle Bedeutg. 62/63 I Fc

Apulum ▸ Karlsburg

Aquae Sextiae ▸ Aix-en-Provence

Äquatorialguinea: Staat in W-Afrika 188/189 I Je – heut. Staatsgebiet bis 1968 span. Überseeprov. Span.-Guinea 198 I Bc – 1968 unabh. Rep. 198 II Fh, 199 III DEde

Aquila 68 I Db

Aquileja (Aquileia): Stadt in NO-Italien – 181 v. Chr. als röm. Kolonie Aquileia gegr. 38 I Db – frühchristl. Gemeinde 42 II Lf – 452 n. Chr. von Hunnen zerstört 50 II Oe – s. d. 6. Jh. Patriarchat 80 I Fef – 81 II Cb – 1421 zu Venedig – 1751 Auflösg. d. Patriarchats 120/121 Gf

Aquilonia: ehem. Stadt in S-Italien – 293 v. Chr. Sieg d. Römer über Samniten 36 Ge

Aquincum ▸ Budapest

Aquitanien: Landsch. in SW-Frankr. – 52 v. Chr. röm. Prov. Aquitania 40/41 I DEcd – 418 n. Chr. Unterwerfg. durch d. Westgoten 50 I BCb – 507 fränk. 54 I BCbc – im 7. Jh. weitgehend selbst. Hzm., 732 Einfall d. Araber 53 III Cb – 769 karoling. Unterkönigtum 55 III Cb, 55 IV–V – im 12./13. Jh. als Guyenne Teil d. Angevin. Reiches 62/63 I Cb – 1453 zu Frankr. 89 IV DEg

Arabien 199 III Hb ▸ Saudi-Arabien

Aragón: Landsch. in SO-Spanien – 713 unter arab. Herrschaft 53 III Bb – 1035 Kgr. 58 I Bc – 1137 Vereinigg. mit Katalonien 62/63 I Cc – 1229 Erwerb d. Balearen, 1282 Sizilien, 1297/1326 Sardinien 84 I BDbc – 1479 Vereinigg. mit Kastilien zu Spanien 90/91 EFef

Arakan 75 V M fg

Aralsk: Stadt am Aralsee in Kasachstan – 1945–91 Atom- u. Raketenforschungszentrum d. UdSSR 190 I Ec

Aram: alttestamentl. Name für d. Kerngebiet d. heut. Syriens 43 III Eb

Aranjuez: Stadt in Mittelspanien – s. 1575 Sommerresidenz span. Könige 90/91 Ee – 1808 Ausgangspkt. d. Erhebg. geg. d. Franzosen 128/129 Eef

Araukaner: indian. Volk im heut. Chile u. Argentinien 106 II Df

Arboga: Stadt in Schweden – s. d. 15. Jh. Ort zahlreicher schwed. Reichs- u. Kirchentage 87 III Eb

Archangelsk: Hafenstadt in d. nordwestl. Russ. Föderation 192 I Db – 1584 gegr. 104/105 I La – bis z. Gründg. v. St. Petersburg 1703 wichtigster Meereshafen Russlands, Zentrum d. russ. Handels mit W-Europa 117 III Cb

Arcis-sur-Aube: Stadt in Frankr. – 1814 Niederlage d. franz. Truppen unter Napoleon I. geg. alliierte Armee 128/129 Fd

Arcole: Ort in N-Italien – 1796 franz. Sieg über österr. Heer 131 II Df

Ardahan: Stadt in d. NO-Türkei –1878–1917 russ. 154/155 I Ne

Arelate ▸ Arles

Arene Candide: Höhle in NW-Italien – Funde aus vorgeschichtl. Zeit 19 III Cb, 19 IV Kf

Arezzo: Stadt in Italien 68 I Db– als Arretium bedeut. etrusk. Stadt 36 II el – 225 v. Chr. röm. 36 Ed – im 2. Pun. Krieg röm. Stützpkt. 37 III Eb – Zentrum d. Tonwarenherstellg. 39 III Db

Argentinien: Staat in S-Amerika 188/189 I FGgh – heut. Staatsgebiet bis z. span. Eroberg. Siedlungsgebiet d. Patagonier u. Araukaner 106 II DEfg – im 16 Jh. Beginn span. Kolonisation 104/105 I FGfg – 1810 Aufstand geg. span. Kolonialherrschaft, 1816 unabh., d. in Patagonien siedelnden Indianer bewahren bis um 1880 ihre Selbstständigkeit 148 I GHf – 1825 Bildg. d. Argentin. Konföderation, 1853 Bundesrep. A., 1865–70 Krieg geg. Paraguay, s. 1946 Durchführg. wirtschaftl. u. sozialer Reformen unter Staatspräsident Perón, s. 1955 zahlreiche Militärputsche, 1974–83 Militärdiktatur 152 I DEg–j

Argentorate ▸ Straßburg

Arginusai-Inseln: türk. Inselgr. an d. W-Küste v. Kleinasien – 406 v. Chr. Seeschlacht, letzter Sieg d. Athener im Peloponnes. Krieg über spartan. Flotte 33 III Hb

Argos: Stadt in Griechenland, Peloponnes Zentrum d. Landsch. Argolis, in d. Perserkriegen neutral 31 III Cc – zeitw. Bundesgenosse d. Athener im Kampf geg. d. Spartaner 32 I Bc – 146 v. Chr. röm., Argus 40/41 I el

Arguin: mauretan. Insel im Atlant. Ozean – 105 III Bb – 1685–1721 brandenburg.-preuß. Kolonie 109 IV IJc

Arica: Hafenstadt in Chile – 1883–1929 zw. Chile und Peru umstritten 152 I Df – 1976 bolivian. Freihafen 153 IV Df

Arikamedu 45 III DEc

Arizona: Bundesstaat in d. südwestl. USA 124 I Ka – 1912 als 48. Staat in d. Union aufgenommen 126 I Bc

Arkadien: Landsch. in Griechenland, Peloponnes – Ausgangsgebiet d. achäischen Kolonisation 29 IIV Legende – Mitgl. d. Peloponnes. Bundes 32 I ABc

Arkansas: Bundesstaat in d. südl. USA 124 I Me – 1836 als 25. Staat in d. Union aufgenommen 126 I Dc

Arles: Stadt in S-Frankr. 68 I Cb – um 50 v. Chr. röm. Neugründg. Arelate 40/41 I Ed – röm. Flottenstützpkt. u. Residenz, Zentrum d. Getreidehandels mit Italien 39 III Cb – seit dem 3. Jh. n. Chr. als Bistum nachgewiesen, seit dem 5. Jh. Erzbistum 55 III Cc, 81 II Ac – Hptst. d. Kgr. Burgund (Arelat) 58 I Cc – 1251 z. Provence 62/63 I Cc – 1481 zu Frankr. 89 IV Gh

Armagh: Stadt in Nordirland, Großbritannien – im 5. Jh. gegr. iroschott. Kloster geistl. Zentrum Irlands 42 II Be, 56 I Bb – im 9. Jh. v. Normannen erobert 54 II el

Armagnac: Landsch. in SW-Frankr. – bis 1607 Gft. 89 IV Eh

Armenien: Staat in Vorderasien 192 I Dcd – im 6. Jh. v. Chr. unter pers. Oberhoheit 30 II CDab – 114–117 n. Chr. röm. Eroberg., Armenia 38 I Gc – 395 zw Oström. u. pers. Reich d. Sassaniden (Regnum Sassanidarum) geteilt 42 I FGbc – im 7. Jh. unter arab. Herrschaft 53 III Gc – 52 II Legende – Kämpfe zw. Arabern u. Byzantinern um A. führen 1081/82 z. Gründg. eines zweiten armen. Reiches in d. heut. S-Türkei, Klein-A. 65 II ABa – 65 III EFc – im 16. Jh. größtenteils z. Osman. Reich 79 II Hc – im 19. Jh. osman.-russ. Auseinandersetzungen um A., Entstehg. einer armen. Nationalbewegg., Verfolgg. d. armen. Bevölkerg. durch Türken, 1915 türk. Massaker an Armeniern 154/155 I MNf – 1918 unabh. Rep. 156 III Kef – 1920 z. T. erneut türk., nördl. Teil sowjet. besetzt, 1922–36 zur Transkaukas. SFSR 137/138 I Nef – 1936–91 Unionsrep. d. UdSSR 190 I Dc – 1989/90 sowjet. Intervention, 1990 Souveränitätserklärg., 1991 unabh. Rep. 192 I Dcd

Arnheim (Arnhem): Industriestadt in d. Niederlanden 178 I Abc – 1441 Mitgl. d. Hanse 87 III Cc – Sept. 1944 bei d. brit. Luftlandg. stark zerstört 173 III Cb

Arnstadt: Stadt in Thüringen – 1989 Demonstrationen gegen das DDR-Regime 184 I Bc

Arras: Stadt in N-Frankr. 68 I Ca – im 5./6. Jh. Bm. 55 III Ca – um 900 zu Flandern 60/61 I Dc – 1237 Hptst. d. Gft. Artois 89 IV Fd – 1659 franz.

Arta: Stadt in W-Griechenland – im 7. Jh. v. Chr. griech. Kolonie Ambrakia 29 IV Ec – im Peloponnes. Krieg mit Sparta verbündet 33 III Eb – 1449 osman. 84 I Ec – 1822 osman. Sieg über griech. Freischaren 145 II Cc

Artaxata: ehem. Stadt im heut. Armenien – im 2. Jh. gegr. Hptst. v. Armenien, v. Römern zerstört 40/41 I Me

Artemision: Kap an d. N-Spitze d. griech. Insel Euböa – 480 v. Chr. Seeschlacht zw. Griechen u. Persern 31 III Cb

Artois: Landsch. in N-Frankr. – 1237 Gft., 1384 zu Burgund 89 IV Fd – 1477/93 habsburg. 94/95 I Bc – bis 1659 zu d. Span. Niederlanden 98/99 I Bc – 1659/78 franz.

Aruak: indian. Volksstamm in S-Amerika 106 II Cb/Dc

Arverner: kelt. Volksstamm – 121 v. Chr. von Römern unterworfen 48 I Cc – 52 v. Chr. Übernahme d. Führg. im Aufstand d. Gallier geg. d. Römer 41 II Pi

Ascension: brit. Insel im südl. Atlant. Ozean 188/189 I fl – 1502 v. Portugiesen entdeckt 104/105 I le – s. 1815 brit. 148 I Je

Aschaffenburg: Stadt in Bayern 180 I Cd – Ende 12. Jh. Stift A. zu Ebm. Mainz 60/61 I Eg – im 16. Jh. 2. Residenz 94/95 I Ed – 1803–10 Hptst. d. Fsm. A. 131 II Cd

Aschaffenburg : ehem. Fsm. in Bayern – 1803 Besitz d. Kurerzkanzlers, 1806 d. Fürstprimas 131 II Ccd, 131 III Legende

Aschanti: westafrikan. Volksstamm in Ghana – im 17.–19. Jh. selbst. Reich, 1896 endg. v. Briten unterworfen 151 II ABc

Aschchabad: Hptst. v. Turkmenistan 192 I Dd – Industriezentr. d. Turkmen. SSR 190 I Dd

Ascoli: Stadt in Mittelitalien – 268 v. Chr. von Römern erobert, Asculum 36 II Kf – als Bm. zum Hzm. Spoleto 55 III Ec – 1502 z. Kirchenstaat

Aserbaidschan: Staat in Vorderasien 192 I Dcd – bis 300 v. Chr. zu Medien, Atropatene genannt 34/35 I Db – als Atropatenisches Medien selbst. Satrapie d. Seleukidenreiches 35 III Re – in d. Antike im wesentl. Albania genannt 40/41 I Nd – im 7. Jh. arab. 53 III Hc – 1603 osman. 79 II Ic – im 19. Jh. zw. Russland u. Persien geteilt, 1918 unabh. Rep. 156 III Ke – im russ. Bürgerkrieg 1918/20 v. brit. Truppen besetzt 158 I Dcd – 1922–36 zur Transkaukas. SFSR 137/138 I Oe – 1936–91 Unionsrep. d. UdSSR 190 I Dcd – s. 1988 Nationalitätenkämpfe um armen. Enklave Berg-Karabach, 1991 unabh. 192 I Dcd

Asia: ehem. röm. Prov. in d. heut. W-Türkei 40/41 I Je

Asiago: Ort in N-Italien – 1916 Einnahme von A. leitet österr.-ungar. Offensive geg. Italien ein 156 II Cb

Asir: Landsch. u. Prov. im südwestl. Saudi-Arabien 202/203 I Hcd – 1914–20 unabh. Emirat 160/161 I Ld

Askalon: Ruinenstätte in Israel – um 1200 v. Chr. von Philistern gegr. Stadtstaat 43 III Be – frühchristl. Gemeinde 42 II Ng – 1153–1247 im Besitz d. Kreuzfahrer, 1270 v. Mameluken zerstört 65 II Ab

Askanier: dt. Dynastie – bis 1319 Markgrafen v. Brandenburg 80 I Legende

Asmara: Stadt in N-Äthiopien – Hptstd. v. Eritrea 198 II Gh

Asow: Stadt an der Donmündg. in Russland – griech. Kolonie Tanais 29 IV Fb – als Tana 1204 venezian., 1261 genues. Handelsstützpkt. 86 I Hb – 1471 osman. 79 II Ga – 1739 russ. 112/113 Md

Aspern: Ortsteil v. Wien, Österr. – 1809 erste Niederlage d. Franzosen unter Napoleon I. geg. d. Osterreicher 128/129 Id

Aspromonte: Berg in S-Italien – 1862 Niederlage d. italien. Freischärler unter Garibaldi geg. königl. Truppen 142 I Ef

Assab: Stadt in N-Äthiopien – 1882 Ausgangspkt. d. italien. Expansion in O-Afrika 151 II Dc

Assam: Bundesstaat in NO-Indien 75 V Mf – bis z. 18. Jh. unter burmes. Herrschaft 110 II Kf – 1824 brit. 194 I Db

Assassinen: ehem. islam. polit. Geheimbund – um 1090 gegr., ursprüngl. in Persien ansässig, später Einflussnahme in Syrien u. Palästina 52 II Mgh (Legende), im 13. Jh. Vernichtg. d. Bundes durch d. Mongolen 65 II Ba

Assisi: Stadt in Italien – altumbrische Siedlg., latein. Asisium 36 I Fd – frühchristl. Gemeinde 42 II Lf – im 13. Jh. Gründg. d. Franziskanerordens durch Franz v. Assisi

Assiut 150 I Gb

Assuan: Stadt in S-Ägypten 198 II Gg. – im 6. Jh. v. Chr. von Juden gegr. Siedlg., griech. Syene, bedeut. Granitvorkommen Altägyptens 25 IV Cb – 1959–70 Errichtg. d. A.-Staudammes 202/203 I Gc

Assur: Ruinenstätte in Irak – bis z. 9. Jh. v. Chr. Hptst. v. Assyrien 23 IV Og

Assyrien: ehem. Reich in Vorderasien – um 1100 v. Chr. Ausdehng. d. Assyr. Reiches bis z. Mittelmeer 22 II Ml – Aufstieg z. Großmacht 23 IV Legende – im 7. Jh. v. Chr. nach Eindringen d. Meder u. Babylonier Bedeutungsrückgang 30 II CDb, 30/31 I Cb, 30 II CDb – 115–117 n. Chr. röm. Prov. Assyria 40/41 I Mef

Asti: Stadt in N-Italien – 1387 als Gft. z. Haus Orléans – ma. Handelszentrum, Weinanbau 92/93 Ed – 1575 zu Savoyen 94/95 I Ef

Astrachan: Stadt an d. Wolgamündung in d. Russ. Föderation 191 III Dc – 1485–1556 Hptst. d. Tataren-Chanats A., im 19. Jh. Entwicklg. z. bedeut. Hafen im asiat.-russ. Handel, russ. Flottenstützpkt. 117 III Cc

Asturien: Landsch. in NW-Spanien – um 20 v. Chr. Unterwerfg. d. keltiber. Asturer durch d. Römer 40/41 I Cd – von Arabern nicht unterworfen, Ausgangsgebiet d. späteren Reconquista 53 III Bb – 52 I Legende – 722 christl. Kgr. 55 III Bc – 925 Teil d. Kgr. León 62/63 I ABc

Asunción: Hptst. v. Paraguay 152 I Fg

Athen: Hptst. v. Griechenland 176/177 I Jf – im 13. Jh. v. Chr. Siedlg. am Fuß d. Akropolis – Entwicklg. z. Stadtstaat, altgriech. Athenai 29 III Bc – Beteiligg. am Ion. Aufstand löst Krieg geg. d. Perser aus 30/31 I Bb, 480 v. Chr. Zerstörg. d. Stadt 31 III Cc – 477 v. Chr. nach Gründg. d. Att. Seebundes wirtschaftl. u. polit. Vormachtstellg. im östl. Mittelmeerraum 32 I Bc – im 4. Jh. v. Chr. Zentrum d. antiken Griechenlands 33 IV – Machtkämpfe mit Sparta führen z. Peloponnes. Krieg u. polit. Niedergang 33 III Fc u. – 86 v. Chr. röm., Athenae 40/41 I el – urchristl. Gemeinde 42 II Mg – 395 n. Chr. oström. 42 I Ec – 529 Schließg. d. Akademie bedeutet Ende d. Zeitalters d. Antike 51 IV Ul – 1205 Errichtg. d. Hzm. A. durch Kreuzfahrer, im 13. Jh. Städtewachstum 68 I Ec – 1394–1402 venezian. 86 I Ed – 1458 osman. 79 II Dc – 1718 v. Venezianern zerstört 112/113 Jf – s. 1835 Hptst. v. Griechenland 145 II Cc – 1896 Austragungsort d. ersten Olymp. Spiele d. Neuzeit 145 III Hc

Äthiopien: Staat in O-Afrika 188/189 I KLe – heut. Staatsgebiet im 4. Jh. ältestes christl. Kgr. Afrikas, auch Abessinien genannt, im 16. Jh. Abwehr arab.-islam. Eroberungsversuche mit Unterstützg. d. Portugiesen 104/105 I Kd – 150 I GHc – 1889–96 italien. Protektorat, Ausdehng. d. äthiop. Reiches 151 II CDc – 1936–41 v. Italien annektiert 160/161 I KLd – 1962 Eingliederg. v. Eritrea 198 I CDc – 1974 Militärputsch, 1975 Abschaffg. d. Monarchie, Ausrufg. d. Rep., Kämpfe in d. Prov. Eritrea z. Erlangg. d. Unabh., 1977–78 Krieg geg. Somalia um d. Prov. Ogaden, 1987–91 sozialist. Volksrep., Verschärfung d. Bürger- u. Sezessionskrieges, andauernder Bürgerkrieg rivalisierender Rebellengruppen 198 II GHh, 199 III GHcd

Athos: Berg u. Halbinsel in N-Griechenland – s. d. 10. Jh. autonome Mönchsrep. 145 II Cb

Atjeh: Prov. auf Sumatra, Indonesien – im 16./17. Jh. selbstst. islam. Sultanat 110 I Dc – 1907 nach langen Kämpfen von d. Niederländern eingenommen 194 I Dc

Atlanta: Industriestadt in d. südöstl. USA 127 III Ec – 1864 entscheidender Sieg d. Unionstruppen über d. Konföderation im Sezessionskrieg 125 IV fl

Attergau: Landsch. in Österr. – 1525 Zentrum im Bauernkrieg 96 I DEc

Attigny: Ort in N-Frankr. – um 800 fränk. Pfalz 55 III Cb

Attika: Halbinsel in Mittelgriechenland – Kernland d. Stadtstaates Athen 29 III Bbc, 31 III Cbc

Attischer Seebund: ehem. Vereinigg. griech. Stadtstaaten – 477 v. Chr. unter Führg. Athens als Offensivbündnis geg. d. Perser gegr., um 469 v. Chr. nach d. Sieg d. Seebundes über Perser Beitritt zahlreicher Städte an d. W-Küste Kleinasiens – Aufstände d. Bundesmitglieder geg. athen. Macht- und Wirtschaftspolitik, 404 v. Chr. nach Ende d. Peleponnes. Krieges Zerfall d. Bundes 32 I

Auckland-Inseln: neuseeländ. Inselgr. im südl. Pazif. Ozean 188/189 I QRh

Auerstedt: Ort in Thüringen – 1806 bedeutender Sieg d. Franzosen unter Napoleon I. über d. Preußen 128/129 Hc

Augsburg: Stadt in Bayern 68 I Db, 180 I Dd – röm. Leg.-Lager Augusta Vindelicum 49 V Dd – 955 erfolgreiche Abwehr d. ungar. Angriffs 60/61 I Hd – 1276 Reichsstadt 80 I Ed – im 15. Jh. Aufstieg z. bedeut. Kunst- u. Gewerbezentrum, Fernhandel 92/93 Ec – 1524 Zentrum im Bauernkrieg 96 I Cb – 1530 u. 1548 Reichstage z. Beilegg. d. Glaubensspaltung, 1555 A.er Religionsfriede: Anerkenng. d. kathol. u. evangel.-luther. Glaubens als gleichberechtigt 94/95 I Fd – im 30-jährigen Krieg stark zerstört 98/99 I Fd – 1805 bayr. 131 III Ld – November 1918 Bildung eines Arbeiter- und Soldatenrates 164 I Ed – besonders schwere Ausschreitungen in der Reichspogromnacht 1938 170 II – im Dritten Reich Gauhauptstadt Schwaben 169 III Dd – wichtiger Standort der deutschen Aufrüstung der 1930er Jahre 169 IV Di

Augsburg: Bm. in Bayern – vermutl. im 4. Jh. gegr. 56 I Fc – größte Bedeutg. z. Zt. d. Salier 60/61 I Hd – blieb von der Pest 1348/49 weitgehend verschont 82 I Db – bis 1803 reichsunmittelbar, 1803 bayr. 131 II Dde

Augusta Raurica: ehem. Stadt in d. Schweiz – 44 v. Chr. als röm. Kolonie gegr. 40/41 I Fc – als Colonia Augusta Rauricorum Handelszentrum, v. Alamannen zerstört 49 V Be

Augusta Treverorum ▸ Trier

Augusta Vindelicum ▸ Augsburg

Aurich: Stadt in Ostfriesland – Sitz der obersten Kirchenbehörde der Evangelisch-reformierten Kirche in Nordwestdeutschland 181 III Bg

Aurignac: Höhle in S-Frankr. – altsteinzeitl. Fundort 18 II Lf (Legende: 9)

Aurillac: Stadt in Mittelfrankr. – im 9. Jh. gegr. Kloster 60/61 I Df

Auschwitz (Ogwiecim): Stadt in SW-Polen – 1941-45 Vernichtungslager 170 I Jcd, 171 IV Nfg, 172 II Dc – durch Massenvernichtung von mehr als 4 Mio. Juden zum Symbol d. nat.-soz. Holocaust geworden 178 I Hd

Äußere Mongolei ▸ Mongolei

Aussig (Ustí nad Labem): Industriestadt in d. Tschech. Rep. 180 I Ec – im 13. Jh. Magdebg. Stadtrecht 70 I De – 1426 v. Hussiten erobert 80 I Gc

Austerlitz (Slavkov u Brna): Stadt in d. Tschech. Rep. – 1805 entscheidender Sieg d. Franzosen über österr.-russ. Heer 128/129 Id

Australien: Staat u. Erdteil 188/189 I OQfg – im 17. Jh. v. Niederländern entdeckt, Neu-Holland genannt 104/105 I O–Qef – 1788 Beginn brit. Kolonisation, Ansiedlg. v. Strafgefangenen, erste Kolonie Neu-Südwales, Verdrängung der Ureinwohner, den Aborigines, s. Mitte d. 19. Jh. Erforschg. d. von Jägern u. Sammlern besiedelten Landesinneren durch Europäer 148 I PRef – 1901 Zusammenschluss d. Kolonien z. Austral. Bund, brit. Dominion 148 II PQRef – Eintritt in d. 2. WK auf seiten Großbritanniens 175 III Hlef – 1942–45 große Verluste im Krieg geg. Japan 174 I DEd, 174 II KLh – s. 1945 wachsender Einfluss im südostasiat. Raum 204/205 I OQfg

Autun: Stadt in O-Frankr. – latein. Augustodunum 40/41 I Ec – s. d. 3. Jh. Bm. 55 III Cb – 532 Schlacht: fränk. Sieg über Burgunder 54 I Cb

Auvergne: Landsch. in SO-Frankr. – 121 v. Chr. Unterwerfg. d. kelt. Arverner durch d. Römer 48 I Cc – als Gft. im 12. Jh. z. Angevin. Reich 52/63 I Cb – 1360 Hzm. 89 IV

Auxerre: Stadt in Mittelfrankr. – s. d. 4. Jh. Bm. 55 III Cb – Hptst. d. Gft.A., 1435 burgund., 1477 franz. 89 IV Ff

Ava: ehem. Stadt in Myanma – alte Hptst. von Burma 110 II Kf

Aversa: Stadt in S-Italien – 1030–61 normann. Gft. 149 III Bb

Avignon: Stadt in S-Frankr. – s. d. 5. Jh. Bm. 55 III Cc – 81 II Bc – 1303 Gründg. d. Univ. 81 III He – 1309 Residenz d. Exilpäpste 80 I Bg – s. 1348 päpstl. Besitz 84 I Cb – 1380/86 frz. Nationalsynode zur Beilegung des großen Schismas 85 II Cc – im MA Einführg. d. Seidenherstellg. aus Italien, Weinanbau 92/93 Dde – 1475 Ebm. 90/91 FGe – 1791 v. Franzosen besetzt, 1797 nach Verzicht d. Papstes zu Frankr.

Avila: Stadt in Mittelspanien – strateg. bedeut. Festg. in d. Kriegen geg. d. Araber, Residenz kastil. Könige 62/63 I Bc – im 14./15. Jh. bedeutende jüdische Gemeinde 88 I Cb

Aviz: Ort in Portugal – Stammsitz d. Ritterordens von A., 1166 gegr. 57 V Hf

Avranches: Stadt in NW-Frankr. – nach Landung Juli 1944 entscheidender Sieg d. Alliierten an d. dt. W-Front 173 III Bc

Awaren: asiat. Nomadenvolk – im 5./6. Jh. in d. Schwarzmeergebiet eingewandert 51 IV Uk – Unterwerfg. zahlreicher slaw. Völker, im 6. Jh. Errichtg. d. A.-Reiches im heut. Ungarn u. O-Österr. 53 III DEb – um 790 Vernichtg. durch d. Franken unter Karl d. Gr. 55 III FGb

Axim 150 I Cd

Ayacucho: Stadt in Peru – 1824 entscheidender Sieg d. Freiheitskämpfer unter Simón Bolívar leitet Ende d. span. Kolonialherrschaft in S-Amerika ein 152 III

Azemmour: Stadt in Marokko – 1513–42 port. 90/91 Dg

Azincourt: Ort in N-Frankr. – 1415 engl. Sieg über franz. Heer im „100-jährigen Krieg“ 89 IV Fd

Azoren: port. Inselgr. im Atlant. Ozean 188/189 I Hd – um 1430 v. Portugiesen entdeckt u. besiedelt 104/105 I Hc – im 1. u. 2. WK Stützpkt. d. Alliierten 157 IV Dc, 175 III Dc – s. 1951 amerikan. Stützpkt. d. NATO 204/205 I Hd

Azteken: indian. Volk – Träger d. altmexikan. Hochkultur 106 I Aa – 1519 nach Eroberg. durch d. Spanier allmähl. Niedergang 106 II Bb

B

Baalbek: Stadt im Libanon – griech. Heliopolis, bedeut. Tempelbauten d. Vorderen Orients – unter Kaiser Augustus röm. Kolonie 40/41 I Lf

Babylon: Ruinenstätte im Irak – um 1800 v. Chr. als Hptst. v. Babylonien bedeut. altoriental. Kulturzentrum, Standort d. Marduk-Tempels („Turm v. Babel“) 24 I Ca – 539 v. Chr. pers. Eroberg. 24 III Gg, 30 II Db, 30/31 I Db – 30 II Db – 323 v. Chr. Tod Alexanders d. Gr. 34/35 I Db

Babylon Fossatum ▸ Kairo

Babylonien: Landsch. im S-Irak – um 3000 v. Chr. Eildg. erster Stadtstaaten, künstl. Bewässerg. im Gebiet zw. Euphrat u. Tigris u. d. Keilschrift d. Sumerer bilden d. Grundlage einer d. ältesten Hochkulturen d. Welt 16 III Fc – Kämpfe d. Stadtstaaten um d. Vorherrschaft führen z. Zerfall d. Staatswesens, im 18. Jh. v. Chr. Gründg. eines babylon. Großreiches unter Hammurabi; im 16. Jh. v. Chr. Eroberg. durch d. Kassiten, ständige Auseinandersetzungen mit d. nach Vormachtstellg. strebenden Assyrern 23 II – 626 v. Chr. erfolgreicher Aufstand geg. assyr. Oberhoheit führt z. Gründg. d. Neubabylon. Reiches 24 III FGgh – 539 v. Chr. Unterwerfg. durch d. Perser 30 II Db, 30/31 I Db – 331 v. Chr. von Alexander d. Gr. erobert 34/35 I Db – unter seleukid. Herrschern Bedeutungsverlust 34 II

Bachtschisarai: Stadt auf d. Schwarzmeerhalbinsel Krim, Ukraine – 1681 russ.-osman. Friede legt Dnjepr als Grenze fest 79 II Fb

Badari: vorgeschichtl. Kulturzentrum in N-Ägypten 19 III Fd

Baden (bei Wien): vorgeschichtl. Kulturzentrum im heut. Österr. 23 III Db

Baden: Stadt in d. Schweiz – röm. Siedlg. Aquae Helveticae 49 V Ce – 1415 zur Eidgen. 100 I Db – 1714 dt.-franz. Friede beendet Span. Erbfolgekrieg 112/113 Gd

Baden: Teil von B.-Württemberg 178 II BCde – 1112 Mgft. 80 I CDde – 1535 Teilg. in zwei Markgrafschaften 94/95 I DEde – 1771 Vereinigg. d. bad. Gebiete 120/121 DEde – 1803 Kurfsm. 131 II BCde – 1806 Grhzm. 131 III JKde – 143 II CDde – 1836 Beitritt zum Dt. Zollverein 136 II NO ij – 1871 zum Dt. Reich 135 II DEde – 1919 Freistaat 166 I DEde – 1945/47 Bildg. v. Württemberg-B. in d. amerikan. Besatzungszone, Württemberg-Hohenzollern u. (S-) Baden in d. franz. Besatzungszone, April 1952 Vereinigg. zu B.-Württemberg 178 I BCde

Baden-Baden: Stadt in Baden-Württemberg 180 I Cd – röm. Siedlg. Aquae Aureliae 49 V Cd – s. 1052 im Besitz d. Markgrafen v. Baden 60/61 I Gd – s. d. 14. Jh. bedeut. dt. Badeort 80 I Dd

Baden-Württemberg: Land d. Bundesrep. Deutschland 180 I BDde – 1952 gegr. 178 II BDde

Bad Kleinen: 1933–44 Sitz einer Obergauführung 168 II Db

Bad Oeynhausen: Stadt in NRW – 1945–54 brit. Hauptquartier 178 I Cb

Bad Pyrmont – seit 1948 kirchenbehördlicher Sitz der Vereinigten Evangelisch-Lutherischen Kirche Deutschlands 181 III Ch

Bagdad: Hptst. d. Irak 202/203 I Hb – 762 Hptst. d. Abbasiden-Kalifats, Zentrum d. Islam 54 II Ng – 1258 v. Mongolen erobert 78 I Dd – 1534/1638 osman. 79 II Hd – 1917 v. brit. Truppen besetzt 156 III Kf – 1955 Gründg. d. B.-Paktes, 1959 in d. Zentrale Pakt-Organisation (CENTO) umgewandelt 204/205 I Ld – 1990 nach irak. Invasion in Kuwait Ausländer als Geiseln in B. festgehalten, 1991 im Golfkrieg massive Luftangriffe alliierter Truppen 2 1 III

Bagdadbahn: Eisenbahnlinie in d. Türkei u. in Irak – 1903 Beginn d. Baus d. wichtigen Landverkehrsverbindg. zw. Europa u. Vorderasien 154/155 I Mf

Bahamas: Inselstaat südl. v. Florida im Karib. Meer 188/189 I Fd – 1666/1729 brit. 149 IV Cc – 1973 unabh. Mitgl. d. Commonwealth 124 I Of

Bahia ▸ Salvador

Bahmani 74 II Ijfg, 74 III Mfg, 75 IV Dbc

Bahrain: Inselstaat im Persischen Golf 188/189 I Ld – 1867 brit. Protektorat 194 I Bb – 1971 unabh. 199 III Ib – Zentrum d. Erdölförderg. 202/203 I cl

Baikonur: Stadt in Kasachstan 192 I EC, b. 1991 Raumfahrtzentrum d. UdSSR 190 I Ec

Bailén: Stadt in S-Spanien – 1808 franz. Kapitulation im span. Unabhängigkeitskrieg 128/129 Ef

Baktrien: Landsch. in Zentralasien – im 6. Jh. v. Chr. pers. Satrapie 30 II FGb – 329 v. Chr. Eroberg. durch Alexander d. Gr. 34/35 I Fb – um 300 v. Chr. zum Seleukidenreich 34 II Me – um 230 v. Chr. Entstehg. d. iran.-hellenist. Baktrischen Reiches 35 III Te

Baku: Hptst. v. Aserbaidschan 192 I DC – im 16.–18. Jh. zw. Persien u. Russland umkämpft, 1806 russ. 117 III Cc – Zentrum d. sowjet. Erdölgewinng. 191 III Dc – 1936–91 Hptst. d. Aserbaidschan. SSR 190 I Dc – 1989 Kämpfe um Loslösung v. d. UdSSR 192 I Dc

Balch: Ort in Afghanistan – als Baktra Hptst. v. ▸ Baktrien 30 II Fb – Mittelpkt. einer Bewässerungsoase im nördl. Hindukusch, 1221 v. Mongolen zerstört 78 I Fd

Balearen: span. Inselgruppe im westl. Mittelmeer 176/177 I Fef – bis 201 v. Chr. karthag. 37 III Cc – 123 v. Chr. röm., Baleares 40/41 I Ede – in d. Völkerwanderungszeit v. Wandalen u. Oströmern erobert 50 I Cbc, 51 IV Sl – 754–98 fränk. 55 III Ccd – 798 arab. 54 II Jg – 1114–84 unter d. Oberhoheit v. Pisa, 1229/35 z. Kgr. Aragón 62/63 I Ccd – 1276–1343 Kgr. Mallorca 84 I Cbc

Ballenstedt: Stadt in Sachsen-Anhalt – Burg B. Stammsitz d. Askanier 60/61 I Hc – 1123 gegr. Benedikt.-Kloster 57 IV Ea

Baltimore: Hafen- u. Industriestadt in d. östl. USA 127 III Fc

Baltringen: Ort in Baden-Württemberg – 1525 Ausgangspkt. d. schwäb. Bauernaufstandes („Baltringer Haufe“) 96 I Bb

Bamako: Hptst. v. Mali 198 II Eh

Bamberg: Stadt in Bayern 180 I Dd – im 13. Jh. Bau d. B.er Doms 80 I Ed – 1648 Gründg. d. Akademie, später Univ. 97 III Fcd – 97 IV Ed – 1803 bayr. 131 II Dd

Bamberg: Ebm. in Bayern – 1007 gegr. Bm. 70 I Bf – bis 1803 reichsunmittelbar, 1803 bayr. 120/121 Fcd – seit 1817 Ebm. 134 I Fd, 181 II Dd

Banat: Landsch. in SO-Europa – im MA als Banschaften südungar. Grenzgebiet 84 I DEb – im 15./16. Jh. starker Bevölkerungsrückgang, 1552 osman. 112/113 Jd – 1718 österr., Beginn neuer Besiedlg. 130 I Ec – 1779 mit Ungarn vereinigt 132/133 Jde – 1920 zw. Rumänien, Jugoslawien u. Ungarn geteilt 137/138 I Jde

Bandjermasin: Hafenstadt auf Borneo, Indonesien 194 II Lh

Bandung: Stadt auf Java, Indonesien 194 II Lh – 1955 Konferenz unabh. afrikan. u. asiat. Staaten beschließt neutrale u. bündnisfreie Politik z. Entschärfg. d. Ost-West-Gegensatzes 204 II

Bangkok: Hptst. v. Thailand 194 II Lg – s. 1782 Hptst. d. Kgr. Siam 110 II Lg – 1893 franz.-siames. Vertrag, Siam erkennt d. Mekong als Grenze zu Franz.-Indochina an 194 I Ec

Bangladesh: Staat in S-Asien 188/189 I Nd – bis 1971 Ost- ▸ Pakistan, März 1971 Proklamation d. Volksrep. B.D. löst Bürgerkrieg aus, Massenflucht d. ostpakistan. Bevölkerg. nach Indien führt im Dez. 1971 z. militär. Eingreifen Indiens, 1974 Anerkenng. d. Unabh. durch Pakistan, 1975–91 autorit. Regime unter Kontrolle d. Militärs, s. 1991 Übergang z. parlamentar. Demokratie, 1991 Flutkatastrophe 194 II Kf

Bangor: Hafenstadt in Nordirland, Großbritannien – im 6. Jh. gegr. Kloster, Ausgangspkt. d. iroschott. Mission 56 I Bb

Bangui: Hptst. d. Zentralafrikan. Rep. 198 II Fh

Bannockburn: Ort in Schottland, Großbritannien – 1314 Schlacht: Sieg über Engländer sichert Unabh. Schottlands 62/63 I B

Bapaume: Stadt in N-Frankr. – 1871 preuß. Sieg über franz. Heer 135 II Bc

Bar: Stadt in d. Ukraine – 1768 Konföderation von B.: Bündnis d. poln. Adels geg. russ. Vorherrschaft, 1772 gescheitert 116 I Dc

Bar: Landsch. in O-Frankr. – 1354 Hzm. 80 I Bd – 1431 zu Lothringen, 1474–77 zu Burgund 89 IV Ge – 1766 zu Frankr.

Barbados: Inselstaat im Karib. Meer 188/189 I Ge – 1627 brit. 149 IV Dd – 1966 unabh. Mitgl. d. Commonwealth 152 I Fc

Barbaresken: ehem. arab.-berber. Staaten in N-Afrika – s. d. 16. Jh. unter osman. Oberhoheit, Seeräuberstützpunkte 90/91 DGg

Barbaricum 45 III Cb

Barbastro 68 I Cb

Barcelona: Hafen- u. Industriestadt in NO-Spanien 176/177 I Fe – röm. Stadt Barcino 40/41 I Ed – frühchristl. Gemeinde 42 II Kf – 415 v. Westgoten, 713 v. Arabern erobert 50 I Cb, 53 III Cb – 801 Erhebg. zur Hptst. d. Span. Mark durch d. Franken 55 III Cc – 859 v. Normannen zerstört 54 II Jf – im 10. Jh. als Gft. unter d. Oberhoheit v. Navarra 58 I Cc – 1137 Vereinigg. mit Aragón, bedeut. Wirtschafts- u. Handelszentrum Kataloniens 62/63 I Cc, 68 I Cb – 1348 Pest 82 I Cb – 1391 antijüdisches Pogrom 88 I Gb – 1450 gegr. Univ. 81 III He, 88 II Ng – 1803–13 v. Franzosen besetzt 128/129 Fe – August 1834 Choleraepidemie 83 IV Dc 1932 Hptst. d. autonomen Prov. Katalonien, 1937–39 im Span. Bürgerkrieg Sitz d. Volksfrontregierg. 137/138 I Fe

Bardowick: Ort in Niedersachsen – um 800 fränk. Handelspl. 55 III Ea

Bäreninsel: norweg. Insel im Nordpolarmeer 188/189 I JKb

Bari: Hafenstadt in S-Italien 176/177 I le – als Barium Hptst. v. Apulien 36 I He – 841–71 im Besitz d. Sarazenen 54 II Kf – 876 byzantin. 58 I Dc – 1071 v. Normannen erobert, 1156 zerstört 149 III Cb

Barke 30/31 I Bb

Barmen: Ortsteil v. Wuppertal, NRW – 1934 Synode d. Bekennenden Kirche 170 I Dc

Barrow 147 II

Bar-sur-Aube: Stadt in O-Frankr. – im 12./13. Jh. Messestadt 87 III Bd – 1814 Sieg d. alliierten Armee über Franzosen 128/129 Fd

Bärwalde (Mieszkowice): Stadt in N-Polen – 1631 Vertrag zw. Schweden u. Frankr. über militär. Unterstützg. im 30-jährigen Krieg 98/99 I Hb

Barygaza 45 III Db

Basan: Landsch. in Vorderasien – latein. Batanaea, s. der Landnahme zw. Israeliten u. Aramäern umstritten 43 III Dbc

Baschkirische Rep.: autonome Rep. in d. Russ. Föderation 192 I Dc – 1919 ASSR in d. RSFSR 190 I Dc

Basel: Stadt in d. Schweiz 178 II Be – röm. Stadt Basilia 40/41 I Fc – im 14. Jh. Reichsstadt 80 I Ce – 1459 gegr. Univ. 81 III He – 1501 zur Eidgen. 100 I Cb – 1795 Friede zw. Preußen u. Frankr.: Preußen beendet Teilnahme am 1. Koalitionskrieg, linkes Rheinufer bleibt franz. 119 III Db

Basel: Bm. in d. Schweiz – im 4. Jh. als ▸ Augusta Raurica gegr., im 7. Jh. Verlegg. nach B. 55 III Db – 1576 z.T. zur Eidgen., W-Teil bis 1792 reichsunmittelbar 100 II HIf

Baskenprovinzen: Region am Golf v. Biskaya in N-Spanien 176/177 I Ee – vom Volk d. Basken besiedelt, von d. Römern Vascones genannt 37 III Bb – im Kampf geg. Römer u. Westgoten Bewahrg. ihrer Eigenständigkeit 51 III Hh – Ende d. 6. Jh. unter westgot. Druck teilw. Abwanderg. in d. Gascogne 55 III Bc – bask. Siedlungsgebiet Zentrum d. Widerstandes geg. arab. Eroberg., Kerngebiet v. ▸ Navarra 58 I Bc – 1936–39 autonom 137/138 I Ee – 1979 autonom Provinz, andauernde Anschläge d. Seperationsbewegung d. ETA 176/177 I Ee

Basra: Hafenstadt in S-Irak 202/203 I Hb – 638 als arab. Heerlager gegr., wichtiges Kultur- u. Handelszentrum, 656 Schlacht bei B. leitet islam. Bürgerkrieg ein 53 III Gc – 1529 osman. 138 I Bb – bedeutendster irak. Erdölexporthafen u. Militärstützpkt. 202/203 I Hb – 1980–88 im irak.-iran. Krieg umkämpft, 1991 Zentrum d. Aufstände d. schiit. Minderheit nach Golfkrieg 211 III

Bastille: ehem. Burg in Paris, Frankr. – s. d. 16. Jh. Staatsgefängnis, 14. Juli 1789 Sturm auf d. B. löst Franz. Revolution aus 118 II

Basutoland ▸ Lesotho

Bataan: Halbinsel an d. W-Küste v. Luzon, Philippinen – 1942–45 v. Japanern besetzt 174 I Cc, 174 II Jg

Batavia 108 I He ▸ Djakarta

Batavische Republik ▸ Niederlande

Bath 122 I E

Batoche: Ort in S-Kanada – 1885 Aufstand geg. brit. Kolonialherrschaft unter Führg. v. Louis Riel 124 I Lc

Baton Rouge: Stadt in südl. USA – Zentrum d. amerikan. Erdölindustrie, eine d. größten Erdölraffinerien d. Welt 127 III Dc

Batumi (Batum): Stadt am Schwarzen Meer, Georgien – s. d. 17. Jh. osman., 1878 russ., Batum 117 III Cc – 1918 v. Türken besetzt, 1921 von d. sowjet. Armee eingenommen 158 I Dc – Hptst. d. Autonom. Rep. Adscharsien 176/177 I Ne

Bauske: Ort in Lettland – 1236 Sieg d. Litauer u. Semgaller über d. Schwertbrüderorden führt 1237 zu dessen Anschluss an d. Dt. Orden 71 II Fc

Bautzen: Stadt in Sachsen 180 I Fc – 1002 erstmals erwähnt, slaw. Burg 60/61 I Jc – vermutl. 1213 Magdebg. Stadtrecht 70 I De – 1813 franz. Sieg über alliiertes Heer 128/129 Hc – 179 VI Cc – Bischofssitz des kath. Bistums Meißen 181 II Fc – b. 1989 Gefängnis f. polit. Gefangene in d. DDR 180 I Fc

Bayern: Land d. Bundesrep. Deutschld. 180 I CEce – im 4. Jh. v. Chr. vom kelt. Volksstamm d. Vindeliker besiedelt 48 I Dc – im 5./6. Jh. n. Chr. Einwanderg. d. german. Bajuwaren 50 I Dab – 788 Eingliederg. in d. Frankenr. 55 III Eb – 938 otton. Hzm., 1070 welf., 1180 wittelsbach. 60/61 I HJce – 1255 Entstehg. v. Teilherzogtümern durch Landesteilungen 80 I EFde – Zentrum d. Gegenreformation 97 III FGde – 1583 Durchführung der Gregorian. Kalenderreform 95 II Cc – 1623 Kurfsm. 98/99 I FGde – 1777 nach Aussterben d. bayr. Linie d. Wittelsbacher z. Pfalz 120/121 FGde – 1805 nach Anlehng. an Frankr. Kgr., 1806 Beitritt z. Rheinbund 131 III LMde – 1815 zum Dt. Bund 134 I FGce – 1818 erste Verfassg. 136 I EFce – 1828–33 Bayer.-Württemberg. Zollverein, 1833 Beitritt zum Dt. Zollverein 136 II PQij – 143 II EFde – 1871 zum Dt. Reich 135 II FGce – 1919 Freistaat 166 I FGce – 1945 z. amerikan. Besatzungszone 178 I CEce – s. 1949 Land d. Bundesrep. Deutschld. 178 II CEce

Bayonne: Hafenstadt in SW-Frankr. – 1808 Napole-on I. zwingt Karl IV. von Spanien u. dessen Sohn z. Abdankg. 128/129 Ee

Bayreuth: Stadt in Bayern 180 I Dd – 1231 als Stadt erwähnt, süddt. Stadtrecht 70 I Bf – 1248 durch Vererbg. z. Burggft. Nürnberg 80 I Ec – 1918 Bildung eines Arbeiter- und Soldatenrates 164 I Ed – 168 I Fcd, 168 II Dd, 169 III Dc

Bayreuth: ehem. fränk. Fsm. d. Hohenzollern in Bayern – 1768 zu Ansbach 120/121 FGcd – 1791 preuß. 130 I Cbc – 1810 bayr. 128/129 Hd

Beaucaire: Stadt in S-Frankr. – s. 1217 Messestadt 62/63 I Cc

Beauvais: Stadt in N-Frankr. – s. d. 4. Jh. Bm. 60/61 I Dd – im 13./14. Jh. Bau d. got. Kathedrale 89 IV Fe

Beersheba: Stadt in Israel 203 IV Cc – alttestamentl. Lagerpl., Beersaba 43 III Bf – 1948 israel. Neugründg. 202 II Cc

Behistun: Felsmassiv in W-Iran – Fundort altpers. Inschriften 30 II Db

Beirut: Hptst. d. Libanon 202/203 I Gb – phönik. Hafenstadt Berytos 29 IV Fc – 14 v. Chr. röm. Kolonie Berytus 40/41 I Lf – im 7. Jh. n. Chr. arab. 53 III Fc – 1110–1291 im Besitz d. Kreuzfahrer 65 II Bb – 1516 unter osman. Oberhoheit 79 II Gd – s. d. 16. Jh. unter Herrschaft d. Drusen 90/91 Mg – 1920 z. franz. Mandatsgebiet Syrien 202 II Cb – 1975–90 Zentrum d. Bürgerkrieges, 1982 israel. Besetzung 211 III

Belau: Inselstaat unter Treuhandverwaltg. d. USA im W-Pazifik – 1898 als Palau-In. dt. Kolonie 148 II Qd – 1918 z. japan. Mandatsgebiet d. Völkerbundes 160/161 I Pd – 1947 US-Treuhandgebiet, 1981 Unabh. proklamiert 195 V CDb, 196 I CDc

Belém: Hafenstadt in N-Brasilien 152 I Ge – auch Pará genannt, 1616 v. Portugiesen gegr. 109 IV He

Belfast: Hptst. v. Nordirland (Ulster), Großbritannien, – 102 I Bc – s. 1969 Zentrum d. blutigen Auseinandersetzg. zwischen Katholiken u. Protestanten 176/177 I Dc

Belfort: Stadt in O-Frankr. – 1870/71 als bedeut. Festg. im Dt.-Franz. Krieg belagert 135 II De

Belgien: Staat in W-Europa 176/177 I FGcd – heut. Staatsgebiet im 5. Jh. v. Chr. vom kelt.-german. Volk d. Belgen besiedelt 48 I Cb – 16 v. Chr. zur röm. Prov. Belgica 40/41 I EFbc – im 5. Jh. n. Chr. zum Frankenr. 55 III CDa – im 15. Jh. zu Burgund 89 IV FGd – 1555 Teil d. Span. ▸ Niederlande 90/91 FGc – im 17. Jh. Ziel d. franz. Eroberungspolitik, 1713 zu d. Österr. Niederlanden 112/113 FGc – 1794 franz. 128/129 FGc – fläm.-wallon. Sprachenkonflikt 144 I ABcd u. Legende – 1830 Revolution, 1831 Loslösg. vom Kgr. d. Verein. Niederlande, Entstehg. d. unabh. Kgr. B., 1839 endg. Grenzfestlegg. 134 I BCcd – im 1. WK trotz Neutralität von dt. Truppen besetzt 156 II Ba – 1920 nach Vertrag v. Versailles Gewinn d. deutschsprachigen Gebiete v. Eupen u. Malmedy, 1923 Beteiligg. an d. Besetzg. d. Ruhrgebietes 166 I BDcd – im 2. WK erneut von dt. Truppen besetzt 172 I Cb

Belgisch-Kongo ▸ Zaire

Belgrad (Beograd): Hptst. v. Serbien 209 III Lf – röm. Leg.-Lager Singidunum 40/41 I dl – während d. Völkerwanderg. mehrf. zerstört 50 II Pe – im MA als Festg. v. Bulgaren, Byzanz u. Ungarn umkämpft 58 I Ec – im 11./12. Jh. Kreuzfahrerstützpkt. 64 I Eb – 1433 ungar. 84 I Eb – 1521 osman. 79 II Db – 1717–39 österr. 90/91 Je – s. d. 19. Jh. polit. u. kulturelles Zentrum v. ▸ Serbien 128/129 Je – bis 1867 osman. 145 II Cb – 1918 Influenzaepidemie 83 V Qh – im 1. u. 2. WK Kriegsschaupl. 156 II Db, 172 I Ec – 1945–91 Hptst. d. Bundesstaates Jugoslawien 176/177 I Je

Belize: Staat in Mittelamerika 188/189 I Ee – s. 1786 als Brit.-Honduras brit. 148 I Fd – 1964 autonom, 1973 Umbenenng. in B., 1981 unabh. Mitgl. d. Commonwealth 152 I Cc

Belo Horizonte: Stadt in O-Brasilien 152 I Gf – Zentrum d. brasilian. Schwerindustrie 153 IV Gf

Belutschistan: Prov. in Pakistan – 1793 fakt. unabh. 110 II Jf – 1876 brit. 194 I Cb – 1947 zu Pakistan 194 II Jf

Belzec: Stadt in Polen – 1941–45 nat.-soz. Vernichtungslager 170 I Lc, 171 IV Of, 172 II Eb

Benediktbeuern: Ort in Bayern – um 740 gegr. Benedikt.-Kloster 70 I Bg

Benevent (Benevento): Stadt in S-Italien 142 I Ee – samnit. Stadt Maluentum 36 II Lg – 268 v. Chr. röm., Beneventum 36 I Ge – s. d. 6. Jh. n. Chr. Zentrum d. Hzm. B. 55 III Ec – 969 Ebm., s. 1051 päpstl. 149 III Bb – bis 1860 z. Kirchenstaat 142 I Ee

Benevent: ehem. Hzm. in S-Italien – im 6. Jh. v. Langobarden gegr., 787 unter fränk. Oberhoheit 55 III EFcd – 1047 normann. Fsm., 1051 z. Kirchenstaat 149 III BCb – 1806–15 franz. Fsm. 128/129 He – bis 1860 z. Kirchenstaat 142 I Ee

Bengalen: Landsch. in Indien u. Bangladesh 74 II Jf, 74 III Nf, 75 IV EFb, 75 V LMf – 1765 brit. 109 IV Oc – 1947 zw. Ind. Union u. Pakistan geteilt, 1971 Ost – B. als ▸ Bangladesh unabh. 194 II Kf

Benghasi: Hafenstadt in Libyen 202/203 I Fb – als Berenice Hptst. d. Cyrenaica 40/41 I fl – s. d. 16. Jh. osman. 79 II Dd – 1911 v. Italienern besetzt 154/155 I Jg – im 2. WK stark zerstört 172 I Ed, 173 III Ed

Benguela 150 I Ef

Benin: Staat in W-Afrika 188/189 I Je – 150 I Dd – heut. Staatsgebiet s. 1892/94 als Dahomey franz., 1960 unabh. Rep. 198 I Bc – 1975 sozialist. Volksrep. B., s. 1990 Übergang z. parlamentar. Rep., 1991 freie Wahlen 198 II Fh, 199 III Dcd

Bentheim: ehem. Gft. im heutigen Niedersachsen 120/121 Db

Berchtesgaden: Ort in Bayern – im 12. Jh. gegr. Propstei 80 I Fe – 1805 österr., 1810 bayr. 131 III Me – 1938 Begegng. zw. Hitler u. Chamberlain 170 I Ge

Berditschew: Stadt in der Ukraine – große jüdische Gemeinde vor dem Holocaust 171 III Fc

Berg Karmel 18 I F

Beresina: NebenFluss d. Dnjepr in Weißrussland – 1812 verlustreiche Niederlage d. franz. Heeres unter Napoleon I. im Russlandfeldzug 128/129 Kc

Berg: ehem. Hzm. in NRW – im 11.–13. Jh. Gft. 80 I Cc – 1380 Hzm. 94/95 I Dc – 1614/66 zu Pfalz-Neuburg 98/99 I Dc – 1777 bayr. 120/121 Dc – 1806–15 franz. Grhzm. 128/129 Gc

Bergama: Stadt in d. W-Türkei – im 4. Jh. v. Chr. als Pergamon gegr., im 3./2. Jh. v. Chr. selbst. Kgr. 35 III Pde – Zentrum hellenist. Kultur, Pergamon-Altar gilt als eines d. „sieben Weltwundern“ 38 I Ec – urchristl. Gemeinde 42 II Mc – 133 v. Chr. röm., Pergamum 40/41 I Je – im 12. Jh. Kreuzfahrerstützpkt. 64 I Ec – 1336 osman. 79 II Ec

Berg Athos 67 II Cc

Bergen: Stadt in Hessen – röm. Kastell 49 V Cc – 1759 Sieg d. Franzosen über Preußen im 7-jährigen Krieg 120/121 Ec

Bergen: Hafenstadt in SW-Norwegen 176/177 I Ga – 1343–1558 Kontor d. Hanse, 1450 Union von B. bestätigt dän.-norweg. Pers.Union 87 III Ca

Bergen-Belsen: Ort in Niedersachsen – nat.-soz. Vernichtungslager 1943–45 Ermordung von mehr als 50000 Menschen 170 I EFb, 171 IV Mf, 172 II Cb

Bergen op Zoom: Stadt in d. Niederlanden – im 16. Jh. Messestadt 92/93 Dc

Bergerac: Stadt in SW-Frankr. – 1577 nach d. Frieden von B. Zufluchtsort d. verfolgten Hugenotten 90/91 Fe

Berlichingen: Burg im heut. Baden-Württemberg 94/95 I Ed

Berlin: Hptst. d. Bundesrep. Deutschld. 185 III Eb – im 13. Jh. (vermutl. 1237) gegr. – 1307 Vereinigg. von B. u. Cölln, Magdebg. Stadtrecht 70 I Cd – vom Pestzug 1350 vergleichsweise gering betroffen 82 I Da – 1359 Mitgl. d. Hanse 87 III Dc – s. Ende d. 15. Jh. dauernde Residenz d. brandenburg. Hohenzollern 94/95 I Gb – im 15./16. Jh. Entwicklg. z. wirtschaftl. u. kulturellen Zentrum 92/93 Fb – 97 IV Gb – 1806 B.er Dekret: Napoleon I. verkündet Kontinentalsperre geg. England 128/129 Hc – 1810 gegr. Univ., 1848 Zentrum d. Revolution in Preußen 134 I Gb – Juli 1831 Choleraepidemie 83 IV Eb – s. Mitte d. 19. Jh. Aufstieg z. Industriezentrum 139 III, Gb, 139 IV Gb – 1867 Hptst. d. Norddt. Bundes, 1871 d. Dt. Reiches 135 II Gb – 1878 B.er Kongress: Versuch d. europ. Großmächte u. Türkei z. Lösg. d. Balkankonfliktes 154/155 I Hc – 1884/85 Kongokonferenz von B.: Regelg. d. kolonialen Aufteilg. Afrikas 148 II Kb – 1918 Zentrum d. Novemberrevolution 156 III Hd – 1918 Influenzaepidemie 83 V Pg – Novemberrevolution 1918 164 I Fb – Jan. 1919 Spartakusaufstand, März 1920 Kapp-Putsch, 1920 Entstehg. von Groß-B.; 1926 B.er Vertrag: dt.-sowjet. Interessenausgleich 166 I Gb – 167 III Fb, 167 IV Hlg – 168 I Gb, 168 II Eb, 169 III Eb, 169 IV Eg – einer der Schwerpunkte der Reichspogromnacht 1938 170 II Eb – vor dem Holocaust eine der größten jüdischen Gemeinden Europas 171 III Eb – 1942 Wannseekonferenz: Beschluss über planmäßige Vernichtg. d. Juden 170 I Gb – im 2. WK stark zerstört, im April/Mai 1945 Kämpfe um B. 173 III Db – s. Juni 1945 Viermächtestatus, Teilg. in vier Sektoren, 1948/49 Blockade, 1949 Teilg. in B.-West u. B.-Ost 178 I Eb, 179 IV, 182 I Cb – Juni 1953 Volksaufstand in B.-Ost 182 II Gf – 1961 Mauerbau, 1971 Unterzeichnung d. Viermächteabkommens, Nov. 1989 Öffnung d. B.er Mauer leitet Ende des Kalten Krieges ein 178 II Eb, 180 I Eb – 1989 eines der vier Hauptzentren der DDR-Protestbewegung 184 I Cb – 1990 Hptst. d. vereinigten Deutschld., 1991 Beschluss zur Verlagerg. d. Regierungssitzes v. Bonn n. B. 185 II, III Eb

Bermuda-Inseln: brit. Inselgr. im nördl. Atlant. Ozean 188/189 I Fd – 1515 span. 104/105 I Fc – s. 1612 brit. 149 IV Cc

Bern: Hptst. d. Schweiz 176/177 I Gd – 1191 gegr. – 1218 Reichsstadt 62/63 I Db – 1353 zur Eidgen. 100 I Cc – 1528 Reform. nach Zwingli 96 II Ih – 1798–1813 v. franz. Truppen besetzt 128/129 Gd – s. 1848 Hptst., 1874 Gründungsort d. Weltpostvereins 135 II De – 1918 Influenzaepidemie 83 V Oh

Beröa: ehem. Stadt in N-Griechenland – frühchristl. Gemeinde 42 II Mf – um 50/56 n. Chr. Reisen d. Apostels Paulus 43 IV, V

Berwick 102 I DEc

Besançon: Stadt in O-Frankr. 180 I Be – kelt.-röm. Vesontio 40/41 I Fc – s. d. 8. Jh. Ebm. 55 III Db – 1307 Reichsstadt 80 I BCe – 81 II Bb – Hptst. d. Franche-Comté (Freigft. Burgund), 1678 franz. 112/113 Gd

Bessarabien: Landsch. am Schwarzen Meer zw. Dnjestr. u. Pruth – im 14. Jh. z. Fsm. Moldau 84 I Eb – 1812 russ. 128/129 Kd – 1856–78 südl. Teil erneut moldau. 145 II Da – 1918/1920 zu Rumänien 137/138 I Kd – 1940/44 z. Moldau. SSR 176/177 I Kd – nach Zerfall der UdSSR zu Moldawien u. Ukraine 192 I Cc

Bethel: bibl. Ort im heut. W-Jordanland 43 III Ce

Bethlehem: Stadt in W-Jordanland – Geburtsort Jesu Christi 43 III Ce, 67 II Dd

Betschuanaland ▸ Botswana

Beuthen (Bytom): Stadt in SW-Polen 176/177 I Ic – im 11. Jh. Burg 60/61 I Jc – 1254 Magdebg. Stadtrecht 70 I Fe – 1281 Residenz d. schles. Teilhzm. B. 80 I Ic – 1526/31 brandenburg. 94/95 I Jc – 1618 österr. 98/99 I Jc – 1742 preuß. 130 I Db – nat.-soz. Stammlager 170 I Jc

Bewdley 122 I E

Bhutan: Staat in S-Asien 75 V LMf – 188/189 I Nd

Bi 27 V Gj

Biafra: Teil v. Nigeria – 1967 Ausrufg. d. unabh. Rep. führt z. Bürgerkrieg, 1970 Kapitulation von B. beendet Sezession 198 II Fh

Bialystok: Stadt in NO-Polen 178 II Jb und kath. Bistum 181 II Jb – im 14. Jh. gegr. 87 III Fc – 1795 preuß. 130 I Eb – 1807 russ. 128/129 Jc – 143 III Ng – 1919 poln. 116 II He – 15.8.1941 Angliederung des Reichsgaus B. an das „Großdt. Reich“ 169 III JKab – 1941–44 von dt. Truppen besetzt 172 I Eb – vor dem Holocaust große jüdische Gemeinde 171 III Fb, Ghetto 172 II Eb

Bibracte: ehem. kelt. Stadt in W-Frankr. – 58 v. Chr. Sieg der Römer unter Caesar über Helvetier 41 II Qi

Bicocca: Stadtteil v. Mailand, Italien – 1522 Sieg d. kaiserl. Truppen über Franzosen u. Eidgenossen 94/95 I Ef

Biebrich 166 II BCc

Bielefeld: Industriestadt in NRW 180 I Cb

Bihar 75 V Lf

Bikini-Atoll: Atoll d. Marshall-Inseln – nach d. 2. WK amerikan. Atombombenversuche 188/189 I Re

Bilbao: Hafen- u. Industriestadt in N-Spanien 176/177 I Ee – 1936–39 im Span. Bürgerkrieg Zentrum d. bask. – republikan. Widerstandes 137/138 I Ee

Bilzingsleben 20 I Dc

Birka: Ruinenstätte in S-Schweden – im 9./10. Jh. bedeut. Handelspl. d. Normannen 54 II Ke

Birkenfeld: Stadt in Rheinld.-Pfalz – 1817 oldenburg. 134 I Dd – 1937 preuß. 166 I Dd

Birma 75 V Mf

Birmingham: Industriestadt in Großbritannien 176/177 I Ec – 122 I F, 123 II Cc

Birten: Ort in NRW – röm. Leg.-Lager Vetera 49 V Bc – 939 Sieg König Ottos I. über seinen Bruder Heinrich in d. Auseinandersetzungen um d. Thronfolge 60/61 I Fc

Biserta: Hafenstadt in Tunesien 176/177 I Gf – phönik. Kolonie Hippo Diarrhytos 29 IV Cc – 430 v. Wandalen erobert 50 I Cc – s. d. 7. Jh. arab. 58 I Cd – 1535–74 span. 90/91 Gf – 1881 franz., Bizerte 154/155 I Gf – bis 1963 franz. Flottenstützpkt. 176/177 I Gf

Bismarck-Archipel: Inselgr. im südl. Pazif. Ozean, zu Papua-Neuguinea gehörig – 1884–1914 dt. Kolonie 148 II Re – 1919 austral. Mandatsgebiet 160/161 I Qe

Bithynien: Landsch. in d. NW-Türkei – im 3./2. Jh. v. Chr. Kgr. 35 III Qd – 74 v. Chr. röm. Prov. Bithynia 40/41 I Kd

Bitterfeld 169 IV Eh – 183 III Cc

Björkö: finn. Insel in d. Ostsee – 1905 Vertrag von B.: erfolgloser Versuch eines dt.-russ. Bündnisses 154/155 I Ka

Blenheim: (Schloss in Großbritannien) – 1705 nach d. Schlacht bei Blindheim erbaut (Blindheim: Ort in Bayern) – in d. engl. Literatur Bezeichng. für d. Schlacht 1704 bei ► Höchstädt

Blois: Stadt in Frankr. – s. d. 10. Jh. Hauptort d. Gft. B. 60/61 I Ce – im 13. Jh. Bau d. Schlosses 62/63 I Bc – 1498 franz. 89 IV Ef

Blumenau: Ortsteil v. Pressburg (Bratislawa), Slowak. Rep. – 1866 letztes Gefecht im Dt. Österr. Krieg 134 Id

Blumenau: Stadt in SO-Brasilien 152 I Gg – 1851 v. Deutschen gegr., Zentrum d. brasilian. Textilindustrie 153 IV Gg

Bobbio: Ort in N-Italien – 612 gegr. Kloster 56 I Ed

Böblingen: Stadt in Baden-Württemberg – 1525 Schlacht im dt. Bauernkrieg 96 I Bb

Bobruisk: Stadt in Russland – vor dem Holocaust große jüdische Gemeinde 171 III Fb

Bochum 169 III Bb

Bodh Gaya 44 I Eb, 67 II Gd

Boghasköi: Ort u. Ruinenstätte in d. Türkei – um 1570 v. Chr. als Hattusa Hptst. d. Hethiter 23 III Fbc, 23 IV Nfg

Bogotá: Hptst. v. Kolumbien 153 IV Dd – 1539 v. Spaniern an d. Stelle einer Chibchasiedlg. gegr. 106 II – s. 1718 Hptst. d. Vizekgr. Neu-Granada 109 IV Gd – bis 1819 Santa Fé de Bogotá 152 I Dd – 1948 Gründungsort d. Organisation Amerikan. Staaten (OAS) 204/205 I Fe

Böhmen: Landsch. in d. Tschech. Rep. – im 4. Jh. v. Chr. vom kelt. Volksstamm d. Boier (48 I Dc), im 1. Jh. v. Chr. von german. Markomannen (40/41 I GHc), im 6. Jh. n. Chr. von Slawen (53 Dab), im 10. Jh. v. westslaw. Tschechen (54 I EFb) besiedelt – im 10. Jh. dt. Stammeshzm. 59 II CDEcd, 60/61 I IJcd – im 11. Jh. Vereinigg. mit Mähren, 1158 Kgr. 62/63 I EFab – 1310 luxemburg. 80 I FGcd – 1419–36 Hussitenkriege 84 I Dab – im 15. u. 16. Jh. religiöse Reformbestrebungen d. Böhm. Brüder 96 II LMNfg – 1526 habsburg. 94/95 I GHcd – im 19. Jh. nationaler Gegensatz zw. Tschechen u. Deutschen 134 I GHcd – 1918 z. Tschechoslowakei 166 I GHcd – 168 II Fcd – 169 III EFGHcd –1939–45 dt. Besetzg., „Protektorat B. u. Mähren" 170 I GHcd

Bolgar: Ort in Russ. Föderation – im 10. Jh. Hptst. d. Wolgabulgaren 53 III Ga – 1236 v. Mongolen erobert 78 I Db

Bolivien: Staat in S-Amerika 188/189 I Ffg – W-Teil d. heut. Staatsgebietes im 15./16. Jh. z. Inkareich 106 II Dde – im 16. Jh. Beginn span. Eroberg. 104/105 I Fe – Teil d. Vizekgr. Peru 109 IV Ge – 1825 unabh., nach d. Freiheitskämpfer Simón Bolívar benannt 148 I GHef – 1836–39 Konföderation mit Peru, 1879–84 im „Salpeterkrieg" geg. Chile Verlust d. Zugangs z. Meer, 1903 B. muss Acre-Gebiet an Brasilien abtreten, 1932–35 im „Chacokrieg" geg. Paraguay weitere Gebietsverluste, 1964–80 Militärregime 152 I EFfg, 153 IV EFfg

Bologna: Industriestadt in N-Italien 176/177 I He – röm. Kolonie Bononia (etrusk. Felsina) 36 I Ec, 40/41 I Gd – frühchristl. Gemeinde 42 II Lf – Ende des 12. Jhs. Gründg. d. ältesten Univ. Europas 81 III Ie – 1167 Mitgl. d. Lombard. Städtebundes 62/63 I Ec, 68 I Db – 1278 z. Kirchenstaat 80 I Ef – bedeut. Handels- u. Wirtschaftszentrum N-Italiens 92/93 Ed – 1530 Ort d. letzten Kaiserkröng. durch d. Papst 90/91 He – im 2. WK stark zerstört 173 III Dc

Bolton 122 I E

Bombay: Hafenstadt in W-Indien 194 II Jg – 1534 port. 109 IV Nd, 1661 engl. 109 V Bc, 110 I Cc

Bona, Bône ► Annaba

Bonin-Inseln: japan. Inselgr. im Pazif. Ozean – 1945/51–68 unter amerikanischer Verwaltg. 188/189 I Qd

Bonn: Stadt in NRW 185 III Bc – röm. Leg.-Lager Bonna 49 V Bc – s. d. 13. Jh. Residenz d. Erzbischöfe von Köln 80 I Cc – 1818 gegr. Univ. 134 I Dc – 1946 zu NRW 178 I Bc – 1949–90 Hptst. d. Bundesrep. Deutschld., s. 1949 Sitz d. Bundesregierg. 178 II Bc

Bonny 150 I Dd

Bophuthatswana: Homeland d. Rep. Südafrika – 1977 v. Südafrika in d. Unabh. entlassen, Unabh. international nicht anerkannt 201 V Ba

Bordeaux: Hafenstadt in SW-Frankr. 68 I Bb, 176/177 I Ee – 56 v. Chr. röm., Burdigala 40/41 I Dd – im 4. Jh. n. Chr. Bm. 56 I Cd – 507 fränk. 51 III Hh – im 9. Jh. Eroberg. durch d. Normannen 54 II fl – 911 Hptst. d. Hzm. Gascogne, Ebm. 60/61 I Bf – 1154 engl. 62/63 I Bc – 1441 Gründg. d. Univ. 81 III Ge – bis 1451 engl. Stützpkt. 84 I Bb – 1451 franz. 89 IV Dg – Zentrum d. Weinanbaus 92/93 Bd – im 18./19. Jh. wachsende Bedeutg. d. Hafens im Handel mit d. franz. Kolonien 132/133 Ee – 1871, 1914 vorübergehend Sitz d. franz. Regierg. 154/155 I Ee

Borga: Stadt in S-Finnland – 1809 Landtag von B.: finn. Treueid gegenüber Russland sichert d. Eigenständigkeit d. Grfsm. Finnland 128/129 Ka

Bormio: Stadt in N-Italien – 1512–1797 zur Eidgen., dt. Worms 100 I Fc, 100 II Lg

Borneo ► Indonesien, Malaysia

Bornholm: dän. Insel in d. Ostsee 176/177 I Hb – 1658–60 schwed. 98/99 I Ha – 1945–46 v. sowjet. Truppen besetzt 178 I Fa

Bornhöved: Ort in Schleswig-Holstein – 1227 Sieg norddt. Fürsten über dän. Heer beendet Vormachtstellg. Dänemarks im Ostseeraum 62/63 I Ea

Bornu: ehem. Reich westl. vom Tschadsee in Zentralafrika 151 II Bc

Borodino: Ort südwestl. v. Moskau, Russ. Föderation – 1812 Sieg d. Franzosen über russ. Armee 128/129 Mb

Bosnien und Herzegowina: Staat in SO-Europa – s. d. 7. Jh. v. slaw. Völkern besiedelt 53 III Db – s. d. 10. Jh. Bosnien kroat. 58 I Dc – im 12./13. Jh. unter ungar. Oberhoheit 62/63 I Fc – s. d. 14. Jh. Kgr. Bosnien 84 I Db – 1463/82 B. u. H. osman. 79 II Cb – 1878 v. Österr.-Ungarn besetzt, 1908 annektiert 145 II Bb, 145 III Gb – n. d. 1. WK Teil d. Kgr. Jugoslwawien, im 2. WK z. kroat. Ustascha-Staat, Zentrum d. Partisanenkrieges, 1945–91 Teilrep. d. Volksrep. Jugoslawien, 1991 unabh. 208 I – s. Frühjahr 1992 blutiger Nationalitätenkrieg d. Serben geg. Muslime u. Kroaten in B.-H. 209 III JKfg

Bosporanisches Reich: ehem. Reich nordöstl. vom Schwarzen Meer in d. Russ. Föderation u. Georgien – um 480 v. Chr. von Griechen gegr. 34 II JKg – 47 v. Chr. röm., Regnum Bospori 38 I Fb, 40/41 I KLc

Boston: Stadt in d. östl. USA 127 III Fb – 1630 gegr. 109 IV Gb – Zentrum im nordamerikan. Unabhängigkeitskrieg 125 III Db – im 19. Jh. Entwicklg. z. wichtigen Handels-, Industrie- u. Finanzzentrum 126 I Fb

Bosworth: Ort in Großbritannien – Schlacht 1485 beendet engl. Bürgerkrieg („Rosenkriege") 89 IV Dc

Botswana: Staat in S-Afrika 188/189 I Kfg – heut. Staatsgebiet s. 1885 brit. Protektorat Betschuanaland 151 III Gij – 1966 unabh. Mitgl. d. Commonwealth 198 II Gij, 199 III Ffg

Bougainville: Insel d. Salomonen, zu ► Papua-Neuguinea gehörig – 1884–1914/19 dt. Kolonie 148 II Re

Bougie: Hafenstadt in Algerien – in röm. Zeit Saldae 40/41 I EFe – pisan. Handelsstützpkt. 59 I Bd – 1510–55 span. Bugia 90/91 Gf – 1833 franz. 132/133 Gf

Bouillon: ehem. Hzm. in Belgien – 1096–99 1. Kreuzzug unter Gottfried von B. 64 I Legende – bis 1483 z. Bm. Lüttich 80 I Bd – 1678 unter franz. Schutz

Boulogne: Hafenstadt in N-Frankr. – röm. Stadt Gesociacum 40/41 I Eb – 1544–50 engl. 89 IV Ed

Bourbon ► Réunion

Bourbon: franz. Dynastie – s. d. 10. Jh. Gft. 60/61 I De – 1327 Hzm., 1527 an franz. Krone 89 IV Ff – 1589–1792, 1815–48 Könige v. ► Frankr. 90/91 EFde – span. Linie: s. 1700/13 Könige v. ► Spanien – sizil. Linie: s. 1735 Könige v. ► Neapel u. ► Sizilien – Linie Parma: s. 1748 Herzöge v. Parma 112/113 Legende

Bourges: Stadt in Mittelfrankr. – 52 v. Chr. Eroberg. durch d. Römer, Avaricum 41 II Pi – s. d. 6. Jh. n. Chr. fränk., Ebm. 55 III Cb – im 12. Jh. Bau d. got. Kathedrale 62/63 I Cb – 1464 gegr. Univ. 81 III He

Bouvines: Ort in N-Frankr. – 1214 franz. Sieg über engl. Heer beschleunigt Zerfall d. ► Angevin. Reiches 62/63 I Ca

Boyacá: Stadt in N-Kolumbien – 1819 Sieg d. Freiheitskämpfer unter Simón Bolívar über Spanier 152 III

Boyne: Fluss in Irland – 1690 Sieg Wilhelms III. über Jakob II. sichert d. protestant. Thronfolge in England u. engl. Herrschaft über Irland 112/113 Dc

Bozen (Bolzano): Stadt in N-Italien 142 I Cb – latein. Bauzanum 40/41 I Gc – s. d. MA Zentrum d. dt.-italien. Handels 92/93 Ed – im 11. Jh. z. Gft. Tirol 62/63 I Eb – 1919 mit Südtirol zu Italien 142 I Cb

Brabant: Landsch. in Belgien u. d. Niederlanden – im 10./11. Jh. Teil d. Hzm. Niederlothringen 60/61 I Ec – im 12. Jh. Hzm. B. 62/63 I CDa – 1355–1404 luxemburg. 80 I Bc – 1406/30 burgund., 1477 habsburg. 89 IV Gd – 1583 Durchführung der Gregorian. Kalenderreform 95 II ABb – 1648 Nord-B. als Teil d. „Generalitätslande" zu d. Niederlanden, Süd-B. verbleibt bei d. Span. Niederlanden 99 II Cb

Bradford 122 I F, 123 III Kc

Braga: Stadt in Portugal – röm. Gründg. Bracara 40/41 I Cd – im 5. Jh. Hptst. d. Sweben 50 II Me – bis Mitte d. 12. Jh. Residenz d. port. Könige 62/63 I Ac

Brahmagir 26 II E

Brandenburg: Stadt in Brandenburg 180 I Eb – im 10. Jh. slaw. Burg – 59 II Cb – 948 Bm. 60/61 I Ib – Hptst. d. Mark B. 62/63 I Ea, 69 V – Hansestadt 87 III Dc – 1544/98 Auflösg. d. Bm. 97 III Gb – 1918 Bildung eines Arbeiter- und Soldatenrates 164 I Fb – 182 II Gf

Brandenburg: Land d. Bundesrep. Deutschland 185 EFbc – im 6./7. Jh. Einwanderg. slaw. Völker 53 II Da – s. d. 12. Jh. Mgft. unter d. Askaniern, auch Mark B. genannt 62/63 I Ea – 1324–1373 wittelsbach., 1356 Kurfsm., 1373 luxemburg. 1415 an d. Hohenzollern 80 I EFGb – erst 1700 Durchführung der Gregorian. Kalenderreform 95 II CDb – 1539 Einführg. d. Reformation 96 II KLMe – 1618 Erwerb d. Hzm. Preußen u. weiterer Gebiete, 1701 Kgr. ► Preußen 130 I Legende – 1815 preuß. Prov. 134 I GHbc – 1871 zum Dt. Reich 135 II GHbc – 1945 Gebiete östl. d. Oder-Neiße-Linie unter poln. Verwaltg., westl. Teil 1945/47–52 Land d. DDR 178 I EFb – 1990 Bundesland im vereinigten Deutschld. 185 EFbc

Brasilia: Hptst. v. Brasilien 153 IV Ed – 1960 gegr., Verlegg. d. Regierungssitzes v. Rio de Janeiro nach B. 152 I Gf

Brasilien: Staat in S-Amerika 188/189 I FHeg – heut. Staatsgebiet um 1500 v. Spaniern u. Portugiesen entdeckt, s. Vertrag v. Tordesillas z. port. Kolonialreich 104/105 I FGef – 1530 port. Kolonie, Sklavenhaltg., 1760 Vizekgr. 109 IV He – 1822 unabh. Kaiserr., 1889 Sturz d. Monarchie, s. 1891 Rep. d. Verein. Staaten von B., 1924 Niederwerfg. v. Aufständen in d. Bundesstaaten São Paulo u. Rio Grande do Sul, wirtschaftl. u. sozialer Gegensatz zw. Nord- u. Süd-B. löst 1930 Revolution aus, 1964–88 Militärdiktatur 152 I EHdg

Brass 150 I Dd

Braunau: Stadt in Österr. – bis 1779 zus. mit d. Innviertel zu Bayern 120/121 Gd

Braunsberg (Braniewo): Stadt in N-Polen – 1254 gegr., 1284 Lüb. Stadtrecht 70 I Fc – Zentrum d. Ermlandes 71 II Cd – Hansestadt 87 III Cd

Braunschweig: Stadt in Niedersachsen 185 III Db – im 11. Jh. erstmals erwähnt, bedeut. Hansestadt 87 III Dc – im 12. Jh. Residenz d. Welfen 80 I Eb – ma. Handelspl. 92/93 Eb – bis 1671 weitgehend unabh. 98/99 I Fb – Ende d. 19. Jh. Industrialisierg. 139 IV Fb – 166 II Db, 169 IV Dg

Braunschweig: ehem. Hzm. in Niedersachsen – s. d. 13. Jh. häufige Teilungen d. welf. Besitzes 80 I DEbc u. Legende – Mitgl. d. dt. Fürstenbundes 130 I BCb – 1815 Beitritt zum Dt. Bund 134 I EFbc – 1841/44 zum Dt. Zollverein 136 II OPgh – 143 II DEc – 1867 z. Norddt. Bund, 1871 zum Dt. Reich 135 II EFbc – 1918 Freistaat 166 I EFbc – 1946 Eingliederg. in d. Land Niedersachsen 180 I Db

Brazzaville: Hptst. d. Volksrep. Kongo 198 II Fi – 1944 Konferenz von B.: Frankr. räumt seinen Kolonien größere polit. Rechte ein, 1960 Konferenz d. frankophonen Staaten in Afrika (B.-Gruppe) beschließt wirtschaftl. u. polit. Zusammenarbeit 200 I Ef

Breda: Stadt in d. Niederlanden – 1667 Friede von B. beendet 2. engl.-niederländ. Krieg, England erhält im Austausch Neu-Amsterdam (New York) 98/99 I Cc

Bregenz: Stadt in Österr. 178 I Ce – röm. Stadt Brigantium 49 V Ce – s. 1919 Hptst. v. Voralberg 166 I Ee

Breisach: Stadt in Baden-Württemberg – im 4. Jh. röm. Kastell Mons Brisiacus 49 V Bde – Zentrum d. Weinanbaus 92/93 Dcd u. – 1648–97 franz., Ausbau als Festg. 98/99 I Dd

Breisgau: Landsch. in Baden-Württemberg – s. d. 14. Jh. habsburg. 80 I CDde – 1469–74 an Burgund verpfändet 89 IV Hlef – 1803–05 habsburg. Hzm. 131 II BCde – 1805/10 bad. 131 III JKe

Breitenfeld: Ort in Sachsen – 1631 Sieg d. schwed. Heeres unter König Gustav Adolf II. über d. Kathol. Liga 98/99 I Gc

Bremen: Stadt u. Land in d. Bundesrep. Deutschld. 185 III Cb – im 9. Jh. Entwicklg. z. Marktsiedlg., 965 Marktrecht 58 I Cb – 1358 Hansestadt 73 III Ba, IV, 81 II Ba, 87 III Cc – wirtschaftl. Aufschwung durch d. Handel mit N-Europa u. d. Niederlanden 92/93 Eb – 1532 Einführg. d. Reformation, später Hinwendg. z. Calvinismus 96 II Je, 97 III Eb – 1646 Reichsstadt 98/99 I Eb – 1806 Freie Hansestadt 131 III Kb – 1810–13 franz. 128/129 Gc – 1815 zum Dt. Bund 134 I Eb – 1867 z. Norddt. Bund, 1871 zum Dt. Reich 135 II Eb – 1888 Beitritt zum Dt. Zollverein 136 II Og – 1918 Bildung eines Arbeiter- und Soldatenrates 164 I Db – 167 III Db, 167 IV Dg, 169 IV Cg – 1945–46 unter amerikan. Militärverwaltg., 1947 z. amerikan. Besatzungszone 178 I Cb – s. 1949 Land d. Bundesrep. Deutschland 180 I Cb

Bremen: ehem. Ebm. u. Hzm. in Niedersachsen – 787 gegr. Bm., Zentrum d. angelsächs. Mission in N-Europa 56 I Eb – 848 Ebm. 60/61 I Gb – im 11.–13. Jh. Gebietsausdehng. 80 I Db – 1648 als weltl. Hzm. schwed. 98/99 I Eb – 1719 z. Kurfsm. Hannover 120/121 Eb

Bremerhaven: Hafenstadt im Land Bremen 180 I Cb – s. 1827 v. Bremen z. bedeut. Handels- u. Fischereihafen ausgebaut 134 I Eb – 1918 Bildung eines Arbeiter- und Soldatenrates 164 I Db – 1945–46 unter amerikan. Militärverwaltg. 178 I Cb

Brenner: Pass in d. O-Alpen – s. 1919 Grenze zw. Österr. u. Italien 142 I Cb

Brescia: Stadt in N-Italien 68 I Db, 142 I Cc – 218 v. Chr. röm. Stützpkt. Brixia 36 I Ec – s. d. 8. Jh. n. Chr. lombard. 55 III Eb – s. d. 15. Jh. venezian. – 1849 Aufstand geg. österr. Herrschaft 142 I Cc

Breslau (Wroclaw): Stadt in W-Polen – im 9./10. Jh. gegr., um 990 poln. 58 I Db, 59 II Ec – um 1000 Bm. 60/61 I Kc – 1261 Magdebg. Stadtrecht 70 I Ee – Hanse- u. Messestadt 87 III Ec – 1327/35 als schles. Teilhzm. zum Kgr. Böhmen (luxembg.) 80 I Hc – 1526 habsburg. 94/95 I Ic – von der Pestepidemie 1530 weitgehend verschont 82 I Da – Zentrum d. Wolltuchverarbeitg. 92/93 Gc – 1742 preuß., Zentrum v. Schlesien 130 I Db – 1811 gegr. Univ. 134 I Ic – im 19. Jh. Industrialisierg. 139 IV cl – 1918 Bildung eines Arbeiter- und Soldatenrates 164 I Hc – 168 I Ic, 168 II Gc, 169 III Gc, 169 IV Gh – im Dritten Reich Gauhauptstadt Schlesien 170 I Ic – schwere Ausschreitungen in der Reichspogromnacht 1938 170 II Gc – im 2. WK stark zerstört 172 I Db, 173 III Db – 1945 unter poln. Verwaltg. 178 I Gc

Brest: Hafenstadt in NW-Frankr. 176/177 I Ed – kelt.-röm. Gesocribate 40/41 I Dc – 1342–97 engl. Stützpkt. 84 I Bb – 1491 franz. 89 IV Be – im 17. Jh. Ausbau z. bedeut. franz. Kriegshafen 112/113 Ed – im 2. WK größter dt. U-Boot-Stützpkt. am Atlant. Ozean 173 III Bc

Brest: Stadt in Weißrussland 176/177 I Jc – 1390 Magdebg. Stadtrecht 70 I Hd – 1386 zu Polen-Litauen 84 I Ea – 1795 russ. 116 I Cb – März 1918 Friede von B.-Litowsk zw. Sowjetregierg. u. d. Mittelmächten: Russland beendet Teilnahme am 1. WK unter Verzicht auf seine westl . Gebiete 156 III dl – bis 1921 B.-Litowsk, 1921–39 poln. 116 II He

Bretagne: Landsch. in W-Frankr. – bis z. 4. Jh. v. Chr. vom kelt. Volksstamm d. Veneter besiedelt 48 I Bc – 56 v. Chr. Eroberg. durch d. Römer, Teil v. Aremorica 41 II Ohi – im 5. Jh. n. Chr. Einwanderg. d. kelt. Bretonen 50 I Bb – im 8. Jh. Errichtg. d. Breton. Mark als fränk. Grenzmark 55 III Bb – 831 unabh. 55 IV–V – s. d. 10. Jh. Hzm. 60/61 I ABcd – im 12./13. Jh. z. Angevin. Reich 62/63 I Bb – 1491/1532 franz. 89 IV BDef

Brétigny: Ort in Frankr. – 1360 Friede zw. Frankr. u. England im „100-jährigen Krieg": engl. König verzichtet auf franz. Krone 84 I Cb

Bretton Woods: Stadt in d. nordöstl. USA – 1944 Konferenz über Gründg. d. Internationalen Währungsfonds u. d. Weltbank schafft d. Grundlage z. Errichtg. eines Weltwährungssystems nach d. 2. WK 206/207 I Fc

Bridgnorth 122 I E

Bridgewater 102 I De

Brieg (Brzeg): Stadt in W-Polen – 1248 Magdebg. Stadtrecht 70 I Ee – 1311 Hauptort d. Hzm. B. 80 I Hc

Brielle: Stadt in d. Niederlanden – Zentrum d. Widerstandes im niederländ. Freiheitskampf 99 II Cb

Brindisi: Hafenstadt in S-Italien – 244 v. Chr. röm. Kolonie Brundisium, Endpkt. d. Via Appia 36 I Hle – Kreuzfahrerhafen 64 I Db – 1071 v. Normannen erobert 149 III Cb

Brioni: kroat. Insel in d. Adria – bis 1980 Sommerresidenz d. jugoslaw. Staatspräsidenten Tito 176/177 I He

Bristol: Industriestadt in Großbritannien 176/177 I Ec – im MA Zentrum d. Wolltuchverarbeitg. u. -ausfuhr 92/93 Bc – 102 I De, 123 II Cd

Britannia Inferior, Britannia Superior ▸ England

Britisch-Guayana ▸ Guyana

Britisch-Honduras ▸ Belize

Britisch-Indien ▸ Indien

Britisch-Nordamerika ▸ Kanada

Britisch-Nordborneo ▸ Sabah

Britisch-Ostafrika ▸ Kenia ▸ Uganda

Britisch-Somaliland ▸ Somalia

Brixen (Bressanone): Stadt in N-Italien – 992 Bm. 60/61 I He – 1805–15 bayr. 131 III Le

Brjansk: Stadt in d. Russ. Föderation 176/177 I Lc – im 13.–14. Jh. Hptst. eines Teilfsm. 84 I Fa – im 2. WK Kriegsschaupl. 172 I Fb

Broken Hill: Stadt in Sambia – vorgeschichtl. Fundort 16 II Be

Bromberg (Bydgoszcz): Stadt in Polen 178 II Gb – 1346 Magdeb. Stadtrecht 70 I EFd – 1657 Vertrag z. Brandenburg u. Polen ergänzt Vertrag v. Wehlau u. beendet poln. Lehensverhältnis über d. Hzm. Preußen 98/99 I Ib – 1772 preuß. 85 I Bb – 1773/74 Bau d. B.er Kanals 120/121 IJb – 1920 poln. 116 II Ge

Brömsebro: Ort in S-Schweden – 1645 Friede beendet schwed.-dän. Krieg

Broseley 122 I E

Bruchtal (Rivendel): Versammlungsort der späteren Ringgemeinschaft 98/99 I Je

Brügge (Brugge): Stadt in Belgien – ma. Stadtgründg. 68 I Ca, 87 IV – 1348/49 Pestepidemie 82 I Ca – 87 IV – im 13. Jh. Entwicklg. vom Marktort z. bedeut. Kontor d. Hanse 87 III Bc – 1384 burgund. 89 IV Fd – im MA Zentrum d. Wolltuchverarbeitg., bedeut. Handelsstadt 92/93 Cc – im 16. Jh. nach Versandg. d. Hafens Bedeutungsrückgang 90/91 Fc

Brunei: Staat auf Borneo 188/189 I Oe – bis z. brit. Eroberg. unabh. islam. Sultanat 110 I Ec, 110 II Lg – 1888 brit. 194 I Ec – 1971 autonom, 1984 unabh. Mitgl. d. Commonwealth 194 II Lg

Brunkeberg: Berg nördl. v. Stockholm, Schweden – 1471 Sieg d. Schweden über d. Dänen 90/91 Ib

Brünn (Brno): Stadt in d. Tschech. Rep.1 78 II Gd – vorgeschichtl. Fundort 18 II Mf – im 11. Jh. als Burg erwähnt 60/61 I Kd – s. d. 12. Jh. Hptst. d. Mgft. Mähren 62/63 I Fb – 1243 süddt. Stadtrecht 70 I Ef – im MA Wolltuchverarbeitg. 92/93 Gc

Brüssel (Bruxelles): Hptst. v. Belgien 176/177 I Fc – s. d. 12. Jh. Handelszentrum 87 III Bc – im 14. Jh. Hptst. d. Hzm. Brabant 80 I Bc – im 15. Jh. bedeut. Kultur- u. Wirtschaftszentrum 92/93 Dc – 1522 B.er Verträge zw. Kaiser Karl V. u. seinem Bruder Ferdinand über Teilung d. habsb. Besitzes, Hptst. d. Span. Niederlande 90/91 Fc – Zentrum im niederländ. Freiheitskampf 99 II Cb – 1713 österr., Bankzentrum 112/113 Fc – 1794–1814 franz. 128/129 Fc – 1830 B.-Aufstand führt z. Unabh. Belgiens 134 I Cc – im 19. Jh. Industrialisierg. 139 III Cc, 139 IV Cc – 1918 Influenzaepidemie 83 V Og – Sitz d. EG 187 II Fc

Bubastis: ehem. Stadt in N-Ägypten – Tempelruinen 5 Ba

Buchara: Stadt u. Landschaft in Usbekistan 194 II Jf – 709 v. Arabern, um 1220 v. Mongolen erobert 53 III Ic, 67 II Fd, 75 V Je, 78 I Fd – 1868 als Usbeken-Chanat russ. Vasall 117 III Dcd – 1920–24 Volksrep. B. 158 I Ed – 1924 zur Usbek. SSR 190 I

Buchenwald: ehem. nat.-soz. Vernichtungslager in Thüringen – 1937–45 Ermordung von etwa 56000 Menschen 170 I Fc, 171 IV Nf, 172 II Db – in der SBZ als sowjet. Internierungs- und Sammellager genutzt 179 VI Ac

Buchlau (Buchlovice): Ort in d. Tschech. Rep. – 1908 Konferenz in Schloss B.: Österr.-Ungarn erlangt russ. Zustimmg. z. Annexion v. Bosnien u. Herzegowina 154/155 I Id

Bückeburg: Sitz der obersten Kirchenbehörde der Evangelisch-Lutherischen Landeskirche von Schaumburg-Lippe 181 III Cg

Buczacz: Stadt in d. Ukraine – 1672 poln.-osman. Friede: Osman. Reich erreicht durch Gebietsgewinne seine größte territoriale Ausdehng. 79 II Ea

Budapest: Hptst. v. Ungarn 176/177 I Id – röm. Leg.-Lager Aquincum 40/41 I Hc – ma. Stadtgründungen Ofen u. Pest, süddt. Stadtrecht 70 I Fg – 1241 v. Mongolen zerstört 78 I Ac, 80 I Ie – 1395 Gründg. d. Univ. in Ofen 81 III Ie – 1831 Choleraepidemie 83 IV Ec – Ofen s. d. 14. Jh. Residenz d. ungar. Könige 84 I Db – Pest bedeut. Handelsstadt 92/93 Gd – 1526/1541 osman. 94/95 I Je – 1686 österr. Eroberg. 112/113 Id – 1848 Zentrum d. ungar. Unabhängigkeitskampfes 134 I Je – 1872 Vereinigg. v. Ofen (Buda) u. Pest 145 II Ba – 1918 Auslösg. d. Revolution durch d. ungar. Arbeiterbewegg. 156 III He – große jüdische Gemeinde vor dem Holocaust 171 III Ec – im 2. WK stark zerstört 173 III Dc – 1956 Zentrum d. ungar. Volksaufstandes 176/177 I Id – Herbst 1989 Demonstrationen geg. d. kommunist. Regime leiten Wandel zu parlamentar. Demokratie ein 208 I

Budweis (Ceské Budejovice): Industriestadt in d. südl. Tschech. Rep.178 II Fd – 1265 gegr., süddt. Stadtrecht 70 I Df – 1827 Eröffng. d. ersten Pferdebahn Europas nach Linz 140 II Si

Buena Vista: Ort in N-Mexiko – 1847 Niederlage d. Mexikaner im amerikan.-mexikan. Krieg 152 I Ab

Buenos Aires: Hptst. v. Argentinien 152 I Fh – 1536/80 v. Spaniern gegr. 104/105 I Gf – 1810 Zentrum im Kampf geg. span. Kolonialherrschaft 148 I Hf

Buffalo: Industriestadt in d. nordöstl. USA 127 IV Mf – bedeut. amerikan. Binnenhafen 127 III Fb

Bukarest (Bucuresti): Hptst. v. Rumänien 176/177 I Ke – s. d. 14. Jh. Hptst. d. Walachei, unter osman. Oberhoheit 90/91 Ke – 1812 Friede beendet russ.-türk. Krieg 128/129 Ke – 1831 Choleraepidemie 83 IV Fc – s. 1862 Hptst. v. Rumänien 145 II Db – 1913 Friede beendet 2. Balkankrieg 145 II bl – im 1. WK von dt. Truppen besetzt 156 II Db – 1918 Friede zw. Rumänien u. d. Mittelmächten 156 III el – große jüdische Gemeinde vor dem Holocaust 171 III Fc – Dez. 1989 blutiger Bürgerkrieg, Sturz d. kommunist. Diktators Ceausescu 208 I

Bukowina: Landsch. in Rumänien u. Moldawien – s. d. 14. Jh. z. Fsm. Moldau, unter osman. Oberhoheit 79 DEa – 1775 österr. Hzm. 112/113 Kd, 130 I Fc – 1849 selbst. österr. Kronland 132/133 Kd – 1918/20 Anschluss an Rumänien 137/138 I Kd – 1940 Nord-B. sowjet., Süd-B. rumän. 172 I Ec

Bulgarien: Staat in SO-Europa 176/177 I JKe – heut. Staatsgebiet im 12. Jh. v. Chr. von Thrakern besiedelt 23 IV Mf – im 2. Jh. n. Chr. röm. Prov. Thracia u. Moesia 40/41 I dlJ – 395 oström. 42 I Eb – im 6./7. Jh. Einwanderg. d. Bulgaren 52 I Eb (Legende), 53 III Eb – im 9./10. Jh. Ausdehng. d. Herrschaftsbereiches von d. Adria bis z. Schwarzen Meer, Auseinandersetzungen mit d. Byzantin. Reich führen z. Untergang d. ersten bulgar. Reiches 52 I Eb, 52 II JKf, 58 I DEc – 1204 Beginn d. zweiten bulgar. Reichs, stärkste Macht auf d. Balkan-Halbinsel 65 III CDb – 1396 osman. 84 I Eb – im 18./19. Jh. Streben nach nationaler Unabh. 132/133 JKe – 1878 nach d. russ.-türk. Krieg tributpflichtiges Fsm., Süd-B. bleibt als autonome Prov. Ostrumelien osman. 145 II CDb – 1885 Angliederg. Ostrumeliens an B., 1908 unabh. Kgr., 1913 nach d. 2. Balkankrieg Gebietsverluste 145 III Hlb – 1915 Eintritt in d. 1. WK auf seiten d. Mittelmächte 156 II Db – im südwestlichen Landesteil und in Sofia 1918 Influenzaepidemie 83 IV Qh – 1919 Abtretg. d. Ägäisküste an Griechenland 137/138 I JKe – 1918/19 bürgerlich-demokratische Revolution 164 II Qg – im 2. WK mit Deutschld. verbündet 172 I Ec – 1944 v. sowjet. Truppen besetzt 173 III Ec – 1946–91 Volksrep. 176/177 I JKe – s. Herbst 1989 Übergang zu Mehrparteiensystem 208 I

Bull Run: Fluss in d. östl. USA – 1861 u. 1862 Schlachten: Sieg d. Konföderation über d. Unionstruppen im Sezessionskrieg 125 IV Jf

Bunce Island 150 I Ad

Bundesrepublik Deutschland ▸ Deutschland

Büraburg: ehem. Befestigungsanlage in Hessen – 741–777 Bm. 56 I Eb

Burgau: ehem. Mgft. in Bayern – 1301 habsburg. 80 I Ed – 1805 bayr. 131 III Ld

Burgenland: Bundesland v. Österr. 178 II Ge – im 9. Jh. Teil d. fränk. Grenzmark Pannonien 55 III Fb – 907 unter ungar. Herrschaft 58 I Dc – 1921 nach Volksabstimmg. größtenteils zu Österr. 166 I Ie – 1945 – 55 z. sowjet. Besatzungszone 178 I Ge

Burgos: Stadt in N-Spanien 176/177 I Ee – s. d. 11. Jh. Hptst. d. Kgr. Kastilien 62/63 I Bc, 68 I Bb – 1936–39 im Span. Bürgerkrieg Sitz d. Regierg. Franco 137/138 I Ee

Burgund ▸ Franche-Comté

Burgund: ehem. Hzm. in O-Frankr. – s. d. 10. Jh. z. franz. Kronland 62/63 I Cb – im 14./15. Jh. Ausdehng. d. burgund. Machtbereiches; 1474–77 Burgunderkriege: Sieg d. Eidgen. über B.; 1493 franz. 89 IV EHcf

Burgund: ehem. Kgr. in SO-Frankr. – im 5 Jh. Einwanderg. d. german. Burgunder 50 I CDab – Reich d. Burgunder 50 II Ne – 534 fränk. 51 IV Sk – im 9. Jh. Teilg. in Hoch-B. u. Nieder-B. (Arelat) 55 V – um 933/48 Vereinigg. zum Kgr. B., 1033 zum Hl. Röm. Reich 58 I Cc

Burjatische Rep.: autonome Rep. in Sibirien, Russ. Föderation 192 I Gc – 1923–91 ASSR in d. RSFSR 190 I Gc

Burkina Faso (bis 1984 Obervolta): Staat in W-Afrika 188/189 I el – heut. Staatsgebiet bis z. Eroberg. durch d. Franzosen 1869 Teil d. selbst. Königreiche d. Mosi 151 II Ac – 1904 zu Franz.-Westafrika, 1919 Kolonie 151 III Eh – 1960 unabh. Rep. 198 II Eh, 199 III CDc

Burma ▸ Myanmar

Burmastraße: Verkehrsweg zw. Myanmar u. S-China – 1937/38 während d. chines.-japan. Krieges als Versorgungsstrecke erbaut 174 I

Bursa: Stadt in d. NW-Türkei 176/177 I Ke – um 184 v. Chr. als Prusa gegr., 74 v. Chr. röm. 40/41 I Jd – 1326 osman., Brussa 84 I Eb

Bursfelde: ehem. Benedikt.-Abtei in Niedersachsen, 1093 gegr. 57 IV Da

Burundi: Staat in O-Afrika 188/189 I Kf – heut. Staatsgebiet s. 1899 Teil d. Kolonie Dt.-Ostafrika 151 III Gi – 1920 Teil d. belg. Mandats- u. Treuhandgebietes Ruanda-B. 198 I Cd – 1962 unabh. Kgr., 1966 nach Militärputsch Rep., 1987 erneuter Militärputsch, 198 II Gi, 199 III FGe

Bütow (Bytów): Stadt in N-Polen – 1329 als slaw. Burgsiedlg. zum Dt. Orden 71 II Bd – 1346 Magdebg. Stadtrecht 70 I Ec – 1466 als poln. Lehen zu Pommern 94/95 I la – 1657 Brandenburg. 98/99 I la

Byblos: ehem. Stadt im Libanon – bedeut. Umschlagpl. im Papyrushandel zw. Ägypten u. Griechenland, daher griech. biblos = Buch; wichtige Schriftenfunde 23 IV Ng – phönik. Kolonie 29 IV – 332 v. Chr. von Alexander d. Gr. erobert 34/35 I Cb

Byzantinisches Reich: ehem. Reich in S-Europa, Vorderasien u. N-Afrika – Erhebg. Konstantinopels z. zweiten Hptst. neben Rom führt z. Spaltg. d. christl. Kirche u. 395 z. Teilg. d. ▸ Röm. Reiches in Ost- u. Weström. Reich 42 I – im 5. Jh. erfolgreiche oström. Abwehr v. Germanen- u. Hunnenangriffen 50 I – im 6. Jh. Wiederherstellg. d. Röm. Reiches unter Kaiser Justinian I. 51 IV – um 700 Einfall d. Langobarden, Bulgaren, Slawen, Awaren u. Araber 53 III – Errichtg. v. Themen (militär. verwaltete Provinzen), Kämpfe geg. Bulgaren u. Araber 54 II KMfg, 58 I – 1054 Trenng. d. röm. u. griech. Kirche leitet d. inneren Zerfall d. Reiches ein 64 I EGbc – s. 1071 Eroberg. Kleinasiens durch d. Seldschuken 65 III DFbc – 1453 Eroberg. d. letzten byzantin. Festg. Konstantinopel durch d. Osmanen, Niedergang d. byzantin. Kaiserr. 84 I Eb

Byzantion 30/31 I Ba, Byzantium 45 III Dc, Byzanz ▸ Istanbul

C

Cacheu 105 III Bc

Cabinda 150 I Ee

Cacheu 150 I Bc

Cádiz: Hafenstadt in S-Spanien 176/177 I Df – um 1100 v. Chr. von Phönikern gegr., Gadir 23 IV Jg – um 500 v. Chr. bedeut. Handelszentrum d. Karthager, 206 v. Chr. röm., Gades 37 III Ac – 711 n. Chr. von Arabern unterworfen 53 III Bc – 1262 kastil. Eroberg. 62/63 I Ad – 1509 Verleihg. d. Handelsmonopols für d. span. Kolonien 90/91 Df – 1810–12 als Zentrum d. span. Widerstandes geg. d. franz. Herrschaft v. Franzosen belagert, 1812 verfassunggebende Versammlg. d. Cortes (Ständevertretg.) 128/129 Df – 1868 Ausgangspkt. d. Revolution, Sturz d. span. Königin Isabella II. 154/155 I Df

Caen: Stadt in NW-Frankr. – 68 I Bb – 1432 gegr. Univ. 81 III Ge – 1944 v. alliiert. Trupp. eingenommen 173 III Bc

Caesarea: Ruinenstätte in Israel – bedeut. Stttadt d. röm. Palästina 42 I Fc – um 60 n. Chr. Reisen d. Apostels Paulus 43 IV, V – urchristl. Gemeinde, 66 n. Chr. Aufstand d. Juden geg. röm. Herrschaft 42 II Fc – 1101–1265 im Besitz d. Kreuzfahrer 65 II Ab – genues. Handelsstützpkt. 86 I GHe

Caesarea: ehem. Hafenstadt in N-Algerien – als Iol karthag. Handelspl. 37 III Cc – 40 n. Chr. Hptst. d. röm. Prov. Mauretania 40/41 I Ee – im 5. Jh. v. Wandalen erobert 50 I Cc

Calais: Hafenstadt in N-Frankr. 176/177 I Fc – 1180 Stadtrecht, s. 1347 wichtiger engl. Stützpkt. 84 I Ca – 1558 franz. 90/91 Fd – 1832 Choleraepidemie 83 IV Db – bedeut. Passagierhafen im Verkehr zw. d. europ. Festland u. Großbritannien 176/177 I Fc – 141 IV Ie

Calatafimi: Ort auf Sizilien, Italien – 1860 Sieg d. italien. Freiheitskämpfer unter Garibaldi über Truppen Neapels leitet Niedergang d. bourbon. Herrschaft in Italien ein 142 I Dg

Calatrava: ehem. Ort in Mittelspanien – s. 1158 Stammsitz d. Ritterordens von C. 57 VI Hf

Caledonia ▸ Schottland

Callao: Hafenstadt in Peru 152 I Df – bedeut. Hafen für d. span. Kolonialhandel, 1826 einer d. letzten span. Stützpunkte in S-Amerika 152 I Df– Zentrum d. peruan. Fischverarbeitg. 153 IV Df

Camaldoli: Ort in Italien – 1012 Gründg. d. Stammklosters d. Eremitenordens d. Kamaldulenser 62 II Bb

Cambrai: Stadt in N-Frankr. – s. d. 6. Jh. fränk. Bm. 55 III Ca – 1529 Friede von C. zw. König Franz I. von Frankr. u. Kaiser Karl V.: unter Verzicht auf Burgund sichert sich Karl V. Herrschaftsanspruch über Italien 94/95 I Bc – Zentrum d. Wolltuchverarbeitg. 92/93 Cc – 1559 Ebm., 1678 franz. 112/113 Fc – Nov. bis Dez. 1917 „Tankschlacht": erster Großeinsatz moderner Panzerwaffen durch d. Briten 156 III Ge

Cambridge: Stadt in Großbritannien – 1318 Gründg. d. bedeut. Univ. 81 III Hd – 102 I Fd

Camden: Stadt in d. südöstl. USA – 1780 brit. Sieg im nordamerikan. Unabhängigkeitskrieg 125 III CDc

Camisarden: Anhänger d. Hugenotten in S-Frankr. – Aufstände um 1700 führen z. Cevennenkrieg 112/113 Fde

Cammin: (Kamieh Pomorski): Stadt in NW-Polen – 1274 Lüb. Stadtrecht 70 I Dcd – Hansestadt 87 III Dc – 1648 schwed. 98/99 I Hb – 1679 brandenburg. 98/99 I Hb

Cammin: ehemal. Fsm. im heut. NW-Polen – 1176 Verlegg. d. Bm. Wollin nach C. 64 I Da – 1648 nach Auflösg. d. Bm. brandenburg. Fsm. 98/99 I Hlab

Camp David: Landsitz d. amerikan. Präsidenten in d. östl. USA – 1959 Gespräche zw. Eisenhower u. Chruschtschow z. Entschärfg. d. Ost-West-Gegensatzes, 1978 ägypt.-israel. Verhandlungen über ein Rahmenabkommen für Frieden 188/189 I EFd

Camp-de-Chassey: vorgeschichtl. Fundort im heut. Frankr. 19 IV Kf

Campoformio: Ort in N-Italien – 1797 Friede zw. Österr. u. Frankr. beendet 1. Koalitionskrieg: österr. Verzicht auf italien. Gebiete u. Österr.-Niederlande stärkt franz. Vormachtstellg. in Europa 131 II Ee

Canal du Midi: Kanal in S-Frankr. – 1666–81 als Verbindg. zw. Atlant. Ozean u. Mittelmeer erbaut, v. wirtschaftl. Bedeutg. für S-Frankr. 112/113 Fe

Canberra: Hptst. v. Australien 188/189 I Qg – 1913 gegr., s. 1927 Hptst. 160/161 I Qf

Cannae: ehem. Stadt in S-Italien – 216 v. Chr. Schlacht: Vernichtg. d. röm. Heeres durch d. Karthager unter Hannibal 37 III Fb

Cannes: Stadt in S-Frankr. – 1815 Rückkehr Napoleons I. aus seiner Verbanng. auf Elba u. Landg. bei C. 128/129 Ge

Canossa: Burgruine in N-Italien – 1077 Bußgang Kaiser Heinrichs IV. nach C. 149 III Bb

Canterbury: Stadt in Großbritannien – 597 Ebm., Sitz d. Primas d. anglikan. Kirche 56 I Db, 66 I Bc – bedeut. engl. Kulturzentrum, im 11./12. Jh. Bau d. got. Kathedrale 62/63 I Ca

Capua: Stadt in S-Italien 142 I Ee – Gründg. d. Etrusker, Hauptort v. Kampanien 36 II Lg – im 2. Pun. Krieg mit Karthago verbündet, 211 v. Chr. röm. Eroberg. 37 III Eb – im 1. Jh. v. Chr. Errichtg. v. Gladiatorenschulen, Amphitheater 40/41 I Gd – 456 n. Chr. von Wandalen, 840 v. Sarazenen zerstört 50 I Db, 54 II Kf – s. d. 9. Jh. Fsm., 1058 Eroberg. durch d. Normannen 149 III Bb

Caracas: Hptst. v. Venezuela 152 I Ecd

Carcassonne: Stadt in S-Frankr. – s. d. 6. Jh. Bm. 55 III Cc – ma. Festungsstadt 62/63 I Cc

Cardiff 102 I De, 122 I E

Carnarvon: Hafenstadt in Großbritannien – röm. Leg.-Lager Segontium 40/41 I Db – 1284 Hptst. d. Fsm. Wales, im 13./14. Jh. Bau d. Burg 62/63 I Ba

Carnuntum: Ruinenstätte in Österr. – 15 n. Chr. röm. Leg.-Lager 40/41 I Hc

Carpi: Stadt in N-Italien – 1701 erste Schlacht im Span. Erbfolgekrieg 112/113 He

Cartagena: Hafenstadt in SO-Spanien 176/177 I Ef – vermutl. iber. Gründg. Mastia, um 225 v. Chr. karthag. Neugründg. Carthago Nova, 209 v. Chr. von Römern erobert 37 III Bc – in d. Völkerwanderungszeit v. Wandalen u. Westgoten erobert 50 I Bc, 50 II Mf – 711 arab. 58 I Bd, 68 I Bc – 1243/69 kastil. Eroberg. 62/63 I Bd

Cartagena: Hafenstadt in N-Kolumbien 152 I Dcd

Carthago ▸ Karthago

Carthago Nova ▸ Cartagena

Casablanca: Stadt in W-Marokko – 150 I Ca – 200 I CB – 1907 v. Franzosen besetzt 154/155 I Dg – 1943 Konferenz von C.: Großbritannien u. USA fordern bedingungslose Kapitulation Deutschlands u. seiner Verbündeten 175 III Ec – 1961 Konferenz d. C.-Staaten: Eintreten für polit., wirtschaftl. u. militär. Einheit afrikan. Staaten, 1963 C.-Gruppe nach Gründg. d. OAU aufgelöst 202/203 I Cb

Casale: Stadt in N-Italien – im 15. Jh. Hauptort d. Mgft. Montferrat – 1681–95 franz., 1703 z. Hzm. Savoyen 112/113 Gd

Caspe: Ort in NO-Spanien – 1412 Schiedsspruch d. Cortes (Ständevertretg.) überträgt aragones. Thronfolge auf Ferdinand v. Kastilien, 1479 Vereinigg. v. Aragón u. Kastilien zu Spanien 84 I Bb

Castel del Monte: Burg in S-Italien – im 13. Jh. als Jagdschloss Kaiser Friedrichs II. erbaut 62/63 I Fc

Castel Gandolfo: Ort südl. v. Rom, Italien – s. 1929 Sommerresidenz d. Papstes 142 I De

Castiglione: Ort in N-Italien – 1796 franz. Sieg über österr. Heer 131 II Df

Castillon: Ort in SW-Frankr. – 1453 franz. Sieg über Engländer beendet „100-jährigen Krieg" 89 IV Dg

Catal Hüyük: Ruinenstätte in d. S-Türkei – vorgeschichtl. Großsiedlg. u. Kulturzentrum 19 III Fc

Catania: Hafenstadt auf Sizilien, Italien 176/177 I Hlf – griech. Kolonie Katane 29 IV Dc – 263 v. Chr. röm. Eroberg., Catana 36 I Gg – 1061 v. Normannen erobert 149 III Cc – im 12./13. Jh. v. Staufern zerstört 62/63 I Fd – 1444 gegr. Univ. 81 III If – 1693 nach Zerstörg. durch Erdbeben neu entstanden 112/113 HIf

Cateau-Cambrésis: Stadt in N-Frankr. – 1559 Friede zw. Spanien u. Frankr.: franz. Verzicht auf Ansprüche in Italien u. Burgund festigt span. Vormachtstellg. in Europa 90/91 Fc

Cattaro (Kotor): Stadt in Monzenegro – s. 1420 venezian. 90/91 Ie – 1797/1814 österr. 145 II Bb

Caudium: ehem. Ort in S-Italien – 321 v. Chr. Niederlage d. röm. Heeres geg. d. Samniten bei d. Caudinischen Pässen 36 II Lg

Cavadonga: Ort in N-Spanien – 722 Sieg d. Spanier über Araber 53 III Bb

Cayenne: Hptst. v. Franz.-Guayana 152 I Fd – 1604/64 v. Franzosen gegr. 109 IV Hd

Celle: Stadt in Niedersachsen – 1301 Stadtrecht, 1371 Residenz d. Hzm. Braunschweig-Lüneburg 80 I Eb

Cerdagne: ehem. Gft. in S-Frankr. u. N-Spanien – 1659 N-Teil franz., S-Teil span. 112/113 Fe

Cerignola: Stadt in S-Italien – 1503 Sieg d. Spanier über Franzosen festigt d. span. Herrschaft über d. Kgr. Neapel 90/91 Ie

Cerigo ▸ Kythera

Cerro Gordo: Stadt in SO-Mexiko – 1847 Schlacht im Krieg d. USA geg. Mexiko 152 I Bc

Cetinje: Stadt in Montenegro – bis 1918 Hptst. v. Montenegro 145 III Gb

Ceuta: Hafenstadt in N-Marokko, unter span. Oberhoheit 176/177 I Df – im 8. Jh. v. Arabern erobert 53 III Bc – s.1415 port. 90/91 Df – 105 III Bb – s. 1580 span. 112/113 Df – 150 I Ca – 1810–14 v. Briten besetzt 128/129 Df

Ceylon ▸ Sri Lanka

Chabarowsk: Stadt in fernöstl. Russland 192 I Hc – 1858 als russ. Militärstützpkt. gegr. 117 III Gc – 1922 von d. sowjet. Armee eingenommen 158 I Hc

Chablais: Landsch. am Genfer See in Frankr. – s. 1034 zu Savoyen, im 16. Jh. zur Eidgen. 72 I Ac

Chaironeia: ehem. Stadt in Griechenland – latein. Chaeronea, 338 v. Chr. makedon. Sieg über d. griech. Stadtstaaten Athen u. Theben 28 I Dc

Chalkedon: ehem. Stadt am Bosporus in d. NW-Türkei – griech. Kolonie Kalchedon 29 IV Eb – 500–494 v. Chr. am Ion. Aufstand geg. d. pers. Herrschaft beteiligt 31 III Fa – Mitgl. d. Att. Seebundes 32 I Ke – 74 v Chr. röm., Chalcedon 40/41 I Jd – 451 n Chr. Tagungsort d. 4. ökumen. Konzils (Verurteilung der monophysitischen Lehre der Synode von Ephesos und Gleichstellung des Patriarchen von Konstantinopel mit dem Papst) 42 II

Chalkis: Stadt auf Euböa, Griechenland – im 8. Jh. v. Chr. Ausgangspkt. d. ion. Kolonisation 29 IV Ec

Chalons-sur-Marne: Stadt in NO-Frankr. s. d. 3. Jh. Bm. 56 I Dc – im 12. Jh. Tagungsort zahlreicher Konzilien 62/63 I Cb – im MA Zentrum d. Wolltuchherstellg., Handelsstadt 92/93 Dc

Chalukyas – 74 I Legende

Chalybon 30/31 I Cb

Chambord: Schloss in Frankr. – 1519–37 erbaut, 1552 Vertrag zw. protestant. dt. Fürsten u. franz. König geg. Kaiser Karl V. 90/91 Fd

Champa: ehem. Reich im heut. Vietnam 47 IV Ni

Champagne: Landsch. in NO-Frankr. – im 10. Jh. Gft. 60/61 I DEd – s. d. 12. Jh. bedeut. Messestädte in d. C. 87 III Legende – 1234 Erwerb d. Kgr. Navarra 62/63 I Bc – 1328 franz. 89 IV FGe – Zentrum d. Weinanbaus u. -handels (Champagner) 92/93

Chan Chan 106 II Cd

Chandella, Chandellas 74 I Legende, 74 I DEB

Chang'an ▸ Sian 46 II Kh, 47 III Dc, 67 II Ic, 76 I Dc, 76 II Kh, 77 III Dc, 77 IV Kh

Chaoge 27 VII On

Chaoxian 46 II Mg

Charkow: Industriestadt in d. Ukraine 192 I Cc – um 1655 gegr. 112/113 Mcd – 1919–34 Hptst. d. Ukrain. SSR 137/138 I Mcd – im 2. WK von dt. Truppen besetzt 172 I Fb

Charolais: Landsch. in O-Frankr. – s. 1361 Gft., 1390 zu Burgund 89 IV Gf – 1493 habsburg., 1556 span. 94/95 I Ce – 1684 franz. 112/113 Fd

Chartres: Stadt in N-Frankr. – s. d. 4. Jh. Bm. 55 III Cb – im 11./12. Jh. bedeut. Philosophenschule, got. Kathedrale 60/61 I Cd

Chartreuse: Kloster in SO-Frankr. – 1084 gegr., Stammkloster d. Kartäuserordens 62/63 I Db

Chasarenkhanat 67 II Ecd

Chasnawiden 74 I Ca

Châtillon: Stadt in Frankr. – 1814 Kongress d. Verbündeten geg. Frankr.: Napoleon I. lehnt Angebot eines Friedensschlusses ab 128/129 Fd

Chattanooga: Stadt in d. südöstl. USA – 1863 Sieg d. Unionstruppen über d. Armee d. Konföderation 125 IV fl

Chaumont: Stadt in Frankr. – 1814 Vertrag von C.: Erneuerg. d. Bündnisses zw. Russland, Preußen, Österr. u. Großbritannien geg. Napoleon I. 128/129 Gd

Chavín de Huantar: Ruinenstätte in Peru – 106 II Cd

Chelmno: 1941–45 nat.-soz. Vernichtungslager in Polen 170 I Jb, 171 IV Nf, 172 II Db

Chemnitz: Industriestadt in Sachsen 185 Ec – im 13. Jh. mit Magdebg. Stadtrecht gegr. 70 I Ce – 1308 z. wettin. Mgft. Meißen 80 I Fc – im 30-jährigen Krieg stark zerstört 98/99 I Gc – im 19. Jh. säch. Zentrum d. industriellen Revolution 139 IV – 1918 Bildung eines Arbeiter- und Soldatenrates 164 I Fc – 1952–90 Bezirkshptst. in d. DDR, 1953 in Karl-Marx-Stadt umbenannt 180 I Ec, 182 I Cc, 182 II Gg – 183 V Cc, 184 I Cc

Chen 27 VII On

Chequers: Landsitz d. brit. Premierministers nordwestl. v. London, Großbritannien 137/138 I Ec

Chengdu 47 III Dc, 77 III Dcd, 77 IV Khi, 77 V Ab

Cherbourg: Hafenstadt in NW-Frankr. – im „100-jährigen Krieg" engl. Stützpkt. 84 I Bb – 1450 franz. 89 IV De – s. d. 17. Jh. bedeut. franz. Kriegshafen 112/113 Ed – im 2. WK stark zerstört 173 III Bc

Cheriton 103 III Ji

Chersones: Ruinenstätte auf d. Halbinsel Krim, Ukraine – griech. Kolonie Chersonesos 29 IV Fb – 30/31 I Ca – in röm. Zeit Chersonesus 40/41 I Kd – im 6. Jh. oström. 51 III Lh – als Cherson byzantin. Themenhptst. 52 II Lf, 58 I Fc – genues. Handelsstützpkt. 58 I Fc – im 14. Jh. v. Mongolen erobert 84 I Fb

Chester: Stadt in Großbritannien – röm. Leg.-Lager Deva 40/41 I Db – im MA bedeut. Hafen an d. engl. W-Küste 92/93 Bb – 102 I Dd, 122 I E

Chiapa de Corzo 106 I Aa

Chiari: Stadt in N-Italien – 1701 Sieg d. Österr. über span.-franz. Heer im Span. Erbfolgekrieg 112/113 Gd

Chiavenna: Stadt in N-Italien – im 14./15. Jh. z. Hzm. Mailand, 1512 als Cleven zu Graubünden 100 I Ec – 1797–1802 z. Cisalpin. Rep. 131 II Ce

Chibcha 106 II CDc

Chicago: Industriestadt in d. nördl. USA 124 I Nd – 1803 gegr., Mitte d. 19. Jh. Entwicklg. z. bedeut. amerikan. Wirtschaftszentrum 126 I Eb – 1967 Zentrum v. Rassenunruhen 126 II Lf – größter Binnenhafen d. Erde 127 III Eb

Chichén Itzá: Ruinenstätte in Mexiko – bedeut. Wallfahrtsort d. Maya, Tempelpyramiden, 106 I Ba, 106 II Cb

Chickamauga: Ort in d. südöstl. USA – 1863 Sieg d. Konföderation über Unionstruppen 125 IV fl

Chile: Staat in S-Amerika 188/189 I Ffh N – Teil d. heut. Staatsgebietes im 15. Jh. z. Inkareich, S-Teil vom indian. Volk d. Araukaner besiedelt 106 II Def – im 16. Jh. Beginn span. Eroberg. 104/105 I Fef – zum Vizekgr. Peru 109 IV Gef – 1810–17 Erhebungen geg. span. Kolonialherrschaft, 1818 unabh. Rep. 148 I Gf – Mitte d. 19. Jh. Vordringen nach S. u. Unterwerfg. d. Araukaner 148 II Glm – 1879–83 „Salpeterkrieg" geg. Bolivien u. Peru, chilen. Sieg im Streit um d. Salpetervorkommen in d. Atacamawüste 152 I DEgh – s. 1964 Landreform, 1970–73 weitere Reformen unter sozialist. Regierg. Allende, 1973–89 Militärdiktatur unter Pinochet 153 IV DEgh

China: Staat in O-Asien – 75 V KLM ef – 188/189 I MPcd – früheste Funde menschl. Lebens im heut. Staatsgebiet um 350 000 v. Chr. bei Choukoutien nachweisbar 16 I Db – um 1500 v. Chr. Beginn staatl. Entwicklg. unter d. Shang-Dynastie, Ausgrabungsfunde bezeugen frühe Hochkultur im heut. Ost-C. (Schan-Kultur) 16 III Hc – um 221 v. Chr. Vereinigg. d. chines. Teilstaaten, um 206 v. Chr. begründet d. Han-Dynastie d. konfuzian. Staatsführg. im kaiserl. C., im 3./4. Jh. n. Chr. Eindringen d. Hunnen 47 IV Nh – im 4.–6. Jh. Spaltg. in Teilstaaten, s. d. 6. Jh. gewinnt d. Buddhismus an Einfluss 66 I HJcd, Einigg. d. im südl. u. nördl. C. herrschenden Dynastien, im 7./8. Jh. Aufstieg z. wirtschaftl. u. polit. Großmacht, Blütezeit d. chines. Kultur, s. d. 10. Jh. verstärkte Gegensätze zw. Nord- u. Süd-C., 1276–1367 unter Herrschaft d. Mongolen 78 I JLce – im 16. Jh. dringen Seefahrer, Händler u. christl. Missionare aus Europa nach C. vor 104/105 I Oc – 109 V Db – bis 1644 von d. Ming-Dynastie, s. 1644 von d. Mandschu-Dynastie beherrscht 110 I Eb u. Legende – Anfang d. 18. Jh. Vordringen in mongol. u. tibetan. Gebiet, Ende d. 18. Jh. größte territoriale Ausdehng. d. Chines. Reiches 111 II KLef u. Legende – s. 1842 zunehmende Vorherrschaft d. Kolonialmächte, 1850–66 Taiping-Revolution: Versuch d. nationalen Befreiung, 1894–95 chines.-japan. Krieg um d. Einfluss in Korea, 1900–01 „Boxeraufstand", im Kampf geg. d. Kolonialmächte große Gebietsverluste, Aufteilg. in Einflusssphären, 1911 Revolution, 1912 Sturz d. Mandschu-Dynastie u. Ausrufg. d. Rep. 194 I DEab – 1912 Gründg. d. Kuomintang, s.1926 Vorherrschaft d. Kuomintang in ganz C. unter Führg. v. Tschiang Kai-schek, Kämpfe mit d. Kommunisten unter Führg. v. Mao Tse-tung, 1931 Besetzg. d. ▸ Mandschurei durch d. Japaner, 1937–45 im chines.-japan. Krieg Besetzg. weiterer Gebiete durch d. Japaner 196 II – Kampf d. Kommunisten u. Kuomintang um d. Vorherrschaft in C. führt 1947 z. Ausbruch d. Bürgerkrieges, 1949 Eroberg. d. gesamten chines. Festlandes durch kommunist. Truppen, Flucht d. Nationalregierg. nach ▸ Taiwan, Okt. 1949 Proklamation d. Volksrep. C. unter Mao Tse-tung, s.1950 Bodenreform u. Wirtschaftsplang. nach sowjet.

Vorbild, s.1958 Errichtg. v. Volkskommunen z. Förderg. d. Landwirtschaft u. Industrie, wachsender ideolog. Gegensatz z. Sowjetunion, s. 1964 Aufstieg z. Atommacht, 1966–69 Kulturrevolution führt zu einschneidenden Veränderungen im Partei- u. Staatsapparat 197 IV, V – 1971 Aufnahme in d. UN beendet zeitweise d. polit. Isolation d. Volksrep. C. 210/211 I MPcd – 1976 Tod Mao Tsetungs löst innere Unruhen u. Machtkämpfe aus, 1978 Friedens- u. Freundschaftsvertrag mit Japan, 1979 Einmarsch chines. Truppen in Vietnam, Kündigg. d. Freundschafts- u. Beistandpaktes mit d. UdSSR – 1989 blutige Niederschlagung der Demokratiebewegg. 196 III

Chincha-Inseln: peruan. Inselgr. an d. W-Küste v. Peru – 1864 v. Spaniern besetzt, 1871 zu Peru 152 I Df

Chinesische Mauer: Befestigungsanlage in N-China – s. d. 3. Jh. v. Chr. als Grenzbefestigg. z. Abwehr v. Nomadenangriffen errichtet, auch Große Mauer genannt 47 IV Legende – 1368–1644 unter d. Ming-Dynastie Erweiterg. d. Mauer vollendet 110 I Eab

Chinguetti 150 I Bb

Chinon: Stadt u. Schloss in Frankr. – 1429 erstes Zusammentreffen v. Jeanne d'Arc u. Karl VII. von Frankr. 89 IV Ef

Chioggia: Stadt in N-Italien – im MA Salzabbau 92/93 Fd – 1381 Sieg Venedigs über Genua führt z. Vormachtstellg. Venedigs im Mittelmeerraum u. Levantehandel 80 I Ff

Chios: griech. Insel im Ägäischen Meer 176/177 I Kf – Ausgangspkt. ion. Kolonisation 29 IV Ec – im 6. Jh. v. Chr. unter pers. Herrschaft, 500–494 v. Chr. Teilnahme am Ion. Aufstand 31 III DEb – Mitgl. d. Att. Seebundes 32 I fJ – unter röm. Herrschaft weitgehend selbst., Chius 40/41 I Je – 1304 genues. Handelsstützpkt. 86 I Fc – 1566 osman. 79 II Ec – 1822 türk. Massaker im griech. Freiheitskampf 145 II Dc – 1913 griech. 145 III cl

Chiwa: Stadt in Usbekistan – im 8. Jh. arab. 53 III Ib – im 13. Jh. v. Mongolen unterworfen 78 I Fc – 1873 als Usbeken-Chanat russ. Vasall 117 III CDc – 1920–24 Volksrep. 158 I DEc

Cholas 74 I Legende, 74 I Dcd

Chorasan: Landsch. in NO-Iran – im 9.–12. Jh. islam. Reich 53 III Hc

Chorillos: Stadt in W-Peru – 1881 entscheidender Sieg d. Chilenen im „Salpeterkrieg" geg. Peru u. Boliven 152 I Df

Chorin: Ort in Brandenburg – 1260 gegr. Zisterz.-Kloster 57 V Jd, 72 I Cb

Chotin: Stadt in d. südwestl. Ukraine – 1621 u.1673 Schlachten: erfolgreiche Abwehr osman. Angriffe durch poln. Heer 79 II Ea

Choukoutien (Zhoukoudian): Ort bei Peking, China – Fundort d. homo erectus pekinensis („Pekingmensch"), einer d. ältesten Menschenfunde d. Welt 16 I Db

Christburg (Dzierzgon): Stadt in N-Polen – 1249 Frie

de zw. Dt. Orden u. d. aufständ. Preußen 71 II Ce

Christmas-Insel: Insel im Pazif. Ozean, zu Kiribati gehörig – s. 1956 brit. Kernwaffenversuche 188/189 I Be

Christmas-Insel: austral. Insel im Ind. Ozean 188/189 I Of – 1888 brit. 149 IV He – 1958 zu Australien 188/189 I Of

Cierna: Ort in d. östl. Slowak. Rep. – 1968 ergebnislose Konferenz zw. sowjet. u. tschechoslowak. Führg. über Beilegg. d. gegensätzl. Standpunkte z. d. Reformen d. „Prager Frühlings" 178 II Jd

Cirta ▸ Constantine

Cisalpinische Republik: ehem. Rep. in N-Italien – 1797 unter Napoleon I. errichtet – 1802 Umwandlg. in d. Italien. Rep. 131 II CDef

Cîteaux: Zisterz.-Kloster in Frankr. – 1098 als Stammkloster d. Zisterzienser gegr. 57 V el

Ciudad Bolívar: Stadt in Venezuela – 1819 Kongress beschließt Bildg. d. Rep. Großkolumbien unter Führg. v. Simón Bolívar, bis 1866 Angostura genannt 152 I Ed

Ciudad Rodrigo: Stadt in W-Spanien – 1810 v. Franzosen, 1812 v. Briten eingenommen 128/129 De

Civitale: Stadt in SO-Italien – 1053 normann. Sieg über päpstl. Heer 149 III Cb – 1409 päpstl. Synode während des großen Schismas 85 II Db

Civitavecchia: Hafenstadt in Mittelitalien 142 I Cd – als röm. Hafen Centumcellae gegr., s. d. 15. Jh. z. Kirchenstaat, Standort d. päpstl. Flotte

Clairvaux: Zisterz.-Kloster in O-Frankr. – 1115 gegr. 57 V el

Clarendon: Schlossruine in Großbritannien – 1164 Konstitutionen von C. legen Machtverhältnisse zw. engl. Königtum u. Kirche fest 62/63 I Ba

Clermont-Ferrand: Stadt in Frankr. 176/177 I Fd – röm. Stadt Augustonemetum 40/41 I Ec – s. d. 4. Jh. Bm. 55 III Cb – 1095 Konzil: Papst Urban II. ruft z. 1. Kreuzzug auf 64 I Cb – 1556 Hptst. d. Auvergne 90/91 Fd – 1870 Sitz d. franz. Regierg. 154/155 I Fd

Cloppenburg 166 II Cb

Cluny: Ort in O-Frankr. – 910 gegr. Benedikt.-Abtei, im 10./11. Jh. Ausgangspkt. d. cluniazensischen Klosterreform 57 IV Cb

Coburg: Stadt in Bayern – im 12. Jh. gegr. – s. 1572 Residenz sächs. Herzöge 94/95 I Fc – 1920 nach Volksabstimmg. zu Bayern 166 I Fc

Cochin 75 Legende

Cognac: Stadt in W-Frankr. – 1526 Liga von C.: Bündnis zw. franz. König, Papst, Mailand u. Venedig z. Wiederaufnahme d. Kampfes geg. Kaiser Karl V. 90/91 Ed

Coimbra: Stadt in Portugal 68 I Bb – 1308 Gründg. d. ältesten Univ. v. Portugal 81 III Ge

Colombo: Hptst. v. Sri Lanka 194 II JKg – 1950 Konferenz d. Außenminister d. Commonwealth beschließt C.-Plan: finanzielle, techn. u. wirtschaftl. Unterstützg. d. Länder S- u. SO-Asiens 206/207 I MNe

Colonia Claudia Ara Agrippinensium ▸ Köln

Colonia Ulpia Traiana ▸ Xanten

Colorado: Bundesstaat in d. USA 124 I Lde – 1876 als 38. Staat in d. Union aufgenommen 126 I Cc

Columbia: Prov. in SW-Kanada 124 I Jc

Comacchio: Stadt in N-Italien – 1708–25 v. österr. Truppen besetzt 112/113 He

Comari 45 III Dd

Compiègne: Stadt in NO-Frankr. – Nov. 1918 dt. Kapitulation 156 III Ge – Juni 1940 franz. Kapitulation 172 I Cc

Connecticut: Bundesstaat in d. nordöstl. USA 124 I Od – 1776 Gründerstaat d. USA 126 I Fb

Constantine: Stadt in NO-Algerien 200 II Da – als Cirta bedeut. Stadt Numidiens 37 III Dc – unter Kaiser Augustus röm. Kolonie 40/41 I Fe – im 4. Jh. als Constantina neu gegr. 42 I Cc – frühchristl. Gemeinde 42 II Cc – im 5. Jh. v. Wandalen, im 7. Jh. v. Arabern erobert 50 I Cc, 53 III Cc – 1837 Choleraepidemie 83 IV Dd

Copán: Ruinenstätte in Honduras – Kulturzentrum d. Maya 106 I Bb, 106 II Cc

Corbie: Stadt in N-Frankr. – um 661 gegr. Kloster 55 III Cab

Córdoba: Stadt in S-Spanien 176/177 I Ef – 152 v. Chr. von Römern unterworfen, Corduba 40/41 I De – frühchristl. Gemeinde 42 II Bc – im 6. Jh. n. Chr. westgot., später oström. 51 III Hi, 51 IV Rl – 711 arab., bedeut. Zentrum d. Islam auf d. Iber. Halbinsel 52 I Bbc, 53 III Bc, 68 I Bc – 756 Emirat, 929 Kalifat 54 II gl – 1236 kastil. Eroberg. 62/63 IBd

Cork: Hafenstadt in Irland – 102 I Ae – bis 1938 brit. Marinestützpkt. 137/138 I Dc

Cornwall: Gft. in Großbritannien – 1337 Hzm. 62/63 I ABa

Coronel: Hafenstadt in Chile 152 I Dh – 1914 Seeschlacht, Sieg d. dt. Kreuzergeschwaders über brit. Flottenverband 157 IV Cf

Corregidor: Insel d. Philippinen – 1942–45 v. Japanern besetzt 174 I CDc, 174 II JKg

Cortenuova: Ort in N-Italien – 1237 Sieg d. stauf. Kaisers Friedrich II. über Lombard. Städtebund 62/63 I Db

Corvey: ehem. Benedikt.-Abtei in NRW – 815 gegr. Kloster 57 IV Da – reichsunmittelbare Abtei 80 I Dc – 1803 aufgelöst 131 II Cc

Cosenza: Stadt in S-Italien 142 I Ff – latein. Consentia, im 2. Pun. Krieg umkämpft 37 III Fc

Costa Rica: Staat in Mittelamerika 188/189 I Ee – heut. Staatsgebiet bis 1821 span., 1822–23 zu Mexiko, 1823–38 zu d. Verein. Staaten v. Zentralamerika, 1839 unabh., 1848 Rep., 1919 militär. Intervention d. USA 152 I Ccd

Cote d' Ivoire: offizieller Name für ▸ Elfenbeinküste

Cotrone: Stadt in S-Italien – um 710 v. Chr. als griech. Kolonie gegr., Kroton 29 IV Dc – im 2. Pun. Krieg umkämpft, Croton 37 III Fc – 982 Sieg d. Sarazenen über dt. Heer 149 III Cc

Cottbus: Stadt in Brandenburg 185 III Fc – 1156 erstmals erwähnt, im 13. Jh. Magdebg. Stadtrecht 70 I De – s. 1445 brandenburg. 94/95 I Hc – 182 I CDc – 1953–90 Bezirkshpst. in d. DDR 180 I Fc – 182 II Hg

Coutras: Stadt in SW-Frankr. – 1587 letzte Schlacht in d. Hugenottenkriegen: Sieg d. Truppen Heinrichs v. Navarra über d. Kathol. Liga 90/91 Ed

Coventry: Industriestadt in Großbritannien 176/177 I Ec – im MA Zentrum d. Wolltuchverarbeitg. 92/93 Bb – 102 I Ed – 122 I F – 123 III Kc – 1940 bei dt. Luftangriffen stark zerstört 172 I Bb

Craiova: Stadt in S-Rumänien 176/177 I Je – 1940 rumän.-bulgar. Vertrag: Abtretg. d. S-Dobrudscha durch Rumänien 137/138 I Je

Crécy: Ort in N-Frankr. – 1346 engl. Sieg über franz. Ritterheer durch Anwendg. einer neuen militär. Taktik (Bogenschützen, abgesessene Ritter, Kanonen) 84 I Ca

Cremona: Stadt in N-Italien – 218 v. Chr. röm. Kolonie 36 I Ec – s. d. 14. Jh. z. Hzm. Mailand, im MA Zentrum d. Leinenverarbeitungg 92/93 Ed

Crépy: Ort in N-Frankr. – 1544 Friede zw. Kaiser Karl V. u. Franz I. von Frankr.: Frankr. verpflichtet sich z. Teilnahme am Krieg geg. d. Osmanen u. Unterstützg. bei d. Niederwerfg. d. dt. Protestanten 94/95 I Bd

Cro-Magnon: Ort in SW-Frankr. – bedeut. Fundort alt

steinzeitl. Menschenskelette, Cro-Magnon-Mensch direkter Vorfahre d. heut. Menschen 16 II Bb, 18 II Kf, Legende

Crossen (Krosno Odrza`nskie): Stadt in W-Polen – 1005 erstmals erwähnt 60/61 I Jb – s. 1482 brandenburg. 94/95 I Hb

Crössinsee 169 III FGa

Cucuteni: vorgeschichtl. Fundort im heut. Rumänien 19 IV Mf

Culloden Moor: Moor in Schottland, Großbritannien – 1746 Sieg d. Engländer über Schotten 112/113 Eb

Cumae: ehem. Stadt in S-Italien – um 750 v. Chr. Gründg. d. ältesten griech. Kolonie in Italien, Kyme 29 IV Db – 474 v. Chr. Seeschlacht, griech. Sieg über Etrusker führt z. Zerfall d. etrusk. Macht, s. d. 4. Jh. v. Chr. röm. 36 II KLh

Curaçao: niederländ. Insel d. Antillen im Karib. Meer 124 I Pg – s. 1634 niederländ. 62 II Cd

Curtea de Arges: Stadt in Rumänien – s. d. 14. Jh. als Argesch Residenz d. Fsm. Walachei 84 I Eb

Custozza: Ort in N-Italien – 1848 u.1866 österr. Siege über Italiener 142 I Cc

Cuzco: Stadt in S-Peru 152 I Df – im 12. Jh. gegr., Hptst. d. Inkareiches u. Kulturzentrum, eine d. größten Städte d. damaligen Welt 106 II Dd – 1533 kampflos von d. Spaniern eingenommen, 1535 bei einem Indianeraufstand v. Spaniern zerstört 104/105 I Fe

Cyrenaica, Cyrenaika: Landsch. in O-Libyen – nach d. im 7. Jh. v. Chr. von Griechen gegr. Stadt Kyrene benannt 29 IV Ec – bis 456 v. Chr. Kgr. unter griech. Herrschaft, Kyrenaika 34/35 I Bb – 74 v. Chr. röm. Prov. Cyrene 40/41 I fl – im 7. Jh. n. Chr. von Arabern erobert, Barka 53 III Ec – 1517 als Teil v. Tripolis osman. 79 II Dd – 150 I Fb – 1911/12 v. Italienern erobert 154/155 I Jg – im 2. WK Kriegsschaupl. 173 III Ed – 1943–49 unter brit. Verwaltg., 1949 unabh. Emirat 202/203 I EFc

Cyrene: ehem. Stadt in NO-Libyen – im 7. Jh. v. Chr. als griech. Kolonie gegr., Kyrene 29 IV Ec – Hptst. d. Cyrenaica 40/41 I fl – urchristl. Gemeinde 42 II Ec

Czenstochau: Stadt in Polen – vor dem Holocaust große jüdische Gemeinde 171 III Eb

Czernowitz (Tschernowzy): Stadt in d. südwestl. Ukraine 176/177 I Kd – s. 1775 Hptst. d. Bukowina 130 I Fc – 1918–40 rumän. 137/138 I Kd – vor dem Holocaust große jüdische Gemeinde 171 III Fc

D

Dacca, Dakka: Hptst. v. Bangladesh 194 II Kf

Dachau: Stadt in Bayern – nat.-soz. Stamm- und Hauptlager, 1933 z. Inhaftierg. u. Vernichtg. polit. Gegner errichtet 170 I Fd, 171 IV Ng, 172 II Dc

Dacia: ehem. röm. Prov. in Rumänien – 106 n. Chr. gegr., 119 Teilg. in Dacia Superior u. Dacia Inferior 40/41 I cdlJ

Dading – 77 III Eb

Dagestanische AR: autonome Rep. in d. südl. Russischen Föderation 192 I Dc – 1921 als ASSR zur RSFSR 137/138 I Oe

Dagon 67 II Gd

Dagö: Insel in d. Ostsee, Estland 176/177 I Jb – im 13. Jh. zum Dt. Orden 71 II Eb – 1561 schwed. 90/91 Jb – 1721 russ. 112/113 Jb – 1920 z. Rep. Estland 137/138 I Jb – 1940/44–1991 zur Estn.SSR 176/177 I Jb

Dahomey ▸ Benin

Dairen ▸ Lüta

Dalautabad 74 II Ig

Dakar: Hptst. v. Senegal 200 I Bd – 1857 franz. Gründg. 151 III Eh

Dali – 76 II Ki

Daliang 46 I Ec

Dallas: Stadt in d. südl. USA, Texas – 1963 Ermordung d. amerikan. Präs. John F. Kennedy 124 I Me

Dalmatien: Landsch. an d. Adriaküste, Kroatien – 9 n. Chr. röm. Prov. Dalmatia 40/41 I Hd – im 6. Jh. oström. 51 IV Tk – 806 v. Franken unterworfen 55 III EFc – um 1000 z. Kgr. Kroatien 58 I Dc – im 11./12. Jh. unter ungar. Herrschaft, venezian. Stützpunkte an d. Küste 62/63 I Fc – im 15. Jh. endg. Einnahme d. Küstengebietes durch Venedig 90/91 Ie – 1797 österr., 1805 z. Kgr. Italien, 1809–13 zu d. Illyr. Provinzen 128/129 Ie – 1815 erneut österr., 1816 Kgr. D. 132/133 Ie – 1920 größtenteils zu Jugoslawien 137/138 I HIe – 1991 zur Rep. Kroatien 208 I

Damão: Unionsterritorium in W-Indien 1558 – 1961 port. 138 I Cb, 194 II Jf

Damaskus: Hptst. v. Syrien 202/203 I Gb – um 1470 v. Chr. erstmals erwähnt, bedeut. Handelszentrum im Alten Orient, um 1000 v. Chr. Stadtstaat d. Aramäer 43 III Eab – im 6. Jh. v. Chr. pers. 30 II Cb, 30/31 I Cb – um 332 v. Chr. von Alexander d. Gr. erobert, griech. Damaskos 34/35 I Cb – urchristl. Gemeinde 42 II Ng – um 64 v. Chr. röm., Damascu 40/41 I Nf – 635 n. Chr. Eroberg. durch d. Araber, 651–750 Hptst. d. Omaijaden-Kalifats, Zentrum d. Islam 53 III Fc – im 12. Jh. erfolgreiche Abwehr d. Kreuzfahrer 64 I Fc – im 13. Jh. v. Mameluken erobert 84 I Fc – 1516 osman. 79 II Gd – 1920 Hptst. d. franz. Mandats Syrien 137/138 I Mg – 1941/44 Hptst. d. unabh. Syrien 176/177 I Mg

Damiette: Stadt in N-Ägypten – 1219–49 im Besitz d. Kreuzfahrer 64 I Fc

Dänemark: Staat in N-Europa 188/189 I Jc – heut. Staatsgebiet im 5. Jh. v. german. Dänen u. Jüten besiedelt 50 II NOd – im 9. Jh. erste Staatsbildg. unter König Godfred 55 III DEa – im 10. Jh. Ausgangsgebiet d. Normannenzüge 54 II JKe – um 1000 Zentrum d. Wikingerreiches unter Knut d. Gr. 58 I CDb – im 11./12. Jh. Versuche d. Ausdehng. an d. südl. Ostseeküste, 1227 Niederlage in d. Schlacht bei Bornhöved verhindert weiteres Vordringen nach Süden 62/63 I DEa – 1361–70 Krieg geg. d. Hanse um d. Vorherrschaft im Ostseeraum, 1397 Bildg. d. Kalmarer Union: Zusammenschluss von D., Schweden-Finnland u. Norwegen 87 III CDbc u. Legende – 1460 Pers.-Union mit Schleswig-Holstein 80 I DEab – im 15. Jh. schwed. Aufstände geg. dän. Oberhoheit, 1523 Auflösg. d.

Kalmarer Union 90/91 GHab – 1536 Einführg. d. luther. Reformation 96 II JKd – Durchführung der Gregorian. Kalenderreform nach 1700 HId – im 17. Jh. Kriege geg. Schweden 112/113 GHbc – 1807–14 mit Frankr. verbündet 128/129 GHbc – 1814 Verlust Norwegens an Schweden 132/133 GHbc – 1864 nach d. Dt.–Dän. Kriegen Abtretg. v. Schleswig – Holstein an Österr. u. Preußen 134 I EFa – Ende d. 19. Jh. Sozialgesetzgebg. 135 II EFa – im 1.WK neutral 156 III GHd – 1920 N-Schleswig nach Abstimmg. zu D. 166 I EFa – 1940 trotz Neutralität von dt. Truppen besetzt 172 I CDb – 1960–72 EFTA-Mitglied, s. 1973 EG-Mitglied 187 II GHb – 1992 Ablehng. d. Maastrichter-EG-Verträge 186 I GHb

Danewerk: ehem. dän. Grenzbefestigg. im heut. Schleswig-Holstein 55 III Da

Danzig (Gda'nsk): Hafenstadt in Polen 208 I – im 10. Jh. slaw. Burgsiedlg. 60/61 I La – 1263 Lüb. Stadtrecht 70 I Fc – 1309 zum Dt. Orden 71 II Cd – 1361 Hansestadt 87 III Ec – um 1400 Zentrum d. Aufstände geg. d. Herrschaft d. Dt. Ordens 84 I Da – bedeut. Handelsstadt NO-Europas 92/93 Gb – 1454 freie Stadt unter poln. Oberhoheit 94/95 I Ja – 1639 Pestepidemie 82 III Qe – 1793 preuß. 130 I Db – 1807 Freistaat Rep. D. 128/129 Ic – 1814 erneut preuß., Hptst. d. Prov. Westpreußen 134 I Ja – 1831 Choleraepidemie 83 IV Eb – 1920–39 als Freie Stadt Völkerbund unterstellt 166 I Ja – 168 I Ja, 169 III Ha – 1933–39 nat.-soz. Forderg. d. Anschlusses von D. an d. Dt. Reich verschärft dt.-poln. Spannungen 170 I Ja – Reichspogromnacht 1938 170 II Ha – 1939 dt. Beschießg. poln. Militäranlagen leitet 2. WK ein 172 I Db – 1945 stark zerstört 173 III Db – Flucht d. dt. Bevölkerg. 179 IV Db – 1956 u. 1980 Zentum d. Arbeiteraufstände geg. kommunist. Regime, 1980 Gründg. d. Gewerkschaft „Solidarnosc" 178 II Ha

Danzig – Westpreußen 169 III GHIab

Dardanellen: türk. Meerenge zw. Marmarameer u. Ägäischem Meer 118/119 Kef – als Asien u. Europa trennende Meerenge bereits in d. Perserkriegen v. strateg. Bedeutg., Hellespontos genannt 31 III Ea – Gründg. v. Kolonien sichert d. Griechen d. Handelsverbindg. z. Schwarzen Meer 29 IV Eb – 1354 osman. Eroberg. 79 II Eb – 1841 Meerengenabkommen z. Regelg. d. Durchfahrtsrechte 145 II Dbc – 1915–16 erfolgreiche türk. Abwehr d. alliierten Offensive 156 II Dbc – 1923–36 entmilitarisiert 137/138 I Kef

Dar es Salaam: Hafenstadt in Tansania 200 I Gf – 1862 gegr., 1896 Hptst. von Dt.-Ostafrika 151 III Gi

Darfur: ehem. Reich in Sudan – 1874 ägypt. 151 II Cc

Darmstadt: Stadt in Hessen 180 I Cd – 1806 Hptst. d. Grhzm.Hessen 134 I Ed – 1919 Hptst. d. Freistaates Hessen 166 I Ed

Daskyleion 30/31 I Ba

Dauphiné: Landsch. in SO-Frankr. – 1349 zu Frankr. 80 I BCf

Debrecen: Stadt in Ungarn 176/177 I Jd – 1849 Sitz d. ungar. Revolutionsregierg. 132/133 Jd

Decimum: ehem. Ort in Tunesien – 533 oström. Sieg über Wandalen 51 III ilJ, 51 IV Sl

Dekeleia: ehem. Ort auf d. Halbinsel Attika in Griechenland – während d. Peloponnes. Krieges Stützpkt. d. Spartaner 33 III Fb

Dekhan: Landsch. in Indien – im 17. Jh. als D.–Sultanate z. Reich d. Großmoguln 110 I CDbc

Delagoa-Bai: Bucht vor Mosambik – 150 I Gg – 1875 durch Schiedsspruch port. 151 II Ce

Delaware: Bundesstaat in d. östl. USA 124 I Oe – 1776 Gründerstaat d. USA 126 I Fc

Delft: Stadt in d. Niederlanden – 1584 Ermordg. Wilhelms v. Oranien 99 II Ca

Delhi: Stadt in N-Indien 194 II Jf – im 14. Jh. v. Mongolen erobert u. zerstört 74 II If, Legende, 74 III Legende, 75 V Kf, 78 I Ge – 1525 Hptst. d. Reiches d. Großmoguln 110 I Cb – 109 V Bb – 1803 brit., ▸ Neudelhi 194 I Cb

Delos: griech. Insel im Ägäischen Meer – s. d. 7. Jh. v. Chr. religiöser Mittelpkt. d. ion. Griechen, Apollontempel 31 III Dc – 477–54 v. Chr. Sitz d. Att. Seebundes 32 I gl

Delphi: Ruinenstätte in Mittelgriechenland – im 9./8. Jh. v. Chr. bedeut. Kultstätte, polit. Bedeutg. durch d. Orakel von D. 28 I Dc – 279 v. Chr. griech. Abwehr eindringender Kelten 48 I Ed

Demjansk: Stadt in d. W-Russland – 1942 Einkesselg. dt. Truppen durch sowjet. Truppen 173 III Fb

Den Haag ('s – Gravenhage): Stadt in d. Niederlanden 176/177 I Fc – 1701 Bildg. d. geg. Frankr. gerichteten Haager (Großen) Allianz: Aberkenng. aller franz. Ansprüche auf d. span. Thron 112/113 Fc – 1899, 1907 Haager Friedenskonferenzen z. Sicherg. eines weltweiten Friedens, insbesondere über internationale Kriegsführg. u. Rüstg. 154/155 I Fc – 1969 EG-Gipfelkonferenz über Ausbau d. Organisation 187 II Fc – Sitz d. niederländ. Regierg. u. königl. Residenz 176/177 I Fc

Derby 102 I Ed, 122 I F, 123 III Kc

Derna: Stadt in NO–Libyen 176/177 I Jg – im 2. WK Kriegsschaupl. 172 I Ed

Deshima: japan. Insel westl. v. Nagasaki – 1641 niederländ. Handelsniederlassg. 110 I Fb

Dessau: Stadt in Sachsen-Anhalt 180 I Ec – im 12. Jh. als Markort erwähnt 80 I Fc – 1525 Bündnis norddt. Fürsten geg. Anhänger Luthers 94/95 I Gc – 1626 Schlacht im 30-jährigen Krieg 98/99 I Gc – im 18. Jh. als Residenzstadt ein kulturelles Zentrum d. dt. Absolutismus 120/121 Gc – 1863 Hptst. d. Hzm., 1918 d. Landes Anhalt 134 I Gc, 166 I Gc – 168 I Gc, 169 III Eb, 182 I Cc

Detroit: Industriestadt in d. nördl. USA, Michigan 127 IV Lf – 1701 franz. Gründg. Fort Pontchartrain, 1760 v. Briten eingenommen 125 III Cb – 1967 Zentrum v. Rassenunruhen 126 II Lf – wichtiger amerikan. Binnenhafen, Zentrum d. Automobilindustrie 127 III Eb

Dettingen: Ort in Bayern – 1743 Sieg d. brit. Armee u. ihrer Verbündeten („Pragmatische Armee") über franz. Heer im österr. Erbfolgekrieg 120/121 Ec

Deutsche Demokratische Republik 182 I – 183 V ▸ Deutschland

Deutscher Orden: geistl. Ritterorden – 1190/98 von dt. Kreuzfahrern in Akkon gegr. 65 II ABb – 1211–25 Versuch einer Staatsbildg. in Siebenbürgen 64 I Eb – 1226 Beginn d. Unterwerfg. u. Christianisierg. d. im Ostseeraum ansässigen Prussen 62/63 I FGa – im 13./14. Jh. Ausdehng. d. Ordensgebietes, 1410 Niederlage geg. Polen-Litauen in d. Schlacht bei Tannenberg führt z. Verfall d. Ordensstaates 71 II, 87 II EGbc – 1525 Umwandlg. in d. weltl. Hzm. Preußen 94/95 I JKab

Deutscher Zollverein: ehem. handelspolit. Zusammenschluss dt. Bundesstaaten – 1834 gegr. mit d. Ziel z. Schaffg. eines einheitl. dt. Wirtschaftsraumes durch d. Abbau v. Zöllen, Vorbereitg. d. polit. Einigg. Deutschlands 136 II

Deutsches Reich ▸ Deutschland

Deutschland: Staat in Mitteleuropa 185 III – im 1. Jh. v. Chr. Eroberg. d. von german. Völkern besiedelten linksrhein. Gebietes durch d. Römer, röm. Prov. Germania 49 V – german. Völkerwanderg. 34/35 – Teil d. Frankenr. 55 III – im 9. Jh. Ostfränk. Kgr. 55 IV–V – s. 919 Dt. Reich, auch Hl. Röm. Reich genannt, unter Herrschaft d. Ottonen, s. 1024 Herrschaft d. Salier 60/61 I – Investiturstreit: Gegensatz zw. Königtum u. Papsttum, Kreuzzüge 64 I – s. 1138 Herrschaft d. Staufer 62/63 I – ma. Stadtentwicklg. 68 I CDab – im 13. Jh. Beginn dt. Ostsiedlg. 70 I – um 1400 Dt. Hanse 87 III – wachsende Macht d. Territorialfürsten u. Reichsstädte 80 I – s. 1438 dt. Könige u. Kaiser aus d. Hause Habsburg 94/95 I – im 15. Jh. Gründg. zahlreicher Universitäten, Zentren d. Humanismus 81 III Hde – s. 1517 Reformation 96 II IJKLdefgh – Gegenreformation 97 III – 1618–48 im 30-jährigen Krieg stark zerstört, 1648 Westfäl. Friede 98/99 I – D. im Zeitalter d. Absolutismus 112/113 – Gegensatz zw. d. Großmächten ▸ Preußen u. ▸ Österr. (preuß. – österr. Dualismus) 130 I – D. nach d. Franz. Revolution: 1803 Reichsdeputationshauptschluss 131 II – 1806 Gründg. d. Rheinbundes, Auflösg. d. Hl. Röm. Reiches Dt. Nation 131 III – D. im Zeitalter Napoleons I. 128/129 – 1815 Wiener Kongress: Gründg. d. Dt. Bundes, Streben nach nationaler Einheit, 1848 dt. Revolution 134 I – 1834 Gründg. d. Dt. Zollvereins 136 II – Verfassungen bis 1848 136 I – Beginn d. Industrialisierg. 139 III, IV – 1867 Gründg. d. Norddt. Bundes unter Führg. Preußens, 1871 nach Dt.-Franz. Krieg Reichsgründg. unter Bismarck 135 II – Parteienbildg., Arbeiterbewegg., Sozialgesetzgebg., bis zum 1. WK 95, 139 III, IV – Entwicklg. z. bedeut. Industriemacht 154/155 I – dt. Kolonien bis 1914 148 II – dt. Niederlage im 1. WK 156 II, III – 1918 Influenzaepidemie 83 V OQgh – 1918 Novemberrevolution beendet Monarchie 164 I – 1919 Versailler Vertrag, Gründg. d. Weimarer Rep. 166 I – 166 II – 1926–33 Mitgl. d. Völkerbundes 161 V Eb – D. unter nat.-soz. Herrschaft 168 I ff. – Reichspogromnacht 1938 170 II – Judenverfolg. u. -vernichtg. im „Dritten Reich" 170 I, 171 IV – 1939 dt. Angriff auf Polen löst 2. WK aus 172 I – Mai 1945 dt. Kapitulation 173 III – 1945 Aufteilg. in vier Besatzungszonen 178 I – 1949 Gründung d. Bundesrepublik Deutschland u. d. Deutschen Demokratischen Rep. 178 II – 17. Juni 1953: Erhöhg. d. Arbeitsnormen in d. DDR führt z. Arbeiteraufstand u. weitet sich z. Volksaufstand aus, s. 1960 Kollektivierg. d. Landwirtschaft in d. DDR, 1961 nach steigenden Flüchtlingszahlen Schließg. d. innerdt. Grenze, Mauerbau in Berlin 180 I – Beitritt d. beiden dt. Staaten zu westl. u. östl. Bündnissen 186 I, 187 II – 1972 Grundlagenvertrag zwischen Bundesrep. Deutschld. u. DDR führt zu mehr menschl., wirtschaftl. u. polit. Kontakten 180 I – 1989 Fluchtwelle u. friedl. Revolution in d. DDR sowie Öffnung d. innerdt. Grenzen, Sturz d. kommunist. Regimes 208 I – 3. Okt. 1990 Anschluss d. wiedergegründeten Länder d. ehemal. DDR an d. Bundesrep. Deutschland schließt Wiedervereinigung ab 185 III

Deutsch-Ostafrika ▸ Tansania, Burundi, Ruanda

Deutsch-Südwestafrika ▸ Namibia

Diedenhofen (Thionville): Stadt in O-Frankr. – im 8. Jh. fränk. Königspfalz 55 III Db – 1659 franz.

Dien Bien Phu: Ort in N-Vietnam – 1954 entscheidende Niederlage d. Franzosen geg. d. Vietminh beendet d. franz. Kolonialherrschaft in Indochina 194 II Lf

Dieppe: Hafenstadt in N-Frankr. – im 14. bis 16. Jh. Handelspl. 92/93 Cc – 1942 gescheiterte alliierte Landg. 173 III Cc

Dijon: Stadt in O-Frankr. 176/177 I FGd – s. 1016 Hptst. d. Hzm. Burgund 60/61 I Ee

Dillingen: Stadt in Bayern – 1554 gegr. Univ., 1565 Jesuitenkolleg, Zentrum d. Gegenreformation 97 III Fd

Dipaia: ehem. Stadt in Griechenland, Peloponnes – 464 v. Chr. Sieg d. Spartaner über aufständ. Arkader 32 I Hg

Dirschau (Tczew): Stadt in N-Polen – 1260 Lüb. Stadtrecht 70 I Fc – 1308 vom Dt. Orden erobert 71 II Cd

Dithmarschen: Landsch. in Schleswig-Holstein – s. d. 13. Jh. selbst. Bauernrep. 80 I Dab – 1559 z. Hzm. Holstein 94/95 I Eab

Diu: Unionsterritorium in W-Indien – 1536–1961 port. 110 I Cb, 194 II Jf

Djakarta: Hptst. v. Indonesien 194 II Lh – 1619 niederländ. Handelsstützpkt. Batavia 110 I Ed – Hptst. v. Niederländ.-Indien 111 II Lh

Djajapura: Hptst. v. Westirian – 1942–44 als Hollandia v. Japanern besetzt 174 II Lh – 1963 zu Indonesien 195 IV Lh

Djenné 150 I Cc

Djerba: tunes. Insel im Mittelmeer – 1559–60 span. 90/91 Hg

Djibuti: Staat in O-Afrika 188/189 I Le – heut. Staatsgebiet s. 1884 Kolonie Franz.-Somaliland 151 III Hh – 1977 unabh. Rep., 1991 Bürgerkrieg 198 II Hh, 199 III Hc

Djidda: Hafenstadt am Roten Meer in Saudi-Arabien – Hafen u. Flugplatz v. großer Bedeutg. für d. Mekka-Pilger 202/203 I Gc

Dnjepropetrowsk: Stadt in d. Ukraine – 1786 als Jekaterinoslaw gegr. 117 III Bc – 1917 in D. umbenannt 137/138 I LMd – bedeutendes Industriezentrum d. Usbekischen SSR 191 IV Mg

Doberan: Ort in Mecklenburg-Vorpommern – 1171 gegr. Zisterz.-Kloster 457 V Jd

Dobrudscha: Landsch. in Rumänien u. Bulgarien – s. d. 14. Jh. osman. 79 II Eab – 1878 N-Teil Rumänien, S-Teil Bulgarien zugesprochen 145 II Dab – 1913 S-Teil rumän., 1940 bulgar. 145 III abl, 172 I Ec

Dodekanes: griech. Inselgr. im Ägäischen Meer 176/177 I Kf – 1912–45 italien. 137/138 I Kf

Dodoma: s. 1973 offizielle Hptst. v. Tansania 198 II Gi

Dodona: Ruinenstätte in W-Griechenland – im 13. Jh. v. Chr. bedeut. Kultstätte, Orakel d. Zeus 29 III Ab

Döffingen: Ort in Baden-Württemberg – 1388 Niederlage d. Schwäb. Städtebundes beendet seine Vormachtstellg. in Württemberg 80 I Dd

Doggerbank: Sandbank in d. Nordsee – 1915 Seegefecht zw. dt. u. brit. Kreuzern 156 II Ba

Dokkum: Stadt in d. Niederlanden – 754 Ermordg. d. angelsächs. Missionars Bonifatius, Wallfahrtsort 56 I Eb

Dominica: Inselstaat im Karib. Meer 188/189 I Fe – 1978 als Rep. unabh. Mitgl. d. Commonwealth 152 I Ec

Dominikanische Republik: Inselstaat in Mittelamerika 188/189 I Fe – bis 1795 span., Santo Domingo 109 IV Gd – 1821 unabh., 1822–44 zu Haiti, 1861–65 erneut span., 1865 unabh. Rep., 1916–24 amerikan. Besetzg. 1930–61 diktator. Regime, 1963 Militärputsch, 1965 während d. Bürgerkrieges militär. Intervention d. USA 152 I DEc

Donauwörth: Stadt in Bayern – 1191 stauf. Reichsburg 62/63 I Eb – 1301 Reichsstadt 80 I Ed – 1714 bayr. 120/121 Fd

Donbas: bedeut. Steinkohlengebiet in d. Ukraine u. Russland – im 2. WK wegen seiner großen Bedeutg. als Industriezentrum von dt. Truppen besetzt 172 I Fc, 173 III FGc – 1989 u. 1991 Streiks geg. wirtschaftl. Niedergang während der Reformpolitik Gorbatschows 192 I CDc

Donezk: Industriestadt in d. Ukraine 176/177 Md – s. 1924 Stalino 137/138 I Md – 1943 Einnahme durch sowjet. Armee zwingt d. Deutschen z. Aufgabe d. D.-Beckens 173 III Fc – 1961 in D. umbenannt 191 III Cc

Dongo: Ort am Comer See, N-Italien – 1945 Erschießg. d. italien. Staatschefs Benito Mussolini 176/177 I Gd

Dongola 150 I Gc

Dongyue 46 II LMi

Doorn: Ort in d. Niederlanden – 1918–41 Exil d. dt. Kaisers Wilhelms II. 166 I Cbc

Dora 172 II Dc

Dordrecht: Hafenstadt in d. Niederlanden – 1572 erste freie Versammlg. d. holländ. Stände 99 II Cb – 1618–19 Synode d. Reformiert. Kirche 98/99 I Cc

Dorestad: ehem. Ort in d. Niederlanden – 834 Zerstörg. d. ma. Handelsplatzes durch d. Normannen 54 II Je

Dorier: griech. Volksstamm – vermutl. um 1200 v. Chr. in Griechenland eingewandert 23 III Mfg, 29 IV Legende – dor. Kolonisation 29 IV Legende

Dorpat (Tartu): Stadt in Estland – 1224 als estn. Burgsiedlg. vom Schwertbrüderorden erobert, Bm. 71 II Gb – im 13. Jh. Lüb. Stadtrecht 70 I Ja – bedeut. Hansestadt im Handel mit Russland 87 III Gb – 1629 schwed., 1632 Gründg. d. Univ., 1721 russ. 112/113 Kb – 1920 Friede von D.: Sowjetrussland erkennt Unabh. v. Estland u. Finnland an 137/138 I Kb

Dortmund: Industriestadt in NRW 180 I Bc – Reichsburg d. Staufer 62/63 I Da – Hansestadt 87 III Cc – bis 1803 Reichsstadt 120/121 Dc – 1815 preuß. 134 I Dc – im 19. Jh. Beginn d. Industrialisierg., Zentrum d. Steinkohlenabbaus 139 II Dc

Doryläum: ehem. Stadt in d. NW-Türkei – griech. Dorylaion, latein. Dorylaeum 40/41 I Ke – frühchristl. Gemeinde 42 II Fc – 1147 Niederlage d. Kreuzfahrer geg. Seldschuken 64 I Fc – 167 IV Ch

Dossenbach: Ort in Baden-Württemberg – 1848 württemberg. Sieg über revolutionäre Truppen 134 I De

Douai 68 I Ca

Dover 102 I Fe

Dragaschan (Drăgăsani): Stadt in S-Rumänien – 1821 Sieg d. Osmanen über griech. Freiheitskämpfer 145 II Cb

Drenthe: Prov. d. Niederlande – 1536 habsburg. Gft. 94/95 I Db – Ende d. 16. Jh. zur Rep. d. Verein. Niederlande 99 II Da

Dresden: Hptst. d. Bundeslandes Sachsen 185 III Ec – 1206–16 gegr., Magdebg. Stadtrecht 70 I Ce – z. Mgft. Meißen 80 I Fc – s. 1485 Residenz d. albertin. Wettiner, 1547 Hptst. d. Kurfsm. Sachsen, Kunst- u. Kulturzentrum 94/95 I Gc – Zentrum d. Reformation 97 III Gc – 1637 Pestepidemie 82 III Ng – Anfang d. 18. Jh. Ausbau z. Barockresidenz unter August II. d. Starken 115 II Fc – 1745 Friede Preußens mit Österr. u. Sachsen: Schlesien verbleibt bei Preußen 130 I Db – 1813 letzter franz. Sieg unter Napoleon I. auf dt. Boden 128/129 Hc – 1830/49 Bürgeraufstände 134 I Gc – 1918 Sturz der sächs. Monarchie 164 I Fc – 168 I Gc, 168 II Ec, 169 III Ec – 1945 durch brit.-amerikan. Luftangriffe fast völlig zerstört 173 III Db – 182 I Dc – 182 II Gg – 1952–90 Bezirkshptst. in der DDR 180 I Ec – 1989 eines der vier Hauptzentren der DDR-Protestbewegung 184 I Cc

Dreux: Stadt in Frankr. – 1562 Sieg d. Katholiken über Hugenotten 90/91 Fd

Drogheda 103 III Gh

Drontheim (Trondheim): Stadt in Norwegen – im 10. Jh. als Nidaros gegr. Wallfahrtsort 54 II Kd – 1658–60 schwed. – im 2. WK Kriegsschaupl. 172 I Da

Drottningholm: Schloss westl. v. Stockholm, Schweden – um 1700 erbaut 112/113 Ib

Drusen: islam. Volksgruppe in Vorderasien – 1921 autonom Gebiet, 1925/26 Aufstände geg. franz. Mandatsherrschaft 137/138 I Mg – 1936 zu Syrien 202 II Db

Dschammu und Kaschmir ▸ Kaschmir

Dschebel al Tarik ▸ Gibraltar

Dschurdschen 77 III FGb

Dublin: Hptst. v. Irland 176/177 I Dc – um 835 v. Normannen erobert 54 II el – im 10./11. Jh. königl. Residenz 58 I Bb – 1152 Ebm., s. 1170 Zentrum engl. Herrschaft in Irland 62/63 I Aa – 102 I Bd – 1916 Zentrum d. Osteraufstandes d. Iren 156 II Aa – s. 1922 Hptst. d. Rep. Irland 137/138 I Dc – 1990 EG-Gipfelkonferenz beschließt weiteren Ausbau der europ. Einigung 212/213 Ge

Dubrovnik: Stadt an d. Adria in S-Kroatien 209 III Kg – um 615 als Ragusa v. slaw. Flüchtlingen gegr., Bm. 55 III Fc – bis 1204 byzantin., 1205 selbst. Rep. unter venezian., 1358 unter ungar. Oberhoheit, bedeut. Handelszentrum 62/63 I Fc – 1526 osman. Vasall 79 II Cb – 1718 unabh. Rep. 112/113 le – 1808 franz. Besetzg. 128/129 le – 1815 österr. 145 II Bb – 1918 zu Jugoslawien 137/138 I le – bedeutendes Touristenzentrum 176/177 I le – 1991 bei serb. Angriffen im Nationalitätenkrieg stark zerstört 209 III Kg

Duisburg: Industriestadt in NRW 180 I Bc – im 12. Jh. Entwicklg. z. Stadt, ma. Handelspl. 92/93 Dc – s. 1905 größter Binnenhafen Europas 137/138 I Gc

Dünaburg (Daugavpils): Stadt in Lettland – 1278 vom Dt. Orden gegr., Magdebg. Stadtrecht 71 II Gd – 1561 poln. 90/91 Kb – 1772 russ. 116 I Da – 1920 z. Rep. Lettland 137/138 I Kb

Dunbar: Ort in Schottland, Großbritannien 1650 Sieg d. Engländer unter Cromwell über schott. Heer 112/113 Eb – 103 III If

Dunhuang 76 I Cbc

Dünkirchen (Dunkerque): Hafenstadt in N-Frankr. 176/177 I Fc – 1658–62 engl. 98/99 I Bc – 1940 Einkesselg. d. brit.-franz. Armee durch dt. Panzerverbände, daraufhin Rückzug v. ca. 340 000 brit. u. franz. Soldaten nach Großbritannien 172 I Cb – 1947 brit.-franz. Beistandsvertrag 176/177 I Fc

Düppel (Dybbøl): Ort in Dänemark – 1848 bis 1850 D.er Schanzen in d. Dt.-Dän. Kriegen umkämpft, 1864 v. preuß. Truppen erobert 134 I Ea

Dura-Europos: Ruinenstätte in O-Syrien – im 4. Jh. v. Chr. seleukid. Neugründg., hellenist. Militärkolonie 34/35 I Db – frühchristl. Gemeinde 42 II Gc – im 3. Jh. n. Chr. nach Abwanderg. d. Bevölkerg. verödet 42 I Gc

Durango: Ort in N-Spanien – im 19. Jh. Zentrum d. Karlisten 132/133 Ee

Durazzo (Durrës): Hafenstadt in Albanien 68 I Db, 209 III Kh – 625 v. Chr. als Epidamnos gegr., griech. Kolonie 29 IV Db – röm. Kolonie Dyrrhachium 40/41 I Hd – im 4. Jh. n. Chr. oström. 50 II Oe – byzantin. Themenhptst. Dyrrhachion 58 I Dc – 1202/1392 venezian. 58 I Dc – 1501 osman. 79 II Cb – 1914 Hptst. d. Fsm. Albanien 145 III Gb – 1991 Stürmg. d. Hafens v. Flüchtlingen n. Italien 209 III Kh

Durban: Hafen- u. Industriestadt in Südafrika 200 I Gh – 1899–1902 im Burenkrieg umkämpft 151 III Gj

Durben: Ort in Lettland – 1260 litau. Angriff auf Kurland löst weitere Aufstände im Gebiet d. Dt. Ordens aus 71 II Dc

Durham: Stadt in Großbritannien – s. 1093 Bau d. normann.-roman. Kathedrale 58 I Bb

Düsseldorf: Hptst. von NRW 185 III Bc – 1521 Residenz d. Herzöge v. Berg 94/95 I Dc – 1777 zu bayer. Pfalz 120/121 Dc – bis 1806 bayr. 131 II Bc – 1806–13 Hptst. d. franz. Grhzm. Berg 131 III Jc – 1815 preuß. 134 I Dc – 1918 Bildung eines Arbeiter- und Soldatenrates 164 I Cc – 166 II Bc, 168 II Ac, 169 III Ab

E

Ebernburg: Burg in Rheinld.-Pfalz – Burg d. Ritters Franz v. Sickingen, Zentrum des Ritteraufstandes 1522/23, Zufluchtsort d. Anhänger d. Reformation 96 I Ab

Echternach: Stadt in Luxemburg – 698 gegr. Benedikt.-Abtei 56 I Ec

Eckernförde: Stadt in Schleswig-Holstein – 1849 Seegefecht, schleswig-holstein. Sieg über dän. Flotte 134 I Ea

Ecuador: Staat in S-Amerika 188/189 I EFef – heut. Staatsgebiet im 15. Jh. Teil d. Inkareiches 106 II Ccd – 1531–33 v. Spaniern erobert 104/105 I EFde – 1739 z. Vizekgr. Neu-Granada 109 IV FGde – 1822 unabh., zur Verein. Rep. v. Kolumbien, 1830 selbst. Rep., s. 1831 zahlreiche Militärputsche 152 I CDde

Edessa: Stadt in d. SO-Türkei – urchristl. Gemeinde 42 II Ng – röm. Handelspl. 39 III Fc – 1098–1146 als Gft. Kreuzfahrerstaat 58 I Fd

Edgehill 103 II Dc

Edinburgh: Hptst. v. Schottland, Großbritannien 176/177 I Eb – 1583 Gründg. d. Univ., schott. Kulturzentrum 90/91 Eb – 1831 Cholera-epidemie 83 IV Cb – 102 I Dc, 122 I Ec, 141 III Cb

Edirne: Stadt in d. europ. Türkei 176/177 I Ke – vermutl. thrak. Gründg., im 2. Jh. Neugründg. unter d. röm. Kaiser Hadrian, Hadrianopolis 40/41 I Jd – später Adrianopel genannt, frühchristl. Gemeinde 42 II Eb – wegen seiner strateg. Lage bedeut. Schlachtort: 378 Sieg d. Westgoten über Römer 50 I Eb – 136 osman., 1365–1453 Sultansresidenz 79 II Eb – 1829 Friede v. Adrianopel beendet russ.-türk. Krieg 145 II Db – 1920–22 griech. 137/138 I Ke

Edom: alttestamentl. Staat in Vorderasien 43 III CDf

Eger (Cheb): Stadt in d. Tschech. Rep.178 I Ec – 59 II Ge – im 12. Jh. Stauferburg 62/63 I Ea – 1242 süddt. Stadtrecht, 1277 Reichsstadt 70 I Ce – 1322 mit d. Egerland an Böhmen verpfändet 80 I Fc – 1634 Ermordg. d. kaiserl. Feldherrn Wallenstein 98/99 I Gc

Eichsfeld: Landsch. in Thüringen u. Niedersachsen – s. d. 11. Jh. z. Ebm. Mainz 94/95 I Fc – 1803 preuß. 131 II Dc – 1815 zw. Preußen u. Hannover geteilt 134 I DEc

Eichstätt: Bm. in Bayern – um 741 angelsächs. Gründg. 56 I Fc – bis 1802 reichsunmittelbar 120/121 Fd – 1805 bayr. 131 III Ld

Eider: Fluss in Schleswig-Holstein – bis 1866 als Grenze zw. Schleswig u. Holstein, Gebiet dt.-dän. Auseinandersetzungen 134 I Ea

Eidgenossen, Eidgenossenschaft ▸ Schweiz

Eidsvoll: Ort in S-Norwegen – 1814 Nationalversammlg. beschließt norweg. Verfassg. 132/133 Ha

Einbeck: Stadt in Niedersachsen – 1368 Hansestadt 87 III Cc – s. d. 14. Jh. Zentrum d. Bierbrauerei u. -exportes 92/93 Ec

Einsiedeln: Ort in d. Schweiz – 934 gegr. Benedikt.-Abtei 57 IV Db – bedeut. Wallfahrtsort 72 I Cb

Eisenach: Stadt in Thüringen 180 I Dc – im 12. Jh. unterhalb d. Wartburg gegr. 70 I Be – s. 1572 mehrf. Residenz d. ernestin. Wettiner 94/95 I Fc – 1869 E.er Kongress: Gründg. d. Sozialdemokrat. Arbeiterpartei unter August Bebel 138 II OPh – 1918 Bildung eines Arbeiter- und Soldatenrates 164 I Ec

Eisenburg (Vasvar): Stadt in Ungarn – 1664 Friede beendet vorübergehend osman. Angriffe geg. Österr. 112/113 Id

Eisenhüttenstadt 183 V Db

Eisenstadt: Hptst. d. österr. Bundeslandes Burgenland 178 I Ge

Eisleben: Stadt in Sachsen-Anhalt 180 I Dc – 1483 Geburtsort, 1546 Sterbeort Martin Luthers 94/95 I Fc

Ejubiden – 65 III CDEFde

Ekbatana ▸ Hamadan

El Agheila: Ort in N-Libyen – im 2. WK Kriegsschaupl. 172 I Dd

El Alamein: Ort in N-Ägypten – 1942 entscheidender brit. Sieg über dt.-italien. Armee verhindert deren weiteres Vordringen in Ägypten u. leitet d. Rückzug d. dt. Armee aus N-Afrika ein 172 I Ed, 173 III Ed

Elam: ehem. Reich in SW-Iran 22 I Md– nach d. Hptst. ▸ Susa auch Susiana genannt 34/35 I DEb

Elath: Hafenstadt in Israel 203 IV Cd – bibl. Ort u. altes Handelszentrum 25 IV Ca – röm. Leg.-Lager Aelana 39 III Fd – 1948 israel. Neugründg. 202 II Cd – bedeut. Einfuhrhafen f. Erdöl 202/203 I Gc

El-Amarna ▸ Amarna

Elba: italien. Insel im Mittelmeer 176/177 I He – im 11.–14. Jh. im wechselnden Besitz v. Pisa u. Genua 59 III Lh – 1814–15 Verbannungsort Napoleons I. u. souveränes Fsm., 1815 z. Grhzm. Toskana 132/133 He

Elbing (Elblag): Stadt in N-Polen 178 I Ha – 1237 an d. Stelle d. wiking. Handelsplatzes Truso als Burg d. Dt. Ordens u. Kaufmannssiedlg. gegr. 54 II Ke, 69 VI, 71 II Cd, 72 I Fa – 1246/1347 Lüb. Stadtrecht 70 I Fc – im 13./14. Jh. bedeut. Hafen- u. Handelspl. d. Ordensstaates, Hansestadt 87 III Ec – s.1457 Freie Stadt unter poln. Oberhoheit 94/95 I Ja – Ende d. 15. Jh. wirtschaftl. Aufschwung durch d. Handel mit England 92/93 Gb – 1703/72 preuß. 92/93 Gb

El Castillo: Berg in N-Spanien – Fundort altsteinzeitl. Höhlenmalereien 18 II Jf

Elephantine: Ruinenstätte u. Nilinsel in S-Ägypten – im Alten Reich südlichste Grenzfestg. geg. Nubien, ausgedehnte Tempelanlagen 25 IV Cb – 30/31 I Cc

Eleusis: Stadt in Griechenland – bereits im 3. Jtd. v. Chr. Siedlg. an d. Akropolis 23 III Ec

Elfenbeinküste (Côte d' Ivoire): Staat in W-Afrika 188/189 I el – heut. Staatsgebiets. 1843 v. Franzosen erobert 151 II Ac – 1960 unabh. Rep.198 I Ac – 1990 erste freie Wahlen, Übergang zu parlamentar. Demokratie 198 II Eh, 199 III Cd

Elis: Landsch. in Griechenland, Peloponnes – 431 v. Chr. Teilnahme am Peloponnes. Krieg auf seiten Spartas, später Bruch mit Sparta 33 III Ec – 400 v. Chr. Mitgl. d. Peloponnes. Bundes auf Verlangen v. Sparta 32 I Gg

Ellice – Inseln ▸ Tuvalu

Ellora 66 I Fde

Ellwangen: Stadt in Baden-Württemberg – um 764 gegr. Benedikt.-Kloster 57 IV Eb

Elmina 105 III Bc, 150 I CDd

El Salvador: Staat in Mittelamerika 188/189 I Ee – heut. Staatsgebiet bis 1821 span., 1822–23 zu Mexiko, 1823–38 zu d. Verein. Staaten v. Zentralamerika, 1839/41 unabh. Rep. 1969 militär. Konflikt mit Honduras („Fußballkrieg"), 1979 Militärputsch, Beginn d. Guerillakrieges d. Nat. Befreiungsfront 152 I Cc – 1992 unter UN-Vermittlung ausgehandelter Friedensvertrag beendet 12-jährigen Bürgerkrieg 210/211 I Ee

Elsass: Landsch. in O-Frankr. – s. d. 3. Jh. vom german. Volksstamm d. Alamannen besiedelt 50 II Ne – 496 z. Frankenr., bis 740 Hzm. 55 III Db – im 11. Jh. zus. mit d. Hzm. Schwaben unterstauf. Herrschaft 62/63 I Db – s. d. 13. Jh. Zerfall in zahlreiche geistl. u. weltl. Territorien, zunehmende Bedeutg. d. Reichsstädte 94/95 I Dde – 1525 Zentrum d. dt. Bauernkrieges 96 I Abc – 1648/97 franz., Beginn d. nationalen Gegensatzes zw. Deutschen u. Franzosen 98/99 I Dde, 101 III Gde – 143 II Cde – 1871 als Reichsland E.-Lothringen zum Dt. Reich 135 II Dde – 1919 zu Frankr. 166 I Dde – 169 III Bd

Elsfleth: Stadt in Niedersachsen – 1624–1820 Sitz d. oldenburg. Weserzolls 98/99 I Eb, 134 I Eb

Embrun 81 II Bc

Emden: Hafenstadt in Niedersachsen 185 III Bb – bis 1561 Residenz d. Grafen v. Ostfriesland 94/95 I Db – Ende d. 16. Jh. bedeut. Seehandelshafen 92/93 Db – 1744 preuß. 120/121 Db – 1815–66 z. Kgr. Hannover 134 I Db

Ems, Bad: Stadt in Rheinld.-Pfalz – röm. Kastell – 1870 E.er Depesche löst Dt.-Franz. Krieg aus 135 II Dc

Engelberg: Ort in d. Schweiz – um 1120 gegr. Benedikt.-Abtei, s. 1415 Zugewandter Ort d. Eidgen., 1798 weltl. Territorium 100 I Dc

Engels: Stadt in Russland 176/177 I Oc – 1924–41 Hptst. d. Rep. d. Wolgadeutschen 137/138 I Oc

England: S-Teil v. Großbritannien – d. von kelt. Volksstämmen besiedelte Gebiet s. 55 v. Chr. Ziel röm. Eroberungsversuche, röm. Provinzen Britannia Inferior u. Britannia Superior 48 I BCb, 40/41 I Db – im 5. Jh. n. Chr. Einwanderg. german. ▸ Angelsachsen, Verdrängg. d. Briten an d. W-Küste 51 III Hg – Entstehg. angelsächs. Teilkönigreiche 55 III BCa – im 7. Jh. Beginn angelsächs. Mission auf d. europ. Festland 56 I – im 9./10. Einfälle d. Normannen 54 II elJ – 1016–42 z. Reich Knuts d. Gr., 1066 Eroberg. d. Kgr. E. durch Herzog Wilhelm von d. Normandie (Wilhelm d. Eroberer) 58 I BCb u. Legende – s. 1154 Angevin. Reich, Beginn d. Auseinandersetzungen mit Frankr.; 1215 Magna Charta: Einschränkg. d. königl. Gewalt zugunsten d. engl. Adels, erste Grundlagen für d. Entstehg. d. engl. Parlaments; Ende d. 12. Jh. Ausdehng. d. Herrschaft auf Irland u. Wales 62/63 I BCa u. Legende – Ansprüche d. engl. Königs auf franz. Krone lösen 1337 d. „100-jährigen Krieg" mit Frankr. aus; 1381 Bauernaufstand 84 I BCa – 1455–85 „Rosenkriege": Kampf d. engl. Adels aus d. Häusern Lancaster u. York um d. Thronanspruch 89 IV BEbd u. Legende – 1533/34 kirchl. Trenng. v. Rom, Errichtg. d. anglikan. Kirche, Verfolgg. Andersgläubiger; 1588 Vernichtg. d. span. Armada durch d. Engländer, Aufschwung d. engl. Seemacht 90/91 EFbc – 1752 Einführung der Gregorian. Kalenderreform Gd – um 1600 Entwicklg. z. Kolonialmacht 104/105 I – 1603 Pers.-Union mit Schottland, 1642–46 Bürgerkrieg: Kampf zw. Königtum u. bürgerl. Parlament, 1649 Hinrichtg. König Karls I., Ausrufg. d. Rep. unter Cromwell, 1660 Wiederherstellg. d. Kgr.; 1707 Eingreifen in d. Span. Erbfolgekrieg, 1707 Umwandlg. d. Pers.-Union mit Schottland in eine Realunion u. Zusammenschluss zum Verein. Kgr. ▸ Großbritannien 112/113 EFc – 102 I DEFcd – 103 II – III – 123 II – 123 III – 141 III

Eniwetok-Atoll: Atoll d. Marshallinseln – s. 1947 amerikan. Atombombenversuchsgebiet 204/205 I Qe

Enkhuizen: Hafenstadt in d. Niederlanden – 1572 Zentrum d. Widerstandes im niederländ. Freiheitskampf 99 II Ca

Enna: Stadt auf Sizilien, Italien – 136/135 v. Chr. Ausgangspkt. d. Sklavenaufstände geg. röm. Herrschaft auf Sizilien 40/41 I Ge – 1086 als Castrogiovanni v. Normannen unterworfen 149 III Bc – im 12./13. Jh. Bau d. normann.-stauf. Kastells 62/63 I Ed

Enns: Stadt in Österr. – um 900 Errichtg. d. Ennsburg bei Lorch als Grenzfestg. geg. d. Ungarn 60/61 I Jd – 1212 Stadtrecht, z. Hzm. Österr. 62/63 I Eb

Epeiros: Landsch. in NW-Griechenland – im 4. Jh. v. Chr. Einigg. d. makedon.-illyr. Volksstämme unter Führg. d. Molosser 34/35 I ABab, 34 II Hlde – 148 v. Chr. röm., Epirus 40/41 I Hlde – um 300 n. Chr. röm. Provinzen Epirus Vetus u. Epirus Nova 42 I DEbc – 65 III BCbc – s. d. 15. Jh. osman. 90/91 Jf – 1913 N-Teil zu Albanien, S-Teil zu Griechenland 145 III Hc

Ephesos: Ruinenstätte in d. W-Türkei – im 6. Jh. v. Chr. pers. 30 II Bb – bedeut. Hafen- u. Handelsstadt Kleinasiens, Artemistempel 31 III Ec – Mitgl. d. Att. Seebundes 32 I Jg – Teilnahme am Peloponnes. Krieg aufseiten Spartas 33 III Hc – 334 v. Chr. Eroberg. durch Alexander d. Gr. 34/35 I Bb – urchristl. Gemeinde, 449 Synode mit Bestätigung der monophysitischen Lehre („Räubersynode") 42 II Mg – 133 v. Chr. röm., Ephesus, Hptst. d. Prov. Asia 40/41 I Je – 431 n. Chr. Tagungsort d. 3. ökumen. Konzils 42 II Ec – um 1000 byzantin. Themenhptst. 58 I Ed

Epidauros: Ort u. Ruinenstätte in Griechenland, Peloponnes – bedeut. Kultstätte 28 I Ed – 1822 Nationalkongress verkündet Unabh. Griechenlands 145 II Cc

Eresburg: Befestigungsanlage in NRW – vermutl. Standort d. von d. Franken unter Karl d. Gr. 772 eroberten altsächs. Grenzburg 55 III Da

Eretria: Ruinenstätte auf Euböa, Griechenland – im 8. Jh. v. Chr. Ausgangspkt. d. ion. Kolonisation 29 IV Ec

Erfurt: Hptst. v. Thüringen 185 III Dc – 741 v. Bonifatius gegr. Bm. 56 I Fb – fränk. Handelspl. 55 III Ea – s. Ende d. 8. Jh. unter Herrschaft d. Ebm. Mainz 80 I Ec – Bevölkerungswachstum im 13. Jh. 68 I Da – 1331 Messestadt, bedeut. Handelszentrum 87 III Dc, 92/93 Ec – 1379 gegr. Univ., im 15./16. Jh. Zentrum d. Humanismus 81 III Hd, 96 II Kf – 1635–37 Pestepidemie 82 III Mg – 1803 preuß. 131 II Dc – 1807–14 franz. Fsm., 1808 E.er Fürstentag: v. Frankr. angestrebte Bündnisverhandlungen zw. Napoleon I. u. Zar Alexander I. von Russland bleiben erfolglos 128/129 Hc – 1875 Vereinigungsparteitag des „Allgem. Dt. Arbeitervereins" mit d. „Sozialist. Arbeiterpartei", Gründung d. SPD 139 III Fc – 1918 Bildung eines Arbeiter- und Soldatenrates 164 I Ec – März 1970 erstes Treffen zw. d. Bundeskanzler d. Bundesrep. Deutschld., Brandt, u. d. Ministerpräsidenten d. DDR, Stoph: Verhandlungen über Normalisierg. d. Beziehungen beider dt. Staaten 178 II Dc – 182 I Bc – 182 II Fg – 1952–90 Bezirkshptst. d. DDR 180 I Dc – 1989 Protestaktionen gegen das DDR-Regime 184 I Bc

Eritrea: Prov. in N-Äthiopien 198 II GHh – 1889 italien. Kolonie 151 III GHh – 1952/62 zu Äthiopien, s. 1975 Sezessionskrieg 199 III GHc, 202/203 I Gd

Eriwan: Hptst. v. Armenien 192 I Dc – im 16.–18. Jh. unter wechselnder pers. u. russ. Herrschaft 79 II Hb – 1828 russ. 117 III Ccd – 1921–1991 Hptst. d. Armen. SSR 190 I Dcd – 1990 Nationalitätenkämpfe 192 I Dc

Erlangen: Industriestadt in Bayern 180 I Dd – 1743 gegr. Univ. 134 I Fd

Erlau (Eger): Stadt in Ungarn – um 1009 Bm. 70 I Gg – 1596–1687 osman. 79 II Da

Erlitou 27 V Gj

Ermland: Landschaft in N-Polen – 1243 gegr. Bm. 71 II Dde – 1466 unter poln. Oberhoheit 94/95 I JKab – 1772 preuß. 130 I DEb

Er-Riad: Hptst. v. Saudi-Arabien 202/203 I Hc

Er-Rif: Gebirge in N-Marokko – 1921–26 erfolgloser Aufstand d. Berberstammes d. Rifkabylen unter Führg. von Abd el-Krim geg. d. Kolonialherrschaft d. Spanier u. Franzosen 137/138 I DEfg

Ertebölle: vorgeschichtl. Fundort im heut. Dänemark 19 III Ca

Erzberg: Berg in Österr. – Zentrum d. österr. Eisenerzbergbaus 92/93 Fd

Erzurum: Stadt in d. O-Türkei 176/177 I Nf – 1916 v. russ. Truppen besetzt 156 III Kf – 1919 erster türk. Nationalkongress unter Kemal Atatürk 137/138 I Nf

Eschnunna: Ruinenhügel in Irak – im 3. Jtd. v. Chr. Stadtstaat d. Sumerer 23 III Gc

Escorial, El: Schloss in Spanien – 1563–84 als klösterl. Residenz unter König Philipp II. erbaut 88 II Kg, 90/91 Ee

Esseg (Osijek): Stadt in O-Kroatien 209 III Kf – im 2. Jh. röm. Kolonie Mursa 42 I Db – 1526 osman. 90/91 Id – 1991 nach Unabhängigkeitserklärg. Zentrum d. serb.-kroat. Kämpfe 209 III Kf

Essen: Industriestadt in NRW 180 I Bc – um 850 gegr. Kloster, im 10./11. Jh. Entwicklg. z. Reichsabtei u. Marktsiedlg. 60/61 I Fc – 1803 preuß. 131 II Bc – 168 II Bc, 169 III Bb

Essex: Gft. in Großbritannien – s. d. 5./6. Jh. angelsächs. Kgr. 55 III BCa – s. d. 10. Jh. Gft. 62/63 I Ca

Es Suweida: Stadt in S-Syrien 203 IV Db – polit. Zentrum d. Drusen 202 II Db

Este: Stadt in N-Italien – im 11. Jh. erbaute Burg E. namensgebend für d. italien. Dynastie d. Este 60/61 I Hf

Estland: Staat in O-Europa 188/189 I Kc – d. von Esten besiedelte Gebiet im 13. Jh. vom Dt. Orden erobert, Niederwerfg. zahlreicher Aufstände d. Esten mit dän. Unterstützg., 1346 Verkauf d. dän. Teils an d. Ordensstaat 71 II EGb – 1561 schwed. 90/91 JKb – 1721 russ. 112/113 JKb – 1918 unabh. Rep. 156 III dl – 1918/19 sozialist. Revolution 164 II Qf – 1920 Unabh. v. Sowjetrussland anerkannt, 1939 im „Hitler-Stalin-Pakt" d. sowjet. Interessengebiet zugeteilt 137/138 I JKb – 1940 Einmarsch sowjet. Truppen, als Estn. SSR Eingliederg. in UdSSR, 1941–44 v. dt. Truppen besetzt 172 I Eb – 1944–91 erneut Unionsrep. d. UdSSR 176/177 I JKb – 1988 Bildg. d. nationalen Volksfront z. Erlangg. d. Unabh., Aug. 1991 unabh. Rep. 192 I Cc

Etaples: Stadt in N-Frankr. – 1492 Vertrag zw. franz. u. engl. König: engl. König verzichtet auf franz. Krone 89 IV Ed

Etrurien ► Toskana

Euböa: griech. Insel im Ägäischen Meer – um 800 v. Chr. zum Stammgebiet d. Ionier, griech. Euboia 29 III BCb – 506 v. Chr. von Athen unterworfen, seither mit Athen verbündet 32 I Hlf – 116 v. Chr. röm., Euboea 40/41 I el – 1209 venezian., Negroponte – 1470 osman. 79 II Dc – 1830 griech. 145 II Cc

Eupen: Stadt in Belgien – 1920 vom Dt. Reich an Belgien abgetreten 166 I Dc

Eutin: Stadt in Schleswig-Holstein – s. 1156 Residenz d. Bischöfe v. Lübeck 80 I Ea – 1257 Lüb. Stadtrecht 70 I Bc

Evesham: Stadt in Großbritannien – 1265 Schlacht beendet Aufstand d. engl. Barone geg. engl. König 62/63 I Ba

Evian: Ort am Genfer See in Frankr. – 1962 Vertrag von E.: franz.-alger. Waffenstillstandsabkommen beendet d. Unabhängigkeitskampf d. Algerier 176/177 I Gd

Evora: Stadt in Portugal – 1637 Aufstand geg. span. Herrschaft leitet Ende d. port.-span. Pers.-Union ein 112/113 Df

Exeter: Stadt in Großbritannien – ma. Handelspl. u. Zentrum d. Wolltuchverarbeitg. 92/93 Bc – 102 I De – 123 III Jd

F

Faesulae: ehem. Stadt in N-Italien – 405 Niederlage d. Westgoten geg. Römer 50 I Db

Faijûm, El: Stadt u. Ruinenstätte in N-Ägypten – frühgeschichtl. Zentrum ägypt. Bauernkulturen 19 III Fd – im 2. Jtd. v. Chr. zahlreiche Pyramiden u. Grabanlagen 25 IV Ba

Falaise: Ort in NW-Frankr. – 1944 Schlacht: nach brit.-amerikan. Invasion Einkesselg. dt. Truppen 173 III Bc

Falklandinseln: brit. Inselgr. im südl. Atlant. Ozean, v. Argentinien beansprucht 188/189 I Gh – 1529 v. Engländern entdeckt, Davis-Inseln 104/105 I FGg – bis 1820 span., Malwinen genannt, s. 1833 brit. 148 I Hg – 1914 Seeschlacht, brit. Sieg über dt. Flotte 157 IV CDg – argentin. Anspruch führt 1982 z. Falkland-Krieg zw. Argentinien u. Großbritannien 152 I EFj

Falsterbo: Ort in S-Schweden – Handelsniederlassg. d. Hanse 87 III Db – ma. Messestadt, Zentrum d. Heringsfischerei 92/93 Fb

Färöer: dän. Inselgr. im nördl. Atlant. Ozean 188/189 I bl – um 800 v. Normannen erobert 54 II dl – im 2. WK von brit. Truppen besetzt 172 I Ba – s. 1948 autonom 188/189 I bl

Faschoda: Ort am Nil in Sudan – 1898 Besetzg. von F. durch d. Franzosen führt z. Konflikt mit Großbritannien um d. Vorherrschaft O-Afrika, Ausweitg. z. internationalen Krise u. Weltkriegsgefahr 154 II Fd, 151 III Gh

Fátima: Ort in Portugal – s. 1917 bedeut. Wallfahrtsort d. Katholiken 137/138 I Df

Fedala: Stadt in W-Marokko – 1956 Konferenz: Beschluss über Eingliederg. d. internationalisierten Tanger in d. unabh. gewordene Marokko 176/177 I Dg

Fehrbellin: Stadt in Brandenburg – 1675 entscheidender brandenburg. Sieg über schwed. Heer 130 I Cb

Feldkirch: Stadt in Österr. – röm. Stadt Clunia 49 V Ce – 1375 habsburg. 80 I De

Feltre: Stadt in N-Italien – ma. Bm., bedeut. Handelspl. 70 I Bg – 1404 venezian.

Feodosia: Stadt auf d. Halbinsel Krim, Ukraine – griech. Kolonie Theodosia 29 IV Fb – 1266 als Kaffa genues. Handelsstützpkt. 58 I Fc, 68 I Fb – 1475 osman. 79 II Gab – 1783 russ. 128/129 Me – im 2. WK Kriegsschaupl. 172 I Fc

Fernando Póo: Insel im Atlant. Ozean, zu Äquatorial-Guinea gehörig – 1469 v. Portugiesen entdeckt 104/105 I Jd – 1778 span. 151 II Bc – 1968 zu Äquatorial-Guinea 198 II Fh

Fernöstliche Republik: ehem. Rep. im asiat. Teil d. Russ. Föderation – 1920–22 unabh. 158 I GHc

Ferrara: Stadt in N-Italien 176/177 I He – im 12. Jh. Mitgl. d. Lombard. Städtebundes 62/63 I Ec – Bevölkerungswachstum im 13. Jh. 68 I Db – 1391 Gründg. d. Univ., Zentrum d. Humanismus 81 III Ie – 1471–1598 Hzm. F. 90/91 He – bis 1860 z. Kirchenstaat 142 I Cc

Ferrières: Schloss östl. v. Paris, Frankr. – 1870 Verhandlg. zw. Bismarck u. d. franz. Außenminister Favre über Beendigg. d. Dt.-Franz. Krieges 135 II Bd

Fes: Stadt in Marokko 176/177 I Dg – um 808 arab. Gründg., Zentrum d. Islam 53 III Bc – Kulturzentrum u. Residenzstadt 84 I Bc – 1911 v. Franzosen besetzt, 1912 Hptst. d. franz. Protektorats Marokko 154/155 I Dg

Fessan: Landsch. in S-Libyen – 1842 osman. 151 II Bb – 1943–51 unter franz. Verwaltg. 202/203 I Ec

Fidschi: Inselstaat im südl. Pazif. Ozean – 1643 v. Niederländern entdeckt 104/105 I Re – 1874 brit. Kolonie 149 IV el – 1970 unabh., b. 1987 Mitgl. d. Commonwealth 188/189 I Rf

Finnland: Staat in N-Europa 188/189 I Kb – heut. Staatsgebiet im 9. Jh. v. Normannen erobert u. besiedelt 54 II LMd – 1249 z. Kgr. Schweden 71 II EGa – 1809 nach d. schwed.-russ. Krieg z. Russ. Reich 117 III Bb – 1917 unabh., 1918 Gegensatz zw. bürgerl. u. kommunist. Gruppen führt z. Bürgerkrieg 164 II QRef – 1919 republikan. Verfassg., 1920 sowjet. Anerkenng. d. finn. Unabh. 137/138 I JKa – 1920 Aufnahme in d. Völkerbund 161 V Fa – 1932 Aufstand d. finn.-nationalen „Lapuabewegg.", 1939/40 sowjet. Gebietsansprüche führen z. finn.-sowjet. Winterkrieg, Gebietsabtretungen an d. Sowjetunion 172 I Ea – im 2. WK auf seiten Deutschlands 173 III Ea – 1948/55 finn.-sowjet. Verträge verpflichten F. zu Neutralität 186 I JKa – s. Ende d. Ost-West-Konfliktes zunehmende Integration in europ. Bündnissystem 187 II JKa

Fiume ► Rijeka

Flandern: Landsch. in W-Europa – s. d. 9. Jh. Gft. 60/61 I CDc – franz. Lehen 62/63 I Ca – 1384 zu Burgund 89 IV Fd – im MA Zentrum d. Tuchherstellg., bedeut. Wirtschaftsgebiet Europas 92/93 Cc – 1477 habsburg. 94/95 I Bc

Flensburg: Stadt in Schleswig-Holstein 185 III Ca – um 1200 gegr., 1284 Stadtrecht 70 I Ac – im 15./16. Jh. bedeut. Handels- u. Gewerbezentrum 92/93 Eb – bis 1866 dän. 134 I Ea – 1866 preuß. 135 II Ea – 1918 Bildung eines Arbeiter- und Soldatenrates 164 I Da – Mai 1945 Sitz d. letzten amtierenden NS-Regierg. unter Karl Dönitz 173 III Cb

Florenz (Firenze): Stadt in Italien 176/177 I He – röm. Gründg. Florentia 40/41 I Gd – s. d. 4. Jh. Bm. 55 III Ec – im 12. Jh. Entwicklg. z. freien Kommune 62/63 I Ec, 68 I Db – s. Ende d. 12. Jh. Gft. 80 I Eg – 81 II Cc – 1349 Gründg. d. Univ. 81 III Ie – 1434 Rep., unter Herrschaft d. Dynastie d. Medici Entfaltg. v. Humanismus u. Renaissancekultur – Zentrum d. Tuch- u. Seidenverarbeitg. 92/93 Ee – 1569 Hptst. d. Grhzm. Toskana 90/91 He – 1737 habsburg. 112/113 He – 1801–08 Hptst. d. napoleon. Kgr. Etrurien 131 II Dg – 1864–70 Hptst. d. Kgr. Italien 142 I Cd

Florida: Bundesstaat in d. südöstl. USA 124 I Nef – bis 1763 span. 109 IV Fc – bis 1783 brit. 149 IV Cc – 1783 erneut span., 1819 v. Spanien an d. USA verkauft, 1845 als 27. Staat in d. Union aufgenommen 126 I Ecd

Flossenbürg: Ort in Bayern – nat.-soz. KZ 170 I Gd, 171 IV Ng, 172 II Dc

Fokschani (Focsani): Stadt in Rumänien – 1789 österr.-russ. Sieg über osman. Heer; im 18./19. Jh. Zentrum d. Kampfes für d. Vereinigg. d. rumän. Fürstentümer 112/113 Kd

Fonseca-Bai: Bucht an d. W-Küste v. Mittelamerika., zu El Salvadore u. Nicaragua gehörend – s. 1914 amerikan. Flottenstützpkt. z. Sicherg. eines geplanten Kanalbaus durch Nicaragua 152 I Cc

Fontainebleau: Stadt in Frankr. 176/177 I Fd – im 16. Jh. Bau d. Renaissanceschlosses 90/91 Fd – 1685 Aufhebg. d. Edikts v. Nantes veranlasst Hunderttausende v. Hugenotten z. Auswanderg. aus Frankr. 112/113 Fd – 1814 Abdankg. Napoleons I. 128/129 Fd – 1949–69 Hauptquartier d. NATO in Europa 186 I Fd

Fontenoy: Ort in Frankr. – 841 Niederlage Kaiser Lothars I. geg. seine Brüder führt z. Teilg. d. Karolingerreiches 55 III Cb

Forchheim: Stadt in Bayern – im 9. Jh. karoling. Pfalz, Ort zahlreicher Reichstage 55 III Eb

Fort James 150 I Bc

Fort Zeelandia – 77 IV Mi

Formosa 108 I Hc ► Taiwan

Fort Ross: ehem. russ. Handelsstützpkt. an d. W-Küste d. USA 124 I Jc

Fort Sumter: ehem. Festg. in d. östl. USA – 1861 Beschießg. d. Forts durch d. Armee d. Konföderation löst Sezessionskrieg aus 125 IV Jf

Fort Trocadero: ehem. Festg. in S-Spanien – 1823 v. Franzosen eingenommen 132/133 Df

Fotheringhay: Ort in Großbritannien – 1587 Hinrichtg. Maria Stuarts 90/91 Ec

Franche-Comté, Freigrafschaft Burgund: ehem. Prov. in O-Frankr. – 1033 zus. mit d. Kgr. Burgund zum Hl. Röm. Reich 60/61 I EFe – 1384 burgund., 1493 habsburg. 89 IV GHf – 1678 zu Frankr. 112/113 Gd

Franeker: Stadt in d. Niederlanden – 1585 Gründg. d. reform. Univ. 97 III Cb

Franken: Landsch. in Bayern u. Baden-Württemberg – unter Chlodwig als Francia Rinensis Teil d. Frankenr. 54 I Da – 843 nach d. Reichsteilg. z. Ostfränk. Kgr. 55 IV–V – im 9./10. Jh. dt. Stammeshzm. 60/61 I GHcd – im 12./13. Jh. Zentrum d. stauf. Hausgutes 62/63 I DEb – im 13./14. Jh. Zerfall in zahlreiche geistl. u. weltl. Territorien 80 I DEcd

Frankenburg: Ort in Österr. – 1626 Unterdrückg. lokaler Bauernunruhen („Würfelspiel") führt z. oberösterr. Bauernaufstand 98/99 I Gd

Frankenhausen: Ort in Thüringen – 1525 Niederlage d. Bauern unter Führg. v. Thomas Müntzer beendet d. Bauernkrieg in Thüringen 96 I Ca

Frankenreich: ehem. Reich in W-Europa – im 3. Jh. Eindringen d. westgerman. Franken in d. linksrhein. Grenzgebiet d. Röm. Reiches 50 I – im 5. Jh. Bildg. fränk. Gaukönigreiche 50 II Nde – um 500 Zusammenschluss d. Volksstämme u. Staatsbildg. unter d. Merowinger Chlodwig 51 II HJgh – im 6./7. Jh. weitere Ausdehng. nach O u. SO 54 I – 732 Sieg über d. Araber 53 III BDab – unter Karl d. Gr. Aufstieg z. westeurop. Vormacht, Zentralisierg. durch Pfalzgründungen u. Verbindg. mit d. Kirche, Sicherg. d. Grenzen durch Errichtg. v. Grenzmarken 55 III Legende – im 9. Jh. Teilungen d. Reiches 55 IV–V ► Frankr. ► Deutschld.

Frankfurt am Main: Stadt in Hessen 185 Cc – im 9. Jh. karoling. Pfalz 55 III Da – im 12. Jh. verkehrsgünstige Lage sichert Entwicklg. vom Marktort z. Stadt 68 I Ca – 1356 „Goldene Bulle" legt F. als Wahlort d. dt. Könige fest, 1372 Reichsstadt 80 I Dc – 1635 Pestepidemie 82 III Lg – s. d. 15. Jh. Messestadt 92/93 Ec – 97 IV Ec – 1810–13 Hptst. d. Grhzm. F. 128/129 Gc – s. 1816 Sitz d. Dt. Bundestages 134 I Ec – 1848/49 erste dt. Nationalversammlg. in d. Paulskirche verabschiedet demokrat. Verfassg. 136 I Dc – 1836 erzwungener Beitritt zum Dt. Zollverein 136 II Dc – 1866 v. Preußen annektiert, 1871 Friede von F. beendet Dt.-Franz. Krieg: Frankr. muss Elsass u. Lothringen abtreten 135 II Ec – 1918 Bildung eines Arbeiter- und Soldatenrates 164 I Dc – 168 I Ec, 169 III Cc – vor dem Holocaust große jüdische Gemeinde 171 III Dbc – 1947 Tagungsort d. Wirtschaftsrates d. Bizonen: Beschluss über d. wirtschaftl. Vereinigg. d. amerikan. u. brit. Besatzungszone 178 I Cc – Wirtschafts- u. Bankzentrum d. Bundesrep. Deutschld. 180 I Cc

Frankfurt an d. Oder: Stadt in Brandenburg 185 III Fb – 1253 mit Magdebg. Stadtrecht gegr. 70 I Dd – 1506 Gründg. d. ersten brandenburg. Univ. 81 III Id – 1637/38 Pestepidemie 82 III Of – 168 I Hb, 168 II Fb – 179 VI Cb – 1945 O-Teil unter poln. Verwaltg. (Slubice) 178 I Fb – 182 I Db – 182 II Hg – 1952–90 Bezirkshptst. in d. DDR 180 I Fb

Frankreich: Staat in W-Europa 176/177 I EGce – heut. Staatsgebiet bereits in vorgeschichtl. Zeit besiedelt 48 I BCab, 18 II JKef – s. d. 7. Jh. v. Chr. kelt. Besiedlg. 48 I BCbc – griech. Kolonisation an d. Mittelmeerküste 29 IV Cb – im 1. Jh. v. Chr. röm. Prov. Gallia 40/41

I DFbd – im 3./4. Jh. n. Chr. Durchzug u. Ansiedlg. german. Völker 50 I BCab – s. d. 5. Jh. Teil d. Frankenr. 54 I BDac – im 9. Jh. nach d. Reichsteilg. Beginn eigenstaatl. Entwicklg. als Westfränk. Kgr. 55 IV–V – im 9./10. Jh. normann., ungar. u. arab. Verwüstungen 54 II eflJ – im 10./11. Jh. Zersplitterg. in Lehensfürstentümer schwächt d. Macht d. Königtums 60/61 I AEcf – 1339–1453 „100-jähriger Krieg" geg. England 84 I BCab – im 15. Jh. Ausbau d. königl. Gewalt, Beginn d. franz. Einheitsstaates 89 IV – im 16. Jh. nach Unterdrückg. d. Reformation Eingliederg. d. franz. Protestanten (Hugenotten) in d. kathol. F. 90/91 EGce – im 17. Jh. Aufstieg z. Kolonialmacht 104/105 I IJb, 149 III – s. d. 17. Jh. Entfaltg. d. Absolutismus unter d. Bourbonen-Dynastie – 1643–1715 Eroberungskriege Ludwigs XIV. führen z. Gebietserweiterg. 101 III – im 17. Jh. Gregorian. Kalenderreform 95 III GHe – 1755–63 franz. Niederlage im Kolonialkrieg geg. Großbritannien führt z. Verlust d. Besitzungen in Kanada 109 IV Legende – Krise d. Absolutismus löst 1789 d. Franz. Revolution aus, Sturz d. Monarchie, 1792 Errichtg. d. ersten Rep. 118 I. 118 II – 1804 Bildg. d. Kaiserr. F. unter Napoleon I., bis 1812 Ausdehng. seines Herrschaftsbereiches auf ganz Europa 128/129 – Niederlagen Napoleons führen 1815 z. Wiederherstellg. d. Monarchie; 1830, 1848 bürgerl. Revolution, 1848–52 Rep., 1852–70 zweites Kaiserr. unter Napoleon III. 132/133 EGce – 1870/71 Dt.-Franz. Krieg: F. muss Elsass-Lothringen an d. Dt. Reich abtreten 135 II ADce – 141 IV Legende – bis z. 1. WK erneuter Aufstieg z. Kolonialmacht 148 II Legende – 1914–18 im 1. WK Ost-F. Hauptkriegsschaupl. 156 II ABb, 156 III FGe – 1918 Influenzaepidemie 83 V NOgh – 1918 nach d. Sieg über Deutschld. Wiedergewinng. v. Elsass-Lothringen, 1923 Besetzg. d. Ruhrgebietes 166 I CDde – 1940 von dt. Truppen besetzt, Bildg. d. von Deutschld. abh. Vichy-Regierg. 172 I Cc – innenpolit. Krisen u. d. Verlust franz. Kolonien bewirken 1958 d. Scheitern d. vierten Rep., 1958 Verfassg.: präsidiale Demokratie unter Charles de Gaulle 176/177 I EGce – Aufbau einer nationalen Atommacht, 1960 erste franz. Kernwaffenexplosion 205 III Eb – Mitgl. d. NATO, s. 1966 ohne militär. Integration 186 I EGde

Franz-Josef-Land: russ. Inselgr. im nördl Eismeer 188/189 I LMa

Französisch-Guayana: franz. Überseedepartement in S-Amerika 152 I Fd – s. 1664 franz. 149 III Dd

Französisch-Indochina ▸ Kambodscha, Laos, ▸ Vietnam

Französisch-Somaliland ▸ Djibuti

Frauenfeld: Stadt in d. Schweiz – 1712–1815 Tagsatzungsort d. Eidgen. 100 I Db

Fraxinetum: ehem. Stützpkt. d. Sarazenen im heut. S-Frankr. 54 II Jf

Frederiksborg: Schloss in Dänemark – 1720 Friede beendet Krieg zw. Dänemark u. Schweden 112/113 Hb

Frederikshamn, Hamina: Hafenstadt in S-Finnland – 1809 Friede beendet schwed.-russ. Krieg, Schweden muss Finnland u. d. Aland-Inseln an Russland abtreten 128/129 Ka

Freetown: Hptst. v. Sierra Leone 198 II Eh

Freiberg: Stadt in Sachsen 180 I Ec – s. Ende d. 12. Jh. Entwicklg. z. Bergbaustadt 70 I Ce – Zentrum d. sächs. Silbergewinng. 92/93 Fc – 1762 preuß. Sieg über d. Reichsheer im 7-jährigen Krieg – 1765 Gründg. einer Bergbauakademie als erste techn. Hochschule d. Welt 120/121 Gc

Freiburg im Breisgau: Stadt in Baden-Württemberg 185 III Bde – 1120 gegr. 68 I Cb – 1368 habsburg. 80 I Cd – 1455/56 Gründg. d. Univ. 81 III He – 1679–97 franz. – 1805 bad. 134 I Dde – 1945–52 Hptst. v. Baden 178 I Bde

Freiburg: Stadt in d. Schweiz – 1277 habsburg. 80 I Ce – 1580 gegr. Jesuitenkolleg, Zentrum d. Gegenreformation 97 III Ede

Freising: Stadt in Bayern – 739 v. Bonifatius gegr. Bm. 56 I Fc – bis 1803 reichsunmittelbares geistl. Fsm. mit Territorialbesitz in Österr. 120/121 Legende – 1803 bayr. 131 II Dd

Freistadt: Stadt in Österr. – 1525 Zentrum d. oberösterr. Bauernkrieges 96 I Eb

Frejus: Stadt in S-Frankr. – 49 v. Chr. röm. Gründg. Forum Iulii, bedeut. röm. Flottenstation 40/41 I Fd – 1799 Landg Napoleons I. nach seiner Rückkehr aus Ägypten 128/129 Ge

Friaul: Landsch. in N-Italien – im 6. Jh. langobard. Hzm., 776 fränk. Mark 55 III Eb – 1077 z. Patriarchat Aquileja 80 I Fe – s.1420 größtenteils zu Venedig 94/95 I Ge – 1797 zus. mit Venetien zu Österr. 131 II Eef – 1866 zu Italien 142 I Db

Fricktal: Landsch. in d. Schweiz – bis 1797 als Teil v. Vorderösterr. habsburg. 120/121 DEe – 1803 z. Kanton Aargau 100 II IJf

Friedberg: Stadt in Hessen – im 1. Jh. n. Chr. röm. Kastell – 1216 Burg d. Staufer 62/63 I Da – s. d. 14. Jh. Messestadt 87 III Cc – 1525 Zentrum im Bauernkrieg 96 I Ba

Friedland: Ort in Niedersachsen – 1945–90 Grenzdurchgangslager f. DDR-Flüchtlinge 180 I Cc

Friedland (Pravdinsk): Stadt in N-Polen – 1807 franz. Sieg über Russen beendet 4. Koalitionskrieg 128/129 Jc

Friedrichshafen 169 IV Cj

Friesland: Landsch. in W-Europa – Siedlungsgebiet d. westgerman. Friesen 50 I Ca – im 8./9. Jh. von d. Franken unterworfen 55 III CDa – östl. Teil von F. 1464 Gft. ▸ Ostfriesland, westl. Teil 1524 habsburg., 1576 niederländ. Prov. 94/95 I CDb, 99 II Ca

Fritzlar: Stadt in Hessen – 724 Klostergründg. d. Bonifatius 56 I Eb – im 8. Jh. Bm. u. karoling. Pfalz 55 III Da – 919 Króng. Heinrichs I. zum dt. König 60/61 I Gc

Fruttuaria: ehem. Benedikt.-Abtei in N-Italien, 1003 gegr. 57 IV Db

Fudschijama 67 II Jc

Fulda: Stadt in Hessen 180 I Cc – im 12. Jh. gegr. 62/63 I Da – 1571 gegr. Jesuitenkolleg, Zentrum d. Gegenreformation 97 III Ec

Fulda: Bm. in Hessen u. Thüringen – 744 benediktin. Klostergründg. d. Bonifatius 56 I Eb – s. 1170 reichsunmittelbare Abtei 80 I Dc – 1752 Erhebg. z. Bm. 120/121 Ec

Fulton: Stadt in d. USA – 1946 W. Churchill spricht erstmals v. d. Teilung Europas durch einen „Eisernen Vorhang" 188/189 I Ed

Funan: ehem. hinduist. Reich in SO-Asien 47 IV Ni

Fünfeichen 179 VI Bb

Fünfkirchen (Pécs): Stadt in S-Ungarn – 1009 Bm. 70 I Fg – 1367 gegr. Univ., bedeut. ungar. Kulturzentrum 81 III Ie – im 14./15. Jh. größte Stadt Ungarns 84 I Db – 1543 osman. Eroberg. 94/95 I Je

Funi 150 I Gc

Fürstenwalde: Stadt in Brandenburg 180 I Fb – 1373 Vertrag von F.: Abtretg. d. Mark Brandenburg durch d. Wittelsb. an d. Luxemburger 80 I Gb

Fürth: Industriestadt in Bayern 180 I Dd – 97 IV Fd – bis 1791/96 z. brandenburg. Mgft. Ansbach 120/121 Fd – 1805 bayr., 1808/18 Erhebg. z. Stadt 134 I Fd – 1835 Eröffng. d. ersten dt. Eisenbahnlinie zw. F. u. Nürnberg 140 II Qi – 1938 Reichspogromnacht 170 II Dd–169 IV Di

Füssen: Stadt in Bayern – im 4. Jh. röm. Siedlg. Foetibus 49 V De – im 8. Jh. gegr. Benedikt.-Kloster 70 I Bg – 1745 Friede von F.: Bayern scheidet aus d. Österr. Erbfolgekrieg aus 112/113 Hd – 1803 bayr. 131 II De

Futschou: Hafenstadt in SO-China 196 III Mi – 1842 als Vertragshafen für d. europ. Handel geöffnet 194 I EFb

Fuzhou 77 III Ed, 77 V Bc

G

Gabès: Stadt in Tunesien – röm. Kolonie Tacape 40/41 I FGf – im 2. WK Kriegsschaupl. 173 III Dd

Gabun: Staat in W-Afrika 188/189 I Jef – heut. Staatsgebiet 1472 v. Portugiesen entdeckt, Stützpkt. d. europ. Sklavenhandels 104/105 I Jde – 1844 Beginn franz. Kolonisation 151 II Bd – 1910 zu Franz.-Äquatorialafrika 151 III Fi – 1960 unabh. Rep.,enge wirtschaftl., kulturelle u. militär. Beziehungen zu Frankr. 198 I Bcd, 199 III Ede

Gaeta: Hafenstadt in Mittelitalien 142 I De – 1066 normann. Handelsstützpkt. 149 III Bb – s. d. 14. Jh. z. Kgr. Neapel – 1861 Kapitulation d. Königs v. Neapel schließt nationale Einigg. Italiens ab 142 I De

Gafsa: Stadt in Tunesien 200 II Eb – vorgeschichtl. Fundort 19 III Cc – röm. Siedlg. Capsa 40/41 I Ff – bedeut. Phosphatlager 200 II Eb

Gaixia 46 II Lh

Galapagosinseln: ecuadorian. Inselgr. im Pazif. Ozean 188/189 I Ee

Galicien: Landsch. in NW-Spanien – im 1. Jh. v. Chr. röm. Prov. Gallaecia 40/41 I Cd – im 5. Jh. n. Chr. Kerngebietd. Kgr. Sweben 50 II Me, 51 III Hh – im 8./9. Jh. Teil d. Kgr. León 62/63 I Ac

Galilaea: Landsch. in Israel – im 1. Jh. n. Chr. Zentrum d. jüd. Aufstandes geg. d. röm. Herrschaft 43 III Cbc

Galizien: Landsch. in O-Europa – bis 1772 poln. 112/113 Jd – 1772, 1795 nach d. Teilungen Polens als Kgr. G. u. Lodomerien zu Österr. 116 I BDbc – 143 III – 1919/20 erneut poln. 137/138 I JKcd – 1939/45 Ost-G. zur Ukrain. SSR, 1991 z. Ukraine 116 II Hlef

Gallia: ehem. röm. Prov. in Frankr. u. Belgien – im 4. Jh. v. Chr. von Kelten besiedelt 48 I BCc – 225–191 v. Chr. röm. Unterwerfg. v. Gallia Cisalpina, 121 v. Chr. Errichtg. d. röm. Prov. Gallia Narbonensis, 58–51 v. Chr. röm. Eroberg. unter Caesar, Gliederg. in mehrere Provinzen 41 II

Gallipoli: Hafenstadt in d. europ. Türkei – bis 1354 byzantin., 1354 nach osman. Eroberg. Ausbau als Flottenstützpkt. 79 II Eb – 1854/55 im Krimkrieg franz. Stützpkt. 145 II Db

Gallipoli: Halbinsel in d. europ. Türkei – im 8./7. Jh. v. Chr. von Griechen kolonisiert, Chersonesos – im 5. Jh. v. Chr. Mitgl. d. Att. Seebundes 32 I Je – 1915–16 brit. Offensive 156 II Db

Gambia: Staat in W–Afrika 188/189 I el – heut. Staatsgebiet s.1843 brit. Kronkolonie 151 II Eh – 1965 unabh. Mitgl. d. Commonwealth, 1970 Rep. 198 II Eh, 199 III Ac

Gangotri 67 II Fd

Gardariki: ehem. normann. Herrschaftsgebiet in d. Russ. Föderation – im 9. Jh. Ausgangspkt. d. normann. Eroberungen in O-Europa 54 II LMe

Garigliano: Fluss in Mittelitalien 142 I De – 882–915 an d. Flussmündg. Stützpkt. d. Sarazenen 54 II Kf – 915 Sieg d. päpstl. Truppen über Sarazenen 149 III Bb – 1503 franz. Niederlage geg. Spanier im Kampf um Neapel 90/91 He

Gascogne: Landsch. in SW-Frankr. – 531 fränk. 54 I BCc – 768 selbst. Hzm. 55 III BCc – 1058 zu Aquitanien 60/61 I BCf

Gastein, Bad: Stadt in Österr. – 1865 Konvention von G.: Versuch eines Ausgleichs zw. Preußen u. Österr. über Schleswig u. Holstein 134 I Ge

Gaugamela: ehem. Ort in Irak – 331 v. Chr. Sieg Alexanders d. Gr. über Perser 34/35 I Db

Gaza: Hafenstadt u. Gebiet in NO-Ägypten 203 IV Cc – im 3. Jtd. v. Chr. unter mesopotam. Einfluss entstanden – später Stadt d. Philister 25 IV Ca – im 6. Jh. v. Chr. Ausbau z. pers. Grenzfestg. 30 II Cb, 30/31 I Cb – 332 v. Chr. Belagerg. u. Eroberg. durch Alexander d. Gr. 34/35 I Cb – im 1. Jh. v. Chr. röm. 40/41 I Kf – s. 1516 osman. 112/113 Lg – 1948 zus. mit d. Gazastreifen v. Ägyptern besetzt 202 II Cc – 1957–67 Sicherg. durch UN-Truppen, palästinens. Flüchtlingslager, s. 1967 v. Israel besetzt, s. 1987 Zentrum d. Palästinenseraufstandes geg. israel. Besetzung („Intifada") 202 III Cc

Gdingen (Gdynia): Hafenstadt in N-Polen 178 II Ha – 1920–26 als erster poln. Seehafen ausgebaut 116 II Ge – im 2. WK von dt. Truppen besetzt 172 I Db

Gela: Hafenstadt auf Sizilien, Italien – im 7. Jh. v. Chr. als griech. Kolonie gegr., bedeut. Stadt Siziliens 29 IV Dc – 405 v. Chr. von Karthagern zerstört 33 II Bc – 1230 unter Kaiser Friedrich II. neu gegr., Terranova 62/63 I Ed – 1943 Landg. amerikan. Truppen 173 III Dd

Geldern: ehem. Hzm. in NRW u. d. Niederlanden – im 11. Jh. Gft., 1139 Erhebg. z. Hzm. 80 I BCbc – 1473 burgund. 89 IV GHcd – 1713 Ober-G. preuß. 130 I Bb

Gelnhausen: Stadt in Hessen – im 12. Jh. stauf. Gründg., Pfalz d. Staufer, 1180 Reichstag: Ächtung Heinrichs d. Löwen 62/63 I Da – im 13./14. Jh. bedeut. Reichsstadt 80 I Dc

Gembloux: Stadt in Belgien – 945 gegr. Benedikt.-Kloster 57 IV Ca – 1578 Niederlage d. N-Provinzen im niederländ. Freiheitskampf geg. d. Spanier 99 II Cb

Generalgouvernement 169 III HKbd, 170 I KLc ▸ Polen

Generalitätslande: ehem. Gebiet in d. Niederlanden – 1648 im Westfäl. Frieden v. Spanien an d. Verein. Niederlande abgetreten, unter Verwaltg. d. Generalstaaten 99 II BCb

Genf (Genève): Stadt u. Kanton in d. Schweiz 176/177 I Gd – um 120 v. Chr. röm., Genava 36 I Cb – s. d. 5. Jh. n. Chr. Bm. 55 III Db – im 5. Jh. Hptst. d. Burgund. Reiches 51 III hl – 534 fränk. 54 I Db – s. 1124 unter bischöfl. Herrschaft 80 I Ce – im 14./15. Jh. Bank- u. Messezentrum 92/93 Dd – 1526 Bündnis mit Städten d. Eidgen. geg. Savoyen 94/95 I CDe – 1536 Einführg. d. Reformation, Zentrum d. Calvinismus 96 II Ih – 1559 Gründg. d. protestant. Akademie, später Univ. 97 III De – 1798–1814 franz. 72 I Ac, 128/129 Gd – 1864 G.er Konvention schafft d. Grundlage für ein internationales Kriegsrecht; s. 1864 Sitz d. Internationalen Roten Kreuzes 134 I De – 1920–46 Sitz d. Völkerbundes 137/138 I Gd – s. 1945 Tagungsort zahlreicher internationaler Konferenzen, Sitz mehrerer UN-Organisationen 188/189 I Jc

Gent: Industriestadt in Belgien 176/177 I Fc – im 8. Jh. als Kaufmannssiedlg. erwähnt 55 III Ca – Bevölkerungswachstum im 12. Jahrhundert 68 I Ca – Zentrum d. flandr. Tuchverarbeitg., bedeut. Handelsstadt 92/93 Cc – s. 1560 Zentrum d. nationalen Widerstandes geg. d. span. Herrschaft; 1576 G.er Pazifikation: Bündnis zw. d. aufständ. N-Provinzen u. kathol. S-Provinzen 99 II Bb – 1814 Friede von G. beendet brit.-amerikan. Krieg 128/129 Fc – 1817 gegr. Univ. 134 I Bc – s. 1945 Zentrum d. fläm. Autonomiebestrebungen 176/177 I Fc

Genua (Genova): Hafen- u. Industriestadt in NW-Italien 176/177 I Ge – im 6. Jh. v. Chr. bedeut. Handelszentrum Liguriens – im 3. Jh. v. Chr. unter röm. Einfluss 36 I Dc – 205 v. Chr. von Karthagern zerstört 37 III Db – frühchristl. Gemeinde 42 II Cb – im 5./6. Jh. n. Chr. ostgot. 51 III hl – im 8. Jh. fränk. 55 III Dc – Kämpfe geg. Pisa um Korsika u. Elba 58 I Cc im 13. Jh. Bevölkerungswachstum 68 I Cb – im 13.–15. Jh. Erweiterg. d. genues. Besitzes im östl. Mittelmeerraum u. am Schwarzen Meer 86 I – 1380 Niederlage d. Rep. G. geg. Venedig im jahrzehntelangen Kampf um d. wirtschaftl. u. polit. Vormachtstellg. in Italien 80 I CDfg – 81 II Bc – 1347 Pestepidemie 82 I Cb, 82 II Fb – im 14./15. Jh. Verteidigg. d. Unabh. geg. d. Franzosen 84 I Cb – im 16. Jh. wichtiges Gewerbe-, Handels- u. Bankzentrum Europas 92/93 Ed – 1797–1805 Hptst. d. Ligur. Rep. 118 I Dc – 1815 z. Kgr. Sardinien 142 I Bc – 1922 Konferenz z. Lösg. d. Weltwirtschaftsprobleme nach d. 1. WK 137/138 I Ge

Georgia: Bundesstaat in d. südöstl. USA 124 I Ne – 1776 Gründerstaat d. USA 126 I Ec

Georgien: 52 II Legende, Staat im Kaukasus 192 I CDc – im 12./13. Jh. Kgr., kulturelle Blüte 84 I Gb – im 13./14. Jh. Eroberg. durch Mongolen 78 I Dcd – um 1510 osman. 79 II Hb – s. 1810 unter russ. Herrschaft, Unterdrückg. d. georg. (grusin.) Nationalismus 128/129 Ne – 1918–21 unabh. Rep. 156 III Ke – 1922–36 als Grusin. SSR Teil d. Transkaukasischen SFSR 137/138 I NOe – 1936–1991 Unionsrep. in d. UdSSR 190 I Dc – 1990 Unabhängigkeitskämpfe, 1991 unabh. Rep., 1991/92 Bürgerkrieg, s. 1992 Kämpfe geg. Trenng. Abchasiens v. G. 192 I CDc

Gera 182 I Cc, 182 II Gg

Gergovia: ehem. Ort in Frankr. – 52 v. Chr. Sieg d. Gallier über Römer 41 II Pi

Geroldseck: ehem. Gft. in Baden-Württemberg – 1806–13 als Fsm. von d. Leyen Mitgl. d. Rheinbundes 131 III Jd – 1819 z. Grhzm. Baden 134 I Dd

Gerstungen: Ort in Thüringen – 1074 Friede beendet Auseinandersetzungen d. dt. Kaisers Heinrich IV. mit d. sächs. Adel 60/61 I Hc

Gettysburg: Stadt in d. östl. USA – 1863 Sieg d. Unionstruppen über d. Konföderation im Sezessionskrieg 125 IV Je

Gex: Ort u. Landsch. in O-Frankr. – bis 1601 zur Eidgen. 100 I ABc, 100 II GHg – s. 1801 franz. 101 III FGe

Ghana: Staat in W-Afrika 188/189 I el – im heut. Staatsgebiet s. 1471 Errichtg. port. Handelsstützpunkte, wg. seiner reichen Goldvorkommen Goldküste genannt, Sklavenhandel 104/105 I Id – 1821 brit., bis 1900 Unterwerfg. d. Aschanti 151 II ABc – 1957 unabh. Mitgl. d. Commonwealth, 1960 Rep. 198 I ABc – s. 1981 Militärdiktatur, 1992 Ansätze zum Übergang zur Demokrat. 198 II EFh, 199 III Cd

Ghom (Qom): Stadt in N-Iran – hl. Stätte d. Islam 202/203 I bl

Gibraltar: Halbinsel an d. S-Spitze v. Spanien 176/177 I Df – vorgeschichtl. Fundort 18 I Bcc, 48 I – 711 Bau d. arab. Festg. Dschebel al Tarik 53 III Bc – 1462–1704 span. 84 I Bc – s. 1704/13 bedeut. strateg. Stützpkt. Großbritanniens 112/113 Df –v. Spanien beansprucht, 1966 Sperrg. d. Landzugangs nach G. durch d. span. Regierg., 1967 Volksabstimmg.: Bevölkerg. stimmt für Verbleib bei Großbritannien, s. 1985 Grenze z. Spanien wieder geöffnet 204/205 I dl

Gießen: Stadt in Hessen 180 I Cc – 1265 zur Lgft. Hessen, Ausbau z. Festg. 94/95 I Ec – 1607 gegr. Univ. 97 III Ec – 1938 Reichspogromnacht 170 II Cc

Gilbertinseln ▸ Kiribati

Gilead: bibl. Landsch. im heut. Jordanien 43 III Dcd

Gilgit 76 II Hh

Gironde: Depart. in SW-Frankr. – 1793 Aufstand d. Girondisten (föderalist.-republikan. Partei d. liberalen Bürgertums während d. Franz. Revolution) geg. d. jakobin. Revolutionsregierg. 118 I Bc

Gisikon: Ort in d. Schweiz – 1847 Sieg d. liberal-demokrat. Kantone (Tagsatzungsheer) über d. konservativ-kathol. Kantone d. Sonderbundes ermöglicht 1848 d. Schaffg. einer neuen Bundesverfassg. 134 I Ee

Giseh, Gîza: Stadt südl. v. Kairo, Ägypten – altägypt. Gräberfeld u. berühmte Pyramiden 25 IV Ba – 1517 osman. Sieg führt z. Eingliederg. Ägyptens in d. Osman. Reich 79 II Fe

Glarus: Stadt u. Kanton in d. Schweiz – 1288–1352/88 habsburg. 80 I De – 1450 zur Eidgen. 100 I DEbc

Glasgow: Industriestadt in Schottland, Großbritannien 176/177 I Eb – 1451 Gründg. d.Univ. 81 III Gd – 122 I Dd – 141 III Bb

Glasinac: vorgeschichtl. Fundort im heut. Serbien 23 IV Lf

Glatz (Klodzko): Stadt in SW-Polen 178 II Gc – im 10. Jh. z. böhm. Grenzfestg. ausgebaut 60/61 I Kc – Hptst. d. gleichnamigen Gft., 1526 habsburg. 94/95 I Ic – 1742 preuß. 130 I Db – 1945 unter poln. Verwaltg. 178 I Gc

Gleiwitz (Gliwice): Stadt in S-Polen 178 II Hc – 1276 Magdebg. Stadtrecht 70 I Fe – Aug. 1939 gestellter dt. Überfall auf d. Rundfunksender von G. bietet Vorwand für d. dt. Angriff auf Polen 170 I Jc – 1945 unter poln. Verwaltg. 178 I Hc

Glogau: Stadt in Schlesiem – 1918 Bildung eines Arbeiter- und Soldatenrates 164 I Hc

Gloucester 103 II Cd, 103 III Ii

Gnesen (Gniezno): Industriestadt in Polen 178 II Gb – im 8./9. Jh. Burgsiedlg., 1000 Gründg. d. bedeut. Ebm. O-Europas unter d. poln. Herzog Boleslaw I. u. dt. Kaiser Otto III. 59 II Eb, 60/61 I Kb – im 13. Jh. Magdebg. Stadtrecht 70 I Ed – bis 1320 poln. Krönungsstadt 80 I Hb, 81 II Da – 1793 preuß. 116 I Bb – s. 1918/20 poln. 116 II Ge

Gôa: Unionsterritorium in W-Indien 194 II Jg – 1510 v. Portugiesen erobert 105 III Fb, 110 I Cc – 109 V Bc – bis 1951 port. Kolonie, s. 1951 Überseeprov., 1961 nach ind. Besetzg. Eingliederg. in d. Rep. Indien 194 II Jg

Godesberg, Bad: Stadtteil v. Bonn, NRW – Sept. 1938 zweite Konferenz zw. Chamberlain u. Hitler z. Lösg. d. Sudetenkrise 166 I Dc – 1959 G.er Programm: SPD-Parteitag beschließt programmat. Wende v. einer marxist. Arbeiterpartei z. Volkspartei 178 II Bc

Golan: Landsch. in SW-Syrien 203 V Cb – alttestamentl. Staat 43 III Dc – G.-Höhen s. 1967 v. israel. Truppen besetzt,1981 v. Israel annektiert, Gründg. israel. Siedlungen 203 IV Cb

Golconda 75 V KLg

Goldküste ▸ Ghana

Goliathsquelle (Ain Dschalut) : Ort in Israel – 1260 Sieg d. Mameluken über Mongolen 78 I Cd

Gomel: Stadt in Weißrussland – 176/177 I Lc – im 2. WK Kriegsschaupl. 172 I Fb

Gordion: ehem. Stadt in d. Türkei – 334 v. Chr. als Hptst. v. Phrygien v. Alexander d. Gr. erobert, Lösg. d. sprichwörtl. „Gordischen Knotens" 34/35 I Cb

Gorée: senegales. Insel im Atlant. Ozean – im 17. Jh. niederländ. u. franz. Flottenstützpkt., 1758– 83 brit. 109 IV IJd – 150 I Bc

Gorki ▸. Nischnij-Nowgrod

Gorlice: Stadt in S-Polen – 1915 dt.-österr. Armee durchbricht d. russ. Front u. zwingt d. Russen z. Rückzug 156 II Db

Görlitz: Stadt in Sachsen 185 II Fc – um 1210 gegr., 1303 Magdebg. Stadtrecht 70 I De – bis z. 16. Jh. wirtschaftl. Blüte durch Tuchhandel 92/93 Fc – 1635 sächs. 98/99 I Hc – 1815 preuß. 134 I Hc – 1945 O-Teil unter poln. Verwaltg. (Zgorzelec) 178 I Fc – 1918 Bildung eines Arbeiter- und Soldatenrates 164 I Gc – 182 I Dc – 1950 G.er Abkommen legt d. Oder-Neiße-Linie als Grenze zw. DDR u. Polen fest 180 I Fc

Gortyn: Ruinenstätte auf Kreta, Griechenland – bedeut. minoisches Kulturzentrum 29 III Cd – urchristl. Gemeinde 42 II Ec

Görz (Gorizia): Stadt in NO-Italien 142 I Dc – im 12. Jh. Hptst. d. gleichnamigen Gft. 80 I Fef – 1500 habsburg. 94/95 I Gf – 1919 zu Italien 142 I Dc

Gorze: ehem. Benedikt.-Abtei in O-Frankr. – 749 gegr. 55 III Db – s. 933 Zentrum d. Lothring. Klosterreform 57 IV Db

Goslar: Stadt in Niedersachsen – 922 als Marktsiedlg. erwähnt 60/61 I Hc – im 11. Jh. Errichtg. d. Kaiserpfalz, im 11./12. Jh. Ort zahlreicher Reichsversammlungen 62/63 I Ea – 1290/1340 Erhebg. z. Reichsstadt 80 I Ec – Mitgl. d. Hanse 87 III Dc – im 14./15. Jh. Zentrum d. Silbergewinng. 68/69 Ec – 1803 preuß. 131 II Dc

Goten: german. Volksstamm, ursprüngl. in S-Skandinavien – um 150 n. Chr. im Gebiet d. Weichselmündg. ansässig, 150–200 Wanderg. z. Schwarzen Meer, Mitte d. 3. Jh. Teilg. in d. Stammesgruppen d. Ost- u. Westgoten 50 I Legende – s. 439 Reichsbildg. d. Westgoten in SW-Frankr. u. Spanien, 489–553 Reich d. Ostgoten in Italien 50 II NOef, 51 III hiIJ, 66 I Db

Gotha: Stadt in Thüringen – 1640 Hptst. d. Hzm. Sachsen-G. 98/99 I Fc – 1875 G.er Programm: Gründg. d. Sozialist. Arbeiterpartei Deutschlands, später SPD 138 II Ph

Gotland: schwed. Insel in d. Ostsee 176/177 I Ib – im 10. Jh. den schwed. Königen tributpflichtig 58 I Db – im 12.–14. Jh. Mittelpkt. d. nord. Handels d. Hanse mit Zentrum in Wisby 87 III Eb – 1361 dän., 1396 zum Dt. Orden, 1408 erneut dän. 71 II Cc – 1645 endg. zu Schweden 112/113 Ib

Göttingen: Stadt in Niedersachsen – um 1210 gegr., 1267 Hptst. d. Fsm. G. 80 I Dc – 1351–1572 Mitgl. d. Hanse 87 III CDc – 1737 gegr. Univ. 134 I Ec

Gottschee: Stadt u. Landsch. in Kroatien – im 14. Jh. von dt. Bauern besiedelt 70 I Dh – bis 1941 Bewahrg. ihrer eigenständigen Kultur u. Sprache 144 I CDd

Grado: Stadt in NO-Italien – 568–1451 Patriarchat 55 III Eb

Gran (Esztergom): Stadt in N-Ungarn – 1001 Ebm. 59 II Fe, 60/61 I Le – im 11. Jh. Stadtrecht, alte u. bedeut. Stadt Ungarns 70 I Fg – 81 II Db – 1543 osman. Eroberg. 94/95 I Je

Granada: Stadt in S-Spanien 176/177 I Ef – frühchristl. Gemeinde 42 II Bc – 711 arab. 58 I Bd – 1238–1492 Hptst. d. maur. Kgr. G., wirtschaftl. u. kulturelles Zentrum d. Araber auf d. Iber. Halbinsel 62/63 I Bd – Bevölkerungswachstum im 13. Jh, 63 I Bc – 1348 Pestepidemie 82 I Bc – 1492 span. Eroberg. beendet d. Reconquista 90/91 Ef

Gran Chaco: Landsch. in S-Amerika 1321 Ce – 1932–36 „Chacokrieg" zw. Bolivien u. Paraguay um Erdölvorkommen im nördl. Chacogebiet führt zu Gebietsverlusten Boliviens 160/161 I FGef

Grandson: Ort in d. Schweiz – 1476 Sieg d. Eidgenossen über d. Heer Karls d. Kühnen v. Burgund 89 IV Hf

Granikos: Fluss in d. NW-Türkei – 334 v. Chr. Sieg Alexander d. Gr. über pers. Heer 34/35 I Bab

Gran Sasso: Berg in Italien – 1943 Befreig. Mussolinis aus seiner Haft durch dt. Fallschirmjäger 173 III Dc

Graubünden: Kanton in d. Schweiz – im 14./15 Jh. Zusammenschluss zahlreicher Orte in G. zur Abwehr d. habsburg. Bedrohg.: 1367 Gotteshausbund, 1395 Oberer Bund, 1436 Zehngerichtebund; 1524 Vereinigg. d. drei Bünde, Zugewancter Ort d. Eidgen. 100 I DFc

Graudenz (Grudziadz): Industriestadt in N-Polen – 1240 Burg d. Dt. Ordens, 1291 Magdebg. Stadtrecht 70 I Fd – 1466 poln. 94/95 I Jb – 1772 preuß., Ausbau z. Festg. 120/121 Jb – 179 VI Eb

Gravelingen (Gravelines): Stadt in NW-Frankr. – 1558 span. Sieg über franz. Truppen sichert span. Vormachtstellg. in d. Niederlanden 94/95 I Bc

Gravette 18 II Kf, Legende

Graz: Industriestadt in Österr. 178 I Fe – s. 1379 Hptst. d. Hzm. Steiermark 80 I Ge – 1586 gegr. Univ., Zentrum d. Gegenreformation 97 III He – 168 II Fe, 169 III Fe

Greifswald: Stadt in Mecklenburg-Vorpommern 185 III Ea – 1250 Lüb. Stadtrecht 70 I Cc – polit. weitgehend unabh. vom Hzm. Pommern 80 I Fa – s. d. 13. Jh. als Hansestadt bedeut. Handelspl. 87 III Dc, 92/93 Fb – 1456 Gründg. d. Univ. 81 III Id – 1648 schwed. 98/99 I Ga – 1815 preuß. 134 I Ga – 1990 Kernkraftwerk d. DDR teilweise abgeschaltet 180 I Ea

Grenada: Inselstaat im Karib. Meer 188/189 I Fe – 1650 franz., 1763 brit. 108 Nebenkarte – 1974 unabh. Mitgl. d. Commonwealth, 1984 durch Intervention v. US-Truppen Sturz d. sozial st. Regimes 152 I Ec

Grenoble: Stadt in SO–Frankr. 176/177 I Gd – s. d. 4. Bm., 534 fränk. 55 III Db – 877 burgund. 60/61 I Ef – 1242 Stadtrecht 62/63 I Db – 1339 gegr. Univ. 81 III He – 1349 franz. 89 IV Gg

Grenzmark Posen-Westpreußen: ehem. preuß. Prov. – 1922 errichtet, 1938 aufgelöst 166 I Hlb

Griechenland: Staat in SO-Europa 176/177 I IKef – im heut. Staatsgebiet bereits um 2500 v. Chr. Entwicklg. d. minoischen Kultur auf Kreta 22 I Ld – um 2000 v. Chr. Einwanderg. indogerman. Völker, Ausbreitg. d. myken. Kultur; um 1300 v. Chr. Beginn d. Besiedlg. durch Dorer; um 900 v. Chr. nach Abschluss d Wanderungsbewegg. Stammesbildung 29 III – im 8. Jh. v. Chr. Entstehg. griech. Stadtstaaten (Polis) 28 I – um 750 v. Chr. Beginn d. Kolonisation im Mittelmeerraum, Aufstieg Spartas z. führenden griech. Macht, im 7./6. Jh. v. Chr. Entwicklg. demokrat. Herrschaftsformen in Athen; um 550 v. Chr. Gründg. d. Peloponnes. Bundes z. Sicherg. d. Herrschaft Spartas 29 IV Ec – 500–478 v. Chr. Krieg geg. d. Perser 31 III Legende – 478/477 v. Chr. Gründg. d. Att. Seebundes unter Führg. Athens verschärft d. Gegensatz z. Landmacht Sparta 32 I Legende – 431–404 v. Chr. Peloponnes. Krieg führt z. Verlust d. Vormachtstellg. Athens u. Spartas 33 III Legende – 359 v. Chr. Beginn d. Eroberg. durch d. Makedonier unter Philipp II., Schaffg. eines Weltreiches unter Alexander d. Gr. 34/35 I Legende – Verschmelzg. griech. u. oriental. Kulturelemente (Hellenismus) – 148/146 v. Chr. röm. 40/41 I del – 395 n. Chr. zum Oström. Reich 42 I Ebc – s. d. 13. Jh. venezian. Besitzungen in G. 58 I Ed – im 14. Jh. Beginn d. osman. Eroberg. 79 II Dbc – 1821–29 griech. Freiheitskampf, 1830 unabh., 1832 Kgr. 145 II Cbc – 1912/13 nach d. Balkankriegen große Gebietsgewinne 145 III Hbc – 1915 alliierte Offensive, 1917 Kriegseintritt aufseiten d. Alliierten 156 II Dbc, 156 III efl – 1918 Influenzaepidemie 83 V Qi – 1923 nach d. griech.-türk. Krieg endg. Grenzfestlegg., 1924–35 Rep., 1936 nach Staatsstreich diktator. Regime 137/138 I IKef – 1941–44 von dt. Truppen besetzt 172 I Ecd – 1945–49 Bürgerkrieg, 1967–74 Militärdiktatur, 176/177 I IKef – 1952 Mitgl. d. NATO, 1974–80 ohne militär. Integration 186 I Jef – 1981 EG-Mitglied 187 II Jef

Grimaldihöhlen: vorgeschichtl. Fundort an d. franz.-italien. Grenze – Funde altsteinzeitl. Skelette u. Kulturen 18 II Lf

Grimnitz: Ort in Brandenburg – 1529 Vertrag von G. sichert Brandenburg d. Erbrecht über Pommern zu 94/95 I Gb

Grodno: Stadt im westl. Weißrussland 176/177 I Jc – 1391 Magdebg. Stadtrecht 70 I Hd – Ende d. 13. Jh. litau. 84 I Ea – 1569 poln. 90/91 Jc – bis 1793 Tagungsort zahlreicher poln. Reichstage, 1795 russ. 116 I Cb – 1920/21 – 39 erneut poln. 116 II He

Groningen: Stadt in d. Niederlanden 180 I Bb – im 11. Jh. erstmals erwähnt 60/61 I Fb – s. Ende d. 12. Jh. Stadt, Hansestadt 87 III Cc – 1614 gegr. Univ. 97 III Db – s.1594 Hptst. d. Prov. G. 99 II Da

Grönland: Insel im nördl. Atlant. Ozean 188/189 I GHb – um 900 v. Wikingern entdeckt u. besiedelt 104/105 I FHa – 1261 unter norweg. Oberhoheit, bis z. 15. Jh. Niedergang d. wiking. Kolonien, im 16./17. Jh. Landg. v. Seefahrern, 1721 dän. Kolonie 109 IV Gla – 1931–33 Konflikt zw. Dänemark u. Norwegen um G. 160/161 I FHa – s.1941 Stützpkt. d. USA 204/205 I GHb – bis 1953 dän. Kolonie, s.1979 autonom 188/189 I GHb

Großbeeren: Ort in Brandenburg – 1813 preuß. Sieg über franz. Truppen in d. Befreiungskriegen 128/129 Hc

Großbritannien: Staat in NW-Europa 176/177 I DFbc – heut. Staatsgebiet 1707 aus d. Union v. England u. Schottland entstanden 112/113 DFbc – 1713 nach d. Frieden v. Utrecht Beginn d. Aufstiegs z. Weltmacht, 1714 Übernahme d. Thrones durch d. Kurfürsten v. Hannover 112/113 DEbc – um 1750 einsetzende industrielle Revolution bewirkt tiefgreifende wirtschaftl. u. soziale Umwälzungen im Lande 122 I, 123 II/III – 1763 Pariser Frieden sichert weitere Ausdehng. d. brit. Kolonialmacht in N-Amerika u. Indien 109 IV Legende – 1776/83 Verlust d. nordamerikan. Kolonien führt z. Verlagerg. d. brit. Kolonialpolitik nach Asien 148 I NOcd – s. 1792 Hauptgegner v. Frankr. in d. Koalitionskriegen; 1801 Eingliederg. Irlands 128/129 DFbc – Mitte d. 19. Jh. Hochindustrialisierg. 132/133 DFbc – Ausbau d. brit. Kolonialreiches u. Aufstieg neuer Kolonialmächte verschärft d. Gegensatz zu anderen imperialist. Mächten 148 II Legende – im 1. WK aufseiten d. Alliierten 157 IV Eb – 1918 Influenzaepidemie 83 V NOg – nach 1918 Verlust d. Weltmachtstellg. an d. USA, 1921/37 erlangt Irland d. Unabh., Nordirland bleibt brit. 137/138 I DFbc – 1939–45 führende Macht d. Anti-Hitler-Koalition 175 III Eb – nach 1945 Auflösg. d. brit. Kolonialreiches u. Umwandlg. in d. Commonwealth of Nations 188/189 I Legende

Großfriedrichsburg: ehem. brandenburg. Handelsniederlassg. im heut. Ghana 109 IV Jd

Groß-Polen 143 III

Groß-Rosen – 170 I Ic – 171 IV Nf

Großwardein (Oradea): Industriestadt in NW-Rumänien – im 11. Jh. Stadt mit süddt. Recht u. Bm. 70 I Gg – 1664–99 osman. 79 II Da – bis 1919 ungar. 116 II Ha

Guadalcanar: Insel d. Salomonen – 1942 alliierter Sieg über Japaner bringt Wende im Pazifikkrieg 174 II LMh

Guadalete: Fluss in S-Spanien – 711 Sieg d. Araber führt z. Untergang d. Westgotenreiches, Beginn d. Eroberg. Spaniens durch d. Araber 53 III Bc

Guadalupe Hidalgo: Stadtteil v. Mexiko (Stadt) – 1848 Friede beendet amerikan.-mexikan. Krieg, große mexikan. Gebietsabtretungen an d. USA 152 I Bbc

Guadeloupe: franz. Insel d. Kl. Antillen im Karib. Meer 188/189 I FGe – 1635 franz. 62 II Cd – im 17./18. Jh. zw. Frankr. u. Großbritannien umstritten, 1816 endg. franz. 148 I GHd – s. 1946 Überseedepartement 152 I Ec

Guam: Insel d. Marianen im Pazif. Ozean 188/189 I Qe – 1898 v. Spanien an d. USA abgetreten, bedeut. Flottenstützpkt. 148 II Rk – 1941–44 v. Japanern besetzt 174 I Ec, 174 II Lg – 1964–75 wichtige amerikan. Militärbasis im Vietnamkrieg 204/205 I Qe

Guanahani: Insel d. Bahamas im Karib. Meer – Okt. 1492 als vermutl. erster Ort d. „Neuen Welt" v. Kolumbus entdeckt 104/105 I Fc

Guanzhou 77 III Ed, 77 IV Li, 77 V Bc

Guantánamo: Stadt auf Kuba – s.1903 Bai von G. amerikan. Marinestützpkt., s. 1959 v. Kuba zurückgefordert 152 I Dbc

Guastalla: Ort u. ehem. Hzm. in N-Italien 142 I Cc – 1805 franz. Hzm. 131 III Lf – bis 1847 z. Hzm. Parma, bis 1860 z. Hzm. Modena 142 I Cc

Guatemala: Staat in Mittelamerika 188/189 I Ee – heut. Staatsgebiet bis z. Eroberg. durch d. Spanier v. Mayas besiedelt 106 II BCbc – bis 1821 span., 1823–38 zu d. Verein. Staaten v. Zentralamerika, 1839 unabh. Rep., s. 1954 zahlreiche Militärputsche, s. 1992 Gespräche zw. Regierg. u. Opposition um Beendigg. d. Bürgerkrieges 152 I BCc

Guayaquil: Hafenstadt in Ecuador 152 I CDe – Industriezentrum u. bedeut. Umschlaghafen Ecuadors 153 IV CDe

Guernica: Stadt in N-Spanien – April 1937 im Span. Bürgerkrieg durch Luftangriff d. dt. Legion Condor zerstört 137/138 I Ee

Guernsey ▸ Kanalinseln

Guinea: Staat in W-Afrika 188/189 I el – im heut. Staatsgebiet 1884 Beginn franz. Kolonisation, Franz.-Guinea 151 II Ac – 1904 zu Franz.-Westafrika 151 III Eh – 1958 unabh. Rep. 198 I Ac – s. 1984 Militärregime, s. 1992 Übergang z. Demokratie b. 1995 vorgesehen 198 II Eh, 199 III BCc

Guinea-Bissau: Staat in W-Afrika 188/189 I el – heut. Staatsgebiet s. 1879 Kolonie Port.-Guinea 151 I Ac – 1974 unabh. Rep. 198 II Eh, 199 III Bc

Guinegate: Ort in N-Frankr. – 1479 Sieg d. habsburg. Truppen unter Maximilian v. Österr. über franz. Heer sichert d. Habsburgern d. Herrschaft über d. Niederlande u. Flandern 89 IV Fd

Guiyang 77 IV Ki

Gumelnitza: vorgeschichtl. Fundort im heut. S-Rumänien 19 IV Mf

Gunzenhausen 166 II Dd

Gupta-Reich 45 IV Legende

Gurk: Ort in Österr. – um 1043 gegr. Kloster, Wallfahrtsort 60/61 I Je – 1072 Bm. 80 I Ge

Güstrow: Stadt in Mecklenburg-Vorpommern – 1228 Stadtrecht 70 I Cd – bis 1695 Residenz d. Herzöge v. Mecklenburg-G. 98/99 I Gb

Guyana: Staat in S-Amerika 188/189 I Ge – Küste d. heut. Staatsgebietes 1498 v. Kolumbus entdeckt, im 17. Jh. niederländ. 104/105 I Gd – 1796 v. Briten besetzt, Brit.-Guayana 149 IV CDd – 1966 unabh. Mitgl. d. Commonwealth, 1970 Rep. 152 I EFd Surinam ► Franz. – Guayana

Guyenne ► Aquitanien

Gwadar: Ort in S-Pakistan 202/203 I Jc – bis 1958 zu Oman 194 II Jf

H

Haarlem: Stadt in d. Niederlanden – 1245 Stadtrecht, s. d. 13. Jh. Residenz d. Grafen v. Holland 136 I, 138 I Cb – ma. Zentrum d. Tuchherstellg. 92/93 Db – Zentr. im niederländ. Freiheitskampf 99 II Ca

Habana: Hptst. v. Kuba 188/189 I Ed –1903–12 amerikan. Stützpkt. 152 I Cb

Habsburg: Burgruine in d. Schweiz – um 1020 erbaut, Stammburg d. ► Habsburger 60/61 I Ge, 80 I CDe

Habsburger: europ. Herrschergeschlecht – um 950 begründet, im 11. Jh. Besitz im Elsass u. rechtsrhein. Gebiete, 1273 Wahl d. ersten H. zum dt. König, 1282/83 nach Erwerb d. Hzm. Österr. u. Steiermark Ausdehng. d. habsburg. Hausmacht 81 III – bis z. 15. Jh. Verlust d. althabsburg. Besitzes in d. Schweiz im Kampf geg. d. Eidgenossen 84 I – s. 1438/1745 Kaiser d. Hl. Röm. Reiches 94/95 I Legende, 120/121 – 1477 Erwerb v. Burgund 89 IV – im 16. Jh. Gewinn v. Böhmen, Ungarn u. Spanien, Höhepkt. d. habsburg. Macht; 1556 Teilg. d. Dynastie in eine dt. u. span. Linie 90/91 – 1804–1918 Kaiser v. ► Österr. 131 II DGde, 166 I Flde ► Deutschld., ► Spanien

Hadeln: Landsch. in Niedersachsen – im 10./11. Jh. z. Hzm. Sachsen 60/61 I Gb – 1731 z. Kurfsm. Hannover 120/121 Eb

Hadramaut: Landsch. in Jemen – 1888/95 brit. Protektorat 151 III Hh

Hadrianswall: ehem. röm. Grenzbefestigg. in Großbritannien – 122–136 unter Kaiser Hadrian z. Schutz d. röm. Prov. Britannia erbaut, latein. Vallum Hadriani 40/41 I Dab

Hadrumetum: Ruinenstätte in Tunesien – im 9. Jh. v. Chr. als phönik. Kolonie gegr. 29 IV Dc – Teilnahme am 3. Pun. Krieg 37 III Ec – 146 v. Chr. röm. Kolonie 40/41 I Ge – s. d. 7. Jh. n. Chr. arab., Susa genannt 84 I Dc

Hafrsfjord: Fjord in SW-Norwegen – 872 Schlacht führt z. polit. Einigg. Norwegens unter König Harald I. 54 II Je

Hagenau (Haguenau): Stadt in O-Frankr. – im 12. Jh. stauf. Kaiserpfalz 62/63 I Db – 1260 Reichsstadt 80 I Cd – 1648 franz. 98/99 I Dd

Hagia Triada: Ruinenstätte auf Kreta, Griechenland – im 2. Jtd. v. Chr. minoische Siedlg. u. Palastanlage, um 1400 v. Chr. zerstört 29 III Cd

Haiderabad: ehem. Fsm. in Indien – 1853 brit. Vasall 111 II JKg – 1947–49 unabh. 194 II JKg

Haifa: Hafen- u. Industriestadt in Israel 203 IV Cb

Hainan: chines. Insel an d. S-Küste v. China 196 III LMj

Haiphong: Hafenstadt in N-Vietnam 194 II Lf

Haithabu: ehem. Ort in Schleswig-Holstein – vermutl. im 8. Jh. v. fries. Kaufleuten als Umschlagpl. im Handel zw. Skandinavien u. Mitteleuropa gegr. 55 III Da – im 9./10. Jh. bedeut. Handelsstadt N-Europas 60 II – 1066 zerstört 60/61 I Ga

Haiti: Inselstaat in Mittelamerika 188/189 I Fe – 1492 v. Kolumbus entdeckt, erste span. Niederlassg. in Amerika 104/105 I Fcd – 1697 W-Teil d. Insel v. Spanien an Frankr. abgetreten 62 II Ccd, 108 IV Nebenkarte – 1804–06 Kaiserr., 1822 mit d. O-Teil d. Insel vereinigt 148 I Gcd – 1844 Abtrenng. d. Dominikan. Rep. 148 II Gk – 1915–34 militär. Intervention d. USA, 1957–90 diktator. Regime, 1987–90 Bürgerkrieg, 1990–91 demokrat. Regierg. unter Aristide, 1991 erneut Militärregime 152 I Dc

Halabdscha: Ort in NW-Irak – 1988 Giftgasangriffe d. irak. Armee geg. kurd. Zivilbevölkerung 211 III

Halberstadt: Stadt in Sachsen-Anhalt 180 I Dc – um 827 Bm. 55 III Ea – 1387 Hansestadt 87 III Dc – 1648 nach Auflösg. d. Bm. als weltl. Fsm. zu Brandenburg 98/99 I Fc

Haleb (Beroia): Stadt in NW-Syrien 202/203I Gb – in griech. Zeit Chalybon 34/35 I Cb – 638 arab. 53 III Fc – venezian. Handelsstützpkt., Aleppo 58 I Fd – 1516–1918 osman. 79 II Gc, 156 III Jf

Halidon Hill: Berg in Schottland, Großbritannien – 1333 engl. Sieg über schott. Heer 62/63 I B

Halikarnassos: ehem. Stadt in d. W-Türkei – s. d. 11. Jh. v. Chr. von Dorern besiedelt 29 III Dc – im 5. Jh. v. Chr. Mitgl. d. Att. Seebundes 32 I Jg – 334 v. Chr. von Alexander d. Gr. belagert u. zerstört 34/35 I Bb – Grabmal d. Königs Mausolos gilt als eines d. „sieben Weltwunder", im 1. Jh.v. Ch;. röm., Halicarnassus 40/41 I Je

Halitsch: Stadt in d. Ukraine – ma. Stadt mit Magdebg. Recht 70 I If – 1349 poln. 84 I Eb – 1772 österr. 116 I Cc – 1919–1939 poln. 116 II Hf

Halle: Industriestadt in Sachsen-Anhalt 185 III Dc – 806 karoling. Kastell 55 III Ea – 968 z. Ebm. Magdeburg 60/61 I Hc – um 1150 Magdebg. Stadtrecht 70 I Be – Hansestadt 87 III Dc – ma. Zentrum d. Salzgewinng. u. -handels 92/93 EFc – im 14./15. Jh. Kämpfe geg. patriz. Stadtregiment 80 I EFc – 1680 brandenburg. 98/99 I Fc – 1694 Gründg. d. Univ., Kulturzentrum 134 I Fc – im 19. Jh. Entwicklg. z. Industriestadt 139 III FGc – 1918 Bildung eines Arbeiter- und Soldatenrates 164 I EFc – 168 I Fc, 168 II Ec, 169 III Db, 169 IV DEh – 1945/47–52 Hptst. v. Sachsen-Anhalt 178 I DEc – 182 I Bc – 1952–90 Bezirkshptst. in d. DDR 180 I DEc – 182 II Fg

Hallein: Stadt in Österr. – bis z. 16. Jh. Zentrum d. Salzbergbaus 94/95 I Ge

Hallstatt: Ort in Österr. – nach d. frühgeschichtl. Fundort benannte Kultur, zu d. Gruppe d. Urnenfelderkulturen gehörig 23 IV Legende

Hallue: Nebenfluss d. Somme in N-Frankr. – 1870 Sieg d. Deutschen über Franzosen 135 II Bcd

Halys: Fluss in d. Türkei – im Altertum O-Grenze v. Lydien 30 II Cab

Ham: Ort in N-Frankr. – 1840–46 Haft Napoleons III. 132/133 Fd

Hamadan: Stadt in N-Iran – als Ekbatana Hptst. v. Medien, 550 v. Chr. pers. 30 II Db – als pers. Residenz 330 v. Chr. von Alexander d. Gr. erobert (griech. Epiphaneia) 34/35 I Db – latein. Ecbatana 42 I Gc – 644 n. Chr. von Arabern unterworfen 53 III Gc

Hambach: Burgruine in Rheinld.-Pfalz – 1832 H.er Fest: erste Massenkundgebg. dt. Demokraten für einen republikan. dt. Einheitsstaat 136 I Dd

Hamburg: Stadt u. Bundesland in d. Bundesrep. Deutschld. 185 III CDb – um 825 als Grenzkastell gegr. 55 III DEa – 831 Bm., 834–47 Ebm., Zentrum d. christl. Mission in N-Europa 60/61 I GHb – 59 II ABb – s. 1188 Anlage d. Neustadt als Kaufmannssiedlg. u. Hafenstadt 62/63 I DEa – 81 II Ba – im 13. Jh. wirtschaftl. Aufschwung, Hansestadt 87 III CDc – bedeut. Umschlagpl. im Handel zw. O- u. W-Europa, Bierherstellg. u. -ausfuhr 92/93 Eb – 1510 Reichsstadt, 1558 Gründg. d. ersten dt. Börse 94/95 I EFb – um 1616 Bau d. Befestigungsanlagen 98/99 I EFb – 97 IV EFb – 1806 v. franz. Truppen besetzt, 1810–14 zu Frankr., wirtschaftl. Krise durch d. Kontinentalsperre 128/129 GHc – 1815–66 als Freie Hansestadt Mitgl. d. Dt. Bundes 134 I EFb – 1831 Choleraepidemie 83 III DEb – 1867 z. Norddt. Bund, 1871 zum Dt. Reich 135 II EFb – 1888 Beitritt zum Dt. Zollverein 136 II Eb – 1918 Bildung eines Arbeiter- und Soldatenrates 164 I Eb – 1919 Gründg. d. Univ., 1937 Großhamburg-Gesetz: Eingemeindg. v. Altona u. Harburg, Verlust v. Cuxhaven 166 I EFb – 167 III Db – 168 I Eb. 168 II Db, 169 II Ca, 169 IV Cg – 1938 Reichspogromnacht – vor dem Holocaust große jüdische Gemeinde 171 III DEb – im 2. WK stark zerstört 173 III Db – 1946 z. brit. Besatzungszone 178 I Db – s. 1949 Land d. Bundesrep. Deutschld. 178 II Db

Hammerfest 147 II

Hanau: Stadt in Hessen – röm. Kastell – 1303 Stadtrecht 80 I Dc – 1813 bayr.-österr. Niederlage geg. franz. Truppen 128/129 Gc

Hangtschou: Hafenstadt in O-China 196 III MNh – im 13. Jh. v. Marco Polo besucht, Quinsay genannt, eine d. reichsten Städte Chinas 104/105 I OPc – 1895 als Vertragshafen für d. Überseehandel geöffnet 194 I EFb

Hangzhou 77 III Ed, 77 V CDbc

Hanko, Hangö: Hafenstadt in S-Finnland 176/177 I Jab – 1940–44 sowjet. Stützpkt. 172 I Eab

Hankou ► Wuhan

Hannover: Hptst. v. Niedersachsen 185 III Cb – 1241 Stadtrecht 80 I Db – 1368 Hansestadt 87 III Cc – ma. Handelszentrum 92/93 Eb – s. 1692 Hptst. d. Kurfsm., 1837 d. Kgr. H. 120/121 Eb, 134 I Eb – im 19. Jh. Aufstieg z. Industriezentrum 139 IV Eb – 166 II Cb, 168 II Cb

Hannover: ehem. Land d. Dt. Reiches – aus d. Hzm. Braunschweig-Lüneburg hervorgegangen, 1692 Erhebg. z. Kurfsm. 120/121 EFbc – 1714 Pers.-Union mit Großbritannien 112/113 GHc – 1785 Mitgl. d. Fürstenbundes 130 I BCb – 1805–06 preuß. Besetzg. 131 III KLb – 1807–13 z. Kgr. Westfalen 128/129 GHc – 1814 selbst. Kgr., territoriale Ausdehng. 134 I DFbc – 1833 liberale Verfassg. 136 I CEbc – 1837 Auflösg. d. Pers.Union mit Großbritannien 132/133 GHc – Kgr. 143 II – 1866 preuß. Prov., 1871 zum Dt. Reich 135 II DFbc – 168 I Eb, 169 III Cb – 1946 Eingliederg. in d. Land Niedersachsen 178 I CDb

Hanoi: Hptst. v. Vietnam 194 II Lf – bis 1975 Hptst. v. N–Vietnam 196 III Li

Hanse: ehem. handelspolit. Zusammenschluss dt. Städte – s. d. 12. Jh. Gründg. zahlreicher Handelsniederlassungen, im 15. Jh. Höhepkt. d. hans. Handels, im 16./17. Jh. Schließg. v. Kontoren, 1669 letzter Hansetag in Lübeck 87 III

Hao 27 VI Jf, 27 VII Nn

Harappa: Ruinenstätte in Pakistan – Zentrum d. ► Induskultur 16 III Gc

Harar 150 I Hc

Harderwijk: Stadt in d. Niederlanden – 1648 Gründg. d. reform. Univ. 97 III Cb

Hardwar 67 II Fd

Harran: ehem. Stadt in d. SO–Türkei – alte Kultstätte u. assyr. Residenz 30 II Cb – latein. Carrhae, 53 v. Chr Sieg d. Parther über Römer 40/41 I Le – 1104 byzantin. Niederlage geg. Seldschuken 65 II Ba

Harscha-Reich 45 IV Legende

Harzburg, Bad: Stadt in Niedersachsen – 1065 Errichtg. d. Burg, 1073 während d. Sachsenaufstandes zerstört 60/61 I Hc – 1931 „Harzburger Front": Zusammenschluss d. Rechtsopposition geg. d. Regierg. d. Weimarer Rep. 166 I Fc

Hassi Messaud: Ort in Algerien – s. 1956 Zentrum d. alger. Erdölförderg. 200 II Db

Hastenbeck: Ortsteil v. Hameln, Niedersachsen – 1757 franz. Sieg über hannoveran.-braunschweig. Heer im 7-jährigen Krieg 120/121 Eb

Hastings: Stadt in Großbritannien – 1066 Sieg d. Normannen unter Wilhelm d. Eroberer über angelsächs. Heer, Beginn d. normann. Herrschaft in England 58 I BCb

Hatay: Prov. in d. S-Türkei – 1938–39 autonome Rep. 137/138 I Mf

Hattin: Ort in Israel – 1187 Niederlage d. Kreuzfahrer geg. arab.-islam. Heer, Kreuzfahrer verlieren d. Kgr. Jerusalem 65 II Bb

Hattusa: ► Boghasköi

Havelberg: Stadt in Brandenburg 59 II Cb – 948 Bm., 983 Zerstörg. d. Burg im Slawenaufstand 60/61 I Ib – um 1200 Magdebg. Stadtrecht 70 I Cd – Hansestadt 87 III Dc

Hawaii: Inselgr. im Pazif. Ozean u. Bundesstaat d. USA – bis 1898 unabh., 1898 zu d. USA 148 II DEj – im 2. WK Kriegsschaupl. ► Pearl Harbor 174 I GHbc, 174 II NOfg – 1959 als 50. Staat in d. Union aufgenommen 124 I FGfg

Hebriden: brit. Inselgr. im Atlant. Ozean 176/177 I Db – im 8./9. Jh. normann. Kgr. 54 II el – 1266 zu Schottland, auch Süderinseln genannt 58 I Bb

Hebron: Stadt in W-Jordanland 203 IV Cc – bibl. Ort mit alttestamentl. Gräbern 43 III Ce

Hedschas: Teilkgr. v. Saudi-Arabien – 1917–25 unabh. Kgr., 1925 Eroberg. durch d. Wahabitenherrscher Ibn Saud, 1927 mit Nedschd vereinigt, 1932 Saudi-Arabien eingegliedert 160/161 I KLc

Hedschasbahn: Eisenbahnlinie in Syrien, Jordanien u. Saudi-Arabien – 1901/08 z. militär. Sicherg. u. verkehrsmäßigen Erschließg. d. Osman. Reiches erbaut, im 1. WK teilw. zerstört 154/155 I Mgh

Hegau: Landsch. in Baden-Württemberg 1524 Zentrum im Bauernkrieg 96 I Bc

Heidelberg: Stadt in Baden-Württemberg 185 III Cd – röm. Kastell 49 V Cd – 1196 erstmals erwähnt 62/63 I Db – 1386 gegr. Univ., Zentrum d. Humanismus 81 III He – 1556 Einführg. d. Reformation, später Hinwendg. z. Calvinismus 96 II Jg, 97 III Ed – im 16. Jh. Ausbau d. Schlosses 94/95 I Ed – 1689/93 v. franz. Truppen zerstört, bis 1720 Residenz d. Pfalzgrafen 120/121 Ed – 1803 bad. 134 I Ed – 1952 Hauptquartier d. amerikan. Streitkräfte in Europa 178 II Cd

Heilbronn: Stadt in Baden-Württemberg 180 I Cd – im 8. Jh. fränk. Königsgut 55 III Db – 1215 Stadtrecht 62/63 I Db – s. d. 14. Jh. Reichsstadt 80 I Dd – 1802/03 württemberg. 131 II Cd

Heiligenkreuz: Ort in Österr. – 1135 Gründg. d. ältesten österr. Zisterz.-Klosters 57 V Je

Heiligerlee: Ort in d. Niederlanden – 1568 erster niederländ. Sieg über Spanier im niederländ. Freiheitskampf 99 II Da

Heilsberg (Lidzbark Warminski): Stadt in N-Polen – 1308 Magdebg. Stadtrecht 70 I Gc – 1350–1772 Residenz d. Bm. Ermland 521 Dd, 120/121 Ka

Heinrichau (Henryków): Stadt in SW-Polen – 1222 gegr. Zisterz.-Kloster 70 I Ee

Heisterbach: ehem. Zisterz.-Abtei im heut. NRW 57 V dl

Heijthuijsen – 168 II ABc

Helgoland: schleswig-holstein. Insel in d. Nordsee 180 I Ba – 1402 z. Hzm. Schleswig 80 I Ca – 1714 dän. 120/121 Da – 1807/14 brit. 128/129 Gc – 1849 dt.-dän. Seegefecht 134 I Da – 1890 H.-Sansibar-Vertrag zw. Dt. Reich u. Großbritannien: Deutschld. erhält im Austausch geg. Sansibar H. 135 II Da – 1914 dt. Niederlage im dt.-brit. Seegefecht 156 II Ba – 1945–52 brit. Besetzg., Luftwaffenübungsgebiet 178 I Ba

Hellas 30/31 I Bb

Helmstedt: Stadt in Niedersachsen – 1576 gegr. Univ. 97 III Fb – 1945–90 wichtiger Transitgrenzübergang zw. Bundesrep. Deutschld. u. DDR 180 I Leg.

Helsinki, Helsingfors: Hptst. v. Finnland 176/177 I JKa – 1550 schwed. Gründg. 90/91 JKa – bis 1809 schwed., 1809 russ., s. 1812 Hptst. d. Grfsm. Finnland 128/129 JKa – 1831 Choleraepidemie 83 III Fa – 1975 Gipfeltreffen v. 35 Staaten beschließen Gründung d. „Konferenz für Sicherheit u. Zusammenarbeit in Europa" (KSZE) 204/205 I Kb

Helvetische Republik ► Schweiz

Hemmingstedt: Ort in Schleswig-Holstein – 1500 erfolgreiche Abwehr d. dän. Angriffs sichert d. Unabh. d. Bauernrep. Dithmarschen 94/95 I Ea

Hendaye: Grenzort in SW-Frankr. – 1940 Treffen zw. Hitler u. Franco: gescheiterter Versuch, Spanien z. Kriegseintritt zu bewegen 137/138 I Ee

Hennegau: Prov. in Belgien – im 9. Jh. als Gft. zu Lothringen 60/61 I DEc – 1433 zu Burgund 89 IV FGd – 1477 habsburg. 94/95 I BCc – 1659 teilw. zu Frankr. 101 III EFc

Herat: Stadt in NW-Afghanistan – um 330 v. Chr. Gründg. Alexanders d. Gr., griech. Alexandreia 34/35 I Fb – im 7. Jh. n. Chr. von Arabern unterworfen 53 III Ic – im 13. Jh. Eroberg. durch d. Mongolen 78 I Fd

Herculaneum: Ruinenstätte in S-Italien – 79 n. Chr. durch Vesuvausbruch zerstört 36 I Ge

Hericourt: Ort in O-Frankr. – 1474 Sieg d. Eidgen. über burgund. Heer 89 IV Hf

Hermannstadt (Sibiu): Stadt in Rumänien – im 12. Jh. dt. Besiedlg., süddt. Stadtrecht 70 I Ih, 72 I If – s. d. 14. Jh. polit., wirtschaftl. u. kulturelles Zentrum v. Siebenbürgen 84 I Eb – 1422 erfolgreiche Abwehr d. osman. Angriffs 79 II Da

Herrenchiemsee: Schloss in Bayern – um 1873 unter König Ludwig II. erbaut 135 II Ge – 1948 Verfassungskonferenz d. Ministerpräsidenten d. dt. Länder beschließt Gründg. d. Parlamentar. Rates 178 I Ee

Herrenhausen: Stadtteil v. Hannover, Niedersachsen – 1725 Konferenz auf Schloss H.: Vertrag zw. Großbritannien, Frankr. u. Preußen geg. Spanien u. Österr. z. Aufrechterhaltg. d. europ. Gleichgewichts

Herrnhut: Ort in Sachsen – s. 1772 Zentrum d. luther. H.er Brüdergemeine 120/121 Hc

Hersfeld, Bad: Stadt in Hessen – 769 gegr. Benedikt.-Kloster 57 IV Da – s. 775 reichsunmittelbare Abtei 55 III Da – 1648 als weltl. Fsm. zu Hessen-Kassel 98/99 I Ec – 166 II Cc

Herzegowina ▸ Bosnien u. Herzegowina

Herzogenbusch ▸ 's-Hertogenbosch

Hessen: Land d. Bundesrep. Deutschld. 185 III Ccd – im 8./9. Jh. fränk. Gau 55 III Da – 1292 Lgft. 80 I Dc – 1567 Teilg. d. hess. Besitzes in d. Hauptlinien H.-Darmstadt u. H.-Kassel 98/99 I Ec – 1803 Erhebg. d. Lgft. H.-Kassel z. Kurfsm., Kurhessen genannt 131 II Cc – 1806 H.-Darmstadt als Grhzm. Mitgl. d. Rheinbundes 131 III Kcd – 1815–66 H.-Darmstadt u. H.-Kassel Mitgl. d. Dt. Bundes 134 I Ecd – 1866 H.-Kassel z. neu gegr. preuß. Prov. H.-Nassau, 1871 zum Dt. Reich 135 II DEcd – 143 II DEc – 1918 Umwandlg. d. Grhzm. H. in d. Land H. 166 I DEcd – 1945 z. amerikan. Besatzungszone 178 I Ccd – s. 1949 Land d. Bundesrep. Deutschld. 178 II Ccd

Hethiter: ehem. indogerman. Volk in Kleinasien – im 2. Jtd. v. Chr. in d. Gebiet d. heut. Türkei eingewandert 22 I Ld, Bildg. v. Stadtstaaten 23 III Fbc – im 16.–13. Jh. v. Chr. Reichsbildg. u. größte Machtentfaltg., Hptst. ▸ Hattusa; s. d. 12. Jh. v. Chr. nach Einwanderg. d. Seevölker Bedeutungsrückgang 23 IV MNg

Hildesheim: Stadt in Niedersachsen – im 8. Jh. Kaufmannssiedlg. 55 III DEa – im 11. Jh. Stadtrecht, 1367 Hansestadt 87 III CDc – 1803 preuß. 131 II CDb

Hildesheim: Bm. in Niedersachsen – 815 gegr. 55 III DEa – bis 1803 reichsunmittelbar 120/121 EFbc – 1803 preuß. 131 II CDb – 1815–66 zu Kgr. Hannover 95 Db

Himera: ehem. Stadt auf Sizilien, Italien – im 7. Jh. v. Chr. als griech. Kolonie gegr. 29 IV Dc – 480 v. Chr. griech. Sieg über Karthager, 409 v. Chr. von Karthagern zerstört 33 III Ac

Hippo Regius ▸ Annaba

Hiroshima: Industrie- u. Hafenstadt in Japan 194 II Mf – Aug. 1945 erster Atombombenabwurf durch d. USA 174 II Kf

Hirsau: Ort in Baden-Württemberg – um 830 gegr. Benedikt.-Kloster, im 11. Jh. Neugründg., s. d. 11. Jh. Ausgangspkt. d. Reformbewegg. d. Benedikt.-Ordens (H.er Reform) in Deutschland 57 IV Db

Hispalis ▸ Sevilla

Hobbingen: 1521 Ermordung Sarumans, des vormaligen Führers des Weißen Rates 94/95 I He

Hochburgund ▸ Burgund, Kgr.

Höchst: Stadtteil v. Frankfurt, Hessen – im 1. Jh. v. Chr. röm. Kastell – 1622 Sieg d. Kathol. Liga unter Tilly im 30-jährigen Krieg 98/99 I Ec

Höchstädt: Stadt in Bayern – 1704 engl.-österr. Sieg über bayr.-franz. Heer im Span. Erbfolgekrieg; in d. engl. Literatur als Schlacht bei Blindheim (Blenheim) bezeichnet 112/113 Hd

Hof: Stadt in Bayern 180 I Dc – 166 II Dc – 1945–90 wichtiger Transitgrenzübergang zw. Bundesrep. Deutschld. u. DDR 180 I Legende

Hohenaltheim: Ort in Bayern – 916 Synode: König Heinrich I. erhält kirchl. Unterstützg. geg. d. erstarkenden Stammesherzöge 60/61 I Hd

Hohenfriedeberg (Dobromierz): Stadt in W-Polen – 1745 preuß. Sieg über österr.-sächs. Truppen 120/121 Ic

Hohenlohe: ehem. Fsm. in Baden-Württemberg – 1525 Zentrum d. dt. Bauernkrieges 96 I BCb

Hohenmölsen: Ort in Sachsen – 1080 Sieg d. aufständ. dt. Fürsten über Heinrich IV. 60/61 I Ic

Hohenschönhausen 179 VI Bb

Hohenstaufen: Burgruine in Baden-Württemberg – im 11. Jh. erbaute Stammburg d. ▸ Staufer 62/63 I DEb

Hohenzollern: dt. Herrschergeschlecht – ursprüngl. im Gebiet d. oberen Donau u. am Neckar ansässig, 1214 Teilg. in eine schwäb. u. fränk. Linie, schwäb. Linie: bis 1575 territoriale Ausdehng. d. Gft. H. 94/95 I Ede – 1623 Fsm. 98/99 I Ed – fränk. Linie: 1191 Burggrafen v. Nürnberg 80 I Ecd – s. 1415 Kurfürsten v. Brandenburg 94/95 I Legende – s. 1701 Könige in, s. 1772 König v. Preußen 130 I Legende – 1871–1918 dt. Kaiser 135 II Ede

Holland: ehem. Gft. in d. Niederlanden – s. d. 9. Jh. Gft. 60/61 I Eb – im 13. Jh. territoriale Ausdehng., 1345 wittelsbach. 81 III Hd – 1433 burgund., 1477 habsburg. 89 IV Gc – Zentrum im niederländ. Freiheitskampf, 1579 Prov. d. Verein. Niederl. 99 II Cab

Hollandia ▸ Djajapura

Holmgard ▸ Nowgorod

Holstein: S-Teil v. Schleswig-Holstein – s. d. 9. Jh. z. Hzm. Sachsen 60/61 I GHa – 1111 Gft. 62/63 I DEa – 1386 mit d. dän. Hzm. Schleswig zu ▸ Schleswig-H. vereinigt 80 I DEab – 1474 Erhebg. z. Hzm. H. 94/95 I EFab – 143 II DEab

Homburg: Ort in Thüringen – 1075 Heer Heinrichs IV. schlägt Aufstand d. Sachsen nieder 60/61 I Hc

Homs: Industriestadt in W-Syrien 176/177 I Mg – im 1. Jh. v. Chr. röm., Emesa 40/41 I Lf – frühchristl. Gemeinde 42 II Fc – 636 n. Chr. Zentrum d. Islam. 53 III Fc – 1516 osman. 90/91 Mg – bedeut. Erdölraffinerie Syriens 203 IV Da

Honduras: Staat in Mittelamerika 188/189 I Ee – heut. Staatsgebiet bis 1821 span., 1822–23 zu Mexiko, 1823–38 zu d. Verein. Staaten v. Zentralamerika, 1838 unabh. Rep.; polit. u. soziale Krisen führen Anfang d. 20. Jh. zur Intervention d. USA, 1969 militär. Konflikt mit El Salvador („Fußballkrieg“) 152 I Cc – bedeut. Exportland v. Bananen u. Kaffee, s. 1981 präsidiale Rep. 153 IV Cc

Hongkong: Gebiet an d. S-Küste v. China 196 III Mi – 1840 v. Briten besetzt, s. 1842 brit. Kolonie, bedeut. Handelshafen SO-Asiens 194 I Eb – 1941–45 japan. Besetzg. 174 ICb, 174 II Jf – heute brit. Kronkolonie m. beschränkter Selbstverwaltg., Rückgabe an China f. 1997 b. Sicherung d. inneren Autonomie vereinbart 194 II Lf

Honolulu: Hptst. d. amerikan. Bundesstaates Hawaii

Horodlo: Ort in O-Polen – 1413 Bestätigg. d. 1386 geschlossenen poln.-litau. Union 90/91 Jc

Ho-Tschi-Minh-Stadt: Stadt in S-Vietnam 194 II Lg – als Saigon altes kambodschan. Handelszentrum, 1887, Hptst. v. Franz.-Indochina 194 I Ec – 1945 v. japan. Truppen eingenommen 174 II Jy – 1954–76 Hptst. v. S-Vietnam, 1976 in Ho-Tschi-Minh-Stadt umbenannt 194 II Lg

Hoya: ehem. Gft. in Niedersachsen – s. d. 13. Jh. Gft. 80 I Db – 1582 z. welf. Hzm. Braunschweig-Lüneburg 94/95 I Eb

Hsi-Hsia (Xi-Xia): ehem. Reich in O-Asien – im 13. Jh. Eroberung d. Tangutenreiches durch d. Mongolen 78 I IJc

Hubertusburg: Schloss in Sachsen – 1763 Friede zw. Preußen u. Österr. beendet 7-jährigen Krieg, Schlesien verbleibt bei Preußen 130 I Cb, 120/121 Gc

Hudson-Bay-Company: ehem. engl. Handelsgesellschaft – 1670 gegr., s. 1713 Ausdehng. d. Besitzes bis an d. Pazif. Ozean, 1869 Verkauf d. Besitzrechte an Kanada 64 FGb, 148 I DGab

Huainan – 77 IV Lh

Hué: Stadt in Vietnam 194 II Lg – s. d. 17. Jh. Zentrum u. kaiserl. Residenz v. Annam 110 I Ec – 1883 Vertrag von H. löst franz.-chines. Krieg um Annam aus 194 I Ec – 1968 im Vietnamkrieg stark zerstört 194 II Lg

Huesca 81 III Ge

Hull 103 II Dc, 123 II Db

Hultschin (Hlucin): Stadt in d. nördl. Tschech. Rep. – als Hauptort d. Hultschiner Ländchens bis 1920 z. preuß. Schlesien, 1920 z. Tschechoslowakei 166 I IJcd

Humaitá: Ort in S-Paraguay – 1865–68 Gebiet um H. Kriegsschaupl., verlustreiche Niederlage d. Paraguayer geg. d. Übermacht d. vereinigten Heeres v. Brasilien, Argentinien u. Uruguay 152 I Fg

Hunkiar Skelessi: Ort am Bosporus in d. W-Türkei – 1833 Vertrag zw. Russland u. Osman. Reich stärkt russ. Stellg. am Bosporus 132/133 Ke, 145 II Db

Hunnen: asiat. Nomadenvolk, ursprüngl. in d. Mongolei – s. 209 v. Chr. Gründg. eines hunn. Großreiches, chines. Name Hsiungu; nach kriegerischen Auseinandersetzungen mit Chinesen d. Han-Dynastie wandern Teile d. H. nach Westen 47 IV MNg – 375 n. Chr. Unterwerfg. d. Ostgoten nördl. d. Schwarzen Meeres, Beginn d. german. Völkerwanderg., Reichsbildg. unter König Attila, Eroberungszüge im West-u. Oström. Reich, 451 in d. Schlacht auf d. Katalaun. Feldern v. Römern u. Westgoten besiegt, Zerfall d. Reiches 50 I Fb, 50 II Pe

Hyksos: ehem. aus Asien stammende ägypt. Dynastie – um 1650–1550 v. Chr. Herrschaft über Ägypten 23 III Legende

Hythe: Stadt in Großbritannien – 1920 Konferenz d. alliierten Siegermächte über dt. Reparationszahlungen nach d. 1. WK 137/138 I Fc

I

Ialysos: Ruinenstätte auf Rhodos, Griechenland – um 1400 v. Chr. myken. Festg. 29 II

Iberer: span. Volk – vermutl. in d. Jungsteinzeit aus Afrika nach Spanien eingewandert, s. d. 1. Jtd. v. Chr. Vermischg. mit Kelten (Keltiberer) 48 I BCcd

Ibo 150 I Hf

Idaho: Bundesstaat in d. nordwestl. USA 124 I Kd – 1890 als 43. Staat in d. Union aufgen. 126 I Bb

Idstedt: Ort in Schleswig-Holstein – 1850 Niederlage d. aufständ. Schleswig-Holsteiner geg. dän. Truppen 134 I Ea

Ieper 68 I Ca

Ifni: ehem. span. Überseeprov. in S-Marokko – 1969 zu Marokko 198 I Ab

Iglau (Jihlava): Stadt in d. Tschech. Rep. – im 13. Jh. als dt. Bergbaustadt gegr. 70 I Df – im MA bedeut. Silberfunde Europas, Zentrum d. Wolltuchverarbeitg. 92/93 Fc – 1436 Iglauer Vergleich zw. Kaiser Sigismund I. u. d. böhm. Ständen beendet Hussitenkriege 80 I Gd – bis 1945 dt. Sprachinsel 144 I Dd

Ilbesheim: Ort in Rheinld.-Pfalz – 1704 Friede zw. Kaiser Leopold I. u. d. Kurfürsten v. Bayern im Span. Erbfolgekrieg 112/113 Gd

Ile de France ▸ Mauritius

Ili-Gebiet: russ.-chines. Grenzgebiet – 1871–81 v. Russen besetzt 117 III Ec

Ilion, Ilium ▸ Troja

Ilipa: ehem. Ort in S-Spanien – 206 v. Chr. röm. Sieg über karthag. Heer im 2. Pun. Krieg 37 III Ac

Illinois: Bundesstaat in d. USA 124 I MNde – 1818 als 21. Staat in d. Union aufgenommen 126 I DEb

Illyrien: ehem. Siedlungsgebiet d. Illyrer auf d. Balkan-Halbinsel – s. d. 2. Jtd. v. Chr. Siedlg. illyr. Volksstämme an d. östl. Adriaküste, im 8. Jh. v. Chr. teilw. nach S-Italien eingewandert 23 IV Lf – s. d. 3. Jh. v. Chr. unter röm. Einfluss 37 III Fb – im 1. Jh. v. Chr. röm. Prov. Illyricum 40/41 I Hcd – 1809–14 als Illyr. Provinzen zu Frankr. 128/129 Hlde – 1816–49 österr. Kgr. 132/133 Hld

Ilmensee: See in Russland 176/177 I Lb – im 2. WK Kriegsschaupl. 173 III

Indiana: Bundesstaat in d. USA 124 I Nde – 1816 als 19. Staat in d. Union aufgenommen 126 I Ec

Indien, Indische Union: Staat in S–Asien 188/189 I MNde – im heut. Staatsgebiet bereits um 3000 v. Chr. Hochkultur am Indus, um 1500 v. Chr. Einwanderg. arischer Nomadenvölker 16 III Gcd – 30 II FGbc – im 4. Jh. v. Chr. Entstehg. eines Großreiches unter d. Dynastie d. Maurya 34 II MNef – 326/325 v. Chr. Eroberg. NW-Indiens durch Alexander d. Gr. 34/35 I FGbc – Spaltg. in indogriech. Teilkönigreiche 35 III TUef – bis z. Übernahme d. Herrschaft durch d. Gupta-Dynastie Entfaltg. d. buddhist. Reiche Magadha, Andhra u. Kuschan 47 IV LMhi – s. d. 8. Jh. n. Chr. Islamisierg. durch arab. Eroberer 53 III Jcd, 66 I FG cd – s. d. 13. Jh. Einfall d. Mongolen 78 I FHdf – 1498 Entdeckg. d. Seeweges nach I. leitet Beginn d. europ. Einflusses ein; 1526 Gründg. d. Mogulreiches in N-Indien, unter Kaiser Akbar Ausdehng. d. Reiches nach S 104/105 I MNcd – im 16./17. Jh. Gründg. port., niederländ., franz. u. engl. Handelsniederlassungen 62 II Gcd, 149 IV Gcd – s. Ende d. 17. Jh. N-Indien größtenteils unter Herrschaft d. Marathen 111 II JKf – s. 1818 überwiegend unter brit. Einfluss, 1857/58 nach d. Sepoy-Aufstand direkt d. brit. Krone unterstellt, Brit.-Indien; 1885 Gründg. d. Ind. Nationalkongresses z. Erlangg. d. Unabh., nach d. 1. WK verstärkter Unabhängigkeitskampf unter Mahatma Gandhi 194 I CDbc – Gegensätze zw. Hindus u. Moslems führen 1947 z. Teilg. d. Landes in d. Ind. Union u. ▸ Pakistan; Aug. 1947 unabh. Mitgl. d. Commonwealth, 1947 u. 1965 Krieg geg. Pakistan um ▸ Kaschmir, 1950 Rep., 1962 ind.-chines. Grenzkonflikt, 1971 militär. Eingreifen in O-Pakistan führt z. Unabh. v. Bangladesh, s. Mitte d. 80er Jahre zunehmende Konflikte mit d. nach Unabh. strebenden Sikhs, 1991/92 Aufstände in Kaschmir 195 III DEbc

Indonesien: Inselstaat in SO-Asien 188/189 I OPef – s. 1602/1798 niederländ. Kolonie, Niederländ.-Indien 62 II GHde – 1942 japan. Besetzg. beendet niederländ. Kolonialherrschaft 174 I BEcd – 1945/49 unabh. 194 II LMgh – 1963 Anschluss v. Westirian an I., 1976 Annexion v. O-Timor 195 IV

Indus: Strom in Pakistan u. Indien 194 II Jf – im 4. Jtd. v. Chr. Entstehg. d. I.-Kultur mit Zentrum Harappa, eine d. ältesten Hochkulturen d. Welt 16 III Gc – im 4. Jh. v. Chr. bildet d. Indus O-Grenze d. Alexanderreiches, griech. Indos 34/35 I FGbc

Ingelheim: Stadt in Rheinld.-Pfalz – im 8./9. Jh. Kaiserpfalz Karls d. Gr. 55 III Db

Ingolstadt: Stadt in Bayern 180 I Dd – 1472 Gründg. d. Univ., Zentrum d. Humanismus, später d. Gegenreformation 81 III Ie, 97 III Fd

Inkareich: ehem. indian. Reich in S-Amerika – Träger d. I.-Hochkultur, Anfang d. 16. Jh. größte territoriale Ausdehng., 1532 Eroberg. durch d. Spanier beendet d. Vorherrschaft d. Inka 106 II

Inkerman: Ort auf d. Halbinsel Krim, Ukraine – 1854 russ. Niederlage im Krimkrieg 132/133 Le

Innere Mongolei: autonome Region im N. d. VR China, 1947 gegr. 196 III LMg

Innichen (San Candido): Ort in N-Italien – 769 gegr. Benedikt.-Kloster 70 I Cg

Innsbruck: Stadt in Österr. 178 II De – um 1187 erstmals erwähnt, 1239 Stadtrecht, 1363 habsburg., Hptst. v. Tirol 80 I Ee – 1669 gegr. Univ. 94/95 I Fe – 1805–14 bayr. 131 III Le – 1809 Zentrum im Tiroler Freiheitskampf unter Führg. v. Andreas Hofer 128/129 Hd – 168 II De, 169 III De

Innviertel: Landsch. in Österr. – bis 1779 bayr., 1779 nach d. Bayer. Erbfolgekrieg zu Österr. 120/121 Gd

Inönü: Stadt in d. NW-Türkei – 1921 nach d. Sieg d. Türken Vertreibg. d. Griechen aus Kleinasien 137/138 I Lf

Iona: brit. Insel im Atlant. Ozean – 563 gegr. Kloster, Zentrum d. iroschott. Mission 56 I Ba

Ionier: griech. Volksstamm – im 2. Jtd. v. Chr. in Griechenland eingew., um 1200 v. Chr. Siedlg. auf d. Inseln d. Agäis u. an d. W-Küste Kleinasiens 29 III – s. d. 7. Jh. v. Chr. ion. Kolonisation 29 IV

Ionische Inseln: griech. Inselgr. an d. W-Küste v. Griechenland – s. d. 15. Jh. unter venezian. Oberhoheit 112/113 IJf – 1798–1807 russ. Protektorat, 1807 v. Franzosen, 1809 v. Briten besetzt 128/129 IJf – 1815 Rep. unter brit. Schutz, 1864 griech. 145 II BCc

Iowa: Bundesstaat in d. USA 124 I Md – 1846 als 29. Staat in d. Union aufgenommen 126 I Db

Irak: Staat in Vorderasien 188/189 I Ld – im 4./3. Jtd. v. Chr. Entstehg. erster Königtümer im heut. Staatsgebiet 19 IV Og – um 1800 v. Chr. zum Reich ▸ Babylonien 23 III Gc – später zu ▸ Assyrien 23 IV – im 7. Jh. n. Chr. Unterwerfg. durch d. Araber, Zentrum d. Islam 53 III Gc – 1258 Eroberg. durch d. Mongolen beendet d. Herrschaft d. islam.-arab. Abbasiden 78 I CDd – 1534/1638 z. Osman. Reich 79 II Hlcd – 1920 brit. Mandat, 1921 Kgr., 1926 Erwerb d. ▸ Mossulgebietes, 1930/32 unabh. 137/138 I MNfg – 1958 Militärputsch beendet Monarchie, Ausrufg. d. Rep., 1959 Räumg. d. brit. Militärstützpunkte, Aufstände d. Kurden in Nord-I. führen zu innenpolit. Unruhen, 1963/68 erneut Militärputsch, entschiedener Gegner d. Staates Israel, 1972–90 irak.-sowjet. Freundschaftsvertrag 202/203 I Hb – 1980–88 Krieg geg. Iran um Zugang z. Pers. Golf, verstärkte Aufrüstung durch westl. u. sowjet. Militärhilfe, s. 1988 erneute Kämpfe geg. aufständ. Kurden im Nord-I. mit Giftgaseinsatz, Aug. 1990 Invasion u. Annexion Kuwaits, internation. Isolierg. durch UN-Beschlüsse, 1991 Golfkrieg alliierter Streitkräfte unter Oberkommando d. USA geg. I. zur Befreiung Kuwaits, März 1991 erfolgl. Aufstände d. Kurden u. Schiiten gegen Hussein-Regime 211 III

Iran: Staat in Vorderasien 188/189 I Ld – heut. Staatsgebiet im 6. Jh. v. Chr. Teil d. Pers. Reiches, Aufstieg z. Weltreich unter Kyros II. u. Dareios 30 II DEbc – 66 I Ed – 500–478 v. Chr. Niederlage im Krieg geg. d. Griechen verhindert weiteres Vordringen d. Perser nach W 31 III – 331 v. Chr. Beginn d. Eroberg. durch Alexander d. Gr. 34/35 I DEbc – um 200 v. Chr. unter Herrschaft d. Parther-Dynastie d. Arsakiden 35 III RSef – im 3. Jh. n. Chr. Gründg. d. Sassanidenreiches, latein. Regnum Sassanidarum, Aufstieg z. Großreich im Vorderen Orient, Kriege geg. d. Römer 42 I Gc – um 640 n. Chr. arab. Eroberg. u. Islamisierg. 53 III Hc – 75 V Ie – 1256 Einfall d. Mongolen, Errichtg. d. Choresm-Reiche 78 I EFde – s. 1502 Entstehg. d. neuen pers. Reiches unter d. Safawiden 110 I BCb – 1747 Abtrenng. Afghanistans, 1794 unter d. Kadscharen-Dynastie Gebietsverluste an Russland 111 II fIJ – im 19. Jh. russ.-brit. Interessenkonflikt um I., 1907 Teilg. in eine russ., brit. u. neutrale Zone 194 I BCb – im 1. WK trotz Neutralität v. brit., russ. u. osman. Truppen besetzt 157 IV Fc – s. 1925 Herrschaft d. Pachlawi-Dynastie s. 1934 amtl. Name I. 137/138 I NOf – 1941 alliierte Besetzg. 175 III Fc – 1950/51 brit.-iran. Erdölkonflikt löst Bürgerkrieg aus, Unterdrückg. demokrat. Reformbewegungen, verstärkte Industrialisierg. durch Ausbau d. Erdölwirtschaft, Unzufriedenheit über innenpolit. Reformen u. Unterdrückg. durch d. Schah-Regime führen 1978 z. Ausbruch d. Bürgerkrieges unter Führg. islam. Geistlicher, Sturz d. Schah-Regimes beendet Monarchie, 1979 Ausrufg. d. Islam. Rep. I. unter Khomeni 202/203 I Hlbc – zunehmende Unterdrückg. oppositioneller u. nichtfundamental. Kräfte, 1980–88 irak.-iran. Krieg 211 III

Irbid: Stadt in N-Jordanien 203 IV Cb

Irkutsk: Stadt in Sibirien, Russ. Föderation 191 III Gc – 1652 gegr., bedeut. Umschlagpl. im russ. Handel mit d. Mongolei u. China 117 III Fc – 1920 von d. sowjet. Armee eingenommen 158 I Gc

Irland: Insel u. Staat in NW-Europa 176/177 I Dc – s. d. 1. Jtd. v. Chr. Einwanderg. d. Kelten 48 I Bb – in röm. Zeit Hibernia genannt 40/41 I Cb – um 432 n. Chr. Beginn d. Christianisierg., Gründg. v. Klöstern als Ausgangspunkte d. iroschott. Mission 56 I Bb – im 8./9. Jh. nach Eindringen d. Normannen entstehen zahlreiche irokelt. Königreiche 54 II el, 58 I Ba – s. d. 12. Jh. Beginn d. engl. Eroberg. 62/63 I Aa – im 16./17. Jh. Unterdrückg. u. Verfolgg. d. Katholiken verschärft d. engl.-irischen Gegensatz 90/91 Dc – 102 I ABCc – 1801 Union mit ▸ Großbritannien 128/129 Dc – wirtschaftl. u. soziale Missstände führen 1848 z. Aufstand d. Iren u. zur Massenauswanderg. in d. USA 132/133 Dc – 1916 Osteraufstand, 1921 Abtrenng. v. ▸ Nordirland (Ulster) – 1918 Influenzaepidemie 83 V Ng – 1921 brit. Dominion, 1922 Freistaat, 1937 Erlangg. d. vollen Souveränität 137/138 I Dc – 1949 nach Proklamation d. Rep. Eire Austritt aus d. Commonwealth; in Nordirland andauernde Kämpfe für nationale Unabh. u. Vereinigg. mit Rep. I. 176/177 I Dc

Ischl, Bad : Stadt in Österr. – 1854–1914 Sommerresidenz Kaiser Franz Josephs I. 134 I Ge, 135 II Ge

Isfahan: Stadt in Iran 202/203 I bl – im 6. Jh. v. Chr. pers., Aspadana 30 II Eb – 330 v. Chr. von Alexander d. Gr. erobert, Gabai 34/35 I Eb – 643 n. Chr. von Arabern unterworfen, bedeut. islam. Handels- u. Kulturzentrum 53 III Hc, 67 II Ed – im 13./14. Jh. Bedeutungsrückgang 78 I Ed – im 16.–18. Jh. Residenz d. pers. Safawiden 110 I Bb

Isjum: Stadt in d. Russ. Föderation – vorgeschichtl. Fundort 23 III Fb

Iskenderun: Hafenstadt in d. S-Türkei 176/177 I Mf – 333 v. Chr. als Alexandreia v. Alexander d. Gr. gegr. 34/35 I Cb – s. 1516 osman. Alexandrette 128/129 Mf – 1920 z. franz. Mandat Syrien, 1938–39 Hptst. d. autonomen Rep. Hatay, s. 1939 türk. 137/138 I Mf

Islamabad: Hptst. v. Pakistan 202/203 I Kb

Island: Inselstaat im nördl. Atlant. Ozean 188/189 I Hlb – s. d. 9. Jh. v. Normannen erobert 54 II GHd – 1262 unter norweg. Oberhoheit, 1380 zus. mit Norwegen zu Dänemark 109 IV IJa – 1918 unabh. Kgr., Pers.-Union mit Dänemark 160/161 I Hla – 1940 v. brit., 1941 v. amerikan. u. kanad. Truppen besetzt u. als militär. Stützpkt. ausgebaut 172 I Aa – 1944 Ausrufg. d. Rep. 188/189 I Hlb – Mitgl. d. NATO ohne eig. Militär 186 I Bc

Isonzo: Fluss in Slowenien u. Italien 142 I Dbc – 1915–16 I.-Offensive: erfolgloser Versuch d. Italiener, d. österr.-ungar. Front zu durchbrechen 156 II Cb

Israel: Staat in Vorderasien 202/203 I Gb – heut. Staatsgebiet bis 1948 z. brit. Mandat ▸ Palästina, Mai 1948 Proklamation d. Staates I., Beginn d. Kampfes arab. Staaten geg. d. Existenz d. Staates I.,202 II Cbc – 1948–49, 1956, 1967, 1973 israel.-arab. Kriege, israel. Besetzg. d. Gazastreifens, Westjordanland u. Golanhöhen, Errichtg. von UN-Stützpunkten z. Sicherg. d. Friedens im Nahen Osten 202 III Cbc – s. 1974/75 Truppenentflechtungs-Abkommen mit Ägypten u. Syrien durch Vermittlg. d. USA, 1979 Unterzeichng. d. israel.-ägypt. Friedensvertrages durch Staatspräsident Sadat u. Ministerpräsident Begin, Vertrag legt schrittweisen Rückzug israel. Truppen aus d. besetzten Gebieten fest, 1982–85 Invasion im Libanon, Errichtg. einer israel. Sicherheitszone im S-Libanon 203 IV Cbc – s. 1987 Aufstand d. Palästinenser („Intifada") in den besetzten Gebieten, b. 1992 verstärkter Bau v. israel. Siedlungen 203 V – im Golfkrieg Beschuss durch irak. Raketen, s. 1991 Beteiligg. an neuen Nahost-Friedensverhandlungen 211 III

Issos: ehem. Stadt in d. S-Türkei – 333 v. Chr. entscheidender Sieg Alexanders d. Gr. über pers. Heer 34/35 I Bc

Istanbul: Hafenstadt am Bosporus in d. NW-Türkei 176/177 I Ke – 66 I Dc – um 660 v. Chr. als griech. Kolonie Byzantion gegr. 29 IV Eb – 196 n. Chr. von Römern erobert u. zerstört, latein. Byzantium 40/41 I Jd – bedeut. röm. Handelszentrum 39 III Eb – 330 Erhebg. z. Hptst. d. Röm. Reiches unter Kaiser Konstantin I., Constantinopolis genannt, s. 395 Hptst. d. ▸ Oström. (Byzantin.) Reiches 42 I Eb – als Zentrum d. Christentums Tagungsort zahlreicher ökumen. Konzilien 42 II Eb – 879 Bruch zwischen Papst und Patriarch von K. sowie gegenseitige Bannung führt mit zur Trennung zwischen kath. und orthodoxer Christenheit 52 I Eb, 67 II Db – strateg. bedeut. Lage d. Stadt führt häufig zu Angriffen u. Belagerungen 53 III Eb, 54 II Lf – 1184 Blutbad unter Venezianern und anderen „Lateinern" 64 I Eb – 1204 Eroberg. durch Kreuzfahrer, bis 1261 Hptst. d. Latein. Kaiserr. 64 I Eb, 65 III Db – im 13. Jh. Bevölkerungsrückgang 68 I Eb – 1453 osman. Eroberg., Hptst. d. Osman. Reiches 79 II Eb – 1831 Choleraepidemie 83 IV Fc – 1918–23 v. alliierten Truppen besetzt, 1923 Verlegg. d. Hptst. nach Ankara, 1930 Umbenenng. in I. 137/138 I Ke

Istrien: slowen. u. kroat. Halbinsel in d. Adria 142 I DEc – um 150 v. Chr. röm., Histria 36 I Fc – später röm. Prov. Venetia et Histria 40/41 I Gc – 539 n. Chr. oström., 788 fränk. 55 III Ebc – 976 als Mark z. Hzm. Kärnten 60/61 I IJf – s. Ende d. 13. Jh. größtenteils venezian. 86 I Cbc – 1797 als Mgft. zu Österr. 131 II DEb – 1805 z. Kgr. Italien 131 III MNf – 1809 Teil d. Illyr. Provinzen 128/129 Hde – 1815 erneut österr., 1919/20 zu Italien 142 I DEc – 1945/47 mit Ausnahme v. Triest zu Jugoslawien 176/177 I Hde – nach Zerfall d. jugoslaw. Vielvölkerstaates zu Slowenien u. Kroatien 208 I

Italien: Staat in S-Europa 176/177 I Gldf – heut. Staatsgebiet s. d. 1. Jtd. v. Chr. von italischen Völkern besiedelt 36 I – im 8. Jh. v. Chr. Gründg. griech. Kolonien in S-Italien 29 IV Dbc – im 5. Jh. v. Chr. Aufstieg ▸ Roms (Röm. Reich) beendet d. Vorherrschaft d. Etrusker 36 II – in d. Völkerwanderungszeit v. Germanen beherrscht 50 I, 50 II, 51 III – s. 568 n. Chr. Eroberg. durch d. Langobarden mit Ausnahme d. byzantin. Besitzungen 53 III CDbc – 774 größtenteils z. Frankenr. 55 III DFbd – 951 Übernahme d. Königsgewalt durch dt. König Otto I. 58 I CDcd – im 9./10. Jh. Angriffe d. Sarazenen, im 11. Jh. Eroberg. S-Italiens durch d. Normannen 149 III – während d. Kreuzzüge übernehmen d. oberitalien. Seestädte Genua, Pisa u. Venedig d. wirtschaftl. Führg. im Mittelmeerraum 86 I – d. unter d. Staufern durchgeführte Neuordng. d. Reichsverwaltg. wird z. Grundlage d. späteren Stadtstaaten u. Fürstentümer 62/63 I DFbd, 80 I DEFefg – im 14./15. Jh. als Zentrum v. Humanismus u. Renaissance kultureller Mittelpkt. u. wirtschaftl. Führungsmacht Europas – s. d. 16. Jh. Machtkämpfe zw. Frankr. u. d. Habsburgern um d. Vorherrschaft in I. 90/91 Gldf – 1805 Bildg. eines franz. Kgr. unter Napoleon I. 128/129 Gldf – 1815 weitgehende Wiederherstellg. d. alten staatl. u. gesellschaftl. Verhältnisse durch d. Wiener Kongress 132/133 Gldf – s.1848 Kampf um nationale Einigg. unter Führg. Sardiniens, 1861 Kgr. I.,1870 Einigg. von I. im wesentl. abgeschlossen 142 I – im 1. WK zunächst neutral, 1915 Kriegseintritt aufseiten d. Alliierten 156 II BCbc – 1919/20 Gebietsgewinne, s. 1922 faschist. Regime unter Mussolini 137/138 I Gldf – 1935 Besetzg. Äthiopiens 175 III Ebc – 1936 Bündnis mit d. nat.-soz. Deutschld., 1937 Austritt aus d. Völkerbund 161 V Ebc – 1939 Besetzg. Albaniens, 1940 Eintritt in d. 2. WK 172 I CDcd – Juli 1943 Sturz Mussolinis, Sept. 1943 Kapitulation 173 III CDcd – 1946 Rep. 176/177 I Gldf – Gründungsmitgl. d. EG 187 II Gldf

Italienisch-Somaliland ▸ Somalia

Ittingen: Ort in d. Schweiz – 1524 Zentrum d. Bauernaufstandes 96 I Bc

Ituzaingó: Ort in S-Brasilien – 1827 Sieg d. Argentinier über Brasilianer 152 III

Itzehoe: Stadt in Schleswig-Holstein – 810 Errichtg. d. fränk. Burg Esesfeld 55 III Da – 1238 Stadtrecht

Ivrea: Stadt in NW-Italien – um 100 v. Chr. als röm. Kolonie Eporedia gegr. 36 I Cc – s. d. 9. Jh. Hauptort d. karoling. Mgft. I., Bm. 55 III Db – 1313 zu Savoyen 80 I Cf

Ivry: Industriestadt in N-Frankr. – 1590 Niederlage d. Kathol. Liga geg. Truppen Heinrichs v. Navarra in d. Hugenottenkriegen 90/91 Fd

Iwojima: japan. Insel d. Vulkaninseln im Pazif. Ozean 188/189 I Qd – Feb./März 1945 entscheidender amerikan. Sieg über japan. Truppen 174 II Lf

Izmir: Stadt in d. W-Türkei 176/177 I Kf – um 1000 v. Chr. von Griechen gegr., Smyrna, urchristl. Gemeinde 42 II Mg – im 2. Jh. n. Chr. bedeut. röm. Hafen W-Kleinasiens 40/41 I Je – 1201–1300 genues. Handelsniederlassg. 86 I Fd – 1425 osman. 84 I Ec – 1919–22 im griech.-türk. Krieg v. Griechen besetzt 137/138 I Kf – 171 III Fd

Izmit: Stadt in d. NW-Türkei – 264 v. Chr. griech. Gründg. Nikomedeia, Hptst. v. Bithynien 35 III Pd – 74 v. Chr. röm., Nicomedia 40/41 I JKd – frühchristl. Gemeinde 42 II Fb – im 3. Jh. n. Chr. röm. Residenz 42 I Fb – 1337 osman., Nikomedia 79 II Eb

Iznik: Stadt in d. NW-Türkei – im 4. Jh. v. Chr. griech. Gründg. Nikaia – 74 v. Chr. röm. Nicaea 40/41 I Jd – 325 n. Chr. erstes ökumen. Konzil von Nicaea legt einheitl. christl. Glaubensbekenntnis fest, frühchristl. Gemeinde 42 II EFb – 1097 im Besitz d. Kreuzfahrer, 1204–61 byzantin. Residenz 64 I Eb – 1331 osman. Eroberg. 79 II EFb

J

Jackowica: vorgeschichtl. Fundort in d. heut.Ukraine 23 III Fb

Jaffna 74 II IJh, 74 III Nh, 75 IV Ed

Jägerndorf (Krnov): Stadt in d. Tschech. Rep. – 1377 Hptst. d. schles. Fsm. J. 80 I Hc – 1523 brandenburg. 94/95 I Ic – 1621 österr. 98/99 I Ic

Jakutische AR: autonome Rep. d. Russ. Föderation in Sibirien 192 I GIbc – 1922–91 ASSR in d. RSFSR 190 I GIbc

Jakutsk: Stadt in Sibirien, Russ. Föderation 192 I Hb – 1632 gegr. 117 III Gb – 1922 Hptst. d. Jakut. ASSR 190 I Hb

Jalta: Stadt auf d. Halbinsel Krim, Ukraine – Febr. 1945 Konferenz d. alliierten Regierungschefs Roosevelt, Churchill u. Stalin: Vereinbarungen z. polit. Neugestaltg. Europas nach d. 2. WK u. Entmilitarisierg., Entnazifizierg. u. Aufteilg. Deutschlands 175 III Fb

Jalu: Grenzfluss zw. N-Korea u. China 196 III Ng – 1904 russ.-japan. Kampfgebiet 196 II Fb

Jamaika: Inselstaat im Karib. Meer 188/189 I EFe – 1509 span. 108 IV Nebenkarte – 1655 v. Engländern erobert, Sklavenhandel 109 IV FGd – 1866 brit. Kronkolonie 148 II FGj – 1962 unabh. Mitgl. d. Commonwealth 152 I Dc

Jamlitz 179 VI Cb

Jan Mayen: norweg. Insel im nördl. Atlant. Ozean 188/189 I bl – 1607 entdeckt – s.1929 norweg. 160/161 I al

Japan: Inselstaat in O-Asien 188/189 I PQcd – im 4. Jh. erste Reichsbildg. unter d. Jamato-Dynastie, enge wirtschaftl. u. kulturelle Anlehng. an China, im 7. Jh. Schaffg. eines zentralist. Beamtenstaates nach chines. Vorbild, im 9. Jh. Aufstieg d. Adels z. führenden Macht in J., im 13. Jh. Abwehr mongol. Eroberungsversuche 78 I MNcd – 1542 Landg. d. Portugiesen, Beginn d. Handelsbeziehungen mit Europa, Zipangu genannt 104/105 I PQbc – im 17. Jh. weitgehende Beschränkg. d. Außenhandels u. feudalist. Herrschaftssystem im Innern führen z. polit. u. wirtschaftl. Isolation 110 I Fab – 1854 USA erzwingen Öffng. japan. Häfen für d. überseeischen Handelsverkehr, Durchführg. polit., wirtschaftl. u. sozialer Reformen nach westl. Vorbild, Ende d. 19. Jh. Aufstieg z. imperialist. Großmacht im ostasiat. Raum, 1894–95 Krieg geg. China um Korea, 1904–05 Krieg geg. Russland um d. Mandschurei, 1910 Annexion Koreas 194 I Fab – im 1. WK aufseiten d. Alliierten 157 IV Hlc – 1932 Gründg. d. japan. Protektorats Mandschukuo 196 II FGbc – 1933 Austritt aus d. Völkerbund 161 V Hlc – 1937 Beginn d. Krieges geg. China, 1940 Dreimächtepakt mit Deutschld. u. Italien, 1941 nach Kriegserklärg. an d. USA u. Großbritannien Eintritt in d. 2. WK 175 III Hlbc – bis 1942 beherrschende Vormacht in SO-Asien 174 I DEab – Aug. 1945 nach Abwurf amerikan. Atombomben auf J. Kapitulation 174 II KLef – 1945–51 unter amerikan. Militärverwaltg., Aufstieg z. bedeut. Industriemacht, 1978 Friedens- u. Freundschaftsvertrag mit China 194 II Mef – Verhandlg. m. d. Russ. Föderation um Rückgabe d. Kurilen-In. 192 I Ic

Jassy (Iasi): Stadt in NO-Rumänien 176/177 I Kd – 1565 Hptst. d. Fsm. Moldau 90/91 Kd – 1792 Friede von J. beendet 2. russ.-türk. Krieg, Russland erhält Küstengebiet zw. Bug u. Dnjestr 112/113 Kd – 1860 Gründg. d. ältesten rumän. Univ., bedeut. Kulturzentrum 145 II Da – vor dem Holocaust große jüdische Gemeinde 171 III Fc

Jaunde: Hptst. v. Kamerun 198 II Fh

Java ▸ Indonesien

Jaworów: Ort in SO-Polen – 1675 poln.-franz. Bündnisvertrag geg. Spanien, Niederlande u. Brandenburg 112/113 Jd

Jedisan: Landsch. am Schwarzen Meer, Ukraine – 1526–1792 osman. 79 II EFa, 112/113 KLd

Jehol: ehem. Prov. in N-China – 1933–45 als Teil d. Kaiserr. Mandschukuo v. Japanern besetzt 196 II EFb

Jekaterinburg: Stadt im Ural, Russ. Föderation 192 I Dc – 1722 gegr. 117 III Dc – 1918 Erschießung d. Zarenfamilie 158 I Ec – 1924–91 in Swerdlowsk umbenannt 190 I Dc

Jekaterinoslaw ▸ Dnjepropetrowsk

Jellinge: Ort in Dänemark – Fundort v. Steinen mit german. Runeninschriften aus d. 10. Jh. 58 I Cb

Jemappes: Ort in Belgien – 1792 Sieg d. franz. Revolutionstruppen im 1. Koalitionskrieg, Beginn d. Eroberg. v. Österr.–Niederlande durch d. Franzosen 120/121 Bc, 118 I Ca

Jemen: s. 1990 aus Vereinigg. v. „Arab. Rep. Jemen" u. „Demokrat. VR Jemen" hervorgegangener Staat auf d. Arab. Halbinsel 188/189 I Le – heut. Staatsgebiet s. 630 arab. 53 III Ge – Gebiet d. ehem. „Arab. Rep. J.": 1538 z. Osman. Reich 104/105 I Ld – 1918 unabh. Kgr. 160/161 I Ld – 1962 Rep., bis 1970 Bürgerkrieg mit Intervention v. Ägypten u. Saudi-Arabien 202/203 I Hd – Gebiet d. ehemal. „Demokrat. VR J.": s. 1839 brit. Kolonie u. Protektorat Aden 148 II Mi – 1967 unabh., 1970 Demokrat. Volksrep. 202/203 I Hld – nach Vereinigg. 1990 parlam. Rep., neue Verfassg. in Vorbereitg., Grenzkonflikte m. Saudi-Arabien 210/211 I Le

Jemgum: Ort in Niedersachsen – 1568 Niederlage d. Niederländer im Freiheitskampf geg. span. Herrschaft 99 II Da

Jena: Stadt in Thüringen 180 I Dc – 1557 Gründg. d. Univ. 97 III Fc – 1806 entscheidender Sieg d. Franzosen unter Napoleon I. über preuß. Truppen 128/129 Hc – 1815 Gründg. d. Dt. Burschenschaften, Zentrum d. national-liberalen u. demokrat. Bewegg. 134 I Fc – s. Mitte d. 19. Jh. verstärkte Industrialisierg. 139 IV Fc – 182 I Bc

Jenisseisk: Stadt in Sibirien, Russ. Föderation – 1619 gegr., bedeut. Stützpkt. bei d. Erschließg. O-Sibiriens 117 III Ec

Jenan: Stadt in China 196 III Lh – 1935 Endpkt. d. „Langen Marsches" d. chines. Kommunisten, 1936–47 Zentrum d. Kommunisten unter Mao Tse-tung 196 II Dc

Jerez de la Frontera: Stadt in S-Spanien – 711 Sieg d. Araber führt z. Untergang d. Westgotenreiches, Beginn d. Eroberg. Spaniens durch d. Araber 53 III Bc

Jericho: Stadt in W-Jordanland – bereits im 7. Jtd. v. Chr. städt. Kultur, eine d. ältesten städt. Siedlungen d. Welt 18 III H, 19 IV Ng – im 1. Jh. v. Chr. Residenz Herodes d. Gr. 43 III Ce – frühchristl. Gemeinde 42 II Fc

Jerusalem: zw. Israel u. Jordanien geteilte Stadt, W–Teil Hptst. v. Israel 202/203 I Gb – um 1000 v. Chr. unter König David Hptst. v. Judäa 43 III Ce – 537 v. Chr. pers. 30 II Cb – 30/31 I Cb – 63 v. Chr. von Römern erobert, Hierosolyma genannt, 43 V – 66 n. Chr. jüd. Aufstand geg. röm. Herrschaft – 70 Zerstörg. d. Tempels, 135 röm. Militärkolonie Aelia Capitolina 40/41 I Lf – urchristl. Gemeinde 42 II Fc, 66 I, II Dc – 637 arab. Eroberg. 53 III Fc – 1099–1187, 1229–44 im Besitz christl. Kreuzfahrer, Patriarchat 64 I Fc, 65 II Bb – 1516 osman. 79 II Gd – 1917 v. brit. Truppen besetzt 156 III Jf – 1920–48 Hptst. d. brit. Mandats ▸ Palästina, 1948 geteilte Stadt 202 Cc – 1967 O-Jerusalem v. Israel annektiert 203 IV Cc – 203 VI

Jerusalem: ehem. Kgr. in Vorderasien – 1099 v. Kreuzfahrern gegr., 1187 v. Sarazenen erobert, 1229–44 erneut christl. Kgr. 65 II ABb

Jever: Stadt in Niedersachsen – s. 1370 Hauptort d. Herrschaft J. 94/95 I DEb – 1575 zu Oldenburg, 1667 zu Anhalt-Zerbst 98/99 I DEb – 1793–1807 russ. 131 II Bb

Ji 27 VII On, 46 I Ec

Jiangling 77 III Ec, 77 V Bb

Jinyang 27 VII On, 46 I Ec

Ji'nan 77 IV Lh

Joachimsthal (Jáchymov): Stadt in d. Tschech. Rep. – im 16. Jh. Zentrum d. böhm. Silberbergbaus 92/93 Fc

Joinville: Ort in O-Frankr. – 1584 Bildg. d. Hl. Liga von J.: Bündnis d. Katholiken mit d. span. König Philipp II. geg. d. franz. Hugenotten unter Führg. Heinrichs v. Navarra 94/95 I Cd

Jokohama: Hafen- u. Industriestadt in Japan 197 IV Gc

Jordanien: Staat in Vorderasien 202/203 I Gb – heut. Staatsgebiet s. d. 6. Jh. zu Syrien 53 III Fc – 1516 z. Osman. Reich 79 II Gd – 1920 brit. Mandat Transjordanien, 1923 autonomes Emirat, 1946 unabh. Kgr. 202 II CDbd – 1948/49 Teilnahme am Krieg geg. Israel aufseiten d. arab. Staaten, Besetzg. von O-Palästina; bis 1950 Kgr. Transjordanien, 1958 Intervention brit. Truppen, Juni 1967 im 3. israel.-arab. Krieg Westjordanld. von israel. Truppen besetzt, soziale, wirtschaftl. u. polit. Probleme d. palästinens. Flüchtlinge in J. führen 1970/71 z. Bürgerkrieg u. Vertreibg. d. Palästinenser aus J. 202 III CDbd – 1974 jordan. Verzicht auf Westjordanld. zugunsten eines zu schaffenden unabh. palästinens. Staates 203 IV CDbd, 203 V BCbc – 1991 im Golfkrieg durch proirak. Parteinahme internat. isoliert 211 III

Jordansmühl (Jordanów Slaski): vorgeschichtl. Fundort in W-Polen 23 III Da

Juda: alttestamentl. israelit. Volk in Vorderasien 43 III BCe

Judaea ▸ Palästina

Jugoslawien: Staat in SO-Europa, nach Zerfall des aus 5 Teilrep. bestehenden Bundesstaates J. 1991 erklärten sich 1992 die Teilrep. Serbien u. Montenegro z. Nachfolgestaat J. 209 III KMfg – 1918 Influenzaepidemie 83 V PQh – 1918 zusammen mit d. s. 1991 unabh. Rep. Slowenien, Kroatien u. Bosnien-Herzegowina d. Vereinigg. v. ▸ Serbien, ▸ Montenegro, ▸ Kroatien u. ▸ Slowenien entstanden, Dez. 1918 Proklamation d. Kgr. d. Serben, Kroaten u. Slowenen – polit. Führungsanspruch d. Serben verschärft d. Gegensatz zu d. Kroaten, 1929 Errichtg. einer Königsdiktatur, Umbenenng. in J. 137/138 I HJde – 1941 von dt. u. italien. Truppen besetzt 172 I DEc – 1941 Aufteilg. d. jugoslaw. Staates in v. nat.-soz. Deutschld. abh. Kroatien u. unabh. Serbien u. Montenegro, Beginn d. Widerstandes nationaler u. kommunist. Partisanenverbände geg. d. Besatzungsmächte, 1943 Bildg. einer provisor. Regierg. unter Tito 173 III DEc – 1945 Gründg. d. Föderativen Volksrep. J., Aufbau eines von d. Sowjetunion unabh. Sozialismus führt s. 1948 z. jugoslaw.-sowjet. Interessenkonflikt u. engen Anschluss von J. an d. blockfreien Staaten, 1963 Umbenenng. in Sozialist. Föderative Rep. J. 176/177 I HJde – s. 1980 nach d. Tod Titos Verschärfg. der Nationalitätengegensätze im Vielvölkerstaat, 1989/90 durch Wandel in O-Europa Unabhängigkeitsforderg. d. Teilrep. 208 I – 1991 blutiger Nationalitätenkrieg in Slowenien u. Kroatien, s. 1992 in Bosnien-Herzegowina 209 II KMfg

Juichin: Stadt in SO-China – 1934 Ausgangspkt d. „Langen Marsches" d. chines. Kommunisten unter Mao Tse-tung 196 II Ed

Jülich: ehem. Hzm. in NRW – s. d. 11. Jh. Gft., 1348 Erwerb d. Gft. Berg, 1356 Hzm. 80 I Cc – 1521 mit Kleve u. Mark vereinigt 94/95 I Dc – 1614/66 im J.-Klevischen Erbfolgestreit zu Pfalz-Neuburg 98/99 I Dc – 1777 z. Kurfsm. Bayern 120/121 Dc – 1815 z. preuß. Rheinprovinz 134 I Dc

Junagadh 44 II Jf, 45 III Db

Junin: Stadt in S-Peru – 1824 entscheidender Sieg d. Freiheitskämpfer unter Simón Bolívar über Spanier 152 III

K

Kaaden (Kadaň): Stadt in d. Tschech. Rep. – 1534 Friede von K.: Wiedereinsetzg. d. württemberg. Herzogs beendet österr. Herrschaft in Württemberg 94/95 I Gc

Kabul: Hptst. v. Afghanistan 194 II Jf – 329 v. Chr. von Alexander d. Gr. erobert, Kabura 34/35 I Fb – 664 n. Chr. von Arabern unterworfen 53 III Ic – 1221 v. Mongolen zerstört 78 I Fd – 1979 sowjet. Intervention z. Unterstützung d. kommunist. Regierung, im Bürgerkrieg mehrfach bombardiert, 1992 heftige Kämpfe zwischen rivalisierenden Mudschaheddin-Gruppen 211 III

Kadesch: ehem. Stadt in W-Syrien – 1285 v. Chr. Schlacht zw. Ägyptern u. Hethitern 23 IV Ng

Kaffa ▸ Feodosia

Kaffa: ehem. Reich im heut. Äthiopien 148 I LMd

Kahlenberg: Berg bei Wien, Öster. – 1683 österr.-poln. Sieg beendet zweite türk. Belagerg. Wiens 79 II Ca

Kaifeng: Stadt in O-China – 77 III Ec, 77 IV Lh, 77 V Bb – 960–1126 Residenz d. Sung-Dynastie, 1126–1233 d. Chin-Dynastie, 1233 v. Mongolen erobert 58 Kd – 1938 v. Japanern besetzt 196 II Ec

Kailas 67 II Gc

Kairo: Hptst. v. Ägypten 198 II Gg – röm. Leg.-Lager Babylon Fossatum 40/41 I Kf – 641 Neugründg. als arab. Heerlager Fustat, bedeut. Zentrum d. Islam 53 III Fd – 973 Hptst. d. Fatimiden-Kalifats, 1250 d. Reichs d. Mameluken 58 I Fd, 84 I Fc – 1517 nach d. osman. Eroberg. Bedeutungsrückgang 79 II Fd – 1798–1801 v. Franzosen, 1882 v. Briten besetzt 128/129 Lgh, 154/155 I Lh – 1943 Konferenz von K.: USA, Großbritannien u. China beschließen gemeinsame Kriegsziele geg. Japan 173 III Fd – 1945 Gründungsort d. Arab. Liga 202/203 I Fb

Kairuan: Stadt in Tunesien 202/203 I Eb – 671 als arab. Heerlager gegr., älteste arab. Stadtgründg. N-Afrikas 53 III Dc – hl. Stätte d. Islam 202/203 I Eb

Kaiserswerth: Stadtteil v. Düsseldorf, NRW – um 700 gegr. Benedikt.-Kloster 55 III Da – 1062 Entführg. Heinrichs IV. durch d. Erzbischof v. Köln; im 12. Jh. Ausbau z. stauf. Pfalz 62/63 I Da

Kaiser-Wilhelms-Land: ehem. dt. Kolonie im heut. Papua-Neuguinea 148 II QRl

Kalabrien: Region in S-Italien – ursprüngl. bezeichnet d. Name Calabria d. SO-Spitze Italiens, im 7. Jh. Übertragg. d. Namensauf d. SW-Spitze Bruttium 55 III Fd – um 1000 byzantin. Thema 58 I Dd – im 9./10. Jh. Einfall d. Sarazenen, 1060 Eroberg. durch Normannen 62 II Cc – 1512 z. Kgr. ▸ Sizilien 62/63 I Fd

Kalifornien: Bundesstaat in d. westl. USA 124 I JKde – kaliforn. Küste um 1535 v. Spaniern entdeckt 104/105 I CDc – bis 1821 span., 1821–48 zu Mexiko, 1848 v. Mexiko an d. USA abgetreten, 1850 als 31. Staat in d. Union aufgenommen 126 I ABc

Kalikut – 105 III Gc

Kalinin: Stadt an d. Wolga in d. Russ. Föderation, 1992 in Twer umbenannt 176/177 I Mb – s. Mitte d. 13. Jh. als Twer Hptst. d. gleichnamigen Fsm. 68 I Fa, 1485 z. Grfsm. Moskau 84 I Fa – 1931 in K. umbenannt 137/138 I Mb – im 2. WK Kriegsschaupl. 172 I Fb

Kalisch (Kalisz): Stadt in Polen – 1343 Friede beendet Krieg zw. Polen u. Dt. Orden, Polen gibt Ansprüche auf Pommerellen auf 80 I Ic – 1706 schwed. Niederlage geg. sächs.-russ. Heer 112/113 Ic – 1813 russ.-preuß. Bündnis geg. Frankr., Beginn d. Befreiungskriege 128/129 Ic

Kalka: Fluss in d. Ukraine – 1223 vernichtende Niederlage russ. Fürsten geg. Mongolen 78 I Cc

Kalkutta: Industrie- u. Hafenstadt in NO-Indien 194 II Kf – 1690 als engl. Handelsniederlassg. gegr. 109 IV Oc – 109 V Cb – 1857 gegr. Univ., bis 1911 Hptst. v. Brit.-Indien 194 I Db – jahrhundertelang bestehender religiöser Gegensatz zw. Hindus u. Muslimen führt 1946 z. Aufstand in K. 195 III Eb

Kalliana – 45 III Dc

Kalmar: Hafenstadt in S-Schweden – im 14. Jh. dt. Stadtsiedlg., bedeut. Handelszentrum 50/51 Eb, 87 III Eb – 1397–1523 K.er Union: Vereinigg. v. Dänemark, Schweden-Finnland u. Norwegen 71 II Bc

Kalmückische AR: autonome Rep. in d. südl. Russ. Föderation 192 I Dc – 1958 als ASSR d. UdSSR gegr.190 I Dc

Kalocsa: Stadt in Ungarn – 1135 gegr. Ebm. 70 I Fg

Kamba: ehem. Ort in Hessen – 1024 Wahl d. ersten Saliers zum dt. König 60/61 I Gd – 81 II Db

Kambaluk ▸ Peking

Kambodscha: Staat in SO-Asien 188/189 I Oe – heut. Staatsgebiet im 1. Jh. n. Chr. Teil d. Reiches Funan 47 IV Ni – im 6. Jh. Eroberg. durch d. Dynastie d. Khmer, bis z. Unterwerfg. durch d. Mongolen 1294 größte territoriale Ausdehng. mit polit. u. kulturellem Zentrum in Angkor 78 I Jf – 1863 franz. Protektorat, 1887 zu Franz.-Indochina 194 I Ec – 1941–45 thailänd.-japan. Besetzg. 174 I Cc, 174 II Jg – 1949/1954 unabh., 1970 nach Sturz d. Staatspräsidenten Rep., 1975 nach Bürgerkriegen Machtübernahme durch kommunist. Rote Khmer, 1979 Sturz d. Regimes Pol Pot nach Einmarsch vietnames. Truppen, Ausrufg. d. Volksrep. K., 194 II Lg – 1990 UN-Friedensplan f. K., 1991 Waffenstillstandsabkommen zw. Bürgerkriegsparteien u. Bildg. einer Übergangsregierg., Stationierung v. UN-Friedenstruppen 210/211 I Oe

Kameiros: Ruinenstätte auf Rhodos, Griechenland – 500–494 v. Chr. Teilnahme am Ion. Aufstand 31 III Ec

Kamerun: Staat in Zentralafrika 188/189 I Je – Küste d. heut. Staatsgebietes im 19. Jh. vom Volksstamm d. Duala besiedelt 151 II Bc – 1884 dt. Kolonie, 1911 Gebietserweiterg. durch Gewinn franz. Kolonialbesitzes 151 III Fh – 1919/22 brit.-franz. Mandat d. Völkerbundes 160/161 I Jd – 1960 franz. Teil unabh., 1961 brit. Teil nach Volksabstimmg. zw. Nigeria u. K. geteilt, 1972 Verein. Rep. K. 198 II Fh, 199 III DEd

Kampala: Hptst. v. Uganda 198 II Gh

Kampanien: Landsch. in SW-Italien – d. von Campanern besiedelte Gebiet s. Mitte d. 4. Jh. v. Chr. unter röm. Einfluss 36 I Ge, 36 II JKj – unter Kaiser Augustus mit Latium vereinigt, Latium et Campania 40/41 I Gd

Kamtschatka: Halbinsel in d. östl. Russ. Föderation 192 I IJc – 1697 v. Sibirienforschern entdeckt u. für Russland in Besitz genommen 117 III Hlc

Kan – 77 III Dc

Kanada: Staat in N-Amerika 188/189 I CGac – Teil d. heut. Staatsgebietes 1534/35 v. Franzosen entdeckt 104/105 I CGac – um 1608 Beginn franz. Kolonisation, 1763 nach d. Krieg zw. Großbritannien u. Frankr. brit. 149 II BCab, 149 IV BCab – 1791 Errichtg. d. Provinzen Ober- u. Unter-K., die wenig besiedelten Gebiete außerh. dieser Provinzen unter Verwaltg. d. brit. Hudson-Bay-Company 148 I DHab – 1818 Abkommen mit d. USA über d. südl. Grenzverlauf, 1840 Vereinigg. d. Provinzen, bis 1867 Brit.-Nordamerika genannt, s. 1867 brit. Dominion 124 I IQad – Teilnahme am 1. WK aufseiten Großbritanniens 175 III Hlef – 1931 unabh. Mitgl. d. Commonwealth 160/161 I CGab

Kanal-Inseln: brit. Inselgr. an d. NW-Küste v. Frankr. 176/177 I Ed – s. 1204 engl. 62/63 I Bb – im 2. WK von dt. Truppen besetzt 172 I Bc

Kanarische Inseln: span. Inselgr. an d. NW-Küste v. Afrika 188/189 I Hld – 1479 v. Portugal an Spanien abgetreten, bedeut. Stützpkt. auf d. Seeweg nach Amerika 104/105 I Hlc

Kanauj – 74 I DEb

Kandahar: Stadt in Afghanistan 202/203 I Jb – 329 v. Chr. von Alexander d. Gr. neu gegr., Alexandreia 34/35 I Fb – 75 IV Ca, 75 V Je

Kandern: Stadt in Baden-Württemberg – 1848 Sieg d. bad. u. württemberg. Truppen über sich zurückziehende Revolutionstruppen 134 I De

Kandy – 75 VLh

Kanem: ehem. Reich nördl. vom Tschadsee in Zentralafrika 151 II Bc

Kano – 150 I Dc

Kansas: Bundesstaat in d. USA 124 I LMe – 1861 als 34. Staat in d. Union aufgenommen 126 I Dc

Kanton: Industriestadt in S-China 194 II Lf – 1277 als bedeut. Handelszentrum v. Mongolen erobert 78 I Ke – 1517–23 port. Handelsniederlassg., Tschinkalan 104/105 I Oc – s. d. 17. Jh. Zentrum d. chines.-europ. Überseehandels, 1842 als Vertragshafen für Ausländer geöffnet, 1911 Ausgangspkt. d. bürgerl. Revolution 194 I Eb – 1921–26 Sitz d. Kuomintang-Regierg. 196 II Ed – 1938–45 v. Japanern besetzt 174 II Jf – 1949 von d. kommunist. Armee eingenommen 196 III Mi

Kap der Guten Hoffnung: S-Spitze v. Afrika – 1487/88 erstmals v. Portugiesen umsegelt 104/105 I JKf

Kapernaum: bibl. Ort in Israel – nach d. Neuen Testament Wirkungsstätte Jesu Christi 43 III Dc

Kap Hoorn: S-Spitze v. S-Amerika – 1616 v. Niederländern entdeckt 104/105 I Fg

Kapkolonie ▸ Südafrika

Kapolna: Stadt in Ungarn – 1849 österr. Sieg über ungar. Revolutionstruppen 134 I Ke

Kap Matapan: Kap an d. S-Spitze d. Peloponnes, Griechenland – 1941 Seeschlacht, Niederlage d. italien. Flotte geg. Briten 172 I Ed

Kappadokien: Landsch. in d. Türkei – im 14. Jh. v. Chr. hethit. Großreich 23 III Fbc – s. d. 6. Jh. v. Chr. pers. Satrapie 30 II Cab – um 322 v. Chr. zum Reich Alexanders d. Gr. 34/35 I Cb – im 3. Jh. v. Chr. seleukid. 34 II Jde – 19. n. Chr. röm. Prov. Cappadocia 40/41 I KLe – um 1000 byzant. Thema 58 I Fd

Kap Passaro: S-Spitze v. Sizilien, Italien – 1718 Seeschlacht, gescheiterter Versuch d. span. Bourbonen z. Eroberg. italien. Gebiete 112/113 If

Kappel: Ort in d. Schweiz – 1531 in d. Schlacht zw. kathol. u. protestant. Heer fällt d. Reformator Zwingli 94/95 I Ee

Kapstadt: Stadt in Südafrika 200 I Ei – 1652 als niederländ. Stützpkt. gegr. 149 III Ef – 150 I Eh –s. 1806 Hptst. d. brit. Kapkolonie 151 II Be – 108 I Ef – s. 1961 Sitz d. Parlaments d. Rep. Südafrika 198 II Fj

Kap Trafalgar: Kap an d. S-Küste v. Spanien – 1805 Seeschlacht, brit. Sieg über franz.-span. Flotte sichert brit. Seeherrschaft 128/129 Df

Kap Verde: Inselstaat an d. W-Küste v. Afrika 188/189 I He – s. 1455 port. 104/105 I Id – 1975 unabh. 204/205 I He

Karafuto ► Sachalin

Karaganda: Stadt in Kasachstan 192 I Ec – Zentrum d. Kohleförderg., Eisen- u. Stahlindustrie in d. UdSSR 191 III Ec

Kara-Kalpakische AR: autonome Rep. in Usbekistan 192 I Dc – 1932 als ASSR in d. UdSSR gegr.19 I Dc

Kara Kitai: ehem. Reich in Zentralasien – 1218 v. Mongolen unterworfen 78 I Fgc

Karakorum: Ruinenstätte in d. Mongolei – im 13. Jh. Hptst. d. Mongolenreiches 78 I Jc

Karatschi: Hafenstadt in S-Pakistan 194 II Jf – 1843 brit. Eroberg. 194 I Cb

Kardis: Ort in Estland – 1661 Friede von K.: Rückgabe d. von moskau. Truppen eroberten livländ. Gebiete an Schweden 112/113 Kb

Karelien: Landsch. in Finnland u. d. nordwestl. Russ. Föderation 176/177 I KLa – 1323 zw. Schweden u. Fsm. Nowgorod geteilt 87 III GHa – W-Teil bis 1721 schwed., s. 1721 russ. 112/113 KLa – 1917–20 Autonomiebestrebungen d. Karelier, 1923 Errichtg. d. Karel ASSR im O-Teil, W-Teil 1940 sowjet., 1941 erobern d. Finnen West-K. zurück 172 I EFa – 1947 endg. Verzicht Finnlands auf d. westl. Teil 176/177 I KLa

Karelische AR: autonome Rep. in d. nordwestl. Russ. Föderation 192 I Cb – 1923 als ASSR in d. UdSSR gegr., 1940–56 Karelo-Finn. SSR 176/177 I LMa

Karien: Landsch. in d. SW-Türkei – 334 v. Chr. als pers. Satrapie v. Alexander d. Gr. erobert 31 III EFc,14/15 I Bb – s. d. 3. Jh. n. Chr. röm. Prov. Caria 42 I Ec

Karikal: Hafenstadt in SO-Indien 194 II JKg – s. 1738 franz. Stützpkt. 111 II JKg – 1954 nach Volksabstimmg. d. Ind. Union eingegliedert 194 II JKg

Karkemisch: ehem. Stadt am Euphrat in N-Syrien – im 2. Jtd. v. Chr. bedeut. altoriental. Handelspl., Kulturzentrum d. Churriter 23 III Fc – 717 v. Chr. von Assyrern erobert 23 VI Ng – 30/31 I Cb

Karl-Marx-Stadt ► Chemnitz

Karlowitz (Sremski Karlovci): Ort in Serbien – 1699 Friede beendet Krieg zw. Österr. u. Osman. Reich u. begrenzt d. osman. Herrschaft auf SO-Europa 130 I DEc

Karlsbad (Karlovy Vary): Stadt in d. Tschech. Rep.178 II Ec – 1819 K.er Beschlüsse d. Dt. Bundes z. Unterdrückg. nationaler u. liberaler Bewegungen 134 I Gc – April 1938 K.er Programm: Forderg. Hitlers nach Autonomie für d. sudetendt. Gebiete führt im Okt. 1938 z. Einmarsch dt. Truppen in d.Sudetenland 170 I Gc

Karlsburg (Alba Iulia): Stadt in Rumänien – röm. Gründg. Apulum 40/41 I cl – als Weißenburg Stadt mit süddt. Recht u. Bm. 70 I Hg – im 16./17. Jh. Residenz d. Fürsten v. Siebenbürgen 90/91 Jd – 1918 Nationalkongress verkündet Anschluss Siebenbürgens an Rumänien 137/138 I Jd

Karlshorst: Stadtteil d. Bezirks Treptow in Berlin – Mai 1945 Wiederholg. d. dt. Kapitulation, 1945 Sitz d. Militärverwaltg. d. sowjet. Besatzungszone 179 V

Karlskrona: Hafenstadt in S-Schweden – s. 1680 bedeut. schwed. Kriegshafen 112/113 Ib

Karlsruhe: Stadt in Baden-Württemberg 180 I Cd – s. 1715 planmäßig um Schloss K. angelegt 115 II Dd – s. 1715/71 bad. Residenzstadt 120/121 Ed – 1806 Hptst. d. Grhzm. Baden 134 I Ed – Sitz oberster Bundesgerichte 178 II Cd – 166 II Cd – 168 I Dd, 168 II Cd – 169 III Cd – 1938 Reichspogromnacht 170 II Cd

Karlstein (Karlstejn): Burg südwestl. v. Prag (Praha), Tschech. Rep. – 1348–57 unter Kaiser Karl IV. erbaut, Aufbewahrungsort d. Reichskleinodien 80 I FGc

Karmel: Berg in Israel – vorgeschichtl. Höhlenfundort mit altsteinzeitl. Kulturresten u. Skeletten v. Menschen d. Neandertaltypus 18 I Fc, 48 I, 18 I Fc – alttestamentl. Wirkungsstätte d. Propheten Elia 43 III BCc

Karnak ► Theben

Karnatik – 75 V Kg

Kärnten: Bundesland v. Österr. 178 II EFe – im 8. Jh. als Karantanien unter bayr. Oberhoheit, fränk. Grenzmark 55 III EFb – 976 selbst. Hzm., Bestrebungen d. zu K. gehörenden Marken nach Selbstständigkeit 60/61 I Ije – 1335 habsburg. 80 I Ge – 1920 Volksabstimmg.: K. verbleibt bei Österr., Gebietsabtretungen an Italien u. Jugoslawien 166 I GHe – 1945–55 z. brit. Besatzungszone 178 I EFe

Karolinen: Inselgr. im Pazif. Ozean, zum s. 1990 unabh. Mikronesien gehörend 196 I Dc – im 16. Jh. v. Portugiesen entdeckt 104/105 I QRd – 1686 span. 109 IV Rd – 1899 dt. Kolonie 148 II Rh – 1919–45 japan. Mandat 160/161 I QRd, 174 I Ec – 1947 zum Treuhandgebiet d. USA, 1978 autonomes Commonwealth d. USA 204/205 I Qe

Karpato-Ukraine: Landsch. in d. südwestl. Ukraine 176/177 I Jd – 1938 autonomes Gebiet innerhalb d. Tschechoslowakei, 1939 ungar. 137/138 I Legende – 1945 z. Ukrain. SSR 176/177 I Jd

Kars: Stadt in d. NO-Türkei 176/177 I Ne – 1878 russ. 117 III Cc – 1915 Zentrum d. türk. Völkermordes an d. Armeniern, 1918 z. unabh. Armen. Rep., 1920 türk. 137/138 I Ne

Karthago: Ruinenstätte in N-Tunesien – im 9. Jh. v. Chr. von Phönikern gegr. 23 IV K4 – im 6./5. Jh. v. Chr. Aufstieg z. bedeut. phönik. Handels- u. Kriegshafen, Ausdehng. d. karthag. Machtbereiches im westl. Mittelmeerraum, Kämpfe mit d. Griechen um d. Vorherrschaft 29 IV CDc – karthag. Niederlage in d. Pun. Kriegen geg. Rom führen z. Verlust d. Vormachtstellg., 146 v. Chr. im 3. Pun. Krieg v. Römern zerstört, latein. Carthago 37 III Ec – unter Caesar Beginn d. röm. Neugründg. 40/41 I Ge – bedeut. Wirtschafts- u. Handelszentrum im Röm. Reich 39 III Dc – frühchristl. Gemeinde, Zentrum d. Christentums in N-Afrika 42 II Dc – 439 n. Chr. Eroberg. durch d. Wandalen 50 I Dc – 533 oström. 51 IV Tl – 698 v. Arabern erobert u. zerstört 53 III CDc

Kasachachstan: Staat in Zentralasien 192 I DFc – heut. Staatsgebiet im 13. u. 14. Jh. z. Khanat d. Goldenen Horde 78 I FGc – im 17 Jh. v. Turkvolk d. Kasachen besiedelt 110 I – 1920 Teil d. Kirg. ASSR in d. RSFSR, 1925 ASSR, 1936–91 als Kasach. SSR Unionsrep. in d. UdSSR 190 I DFc – 1991 unabh. Rep. in d. GUS 192 I DFc

Kasan: Hptst. d. Tatar. AR in d. Russ. Föderation 191 III Dc – 1552 als Hptst. d. Chanats K. von Russen erobert 90/91 Ob

Kaschau (Kosice): Industriestadt in d. östl. Slowak. Rep. 176/177 I Jd – im 13. Jh. mit süddt. Stadtrecht gegr. 70 I Gf – im MA Silber u. Kupferförderg., bedeut. Handelszentrum 92/93 Hc – im 17. Jh. Ausbau z. Festg. geg. d. Osman. Reich 98/99 I Kd – 1848 österr. Sieg über Ungarn 134 I Kd – 1938–45 ungar. 170 I Kd – April 1945 Verkündigg. d. K.er Programms: Regierungsprogramm d. neu gegr. Tschechoslowakei 178 II dl – 181 II Ijd

Kaschgar: Stadt in Zentralasien, VR China 196 III hl – im 13. Jh. v. Mongolen unterworfen 78 I Gd – s. 1759 chines., Zentrum einer ausgedehnten Bewässerungsoase, bedeut. Handelspl. 111 II Jf

Kaschmir: Region in Zentralasien, v. Indien u. Pakistan beansprucht 188/189 I Md – bis 1947 Fsm. Dschammu u. Kaschmir unter brit. Oberhoheit, 1947 Anschluss an Indien löst ind.-pakistan. Krieg aus, 1949 nach Vermittlg. d. UN Waffenstillstand: S-Teil unter ind., N-Teil unter pakistan. Verwaltg.; 1965 erneut ind.-pakistan. Krieg, 1966 Waffenstillstand durch Vermittlg. d. UdSSR, s. 1990 erneute Verschärfg. d. Konfliktes 194 II Jf

Kaskaskia: ehem Fort am Mississippi in d. USA – 1779 im Unabhängigkeitskrieg v. amerikan. Truppen besetzt 125 III Cc

Kassel: Stadt in Hessen 185 III Cc – im 12. Jh. Entwicklg. vom Marktort z. Stadt, s. 1277 Residenz d. Lgft. Hessen 80 I Dc – im 18. Jh. Errichtg. zahlreicher Barockbauten 120/121 Ec – 1807 Hptst. d. Kgr. Westfalen 128/129 Cc – 1813 Hptst. d. Kurfsm. Hessen, 1866 d. preuß. Prov. Hessen-Nassau 134 I Ec, 135 II Ec – 164 I Dc – 168 I Ec, 168 II Cc – 169 III Cbc – 1938 Reichspogromnacht 170 II Cc – 1970 Verhandlungen in K. zw. d. Bundeskanzler d. Bundesrep. Deutschld., Brandt, u. d. Ministerpräsidenten d. DDR, Stoph, über d. Beziehungen beider dt. Staaten 178 II Cc

Kastilien: ehem. Reich in Spanien – s. d. 8. Jh. Gft., 1035 Kgr. 58 I Bc – 1037/1230 Vereinigg. mit León, führendes Reich d. Reconquista, Aufstieg z. polit. u. kulturellen Vormacht auf d. Iber. Halbinsel 62/63 I ABcd – 1385 gescheiterter Versuch z. Eroberg. Portugals 84 I Bbc – 1749 Vereinigg. mit Aragón zu ► Spanien 90/91 DFef

Katalaunische Felder: Landsch. in Frankr. – 451 Niederlage d. Hunnen geg. Römer u. Westgoten leitet Rückzug d. Hunnen ein 50 I Cb

Katalonien: Region in NO-Spanien 176/177 I Fe – d. von Iberern besiedelte Gebiet 19 n. Chr. zur röm. Prov. Hispania Tarraconensis 48 I Cc, 40/41 I Ed – 415 v. Wandalen, 711 v. Arabern erobert 50 I Cb, 53 III Cb – um 800 als Teil d. Span. Mark z. Frankenr. 55 III Cc – im 10./11. Jh. Gft. Barcelona 58 I Cc – 1137 mit Aragon vereinigt, Beginn d. Widerstandes d. katalan. Stände 62/63 I Cc – 1714 nach d. Span. Erbfolgekrieg Verlust d. Sonderrechte 112/113 Fe – 1808 v. Franzosen besetzt, 1812 zu Frankr., Zentrum d. nationalspan. Aufstandsbewegg. 128/129 Fe – 1932–39 autonom 137/138 I Fe – 1979 erneut autonom 176/177 I Fe

Katanga ► Shaba

Katar: Staat auf d. Arab. Halbinsel 188/189 I Ld – heut. Staatsgebiet bis 1912 osman., 1916 brit. Protektorat 151 III Hg – 1971 unabh., Zentrum d. Erdölförderg. 202/203 I cl

Katmandu: Hptst. v. Nepal 194 II Kf

Katsch: Sumpfgebiet in W-Indien – Rann v. Katsch bis 1965 zw. Indien u. Pakistan umstritten 194 II Jf

Kattowitz (Katowice): Industriestadt in S-Polen 176/177 I Ic – s. d. 19. Jh. Zentrum d. oberschles. Steinkohlenbergbaus 139 III Jc – 1922 poln. 116 II Ge – 169 III Hc

Katyn: Ort in d. Russ. Föderation – 1943 Massengräber poln. Offiziere entdeckt, Ermordg. d. Polen durch sowjet. Armee 172 I Fb

Kaunas (Kowno): Stadt in Litauen 176/177 I Jc – 1383 zum Dt. Orden, Kauen 71 II Ed – 1404 poln.-litau., Kowno 84 I Ea – 1408 Magdebg. Stadtrecht 70 I Hc – Niederlassg. d. Hanse 87 III Fc – 1795 russ. 116 I Cab – 1915 dt. Besetzg. 156 II Da – 1918/20–1940 provisor. Hptst. v. Litauen 137/138 I Jbc – 1941 von dt. Truppen besetzt 172 I Eb – vor dem Holocaust große jüdische Gemeinde 171 III Fb – unter dt. Besatzung KZ Kaunen 171 IV Of, 172 II Eb – 1944 von d. sowjet. Armee eingenommen 173 III Eb – 1944–1991 z. Litauischen SSR 176/177 I Jc

Kaveripatnam – 45 III Dc

Kayseri: Stadt in d. Türkei 176/177 I Mf – im 3. Jh. v. Chr. als Mazaka Hptst. v. Kappadokien 35 III Qe – später in Caesarea umbenannt 40/41 I Le – urchristl. Gemeinde 42 II Fc – s. d. 11. Jh Residenz d. Seldschuken-Sultane 65 II Ba

Keflavik: Hafenstadt auf Island – s. 1951 NATO-Stützpkt. 204/205 I Hb

Kehl: Stadt in Baden-Württemberg 178 I BCd – um 1680 als Handelspl. für Straßburg ausgebaut, 1697 Reichsfestg., 1774 Erhebg. z. Stadt 120/121 Dd – 1804 v. Franzosen besetzt, 1808–14 zu Frankr. 128/129 Gd

Kells: Stadt in Irland – 550 gegr. Kloster, Zentrum d. irischen Mönchtums, Kunst- u. Kulturzentrum 58 I Bb

Kelten: indogerman. Volk, ursprüngl. in Mittel- u. W-Europa – im 5. Jh. v. Chr. Ausbreitg. d. Keltentums u. Ausdehng. d. Siedlungsraumes, um 400 v. Chr. Vordringen nach N-Italien, um 300 v. Chr. auf d. Balkan-Halbinsel u. nach Kleinasien 48 I u. II – 52 v. Chr. röm. Eroberg. ► Galliens als Zentrum kelt. Macht 41 II Legende

Kempten: Stadt in Bayern 180 I De – kelt.-röm. Cambodunum 49 V De – 1289/1361 Reichsstadt 80 I Ee – 1803 bayr. 131 II De

Kempten: ehem. Fürstabtei in Bayern – 752 gegr. Benedikt.-Kloster 55 III Eb – 1062 reichsunmittelbar 60/61 I He – bis 1803 Fürstabtei 120/121 Fe – 1803 bayr. 131 II De

Kenia: Staat in O-Afrika 188/189 I Kef – heut. Staatsgebiet 1885 v. Briten besetzt, 1895 Errichtg. d. Protektorats Brit.-Ostafrika 151 III GHhi – 1920 brit. Kronkolonie, 1952–56 Aufstände d. Mau-Mau geg. d. Vormachtstellg. d. weißen Minderheit 198 I CDcd – 1963 unabh. Mitgl. d. Commonwealth, 1964 Rep., 1991/92 Ankündigg. d. Übergangs z. Mehrparteiensystem 198 II GHhi, 199 III GHd

Kentucky: Bundesstaat in d. USA 124 I Ne – 1792 als 15. Staat in d. Union aufgenommen 126 I Ec

Kephallenia, Kephalonia: griech. Insel im Ion. Meer – 455 v. Chr. Anschluss an Athen 32 I Gf – 189 v. Chr. röm., Cephallenia 37 III Gc – im 9. Jh. byzantin. Thema 58 I Ed – s. Ende d. 12. Jh. Gft. 84 I Ec – 1479 osman., 1500 venezian. 90/91 IJf – 1815 zur Rep. ► Ion. Inseln, 1864 griech. 145 II Cc

Kerbela: Stadt in Irak 202/203 I Hb – 67 II Ec – s. 680 hl. Stätte d. Islam 53 III Gc – 1991 Zerstörungen im Golfkrieg 211 III

Kerman: Stadt in Iran – Zentrum d. iran. Kupferbergbaus 202/203 I bl

Kertsch: Stadt auf d. Halbinsel Krim, Ukraine 176/177 I Md – im 6. Jh. v. Chr. als griech. Kolonie gegr., Pantikapaion 29 IV Fb – im 5. Jh. v. Chr. Hptst. d. Bosporan. Reiches 34 II Jd – 1261 genues. Handelsstützpkt., Bosporo 86 I Hb – 1475 osman. Festg. 90/91 Md – 1774 russ. 78/79 Md – im 2. WK Kriegsschaupl. 173 III Fc

Kesselsdorf: Ort in Sachsen – 1745 preuß. Sieg über sächs. Heer beendet 2. Schles. Krieg 120/121 Gc

Ketschendorf – 179 VI BCc

Khartum: Hptst. v. Sudan 198 II Gh – 1885 Eroberg. durch d. Mahdisten, 1898 brit. Rückeroberg. 151 III Gh

Khotan – 66 I Fc

Kiautschou: ehem. dt. Kolonie in O-China – 1898–1914 Pachtgebiet u. Flottenstützpkt. 148 II QRj

Kiel: Hptst. v. Schleswig-Holstein 180 I Da – 1242 Lüb. Stadtrecht 70 I Bc – Hansestadt 87 III Dc – im 15. Jh. bedeut. Geldumschlagpl., Messestadt 92/93 Eb – 1665 gegr. Univ. 98/99 I Fa – 1814 K.er Friede: Dänemark verliert Norwegen an Schweden 128/129 Hc – 1848 Ausgangspkt. für d. Erhebg. Schleswig-Holsteins geg. Dänemark 134 I Fa – 1866 preuß., Ausbau als Kriegshafen 135 II Fa – 1918 Matrosenaufstand leitet Novemberrevolution ein 156 II BCa – 164 I DEa – 168 I Ea – 169 III Ca, 169 IV Df

Kielce – 181 II Ic

Kiew: Hptst. d. Ukraine 192 I Cc – 67 II Da – um 860 vermutl. v. Warägern gegr., Känugard 54 II LMe – s. 882 Hptst. d. Kiewer Reiches, im 10. Jh. Entwicklg. z. polit., kirchl. u. kulturellen Zentrum 68 I Fa – 1051 Gründg. d. ältesten russ. Klosters 58 I Fb – 59 II Icd – 1240 Eroberg. u. Zerstörg. d. bedeut. Handelsstadt durch Mongolen 78 I Cbc – 1362 zu Litauen 84 I Fa – s. 1667/86 russ. 112/113 Lc – 1918–20 während d. russ. Bürgerkrieges umkämpft 158 I Cc – 1934 Hptst. d. Ukrain. SSR 190 I Cc – 1941–43 von dt. Truppen besetzt 172 I EFb – vor dem Holocaust große jüdische Gemeinde 171 III Gb – unter dt. Besatzung Ghetto 172 II Ec – 1989 Demonstrationen f. Unabh. d. Ukraine 192 I Cc

Kiewer Reich: ehem. Reich in O-Europa – im 9. Jh. erste Staatsbildg. ostslaw. Volksstämme 54 II LMe – im 10./11. Jh. größte territoriale Ausdehng., im 13. Jh. Verfall d. Reiches 58 I EGac

Kiik-Koba: vorgeschichtl. Fundort auf d. Halbinsel Krim, Ukraine 16 II Bb

Kilikien: Landsch. in d. SO-Türkei – im 6. Jh. v. Chr. pers. 30 II Hf – 333 v. Chr. zum Reich Alexanders d. Gr. 34/35 I Cb – 102 v. Chr. röm. Prov. Cilicia, Seeräuberzentrum 40/41 I KLe – im 10. Jh. byzantin. Thema 58 I Fd – 1198–1375 Kerngebiet d. Kgr. Klein-Armenien 65 II ABa – 1474 osman. 79 II FGc – 1920-21 v. Franzosen besetzt 137/138 I LMf

Kilwa Kisiana – 150 I Ge

Kimberley: Stadt in Südafrika – 1870 nach Entdeckg. reicher Diamantenvorkommen gegr., 1899 Beginn d. Burenkrieges geg. d. Briten 151 III Gj

Kinshasa: Hptst. v. Zaire 198 II Gh – 1960 als Léopoldville Hptst. d. unabh. Rep. Kongo, bis 1966 Léopoldville 198 I Bd – 1991 blutige Unruhen 198 II Gh

Kioto: Industriestadt in Japan – s. 794 kaiserl. Residenz, kulturelles u. religiöses Zentrum Japans – bis 1868 Hptst. v. Japan 111 II Mf

Kirchenstaat: ehem. päpstl. Herrschaftsgebiet in Mittelitalien – s. d. 4. Jh. erwirbt d. röm. Kirche zahlreichen Grundbesitz in Italien, Patrimonium Petri genannt; 754 Pippinsche Schenkg.: Bündnis zw. Papst u. fränk. König, Vereinigg. v. weltl. u. geistl. Herrschaft 55 III Ec – im 10. Jh. Versuche d. Machtausdehng., Kämpfe mit d. röm.

Adel 62 II Bb – im 11./12. Jh. verstärkter Gegensatz zw. Kaiser- u. Papsttum (Investiturstreit); um 1200 Höhepkt. d. päpstl. Macht unter Innozenz III. 62/63 I Ec – im 14. Jh. Verfall, Residenz d. Päpste in Avignon 84 I Db – um 1500 Ausbau zu einem zentralist. Staat unter Papst Julius II. 90/91 He – 1809 zu Frankr. 128/129 He – 1815 Wiederherstellg. als Staat 132/133 He – 1860 auf d. Gebiet d. einstigen Patrimonium Petri begrenzt, 1870 zu Italien 142 I CDcd – 1929 souveräner Staat d. Vatikanstadt in 137/138 I He

Kirgisien: Staat in Zentralasien 192 I Ec – 77 III BCab – heut. Staatsgebiet 1207 unter mongol. Herrschaft 78 I FGc – im 17. Jh. z. Kalmücken-Reich 110 I Ca – 1865 russ. 117 III Dc – 1920 ASSR in d. RSFSR, 1936 Unionsrep. d. UdSSR 190 I Ec – 1991 unabh. Rep. in der GUS 192 I Ec

Kiribati: Inselstaat im Pazif. Ozean 188/189 I Ref – 1892/1915 als Gilbertinseln brit. Kolonie 149 IV dl – 1941–43 v. Japanern besetzt 174 I Fcd, 174 II Mgh – 1979 als Rep. K. unabh. Mitgl. d. Commonwealth 195 V EFbc

Kirkenes: Ort in N-Norwegen – im 2. WK als Umschlagpl. für norweg. Erze von dt. Truppen besetzt 172 I Fa

Kirk Kilisse: Stadt in d. europ. Türkei – 1912 bulgar. Sieg über türk. Truppen im 1 Balkankrieg 145 III bl

Kirkuk: Stadt in N-Irak – Zentrum d. irak. Erdölförderg. 202/203 I Hb – 1991 Aufstand d. Kurden geg. Hussein-Regime blutig niedergeschlagen 211 III

Kiruna: Stadt in N-Schweden – Zentrum d. schwed. Erzbergbaus 172 I Ea

Kisangani: Stadt in N-Zaire 198 II Gh – 1898 als Stanleyville gegr., wichtiger Umschlagpl. für d. Kongoschiffahrt 198 I Cc

Kisch: Ruinenhügel in S-Irak – um 2500 v. Chr. Stadtstaat d. Sumerer 19 IV Og, 23 III Gc

Kischinew: Hptst. v. Moldawien 192 I Cc– 1812 russ. 132/133 Kd – 1918/20 rumän. 137/138 I Kd – vor dem Holocaust große jüdische Gemeinde 171 III Fc – 1940/44 Hptst. d. Moldau. SSR 190 I Cc – 1989–91 Demonstrationen f. Loslösung v. UdSSR 192 I Cc

Kitan – 76 I Fb, 76 II LMg

Kivik: Stadt in S-Schweden – vorgeschichtl. Grabfunde 23 IV Le

Kjachta: Stadt in Sibirien, Burjat. AR in d. Russ. Föderation – 1727 nach russ.-chines. Grenzvertrag Zentrum d. Handels mit China 117 III Fc

Klagenfurt: Stadt in Österr. 178 I Fe – s. 1518 Hptst. v. Kärnten 94/95 I He – 168 II Fe – 169 III Fe

Klausenburg (Cluj): Stadt in Rumänien 176/177 I Jd – röm. Kolonie Napoca 40/41 I cl – 1316 süddt. Stadtrecht 50/51 Hg – 1541 osman. 90/91 Jd – 1790–1848 u. 1861–67 Hptst. v. Siebenbürgen 130 I Ec, 145 II Ca

Klein-Cestos – 150 I Cd

Klein-Polen – 143 III Ng

Kleve: ehem. Hzm. in NRW – im 13./14. Jh. Ausdehng. d. Gft. auf links- u. rechtsrhein. Gebiete 80 I Cc – 1417 Erhebg. z. Hzm., 1521 mit Jülich, Berg, Mark u. Ravensberg verbunden 94/95 I Dc – 1614/1666 brandenburg. 130 I Bb – 1795/1805–1814 franz. 131 II Bc

Klissow (Kliszów): Ort in S-Polen – 1702 schwed. Sieg über poln. Heer im 2. Nord. Krieg 112/113 Jc

Knäred: Ort in S-Schweden – 1613 Friede beendet dän.-schwed. Krieg 90/91 Hb

Knidos: Ruinenstätte in d. W-Türkei – griech. Kolonie 29 IV Ec – 394 v. Chr. Seeschlacht, entscheidender athen. Sieg über d. Flotte Spartas 33 III Hc

Knossos: Ruinenstätte auf Kreta, Griechenland – bedeut. jungsteinzeitl. Siedlg. im Mittelmeerraum 16 III Fc, 23 III Ec – um 1800 v. Chr. Zentrum d. kret.-minoischen Kultur 29 IV Cd – unter Kaiser Augustus röm. Kolonie, Cnossus 40/41 I Je – urchristl. Gemeinde 42 II Ec

Knovic: frühgeschichtl. Fundort in d. heut. Tschech. Rep. 23 IV Le

Koban: frühgeschichtl. Fundort im Kaukasus 23 IV Of

Koblenz: Stadt in Rheinld.-Pfalz 180 I Bc – röm. Kastell Confluentes 49 V Bc – 1018 durch Schenkg. z. Ebm. Trier 80 I Cc – s. Ende d. 15. Jh. ständige erzbischöfl. Residenz 94/95 I Dc – 1635 Pestepidemie 82 III Kg – 1798–1814 Hptst. d. franz. Departements Rhin-et-Moselle 118 I Da – 1815 preuß., Hptst. d. Rheinprov. 134 I Dc – 164 I Cc – 168 I Dc, 168 II Bc – 169 III Bc – 1946–50 Hptst. v. Rheinld.-Pfalz 178 I Bc

Kodiak-Insel: amerikan. Insel im Pazif. Ozean, südl. v. Alaska – 1785 erste russ. Niederlassg. in N-Amerika 124 I GHc

Koguryo – 47 III Legende – 76 II Legende

Kohlenwald: ehem. S-Grenze d. salischen Franken im heut. Belgien u. NW-Frankr. 54 I Ca

Kokand: Stadt in Usbekistan – 75 V Ke – bis 1876 Hptst. d. Chanats K. 117 III Dc

Kokosinseln: austral. Inselgr. im Ind. Ozean 188/189 I Nf – 1857 brit. 149 IV Ge – 1914 Seegefecht, austral. Sieg über d. dt. Kreuzer „Emden" 157 IV Ge – 1951/55 zu Australien

Kolberg (Kolobrzeg): Stadt in NW-Polen – im 9. Jh. slaw. Burgsiedlg., um 1000 Bm. 60/61 I Ja – 59 II Da – 1255 Lüb. Stadtrecht 70 I Dc – im 14. Jh. Hansestadt 87 III Ec – Zentrum d. Fischfangs u. -verarbeitg. 92/93 Fb – 1648 brandenburg. 98/99 I Ha – 1807 starker preuß. Widerstand geg. franz. Belagerg. 134 I Ha

Kolchis: Landsch. östl. vom Schwarzen Meer in Georgien – s. d. 4. Jh. v. Chr. Teilreich v. n Georgien 34/35 I Da – bis 395 n. Chr. unter röm. Oberhoheit, Colchis 42 I Gb

Kolin (Kolín): Stadt in d. Tschech. Rep. – 1757 österr. Sieg zwingt Preußen z. Räumg. v. Böhmen 120/121 Hc

Köln: Stadt in NRW 180 I Bc, 68 III – vorgeschichtl. Fundort Köln-Lindenthal 19 IV Ke – röm. Leg.-Lager, 50 n. Chr. röm. Kolonie Colonia Claudia Ara Agrippinensium Zentrum röm. Herrschaft in Germanien 49 V Bc – frühchristl. Gemeinde 42 II Ca – um 456 fränk. 35 II gl – 881 v. Normannen zerstört 54 II Je – 953 Besitzergreifg. durch d. Erzbischof von K. löst Bürgeraufstände aus 60/61 I Fc – im 10. Jh. Aufstieg z. bedeut. europ. Handels- u. Handwerkszentrum, enge Handelsbeziehungen zu England 58 I Cb – s. 1248 Bau d. K. er Doms; 1288 vom Ebm. K. unabh. 62/63 I Da – Bevölkerungswachstum im 13. Jh. 68 I Ca – 81 II Ba – 1349 Pestepidemie 82 I Ca – Hansestadt, 1367 K. er Konföderation: Zusammenschluss d. Hansestädte geg. Dänemark 87 III Cc – 1388 gegr. Univ., Kulturzentrum 81 III He – 1371/96 Zünfte beseitigen patriz. Stadtherrschaft, 1475 Erhebg. z. Reichsstadt 80 I Cc – im 16. Jh. Zentrum d. Gegenreformation, 1541 gegr. Jesuitenkolleg 97 III Dc – im 16./17. Jh. Bedeutungsrückgang als Wirtschafts- u. Handelszentrum 92/93 Dc – 1635 Pestepidemie 82 III Kg 1794 v. Franzosen besetzt, 1803 Gründg. d. ersten dt. Handelskammer 128/129 Gc – 1815 preuß. Festg. 134 I Dc – Mitte d. 19. Jh. erneuter wirtschaftl. Aufschwung 139 IV Dc – 167 III Cc – 168 I Dc, 168 II Bc – 169 III Bc, 169 IV Bh – 1938 Reichspogromnacht 170 II Bc – im 2. WK stark zerstört 172 I Cb

Köln: Ebm. in NRW – im 4. Jh. als Bm. gegr. 56 I Eb – 795 Ebm. 55 III Da – bis 1803 reichsunmittelbar 120/121 Dc

Kolumbien: Staat in S-Amerika 188/189 I Fe – heut. Staatsgebiet um 1500 entdeckt, z. span. Neu-Granada 104/105 I Fd – 1810–19 Unabhängigkeitskampf unter Führg. v. Simón Bolívar, 1819 unabh., 1819–30 Vereinigg. mit Venezuela, Panamá u. Ecuador zur Verein. Rep. von K. 148 I Gde – 1830–32 nach Loslösg. v. Venezuela u. Ecuador Verkündigg. d. Rep. Neu-Granada, 1861 Gründg. d. Verein. Staaten von K., 1886 Rep. K., 1903 Loslösg. Panamas führt z. Ende d. großkolumbian. Staates 152 I DEde – 1957 Militärputsch, s. 1958 wechselnde Regierg. unter liberalen u. konservativen Präsidenten, 1991 wird d. in d. 80er Jahren geführte Guerillakrieg linksgerichteter Gruppen geg. Regierg. eingestellt, Zentrum des Drogenhandels 153 IV DEde

Komi: autonome Rep. im Norden d. Russ. Föderation 192 I Db – 1936 als ASSR in d. RSFSR gegr. 190 I Db

Komoren: Inselstaat an d. O-Küste v. Afrika 188/189 I Lf – 1841/86 franz. 151 III Hi – 1975 mit Ausnahme d. Insel Mayotte unabh. 198 II Hi

Komorn (Komárno): Stadt in d. Slowen. Rep. – 1849 österr. Sieg über ungar. Revolutionstruppen 134 I Je

Konarak – 67 II Gcd

Kongo ▸ Zaire

Kongo: Staat in Zentralafrika 188/189 I Jef – Teil d. heut. Staatsgebietes s. 1880 franz. Protektorat, 1910 zu Franz.-Äquatorialafrika, 1911 Gebietsabtretungen an Kamerun 151 III Fhi – 1958 autonom, 1960 unabh. Rep. (K.-Brazzaville) 198 I Bcd – 1969 Volksrep. K., s. 1991 unter Führg. d. Militärs Übergang zu Demokratie 198 II Fhi

Kongress – Polen ▸ Polen

Königgrätz (Hradec Králové): Stadt in d. Tschech. Rep. – 1866 entscheidender preuß. Sieg über österr.-sächs. Armee 134 I Hc – 181 II FGcd

Königsberg (Kaliningrad): Stadt im ehem. Ostpreußen, Teil d. Russischen Föderation 192 I Cc – 1255 Errichtg. d. Burg durch d. Dt. Orden, 1286 Stadtrecht 70 I Gc – Hansestadt 87 III Fc – s. 1457 Sitz d. Hochmeisters d. Dt. Ordens 71 II Dd – Wirtschafts- u. Kulturzentrum d. Ordensstaates 92/93 Hb – s.1525 Residenz d. Herzöge v. Preußen 94/95 I Ka – 1544 Gründg. d. Univ., Zentrum d. Humanismus, später d. Aufklärg. 96 II Pd – 1639 Pestepidemie 82 III Qe – 1701 Krön. Friedrichs III. zum preuß. König 130 I Eb – bis nach d. 1. WK bedeut. Handels- u. Industriestadt Ostpreußens 166 I Ka – 164 I Ja – 166 II Ia – 168 I Ka, 168 II Ia – 169 III Ia, 169 IV If – 1938 Reichspogromnacht 170 II Ia –1944 stark zerstört, April 1945 v. sowjet. Truppen besetzt 173 III Eb – 1945 unter sowjet. Verwaltg. 178 I al, 178 II al – 1991 z. Russ. Föderation 192 I Cc

Königshofen: Stadt in Baden-Württemberg – 1525 Niederlage d. aufständ. Bauern geg. d. Schwäb. Bund im dt. Bauernkrieg 96 I Bb

Königslutter: Stadt in Niedersachsen – 1135 gegr. Benedikt.-Kloster 57 IV Ea

Königstein: Stadt in Sachsen – im 16.–18. Jh. bedeut. sächs. Festg. 120/121 Hc

Königs Wusterhausen: Stadt in Brandenburg – 1726 österr.-preuß. Bündnisvertrag 120/121 Gb

Konkan – 75 VKg

Konstantinopel ▸ Istanbul

Konstanz: Stadt in Baden-Württemberg 180 I Ce – um 300 röm. Kastell Constantia 49 V Ce – um 900 Marktrecht, 1237 Reichsstadt 80 I De – ma. Handelszentrum 92/93 Ed – 1414–18 Konzil z. Überwindg. d. Kirchenspaltg., 1415 Verbrenng. d. böhm. Reformators Johannes Hus als Ketzer 85 II Cb – bis 1430 zahlreiche Aufstände d. Zünfte geg. patriz. Stadtregiment; 1548 österr. 94/95 I Ee – 1805 bad. 131 III Ke

Konstanz: ehem. Bm. in Baden-Württemberg – im 6. Jh. gegr. 56 I Ec – bis 1803 reichsunmittelbar 120/121 Ee – 1803 bad. 131 III Ke

Konstanza (Constanta): Hafenstadt in Rumänien 176/177 I Ke – im 7. Jh. v. Chr. griech. Kolonie Tomis 29 IV Eb – bedeut. röm. Handelspl., Tomi 39 III Eb – frühchristl. Gemeinde 42 II Eb – bis 1878 osman., s. 1878 rumän. 145 III bl

Konya: Stadt in d. Türkei 176/177 I Lf – urchristl. Gemeinde Ikonion 42 II Ng – im 11.–14. Jh. Hptst. d. Seldschuken-Sultanats v. Iconium 65 II Aa – 1386/1466 osman. 79 II Fc

Kopenhagen (København): Hptst. v. Dänemark 176/177 I GHb – im 12. Jh. erstmals erwähnt, 1254 Stadtrecht 70 I Cc – 1370 nach d. Krieg d. Hanse geg. Dänemark Niederlassg. d. Hanse 87 III Db – 1478 gegr. Univ. 81 III Hd – im 16. Jh. Aufstieg z. bedeut. Handelszentrum N-Europas 92/93 Fb – 1801 u. 1807 durch brit. Bombardements stark zerstört 128/129 Hb – im 19. Jh. Industriezentrum 132/133 Hb – 1918 Influenzaepidemie 83 V Pg – 1940 von dt. Truppen besetzt 172 I Db

Korallenmeer: Teil d. Pazif. Ozeans nordöstl. v. Australien – 1942 Seeschlacht zw. amerikan. u. japan. Flugzeugträgern 174 I Ed

Korea: geteilter Staat in O-Asien 188/189 I Pcd – 77 IV Mg – im heut. Staatsgebiet 918 Gründg. d. Kgr. Koryo nach chines. Vorbild, 1231 v. Mongolen unterworfen 78 I Ld – s. 1392 unter Herrschaft d. Yi-Dynastie, wirtschaftl. u. kulturelle Blüte, Umwandlg. d. buddhist. in eine konfuzian. Staatsführg., 1627 chines. Vasallenstaat 110 I Fab – 1895 unabh., 1905/10 japan., 1919 blutiger Aufstand geg. japan. Unterdrückg. 194 I Fab – 1945 nach d. Niederlage Japans im 2. WK Teilg. in eine sowjet. u. amerikan. Besatzungszone; Juli 1948 Gründg. d. Rep. K. in S-Korea, Sept. 1948 Proklamation d. Volksrep. K. in N-Korea; 1950–53 Koreakrieg: UN-Truppen unter amerikan. Oberbefehl unterstützen S-Korea, chines.-sowjet. Unterstützg. N-Koreas; Juli 1953 Waffenstillstand: 38. Breitengrad als de-facto-Staatsgrenze festgelegt, s. 1990 erste bilaterale Gespräche, 1991 Aufnahme beider Staaten in die UNO 194 II Mef

Korfu: griech. Insel u. Stadt im Ion. Meer 176/177 I If – um 733 v. Chr. als griech. Kolonie gegr., Korkyra 29 IV DEc – Kämpfe mit Korinth um Kolonien lösen 431 v. Chr. d. Peloponnes. Krieg aus 33 III DEb – 229 v. Chr. unter röm. Schutz, Corcyra 37 III Fc – 1386 Anschluss an Venedig z. Abwehr d. osman. Herrschaft 84 I Dc – 1798–1807 russ. Protektorat, 1807–14 franz. 128/129 If – 1815 zur Rep. d. Ion. Inseln, 1864 griech. 145 II Bc – 1916/17 Sitz d. serb. Regierg., 1917 Pakt von K.: Beschluss über Gründg. eines jugoslaw. Bundesstaates 156 II Cc

Korinth: Stadt in Griechenland, Peloponnes – im 10. Jh. v. Chr. von Dorern gegr., Korinthos 29 IV Bc – im 8. Jh. v. Chr. nach Gründg. zahlreicher Kolonien Aufstieg z. bedeut. griech. Handelsstadt u. Stadtstaat (Polis) neben Athen 29 IV Ec – 500–478 v. Chr. in d. Perserkriegen wichtige Flottenmacht 31 III Cc – Mitgl. d. Peloponnes. Bundes 32 I Hg – 146 v. Chr. von Römern erobert u. zerstört, 44 v. Chr. röm. Neugründg., Corinthus, Hptst. d. Prov. Achaia 40/41 I el – röm. Handelszentrum 39 III Ec – 50/51 n. Chr. Gründg. d. urchristl. Gemeinde durch Apostel Paulus 43 IV, V – 395 v. Westgoten erobert 50 I Ec – im 8. Jh. byzantin. Themenhptst. 58 I Ed – mittelalterliche Großstadt 68 I Ec – 1458 osman. 79 II Dc – 1830 griech., 1858 durch Erdbeben zerstört u. neu errichtet; 1881–93 Bau d. Kanals von K. 145 III Hc

Korkai – 45 III Dd

Korsika: franz. Insel im Mittelmeer 176/177 I Ge – im 6. Jh. v. Chr. griech. Kolonisation an d. O-Küste, altgriech. Kyrnos 29 IV Cb – 238 v. Chr. röm., Corsica 37 III Db – 455 n. Chr. von Wandalen erobert 50 I Cb – im 6. Jh. oström. 51 IV Sk – im 8. Jh. fränk. 55 III Dc – 850 Einfall d. Sarazenen 54 II Jf – 1077 zu Pisa, um 1300 zu Genua 86 I Bc – 1768 Abtretg. an Frankr. 118 I Nebenkarte – 1942 v. italien. u. dt. Truppen besetzt, 1943 Räumg. d. Insel 172 I Cc

Koryo – 77 III Legende

Kos: griech. Insel im Ägäischen Meer – s. d. 4. Jh. v. Chr. Asklepiosheiligtum u. Ärzteschule d. Hippokrates 34/35 I Bb

Köslin (Koszalin): Stadt in N-Polen – 1266 Lüb. Stadtrecht 70 I Ec – Hansestadt 87 III Ec – 1556 Residenz d. Fürstbischöfe v. Cammin 98/99 I Ia

Kothan – 45 III Ea

Kotte – 74 II Jh, 74 III Nh – 75 IV Ed

Kowno ▸ Kaunas

Krain: Landsch. in Slowenien – 973 otton. Mark 60/61 I Jf – 1335 habsburg., 1394 Hzm. 80 I Gef – bis 1918 österr. Kronland 154/155 I Hld

Krakau (Kraków): Stadt in S-Polen 178 II Hlc – 965 erstmals als Handelspl. erwähnt, um 1000 Bm. 60/61 I Lc – 69 VII – 1241 v. Mongolen zerstört, 1257 Neugründg. mit Magdebg. Stadtrecht 70 I FGe – s. 1320 poln. Haupt- u. Krönungsstadt 84 I Da – 1364 Gründg. d. Univ., bedeut. Kunst- u. Kulturzentrum O-Europas 81 III Ie – im 14. Jh. Hanse- u. Messestadt 87 III Ec – ma. Wirtschafts- u. Handelszentrum 92/93 GHc – 1507–36 Bau d. Renaissanceschlosses; 1525 Friede von K.: Umwandlg. d. dt. Ordensstaates in d. weltl. Hzm. Preußen 90/91 Ic – 1611 Verlegg. d. Hptst. nach Warschau 98/99 I Jc – 1794 nach d. 2. Teilg. Polens Zentrum d. poln. Unabhängigkeitskampfes, 1795 österr. 116 I Bb – 1809 z. Grhzm. Warschau 128/129 Ic – 1815 Freie Stadt u. Rep., 1846 nach d. K. er Aufstand v. Österreichern eingenommen 134 I Jc – 143 III Mg, Legende – 1918 poln. 166 I Jc – 1939–45 unter dt. Besetzg. Hptst. d. Generalgouvernements Polen 170 I JKc – vor dem Holocaust große jüdische Gemeinde 171 III EFbc – Ghetto und KZ 171 IV NOfg, 172 II Eb – 169 III HIc

Krapina: Ort in Kroatien – vorgeschichtl. Fundort 18 I

Krefeld: Industriestadt in NRW 180 I Bc – 1758 dt. Sieg über franz. Armee im 7-jährigen Krieg 120/121 Dc

Kreisau (Krzyzowa): Stadt in W-Polen – 1942 Gründg. d. K.er Kreises als Widerstandsgruppe geg. d. nat.-soz. Herrschaftssystem 170 I Ic

Krementschug – 171 III Gc

Krems: Stadt in Österr. – im 12. Jh. süddt. Stadtrecht 70 I Df – 1485 ungar. Belagerg. 80 I Gd – 169 III Fd

Kremsier (Kromeriz): Stadt in d. Tschech. Rep. – 1848–49 Tagungsort d. österr. Reichstages 134 I Id

Kremsmünster: Ort in Österr. – 777 gegr. Benedikt.-Kloster 57 IV Eb, 70 I Df

Kreta: griech. Insel im Mittelmeer 176/177 I JKf – erste Besiedlg. bereits im 3. Jtd. v. Chr. nachweisbar 19 IV Mg – um 2500–1400 v. Chr. Zentrum minoischer Kultur, Handel mit Ägypten, um 1200 v. Chr. Einwanderg. d. Dorer 28 II, 29 IV BDd – 64 v. Chr. röm. Prov. Creta 40/41 I eIJ – 395 n. Chr. oström. 42 I Ec – 823–961 v. Sarazenen besetzt 54 II Lg, 58 I Ed – 1204 zu Venedig 86 I EFde – 1669 osman. Eroberg. 79 II DEc – türk. Kirid, 1822–40 an Ägypten abgetreten 145 II CDc – 1898 nach d. Aufstand geg. osman. Herrschaft autonom, 1908/13 zu Griechenland, neugriech. Kriti 145 III HIc – 1941 dt. Luftlandg., bis 1944/45 von dt. Truppen besetzt 172 I Ed, 173 III Ed

Krim: Halbinsel am Schwarzen Meer, Ukraine 176/177 I LMde – im 6. Jh. v. Chr. Gründg. griech. Kolonie 29 IV Fb – Vereinigg. d. Kolonien z. ▸ Bosporan. Reich, latein. Chersonesus Taurica 40/41 I KLcd – im 3. Jh. n. Chr. von Krimgoten erobert 50 II Qe – im 13. Jh. Gründg. genues. Handelsstützpunkte 86 I GHbc – im 13. Jh. Einfall d. tatar. Mongolen („Goldene Horde") 78 I Cc – um 1440 Entstehg. d. Chanats d. Krimtataren, s. 1475 osman. Vasall 79 II FHab – 1853–56 Krimkrieg 154/155 I LMde – 1921 Gründg. d. Autonom. SSR Krim in d. RSFSR, 137/138 I LMde – 1954–91 z. Ukrain. SSR 176/177 I LMde – s. 1991 Bestrebungen z. Loslösung v. Ukraine 192 I Cc

Kristiania ▸ Oslo

Kriwoj Rog: Industriestadt in d. Ukraine 191 III Cc – im 2. WK wegen seiner reichen Eisenerzvorkommen von dt. Truppen besetzt, 1944 von d. sowjet. Armee eingenommen 173 III Fc

Kroatien: Staat in Ostmitteleuropa – im 7. Jh. Einwanderg. südslaw. Kroaten 55 III Fc – 924 unabh. Kgr. 48 I Dc – 1091/1102 Pers.-Union mit Ungarn 62/63 I Fbc – 1527 österr. 90/91 HIde – im 16./17. Jh. teilw. osman., Teil d. Militärgrenze geg. d. Osman. Reich 130 I Dcd – 1848/49 nach Kampf für nationale Unabh. Bildg. d. österr. Kronlandes K.-Slawonien, 1868 zu Ungarn 145 II Ba – 1918 zu Jugoslawien, serbokroat. Gegensatz 137/138 I Ide – 1941 Proklamation eines selbst. Staates, von dt. u. italien. Truppen besetzt, 1945 Teilrep. d. Bundesstaates Jugoslawien 173 III Dc – s. 1988 mit Wandel in O-Europa verstärkte Unabhängigkeitsbestrebungen, 1991 unabh., Beginn d. Nationalitätenkrieges geg. Serbien 209 III HKeg

Kronstadt: Hafen- u. Festungsstadt in d. Ostseebucht v. St. Petersburg 176/177 I Ka – 1703 gegr., im 18./19. Jh. Ausbau z. russ. Flottenstützpkt. 112/113 Ka – 1917 Ausgangspkt. d. Oktoberrevolution, 1921 Matrosenaufstand geg. bolschewist. Herrschaft 137/138 I Ka

Kronstadt (Brasov): Stadt in Rumänien 179 IV – vom Dt. Orden gegr. 64 I Eb – süddt. Stadtrecht 50/51 Ih – 1688 v. österr. Truppen besetzt 130 I Fc – im 19. Jh. Zentrum d. Arbeiterbewegg., 1918/20 rumän. 137/138 I

Kroton ▸ Cotrone

Ksar-el-Kebir: Stadt in Marokko – 1578 Niederlage d. Portugiesen im Kampf um ihre Vormachtstellg. in N-Afrika, span. Alcasarquivir 90/91 Dfg

Ktesiphon: Ruinenstätte in Irak – s. d. 2. Jh. v. Chr. Residenz d. Partherkönige, im 3. Jh. n. Chr. d. Sassaniden 29 I Ec, 42 I Gc – 638 v. Arabern erobert 53 III Gc

Kuba: Inselstaat in Mittelamerika 188/189 I EFd – s. d. 6. Jh. vom indian. Volk d. Aruak besiedelt 106 II Cb – 1492 v. Kolumbus entdeckt, 1511 span. Kolonie 104/105 I EFc – Einfuhr v. Sklaven aus Afrika z. Bewirtschaftg. d. Zuckerrohr- u. Tabakplantagen; 1868–78 Aufstand d. kreol. Bevölkerg. geg. span. Kolonialherrschaft, 1898 Abtretg. d. span. Kolonie an d. USA, 1902 Rep. unter amerikan. Kontrolle, 1934 voll unabh., wirtschaftl. u. polit. Abhängigkeit von d. USA führt 1956–59 z. Guerillakrieg unter Führg. v. Fidel Castro, 1961 gescheiterter Versuch v. Exilkubanern z. Übernahme d. Regierg. („Schweinebucht-Invasion"); verstärkte militär. u. wirtschaftl. Anlehng. an d. Ostblock, 1962 Ausschluss aus d. OAS, 1962/63 Kubakrise: Errichtg. sowjet. Raketenbasen auf K. löst Konflikt mit d. USA aus 152 I CDb – 1972 Beitritt zum COMECON 206/207 I EFd – 1975 Aufhebg. d. durch d. OAS erlassenen polit. u. wirtschaftl. Sanktionen, nach Zusammenbruch d. kommunist. Staatenwelt zunehmende wirtschaftl. u. polit. Isolierg. 204/205 I EFd

Kuban: Fluss im Kaukasus, Russ. Föderation – im russ. Bürgerkrieg Zentrum d. Widerstandes d. K.-Kosaken geg. bolschewist. Herrschaft 158 I Dc – im 2. WK Kriegsschaupl. 173 III Fc

Kujawen – 59 II Fb

Kulm: Ort in Tschech. Rep. – 1813 Sieg d. alliierten Armee über franz. Heer 128/129 Hc

Kulm (Chelmno): Stadt in Polen – 1231 vom Dt. Orden gegr., 1243 Bm. 71 II Ce – im 14. Jh. Hansestadt 87 III Ec – 1466 poln. 94/95 I Jb – 1772 preuß. 116 I Bb – 1940–44 nat.-soz. Vernichtungslager 170 I Jb

Kültepe: Ruinenhügel in d. Türkei – Fundort altoriental. Kulturen 23 III Fc, 23 IV Ng

Kumanen, Kumanen-Reich – 52 II Legende – 65 III DEFa

Kumano – 67 II Ic

Kumanovo: Stadt in Makedonien – 1912 serb. Sieg über türk. Armee im 1. Balkankrieg 145 III Hb

Kunaxa – 30 II Db

Kunduru – 30 II Db

Kungnaesong – 47 III Fb

Kurdistan: Siedlungsgebiet d. Kurden in d. O-Türkei, W-Iran, N-Irak u. N-Syrien 211 III – s. 19. Jh. Kämpfe d. Kurden um eigenen Staat in Vorderasien, Errichtung d. nach 1. WK v. Siegermächten 1920 beschlossenen unabh. Kurdistan scheitert 1923 am Widerstand d. Türkei 137/138 I MNf – 1946 Proklamation. einer unabh. Kurdenrep. im W-Iran m. Hptst. Mahabad, 1947 v. iran. Truppen zerschlagen, s. 1943 zahlreiche Aufstände d. Kurden in N-Irak z. Erlangg. d. nationalen Unabh. 202/203 I Hb – s. 1987 erneute Kämpfe in N-Irak, v. irak. Truppen durch Bombardement u. Giftgaseinsatz bekämpft – 1991 nach Golfkrieg gescheiterter Aufstand geg. Hussein-Regime, fortgesetzte Kämpfe in d. Türkei 211 III

Kuria-Muria-Inseln: Inselgr. südl. d. Arab. Halbinsel, zu Oman gehörig 202/203 I dl – 1854 brit. 194 I Bc – 1967 zu Oman 194 II gl

Kurilen: zw. Japan u. Russ. Föderation strittige Inselgr. im nördl. Pazif. Ozean 188/189 I Qc – im 18. Jh. russ., 1875 japan. 117 III Hc – s. 1945/51 sowjet. 204/205 I Qc – s. 1989 Verhandlg. über Rückgabe an Japan 192 I Ic

Kurland: Landsch. in Lettland – 1224 vom Schwertbrüderorden, 1237 vom Dt. Orden erobert, 1237 Bm. 71 II DEc – 1561 Umwandlg. in ein weltl. Hzm. unter poln. Oberhoheit 90/91 Jb – 1795 russ. Generalgouvernement 116 I Ca – 143 III Nf – 1918/20 z. Rep. Lettland 137/138 I Jb – im 2. WK von dt. Truppen besetzt 173 III Eb

Kursk: Stadt in d. Russ. Föderation 176/177 I Mc – im 2. WK Kriegsschaupl. 173 III Fb

Kuschan: ehem. Reich in S-Asien – bedeut. Kulturzentrum 47 IV Lh

Küstenland: ehem. österr. Kronland in Italien, Kroatien u. Slowenien – 1849 gegr., 1919/20 zu Italien 142 I DEbc – 1945/47 größtenteils zu Jugoslawien 176/177 I Hde

Küstenrepublik: ehem. Rep. im fernöstl. Teil d. Russ. Föderation – 1860 als Küstenprov. zum Russ. Reich 117 III Gc – im russ. Bürgerkrieg Zentrum d. „Weißen", 1920 teilw. v. Japanern besetzt, 1922 zur UdSSR 158 I Hc

Küstrin (Kostrzyn): Stadt in W-Polen 180 I Fb – 1232 mit Magdebg. Stadtrecht gegr. 70 I Dd – 1252 brandenburg. 80 I Gb – 1536–71 Hptst. d. Neumark, Ausbau als Festg. 94/95 I Hd – 1945 unter poln. Verwaltg. 178 I Fb

Kütahya: Stadt in d. W-Türkei – 1833 Vertrag von K.: Türkei überlässt d. Statthalter Ägyptens d. Verwaltg. v. Syrien, Kilikien u. Kreta 132/133 KLf

Kut el-Amara: Stadt in SO-Irak – 1916 türk. Sieg über alliierte Armee 156 III Kf

Kuttenberg (Kutná Hora): Stadt in d. Tschech. Rep. – im 14./15. Jh. Zentrum d. böhm. Silberbergbaus 92/93 Fc

Kuwait: Staat auf d. Arab. Halbinsel 188/189 I Ld – heut. Staatsgebiet 1899 brit. Protektorat 151 III Hg – 1961 unabh., Zentrum d. Erdölförderg. 202/203 I Hc – Aug. 1990 v. Irak besetzt u. als Provinz annektiert, 1991 Golfkrieg: durch alliierte Streitkräfte unter Oberkommando d. USA wird K. befreit 211 III

Kwangsi-Tschuang: autonome Region in S-China 196 III LMi

Kyffhausen: Burgruine in Thüringen – im 11. Jh. erbaut, 1178 in d. Kämpfen Heinrichs V. geg. d. Sachsen zerstört 62/63 I Ea

Kyongiu – 47 III Fc – 76 I Fc, 76 II Mh

Kyrene – 30/31 I Bb

Kyreschata – 30/31 I Fb

Kythera: griech. Insel südl. d. Peloponnes im Mittelmeer – 1363–1797 venezian., Cerigo genannt 86 I Ed – 1815 zur Rep. d. Ion. Inseln, 1864 griech. 145 II Cc

Kyzikos: ehem. Hafenstadt in d. NW-Türkei – 756 v. Chr. als griech. Kolonie gegr. 29 IV Eb – nach d. Perserkriegen Mitgl. d. Att. Seebundes 31 III Ea, 32 I Je

L

Labiau (Polessk): Ort b. Kalinigrad, Russ. Föderation – 1656 Vertrag zw. Schweden u. Brandenburg: Schweden erkennt Unabh. d. Hzm. Preußen u. Fsm. Ermland an 98/99 I Ka

Labrador: Halbinsel in O-Kanada 124 I OPc – um 1000 Küste von L. von Normannen entdeckt, Helluland genannt, um 1500 Landg. europ. Seefahrer 104/105 I FGb – strittiger O-Teil 1927 zu Neufundland 148 II FGi, 160/161 I FGb – 1949 O-Teil zus. mit Neufundland zu Kanada 124 I OPc

La Coruña: Hafenstadt in NW-Spanien 176/177 I De – röm. Handelszentr. Brigantium 39 III Bb – 1588 Standort d. span. Armada vor d. Schlacht geg. Engl. 90/91 De – 1809 brit.-franz. Seegef. 128/129 De

Ladakh – 75 V Kef

Lade: türk. Insel an d. W-Küste v. Kleinasien – 494 v. Chr. Seeschlacht, Sieg d. Perser über Griechen im Ion. Aufstand 31 III Ec

Lae: Hafenstadt in Papua-Neuguinea – 1941 v. Japanern besetzt, 1943 v. amerikan. Truppen zurückerobert 174 I Ed, 174 II Lh

Lagasch: Ruinenstätte in S-Irak – im 3. Jtd. v. Chr. Kulturzentrum d. Sumerer 23 III Gc

Lagos – 150 I Dd

Lagosta: kroat. Insel in d. Adria 142 I Fd – 1919/20–1945/47 zu Italien 137/138 I Ie

La Gravette: vorgeschichtl. Fundort im heut. S-Frankr. 18 II Lf

La Hogue: Bucht in NW-Frankr. – 1692 Seeschlacht, engl.-niederländ. Sieg über franz. Flotte verhindert franz. Landg. in England 112/113 Ed

Lahore – 75 V Ke

Laibach ▸ Ljubljana

Lakkadiven: ind. Inselgr. im Ind. Ozean 188/189 I Me – 1792 brit. 194 I Cc – 1947 z. Ind. Union 194 II Jg

Lakonien: Landsch. in Griechenland, Peloponnes – um 1100 v. Chr. Einwanderg. d. Dorer, Zentrum ▸ Sparta 29 IV Bc

La Madeleine: altsteinzeitl. Fundort im heut. S-Frankr. 18 II Lf

Lambaese, Lambaesis: Ruinenstätte in N-Algerien – 128 n. Chr. als röm. Leg.-Lager z. militär. Unterwerfg. d. Prov. Africa Proconsularis gegr. 40/41 I Fe – 198 Hptst. d. Prov. Numidia 42 I Cc – frühchristl. Gemeinde 42 II Cc

Lamia: Stadt in Mittelgriechenland – 323/322 v. Chr. Lamischer Krieg: Aufstand d. Griechen geg. makedon. Herrschaft 34 II el

Lampsakos: ehem. Stadt in d. NW-Türkei – als griech. Kolonie im Ion. Aufstand v. Persern unterworfen 29 IV Eb, 31 III Ea – bis 411 v. Chr. Mitgl. d. Att. Seebundes 32 I Je – 405 v. Chr. im Peloponnes. Krieg v. Sparta erobert 33 III Ha

Lancaster – 102 I Dcd

Landau: Stadt in Rheinld.-Pfalz – 1291/1511 Reichsstadt 94/95 I Ed – 1648/79 franz., Ausbau z. Festg. – im Span. Erbfolgekrieg mehrf. belagert 98/99 Ed – 1816 bayr., 1816–66 Bundesfestg. 134 I Ed

Landeshut (Kamienna Gora): Stadt in W-Polen – 1760 preuß. Niederlage geg. österr. Heer im 7-jährigen Krieg 120/121 HIc

Landsberg: Stadt in Bayern 178 I Dd – 1576 gegr. Jesuitenkolleg 97 III Fd – 1924 Haft Adolf Hitlers nach d. Novemberputsch 170 I Fd

Landsberg – 166 II Hc – 179 VI Cb – 181 II Fbc

Landsdown – 103 II CDd

Landshut: Stadt in Bayern – 1204 gegr., 1279 Stadtrecht, s. 1255 bayr. Residenzstadt 80 I Fd – 1629 gegr. Jesuitenkolleg 97 III Gd

Landstuhl: Stadt in Rheinld.-Pfalz – 1523 Tod Franz v. Sickingens bei Belagerg. seiner Burg 94/95 I Dd

Langenbielau (Bielawa): Stadt in W-Polen – 1844 Zentrum d. schles. Weberaufstandes 136 I Hc

Langensalza: Stadt in Thüringen – 1866 Sieg preuß. über hannoversche Truppen 134 I Fc

Langobarden: german. Volksstamm – um 5 n. Chr. an d. unteren Elbe ansässig 48 II LMf, 49 V CDb – um 400 Wanderg. in d. Gebiet d. mittleren Donau 50 I Db – 568 Beginn d. Reichsbildg. u. Eroberungszüge in Mittel- u. S-Italien, Auseinandersetzungen mit d. Oström. Reich, 774 Unterwerfg. durch d. Franken unter Karl d. Gr. beendet Herrschaft d. L. in Italien 53 III Db, 55 III Dc – südl. langobard. Herzogtümer bis z. 11. Jh. selbst. 62 II

Langport – 103 III Ii

Languedoc: Landsch. in S-Frankr. – 125 nach Verzicht Aragóns an franz. Krone 62/63 I Cc

Laon: Stadt in NO-Frankr. – s. d. 5. Jh. Bm 55 III Cb – im 12. Jh. Bau d. got. Kathedrale 62/63 I Cb – 1814 Sieg d. alliierten Armee unter Blücher über franz. Heer 128/129 Fd

Laos: Staat in SO-Asien 188/189 I Ode – heut. Staatsgebiet im 16./17. Jh. z. Reich Annam 110 I Ebc – im 18. Jh. v. Siam unterworfen 111 II Lfg – 1893 als Protektorat zu Franz.-Indochina 194 I Ebc – s. 1946 Kampf für nationale Unabh. (Indochinakrieg), 1949 autonom, 1954 unabh. Kgr., 1959 L.-Konflikt: innenpolit. Auseinandersetzungen zw. d. kommunist. Pathet-Lao-Bewegg. u. neutralist. Regierg., 1971 v. vietnames. Truppen besetzt, 1975 Machtübernahme durch d. Pathet Lao, Abschaffg. d. Monarchie 194 II Lg – 1991 neue Verfassg., 1992 Beitritt z. ASEAN 210 II

La Paz: Hptst. v. Bolivien 152 I Ef

Larache: Stadt in N-Marokko – 1610–89 span. 112/113 Df

Larisa, Larissa: Stadt in Mittelgriechenland – bedeut. Handelsstadt v. Thessalien 28 I Db – um 370 v. Chr. Tod d. Hippokrates 34/35 I Bb

La Rochelle: Hafenstadt in W-Frankr. – 1152 unter engl. Herrschaft 62/63 I Bb – s. 1372 franz. 89 IV Df – im MA Zentrum d. Salzgewinng. u. -verschiffg. 92/93 Bd – 1570–1628 Hauptstützpkt. d Hugenotten 90/91 Ed – im 2. WK dt. U-Boot-Stützpkt. 173 III Bc

La Rothière: Ort in Frankr. – 1814 Sieg d. alliierten Armee über franz. Truppen 128/129 Fd

Lascaux: Höhle in S-Frankr. – Fundort alttsteinzeitl. Höhlenmalereien 18 II Lf

La Spezia: Hafenstadt in N-Italien 142 I Bc – im 2. WK dt. U-Boot-Stützpkt. 173 III Cc

Laschio: Stadt in Myanma (Burma) – Ausgangspkt. d. Burmastraße 174 I Bb, 174 II fl

Latakia: Hafenstadt in W-Syrien 176/177 I Mf – griech. Gründg. Laodikeia, im 1. Jh. v. Chr. röm., Laodicea 40/41 I Le – wichtiger Handelshafen 39 III Fc

Latakia: Prov. in W-Syrien – bis 1930 als Alawiten-Staat autonom 137/138 I Dbc – 1936 zu Syrien 202 II CDa

Lateinisches Kaiserreich: ehem. Reich in Griechenland u. d. Türkei – 1204 nach d. Eroberg. Konstantinopels durch Kreuzfahrer gegr., Errichtg. v. Lehens staaten in S- u. O- Griechenland, 1261 nach d. byzantin. Rückeroberg. Konstantinopels Niedergang d. Reiches 64 I, 86 I

oberg. d. Festg. durch d. Araber 53 III Bc – 844 Angriffe d. Normannen 54 II gl – 1147 v. Kreuzfahrern unterstützte Rückeroberg. beendet arab. Herrschaft, s. 1260 port. Hptst. 62/63 I Ad, 64 I Bc – im 13. Jh. Bevölkerungswachstum 68 I Bc – 1290 Gründg. d. Univ. 54 II Gf – 1393 Ebm. 84 I Bc – im Zeitalter d. Entdeckungen eine d. reichsten Handelsstädte Europas, als Hafenstadt Ausgangspkt. zahlreicher Entdeckungsfahrten 104/105 I lc – 105 III Bb – 1755 durch Erdbeben stark zerstört 112/113 Df – 1807–08 v. Franzosen besetzt 128/129 Df – 1918 Influenzaepidemie 83 V Ni

Litauen: Staat in NO-Europa 192 I Cc – 67 II Da – im 11./12. Jh. v. balt. Litauern besiedelt 58 I Eb – im 13. Jh. Vereinigg. d. Volksstämme, ständige Kämpfe mit d. Dt. Orden führen 1386 zur Pers.-Union zw. d. Grfsm. L. u. Polen 71 II FGd, 87 III FHbc – 1569 Vereinigg. mit Polen 94/95 I Lac – 1772/95 nach d. Teilungen Polens zu Russland, Entstehg. einer litau. Nationalbewegg. geg. d. russ. Herrschaft 116 I CDab – 143 III Legende – 164 II Qf – 1918 unabh. Rep. 156 III dl – 1920 Unabh. v. Sowjetrussland anerkannt; 1923 Annexion d. Memelgebietes, März 1939 Rückgabe d. Gebietes an d. Dt. Reich 137/138 I JKbc – 1940 v. sowjet. Truppen besetzt 172 I Eb – 1940/44–1991 als Litau. SSR Unionsrep. in d. UdSSR, 1941–44 von dt. Truppen besetzt 176/177 I JKbc – 1988 Bildg. d. national. Volksfront z. Wiedererlangg. d. Unabh., 1991 unabh. Rep. 192 I Cc

Littoria: Stadt in Mittelitalien – 1932 nach Urbarmachg. d. Pontin. Sümpfe gegr. 137/138 I He

Liutizen – 59 II Cb

Liverpool: Hafen- u. Industriestadt in Großbritannien 176/177 I Ec – 123 II Cc – im 18. Jh. Zentrum d. Sklavenhandels u. -verschiffg. 128/129 Ec – s. d. 19. Jh. einer d. wichtigsten Häfen d. Erde 132/133 Ec – 141 III Cc

Livland: Landschaft in Estland u. Lettland – d. vom Volksstamm d. Liven besiedelte Gebiet im 13. Jh. vom Dt. Orden unterworfen u. christianisiert 58 I Eb, 71 II FGc – 1561 poln. 90/91 JKb – 1629 N-Teil schwed., südöstl. Teil verbleibt als Poln.-L. bei Polen; 1710/21 russ. 112/113 JKb – 143 III Of – 1918 zw. Estland u. Lettland geteilt 156 III dl

Livorno: Hafenstadt in Mittelitalien 176/177 I He – 1421 zu Florenz, Ausbau d. Hafens unter d. Dynastie d. Medici

Lizhou – 77 III Ed

Ljubljana: Hptst. v. Slowenien 209 III Ie – 129 v. Chr. als illyr. Siedlg. Emona v. Römern erobert u. zum Leg.-Lager ausgebaut 40/41 I Gc – 1144 erstmals unter d. dt. Namen Laibach erwähnt 60/61 I Je – 1320 süddt. Stadtrecht 70 I Dg – im 16./17. Jh. Zentrum d. Reformation in Slowenien 97 III He – 1809–13 Hptst. d. Illyr. Provinzen 128/129 Hd – 1821 Kongress d. europ. Großmächte beschließt Eingreifen geg. nationale Freiheitsbewegungen in Italien 132/133 Hd – s. 1848 Zentrum d. slowen. Nationalbewegg., polit., wirtschaftl. u. kultureller Mittelpkt. Sloweniens 145 II Aa – 1991 Luftangriffe d. jugoslaw. Bundesarmee nach Erklärg. d. Unabh. Sloweniens 209 III Ie

Loango – 150 I Ee

Lobositz (Lovosice): Stadt in d. Tschech. Rep. – 1756 preuß. Sieg über österr. Heer im 7-jährigen Krieg 120/121 Hc

Locarno: Stadt in d. Schweiz – 1925 L.-Verträge z. Sicherg. d. europ. Friedens, Grundlage für d. Eintritt Deutschlands in d. Völkerbund 137/138 I Gd

Loccum: Ort in Niedersachsen – 1163 Gründg. d. Zisterz.-Klosters, bedeut. erhaltene Klosteranlage 57 V dl

Locri: Stadt in S-Italien – im 7. Jh. v. Chr. als griech. Kolonie gegr., Lokroi 29 IV Dc – d. Überlieferg. nach d. erste europ. Stadt mit einer Gesetzgebg., im 2. Pun. Krieg auf seiten Karthagos, 205 v. Chr. röm. 37 III Fc

Lodi: Stadt in N-Italien – 1454 Friede von L. zw. Hzm. Mailand u. Rep. Venedig stellt polit. Gleichgewicht in Italien her – 1796 franz. Sieg unter Napoleon I. über Österreicher 118 I Db

Lodz (Lódz): Stadt in Polen 178 II Hc – s. 1815 Zentrum d. poln. Textilindustrie, Aufstieg z. größten Industriestadt Polens 139 III Jc, 139 IV Jc – 1905 Arbeiteraufstand 154/155 I lc – im 1. WK von dt. Truppen besetzt 156 II Ca – vor dem Holocaust große jüdische Gemeinde 171 III Eb – 1939–45 erneut dt. Besetzg., Ermordg. d. jüd. Bevölkerg. 170 I Jc, 172 II Db

Lombardei: Landsch. in N-Italien 142 I BCbc – s. d. 6. Jh. Kernland d. Reiches d. Langobarden, 774 z. Frankenr. 53 III CDb, 55 II DEb – 951 unter dt. Herrschaft 58 I CDc – im 12./13. Jh. Bildg. v. Städtebünden im Kampf geg. stauf. Machtpolitik 62/63 I DEb – im 13./14. Jh. übernimmt Mailand d. Führg. im Lombardenbund, 1454 Beilegg. d. Konfliktes mit Venedig im Kampf um d. Vormachtstellg. – 1815 mit Venetien z. Lombardo-Venetian. Kgr. vereinigt u. Österr. angegliedert 132/133 GHd – 1859 zu Italien 142 I BCbc

Lomé: Hptst. v. Togo 198 II Fh – Lomé I–IV: Assoziierungsabkommen zw. EG u. AKP (Afrika, Karibik, Pazifik)-Staaten in d. Jahren 1975, 1979, 1984 u. 1989 zur Förderung d. Handels m. d. Dritten Welt 206/207 I Je

Lomza – 181 II IJb

London: Hptst. v. Großbritannien u. Nordirland 176/177 I EFc – im 1. Jh. n. Chr. kelt.-röm. Siedlg. Londinium, im 2. Jh. Hptst. d. Prov. Britannia Superior 40/41 I DEb – bedeut. röm. Handelspl. 39 III Ba – s. 314 Bm. 55 II BCa – im 9./10. Jh. Einfall d. Normannen 54 II elJ – s. d. 12. Jh. Krönungs- u. Residenzstadt 62/63 I Ba, 68 I BCa – 1348 Pestepidemie 82 I BCa – 1378, 1382 und 1408 engl. Nationalsynoden zur Beilegung des großen Schismas 85 II BCa – im 15./16. Jh. Kontor d. Hanse (Stalhof) 87 III ABc – wichtigster ma. Umschlagpl. für engl. Wolltucherzeugnisse 92/93 BCc – 102 I EFe – 103 III JKi – im 17. Jh. größte Stadt Europas, Aufstieg z. bedeut. Handels- u. Finanzzentrum d. Welt 104/105 I Ib – 1832 Choleraepidemie 83 IV CDb – 123 II DEd, 123 III Ld – s. Anfang d. 19. Jh. Zentrum d. industriellen Revolution 132/133 EFc – 1918 Influenzaepidemie 83 V NOg – 1921 L.er Konferenz beschließt Höhe d. dt. Reparationsschulden nach d. 1. WKm 137/138 I EFc – 1945 L.er Abkommen d. vier Siegermächte regelt d. Verurteilg. v. Kriegsverbrechen im 2. WK; 1948 L.er Empfehlungen befürworten eine gemeinsame staatl. Ordng. für d. westl. Besatzungszonen in Deutschld.; 1953 L.er Schuldenabkommen z. Regelg. d. dt. Auslandsschulden nach d. 2.WK 188/189 I cl

Longyearbyen – 147 II

Lorch: Stadt in Baden-Württemberg – röm. Kastell – 1102 Gründg. d. Benedikt.-Klosters durch d. Staufer 60/61 I Gd

Lorch: Ort in Österr. – im 1. Jh. n. Chr. röm. Kastell Lauriacum 40/41 I Gc – frühchristl. Gemeinde 42 II Db

Lorient: Hafenstadt in W-Frankr. – im 2. WK als dt. U-Boot-Stützpkt. heftig umkämpft 173 III Bc

Lorsch: Stadt in Hessen – um 764 gegr. Benedikt.-Kloster 57 IV Db – s. d. 9. Jh. Reichsabtei, bedeut. geistiges Zentrum d. frühen MA 60/61 I Gd

Los Alamos: Kernwaffenforschungszentrum in d. südl. USA 204/205 I Dd

Los Angeles: Hafen- u. Industriestadt in d. westl. USA 127 III Bc – 1965 Zentrum v. Rassenunruhen, 1992 erneute soziale Unruhen 126 II gl

Los Millares: Ruinenstätte in S-Spanien – frühgeschichtl. Fundort 23 III Bc

Lossow: frühgeschichtl. Fundort im heut. Brandenburg 23 IV Le

Lostwithiel – 103 III Hi

Lothal – 26 I Bb

Lothringen: Landsch. in NO-Frankr. – 843 durch Teilg. d. Karolingerreiches als Kgr. Lotharingien entstanden 55 IV – 870 zw. d. Ost- u. Westfränk. Reich geteilt, 880 unter ostfränk. Herrschaft 55 V – 959 Aufteilg. in Hzm. Nieder- L. u. Hzm. Ober-L. 60/61 I EFcd – s. d. 11. Jh. Zerfall in zahlreiche geistl. u. weltl. Territorien 80 I Cd – 1735/66 als Hzm. zu Frankr. 112/113 Gd – 1871 NO-Teil zus. mit d. Elsass dt. Reichsland 135 II Dd – 1919 zu Frankr. 166 I Dd

Lousiana: Bundesstaat in d. südl. USA 124 I Me – 1682–1783 franz. Kolonie 149 III BCc – 1762/63 v. Frankr. an Großbritannien u. Spanien abgetreten 109 IV Fbc – 1800 span. W-Teil erneut franz., 1803 an d. USA verkauft 125 III Bc – 1812 als 18. Staat in d. Union aufgenommen 126 I Dc

Lourenço Marques ▸ Maputo

Löwen (Leuven): Stadt in Belgien – 891 ostfränk. Sieg über Normannen 54 II Je – 1425 gegr. Univ. 81 III He – im MA Zentrum d. flandr. Wolltuchverarbeitg., bedeut. Handelspl. 92/93 Dc

Luanda: Hptst. v. Angola 198 II Fi – 1576 gegr. 109 IV Ke – 150 I Ee – 1991 Unterzeichng. d. Friedensabkomm. z. Beendigg. d. 16-jährigen Bürgerkriegs 210/211 I Jf

Luang Prabang: Stadt in Laos – ehem. Residenzstadt u. religiöses Zentr. d. Buddhisten 194 II Lfg

Luba: ehem. Reich im heut. Zaire 151 II Cd

Lübeck: Stadt in Schleswig-Holstein 180 I Db – 1138 Zerstörg. d. wend. Burg- u. Hafensiedlg. Alt-L. 60/61 I Hb – 1143/59 Neugründg. als Kaufmannssiedlg., Zentrum dt. Ostsiedlg. 70 I Bd – 1181 Stadtrecht 68 I Da – 1226 Reichsstadt; 1380,1384 Handwerkeraufstände 80 I Eb – im 14. Jh. bedeut. Handelsstadt N-Europas, Zentrum d. Hanse 87 III Dc, 87 V, 92/93 Eb – 1531 Einführg. d. Reformation 96 II Ke – im 16. Jh. wirtschaftl. u. polit. Bedeutungsrückgang 94/95 I Fb – 1629 L.er Friede führt z. Ausscheiden Dänemarks aus d. 30-jährigen Krieg 98/99 I Fb – 1806 v. Franzosen besetzt, 1810–13 zu Frankr. 128/129 Hc – 1815 als Freie Hansestadt Mitgl. d. Dt. Bundes 134 I Fb – 1866 z. Norddt. Bund, 1871 zum Dt. Reich 135 II Fb – 1888 zum Dt. Zollverein 136 II Eb – 164 I Eb – 1937 z. preuß. Prov. Schleswig-Holstein 166 I Fb

Lübeck: ehem. Bm. in Schleswig-Holstein – 1160 gegr., 1186 reichsunmittelbar 80 I Eab – s. 1555 einziges protestant. Bm. im Hl. Röm. Reich 94/95 I Fa – 1803 als weltl. Fsm. zu Oldenburg 120/121 Fab

Lublin: Stadt in O-Polen 176/177 I Jc – im 12. Jh. poln. Burg, 1317 Magdebg. Stadtrecht 70 I He – im 15./16. Jh. Handels- u. Kulturzentrum, Messestadt 87 III Fc, 92/93 Hc – 1569 Union von L.: Vereinigg. d. in Pers.-Union verbundenen Länder Polen u. Litauen durch Bildg. einer Realunion 90/91 Jc – 1795 österr. 116 I Cb – 1815 russ. 132/133 Jc – 1915–18 Sitz d. österr. Generalgouvernements Polen 156 II Da – 1918 poln. 116 II He – vor dem Holocaust große jüdische Gemeinde 171 III Fb, 172 II Eb – 1944 Sitz d. poln. Komitees d. Nationalen Befreig., 1945 d. provisor. Regierg. Polens 173 III Eb

Lucca: Stadt in Italien 142 I Cd – 177 v. Chr. röm. Kolonie Luca 36 I Ed – im 10./11. Jh. Hptst. d. Mgft. Tuscien 62 II Bb – 1119 selbst. Rep. 80 I Eg – Zentrum d. Seidenherstellg. 92/93 Ee – 1805 napoleon. Fsm. 131 III KLg – 1815 bourbon. Hzm., 1847 z. Grhzm. Toskana 142 I Cd

Lucera: Stadt in SO-Italien – 314 v. Chr. röm. Kolonie Luceria 36 I Ge, 36 II Kj – im 13. Jh. Ausbau z. stauf. Festg., Errichtg. d. Kastells 62/63 I Fc

Lüderitzbucht: Bucht an d. W-Küste v. Namibia – 1884 Ausgangspkt. dt. Kolonisierg. Südwestafrikas 151 II Be

Ludwigshafen: Industriestadt in Rheinld.-Pfalz 180 I Cd – 1843/53 als bayr. Rheinhafen gegr. 135 II Ed

Lugano: Stadt in d. Schweiz – 1512 als Gemeine Herrschaft zur Eidgen. 100 I Dc

Lugdunum ▸ Lyon

Lügenfeld: ehem. Ort in O-Frankr. – 833 Aufstand d. Söhne Ludwigs d. Frommen führt z. vorübergehenden Absetzg. d. Kaisers 55 III Db

Lügumkloster (Løgumkloster): Ort in Dänemark – 1173 gegr. Zisterz.-Kloster 57 V dl

Lüle-Burgas: Stadt in d. europ. Türkei – 1912 bulgar. Sieg über türk. Armee im 1. Balkankrieg 145 III bl

Lumbini – 26 II Fb

Lund: Stadt in S-Schweden 176/177 I Hb – im 11. Jh. dän. Gründg. 58 I Db – 1104 Ebm., geistl. Zentrum Skandinaviens 70 I Cc – 81 II Ca – 1658 schwed. 112/113 Hb

Lunda: ehem. Reich im heut. Zaire u. Angola 151 II BCd

Lüneburg – 164 I Eb – 166 II Db – 168 I Fb – 169 III Db

Lunéville: Stadt in O-Frankr. – bis 1766 Residenzstadt im Hzm. Lothringen – 1801 Friede zw. Frankr. u. Österr.: Frankr. erhält d. linke Rheinufer u. Anerkenng. seiner Tochterrepubliken 118 I Db, 131 II Bd

Lung-Schan: vorgeschichtl. Fundort im heut. NO-China 16 III Hc

Luoyang: Stadt in O-China – Residenz d. Han-Dynastie u. altes chines. Kulturzentrum 46 I Ec, 46 II LH – 47 III Ec, 47 IV Nh – 76 I Ec, 76 II Lh – 77 III Ec, 77 IV Lh, 77 V Bb

Lusaka: Hptst. v. Sambia 198 II Gi

Lusitania ▸ Portugal

Lüta: Hafenstadt in NO-China 194 II Mf – 27 V Gj – 27 VI Kf – 27 VII On – 1898 als Doppelstadt Port Arthur u. Dairen an Russland verpachtet, 1904–05 v. Japanern belagert, 1905–45 japan. 194 I Fb – Port Arthur 1945–55 sowjet. Flottenstützpkt. 196 III Nh

Lutetia ▸ Paris

Lutter am Barenberge: Ort in Niedersachsen – 1626 entscheidender Sieg d. kaiserl. Truppen unter Tilly über dän. Heer 98/99 I EFc

Lüttich (Liège): Stadt in Belgien 176/177 I Gc – s. d. 13. Jh. zahlreiche Erhebungen geg. bischöfl. Herrschaft 80 I Bc – im MA Zentrum d. Steinkohlenförderg., Handelspl. 92/93 Dc – im 2. WK Kriegsschaupl. 172 I Cb – bedeut. europ. Binnenhafen 180 I Ac

Lüttich: Bm. in Belgien – 720 v. Maastricht nach L. verlegt 55 II Da – 1455/67 burgund. Protektorat 89 IV Gd – bis 1801 reichsunmittelbares Fsm. 120/121 Cc

Lützelburg ▸ Luxemburg

Lützen: Stadt in Sachsen-Anhalt – 1632 schwed. Sieg über d. kaiserl. Truppen unter Wallenstein, Tod Gustav Adolfs v. Schweden 98/99 I Gc

Luxemburg: Hptst. d. Grhzm. Luxemburg 176/177 I Gd – um 963 Errichtg. d. Lützelburg, Stammsitz d. Grafen von L. 60/61 I Fd – 1244 Stadtrecht 62/63 I Db – 1815–66 dt. Bundesfestg. 134 I Dd

Luxemburg: Staat in W-Europa 176/177 I Gcd – im 10. Jh. nach d. Lützelburg benannte Gft. 60/61 I Fd – im 14. Jh. Erweiterg. d. luxemburg. Hausbesitzes, 1354 Erhebg. z. Hzm. 81 III He – 1441/51 zu Burgund, 1477 habsburg. 89 IV GHde – 1555 zu d. Span. Niederlanden 90/91 Gcd – 1659 S-Teil zu Frankr. 98/99 I Dd – 1815 als Grhzm. Mitgl. d. Dt. Bundes, 1839 wallon. W-Teil zu Belgien 134 I CDcd – 1842 Eintritt in d. Dt. Zollverein 136 II BCcd – 143 II BCd – 1867 nach gescheitertem franz. Versuch z. Angliederg. von L. neutral, 1890 Aufhebg. d. Pers.-Union mit d. Niederlanden 135 II CDd – 92/93 Dc – im 1. u. 2. WK v. dt. Truppen besetzt 156 II Bb, 172 I Cc

Luxeuil: Stadt in O-Frankr. – 590 gegr. Kloster 42 II Cb – Zentrum d. iroschott. Mission im Frankenr. 56 I Ec – unter Karl d. Gr. als Benedikt.-Abtei neu errichtet 55 III Db

Luxor: Stadt in Ägypt. – Tempel d. alt. Theben 25 IV Cb

Luzern: Stadt in d. Schweiz – im 12. Jh. Erhebg. z. Stadt – 1332 Mitgl. d. Eidgen. 80 I De – im 15. Jh. Erwerb d. späteren Kantongebietes 100 I Db – 1574 gegr. Jesuitenkolleg 97 III Ee

Lydien: Landsch. in d. W-Türkei – 546 v. Chr. pers. Satrapie 30 II BCab – 334 v. Chr. zum Reich Alexanders d. Gr. 34/35 I Bb – 133 v. Chr. als Lydia z. röm. Prov. Asia 40/41 I Je

Lykien: Landsch. in d. S-Türkei – um 540 v. Chr. pers. 30 II BCb – Mitgl. d. Att. Seebundes 32 I Kg – 334 v. Chr. zum Reich Alexanders d. Gr. 34/35 I BCb – 43 n. Chr. röm. Prov. Lycia et Pamphylia 40/41 I Ke

Lynn: Stadt in Großbritannien – s. d. 13. Jh. Niederlassg. d. Hanse 87 III Bc – im MA Zentrum d. engl. Wolltuchverarbeitg. 92/93 Cb

Lyon: Industriestadt in SO-Frankr. 176/177 I Fd – 43 v. Chr. röm. Kolonie Lugdunum, Hptst. v. Gallien 40/41 I EFc – religiöses, kulturelles u. wirtschaftl. Zentrum d. gall. Provinzen 39 III Cb – s. d. 2. Jh. n. Chr. Ebm. 55 III Cb – 532 fränk. 51 IV Sk – 879 zu Niederburgund 60/61 I Ef – 1245 Konzil von L.: Absetzg. Kaiser Friedrichs II. durch Papst Innozenz IV. 64 I Cb – 1307/12 franz. 80 I Bf – s. d. 15. Jh. bedeut. europ. Handels- u. Messestadt, Zentr. d. Seidenverarbeitg. 92/93 Dd – 1793 Aufstand d. Girondisten 118 I Cb – 1831 Arbeiteraufstand 139 III Cf

Lystra: ehem. Stadt in d. Türkei – Wirkungsstätte d. Apostels Paulus 43 IV

M

Maastricht: Stadt in d. Niederlanden – röm. Gründg. – s. 1648 Ausbau z. stärksten niederländ. Festg. 99 II Cb – 1991 M.er Verträge: EG-Gipfelkonferenz beschließt Ausbau d. EG z. Europ. Wirtschafts- u. Währungsunion sowie Europ. Polit. Union

Macao: Stadt u. port. Überseeprov. an d. S-Küste v. China 188/189 I Od – 1557 an Portugal abgetreten 104/105 I Oc – s. 1976 autonom 196 III Mi

Machilipatnam – 45 III Ec

Machu Picchu – 106 II Dd

Maciejowice: Ort in Polen – 1794 entscheidender russ. Sieg über poln. Freiheitskämpfer 116 I Cb

Mâcon: Stadt in O-Frankr. – s. d. 5. Jh. Bm. 60/61 I Ee – 1435 als Gft. zum Hzm. Burgund 89 IV Gf

Madagaskar: Inselstaat im Ind. Ozean an d. SO-Küste Afrikas 188/189 I Lfg – 1506 v. Portugiesen entdeckt, Sankt Laurentius genannt; im 16./17. Jh. Errichtg. port. u. franz. Niederlassungen 62/63 I Lef, 149 III Fef – 1885 franz. Protektorat, 1896 nach erfolglosen Kämpfen d. Madagassen geg. franz. Kolonialmacht z. Kolonie erklärt 148 II Mlm – zahlreiche Aufstände für nationale Unabh., 1957 beschränkte Autonomie, 1960 unabh. Rep. 198 I Dde – 1975 sozialist. Rep., s. 1991 Übergang z. parlamentar. Demokratie 198 II Hij, 199 III Hfg

Madeira: port. Inselgr. im Atlant. Ozean 188/189 I Hld – 1419 entdeckt 104/105 I Ic – 108 I Dc

Madjaren ▸ Ungarn

Madras: Hafenstadt in SO-Indien 194 II Kg – s. 1639 Ausgangspkt. d. Kolonialisierg. Indiens durch Großbritannien 149 IV Gd – bedeut. ind. Handels- u. Kulturzentrum 194 I Dc

Madrid: Hptst. v. Spanien 176/177 I Ee – im 9.–10. Jh. maur. Festg., 1083 christl. Rückeroberg. 62/63 I Bc – 1348 Pestepidemie 82 I Bb – 1561 Erhebg. z. Hptst. u. königl. Residenz unter Philipp II. 90/91 Ee – 1808 Volksaufstand löst span. Freiheitskampf geg. franz. Herrschaft aus 128/129 Ee – 1918 Influenzaepidemie 83 V Nh – 1936–39 Zentrum d. republikan. Kampfes geg. d. Franco-Truppen, 1939 Kapitulat. beendet span. Bürgerkrieg 137/138 I Ee

Madura – 75 IV Dd

Magadha: ehem. Reich in NO-Indien – im 5. Jh. v. Chr. Wirkungsbereich v. Buddha – 26 II Fb – 44 I Legende – 47 IV Mh

Magalhãesstraße: Meeresstraße zw. d. Atlant. u. Pazif. Ozean – 1520 vom port. Seefahrer Magalhães bei d. ersten Weltumsegelg. entdeckt 104/105 I Fg

Magdeburg: Hptst. v. Sachsen-Anhalt 185 III Db – 805 erstmals als bedeut. fränk. Handelspl. erwähnt 55 III Ea – 59 II Bb – 68 IV –1188 Magdebg. Stadtrecht, v. vielen ostmitteleurop. Städten übernommen 70 I Bd – 73 III Ca – 81 II Ca – wichtiges Mitgl. d. Hanse 87 III Dc – 1524 Einführg. d. Reformation verschärft Konflikt mit d. erzbischöfl. Stadtherrn, Zentrum d. Protestantismus 94/95 I Fb – 1631 im 30-jährigen Krieg stark zerstört, 1680 brandenburg. 98/99 I Fb – 1815 Hptst. d. preuß. Prov. Sachsen 134 I Fb – s. Mitte d. 19. Jh. Industriezentrum 139 IV Fb – 164 I Eb – 169 IV Dg – 182 I Bb – 1952–90 Bezirkshptst. u. größter Binnenhafen d. DDR 178 II Db – 182 II Ff – 183 V Bb – eines der vier Hauptzentren der DDR-Protestbewegung 1989 184 I Bb

Magdeburg: ehem. Ebm. in Sachsen-Anhalt – 968 unter Kaiser Otto I. gegr. 60/61 I Hb – kirchl. Zentrum im Osten d. Dt. Reiches, Zentrum d. Ostsiedlg. 70 I Bd – 1636 Pestepidemie 82 III Mf – 1680 als Hzm. zu Brandenburg 98/99 I Fb

Magenta: Stadt in N-Italien – 1859 österr. Niederlage geg. franz.-sardin. Heer, Abzug d. österr. Truppen aus d. Lombardei 142 I Bc

Magnesia: Ruinenstätte in d. W-Türkei griech. Gründg., 546 v. Chr. pers., 500–494 v. Chr. am Ion. Aufstand beteiligt 31 III Ec – frühchristl. Gemeinde

Mahé: Ort in SW-Indien – 1721–1954 franz. 111 II Jg, 194 II Jg

Mähren: Landsch. in d. Tschech. Rep. – bis z. Einwanderg. german. Völker im 1. Jh. v. Chr. von Kelten besiedelt 48 I Dbc, 50 I Dab – im 6. Jh. n. Chr. Vordringen slaw. Volksstämme, im 9. Jh. Bildg. d. Großmähr. Reiches 55 III Fb – im 10. Jh. zw. Ungarn u. Polen umkämpft, 1029 zu ▸ Böhmen 54 II Kf, 59 II Ed, 60/61 I Kd – 1182 Erhebg. z. Mgft., Beginn dt. Besiedlg. 62/63 I Fb – 1526 habsburg. 94/95 I Id – 1905 Mähr. Ausgleich: Versuch z. Lösg. d. Nationalitätenkonfliktes zw. Tschechen u. Deutschen 154/155 I Id – 1918 z. Tschechoslowakei 166 I IJd – 1939–45 z. „Protektorat Böhmen u. M." 170 I Hld

Mährisch-Ostrau (Ostrava): Stadt in d. Tschech. Rep. 178 II GHd – reiche Steinkohlevorkommen bilden Grundlage d. tschech. Schwerindustrie 139 IV dIJ

Maikop: Stadt in d. Russ. Föderation – Fundort vorgeschichtl. Hügelgräber 23 III Gb – im 2. WK wegen seiner Erdölvorkommen von dt. Truppen besetzt 172 I FGc

Mailand (Milano): Industriestadt in N-Italien 176/177 I Gd – im 4. Jh. v. Chr. kelt. Gründg., 222 v. Chr. röm. Eroberg., Mediolanum 36 I Dc – bedeut. röm. Handelszentrum 39 III Cb – s. Ende d. 3. Jh. n. Chr. Residenzstadt 40/41 I Fc – 313 Eddikt von M.: christl. Glaubensausübung als gleichberechtigt anerkannt 42 II Cb – s. d. 4. Jh. Ebm. 56 I Ec – 774 fränk. 55 III Db – im 11. Jh. Entwicklg. z. Stadtstaat 60/61 I Gf – im 12. Jh. übernimmt M. Führg. im Lombard. Städtebund, 1162 im Kampf geg. d. stauf. Machtpolitik zerstört 62/63 I Db, 68 I Cb – im 14. Jh. Ausdehng. d. Herrschaftsbereiches unter d. Dynastie d. Visconti, 1395 Hzm 80 I Df – 81 II Bb – im 15. Jh. Machtkämpfe mit Venedig u. Florenz; Zentrum d. Renaissance 86 I Bb – 1500–12 u. 1515–21 franz., 1535 unter span. Herrschaft 94/95 I EFef – im 16. Jh. bedeut. Wirtschaftszentrum, eine d. größten Städte Europas 92/93 Ed – 1714 österr. – 1797–1802 Hptst. d. Cisalpin. Rep., 1802–05 Hptst. d. Italien. Rep. 131 II Cf – 1805–15 Hptst. d. napoleon. Kgr. Italien 131 III Kf – 1815 erneut österr. 132/133 Gd – 1835 Choleraepidemie 83 IV Dc – bis 1861 Zentrum im Kampf um d. italien. Einigg. 142 I Bc

Maine: Bundesstaat in d. nordöstl. USA 124 I Pd – 1820 als 23. Staat in d. Union aufgenommen 126 I FGb

Mainz: Hptst. v. Rheinld.-Pfalz 185 III Ccd,68 I Cab – 13 v. Chr. als röm. Leg.-Lager gegr., Mogontiacum 40/41 I Fbc – Ausgangspkt. d. Germanenfeldzüge unter Drusus 49 V Ccd – s. d. 6. Jh. n. Chr. unter d. Herrschaft bischöfl. Stadtherren 55 III Dab – im 12. Jh. Tagungsort zahlreicher Reichstage u. Synoden, Bau d. Doms 62/63 I Dab – 1254 Gründg. d. Rhein. Städtebundes – Geburtsort v. Johannes Gutenberg, d. Erfinder d. Buchdrucks 80 I Dd – 1461–63 Mainzer Stiftsfehde 94/95 I Ecd – 1476 gegr. Univ., später Jesuitenkolleg 81 III He, 97 III DCcd –1635 Pestepidemie 82 III Lgh – 97 IV Ecd – 1792 Zentrum d. republikan. Bewegg. in Deutschld., 1792/93 als bedeut. militär. Festg. v. Franzosen belagert, 1801 franz. 118 I Dab – 1815–66 Bundesfestg. 134 I Ed – 1918–30 franz. Besetzg. 166 I Ecd – 164 I Dcd

Mainz: Bm. in Rheinld.-Pfalz u. Hessen – s. d. 6. Jh. fränk. Bm., 747 unter Bonifatius als Ebm. z. kirchl. Zentrum Deutschlands ausgebaut 56 I Ebc – s. 965 stellen d. Erzbischöfe von M. d. Erzkanzler d. Hl. Röm. Reiches 60/61 I Gcd – im 12.–14. Jh. Ausdehng. d. Besitzes 80 I Dcd – 1803 Auflösg. d. Ebm. 131 II Cd

Maipú: Fluss in Chile – 1818 chilen. Sieg sichert Unabh. Chiles 152 II

Maisur: Bundesstaat in S-Indien – 1799 als Fsm. brit. Vasall 111 II Jg

Majdanek: Ort in Polen – 1943–45 nat.-soz. Vernichtungslager 170 I Lc, 171 IV Of, 172 II Eb

Makedonien: Staat u. Landsch. in SO-Europa 176/177 I Je – im 7. Jh. v. Chr. Bildg. d. Kgr. M. 28 I CEa – dem pers. Achämenidenreich tributpflichtig 30/31 I Ba, 30 II Ba – im 5. Jh. v. Chr. verstärkte Förderg. griech. Kultur, Verwicklg. in d. Kämpfe d. griech. Stadtstaaten 33 II EFa – im 4. Jh. v. Chr. Ausdehng. d. makedon. Herrschaftsbereiches unter Philipp II., Schaffg. eines Weltreiches unter Alexander d. Gr. 34/35 I Ba – Kriege geg. Rom führen z. Untergang d. makedon. Reiches 37 III Gb – 148 v. Chr. röm. Prov. Macedonia 40/41 I dI – 395 n. Chr. oströmi. 42 I Eb – im 8. Jh. byzantin. Thema 58 I Ec – 1371 osman. 79 II Db – s. Ende d. 19. Jh. v. Bulgaren, Serben u. Griechen beansprucht (Makedon. Frage); 1913 nach d. 2. Balkankrieg zw. Bulgarien, Serbien u. Griechenland geteilt 145 III Hb – 1918 serb. Teil von M. zu Jugoslawien 137/138 I Je – 1945–91 nördl. Teil Teilrep. Jugoslawiens, südl. Teil Region in N-Griechenland 176/177 I Je – 1991 nach Zerfall d. jugoslaw. Bundesstaates unabh. Rep. 209 III LMgh

Makran – 75 V Jf

Malabar – 75 V Legende

Málaga: Hafenstadt in S-Spanien 176/177 I Ef – phönik. Gründg. Malaka 29 IV Bc – 205 v. Chr. röm., Malaca 40/41 I De – wichtiger Hafenpl. im Handel mit N-Afrika 39 III Bc – 711 n. Chr. von Arabern erobert, im 11. Jh. maur. Residenz 58 I Bd – Bevölkerungswachstum im 13. Jh. 68 I Bc

Malakka: Stadt in Malaysia – 1511 port. Handelsniederlassg. 104/105 I Od – 1641 niederländ., Ansiedlg. chines. Kaufleute 110 I Ec – 1795/1824 brit. 111 II Lg – 1963 zu Malaysia 194 II Lg

Malatya: Stadt in d. O-Türkei – griech. Melitene 34/35 I Cb – im 1. Jh. n. Chr. röm. Leg.-Lager 40/41 I Le – frühchristl. Gemeinde 42 II Fc

Malawi: Staat in SO-Afrika 188/189 I Kf – heut. Staatsgebiet s. 1891 brit. Protektorat Njassaland, Sklavenhandel 151 III Gi – 1953–63 Zentralafrikan. Föderation mit S- u. N- Rhodesien 198 I Cd – 1964 als M. unabh. Mitgl. d. Commonwealth, 1966 Rep. 198 II Gi, 199 III Gf

Malaysia: Staat in SO-Asien 188/189 I Oe – 1511 Eroberg. d. Halbinsel Malakka durch d. Portugiesen 104/105 I Od – 1641 v. Niederländern in Besitz genommen 110 I Ec – 1795 v. Briten besetzt 111 II Lg – s.1873 Errichtg. brit. Protektorate auf Malakka u. Borneo 194 I Ec – im 2. WK von Japanern besetzt 174 I Cd – 1948 Bildg. d. Malay. Föderation löst Bürgerkrieg aus, 1957 unabh. Mitgl. d. Commonwealth, 1963 Bundesstaat M., indones. u. philippin. Gebietsansprüche führen z. Konflikt mit M., 1965 Austritt Singapurs aus d. Föderation 194 II Lg

Malediven: Inselstaat im Ind. Ozean 188/189 I Md – 1786 brit. 194 I Cc – 1965 unabh., 1968 Rep. 194 II Jg

Malembo – 150 I Ee

Mali: Staat in W-Afrika 188/189 I deIJ – heut. Staatsgebiet im 13.–15. Jh. islam. Reich – um 1880 Beginn franz. Eroberg. 151 II ABc – 1904 zu Franz.-Westafrika 151 III EFh – 1960 unabh. Rep. 198 I ABbc – 1968 Militärregime, 1991 erneuter Militärputsch 198 II EFgh, 199 III Cc

Mallorca ▸ Balearen

Malmedy: Stadt in Belgien – 648 gegr. Benedikt.-Abtei 57 IV Da – bis 1794 reichsunmittelbar 120/121 Cc – 1920 vom Dt. Reich an Belgien abgetreten 166 I Dc

Malmö. Hafenstadt in S-Schweden 176/177 I Hb – im 12 Jh. dt. Stadtgründg. 70 I Cc – Niederlassg. d. Hanse 87 III Db – 1524 Friede zw. Dänemark u Schweden, dän. Anerkenng. d. Königswürde v. Gustav Wasa 90/91 Hb – 1848 dän.-preuß. Waffenstillstand im Dt.-Dän. Krieg 134 I Ga

Malplaquet: Ort in N-Frankr. – 1709 Niederlage d. Franzosen geg. d. vereinigte Heer d. Österreicher, Preußen u. Briten im Span. Erbfolgekrieg 112/113 Fc

Malta: Inselstaat im Mittelmeer 176/177 I Hf – im 8. Jh. v. Chr. phönik. Kolonie Melita 29 IV Dc – 218 v. Chr. röm. 40/41 I Ge – 870 v. Arabern, 1090 v. Normannen erobert u. Sizilien angegliedert 54 II Kg, 84 I Dc – s. 1530 Lehen d. Johanniterordens, auch Malteserorden genannt; Ziel osman. Eroberungsversuche 79 II Bc – 1798 franz. Besetzg. beendet Herrschaft d. Ordens; 1800 brit. 128/129 Hf – 1814 brit. Kronkolonie, Ausbau z. wichtigen Flottenstützpkt. 132/133 Hf – im 2. WK Kriegsschaupl. 173 III Dd – 1947 autonom, 1964 unabh. Mitgl. d. Commonwealth, 1974 Rep. 176/177 I Hf – 1989 auf Gipfeltreffen erklären d. amerikan. Präsident Bush u. sowjet. Präsident Gorbatschow d. Kalten Krieg für beendet 204/205 I Jd

Malwinen ▸ Falklandinseln

Maly Trostinec: Ort in Russland – Vernichtungslager 171 IV Of

Mameluken, Mamluken-Reich: ehem. Reich in Ägypten u. Vorderasien – s. 1250 Herrschaft über Ägypten, 1260 Sieg über d. Mongolen verhindert deren weiteres Vordringen 78 I Cde – Ausdehng. d. Machtbereiches auf Syrien u. Palästina, Aufstieg z führenden Reich im Vorderen Orient 84 I EFc – s. 1279 Verdrängg. d. Kreuzfahrer aus Syrien u. Palästina 65 II Bc – 1517 unter osman. Oberhoheit 79 II FGde

Man: autonome brit. Insel in d. Irischen See – 59 n. Chr. röm., Monapia 40/41 I Db – im 8./9. Jh. v. Normannen erobert 54 II el – im 12. Jh. Kgr., 1266 zu Schottland 62/63 I Ba – s. d. 14. Jh. engl. Lehen 84 I Ba

Managua: Hptst. v. Nicaragua 152 I Cc

Manchester: Industriestadt in Großbritannien 176/177 I Ec – 123 II Cc – s. Ende d. 18. Jh. Zentrum d. engl. Baumwoll- u. Textilindustrie 128/129 Ec – 1819 „Massaker v. Peterloo" bei Arbeiterdemonstration für soziale u. Parlamentsreformen 132/133 Ec – 122 I E – 123 III Jc – 141 III Cc

Mandschukuo ▸ Mandschurei

Mandschurei: NO-Teil v. China – Stammgebiet d. mongol. Mandschu, d. 1644 begründete Mandschu-Dynastie beherrscht d. gesamte Chines. Reich 110 I – 1905 N-Teil russ., S-Teil japan. Einflusssphäre 194 I Fa – 1931 japan. Besetzg., 1934 Bildg. d. von Japan abh. Kaiserr. Mandschukuo 196 II Fb – 1945–46 v. sowjet. Truppen besetzt, 1946–48 Kampf zw. nationalchines. u. kommunist. Truppen, 1949 Eingliederg. in d. VR China, 1955 Errichtg. d. Provinzen Heilungkiang, Kirin u. Liaoning 196 III MNfg

Manila: Hptst. d. Philippinen 194 II Mg – 1571 span. Gründg. 110 I Fc – 1898 zu d. USA 194 I Fc – 1942 v. japan. Truppen besetzt, 1945 v. amerikan. Truppen zurückerobert, während d. Kampfhandlungen stark zerstört 174 I Dc, 174 II Kg – 1946 Regierungssitz, s. 1976 philippin. Hptst., 1986 Zentrum d. Unruhen geg. d. diktator. Marcos-Regime 195 IV Kf

Manitoba: Prov. in Kanada 124 I Mc

Mannheim: Industriestadt in Baden-Württemberg 180 I Cd – 1607 Stadtrecht 98/99 I Ed – 1720 planmäßiger Ausbau z. Residenz d. Kurfürsten von d. Pfalz, Bau d. Barockschlosses 120/121 Ed – 1803 bad. 131 II Cd – 1848/49 Zentrum d. Revolution 134 I Ed – im 19. Jh. verstärkte Industrialisierg., bedeut. dt. Binnenhafen 139 IV Ed – 164 I Dd

Mansfeld: ehem. Gft. in Sachsen-Anhalt – 1780 zw. Preußen u. Sachsen geteilt 130 I Cb – Zentrum d. Kupferbergbaus 139 III Fc

Mansura: Stadt in N-Ägypten 176/177 I Lg – 74 I CDb – 1250 arab. Sieg über Kreuzfahrerheer 64 I Fc

Mantineia: ehem. Stadt in Griechenland, Peloponnes – 418 v. Chr. im Peloponnes. Krieg v. Sparta erobert 33 III Fc – 362 v. Chr. Sieg d. Thebaner über Spartaner u. Athener; 223 v. Chr. nach makedon. Zerstörg. als Antigoneia neu gegr. 28 I Dd

Mantua (Mantova): Stadt in N-Italien 142 I Cc – vermutl. etrusk. Gründg., später röm. 36 I Ec – 1167 Mitgl. d. Lombard. Städtebundes 62/63 I Eb – 1433 Mgft., 1530 Hzm. 94/95 I Ff – 1628–31 Mantuan. Erbfolgekrieg 98/99 I Ff – 1708 österr. 130 I Cc – 1796–97 franz. Belagerg. 131 II Df – 1810 Erschießg. d. Tiroler Freiheitskämpfers Andreas Hofer 128/129 Hde – 1815–66 erneut österr. 142 I Cc

Mantzikert: Ort in d. O-Türkei – 1071 entscheidende byzantin. Niederlage geg. Seldschuken führt z. Sinken d. byzantin. Einflusses in Kleinasien 58 I Gd

Maputo: Hptst. v. Mosambik 198 II Gj – als port. Stützpkt. Lourenço Marques gegr. 151 II Ce – 1975 in M. umbenannt 201 III Gh

Marathen: Volk in Indien – 75 IV Legende, 75 V Legende – im 18. Jh. Übernahme d. Vorherrschaft in Indien 110 I

Marathon: Ort in Griechenland – 490 v. Chr. entscheidender Sieg d. Griechen über Perser 31 III Cb

Marburg: Stadt in Hessen 180 I Cc – um 1200 gegr., s. d. 13. Jh. Residenzstadt 80 I Dc – 1527 Gründg. d. luther. Univ., später geg. d. Willen d. Bürgerschaft reform. 96 II Jf, 97 III Ec – 1529 M.er Religionsgespräche zw. Luther u. Zwingli z. Überwindg. d. theolog. Differenzen beider protestant. Glaubensrichtungen 94/95 I Ec

Marchfeld: Landsch. in Österr. – 1260 böhm. Sieg über ungar. Heer; 1278 habsburg. Sieg über böhm. Heer sichert machtpolit. Aufstieg d. Habsburger 62/63 I Fb

Marengo: Vorort v. Alessandria, N-Italien 142 I Bc – 1800 franz. Sieg unter Napoleon I. über Österreicher im 2. Koalitionskrieg 118 I Dc

Mari: Ruinenstätte in O-Syrien – um 2500 v. Chr. gegr., als bedeut. Königsresidenz 1694 v. Chr. von Babyloniern zerstört, Fundort altbabylon. Palastanlagen u. Tonschrifttafeln 23 III Gc

Mari, AR der: autonome Rep. in d. Russ. Föderation 192 I Dc – 1936 als ASSR in d. RSFSR gegr. 190 I Dc

Maria Laach: Benedikt.-Kloster in Rheinld.-Pfalz – 1093 gegr. 57 IV Da

Marianen: amerikan. Inselgr. im Pazif. Ozean 188/189 I Qe – 1565 span. 109 IV Rcd – 1899 mit Ausnahme v. Guam v. Spanien an d. Dt. Reich verkauft 148 II Rh – 1920–45 japan. Mandat 160/161 I Qd – im 1. u. 2. WK Kriegsschaupl. 157 IV dI, 174 II Lg – 1947 zum US-

Treuhandgebiet Pazif. Inseln, 1986 N-M. autonomes Commonwealth d. USA 204/205 I Qe

Marienburg (Malbork): Stadt in N-Polen – 1272 vom Dt. Orden errichtete Burg, 1276 Magdebg. Stadtrecht 70 I Fc – 1309–1466 Schloss M. Sitz d. Hochmeisters d. Ordensstaates 52 I Cde, 71 III – 1466 poln. 94/95 I Jab – 1772 preuß. 116 I Bb

Marienwerder (Kwidzyn): Stadt in N-Polen – 1233 erbaute Burg d. Dt. Ordens, 1236 Magdebg. Stadtrecht 70 I Fd, 71 II Ce – 1772 Sitz d. Regierg. Westpreußens 120/121 Jb

Marignano: Stadt in N-Italien – 1515 franz. Heer besiegt habsburg.-eidgenöss. Truppen u. besetzt d. Hzm. Mailand 94/95 I Ef

Mark: ehem. Gft. in NRW – im 13. Jh. Gft., 1392 mit Kleve vereinigt 80 I Cc – 1614/66 brandenburg. 98/99 I Dc

Marne: Nebenfluss d. Seine in Frankr. – Sept. 1914 dt. Niederlage geg. franz.-brit. Armee in d. Anfangsphase d. 1. WK, Übergang vom Bewegungs- zum Stellungskrieg 156 II Bb

Marokko: Staat in NW-Afrika 188/189 I dl – an d. Küste d. heut. Staatsgebietes um 1100 v. Chr. phönik., später karthag. Kolonien 29 IV Bc, 37 III ABcd – um 40 n. Chr. röm. Prov. Mauretania Tingitana, d. ansässigen Berberstämme bewahren ihre Selbstständigkeit 40/41 I CDef – im 7./8. Jh. Teil d. arab. Reiches Maghrib, Beginn d. Islamisierg. 53 III BCc – s. d. 8. Jh. unter d. Herrschaft v. Berberdynastien 54 II gl, 84 I Bc – im 15. Jh. Gründg. port. u. span. Stützpunkte 90/91 DEfg – 150 I BCab – 1906,1911 M.-Krisen: dt.-franz. Interessenkonflikt um kolonialen Einfluss in M. 154 II Ec – 1912 Teilg. in ein franz. u. span. Protektorat 151 III Eg – 1921–26 Aufstand d. Rifkabylen unter Abd el-Krim geg. span. Kolonialherrschaft 137/138 I DEfg – im 2. WK von alliierten Truppen besetzt 175 III Ec – s. 1947 nationaler Unabhängigkeitskampf, 1956 unabh., 1957 Kgr. 198 I Ab – 1963 marokkan. Ansprüche auf Gebiete in d. Sahara führen z. Grenzkonflikt mit Algerien; 1969 span. Enklave Ifni zu M., 1976 Besetzg. d. nördl. Teils, 1979 d. südl. Teils v. ehem. Span.-Sahara 198 II Ea – 1984 wegen Sahara-Konflikt Austritt aus OAU 204/205 I dl

Marquesas-Inseln: Inselgr. im südl. Pazif. Ozean, zu Franz.-Polynesien gehörig 195 V GHc

Marrakesch: Stadt in Marokko – 150 I Ca –201 III Cb – Residenz marokkan. Sultane 200 II Ab

Marsala: Hafenstadt auf Sizilien, Italien 142 I Dg – 398 v. Chr. an d. Stelle d. zerstörten Motye v. Karthagern gegr., griech. Lilybaion 29 IV Dc – 241 v. Chr. röm. Eroberg., Ausbau z. bedeut. Handels- u. Kriegshafen, latein. Lilybaeum 37 III Ec – Mai 1860 Landg. Garibaldis u. seiner Truppen z. Befreig. Siziliens von d. bourbon. Herrschaft 142 I Dg

Marseille: Hafenstadt in S-Frankr. 176/177 I Ge – um 600 v. Chr. als griech. Kolonie Massalia gegr. 29 IV Cb – im 4./3. Jh. v. Chr. bedeut. Handels- u. Kulturzentrum, Massilia; im 2. Pun. Krieg mit Rom verbündet 37 III Db – 49 v. Chr. röm. 41 II Qj – frühchristl. Gemeinde 42 II Cb – s. d. 4. Jh. n. Chr. Bm. 56 I Ed – 536 fränk. 54 I Dc – mittelalterliche Großstadt 68 I Cb – 1347 Pestepidemie 82 I Cb – 1481 franz. 89 IV Gh – 1793 Aufstand d. Girondisten 118 I Dc – s. 1830 erneuter wirtschaftl. Aufschwung durch d. Handel zw. Frankr. u. N-Afrika 132/133 Ge – 1835–37 Choleraepidemie 83 IV Dc– im 2. WK Kriegsschaupl. 172 I Cc

Marshall-Inseln: Inselstaat im Pazif. Ozean 188/189 I Re – 1885 dt. Kolonie, 1920–45 japan. Mandat 160/161 I Rd – 1947 zum US-Treuhandgebiet Pazif. Inseln 204/205 I Re – 1990 unabh. Rep. 195 V Eb

Marston Moor: Ort in Großbritannien – 1644 Sieg d. Anhäng. Cromwells über Truppen Karls I. 112/113 Ec – 103 III Jgh

Martinique: franz. Insel im Karib. Meer 188/189 I FGe – s. 1635 franz. 108 IV Nebenkarte – 1946 franz. Überseedepartement 188/189 I FGe

Martinsberg (Pannonhalma): Benedikt.-Kloster in Ungarn – 996 gegr., Ausgangspkt. d. Christianisierg. Ungarns 70 I Eg

Maryland: Bundesstaat in d. östl. USA 124 I Oe – 1776 Gründerstaat d. USA 126 I Fc

Masada: Ruinenstätte in Israel – um 30 v. Chr. unter Herodes d. Gr. als Festungs- u. Palastanlage ausgebaut; 70–73 n. Chr. als letzter jüd. Stützpkt. v. Römern belagert u. erobert 43 III Cf

Masowien: Landsch. in Polen – 59 II GHb –1138 selbst. Hzm. 62/63 I FGa – 1351 poln. Lehen 84 I Ea – 1526 endg. zu Polen 94/95 I Kb – 143 III MNg

Massa: Stadt in N-Italien – 1815–29 bourbon. Hzm. 142 I Cc

Massachusetts: Bundesstaat in d. östl. USA 124 I Od – 1776 Gründerstaat d. USA 126 I Fb

Massalia, Massilia ▸ Marseille

Massaua: Hafenstadt in N-Äthiopien – 1520 port. 104/105 I Kd – 1557 osman. 109 IV Ld – 1866 ägypt. 151 II Cc

Masulipatnam – 109 V Cc

Masuren: Seenlandsch. in Polen – 1914 u.1915 dt. Sieg an d. Masur. Seen u. in d. Winterschlacht geg. russ. Armee 156 II CDa

Matatane – 105 III Ee

Matebele: Bantuvolk in SO-Afrika – im 19. Jh. gegr. Reich 151 II Cd

Mathildische Güter: ehem. Besitz d. Markgräfin v. Tuszien – 1079 als Lehen an d. röm. Kirche 62 II Legende

Mato Grosso: Bundesstaat in Brasilien 152 I Ff

Matsu: Inselgr. an d. SO-Küste v. China, zu Taiwan gehörig 196 III Ni

Mauer: Ort bei Heidelberg, Baden-Württemberg – Fundort d. „homo heidelbergensis" 18 I Cb, 20 I Cd, 48 I

Maulbronn: Stadt in Baden-Württemberg – 1147 gegr. Zisterz.-Kloster 57 V el

Maupertuis: Ebene in Mittelfrankr. – 1356 engl. Sieg über franz. Heer im „100-jährigen Krieg" 84 I Cb

Mauretania: ehem. röm. Prov. in NW-Afrika – 42 n. Chr. in d. röm. Provinzen Mauretania Caesariensis u. Mauretania Tingitana geteilt 40/41 I DEef

Mauretanien: Staat in W-Afrika 188/189 I del – heut. Staatsgebiet s. 1904 franz. Protektorat, 1920 als Kolonie Franz.-Westafrika eingegliedert 151 III Egh – 1960 unabh. Rep. 198 I Abc – 1976–79 Besetzg. d. südl. Teils v. ehem. Span.-Sahara, s. 1991 Übergang zu islam. Demokratie 198 II Egh, 199 III BCb

Mauritius: Inselstaat im Ind. Ozean, östl. v. Madagaskar 188/189 I LMg – um 1505 v. Portugiesen entdeckt, Maskarenen genannt 104/105 I LMef – 1598 v. Niederländern erobert, 1715 als Ile de France franz. 109 IV MNef – 1810 brit. 148 I MNef – 1968 unabh. Mitgl. d. Commonwealth 188/189 I LMg

Mauritsstaad ▸ Recife

Maurja-Reich – 44 II Legende

Mauro Castro ▸ Akkerman

Mautern: Stadt in Österr. – im 9. Jh. fränk. Handelspl. 55 III Fb

Mauthausen: Ort in Österr. – 1938–45 nat.-soz. KZ 170 I Hd, 171 IV Ng, 172 II Dc

Maxen: Ort in Sachsen – 1759 preuß. Niederlage geg. österr. Truppen im 7-jährigen Krieg 120/121 Gc

Maya: indian. Volksstämme in Mittelamerika – Träger d. M.-Hochkultur, um 300–900 höchstentwickelte d. mittelamerikan. Kulturen: frühe Anwendg. u. Entwicklg. v. Astronomie u. Mathematik, ausgedehnte Tempel- u. Palastanlagen bezeugen Blüte v. Architektur, Kunst u. Kultur, im 16. Jh. Unterwerfg. d. M. durch d. Spanier 106 II

Mayapan: Ruinenstätte in Mexiko – um 1200 Gründg. d. Liga von M., bedeut. Stadtstaat d. Maya 106 II Cb

Mayerling: Ort in Österr. – 1889 Tod d. Kronprinzen Rudolf v. Österr. auf Schloss M. 135 II Id

Mazagan: Stadt in W-Marokko – 1514–1769 port. 90/91 Dg, 112/113 Dg

Mecheln (Mechelen): Stadt in Belgien – im 14./15. Jh. Handelszentrum 92/93 Dc – 1559 Ebm. 97 III Cc – im 16. Jh. Zentrum im niederländ. Freiheitskampf 98/99 I Cc

Mecklenburg: ehem. Land d. Dt. Reiches u. Teil d. Bundeslandes Mecklenburg-Vorpommern 185 III DEab – s. d. 13. Jh. Teilg. d. mecklenburg. Besitzes, 1348 Erhebg. z. Hzm. 80 I EFb – 1621 erneute Teilg. in d. Herzogtümer M.-Schwerin u. M.-Güstrow 98/99 I FGb – 1701 letzte Landesteilg.: M.-Schwerin u. M.-Strelitz 120/121 FGb – 1815 als Großherzogtümer zum Dt. Bund 134 I FGb – 143 II EFb – 1867 Anschluss an d. Dt. Zollverein 136 II EFb – 1871 zum Dt. Reich 135 II FGb – 1934 Vereinigg. z. Land M. 170 I FGb – 1945–52 Land d. DDR 178 I DEb – 1990 Vereinigung mit Vorpommern zum Bundesland M.-Vorpommern 185 III DEab

Medien: Landsch. in Iran – 550 v. Chr. pers. Satrapie 30 II DEb – 30/31 I DEb – 30 II DEb – 330 v. Chr. Eroberg. durch Alexander d. Gr. 34/35 I DEb – Abtrenng. d. nördl. Teils als Atropatenisches Medien (▸ Aserbaidschan) 34 II KLe

Medina: Stadt im westl. Saudi-Arabien 202/203 I Gc – 622–32 Aufenthaltsort v. Mohammed nach seiner Flucht aus Mekka, 632–56 Sitz d. ersten Kalifen, Zentrum d. Islam u. bedeut. Wallfahrtsort 53 III FGd – 67 II Dc

Medina del Campo – 68 I Bb

Mediolanum ▸ Mailand

Meerssen: Ort in d. Niederlanden – 870 Vertrag zw. Ludwig d. Deutschen u. Karl II. d. Kahlen über d. Teilg. v. Lotharingien (▸ Lothringen) 55 III Da

Megara: Stadt in Griechenland – im 8. – 6. Jh. v. Chr. Ausgangspkt. griech. Kolonisation, bedeut. Seemacht 29 IV Ec, 33 III Fbc

Megiddo: Ruinenstätte in Israel – s. d. 4. Jtd. v. Chr. besiedelt 23 III Fc – 1479 v. Chr. von Ägyptern erobert u. zerstört, 733 v. Chr. assyr. 23 IV Ng – bedeut. alttestamentl. Ort 43 III Cc – 1918 Sieg d. Briten über d. Türken 156 III Jf

Mehi – 26 I Ab

Mehrgarh – 26 I AB

Meißen: Stadt in Sachsen – 929 Errichtg. d. Burg, 968 Gründg. d. Bm., im 13. Jh. Magdebg. Stadtrecht 70 I Ce – 1581 Auflösg. d. Bm. 97 III Gc – 1710 Gründg. d. ersten Porzellanmanufaktur Europas 120/121 Gc – 184 I Cc

Meißen: ehem. Mgft. in Sachsen – 965 als Mark M. errichtet 60/61 I Ic – 1089/1123 wettin. 80 I Fc – 1423 mit d. Kurfsm. Sachsen vereinigt 94/95 I Gc

Mekka: Stadt im westl. Saudi-Arabien 202/203 I Gc – Geburtsort v. Mohammed, heiligste Stadt d. Islam u. bedeut. Wallfahrtsort 53 III Fd, 53 IV Legende

Melbourne: Hafen- u. Industriestadt in Australien 188/189 I Qg – 1835 gegr.,1901–27 Hptst. v. Australien 148 II Rm, 160/161 I Qf

Melfi: Stadt in S-Italien – 1040 nach normann. Eroberg. Hptst. v. Apulien 62 II Cb – 67 II Ec – im 12./13. Jh. stauf. Residenz, 1231 Erlass d. Konstitutionen von M. durch Kaiser Friedrich II., ältestes staatl. Gesetzbuch Europas im MA 62/63 I Fc

Melilla: Hafenstadt in N-Marokko, unter span. Oberhoheit 176/177 I Ef – phönik. Gründg. Rusaddir, später karthag. Stützpkt. 37 III Bc – s.1497 span. 90/91 Ef

Melk: Stadt in Österr. – 1089 gegr. Benedikt.-Kloster 57 IV Fb, 70 I Df – 72 I Dd – 1525 Zentrum im Bauernkrieg 96 I Eb

Meloria: italien. Insel im Mittelmeer – 1284 Seeschlacht, Sieg Genuas über Flotte v. Pisa 62/63 I Ec

Melos: griech. Insel im Ägäischen Meer – 416 v. Chr. trotz Neutralität im Peloponnes. Krieg v. Athen unterworfen 33 III Gc

Memel (Klaipeda): Stadt in Litauen 176/177 I Jb – 1252 vom Dt. Orden gegr. 71 II Dd – im 16. Jh. wichtiger Handelspl. 92/93 Hb – bis 1919 preuß. 166 I Ka – 1923–39 Hptst. d. Memelgebietes 137/138 I Jb

Memelgebiet, Memelland: Teil v. Litauen – 1919 nach d. Versailler Vertrag vom Dt. Reich an d. Alliierten abgetreten, 1920–23 unter alliierter Verwaltg., 1923 v. Litauen annektiert, 1924 Anerkenng. d. Autonomiestatus durch Litauen 166 I Ka – 1939 erneut zum Dt. Reich 170 I Ka – 1944 d. Litau. SSR eingegliedert 176/177 I Jb

Memleben: Ort in Sachsen-Anhalt – 973 Tod Kaiser Ottos d. Gr. 60/61 I Hc

Memmingen: Stadt in Bayern – 1286 Stadtrecht 80 I Ede – 1525 Bauern beschließen Programm d. dt. Bauernkrieges („Zwölf Artikel") 96 I Cc – bis 1803 Reichsstadt 120/121 Fde – 1803 bayr. 131 II De

Memphis: ehem. Stadt in N-Ägypten – im 3. Jtd. v. Chr. Residenz d. Könige d. Alten Reiches 19 IV Nh, 23 III Fd – geistig-kulturelles u. wirtschaftl. Zentrum Unterägyptens, alte Kultstätte 25 IV Ba – 525 v. Chr. pers. Eroberg. 30 II Cc – 30/31 I Cc

Memphis:Stadt am Mississippi in d. südl. USA 127 III DEc – franz. Gründg. Fort Prudhomme 125 III Cc – im Sezessionskrieg v. Unionstruppen erobert 125 IV Hlf – 1968 Ermordg. d. Bürgerrechtlers Martin Luther King 126 II Lg

Mentana: Ort bei Rom, Italien – 1867 Niederlage d. italien. Freischärler unter Führg. v. Garibaldi geg. franz. Truppen 142 I Dde

Meran (Merano): Stadt in N-Italien – 1317 Stadtrecht 70 I Bg – bis 1420 Residenz d. Grafen v. Tirol 94/95 I Fe – im 19. Jh. Entwicklg. z. bedeut. Kurort, 1919/20 zus. mit Südtirol zu Italien 142 I Cb

Mercia: ehem. angelsächs. Kgr. in Großbritannien – 828 v. Wessex unterworfen 55 III Ba

Mergentheim, Bad: Stadt in Baden-Württemberg – 1340 Stadtrecht 80 I Dd – 1525 Sitz d. Dt. Ordens 94/95 I Ed – Zerstörg. d. Ordensburg im Bauernkrieg 96 I Bb – 1809 württemberg. 131 III Kd

Mérida: Stadt in SW-Spanien – 25 v. Chr. röm. Kolonie Augusta Emerita 40/41 I Ce – frühchristl. Gemeinde, bedeut. kirchl. Zentrum 42 II Bc – mittelalt. Großstadt 68 I Bc

Merimde: vorgeschichtl. Fundort in N-Ägypten 19 III Fc

Merina – 150 I Hf

Meroë: Ruinenstätte im Sudan – um 300 v. Chr. Residenz nubischer Könige 25 IV Cd

Merseburg: Stadt in Sachsen-Anhalt 180 I Dc – im 9. Jh. als Burg erwähnt, 968 Bm. 60/61 I Hlc – im 11./12. Jh. als stauf. Königspfalz Tagungsort zahlreicher Hof- u. Reichstage 62/63 I Ea – im 13. Jh. Magdebg. Stadtrecht 70 I BCe

Mers-el-Kebir: Stadt in N-Algerien 176/177 I Ef – 1732–92 span. 112/113 Ef – 1962–68 franz. Militärstützpkt. 176/177 I Ef

Mersin: Hafenstadt in d. S-Türkei 176/177 I Lf – vorgeschichtl. Fundort 19 III Fc, 23 III Fc

Merthyr Tydfil – 122 I E

Merw: Stadt in Turkmenistan – im 4. Jh. v. Chr. Gründg. Alexanders d. Gr., griech. Alexandreia, eine d. ältesten Städte Mittelasiens 34/35 I Fb – im 2. Jh. v. Chr. zum Partherreich, Aufstieg d. Oasenstadt z. bedeut. Handelszentrum 47 IV Lh – im 7. Jh. n. Chr. arab. Eroberg. 53 III Ic – bis z. Zerstörg. durch d. Mongolen 1221 Hptst. d. Seldschukenreiches 78 I Fd – 1884 russ. 117 III Dd

Meschhed: Stadt in NO-Iran 194 II flj – hl. Stätte d Islam 202/203 I bl

Mesopotamien: Landsch. im Irak u. NO-Syrien – bereits um 5700 v. Chr. besiedelt 19 III – im 4. Jtd. v. Chr. Entwicklg. städt. Hochkulturen 19 IV Og – s. d. 3. Jtd. v. Chr. einwandernde Bevölkerungsgruppen verhindern Bildg. einer polit. u. kulturellen Einheit im mesopotam. Siedlungsgebiet, Entstehg. d. altoriental. Reiche ▸ Babylonien u. ▸ Assyrien 23 III Gc – 30/31 I CDb – im 4. Jh. v. Chr. Eroberg. durch Alexander d. Gr. 34/35 I CDb – 312 v. Chr. Satrapie d. Seleukidenreiches 34 II JKe – 165 n. Chr. röm. 40/41 I Mef – im 7. Jh. v. Arabern unterworfen 53 III Gc – 1534 z. Osman. Reich 79 II Hc

Messenien: Landsch. in Griechenland, Peloponnes 28 I CDd – um 1250 v. Chr. dor. Siedlungsgebiet, im 8. Jh. v. Chr. von Sparta erobert u. zum unfreien Helotenland gemacht 29 IV Ac – 369 v. Chr. Befreig. durch Theben, Gründg. d. neuen Hptst. Messene 28 I Cd

Messina: Hafenstadt auf Sizilien, Italien 176/177 I If – im 8. Jh. v. Chr. als griech. Kolonie Zankle gegr. 29 IV Dc – im 5. Jh. v. Chr. nach Einwandeg. griech. Flüchtlinge Messana genannt 33 III Bb – 264 v. Chr. Hilferufe italischer Söldner an Rom u. Karthago lösen 1. Pun. Krieg aus 37 III Fc – röm. Flottenstützpkt. u. Handelshafen 39 III Dc – im 9./10. Jh. arab. 58 I Dd – 1061 normann. Eroberg., kulturelles u. wirtschaftl. Zentrum 62 II Cc, 68 I Dc – 1908 durch Erdbeben stark zerstört 142 I Ef

Metaurus: Fluss in Mittelitalien – 207 v. Chr. Sieg d. Römer über Karthager im 2. Pun. Krieg 37 III Eb

Methone: Stadt in Griechenland, Peloponnes – 431 v. Chr. athen. Eroberungsversuch im Peloponnes. Krieg 33 III Ec – 1206–1500 als Modon wichtiger venezian. Stützpkt. 86 I Ed

Metz: Stadt in O-Frankr. 180 I Bd – kelt. Gründg. Divodurum, später röm. 40/41 I Fc – s. d. 5. Jh. n. Chr. merowing. Residenz 54 I Db – bis z. 12. Jh. unter bischöfl. Herrschaft 62/63 I Db – im 13. Jh. Aufstieg z. Reichsstadt, 1356 Verkündigg. d. zweiten Teiles d. „Goldenen Bulle" 80 I Cd – ma. Handelspl. 92/93 Dc – 1552 franz. Besetzg. 94/95 I Db – 1634 Pestepidemie 82 III Kh – 1648 franz., Ausbau z. Festg. 98/99 I Dd – 1870 im Dt.-Franz. Krieg von dt. Truppen belagert u. eingenommen 135 II Dd – bis 1918 als Hptst. v. Lothringen zum Dt. Reich 166 I Dd

Metz: Bm. in O-Frankr. – im 4. Jh. frühchristl. Gemeinde, im 6. Jh. bedeut. fränk. Bm. 56 I Ec – bis 1552 reichsunmittelbar, 1552/1648 franz. 94/95 I Dd, 98/99 I Dd

Mexiko: Hptst. d. Rep. Mexiko 152 I Bc – 1521 an d. Stelle d. zerstörten ▸ Tenochtitlán neu gegr., Hptst. d. Vizekgr. Neu-Spanien, 1551 Gründg. d. Univ., polit. u. kulturelles Zentrum d. span. Kolonialreiches in Amerika, eine d. größten Städte d. damaligen Welt 104/105 I Ecd

Mexiko: Staat in Mittelamerika 188/189 I DEde – heut. Staatsgebiet bis z. Eroberg. durch d. Spanier im 16. Jh. z. Machtbereich d. Maya u. Azteken 106 II ACab – im 16. Jh. als Vizekgr. Neu-Spanien Zentrum d. span. Kolonialherrschaft in Amerika, reichste Silber- u. Goldvorkommen d. Welt 104/105 I DEcd – 1810–21 Freiheitskampf, 1822 unabh. Kaiserr., 1824 Sturz d. Monarchie, 1836 Loslösg. v. Texas führt z. Krieg mit d. USA u. zu weiteren Gebietsverlusten 148 I DFbd – 1858–61 durch soziale Unruhen ausgelöster Bürgerkrieg, 1861 europ. Intervention unter Führg. v. Frankr., 1864–67 Kaiserr. unter Maximilian v. Österr., 1867 nach Abzug d. franz. Truppen Ausrufg. d. Rep., einschneidende wirtschaftl. Reformen u. soziale Missstände führen 1910–17 z. Revolution 152 I ACac – größter Silberproduzent d. Welt 153 IV ACac

Mezin: vorgeschichtl. Fundort in d. heut. Ukraine 18 I Ne, 48 I

Michigan: Bundesstaat in d. nördl. USA 124 I Nd – 1837 als 26. Staat in d. Union aufgenommen 126 I Eb

Midway-Inseln: amerikan. Inselgr. im Pazif. Ozean – 1942 See- u. Luftschlacht, entscheidender amerikan. Sieg über Japaner führt z. Wende im Pazifikkrieg 174 I Gb

Milavece: frühgeschichtl. Fundort in d. heut. Tschech. Rep. 23 IV Lf

Milazzo: Hafenstadt auf Sizilien, Italien 142 I Ef – 716 v. Chr. als griech. Kolonie Mylai gegr., 426 v. Chr. athen. Eroberungsversuch im Peloponnes. Krieg 33 III Bb – 260 v. Chr. Seeschlacht, erster Seesieg d. Römer über Karthager, latein. Mylae 37 III Fc – 1860 Sieg d. italien. Freiheitskämpfer über bourbon. Truppen 142 I Ef

Milet: Ruinenstätte in d. W-Türkei – um 1600 v. Chr. kret.-minoische, später myken. Siedlg., griech. Miletos 29 IV Dc – im 8.–6. Jh. v. Chr. größte u. bedeut. Stadt im westl. Kleinasien, Ausgangspkt. griech. Kolonisation, Handels- u. Kulturzentrum 29 IV Ec – 30/31 I – 500–494 v. Chr. im Ion. Aufstand Zerstörg. durch d. Perser u. Versklavg. d. Bevölkerg. 31 III Ec – Mitgl. d. Att. Seebundes 32 I Jg – in röm. Zeit erneute Blüte, latein. Miletus 40/41 I Je – frühchristl. Gemeinde 42 II

Miltenberg: Stadt in Bayern – im 2./3. Jh. röm. Kastell – 1525 Vertrag von M. zwingt d. Odenwalder Adel z. Eintritt in d. Bauernbund 96 I Bb – 1635 Pestepidemie 82 III Lh

Minden: Stadt in NRW – 798 als fränk. Siedlg. erwähnt, um 800 Bm. 55 III Da – im 13. Jh. Stadtrecht 62/63 I Da – Hansestadt 87 III Cc – 1648 brandenburg. 98/99 I Eb – 1759 franz. Niederlage geg. preuß. Heer im 7-jährigen Krieg 120/121 Eb – bis 1873 preuß. Festg. 134 I Eb

Minnesota: Bundesstaat in d. nördl. USA 124 I Md – 1858 als 32. Staat in d. Union aufgenommen 126 I Db

Minsk: Hptst. v. Weißrussland 192 I Cc – im 14. Jh. zu Litauen 84 I Ea – 1793 russ. 112/113 Kc – 1898 erster Parteitag d. Sozialdemokrat. Arbeiterpartei Russlands 117 III Bc – 1919/20 poln. Besetzg. 137/138 I Kc – 1941–44 von dt. Truppen besetzt, stark zerstört 172 I Eb – vor dem Holocaust große Judengemeinde 171 III Fb, 172 II Eb – 1919–1991 Hptst. d. Weißruss. SSR 190 I Cc – 1991 Präsidenten v. Russland, Ukraine u. Weißrussland beschließen nach Zerfall d. UdSSR Gründg. einer „Gemeinschaft Slawischer Staaten" 192 I Cc

Minyue – 46 II Li

Misenum: ehem. Stadt bei Neapel, S-Italien – 31 v. Chr. zum Hauptstützpkt. d. röm. Flotte ausgebaut 40/41 I Gd

Mississippi: Bundesstaat in d. südöstl. USA 124 I MNe – 1817 als 20. Staat in d. Union aufgenommen 126 I DEc

Missolunghi: Stadt in Mittelgriechenland – 1821–29 Zentrum im griech. Freiheitskampf 145 II Cc

Missouri: Bundesstaat in d. USA 124 I Me – 1821 als 24. Staat in d. Union aufgenommen 126 I Dc

Mistra: Ruinenstätte in Griechenland, Peloponnes – 1348–1460 Zentrum d. byzantin. Machtbereiches in Griechenland 84 I Ec

Mitau (Jelgava): Stadt in Lettland – 1265 errichtete Burg d. Dt. Ordens 71 II Ec – 1562–1795 Residenz d. kurländ. Herzöge 90/91 Jb – 1795 russ. 131 II Ca

Moab: alttestamentl. Staat im heut. Jordanien 43 III Df

Modena: Stadt in N-Italien 176/177 I He – 183 v. Chr. röm. Kolonie Mutina 36 I Ec – im 12. Jh. Mitgl. d. Lombard. Städtebundes 62/63 I Ec – 1452 Erhebg. z. Hzm. – 1814–60 österr. 142 I Cc

Moesia: ehem. röm. Prov. in Serbien, Bulgarien u. Rumänien – im 1. Jh. n. Chr. Teilg. in d. Provinzen Moesia Inferior u. Moesia Superior 40/41 I dIJ

Mogadischu: Hptst. v. Somalia 198 II Hh – 1503 port., 1698 arab. 109 IV Md – 1977 Befreig. eines von Terroristen entführten Flugzeuges, 1991/92 Zentrum d. Bürgerkriegs in Somalia 198 II Hh

Mogilew, Mohilew: Stadt in Weißrussland 176/177 I Lc – s. 1772 russ. 116 I Eb – 1941–44 von dt. Truppen besetzt 173 III Fb

Mogontiacum ▸ Mainz

Mogulreich: ehem. Reich in Indien – 1526 unter d. islam. Dynastie d. Moguln (Großmoguln) gegr., im 16./17. Jh. größte territoriale Ausdehng. 110 I – 109 V Legende – 75 IV Legende – im 18. Jh. nach Machtkämpfen mit d. Marathen Zerfall d. Reiches 111 II Jf

Mohács: Stadt in S-Ungarn – 1526 entscheidender osman. Sieg über ungar. Heer sichert osman. Vorherrschaft in Ungarn 94/95 I Jef – 1687 Niederlage d. osman. Heeres geg. kaiserl. Truppen 130 I Dc

Mohenjo-Daro – 26 I Ab – 66 I Fc

Mohi: Stadt in Ungarn – 1241 Sieg d. Mongolen über die Ungarn bei der Schlacht am Sajó 78 I Bc

Moldau: Landsch. in NO-Rumänien – um 1360 selbst. Fsm., 1387 unter poln. Lehenshoheit, territoriale Ausdehng. bis z. Schwarzen Meer 84 I Eb – 1504/12 osman. Vasall 90/91 Kd – 1775 Abtretg. d. ▸ Bukowina an Österr. 112/113 Kd – 1806–12 russ. Besetzg., 1812 Verlust v. ▸ Bessarabien an Russland 128/129 Kd – 1858/61 Vereinigg. mit d. Walachei z. Fsm. Rumänien 145 II Da

Moldawien: Staat in SO-Europa 192 I Cc – 1918–40 zu Rumänien 137/138 I Kd – 1940 mit 1924 gegr. Moldau. ASSR zur Unionsrep. Moldau. SSR in d. UdSSR zusammengefasst 190 I Cc – 1991 unabh. Rep. in d. GUS, 1991/92 Kämpfe um Dnjester-Rep. 192 I Cc

Molesmes: ehem. Kloster in Mittelfrankr. – 1075 gegr. Mutterkloster d. Zisterz.-Ordens 57 V el

Molukken: indones. Inselgr. im Pazif. Ozean 194 II Mh – 1512 als Zentrum d. Gewürzhandels v. Portugiesen in Besitz genommen, 1605/21 niederländ. 110 I Fd – 1945 zu Indonesien, April bis Okt. 1950 Rep. d. Südmolukken unabh. 195 IV KLh

Mombasa: Stadt in Kenia 200 I Gf – 105 III Dd – 1498 v. Portugiesen entdeckt 104/105 I Ke – 1529 port., 1698 arab. 109 IV Le

Mömpelgard (Montbéliard): Stadt in O-Frankr. – bis 1793 als Gft. zu Württemberg 120/121 De – 1793/96 zu Frankr.

Monaco: Stadtstaat u. Fsm. in S-Europa 176/177 I Ge – im 5. Jh. v. Chr. als griech. Kolonie Monoecus gegr., latein. Portus Herculis Monoeci 36 I Cd – s. 1454 unter Herrschaft d. genues. Adelsfamilie Grimaldi 86 I Bc – 1793–1814 v. Frankr. annektiert, 1815–60 unter sardin. Schutzherrschaft 142 I Ad – enge wirtschaftl. u. polit. Bindungen an Frankr. 176/177 I Ge

Monastir (Bitolj): Stadt in Makedonien – bis 1913 osman., Zentrum d. Islam 145 III Hb

Mönchen-Gladbach: 1938 Reichspogromnacht 170 II Bc

Moncontour: Stadt in W-Frankr. – 1569 Sieg d. franz. Katholiken über Hugenotten 90/91 EFd

Mondovi: Stadt in NW-Italien – 1796 franz. Sieg über österr. Truppen 118 I Dc

Mondsee: Ort in Österr. – vorgeschichtl. Fundort 23 III Db – 748 gegr. Benedikt.-Kloster 70 I Cg

Mongolei: Staat in Zentralasien 188/189 I NOc – heut. Staatsgebiet im 3. Jh. v. Chr. zum Reich d. Hunnen 47 IV MNg – 1206 Vereinigg. d. nomad. Steppenvölker unter Dschingis Khan zu einem mongol. Großreich, Ende d. 13. Jh. Zerfall in Teilreiche 78 I – 1697 z. Chines. Reich 110 I KLe – 1911 Loslösg. d. Äußeren Mongolei v. China, 1912 autonom 194 I DEa – 1921 unabh., 1924–1992 Volksrep., enge Bindungen z. Sowjetunion 194 II KLe

Monreale: Stadt auf Sizilien, Italien – 1174 Gründg. d. Benedikt.-Klosters, s. 1183 Ebm. 62 II Bc

Monrovia: Hptst. v. Liberia 198 II Eh

Mons: Stadt in Belgien – s. d. 9. Jh. Residenz d. Grafen v. Hennegau 80 I Ac – im 16. Jh. Zentrum im niederländ. Freiheitskampf 98/99 I Bc

Montana: Bundesstaat in d. nördl. USA 124 I KLd – 1889 als 41. Staat in d. Union aufgenommen 126 I BCb

Montauban: Stadt in S-Frankr. – 1570–1629 Hauptstützpkt. d. Hugenotten 90/91 Fe

Monte Albán: Ruinenstätte in S-Mexiko – im 3.–5. Jh. bedeut. Kulturzentrum d. Zapoteken, um 1300 v. Mixteken erobert 106 I Aa, 106 II Bb

Montebello: Ort in N-Italien 142 I Bc – 1175 Waffenstillstand zw. Kaiser Friedrich I. u. d. Lombard. Städtebund 62/63 I Db

Monte-Bello-Inseln: austral. Inselgr. an d. NW-Küste v. Australien – 1952 brit. Atomwaffenversuche 204/205 I Of

Monte Caseros: Ort in NO-Argentinien – 1852 Schlacht im argentin. Bürgerkrieg führt z. Abtrenng. d. Prov. Buenos Aires 152 I Fh

Monte Cassino: Benedikt.-Kloster in Mittelitalien – um 529 durch Benedikt v. Nursia gegr., Mutterkloster d. abendländ. Mönchtums 42 II Db – im 6. Jh. v. Langobarden, im 9. Jh. v. Sarazenen zerstört 51 III Tk, 62 II Bb – 59 III Mi – 66 I Bc – im 11./12. Jh. geistig-kulturelles Zentrum, 1230 Vertreibg. d. Mönche führt z. Bedeutungsrückgang 62/63 I Ec – 1944 zw. dt. u. alliierten Truppen umkämpft u. zerstört 173 III Dc

Monte Circeo – 18 I DB

Montenegro: Teilrep. in SO-Europa, nach Zerfall d. jugoslaw. Bundesstaates mit Serbien zum „neuen" Jugoslawien verbunden 209 III Kg – 1479/1528 als Fsm. osman. Vasall, Küstengebiet unter venezian. Oberhoheit 79 II CDb – s. 1697 unter erzbischöfl. Herrschaft weitgehend selbst. 112/113 le – 1852 weltl. Fsm., 1878 nach d. Berliner Kongress unabh. 145 II Bb – 1910 Kgr., 1912/13 Teilnahme an d. Balkankriegen auf seiten Serbiens 145 III Gb – im 1. WK auf seiten der Alliierten 156 II Cb – 1918 zu Jugoslawien 137/138 I le – 1941–45 italien. Protektorat 173 III DEc – 1945–91 Teilrep. d. Föderativen VR Jugoslawien 176/177 I le

Monterrey: Stadt in Mexiko 153 IV GHf – 1846 im mexikan. Krieg v. amerikan. Truppen eingenommen 152 I ABb

Montevideo: Hptst. v. Uruguay 206/207 I Gg – 1939 dt.-brit. Seegefecht 152 I Fh

Montferrat: Landsch. in NW-Italien – im 11. Jh. Mark M. 62/63 I Dbc – 1631 größtenteils zu Savoyen 98/99 I DEf

Montoire: Ort in Frankr. – 1940 Begegnung zw. Hitler u. d. franz. Staatschef Pétain: erfolglose Bemühungen Hitlers um eine dt.-franz. militär. Zusammenarbeit 137/138 I Fd

Montpellier: Stadt in S-Frankr. – mittelalterl. Großstadt 68 I Db – 1289 gegr. Univ. 81 III He – s. 1349 franz. 89 IV Fh – ma. Handelspl., Zentrum d. Weinanbaus u. Wolltuchverarbeitg. 92/93 Ce – 1577–1622 Stützpkt. d. Hugenotten 101 III Eg

Montreal: Stadt in SO-Kanada 124 I Od – 1642 v. Franzosen gegr., 1775/76 im nordamerikan. Unabhängigkeitskrieg umkämpft 125 III Db – bedeut. Wirtschaftszentrum u. Binnenhafen Kanadas 127 III Fb

Montreux: Stadt in d. Schweiz – 1936 Konferenz z. Meerengenfrage: Türkei erhält volle Souveränität u. Befestigungsrecht über d. Dardanellen u. Bosporus unter Anerkenng. d. Durchfahrtsrechte anderer Staaten 137/138 I Gd

Montserrat: Benedikt.-Kloster in NO-Spanien – 880 gegr., Wallfahrtsort d. Katalanen 90/91 Fe

Monza: Stadt in N-Italien 142 I Bc – s. d. 6. Jh. Krönungsstätte langobard. Könige 60/61 I Gf

Mook: Ort in d. Niederlanden – 1574 span. Sieg über niederländ. Heer auf d. Mooker Heide 99 II Cb

Mordwinische AR: autonome Rep. in d. Russ. Föderation 192 I Dc – 1934–91 ASSR in d. RSFSR 190 I Dc

Morea ▸ Peloponnes

Morgarten: Berghang in d. Schweiz – 1315 Niederlage d. habsburg. Ritterheeres geg. Eidgenossen 80 I De

Mosambik: Staat in SO-Afrika 188/189 I Kfg – 105 III Dd – heut. Staatsgebiet s. 1450 zum Reich d. Monomotapa, s. 1505 Eroberg. d. unter arab. Einfluss stehenden Küstenplätze durch d. Portugiesen, Gründg. v. Handelsstützpunkten, Sklavenhandel 104/105 I Kef – 150 I Hf – 1951 port. Überseeprov. Moçambique 198 I Cde – s. 1964 nationaler Befreiungskampf, 1973 autonom, 1975 unabh. Volksrep., 1976–92 Bürgerkrieg 198 II Gij, 199 III Gf

Mosi: ehem. Reiche im heut. Burkina Faso 151 II Ac

Moskau: Hptst. d. Russischen Föderation 192 I Cc – 1147 erstmals erwähnt 68 I Fa – 1237 v. Mongolen zerstört 78 I Cb – s. 1352 Sitz d. russ.-orthodoxen Metropoliten, im 14. Jh. als Hptst. d. Grfsm. M. Aufstieg z. polit., kulturellen u. religiösen Zentrum, Ausgangspkt. d. russ. Einigungsbestrebungen 84 I Fa – 1589 Patriarchat, im 16. Jh. wirtschaftl. Aufschwung 90/91 Mb – 1712 Verlegg. d. Hptst. nach St. Petersburg, 1755 Gründg. d. ersten russ. Univ. 112/113 Mb – 1812 während d. Einmarsches franz. Truppen unter Napoleon I. durch Brand stark zerstört 128/129 Mb – s. d. 19. Jh. Industriezentrum 191 III Cc – 1917 Zentrum d. Oktoberrevolution 158 I Cc – 1923 Hptst. d. Sowjetunion u. d. RSFSR, 1939 Hitler u. Stalin schließen dt.-sowjet. Nichtangriffspakt. 137/138 I Mb – 1940 Friede beendet sowjet.-finn. Winterkrieg, 1941 gescheiterter Angriff dt. Truppen auf M. führt z. Wende im Russlandfeldzug, 1943 M.er Konferenz: Außenminister d. USA, Großbritannien u. UdSSR beschließen Fortsetzg. d. Krieges bis z. bedingungslosen Kapitulation d. Achsenmächte 172 I Fb, 173 III Fb – Aug. 1991 gescheiterter Putsch orthodoxer Kommunisten führt zum Zerfall d. UdSSR 192 I Cc

Moskitoküste: Landsch. in Nicaragua – 1687–1850/60 brit. 109 IV Fd, 148 I Fd

Mossul: Stadt in N-Irak – im 7. Jh. v. Arabern erobert 53 III Gc – im 16. Jh. osman. 79 II Hc – im 1. WK Kriegsschaupl. 156 III Kf – s. 1922 M.-Gebiet wegen seiner reichen Erdölvorkommen zw. Türkei u. Irak umstritten, 1926 d. Irak eingegliedert 137/138 I Mf

Mostar: Stadt in Bosnien-Herzegowina Lg – Hptst. d. Herzegowina, 1878 nach d. österr.-ungar. Besetzg. Zentrum d. serb. Widerstandes 145 II Bb, 145 III Gb

Mudanya: Stadt in d. NW-Türkei – 1922 Waffenstillstand beendet griech.-türk. Krieg 137/138 I Ke

Mudros: Stadt auf Lemnos, Griechenland – 1918 türk. Kapitulation 156 III fl

Mühlberg: Stadt in Sachsen – 1547 Sieg d. kaiserl. Truppen unter Karl V. über sächs. Heer führt z. Auflösg. d. Schmalkald. Bundes 94/95 I Gc – 179 VI Bc

Mühldorf: Stadt in Bayern – 1322 Sieg Ludwigs v. Bayern über habsburg. Gegenkönig, letzte große Ritterschlacht auf dt. Boden 80 I Fd

Mühlhausen: Stadt in Thüringen – s. d. 10. Jh. Königspfalz 60/61 I Hc, 62/63 I Ea – 1180 Stadtrecht u. Reichsstadt; um 1224 Entstehg. d. M.er Rechts, ältestes Rechtsbuch in dt. Sprache 70 I Be, 80 I Ec – im 15. Jh. als Mittelpkt. d. thüring. Wolltuchhandels Mitgl. d. Hanse 87 III Dc, 92/93 Ec – 1524/25 Zentrum im Bauernkrieg unter Führg. v. Thomas Müntzer 96 I Ca – 1803 preuß. 131 II Dc

Mukden ▸ Schenjang

Multan-Araber – 74 I GDab – 75 V JKf

Mülhausen (Mulhouse): Stadt in O-Frankr. 180 I Be – 1354 als Reichsstadt Mitgl. d. elsäss. Zehnstädtebundes 80 I Ce – 1515 Zugewandter Ort d. Eidgen. 100 I Cb – s. 1798 franz. 119 III Db

München: Hptst. v. Bayern 185 III Dd – 1158 gegr. 68 I Db – s. 1255 Residenzstadt, 1294/1340 Stadtrecht, 1397–1403 Handwerkeraufstände führen z. Schaffg. einer neuen städt. Verfassg. 80 I Ed – bis z. 16. Jh. wachsende Bedeutg. als Handelspl. 92/93 Ec – 1609 Gründg. d. Kathol. Liga, Zentrum d. Gegenreformation 97 III Fd – 1632 v. schwed. Truppen eingenommen – 1634 Pestepidemie 82 III Mh – im 17./18. Jh. Ausbau z. Barockresidenz 98/99 I Fd – 1826 Gründg. d. Univ., höchste Blüte v. Kunst, Kultur u. Wissenschaft; 1848 Zentrum d. demokrat. Revolution 134 I Fd – 1836 Choleraepidemie 83 IV Ec – s. Mitte d. 19. Jh. Industriezentrum 139 IV Fd – 164 I Ed – 1919 nach d. Novemberrevolution Ausrufg. d. Räterep. Bayern, 1923 Putschversuch Hitlers, 1925 Neugründg. d. NSDAP, Zentrum d. Nationalsozialismus 166 I Fd – 166 II Dd – 167 III Ed – 167 IV Ei – 168 I Fd, 168 II Dd – 1938 M.er Viermächteabkommen zwingt d. Tschechoslowakei z. Abtretg. d. Sudetenlandes an d. Dt. Reich 170 I Fd – 169 III Dd, 169 IV Di – im 2. WK stark zerstört 173 III Dc

Münchengrätz (Mnichovo Hradiste): Stadt in d. Tschech. Rep – 1866 preuß. Sieg über österr.-sächs. Armee 134 I Hc

Münchingen – 73 II

Munda: Stadt in S-Spanien – 45 v. Chr. Sieg Caesars im röm. Bürgerkrieg 40/41 I Ce

Münster: Stadt in NRW 180 I Bbc – im 10. Jh. Marktsiedlg., um 1214 Stadtrecht 68 I Ca – bedeut. Hansestadt, Handel mit England u. Russland 87 II Cc – ma. Zentrum d. Leinenherstellg. 92/93 Dbc – 1534–35 unter Herrschaft d. Täufer 96 II If – 1648 Friede von M. beendet d. 30-jährigen Krieg 98/99 I Dbc – 1780 Gründg. d. Univ. 120/121 Dbc – 1803 preuß. 131 II Bc – 1816 Hptst. d. Prov. Westfalen 134 I Dbc – 168 I Dbc, 168 II Bbc – 169 III Bb

Münster: Bm. in NRW u. Niedersachsen – 805 z. Missionierg. d. Sachsen gegr. 55 III Da – bis 1803 reichsunmittelbar 120/121 DEbc

Münsterberg (Ziebiçe): Stadt in W-Polen – 1250 Magdebg. Stadtrecht 70 I Ee – s. 1301 Residenz d. schles. Hzm. M. 80 I Hc – 1570 habsburg. Fsm. 94/95 I Ic

Murcia: Stadt in SO-Spanien – 825 v. Arabern gegr., Hptst. eines selbst. maur. Kgr. 55 III Bd – 1243 kastil. Eroberg. 62/63 I Bd

Muret: Stadt in SW-Frankr. – 1213 Sieg d. Kreuzfahrer über Albigenser 62/63 I Cc

Murmansk: Hafenstadt an d. Barenssee, Russ. Föderation 192 I Cb – 1915 während d. Baues d. Murmanbahn gegr. 158 I Cb – sowjet. Flottenstützpkt. 204/205 I Kb

Murten (Morat): Ort in d. Schweiz – 1476 Sieg d. Eidgenossen über burgund. Heer 89 IV Hf

Mururoa: Atoll d. Tuamotu-Inseln im südl. Pazif. Ozean, zu Franz.-Polynesien gehörig– s. 1966 franz. Atomwaffenversuche 188/189 I Cg

Mürzsteg: Ort in Österr. – 1903 österr.-russ. Abkommen z. Ausgleich d. Interessen auf d. Balkan 145 III Ga

Muziris – 45 III Dc

Myanmar (b. 1988 Burma): Staat in SO-Asien 188/189 I Nde – heut. Staatsgebiet im 13. Jh. v. Mongolen erobert, Zerfall d. burman. Kgr. 78 I Ie – 1769 unter chines. Oberhoheit 111 II Kfg – 1852 Unter-B., 1886 Ober-B. brit., 1886 zu Brit.-Indien 194 I Dbc – 1937 brit. Kolonie 160/161 I Ncd – 1942–45 v. Japanern besetzt 174 I Bbc, 174 II fgl – 1947 unabh., 1948 Proklamation d. Union von B., 1960 Grenzvertrag mit China, 1974 Rep. mit sozialist. Militärregime 194 II Kfg – 1988 polit. Unruhen geg. Militärregime 195 Fbc

Mykale: Gebirge in d. W-Türkei – 479 v. Chr. Sieg d. griech. Flotte über Perser 31 III Ec

Mykenai, Mykene: Ruinenstätte in Griechenland, Peloponnes – um 1200 v. Chr. Zerstörg. d. von Achäern errichteten Burg, d. griech. Sage nach Residenz v. König Agamemnon 23 IV Mg – Zentrum d. myken. Kultur, um 1100 v. Chr. zum dor. Siedlungsgebiet 29 IV Bc

Mysore – 75 IV Dcd, 75 V Kg

N

Nabatäer: ehem. Volk in NW-Arabien – im 2. Jh. v. Chr. selbst. Kgr. 35 III Qef – 106 n. Chr. von Römern erobert, N-Teil d. Reiches d. röm. Prov. Arabia eingegliedert 40/41 I Lfg

Nachitschewan: autonome Rep., zu Aserbaidschan gehörend 192 I Dd – 1924 als ASSR d. Aserbaidschan. SSR in d. Transkaukas. SFSR gegr. 190 I Dd

Näfels: Ort in d. Schweiz – 1388 Sieg d. Eidgenossen über habsburg. Ritterheer 80 I De

Nagasaki: Hafenstadt in Japan 194 II Mf – 1855 als Vertragshafen geöffnet 194 I Fb – Aug. 1945 Atombombenabwurf durch d. USA 174 II Kf

Nairobi: Hptst. v. Kenia 198 II Gi – 1899 gegr.151 III Gi

Nakada: Ort in Ägypten – auch Negade genannt 19 III Fd – Fundort altägypt. Gräberfelder d. N.-Kultur 25 IV Cb

Nalanda – 45 IV Lf, Legende – 74 I Eb, 74 II Jf

Namibia: Staat in SW-Afrika 188/189 I JKfg – 1884 Kolonie Dt.-Südwestafrika, 1903–06 Vernichtg. d. aufständ. Hereros u. Hottentotten 151 III Fij – 1920 als Völkerbundsmandat unter südafrikan. Verwaltg., 1945 Südafrika verweigert Abschluss eines Treuhandabkommens mit d. UN u. überträgt Apartheidpolitik auf Südwestafrika, s. 1956 nationale Befreiungsbewegg. 198 I Bde – 1966 UN entzieht Südafrika d. Mandat, 1975–77 Konferenz z. Vorbereitg. d. Unabh., 1989 Beendigung d. Unabhängigkeitskriegs d. SWAPO nach Vermittlg. durch UN, 1990 unabh. Rep.198 II Fij, 199 III Efg

Namslau – 166 II Gc

Namur: Stadt in Belgien – s. d. 10. Jh. Hauptort d. Gft. N. 80 I Bc – 1751–81 niederländ. Barrierefestg. 120/121 Cc

Nanchang – 77 IV Li

Nancy: Stadt in O-Frankr. 176/177 I Gd – s. d. 14. Jh. Residenz d. Herzöge v. Lothringen; 1477 eidgenöss.-lothring. Sieg über burgund. Heer 89 IV He – s. 1766 franz., 1768 gegr. Univ. 120/121 Dd

Nanhai: Stadt in S-China – altes chines. Zentrum d. Seiden- u. Porzellanherstellg., bedeut. Handelspl. 47 IV Nh

Nanjing – 47 III Ec – 77 IV Lh

Nanking : Industriestadt in O-China 194 II Lf – 1368–1421 Hptst. d. Chines. Reiches 78 I Kd – 1842 Vertrag von N. zwingt China z. Öffng. v. fünf Häfen für d. europ. Handel u. zur Abtretg. Hongkongs an Großbritannien, 1853 während d. Taiping-Aufstandes stark zerstört, 1899 als Vertragshafen geöffnet 194 I Eb – 1927–37 Sitz d. Nationalregierg. 196 II Ec – 1937–45 japan. Besetzg. 174 I Cb, 174 II Jf – 1949 v. chines. Kommunisten erobert 196 III Mh

Nantes: Industriestadt in W-Frankr. 176/177 I Ed – röm. Handelshafen Portus Namnetum 39 III Bb – s. d. 4. Jh. Bm. 55 III Bb – s. d. 13. Jh. Residenz d. Herzöge d. Bretagne 84 I Bb – 1460 Gründg. d. Univ. 54 II Ge – 1491 franz. 89 IV Df – 1598 Edikt von N.: König Heinrich IV. gewährt d. Hugenotten Glaubensfreiheit 90/91 Ed – im 15. Jh. Entwicklg. z. bedeut. Handelszentrum, Umschlagpl. im Sklavenhandel mit Amerika 92/93 Bd

Nantschang: Stadt in SO-China 196 III Mi – 1927 kommunist. Aufstand geg. d. Kuomintang 196 II Ed

Nantwich – 103 III Ih

Nanzhao – 76 I Dd, 76 II Ki – 77 III Legende, 77 V Ac

Nanxiang – 77 III Ed

Napata: Ruinenstätte in N-Sudan – im 15. Jh. v. Chr. südl. Grenzort d. Neuen Reiches 25 IV Bd

Nara – 67 II Ic

Narbonne: Stadt in S-Frankr. – 118/117 v. Chr. röm. Kolonie Narbo, Hauptort d. Prov. Gallia Narbonensis 40/41 I Ed – wichtiger röm. Handelshafen 39 III Cb – s. d. 3. Jh. n. Chr. Ebm. 56 I Dd – 413 v. Westgoten, 720 v. Arabern erobert 50 I Cb, 53 III Cb – 759 fränk. 55 III Cc – Bevölkerungswachstum im 13. Jh. 68 I Cb – 1507 franz. 89 IV Fh – Zentrum d. Weinhandels u. Wolltuchverarbeitg. 92/93 Ce

Narvik: Hafenstadt in N-Norwegen – 1940–45 wegen seiner großen Bedeutg. als Ausfuhrhafen für schwed. Erze von dt. Truppen besetzt 172 I Da

Narwa: Stadt in d. nordwestl. Russ. Föderation – um 1250 mit Lüb. Stadtrecht gegr. – 1346 zum Dt. Orden 71 II Hb – bedeut. Handelszentrum, Niederlassg. d. Hanse 87 III Gb – 1581 schwed., 1700 russ. Niederlage geg. schwed. Heer, 1704 russ. 112/113 Kb

Naseby: Ort in Großbritannien – 1645 Sieg d. Anhänger Cromwells über Truppen Karls I. 112/113 Ec – 103 III Jh

Nashville: Stadt in d. südöstl. USA 127 III Ec – 1864 Niederlage d. Konföderation geg. Truppen d. Nordstaaten im Sezessionskrieg 125 IV fl

Nassau: Hptst. d. Bahamas 124 I Of

Nassau: ehem. Hzm. in Hessen – um 1125 erbaute Burg N. namensgebend für d. Gft. 62/63 I Da, 80 I Dc – 1650/1737 Fsm. 98/99 I Ec – 1806 als Hzm. Mitgl. d. Rheinbundes 131 III JKc – 1815 zum Dt. Bund 134 I DEc – 143 II CDc – 1866 z. preuß. Prov. Hessen-N. 135 II DEc

Natal: Prov. in Südafrika – 1497 v. Portugiesen entdeckt – s. 1836/38 v. Buren kolonisiert, 1839 unabh. Rep., 1843 brit. 151 II Ce – 1910 z. Südafrikan. Union 151 III Gj

Natzweiler – 171 IV Mg – 172 II Cc

Naukratis: Ruinenstätte in N-Ägypten – um 650 v. Chr. als Stapelpl. gegr., einziger griech. Handelspl. in Ägypten 25 IV Ba, 29 IV Fc – 30/31 I Cb

Naumburg: Stadt in Sachsen-Anhalt – um 1030 Bm., im 11. Jh. Magdebg. Stadtrecht 70 I Be – im 12./13. Jh. Bau d. Doms 80 I Ec – ma. Handels- u. Messestadt 92/93 Ec

Naupaktos: Hafenstadt in Mittelgriechenland – im 5. Jh. v. Chr. bedeut. Stützpkt. Athens 32 I Gf, 33 III Eb – 1407 venezian. Handelsstützpkt., Lepanto 86 I Ed – 1499 osman. Eroberg., 1571 Seeschlacht, osman. Niederlage geg. d. vom Papst unterstützte span.-venezian. Flotte leitet Niedergang d. osman. Vorherrschaft im Mittelmeerraum ein 79 II Dc

Nauplia: Stadt in Griechenland, Peloponnes – 1388 venezian. Handelsstützpkt. 86 I Ed – 1540 osman. 79 II Dc – s. 1822 griech., bis 1834 Hptst. v. Griechenland 145 II Cc

Nauru: Inselstaat im Pazif. Ozean – 1920 brit.-austral.-neuseeländ. Mandat d. Völkerbundes 160/161 I Rf – 1942–45 japan. Besetzg. 174 II Mh – 1947 UN-Treuhandgebiet, 1968 unabh. Mitgl. d. Commonwealth 188/189 I Rf

Navarino: Ort in Griechenland, Peloponnes – 1827 Seeschlacht, Vernichtg. d. türk.-ägypt. Flotte durch verbündete Seestreitkräfte v. England, Frankr. u. Russland 145 II Cc

Navarra: Landsch. in S-Frankr. u. N-Spanien – im 9. Jh. als Teil d. Span. Mark z. Frankenr. 55 III Bc – 925 Kgr. 58 I Bc – 1234 unter franz. Herrschaft 62/63 I Bc – 1328 selbst. Kgr. 84 I Bb – 1512 Ober-N. span., 1589 Nieder-N. franz. 90/91 Ee

Navas de Tolosa: Ort in S-Spanien – 1212 Sieg d. christl. Heeres v. Kastilien, Aragón u. Navarra über Araber 62/63 I Bd, 64 I Bc

Naxos: griech. Insel im Ägäischen Meer – 490 v. Chr. von Persern erobert u. verwüstet 31 III Dc – bis 470 v. Chr. Mitgl. d. Att. Seebundes 32 I gl – 1207 venezian. Hzm. 86 I Fd – 1579 osman. 79 II Ec – 1829 griech. 145 II Dc

Nazareth: Stadt in Israel – nach d. Neuen Testament Heimat Jesu Christi, hl. Stätte d. Christentums 43 III Cc

Neandertal: Ort in NRW – erster Fundort menschl. Skelette d. Neandertaltypus (homo sapiens neanderthalensis) 18 I Ca, 20 I Bc, 23 III Ca

Neapel (Napoli): Hafenstadt in S-Italien 176/177 I He – um 680 v. Chr. griech. Kolonie, 470 v. Chr. Gründg. d. Neapolis (Neustadt) 29 IV Db – 326 v. Chr. Bündnis mit Rom, Zentrum griech. Kultur in Italien 36 I Ge, 36 II Kj – s. d. 4. Jh. n. Chr. Bm. 55 III Ec – 536 oström. 51 IV Tk – im 10. Jh. byzantin. Thema u. Ebm. 58 I Dc – 1139 v. Normannen unterworfen 62 II Bb – 1224 gegr. Univ. 81 III Ief– Bevölkerungswachstum im 13. Jh. 68 I Db – 1266 Hptst. d. Kgr. N. 84 I Db – 1348 Pestepidemie 82 II Gb – 1836 Choleraepidemie 83 IV Ec

Neapel: ehem. Kgr. in S-Italien – im 11. Jh. aus d. normann. Fürstentümern in S-Italien u. ▸ Sizilien entstanden, im 12. Jh. Schaffg. eines modernen Staatswesens unter Roger II. 62 II BCbc – 1194–1266 unter stauf. Herrschaft, Errichtg. eines zentralist. regierten Beamtenstaates unter Kaiser Friedrich II. 62/63 I EFcd – 1282 „Sizilian. Vesper“ führt z. Trenng. von N. u. Sizilien 84 I Dbc – 1442 zu Aragón, 1504 zus. mit Sizilien d. span. Krone unterstellt 90/91 Hlef – 1714 österr., Zentrum d. Aufkläg., 1735 unter Herrschaft span. Bourbonen, polit. u. soziale Reformen 112/113 He – 1806–15 napoleon. Kgr. unter Joachim Murat 128/129 Hlef – 1815/16 Teil d. Kgr. beider Sizilien, Wiederherstellg. d. alten polit. u. gesellschaftl. Verhältnisse 132/133 Hlef – s. 1820 Aufstände geg. d. absolutist. Regime d. Bourbonen, 1860 zu Italien 142 I DFdg

Nebraska: Bundesstaat in d. USA 124 I LMd – 1867 als 37. Staat in d. Union aufgenommen 126 I CDb

Nedschd: Teilkgr. v. Saudi-Arabien – Kerngebiet v. ▸ Saudi – Arabien, 1915 unabh. Kgr., 1927 Kgr. Hedschas u. N., 1932 als Saudi-Arabien proklamiert 160/161 I KLc

Neerwinden: Ort in Belgien – 1793 franz. Niederlage geg. österr. Heer 118 I CDa

Negev: Wüste in Israel 203 IV Cc – s. 1948 v. israel. Siedlern durch Anlegg. v. Bewässerungssystemen teilw. für d. Landwirtschaft nutzbar gemacht 202 II Cc

Negroponte ▸ Euböa

Nemea: Ort in Griechenland, Peloponnes – im 4. Jh. v. Chr. Heiligtum mit Zeustempel 28 I Dd

Nepal: Staat in S-Asien 188/189 I Nd – 67 II Gc – 75 V Lf – heut. Staatsgebiet 1769 als Kgr. gegr., 1792 China tributpflichtig 111 II Kf – 1923 unabh. 160/161 I Nc – 1990 „konstitutionellen Hindu-Monarchie“ 194 Kf

Nepomuk: Stadt in d. Tschech. Rep. – 1144 gegr. Zisterz.-Kloster 70 I Cf

Nertschinsk: Stadt in Sibirien, Russ. Föderation – 1654 gegr., 1689 russ.-chines. Grenzabkommen: erster Vertrag eines europ. Staates mit China, Russland verzichtet auf d. Amurgebiet 117 III Fc

Nettuno: Stadt in Mittelitalien – 1944 alliierte Landg. 173 III Dc

Neu-Amsterdam ▸ New York

Neubrandenburg: Stadt in Mecklenburg-Vorpommern 185 III Eb – 1248 mit Magdebg. Stadtrecht gegr. 70 I Cd – 1952–90 Bezirkshptst. in d. DDR 180 I Eb – 182 II Cb – 184 I Cb

Neubraunschweig: Prov. in SO-Kanada 124 I Pd

Neuburg: Stadt in Bayern – im 4. Jh. röm. Kastell – s. 1505 Residenz d. Fsm. Pfalz-Neuburg 98/99 I Fd

Neudelhi: Stadtteil v. Delhi, Indien – s. 1947 Hptst. d. Ind. Union 194 II Jf

Neue Hebriden ▸ Vanuatu

Neuenburg (Neuchâtel): Stadt in d. Schweiz – 1011 erbaute Burg 60/61 I Fe – 1214 Stadtrecht 80 I Ce

Neuenburg: Kanton u. ehem. Fsm. in d. Schweiz – 1598 Zugewandter Ort d. Eidgen. 94/95 I De – 1707 Fsm. in Pers.-Union mit Preußen 72 I AB – 1806–14 napoleon. Fsm. 128/129 Gd – bis 1848/57 erneut unter preuß. Oberhoheit 134 I De

Neuendettelsau – 181 III Di

Neuengamme: Vorort v. Hamburg – nat.-soz. KZ 170 I Fb, 171 IV Nf

Neufundland: Prov. u. Insel in SO-Kanada 124 I PQcd – um 1000 Landg. normann. Seefahrer, 1497 neu entdeckt u. von England beansprucht 104/105 I Gb – 1635 franz., Beginn d. engl.-franz. Auseinandersetzungen 149 III Db – 1713 brit. 149 IV Db – 1855 Dominion 148 II Gi – 1949 nach Volksabstimmg. Anschluss an Kanada 188/189 I Gc

Neugalicien: ehem. span. Kolonie im heut. N-Mexiko 104/105 I Dc

Neugranada: ehem. span. Vizekgr. in Mittel- u. S-Amerika – 1718/39 gegr. 109 IV Gd

Neuguinea ▸ Papua-Neuguinea, .▸.Westirian

Neu-Holland ▸ Australien

Neuilly-sur-Seine: Vorort v. Paris, Frankr. – 1919 Friede von N.: bulgar. Gebietsabtretungen an Griechenland u. Jugoslawien 137/138 I Fd

Neukaledonien: franz. Überseeterritorium im südl. Pazif. Ozean 188/189 I Rg – s. 1853 franz. 149 III fl

Neumark: Landschaft in NW-Polen – s. d. 13. Jh. zu Brandenburg 80 I Gb – 1402–55 zum Dt. Orden 71 II ABe

Neuniederlande: ehem. niederländ. Kolonie in d. heut. USA 104/105 I Gbc

Neuschottland: Prov. in SO-Kanada 124 I Pd

Neuschwanstein: Schloss in Bayern – 1869–89 für König Ludwig II. erbaut 135 II Fe

Neuschweden: ehem. schwed. Kolonie in d. heut. USA 109 IV Gc

Neuseeland: Inselstaat im südl. Pazif. Ozean 188/189 I Rgh – 1642 entdeckt 104/105 I Sfg – um 1814 Beginn brit. Besiedlg., 1840 nach Verzicht d. einheim. Maori auf ihre Oberhoheit brit. Kolonie 149 IV fl – bis 1870 Aufstände geg. brit. Kolonialherrschaft, 1907 Dominion 148 II STmn – 1931 unabh. Mitgl. d. Commonwealth 160/161 I Rfg

Neusohl – 181 II Hd

Neuspanien: ehem. span. Vizekgr. in N- u. Mittelamerika – 1535 gegr. 104/105 I DEc

Neuss: Stadt in NRW – röm. Leg.-Lager Novaesium 49 V Bc – Hansestadt 87 III Cc – 1474–75 vergebl. v. burgund. Truppen belagert 89 IV Hd

Neustadt – 168 I Dd, 168 II Cd

Neusüdwales: Bundesstaat v. Australien – 1788 als brit. Strafkolonie gegr. 148 I Rf

Neutra – 59 II Fd – 181 II Hd

Nevada: Bundesstaat in d. westl. USA 124 I Ke – 1864 als 36. Staat in d. Union aufgenommen 126 I Bc

Nevers: Stadt in Mittelfrankr. – 52 v. Chr. als kelt. Siedlg. Noviodunum bei d. Eroberg. Galliens durch d. Römer zerstört 41 II Pi – s. d. 6. Jh. n. Chr. Bm. 55 III Cb – im 9. Jh. Hptst. d. Gft. N. 60/61 I De – 1194 Stadtrecht 62/63 I Cb – 1384 zu Burgund 89 IV Ff

Newbury – 103 II Dd, 103 III Ji

Newcastle: Hafenstadt in Großbritannien 176/177 I Ebc – s. d. 13. Jh. Zentrum d. engl. Steinkohlebaus 92/93 Bb – 102 I Ec – 122 I F – 123 II Db

New Jersey: Bundesstaat in d. östl. USA 124 I Od – 1776 Gründerstaat d. USA 126 I Fc

New Hamshire: Bundesstaat in d. nordöstl. USA 124 I Od – 1776 Gründerstaat d. USA 126 I Fb

New Lanark: Ort in Schottland, Großbritannien – 122 I E – um 1800 Errichtg. d. ersten Siedlg. für Fabrikarbeiter durch Robert Owen z. Verbesserg. ihrer wirtschaftl. u. sozialen Lage 132/133 Ebc

New Mexiko: Bundesstaat in d. südl. USA 124 I Le – 1912 als 47. Staat in d. Union aufgenommen 126 I Cc

New Orleans: Stadt in d. südl. USA 124 I MNf – 1718 franz. Gründg. 149 III Cc – 1763 span., bedeut. Wirtschafts- u. Handelszentrum im Gebiet d. Mississippideltas 125 III Bcd – 1803 zu d. USA, 1862 im Sezessionskrieg v. Truppen d. Union erobert 125 IV Hfg – bedeut. amerikan. Erdölexporthafen 127 III Dcd

New York: Stadt in d. östl. USA 124 I Od – 1626 niederländ. Gründg. Neu-Amsterdam 104/105 I Fbc – 1664 v. Engländern erobert u. in N. Y. umbenannt 149 IV Cb – 1776 im amerikan. Unabhängigkeitskrieg v. brit. Truppen besetzt, 1789–90 Sitz d. Unionsregierg. 125 III Db – im 19. Jh. Aufstieg z. führenden Handelszentrum d. USA 127 III Fb – 1929 New Yorker Börsenkrach löst Weltwirtschaftskrise aus 160/161 I Fb – nach d. 2. WK bedeut. Bank- u. Finanzzentrum d. Welt, s. 1945 Sitz d. UN u. häufig Ort internat. Konferenzen 188/189 I Fc

New York: Bundesstaat in d. östl. USA 124 I Od – 1776 Gründerstaat d. USA 126 I Fb

Ngarzagamu – 150 I Ec

Niaux: Ort in S-Frankr. – Fundort altsteinzeitl. Höhlenmalereien 18 II Lf

Nicaea: Stadt in der W-Türkei – 325 erstes Kirchenkonzil unter Vorsitz Kaiser Konstantins, Dreieinigkeitslehre, Schisma zwischen Arianern und Athanasianern 42 II Mf – 843 Konzil beendet Bilderstreit mit Gestattung der Ikonenverehrung 52 I Eb

Nicaragua: Staat in Mittelamerika 188/189 I Ee – heut. Staatsgebiet bis 1821 span., 1823–38 zu d. Verein. Staaten v. Zentralamerika, 1839 unabh. Rep., innenpolit. Krisen führen 1912 u. 1927 z. Intervention von US-Truppen, s. 1937 diktator. Regime, 1979 Sturz d. Diktatur, 1982–90 Guerrilakrieg geg. linksgerichtete Junta d. Sandinisten, 1990 nach Wahlen Regierungswechsel 152 I Cc

Nidwalden: Halbkanton in d. Schweiz – 1291 Urkanton d. Eidgen. 100 I Dc, 100 II Jg

Niederaltaich: Ort in Bayern – 741 gegr. Benedikt.-Kloster 70 I Cf

Niederlande: Staat in W-Europa 176/177 I FGc – heut. Staatsgebiet vor d. Völkerwanderg. v. german. Volksstämmen besiedelt 48 II Lf – im 8. Jh. z. Frankenr. 55 III CDa – im 9. Jh. z. Ostfränk. Reich 55 V – 925 z. Hl. Röm. Reich 58 I Cb – bis z. 13. Jh. Zerfall in zahlreiche geistl. u. weltl. Territorien 80 I ACbc – im 15. Jh. größtenteils zu Burgund, 1477 habsburg. 89 IV FHcd – bis 1543 Ausdehng. d. habsburg. Machtbereiches 94/95 I BDbc – 1556 an d. span. Linie d. Habsburger 90/91 FGc – 1559 Beginn d. niederländ. Freiheitskampfes, 1576 ► Genter Pazifikation, 1579 bilden d. protestant. N-Provinzen d. ► Utrechter Union, d. kathol. S-Provinzen verbleiben bei d. Span. Niederlanden (► Belgien), 1581 N-Provinzen erklären ihre Unabh. v. Spanien als Rep. d. Verein. N. unter Führg. Wilhelms v. Oranien 99 II – 1648 Unabh. im Westfäl. Frieden anerkannt 98/99 I CDbc – im 17. Jh. Erwerb v. Kolonialbesitz u. Aufstieg z. bedeut. europ. See- u. Handelsmacht 149 III Legende – 1689–1702 Pers.-Union mit England 112/113 FGc – führende Macht im Kampf geg. d. franz. Eroberungspolitik unter Ludwig XIV. – 1795 franz. Eroberg., Errichtg. d. Batav. Rep. 118 I CDa – 1806–10 napoleon. Kgr. Holland 131 III bclJ – 1815–31 mit d. südl. N. zum Kgr. d. Verein. N. zusammengeschlossen 132/133 FGc – 1831 Trenng. v. Belgien 134 I BDbc – im 1. WK neutral 156 II Ba – 164 II Of – im 2. WK von dt. Truppen besetzt, Verschleppg. u. Vernichtg. d. niederländ. Juden 170 IBDbc, 172 I Cb, 172 II Cb

Niederländische Antillen: niederländ. Überseeterritorien im Karib. Meer – s. 1954 als Union d. N. A. autonomer Teil d. Kgr. d. Niederlande 152 I Ec

Niederländisch-Guayana ► Surinam

Niederländisch-Indien ► Indonesien

Niederösterreich: Bundesland v. Österr. 178 II FGd – 1156 Hzm., 1264 erstmals als Hzm. Österr. unter d. Enns erwähnt, 1282 habsburg. 80 I GHd – 1453 Erzhzm. 94/95 I Hid – 1920 österr. Bundesland 166 I Hld – 1938–45 dt. Reichsgau Niederdonau 170 I Hlde – 1945–55 z. sowjet. Besatzungszone 178 I Fde

Niedersachsen: Land d. Bundesrep. Deutschld. 178 II BDb – 1946 als Zusammenschluss mehrerer ehemal. Länder u. preuß. Provinzen gegr. 185 II BDb

Niederschlesien ► Schlesien

Nienburg an d. Saale: Stadt in Sachsen-Anhalt – 975 gegr. Benedikt.-Kloster 57 IV Ea

Nienburg an d. Weser: Stadt in Niedersachsen – 1757 u. 1803 Eroberg. d. Festg. durch d. Franzosen 120/121 Eb

Nieuport: Stadt in Belgien – 1600 niederländ. Sieg über span. Heer 98/99 I Bc

Niger: Staat in W-Afrika 188/189 I Je – heut. Staatsgebiets. 1890 unter franz. Einfluss, 1910 zu Franz.-Westafrika 151 III Fgh – 1960 unabh. Rep. 198 I Bbc – 1991 nach mehreren Militärregimen Übergang zu Mehrparteiensystem angekündigt 198 II Fgh, 199 III Dc

Nigeria: Staat in W-Afrika 188/189 I Je – heut. Staatsgebiet aus zahlreichen alten afrikan. Reichen im Gebiet d. Niger entstanden, Zentrum d. Sklavenhandels, um 1861 Beginn brit. Kolonisation an d. Küste von N. 151 II Bc – 1884/1900 brit. Kolonie 151 III Fh – s. 1920 nationale Bewegungen, 1960 unabh. Mitgl. d. Commonwealth 198 I Bc – 1963 Rep., 1967 Abspaltg. d. O-Region als unabh. Rep. ► Biafra führt z. Bürgerkrieg, 1970 Rückeroberg. v. Biafra beendet d. verlustreichen Bürgerkrieg, s. 1983 Militärregime, Übergang z. Demokratie angekündigt 198 II Fh, 199 III Dc

Nihawend: Stadt in NW-Iran – 642 Sieg d. Araber über Perser leitet Islamisierg. Persiens ein 53 III Gc

Nikobaren: ind. Inselgr. im Ind. Ozean 188/189 I Ne – 1756 dän. 111 II Kg – 1869 brit. 194 I Dc – 1947 z. Ind. Union 194 II Kg

Nikolajew – 171 III Gc

Nikolsburg (Mikulov): Stadt in d. südöstl. Tschech. Rep. – 97 IV Id – 1866 preuß.-österr. Waffenstillstandsabkommen 134 I Id

Nikopolis: Ruinenstätte in W-Griechenland – 30 v. Chr. gegr. Hptst. d. röm. Prov. Epirus, latein. Nicopolis 40/41 I el – im 10. Jh. byzantin. Thema 58 I Dd

Nikopolis: ehem. Stadt in Bulgarien – 1396 Niederlage d. mit d. Kreuzfahrern verbündeten ungar. Heeres geg. osman. Truppen 84 I Eb, 79 II DEb

Nikosia: Hptst. v. Zypern 202/203 I Gb – 1570 osman. Eroberg. 79 II Fc – 1974 nach d. türk. Invasion zw. Griechen u. Türken geteilte Stadt 176/177 I Lfg

Nîmes: Stadt in S-Frankr. – kelt. Siedlg. Nemausus, 16. v. Chr. röm. Kolonie 40/41 I Ed – s. d. 4. Jh. n. Chr. Bm., 752 fränk. 55 III Cc – Zentrum d. Weinhandels 92/93 De

Nimwegen (Nijmegen): Stadt in d. Niederlanden 180 I Ac – röm. Leg.-Lager Noviomagus 40/41 I Fb – im 8. Jh. karoling. Pfalz 55 III Da – Handels- u. Hansestadt 87 III Cc, 92/93 Dc – 1678/79 Friedensschlüsse von N. beenden niederländ.-franz. Krieg u. stärken Vormachtstellg. v. Frankr. unter Ludwig XIV. 112/113 Gc

Nin: Ort in Kroatien – im 11. Jh. Hptst. v. Kroatien u. kirchl. Zentrum 62/63 I Fc

Nindowan – 26 I AB

Ninghsia-Hui: autonome Region in N-China, 1958 gegr. 196 III Lgh

Ningpo: Hafenstadt in O-China – 1842 als Vertragshafen geöffnet 194 I Fb

Ningxia – 76 II KLg – 77 III Dc

Ninive: Ruinenstätte in N-Irak – bereits im 5. Jtd. v. Chr. von Bauern besiedelt, im 3. Jtd. v. Chr. städt. Hochkultur 19 III Gc, 19 IV Og – 704 v. Chr. Hptst. d. Assyr. Reiches 23 IV Og – 612 v. Chr. durch Meder u. Babylonier zerstört 30 II Db – 30/31 I Db

Nippur: Ruinenstätte in S-Irak – im 3./2. Jtd. v. Chr. Kulturzentrum d. Sumerer, bedeut. Handelspl. Babyloniens, Fundort altbabylon. Keilschrifttafeln 23 III Gc

Nisch (Nis): Stadt in Serbien 176/177 I Je – röm. Handelspl. Naissus 39 III Eb – 441 v. Hunnen zerstört 50 I Eb – im 10. Jh. bulgar. 58 I Ec – 1386 osman. 79 II Db – 1878 zu Serbien 145 II Cb

Nischnij-Nowgorod: Stadt in Russland 192 I Dc – 67 II Da – 1221 als Grenzfestg. Nischnij-Nowgorod gegr. 68 I Fa – s. 1817 Messezentrum 117 III Cc – 1830 Choleraepidemie – 1932 in Gorki umbenannt 137/138 I Nb – 1980–86 Verbannungsort d. Regimekritikers A. Sacharow 191 III Dc – 1991 wieder in N.-N. umbenannt 192 I Dc

Nisib: Stadt in d. S-Türkei – 1839 ägypt. Sieg über osman. Heer 132/133 Mf

Nisibis: ehem. Ort in d. SO-Türkei – im 6. Jh. v. Chr. pers. 30 II Db – im 4. Jh. v. Chr. Eroberg. durch Alexander d. Gr. 34/35 I Db – 162 n. Chr. röm., Hptst. d. Prov. Mesopotamia 40/41 I Me

Nivelles: Stadt in Belgien – um 646 gegr. Benedikt.-Kloster, später Zisterz.-Kloster 57 V dl

Nizza (Nice): Stadt in S-Frankr. 176/177 I Ge – griech. Kolonie Nikaia 29 IV Cb – s. 314 Bm. 55 III Dc – 1388 als Gft. zu Savoyen 80 I Cfg – im 16. Jh. zw. Frankr. u. Savoyen umkämpft 90/91 Ge – 1792–1815 franz. 118 I Dc, 119 III Dc – 1860 nach Volksabstimmg. endg. zu Frankr. 142 I Acd

Njassaland ► Malawi

Noirmoutier: franz. Insel im Atlant. Ozean – im 7. Jh. Zentrum d. iroschott. Mission 56 I Cc – im 9. Jh. Ziel normann. Angriffe 54 II fl – ma. Salzhandelspl. 92/93 Bd

Nola: Stadt in S-Italien 142 I Ee – im 5. Jh. v. Chr. etrusk. Siedlg., 313 v. Chr. röm. Eroberg. 36 I Ge, 36 II Kj – 215 v. Chr. Niederlage d. Karthager geg. Römer im 2. Pun. Krieg 37 III Eb

Nome – 147 II

Nordgau ► Oberpfalz

Nordhausen: Stadt in d. DDR – im 12. Jh. Stauferburg 62/63 I Ea – 1220 Reichsstadt, Ort zahlreicher Reichs- u. Kirchentage 80 I Ec – 1803 preuß. 131 II Dc – 184 I Bc

Nord-Korea ► Korea

Nördlingen: Stadt in Bayern – 898 erstmals erwähnt 60/61 I Hd – 1215 Reichsstadt 80 I Ed – s. 1219 bedeut. Messestadt 87 III Dd – im 15./16. Jh. Zentrum d. Wolltuchverarbeitg. 92/93 Ec – 1635 Sieg d. kaiserl. über schwed. Truppen 98/99 I Fd – 1636 Pestepidemie 82 III Mh – 1803 bayr. 131 II Dd

Nordmark ► Altmark

Nordossetische AR: autonome Rep. im Kaukasus, zur Russ. Föderation gehörend 192 I Dc – 1936–91 ASSR in d. RSFSR 190 I Dc

Nordrhein-Westfalen: Land d. Bundesrep. Deutschland 178 II BDb – 1946 aus mehreren preuß. Provinzen gegr. 185 II BDbc

Nordrhodesien ► Sambia

Noreia: Ort in Österr. – 113 v. Chr. vermutl. Schlachtort, Sieg d. Kimbern u. Teutonen über Römer 48 II Mg

Norfolk: Hafenstadt in d. östl. USA 127 III Fc – 1862 Seegefecht im Sezessionskrieg 125 IV Jf – Hauptquartier d. amerikan. Atlantikflotte u. Kommandostelle d. NATO 127 III Fc

Norfolk: austral. Insel im südl. Pazif. Ozean 188/189 I Rg – 1788 brit. Strafkolonie 148 I Sf – 1913 zu Australien 148 II Sm

Noricum: ehem. röm. Prov. in Österr. – um 10 v. Chr. Unterwerfg. d. kelt. Kgr. N. durch d. Römer, 45 n. Chr. röm. Prov. 40/41 I Gc – im 3. Jh. Teilg. in Noricum Ripense u. Noricum Mediterraneum 42 I Db – im 4./5. Jh. Einfall german. Volksstämme 50 II Oe

Normandie: Landsch. in NW-Frankr. – s. d. 9. Jh. Durchzugs- u. Siedlungsgebiet d. Normannen 54 II flJ – 911 als Hzm. franz. Lehen, 1066 Króng. d. Herzogs von d. N. zum König v. England führt z. engl.-franz. Gegensatz 58 I BCbc – 1204/59 franz. 62/63 I BCb – 1417–50 erneut in engl. Besitz 89 IV DEe – Juni 1944 alliierte Landg. 173 III Bc

Normannen: german. Volk – im 9./10. Jh. dringen N. aus Skandinavien u. Dänemark an d. Küsten Europas vor 54 II – Eroberungs- u. Beutezüge führen z. Bildg. normann. Herrschaftsbereiche in England, Rußland u. S-Italien 58 I – um 1000 Vordringen nach Grönland u. N-Amerika

Northampton: Ort in Großbritannien – 1460 Sieg d. „Weißen Rose" über d. königl. Heer führt z. Absetzg. Heinrichs VI., Richard v. York erhebt Anspruch auf d. engl. Thron 89 IV Dc – 123 III Kc

North Carolina: Bundesstaat in d. östl. USA 124 I NOe – 1776 Gründerstaat d. USA 126 I EFc

North Dakota: Bundesstaat in d. nördl. USA 124 I LMd – 1889 als 39. Staat in d. Union aufgenommen 126 I CDb

Northumbria: ehem. angelsächs. Kgr. in Großbritannien – im 6. Jh. gegr., im 9. Jh. unter Oberhoheit v. Wessex 55 III Ba

Norwegen: Staat in N-Europa 188/189 I Jb – heut. Staatsgebiet im 8./9. Jh. Ausgangsgebiet normann. Eroberungszüge 54 II JKde – um 1000 Vereinigg. d. Teilkönigreiche zum Kgr. N., Beginn d. Christianisierg. 58 I CDab – 1380 Union mit Dänemark, 1397 durch d. ► Kalmarer Union auch mit Schweden u. Finnland zusammengeschlossen; wirtschaftl. Abhängigkeit von d. Hanse 87 III CDab – s. 1450 unter Herrschaft dän. Könige 84 I CDa – im 17. Jh. Gebietsverluste an Schweden – Jan. 1814 Union mit Schweden, Mai 1814 liberale Verfassg. 132/133 GHab – 147 II – Kampf d. Stortings (norweg. Parlament) für innere Selbständigkeit, 1905 nach Volksabstimmg. unabh. Kgr. 154/155 I GHab – im 1. WK neutral 156 III GHcd – 164 II OPf – 1940–45 von dt. Truppen besetzt 172 I CEab, 173 III CDab – 1972 n. Volksabstimmg. Beitritt z. EG abgelehnt 187 II GHab

Norwich – 123 III Lc

Nottingham – 102 I Ed – 122 I F – 123 II Dc, 123 III Kc

Novara: Stadt in N-Italien 142 I Bc – 1513 Schlacht im Kampf um d. Hzm. Mailand, Niederlage d. Franzosen geg. eidgenöss. Heer 94/95 I Ef – 1849 österr. Sieg über italien. Freiheitskämpfer 142 I Bc

Novi: Stadt in N-Italien – 1799 österr.-russ. Sieg über franz. Heer im 2. Koalitionskrieg 118 I Dc

Noviomagus ▸ Nimwegen

Noviomagus ▸ Speyer

Novosvobodnaja: frühgeschichtl. Fundort im Kaukasus 23 III Gb

Nowaja Semlja: russ. Inselgr. im Nördl. Eismeer 192 I DEb – im 16. Jh. entdeckt 104/105 I LMa – 1949 sowjet. Kernwaffenversuchsgelände 191 III Db

Nowgorod: Stadt in d. nordwestl. Russ. Föderation – im 9. Jh. als Holmgard Residenz d. Waräger (Normannen), eine d. ältesten Städte Russlands 54 II Me – im 11./12. Jh. bedeut. Handelsstadt u. kultureller Mittelpkt. d. Kiewer Reiches 58 I Fb – im 13./14. Jh. selbst. Stadtrep. 84 I EFa – als Kontor d. Hanse ausgedehnte Handelsbeziehungen mit d. Ostseestädten u. Zentrum d. russ. Handels mit W-Europa 87 III Hb – 1478 vom Grfsm. Moskau unterworfen, 1494 Schließg. d. Hansekontors 90/91 KMb

Nowipasar: Stadt in Serbien – 1879–1908 Sandschak N. von österr.-ungar. Truppen besetzt, bis 1913 osman. 145 II BCb, 145 III GHb

Noworossijsk: Hafenstadt am Schwarzen Meer in d. Russ. Föderation 176/177 I Me – 1838 als militär. Stützpkt. gegr. 117 III Bc – im 2. WK Kriegsschaupl. 173 III Fc

Nubien: Landsch. in Ägypten u. Sudan – s. d. 16. Jh. v. Chr. zum ägypt. Herrschaftsbereich 25 IV BCcd

Numantia: ehem. Stadt in N-Spanien – 133 v. Chr. als Zentrum d. Widerstandes d. Keltiberer v. Römern erobert u. zerstört 40/41 I Dd

Numidia: ehem. röm. Prov. in NO-Algerien im 3. Jh. v. Chr. Einigg. d. Berberstämme d. Numider 37 III BDcd – 46 v. Chr. röm. Prov. 40/41 I Fef

Nupe: ehem. afrikan. Reich im heut. Nigeria 151 II Bc

Nürnberg: Stadt in Bayern 185 III Dd – um 1050 Burgsiedlg. 60/61 I Hd – im 12. Jh. Entwicklg. z. Stadt, Stauferburg 62/63 I Eb – im 13. Jh. Aufstieg z. Reichsstadt, ständige Auseinandersetzungen d. patriz. Stadtregimentes mit d. Burggrafen von N., Tagungsort zahlreicher Reichstage: 1356 Verkündigg. d., „Goldenen Bulle"; s. 1424 Aufbewahrungsort d. Reichskleinodien 80 I Ed – um 1500 bedeut. Handels- u. Gewerbezentrum, Messestadt 87 III Dd, 92/93 Ec – 1532 N.er Religionsfriede 96 II Kg – Zentrum v. Wissenschaft, Kunst, Humanismus u. Renaissancekultur 97 III Fd – im 16. Jh. territorial größte dt. Reichsstadt 94/95 I Fd – 1632 v. schwed. Truppen besetzt 98/99 I Fd – 1796 W-Teil preuß. 131 II Dd – 1806 bayr. 131 III Ld – 1835 Eröffng. d. ersten dt. Eisenbahnlinie von N. nach Fürth 140 II Qi – im 19. Jh. Industrialisierg. 139 III Fd – 164 I Ed – 168 I Fd, 168 II Dd – 1933–38 Ort d. Reichsparteitage d. NSDAP, 1935 Verabschiedg. d. N.er „Rassengesetze" z. Verfolgg. d. Juden 166 I Fd – 1938 Reichspogromnacht 170 II Dd – im 2. WK stark zerstört 173 III Dc – 169 III Dc – 1945–49 N.er Prozesse geg. nat.-soz. Kriegsverbrecher 176/177 I Hd

Nymphenburg: Stadtteil v. München, Bayern – um 1663–1745 Bau d. Schlosses 120/121 Fd

Nystad: Hafenstadt in S-Finnland – 1721 Friede von N. zw. Russland u. Schweden beendet 2. Nord. Krieg, Russland gewinnt Gebiete u. steigt z. europ. Großmacht auf 112/113 Ja

O

Oberlothringen ▸ Lothringen

Oberösterreich: Bundesland v. Österr. 178 II EFd – 1264 erstmals als Hzm. Österr. ob d. Enns erwähnt, zus. mit ▸ Niederösterr. unter habsburg. Herrschaft 80 I FGde – 1525 Zentrum im Bauernkrieg 96 I DEbc – bis 1918 selbst. Kronland, 1920 österr. Bundesland 166 I GHde – 1938–45 dt. Reichsgau Oberdonau 170 I GHde – 1945–55 z. amerikan. u. sowjet. Besatzungszone 178 I EFd

Oberpfalz: Landsch. in Bayern – im 8. Jh. als Nordgau fränk. Grenzmark 55 III Eb – im 10. Jh. unter bayr. Herrschaft 60/61 I Hld – 1255/68 wittelsbach. Hausbesitz, 1353–73 N-Teil zu Böhmen 80 I EFd – 1628 zu Bayern 98/99 I FGd

Obersalzberg: Ort bei Berchtesgaden, Bayern – 1933–45 häufiger Aufenthaltsort v. Adolf Hitler; 1938 erstes Treffen zw. Hitler u. Chamberlain z. Lösg. d. Sudentenkrise 170 I Ge

Oberschlesien ▸ Schlesien

Obervolta ▸ Burkina Faso

Obodriten – 59 II BCb

Obwalden: Halbkanton in d. Schweiz – 1291 Urkanton d. Eidgen. 100 I Dc

Ochotsk: Ort im östl. Sibirien, Russ. Föderation 192 I Ic – 1649 als ältester russ. Stützpkt. am Pazif. Ozean gegr. 117 III Hc

Ochrida: Stadt in S-Jugoslawien – 861 bulgar., 980 Patriarchat 58 I Ec, 68 I Eb – bis 1913 osman. 145 II Cb

Ochsenfurt: Ort in Bayern – 725 gegr. Kloster 55 III Eb

Ödenburg (Sopron): Stadt in NW-Ungarn – im 9. Jh. erstmals als Ö. erwähnt 60/61 I Ke – im 13./14. Jh. wichtiges Handelszentrum 80 I He – 1921 nach Volksabstimmg. Verbleib bei Ungarn 166 I Ie

Odense: Hafenstadt in Dänemark – 987 als dt. Siedlg. gegr., 1020 Bm. 70 I Bc

Odessa: Hafenstadt am Schwarzen Meer in d. Ukraine 191 IV Mg – s. 1796 Ausbau d. russ. Festg. z. Handels- u. Kriegshafen, im 19. Jh. wichtigster Umschlagpl. im russ. Getreideexport, 1905 Zentrum d. russ. Revolution 117 III Bc, 158 I Cc – 171 III Gc – 1941–44 von dt. u. rumän. Truppen besetzt 172 I Fc, 173 III Fc

Ofen ▸ Budapest

Offa's Wall: ehem. Grenzwall in Großbritannien – im 8. Jh. z. Schutz d. angelsächs. Königreiche geg. Wales errichtet 55 III Ba

Offenbach – 181 III Ch

Ofnet-Höhle: vorgeschichtl. Fundort in Bayern – Funde menschl. Skelettreste 19 III Db

Ogaden: Landsch. in SO-Äthiopien 202/203 I He – s. 1960 v. Somalia beansprucht, 1977–78 Krieg zw. Athiopien u. Somalia um O. 198 II Hh

Ohio: Bundesstaat in d. östl. USA 124 I Nde – 1803 als 17. Staat in d. Union aufgenommen 126 I Ec

Ohod: Berg nördl. v. Medina in Saudi-Arabien – 625 Niederlage d. Propheten Mohammed bei d. Versuch, seine Heimatstadt Mekka zu erobern 53 III FGd

Okinawa: japan. Insel d. Riu-Kiu-Inseln im Pazif. Ozean 194 II Mf – 1945 von d. amerikan. Armee erobert, Ausbau zu einem d. wichtigsten Militärstützpunkte im Pazifik 174 II fl – 1972 an Japan zurückgegeben 196 III Ni

Oklahoma: Bundesstaat in d. USA 124 I Me – 1907 als 46. Staat in d. Union aufgenommen 126 I Dc

Olbia: Ruinenstätte am Schwarzen Meer in d. Ukraine – im 7. Jh. v. Chr. von griech. Siedlern gegr. 29 IV Fb – als Hafen bedeut. Umschlagpl. im Handel mit Griechenland, Export v. Getreide u. Sklaven 39 III Fb

Oldenburg: Stadt in Schleswig-Holstein – 948–1160 Bm., 1235 Lüb. Stadtrecht 60/61 I Ha, 70 I Bc

Oldenburg: Stadt in Niedersachsen 185 III Cb – im 11. Jh. gegr. 62/63 I Da – 1345 Stadtrecht, Hauptort d. Gft. O. 80 I Db – s. 1774 Residenz d. Herzöge von O. 120/121 Eb – 164 I Db – 1919–46 Hptst. d. Landes O. 166 I Eb – 168 I Eb, 168 II Cb – 169 III BCb – 181 III BCg, Legende

Oldenburg: ehem. Land d. Dt. Reiches 155 I BCb – um 1100 Gft. 80 I Db – 1667–1777 unter dän. Herrschaft 98/99 I Eb – 1777 Erhebg. z. Hzm. 120/121 DEb – 1815 Grhzm. 134 I DEb – 143 II CDb – 1919 Freistaat, 1937 Erwerb v. Wilhelmshaven 166 I DEb – 1946 zu Niedersachsen 180 I BCb

Oldesloe, Bad: Stadt in Schleswig-Holstein – vorgeschichtl. Fundort 19 III Da

Oldoway: vorgeschichtl. Fundort im heut. Tansania 16 I Be

Oliva (Oliwa): Stadt in N-Polen – 1178 gegr. Zisterz.-Kloster 57 V Jd – 72 I Fa – 1660 Friede beendet schwed.–poln. Krieg, poln. König entsagt allen Ansprüchen auf d. schwed. Krone 98/99 I Ja

Ollantaytambo: Ruinenstätte in S-Peru – im 15. Jh. errichtete Bergfestg. d. Inka 106 II Dd

Olmütz (Olomouc): Stadt in d. Tschech. Rep. – 1063 Bm., im 13. Jh. Magdebg. Stadtrecht 70 I Ef – 1569 gegr. Univ. 97 III Id – im 18. Jh. Tagungsort d. mähr. Stände, Ausbau z. Festg. 120/121 Id – 1850 Vertrag von O. zw. Preußen u. Österr. zwingt Preußen vorübergehend z. Aufgabe seiner Politik, einen dt. Gesamtstaat ohne Österr. zu schaffen 134 I Id

Olsa-Gebiet: Gebiet in d. nordöstl. Tschech. Rep. 176/177 I Id – nach d. 1. WK von Polen beansprucht, 1920 zw.Tschechoslowakei u. Polen geteilt 166 I Jd – 1938 poln. 170 I Jd – 1945 W-Teil erneut tschechoslowak. 176/177 I Id

Olten: Stadt in d. Schweiz – im 13. Jh. röm. Kastell – 1876 Synode d. Altkatholiken löst Konflikt zw. Staat u. kathol. Kirche aus 138 I Ce

Olympia: Ruinenstätte in Griechenland, Peloponnes – im 11. Jh. v. Chr. Heiligturm d. Zeus, s. 776 v. Chr. Schaupl. d. Olymp. Spiele 28 I Cd – 393 n. Chr. Verbot dieses Kultes als heidnische Götterverehrg.

Olympos: Berg in N-Griechenland – in d. griech. Sage Sitz d. Götter 31 III Ca

Omaijaden: ehem. arab. Dynastie – 661–750 Herrscher in Damaskus, Ausdehng. d. islam. Machtbereiches, 750 von d. Abbasiden gestürzt 53 III Fe, 54 II Mg – 756 Flucht nach Spanien u. Errichtg. d. Emirats v. ▸ Córdoba, 929–1031 Kalifat 58 I Bd

Oman: Staat auf d. Arab. Halbinsel 188/189 I LMde – heut. Staatsgebiet um 630 unter arab.-islam. Einfluss, s. d. 8. Jh. unter einheim. Dynastien weitgehend unabh. 53 III Hd – im 16. Jh. Gründg. d. port. Handelsniederlassg. Maskat 104/105 I Lc – 75 V If – im 17. Jh. arab. Rückeroberg. 109 IV Mc – s.1892 unter brit. Einfluss 194 I Bbc – 1951 voll unabh., s.1970 Sultanat von O. genannt 202/203 I cdl

Omsk: Stadt in Sibirien, Russ. Föderation 192 I Ec – 1716 als Festg. gegr. 117 III Dc – 1894 nach Bau d. Transsib. Eisenbahn steigt O. zum bedeut. Handelszentrum W-Sibiriens auf 158 I Ec

Ontario: Prov. in Kanada 124 I MNc

Opis – 30 II Db

Oporto – 83 IV Cc

Oppeln (Opole): Stadt in W-Polen – im 10. Jh. slaw. Siedlg. 60/61 I Kc – um 1254 Magdebg. Stadtrecht 70 I EFe – bis 1532 Residenz d. Herzöge von O. 94/95 I IJc – 1742 preuß. 120/121 IJc – 181 II Hc

Oradur: Ort in Frankr. – Juni 1944 wegen Partisanentätigkeit von SS-Truppen zerstört u. Bevölkerg. größtenteils ermordet 173 III Cc

Oran: Hafenstadt in N-Algerien 202/203 I Cb – röm. Kolonie Portus Magnus 40/41 I De – bis z. span. Eroberg. bedeut. Handelszentrum, 1509–1708, 1731–92 span. 90/91 Ef – 1830 v. Franzosen erobert 154/155 I Ef – 1942 alliierte Landg. 173 III Bd

Orange: Stadt in S–Frankr. – kelt. Gründg. Arausio, 105 v. Chr. Sieg d. Kimbern über Römer 48 II Lg – unter Kaiser Augustus röm. Kolonie 40/41 I EFd – s. d. 3. Jh. n. Chr. Bm. 55 III CDc – Hauptort d. Fsm. Oranien 80 I Bf – 1365 gegr. Univ. 81 III He

Oranien: ehem. Fsm. in S-Frankr. – 1530 als Orange z. Gft. ▸ Nassau 94/95 I Nebenkarte, 90/91 FGe – 1713 zu Frankr. 112/113 Fe

Oranienburg: Stadt in Brandenburg – 1933–35 nat.-soz. KZ 170 I Gb

Oranje-Freistaat: Prov. in Südafrika – s. 1835 v. Buren besiedelt, 1854 unabh. Rep. 151 II Ce – 1902 brit. Kolonie, 1910 z. Südafrikan. Union 151 III Gj

Orchomenos: ehem. Stadt in Griechenland – frühgeschichtl. Siedlg. 23 III Ec – Zentrum myken. Kultur 29 IV Bb

Ordschonikidse ▸ Wladikawkas

Oregon: Bundesstaat in d. nordwestl. USA 124 I JKd – 1818–46 zw. Großbritannien u. d. USA umstritten 148 I DEb – 1859 als 33. Staat in d. Union aufgenommen 126 I Ab

Orel: Industriestadt in d. westl. Russ. Föderation 176/177 I Mc – 1919 im russ. Bürgerkrieg umkämpft 158 I Cc – im 2. WK Kriegsschaupl. 172 I Fb, 173 III Fb

Orenburg – 83 IV Ib

Oresek ▸ Schlüsselburg

Orissa – 74 II Jg, 74 III Ng – 75 IV Ec

Orkney-Inseln: brit. Inselgr. im Atlant. Ozean 176/177 I DEb – im 8./9. Jh. v. norweg. Normannen erobert 54 II elJ – 1468 an Schottland abgetreten 90/91 Eb

Orléans: Stadt in Frankr. – kelt. Gründg. Cenabum, 52 v. Chr. Ausgangspkt. d. Aufstandes d. Kelten geg. d. Römer 41 II Phi – im 3. Jh. n. Chr. in Aureliani umbenannt 40/41 I Ec – s. d. 4. Jh. Bm., im 5. Jh. fränk. 55 III Cb – 1309 Gründg. d. Univ. 81 III He – s. 1344 Hauptort d. Hzm. O., im „100-jährigen Krieg" umkämpft, 1429 Jeanne d'Arc u. ihre franz. Verbündeten erzwingen d. Aufhebg. d. engl. Belagerg. 89 IV EFef – ma. Handelspl. 92/93 Cd – im 16. Jh. Zentrum d. Hugenotten 90/91 Fd

Ormuz: ehem. Stadt in S-Iran – 105 III Eb – 1515–1622 wichtiger port. Handelsstützpkt. 110 I Bb

Ortenau: Landsch. in Baden-Württemberg – 1525 Zentrum d. bad. Bauernaufstandes 96 I ABb

Ortenburg: Ort in Bayern – im 12. Jh. erbaute Burg, Sitz d. Grafen von O. 80 I Fd

Orval: Zisterz.-Kloster in Belgien – im 11. Jh. gegr. 57 V del

Orvieto – 82 II Gb

Ösel: estn. Insel in d. Ostsee 176/177 I Jb – 1227 vom Dt. Orden erobert, 1228 Errichtg. d. Bm. 71 II DEb – 1559 an Dänemark verkauft 90/91 Jb – 1645 schwed., 1721 russ. 78/79 Jb – 1920 z. Rep. Estland 137/138 I Jb – im 2. WK von dt. Truppen besetzt 173 III Eb

Oslo: Hptst. v. Norwegen 176/177 I Hbc – um 1048 gegr. 58 I Dab – 1286–1350 norweg. Residenzstadt, im 15. Jh. Niederlassg. d. Hanse 87 III Dab – 1624 durch einen Brand völlig zerstört, unter d. dän. König Christian IV. als Kristiania neu gegr. 112/113 Hb – s. 1814 Hptst., 1854 Bau d. ersten norweg. Eisenbahn nach Eidsvoll 132/133 Hb – 1918 Influenzaepidemie 83 V Pg – 1924 in O. umbenannt 137/138 I Hab – im 2. WK von dt. Truppen besetzt 172 I Dab

Osma: Ort in S-Spanien – 933 span. Sieg über Araber 58 I Bc

Osmanisches Reich: ehem. Reich in SO-Europa, Vorderasien u. N-Afrika – im 11. Jh. Eindringen türk. Nomadenvölker nach Kleinasien, s. 1071 dehnen d. ▸ Seldschuken ihre Herrschaft in Kleinasien aus u. verdrängen d. byzantin. Einfluss; d. erste Kreuzzug leitet Beginn d. Auseinandersetzungen zw. Christen u. islam. Türken ein 65 II ABa – im 14. Jh. Ausdehng. d. osman. Herrschaftsbereiches auf d. Balkan-Halbinsel 84 I EFbc – 1453 Eroberg. d. letzten byzantin. Festg. Konstantinopel (Istanbul) ermöglicht weiteres Vordringen in SO-Europa, im 16. Jh. Eroberg. arab. Gebiete, Aufstieg z. Weltmacht, s. 1571 Verlust d. Vorherrschaft im Mittelmeerraum 79 II – 75 V HIf – im 17./18. Jh. Kriege geg. Österr. u. Russland schwächen d. osman. Machtposition u. zwingen d. Osman. Reich zu Gebietsabtretungen 112/113 Legende – s. 1804 nationale Erhebungen auf d. Balkan-Halbinsel, bis 1878/1913 weitgehend Verlust d. europ. u. arab. Gebiete; 1908/09 Revolution d. „Jungtürken" 145 II, III, Legende, 154/155 I KNeh – 1914 Eintritt in d. 1. WK auf seiten d. Mittelmächte 156 II DEbc – 1919 nationale Erhebg. unter Führg. v. Mustafa Kemal Pascha (Atatürk), 1920 Vertrag v. Sèvres bedeutet Ende d. Osman. Reiches, 1923 Gründg. d. Rep ▸ Türkei 137/138 I KNef

Osnabrück: Stadt in Niedersachsen 185 III Cb – im 12. Jh. Entwicklg. vom Marktort z. Stadt 62/63 I Da – im 13. Jh. Hansestadt 87 III Cc – Zentrum d. Leinenhandels 92/93 DEb – neben Münster Ort d. Verhandlungen z. Westfäl. Frieden, 1648 Friede von O. beendet d. 30-jährigen Krieg 98/99 I Eb

Osnabrück: Bm. in Niedersachsen u. Schleswig-Holstein – um 800 z. Christianisierg. d. Sachsen gegr. 55 III Da – 1543 nach Einführg. d. Reformation territoriale Verluste 94/95 I DEb, 96 II IJe – 1803 zu Hannover 120/121 DEb

Ossiach: Ort in Österr. – um 1028 Gründg. d. ältesten Benedikt.-Klosters v. Kärnten 57 IV Eb

Ostanglia: ehem. angelsächs. Kgr. in Großbritannien – im 5. Jh. frühestes Siedlungsgebiet d. ▸ Angelsachsen 50 I BCa – im 7. Jh. Kgr. 55 III Ca

Ostende (Oostende): Hafenstadt in Belgien – 1722–31 Ostendische Handelskompanie ermöglicht Österr. d. Teilnahme am außereurop. Kolonialhandel 112/113 Fc

Osterinsel: chilen. Insel im südl. Pazif. Ozean 188/189 I Dg

Österreich: Staat in Mitteleuropa 176/177 I HId – heut. Staatsgebiet im 1. Jh. n. Chr. zur röm. Prov. Noricum 40/41 I GHc – im 5./6. Jh. Eindringen v. Langobarden u. Bajuwaren in d. Donau- u. Alpengebiet 50 I Db, 51 III Jh – im 6. Jh. unter bayr. Herrschaft, 788 Unterwerfg. durch d. Franken 55 III EFb – im 10. Jh. territoriale Zersplitterg., Entstehg. d. Mark Ö. 60/61 I JKd – 1156 Hzm. Ö. 62/63 I EFb – s. 1282 unter Herrschaft d. ▸ Habsburger 80 I FHde – 1453 Erzhzm., im 16. Jh. Aufstieg d. Habsburger z. führenden Dynastie Europas, erfolgreiche Abwehr v. Türkenangriffen 94/95 I Legende – polit. u. religiöse Auseinandersetzungen mit d. protestant. adligen Ständen lösen 1618 d. 30-jährigen Krieg aus, im 17. Jh. Aufstieg z. europ. Großmacht 98/99 I Legende – 1701–13 im Span. Erbfolgekrieg Kampf geg. d. franz. Eroberungspolitik 112/113 HId–1740–48 österr. Erbfolgekrieg, 1740–63 preuß.-österr. Kriege, 1772/95 Gewinn poln. Gebiete 130 I Legende – 1804 Kaiserr., Teilnahme an d. Koalitionskriegen geg. Frankr. 128/129 IJd – 1815 Übernahme d. Führg. im Dt. Bund, Unterdrückg. d. Autonomiebestrebungen d. österr. Kronländer u. Forderg. nach nationaler u. demokrat. Freiheit im Innern von Ö. führen 1848/49 z. Revolution 134 I Legende – 1866 Gegensatz zw. Preußen u. Ö. führt z. Krieg u. zur Auflösg. d. Dt. Bundes, s. 1867 Doppelmonarchie Ö.-Ungarn 135 II Legende – Ende d. 19. Jh. verstärkter Kampf d. österr. Kronländer für nationale Unabh., österr.-russ. Konflikt in d. Balkanpolitik 145 III GHa, 154/155 I Legende – 1914 österr.-ungar. Kriegserklärg. an Serbien löst 1. WK aus, im 1. WK mit d. Dt. Reich verbündet 156 II Cb – Okt. 1918 Auflösg. d. Vielvölkerstaates u. Abdankg. d. Kaisers beendet österr.-ungar. Doppelmonarchie 156 III He – 164 II Pg – 1918–19 Rep. Deutsch-Österr. 166 I FIde – 1934 bei Putschversuch d. NSDAP Ermordg. d. Österr. Bundeskanzlers Dollfuß, 1938 von dt. Truppen besetzt, Anschluss an d. Dt. Reich u. Errichtg. v. Reichsgauen 170 I EIde – 169 IV DGij – 1945 Alliierte errichten Besatzungszonen 178 I – 1955 Staatsvertrag: Ö. erhält d. Unabh. u. verpflichtet sich zu dauernder Neutralität 178 II CGde – 1989 Öffnung d. österr.-ungar. Grenze beschleunigt Wandel in Osteuropa 208 I – s. Ende d. Ost-West-Konfliktes Annäherung an europ. Bündnissysteme, 1989 EG-Beitritt beantragt, 1995 vollzogen 212/213 KLf

Österreichisch-Schlesien: Landschaft in MO-Europa – 1742 durch Teilg. v. ▸ Schlesien entstanden, südl. Teil Schlesiens verbleibt als Ö.-S. bei Österr. 130 I Dbc – 1849 österr. Kronland 134 I IJcd – 1919 größtenteils z. Tschechoslowakei 166 I IJcd

Ostfränkisches Reich ▸ Frankenrr.

Ostfriesland: Landsch. in Niedersachsen – bis 1464 Teil v. ▸ Friesland, 1464 Erhebg. z. Gft. 94/95 I Db – im 16. Jh. Kämpfe zw. luther. Landesherren u. kalvinist. Ständen 96 II Ie – 1654 Fsm., 1744 zu Preußen 120/121 Db

Ostgalizien ▸ Galizien

Ostia (Ostia-Antica): Stadtteil v. Rom, Italien – im 4. Jh. v. Chr. als Hafen Roms gegr., älteste röm. Bürgerkolonie 36 I Fe, 36 II Jj – bedeut. Handelshafen u. Militärstützpkt. d. Röm. Reiches 39 III Db, 40/41 I Gd

Ostmark: ehem. Mark in Österr. – im 9. Jh. als fränk. Grenzmark errichtet 55 III EFb – s. d. 10. Jh. Ostarrichi genannt 58 I Dc – Kernland d. Mark Österr. 60/61 I JKde – 169 III EFde

Ostpreußen: ehem. preuß. Prov. – s. 1772 Bezeichng. für d. ehem. Hzm. ▸ Preußen einschl. d. Bm. Ermland 120/121 KLa 1824/29 – 78 mit Westpreußen z. Prov. Preußen vereinigt 134 I JKab – 1920 nach Volksabstimmg. im südl. O. Verbleib beim Dt. Reich 166 I JLab – 169 III HJab – 1945 durch d. Potsdamer Abkommen S-Teil unter poln., N-Teil unter sowjet. Verwaltg. gestellt; Zwangsumsiedlg. d. dt. Bevölkerg. 178 I HJab

Ostrach: Ort in Baden-Württemberg – 1799 österr. Sieg über franz. Heer 118 I Db

Ostrolenka (Ostroleka): Stadt in NO-Polen – 1831 russ. Sieg über poln. Aufständische 134 I Kb

Oströmisches Reich ▸ Byzantin. Reich

Ost-Turkestan ▸ Sinkiang-Uigur

Otranto: Hafenstadt in S-Italien 142 I Ge – als griech. Kolonie gegr., latein. Hydruntum 36 I Ie – s. d. 6. Jh. byzantin. Handelszentrum 55 III Fc – 1080 v. Normannen in Besitz genommen 62 II Cb – 1480 bei osman. Eroberg. zertört

Ottawa: Hptst. v. Kanada 124 I Od – um 1800 Holzfällersiedlg., s. 1858/67 Hptst. 126 I

Öttingen: ehem. Fsm. in Bayern – 1525 Zentrum im Bauernkrieg 96 I Cb

Ottobeuren: Ort in Bayern – 764 gegr. Benedikt.-Kloster 57 IV Eb

Ouchy: Vorort v. Lausanne, Schweiz – 1912 Friede beendet italien.-türk. Krieg 154/155 I Gd

Oudh – 75 V Lf

Oudenaarde: Stadt in Belgien – 1708 engl.-österr. Sieg über franz. Heer im Span. Erbfolgekrieg 112/113 Fc

Ourique: Ort in S-Portugal – 1139 nach d. port. Sieg über d. Mauren nimmt Alfons I. von Portugal d. Königstitel an 62/63 I Ad

Översee: Ort in Schleswig-Holstein – 1864 dän. Niederlage geg. Österreicher im Dt.-Dän. Krieg 134 I Ea

Oviedo: Stadt in NW-Spanien 176/177 I De – im 8.–10. Jh. Hptst. d. Kgr. Asturien 54 II fl – Zentrum christl. Widerstandes geg. d. Araber 62/63 I Ac – 1936–37 im span. Bürgerkrieg stark zerstört 137/138 I De

Oxford: Stadt in Großbritannien 176/177 I Ec – im 13. Jh. Gründg. d. Univ., Zentrum d. Wissenschaft 81 III GHd – 1382 und 1408 engl. Nationalsynoden zur Beilegung des großen Schismas 85 II Ba – 102 I Ee – 103 II Dd, 103 III Ji – 1833–45 O. Bewegg. strebt Erneuerg. d. anglikan. Kirche an 132/133 Ec

P

Pachacamac: Ruinenstätte in Peru – Tempelstadt d. Inkas 106 II Cd

Paderborn: Stadt in NRW 180 I Cc – 777 Tagungsort d. ersten karoling. Reichstages auf sächs. Boden 55 III Da – im 13. Jh. Stadtrecht 62/63 I Da – Ende d. 13. Jh. Hansestadt 87 III Cc – 1614 gegr. Jesuiten-Univ. 97 III Ec – 181 II Cc

Paderborn: Ebm. in NRW u. Niedersachsen – 806 Em. 55 III Da – bis 1803 reichsunmittelbar 120/121 Ec – 1803 preuß. 131 II Cc – 1930 Erhebg. z. Ebm. 166 I Ec

Padua (Padova): Stadt in NO-Italien 176/177 I Hd – 49 v. Chr. röm., Patavium 40/41 I Gc – 1164 als selbst. Stadtrep. Mitgl. d. Veroneser Städtebundes 62/63 I Eb, 68 I Db – 1222 Gründg. d. Univ. 54 II el – 1348 Pestepidemie 82 II Ga – 1405 unter venezian. Herrschaft, Zentrum v. Humanismus u. Renaissance 86 I Cc – im MA Wolltuchverarbeitg. 92/93 Ed – 1797 österr. 131 II Df – 1866 zu Italien 142 I Cc

Paekche – 47 III Legende

Paestum: Ruinenstätte in S-Italien – im 7. Jh. v. Chr. als griech. Kolonie Poseidonia gegr., Tempelanlage mit Heiligtum 29 IV Db – 273 v. Chr. röm. Kolonie 36 I Ge, 36 II Kj – im 2. Pun. Krieg mit Rom verbündet, Posidonia 37 III Eb

Pagan – 66 I Gc

Pakistan: Staat in Asien 188/189 I Md – heut. Staatsgebiet bis 1947 Teil v. Brit.-Indien, Aug. 1947 unabh. Mitgl. d. Commonwealth, Gegensätze zw. d. beiden Landesteilen Ost- u. West-P. führen zu innenpolit. Krisen, 1947 Krieg mit Indien um ▸ Kaschmir, 1956 Proklamation d. Rep. P., 1965 erneut pakistan.-ind. Krieg um Kaschmir, 1971 Loslösg. v. Ost-P. als unabh. Staat ▸ Bangladesh, 1972–89 Austritt von P. aus d. Commonwealth, s. 1985 islam.-föderative Rep. 194 II Jf

Palästina: Landsch. in Vorderasien – früheste Funde menschl. Besiedlg. in d. Höhlen d. Berg Karmel nachweisbar 18 II Og, 18 I Fc, 48 I – städt. Hochkultur in ▸ Jericho 19 IV Ng – um 1250 v. Chr. Eindringen v. Seevölkern (Philistern) u. Israeliten, um 1000 v. Chr. Bildg. eines israelit. Großreiches unter d. Königen David u. Salomo 23 IV Ng – 539 v. Chr. zum Pers. Reich 30 II Hf – 332 v. Chr. zum Reich Alexanders d. Gr. 34/35 I Cb – 63 v. Chr. röm. Eroberg., 6. n. Chr. röm. Prov. Judaea, 66–73 u. 132–35 Aufstände d. jüd. Bevölkerg. geg. röm. Herrschaft 40/41 I KLf 32 – 634 Beginn d. arab.-islam. Unterwerfg. 53 III Fc – im 11. Jh. Gründg. christl. Kreuzfahrerstaaten, 1291 Eroberg. d. Kgr. Jerusalem durch d. Mameluken beendet Herrschaft d. Kreuzfahrer in P. 65 II ABb, 84 I Fc – 1517 osman. 90/91 LMg – s. Ende d. 19. Jh. verstärkte Einwanderg. v. Juden aus O-Europa, Entstehg. d. Bewegg. d. Zionismus, 1917/18 v. Briten erobert 156 III Jf – 1920–48 brit. Mandat 202 II BCc – jüd. Masseneinwanderg. verschärft Gegensatz zu d. arab. Palästinensern, Mai 1948 nach Abzug d. brit. Truppen Gründg. d. Staates ▸ Israel, Ost-P. als Westjordanland ▸ Jordanien angegliedert 202 III Cbc – wachsende soziale u. polit. Probleme d. Palästinenserflüchtlinge, Forderg. d. Palästinenser nach einem eigenen Staat, polit. Vertretg. durch PLO, s. 1987 Aufstand in v. Israel besetzten Gebieten Gaza u. Westjordanland (Intifada), s. 1991 arab.-israel. Friedensgespräche über Status d. besetzten Gebiete 203 V

Palas – 74 I EFb

Palauinseln ▸ Belau

Palembang: Hafenstadt auf Sumatra, Indonesien 194 II Lh

Palenque: Ruinenstätte in S-Mexiko – Tempel- u. Palastanlage d. Maya 106 I Aa, 106 II Bb

Palermo: Hafenstadt auf Sizilien, Italien 176/177 I Hf – im 7. Jh. v. Chr. phönik. Gründg. Panormos 29 IV Dc – 254 v. Chr. als bedeut. karthag. Flottenstützpkt. v. Römern erobert, Panormus 37 III Ec – 20 v. Chr. röm. Kolonie 40/41 I Ge – 831 n. Chr. Eroberg. durch Sarazenen, Zentrum islam. Kultur, Hptst. v. Sizilien 54 II Kg – 1072 normann. Residenz 62 II Bc – 1194 unter stauf. Herrschaft, unter Kaiser Friedrich II. kulturelle Blüte, im 13. Jh. Bevölkerungsrückgang 68 I Dc – 1282 zu Aragón 62/63 I Ed – 1820 u. 1848/49 Aufstände geg. bourbon. Herrschaft 142 I Df – 1837 Choleraepidemie 83 IV Ed

Palestrina: Stadt in Mittelitalien – röm. Stadt Praeneste 36 I Fe, 36 II Jj – 1849 Sieg d. italien. Freischärler über d. Truppen Neapels 142 I De

Palikao: vorgeschichtl. Fundort im heut. N-Algerien 18 I Cc

Pallawa – 74 I DEc

Palma: Hafenstadt auf Mallorca, Spanien 176/177 I Ff – 123 v. Chr. röm. Gründg. 40/41 I Ee – mittelalterl. Großstadt 68 I Cc – 1283 Gründg. d. Univ. 81 III Hf – Hptst. d. Balearen 176/177 I Ff

Palmanova: Stadt in NO-Italien – Anfang d. 19. Jh. Ausbau d. venezian. Grenzfestg. unter Napoleon I. 131 II Ef

Palmyra: Stadt in Syrien – Lage an Karawanenwegen begünstigt Aufstieg z. bedeut. Handelspl. im Alten Orient, als Tadmor Zentrum einer Oase 30 II Cb – um 17 n. Chr. röm., im 3. Jh. Leg.-Lager 40/41 I Lf – wichtiger Umschlagpl. im Handel mit Arabien 39 III Fc

Palos: Ort in S-Spanien – 1492 Ausgangspkt. d. ersten Entdeckungsreise v. Kolumbus 90/91 Df

Palura – 45 III Ec

Pamir: Gebirge in Zentralasien – bis z. endg. Grenzfestlegg. zw. Afghanistan u. Russland brit.-russ. Auseinandersetzungen um P., 1895 nach Beilegg. d. Interessenkonfliktes größtenteils zu Russland 117 III Dd

Pamphylien: Landsch. in d. S-Türkei – im 7. Jh. v. Chr. griech. Kolonisation 29 IV EFc – 334 v. Chr. von Alexander d. Gr. erobert 34/35 I Cb – 102 v. Chr. röm., später röm. Prov. Lycia et Pamphylia 40/41 I JKe

Pamplona: Stadt in N-Spanien – 75/74 v. Chr. röm. Gründg. Pompaelo 40/41 I Dd 925 – 1512/89 Hptst. d. Kgr. Navarra 58 I Bc, 90/91 Ec – im 19. Jh. Zentrum d. Karlisten 132/133 Ee

Panamá: Hptst. d. Rep. Panamá 152 I Dd – 1519 gegr., Umschlagpl. für peruan. Gold, 1671 v. Briten zerstört, 1673 neu gegr. 104/105 I EFd

Panamá: Staat in Mittelamerika 188/189 I Ee – Teil d. heut. Staatsgebietes um 1502 entdeckt u. für Spanien in Besitz genommen 104/105 I EFd – bis 1821 span. Kolonie, 1821 zur Verein. Rep. v. Kolumbien 148 I FGd – 1903 Loslösg. v. Kolumbien mit Unterstützg. d. USA, unabh. Rep. unter amerikan. Einfluss, Abtretg. d. P.-Kanalzone an d. USA, 1906–14 Bau d. P.-Kanals; soziale u. wirtschaftl. Krisen führen zu Aufständen in P. u. 1917/18 z. Intervention von US-Truppen, 1936 USA erkennen Unabh. von P. an 124 I Nebenkarte – s. Ende 1950 fordert P. volle Souveränität über d. Kanalzone, 1968 Militärdiktatur, 1977 amerikan.-panames. Vertrag legt stufenweise Übergabe d. Kanals u. d. Kanalzone an P. fest, 1989 US-Invasion zum Sturz d. Diktators Noriega 152 I CDd

Panamá-Kanalzone ▸ Panamá

Pandja – 74 I Dd

Pankow: Stadtteil im NO v. Berlin – 1949–90 Sitz diplomat. Vertretungen u. zahlreicher Behörden d. DDR 179 V

Panmunjon: Stadt in N-Korea – 1953 Waffenstillstand beendet d. Koreakrieg 196 III Nh

Pannonia: ehem. röm. Prov. in Österr., Ungarn, Kroatien u. Serbien – 9 n. Chr. von Römern unterworfen, 103 Teilg. in d. Provinzen Pannonia Superior u. Pannonia Inferior 40/41 I Hc

Pantelleria: italien. Insel im Mittelmeer 176/177 I Hf – 217 v. Chr. im 2. Pun. Krieg v. Römern erobert, Cossyra 37 III Ec – bis 1860 z. Kgr. Sizilien 142 I CDg

Paphos: Ort auf Zypern – im 13. Jh. v. Chr. von Phönikern besiedelt, im 7. Jh. v. Chr. griech. Kolonie, bedeut. Heiligtum 29 IV Fc – als Neu-P. urchristl. Gemeinde 42 II Ng – Hptst. d. röm. Prov. Cyprus (Zypern), Paphus 40/41 I Kf

Papua-Neuguinea: Inselstaat im Pazif. Ozean 188/189 I Qf – 1884 Errichtg. d. brit. Protektorates Papua u. d. dt. Kolonie Kaiser-Wilhelm-Land im O-Teil d. Insel Neuguinea, 1906 Papua-Territorium zu Australien 148 II QRI – 1919 erhält Australien d. Völkerbundsmandat über d. ehem. dt. Kolonie 160/161 I Qe – 1949 Vereinigg. v. Papua u. Neuguinea, 1973 autonom, 1975 als P.-N. unabh. Mitgl. d. Commonwealth – 204/205 I Qf

Paracelinseln: Inselgr. südl. v. China, v. Vietnam u. China beansprucht – 1974 v. Truppen d. VR China besetzt 195 IV Jf

Paraguay: Staat in S-Amerika 188/189 I FGg – heut. Staatsgebiet s. 1537 v. Spaniern erobert, 1542 z. Vizekgr. Peru, 1609–1768 Errichtg. v. Missionssiedlungen durch Jesuiten 109 IV GHf – 1811 unabh. Rep. 148 I Hf – 1865–70 vernichtende Niederlage im Krieg geg. Argentinien, Brasilien u. Uruguay führt zu Gebietsverlusten u. starkem Bevölkerungsrückgang, 1932–35 Eroberg. d. größten Teils d. strittigen Gebietes im „Chacokrieg" geg. Bolivien, 1954 Militärdiktatur 152 I EFg

Paramaras – 74 I Db

Parchim – 164 I Eb

Parga – 30 II Ec

Paris: Hptst. v. Frankr. 176/177 I Fd – als Lutetia Hauptort d. kelt. Volksstammes d. Parisii, 52 v. Chr. röm. Eroberg. 41 II Ph – auch Lutetia Parisiorum genannt, röm. Herrschaftszentrum in Gallien 40/41 I Ec – s. d. 3. Jh. n. Chr. Bm. 55 III Cb – 508 Hptst. d. Frankenr. 54 II Jf – 67 II Cb – 68 I Cb – im 10./11. Jh. Entwicklg. zur Hptst. d. Kgr. Frankr. 58 I Cc – im 12. Jh. Gründg. d. Univ., eine d. ältesten Europas 81 III He – 1348 Pestepidemie 82 I Cb – mehrere frz. Nationalsynoden zur Beilegung des großen Schismas 85 II Cb – 1420–36 v. Engländern besetzt, um 1470 Errichtg. d. ersten franz. Druckerei 89 IV Fe – 1572 „Bartholomäusnacht": Ermordg. v. Hugenotten durch Katholiken 96 II Gg – im 16. Jh. wirtschaftl. Aufschwung, Handelszentrum 92/93 Cc – 1622 Ebm. 97 III Bd – im Zeitalter Ludwigs XIV. Aufstieg z. geistig-kulturellen Mittelpkt. d. Absolutismus – 1763 Friede von P. beendet 7-jährigen Krieg u. sichert Großbritanniens Vormachtstellg. als Kolonialmacht 109 IV Kb – Zentrum d. Franz. Revolution 118 II – 1814 u. 1815 P.er Friedensschlüsse beenden d. Koalitionskriege 128/129 Fd – 1832 Choleraepidemie 83 IV Dc – im 19. Jh. Entwicklg. z. bedeut. Industriezentrum 139 III Bd – 1830 Zentrum d. Julirevolution, 1848 d. Februarrevolution, 1856 Friede beendet d. Krimkrieg, 1870/71 im Dt.-Franz. Krieg von dt. Truppen belagert, Jan. 1871 franz. Kapitulation, März bis Mai 1871 sozialist. Aufstand d. P.er Kommune, durch bürgerl. republikan. Truppen niedergeschlagen 132/133 Fd, 139 IV Bd – 141 IV If – 1918 Influenzaepidemie 83 V Oh – 1919 P.er Vorortverträge beenden d. 1. WK 137/138 I Fd – 171 III Dc – 1940–44 von dt. Truppen besetzt 172 I Cc, 173 III Cc – 1954 Konferenzen d. westeurop. Staaten u. USA über d. Einbeziehg. d. Bundesrep. Deutschld. in d. westl. Bündnissystem 204/205 I Jc – 1990 KSZE-Gipfelkonferenz beschließt „Charta für ein neues Europa" 186 I Fd

Parma: Stadt in N-Italien 176/177 I He – 183 v. Chr. röm. Kolonie 36 I Ec – s. d. 4. Jh. n. Chr. Bm., 774 fränk. 55 III Ec – 1167 Mitgl. d. Lombard. Städtebundes, Zentrum d. Auseinandersetzungen zw. Kaiser u. Papst, 1248 Belagerg. durch d. Staufer 62/63 I Ec – 1512 z. Kirchenstaat 1545–1860 Hptst. d. Hzm. P. 94/95 I Ff, 142 I Cc

Parma: ehem. Hzm. in N-Italien – bis 1512 z. Kirchenstaat, 1545 Erhebg. z. Hzm. 94/95 I EFf – 1731/48 unter Herrschaft span. Bourbonen 112/113 GHe – 1802/05 zu Frankr. 131 II CDf – 1815–47 Hzm. v. Marie Luise v. Österr., Frau Napoleons I., 1847 wieder bourbon., 1860 zu Italien 142 I BCc

Paros: griech. Insel im Ägäischen Meer – um 1000 v. Chr. ion. Siedlungsgebiet 29 IV Cc – um 680 v. Chr. griech. Kolonisation, wirtschaftl. Blüte durch Abbau v. Marmor 29 IV Ec – 478–431 v. Chr. Mitgl. d. Att. Seebundes 32 I gl

Partherreich, Parthien: ehem. Reich in Vorderasien – im 6. Jh. v. Chr. pers. Satrapie 30 II Eb – 30/31 I Eb – 30 II Efb – im 4. Jh. v. Chr. zum Reich Alexanders d. Gr. 34/35 I Eb – um 250 v. Chr. Entstehg. eines Großreiches unter d. Arsakiden-Dynastie 35 III Se, 47 IV KLh – Ausdehng. d. parth. Herrschaftsbereiches führt s. d. 1. Jh. v. Chr. zu Kämpfen mit d. Römern, latein. Regnum Parthorum 40/41 I Nef – im 3. Jh. n. Chr. Unterwerfg. durch d. Sassaniden 42 I Gc

Pasargadai: Ruinenstätte in Iran – s. d. 6. Jh. v. Chr. pers. Residenz 30 II Eb – 30/31 I Eb

Passarowitz (Pozarevac): Stadt in Serbien – 1718 Friede zw. Österr., Venedig u. Osman. Reich, osman. Gebietsabtretungen an Österr. schwächen d. Vormachtstellg. d. Osman. Reiches in SO-Europa 130 I Ed

Passau: Stadt in Bayern 180 I Ed – im 2. Jh. röm. Kastell Castra Batava 49 V Ed – 59 II Cd – 1298 u. 1367 Aufstände d. Bürgerschaft geg. bischöfl. Herrschaft 80 I Fd – 1552 P.er Vertrag als Vorbereitg. z. ▸ Augsburger Religionsfrieden 96 II Lg – 1634 Pestepidemie 82 III Nh – Zentrum d. Gegenreformation 97 III Gd – 1803 bayr. 131 II Ed

Passau: Bm. in Bayern – 739 durch Bonifatius gegr. 56 I Fc – bis z. 13. Jh. territoriale Ausdehng. 80 I Fd – 1805 bayr. 131 III Md – 164 I Fd

Patagonien: Landsch. in S-Amerika – 1520 v. Portugiesen entdeckt 104/105 I Ffg – Zentrum d. Widerstandes d. indian. Bevölkerg. geg. koloniale Unterwerfg. 148 I Gg – bis 1881/1902 zw. Argentinien u. Chile umstritten 148 II Gn

Pataliputra: ehem. Stadt in NO-Indien – im 4. Jh. v. Chr. Hptst. d. ind. Großreiches Magadha 44 I Eb, 44 II Lf, 47 IV Mh

Patay: Ort in Frankr. – 1429 Sieg d. franz. Heeres unter Führg. v. Jeanne d'Arc zwingt d. Engländer z. Aufhebg. d. Belagerg. v. Orléans 89 IV EFe

Patigrabana – 30 II Eb

Patmos: griech. Insel im Ägäischen Meer – im 1. Jh. n. Chr. vermutl. Aufenthaltsort d. Evangelisten Johannes 42 II Mg

Patras: Hafenstadt in Griechenland – 420 v. Chr. im Peloponnes. Krieg v. Athen erobert, Patrai 33 III Eb – 14. v. Chr. röm. Kolonie Patrae 40/41 I el – Aufstieg z. bedeut. Hafen Griechenlands 39 III Ec – frühchristl. Gemeinde 42 II Ec – 1821 Zentrum im griech. Freiheitskampf 145 II Cc

Patrimonium Petri ▸ Kirchenstaat

Pau: Stadt in SW-Frankr. 176/177 I Ee – s. 1460 Hptst. d. Gft. Béarn 89 IV Dh

Paulinzella: Ort in Thüringen – 1106 gegr. Benedikt.-Kloster 57 IV Ea

Pavia: Stadt in N-Italien 68 I Cb – röm. Gründg. Ticinum 36 I Dc – 490 ostgot. Residenz 51 III hl – 572 Hptst. d. Langobardenreiches 53 III Cb – 774 fränk., Bm. 55 III Db – 59 III Kg – 1361 Gründg. d. Univ., später Zentrum d. Naturwissenschaften 81 III He – ma. Handelspl. 92/93 Ed – 1525 Niederlage d. Franzosen geg. d. Truppen Kaiser Karls V. 90/91 Gd

Payerne: Stadt in d. Schweiz – im 10. Jh. gegr. Benedikt.-Kloster 57 IV Db

Pearl Harbor: Flottenstützpkt. auf Hawaii, USA – Dez.1941 Angriff japan. Luft- u. Seestreitkräfte auf P.H. vernichtet d. amerikan. Pazifikflotte, Eintritt d. USA in d. 2. WK 174 I GHb

Peenemünde: Ort auf Usedom, Mecklenburg-Vorpommern – im 2. WK Raketenforschungszentrum 173 III Db

Pegu: Stadt in Myanmar – bis z. 16. Jh. Mittelpkt. eines gleichnamigen Reiches, buddhist. Wallfahrtsort u. Kulturzentrum 110 I Dc

Peipussee: See in d. nordwestl. Russ. Föderation 176/177 I Kb – 1242 Niederlage d. dt. Ordensheeres beim Vorstoß auf Nowgorod 71 II Gb – im 2. WK Kriegsschaupl. 173 III Eb

Peking (Beijing): Hptst. v. China 196 III Mg – 77 III Ebc, 77 IV Lh – 77 V Bb – um 1215 v. Mongolen erobert 78 I Kcd – 1271–95 Aufenthaltsort v. Marco Polo, Kambaluk genannt 104/105 I Obc – bis 1368 Residenz d. Mongolen, bis 1644 d. Ming-Dynastie, s. 1644 d. Mandschu-Dynastie 110 I Eb – 1900–01 Zentrum d. „Boxeraufstandes", Besetzg. durch Truppen d. Kolonialmächte 194 I Eb – 1928 von d. Kuomintang eingenommen, amtl. Name Peiping 196 II Ebc – 1937–45 japan. Besetzg. 174 II Jf – 1949 v. chines. Kommunisten erobert, s. 1949 Hptst. d. Volksrep. China, 1989 Niederschlagg. d. Demokratiebewegung 194 II Lf

Pella: Ort in N-Griechenland – s. d. 5. Jh. v. Chr. Hptst. v. Makedonien, Geburtsort Alexanders d. Gr. 34/35 I Ba – im 1. Jh. v. Chr. röm. Kolonie 40/41 I dl

Peloponnes: Halbinsel in S-Griechenland – griech. Peloponnesos, im 6. Jh. v. Chr. Bildg. d. Peloponnes. Bundes unter Führg. v. Sparta 32 I – 431–404 v. Chr. Peloponnes. Krieg: Auseinandersetzungen zw. Peloponnes. Bund u. ▸ Att. Seebund unter Führg. Athens um d. Vorherrschaft in Griechenland, nach Ende d. Krieges wirtschaftl. u. kultureller Niedergang d. griech. Stadtstaaten 33 III EFbc – im 4. Jh. v. Chr. zum makedon. Herrschaftsbereich 34/35 I Bb – 27 v. Chr. zur röm. Prov. Achaia 40/41 I el – um 1000 byzantin. Thema 58 I Ed – s. d. 15. Jh. als Morea osman., an d. Küstenplätzen venezian. Stützpunkte 79 II Dc – 1699–1715 venezian. 112/113 Jf – bis 1821 Zentrum d. Widerstandes geg. osman. Herrschaft 145 II Cc

Pelusion, Pelusium: ehem. Ort in N-Ägypten – bedeut. Hafenpl. u. Grenzfestg. Altägyptens 25 IV Ca – 525 v. Chr. entscheidender Sieg d. Perser über Ägypter 30 II Cb – 30 II Cb

Pembroke – 102 I Ce, 103 III

Penang: Teilstaat v. Malaysia – 1786 brit. 111 II KLg

Peñón de Vélez: Inselgr. an d. N-Küste v. Marokko, unter span. Oberhoheit 176/177 I

Pennsylvania: Bundesstaat in d. östl. USA 124 I Od – 1776 Gründerstaat d. USA 126 I Fb

Perekop: Landenge zw. d. Halbinsel Krim u. d. Festland, Ukraine – im 2. WK Kriegsschaupl. 172 I Fc

Perejaslawl: Stadt in d. Ukraine – 1654 Vertrag von P.: ukrain. Kosaken leisten d. russ. Zaren ihren Treueid 112/113 Lc

Pergamon, Pergamum ▸ Bergama

Perge: Ruinenstätte in d. S-Türkei – 469 v. Chr. Sieg d. Griechen über Perser 12 II Lg – bedeut. Kulturzentrum, eine d. ältesten urchristl. Gemeinden Kleinasiens 42 II Fc

Périgord: Landsch. in SW-Frankr. – bis z. 11. Jh. als Gft. aquitan. Lehen 60/61 I Cf – 1589 zu Frankr. 89 IV Eg

Périgueux: Stadt in SW-Frankr. – s. d. 4. Jh. Bm. 55 III Cb – Hauptort d. Gft. Périgord 60/61 I Cf

Pernambuco ▸ Recife

Pernau (Pjarnu): Stadt in Estland – 1241 vom Dt. Orden mit Lüb. Stadtrecht gegr. 70 I la, 71 II Fb – Hansestadt 87 III Fb

Péronne: Stadt in N-Frankr. – 1468 Vertrag mit Burgund zwingt d. franz. König z. Verzicht auf Flandern 89 Fd

Persien ▸ Iran

Persis – 30/31 I Ebc

Persepolis – 30/31 I Ebc

Peru: Staat in S-Amerika 188/189 I Ff – Teil d. heut. Staatsgebietes bis z. 16. Jh. Zentrum d. Inkareiches, Mittelpkt. indian. Kultur u. Kunst 106 II CDde – 1527 Beginn d. Eroberg. durch d. Spanier unter Francisco Pizarro, Niederwerfg. zahlreicher Aufstände d. Indianer führen z. teilw. Ausrottg. d. indian. Bevölkerg., Aufstieg d. Vizekgr. P. zur reichsten span. Kolonie durch Plünderg. d. Inka-Heiligtümer u. Ausbeutg. d. Silbervorkommen, auch Neukastilien genannt 104/105 I EFef – 1821 unabh. Rep. 148 I Ge – 1836–39 Konföderation mit Bolivien, 1879–83 „Salpeterkrieg" geg. Chile, 1968 linksgerichteter Militärputsch, Verstaatlichg. d. Erdölindustrie u. Durchführung v. Agrarreformen, 1973 Verstaatlichg. d. Bergbauindustrie 152 I Def – s. 1980 Guerrillakampf d. „Leuchtenden Pfades", 1992 Staatsstreich d. Präsidenten mit Unterstützung d. Militärs 153 IV Def

Perugia: Stadt in Mittelitalien 142 I Dd – etrusk. Siedlg. Perusia 36 I Fd, 36 II Ji – im 2. Pun. Krieg mit Rom verbündet u. umkämpft 37 III Eb – 41/40 v. Chr. von Römern zerstört 40/41 I Gd – mittelalterl. Großstadt 68 I Db – 1308 gegr. Univ., Zentrum d. Humanismus 81 III Ie – 1348 Pestepidemie 82 II Gb

Pest ▸ Budapest

Petersberg: Berg in NRW – 1949 P.er Abkommen sichert d. Bundesrep. Deutschld. wirtschaftl. Erleichterungen u. Eigenstaatlichkeit nach d. 2. WK 178 II Bc

Peterswaldau (Pieszyce): Ort in W-Polen – 1844 Zentrum d. schles. Weberaufstandes 136 I Hc

Peterwardein (Petrovaradin): Ort Serbien – im 17./18. Jh. bedeut. österr. Grenzfestg. geg. d. Osman. Reich, 1716 österr. Sieg über osman. Heer 130 I DEc

Petra: Ruinenstätte in S-Jordanien – s. d. 3. Jh. v. Chr. Hptst. d. Nabatäerreiches 34/35 I Cb – 106 n. Chr. röm. 40/41 I Lf – bedeut. Umschlagpl. im Handel mit S-Arabien 39 III Fc

Petrikau (Piotrków Trybunalski): Stadt in Polen – 1496 P.er Statut: König gewährt d. poln. Adel Sonderrechte 90/91 Ic

Petrograd ▸ St. Petersburg

Petrópolis: Stadt in SO-Brasilien 204/205 I Gg – 1845 dt. Gründg., 1903 Vertrag zw. Bolivien u. Brasilien legt Grenzstreitigkeiten bei, d. an Kautschuk reiche Gebiet v. Acre fällt an Brasilien 152 I Gg – 1947 Abschluss d. Rio-Paktes: Verteidigungsbündnis d. nord- u. südamerikan. Staaten 204/205 I Ga

Petrosawodsk: Hptst. d. Karel. AR in d. Russ. Föderation 176/177 I La

Petsamo (Petschenga): Ort in d. nordwestl. Russ. Föderation – 1920–44/47 zu Finnland 190 I Cb

Petschenegen – 65 III CDab

Pfalz: Teil v. Rheinld.-Pfalz – 1214 wittelsbach. Gft., 1329 Trenng. v. Bayern, 1356 Erhebg. z. Kurfsm., Kurpfalz genannt 80 I CDd – 1569 Fsm. P.-Neuburg, 1614 Fsm. P.-Sulzbach, 1628 Oberpfalz zu Bayern, 1688–97 Pfälz. Erbfolgekrieg 98/99 I FGd – 1777 Erwerb Bayerns 120/121 DEd – 1801 Verlust d. linksrhein., 1803 d. rechtsrhein. Gebiete 131 II BCd – s. 1816 bilden d. linksrhein. Gebiete d. bayr. Regierungsbezirk P. 134 I DEd – 1919–30 v. Franzosen besetzt 166 I DEd – 1946 zu Rheinld.-Pfalz 180 I Bd

Pfeddersheim: Stadtteil v. Worms, Rheinld.-Pfalz – 1525 entscheidende Niederlage d. Bauern geg. Truppen d. pfälz. Kurfürsten

Pforta: Kloster in Sachsen-Anhalt – 1132 als Zisterz.-Kloster gegr. 57 V Jd

Phaistos: Ruinenstätte auf Kreta, Griechenland – bis um 1400 v. Chr. Zentrum minoischer Kunst, wichtiger Handelspl. 29 IV Cd

Pharsalos: Ort in Mittelgriechenland – latein. Pharsalus, 48 v. Chr. entscheidender Sieg Caesars über Pompejus im röm. Bürgerkrieg 40/41 I el

Philadelphia: Industriestadt in d. östl. USA 124 I Ode – 1683 v. engl. Siedlern gegr., im 18. Jh. Aufstieg z. bedeut. amerikan. Wirtschafts- u. Kulturzentrum, 1776 Ort d. Unabhängigkeitserklärg. d. 13 Gründerstaaten d. USA, 1790–1800 Sitz d. Unionsregierg. 125 III Dc, 127 III Fbc

Philae: ehem. Nilinsel in Ägypten – hl. Stätte Altägyptens, Tempelanlage 25 IV Cc

Philippi: ehem. Stadt in NO-Griechenland – 356 v. Chr. makedon. Eroberg. 34/35 I Ba – 42 v. Chr. Schlacht: Marcus Antonius u. Octavian (Augustus) besiegen Marcus Brutus u. Gajus Cassius, nach d. Sieg röm. Kolonie 40/41 I dl – 50 n. Chr. Gründg. d. urchristl. Gemeinde durch Apostel Paulus 42 II Eb

Philippinen: Inselstaat im Pazif. Ozean 188/189 I Pe – 1521 entdeckt 104/105 I Pd – 1564 Beginn span. Eroberg. u. Kolonisation 110 I Fc – 1762–64 v. Briten besetzt 111 II Mg – 1896–98 nationaler Befreiungskampf d. Filipinos, 1898 nach d. span.-amerikan. Krieg v. Spanien an d. USA abgetreten 194 I Fc – 1941 v. Japanern besetzt, 1944/45 v. amerikan. Truppen zurückerobert 174 I Dc, 174 II Kg – 1946 unabh. Rep., 1949–54 Aufstände d. kommunist. Hukbalahap (Huk), s. 1968 Aufstände d. Muslimen auf d. südl. Inseln 194 II Mg – 1986 Sturz d. diktator. Marcos-Regimes, prädsidiale Rep. 195 IV Kfg

Philippopel – 65 III Cb – 68 I Eb

Philippsburg: Stadt in Baden-Württemberg 180 I Cd – s. 1615 als Festg. ausgebaut 98/99 I Ed – 1688–97 v. Franzosen besetzt – bis 1723 Residenz d. Bischöfe v. Speyer 120/121 Ed

Philistaea: alttestamentl. Staat im heut. Israel 43 III Be

Phnom Penh: Hptst. v. Kambodscha 194 II Lg – s. 1434 Residenz d. Khmerkönige 110 I Ec – 1975 Zwangsumsiedlg. d. Bevölkerg. unter Pol-Pot-Regime, 1979–89 v. vietnames. Truppen besetzt 194 II Lg

Phokaia: ehem. Stadt in d. W-Türkei – im 8. Jh. v. Chr. als griech. Hafenstadt gegr., Ausgangspkt. ion. Kolonisation, Handelszentrum 29 IV Ec

Phönikien: Landsch. in Vorderasien – bis um 1200 v. Chr. unter ägypt. Oberhoheit, enge Handelsbeziehungen d. phönik. Stadtstaaten zu Ägypten u. Kreta, Entwicklg. d. phönik. Schrift; um 1000 v. Chr. Eindringen d. Seevölker führt z. Erstarken d. Stadtstaaten u. zu weitgehender Selbständigkeit, Ausdehng. d. phönik. Einflussbereiches im gesamten Mittelmeerraum durch Gründg. v. Kolonien, Ausbreitg. phönik. Kultur u. Kunst, im 9. Jh. v. Chr. Beginn d. Auseinandersetzungen mit d. Assyrern 23 IV, 29 IV Legende – 538 v. Chr. unter pers. Oberhoheit 30 II Cb – 332 v. Chr. nach Eroberg. durch Alexander d. Gr. Bedeutungsrückgang 34/35 I Cb – 64 v. Chr. röm. Prov. Phoenicia 40/41 I Lf

Phrygien: Landsch. in d. Türkei – um 1200 v. Chr. Einwanderg. d. Phryger, im 8. Jh. v. Chr. Entstehg. eines phryg. Großreiches 23 IV Nfg – im 6. Jh. v. Chr. pers. 30 II BCb – 333 v. Chr. zum Reich Alexanders d. Gr. 34/35 I Cb – im 3. Jh. n. Chr. Errichtg. d. röm. Provinzen Phrygia pacatiana u. Phrygia salutaris 42 I EFc

Phylakopi: frühgeschichtl. Fundort auf Melos, Griechenland 23 III Ec

Piacenza: Stadt in N-Italien 142 I Bc – 218 v. Chr. als röm. Kolonie Placentia gegr., im 2. Pun. Krieg v. Karthagern zerstört 37 III Dab – s. d. 4. Jh. n. Chr. Bm. 55 III Db – 1167 Mitgl. d. Lombard. Städtebundes 62/63 I Dbc – 1248 gegr. Univ. 81 III He – ma. Handelszentrum 92/93 Ed – 1746 österr. Sieg über franz.-span. Heer 112/113 Gde

Picardie: Landsch. in N-Frankr. – 1435–77 burgund. 89 IV EFde

Piedras Negras: Ruinenstätte in Guatemala – Kulturzentrum d. Maya 106 II Bb

Piemont: Region in N-Italien – s. d. 11. Jh. Kernland d. savoy. Lande 80 I Cf – 1802–14 franz. 119 III Dbc

Pillnitz: Stadtteil v. Dresden, Sachsen – 1791 P.er Abkommen führt z. ersten Bündnis europ. Staaten geg. d. revolutionäre Frankr. 120/121 Gc

Pilsen (Plzeň): Stadt in d. Tschech. Rep. 176/177 I Hd – im 13. Jh. mit süddt. Stadtrecht gegr., Zentrum d. Bierbrauerei 70 I Cf – im 30-jährigen Krieg zerstört, 1633/34 Hauptquartier d. kaiserl. Feldherrn Wallenstein 98/99 I Gd

Pinerolo: Stadt in NW-Italien – 1631–96 als strateg. bedeut. Festg. v. Franzosen besetzt

Pingcheng – 47 III Ebc

Piombino: Stadt in Mittelitalien – 1805–14 napoleon. Fsm. 128/129 He

Piräus: Hafenstadt in Griechenland – 493 v. Chr. als Hafen Athens ausgebaut, nach d. Perserkriegen stark befestigt, wichtigster griech. Hafen 31 III Cc

Pirna – 183 V Cc

Pisa: Stadt in Italien 142 I Cd – etrusk. Siedlg. Pisae, im 2. Pun. Krieg röm. Stützpkt. 37 III Eb – s. d. 4. Jh. Bm. 55 III Ec – im 11. Jh. Aufstieg z. führenden oberitalien. Seehandelsstadt neben Genua u. Venedig, Eroberg. v. Korsika Sardinien u. d. Balearen 86 I Cc – 1092 Ebm. 62 II Bb – s. 1173 Bau d. Kampanile („schiefer Turm" von P.); 1284 Niederlage gegg. Genua leitet polit. u. wirtschaftl. Niedergang ein 62/63 I Ec – 1343 Gründg. d. Univ. 81 III He – 1348 Pestepidemie 82 II Gb – bis z. 14. Jh. selbst. Rep. 80 I Eg – 1406 zu Florenz, 1409 Konzil von P.: erfolgloser Versuch z. Überwindg. d. Kirchenspaltg. 85 II Db – 81 II Cc – im 2. WK stark zerstört 173 III CDc

Pitschen – 166 II Hc

Pittsburgh: Stadt in d. östl. USA 124 I NOd – 1759 als brit. Fort Pitt gegr. 125 III Db – im 19. Jh. Entwicklg. z. bedeut. amerikan. Zentrum d. Kohlebergbaus u. Eisengewinng. 127 III EFb – 1918 P.er Abkommen sichert d. Slowaken Autonomie zu u. bereitet d. Gründg. eines tschech.-slowak. Staates vor 160/161 I EFbc

Pizzo: Ort in S-Italien – 1815 Erschießg. d. Königs v. Neapel Joachim Murat 142 I Ff

Pjöngjang: Hptst. v. Nord-Korea 194 II Mf – 76 II Mh – 77 III Fc, 77 IV Mh

Plassey: Ort in O-Indien – 1757 entscheidender brit. Sieg über Franzosen sichert brit. Vorherrschaft in Indien 111 II Kf

Plataiai: Ort in Griechenland – 479 v. Chr. Sieg d. Griechen über Perser 31 III Cb

Plauen: Stadt in Sachsen 180 I Ec – 1224 Stauferburg 62/63 I Ea – Mittelpkt. d. Vogtlandes 80 I Fc – im 19. Jh. Zentrum d. sächs. Textilindustrie 139 III Gc – 182 I Cc – 184 I Cc

Pleißener Land: ehem. Gebiet in Sachsen u. Thüringen – 1158 unter Kaiser Friedrich I. Barbarossa als Reichsland vereinigt 62/63 I Ea – 1243/1310 d. wettin. Mgft. Meißen eingegliedert 80 I Fc

Pleskau ▸ Pskow

Plewna (Pleven): Stadt in Bulgarien – 1877 im russ.-türk. Krieg v. russ. Truppen belagert u. erobert 145 II Cb

Plock (Plozk) – 143 III Mg – 181 II Hb

Ploesti (Ploiesti): Stadt in SO-Rumänien 176/177 I Kde – im 2. WK als Zentrum d. rumän. Erdölindustrie umkämpft u. stark zerstört 172 I Ec, 173 III Ec

Plombières: Ort in O-Frankr. – 1858 franz.-sardin. Vereinbarg. über geplanten Angriffskrieg geg. Österr. 142 I Ab

Plowdiw: Stadt in S-Bulgarien 176/177 I Je – 341 v. Chr. als Philippopolis gegr. 34/35 I Ba – 46 n. Chr. Hptst. d. röm. Prov. Thracia 40/41 I dl – im MA unter wechselnder byzantin. u. bulgar. Herrschaft, Philippopel 58 I Ec – 1361 osman. 84 I Eb – 1878–85 Hptst. v. Ostrumelien 145 II Cb, 145 III Hb

Plozk (Plock): Stadt in Polen – 1075 Bm., 1237 Magdebg. Stadtrecht 70 I Fd – bis 1351 Residenz d. masow. Herzöge 71 II Ce – 1526 poln. 94/95 I Jb – 1793–1807 preuß. 116 I Bb

Plymouth – 102 I Ce – 108 I Eb – 123 II Bd – 141 III Bd

Pöchlarn: Stadt in Österr. – 9. Jh. fränk. Handelspl. 55 III Fb

Podlachien – 143 III Ng

Podolien: Landsch. in d. Ukraine – bis 1569 zw. Polen u. Litauen umstritten, 1569 zu Polen 90/91 Kd – 1672 z. Osman. Reich 79 II Ea – 1699 erneut poln., 1793 russ. 116 I Dc – 143 III Oh

Poitiers: Stadt in W-Frankr. – kelt.-röm. Limonum 40/41 I Ec – s. d. 4. Jh. Bm. 56 I Dc – 732 Sieg d. Franken über Araber beendet arab. Invasion in W-Europa 53 III Cb, 54 I Cb – Hauptort d. Gft. Poitou 60/61 I Ce – 1431 gegr. Univ. 81 III He – ma. Handelspl. 92/93 Cd

Poitou: Landsch. in W-Frankr. – im 10. Jh. als Gft. mit Aquitanien vereinigt 60/61 I BCe – 1152 als Teil d. Angevin. Reiches unter engl. Herrschaft 62/63 I BCb – 1416 zu Frankr. 89 IV DEf

Pola (Pula): Stadt in Kroatien – röm. Militärkolonie Pietas Iulia, s. d. 6. Jh. oström. 55 III Ec – 1148 venezian. 62/63 I Ec – bis 1918 wichtigster österr. Kriegshafen, 1919/20–47 zu Italien 142 I Dc

Polanen – 59 II DEbc

Polen: Staat in Mitteleuropa 176/177 I HJcd – im 6./7. Jh. Einwanderg. slaw. Volksstämme in d. heut. Staatsgebiet 53 III DEa – 67 II Da – im 10. Jh. erste Staatsbildg. unter d. poln. Piasten-Dynastie, im 10./11. Jh. Christianisierg. d. Hzm. P. begünstigt Ausdehng. d. Herrschaftsbereiches 58 I DEbc – 1025–33, 1076–81 Kgr., kriegerische Auseinandersetzungen mit d. Hl. Röm. Reich 60/61 I KMbc – s. 1138 Zerfall in Teilfürstentümer, 1181 Verlust d. Hzm. Pommern 62/63 I FGab – 1320 Vereinigg. d. poln. Fürstentümer zum Kgr. P., 1327/35 Böhmen erhält d. schles. Herzogtümer als Lehen, kultureller u. wirtschaftl. Aufschwung, 1386 Pers.-Union mit Litauen, wachsender Einfluss d. Adels unter d. Jagiellonen-Dynastie; 1410 nach d. entscheidenden Sieg über d. Dt. Orden Aufstieg z. führenden Macht in O-Europa 80 I Hlbc, 84 I DEab – 1525 Hzm. Preußen unter poln. Lehenshoheit, 1569 Umwandlg. d. poln.-litau. Pers.-Union in eine Realunion, s. 1572 innere Machtzersplitterg. durch Bildg. einer Adelsrep., Abwehr russ. Angriffe 90/91 IJcd – 1587–1668 unter Herrschaft d. schwed. Wasas, im 17. Jh. nach d. Kriegen geg. Schweden u. Russland Gebietsverluste, 1697–1763 Pers.-Union mit Sachsen, P. wird zunehmend z. Objekt d. Interessenkonfliktes d. europ. Großmächte 112/113 ILbd – 1772, 1793, 1795 Aufteilg. von P. zw. Preußen, Österr. u. Russland 116 I – 143 III – 1807 Errichtg. d. Grhzm. Warschau durch Napoleon I. 128/129 IJc – 1815 Bildg. d. Kgr. P., Kongress-P. genannt, in Pers.-Union mit Russland verbunden 132/133 IJc – 1830/31 erfolgloser Aufstand in Kongress-P. geg. russ. Herrschaft führt z. Verlust d. inneren Autonomie u. zur Eingliederg. in d. russ. Kaiserr.; 1846, 1848 Niederwerfg. v. Aufständen in d. von Preußen u. Österr. annektierten poln. Gebieten 134 I ILac – 1916 Proklamation d. selbst. Kgr. P. durch d. Mittelmächte 156 II Da – Nov. 1918 unabh. Rep. 156 III Hld – nach d. 1. WK Gebietsgewinne, 1919/20 poln.-sowjet. Krieg, 1926 nach Staatsstreich diktator. Regime unter Pilsudski, 1934 dt.-poln. Nichtangriffspakt, 1935 Ende d. autoritären Herrschaft Pilsudskis 137/138 I IKcd – Aug. 1939 dt.-sowjet. Nichtangriffspakt u. Geheimvertrag über Aufteilg. von P. in Interessengebiete, Sept. 1939 dt. Angriff auf P. löst 2. WK aus, Eingliederg. von Ost-P. in d. Ukrain. u. Weißruss. SSR, Zwangsumsiedlg. d. poln. Bevölkerg. 116 II, 172 I DEb – teilw. Eingliederg. von P. in d. Dt. Reich, restl. poln. Gebiet als Generalgouvernement unter dt. Verwaltg. gestellt, Bildg. einer nationalpoln. Exilregierg. in London, Widerstandsbewegg. d. poln. Juden geg. nat.-soz. Herrschaft mit Zentrum in Warschau, Ermordg. u. Verschleppg. d. poln. Bevölkerg. 170 I IMad – Juli 1944 Übernahme d. Regierg. durch d. Poln. Komitee d. Nationalen Befreig. 173 III DEb – Aug. 1945 Gebiete östl. d. Oder-Neiße unter poln. Verwaltg. gestellt als Entschädigg. für Gebietsverluste im O, Zwangsumsiedlg. u. Vertreibg. d. dt. Bevölkerg., 1947/52 Volksrep. P., 1956 u. 1970 Arbeiteraufstände erzwingen Regierungswechsel 176/177 I HJcd – 1970 Bundesrep. Deutschld. erkennt in d. Warschauer Verträgen d. Oder-Neiße-Linie als poln. W-Grenze an, 1980 Streiks u. Gründung d. Gewerkschaft „Solidarität“, 1981–83 Kriegsrecht 178 II FJad – 1988 demokrat. Opposition erzwingt Reformen, Beginn d. revolutionären Umbruchs in O-Europa 208 I – 1990 dt.-poln. Vertrag z. endgült. Anerkenng. d. bestehenden Grenzen 185 III FGb

Polesien – 143 III Og

Poliochni: frühgeschichtl. Fundort auf Lemnos, Griechenland 23 III Ebc

Pollenza: Stadt in NW-Italien – latein. Pollentia – 402 Sieg d. Römer über d. Westgoten 50 I Cb

Polozk: Stadt in Weißrussland 68 I Ea – im 14. Jh. zu Litauen, Niederlassg. d. Hanse 87 III Gb – 1563–79 russ. 90/91 Kb – bis 1772 poln. 112/113 Kb – 1772 russ. 116 I Da

Poltawa: Stadt in d. Ukraine 176/177 I Ld – 1709 vernichtende Niederlage d. Schweden durch russ. Heer 112/113 Ld

Pommerellen: Landsch. in N-Polen – bis 1294 selbst. Hzm. 62/63 I Fa – 1309–1466 im Besitz d. Dt. Ordens 71 II BCde – bis 1772 als königl. Preußen zu Polen, s. 1772 Kernland d. preuß. Prov. Westpreußen 120/121 IJab

Pommern: ehem. Hzm. u. preuß. Prov. – s. d. 7. Jh. Siedlungsgebiet d. westslaw. Pomoranen 55 III Fa – im 12 Jh. Beginn d. Christianisierg. u. dt. Besiedlg.; Polen, Dänemark u. Brandenburg beanspruchen Oberhoheit über Hzm. P. 62/63 I EFa – 1295–1478 Hzm. P. geteilt 80 I FHab – 1532 erneute Teilg. 94/95 I Glab – 1534/35 Einführg. d. Reformation 96 II LMNe – 1648 Vorpommern zu Schweden, Hinterpommern zu Brandenburg 98/99 I Glab – 1720 erhält Preußen d. östl. Teil v. Vorpommern 120/121 Glab – 1815 Vereinigg. d. pommerschen Gebiete z. preuß. Prov. 134 I Glab – 1945 O-Teil unter poln. Verwaltg., Zwangsumsiedlg. d. dt. Bevölkerg., W-Teil d. Land Mecklenburg eingegliedert 178 I FGab – 1990 W-Teil z. Bundesland Mecklenburg-Vorpommern 185 III EFab

Pomoranen – 59 II DEab

Pompeii: Ruinenstätte in S-Italien – im 5. Jh. v. Chr. etrusk. Siedlg 36 I Ge, 36 II Kj – 79 n. Chr. beim Ausbruch d. Vesuvs zerstört

Pondichéry: Stadt in SO-Indien 194 II JKg – 1674 franz. 149 III Gd – 1954 z. Ind. Union 194 II JKg

Pontecorvo: Ort in Mittelitalien 142 I De – s. 1512–1860 päpstl. Exklave 90/91 He – 1806–10 napoleon. Fsm., 1810–14 zu Frankr. 128/129 He

Ponthion: ehem. Ort in Frankr. – im 8. Jh. karoling. Pfalz, 754 Bündnis zw. d. fränk. Konig u. Papst geg. d. Langobarden 55 III

Pontos Pontus: ehem. Reich am Schwarzen Meer in d. NO-Türkei – 301 v. Chr. gegr. 34 II JKe – 63 v. Chr. röm., Errichtg. d. Prov. Bithynia et Pontus im westl. Teil von P. 40/41 I KLd

Ponza: italien. Inselgr. im Mittelmeer 142 I De – latein. Pontiae Insulae 36 I Fe

Porkkala: Ort u. Halbinsel in S-Finnland 1944–55 als Marinestützpkt. an d. Sowjetunion verpachtet 176/177 I JKab

Port Arthur ▸ Lüta

Porto: Stadt in N-Portugal 176/177 I De – im 1. Jh. v. Chr. röm., Portus Cale 40/41 I cd – 716–997 arab., Portucale 58 I Bc – im 11.–13. Jh. Hptst. v. Portugal 62/63 I Ac

Porto Novo – 150 I Dd

Port of Spain: Hptst. v. Trinidad u. Tobago 152 I Ec

Port Royal: ehem. Zisterz.-Kloster in Frankr. – im 17. Jh. religiöses Zentrum d. Jansenisten, 1710 zerstört 98/99 ABd

Portsmouth: Hafenstadt in Großbritannien 176/177 I Ec – s. 1496 größter engl. Kriegshafen 112/113 Ec

Portsmouth: Hafenstadt in d. östl. USA – 102 I Ee – 122 I F – 124 I Od – 141 III Dd – 1905 Friede von P. beendet russ.-japan. Krieg 148 II Gi

Portugal: Staat in SW-Europa 176/177 I Def – heut. Staatsgebiet im 1. Jh. v. Chr. röm. Prov. Lusitania 40/41 I Cde – im 5. Jh. n. Chr. übernehmen d. german. Sweben u. Westgoten d. Herrschaft 51 III Hhi – 711 arab.-islam. Eroberg. 53 III Bbc – im 11. Jh. Beginn d. christl. Rückeroberg. (Reconquista), 1139/43 selbst. Kgr. 62/63 I Acd – im 13. Jh. Ende d. maur. Herrschaft, Grenzfestlegg. mit Kastilien 84 I Bbc – 1415 mit Eroberg. d. nordafrikan. Handels- u. Piratenstützpunktes Ceuta Beginn d. Aufstiegs z. europ. Seemacht, Entdeckungsfahrten port. Seefahrer entlang d. afrikan. Küste bis nach Indien, Gründg. v. Handelsniederlassungen, Abgrenzg. d. kolonialen Interessensphären in S-Amerika zw. P. u. Spanien, um 1500 port. Entdeckg. Brasiliens 104/105 I Legende, 109 IV Legende – 1580 Pers.-Union mit Spanien 90/91 Def – im 17. Jh. Verlust port. Kolonien, 1640 Loslösg. v. Spanien, im Span. Erbfolgekrieg aufseiten Großbritanniens 112/113 Def – 1807 v. Franzosen besetzt, 1808–11 Vertreibg. d. Franzosen mit brit. Unterstützg. 128/129 Def – innenpolit. Krisen u. wirtschaftl. Verfall führen 1892 z. Staatsbankrott, 1910 Ausrufg. d. Rep. beendet Monarchie 154/155 I Def – 1916 Eintritt in d. 1. WK 156 II Ab – 1918 Influenzaepidemie 83 V Nhi – s. 1932 diktator. Regime unter Salazar 137/138 I Def – April 1974 Sturz d. Diktatur, Entlassg. d. port. Überseegebiete in d. Unabh., 1976 parlamentar. Demokratie 176/177 I Def – 1986 Beitritt z. EG 187 II Def

Portugiesisch-Guinea ▸ Guinea-Bissau

Portus Namnetum ▸ Nantes

Posen (Posnan): Stadt in Polen 176/177 I Ic – 59 II Eb – 968 Bm. 60/61 I Kb – 1253 Magdebg. Stadtrecht 70 I Ed – im 15./16. Jh. Handelszentrum u. Messestadt 92/93 Gb – 1572 gegr. Jesuitenkolleg 97 III Ib – 1793 preuß. 112/113 Ic – 1806 Friede zw. Sachsen u. Frankr. beendet preuß.-sächs. Allianz, 1807 z. Grhzm. Warschau 128/129 Ic – 1815 z. Festg. ausgebaut, 1848 Zentrum d. poln. Nationalbewegg. 134 I Ib – 1918/20 poln. 116 II Ge – 164 I Hd – 169 III Gb – im 2. WK zerstört 172 I Db – 179 VI Db – 1956 Arbeiteraufstand 178 II Gb

Posen: ehem. preuß. Prov. – 1815–30 Grhzm. 134 I Ib – 1918/20 zu Polen 116 II Ge

Poteidaia: ehem. Stadt in N-Griechenland – im 6. Jh. v. Chr. gegr. 29 IV Eb – 480 v. Chr. zum Anschluss an Persien gezwungen 31 III Ca – Mitgl. d. Att. Seebundes 32 I He – 432 v. Chr. athen. Belagerg. 33 III Fa – 316 v. Chr. makedon. Neugründg., unter Kaiser Augustus röm. Kolonie Cassandrea 40/41 I dl

Potosí: Stadt in Bolivien 152 I Ef – 1545 span. Gründg., reiche Silbervorkommen 109 IV Gef – im 17. Jh. größte Stadt Amerikas, im 19. Jh. Zinnbergbauzentrum 153 IV Ef

Potsdam: Hptst. v. Brandenburg 185 III Eb – s. 1661 Bau d. Schlosses, 1685 Edikt von P. gewährt d. aus Frankr. vertriebenen Hugenotten Glaubensfreiheit in Brandenburg u. Preußen 98/99 I Gb – s. 1713 Residenz preuß. Könige, Ausbau z. bedeut. Garnisonsstadt unter Friedrich II. 84 Cb, 120/121 Gb – 1838 Eröffng. d. ersten preuß. Eisenbahnlinie zw. Berlin u. P. 140 II Rg – im 2. WK stark zerstört 173 III Db – 1945 P.er Konferenz: USA, Sowjetunion u. Großbritannien beschließen Aufteilg. Deutschlands in Besatzungszonen, Bildg. eines alliierten Kontrollrates als oberste Regierungsgewalt u. Entmilitarisierg., Entnazifizierg., Reparationszahlungen u. dt. Gebietsabtretungen 178 I Eb – 1945/47 Hptst. v. neugegr. Land Brandenburg, 1952–90 Bezirkshptst. in d. DDR 178 II Eb – 182 I Cb – 184 I Cb

Prag (Praha): Hpst. d. Tschech. Rep. – 67 II Ca – im 9. Jh. slaw. Burg- u. Marktort, 973 gegr. Bm. 60/61 I Jc – 1198 Hptst. d. Kgr. Böhmen 62/63 I Ea – im 12./13. Jh. Entstehg. d. dt. Kaufmanns- u. Handwerkersiedlg. P.-Kleinseite, 1257 dt. Stadtrecht 70 I De – Bevölkerungswachstum im 13. Jh. 68 I Da – im 14. Jh. unter Karl IV. Aufstieg z. polit., wirtschaftl. u. kulturellen Zentrum d. Hl. Röm. Reiches, 1344 Erhebg. z. Ebm. 80 I Gc – 81 II Ca – 1348 Gründg. d. ersten Univ. Mitteleuropas 54 II del – 1419 erster P.er Fenstersturz leitet d. Hussitenkriege ein 84 I Da – 1618 zweiter P.er Fenstersturz löst Aufstand d. protestant. böhm. Adels geg. d. Herrschaft d. kathol. Habsburger aus u. führt z. 30-jährigen Krieg, 1635 erfolglose Friedensbemühungen in P. zur Beendigg. d. Krieges 98/99 I Hc – 97 IV Hc – 1757 preuß. Sieg über österr. Heer im 7-jährigen Krieg 120 I Cb – 1848 Zentrum d. nationaltschech. Revolution 134 I Hc – 1866 Friede beendet Krieg zw. Preußen u. Österr. 135 II Hc – 1918 Hptst. d. neu gegr. Tschechoslowakei 166 I Hc – 169 III Fc, 169 IV Fh – 1939 von nat.-soz. Deutschld. besetzt 172 I Db – vor dem Holocaust große jüdische Gemeinde 171 III Ebc – Mai 1945 sowjet. unterstützter Aufstand 173 III Dc – 1968 „P.er Frühling“: kommun. Reformbewegg. durch Einmarsch v. Truppen d. Warschauer Paktes beendet 178 II Fc – 1989 Demonstrationen u. Streiks führen z. Sturz d. kommunist. Regimes 208 I

Praga: Stadtteil v. Warschau (Warszawa), Polen – 1794 als Zentrum d. nationalen poln. Aufstandes v. russ. Truppen erobert 120/121 Kb

Pratihara – 74 I GDabDb

Prayaga – 45 IV Lf – 67 II Gd

Predmost: vorgeschichtl. Fundort in d. heut. Tschech. Rep. 18 II Lf

Prémontré: Kloster in N-Frankr. – 1120 als Mittelpkt. d. kathol. Ordens d. Prämonstratenser gegr. 60/61 I Dd

Prenzlau: Stadt in Brandenburg – 1806 Franzosen erzwingen d. Kapitulation d. preuß. Truppen 128/129 Hc

Preslaw: Ruinenstätte in O-Bulgarien – 893 Hptst. d. ersten Bulgar. Reiches 58 I Ec, 68 I Eb

Preßburg (Bratislava): Hptst. d. Slowak. Rep. 176/177 I Id – 907 dt. Niederlage geg. d. Ungarn 54 II Kf – im 13. Jh. südt. Stadtrecht 70 I Ef – 1526 Hptst. d. habsburg. Ungarn u. Krönungsstadt 94/95 I Id – 1805 Friede zw. Frankr. u. Österr. beendet 3. Koalitionskrieg, österr. Gebietsabtretungen an Italien 131 III Od, 128/129 Id – 1918 z. Tschechoslowakei 166 I Id – 1939–45 Hptst. d. unabh. Slowakei 170 I Id

Preston: Stadt in Großbritannien – 1648 schott. Niederlage geg. d. Engländer unter Führg. Cromwells 112/113 Ec – 103 III Ih – 122 I E

Pretoria: Hptst. d. Rep. Südafrika 198 II Gj – 1855 v. Buren gegr. 151 III Gj

Preußen: ehem. Land d. Dt. Reiches – im 10. Jh. Siedlungsgebiet d. balt. Prußen 58 I DEb – im 10./11. Jh. Widerstand d. Prußen geg. Christianisierungsversuche 64 I DEa – 1230 Beginn d. Eroberg. durch d. Dt. Orden, dt. Besiedlg. 62/63 I FGa – 1525 Umwandlg. d. Ordensstaates in ein weltl. Hzm. unter poln. Lehenshoheit 94/95 I JKab – 1618 mit d. Kurfsm. Brandenburg vereinigt, 1657/60 Ablösg. d. poln. Lehenshoheit 98/99 I Kab – 1701 Kgr. P., Aufbau eines preuß. Verwaltungs- u. Militärstaates unter Friedrich Wilhelm I., 1740–63 preuß.-österr. Kriege um d. Vorherrschaft im Dt. Reich, territoriale Ausdehng. u. Aufstieg z. europ. Großmacht 130 I Legende – 1772, 1793, 1795 Gebietsgewinne durch d. Teilungen Polens 116 I Legende – bis 1795 Teilnahme am 1. Koalitionskrieg geg. d. revolutionäre Frankr., 1807 nach entscheidender Niederlage durch d. Franzosen Gebietsverluste; Einleitg. v. Reformen z. Erneuerg. d. preuß. Staatswesens, 1813–15 in d. Befreiungskriegen mit Russland u. Österr. verbündet 128/129 HJc – 1815 mit Ausnahme v. Ost- u. West-P. Mitgl. d. Dt. Bundes, Gegner d. nationalen u. liberalen Bewegg. 132/133 GJc – 1818 Erlass d. preuß. Zollgesetze bildet d. Grundlage z. Gründg. d. Dt. Zollvereins, Aufstieg z. Industriestaat 136 II Legende – 1848 Revolution verschärft Gegensatz zw. monarch. Regierg. u. liberalem Bürgertum, 1848–50 u. 1864 Krieg geg. Dänemark 134 I DLad – 143 II EKac, 143 III Legende – 1866 siegreicher Krieg geg. Österr. festigt d. preuß. Vormachtstellg. in Deutschld., 1867 Gründg. d. Norddt. Bundes unter Führg. von P., 1871 Erhebg. d. preuß. Königs zum dt. Kaiser, Ausbau d. preuß. Machtposition im neu gegr. Dt. Reich unter Otto v. Bismarck 135 II – 1918 Abdankg. Kaiser Wilhelms II. beendet d. preuß.-dt. Monarchie, 1920 Freistaat 166 I DLad – 1945 Aufteilg. d. preuß. Staates, 1947 endg. Auflösg. 178 I BJad

Preußisch Eylau (Bagrationowsk): Stadt im ehem. Ostpreußen, heute zur Russ. Föderation gehörend – 1807 erste nicht siegreiche Schlacht d. Franzosen unter Napoleon I. geg. preuß.-russ. Heer 128/129 IJc

Preveza: Hafenstadt in W-Griechenland – 1538 venezian.-osman. Seeschlacht 79 II CDc

Prignitz: Landsch. in Brandenburg – im 13. Jh. zu Brandenburg 80 I EFb

Prinz-Eduard-Insel: Insel u. Prov. in SO-Kanada 124 I Pd

Prinz-Eduard-Inseln: Inselgr. im südl. Ind. Ozean, zu Südafrika gehörend 188/189 I Kh

Provence: Landsch. in S-Frankr. – 1246 unter Herrschaft d. Hauses Anjou 62/63 I Dc

Provins: Stadt in Frankr. – im 12.–14. Jh. bedeut. Messestadt d. Champagne 87 III Bd

Prüm: Stadt in Rheinld.-Pfalz – 721 gegr. Benedikt.-Kloster 57 IV Da

Pruntrut (Porrentruy): Stadt in d. Schweiz – bis 1792 Residenz d. Bischöfe v. Basel 100 II If

Pruth: Grenzfluss zw. Rumänien, Moldawien u. Ukraine – 1711 osman. Sieg über russ. Heer 112/113 Kd

Przemysl: Stadt in SO-Polen 176/177 I Jd – im 10. Jh. Grenzort d. Kiewer Reiches 58 I Ec – 1353 Magdebg. Stadtrecht 70 I Hf – um 1870 Ausbau z. Festg. 135 II Ld – bis 1918 österr. 154/155 I Jcd – im 1. WK Kriegsschaupl. 156 II Dd – 1939–41 geteilt, 1944 poln. 116 II Hf

Pskow: Stadt in d. nordwestl. Russ. Föderation 176/177 I Kb – 903 erstmals erwähnt, dt. Pleskau 58 I Eb – im 14. Jh. als bedeut. Handelspl. Niederlassg. d. Hanse 87 III Gb, 68 I Ea – 1510 russ. 90/91 Kb

Pteria – 30/31 I Cb – 30 II Ca

Ptolemäerreich: ehem. Reich in N-Afrika – 323 v. Chr. übernimmt d. Ptolemäer-Dynastie d. Herrschaft in Ägypten, unter Ptolemaios I. Entfaltg. v. Wissenschaft u. Kultur, um 301 v. Chr. größte territoriale Ausdehng. 34 II – im 2. Jh. v. Chr. wachsender röm. Einfluss führt z. Bedeutungsrückgang 35 III PQef – 30 v. Chr. röm. Prov. Aegyptus 40/41 I JKfg

Puebla: Stadt in S-Mexiko 153 IV Bc – 1863 nach d. mexikan. Bürgerkrieg v. franz. Truppen besetzt 124 I Mg

Puerto Rico: amerikan. Insel in d. Karibik 153 IV Ec – 1898 nach d. span.-amerikan. Krieg v. Spanien an d. USA abgetreten, Porto Rico 148 II Gk – 1952 autonomes Commonwealth d. USA 152 I Ec

Pultusk: Stadt in NO-Polen – 1703 schwed. Sieg über sächs.-poln. Heer 112/113 Jc – 1806 russ. Niederlage geg. Franzosen 128/129 Jc

Punta del Este: Stadt in Uruguay 152 I Fh

Puschkari: vorgeschichtl. Fundort in d. heut. Ukraine 18 II Oe

Puteoli (Pozzuoli): Hafenstadt in S-Italien – im 1. Jh. v. Chr. wichtigster röm. Hafen im Handel mit d. Orient u. Ägypten, nach Ausbau v. Ostia Bedeutungsrückgang 40/41 I Gd

Puyo – 47 III Fc

Pydna: ehem. Hafenstadt in Griechenland – 168 v. Chr. makedon. Niederlage geg. Römer, Makedonien kommt unter röm. Herrschaft 37 III Gb

Pylos: Ruinenstätte in Griechenland, Peloponnes – im 12. Jh. v. Chr. Zerstörg. d. myken. Burg 29 IV Ac – 425 v. Chr. von Athen eingenommen, 409 v Chr. von Sparta zurückerobert 33 III Ec

Q

Quebec: Stadt in SO-Kanada 127 III Fb – 1608 v. Franzosen gegr., polit. u. kulturelles Zentrum d. franz. Kolonialbesitzes in N-Amerika 149 III Cb – 1759 im brit.-franz. Krieg v. brit. Truppen erobert, 1774 Erlass d. Q.-Akte gewährt d. kathol. Franzosen in Kanada Glaubensschutz, 1775 amerikan. Belagerg.125 III Db – 1943 Konferenz von Q.: amerikan.-brit. Verhandlungen über d. Strategie im Kampf geg. d. Achsenmächte 124 I Od

Quebec: Prov. in O-Kanada 124 I OPc

Quedlinburg: Stadt in Sachsen-Anhalt – im 10. Jh. Königspfalz 60/61 I Hc – bis 1803 Reichsstift, 1803 preuß. 131 II Dc

Quelimane – 150 I Gf

Quemoy: Insel an d. SO-Küste v. China, zu Taiwan gehörig – 1958 Bombardement durch d. Flotte d. VR China führt z. Eingreifen d. USA 196 III Mi

Quentowic: ehem. Ort in N-Frankr. – 844 als bedeut. fränk. Handelspl. v. Normannen geplündert u. zerstört 54 II Je, 55 III Ca

Querétaro: Stadt in Mexiko – 1810 Zentrum d. mexikan. Unabhängigkeitsbewegg., 1867 nach Erschießg. Kaiser Maximilians in Q. Errichtg. d. Rep. Mexiko 152 I Ab

Quezón: Stadt auf Luzón, Philippinen – 1948–76 Hptst. d. Philippinen 194 II Mg

Qufu – 27 VII On – 46 I Ec

Quiberon: Halbinsel in W-Frankr. – 1759 Sieg d. brit. Flotte vereitelt Landg. d. Franzosen in England 118 I Bb

Quida – 150 I Dd

Quierzy: Ort in Frankr. – 754 fränk. König verspricht d. Papst Gebiete in Italien (Pippinsche Schenkg.) 55 III Cb

Quin (Quinzhou) – 27 VII Nn – 46 I Dc – 77 III Dc, 77 V Ab

Quinsay ▸ Hangtschou

Quito: Hptst. v. Ecuador 152 I De – bis z. Eroberg. durch d. Spanier z. Inkareich 106 II Cd – 1534 span. Neugründg. 104/105 I Fde – 1769 gegr. Univ., Kulturzentrum 109 IV Gde

Qumran: Ruinenstätte am Toten Meer im Westjordanland – um 770 n. Chr. beim Aufstand d. Juden geg. röm. Herrschaft zerstört; in d. Höhlen bei Q. bedeut. Handschriftenfunde 43 III Ce

R

Raab (Györ): Stadt in NW-Ungarn 178 II Ge – im 1. Jh. n. Chr. röm. Siedlg. Arrabona 40/41 I Hc – 1001 ungar. Bm. 50/51 Eg – 1594 osman. 79 II Ca – 1598 nach d. österr. Rückeroberg. wichtige Festg. geg. d. Osman. Reich 90/)1 Id

Rabat: Hptst. v. Marokko 198 II Eg – röm. Siedlg. Sala 40/41 I Cf – 150 I Ca – im 16./17. Jh. Seeräuberstützpkt. 90/91 Dg – s. 1912 marokkan. Hptst. 154/155 I Dg

Rabaul: Stadt auf Neubritannien, Papua-Neuguinea – 1942–45 japan. Flottenstützpkt. 174 I Ed, 174 II Lh

Racconigi: Ort in NW-Italien 142 I Ac – 1909 Vertrag zw. Russland u. Italien verschärft russ.-österr. Gegensatz in d. Balkanpolitik 154/155 I Ge

Raclawice: Stadt in S-Polen – 1794 Sieg d. poln. Freiheitskämpfer über russ. Heer 120/121 Kc

Radom: Stadt in Polen 178 II cl – 1505 Reichstag von R. sichert d. poln. Adel seine Grundrechte u. polit. Sonderstellg. 94/95 I Kc – 1767 Konföderation d. russlandfreundl. poln. Adels 112/113 Jc

Radschputana: Teil d. ind. Bundesstaates Radschastan – 1818 Fürstentümer von R. unter brit. Oberhoheit 194 I Cb

Raetia: ehem. röm. Prov. in d. Schweiz, W-Österr. u. N-Italien – 15 v. Chr. von d. Römern unterworfen 40/41 I FGc, 49 V CDde – im 5. Jh. n. Chr. Durchzugsgebiet d. Ostgoten 50 II NOe

Rafah: Ort in NO-Ägypten 203 IV Cc – 217 v. Chr. Niederlage d. Seleukiden geg. Ptolemäer, als Raphia Grenzort zw. Syrien u. Ägypten 35 III Qe – 1948 im 1. israel.-arab. Krieg umkämpft 202 II Cc – s. 1967 v. israel. Truppen besetzt 202 III Cc

Ragusa ▸ Dubrovnik

Rain: Stadt in Bayern – 1632 schwed. Sieg über d. Kathol. Liga 98/99 I Fd

Rajputana, Rajputen – 74 II If, 74 III Mf – 75 IV Db, 75 V Kf

Rambouillet: Stadt bei Paris, Frankr. Schloss R. Sommerresidenz d. franz. Staatspräsidenten 176/177 I Fd

Rangun: Hptst. v. Myanmar – 66 I Gd – 194 II Kg – 1852 brit. 194 I Dc – 1942–45 v. Japanern besetzt 174 I Bc, 174 II gl

Rapallo: Ort in N-Italien 142 I Bc – 1920 Vertrag zw. Italien u. Jugoslawien, Italien erhält Gebiete an d. Adria; 1922 dt.-sowjet. R.-Vertrag regelt diplomat. u. wirtschaftl. Beziehungen zw. Dt. Reich u. Sowjetunion 137/138 I Ge

Rashtrakuta – 74 I Dc, Legende

Rastatt: Stadt in Baden-Württemberg – 1714 Friede von R. beendet Span. Erbfolgekrieg 112/113 Gd – bis 1771 Residenz d. Markgrafen v. Baden; 1797/99 erfolglose Friedensverhandlungen zw. Frankr. u. dt. Reichsständen nach d. 1. Koalitionskrieg 120/121 Ed – 1841 Bundesfestg., 1849 Niederwerfg. d. bad. Revolution durch preuß. Truppen 134 I Ed

Rat für gegenseitige Wirtschaftshilfe, RGW (eng. COMECON): während d. Ost-West-Konfliktes bestehendes wirtschaftspolit. Bündnis kommunist. Staaten – 1949 in Moskau gegr., Gründungsmitglieder: UdSSR, Polen, Tschechoslowakei, Ungarn, Rumänien u. Bulgarien; Ziele: wirtschaftl. Zusammenarbeit d. Mitgliedspartner auf d. Grundlage sowjet. Planwirtschaft, Koordinierg. d. sozialist. Wirtschaftspläne unter Berücksichtigg. nationaler Interessen; 1949 Beitritt Albaniens, 1950 d. DDR, 1962 d. Mongol. Volksrep., 1962 Austritt Albaniens, 1972 Aufnahme v. Kuba, 1978 Vietnam, 1991 nach Wandel in O-Europa aufgelöst 187 II Legende, 206/207 I Legende

Ratibor (Racibórz): Stadt in SW-Polen – 1108 erstmals erwähnt 60/61 I Lc – 1217 Marktsiedlg., 1235 Magdebg. Stadtrecht 50/51 Feingsfanges 92/93 Fb – 1648 schwed. 98/99 I Ga – 1815 preuß. 134 I Ga – 1945–52 z. Land Mecklenburg in d. DDR 178 I – 1990 z. Land Mecklenb.-Vorpommern 185 III Ea

Ratzeburg: Stadt in Schleswig-Holstein – um 1062 Bm., im 13. Jh. Lüb. Stadtrecht 70 I Bd – 1648 Auflösg. d. Bm., als Fsm. zu Mecklenb. 98 I Fb

Raurakische Republik: ehem. Rep. in d. Schweiz – 1792 nach d. franz. Besetzg. errichtet, 1793 Frankr. eingegliedert 119 III Db

Ravenna: Stadt in N-Italien – 38 v. Chr. Ausbau z. bedeut. röm. Kriegs- u. Handelshafen 40/41 I Gd, 39 III Db – frühchristl. Gemeinde 42 II Db – s. d. 5. Jh. n. Chr. Ebm. 56 I Fd – 404 Hptst. d. Weström. Reiches 50 I Db – 493 ostgot. Sieg über Heer d. Odowakar, Residenz Theoderichs d. Gr. u. Hptst. d. Ostgoten 50 II Oe, 51 III Jh – 540 oström. Herrschaftszentrum 51 IV Tk – 754 päpstl. 55 III Ec 59 III Mg – 81 II Cc – 1441–1509 zu Venedig 86 I Cc

Ravensbrück: Ortsteil v. Fürstenberg, Mecklenburg-Vorpommern – 1939–45 nat.-soz. KZ, besonders für Frauen 170 I Gb, 171 IV Nf, 172 Db

Ravensburg: Stadt in Baden-Württemberg – um 1180 stauf. Reichsburg 62/63 I Db – 1276 Reichsstadt 80 I De – bis um 1530 bestehende R.er Handelsgesellschaft begünstigt Aufstieg z. Handelszentr. v. Oberschwaben 94/95 I Ed

Rawalpindi: Stadt in N-Pakistan – 1959 –60 provisor. Hptst. v. Pakistan 202/203 I Kb

Recife: Hafenstadt in NO-Brasilien 152 I He – 1526 port. Gründg. Pernambuco, 1630–54 Hptst. d. niederländ. Kolonie Neu-Holland, Mauritsstaad genannt 149 III De – bedeut. brasilian. Hafenstadt, Zentrum d. Textilindustrie 153 IV He

Recknitz: Fluss in Mecklenburg-Vorpommern – 955 dt. Sieg über d. Slawen 60/61 I la

Regensburg: Stadt in Bayern 185 III Ed – 179 röm. Leg.-Lager Castra Regina 40/41 I Gc – um 535 Residenz d. bayr. Herzöge 54 I Eb – 788 fränk. Königspfalz u. Handelspl. 55 III Eb – im 8. Jh. Gründg. d. Benedikt.-Klosters St. Emmeram 57 IV Eb – im 10./11. Jh. Entwicklg. z. bedeut. Handelszentrum 60/61 I Id – 1147, 1189 Ausgangspkt. v. Kreuzzügen 64 I Db – 1245 Reichsstadt, um 1250 Bau d. Domes 80 I Fd – 1630 R.er Kurfürstentag: Entlassg. d. kaiserl. Feldherrn Wallenstein führt z. Wende im 30-jährigen Krieg, s. 1663 Sitz d. „Immerwährenden Reichstages“ 98/99 I Gd – 1634 Pestepidemie 82 III Nh –1803 Reichstag von R.: Reichsdeputationshauptschluss z. staatl. Neuordng. Deutschlands, als Fsm. R. im Besitz d. Kurerzkanzlers 131 II Ed – 1809 v. franz. Truppen eingenommen, 1810 bayr. 128/129 Hd, 134 I Gd

Regensburg: Bm. in Bayern – 739 v. Bonifatius neu gegr. 56 I Fc – Ausgangspkt. für d. Missionierg. Böhmens 55 III Eb – bis 1803 reichsunmittelbar 120/121 Gd – 1803 zum Fsm. R. 131 II Ed

Reggane: Ort in Algerien 202/203 I Dc – 1960/61 erste franz. Atomwaffenversuche in d. Sahara 204/205 I Jd

Reggio: Hafenstadt in S-Italien 176/177 I If – um 720 v. Chr. als griech. Kolonie Rhegion gegr. 29 IV Dc – 270 v. Chr. röm. Eroberg., Rhegium 37 III Fc – 1016 normann. Handelszentrum 62 II Cc – im 12. Jh. Kreuzfahrerstützpkt. 64 I Dc – 1908 durch Erdbeben stark zerstört 142 I Ef

Reichenau: baden-württemberg. Insel im Bodensee – 724 gegr. Benedikt.-Kloster 56 I Ec – bedeut. Kulturzentr. d. Fränk. Reiches 55 III Db, 57 IV Db

Reichenbach (Dzierzóniów): Stadt in W-Polen – 1790 österr.-preuß. Abkommen zwingt Österr. z. Waffenstillstand mit d. Osman. Reich 120/121 Ic – 1813 Vertrag zw. Preußen, Österr. u. Russland über gemeinsame Kriegsführg. geg. Frankr. 128/129 Ic

Reichenberg (Liberec): Stadt in d. Tschech. Rep. 180 I Fc – s. d. 16. Jh. Zentrum d. böhm. Tuchweberei 98/99 I Hc – 168 II Fc – 169 III Fc – 1938–45 Hptst. d. Sudetenlandes 170 I Hc

Reichenhall, Bad: Stadt in Bayern – Zentrum d. Salzgewinng. 92/93 Fd

Reichstadt (Zákupy): Stadt in d. Tschech. Rep. – 1876 russ.-österr. Verhandlungen, Russland stimmt einer Besetzg. v. Bosnien-Herzegowina durch d. Österreicher zu 135 II Hc

Reims: Stadt in NO-Frankr. 176/177 I Fd – kelt. Gründg. Durocortorum 41 II Qh – später Hptst. d. röm. Prov. Belgica secunda, Remis 42 I Cb – im 5. Jh. fränk. Residenz, s. d. 7. Jh. Ebm. 56 I Dc – 1179 franz. Krönungsstadt 62/63 I Cb – s. 1211 Bau d. got. Kathedrale 80 I Bd – 81 II Ab – 1421–29 v. Engländern besetzt, 1429 Kröng. Karls VII. durch Jeanne d'Arc 89 IV Ge – Zentrum d. Weinhandels u. Leinenverarbeitg. 92/93 Dc – Mai 1945 Unterzeichng. d. bedingungslosen Kapitulat. d. dt. Streitkräfte im amerikan. Hauptquartier in R. 173 III Cc

Remstal: Landsch. in Baden-Württemberg – 1525 Zentr. d. württemberg. Bauernaufstandes 96 I Bb

Rendsburg: Stadt in Schleswig-Holstein – 1200–52 dän., 1339 Stadtrecht 80 I Da – im 30-jährigen Krieg v. schwed. Truppen belagert, s. 1669 Ausbau z. Festg. 98/99 I Ea – 1848 Zentrum d. schleswig-holstein. Erhebg. 134 I Ea – 164 I Da

Rense: Ort in Rheinld.-Pfalz – Kurverein von R.: Bündnis d. Kurfürsten z. Wahrg. ihrer Rechte bei d. Wahl d. dt. Königs, 1356 Be-stätigg. dieser Rechte in d. „Goldenen Bulle“ Kaiser Karls IV. 80 I Cc

Resaina: ehem. Stadt im Irak – 242 Sieg d. Römer über Perser 42 I FGc

Rescht: Stadt im N-Iran – 1941–46 sowjet. Besetzg. 190 I Dd

Rethel: Ort in NO-Frankr. – 1384–91 burgund. Gft. 89 IV Ge

Réunion: franz. Insel im Ind. Ozean 188/189 I Lg – s. 1643 franz., Bourbon genannt 169 III FGf – 1848 in R. umbenannt 148 I Mf – s. 1946 franz. Überseedepartement 204/205 I Lg

Reuß: ehem. Fsm. in Thüringen – s. d. 14. Jh. durch Teilungen zersplittert, 1547 Verlust d. Vogtlandes um Plauen 94/95 I FGc – 1673 Erhebg. z. Gft. 98/99 I FGc – 1778/1806 Erhebg. z. Fsm. 120/121 FGc – 1920 d. Land Thüringen eingegliedert 166 I FGc

Reutlingen: Stadt in Baden-Württemberg 180 I Cd – s. d. 13. Jh. Reichsstadt, 1377 Sieg d. Schwäb. Städtebundes über d. württemberg. Adel 80 I Dd – 1803 württemberg. 131 II Cd

Reval ▶ Tallinn

Reykjavík: Hptst. v. Island 188/189 I Hb – 147 II

Rheinbund: ehem. Zusammenschluss dt. Fürsten unter Führg. v. Frankr. – 1806 auf Betreiben Napoleons I. zur Festigg. d. franz. Vormachtstellg. in Mitteleuropa gegr. 131 III Legende – R.-Mitglieder verpflichten sich z. militär. Unterstützg. d. napoleon. Eroberungskriege unter Zusage v. Gebietserweiterungen, bis 1808 Eintritt weiterer dt. Staaten, entscheidende franz. Niederlage in d. bei Leipzig führt 1813 z. Auflösg. d. Bundes 128/129 Legende

Rheinland-Pfalz: Land der Bundesrep. Deutschld. 185 III BCcd – 1946 aus Teilen d. preuß. Rheinprovinz, d. bayer. Pfalz u. anderen ehem. Ländern gegr. 185 II BCcd

Rheinprovinz: ehem. preuß. Prov. im heut. NRW, Rheinld.-Pfalz u. Saarland 134 I Dcd, 185 II Bcd

Rheinsberg: Stadt u. Schloss in Brandenburg 180 I Eb – 1736–40 Schloss R. Wohnsitz Friedrichs d. Gr. 120/121 Gb

Rheydt: Stadt in Nordrhein-Westfalen – 1918 Bildung eines Arbeiter- und Soldatenrates 164 I Cc

Rhode Island: Bundesstaat in d. nordöstl. USA 124 I Od – 1776 Gründerstaat d. USA 126 I Fb

Rhodesien ▶ Simbabwe

Rhodos: griech. Insel im Ägäischen Meer 176/177 I Kf – um 1000 v. Chr. Siedlungsgebiet d. Dorer 29 IV DEcd – Mittelpkt. d. griech. Handels im östl. Mittelmeerraum, Kulturzentrum 29 IV Ec – 500–494 v. Chr. Teilnahme am Ion. Aufstand 31 III EFcd – bis 411 v. Chr. mit Athen verbündet 32 I JKgh – 408/407 v. Chr. Gründg. d. Stadt R. 33 III Hlcd – 334 v. Chr. Eroberg. durch Alexander d. Gr. 34/35 I Bb – 305/304 v. Chr. nach erfolgreicher Abwehr d. Belagerg. durch d. Seleukiden Errichtg. d. „Koloss von R.", eines d. „sieben Weltwunder" d. Antike 34 II el – im 3./2. Jh. v. Chr. bedeut. Seehandelszentrum d. Röm. Reiches, Rhodus 39 III Ec – im 12./13. Jh. Kreuzfahrerstützpkt. 64 I Ec – 1309–1522 Sitz d. Johanniterordens 49 I Fc, 90/91 Kf – 1522 osman. 79 II Ec – 1912 v. Italienern besetzt 145 III cl – 1945/47 zu Griechenland 176/177 I Kf

Riade: ehem. Ort in Thüringen – 933 vermutl. Schlachtort, dt. Sieg über d. Ungarn 54 II Ke

Ribeira Grande – 105 III Ac

Ribemont: Ort in N-Frankr. – 880 Vertrag zw. d. Königen d. Ost- u. Westfränk. Reiches: W-Teil v. Lotharingien (Lothringen) fällt an d. Ostfränk. Reich 55 V

Richmond: Stadt in d. östl. USA 124 I Oe – 1862 Sieg d. Konföderation über Truppen d. Nordstaaten, bis 1865 Hptst. d. Konföderation d. Südstaaten 125 III Dc

Riddagshausen: Stadtteil v. Braunschweig, Niedersachsen – 1145 gegr. Zisterz.-Kloster 70 I Bd

Ried: Stadt in Österr. – 1813 österr.-bayr. Bündnis geg. Frankr. leitet d. Auflösg. d. Rheinbundes ein 128/129 Hd

Rieti: Stadt in Mittelitalien 142 I Dd – im 3. Jh. v. Chr. röm., Reate 36 I Fd – 1821 österr. Sieg über italien. Aufständische 132/133 He

Rivaulx: Ort in Großbritannien – 1132 gegr. Zisterz.-Kloster 57 V Hd

Riga: Hptst. v. Lettland 192 I Cc – 1201 mit Lüb. Stadtrecht gegr., 1255 Ebm. 70 I Ib – 1282 Hansestadt, Zentrum d. Handels mit Russland 87 III Fb – 1330–1558 zum Dt. Orden, 1581 poln. 71 II Fc, 90/91 Jb – 1621 schwed., 1710 russ. Eroberg. 112/113 Jb – 1918 Hptst. d. unabh. Rep. Lettland 137/138 I Jb – 1921 Friede v. R. beendet russ.-poln. Krieg 116 II Hd – vor dem Holocaust große jüdische Gemeinde 171 III Fb – Vernichtungslager Riga-Kaiserwald 171 IV Of, 172 II Eb – 1940–91 Hptst. d. Lett. SSR 176/177 I Jb – 1988–91 Demonstrationen f. Unabh. Lettlands v. UdSSR 208 I

Rijeka: Hafenstadt in Kroatien 209 III If – 1719 österr. Freihafen Fiume 130 I Cc – 1920 nach Putschversuch italien. Freischärler Freie Stadt, 1924 zu Italien 142 I Ec – 1945/47 zu Jugoslawien 176/177 I Hd

Rijswijk: Stadt in d. Niederlanden – 1697 Friede von R. beendet Pfälz.-Erbfolgekrieg, Frankr. muss auf d. Reunionen verzichten 112/113 Fc

Rima-Szombat (Rimavská Sobota): früh-geschichtl. Fundort in d. heut. Slowak. Rep. 23 IV Mf

Rimini: Stadt in N-Italien 142 I Dc – 268 v. Chr. röm. Kolonie Ariminum 36 I Fc – im 2. Pun. Krieg als bedeut. militär. Stützpkt. umkämpft 37 III Eb – wichtiger röm. Handelshafen 39 III Db – frühchristl. Gemeinde 42 II Db – 1226 „Goldene Bulle" v. R. sichert d. Dt. Orden d. Recht z. Gründg. eines Staates im Siedlungsgebiet d. Prußen zu 62/63 I Ec – 1845 Aufstand für d. Einigg. Italiens 142 I Dc

Rinan – 46 II Kij

Rio de Janeiro: Stadt in SO-Brasilien 152 I Gg – 1565 v. Portugiesen gegr. 104/105 I Gf – 108 I Df – 1822 Hptst. v. Brasilien, 1942 Friede legt Grenzkonflikt zw. Ecuador u. Peru bei, Peru erhält d. Prov. Oriente 152 I Gg – 1947 Rio-Pakt: Verteidigungsbündnis d. nord- u. südamerikan. Staaten 204/205 I Gg – 1960 Verlegg. d. Hptst. nach Brasilia 153 IV Gg – 1992 Umweltgipfel d. UN 210/211 I Gg

Rio de Oro: ehem. span. Kolonie in W-Afrika – 1884 Eroberg. durch d. Spanier 151 II Ab – 1912 span. Kolonie 151 III Eg – 1958 zu Span.-Sahara 198 I Ab

Rio Salado: Fluss in S-Spanien – 1340 Abwehr d. letzten arab. Angriffs auf d. Iber. Halbinsel durch kastil.-port. Heer 62/63 I Ad

Ripen (Ribe): Stadt in Dänemark – im MA bedeut. dän. Handelspl. 92/93 Eb – 1460 Vertrag von R. verbindet Schleswig u. Holstein in Pers.-Union mit Dänemark 57 Cb, 80 I Da

Ripon: Stadt in Großbritannien – im 7. Jh. gegr. Kloster 56 I Cb

Riu-Kiu-Inseln: japan. Inselgr. im Pazif. Ozean 188/189 I Pd – 1609 chines. 111 II Mf – 1879 japan. 194 I Fb – 1945 v. amerikan. Truppen besetzt 174 II Kf – bis 1972 unter Verwaltg. d. USA 194 II Mf

Rivoli: Stadt in N-Italien – 1797 franz. Sieg über Österreicher im Kampf um Mantua 131 II Df

Rjasan: Stadt in d. westl. Russ. Föderation 176/177 I Mc – 1237 v. Mongolen zerstört 78 I CDb – im 14. Jh. Zentrum d. Fsm. R. 84 I FGa – Alt-R. ursprüngl. südöstl. vom heut. R. gegr., 1521 z. Grfsm. Moskau 90/91 MNc

Rochdale: Stadt in Großbritannien – 1844 Gründg. d. ersten bedeut. Konsumgenossenschaft Europas 132/133 Ec

Rocroi: Ort in N-Frankr. – 1643 Sieg d. Franzosen über Spanier 98/99 I Cd

Roermond: Stadt in d. Niederlanden – 1441 Hansestadt 87 III Cc – wichtige Festg. d. Span. Niederlande 99 II CDb – 1713 österr., 1795 franz.

Rohilkand – 75 V KLf

Rom (Roma): Hptst. v. Italien 176/177 I He – d. Sage nach 753 v. Chr. gegr., v. Latinern u. Sabinern besiedelt, um 650 v. Chr. unter Herrschaft d. Etrusker, Entwicklg. z. Stadtstaat, Roma; um 500 v. Chr. Beginn d. Ständekämpfe zw. Patriziern u. Plebejern in d. Adelsrep. R. 36 I Fe, 36 II Jj – 52 I Db – 66 I Ca, 67 II Ca – 386 v. Chr. von Kelten erobert u. zerstört 48 I Dc – Neuaufbau u. Aufstieg z. Mittelpkt. d. Röm. Reiches 37 III Eb – unter Kaiser Augustus Aufteilg. in 14 Bezirke, größte Stadt d. damaligen Welt 40/41 I Gd, 38 II – frühchristl. Gemeinde 42 II Db – 330 n. Chr. Erhebg. Konstantinopels (Istanbul) z. Hptst. d. Röm. Reiches 42 I Db – 410 Eroberg. u. Plünderg. durch Westgoten, 455 durch Wandalen 50 I Db – 538 oströmi. 51 IV Tk – 754 Hptst. d. Patrimonium Petri (▶ Kirchenstaat) u. Zentrum d. röm.-kathol. Kirche; 800 Kaiserkröng. Karls d. Gr. 55 III Ec – im 9. Jh. Zerstörg. durch Sarazenen 54 II Kf – 59 III Mi – im 10. Jh. Beginn d. Auseinandersetzungen zw. Papsttum u. röm. Adel 62 II Bb – 68 I Db – 1303 Gründg. d. Univ. 81 III Ie – 1348 Pestepidemie 82 II Gb – im 14. Jh . Verlegg. d. päpstl . Residenz nach Avignon 84 I Db – 1413 Synode zur Beilegung des großen Schismas 85 II Db – bis 1452 Krönungsstätte d. Kaiser d. Hl. Röm. Reiches, im 15./16 Jh. Zentrum d. Renaissance in Europa, unter päpstl. Herrschaft Aufschwung z. bedeut. kulturellen Zentrum – 1527 „Sacco di Roma": Plünderg. durch d. Truppen Kaiser Karls V. 90/91 He – 1809–14 franz. 128/129 He – 1836 Choleraepidemie 83 IV Ec – s. 1846 Zentrum d. nationalitalien. Einigungsbestrebungen, 1869– 70 erstes Vatikan. Konzil, 1870 nach Volksabstimmg. Hptst. v. Italien 142 I De – Okt. 1922 „Marsch auf R." d. italien. Faschisten unter Führg. v. Mussolini, 1929 Lateranverträge: Vatikanstadt in R. zum souveränen Staat erklärt 137/138 I He – 1943 von dt. Truppen besetzt, 1944 kampflos v. alliierten Truppen eingenommen 173 III Dc – 1957 Röm. Verträge: Gründg. d. EWG 176/177 I He

Romagna: Landsch. in N-Italien – bis 1860 z. Kirchenstaat 142 I CDc

Romania – 65 III Db

Römisches Reich: ehem. Reich in Europa, Vorderasien u. N-Afrika – nach erfolgreichen Kämpfen geg. Latiner, Samniten u. Kelten steigt Rom um 300 v. Chr. zur führenden Macht in Italien auf 36 I, 36 I – 264–241 u. 218–201 v. Chr. Pun. Kriege geg. Karthago um d. Vorherrschaft im westl. Mittelmeerraum 37 III – 200–197 v. Chr. erfolgreicher Krieg geg. Makedonier führt z. Ausdehng. d. röm. Herrschaftsbereiches im östl. Mittelmeerraum; 146 v. Chr. röm. Sieg im 3. Pun. Krieg Errichtg. d. ersten röm. Prov. in N-Afrika; 133 v. Chr. Gründg. d. röm. Prov. Asia sichert Roms Aufstieg z. Weltreich; polit., soziale u. wirtschaftl. Missstände führen 133–30 v. Chr. zu Bürgerkriegen u. Aufständen d. röm. Sklaven, 58–51 v. Chr. Eroberg. Galliens durch Caesar, s. 45 v. Chr. Alleinherrscher d. Röm. Reiches, 27 v. Chr. Beginn d. Neuordng. d. Röm. Reiches unter Kaiser Augustus 40/41 I, 41 II – Kriege geg. german. Volksstämme 48 II, 49 V – im 1./2. Jh. n. Chr. wirtschaftl. u. kulturelle Blüte 39 III – 117 größte territoriale Ausdehng. d. Reiches 38 I – unter Kaiser Diocletian Verwaltungsreformen u. Neugliederg. d. röm. Provinzen, Christenverfolgungen; 395 Teilg. in d. ▶ Oström. u. ▶ Weström. Reich 42 I – im 5. Jh. Eindringen d. Germanen, 476 Erhebg. Odowakars z. König v. Italien u. Absetzg. d. letzten weström. Kaisers bedeutet d. Ende d. Weström. Reiches50 II

Roncaglia. Ort in N-Italien – 1158 Reichstag von R.: Versuch Kaiser Friedrichs I. Barbarossa z. Unterwerfg. d. lombard. Städte 62/63 I Dbc

Roncesvalles: Pass in d. Pyrenäen in N-Spanien – 778 fränk. Niederlage bei einem Vorstoß geg. d. Araber, Vernichtg. d. fränk. Heeres durch Basken 55 III Bc

Rosenheim – 164 I EFe

Roskilde: Stadt in Dänemark – 67 II Ca – s. d. 11. Jh. Bm. u. Residenz dän. Könige 58 I Db, 70 I Cc – 1536 Aufhebg. d. Bm. 132/133 Hb – 1658 Friede beendet schwed.-dän. Krieg, Dänemark verliert seinen Besitz in S-Schweden 112/113 Hb

Roßbach: Ort in Sachsen-Anhalt – 1757 preuß. Sieg über franz. Heer stärkt d. Ansehen d. preuß. Armee 120/121 Fc

Rostock: Stadt in d. DDR 185 III Ea – im 12. Jh. Kaufmannssiedlg. 68 I Aa – 1218 Lüb. Stadtrecht 70 I Cc – als Zentrum d. Seehandels mit Skandinavien bedeut. Hansestadt 87 III Dc – 1314–19 dän., 1323 zu Mecklenburg 80 I Fa – 1419 gegr. Univ., im 16./17. Jh. Zentrum d. Luthertums 54 II dl, 96 II Ld – im 19. Jh. Industrialisierg. 139 IV Ga – 164 I Fa – 182 I Ca – 169 IV DEfg – 1952–90 Bezirkshptst. u. Haupthafen d. DDR 180 I Ea – 182 II Ge – 183 V Ca – 184 I Ca – 1992 rechtsradikale Ausschreitg. geg. Asylbewerber 185 III Ea

Rostow: Industriestadt am Don in d. südwestl. Russ. Föderation 192 I CDc – im 18./19. Jh. bedeut. russ. Handelszentrum 128/129 Md – im russ. Bürgerkrieg umkämpft 158 I CDc – 1941–43 von dt. Truppen besetzt 172 I FGc, 173 III FGc

Rota: Stadt in S-Spanien – 1953/70 US-Luftwaffenstützpkt. 176/177 I Df

Rothenburg ob der Tauber: Stadt in Bayern – s. 1116 als Stauferburg Zentrum stauf. Reichslandpolitik 62/63 I Eb – 1274 Reichsstadt 80 I Ed – 1525 Zentrum d. Bauernkrieges 96 I Cb – 1803 bayr. 131 II Dd

Rottenburg – 181 II Cd

Rotterdam: Hafenstadt in d. Niederlanden 176/177 I Fc – im 16./17. Jh. Zentrum d. Widerstandes geg. d. span. Herrschaft 99 II Cb – 1866 Ausbau d. Hafens leitet Beginn d. Industrialisierg. ein 139 IV Cc – 1940 bei dt. Luftangriff stark zerstört 172 I Cb – Haupthafen d. Niederlande u. größter Hafen Europas 176/177 I Fc

Rottweil: Stadt in Baden-Württemberg – 74 n. Chr. röm. Kastell Arae Flaviae 49 V Cd – im 14. Jh. Entwicklg. z. Reichsstadt 80 I Dd – 1519 Zugewandter Ort d. Eidgen. 72 I Ca – 1803 württemberg. 131 II Cd

Rouen: Stadt in N-Frankr. 176/177 I Fd – röm. Stadt Rotomagus 40/41 I Ec – s. d. 3. Jh. Bm. 56 I Dc – 842 v. Normannen erobert 54 II Jf – fränk. Ebm. 55 III Cb – s. d. 10. Jh. Hptst. d. Hzm. Normandie 60/61 I Cd – 68 I Cb – bis 1204 unter engl. Herrschaft 62/63 I Cb – 1431 Johanna v. Orléans wegen Ketzerei verbrannt 89 IV Ee – im 15./16. Jh. bedeut. Handelspl. u. Zentrum d. Wolltuchherstellg. 92/93 Cc – im 17. Jh. wichtiger Hafen im Handel mit d. franz. Kolonien in Afrika

Roussillon: Landsch. in S-Frankr. – 1172 als Gft. zum Kgr. Aragón 62/63 I Cc – 1659 zu Frankr.

Ruanda: Staat in O – Afrika 188/189 I Kf – heut. Staatsgebiet s. 1899 Teil d. Kolonie Dt.-Ostafrika 151 III Gi – 1920 Teil d. belg. Mandats- u. Treuhandgebietes R.-Urundi 198 I Cd – 1962 unabh. Rep. R., Abtrenng. v. Urundi 198 II Gi, 199 III Fe

Ruanruan – DEb

Rubico (Rubicon): Fluss in Italien – 49 v. Chr. Caesars Übergang über d. R., Beginn d. Endphase d. röm. Bürgerkrieges 36 I Fc

Rudau (Melnikow): Stadt im ehem. Ostpreußen, heute z. Russ. Föderation gehörend – 1370 Sieg d. dt. Ordensheeres über Litauer sichert d. Vorherrschaft d. Dt. Ordens in Preußen 71 II Dd

Rudolstadt: Stadt in Thüringen – 1710–1918 Hptst. d. Fsm. Schwarzburg-R. 120/121 Fc

Rügen: Insel in d. Ostsee v. d. Küste Mecklenburg-Vorpommerns 185 III Ea – 1168 übernimmt Dänemark d. von Slawen besiedelte Fsm. R. als Lehen 62/63 I Ea – 1325 zu Pommern 80 I Fa – im MA Zentrum d. Heringsfanges 92/93 Fb – 1648 schwed. 98/99 I Ga – 1815 preuß. 134 I Ga – 1945–52 z. Land Mecklenburg in d. DDR 178 I – 1990 z. Land Mecklenburg-Vorpommern 185 III Ea

Ruhrgebiet: bedeut. Industriegebiet in NRW – 1919/20 Zentrum kommunist. Abeiteraufstände , 1923–25 Besetzg. durch franz. u. belg. Truppen z. Durchsetzg. d. im Versailler Vertrag festgelegten Reparationsforderungen, Bevölkerg. reagiert mit passivem Widerstand 166 I – im 2. WK als Zentrum d. dt. Rüstungsindustrie häufig bombardiert 173 III CDbc – 1948/49–52 unter Kontrolle d. Internationalen Ruhrbehörde 178 I

Rumänien: Staat in SO-Europa 176/177 I JKde – heut. Staatsgebiet 106 n. Chr. Teil d. röm. Prov. Dacia 40/41 I cdIj – s. d. 3. Jh Durchzugsgebiet zahlreicher Völker 50 I Eb – im 5. Jh. Einwanderg. d. ostgerman. Gepiden, im 6. Jh. d. Slawen 50 II Pe, 53 III Eb – im 10. Jh. ungar. Eroberg. v. Siebenbürgen, im 14. Jh. Entstehg. d. Fürstentümer Moldau u. ▶ Walachei 84 I Eb – s. d. 16. Jh. unter osman. Oberhoheit 90/91 JKde – im 18. Jh. Beginn d. Kriege zw. Russland, Österr. u. d. Osman. Reich um d. Vorherrschaft in d. Fürstentümern 112/113 JKde – 1861 Vereinigg. d. Fürstentümer Moldau u. Walachei zum Fsm. R, 1878 Anerkenng. d. Unabh. durch d. europ. Großmächte 145 II CDab – 1881 Kgr., 1913 Teilnahme am 2. Balkankrieg 145 III Hlab – 1916 Eintritt in d. 1. WK, von Truppen d. Mittelmächte besetzt 156 II Db – 164 II Qg – nach d. 1. WK Gebietsgewinne 137/138 I JKde – 171 II DEFc – 1940 Eintritt in d. dt.-italien.-japan. Dreimächtepakt, s. 1941 am Krieg geg. d. Sowjetunion beteiligt 172 I Ec – 1944 nach d. sowjet. Besetzg. Kriegserklärg. an Deutschld. 173 III EFc – 1947 Ausrufg. d. Volksrep. R. beendet Monarchie, 1965–89 Sozialist. Rep. R. unter N. Ceausescu 176/177 I JKde – Dez.1989 blutige Revolution, Sturz d. Ceausescu-Regimes 208 I

Rumseldschuken – 52 II KLg

Runnymede: Themseinsel bei Windsor, Großbritannien – 1215 Magna Charta: Einschränkg. d. königl. Gewalt zugunsten d. engl. Adels 62/63 I Ba

Russische Föderation (Russland): Staat in O-Europa u. Asien 192 I – 1990 Souveränitätserklärg. d. RSFSR gegenüber d. UdSSR 208 I – nach gescheitertem Putsch orthodoxer Kommunisten u. Unabhängigkeitserklärg. d. ehema. Unionsrep. Initiative z. Bildg. d. GUS, Übernahme d. Nachfolge d. ▶ Sowjetunion in internat. Politik, 1992 Föderationsvertrag mit autonomen Rep. in d. R. F. 192 I

Russisches Reich: im 9. Jh. Eindringen d. Normannen, Unterwerfg. d. zw. Dnjepr u. Wolga siedelnden ostslaw. Völker, Gründg. d. ▶ Kiewer Reiches 54 II LMe – um 1000 Beginn d. Christianisierg. durch griech.-kathol. Missionare 58 I EGbc – im 12. Jh. Entstehg. v. Teilfürstentümern, Fsm. Nowgorod übernimmt Führg. als russ. Handelsmacht im Ostseeraum 87 III GHb – 1223–40 Eroberg. d. russ. Fürstentümer durch d. Mongolen 78 I BDb – im 14. Jh. Kämpfe zw. d. Großfürstentümern Moskau u. Litauen um d. Vormachtstellg., Aufstieg Moskaus als Zentrum d. russ. Einigungsbestrebungen, Beginn d. Befreig. von d. Mongolenherrschaft, im 15. Jh. Vereinigg. d. russ. Fürstentümer 84 I EGab – 1547 Kröng. d. ersten Zaren, Mitte d. 16. Jh. Ausdehng. nach O, Vordringen nach Sibirien 90/91 KPbd – 1721 nach d. Sieg über d. Schweden im 2. Nord. Krieg Gebietsgewinne an d. Ostseeküste, Aufsieg z. europ. Großmacht, s. 1721 Kaiserr., 1756–62 im 7-jährigen Krieg Gegner Preußens, 1768–74 u. 1787–92 erfolgreiche Kriege geg. d. Osman. Reich 112/113 JPad – 1772, 1793, 1795 Gewinn poln. O-Gebiete nach d. Teilungen Polens 116 I Legende – 1809/12 Eroberg. Finnlands u. Bessarabiens, s. 1812 führender Gegner d. franz. Eroberungspolitik, 1815 Gründg. d. Hl. Allianz auf Betreiben Russlands, 1830 Niederwerfg. d. poln. Revolution, russ. Vordringen auf d. Balkan-Halbinsel führt 1853–56 z. Krimkrieg 132/133 JPae – 143 III Legende – s. 1850 Eroberg. Zentralasiens u. Expansion nach d. Fernen Osten, 1877/78 russ.-türk. Krieg verschärft d. österr.-russ. Gegensatz auf d. Balkan, 1905 Niederlage im Krieg geg. Japan löst Revolution aus 117 III – 147 II – im 1. WK auf seiten d. Entente 156 II CEab – März 1917 Februarrevolution, Abdankg. d. Zaren, Nov. 1917 Oktoberrevolution ▸ Sowjetunion 158 I – 164 II QRfg

Rustschuk (Ruse): Stadt in Bulgarien – 1811 im russ.-türk. Krieg umkämpft 128/129 Ke – bis 1908 Zentrum d. bulgar. Nationalbewegg. 145 III bl

S

Saalburg: röm. Kastell in Hessen – um 90 n. Chr. errichtet 49 V Cc,48 III

Saarbrücken: Hptst. d. Saarlandes 185 III Bd – im 3. Jh. röm. Kastell 49 V Bd – im 18. Jh. Ausbau z. Barockresidenz 120/121 Dd – im 19. Jh. Industrialisierg., Zentrum d. Eisenindustrie 139 IV Dd – 1920–35 Hptst. d. vom Völkerbund verwalteten Saargebietes 166 I Dd – 169 III Bd

Saarland: Land d. Bundesrep. Deutschld. 185 III Bd – 1919/20 Saargebiet unter Verwaltg. d. Völkerbundes gestellt, wirtschaftl. v. Frankr. abh. 166 I Dd – 1935 nach Volksabstimmg. Eingliederg. in d. Dt. Reich 170 I Dd – 1945–46 z. franz. Besatzungszone, 1947 autonom, Wirtschaftsunion mit Frankr. 178 I Bd – 1955 Volksabstimmg., s. 1957 Land d. Bundesrep. Deutschld. 178 II Bd

Saarlouis: Stadt im Saarland – 1680–86 als franz. Festg. gegr., 1815 preuß. 134 I Dd

Sabah: Bundesstaat v. Malaysia 194 II Lg – 1881/88 als Brit.-Nordborneo brit. Protektorat 194 I Ec – 1963 zu Malaysia, von d. Philippinen beansprucht

Sachalin: Insel vor d. sibirischen Pazifikküste, z. Russ. Föderation gehörend 192 I Ic – 1644 entdeckt 104/105 I Qb – 1875 russ., 1905 S-Teil japan., Karafuto 117 III Hc – 1920–25 Nord-S. v. Japanern besetzt 160/161 I Qb – 1945 nach Potsdamer Abkommen Süd-S. zur UdSSR 190 I cl

Sachsen: westgerman. Volksstamm, ursprüngl. in Schleswig-Holstein – im 5. Jh. teilw. in England eingewandert (▸ Angelsachsen) 50 I BCa – 772–804 Unterwerfg. durch d. Franken unter Karl d. Gr. 55 III DEa – um 900 dt. Stammeshzm., 1073–75 erfolgloser Aufstand d. sächs. Adels geg. Heinrich IV. 60/61 I GHb – im 12. Jh. Ausdehng. d. sächs. Herrschaftsbereiches bis an d. Ostsee, 1180 Zerfall in weltl. u. geistl. Territorien 62/63 I DEa

Sachsen: Land d. Bundesrep. Deutschland 185 III EFc – 1423 Übertragg. d. Namens S. auf d. gesamten wettin. Herrschaftsbereich, 1485 Teilg. d. wettin. Besitzes in d. albertin. u. ernestin. Linie, 1547 Ernestiner verlieren d. Kurwürde u. große Teile d. Kurstaates an d. Albertiner 94/95 I FGbc u. Legende – s. 1572 Zerfall d. ernestin. Gebietes in d. Sächs. Herzogtümer, 1635 erwirbt d. Kurfsm. S. Nieder- u. Oberlausitz 98/99 I FHc – unter Kurfürst August d. Starken Entfaltg. v. Absolutismus u. Kultur, 1697–1763 Pers.-Union mit Polen 112/113 Hc – im 7-jährigen Krieg mit Österr. verbündet, 1785 Eintritt in d. dt. Fürstenbund 130 I Cb – 1806 nach Anlehng. an Frankr. Kgr. S. 131 III LNc – 1815 große Gebietsabtretungen an Preußen, Errichtg. d. preuß. Prov. S. 134 I GHc – 1833 Mitgl. d. Dt. Zollvereins 136 II FGc – 143 II FGc – 1866 z. Norddt. Bund, 1871 zum Dt. Reich 135 II GHc – 1918 Freistaat 166 I GHc – 1945 z. sowjet. Besatzungszone, bis 1952 Land d. DDR 178 I EFc – 1990 Land d. Bundesrep. Deutschland 185 III EFc

Sachsen: ehem. preuß. Prov. – 1815/16 aus preuß. u. ehem. sächs. Gebieten gebildet 134 I FGbc – 1871 zum Dt. Reich 135 II FGbc – 1945 z. sowjet. Besatzungszone, bis 1952 u. s. 1990 Teil d. Landes S.-Anhalt 178 I DEb

Sachsenhausen: Ort in d. DDR – 1933–45 nat.-soz. KZ 170 I Gb, 171 IV Nf, 172 II Db – in der SBZ als sowjet. Internierungslager genutzt 179 VI Bb

Sächsische Herzogtümer ▸ Thüringen

Sadowa (Sadová): Ort in d. Tschech. Rep. – 1866 Schlacht bei ▸ Königgrätz, in d. außerdeutschen Literatur als Schlacht bei S. bezeichnet 134 I Hc

Saffariden-Emirat – 74 I BCa

Safi: Hafenstadt in W-Marokko – 1508–42 port. 90/91 Dg

Sagan (Zagah): Stadt in W-Polen – im 13. Jh. Magdebg. Stadtrecht 70 I De – bis 1472 Hptst. d. schles. Teilhzm. S., 1549 habsburg. 94/95 I Hc – 1628 gegr. Jesuitenkolleg 97 III Hc

Sagunto: Stadt in O-Spanien – 219 v. Chr. Belagerg. u. Eroberg. durch Karthager löst 2. Pun. Krieg aus, 214 v. Chr. von Römern zurückerobert, Saguntum 37 III Bc – 1811 v. franz. Truppen eingenommen 128/129 Ef

Sahara: Staat in NW-Afrika, v. Marokko besetzt 199 III Bb – 1958–76 span. Überseeprov., 1976 Ausrufg. d. Demokrat. Arab. Rep. S., 1976 N-Teil v. Marokko, 1976–79 S-Teil v. Mauretanien besetzt, 1979 ganz S. von Marokko besetzt 198 I Ab, 198 II Eg – 1991 Waffenstillstandsvereinbarg. unter Vermittlg. d. UN 210/211 I dl

Saida: Stadt im Libanon 203 IV Cb – im 2. Jtd. v. Chr. phönik. Handels- u. Kulturzentrum Sidon, Ausgangspkt. phönik. Kolonisation 29 IV Fc – bis z. Eroberg. durch Alexander d. Gr. 332 v. Chr. pers.30 II Cb – 30/31 I Cb – 34/35 I Cb – urchristl. Gemeinde 42 II Fc – 1110–1291 im Besitz d. Kreuzfahrer 65 II Bb

Saigon ▸ Ho-Tschi-Minh-Stadt

Saint-Acheul: vorgeschichtl. Fundort im heut. Frankr. 16 II Bb

Saint Albans: Stadt in Großbritannien – kelt.-röm. Verulamium 40/41 I DEb – im 8. Jh. Klostergründg. 55 III BCa – 1455 erste Schlacht in d. „Rosenkriegen" 89 IV Dd

Saint Andrews: Stadt in Schottland, Großbritannien – 1410 Gründg. d. ältesten schott. Univ. 81 III Gd

Saint-Cloud: Stadt bei Paris, Frankr. – 1804 Proklamation Napoleons I. zum Kaiser d. Franzosen 128/129 Fd

Saint-Denis: Stadt bei Paris, Frankr. – 623–25 gegr. Abtei, um 1130 einer d. bedeut. franz. Kirchenbauten d. Gotik; Grabmäler fränk., später franz. Könige 55 III Cb, 62/63 I Cb

Saint-Germain-en-Laye: Stadt bei Paris, Frankr. – 1570 Edikt sichert d. Hugenotten bedingte Glaubensfreiheit 90/91 Fd – 1679 franz.-brandenburg. Friede zwingt Brandenburg z. Abtretg. Vorpommerns an Schweden 98/99 I Bd – 1919 Friede zw. d. Ententemächten u. Österr.: Auflösg. d. österr.-ungar. Monarchie u. österr. Gebietsabtretungen an Italien, Jugoslawien u. d. Tschechoslowakei, Anschluss an d. Dt. Reich untersagt 137/138 I Fd

Saint-Jean-de-Losne: Ort in O-Frankr. – 1162 Waldemar I. nimmt v. Friedrich I. Barbarossa Dänemark zu Lehen 62/63 I Db

Saint-Jean-de-Maurienne: Stadt in SO-Frankr. – 1917 brit.-franz.-italien. Vertrag legt d. Brenner als österr.-italien. Grenze fest 156 III Ge

Saint Kitts u. Nevis: Inselstaat im Karib. Meer 188/189 I Fe – 1713 brit., 1983 unabh. Mitgl. d. Commonwealth 152 I Ec

Saint Louis: Stadt in d. USA 127 IV Kg – 1764 franz. Gründg. 109 IV Fc – Mitte d. 19. Jh. Beginn d. Industrialisierg., bedeut. amerikan. Binnenhafen 127 III Dc – im Sezessionskrieg Endpkt. kriegswichtiger Eisenbahnlinien 125 IV Hf

Saint Lucia: Inselstaat im Karib. Meer 188/189 I FGe – 1979 unabh. Mitgl. d. Commonwealth 152 I Ec

Saint-Nazaire: Hafenstadt in W-Frankr. – im 2. WK dt. U-Boot-Stützpkt. 173 III Bc

Saint-Omer: Stadt in N-Frankr. – ma. Zentrum d. Wolltuchverarbeitg. 92/93 Cc – 1469 burgund.-habsburg. Bündnis geg. d. Eidgen. 89 IV Fd

Saint-Pierre-et-Miquelon: franz. Inselgr. an d. O-Küste v. Kanada 188/189 I Gc – s. 1635 franz. 149 III Db – 1976–85 Überseedepartement, s. 1985 „collectivité territoriale" 124 I Qd

Saint-Privat: Ort in NO-Frankr. – 1870 franz. Niederlage im Dt.-Franz. Krieg 135 II CDd

Saint-Quentin: Stadt in N-Frankr. – vor 1080 Stadtrecht, Hauptort d. Gft. Vermandois 60/61 I Dd – 1213 an franz. Krone 62/63 I Cb – im 15. Jh. zeitw. burgund. 89 IV Fe – 1557 span. Sieg über Franzosen 94/95 I Bd – 1871 franz. Niederlage im Dt.-Franz. Krieg 135 II Bd

Saint Thomas: Insel d. amerikan. Jungferninseln im Karib. Meer 124 I Pfg – bis 1917 zu Dänemark 160/161 I Fd

Saint Vincent: Inselstaat im Karib. Meer – 1763 brit. 149 IV Cd – 1979 unabh. Mitgl. d. Commonwealth 124 I Pg

Sais: ehem. Stadt im Nildelta, N-Ägypten altägypt. Kulturzentrum u. Residenz ägypt. Könige 25 IV Ba – 30/31 I Cb

Sajó: Fluss in d. Slowak. Rep. u. Ungarn – 1241 Sieg d. Mongolen über d. Ungarn 78 I Bc – vgl. Mohi

Sajsaihuaman: Berg nördl. v. Cuzco, Peru – bedeut. Festg. d. Inka 106 II Dd

Sakarya: Fluss in d. W-Türkei – 1921 Sieg d. Türken unter Kemal Atatürk über Griechen 137/138 I Le

Sakhiet Sidi Youssef: Ort in NW-Tunesien – 1958 wegen tunes. Unterstützg. d. alger. Unabhängigkeitskrieges v. Franzosen bombardiert 176/177 I Gf

Sakkâra: Ort in N-Ägypten – altägypt. Grabdenkmäler u. Pyramiden 25 IV Ba

Saktschegözu: Ort in d. S-Türkei – Ruinen einer Residenz d. Hethiter 19 III Fc

Salamanca: Stadt in Spanien – 217 v. Chr. als Salamantica v. Karthagern erobert, unter d. Römern Ausbau z. Stützpkt. 37 III Ab – 1035 kastil. Rückeroberg. d. arab. S. 62/63 I Ac – 1243 Gründg. d. Univ., eine d. bedeut. Europas 81 III Ge – 1808–13 v. franz. Truppen besetzt 128/129 De – 1936–39 im Span. Bürgerkrieg Hauptquartier v. General Franco 137/138 I De

Salamis: Ruinenstätte auf Zypern – im 11. Jh. v. Chr. griech. Kolonie 29 IV Fc – urchristl. Gemeinde 42 II Fg – 30/31 I Cb – polit., kulturelles u. kirchl. Zentrum d. Insel Cyprus (Zypern) 40/41 I Ke

Salamis: griech. Insel westl. v. Athen, Griechenland – 480 v. Chr. Seeschlacht, entscheidender Sieg d. Griechen über pers. Flotte 31 III Cc

Salé: Stadt in W-Marokko – 1627–41 zus. mit Rabat selbst. Morisken-Rep. 112/113 Dg

Salem: Ort in Baden-Württemberg – 1134 gegr. Zisterz.-Kloster 57 V el

Saleph: Fluss in d. S-Türkei – 1190 Tod Kaiser Friedrichs I. Barbarossa 64 I Fc

Salerno: Hafenstadt in S-Italien – 194 v. Chr. röm. Kolonie Salernum 36 I Ge – 1077 normann. Fsm. 62 II Cb – im 11. Jh. gegr. Univ., Zentrum d. Medizinwissenschaften 81 III Ie – Bevölkerungsrückgang im 13. Jh. 68 I Db – 1943 Landg. alliierter Truppen 173 III Dc

Salisbury: Stadt in Großbritannien – um 1220 Bau d. Kathedrale 62/63 I Ba – ma. Handelplatz 92/93 Bc

Salisbury, heute Harare genannt: Hptst. v. Simbabwe 198 II Gi

Salla: Ort in N-Finnland – Gebiet um S. 1947 v. Finnland an d. Sowjetunion abgetreten, finn. Neugründg. d. Ortes westl. d. ehem. S. 172 I Ea, 190 I Cb

Salò: Ort am Gardasee in N-Italien – 1943–45 Sitz d. faschist. Regierg. Mussolini 176/177 I Hd

Salomonen: Inselstaat im Pazif. Ozean 195 V DEc – 1567 v. Spaniern entdeckt 104/105 I QRe – 1886/99 mit Ausnahme v. Bougainville brit. Protektorat 148 II Rl – im 2. WK zw. japan. u. amerikan. Seestreitkräften heftig umkämpft 174 I EFd, 174 II LMh – 1978 unabh. Mitgl. d. Commonwealth 188/189 I QRf

Salona, Salonae: Ruinenstätte in Kroatien – um 44 v. Chr. röm. Kolonie, Hptst. d. Prov. Dalmatia 40/41 I Hd – wichtiger Hafen an d. Adria 39 III Db – 614 n. Chr. durch Awaren zerstört 51 IV Tk

Saloniki: Hafenstadt in N-Griechenland 176/177 I Je – 316/315 v. Chr. als Thessalonike gegr. 34 II dl – 146 v. Chr. röm., als Thessalonice Hptst. d. Prov. Macedonia 40/41 I dl – bedeut. röm. Handelszentrum u. Hafen 39 III Eb – im 1. Jh. n. Chr. Gründg. d. urchristl. Gemeinde durch Apostel Paulus, Ausgangspkt. d. Christianisierg. d. Balkan-Halbinsel 42 II Eb – 395 oström. 42 I Eb – im 9. Jh. byzantin. Thema 58 I Ec – 65 III CBC – 68 I Eb – 1423–30 venezian. Handelsstützpkt. 86 I Ec – 1430 nach mehrfacher Belagerg. osman., Ermordg. griech. Bevölkerg. u. Ansiedlg. v. aus Spanien eingewanderten Juden 79 II Db – 1821 Aufstand geg. osman. Herrschaft 145 II Cb – 1912 im 1. Balkankrieg v. griech. Truppen erobert 145 III Hb – 1915 Landg. alliierter Truppen 156 II Db

Salt Lake City: Stadt in d. westl. USA 127 III Bb – 1847 v. Mormonen gegr., Zentrum bei d. Erschließg. d. Wüstengebietes am Großen Salzsee 126 I Bb

Saluzzo: Stadt in NW-Italien – s. d. 12. Jh. Hauptort d. gleichnamigen Gft. 80 I Cf – 1548–1601 franz.

Salvador: Stadt in O-Brasilien 152 I Hf – 1549 port Gründg. Bahia, bis 1760 Hptst. v. Brasilien 109 IV le – bedeut. brasilian. Wirtschaftszentrum 153 IV Hf

Salz: ehem. Ort in Hessen – im 8. Jh. karoling. Pfalz, 803 Waffenstillstand Karls d. Gr. mit West- u. Ostfalen u. Engern 55 III Ea

Salzburg: Stadt in Österr. 176/177 I Hd – im 1. Jh. n. Chr. röm., Iuvavum 40/41 I Gc – 1077 Errichtg. d. Festg. 58 I Dc – 59 II Ce – 1511 erfolgloser Aufstand geg. bischöfl. Herrschaft 94/95 I Ge – im 16. Jh. Entwicklg. z. Handelszentrum 92/93 Fd – s. 1595 Ausbau z. Barockresidenz 90/91 Hd – 1623 gegr. Univ. 97 III Ge – Hptst. d. österr. Bundeslandes S. 178 I Ee

Salzburg: Ebm. in Österr. – um 700 gegr. Kloster, 739 Errichtg. d. Bm. durch Bonifatius, 798 Ebm. 56 I Fc – im 12./13. Jh. territoriale Ausdehng. 80 I Fe – bis 1803 reichsunmittelbar, s. 1803 Kerngebiet d. Kurfsm. S. 120/121 Ge, 131 I Ee – 168 II Ee

Salzburg: Bundesland v. Österr. 178 II Ee – 81 II Cb – 1803 Auflösg. d. Ebm. S. u. Umwandlg. in ein weltl. Kurfsm., Kursalzburg genannt 120/121 Ge, 131 II Ee – 1805 österr., 1810 bayr. 131 III Me – 1816–50 österr. Hzm. 134 I Ge – bis 1918 selbst. Kronland, 1920 österr. Bundesland 166 I Ge – 1938–45 dt. Reichsgau 170 I Ge – 1945–55 z. amerikan. Besatzungszone 178 I Ee

Salzgitter: Stadt in Niedersachsen – Zentrum d. Schwerindustrie 180 I Db

Salzwedel: Stadt in Sachsen-Anhalt – 1233 Stadtrecht 70 I Bd – Hansestadt 87 III Dc – ma. Handelspl. 92/93 Eb

Samaria: Ruinenstätte im Westjordanland – im 2. Jh. v. Chr. Zentr. hellenist. Kultur in Palästina, urchristl. Gemeinde; unter König Herodes I. in Sebaste umbenannt, Hauptort d. Prov. S. 43 III Cd

Samarkand: Stadt in Usbekistan 191 III Ecd – im 4. Jh. v. Chr. als Marakanda Hptst. d. pers. Prov. Sogdiane, 329 v. Chr. Eroberg. durch Alexander d. Gr. 34/35 I Fb – im 3./4. Jh. n. Chr. als wichtiger Umschlagpl. im Handel mit d. Fernen Osten Ziel v. Hunnenangriffen 47 IV Lh – 712 v. Arabern erobert 53 III Ic – 1220 v. Mongolen unterworfen, s. 1369 mongol. Residenz, kulturelles u. wirtschaftl. Zentrum 78 I Fcd – 1868 russ. 117 III Dd

Samarra: Stadt im Irak – vorgeschichtl. Fundort 19 III Gc – 836–91 Kalifenresidenz, Wallfahrtsort d. islam. Schiiten 53 III Gc

Sambia: Staat in S-Afrika 188/189 I Kf – W-Teil d. heut. Staatsgebietes im 17. Jh. z. Reich d. Rotse 151 II Cd – 1891/1911 Bildg. d. brit. Protektorates Nordrhodesien, 1923 brit. Kronkolonie 151 III Gi – 1953–63 Zentralafrikan. Föderation mit Südrhodesien u. Njassaland 198 I Cd – 1964 als S. unabh. Mitgl. d. Commonwealth, s. 1991 Mehrparteiensystem 198 II Gi, 199 III Ff

Samoa: Inselstaat im Pazif. Ozean 195 V Fc – bis 1962 neuseeländ. Treuhandgebiet West-S., 1962 als West-S. unabh., 1970 Mitgl. d. Commonwealth, s. 1977 S. genannt 188/189 I Sf

Samos: griech. Insel im Ägäischen Meer 176/177 I Kf – um 1000 v. Chr. Siedlungsgebiet d. Ionier 29 IV Dc – 522 v. Chr. pers.30 II Bb – 499 v. Chr. Teilnahme an Ion. Aufstand 31 II Ec – 479/439 v. Chr. Mitgl. d. Att. Seebundes 32 I Jg – im Peloponnes. Krieg mit Athen verbündet 33 III Hc – 129 v. Chr. röm., Samus 40/41 I Je – im

9. Jh. n. Chr. byzantin. Thema 58 I Ed – 1346 genues. Handelsstützpkt. 86 I Fd – 1475 osman. 79 II Ec – 1832 als tributpflichtiges Fsm. weitgehend autonom 145 II Dc – 1912/13 griech. 145 III cl

Samothrake: griech. Insel im Ägäischen Meer – im 5. Jh. v. Chr. Mitgl. d. Att. Seebundes, bedeut. Heiligtum 32 I el

Samsun: Stadt in d. N-Türkei – im 7. Jh. v. Chr. als griech. Kolonie Amisos gegr. 29 III Fb – im 1. Jh. v. Chr. röm., Amisus 40/41 I Ld – 1261 genues. Handelsniederlassg. 86 I Hc – 1461 osman. 79 II Gb

Sana: Hptst. d. Rep. Jemen 202/203 I Hd – altes Zentrum d. Islam 53 III Ge

Sandomir (Sandomierz): Stadt in S-Polen – 1570 Synode von S. einigt poln. Protestanten 94/95 I Kc

San Francisco: Stadt in d. westl. USA, Kalifornien 124 I Je – 1869 Eröffng. d. ersten Eisenbahnlinie als Verbindg. zw. d. Westen u. Osten d. Verein. Staaten, Aufstieg z. bedeut. amerikan. Wirtschafts- u. Handelszentrum 127 III Ac – 1945 Gründungsort d. UN 210/211 I Cd – 1951 Friede von S. F. zwingt Japan z. Abtretg. seiner s. 1868 erworbenen Gebiete 188/189 I Cd

San Germano: Stadt in Mittelitalien – 1230 Friede von S. G.: Kaiser Friedrich II. leistet d. röm. Kirche d. Treueid 62/63 I Ec

San Ildefonso: Ort in Mittelspanien – auch La Granja genannt, Anfang d. 18. Jh. Bau d. Schlosses – 1777 Vertrag legt d. span.-port. Interessengrenzen d. Kolonialpolitik in S-Amerika fest 109 IV Legende – 1796 Bündnis zw. Frankr. u. Spanien 112/113 De

San José: Hptst. v. Costa Rica 152 I Cd

Sankt Blasien: Stadt in Baden-Württemberg – 948 gegr. Benedikt.-Kloster 57 IV Db

Sankt Gallen: Stadt in d. Schweiz – um 612 gegr. iroschott. Kloster 56 I EFc – 747 Umwandlg. in ein Benedikt.-Kloster 56 II, 57 IV Eb – unter d. Karolingern Entwicklg. z. bedeut. kirchl.-kulturellen Mittelpkt. 55 III Db – im 10. Jh. Marktsiedlg. 60/61 I Ge – Zentrum d. Leinenverarbeitg. 92/93 Ed – bis 1798 Zugewandter Ort d. Eidgen., 1805 Aufhebg. d. Abtei 100 II Kf

Sankt Gotthard (Szentgotthárd): Ort in W-Ungarn – 1664 erfolgreiche ungar. Abwehr d. osman. Angriffs 79 II Ca

Sankt Helena: brit. Insel im Atlant. Ozean 188/189 I fl – 1502 v. Portugiesen entdeckt 104/105 I le – 1651 engl. 109 IV Je – 1815–21 Verbannungsort Napoleons I. 148 I Je – s. 1834 brit. Kolonie 151 II Ad

Sankt Jacob: Stadtteil v. Basel, Schweiz – 1444 franz. Sieg über eidgenöss. Heer 89 IV Hf

Sankt Kanzian (Skocjan): Ort in W-Slowenien – Höhlen aus urgeschichtl. Zeit 23 IV Lf

Sankt Petersburg (bis 1991 Leningrad): Stadt in d. Russ. Föderation 192 I Cc – 1703 unter Zar Peter d. Gr. als Festg. gegr., 1712 Hptst. v. Russland, Aufstieg z. wirtschaftl. u. geistigen Zentrum d. russ. Kaiserr. 112/113 Lab – s. Mitte d. 19. Jh. Industrialisierg., 1905 Arbeiteraufstand geg. soziale u. wirtschaftl. Missstände 154/155 I Lb – 1914 in Petrograd umbenannt 156 III Jd – 1917 Ausgangspkt. d. russ. Revolution 158 I Cbc – 1918 Verlegg. d. Hptst. nach Moskau, 1924 Umbenenng. in Leningrad 137/138 I Lb – 1941–44 von dt. Truppen belagert u. stark zerstört 172 I EFb, 173 III EFb – 1991 erneute Umbenenng. in S. P. 192 I Cc

San Marino: Staat in S-Europa 176/177 I He – s. d. 13./14. Jh. unabh. Rep. – s. 1862 Zollunion mit Italien 142 I Dd

San Remo: Stadt in NW-Italien 142 I Ad – 1920 Konferenz: Aufteilg. d. Nahen Ostens in ein brit. u. franz. Mandatsgebiet 137/138 I Ge

San Salvador: Hptst. von El Salvador 152 I Cc – 1824–38 Hptst. d. Verein. Staaten v. Zentralamerika 124 I Ng

San Sebastián: Hafenstadt in N-Spanien 176/177 I Ee – 1808 als span. Grenzfestg. v. Franzosen besetzt, 1813 mit brit. Unterstützg. zurückerobert 132/133 Ee

Sansibar: tansan. Insel an d. O-Küste v. Afrika 198 II GHi – 1503 als arab. Handelszentrum v. Portugiesen erobert u. kolonisiert 104/105 I Le – 1652/1753 z. Sultanat Oman, Sklavenhaltg. u. -handel, 1861 unabh. Sultanat S. 151 II Cd – 1890 Helgoland-S.-Vertrag zw. Dt. Reich u. Großbritannien: Großbritannien erhält im Austausch geg. Helgoland S. als Protektorat 151 III GHi – 1963 unabh., 1964 Zusammenschluss v. Tanganjika u. S. zur Verein. Rep. Tansania 198 II GHi

Sanssouci: Schloss in Potsdam, Brandenburg – 1745–47 erbaut, Sommerresidenz Friedrichs d. Gr. 120/121 Gb

Santa Fé: Stadt in d. südl. USA – 1821–80 Santa Fé Trail wichtiger Handelsweg bei d. Erschließg. d. amerikan. W-Küste 126 I Cc

Santa Fe de Bogotá ► Bogotá

Santander: Hafenstadt in N-Spanien 176/177 I Ee – im 14./15. Jh. bedeut. Handelspl. 84 I Bb

Santiago de Chile: Hptst. v. Chile 153 IV Dh – 1541 v. Spaniern gegr. 104/105 I Ff, 106 II Df – 1973 Militärputsch geg. gewählten Präsident Allende 152 I Dh

Santiago de Compostela: Stadt in NW-Spanien – 67 II Bb – s. d. 10. Jh. bedeut. Wallfahrtsort d. span. Katholiken 58 I Bc – 1171 Gründg. d. Ritterordens von S., Hptst. v. Galicien 62/63 I Ac

Santiago de Cuba: Stadt auf Kuba 124 I Ofg – 1898 Seeschlacht, Vernichtg. d. span. Flotte im amerikan.-span. Krieg 152 I Dbc

Santo Domingo: Hptst. d. Dominikan. Rep. 152 I DEc – 1496 erste v. Europäern gegr. Siedl. auf d. amerikan. Kontinent, 1538 Gründg. d. ältesten Univ. Amerikas 109 IV Gcd

Santo Domingo ► Dominikan. Rep.

Santos: Hafenstadt in SO-Brasilien 152 I Gg – Hauptexporthafen Brasiliens, Weltbörse für Kaffee 153 IV Gg

Sanxingdui – 27 V Fj

San Yuste: Kloster in W-Spanien – 1556–58 Aufenthaltsort Karls V. nach seinem Rücktritt als Kaiser d. Hl. Röm. Reiches 90/91 Def

São Paulo: Stadt in SO-Brasilien 152 I Gg – 1532 v. Jesuiten gegr. 109 IV Hf – 1822 bei S. P. Proklamation d. Unabh. Brasiliens, wichtigstes brasilian. Industrie- u. Wirtschaftszentrum 153 IV Gg

São Tomé u. Principe: Inselstaat an d. W-Küste v. Afrika 188/189 I Je – im 15. Jh. v. Portugiesen entdeckt 104/105 I Jde – bis 1951 port. Kolonie 198 I Bc – bis 1973 port. Überseeprov., 1975 unabh. Rep. 198 II Fh, 199 III Dd

Saporoschje: Stadt am Dnjepr in d. Ukraine – im 2. WK als Kriegsschaupl. stark zerstört 173 III Fc

Sarai: ehem. Stadt in Turkmenistan – um 1254 als Hptst. d. Mongolen-Chanats d. „Goldenen Horde" gegr., um 1260 Gründg. v. Neu-S. südl. d. alten S., 1395 v. Mongolen unter Timur Leng zerstört 78 I Dc

Sarajevo: Hptst. v. Bosnien-Herzogowina 209 III Kg – bis 1878 osman., Zentrum d. Islam auf d. Balkan-Halbinsel 132/133 Ie – 1878 österr.-ungar. Besetzg. 145 II Bb – Juni 1914 Ermordg. d. österr.-ungar. Thronfolgers durch serb. Nationalisten löst 1. WK aus 156 II Cb – 1992 v. serb. Truppen eingeschlossen u. bombardiert 209 III Kg

Sarawak: Bundesstaat v. Malaysia 194 II Lg – 1888 brit. Protektorat 194 I Ec – 1946 brit. Kronkolonie, 1963 zu Malaysia 195 IV Jg

Sardes: Ruinenstätte in d. W-Türkei – bis z. pers. Eroberg. 547 v. Chr. Hptst. v. Lydien, Fundort zahlreicher Grabhügel lyd. Könige, Handelszentrum u. pers. Residenz 30 II Bb – 30/31 I Eb – 499 v. Chr. im Ion. Aufstand v. Griechen zerstört 31 III Fb – 334 v. Chr. Eroberg. durch Alexander d. Gr. 34/35 I Bb – 129 v. Chr. röm. 40/41 I Je

Sardinien: italien. Insel im Mittelmeer 176/177 I Gef – im 9. Jh. v. Chr. Einwanderg. d. Phöniker auf d. von Sarden besiedelte Insel, Sardo genannt 23 IV Kfg, 7 Cbc – 238 v. Chr. von Karthago an Rom abgetreten, latein. Sardinia 37 III Dbc – wichtiges Getreideanbaugebiet d. Röm. Reiches 39 III Cbc – 456 n. Chr. von Wandalen unterworfen 50 I Cbc – s. d. 8. Jh. Eroberungsversuche d. Sarazenen 54 II Jfg – 1016 Eroberg. durch Pisa beendet Herrschaft d. Araber, 1175 genues. Handelsstützpkt. 58 I Ccd, 86 I Bcd – 1297/1326 zu Aragón 62/63 I Dcd – 1714 nach d. Span. Erbfolgekrieg v. Spanien an Österr. abgetreten 112/113 Gef – 1720 im Austausch geg. Sizilien zu Savoyen, Bildg. d. Kgr. S. mit Savoyen u. Piemont 112/113 Gef, 132/133 Gdf – 1861 zu Italien 142 I Legende

Sarkel: ehem. Stadt am Don in d. Russ. Föderation – bis 965 Hptst. d. Chazaren 58 I Gc

Sarmizegetusa: Ruinenstätte in Rumänien – 106 n. Chr. Hptst. u. religiöses Zentrum d. röm. Prov. Dacia 40/41 I cl

Saseno ► Sazan

Saskatchewan: Prov. in Kanada 124 I Lc

Satavahanihara-Reich – 45 III Legende

Sathmar (Satu Mare): Stadt in NW-Rumänien – im 13. Jh. dt. Gründg. – 1711 Friede beendet Aufstand d. ungar. Adels geg. österr. Herrschaft 112/113 Jd – s. 1712 nach Einwanderg. v. Schwaben (S.er Schwaben) dt. Sprachinsel, bis 1919 zu Ungarn 144 I Ed

Saucourt: Ort in N-Frankr. – 881 Sieg d. Franken über Normannenheer 54 II elJ

Saudi-Arabien: Staat auf d. Arab. Halbinsel 188/189 I KLde – NW-Teil d. heut. Staatsgebietes im 3./2. Jh. v. Chr. Reich d. Nabatäer 34/35 I Cbc – 105 n. Chr. röm. Prov. Arabia 40/41 I KLfg – s. d. 7. Jh. Ausgangsgebiet d. arab. Expansion u. Ausbreitg. d. Islam 53 III Legende – im 16. Jh. teilw. von Osmanen erobert 104/105 I KLc – im 18. Jh. Übernahme d. polit. Führg. durch d. Wahabiten unter d. Ibn-Saud-Dynastie 109 IV LMc – im 19. Jh. Ausdehng. d. ägypt. Machtbereiches auf d. Arab. Halbinsel schwächt d. wahabit. Herrschaft 148 I LMc – bis 1913 Verdrängg. d. Türken 148 II LMi – 1927 Gründg. d. Kgr. Hedschas u. Nedschd, 1932 in Kgr. S.-A. umbenannt 160/161 I KLcd – nach d. 2. WK Aufstieg z. bedeut. Erdölexportland 202/203 I Glbd – 1990 nach irak. Invasion in Kuwait Aufmarschgebiet d. alliierten Streitkräfte, Jan.–Feb. 1991 Golfkieg 211 III BCbc

Saule (Siauliai): Stadt in Lettland – 1236 Sieg d. Litauer über Heer d. livländ. Schwertbrüderordens 71 II Fc

Savannah: Stadt in d. südöstl. USA 127 III Ec – 1778–82 als Zentrum d. amerikan. Unabhängigkeitsbewegg. v. brit. Truppen besetzt 125 III Cc – 1864 im Sezessionskrieg umkämpft 125 IV fl

Savona: Hafenstadt in NW-Italien – 1809–12 Ort d. Gefangenschaft v. Papst Pius VII. 128/129 Ge

Savoyen: Landsch. in SO-Frankr. – 933 z. Kgr. Burgund 60/61 I EFf – 1033/34 als Gft. zum Hl. Röm. Reich 62/63 I Db – bis z. 14. Jh. Ausdehng. d. savoy. Besitzes 80 I BCef – 1416 Erhebg. z. Hzm., Aufstieg z. führenden Adelsgeschlecht in N-Italien – 1601 Gebietsabtretungen an Frankr. 98/99 I CDef – 1701 mit Frankr. verbündet, 1703 Eintritt in d. Allianz geg. Frankr., 1713 Erwerb d. Kgr. Sizilien, 1720 Teil d. Kgr. Sardinien 112/113 Gde

Sazan: alban. Insel in d. Adria 176/177 I le – 1914 v. Italienern besetzt, Saseno 137/138 I le – 1945/47 zu Albanien 176/177 I le

Scapa Flow: Bucht zw. d. brit. Orkneyinseln – im 1. u. 2. WK Hauptstützpkt. d. brit. Flotte, 1919 Selbstversenkg. d. dt. Kriegsflotte 156 III Fd, 172 I Bb

Scarborough – 102 I Ec

Schaffhausen: Stadt in d. Schweiz – s. d. 13. Jh. Reichsstadt, 1330 habsburg. Pfandbesitz 80 I De – 1454/1501 zur Eidgen. 100 I Db – 1832 Aufstand führt z. Einführg. einer neuen Verfassg. im Kanton S. 139 III Ee

Schamaiten – 143 III Nf

Schanghai: Stadt in O-China 194 II Mf – 1842 als Vertragshafen geöffnet, Aufstieg z. wichtigsten Hafen Chinas 194 I Fb – 1921 Gründungsort d. Kommunist. Partei Chinas (KPCh),1932 u. 1937–45 v. Japanern besetzt 196 II Fc – 1949 v. chines. Kommunisten erobert 196 III Nh

Schansi: Prov. in NO-China 196 III Mh

Schantung: Prov. in O-China 196 III Mh – 1915–22 v. Japanern besetzt 196 II Ec

Scharm el Scheich: Ort auf d. ägypt. Halbinsel Sinai 202/203 I Gc – 1957–67 UN-Stützpkt., 1967 ägypt. Besetzg. u. Sperrg. d. Golfes v. Akaba für israel. Schiffe lösen 3. israel.-arab. Krieg aus, Juni 1967 v. israel. Truppen besetzt 202 II Ce – 1979–83 nach ägypt.-israel. Friedensvertrag unter UN-Kontolle gestellt 203 IV Ce

Schaumburg: ehem. Gft. in Niedersachsen – im 12. Jh. erbaute Burg namensgebend für d. Gft. 62/63 I Da, 80 I Db – 1640/47 Aufteilg. d. Gft. 98/99 I Eb – 1815–66 Fsm. S.-Lippe Mitgl. d. Dt. Bundes 134 I Eb – 1871 zum Dt. Reich 135 II Eb – 1946 zu Niedersachsen 180 I Cb

Schdanow: Hafenstadt am Asowschen Meer in d. Ukraine 176/177 I Md – vorgeschichtl. Fundort Marjupol 23 II Fb – 1948–91 in S. umbenannt, jetzt wieder Marjupol 176/177 I Md

Schenjang: Stadt in NO-China 194 II Me – s. 1644 als Mukden Residenz d. Mandschu-Kaiser 111 II Me – 1905 entscheidende Niederlage d. russ. Armee geg. d. Japaner 117 III Gc – 1931–45 japan. Besetzg. 196 II Fb – 1948 v. chines. Kommunisten eingenommen 196 III Ng – bedeut. Wirtschafts- u. Handelszentrum d. Mandschurei 197 IV Eb

Schensi: Prov. in O-China 196 II Lh

Schipkapass: Pass in Bulgarien – 1877 im russ.-türk. Krieg v. russ. Truppen eingenommen 145 II Db

Schiras: Stadt in SW-Iran 202/203 I cl – 1387 v. Mongolen unterworfen 78 I Ee – s. d. 18. Jh. pers. Residenz, Wallfahrtsort d. iran. Schiiten 111 II fl

Schkopau – 183 V Bc

Schladming: Stadt in Österr. – Ausgangspkt. d. Bauernaufstandes in Österr., 1525 Sieg d. Bauern über d. steiermärk. Landesherrn 96 I Dc – in d. Reformationszeit österr. Zentrum d. Protestanten 94/95 I Ge

Schlesien: ehem. preuß. Prov. u. heut. Gebiet in Polen – 59 II DEc – im 10. Jh. Unterwerfg. d. slaw. Volksstämme durch poln. Piasten 60/61 I JKc – bis 1137 v. Böhmen u. Polen beansprucht, 1138/63 selbst. poln. Hzm. 62/63 I Fa – im 12./13. Jh. Zerfall in zahlreiche Teilherzogtümer, im 13. Jh. Beginn dt. Besiedlg., 1327/35 böhm. Lehen 80 I Glcd – 1526 zus. mit Böhmen habsburg. 94/95 I HJcd – s. 1740 Kriege zw. Preußen u. Österr. um S., 1742 größtenteils zu Preußen, Gebiete in Süd-S. verbleiben als Österr.-S. bei Österr. 120/121 HJcd, 130 I Dbc – 1795 Erwerb v. Neu-S. 116 I Bb – im 19 Jh. Industrialisierg. in Ober-S., soziale Gegensätze führen 1844 z. Aufständen d. schles. Weber 134 I HJc – 1871 zum Dt. Reich 135 II HJc – 1919 Bildg. d. Provinzen Ober- u. Nieder-S., 1921 Ober-S. nach Volksabstimmg. zw. Polen u. Dt. Reich geteilt 166 I HJc – 1945 unter poln. Verwaltg., Flucht u. Zwangsumsiedlg. d. dt. Bevölkerg. 178 I FHc – 1990 dt.-poln. Vertrag erkennt Unverletzlichkeit d. bestehenden Besitzverhältnisse an 185 II FGc

Schleswig: Stadt in Schleswig-Holstein – um 948 Bm., im 11. Jh. Handelspl. beim zerstörten ► Haithabu 60/61 I Ga – s. 1460 Residenz d. Hzm. S., 1541/1624 Aufhebg. d. Bm. 94/95 I Ea, 98/99 I Ea – 164 I Da

Schleswig: N-Teil v. Schleswig-Holstein – 1025/35 nach dt. Verzicht auf S. Festigg. d. dän. Herrschaft 60/61 I Ga – 1386 Vereinigg. mit Holstein zu S.-Holstein, 1460 gemeinsame Pers.-Union mit Dänemark 80 I Da – 143 II Da

Schleswig-Holstein: Land d. Bundesrep. Deutschld. 185 III CDab – 1386 aus d. Vereinigg. v. ► Schleswig u. ► Holstein entstanden, 1460 Pers.-Union mit Dänemark 80 I DEab – 1544 Landesteilg. in einen königl. u. herzogl. Anteil 94/95 I EFab – 1713/21 herzogl. Anteil in Schleswig, 1773 in Holstein unter dän. Herrschaft 120/121 EFab – 1848 erfolgloser Aufstand z. Erlangg. d. nationalen Selbstständigkeit, 1848–50 u. 1864 Dt.-Dän. Kriege um S.-H., 1864 Abtretg. von S.-H. an Preußen u. Österr. 134 I EFab – 1866/67 preuß. Prov. 135 II EFa – 1920 N-Schleswig nach Volksabstimmg. zu Dänemark 166 I Ea – s. 1949 Land d. Bundesrep. Deutschld. 180 I CDab

Schlettstadt (Sélestat): Stadt in O-Frankr. – im 13. Jh. Reichsstadt 80 I Cd – bis 1648 Mitgl. d. elsäss. Zehnstädtebundes, 1676 franz., Ausbau z. Festg. 98/99 IDd

Schlochau – 166 II Gb

Schlüsselburg: Stadt in d. nordwestl. Russ. Föderation – bis 1611 zw. Russen u. Schweden umkämpfte Festg., Oresek 90/91 Lab – bis 1702 schwed., Nöteborg 112/113 Lab – 1702 russ. Eroberg. u. Umbenenng. in S. 112/113 Lab – 1942 sowjet. Vorstoß auf S. verhindert Einnahme v. Leningrad durch d. dt. Armee 173 III Fb

Schmalkalden: Stadt in d. Thüringen – 1531 protestant. Fürsten schließen Schmalkald. Bund geg. Kaiser Karl V. u. d. kathol. Stände, 1547 nach d. Niederlage d. Protestanten im Schmalkald. Krieg Auflösg. d. Bundes 96 II Kf, 94/95 I Fc

Schneidemühl (Pila): Stadt in NW-Polen – 1922–38 Hptst. d. preuß. Prov. Grenzmark Posen-Westpreußen 166 I Ib

Schönbrunn: Schloss in Wien, Österr. – 1744–49 unter Kaiserin Maria Theresia z. Rokokoschloss ausgebaut 120/121 Id – 1809 österr.-franz. Friedensschluss zwingt Österr. zu Gebietsabtretungen 128/129 Id

Schönbrunn bei Sagan – 73 II

Schonen: Landsch. in S-Schweden – 1658 v. Dänemark an Schweden abgetreten 112/113 Hb

Schottland: N-Teil v. Großbritannien – von d. Römern Caledonia genannt 40/41 I CDa – im 5. Jh. Einwanderg. d. Skoten aus Irland 50 I Ba – im 6. Jh. Ausgangspkt. d. iroschott. Mission 56 I BCa – im 9. Jh. Kgr., Ausdehng. d. schott. Machtbereiches nach S, Ziel v. Eroberungs- u. Beutezügen d. Wikinger 58 I Bb – 1237 Vertrag mit England legt Grenze zu S. fest 62/63 I B – im 16. Jh. Hinwendg. d. Adels z. Calvinismus verschärft Gegensatz z. Königtum 90/91 DEb – 1603 Pers.-Union mit England, 1707 Umwandlg. in eine Realunion u. Zusammenschluss zum Verein. Kgr. ▸ Großbritannien 112/113 DEb – 102 I CDabc – 103 II BCab, 103 III HIfg

Schumla (Kolarovgrad): Stadt in Bulgarien – 1774 u. 1810 osman. Abwehr russ. Eroberungsversuche 78/79 Ke, 128/129 Ke

Schwaben: ehem. Hzm. in Baden-Württemberg, Bayern, Schweiz u. O-Frankr. – bis z. 9. Jh. Hzm. ▸ Alamannien 55 II Db – 917 dt. Stammeshzm. 60/61 I FHde – bis 1268 stauf. Hausgut 62/63 I DEb

Schwäbisch Hall: Stadt in Baden-Württemberg – im MA Zentrum d. Salzgewinng. 92/93 Ec

Schwante – 184 I Cb

Schwarzburg: ehem. Fsm. in Thüringen – s. d. 11. Jh. Gft. 80 I Ec – 1697/1710 Fsm. 120/121 Fc

Schwarze Pumpe – 183 V Dc

Schwechat: Stadt in Österr. 178 I Gd – 1848 österr. Sieg über d. Ungarn 134 I Id

Schweden: Staat in N-Europa 188/189 I Jbc – heut. Staatsgebiet im 9./10. Jh. Ausgangsgebiet normann. Eroberungszüge 54 II Kde – um 1000 Bildg. d. Kgr. S., Beginn d. Christianisierg. 58 I Dab – im 13. Jh. Eroberg. Finnlands, Handel mit d. Hanse, im 14. Jh. Gebietsverluste an Dänemark 87 III DEab – 1397 durch d. Kalmarer Union mit Dänemark u. Norwegen vereinigt 84 I Da – bis 1520 Aufstände geg. dän. Vorherrschaft in d. Union, 1523 Erlangg. d. Unabh. unter König Gustav I. Wasa 90/91 Hlab – 1527 Einführg. d. Reformation 96 II LMd – im 17. Jh. Aufstieg z. europ. Großmacht unter Gustav II. Adolf, Expansion nach O, 1630 Eingreifen in d. 30-jährigen Krieg als protestant. Führungsmacht führt z. Erwerb dt. Reichsgebiete, 1658 Gewinn dän. Besitzes in Süd-S. 112/113 HKab – 1721 nach d. Niederlage im Nord. Krieg Verlust d. Großmachtstellg. u. Vorherrschaft im Ostseeraum 112/113 Hlab – 1809 Abtretg. Finnlands an Russland 128/129 Hlab – 1814 Teilnahme am Krieg geg. Frankr., Gewinn Norwegens u. Bildg. d. schwed.-norweg. Union 132/133 Hlab – 1905 Loslösg. Norwegens aus dieser Union 154/155 I Hlab – im 1. u. 2. WK neutral 157 IV EFab, 175 III EFab – 164 II Pf – nach d. 2. WK Fortsetzg. d. Neutralitätspolitik 204/205 I Jbc

Schwedt: Stadt in Brandenburg 180 I Fb – 1689– 1788 brandenburg. Residenz 98/99 I Hb, 120/121 Hb – 183 V Db

Schweidnitz (Swidnica): Stadt in W-Polen – im 13. Jh. Magdebg. Stadtrecht 70 I Ee – 1291–1392 Hauptort d. schles. Teilhzm. S. 80 I Hc – im 14.–16. Jh. bedeut. Handelspl. 92/93 Gc – 1742 preuß. Festg. 120/121 Ic

Schweinfurt: Stadt in Bayern 180 I Dc – 1254 Reichsstadt 80 I Ec – 1542 nach Einführg. d. Reformation Zentrum d. Protestantismus in Franken 97 III Fc – 1802/14 bayr. 131 II Dc

Schweiz, Schweizerische Eidgenossenschaft: Staat in Mitteleuropa 176/177 I Gd – heut. Staatsgebiet im 4. Jh. v. Chr. vom kelt. Volksstamm d. Helvetier besiedelt 48 I Cc – 15 v. Chr. Teil d. röm. Prov. Raetia 40/41 I Fc – im 5./6. Jh. n. Chr. Siedlungsgebiet d. Burgunder u. Alamannen 50 I Cb, 51 IV Sk – im 6. Jh. z. Frankenr. 54 I Db – 1033 zum Hl. Röm. Reich 58 I Cc – 1291 Zusammenschluss d. drei Urkantone Uri, Schwyz u. Unterwalden geg. d. habsburg. Herrschaftsbestrebungen, 1315 Erweiterg. d. Bündnisses, Entstehg. unabh. Bauern- u. Stadtrepubliken, 1389 Anerkenng. d. Unabh. d. Eidgenossen durch d. Habsburger 80 I CDe – s. 1415 Verwaltg. d. eroberten Gebiete als Untertanenlande, 1474–77 Siege im Krieg geg. d. Hzm. Burgund stärken d. militär. Ansehen d. Eidgen., 1513 Erweiterg. z. Eidgen. d. Dreizehn Orte 89 IV Hlf, 72 I – im 16. Jh. konfessionelle Spaltg. d. Kantone durch d. Reformation 96 II IJh – 1648 Unabh. durch d. Westfäl. Frieden anerkannt 98/99 I DEe – 1798 franz. Besetzg., bis 1803 Helvet. Rep. 119 III Db – 1815 Anerkenng. d. dauernden schweizer. Neutralität beim Wiener Kongress, s. 1830 Verfassungskämpfe in d. Kantonen, 1843 Abspaltg. d. kathol.-konservativen Kantone u. Gründg. d. Sonderbundes, 1848 nach d. Sieg d. liberal-protestant. Kantone über d. kathol. Sonderbund Umwandlg. in einen Bundesstaat 134 I DEe – 164 II Og – z. Wahrg. d. uneingeschränkten Neutralität lehnt d. S. Beitritte zu polit.-militär. Bündnissen ab 204/205 I Jc

Schwerin: Hptst. v. Mecklenburg-Vorpommern 185 III Db – im 11. Jh. slaw. Burg 60/61 I Hb – 1160 Stadt, s. Ende d. 15. Jh. mecklenburg. Residenz 94/95 I Fb – 168 I Fb, 168 II Db – 169 III Da – bis 1952 Hptst. d. Landes Mecklenburg 178 I Db – 182 I Bb – 1952–90 Bezirkshptst. in d. DDR 180 I Db – 182 II Ff – 184 I Bb – 1991 Hptst. v. Mecklenburg-Vorpommern 185 III Db

Schwerin: ehem. Bm. in Mecklenburg-Vorpommern – um 1160 neu gegr. 70 I Bd – s. 1180 reichsunmittelbar 80 I Eb – 1648 als weltl. Fsm. zu Mecklenburg-S. 98/99 I FGb

Schwiebus (Swiebodzin): Gebiet in W-Polen – Kreis S.1686–95 brandenburg. 98/99 I Hb – 1742 preuß. 120/121 Hb

Schwyz: Kanton in d. Schweiz – 1291 Urkanton d. Eidgen. 100 I Dbc

Scone: Ort in Schottland, Großbritannien – s. d. 10. Jh. Krönungsstätte schott. Könige 58 I Bb

Seattle: Stadt in d. nordwestl. USA 127 III Ab – 1851 gegr., Umschlagpl. im Handel mit Alaska 126 I Ab

Sedan: Stadt in NO-Frankr. – 1870 entscheidende franz. Niederl. im Dt.-Franz. Krieg 135 II Cd – 1940 dt. Armee durchbricht bei S. d. Marginotlinie 172 I Cc

Seddin: Ort in Brandenburg – Fundort eines bronzezeitl. Grabhügels 23 IV Le

Seeland: Prov. in d. Niederlanden – 1345 wittelsbach. Gft. 80 I ABc – 1433 burgund., 1477 habsburg. 89 IV Fd – 1579 Prov. d. Verein. Niederlande 99 II Bb

Seeräuberküste. ▸ Verein. Arab. Emirate

Segesta: ehem. Stadt auf Sizilien, Italien – im Peloponnes. Krieg mit Athen verbündet, 415 v. Chr. löst S. sizil. Expedition Athens aus, 410 v. Chr. mit Karthago verbündet 33 III Ac

Segovia: Stadt in Mittelspanien – s. d. 13. Jh. Residenz d. Könige v. Kastilien 62/63 I Bc

Seldschuken: türk. Volksstamm u. ehem. Dynastie in Vorderasien – 52 II Legende – 1071 mit d. siegreichen bei ▸ Mantzikert Beginn d. Eroberg. Kleinasiens u. Verdrängg. d. byzantin. Einflusses, im 12. Jh. Gründg. d. S.-Sultanats v. Rum, Kämpfe mit d. Kreuzfahrern 64 I Gc, 65 II ABa – 65 III DEFbc – im 13. Jh. teilw. v. Mongolen unterworfen 78 I BDcd

Seleukeia: ehem. Stadt in d. S-Türkei – 310 v. Chr. griech. Gründg., Hafen v. Antiocheia (Antakya) 34 II Je

Seleukeia: ehem. Stadt am Tigris in Irak – um 300 v. Chr. an d. Stelle d. alten Opis gegr., bis 293 v. Chr. Hptst. d. Seleukiden 34 II Ke – 116 n. Chr. röm., Seleucia 40/41 I Mf

Seleukidenreich: ehem. Reich in Asien – 312 v. Chr. unter Seleukos I. gegr., um 280 v. Chr. größte territoriale Ausdehng. 34 II – im 3./2. Jh. v. Chr. Zerfall in selbst. Gebiete 35 III QRe

Seligenstadt: Stadt in Hessen – im 1. Jh. n. Chr. röm. Kastell – 828 gegr. Benedikt.-Abtei, s. 1063 im Besitz d. Ebm. Mainz 60/61 I Bc

Semendria (Smederevo): Stadt in Serbien – 52 II Legende – bis z. osman. Eroberg. 1459 serb. Residenz 79 II Db

Seminara: Ort in S-Italien – 1503 franz. Niederlage geg. Spanier 90/91 If

Semipalatinsk: Stadt in Kasachstan 192 I EFc – 1718 gegr. 117 III Ec – bis 1991 nahe S. sowjet. Atomtestgelände 192 I EFc

Sempach: Stadt in d. Schweiz – 1386 entscheidender Sieg d. Eidgenossen über habsburg. Heer 80 I De

Senegal: Staat in W-Afrika 188/189 I el – an d. Küste d. heut. Staatsgebietes im 17. Jh. niederländ. u. franz. Handelsniederlassungen 149 III Ed – 1763–83 brit. 109 IV Jcd – um 1857 Beginn franz. Kolonisation 151 II Ac – 1895 zu Franz.-Westafrika 151 III Eh – 1958 autonom, 1960 unabh. Rep. 198 I Ac, 199 III Bc

Senftenberg – 183 V Dc

Senigallia: Stadt an d. Adria in Italien – 283 v. Chr. röm. Kolonie Sena Gallica 36 I Fd – im 2. Pun. Krieg röm. Stützpkt. 37 III Eb – s. d. 12. Jh. bedeut. Messestadt 62/63 I Ec

Senlis: Stadt in N-Frankr. – 1493 Vertrag beendet franz.-habsburg. Streit um d. burgund. Erbe 89 IV Fe

Sens: Stadt in Frankr. – kelt.-röm. Agedincum 41 II Ph – s. d. 3. Jh. Ebm. 56 I Dc – 81 II Ab

Sentinum: ehem. Stadt in Mittelitalien – 295 v. Chr. Sieg d. Römer über Kelten u. Samniten im Kampf um d. Vorherrschaft in Italien 36 I Fd

Seoul – 77 IV Mh

Septimanien: ehem. Mgft. in S-Frankr. – im 6. Jh. westgot. 51 III hl – im 8. Jh. vorüberg. unter arab. Einfluss 53 III Cb – 759 z. Frankenr. 55 III Cc

Serbien: Staat in SO-Europa – im 6./7. Jh. Vordringen d. südslaw. Serben auf d. Balkan-Halbinsel 55 III – im 9./10. Jh. unter byzant. u. bulgar. Herrschaft 58 I DEc – um 1180 unabh., 1217 Kgr. 62/63 I Fc – 1389/1459 osman. 79 II CDb – 1718–39 Nord-S. österr. 130 I Ed – s. 1804 nationaler Aufstand z. Erlangg. d. Unabh. 128/129 IJe – 1817 autonomes Fsm., 1878 unabh. 145 II BCb – 1882 Kgr., 1913 nach d. Balkankriegen Gebietsgewinne 145 III GHb – österr.-serb. Konflikt führt 1914 z. Ausbruch d. 1. WK, 1915 v. Truppen d. Mittelmächte besetzt 156 II CDb – 1918 zu Jugoslawien 137/138 I Je – 1941 v. dt. Truppen besetzt, Bildg. einer v. nat.-soz. Deutschld. abh. Zivilregierg. 173 III DEc – 1945–91 Teilrep. d. jugoslaw. Bundesstaates 176/177 I deJ – s. 1988 Erstarkg. d. serb. Nationalismus m. d. Ziel d. Errichtg eines serb. dominierten Bundesstaates, 1991 Krieg geg. Kroatien u. Slowenien, s. 1992 geg. Bosnien-Herzegowina, 1992 Zusammenschluss v. S. u. Montenegro zur neuen Bundesrep. Jugoslawien 209 III

Sevilla: Stadt in S-Spanien 176/177 I Df – 45 v. Chr. Erhebg. d. iber. Siedlg. Hispalis z. röm. Kolonie 40/41 I Ce – röm. Handelszentrum 39 III Bc – 712 n. Chr. arab. 53 III Bc – 844 v. Normannen geplündert 54 II gl – bis 1248 maur. Residenz u. Kulturzentrum 64 I Bc, 68 I Bc – 1248 kastil. Eroberg. 62/63 I Ad – 1254 Gründg. d. Univ. 81 III Gf – im 16. Jh. wichtiger Umschlaghafen im europ. Überseehandel 90/91 Df – 1808–12 v. Franzosen besetzt 128/129 Df

Sèvres: Stadt bei Paris, Frankr. – 1920 Friede von S.: territoriale Begrenzg. d. Türkei auf Kleinasien 137/138 I Fd

Sewastopol: Hafenstadt auf d. Halbinsel Krim, Ukraine 190 I Cc – 1784 gegr., s. 1804 russ. Flottenstützpkt. 117 III Bc – 1854/55 im Krimkrieg v. brit., franz. u. osman. Truppen belagert u. stark zerstört 132/133 Le – 1920 als Stützpkt. d. „Weißen“ (Revolutionsgegner) von d. Roten Armee eingenommen 158 I Cc – im 2. WK erneut Kriegsschaupl. 172 I Fc, 173 III Fc

Seychellen: Inselstaat im Ind. Ozean 204/205 I Lf – 1741 franz. 149 III FGe – 1814 brit. 148 I MNe – 1903 brit. Kronkolonie 148 II MNI – 1976 als unabh. Rep. Mitgl. d. Commonwealth 188/189 I Lf

Sha – 77 III Cbc

Shaba: Prov. in S-Zaire 198 II Gi – 1960 als Katanga zus. mit ehem. Belg.-Kongo unabh., 1960 Loslösg. vom Kongo-Staat führt z. Bürgerkrieg, 1963 nach Intervention von UN-Truppen Wiedereingliederg. in d. Kongo-Staat 198 I Cd

Shangqiu – 27 VII On – 46 I Ec

Sheffield – 122 I F

's-Hertogenbosch: Stadt in d. Niederlanden – im niederländ. Freiheitskampf wichtige Festg. geg. d. span. S-Provinzen 99 II Cb – unter dt. Okkupation im 2. WK KZ Herzogenbusch 171 IV Mf

Shetlandinseln: brit. Inselgr. im Atlant. Ozean 176/177 I Ea – um 700 v. Normannen erobert 54 II dl – s. 1472 zu Schottland 90/91 Ea

Shiloh: Ort in d. östl. USA – 1862 Sieg d. Armee d. Nordstaaten im Sezessionskrieg 125 IV fl

Shimonoseki: Hafenstadt in Japan – 1895 Friede beendet Krieg zw. Japan u. China, Abtretg. v. Formosa (Taiwan) an Japan, Korea unter japan. Einfluss gestellt 194 I Fb

Shouchun – 46 I Ec

Shrewsbury – 122 I E

Shu – 47 III CDcd

Sialkot – 45 IV Ke

Siam ▸ Thailand

Sian: Stadt in China 196 III Lh – als Changan altes chines. Kulturzentrum, im 3. Jh. Residenz d. Han-Dynastie 47 IV Nh – 1935 Gefangennahme v. Tschiang Kai-schek, chines. Kommunisten erzwingen v. ihm Zustimmg. z. gemeinsamen Vorgehen im Widerstandskampf geg. d. Japaner 196 II Dc

Sibirien: Landschaft in N-Asien u. Teil d. Russ. Föderation – im 16. Jh. Beginn d. russ. Eroberg. von West-S., im 17. Jh. von Ost-S. 109 IV MTab, 117 III Dlb

Side: Ruinenstätte in d. S-Türkei – 334 v. Chr. Eroberg. durch Alexander d. Gr. 34/35 I Cb

Sidon ▸ Saida

Siebenbürgen: Landsch. in Rumänien 176/177 I JKd – s. d. 9. Jh. unter ungar. Einfluss 84 I Eb – 1526 unabh. Fsm., 1541 unter osman. Oberhoheit 90/91 JKd – 1691/99 österr., 1765 Erhebg. z. Grfsm. 112/113 JKd – 1784/85 Bauernaufstand führt z. Aufhebg. d. Leibeigenschaft 130 I EFc – 1867 Union mit Ungarn 145 II CDa – 1918/20 zu Rumänien 137/138 I JKd – 1940–47 Nord-S. zu Ungarn 172 I Ec

Siedlce – 181 II Jb

Siegburg: Stadt in NRW – 1064 gegr. Abtei, später in ein Benedikt.-Kloster umgewandelt 57 IV Da

Siegen: Stadt in NRW 180 I Cc – s. d. MA Zentrum d. Eisenerzbergbaus 92/93 Ec

Siena: Stadt in Italien – 68 I Db – 1246 gegr. Univ. 81 III Ie – 1348 Pestepidemie 82 II Gb – bis z. 15. Jh. selbst. Stadtrep.

Sierra Leone: Staat in W-Afrika 188/189 I el – heut. Staatsgebiet im 15. Jh. v. Portugiesen entdeckt, Sklavenhandel 104/105 I Id – 1787 Gründg. d. ersten brit. Niederlassg. 151 II Ac – 1896 brit. Protektorat 151 III Eh – 1961 unabh. Mitgl. d. Commonwealth, 1971 Rep., s. 1991 Bürgerkrieg 198 II Eh, 199 III Bd

Sigmaringen: Stadt in Baden-Württemberg – im 11. Jh. errichtete Burg 60/61 I Gd – bis 1849 Hptst. d. Fsm. Hohenzollern 134 I Ed

Sigtuna: Stadt in Schweden – um 1000 gegr., bedeut. Handelspl. 58 I Db

Sikh-Reich: ehem. Reich in N-Indien – bis z. brit. Eroberg. 1849 unabh. hinduist.-islam. Kgr. 111 II Jf

Silistria (Silistra): Stadt in N-Bulgarien – 105 n. Chr. röm. Leg.-Lager Durostorum 40/41 I Jd – um 1394 osman. 84 I Eb – 1809 v. russ. Truppen erobert 128/129 Ke – 1878 bulgar. 145 II Db – 1913–40 rumän. 145 III bl, 176/177 I Ke

Silla – 47 III Legende – 76 I Legende – 77 V Cb

Simancas: Ort in N-Spanien – 939 Sieg d. Spanier über d. Araber 58 I Bc

Simbabwe: Staat in S-Afrika 188/189 I Kfg, 199 III Ff – heut. Staatsgebiet s. 1450 selbst. Reich Monomotapa 109 IV Lef – im 19. Jh. Reich d. Matebele 151 II Cd – 1888/89 Beginn d. brit. Eroberg. unter Cecil Rhodes, Errichtg. d. brit. Protektorates Südrhodesien 151 III Gij – 1923 autonom, 1930 Trenng. d. Siedlungsgebiete d. weißen u. schwarzen Bevölkerg., 1953 Bildg. d. Zentralafrikan. Föderation mit Nordrhodesien u. Njassaland 198 I Cde. – s. 1961 afrikan. Nationalbewegg. geg. d. Apartheidpolitik, 1964 Nordrhodesien als ▸ Sambia und Njassaland als ▸ Malawi unabh., 1965 einseitige Unabhängigkeitserklärg. durch d. Regierg. d. weißen Minderheit Rhodesiens, 1970 Ausrufg. d. Rep., 1979 Bildg. einer v. Weißen u. Schwarzen getragenen Regierg., Umbenenng. in S., 1979 erneut brit. Kronkolonie Rhodesien, 1980 unabh. 198 II Gij

Shitomir – 171 III Fb

Simferopol: Stadt auf d. Halbinsel Krim, Ukraine 176/177 I Le – 1784 als Verwaltungszentrum gegr. 112/113 Le – 1917–21 Regierungssitz d. „Weißen“ (Revolutionsgegner) 158 I Cc

Simla: Stadt in N-Indien 194 II Jf – 1914 auf Betreiben Großbritanniens geschlossener Vertrag bestätigt d. Autonomie v. Tibet 194 I Cb – 1945–46 Konferenzen z. Bildg. einer v. Moslems u. Hindus gemeinsam getragenen Regierg. für Indien scheitern, 1972 Friedensabkommen zw. Indien u. Pakistan 195 III Db

Sinai: Halbinsel in NO-Ägypten 202/203 I Gbc – bedeut. Kupfervorkommen Altägyptens, um 1500 v. Chr. Entwicklg. d. S.-Schrift 25 IV Ca – 1956–57 u. 1967–1979/83 v. israel. Truppen besetzt 202 III BCcd, 203 IV BCcd

Singapur: Stadt u. Inselstaat in SO-Asien 188/189 I Oe – 1819/24 brit. Handelsstützpkt. d. Ostind. Kompanie, Einwanderg. v. Chinesen u. Indern fördert d. wirtschaftl. Aufschwung 194 I Ec – 1942–45 v. Japanern besetzt 174 I Cc, 174 II Jg – 1946 brit. Kronkolonie, 1963 z. Föderation ▸ Malaysia, 1965 unabh. Mitgl. d. Commonwealth 194 II Lg – wichtigster Umschlagpl. SO-Asiens, Wirtschafts- u. Finanzzentrum 195 IV gl

Sinkiang-Uigur: autonome Region in NW-China 196 III Jh – 1757/59 chines. Eroberg. von O-Turkestan beendet d. Mongolenherrschaft 111 II Kef – im 19. Jh. Aufstände muslim. Turkvölker geg. chines. Oberhoheit, 1884 Errichtg. d. Prov. Sinkiang 194 I Da – s. 1928 unter wachsendem sowjet. Einfluss 196 II BCc – 1949 Einmarsch v. Truppen d. VR China, 1955 autonome Region S.-U., bedeut. Uranlager 196 III Jh

Sinope: Hafenstadt in d. N-Türkei 176/177 I Me – im 7. Jh. v. Chr. als griech. Kolonie Sinope gegr. 29 IV Fb – im 6. Jh. v. Chr. pers. 30 II Ca – 30/31 I Ca – um 45 v. Chr. röm. Kolonie 40/41 I Ld – als Schwarzmeerhafen bedeut. Handelszentrum 39 III Fb – 52 II LMf – bis z. Eroberg. durch d. Seldschuken 1214 venezian. Handelsstützpkt. 86 I GHc – 1461 osman. 79 II Gb

Sirmium: ehem. Stadt in Serbien – im 3. Jh. röm. Residenz 42 I Db – frühchristl. Gemeinde, im 4. Jh. Tagungsort zahlreicher Synoden 42 II Db – 448 v. Hunnen, 582 v. Awaren zerstört 50 II Oe, 51 IV Tk

Sistowa (Svistov): Stadt in N-Bulgarien – 1791 österr.-osman. Friede zwingt Österr. z. Verzicht auf d. Fürstentümer Moldau u. Walachei 112/113 Ke

Sitka: Hafenstadt in Alaska, USA – 1799 russ. Gründg., bis 1906 Verwaltungszentrum v. Alaska 124 I Ic

Sitten (Sion): Stadt in d. Schweiz – s. d. 6. Jh. Bm. 55 III Db

Sivas: Stadt in d. Türkei 176/177 I Mf – um 1000 als Sebasteia byzantin. Themenhptst. 58 I Fd – 1919 nationaltürk. Kongress leitet d. türk. Freiheitskampf unter Mustafa Kemal Pascha (Atatürk) ein 137/138 I Mf

Sīwa: Oase in NW-Ägypten – bedeut. Kultstätte Ammonion, 331 v. Chr. von Alexander d. Gr. besucht 34/35 I Bc

Sizilien: italien. Insel im Mittelmeer 176/177 I Hf – im 8. Jh. v. Chr. Gründg. phönik. u. griech. Kolonien, als Sikelia Zentrum griech. Kultur im westl. Mittelmeerraum 29 IV Dc – im 5. Jh. v. Chr. Kämpfe zw. Griechen u. Karthagern um S., sizil. Widerstand unter Führg. v. Syrakus 33 III ABc – 241 v. Chr. im 1. Pun. Krieg v. Römern erobert, Errichtg. d. ersten röm. Prov., latein. Sicilia 37 III Ec – bedeut. Getreideanbaugebiet d. Röm. Reiches 39 III Dc – 440 n. Chr. von Wandalen, 493 v. Ostgoten erobert 50 I Dc, 50 II Of – 535 oström. 51IV Tl – 827 v. Arabern unterworfen 54 II Kg – 1061/91 normann. Eroberg., 1130 mit d. normann. Besitzungen in S-Italien zum Kgr. S. vereinigt 62 II Bc – 1194 z. stauf. Machtbereich 62/63 I Ed – 65 III Bc – 1282 „Sizilian. Vesper": Aufstand d. Sizilianer beendet franz. Herrschaft 84 I Dc – 1442 erneute Vereinigg. von S. u. Neapel, 1479 span. – 1714 savoy., 1720 österr., s. 1735 v. span. Bourbonen beherrscht 112/113 HIf – 1815/16 Teil d. Kgr. beider S., s. 1820 Aufstände z. Loslösg. v. Neapel 132/133 Hf – 1860 Sturz d. Bourbonen, 1861 zu Italien 142 I DEg – 1943 Landg. alliierter Truppen 173 III Dd – wirtschaftl. u. sozialer Gegensatz zu N-Italien 176/177 I Hf

Skagerrak: Teil d. Nordsee – 1916 dt.-brit. Seeschlacht 156 II Ba

Skalitz (Skalica): Ort in d. Tschech. Rep. – 1866 preuß. Sieg über Österreicher 134 I Ic

Skanör: Ort in S-Schweden – im 13. Jh. Niederlassg. d. Hanse 87 III Db – ma. Messestadt, Zentrum d. Heringsfischerei 92/93

Skierniewice: Stadt in Polen – 1884 Verlängerg. d. Neutralitätsabkommens zw. Dt. Reich, Österr.-Ungarn u. Russland 135 II Kc

Skopje: Hptst. v. Makedonien 209 III Lgh – im 3. Jh. als Scupi Hptst. d. röm. Prov. Dardania 42 I Eb – bis z. 14. Jh. serb. Residenz, 1392–1913 osman., Üsküp 84 I Eb, 145 III Hb

Skutari (Shkodër): Stadt in Albanien – 168 v. Chr. röm., im 1. Jh. v. Chr. röm. Kolonie Scodra 40/41 I Hd – 395 n. Chr. oström. 42 I Db – 1396 venezian. Handelsstützpkt. 86 I Dc – 1479–1913 osman. 79 II Cb, 145 III Gb

Slawen: indogerman. Völker, ursprüngl. zw. Weichsel u. Dnjepr – im 6. Jh. erstmals als S. bezeichnet, Vordringen d. Hunnen nach Europa löst Wanderbewegg. d. S. aus 50 I Ea, 53 III Ea – im 9./10. Jh. Beginn d. Christianisierg. 55 III Legende – Entstehg. slaw. Fürstentümer u. Großreiche, 983 Aufstand geg. dt. Missionierungsversuche 60/61 I Legende, 58 I DFbc – slaw. Sprachgebiete um 1910 144 I Legende

Slawonien: Landsch. in Kroatien – s. d. 10. Jh. z. Kgr. ▸ Kroatien 58 I Dc

Sligo – 102 I Ac

Sliwnitza (Slivnica): Ort in W-Bulgarien – 1885 Niederlage d. Serben geg. Bulgaren 145 III Hb

Slowakei: ab 1993 Staat in Mitteleuropa, bis Ende 1992 Teilrep. d. Föderat. Rep. d. Tschechen u. Slowaken (CSFR) – bis 1918 als Oberungarn zu Ungarn, 1918/20 z. neu gegr. ▸ Tschechoslowakei, nationaler Gegensatz zw. Tschechen u. Slowaken 137/138 I Legende – 1938 autonom, 1939 Errichtg. eines v. nat.-soz. Deutschld. abh. Staates 170 I Kd – 169 IV GHi – im 2. WK auf seiten Deutschlands 172 I DEc – 1945 nach Einmarsch d. Roten Armee erneute Eingliederg. in d. Tschechoslowakei, 1969 Slowak. SR 178 II GHd – s. 1990 verstärkte Forderg. d. slowak. Nationalisten n. Auflösung d. Föderation, 1992 nach Wahlsieg beschlossen 208 I

Slowenien: Staat in Mitteleuropa 209 III HJef – 1918 aus d. Vereinigg. ehem. österr. Gebiete entstanden, Teil d. Kgr. d. Serben, Kroaten u. Slowenen, s. 1929 Jugoslawien 137/138 I HId – 1941–45 v. dt. Truppen besetzt, zw. Ungarn, Deutschld. u. Italien aufgeteilt 173 III Dc – 1945–91 Teilrep. d. jugoslaw. Bundesstaates 176/177 I HId – 1990 Proklam. d. Souveränität 208 I – 1991 unabh. Rep. 209 III HJef

Sluis: Stadt in d. Niederlanden – 1340 Seeschlacht, Sieg d. engl. über franz. Flotte 84 I Ca

Smolensk: Stadt in d. westl. Russ. Föderation 176/177 I Lc – 882 wichtiges Handels- u. Kulturzentrum d. Kiewer Reiches 58 I Fb – Niederlassg. d. Hanse 57 Hc, 68 I Fa – 73 III Ea – 1404 zu Litauen 84 I Fa – 1514 russ. Eroberg., s. 1595 bedeut. Festg. an d. russ. W-Grenze 90/91 Lc – 1812 russ. Niederlage geg. franz Armee 128/129 Lc – im 2. WK von dt. Truppen besetzt 172 I Fb

Smyrna ▸ Izmir

Sobibór: Ort in O-Polen –1942–43 nat.-soz. Vernichtungslager 170 I Lc, 171 IV Of, 172 II Eb

Soest: Stadt in NRW – 836 erstmals erwähnt, um 1100 S.er Stadtrecht, v. zahlreichen westfäl. Städten übernommen 60/61 I Gc – als bedeut. Handelspl. Mitgl. d. Hanse 87 III Cc, 92/93 Ec – bis 1449 unter Herrschaft d. Erzbischofs v. Köln 84 I Ca – 1614/66 brandenburg. 120/121 Ec

Sofala – 105 III Dde

Sofia (Sofija): Hptst. v. Bulgarien 176/177 I Je – im 1. Jh. n. Chr. röm. Siedlg. Serdica 40/41 I dl – frühchristl. Gemeinde 42 II Eb – 809 n. Chr. bulgar., Triaditza 58 I Ec – 1189 v. Kreuzfahrern erobert 64 I Eb, 68 I Eb – 1382 osman. 84 I Eb – s. 1878 bulgar. Hptst. 145 II Cb – 1918 Influenzaepidemie 83 V Qh

Sogdiane: Landsch. in Usbekistan – im 6. Jh. v. Chr. pers. Satrapie 30 II Fa – 329–327 v. Chr. Eroberg. durch Alexander d. Gr. 34/35 I Fb – im 8. Jh. n. Chr. von Arabern unterworfen 53 III Ib

Soissons: Stadt in N-Frankr. – kelt.-röm. Augusta Suessionum 40/41 I Ec – s. d. 3. Jh. Bm.; 486/87 Schlacht, Sieg d. Franken unter Chlodwig beendet weström. Herrschaft über Gallien 50 II Ne – 751 Absetzg. d. letzten Merowingers u. Wahl d. ersten Karolingers, Fippins I., zum fränk. König 54 I Cb, 55 III Cb

Sokotra: Inselgr. im nördl. Ind. Ozean, zu Jemen gehörend 188/189 I Le – 1507 port. 110 I Bc – 1698 arab. 111 II gl – 1796–1967 brit. 194 I Bc, 194 II gl

Soldin (Myglibórz): Stadt in NW-Polen – 1271 Magdebg. Stadtrecht 70 I Dd – 1309 Vertrag von S.: Dt. Orden gewinnt durch Kauf Gebiete v. Pommerellen 80 I Gb

Solferino: Ort in N-Italien – 1859 Schlacht, franz.-sardin. Sieg über Österreicher, ungenügende Versorgg. d. Verwundeten gibt Henri Dunant Anstoß z. Gründg. d. Roten Kreuzes 142 I Cc

Sollum: Ort in NW-Ägypten 202/203 I Fb – 1940/42 S. u. Bardia in Libyen als Grenzorte Schaupl. heftiger Kämpfe zw. dt.-italien. u. brit. Trupp. 172 I Ed

Solothurn: Stadt in d. Schweiz – röm. Kastell Salodurum 49 V Be – 1218 Reichsstadt, 1353 Zugewandter Ort d. Eidgen. 80 I Ce

Solutré: vorgeschichtl. Fundort im heutigen Frankr. 18 II Lf

Somalia: Staat in O-Afrika 188/189 I Le – im heut. Staatsgebiet 1884/89 Errichtg. d. Protektorate Brit.- u. Italien.-Somaliland 151 III Hh – 1950 Italien.-Somaliland als UN-Treuhandgebiet unter italien. Verwaltg., 1960 Brit.- u. Italien.-Somaliland unabh. Rep. S. 198 I Dc – 1977–78 Krieg geg. Äthiopien um d. Prov. Ogaden, 1969–91 Einparteiendiktatur, nach Sturz d. Diktatur Bürgerkrieg zw. Clans 198 II Hh, 199 III Hd

Somme: Fluss in N-Frankr. – 1916 verlustreiche Kämpfe bei d. franz.-brit. Offensive 156 II Bb

Somnath – 67 II Fd

Sonderburg (Sønderborg): Stadt in Dänemark – s. 1564 Residenzstadt 94/95 I Ea

Sondershausen: Stadt in Thüringen – bis 1918 Residenz d. Fürsten v. Schwarzburg-S. 136 I Ec

Song – 27 V Gj

Sonthofen – 169 III Dd

Soracte: Berg nördl. v. Rom, Italien – Heiligtum d. Etrusker – 747 fränk. Klostergründg. 55 III Ec

Sosnowiec: Ort in Polen – nat.-soz. KZ 170 I Jc

Söul: Hptst. v. S-Korea 194 II Mf

Southampton: Stadt in Großbritannien 176/177 I Ec – s. d. MA bedeut. südengl. Hafen- u. Handelsstadt 92/93 Bc – 102 I Ee – 122 I F

South Carolina: Bundesstaat in d. südöstl. USA 124 I NOe – 1776 Gründerstaat d. USA 126 I EFc

South Dakota: Bundesstaat in d. nördl. USA 124 I LKd – 1889 als 40. Staat in d. Union aufgenommen 126 I CDb

Sowjetunion (Union der Sozialistischen Sowjetrepubliken, UdSSR): ehem. Staat in O-Europa u. N-Asien, 1991 aufgelöst – bis 1917 ▸ Russ. Reich – März 1917 Februarrevolution, Sturz d. Zaren, Bildg. v. Sowjets (Räte d. Arbeiter u. Soldaten), Nov. 1917 Oktoberrevolution, Machtübernahme durch d. Bolschewisten unter Führg. Lenins, 1918–21 Bürgerkrieg, Sieg d. Bolschewisten über d. „Weißen" (Revolutionsgegner), Dez. 1922 Gründg. d. Union d. Sozialist. Sowjetrepubliken (UdSSR) 158 I – s. 1928 unter Führg. Stalins Zwangskollektivierg. d. Landwirtschaft u. verstärkter Ausbau d. Industrie, Verfolgg. u. Hinrichtg. v. Gegnern Stalins, Aug. 1939 dt.-sowjet. Nichtangriffspakt, Sept. 1939 sowjet. Besetzg. O-Polens, 1939/40 finn.-sowjet. Winterkrieg, Juni 1940 Eingliederg. d. balt. Staaten Estland, Lettland u. Litauen als Sowjetrepubliken 137/138 I KPae – 172 II FGbc – 172 IV DEa – 1941 dt. Angriff auf d. S., westl. Teile d. S. v. dt. Truppen besetzt 172 I EHac – 1942/43 Kriegswende s. d. dt. Niederlage bei Stalingrad 173 III EHac, 175 III Flab – 1945 Aufstieg d. S. zur Weltmacht, Durchsetzung sowjet. Machtpolitik gegenüber im sowjet. Einflussbereich befindlichen Staaten d. Ostblocks, weltpolit. Ost-West-Gegensatz im Kalten Krieg bestimmt d. Nachkriegsepoche 204 II – Reformpolitik M. Gorbatschows leitet s. 1985 Wandel ein, Anerkenng. d. Souveränität d. Staaten d. Ostblocks führt s. 1988 zum Umbruch in O-Europa 208 I – zunehmende Wirtschaftskrise u. Unabhängigkeitsbestrebungen d. Unionsrep. beschleunigen s. 1989 Zerfall d. S., 1991 nach Putsch orthodoxer Kommunisten Auflösung d. Union u. Bildg. d. GUS 192 I (▸ Russische Föderation)

Spa: Stadt in Belgien – 1918 dt. Hauptquartier, 1920 ergebnislose Konferenz d. Siegermächte z. Regelg. d. dt. Reparat. nach d. 1. WK 137/138 I Gc – 164 I Bc

Spandau: Stadtteil im NW v. Berlin – 1946 Haftort d. Hauptkriegsverbrecher d. 2. WK 179 V

Spanien: Staat in S-Europa 176/177 I DFef – Teil d. heut. Staatsgebietes um 1100 v. Chr. von Phönikern, um 700 v. Chr. von Griechen kolonisiert 23 IV Legende, 29 IV Legende – im 6. Jh. v. Chr. Einwanderg. d. Kelten u. Vermischg. mit d. ansässigen Iberern (Keltiberer) 48 I Legende – 201 v. Chr. Sieg d. Römer über Karthager im 2. Pun. Krieg beendet d. karthag. Vorherrschaft auf d. Iber. Halbinsel 37 III ACbc – bis 19 v. Chr. gesamte Halbinsel v. Römern erobert, unter Kaiser Augustus Errichtg. d. röm. Prov. Hispania 38 I Bbc – Export v. Getreide, Öl, Wein u. Edelmetallen bildet wichtige wirtschaftl. Grundlage d. Röm. Reiches 39 III Bbc – 409 n. Chr. Vordringen d. Sweben, Alanen u. Wandalen, s. 416 v. Westgoten verdrängt 50 I BCbc – 475 Reichsbildg. d. Westgoten 50 II MNef, 51 III Hlhi – 711 Beginn arab. Eroberg. 53 III Bbc – 756 Errichtg. d. Emirats v. ▸ Córdoba unter d. Omaijaden-Dynastie, wirtschaftl. u. kulturelle Blüte 54 II fglJ – im 11. Jh. Zerfall in Teilfürstentümer, Beginn d. Reconquista (christl. Rückeroberg.) 58 I ACcd, 64 I Legende – Übernahme d. polit. Führg. durch d. Kgr. Kastilien-León u. Kgr. Aragón, zunehmender Einfluss d. Cortes (Ständevertretg.) 62/63 I ACcd u. Legende – 1479 Vereinigg. v. Kastilien u. Aragón zum Kgr. S., 1492 kastil. Eroberg. d. Kgr. Granada beendet arab. Herrschaft auf d. Iber. Halbinsel, 1492 mit d. Entdeckg. Amerikas durch Kolumbus Aufstieg z. führenden Kolonialmacht, 1516 Übernahme d. span. Thrones durch d. Habsburger, Ausbau z. europ. Großmacht u. Erweiterg. d. Kolonialreiches unter Karl V., Auseinandersetzungen mit Frankr. um d. Vorherrschaft in Europa, Zentrum d. Gegenreformation u. Inquisition, 1580 Vereinigg. mit Portugal, 1581 Verlust d. N-Provinzen d. Span. ▸ Niederlande, 1588 Vernichtg. d. span. Armada durch d. Engländer leitet Niedergang als Seemacht ein 62/63 I bclJ, 90/91 DFef – 1640 Loslösg. Portugals, im 17. Jh. innerer polit. u. wirtschaftl. Verfall, 1701–1713/14 Span. Erbfolgekrieg führt z. Aufteilg. d. Erbes d. span. Habsburger 112/113 DFef – unter d. Bourbonenherrschaft Zentrum d. Absolutismus 112/113 DFef – 1808 v. Franzosen besetzt, bis 1814 Unabhängigkeitskrieg d. Spanier geg. franz. Unterdrückg., 1820–23 Volksaufstand für liberale Verfassg., 1823 Wiederherstellg. d. absoluten Monarchie 128/129 DFef – bis 1825 Verlust d. span. Kolonien in Mittel- u. Südamerika 148 I Legende – Thronfolgestreitigkeiten führen 1834–39 z. Bürgerkrieg 132/133 DFef – 1898 span.-amerikan. Krieg um Kuba 148 II JKij – 1918 Influenzaepidemie 83 V NOhi – 164 II NOgh – 1931 Sturz d. Monarchie u. Ausrufg. d. Rep., soziale u. polit. Unruhen, Juli 1936 Militärputsch unter General Franco löst 1936–39 Span. Bürgerkrieg aus, Beseitigg. demokrat. Rechte durch d. faschist. Regime Franco 137/138 I DFef – Mai 1939 Austritt aus d. Völkerbund 161 V Ebc – im 2. WK neutral 175 III Ebc – 1947 nominell Kgr., 1953 span.-amerikan. Militärabkommen 186 I DFef – 1975 mit d. Tod Francos Ende d. Diktatur, Übergang z. parlamentar. Monarchie 176/177 I DFef – 1986 Beitritt z. EG 187 II DFef

Spanisch-Guinea ▸ Äquatorialguinea

Sparta: Stadt in Griechenland, Peloponnes 28 I Dd – um 950 v. Chr. von Dorern gegr., auch Lacedaemon genannt; im 8./7. Jh. v. Chr. Eroberg. Messeniens u. Versklavg. d. unterworfenen Bevölkerg., Aufstieg z. bedeut. griech. Stadtstaat neben Athen 29 IV Bc – im 6. Jh. v. Chr. Bildg. d. Peloponnes. Bundes unter Führg. von S. 32 I Legende – 500–478 v. Chr. stärkste griech. Landmacht im Krieg geg. d. Perser 31 III Cc – Bestrebungen Athens um d. Vorherrschaft in Griechenland führen 431 v. Chr. zum Ausbruch d. Peloponnes. Krieges, Sieg über Athen durch pers. Unterstützg. 33 III Fc u. Legende – im 4. Jh. v. Chr. innerer Zerfall u. Verlust Messeniens leitet d. Niedergang von S. ein 34/35 I Bb – 146 v. Chr. röm. 40/41 I el – 395 n. Chr. durch Ostgoten zerstört 50 I Ec

Speyer: Stadt in Rheinld.-Pfalz – um 150 n. Chr. röm. Siedlg. Noviomagus 49 V Cd – im 11. Jh. Bau d. roman. Domes, Grabstätte dt. Könige u. Kaiser 62/63 I Db – 1294 Reichsstadt 80 I Dd, 68 I Cb – s. 1471 Zentrum d. Buchdrucks, in d. Reformationszeit Ort zahlreicher Reichstage, 1529 Protest evangel. Fürsten u. Reichsstädte geg. Glaubensunterdrückg. 94/95 I Ed – 1689 v. Franzosen zerstört 112/113 Gd

Speyer: Bm. in Rheinld.-Pfalz – 614 neu gegr. 55 III Db – bis 1803 reichsunmittelbar 120/121 Ed

Spisska Kapitula – 181 II Id

Spitzbergen: norweg. Inselgr. im Nordpolarmeer 188/189 I JKab – 1596 v. Niederländern entdeckt, Zentrum d. Walfanges 104/105 I JKa – 1920/25 zu Norwegen, entmilitarisiert 160/161 I Ka

Split: Hafenstadt in Kroatien – als Spalato s. d. 6. Jh. Ebm., im 8. Jh. byzantin. Handelszentrum 55 III Fc – 81 II Dc – im 11. Jh. Kreuzfahrerstützpkt. 64 I Db – 1327/1420 venezian. 86 I Dc – 1797–1809 u.1815–1918 österr. 145 II Bb

Spoleto: Stadt in Mittelitalien – 241 v. Chr. röm. Kolonie Spoletium 36 I Fd – s. d. 4. Jh. n. Chr. Bm., 570 Hauptort d. langobard. Hzm. S. 55 III Ec

Sri Lanka: Inselstaat im Ind. Ozean 188/189 I MNe – um 300 v. Chr. buddhist. Kgr. Ceylon 47 IV Mi – 1518 v. Portugiesen, 1658 v. Niederländern erobert 110 I Dc – 1796/1815 brit. Kolonie, nach Einwanderg. südind. Plantagenarbeiter nationaler u. religiöser Gegensatz zu d. einheim. Singhalesen 111 II Kg – 1948 unabh. Mitgl. d. Commonwealth, 1972 Rep. S. L., s. 1982 Unabhängigkeitskrieg d. Tamilen 194 II Kg

Stablo: Stadt in Belgien – um 650 gegr. Benedikt.-Abtei 57 IV Da

Stade: Stadt in Niedersachsen 180 I Cb – im 12. Jh. Stadtrecht 62/63 I Da – Hansestadt u. Handelspl. 87 III Cc, 92/93 Eb – 1652–1712 Hptst. d. schwed. Hzm. Bremen 98/99 I Eb, – Ausbau z. Festg. 120/121 Eb

Stafford – 122 I E

Stalingrad ▸ Wolgograd

Stalino ▸ Donezk

Stamford Bridge: Ort in Großbritannien – 1066 engl. Sieg über d. Norweger 58 I Bb

Stanislau – 171 III Fc

Stanleyville ▸ Kisangani

Stargard (Stargard Szczecinski): Stadt in NW-Polen – 1253 Magdebg. Stadtrecht 70 I Dd – 1363 Mitgl. d. Hanse 87 III DEc – 1648 brandenburg. 98/99 I Hb

Stargard: ehem. Hzm. in Mecklenburg-Vorpommern – 1299/1317 als Land S. zu Mecklenburg, 1348 Erhebg. z. Hzm. 80 I Fb

Staßfurt – 183 V Bc

Staufer: dt. Herrschergeschlecht – im 11. Jh. erbaute Burg Hohenstaufen im heut. Baden-Württemberg namensgebend für d. Dynastie, s. 1079 Herzöge v. ▸ Schwaben, Hauptzentrum stauf. Reichslandpolitik, 1138 Wahl d. ersten S. zum dt. König, Höhepkt. d. stauf. Macht unter Kaiser Friedrich I. Barbarossa u. Heinrich VI., kulturelle Blüte durch Förderg. v. Kunst u. Wissenschaft unter Friedrich II., um 1250 Niedergang d. Zentralgewalt d. Kaisertums u. Erstarken d. territorialen Landesherrschaften beendet eine von d. Staufern geprägte Epoche 62/63 I

Stavanger: Hafenstadt in S-Norwegen 176/177 I Gb – alter norweg. Handelspl. 58 I Cb – im 2. WK Kriegsschaupl. 172 I Cb

Stawutschane: Ort in d. Ukraine – 1739 russ. Sieg über osman. Heer 112/113 Kd

Stecknitzkanal: Schifffahrtsverbindg. zw. Elbe u. Ostsee in Schleswig-Holstein, 1390–98 erbaut, älteste künstl. Wasserstraße N-Europas, im MA für d. Handel d. Hansestädte v. großer Bedeutg. 80 I Eb

Stedingen: Landsch. in Niedersachsen – Stedinger im 12./13. Jh. als freie Bauern an d. unteren Weser ansässig, 1234 nach d. Schlacht bei Altenesch Verlust ihrer Freiheiten 62/63 I Da, 64 I Ca

Steenkerke: Ort in d. Niederlanden – 1692 Sieg d. Franzosen über d. Große Allianz sichert d. NO-Grenze v. Frankr. 98/99 I BCc

Steiermark: Bundesland v. Österr. 178 II EFe – 1180 Hzm. 62/63 I EFb – 1282 habsburg. 80 I Ge – s. 1471 Ziel osman. Angriffe, 1515 u. 1525 Bauernaufstände 94/95 I He – bis 1918 österr. Kronland, 1919 Abtretg. d. von Slowenen besiedelten Unter-S. an Jugoslawien 166 I Hle – 1938–45 dt. Reichsgau 170 I He – 1945–55 z. brit. Besatzungszone 178 I EFe

Steinamanger (Szombathely): Stadt in Ungarn – röm. Verwaltungszentrum Savaria 40/41 I Hc – im 9. Jh. Neugründg., süddt. Stadtrecht 70 I Eg

Steinheim: Stadt in Baden-Württemberg – vorgeschichtl. Fundort 18 I Db

Stendal: Stadt in Sachsen-Anhalt 180 I Db – um 1160/70 Magdebg. Stadtrecht 70 I Bd – bis 1320 Residenz d. brandenburg. Askanier 80 I Eb – 1359 Hansestadt 87 III Dc – ma. Zentrum d. Wolltuchherstellg. 92/93 Eb

Sterkfontein: vorgeschichtl. Fundort in Südafrika – Menschenfunde aus d. Altsteinzeit 16 I Bf

Stettin (Szczecin): Stadt in NW-Polen 185 II Fb – im 11. Jh. slaw. Burg u. Handelssiedlg. 60/61 I Jb – Hptst. d. Hzm. Pommern 62/63 I Ea – um 1238 als bedeut. Handelszentrum Mitgl. d. Hanse 87 III Dc – 1243 Magdebg. Stadtrecht 70 I Dd – 1570 Friede von S. beendet dän.-schwed. Krieg 90/91 Hc – 1638 Pestepidemie 82 III Nf – 1648 schwed. 98/99 I Hb – 1720 preuß. 130 I Cb – 1806–13 v. franz. Truppen besetzt 128/129 Hc – bis 1873 wichtige Festg. 134 I Hb – im 2. WK stark zerstört 173 III Db – 168 I Hb, 168 II Fb – 169 III Fa – 181 II Fb

Steyr: Stadt in Österr. 178 I Fde – s. d. MA Zentrum d. Eisenverarbeitg. 92/93 Fc – 1800 franz.-österr. Waffenstillstand im 2. Koalitionskrieg 131 II Fd – 169 IV Fj

St. Louis – 150 I Bc

Stockholm: Hptst. v. Schweden 176/177 I Ib – 1252 erstmals erwähnt – i m 13./14. Jh. wichtiger Umschlagpl. im Handel mit d. Hanse 57 Eb – 1520 dän. Eroberg. 90/91 Ib – s. d. 17. Jh. schwed. Hptst., 1719/20 Friedensschlüsse von S. beenden Nord. Krieg, Schweden verliert seine Vormachtstellg. in N-Europa 112/113 Ib – im 19. Jh. Industrialisierg. 132/133 Ib – 1918 Influenzaepidemie 83 V Pg

Stoke – 123 II CDc, 123 III Jc

Stolbowo: Ort in d. nordwestl. Russ. Föderation – 1617 schwed.-russ. Friede: durch Abtretg. v. O-Karelien u. Ingermanland an Schweden verliert Russland d. Zugang z. Ostsee 112/113 Lb

Stolp (Slupsk): Stadt in N-Polen – 1310 Lüb. Stadtrecht 70 I Ec – 1382 Hansestadt 87 III Ec – 1648 brandenburg. 98/99 I la

Stralsund: Hafenstadt in Mecklenburg-Vorpommern 180 I Ea – 1234 Lüb. Stadtrecht 70 I Cc – im 13. Jh. Gründungsmitgl. d. Hanse u. bedeut. Handelszentrum 87 III Dc – 1370 Friede von S. sichert d. Hanse d. wirtschaftl. u. handelspolit. Vormachtstellg. in N-Europa 80 I Fa – 1628 von d. Truppen Wallensteins belagert 98/99 I Ga – 1648 schwed. 98/99 I Ga – 1815 preuß. 134 I Ga – 184 I Ca

Straßburg (Strasbourg): Stadt in O-Frankr. 176/177 I Gd – im 1. Jh. n. Chr. röm. Leg.-Lager Argentorate 40/41 I Fc – im 5. Jh. fränk. 54 I Db – 842 S.er Eide: Bekräftigg. d. Bündnisses zw. Karl d. Kahlen u. Ludwig d. Deutschen geg. Lothar I. 55 III – um 1150 Stadtrecht – 1262 Reichsstadt, Beginn d. wirtschaftl. Aufschwunges 80 I Cd – s. d. MA Messestadt 87 III Cd – im 15./16. Jh. als Zentrum v. Humanismus u. Buchdruckkunst kultureller Mittelpkt. d. Elsass, 1524 Einführg. d. Reformation 96 II Ig – 1621 gegr. Univ. 97 III Dd – 1681/97 franz. 112/113 Gd – 1871 Hptst. d. dt. Reichslandes Elsass-Lothringen 135 II Dd –1918 franz. 166 I Dd – 1940–44 von dt. Truppen besetzt 172 I Cc – s. 1949 Sitz d. Europarates, s. 1958 d. Europ. Parlamentes 187 II Gd

Straßburg: Bm. in O-Frankr. – im 4. Jh. gegr. 55 III Db – bis 1803 reichsunmittelbar 120/121 Legende

Stratton – 103 II Bd

Straubing: Stadt in Bayern – röm. Kastell Sorviodurum 49 V Ed – 1218 Stadt, 1353 Residenz eines bayr. Teilhzm. 80 I Fd

Stresa: Ort in N-Italien – 1935 Konferenz d. Regierungschefs v. Frankr., Großbritannien u. Italien verurteilt d. von Hitler geplante dt. Aufrüstg. 137/138 I Gd

Struthof: Ort in O-Frankr. – 1941–44 nat.-soz. KZ beim elsäss. Ort Natzweiler 170 I Dd

Stühlingen: Stadt in Baden-Württemberg – 1524 Zentrum im dt. Bauernkrieg 96 I Bc

Stuhlweißenburg (Székesfehérvár): Stadt in Ungarn – im MA ungar. Residenz u. Krönungsstätte 62/63 I Fb – 1543–1688 osman. 94/95 I Je, 98/99 I Je

Stuhmsdorf (Sztumska Wieg): Stadt im ehemal. Ostpreußen, heute z. Russ. Föderation gehörend – 1635 Waffenstillstand zw. Schweden u. Polen 98/99 I Jb

Stuttgart: Hptst. v. Baden-Württemberg 185 III Cd – Mitte d. 13. Jh. Erhebg. z. Stadt 80 I Dd – s. d. 15. Jh. Hptst. d. Hzm. Württemberg 94/95 I Ed – bedeut. dt. Weinanbaugebiet 92/93 Ec – im 18. Jh. Ausbau z. Barockresidenz 112/113 Gd – im 19. Jh. Industrialisierg. u. starker Bevölkerungszuwachs 139 IV Ed – 164 I Dd – 1920 nach d. Kapp-Putsch vorübergehend Sitz d. Reichsregierg. 166 I Ed – 167 III Dd, 167 IV Di – 168 II Cd – 169 III Cd – 181 III Ci

Stutthof (Sztutowo): Stadt in N-Polen – nat.-soz. KZ 170 I Ja, 171 IV Nf, 172 II Db

Südafrika: Staat in S-Afrika 188/189 I JKg – im heut. Staatsgebiet 1652 Gründg. d. ersten Siedlg. durch Niederländer, Entstehg. d. Kapkolonie; 1795–1803 u. 1806–14 v. Briten besetzt 149 III EFf, 150 I EFh –151 II BCe – 1814 Abtretg. an Großbritannien löst Widerstand d. Buren aus, 1836–44 „Großer Treck" d. Buren führt z. Bildg. d. Freistaaten Natal, Oranje u. Transvaal, nach Entdeckg. reicher Diamanten- u. Goldvorkommen verstärkter Zustrom brit. Einwanderer, 1899–1902 Burenkrieg: erfolgloser Versuch d. Buren z. Erhaltg. ihrer Unabh., 1910 Bildg. d. brit. Dominions Südafrikan. Union, s. 1912 nationalafrikan. Bewegg. geg. d. Führg. d. weißen Minderheit, Beginn d. Apartheidpolitik (Rassentrenng.) 151 III FGj u. Legende – 1920 Südafrikan. Union erhält d. Völkerbundsmandat über Südwestafrika (▸ Namibia), 1931 unabh. Mitgl. d. Commonwealth 198 I BCe – s. 1960 zunehmende Unterdrückg. d. schwarzen Bevölkerg. führt zu Unruhen, 1961 Austritt aus d. Commonwealth u. Ausrufg. d. Rep. S., 1977 Verschärfg. d. geg. S. erlassenen Waffenembargos durch d. UN, S. gerät in wachsende polit. Isolation 198 II FGj – s. 1990 Beginn d. Reformpolitik z. Aufhebg. d. Apartheit 210/211 I JKg

Sudan: Staat in O-Afrika 188/189 I Ke – heut. Staatsgebiet s. 1820 v. Ägyptern erobert, Sklavenhandel; 1881–98 Aufstände d. islam. Mahdisten geg. brit.-ägypt. Herrschaft 151 II Cc – 1899 nach Rückzug d. franz. Truppen aus Faschoda unter brit. Oberhoheit, Anglo-Ägypt. S. 151 III Gh – 1956 unabh. Rep. S., s. 1955 Aufstände in d. S-Provinzen z. Erlangg. d. Autonomie 198 I Cc, 202/203 I FGce – s. Mitte d 80er Jahre Bürgerkrieg 198 II Gh, 199 III Fc

Sudetenland: ehem. dt. Reichsgau in d. Tschech. Rep. – 1938 nach d. Münchner Abkommen errichtet u. d. Dt. Reich eingegliedert 137/138 I Legende, 170 I Glcd – 169 III EFc, 169 IV EFhi – 1945 z. Tschechoslowakei, Zwangsumsiedlung d. sudetendt. Bevölkerung 176/177 I H Icd

Südgeorgien: brit. Insel im südl. Atlant. Ozean 188/189 I Hh – s. 1909 brit. 149 IV Dg

Südrhodesien ▸ Simbabwe

Südtirol ▸ Tirol

Südwestafrika ▸ Namibia

Sues: Hafenstadt in N-Ägypten 202/203 I Gbc, 150 I Ga – 1967 u. 1973 in d. israel.-arab. Kriegen stark zerstört 202 III Bcd

Sueskanal: Schifffahrtskanal in N-Ägypten 203 IV Bc – 1859/69 als Verbindg. zw. Mittelmeer u. Rotem Meer erbaut, s. 1882 unter brit. Kontrolle, 1888 S.-Vertrag sichert Handels- u. Kriegsschiffen aller Staaten freie Durchfahrt zu 151 II Cb – 1956 Abzug d. Briten aus d. S.-Zone, Verstaatlichg. d. S.-Gesellschaft durch Ägypten löst Sueskrise aus, 1957 durch Vermittlg. d. UN beigelegt, 1967 Sperrg. d. Kanals im 3. israel.-arab. Krieg, bis 1973 Besetzg. d. O-Ufers durch israel. Trupp. 202 III Bc – 1975 Wiedereröffng. d. Kanals 203 IV Bc

Suhl: Stadt in Thüringen – 182 I Bc – 182 II Fg – 185 III Dc – 1952–90 Bezirkshptst. in d. DDR, Zentrum d. Metallindustrie 180 I Dc – 183 V Bc – 184 I Bc

Sumatra ▸ Indonesien

Sundgau: Landsch. in O-Frankr. – 1324 habsburg. 80 I Ce – 1469–74 an Burgund verpfändet 89 IV Hf – 1648 franz. 98/99 I De

Süntel: Gebirge in Niedersachsen – 782 Sieg d. Sachsen über fränk. Heer 55 III Da

Sur: Stadt im Libanon 203 IV Cb – im 12. Jh. v. Chr. als Tyros bedeut. Handelszentrum Phönikiens, Ausgangspkt. phönik. Kolonisation 29 IV Fc – 30/31 I Cb – 332 v. Chr. Eroberg. durch Alexander d. Gr. 34/35 I Cb – 64 v. Chr. röm., Tyrus 40/41 I Fc – 1124–91 Kreuzfahrerstützpkt. 65 II ABb

Surat – 75 V Kf – 109 V Bb

Surinam: Staat in S-Amerika 188/189 I Ge – heut. Staatsgebiet 1667 nach d. engl.-niederländ. Seekrieg niederländ. Kolonie, Niederländ.-Guayana 149 III Dd – 1954 autonom, 1975 unabh. Rep. 152 I Fd

Susa: Ruinenstätte in SW-Iran – im 3. Jtd. v. Chr. bedeut. Kulturzentrum d. Alten Orients 19 IV Og, 23 III Gc – im 6. Jh. v. Chr. bedeut. pers. Residenz 30 II Db 66 I Ec – 30/31 I Db – 331 v. Chr. Eroberg. durch Alexander d. Gr. 34/35 I Db – im 7. Jh. n. Chr. arab. 53 III Gc

Susdal:Stadt in d. Russ. Föderation – 1024 erstmals erwähnt, eine d. ältesten Städte Russlands, bedeut. polit. u. kulturelles Zentrum, im 15. Jh. z. Grfsm. Moskau 90/91 Nb

Sussex: Gft. in Großbritannien – im 8. Jh. angelsächs. Kgr. 55 III BCa

Sutri: Ort in Mittelitalien – 383 v. Chr. röm. Kolonie Sutrium 36 I Fd, 36 II Ji – 1046 Synode von S. leitet Reform d. Papsttums unter Heinrich III. ein 62/63 I Ec

Sutschawa (Suceava): Stadt in N-Rumänien – bis 1563 Hptst. d. Fsm. Moldau 90/91 Kd

Suwatki: Stadt in NO-Polen – 1920 Vertrag von S.: Polen u. Litauen erkennen d. von d. Alliierten vorgeschlagene Grenzziehg. (Curzon-Linie) an 116 II He – 1939–44 Gebiet von S. aufgrund d. Hitler-Stalin-Paktes zum Dt. Reich 170 I La

Swakopmund: Stadt in Namibia 200 I Eh – 1892 v. Deutschen gegr., bis 1914 Haupthafen d. Kolonie Dt.-Südwestafrika 151 III Fj

Swan River: ehem. brit. Kolonie in W-Australien, 1829 gegr. 148 I Pf

Swanscombe: vorgeschichtl. Fundort in Großbritannien 18 I Ba

Swansea – 122 I E

Swasiland: Staat in SO-Afrika 188/189 I Kg – um 1820 Einwanderg. d. Swasi in d. heut. Staatsgebiet, 1907 Errichtg. d. brit. Protektorates 151 III Gj – 1968 als Kgr. unabh. Mitgl. d. Commonwealth 198 II Gj, 199 III Gg

Sweben: westgerman. Volk, ursprüngl. zw. Oder u. Elbe ansässig – im 5. Jh. Wanderg. nach NW-Spanien u. Reichsbildg. 50 I Legende, 51 III Hh

Swerdlowsk ▸ Jekaterinburg

Swinemünde (Swinoujscie): Stadt in NW-Polen – 1720 preuß. Festg., 1738–80 Ausbau d. Hafens 120/121 Hb – Vorhafen v. Stettin (Szczecin) 178 I Fb, 178 IIFb

Sybaris: ehem. Stadt in S-Italien – um 720 v. Chr. als griech. Kolonie gegr., eine d. reichsten u. größten Städte S-Italiens 29 IV Dc

Sybotainseln: griech. Inselgr. im Ion. Meer – 433 v. Chr. Seeschlacht zw. Korinth u. Korkyra (Korfu) 33 III DEb

Sydney: Stadt in SO-Australien 188/189 I Qg – 1788 erste brit. Siedlg. auf d. austral. Kontinent 148 I Rf

Syrakus (Siracusa): Hafenstadt auf Sizilien, Italien 142 I Eg – um 733 v. Chr. als griech. Kolonie Syrakusai gegr., Entwicklg. z. führenden griech. Kolonie u. Handelsstadt Siziliens, 480 v. Chr. nach d. Sieg über d. Karthager Aufstieg z. bedeut. Seemacht, Beginn geistigkultureller Blüte 29 IV Dc – 414–413 v. Chr. athen. Belagerg., Vertreibg. d. Athener mit Unterstützg. Spartas 33 III Bc – 212 v. Chr. im 2. Pun. Krieg v. Römern erobert u. zerstört, latein. Suracusae 37 III Fc – 21 v. Chr. röm. Kolonie 40/41 I He – frühchristl. Gemeinde 42 II Dc – 535 n. Chr. byzantin. 51 IV Tl – 878 v. Arabern verwüstet 54 II Kg – 1088 unter normann. Herrschaft 62 II Cc – 1943 Waffenstillstand zw. d. Alliierten u. Italien 173 III Dd

Syrien: Staat in Vorderasien 188/189 I Kd – heut. Staatsgebiet bis z. Eroberg. durch d. Perser im 6. Jh. v. Chr. unter wechselnder Herrschaft v. Ägyptern, Hethitern, Assyrern u. Babyloniern 30 II Cb – 333 v. Chr. Teil d. Reiches Alexanders d. Gr. 34/35 I Cb – um 300 v. Chr. zum Machtbereich d. Seleukiden 34 II Je – 64 v. Chr. rom. Prov. Syria 40/41 I Lef – 395 n. Chr. oström. 42 I Fc – im 7. Jh. Eroberg. durch d. Araber 53 III Fc – im 12./13. Jh. Entstehg. christl. Kreuzfahrerstaaten im Gebiet d. heut. S. 86 I Hde – bis z. 15. Jh. von d. ägypt. Mameluken-Dynastie beherrscht 84 I Fc – 1516 z. Osman. Reich 90/91 Mfg – März 1920 Proklamation d. unabh. Kgr. S., Juli 1920 Besetzg. durch d. Franzosen, Abtrenng. v. Palästina u. Errichtg. d. franz. Mandats S., 1941/44 unabh. Rep., 1946 Abzug d. franz. Truppen 202 II CDab – 1958 Zusammenschluss mit Ägypten zur Verein. Arab. Rep. (VAR), 1961 nach Militärputsch syr. Austritt aus d. VAR, 1967 Verlust d. Golanhöhen nach d. 3. israel.-arab. Krieg, 1973 syr.-ägypt. Angriff löst 4. israel.-arab. Krieg aus 202 III CDab – Unterstützg. d. Palästinenser u. Kampf geg. d. Existenz d. Staates Israel, 1987 Einmarsch syr. Truppen im Libanon, s. Beendigg. d. Bürgerkriegs im Libanon fakt. syr. Kontrolle 203 IV CDab – 1990/91 Unterstützg. d. alliierten Streitkräfte geg. irak. Invasion in Kuwait, s. 1991 Beteiligg. an Nahost-Friedensgesprächen 211 III

Szeged: Stadt in S-Ungarn 176/177 I IJd – im 12. Jh. süddt. Stadtrecht, dt. Szegedin 70 I Gg – ma. Handelspl. 92/93 Hd – 1542 osman. 90/91 IJd – 1686 habsburg. 130 I DEc

Szetschuan: Prov. in China 196 III Lh

Szigetvár: Ort in S-Ungarn – 1566 Eroberg. d. bedeut. ungar. Grenzfestg. durch d. Osmanen 94/95 I Ie

Szolnok: Stadt in Ungarn – 1849 ungar. Sieg über 134 I FGce – s. Mitte d. 80er Jahre Bürgerkrieg 198 II Gh

T

Tabor (Tábor): Stadt in d. Tschech. Rep. – s. 1420 Zentrum d. Hussiten 98/99 I Hd

Tabora – 150 I Ge

Täbris: Stadt in NW-Iran 202/203 I Hb – 1265–1304 Hptst. d. mongol. Il-Khane 78 I Dd – im 16./17. Jh. zw. Osmanen u. Persern umkämpft 79 II Ic

Tacna: Stadt in S-Peru – 1883–1929 zw. Chile u. Peru strittig 152 I Df

Tadinae: ehem. Ort in Mittelitalien – 551 oström. Sieg über ostgot. Heer 51 IV Tk

Tadschikistan: Staat in Zentral-Asien 192 I Dcd – d. s. d. 15. Jh. v. iran. Volksstämmen besiedelte heut. Staatsgebiet gehörte im 18. Jh. z. d. Chanaten Buchara u. Kokand 111 II Jf – um 1870–95 russ. 117 III Dcd – 1918/24 z. ASSR Turkestan u. Usbek. SSR, 1929–91 Unionsrep. in d. UdSSR 190 I Ed – 1991 unabh. Rep. 192 I Dcd

Taganrog: Stadt am Asowschen Meer, Russ. Föderation 176/177 I Md – 1941–43 von dt. Truppen besetzt 173 III Fc

Tagliacozzo: Ort in Mittelitalien – 1268 Sieg d. Heeres Karls v. Anjou beendet d. Herrschaft d. Staufer in S-Italien 62/63 I

Tahiti ▸ Gesellschaftsinseln

Ta-li – 77 III Dd

Taipeh: Hptst. v. Taiwan 196 III Ni

Taiwan: Inselstaat an d. SO-Küste v. China 188/189 I Pd – s. 1590 Stützpkt. für d. Asienhandel d. Portugiesen, v. diesen Formosa genannt, 1624–62 v. Niederländern besetzt, Masseneinwanderg. v. Chinesen, 1683 chines. Prov. 110 I Fb – 1895 v. China an Japan abgetreten 194 I Fb – 1945 erneut zu China, 1949 Rückzugsgebiet d. Kuomintang-Truppen, Ausrufg. d. National-Rep. China unter Tschiang Kai-schek, bis 1971 Alleinvertretungsrecht Chinas durch T. von d. Westmächten anerkannt 194 II Mf – 1971 mit Aufnahme d. VR China in d. UN Ausschluss von T. (Nationalchina) 210/211 I Pd

Taiyuan – 77 III Ec, 77 IV Lh, 77 V Bb

Talas: Fluss in Kasachstan – 751 Sieg d. Araber über Chinesen leitet Islamisierg. Zentralasiens ein 53 III Jb

Talavera: Stadt in Mittelspanien – 1809 brit. Sieg über franz. Truppen 128/129 DEef

Tallinn: Hptst. v. Estland 192 I Cc – 1219 Errichtg. v. Burg u. Bm. Reval durch d. Dänen, um 1230 Lüb. Stadtrecht 70 I Ia – 1285 Hansestadt, Zentrum d. westeurop. Handels mit Russland 87 III Fb – 1346 v. Dänemark an d. Dt. Orden verkauft 71 II Fb – 1561 schwed. 90/91 Jb – 1710 russ. Eroberg. 78/79 Jb – 1918 Hptst. d. unabh. Rep. Estland 137/138 I Jb – 1941–44 v. dt. Truppen besetzt 172 I Eb – 1940/44–91 Hptst. d. Estn. SSR 190 I Cc – s. 1988 Demonstationen f. Unabh. Estlands v. UdSSR 208 I

Tamralipti – 45 III Eb

Tan – 27 VII On

Tanagra: Ort in Mittelgriechenland – im 4./3. Jh. v. Chr. Blüte d. Tonwarenherstellg. 28 I Ec – 457 v. Chr. Niederlage d. Athener geg. Spartaner 32 I Hf

Tananarive: Hptst. v. Madagaskar 198 II Hi

Tanganjika ▸ Tansania

Tanger: Hafenstadt in N-Marokko 200 I Cb – phönik. Gründg. Tingis 29 IV Bc – 40 n. Chr. röm. Kolonie u. Hptst. d. Prov. Mauretania Tingitana 40/41 I Ce – um 682 n. Chr. arab. Eroberg. 53 III Bc – 1471 port., 1580 span. 90/91 Df – 150 I Ca – 1662–84 engl. 112/113 Df – 1912/23 T.-Zone internationalisiert u. entmilitarisiert 151 III Eg – 1940–45 v. Spaniern besetzt, 1945–56 erneut unter internationaler Verwaltg. 176/177 I Df

Tangermünde: Stadt in Sachsen-Anhalt – 1376 unter Karl IV. zur brandenburg. Residenz ausgebaut 80 I Eb

Tanguten – 77 III CDbc

Tannenberg (Stębark): Stadt in N-Polen – 1410 vernichtende Niederlage d. Dt. Ordens durch poln.-litau. Heer 71 II De – Aug. 1914 Sieg d. dt. über russ. Armee 156 II Ca

Tannu-Tuwa, Tannu-Uriangchai ▸ Tuwin. AR

Tansania: Staat in O-Afrika 188/189 I Kf – Küste d. heut. Staatsgebietes 1500–1650 port. 104/105 I Ke – s. 1852 unter d. Herrschaft v. ▸ Sansibar 151 II CDd – 1885/90 zu Dt.-Ostafrika, 1905–06 Aufstand geg. dt. Kolonialherrschaft 151 III Gi –1920 als Tanganjika brit. Mandats- u. 1947 Treuhandgebiet 198 I Cd – 1961 unabh. Mitgl. d. Commonwealth, 1964 Zusammenschluss v. Tanganjika u. Sansibar zur Verein. Rep. T. 198 II GHi, 199 III Ge

Tanzhou – 77 III Ed, 77 V

Taormina: Stadt auf Sizilien, Italien – 396 v. Chr. gegr., latein. Tauromenium 36 I Gg – um 21 v. Chr. röm. Kolonie 40/41 I He – 1079 v. Normannen erobert 62 II Cc

Tara: Ort in Irland – bis z. 6. Jh. irische Krönungsstätte u. Königssitz 55 III Aa

Tarantaise – 81 II Bb

Tarent (Taranto): Hafenstadt in S-Italien 137/138 I Ie – im 8. Jh. v. Chr. griech. Kolonie Taras 29 IV Db – im 5./4. Jh. v. Chr. bedeut. Handelszentrum 34/35 I Aa – 272 v. Chr. röm., Tarentum 36 I He – 1063 normann. Eroberg. 62 II Cb – 1943 Landg. alliierter Truppen 173 III Dc

Targowize: Stadt in d. Ukraine – 1792 Konföderation reformfeindl. poln. Adliger mit Russland geg. d. Verfassg. von 1791 116 I Ec

Tarnogród: Stadt in SO-Polen – 1715 Konföderation poln. Adliger geg. d. absolutist. Herrschaftsbestrebungen König Augusts II. 112/113 Jc

Tarnopol: Stadt in d. westl. Ukraine – bis 1939 poln. 116 II fl – im 2. WK Kriegsschauplatz 173 III Ec

Tarnów: Stadt in S-Polen – 1915 dt.-österr. Armee durchbricht russ. Front u. zwingt d. Russen z. Rückzug 156 II Da

Tarquinii: Ruinenstätte in Mittelitalien – Fundort frühgeschichtl. Gräberfelder, bedeut. Stadtstaat d. Etrusker, im 3. Jh. v. Chr. von Römern unterworfen 36 I Ed

Tarragona: Hafenstadt in NO-Spanien – als Terraco röm. Stützpkt. im 2. Pun. Krieg 37 III Cb – im 1. Jh. v. Chr. röm. Kolonie, Hptst. d. Prov. Hispania Tarraconensis 40/41 I Ed – Handelszentrum 39 III Cb – 475 n. Chr. von Westgoten erobert 50 I Cb – 1118 christl. Rückeroberg. 62/63 I Cc

Tarsus: Stadt in d. S-Türkei – frühgeschichtl. Siedlg., griech. Tarsos 23 IV Ng – 333 v. Chr. von Alexander d. Gr. erobert 34/35 ICb – urchristl. Gemeinde 42 II Fc – Geburtsort d. Apostels Paulus 43 IV/V – s. d. 7. Jh. n. Chr. zw. Arabern u. Byzanz umkämpft 54 II Mg – im 11.–14. Jh. Hptst. v. Klein-Armenien 65 II ABa

Tartessos: ehem. Stadt in S-Spanien – vor 1150 v. Chr. gegr., reiche phönik. Kolonie durch d. Handel mit Metallen, Kulturzentrum 23 IV Jg – genaue Lage unbekannt, vermutl. bei Gades (Cadiz) 29 IV Bc

Taschkent: Hptst. v. Usbekistan 192 I Ec – bedeut. Handelszentrum Mittelasiens, 1865 russ. 117 III Dc – 1931–91 Hptst. d. Usbek. SSR 190 I Ec

Tasmanien: austral. Insel u. Bundesstaat im südl. Pazif. Ozean 196 I Df – 1642 niederländ. Entdeckg., Vandiemensland genannt 104/105 I Qg – 1803 Ansiedlg. v. brit. Strafgefangenen, Ausrottg. d. Ureinwohner von T., 1825–1900 brit. Kolonie 149 IV gl

Tatarische AR: autonome Rep. in d. Russ. Föderation 192 I Dc – 1920–91 ASSR in d. RSFSR 190 I Dc – den v. d. russ. Regierg. 1992 vorgelegten Föderationsvertrag abgelehnt 192 I Dc

Tauberbischofsheim: Stadt in Baden-Württemberg – 1866 preuß. Sieg über württemberg. Heer 134 I Ed

Tauroggen (Taurage): Ort in Litauen – 1812 Konvention von T.: im Russlandfeldzug Napoleons I. schließen preuß. Truppen unter General v. Yorck ein Neutralitätsabkommen mit Russland, Beginn d. Befreiungskriege 128/129 Jb

Taxila: Ruinenstätte in NO-Pakistan – 327 v. Chr. Eroberg. durch Alexander d. Gr., bedeut. kulturelles u. religiöses Zentrum d. Buddhisten 34/35 I Gb – 44 I Da, 44 II Ke – 45 III Da, 45 IV Ke – Handelsmittelpkt. d. Reiches Kuschan 47 IV Lh

Tecklenburg: Stadt in NRW – im 12. Jh. Gft. 80 I Cb – 1707 preuß. 130 I Bb

Tegernsee: Stadt in Bayern – 746 Gründg. d. bedeut. Benedikt.-Klosters Bayerns 57 IV Eb – im 12. Jh. Reichsabtei 62/63 I Eb

Teheran: Hptst. v. Iran 202/203 I bl – 1943 Konferenz von T.: Staatschefs von USA, Großbritannien u. Sowjetunion beschließen militär. Zusammenarbeit geg. Deutschld. im 2.WK 175 III Fc

Tel Aviv-Jaffa: Stadt in Israel 203 IV Cb – Jaffa als Hafenstadt Japho um 1500 v. Chr. erwähnt, griech. Ioppe, Grenzstadt d. Philister, urchristl. Gemeinde 43 III Bd – 1099–1268 im Besitz d. Kreuzfahrer 65 II ABb – 1909 Gründg. von Tel Aviv als zionist. Siedlg., 1948–50 Hptst. v. Israel, 1950 Vereinigg. von Tel Aviv u. Jaffa 202 II Cb

Tell-el-Kebir: Ruinenstätte in N-Ägypten – 1882 brit. Sieg über ägypt. Truppen 154/155 I Lg

Tell Halaf: Ruinenstätte in Irak – vorgeschichtl. Fundort 19 III Gc

Temesvár (Timisoara): Stadt in W-Rumänien 176/177 I Jd – 1552–1716 osman., Zentrum d. Banats 79 II Da, 112/113 Jd – 1718–1919 zu Ungarn 130 I Ec, 154/155 I Jd – 1989 blutige Zusammenstöße zw. Regimekritikern u. rumän. Militär lösen Sturz d. Ceausescu-Regimes aus 208 I

Tenedos: türk. Insel im Ägäischen Meer – wegen seiner strateg. bedeut. Lage an d. Dardanellen häufig umkämpft 33 III GHb, 112/113 Kf

Teng – 27 VII On

Tennessee: Bundesstaat in d. östl. USA 124 I Ne – 1796 als 16. Staat in d. Union aufgenommen 126 I Ec

Tenochtitlán: ehem. Stadt in Mexiko – um 1375 an d. Stelle d. heut. Stadt Mexiko gegr., Hptst. d. Azteken, Anfang d. 16. Jh. größte Stadt S-Amerikas, 1519/21 von d. Spaniern erobert u. zerstört 106 II Bb, 106 III

Teotihuacan: Ruinenstätte in Mexiko – bedeut. Zentrum indian. Kultur in Mittelamerika, ausgedehnte Tempel- u. Palastanlagen 106 I a

Tepe Giyan: Ruinenhügel in W-Iran – Fundstätte altoriental. Kultur 23 III Gc

Tepe Sialk: Ruinenhügel in Iran – Fundstätte altoriental. Kultur 23 III Hc

Teplitz (Teplice): Stadt in d. Tschech. Rep. – 1813 Vertrag von T.: Österr. schließt sich d. preuß.-russ. Bündnis geg. Frankr. an 128/129 Hc

Terek: Fluss im Kaukasus, Russ. Föderation – im 2. WK weitestes Vordringen dt. Truppen in d. Kaukasusgebirge 173 III Gc

Tertry: Ort in N-Frankr. – 687 nach d. Sieg Pippins II. Beginn d. fakt. Herrschaft d. Karolinger 55 III Cb

Teruel: Stadt in O-Spanien – 1936–39 im Span. Bürgerkrieg heftig umkämpft 137/138 I Ee

Teschen (Cesky Tesin, Cieszyn): zw. Polen u. d. Tschech. Rep. geteilte Stadt – 1281 schles. Teilhzm. 80 I Id – 1779 Friede beendet Bayr. Erbfolgekrieg 120/121 Jd – bis 1918 z. österr. Kronland Schlesien 135 II Jd – 1920 O-Teil zu Polen, W-Teil z. Tschechoslowakei 116 II Gf

Teterow – 184 I Cb

Tetzcoco – 106 III

Tetuan: Stadt in N-Marokko – 1912–56 Hptst. d. span. Protektorates Marokko 154/155 I Df, 176/177 I Df

Teurnia: Ruinenstätte in Österr. – kelt.-röm. Siedlg. 40/41 I Gc

Téviec: Insel an d. W-Küste v. Frankr. – Fundort v. Gräbern d. Steinzeit 19 III Bb

Texas: Bundesstaat in d. südl. USA 124 I LMe – 1836–45 unabh. 148 I EFc – 1845 als 28. Staat in d. Union aufgenommen 126 I Dc – Zentrum d. amerikan. Erdölförderg. 127 III Dc

Thailand: Staat in SO-Asien 188/189 I NOe – im 13. Jh. Einwanderg. v. Thai-Völkern in d. heut. Staatsgebiet, Entstehg. d. unabh. Kgr. Siam 104/105 I NOd – im 16. Jh. Beginn d. kriegerischen Auseinandersetzungen mit Burma 110 I DEc – 75 V Mg – Bewahrg. d. Unabh. gegenüber d. europ. Kolonialmächten 111 II KLg – s. 1938 zahlreiche Militärputsche, 1939 Umbenenng. in T., im 2. WK aufseiten Japans, v. japan. Truppen besetzt 174 I BCc, 174 II gIJ – nach d. 2. WK Anlehng. an d. USA, im Korea- u. Vietnamkrieg Stützpkt. d. US-Truppen, 1976 Abzug d. amerikan. Truppen 194 II KLg – 1992 Proteste geg. die Unterdrückung demokrat. Opposition 196 I ABc

Thale – 183 V Bc

Thamugadi: Ruinenstätte in N-Algerien – 100 n. Chr. als röm. Kolonie gegr. 40/41 I Fe

Thaneswar – 67 II Fc – 74 I Dab

Thang Long – 77 III Dd

Thapsus: ehem. Stadt in Tunesien – 46 v. Chr. Sieg Caesars über Pompejaner 40/41 I Ge

Thasos: griech. Insel im Ägäischen Meer – im 5. Jh. v. Chr. Mitgl. d. Att. Seebundes, 462 v. Chr. Aufstand geg. athen. Vorherrschaft 32 I el

Theben: Stadt in Mittelgriechenland – myken. Herrschafts- u. Kulturzentrum, griech. Thebai 29 IV Bb – im 7./6. Jh. v. Chr. bedeut. griech. Stadtstaat, machtpolit. Gegensatz zu Athen, Teilnahme an d. Kriegen geg. d. Perser auf pers. Seite 31 III Cb – 371 v. Chr. siegreiche Schlacht geg. d. Spartaner beendet deren Vorherrschaft in Griechenland, 338 v. Chr. nach makedon. Eroberg. Ende d. Unabh. von T., 335 v. Chr. Zerstörg. d. Stadt durch Alexander d. Gr., 316 v. Chr. Neugründg. 34/35 I Bb

Theben: ehem. Stadt in Ägypten 30/31 I Cc (Thebai) – um 2040 v. Chr. Residenz d. Pharaonen u. religiöses Zentrum Oberägyptens, um 1550 v. Chr. Hptst. d. Neuen Reiches, Begräbnisstätte ägypt. Könige, Hauptheiligtümer beim heut. Karnak u. Luxor, in röm. Zeit Diospolis Magna genannt 25 IV Cb

Thera: griech. Stadt u. Insel im Ägäischen Meer – vermutl. um 1500 v. Chr. durch Vulkanausbruch zerstört, v. Dorern neu gegr. 29 IV Cc – im 7. Jh. v. Chr. Ausgangspkt. griech. Kolonisation 29 IV Ec – Mitgl. d. Att. Seebundes 32 I gl

Theresienstadt (Terezin): Stadt in d. nordwestl. Tschech. Rep. – 1941–45 nat.-soz. KZ 170 I Hc, 171 IV Nf, 172 II Db

Thermopylen: Landenge in Mittelgriiiechenland – griech. Thermopylai, 480 v. Chr. von Spartanern geg. pers. Heer verteidigt 31 III Cb

Thespiai: ehem. Stadt in Mittelgriechenland – im 5. Jh. v. Chr. an d. Kriegen geg. d. Perser beteiligt, bedeut. Kultstätte 31 III Cb

Thessalien: Landsch. in Griechenland – um 1300 v. Chr. Durchzugsgebiet d. nach Griechenland einwandernden Volksstämme 29 IV ABb – im 5. Jh. v. Chr. Anschluss an d. Perser 31 III BCb – 352 v. Chr. makedon. Eroberg. 34/35 I Bb – 146 v. Chr. röm., Thessalia 40/41 I del – 1393 osman. 79 II Dc – 1881 zu Griechenland 145 III Hc

Thessalonice, Thessalonike ▸ Saloniki

Thoiry: Ort in O-Frankr. – 1926 Treffen zw. d. Außenministern Stresemann u. Briand leitet dt.-franz. Verständigg. nach d. 1. WK ein 166 I Ce

Thorenburg (Turda): Stadt in N-Rumänien – röm. Leg.-Lager Potaissa 40/41 I cl – Zentrum d. siebenbürg. Salzgewinng. 92/93 Hd

Thorn (Torun): Stadt in Polen 178 II Hb – 1231 vom Dt. Orden gegr., Magdebg. Stadtrecht 70 I Fd, 71 II Ce – als Handelszentrum Mitgl. d. Hanse 57 Ec, 92/93 Gb – 1411 u. 1466 Friedensschlüsse zw. Dt. Orden u. Polen-Litauen, Ordensstaat erkennt poln. Oberhoheit an, 1454/66 als Freie Stadt zu Polen 84 I Da – 1645 T.er Religionsgespräch: erfolgloser Versuch z. Überwindg. d. konfessionellen Gegensatzes zw. poln. Protestanten u. Katholiken, 1655–59 schwed. Besetzg. 98/99 I Jb – 1724 „Thorner Blutgericht" nach Auseinandersetzg. zw. überwiegend protestant. Bürgerschaft u. Jesuiten 112/113 Ic – 1793 preuß. 116 I Bb – 1919/20 poln. 116 II Ge

Thrakien: Landsch. auf d. Balkan-Halbinsel – im 8. Jh. v. Chr. vom indogerman. Volk d. Thraker besiedelt 23 IV Mf – um 750 v. Chr. Gründg. griech. Kolonien an d. Küste d. Schwarzen Meeres 7 Eb – 30 II Ba – im 5. Jh. v. Chr. Reichsbildg. unter d. Odrysen, Thrake 31 III CEa – im 4. Jh. v. Chr. zum makedon. Herrschaftsbereich 34/35 I Ba – 46 n. Chr. röm. Prov. Thracia 40/41 I dIJ – um 1000 byzantin. Thema 58 I Ec – im 14. Jh. Beginn osman. Eroberg. 79 II DEb

Thule: Siedlg. auf Grönland – 1910 als Ausgangspkt. dän. T.-Expeditionen gegr., s. d. 2. WK amerikan. Luftwaffenstützpkt. 124 I Pa

Thurgau: Kanton in d. Schweiz – 1460 zur Eidgen. 100 I DEb

Thüringen: Land d. Bundesrep. Deutschland 185 III CEc – im 5. Jh. Reichsbildg. d. Thüringer 51 III Jg – 531 z. Frankenr. 54 I Eab – 1130 Lgft. 62/63 I DEa – s. 1247 im Besitz d. Wettiner, durch Erbteilg. Zersplitterg. d. thüring. Gebietes, Sächs. Herzogtümer 80 I Ec, 98/99 I Fc – 143 II EFc –1920 Vereinigg. z. Land T. 166 I Fc – 1945 z. sowjet. Besatzungszone, bis 1952 Land d. DDR 178 I Dc – 1990 Bundesland 185 III CEc

Tiahuanaco: Ruinenstätte in Bolivien – bis um 1000 bedeut. Zentrum indian. Kultur im Andenhochland, Wallfahrtsort u. Tempelstadt 106 II De

Tiberias: Stadt in Israel – 135 n. Chr. nach Vertreibg. d. Juden aus Jerusalem geistig religiöses Zentrum d. Juden 43 III Dc

Tibesti: Gebirge in Niger, Tschad u. S-Libyen – s. 1966 unter Kontrolle einer v. Libyen unterstützten islam. Befreiungsfront 202/203 I Ec

Tibet: autonome Region in SW-China 194 II Kf – 67 II Gc – 77 II Legende, 77 V Ab – im 13. Jh. v. Mongolen beherrscht, Zentrum d. Lamaismus 78 I Hld – 76 II Jh – 1724 unter chines. Oberhoheit, russ.-brit. Interessenkonflikt um T. 111 II Kf – 1912 Loslösg. v. China 194 I Db – 1950 Einmarsch v. Truppen d. VR China, 1959 Aufstand d. Tibeter geg. Angliederg. an China, s. 1965 autonome Region, s. Mitte d. 80er Jahre verstärkte Fordergg. n. Unabh. v. China 196 III Jh

Tientsin: Hafenstadt in NO-China 196 III Mh – 1860 als Vertragshafen für d. europ. Überseehandel geöffnet, 1885 Vertrag von T. zwingt China zu Gebietsabtretungen an Frankr., 1900/01 als Zentrum d. „Boxeraufstandes" stark zerstört 194 I Eb

Tiflis (Tbilissi): Hptst. v. Georgien Dc – im 8. Jh. v. Arabern erobert 53 III Gb – im MA Hptst. v. Georgien 84 I Gb – im 13. Jh. v. Mongolen unterworfen 78 I Dc – s. d. 16. Jh. zw. Persern u. Osmanen umkämpft 79 II Hlb – 1801 russ. 117 III Cc – 1830 Choleraepidemie 83 IV Hc – 1936 –91 Hptst. d. Grusin. SSR 190 I Dc – 1991/92 blutige Kämpfe zw. georg. Nationalisten u. Regierg.-Truppen 192 I Dc

Tigranokerta: ehem. Stadt in d. O-Türkei – im 1. Jh. v. Chr. neben Artaxata Hptst. v. Armenien 34/35 I Db

Tilki Tepe: vorgeschichtl. Fundort in d. heut. O-Türkei 19 III Gc

Tilsit (Sowjetsk): Stadt im ehem. Ostpreußen, heute z. Russ. Föderation gehörend – 1406–09 erbaute Burg d. Dt. Ordens 71 II Dd – 1552 Stadtrecht 94/95 I Ka – 1807 Friede von T. beendet 4. Koalitionskrieg, franz.-russ. Abkommen zwingt Preußen zu großen Gebietsabtretungen, Abgrenz. franz. u. russ. Interessensphären in Europa 128/129 Jbc

Timbuktu: Stadt in Mali – bis z. 16. Jh. bedeut. Handelspl. im transsahar.Handel, Zentrum d. Islam 104/105 I dl – 150 I Cc

Timor: indones. Insel im Pazif. Ozean 188/189 I Pf – 1520 v. Portugiesen entdeckt 104/105 I Pe – 1610/75 O-Teil port., 1655 W-Teil niederländ. 110 I Fd – 1942–45 Besetzg. d. Insel durch japan. Truppen 174 I Dd, 174 II Kh – Port.-T. 1951-76 Überseeprov., 1976 v. Indonesien annektiert 194 II Mh – 1991 Kämpfe um Unabh. v. Indonesien 196 I ACcd

Tinchebray: Ort in NW-Frankr. – 1106 engl. Sieg über Franzosen sichert England d. Normandie 62/63 I Bb

Tipperary: Stadt in Irland – 1848 Erhebg. d. Jungirländ. Bewegg. 132/133 Dc

Tiran: Meeresstraße u. saudi-arab. Insel im Roten Meer 203 IV Cde

Tirana: Hptst. v. Albanien 176/177 I le – 1918 Influenzaepidemie 83 V PQh –1919 Vertrag von T.: Anerkenng. Albaniens als selbst. Staat; 1926 u. 1927 durch italien.-alban. Verträge wird Albanien fakt. italien. Protektorat 137/138 I le

Tirnowo (Tarnovo) : Stadt in Bulgarien – 1185 Hptst. d. bulgar. Reiches, Patriarchat 58 I Ec, 68 I Eb – 1393 osman. 84 I Eb – 1908 Proklamation d. unabh. Kgr. Bulgarien 145 III bl

Tirol: Bundesland v. Österr. 178 II De – 1363 habsburg. Gft. 80 I Ee – 1525 Zentrum d. Bauernkrieges 96 I Cc – 1805 Abtretg. an Bayern, 1809 Freiheitskampf d. Tiroler unter Führg. v. Andreas Hofer, 1810–14 zw. Bayern u. Italien geteilt 131 III Ce – 1814 österr. Kronland 134 I FGe – 1919 Süd-T. zu Italien 142 I Cb – 1945–55 z. franz. Besatzungszone 178 I De

Tiryns: Ruinenstätte in Griechenland, Peloponnes – bereits im 3. Jtd. v. Chr. besiedelt 23 III Ec – um 2000 v. Chr. bedeut. myken. Kulturzentrum, um 1200 v. Chr. Zerstörg. d. myken. Burg 29 IV Bc

Tivoli: Stadt bei Rom, Italien – 338 v. Chr. als bedeut. Mitgl. d. Latin. Städtebundes v. Römern erobert, Tibur 36 I Fd, 36 II Jij – im 15. Jh. z. Kirchenstaat

Tlacopan – 106 III

Tlaltelolco: Stadtteil v. Mexiko – im 15. Jh. Teil v. ► Tenochtitlán 106 III Legende – 1967 Vertrag von T. über kernwaffenfreie Zone in Lateinamerika 204/205 I Ede

Tlaxcala: Stadt in Mexiko – bis z. span. Eroberg. 1519 Hptst. eines gleichnam. Reiches 106 II Bb

Tlemcen: Stadt in NW-Algerien – bis Mitte d. 16. Jh. Hptst. d. Sultanats T. 90/91 Eg

Tmutarakan: ehem. Hafenstadt am Schwarzen Meer in d. Russ. Föderation – im 10. Jh. wichtiger Handelspl. d. Kiewer Reiches 58 I Fc

Tobago ► Trinidad u. Tobago

Tobolsk: Stadt in Sibirien, Russ. Föderation 191 III Ec – 1587 als Kosakenstützpkt. gegr., 1824 Hptst. v. Sibirien 117 III Dc

Tobruk: Hafenstadt in Libyen 202/203 I Fb – 1941/42 Schaupl. heftiger Kämpfe zw. dt.-italien. u. brit. Truppen 172 I Ed, 173 III Ed – bis 1970 brit. Stützpkt. 176/177 I Jg – Erdölexporthafen Libyens 200 I Fb

Toggenburg: Landsch. in d. Schweiz – 1468 an d. Abtei St. Gallen verkauft, Zugewandter Ort d. Eidgen. 100 I Eb

Togo: Staat in W-Afrika 188/189 I Je – heut. Staatsgebiet 1884 dt. Kolonie 151 III Fh – 1914 nach dt. Kapitulation v. brit. u. franz. Truppen besetzt 157 IV Ed – 1919 Teilg. in ein brit. u. franz. Völkerbundsmandat, 1957 brit. West-T. nach Volksabstimmg. zu Ghana, 1960 franz. Ost.-T. unabh. Rep. 198 I Bc

Tokio: Hptst. v. Japan 194 II MNf – 1457 als Burgsiedlg. Edo gegr., s. 1603 polit. Zentrum Japans 110 I FGb – im 18. Jh. größte Stadt d. Erde, 1868 Umbenenng. in T., Kaiserresidenz u. Hptst. 111 II MNf – Sept. 1945 japan. Kapitulation in d. Bucht von T. 174 II Kf – s. 1949 Entwicklg. z. bedeut. Bank- u. Industriezentrum d. Welt 197 IV FGc

Toledo: Stadt in Mittelspanien – 192 v. Chr. röm. Toletum 40/41 I Ee – frühchristl. Gemeinde 42 II Bbc – im 6./7. Jh. Hptst. d. Westgotenreiches 51 III Hhi – 711 arab. Eroberg., kulturelle Blüte 53 III Bc – 1085 kastil. Eroberg., 1087 Erhebg. z. Hptst. v. Kastilien, polit. wirtschaftl. u. kirchl. Zentrum d. Iber. Halbinsel 62/63 I Bd, 68 I Bbc – 1561 nach Verlegg. d. Hptst. Bedeutungsrückgang 90/91 Ef – 1936 im Span. Bürgerkrieg als Zentrum d. Franco-Truppen v. republikan. Truppen belagert 137/138 I Ef

Tolentino: Stadt in Italien 142 I Dd –1815 Sieg d. Österreicher über d. Truppen Neapels 128/129 He

Tomsk: Industriestadt in Sibirien, Russ. Föderation 192 I Fc – 1604 gegr., bedeut. Handelszentrum Sibiriens, 1888 Gründg. d. ältesten sibir. Univ. 117 III Ec

Tondern (Tønder): Stadt in Dänemark – bis 1920 zu Schleswig 166 I Ea

Tondibi – 150 I Cc

Tonga: Inselstaat im Pazif. Ozean 195 V Fc – 1616/43 v. Niederländern entdeckt 104/105 I Sef – 1900 brit. Protektorat 149 IV el – 1970 als Kgr. unabh. Mitgl. d. Commonwealth 188/189 I Sfg

Tongern (Tongeren): Stadt in Belgien – röm. Siedlg. Aduatuca 49 V Ac – frühchristl. Gemeinde 42 II Ca

Tönning: Stadt in Schleswig-Holstein – 1713 schwed. Kapitulation im Nord. Krieg

Tönsberg (Tønsberg): Hafenstadt in S-Norwegen – älteste Stadt Norwegens, um 1400 Niederlassg. d. Hanse 87 III Db

Tordesillas: Stadt in W-Spanien – 1494 Vertrag von T.: Abgrenzg. d. weltweiten kolonialen Interessensphären Spaniens u. Portugals durch Festlegg. einer Demarkationslinie 109 IV Legende, 90/91 Ee

Tordos: vorgeschichtl. Fundort im heut. Rumänien 19 IV Mf

Torgau: Stadt in Sachsen 178 I Ec – im 13. Jh. Magdebg. Stadtrecht 70 I Ce – 1526 erstes Bündnis protestant. Fürsten 94/95 I Gc – 1760 preuß. Sieg über Österreicher 120/121 Gc – 25. April 1945 erstes Zusammentreffen amerikan. u. sowjet. Truppen 173 III Db – 179 VI Bb

Torres Vedras: Ort in Portugal – 1810/11 v. Briten geg. Franzosen verteidigte Linie vor Lissabon 128/129 Df

Tortosa: Stadt in NO-Spanien – unter Kaiser Augustus röm. Kolonie Dertosa 40/41 I Ed – 812 fränk. 55 III Cc – 1148 aragones. 62/63 I Cc – 1810 v. Franzosen eingenommen 128/129 Fe

Tortosa: ehem. Kreuzfahrerstützpkt. im heut. W-Syrien 65 II Bb

Toskana: Landsch. u. Region in Italien – in d. Antike Etrurien genannt, Zusammenschluss d. etrusk. Stadtstaaten z. Zwölfstädtebund – im 4. Jh. v. Chr. Beginn röm. Eroberg. leitet Niedergang d. etrusk. Städte ein., röm. Prov. Etruria, später Tuscia genannt 36 I Ecd, 36 II Ji – im 3. Jh. n. Chr. Vereinigg. mit Umbrien, Tuscia et Umbria 42 I Db – im 9. Jh. fränk. Gft. Tuscien 55 III Ec – 1079 als ► Mathildische Güter Lehen d. röm. Kirche, s. 1115 zw. Kaiser u. Papst umstritten 62 II Bb – 1569 Erhebg. d. Hzm. ► Florenz zum Grhzm. T. 90/91 He – 173 7 habsburg. Grhzm. 130 I Cd – 1801 bourbon. Kgr. Etrurien, 1808 zu Frankr. 128/129 He – 1814 erneut habsburg. 132/133 He – 1848–49 Rep., 1860/61 zu Italien 142 I Cd

Tost – 179 VI Ed

Toul: Stadt in O-Frankr. – röm. Stadt Tullum 49 V Ad – s. d. 4. Jh. Bm. 55 III Db – im 13. Jh. Reichsstadt 80 I Bd – 1552/1648 franz. 98/99 I Cd

Toulon: Hafenstadt in S-Frankr. 176/177 I Ge – s. d. 5. Jh. Bm. 55 III Dc – im 17. Jh. Ausbau z. bedeut. franz. Kriegshafen – 1793 während d. Franz. Revolution v. brit. Truppen belagert 118 I Dc – 1942 Selbstversenkg. d. franz. Flotte vor d. Einmarsch dt. Truppen 173 III Cc

Toulouse: Stadt in S-Frankr. 176/177 I Fe – kelt.-röm. Siedlg. u. Handelspl. Tolosa 40/41 I Ed – 418 Herrschaftszentrum d. Westgoten 50 II Ne – 507 fränk. 54 I Cc – im 10. Jh. Gft. 58 I Cc – im 12. Jh. neben Albi Zentrum d. Ketzerbewegg. d. Albigenser 64 I Cb, 68 I Cb – 1229 gegr. Univ. 81 III He – bis z. 13. Jh. als Gft. führende Macht in S-Frankr.,1271 an franz. Krone 62/63 I Cc – 1317 Ebm. 84 I Cb – nach d. 2. WK Zentrum d. franz. Luft- u. Raumfahrtindustrie 176/177 I Fe

Tounton – 102 I De

Touraine: Landsch. in Frankr. – 1044 als Gft. zu Anjou 60/61 I Ce – 1152–1204 engl. 62/63 I Cb

Tournai: Stadt in Belgien – im 5. Jh. Residenz d. Merowinger 54 I Ca – im 15. Jh. Zentrum d. fläm. Wolltuchverarbeitg. 92/93 Cc

Tours: Stadt in Frankr. – kelt.-röm. Caesarodunum 40/41 I Ec – frühchristl. Gemeinde 42 II Cb – s. d. 5. Jh. Ebm. u. Kulturzentrum 56 I Dc – 732 Sieg d. Franken über Araber beendet arab. Invasion in W-Europa 53 III Cb – Hauptort d. Gft. Touraine 60/61 I Ce, 68 I Cb – Zentrum d. Seidenherstellg. 92/93 Cd

Trabzon: Hafenstadt in d. NO-Türkei 176/177 I Me – im 7. Jh. v. Chr. als griech. Kolonie Trapezus gegr. 7 FGb – 64 n. Chr. röm. 40/41 I Ld – 1204–1461 Hptst. d. gleichnamigen Kaiserr. Trapezunt 84 I Fb –1461 osman. 79 II Gb

Traiectum ► Utrecht

Transjordanien ► Jordanien

Transkaukasische SFSR: ehem. Rep. in d. südwestl. UdSSR – 1922–36 Zusammenschluss d. Armen., Aserbaidschan. u. Grusin. SSR 137/138 I NOef

Transkei: Gebiet in d. Rep. Südafrika 198 II Gj – 1963 im Rahmen d. Apartheitspolitik als autonomes Homeland f. Schwarze eingerichtet, 1976 als erstes Homeland v. Südafrika in d. Unabh. entlassen, Unabh. international nicht anerkannt 201 V Bb

Transleithanien: Bezeichng. für d. ungar. Teil d. ehem. Doppelmonarchie Österr.-Ungarn – 1867 im österr.-ungar. Ausgleich festgelegt, offizielle Bezeichng.: „Länder d. Ungarischen Krone" 135 II Legende – bis 1918 inoffiziell als T. bezeichnet 154/155 I Legende

Transpadana: in d. Antike Bezeichng. für NW-Italien 36 I CDc

Transsibirische Eisenbahn: Eisenbahnlinie in d. Russ. Föderation – 1891–1904 als wichtige Verkehrsverbindg. zw. Uralgebirge u. Pazif. Ozean erbaut 148 II LQi

Transvaal: Prov. in d. Rep. Südafrika – 1836 Beginn d. Besiedlg. durch Buren, 1856 unabh. Rep., 1877–81 u. 1900–10 v. Großbritannien annektiert 151 II Ce, 151 III Gj

Trapezunt – 52 II Mf – 65 III Fb

Trasimenischer See: See in Mittelitalien latein. Trasimenus Lacus, 217 v. Chr. Niederlage d. Römer geg. karthag. Heer 37 III Eb

Trautenau (Trutnov) : Stadt in d. Tschech. Rep. – 1866 preuß. Sieg über Österreicher 134 I Hlc

Travancore – 75 V Kh

Travendal (Traventhal): Ort in Schleswig-Holstein – 1700 Friede von T. zwingt Dänemark z. Ausscheiden aus d. 2. Nord. Krieg 112/113 GHc

Trebbia: Nebenfluss d. Po in N-Italien – latein. Trebia, 218 v. Chr. karthag. Sieg über Römer im 2. Pun. Krieg 37 III Db – 1799 österr.-russ. Sieg über franz. Heer im 2. Koalitionskrieg

Treblinka: ehem. nat.-soz. Vernichtungslager in Polen – 1942–43 Ermordg. von über 300 000 Juden d. Warschauer Ghettos, Aug. 1943 Aufstand d. Häftlinge 170 I Lb, 171 IV Of, 172 II Eb

Trenton: Stadt in d. östl. USA – 1776 Niederlage d. Briten geg. nordamerikan. Truppen 125 III Db

Trentschin (Trencín): Stadt in d.Slowak. Rep. – 1335 Vertrag von T.: Anerkenng. d. Lehenshoheit Böhmens über Schlesien durch Polen 80 I Id

Treviso: Stadt in N-Italien – latein. Tarvisium 36 I Fc – im 12. Jh. Mitgl. d. Lombard. Städtebundes 62/63 I Eb – 1318 gegr. Univ. 81 III Ie – 1389 zu Venedig 80 I Ff

Treysa – 181 III Ch

Triada: Ruinenstätte auf Kreta, Griechenland – minoisches Kulturzentrurn 29 III Cd

Trialeti: Ruinenstätte in Georgien – Fundort bronzezeitl. Grabstätten 23 IV Of

Trianon: Schloss bei Paris, Frankr. – 1920 Friede von T. zw. Ungarn u. d. Alliierten, Ungarn muss große Teile seines Gebietes abtreten 137/138 I Fd

Tribur: Ort in Hessen – 1076 Bündnis dt. Fürsten mit d. Papst geg. Kaiser Heinrich IV. 60/61 I Gd – Pfalz von T. bis z. 12. Jh. Ort zahlreicher Reichstage u. Synoden 62/63 I Db

Tricamarum: ehem. Ort in Tunesien – 533 Sieg d. oström. Heeres über Wandalen 51 III ilJ

Trient (Trento): Stadt in N-Italien 142 I Cb – kelt.-röm. Tridentum 36 I Eb – s. d. 4. Jh. Bm. 55 III Eb – im MA Zentrum d. Silberbergbaus 92/93 Ed – 1348 Pestepidemie 82 II Ga – 1545–63 Konzil von T.: innere Erneuerg. d. kathol. Kirche, Beginn d Gegenreformation 97 III Fe – bis 1918 zu Österr. 154/155 I Hd

Trier: Stadt in Rheinld.-Pfalz 180 I Bd – um 16 v. Chr. röm. Gründg. Augusta Treverorum 49 V Bd, 48 IV – wirtschaftl. Mittelpkt. u. Hauptort d. röm. Prov. Belgica, Zentrum d. Wolltuch- u. Keramikherstellg. 29 IV Cab – frühchristl. Gemeinde 42 II Cb – im 3./4. Jh. n. Chr. röm. Residenz, Treveri 42 I Cb – 470 fränk. Eroberg. 50 II Ne – 882 v. Normannen verwüstet 54 II Jf – 68 I Cb – 81 II Bb – im 14. Jh. wachsende Bedeutg. als erzbischöfl. Residenz 68 II – 1473 gegr. Univ. 81 III He – 1794 v. Franzosen besetzt, 1801 franz. 131 II Bd – 1815 preuß., 1818 Geburtsort v. Karl Marx 134 I Dd

Trier: Bm. in Rheinld.-Pfalz – im 3. Jh. gegr. um 800 Ebm. 56 I Ec – im 14. Jh. nach Erlangg. d. Kurwürde bedeut. Ebm. neben Mainz u. Köln 80 I Ccd – 1635/36 Pestepidemie 82 III Kgh – 1803 Auflösg. d. Kurstaates 131 II Bd

Triest (Trieste): Hafenstadt an d. Adria in NO-Italien 176/177 I Hd – röm. Stadt Tergeste 40/41 I Gc – im 10. Jh. unter bischöfl. Herrschaft 60/61 I If – im 13. Jh. venezian. 62/63 I Eb – 1382 habsburg. 80 I Ff – 1719–1918 als österr. Freihafen Aufschwung z. Handelszentrum 130 I Cc, 154/155 I Hd – 1919 zu Italien 137/138 I Hd – nach d. 2. WK zw. Italien u. Jugoslawien umstritten, 1947–54 Freistaat 176/177 I Hd

Trifels: Burgruine in Rheinld.-Pfalz – im 11./12. Jh. Stauferburg, Aufbewahrungsort d. Reichskleinodien, 1193–94 Ort d. Gefangenschaft d. engl. Königs Richard I. Löwenherz 62/63 I Db

Trinidad u. Tobago: Inselstaat im Karib. Meer 188/189 I FGe – 1498 v. Kolumbus entdeckt u. für Spanien in Besitz genommen 108 Nebenkarte – 1802/14 brit. 148 I GHd – 1962 unabh. Mitgl. d. Commonwealth, 1976 Rep. 152 I EFc

Trinil: Ort auf Java, Indonesien – Fundort d. Java-Menschen 16 I De

Tripoli: Hafenstadt im Libanon 203 IV Ca – griech. Tripolis – 1109 v. Kreuzfahrern eingenommen 64 I Fc – 1202/09–1289 Gft. 65 II Bb –1516 osman. 79 II Gd – 150 I Ea

Tripolis: Hptst. v. Libyen 202/203 I Eb – im 7. Jh. v. Chr. phönik. Kolonie Oia 29 IV Dc – 146 v. Chr. röm., Oea 38 I Dc – Hptst. v. Tripolitanien 51 IV Tl – 1146 Eroberg. durch Kreuzfahrer 64 I Dc – 1510–51 span., Seeräuberstützpkt. 90/91 Hg – 1831 Choleraepidemie 83 IV Ed – 1943 v. brit. Truppen besetzt 173 III Dd – 1987 als Vergeltg. f. liby. Unterstützg. f. palästinens. Terroranschläge v. US-Luftwaffe bombardiert 198 II Fg

Tripolitanien: NW-Teil v. Libyen – im 3. Jh. röm. Prov. Tripolitana 42 I Dc – im 5. Jh. Eroberg. durch d. Wandalen 50 II NOf – im 6. Jh. oström. 51 IV Tl – im 7. Jh. arab. 53 III Dc – 150 I Eab – 1835 osman. Prov. Tripolis 144 I BCb – 1911/12 italien. 137/138 I Hg

Tripolje: vorgeschichtl. Fundort in d. heut. Ukraine 16 III Fb

Tristan da Cunha: brit. Inselgr. im südl. Atlant. Ozean 188/189 I gl

Trois Fréres – 18 II Kf, Legende

Troja: Ruinenstätte in d. W-Türkei – bereits im 3. Jtd. v. Chr. besiedelt 19 IV Mg – um 1900 v. Chr. Gründg. d. myken. T., um 1250 v. Chr. durch Erdbeben zerstört, Schaupl. d. von Homer beschriebenen Trojan. Krieges 23 III Ec, 23 IV Mg – im 8. Jh. v. Chr. von Griechen neu besiedelt u. Ilion genannt 29 III Db – im 1. Jh. v. Chr. röm., Ilium 40/41 I Je – urchristl. Gemeinde Troas 42 II Ec

Troppau (Opava): Stadt in d. Tschech. Rep. – 1224 Magdebg. Stadtrecht 70 I Ef – 1318 als Hzm. zu Schlesien 80 I Hc – 1526 habsburg. 94/95 I IJd – 1820 Kongress d. Hl. Allianz beschließt Intervention bei revolutionären Bewegungen in europ. Staaten 132/133 Id

Troyes: Stadt in Frankr. – röm. Stadt Augustobona 40/41 I Ec – im 4. Jh. Bm. 55 III Cb – im 12.–14. Jh. Messestadt d. Champagne, Handelszentrum 87 III Bd – 1420 Vertrag von T. sichert Heinrich V. von England d. franz. Thron 89 IV FGe – s. d. 16. Jh. Zentrum d. Wolltuchverarbeitg. 92/93 CDc

Truk ▸ Karolinen

Truso ▸ Elbing

Tschad: Staat in Zentralafrika 188/189 I JKe – heut. Staatsgebiet s. 1910 zu Franz. Äquatorialafrika 151 III FGh – 1960 unabh. Rep. 198 I BCbc – s. 1965 Niederwerfg. v. Aufständen in d. islam. N-Region 202/203 I EFce – 1981–90 Kämpfe im N-T. mit v. Lybien unterstützten islam. Rebellen 198 II FGgh, 199 III EFc

Tschagatai: ehem. Chanat d. Mongolen in Zentralasien 77 IV Legende, 78 I Legende

Tschaldiran: Landsch. in NW-Iran – 1514 osman. Sieg in T. führt z. Ausdehng. d. osman. Herrschaftsbereiches auf Aserbaidschan u. Persien 79 II Ic

Tschalukja – 74 I Dc

Tschandarnagar: Stadt in NO-Indien – 1673–1952 franz. 110 I Db, 194 II Kf

Tschangtschun: Stadt in NO-China 196 III Ng – 1932–45 Hptst. d. v. Japan abh. Mandschukuo 196 II Fb

Tschataldscha: Stadt in d. europ. Türkei – T.-Linie im 1. Balkankrieg letzte türk. Verteidigungslinie vor Konstantinopel (Istanbul) 145 III bl

Tschechoslowakei: Bundesstaat d. Tschech. u. Slowak. Rep. in Mitteleuropa 176/177 I HJcd – Influenzaepidemie 83 V PQgh – heut. Staatsgebiet bis 1918 zu Österr.-Ungarn (▸ Böhmen, ▸ Mähren), Okt. 1918 Bildg. d. unabh. Tschechoslowak. Rep., 1919 im Vertrag von St. Germain bestätigt, Okt. 1938 Abtretg. d. Sudetenlandes an d. Dt. Reich leitet d. Auflösg. d. tschechoslowak. Staates ein, Gebietsabtretungen an Ungarn u. Polen, März 1939 Ausrufg. d. von Deutschld. abh. ▸ Slowakei, nach dt. Besetzung Errichtg. d. „Protektorats Böhmen und Mähren" 137/138 I HJcd, 170 I GLcd u. Legende – 172 IV CDa – 1945 Widerherstellg. d. tschechoslowak. Staates, 1948 nach kommunist. Machtübernahme Gründg. d. Volksrep. T. 178 I EJcd – 1968 Reform- u. Demokratisierungsbestrebungen der tschechoslowak. Regierg. unter Alexander Dubcek („Prager Frühling" durch Einmarsch v. Truppen d. Warschauer Paktes gewaltsam niedergeschlagen, 1968/69 Umwandlg. in eine Föderative Sozialist. Rep. 178 II EJcd – s. 1977 Bürgerrechtsbewegg. f. demokrat. Freiheiten, 1989 nach Wandel in Polen, Ungarn u. d. DDR Massenbewegg. geg. kommunist. Regime, Dez. 1989 Sturz d. Regierg. („sanfte Revolution"), Beginn demokrat. u. wirtschaftl. Reformen, 1990 Gründg. d. „Föderativen Rep. d. Tschechen u. Slowaken" (CSFR) 208 I – 1992 nach Wahlsieg d. slowak. Nationalisten Beschluss z. Auflösung d. Bundesstaates Ende 1992 212/213 KLef

Tschemigow – 73 III Ea

Tschenstochau (Czestochowa): Stadt in S-Polen 178 II Hc – 1382 gegr. Kloster, bedeut. Wallfahrtsort d. poln. Katholiken 80 I cl36 I Dc

Tschernigow: Stadt in d. Ukraine – im 11. Jh. Hptst. d. gleichnamigen Fsm. 58 I Fb, 68 I Fa

Tscherwen – 73 III Da

Tscheschme: Stadt in d. W-Türkei – 1770 Seeschlacht, Vernichtg. d. osman. durch d. russ. Flotte 112/113 Kf

Tschita: Stadt in S-Sibirien, Russ. Föderation 192 I Gc – 1653 gegr. 117 III Fc

Tschungking: Stadt in China – 1876 als Vertragshafen geöffnet 194 I Eb – 1937–45 Sitz d. Kuomintang-Regierg. 196 II Dd

Tschuwasch. AR: autonome Rep. in d. Russ. Föderation 192 I Dc – 1925–91 ASSR in d. RSFSR 190 I Dc

Tsingtau: Hafenstadt in O-China 194 II Mf – 1898 Hptst. d. dt. Pachtgebietes Kiautschou, wichtiger Handelshafen 194 I Fb – 1914–22 u. 1937–45 v. Japanern besetzt 196 II Fc – 1946–49 US-Stützpkt. 196 III Nh

Tsushima: japan. Inselgr. zw. Japan u. Korea – 1905 Seeschlacht, entscheidender japan. Sieg über russ. Flotte 117 III Gd

Tuamotu-Inseln: Inselgr. im südl. Pazif. Ozean, zu Franz.-Polynesien gehörig 195 V Gc

Tübingen: Stadt in Baden-Württemberg 180 I Cd – 1477 Gründg. d. Univ., Zentrum d. Humanismus, später d. Reformation 81 III He, 96 II Jg – 1514 Vertrag gewährt d. württemberg. Landständen Mitspracherecht 94/95 I Ed – 1945–52 Hptst. v. Württemberg-Hohenzollern 178 I Cd

Tucson: Stadt in d. südwestl. USA 127 III Bc – bis 1853 zu Mexiko, im 19. Jh. Zentrum d. Silberbergbaus 126 I Bc

Tucumán: Stadt in N-Argentinien 153 IV Eg – 1816 Ort d. Unabhängigkeitserklärg. Argentiniens 152 III

Tula: Stadt in d. Russ. Föderation 176/177 I Mc – 1503 Grenzfestg. d. Grfsm. Moskau geg. d. Krimtataren, bedeut. Zentrum d. russ. Metallverarbeitung 90/91 Mc

Tunesien: Staat in N-Afrika 188/189 I Jd – Küste d. heut. Staatsgeb etes um 1100 v. Chr. vom Phönikern kolonisiert, Zentrum Karthago 29 IV CDc – 146 v. Chr. Beginn der röm. Eroberg. 38 I CDc – 439 n. Chr. Unterwerfg. durch d. Wandalen 50 I CDc – 533 oström. 51 IV STl – im 7. Jh. Eroberg. durch d. Araber 53 III CDc – s. 1228 unter Herrschaft d. Hafsiden-Dynastie 84 I CDc – 1574 unter osman. Oberhoheit 90/91 GHfg – 1705 unter d. Huseiniden Zurückdrängg. d. osman. Einflusses 112/113 GHfg – 150 I DEa – 1881 franz. Protektorat 151 II Bb – nach d. 1. WK Entstehg. d. tunes. Nationalbewegg., im 2. WK Kriegsschaupl. 172 I CDd, 173 III CDd – 1956 unabh., 1957 Rep. 198 I Bb, 199 III DEa

Tunis: Hptst. v. Tunesien 198 II Fg – 1270 Endpkt. d. letzten Kreuzzuges 64 I Dc – 1535–74 span., Seeräuberstützpkt. 90/91 GHf – 150 I Ea

Turin (Torino): Stadt in N-Italien 176/177 I Gd – röm. Stadt Augusta Taurinorum 40/41 I Fc – 1405 gegr. Univ. 81 III He – im 15. Jh. Residenz d. Herzöge v. Savoyen – 1706 im Span. Erbfolgekrieg umkämpft, bis 1713 franz. besetzt, 1720 Residenz d. Könige v. Sardinien 112/113 Gd – 1861–64 Hptst. d. Kgr. Italien 142 I Ac

Türkei: Staat in SO-Europa u. Vorderasien 188/189 I KLcd – im 2. Jtd. v. Chr. Einwanderg. d. indogerman. Hethiter in d. heut. Staatsgebiet, Kämpfe d. hethit. Stadtstaaten um d. Vormachtstellg. in Kleinasien 23 III Legende, 23 IV MNf – im 6. Jh. v. Chr. zum Pers. Reich 30 II BCab – 67 II Fc – 77 III Aab – griech. Kolonisation an d. Küstenplätzen 29 IV EFbc – im 4. Jh. v. Chr. zum Reich Alexanders d. Gr. 34/35 I BCab – im 2. Jh. v. Chr. Beginn d. röm. Eroberg. 39 III EFbc – 395 n. Chr. Teil d. Oström. Reiches (Byzantin. Reich) 50 I EFbc – im 11. Jh. eindringende türk. Seldschuken beenden d. byzantin. Vorherrschaft in Kleinasien 65 II ABa – 1243 Eroberg. durch d. Mongolen führt z. Auflösg. d. Seldschuken-Reiches 78 I BCcd – s. d. 14. Jh. Kerngebiet d. ▸ Osman. Reiches 84 I EFbc – 1908/09 Revolution d. „Jungtürken" 154/155 I KNef – 1914 Eintritt in d. 1. WK aufseiten d. Mittelmächte 157 IV Fbc – 164 II QRgh – 1919 nationale Erhebg. unter Führg. v. Mustafa Kemal Pascha (Atatürk), 1920 Vertrag v. Sèvres bedeutet d. Ende d. Osman. Reiches, 1923 Ausrufg. d. Rep., Friede v. Lausanne bestätigt d. Unabh. d. neu gegr. T. 137/138 I KNef – s. 1943 Aufstände d. Kurden in d. Ost-T. 202/203 I FHab – Eintritt in d. 2. WK 1945 173 III EGcd – 1952 Mitgl. d. NATO 186 I KNef – 1974 türk. Besetzg. d. nördl. Teils v. Zypern führt z. Konflikt mit Griechenland 176/177 I KNef – 1980 Machtübernahme durch Militär, Menschenrechtsverletzungen u. Unterdrückg. d. Opposition verhindern angestrebte Integration in Europarat u. EG – s. 1991 verstärkte Kämpfe geg. nat. Selbstbestimmg. fordernde Kurden 211 III BCb

Turkestan: Landsch. in Zentralasien – 1873 West-T. größtenteils zu Russland, 1878 Ost-T. (Sinkiang) zu China 117 III Dcd

Turkmenistan: Staat in Zentralasien 192 I DEcd – s. 1873 Unterwerfg. d. nomadisierenden Turkstämme durch Russld. 117 III Dc – 1918 Proklamation d. Turkestan. ASSR, 1925–91 Unionsrep. d. UdSSR 190 I DEcd – 1991 unabh. Rep. 192 I DEcd

Turku, Abo: Hafenstadt in S-Finnland 176/177 I Ja – s. d. 13. Jh. bedeut. finn. Festg. u. Handelszentrum 87 III Fa – 1743 Friede beendet Krieg zw. Schweden u. Russland, schwed. Gebietsabtretungen an Russland 112/113 Ja

Tuscia, Tuskien ▸ Toskana

Tusculum: Ruinenstätte bei Rom, Italien im 6. Jh. v. Chr. von Etruskern beherrscht 36 I Fe, 36 II Jj

Tuttlingen: Stadt in Baden-Württemberg – 1643 Niederlage d. Franzosen geg. kaiserl. Truppen 98/99 I Ee

Tütz – 181 II Gb

Tuvalu: Inselstaat im Pazif. Ozean 195 V EFc – 1892 als Ellice-Inseln brit. 149 IV el – 1975 brit. Kolonie T., 1978 unabh. Mitgl. d. Commonwealth 188/189 I Rf

Tuwinische AR: autonome Rep. in d. Russ. Föderation 192 I Fc – im 18. Jh. als Tannu-Uriangchai unter chines. Herrschaft 111 II Ke – 1921/28–44 unabh. Volksrep. Tannu-Tuwa 194 II Ke – 1944–91 ASSR in d. RSFSR 190 I Fc

Twer ▸ Kalinin

Tyros, Tyrus ▸ Sur

U

Udine: Stadt in NO-Italien 142 I Db – 1238–1752 Residenz d. Patriarchen v. Aquileja 80 I Fe, 120/121 Ge

Udmurtische AR: autonome Rep. in d. Russ. Föderation 192 I Dc – 1934–91 ASSR in d. RSFSR 190 I Dc

Ufa: Hptst. d. Baschkir. AR in d. Russ. Föderation 192 I Dc – 1586 russ. 117 III Cc – s. 1945 Ausbau z. Zentrum d. chem. Industrie in d. UdSSR 191 III Dc

Uganda: Staat in O-Afrika 188/189 I Kef – im heut. Staatsgebiet bis z. 19. Jh. selbst. Königreiche d. Hima 151 II Ccd – 1890/94 Errichtg. d. brit. Protektorates U., zu Brit.-Ostafrika 151 III Gh – 1962 unabh. Mitgl. d. Commonwealth, 1963 Rep., 1971 Militärputsch, Machtübernahme durch d. diktator. Regime Idi Amin Dada, 1979 Sturz Amins mit Unterstützg. tansan. Truppen 198 II Gh, 199 III Gd

Ugarit: Ruinenstätte in W-Syrien – im 2. Jtd. v. Chr. bedeut. Stadtstaat u. Handelszentrum d. Vorderen Orients, Tontafelfunde bezeugen frühe Entwicklg. d. ugarit. Schrift 23 III Fc – um 1200 v. Chr. von eindringenden Seevölkern zerstört 23 IV Ng

Uiguren – 77 III BCc

Uijiji – 150 I Ge

Ukraine: Staat in O-Europa 192 I Cc – s. d. 14. Jh. größtenteils unter poln.-litau. Herrschaft 90/91 Ld – 1648 Aufstand d. Saporoger Kosaken führt z. vorübergehenden Selbständigkeit d. Ukrainer, 1654 Anschluss an Russland löst poln.-russ. Krieg aus, 1667 zw. Polen u. Russland geteilt, 1708/09 erfolgloser Aufstand in d. russ. U. 112/113 KLd – 1795 ganz U. zu Russland, im 19. Jh. Unterdrückg. d. eigenständigen nationalen Entwicklg., Förderg. d. ukrain.-nationalen Bewegg. im österr. Galizien 128/129 Ld – 143 III OPh – 1918 unabh. Rep. 156 III elj – Gegner d. bolschewist. Revolution, 1919 nach Eroberg. durch d. Bolschewisten Gründg. d. Ukrain. SSR, 1919/20 im russ. Bürgerkrieg u. poln.-sowjet. Krieg umkämpft, 1922–91 Unionsrep. d. UdSSR 158 I Cc – 1939 Eingliederg. d. ehem. poln. West-U., 1945 d. Karpato-U., 1954 d. Krim 176/177 I JMcd – 1991 unabh. Rep. 192 I Cc

Ulan-Bator: Hptst. d. Mongolei 196 III Lg – s. 1620 als Urga Zentrum d. Lamaismus 194 I Ea – 1912 Hptst. d. Äußeren Mongolei, wichtiger Umschlagpl. im chines.-russ. Handel 194 II Ea – 1924 Umbenenng. in U.-B. 196 II Db

Ulan-Ude: Hptst. d. Burjat. AR in d. Russ. Föderation 192 I Gc – 1647 als Werchne-Udinsk gegr. 117 III Fc – 1934 Umbenenng. in U.-U. 190 I Gc – Zentrum d. sowjet. Handels mit d. Mongolei u. China 191 III Gc

Ulm: Stadt in Baden-Württemberg 185 III CDd – 854 als Pfalz erwähnt 55 III Db – s. 1377 Bau d. Münsters, s. d. 14. Jh. Reichsstadt, im 14./15. Jh. bedeut. Handelszentrum Schwabens, Leinenweberei 80 I DEd, 92/93 Ec – 1635 Pestepidemie 82 III LMh – 1803 bayr. 131 II CDd – 1805 Sieg d. Franzosen über Österreicher im 3. Koalitionskrieg 128/129 GHd – 1810 württemberg., 1842/59 Ausbau z. Bundesfestg. 134 I EFd

Ulster: N-Teil v. Irland, zu Großbritannien gehörend 176/177 I Dc – altes irisches Kgr. 55 III Aa – 1920/21 Abtrenng. d. protestant.-nordirischen Grafschaften vom neu gegr. Irischen Freistaat als Nordirland, auch U. genannt, Bildg. d. Verein. Kgr. von Großbritannien u. Nordirland, s. Teilg. d. Insel erhebt Rep. Irland Anspruch auf Nordirland, irisch-brit. Gegensatz 137/138 I Dc – s. 1969 bürgerkriegsähnl. Kämpfe zw. d. protestant. Mehrheit u. d. kathol. Minderheit d. Nordiren 176/177 I Dc

Uman: Stadt in d. Ukraine – 1941–44 von dt. Truppen besetzt 172 I Ec

Ungarn: Staat in Mitteleuropa 176/177 I IJd – s. 896 Eindringen d. Madjaren in d. heut. Staatsgebiet, 955 Niederlage in d. Schlacht auf d. Lechfeld beendet d. Raub- u. Beutezüge d. ungar. Reiterheere in Mitteleuropa 54 II KLf – 52 II Legende – um 1000 Kgr. unter d. Arpaden-Dynastie, Beginn d. Christianisierg. 58 I DEc – 59 II FGe – im 12. Jh. Ausdehng. d. ungar. Reiches bis z. Adria, Einwanderg. dt. Siedler 62/63 I Fbc – 65 III BCDab – 1241 beim Einfall d. Mongolen verwüstet 78 I ABc – 1308 unter Herrschaft d. Anjou-Könige, 1387 luxemburg. 84 I DEb – 1514 Aufstand d. ungar. Bauern, 1526 entscheidender osman. Sieg in d. Schlacht bei Mohács leitet osman. Herrschaft über Ost-U. ein, Übernahme d. westl. Teils durch d. Habsburger 94/95 I IJd – 1687/99 ganz zu Österr., 1703–11 Aufstand unter Führg. v. Rákóczy geg. d. absolutist. Herrschaft d. Österreicher 112/113 I Jd – 1848 Revolution unter Führg. v. Kossuth, 1849 mit russ. Unterstützg. niedergeworfen 134 I ILde – s. 1867 Doppelmonarchie Österr.-U. 135 II Legende – s. 1890 Industrialisierg., bis z. 1. WK Verschärfg. d. Gegensatzes zw. d. nationalen Minderheiten 154/155 I Jd – 1918 Influenzaepidemie 83 V PQh – 1918 Ausrufg. d. Rep., 1919 Räterep. d. Kommunisten unter Bela Khun, 1920 nach Vertrag v. Trianon große Gebietsverluste 137/138 I IJd – 164 II PQg – 1938 Teile d. Slowakei, 1939 Karpato-Ukraine annektiert 170 I ILde – 1941 Eintritt in d. 2. WK auf seiten Deutschlands 172 I DEc – 1944 nach sowjet. Besetzg. Kriegserklärg. an Deutschld. 173 III DEc – nach d. 2. WK Flucht u. Zwangsumsiedlg. eines großen Teils d. dt. Bevölkerg., 1946 Rep., 1949 Volksrep., 1956 Volksaufstand durch sowjet. Truppen niedergeschlagen 176/177 I IJd – 1988 KP-Chef Kadar wird z. Rücktritt gezwungen, Beginn v. Reformen, 1989 Öffng. d. Grenze zu Österreich löst Fluchtwelle v. DDR-Bürgern aus, s. 1990 Übergang z. parlamentar. Demokratie 208 I

Uppsala: Stadt in Schweden – 67 II Da – 1477 Gründg. d. ältesten Univ. N-Europas 81 III Id – bis z. 17. Jh. Krönungsstätte schwed. Könige, Kulturzentrum 112/113 Ib

Ur: Ruinenstätte in S-Irak – bereits s. d. 5. Jtd. v. Chr. besiedelt 19 IV Og – im 3. Jtd. v. Chr. polit. Zentrum u. Heiligtum d. Sumerer, altoriental. Handelszentrum u. zeitw. Hptst. v. Babylonien, Fundort ausgedehnter Grabanlagen 23 III Gc – 22 I Md

Urga ▸ Ulan-Bator

Uri: Kanton in d. Schweiz – 1291 Urkanton d. Eidgen. 100 I Dc

Urmiasee: See in NW-Iran – 1603 Sieg d. Perser über osman. Heer, Persien gewinnt seine westl. Gebiete zurück 79 II HIc

Uruguay: Staat in S-Amerika 188/189 I Gg – heut. Staatsgebiet bis 1811/14 span., 1821–25 zu Brasilien, 1828 unabh., innenpolit. Krisen leiten Phase v. Bürgerkriegen ein 148 I Hf

Uruk: Ruinenstätte in S-Irak – um 3000 v. Chr. polit. u. kulturelles Zentrum d. Sumerer 19 IV Og – Residenz babylon. Könige 23 III Gc – bis z. Seleukidenherrschaft bedeut. Kultstätte, Orchoë 34/35 I Db

Urumtschi: Stadt in NW-China 194 II Ke – s. 1955 Hptst. d. autonomen Region Sinkiang-Uigur 196 III Jg

Usatovo: vorgeschichtl. Fundort in d. heut. Ukraine 23 III Fb

Usbekistan: Staat in Zentralasien 192 I DEcd – heut. Staatsgebiet im 14. Jh. unter Chanat d. Goldenen Horde, Stammesbildg. d. Usbeken 78 I Fc – im 16. Jh. usbek. Staatsgründg., später Chanat Chiwa u. Buchara 110 I Ca – 1876 unter russ. Oberherrschaft 117 III CDcd – 1920 Sozialist. Volksrep. 158 I DEcd – 1924–91 Unionsrep. d. UdSSR 190 I DEcd – 1991 unabh. Rep. 192 I DEcd

Utah: Staat in d. westl. USA 124 I Ke – 1896 als 45. Staat in d. Union aufgenommen 126 I Bc

Utica, Utika: ehem. Stadt in Tunesien – im 11. Jh. v. Chr. als phönik. Kolonie gegr. 29 IV CDc – im 2. Pun. Krieg mit Karthago verbündet 37 III DEc – 46 v. Chr. im röm. Bürgerkrieg umkämpft 40/41 I Ge

Utrecht: Stadt in d. Niederlanden 176/177 I Gc – röm. Kastell Traiectum 49 V Ab – 73 III Ba – 1579 Bildg. d. U.er Union: Zusammenschluss niederländ. Provinzen geg. d. span. Herrschaft 99 II Ca – 1636 Gründg. d. Univ., Zentrum d. Calvinismus 97 III Cb – 1713/15 Friede von U. beendet Span. Erbfolgekrieg 112/113 FGc

Utrecht: Ebm. in d. Niederlanden – um 695 gegr. Bm. 56 I Eb – 1457 burgund. Protektorat 89 IV Gc – 1528 v. Habsburgern annektiert 94/95 I Cb – 1559 bis Ende d. 16. Jh. Ebm. 97 III Cb – 1853 Ebm. neu gegr. 134 I Cb

Uxmal: Ruinenstätte in S-Mexiko – Kulturzentrum d. Maya 106 I a, 106 II Cb

Uzgorod: Stadt in d. Ukraine – 1938–39 Hptst. d. autonomen Karpato-Ukraine, 1939–44 zu Ungarn, Ungvár 137/138 I Jd

V

Vădastra: vorgeschichtl. Fundort im heut. Rumänien 23 III Eb

Vadstena: Ort in S-Schweden – bis 1595 Stammkloster d. kathol. Birgittenordens 90/91 Hb

Valençay: Ort in Frankr. – 1808–13 Exil d. span. Könige 128/129 Fd

Valence: Stadt in S-Frankr. – 61 v. Chr. röm. Kolonie Valentia 40/41 I Fd – s. d. 4. Jh. n. Chr. Bm. 55 III CDc – 1459 gegr. Univ. 81 III He

Valencia: Hafenstadt in O-Spanien 176/177 I Ef – 138 v. Chr. röm. Gründg. Valentia, später röm. Kolonie 40/41 I De – 413 n. Chr. von Westgoten, 714 v. Arabern erobert 50 II, Mf 54 II gl – 1238 zu Aragón 62/63 I Bd, 68 I Bc – 1348 Pestepidemie 82 I BCc – 1500 gegr. Univ. 81 III Gf – 1707 Verlust d. Sonderrechte 112/113 Ef – 1812/13 v. Franzosen besetzt 128/129 Ef – 1936–37 im Span. Bürgerkrieg Sitz d. Volksfrontregierg. 137/138 I Ef

Valenciennes: Stadt in N-Frankr. 68 I Ca – 1030 z. Gft. Hennegau 60/61 I Dc – ma. Zentrum d. Tuchweberei 92/93 Cc – 1677/78 franz.

Valkenburg – 168 II Ac

Valladolid: Stadt in N-Spanien 176/177 I Ee 1346, 68 I Bb – Gründg. d. Univ. 81 III Ge – im 15. Jh. Residenz kastil. Könige 90/91 Ee

Valletta (il-Belt-Valletta): Hptst. v. Malta 176/177 I Hf – 1565 vergebl. osman. Belagerg. 79 II Bc

Valmy: Ort in N-Frankr. – 1792 erfolglose Kanonade von V. zwingt d. preuß.-österr. Truppen z. Rückzug, Beginn d. Vormarsches d. franz. Revolutionsarmee z. Rhein 118 I Cb

Valois: franz. Dynastie – 1328–1589 Könige v. Frankr. 84 I Cb, 89 IV Fe

Valona (Vlorë): Hafenstadt in Albanien – im MA als Avlona Stützpkt. d. Kreuzfahrer 64 I Db – 1912 Ort d. alban. Unabhängigkeitserklärg. 145 III Gb

Valparaiso: Hafenstadt in Chile 152 I Dh – um 1540 v. Spaniern gegr. 106 II Df – bedeut. Hafen u. Handelszentrum v. Chile 153 IV Dh

Vancouver: Hafenstadt in W-Kanada 124 I Jd – s. Ende d. 19. Jh. wichtiges kanad. Wirtschaftszentrum an d. W-Küste 127 III Ab

Vandiemensland ▸ Tasmanien

Vanuatu: Inselstaat im Pazif. Ozean – 1887/1907–1980 als Neue Hebriden unter gemeinsamer Verwaltung v. Großbritannien u. Frankr. – 1980 unabh. Mitgl. im Commonwealth 195 V Ec

Varanasie – 67 II Gc

Varennes: Ort in N-Frankr. – 1791 Flucht Ludwigs XVI. von Paris scheitert in V. 118 I CDb

Vascones ▸ Basken

Vassy: Ort in NO-Frankr. – 1562 Ausgangspkt. d. Hugenottenkriege 90/91 FGd

Västeras: Hafenstadt in S-Schweden – im 14. Jh. dt. Stadtsiedlg. 87 III Eb – 1527 Reichstag von V.: Einführg. d. luther. Reformat. in Schweden 90/91 Ib

Vatikanstadt: souveräner Stadtstaat in Rom 142 I De – Forderg. d. röm.-kathol. Kirche nach Wiederherstellg. d. ▸ Kirchenstaates führt 1929 z. Abschluss d. Lateranverträge zw. Hl. Stuhl u. Italien: V. erhält volle Souveränität 137/138 I He

Veji: ehem. Stadt in Mittelitalien – um 500 v. Chr. bedeut. Stadt u. Kulturzentrum d. Etrusker, 396 v. Chr. von Römern unterworfen 36 I Fd, 36 II Ji

Velia (Elea): ehem. Stadt in S-Italien – um 540 v. Chr. als griech. Kolonie Elea gegr. 29 IV Db – bedeut. Philosophenschule 36 I Ge

Velletri: Stadt in Mittelitalien 142 I De – 338 v. Chr. von Römern erobert, Velitrae 36 I Fe, 36 II Jj – 1849 Sieg d. italien. Freiheitskämpfer unter Garibaldi über Truppen Neapels 142 I De

Vellinghausen: Ort in NRW – 1761 franz. Niederlage geg. Preußen u. Hannoveraner im 7-jährigen Krieg 120/121 DEc

Veltlin: Landsch. in N-Italien – 1512 zu Graubünden, 1620 Erhebg. d. kathol. Veltliner geg. d. Graubündner Landesherren, 1797 z. Cisalpin. Rep. 100 II KLg

Venaissin: ehem. Gft. in S-Frankr. – 1274 päpstl. Besitz, 1348 mit Avignon vereinigt 80 I Bfg – bis 1790 z. Kirchenstaat, 1797 nach Verzicht d. Papstes zu Frankr.

Venda: Gebiet in d. Rep. Südafrika – 1973 im Rahmen d. Apartheitspolitik als autonomes Homeland gegründet, 1979 v. Südafrika in d. Unabh. entlassen, Unabh. international nicht anerkannt 201 V BCa

Vendée: Landsch. in W-Frankr. – 1793–96 Zentrum royalist. Erhebungen geg. d. franz. Revolutionsregierg. 118 I Bb

Venedig (Venezia): Stadt in NO-Italien 176/177 I Hd – im 5./6. Jh. Besiedlg. d. Laguneninseln durch aus Venetien geflohene Bewohner, Stadtentwicklg. unter oström. Oberhoheit 53 III Db – 806–12 unter fränk. Oberhoheit 55 III Eb – im 10./11. Jh. Aufstieg z. bedeut. Handelszentrum u. Stadtstaat 58 I Dc – 1167 Mitgl. d. Lombard. Städtebundes 62/63 I Eb, 68 I Db – s. d. 12. Jh. Erweiterg. d. venezian. Besitzes u. Levantehandels im östl. Mittelmeerraum führt zu Machtkämpfen mit d. Rep. Genua 86 I Ca – 1204 Eroberg. Konstantinopels (Istanbul) mit Unterstützg. v. Kreuzfahrern beschleunigt d. Zerfall d. byzantin. Macht in Kleinasien 64 I Db – 65 III ABab – 81 II Cb – 1348 Pestepidemie 82 II Ga – 1380 Niederlage d. Rep. Genua geg. V. beendet d. Kampf um d. polit. u. wirtschaftl. Vormachtstellg., Festigg. u. Ausdehng. d. venezian. Herrschaft in N-Italien 84 I Db – um 1500 Zentrum v. Renaissance u. Humanismus, Bedeutungsrückgang als Handels- u. Wirtschaftsmacht 86 II – 92/93 Fd – im 16./17. Jh. Verlust d. venezian. Stützpunkte im östl. Mittelmeerraum an d. Osman. Reich 90/91 HIde – 1797 österr. 118 I Eb – 1805 z. napoleon. Kgr. Italien 131 III Mf – 1815 erneut österr. 132/133 Hd – 1835 Choleraepidemie 83 IV Ec – 1848–49 unabh. Rep., 1866 zu Italien 142 I Dc

Venetien: Landsch. in N-Italien 142 I CDbc – vom Volk d. Veneter besiedelt, im 3. Jh. v. Chr. mit Rom verbündet 37 III Ea – unter Kaiser Augustus Errichtg. d. Region Venetia et Histria 40/41 I Gc – im 14./15. Jh. zur Rep. Venedig – 1797 zu Österr. 131 II Ee – 1805 z. napoleon. Kgr. Italien 131 III LMf – 1815 Teil d. österr. Lombardo-Venetian. Kgr. 132/133 Hd – 1866 zu Italien 142 I CDbc

Venezuela: Staat in S-Amerika 188/189 I Fe – Küste d. heut. Staatsgebietes 1498 v. Kolumbus entdeckt, 1546 span. 104/105 I Fd – im 16.–18. Jh. zum Vizekgr. Neu-Granada 109 IV Gd – 1811 Unabhängigkeitserklärg., 1819 zur Verein. Rep. von Kolumbien, bis 1821 Freiheitskampf unter Führg. Simón Bolívars 148 I Gd – 1830 unabh. Rep., innenpolit. Krisen führen jahrzehntelang zu Bürgerkriegen u. Revolutionen, 1958 Militärputsch beendet diktator. Regime, bis 1968 v. Kuba unterstützter Guerillakrieg 152 I DEcd – bedeut. Erdölexportland u. Ölproduzent 153 IV DEcd

Venlo: Stadt in d. Niederlanden – 1481 Hansestadt 87 III Cc – 1795–1814 franz.

Veracruz: Hafenstadt in Mexiko 153 IV Hg – 1519 erste span. Gründg. in Mexiko, Umschlaghafen für Silber 104/105 I Ed – 1847 amerikan. Besetzg. im Krieg geg. d. Mexikaner, 1914/16 während d. mexikan. Revolution von US-Truppen besetzt 152 I Bc

Vercëlli: Stadt in N-Italien – röm. Siedlg. Vercellae 36 I Dc – 101 v. Chr. Sieg d. Römer über d. german. Kimbern 48 II Lg – s. 1427 z. Hzm. Savoyen 94/95 I Ef

Verden: Stadt in Niedersachsen – 782 Hinrichtg. aufständ. Sachsen auf Befehl Karls d. Gr., 849 Bm. 55 III Da – 1511–66, 1621 mit d. Ebm. Bremen vereinigt, 1648 als weltl. Fsm. zu Schweden 94/95 I Eb, 98/99 I Eb – 1712/19 z. Kurfsm. Hannover 120/121 Eb

Verdun: Stadt in NO-Frankr. – kelt.-röm. Virodunum 49 V Ad – s. d. 4. Jh. Bm. 55 III Db – 843 Vertrag von V.: Teilg. d. Frankenr. 55 IV – im 13. Jh. Reichsstadt 80 I Bd – 1552/1648 franz. 94/95 I Cd – s. 1871 verstärkter Ausbau z. Festg. 135 II Cd – 1916 Schlacht um V.: verlustreiche Kämpfe zw. dt. u. franz. Truppen 156 II Bb

Vereinigte Arabische Emirate, V.A.E.: Staatenbund auf d. Arab. Halbinsel 188/189 I Ld – heut. Staatsgebiet bis z. Anfang d. 19. Jh. Zentrum d. Seeräuberei, Seeräuberküste genannt, 1853 brit. Protektorat 194 I Bb – s. 1968 Verhandlg. mit Großbritann. z. Bildg. einer Föderation Arab. Emirate am Pers. Golf, 1971 unabh. Föderation V.A.E. 202/203 I cl – Zentrum d. Erdölförderg. 207 III Fc

Vereinigte Republik von Kolumbien: ehem. Rep. in S-Amerika – 1819 durch Vereinigg. v. Kolumbien u. Venezuela entstanden, 1821 Anschluss Panamás, 1822 Ecuadors, 1830 aufgelöst 148 I FGdé, 152 III Legende

Vereinigte Staaten von Amerika (United States of America, USA): Staat in N-Amerika 188/189 I AFbd – S-Teil d. heut. Staatsgebietes s. d. Entdeckg. Amerikas durch Kolumbus v. Spaniern kolonisiert, s. 1607 Entstehg. brit. Kolonien an d. O-Küste 104/105 I CFbc – Gründg. franz. u. niederländ. Stützpunkte verhindert weiteres Vordringen d. Briten in d. Landesinnere 149 III BCbc – 1763 im Pariser Frieden verliert Frankr. seinen Kolonialbesitz in N-Amerika, Aufstieg Großbritanniens z. Vormacht 149 IV BCbc – wachsender Widerstand d. brit. Kolonien geg. d. brit. Kolonialpolitik führt 1775 z. Unabhängigkeitskrieg, 1776 Unabhängigkeitserklärg. von 13 Kolonien, 1783 nach Anerkenng. d. Unabh. durch Großbritannien weitere Gebietsgewinne 125 III – 1812–14 Krieg geg. Großbritannien um Kanada, 1846–48 Krieg geg. Mexiko: Gewinn v. Texas, New Mexico u. Kalifornien, Gegensatz zw. d. Nordstaaten (Union) u. sklavenhaltenden Südstaaten (Konföderation) führt 1861 z. Ausbruch d. Sezessionskrieges, 1863 Aufhebg. d. Sklaverei, industrieller Aufschwung in d. Nordstaaten, 1865 Kapitulation d. Südstaaten, Wiederherstellg. d. nationalen Einheit 125 IV – 1867 Kauf Alaskas v. Russland, 1869 Eröffng. d. ersten Eisenbahnlinie ermöglicht Erschließg. d. amerikan. Westens, beim Vordringen nach W Vernichtungskriege geg. d. indian. Bevölkerg. u. Abdrängg. in Reservate, starker Bevölkerungszuwachs durch Masseneinwanderg. aus Europa 126 I – um 1860/70 Beginn d. Industrialisierg., Verschärfg. d. sozialen Gegensätze 127 III – 147 II – Ende d. 19. Jh. Aufstieg z. imperialist. Großmacht, 1898 im span.-amerikan. Krieg Erwerb v. Kuba, Puerto Rico u. Philippinen, Annexion Hawaiis, 1903 nach Loslösg. Panamás v. Kolumbien Gewinn d. Panamákanalzone, Eingreifen in d. Politik mittel- u. südamerikan. Staaten durch militär. Interventionen 152 I ADab u. Legende – 1917 Eintritt in d. 1. WK aufseiten d. Alliierten 157 IV ABbc – 172 IV Aa – 1941 japan. Angriff auf Pearl Harbor führt z. Kriegseintritt d. USA, 1945 Abwurf amerikan. Atombomben auf Japan beendet 2. WK in SO-Asien 175 III BCbc – nach d. 2. WK weltpolit. Gegensatz z. UdSSR leitet Phase d. „Kalten Krieges" ein, USA übernehmen d. Führg. im westl. Bündnissystem 204 II – Aufstieg z. Atommacht 205 III ABbc – s. 1964 Rassenunruhen 126 II – 1964–73 Vietnamkrieg: militär. Kriegsführg. d. USA löst weltweiten Protest aus u. verstärkt d. wirtschaftl. u. sozialen Probleme im Innern 124 I, 204/205 I CFcd – 1989/90 nach Zerfall d. UdSSR alleinige Supermacht, 1990/91 führende Macht im Golfkrieg 211 III

Vereinigte Staaten von Zentralamerika: ehem. Staatenbund in Mittelamerika – 1823 gegr., 1839 Zerfall in d. selbst. Staaten Costa Rica, El Salvador, Guatemala, Honduras u. Nicaragua 148 I Fd, 152 I Legende

Vergara: Ort in N-Spanien – 1839 Vertrag beendet 1. „Karlistenkrieg", Niederlage d. konservativ-royalist. Karlisten geg. d. Anhänger Königin Isabellas II. 132/133 Ee

Vermandois: ehem. Gft. in N-Frankr. 1435–77 zu Burgund 89 IV Fe

Vermont: Bundesstaat in d. nordöstl. USA 124 I Od – 1791 als 14. Staat in d. Union aufgenommen 126 I Fb

Verneuil: Ort in N-Frankr. – 1424 Sieg d. Franzosen über burgund. Truppen 89 IV Ee

Verona: Stadt in N-Italien 176/177 I Hd – 89 v. Chr. röm. Kolonie 40/41 I Gc – vermutl. s. d. 3. Jh. n. Chr. Bm. 55 III Eb – 489 Sieg d. Ostgoten über Heer d. Odowakar 50 II Oe – bis 526 Residenz Theoderichs d. Gr. 51 III Jh – dt. Bern, 952 als Mgft. V. zu Bayern 60/61 I Hlef – 1164 Gründg. d. Veroneser Städtebundes, 1167 führendes Mitgl. d. Lombard. Städtebundes 62/63 I Eb, 68 I Db – Kultur- u. Handelszentrum 80 I Ef – 1348 Pestepidemie 82 II Ga – 1405 venezian. – 1822 Kongress von V. beschließt Intervention geg. d. revolution. Bewegg. in Spanien 132/133 Hd

Versailles: Stadt bei Paris, Frankr. – 1661–89 unter Ludwig XIV. Bau d. Barockschlosses, bis z. Franz. Revolution Residenz franz. Könige 98/99 I Bd – 1783 Friede von V. beendet d. nordamerikan. Unabhängigkeitskrieg 120/121 Bd – 1871 Proklamation Wilhelms I. von Preußen zum dt. Kaiser, Gründg. d. Dt. Reiches 135 II Bd – 1919 Ort d. Friedensverhandlungen nach d. 1. WK, Unterzeichng. d. Versailler Vertrages: Dt. Reich verliert als für d. Kriegsausbruch verantwortlich erklärter Staat große Teile seines Gebietes einschließl. d. Kolonien, weitgehende Reduzierg. d. dt. Rüstungsindustrie z. Entmilitarisierg. Deutschlands, Reparationsforderungen d. Siegermächte 137/138 I Fd

Vérvins: Ort in N-Frankr. – 1598 Friede von V.: Anerkenng. Heinrichs IV. von Frankr. durch Philipp II. von Spanien 90/91 Fd

Vesuv: Vulkan bei Neapel, Italien – latein. Mons Vesuvius, 79 n. Chr. bei Ausbruch d. Vulkans Zerstörg. d. Städte Pompeji, Herculane-

I KLc – 1939 Erwerb ehem. poln. Gebiete 176/177 I KLc – 1991 unabh. Rep. 192 I Cc

Welfesholz: Ort in Sachsen-Anhalt – 1115 Sieg d. aufständ. Sachsen über Truppen Kaiser Heinrichs V. 60/61 I Hc

Welikije Luki: Stadt in d. westl. Russ. Föderation – bis z. 15. Jh. wichtige Grenzfestg. d. Fsm. Nowgorod 90/91 Lb – im 2. WK heftig umkämpft und zerstört 173 III Fb

Wellington: Hptst. v. Neuseeland 188/189 I Rh – 1840 brit. Gründg. 148 II Sn

Wenden (Cesis): Stadt in Lettland – 1209 errichtete Burg d. dt. Ordens 71 II Fc – Ende d. 13. Jh. Lüb. Stadtrecht 70 I Ib – Hansestadt 87 III Gb

Werchne-Udinsk ▸ Ulan-Ude

Werelä: Ort in S-Finnland – 1790 Friede beendet russ.-schwed. Krieg 112/113 Ka

Werla: Burgruine in Niedersachsen – im 10. Jh. Kaiserpfalz d. Ottonen 60/61 I Hb

Wesel: Stadt in NRW – 1407 Hansestadt 87 III Cc – im MA Zentrum d. Wolltuchherstellg. 92/93 Dc – 1614/66 brandenburg., s. 1680 Ausbau z. Festg. 98/99 I Dc – 1808–14 franz. 131 III Jc – 1815 preuß. Garnisonsstadt 134 I Dc

Wessex: ehem. angelsächs. Kgr. in Großbritannien – im 6. Jh. gegr. 54 I Ba – im 9. Jh. führendes Reich d. Angelsachsen 55 III Ba

Wessobrunn: Ort in Bayern – vermutl. um 753 gegr. Benedikt.-Abtei, Zentrum ma. Kunst u. Wissenschaft 70 I Bg

Westerbork: Ort in d. Niederlanden – nat.-soz. KZ 170 I Db

Westfalen: Teil von NRW 185 III BCc – im 8. Jh. Ostfalen u. Westfalen Teil d. Hzm. Sachsen 55 III DEa – s. 1180 als Hzm. W. unter Herrschaft d. Erzbischöfe v. Köln 80 I Dc – 1803 größtenteils zu Hessen-Darmstadt 131 II BCc – 1807–13 napoleon. Kgr. 128/129 GHc – 1815 preuß. Prov. 134 I DEc – 1945 z. brit. Besatzungszone, 1946 z. neu gegr. Bundesland NRW 178 I BCc

Westfränkisches Reich ▸ Frankenr.

Westindien: Bezeichng. für d. zw. Nord- u. Südamerika im Karib. Meer liegenden Inseln – 1492 v. Kolumbus bei d. Suche nach d. Seewege nach Indien entdeckt 108 Nebenkarte

Westirian: indones. Prov. auf Neuguinea – s. 1828 Niederländ.-Neuguinea 148 I Qe – 1949 nach Unabh. Indonesiens weiterhin niederländ., bis 1962 indones.-niederländ. Konflikt um W., 1962–63 unter UN-Verwaltg, 1963 unter indones. Verwaltg., 1969 nach Volksabstimmg. indones. Provinz 195 IV Lh

Westmark – 169 III Bd

Westpreußen: ehem. preuß. Prov. – 1466–1569 als „Königl. Preußen" in Pers.-Union mit Polen verbunden 94/95 I IJab – 1772 z. Kgr. ▸ Preußen 120/121 IJab – 1824/1829–78 mit Ostpreußen z. Prov. Preußen vereinigt 134 I IJab – 1919/20 größtenteils zu Polen, Abstimmungsgebiet bleibt dt. 116 II Ge, 166 I IJab

Weströmisches Reich ▸ Röm. Reich

West Virginia: Bundesstaat in d. östl. USA 124 I NOe – 1861 bei Ausbruch d. Sezessionskrieges Abspaltg. d. sklavenfreien W. V. von Virginia, 1863 als 35. Staat in d. Union aufgenommen 125 IV fl, 126 I Ec

Wettin: Stadt in Sachsen-Anhalt – im 10. Jh. erbaute Stammburg d. sächs.-thüring. Adelsgeschlechtes d. Wettiner 60/61 I Hc

Wetzlar: Stadt in Hessen – s. 1180 Reichsstadt 80 I Dc – 1693–1806 Sitz d. Reichskammergerichtes 98/99 I Ec, 131 III Kc – 1815 preuß. 134 I Ec

Wexford – 102 I Bd, 103 III Gh

Whampoa: Hafenstadt in SO-China – bedeut. Hafen v. Kanton, 1924 Gründg. d. Militärakademie, Aufstellg. einer Revolutionsarmee unter Führg. v. Tschiang Kai-schek, Ausgangspkt. d. Kuomintang-Truppen für d. Marsch nach N 196 II Ed

Whitby: Stadt in Großbritannien – 664 Synode von W.: Überwindg. d. Gegensatzes zw. röm. u. iro-schott. Kirche sichert d. religiöse Einheit Englands 56 I Cb

Wiborg (Vyborg): Stadt in d. nordwestl. Russ. Föderation 176/177 I Ka – 1293 als schwed. Festg. errichtet 71 II Ha – Handelszentrum 87 III Ga – bis 1710 schwed., 1721 russ. 112/113 Ka – 1811–1940 finn. Viipuri 90/91 Ka, 137/138 I Ka – s. 1940/47 sowjet. 172 I Ea, 176/177 I Ka

Widin: Stadt in NW-Bulgarien – im MA wichtige Grenzfestg. geg. Ungarn 58 I Ec – 1386–1878 osman. 84 I Eb, 145 II Cb

Wieliczka: Stadt in S-Polen – s. d. 11. Jh. Zentrum d. Salzbergbaus, um 1290 Magdebg. Stadtrecht 70 I FGf

Wien: Hptst. v. Österr. 176/177 I Id – um 100 n. Chr. röm. Leg.-Lager Vindobona 40/41 I Hc – 67 II Ca – im 9. Jh. karoling. Kaufmannssiedlg. 55 III Fb – 1156 Residenz d. Herzöge v. Österr. 62/63 I Fb – im 13. Jh. süddt. Stadtrecht, wirtschaftl. Aufschwung unter habsburg. Herrschaft 70 I Ef, 68 I Db, 80 I Hd – 1365 Gründg. d. Univ. 81 III Ie – 1529 erste, 1683 zweite osman. Belagerg. 79 II Ca – Zentrum d. Gegenreformation 97 III Id – im 17./18. Jh. Beginn höchster Entfaltg. v. Kunst u. Kultur, Mittelpkt. musikal. Schaffens in Europa, Entstehg. zahlreicher Barockbauten, 1722 Ebm., 1738 Friede von W. beendet Poln. Erbfolgekrieg zw. Österr. u. Frankr. 98/99 I Id, 120/121 Id – 1804 Hptst. d. Kaiserr. Österr., 1805 u. 1809 v. Franzosen besetzt 128/129 Id – 1814/15 Tagungsort d. W.er Kongresses: staatl. Neuordng. Europas nach d. Sturz Napoleons I., Versuch z. Schaffg. eines Gleichgewichts d. europ. Mächte durch Wiederherstellg. d. alten polit. u. gesellschaftl. Verhältnisse, Gründg. d. Dt. Bundes 132/133 Id u. Legende – 1831/32 Choleraepidemie 83 IV Ec – 1848 Zentrum d. österr. Märzrevolution, 1864 Friede beendet Dt.-Dän. Krieg, Verzicht Dänemarks auf Schleswig u. Holstein; 1866 Friede zw. Österr. u. Italien, Österr. muss Venetien an Italien abtreten 134 I Id – 1882 Bündnis zw. Österr.-Ungarn, Dt. Reich u. Italien 135 II Id – Ende d. 19. Jh. Industrialisierg., Zentrum d. Arbeiterbewegg. 139 IV dl – 1918 Influenzaepidemie 83 V Ph – 1918 Hptst. d. Rep. Österr., 1922 Bundesland W. 166 I Id – 168 II Gd – 1934 nat.-soz. Putsch, März 1938 dt. Besetzg. 170 I Id – 1938 Reichspogromnacht 170 II Gd – 1938 erster W.er Schiedsspruch zwingt d. Tschechoslowakei zu Gebietsabtretungen an Ungarn, 1940 zweiter W.er Schiedsspruch: Ungarn erhält rumän. Gebiete 137/138 I Id, 172 I Dc – vor dem Holocaust große jüdische Gemeinde 171 III Ec – 169 III Gd, 169 IV Gi – April 1945 v. sowjet. Truppen besetzt, stark zerstört 173 III Dc – 1945–55 Aufteilg. in vier Besatzungssektoren 178 I Gd, 178 II Gd – 1961 Treffen zw. Kennedy u. Chruschtschow: erfolgloser Versuch z. Beilegg. d. durch d. Berlin-Krise verschärften Ost-West-Gegensatzes – 1990 Abschluss d. Verhandlungen über Truppenabbau in Europa im Rahmen d. KSZE 176/177 I Id

Wiener Neustadt: Stadt in Österr. – 1192 gegr. 70 I Eg – im 15. Jh. zeitw. Residenzstadt 94/95 I Ie – 1752 gegr. Militärakademie 120/121 Ie

Wiesbaden: Hptst. v. Hessen 185 III Cc – im 1. Jh. v. Chr. röm. Leg.-Lager Aquae Mattiacae, bereits bei d. Römern Kur- u. Badeort 49 V Cc – 1806–66 Hptst. d. Hzm. Nassau 134 I Ec – 1921 W.er Abkommen: dt.-franz. Vereinbarungen über dt. Reparationszahlungen nach d. 1. WK 166 I Ec – 168 II Cc

Wiesloch: Stadt in Baden-Württemberg – 1622 Niederlage d. Kathol. Liga unter Tilly im 30-jährigen Krieg 98/99 I Ed

Wiessee, Bad: Ort in Bayern – 1934 Verhaftg. d. SA-Stabchefs Ernst Röhm durch Adolf Hitler nach angebl. Putschversuch 170 I Fe

Wikinger ▸ Normannen

Wildeshausen: Stadt in Niedersachsen – 851 als Stift erwähnt 60/61 I Gb – 1270 z. Ebm. Bremen 80 I Db – 1648 schwed. 98/99 I Eb – 1699/1714 z. Kurfsm. Hannover 120/121 Eb

Wilhelmshaven: Hafenstadt in Niedersachsen 180 I Cb – 1854/69 als preuß. Kriegshafen entstanden 134 I Eb – bis zum 1. WK Aufstieg z. Zentrum d. dt. Rüstungs- u. Werftindustrie154/155 I Gc – 164 I Cb – 1937 zu Oldenburg 166 I Eb – im 2. WK stark zerstört 170 I Eb – nach d. 2. WK Ausbau z. Handelshafen180 I Cb

Wilhelmshöhe: Stadtteil v. Kassel, Hessen – 1786–1803 Bau d. Schlosses, bis 1866 Residenz d. hess. Kurfürsten, 1870–71 Haft Napoleons III. 135 II Ec

Willendorf: vorgeschichtl. Fundort im heut. Österr. 18 II Mf

Wilna (Vilnius): Hptst. v. Litauen 192 I Cc, 68 I Ea – 1323 Hptst. d. Grfsm. Litauen 71 II Fd – 1387 Magdebg. Stadtrecht 70 I Ic – Niederlassg. d. Hanse, Wirtschafts- u. Kulturzentrum 87 III Gc – 1795 russ. 78/79 Kc – 1803 gegr. Univ. 128/129 Jc – 143 III Og – 1915–18 von dt. Truppen besetzt 156 II Da, 156 III dl – 1920 Besetzg. d. Litauen zugesprochenen W.-Gebietes durch poln. Truppen, 1922 v. Polen annektiert 116 II Hle – 1939 an Litauen abgetreten, v. sowjet. Truppen besetzt 137/138 I JKc – 1940/41–91 Hptst. d. Litau. SSR, 1941–44 erneut von dt. Truppen besetzt 176/177 I Kc – vor dem Holocaust große jüdische Gemeinde 171 III Fb, 172 II Eb – s. 1988 Demonstrationen f. Unabh. Litauens v. UdSSR, Jan. 1991 Intervention sowjet. Spezialeinheiten, Aug. 1991 unabh. Rep. 192 I Cc

Wimpfen Bad: Stadt in Baden-Württemb. – im 1. Jh. n. Chr. röm. Kastell Vicus Alisinensium 49 V Cd – um 1200 Pfalz d. Staufer 62/63 I Db – vom 14. Jh. bis 1803 Reichsstadt 80 I Dd, 120/121 Ed

Winchester: Stadt in Großbritannien – röm. Siedlg. Venta Belgarum 40/41 I Db – im 7. Jh. Bm., Hptst. d. Kgr. Wessex 55 III Ba – im 11./12. Jh. Zentrum d. Wolltuchverarbeitg. u. -handels 60/61 I Bc, 62/63 I Ba

Windau (Ventspils): Hafenstadt in Lettland 176/177 I Jb – im 13. Jh. Burg d. Dt. Ordens 71 II Dc – im 14. Jh. Hansestadt 87 III Fb – im 17. Jh. bedeut. Hafen v. Kurland

Windhuk: Hptst. v. Namibia 200 I Eh – 1884–1919 Hptst. d. Kolonie Dt.-Südwestafrika 151 III Fj – 1975–78 Ort d. Verhandlung. z. Vorbereitg. d. Unabh. Namibias („Turnhallen-Konferenz") 198 II Fj

Windsor: Stadt u. Schloss bei London, Großbritannien – um 1070 Errichtg. d. Schlosses, später mehrf. erweitert, Residenz d. engl. Königshauses 84 I Ba – 1899 Abschluss d. W.-Vertrages zw. Großbritannien u. Portugal, Garantieerklärg. über d. port. Kolonialbesitz 154/155 I Ec

Wisby: Stadt auf Gotland, Schweden – um 1161 dt. Stadtsiedlg., Umschlagpl. im Ostseehandel – bis Ende d. 13. Jh. bedeut. Hansestadt 87 III Eb – 1361 v. Dänen erobert u. zerstört 71 II Cc – 1645 schwed.

Wisconsin: Bundesstaat in d. nördl. USA 124 I MNd – 1848 als 30. Staat in d. Union aufgenommen 126 I DEb

Wislanen – 59 II FGc

Wismar: Hafenstadt in Mecklenburg-Vorpommern 185 III Db – 1229 Lüb. Stadtrecht 70 I Bd – Hansestadt 87 III Dc – ma. Handelszentrum 92/93 Eb – 1256–1358 mecklenburg. Residenz 80 I Eb – 1638 Pestepidemie 82 III Mf – 1648–1803 schwed. 98/99 I Fb – 1949–90 bedeut. Hafenst. in d. DDR 180 I Db

Witebsk: Stadt in Weißrussland 176/177 I Lb – 1320 litau. 84 I Fa – Niederlassg. d. Hanse 87 III Hb – 1569 poln. 90/91 Lb – 1772 russ. 116 I Ea – 1941–44 dt. Besetzg. 173 III EFb – vor dem Holocaust große jüdische Gemeinde 171 III Gb

Wittenberg: Stadt in Sachsen-Anhalt – 1180 erstmals erwähnt 62/63 I Ea – 1293 Magdebg. Stadtrecht 70 I Ce – Residenz d. askan. Kurfsm. Sachsen-W. 80 I Fc – 1502 Gründg. d. Univ. 81 III Id – 1517 nach Veröffentlichg. d. Thesen Martin Luthers Ausgangspkt. d. Reformation – 1547 W.er Kapitulation beendet d. Schmalkald. Krieg, W. verliert seine Stellg. als Residenzstadt 94/95 I Gc, 96 II Lf – 1760 während preuß. Belagerg. weitgehende Zerstörg. d. Stadt 120/121 Gc – 1815 preuß., bis1817 Universitätsstadt 134 I Gc – 182 I Cc

Wittenberge – 182 I BCb

Wittstock: Stadt in Brandenburg – 1636 Sieg d. Schweden über kaiserl. Truppen im 30-jährigen Krieg 98/99 I Gb

Wjasma: Stadt in d. westl. Russ. Föderation – bis um 1400 zu Litauen 84 I Fa – im 2. WK Kriegsschaupl. 173 III Fb

Wjerny ▸ Alma-Ata

Wladimir: Stadt in d. westl. Russ. Föderation 176/177 I Nb – s. 1157 Hptst. d. bedeut. Teilfsm. W.-Susdal, bis Ende d. 13. Jh. polit. u. kultureller Mittelpkt. Russlands 68 I Ga – 1299–1325 Sitz d. russ. Metropoliten, im 14. Jh. z. Grfsm. Moskau 84 I Ga

Wladimir Wolynski: Stadt in d. Ukraine – 988 erstmals erwähnt 70 I Ie – Hptst. v. Wolhynien 90/91 Jc

Wladiwostok: Hafenstadt an d. sibir. Pazifikküste, Russ. Föderation 192 I Hc – 1860 gegr., Endpkt. d. Transsibir. Eisenbahn, Ende d. 19. Jh. Aufstieg z. wichtigsten russ. Hafen an d. Pazifikküste 117 III Gc – 1917 v. Japanern besetzt, im russ. Bürgerkrieg als Stützpkt. d. Interventionsmächte heftig umkämpft, 1922 von d. sowjet. Armee eingenommen 158 I Hc – b. 1991 bedeut. sowjet. Marinestützpkt. im Fernen Osten, Zentrum d. Fischfanges u. -verarbeitg. 191 III Hc

Wloclawek: Stadt in N-Polen – s. 1123 Sitz d. Bischofs v. Kujawien 62/63 I Fa – 1339 Magdebg. Stadtrecht, dt. Leslau 70 I Fd

Wohlau (Wolów): Stadt in W-Polen – 1524 Hauptort d. gleichnamigen schles. Teilfsm. 94/95 I Ic – 1675 österr. 98/99 I Ic – 1742 preuß. 130 I Db

Wolfen – 183 V Cc

Wolfenbüttel: Stadt in Niedersachsen – s. 1283 braunschweig. Residenz 80 I Eb – bis 1753 Hptst. d. Hzm. Braunschweig-W. 120/121 Fb – 169 IVDg

Wolfsburg: Stadt in Niedersachsen – Zentrum d. dt. Automobilindustrie 180 I Db

Wolfsschanze: Ort in N-Polen – Hauptquartier Adolf Hitlers im 2. WK, 20. Juli 1944 Attentat Stauffenbergs auf Hitler scheitert 170 I Ka

Wolgast: Stadt in Mecklenburg-Vorpommern 180 I Ea – 1295–1625 Residenz d. Herzöge v. Pommern-W., 1648 schwed. 80 I Fa, 98/99 I Ga

Wolgograd: Stadt in d. Russ. Föderation 192 I Dc – 1589 als Grenzfestg. Zarizyn entstanden 117 III Cc – Ende d. 19. Jh. nach Ausbau d. Wolgaschifffahrt Aufstieg z. Industriezentrum 154/155 I Nd, 191 III Dc – 1917/20 im russ. Bürgerkrieg umkämpft 158 I Dc – 1925 in Stalingrad umbenannt, 1942/43 Schlacht um Stalingrad: verlustreiche Niederlage d. dt. Armee bei d. Einkesselg. durch sowjet. Truppen führt z. Wende im 2. WK, während d. Kampfhandlungen weitgehende Zerstörg. d. Stadt 173 III Gc – 1961 Umbenenng. in W. 176/177 I Nd

Wolhynien: Landsch. in d. Ukraine – im 11. Jh. Teilfsm. d. Kiewer Reiches 58 I Ebc – s. d. 13. Jh. Versuche d. Mongolen z. Herrschaftsübernahme, im 14. Jh. Eroberg. durch Litauen 84 I Ea – bis 1569 zw. Polen u. Litauen umstritten, 1569 zu Polen 90/91 JKc – 1793/95 zu Russland 116 I CDb – 143 III NOgh – 1921–39 erneut zu Polen 137/138 I JKc

Wollin (Wolin): poln. Insel u. Ort in d. Odermündg. – im 10. Jh. als Jomsburg Siedlg. u. Handelspl. d. Wikinger 54 II Ke – 1140–76 Bm. 64 I Da – im 13. Jh. Lüb. Stadtrecht 70 I Dd – 1648 mit Vorpommern zu Schweden 98/99 I Hb – 1720 preuß. 120/121 Hb

Wolverhampton – 122 I E

Worcester: Stadt in Großbritannien – s. d. 7. Jh. Bm. 55 III Ba – 102 I Dd – 103 III Ih – 1651 Sieg d. Engländer unter Cromwell über d. Schotten, s. 1751 Zentrum d. brit. Porzellanindustrie 112/113 Ec

Workuta: Stadt in d. nördl. Russ. Föderation 192 I Ec – v. Strafgefangenen während d. Stalin-Regimes errichtet, Zentrum d. nordsibir. Kohlebergbaus 191 III Eb – 1991 Streiks f. konsequente Reformpolitik 192 I Ec

Worms: Stadt in Rheinld.-Pfalz – kelt.-röm. Borbetomagus 49 V Cd – im 4. Jh. Bm., im 5. Jh. polit. u. kulturelles Zentrum d. Burgunder 50 I Cb – 496 fränk. Eroberg. 54 I Db – s. d. Karolingerherrschaft Ort zahlreicher Reichs- u. Fürstentage 55 III Db – 1002 unter bischöfl. Herrschaft, Bau d. Domes, Judenverfolgungen, 1076 Reichssynode beschließt Absetzg. d. Papstes, Verschärfg. d. Auseinandersetzungen zw. Kaiser u. Papst (Investiturstreit), 1122 durch W.er Konkordat beigelegt 60/61 I Gd – 1231 Aufstand d. Bürgerschaft, 1254 führend an d. Gründg. d. Rhein. Städtebundes beteiligt 62/63 I Db, 68 I Cb – 1273 Bestätigg. d. bereits im 12./13. Jh. erlangten Reichsfreiheiten, älteste Reichsstadt Deutschlands 80 I Dd – 1521 Reichstag von W.: Martin Luther verweigert Widerruf seiner Thesen, im W.er Edikt Verhängg. d. Reichsacht über Luther u. seine Anhänger 94/95 I Ed – 97 IV Ed – 1797–1814 franz. 118 I Db

Worms ▸ Bormio

Woronesch: Stadt in d. Russ. Föderation 191 III Cc – 1586 als russ. Grenzfestg. gegr. 117 III Bc – 1942– 43 von dt. Truppen besetzt 172 I Fb

Worringen: Stadtteil v. Köln, NRW – 1288 Schlacht beendet d. Auseinandersetzungen zw. Hzm. Brabant u. Ebm. Köln um d. Hzm. Limburg, Ebm. Köln verliert seine Vormachtstellg. am Niederrhein 80 I Cc

Wörth (Woerth): Ort in O-Frankr. – 1870 Niederlage d. Franzosen im Dt.-Franz. Krieg 135 II Dd

Wrangelinsel: Insel im Nordpolarmeer, Russ. Föderation 124 I DEa

Verzeichnis der Kartenautoren und wissenschaftlichen Berater (das Verzeichnis unterscheidet nicht zwischen Erstautorenschaft, Teilautorenschaft und Bearbeitung)

K. Amann: 95.2, 95.3

R. Berg: 156.1, 157.5, 160.3, 160.4, 161.6, 161.7, 162.2, 163.3, 163.4, 164.1, 164.2, 165.3, 165.4, 166.1, 166.2, 167.3, 167.4, 168.1, 168.2, 169.3, 169.4, 170.1, 170.2, 171.3, 171.4, 172.2, 173.4, 178.3, 179.6, 181.2, 181.3, 182.1, 182.2, 183.3, 184.1, 185.4

J. Bömelburg: 143.3

K. Bosl: 62/63.1, 62.2

Ch. Böttcher: 78.1, 104/105.1, 104.2, 105.3, 105.4, 105.5, 108.1, 108.2, 108.3, 109.4, 109.5, 116.1, 116.2, 117.3, 124.2, 125.5, 125.6, 126.1, 126.2, 127.3, 127.4, 146.1, 147.2, 147.3, 148.1, 148.2, 152.1, 152.3, 153.4, 159.3, 159.4, 192.1

E. Bruckmüller: 68.1, 70.1, 72.1, 73.3, 73.4, 81.2, 81.3, 122.1, 123.2, 123.3, 212/213

M. Dloczik:28.1, 28.2, 29.3, 29.4, 30/31.1, 34/35.1, 36.1, 36.2, 79.2, 100.1, 195.5, 196.1, 212/213

G. Franz: 94/95.1, 96.1, 98/99.1, 120/121

F.L. Ganshof: 87.4

R. Hachmann: 48.1, 48.2, 50.1

P. C. Hartmann: 97.4, 101.3, 114.1, 115.2, 118.1, 119.3, 141.4, 143.2

K. Hauke: 71.3

W. Hilgemann: 168.1, 170.1

W. Hoben: 28.1, 29.2, 29.3, 30/31.1, 30.2, 31.3, 32.1, 32.2, 33.3, 33.4, 34/35.1, 34.2, 35.3, 35.4, 36.1, 36.2, 37.3, 38.1, 38.2, 39.3, 40/41.1, 41.2 42.1, 42.2, 43.3, 43.4/5, 43.6, 48.1, 48.2, 48.3, 48.4, 49.5, 50.1, 50.2, 51.3, 51.4

G. Horsmann: 28.1, 29.2, 29.3, 30/31.1, 30.2, 31.3, 32.1, 32.2, 33.3, 33.4, 34/35.1, 34.2, 35.3, 35.4, 36.1, 36.2, 37.3, 38.1, 38.2, 39.3, 40/41.1, 41.2 42.1, 42.2, 43.3, 43.4/5, 43.6, 48.1, 48.2, 48.3, 48.4, 49.5, 50.1, 50.2, 51.3, 51.4

K. Jäkel: 42.2, 54.2, 55.3, 56.1, 64.1, 87.3

H. Jankuhn: 61.2

Th. Jansen: 27.4, 27.5, 27.6, 27.7, 46.1, 46.2, 47.3, 47.4, 76.1, 76.2, 77.3, 77.4, 77.5,

N. Jaspert: 64.1, 65.2, 65.3

P. Jordan: 144.1, 209.2, 209.3

W. Kaemmerer: 56.3

E. Keyser: 87.5

H. Kinder: 136.1

W. Krallert: 58.1, 78.1, 81.3, 84.1, 104/105.1, 149.3, 149.4

A. Kühn: 174.1, 174.2

W. Kuhn: 70.1

E. Landsteiner: 92/93

W. Leisering: 53.3, 55.4, 55.5, 58.1, 62/63.1, 62.2, 65.2, 71.2, 79.2, 80.1, 84.1, 86.1, 89.4, 90/91, 109.4, 112/113, 118.2, 128/129, 131.2, 131.3, 132/133, 136.2, 137.3, 140.1, 140.2, 142.1, 145.2, 145.3, 148.1, 148.2, 151.2, 151.3, 152.1, 152.2, 152.3, 153.4, 154/155.1, 154.2, 155.3, 156.2, 156.3, 157.4, 158.1, 160/161.1, 161.5, 162/163.1, 166.1, 172.1, 173.3, 175.3, 175.4, 175.5, 175.6, 176/177, 178.1, 178.2, 179.4, 180.1, 186.1, 187.2, 188/189.1, 188.2, 189.3, 195.5, 196.1, 198.1, 198.2, 202/203.1, 202.2, 202.3, 203.4, 203.5, 204/205.1, 204.2, 205.3, 206/207.1, 206.2, 207.3, 209.3, 210/211.1, 210.2, 211.3

E. Lendl: 80.1

K. J. Narr: 16.2, 16.3, 18.1, 19.4, 19.5, 23.3

J. Niessen: 48.4, 54.1, 68.2

U. Oberem: 106.2, 106.3

L. Pelizaeus: 88.1, 88.2, 88.3, 96.1

M. Picone-Chiodo: 194.1

F. Petri: 99.2

K. Schib: 56.2, 100.1, 100.2

H. Schmahl: 102.1, 103.2, 103.3, 141.3

M. Schmidt: 57.4, 57.5

H. Schönberger: 48.3

K. Schröder: 179.5

H. Schulze: 53.3, 130.1, 134.1, 135.2, 138.1, 138.2, 154/155.1, 162/163.1

G. Schwarzrock: 38.1, 39.3, 110.1, 110.2, 125.3, 125.4, 126.1, 126.2, 126.3, 126.4, 139.3, 139.4, 140.1, 151.2, 151.3, 152.1, 153.4, 154.2, 155.3, 157.4, 158.1, 160.2, 175.3, 175.4, 175.5, 175.6, 178.1, 178.2, 179.4, 180.1, 185.2, 185.3, 186.1, 187.2, 188/189.1, 188.2, 189.3, 190.1, 190.2, 191.3, 191.4, 192.1, 194.1, 194.2, 195.3, 195.4, 196.2, 196.3, 197.4, 197.5, 198.1, 198.2, 200.1, 200.2, 201.3, 201.4, 201.5, 202/203.1, 202.2, 202.3, 203.4, 203.5, 204/205.1, 204.2, 205.3, 206/207.1, 206.2, 207.3, 208.1, 209.3, 210/211.1, 210.2, 211.3, 212/213

K. Stade: 28.1, 28.2, 29.3, 29.4, 31.3, 32.1, 33.3, 34/35.1, 34.2, 35.3, 37.3, 38.1, 40/41.1, 41.2, 42.1, 49.5

M. Stahl: 39.3

H. J. Stoebe: 43.3, 43.4, 43.5

K. Tackenberg: 50.2, 51.3, 51.4

O. Urban: 16.1, 18.2, 18.3, 23.4

M. Vasold: 82.1, 82.2, 82.3, 83.4, 83.5

St. Warnatsch: 17.4, 17.5, 20.1–21.4 (nach E. Probst), 22.1, 22.2, 24.1, 24.2, 24.3, 25.4, 26.1, 26.2, 26.3, 27.4, 27.5, 27.6, 27.7, 30/31.1, 30.2, 32.2, 35.4, 43.6, 44.1, 44.2, 45.3, 45.4,, 46.1, 46.2, 47.3, 47.4, 49.5, 52.1, 52.2, 57.6, 59.2, 59.3, 66.1, 67.2, 68.3, 65.3, 68.4, 69.5, 69.6, 69.7, 73.2, 74.1, 74.2, 74.3, 75.4, 75.5, 76.1, 76.2, 77.3, 77.4, 77.5, 85.2, 86.2, 106.1, 106.2, 106.3, 107.4, 111.3, 111.4, 150.1, 152.1, 153.4, 158.1, 158.2, 191.3, 193.2, 195.5, 196.1, 199.3, 203.5, 203.6

H. Weczerka: 58.1, 84.1

W. Wolf: 25.4

Verzeichnis der Text- und Materialautoren sowie wissenschaftlichen Berater (das Verzeichnis unterscheidet nicht zwischen Erstautorenschaft, Teilautorenschaft, Bearbeitung und Beratung)

R. Berg:S. 156/157, 160–171, 174–185

Ch. Böttcher: S. 78/79, 104/105, 108/109, 116/117, 124–127, 148/149, 152/153, 158/159, 188–193

E. Bruckmüller: S. 68–73, 80/81, 84–87, 92/93, 112/113, 122/123, 138/139, 144/145, 154/155, 186/187, 204/205, 208/209

G. Glaubitz: 120/121, 128–135, 186–191, 196–199, 204/205, 208–211

J. Grube: S. 62, 206/207, 212/213

O. Gupte:S. 16–25

P. C. Hartmann:S. 88–91, 94–97, 100–103, 114/115, 118–121, 128–137, 140–143

W. Hoben: S. 28–31, 34/35, 43, 48–51

G. Horsmann: S. 28–31, 34/35, 43, 48–51

Th. Jansen: S. 27, 46/47, 76/77

N. Jaspert: S. 64/65

P. Jordan:S. 144/145

L. Pelizaeus: S. 88, 96

Ch. Schall: 147

M. Vasold:S. 82/83, 95, 172/173, 194–197, 200–203, 210/211

St. Warnatsch: S. 16–67, 74–77, 98/99, 106/107, 110/111, 146/147, 150/151, 198–201, 206/207, 210–213

Quellenverzeichnis der Vorlagen für Grafiken, Statistiken, Schau bilder und Nebenkarten

S. 18: Entdecken und Verstehen 5/6. Sachsen Anhalt, hg. v. Thomas Berger-von der Heide und Hans-Gert Oomen, Berlin 1998, S. 29 – S. 21: Germania 74, 1996, Bd. 1, S. 233 – S. 23: O. Gupte – S. 32: Forum Geschichte 1, hg. v. Hans-Otto Regenhardt, Berlin 2000, S. 106 – S. 39: Forum Geschichte 1, S. 144 – S. 41: St. Warnatsch – S. 54: St. Warnatsch – S. 61: Fragen an die Geschichte 2, hg. v. Heinz Dieter Schmid, Frankfurt a. M. 1981, S. 35 – S. 63: a)/b) Der Große Ploetz, Freiburg im Breisgau 1998, S. 408/409; c)/d)/e) Fragen an die Geschichte 2, S. 33 und 96 – S. 65: N. Jaspert – S. 69: a) J. de Vries, European Urbanization. 1500–1800, Cambridge (Mass.), 1984; b) Entdecken und Verstehen 5/6, S. 135; c) Geschichtsbuch Oberstufe 1. Von der Antike bis zum Ende des 19. Jahrhunderts, hg. v. Hilke Günther-Arndt, Dirk Hoffmann und Norbert Zwölfer, Berlin 1995, S. 61; d) Massimo Liri Bacci, Europa und seine Menschen, München 1999 – S. 71: Entdecken und Verstehen 5/6, S. 102 – S. 73: Entdecken und Verstehen 5/6, S. 98 – S. 81: a)/b) Fragen an die Geschichte 2, S. 32 und 161 – S. 83: M. Vasold – S. 84: a) Massimo Liri Bacci, Europa und seine Menschen, München 1999; b) Fragen an die Geschichte 2, S. 117 – S. 86: St. Warnatsch – S. 87: Propyläen Geschichte Europas Bd. 1. Hellmut Diwald, Anspruch auf Mündigkeit. Um 1400–1555, Frankfurt a. M. / Berlin / Wien 1975, S. 408/409 – S. 92: a) Forum Geschichte 2, hg. v. Christoph Kunz, Hans-Otto Regenhardt und Claudia Tatsch, Berlin 2001, S. 190; b)/c) P. Landsteiner – S. 93: a)/b) P. Landsteiner; c)–e) Geschichtsbuch 2. Neue Ausgabe, hg. v. Hans-Georg Hofacker und Thomas Schuler, Berlin 1994, S. 132 – S. 94: P. C. Hartmann / St. Warnatsch – S. 96: a) Propyläen Geschichte Europas Bd. 2. Ernst Walter Zeeden, Hegemonialkriege und Glaubenskämpfe. 1556–1648, Frankfurt a. M. / Berlin / Wien 1977, S. 399 – S. 97: b) Propyläen Geschichte Europas B d. 2, S. 399; c) P. C. Hartmann – S. 99: a) M. Vasold; b) Geschichtsbuch 2, S. 186; c) Entdecken und Verstehen 7. Sachsen Anhalt, hg. v. Thomas Berger-von der Heide und Hans-Gert Oomen, Berlin 2000, S. 93 – S. 101: P. C. Hartmann – S. 102: Fragen an die Geschichte 3, hg. v. Heinz Dieter Schmid, Frankfurt a. M. 1981, S. 89 – S. 103: Der Große Ploetz, S. 964 – S. 108: a) St. Warnatsch,; b) W. Leisering – S. 109: a)/b) Ch. Böttcher – S. 112: Fragen an die Geschichte 3, S. 28 – S. 113: a) St. Warnatsch; b) Fragen an die Geschichte 3, S. 40 – S. 114: P. C. Hartmann – S. 116: Fragen an die Geschichte 3, S. 52 – S. 118: Der Große Ploetz, S. 947 – S. 119: a) Fragen an die Geschichte 3, S. 155; b) P. C. Hartmann; c) Der Große Ploetz, S. 943 – S. 121: a) Fragen an die Geschichte 3, S. 147; b) ebenda, S. 139 – S. 123: b) Geschichte plus 8. Sachsen, Berlin 2000, S. 115 – S. 126: a) Fragen an die Geschichte 3, S. 105; b) USA. History with Documents, hg. v. J. Allen und J. L. Betts, New York 1971, S. 366; c) Ch. Böttcher; d) Geschichte plus 8. Sachsen, S. 47; e)/f) Fragen an die Geschichte 3, S. 121/122 – S. 127: a)–c) Ch. Böttcher; d) Fragen an die Geschichte 3, S. 136 – S. 131: a) R. Berg; b)–f) Fragen an die Geschichte 3, S. 34, 38 und 40 – S. 134: a) Handbuch der europäischen Wirtschafts- und Sozialgeschichte 4, Stuttgart 1993, S. 531; b) Fragen an die Geschichte 3, S. 233; c) W. Fischer (Hrsg.) Sozialgeschichtliches Arbeitsbuch I. Materialien zur Statuierung des deutschen Bundes 1815–1870, München 1982, S. 21; d) Geschichtsbuch 3. Neue Ausgabe, hg. v. Hilke Günther-Arndt und Jürgen Kocka, Berlin 1995, S. 183; e) Sozialgeschichtliches Arbeitsbuch I, S. 80 – S. 135: a)/b) Sozialgeschichtliches Arbeitsbuch I, S. 91; c) Geschichte plus 8, S. 90; d) Geschichtsbuch 3, S. 182 – S. 136: a)/b) Geschichte plus 8, S. 106 und 146 – S. 137: a) Geschichte plus 8. Sachsen, S. 146 / St. Warnatsch; b)/c) P. C. Hartmann – S. 139: a) Geschichte plus 8. Sachsen, S. 128; b) Geschichte plus 8. Sachsen, S. 120 / Arbeitsbuch Politik, hg. v. Wolfgang W. Mickel, Berlin 1997, S. 139; c) Gesachichte plus 8. Sachsen, S. 119 / H. Schmahl; d) Geschichte plus 8. Sachsen, S. 121 – S. 140: a) Propyläen Geschichte Europas Bd. 5. Theodor Schieder, Staatensystem als Vormacht der Welt. 1848–1918, Frankfurt a. M. / Berlin / Wien (1977) 2. Aufl. 1980, S. 430; b) Geschichte plus 8. Sachsen, S. 120; c) Der Große Ploetz, S. 695 – S. 141: a) H. Schmahl; b) Geschichte plus 8. Sachsen, S. 119 – S. 142: Geschichtsbuch Oberstufe Bd. 1, S. 359 – S. 149: a) Fragen an die Geschichte 3, S. 284; b) Ch. Böttcher; c) Der Große Ploetz, S. 863 – S. 155: a) Entdecken und Verstehen 9. Sachsen-Anhalt, hg. v. Thomas Berger-von der Heide und Hans-Gert Oomen, Berlin 2000, S. 28; b) Berthold Wiegand, Der erste Weltkrieg und der ihm folgende Friede, Frankfurt a. M. 1982, S. 12 – S. 156: dtv-Atlas zur Weltgeschichte. Bd. 2. Von der Französischen Revolution bis zur Gegenwart, München 1985, S. 126 – S. 157: Grundkurs Geschichte 12. Bayern, S. 153 – S. 164: Kursbuch Geschichte. Rheinland-Pfalz, Berlin 2000 S. 377 – S. 165: a)/b) Grundkurs Geschichte 12. Bayern, hg. v. Rudolf Berg, Berlin 1993, S. 218; c) H. Pross, Die Zerstörung der deutschen Politik, Frankfurt a. M. 1959 – S. 167: Grundkurs Geschichte 12. Bayern, S. 187 – S. 169: a)/b) Grundkurs Geschichte 12. Bayern, S. 352; c) Kursbuch Geschichte, S. 435 – S. 171:a/b) Geschichte 12 für Fachoberschulen und Berufsoberschulen in Bayern, hg. v. Rudolf Berg, Berlin 1999, S.55 und 88; c) nach Rings, Leben, S. 439 (Anm. zu den S. 66 f.) und Benz, Dimensionen des Völkermordes, S. 15 f. – S. 172: b) M. Vasold; c) Biographisches Handbuch der deutschsprachigen Emigration nach 1933. Bd. 1, München 1980, S. XIX – S. 173: Chronik des Zweiten Weltkriegs, Gütersloh / München 1994, S. 115 – S. 174: a) M. Vasold; b) Der Große Ploetz, S. 770 – S. 175:a) Der Große Ploetz, S. 785; b) Chronik des Zweiten Weltkrieges, S. 176; c) W. Leisering / G. Schwarzrock – S. 180: a)/b) Entdecken und Verstehen 9/10. Thüringen, hg. v. Thomas Berger-von der Heide und Hans-Gert Oomen, Berlin 1999, S. 209 und 233; c) Kursbuch Geschichte, S. 541 – S. 181: Kursbuch Geschichte, S. 541 – S. 182: Kursbuch Geschichte, S. 527 – S. 183: a/b Seydlitz Weltatlas, Berlin 1988, S. 21 – S. 185: a)/b) Grundkurs Geschichte 13. Bayern, hg. v. Rudolf Berg, Berlin 1994, S. 199 und 202 – S. 186: Geschichtsbuch Oberstufe 2. das 20. Jahrhundert, hg. v. Hilke Günther-Arndt, Dirk Hoffmann und Norbert Zwölfer, Berlin 1996, S. 252 – S. 187: Geschichtsbuch Oberstufe 2, S. 251 – S. 188: a)/b) Fischer Weltalmanach 2000, Frankfurt a. M. 1999, Sp. 1088; c)/d) Fragen an die Geschichte. Das 20. Jahrhundert, hg. v. Heinz Dieter Schmid und Eberhard Wilms, Berlin 1999, S. 276 und 278 – S. 189: a) Der Große Ploetz, S. 1390; b) Geschichtsbuch Oberstufe 2, S. 384; c) Der Große Ploetz, S. 1329; d) Fragen an die Geschichte. Das 20. Jahrhundert, S. 277 – S. 190: b) Fragen an die Geschichte. Das 20. Jahrhundert, S. 151 – S. 191: a) Ch. Böttcher; b) Gerhard Simon, Verfall und Untergang des sowjetischen Imperiums, München 1993, S. 317–320 – S. 195: M. Vasold – S. 196: a)/b) Fragen an die Geschichte. Das 20. Jahrhundert, S. 309 – S. 197: a) Fischer Weltalmanach 1995, Frankfurt a. M. 1994, Sp. 125; b)/c) Fragen an die Geschichte. Das 20. Jahrhundert, S. 310 und 319 – S. 198: a) Fragen an die Geschichte. Das 20. Jahrhundert, S. 283; b) Geschichtsbuch Oberstufe 2, S. 370 – S. 200: a) J. Grube; b) Statistisches Jahrbuch für das Ausland 2000, hg. v. Statistischen Bundesamt, Wiesbaden 2000, S. 267 – S. 201: a) Frankfurter Allgemeine Zeitung, 10.7.2000; b: Statistisches Jahrbuch für das Ausland 2000, S. 191 – S. 203: a) SIPRI-Jahrbuch 7, Reinbek b. Hamburg, Oktober 1987; b) M. Wolffsohn, Israel. Politik, Gesellschaft, Wirtschaft, Opladen 1987, S. 152; c) Walter Hollstein, Kein Frieden um Israel, Frankfurt a. M. 1972, S. 157 f. – S. 205: a) Geschichtsbuch Oberstufe 2, S. 233; b) Der Große Ploetz, S. 1371 – S. 208: a) Manfred Hildemeier, Geschichte der Sowjetunion 1917–1991, München 1998, S. 1043; b) Das Ende Jugoslawiens. Informationen zur politischen Bildung (ohne Nr.), 1996, S. 3 – S. 209: a) Das Ende Jugoslawiens, S. 4; b) Fischer Weltalmanach 1995, Sp. 503/504 – S. 210: a) www.un.org/Depts/dpko/co_mission/co_miss.htm; b) Geschichtsbuch Oberstufe 2, S. 254 – S. 211:a)/b) Geschichtsbuch Oberstufe 2, S. 262 – S. 213: a) Duden. Der Euro. Das Lexikon zur Währungsunion, Mannheim 1998, S. 97; b) Der Große Ploetz, S. 1369

DER DEUT
(1815

Maaßstab

deutsche geogr. Me

Erklä

Grenzlinie d
STÄDTE von m
Städte von 20-
Städte von weni
Festungen.

DAS SCHLACHTFELD VON KÖNIGSGRÄTZ.
Maaßstab 1: 400.000.

DIE SCHLACHTFELDER BEI METZ
Maaßstab 1: 400.000.

DAS SCHLAC
Maaß